Helmut Zander
„Europäische" Religionsgeschichte

Helmut Zander

„Europäische" Religionsgeschichte

Religiöse Zugehörigkeit durch Entscheidung – Konsequenzen im interkulturellen Vergleich

ISBN 978-3-11-057788-4
e-ISBN (PDF) 978-3-11-041797-5
e-ISBN (EPUB) 978-3-11-041799-9

Library of Congress Cataloging-in-Publication Data
A CIP catalog record for this book has been applied for at the Library of Congress.

Bibliografische Information der Deutschen Nationalbibliothek
Die Deutsche Nationalbibliothek verzeichnet diese Publikation in der Deutschen Nationalbibliografie;
detail-lierte bibliografische Daten sind im Internet über
http://dnb.dnb.de abrufbar.

© 2016 Walter de Gruyter GmbH, Berlin/Boston
Dieser Band ist text- und seitenidentisch mit der 2016 erschienenen gebundenen Ausgabe.
Einbandabbildung: polygraphus/iStock/Thinkstock
Printing and bindung: CPI books GmbH, Leck

♾ Printed on acid-free paper
Printed in Germany

www.degruyter.com

Inhalt

I Festlegungen

1 Konzeptionelle Vorentscheidungen — 3
1.1 Ist Europa ein Sonderfall der Religionsgeschichte? — 3
1.2 Schlüsselbegriffe — 7
1.2.1 Europa — 8
1.2.2 Religion — 15
1.2.3 Entscheidung — 23
1.3 Historiographische Positionsbestimmungen — 23
1.3.1 Das Programm einer „europäischen Religionsgeschichte" — 23
1.3.2 Komparatistik — 32
1.3.3 Kulturkontakte — 39
1.3.4 Hegemonie — 42
1.3.5 Multifaktorielle Religionsgeschichte — 46
1.4 Die historiographische Schlagader: Pfadabhängigkeit und kulturelles Gedächtnis im Rahmen von „Tradition" und „Innovation" — 47
1.5 Konzeption: Thesen – Abwege — 53
1.6 Formalia — 55

2 Religionsgeschichtliche Stationen — 57
2.1 Eurasien — 57
2.2 Beziehungsgeschichten: Judentum – Christentum – Buddhismus – Islam — 60
2.3 Religiöse Tiefengrundierung des okzidentalen Christentums seit dem „Mittelalter" — 70
2.4 Globalisierung — 87

II Systemwechsel

3 Entscheidung — 95
3.1 Zugehörigkeit durch Entscheidung – eine zoroastrische Perspektive — 95
3.2 Religiöse Zugehörigkeit in der mediterranen Antike — 97
3.2.1 Die pagane Welt: gentile Strukturen und polytheistische Traditionen — 97
3.2.2 Judentum: gentile Zugehörigkeit – die Regel mit Ausnahmen — 113
3.2.3 Christentum: exklusive Entscheidung – eine regulative Idee — 121
3.2.3a Religiöse Zugehörigkeit zwischen sozialer Bindung und persönlicher Entscheidung — 122
3.2.3b Vereine und die nicht gentile Vergemeinschaftung von Entscheidungen — 140
3.3 Konsequenzen entscheidungsbasierter Zugehörigkeit – ein eurozentrischer Vergleich: Judentum, Christentum, Islam, „Hinduismus", Buddhismus — 148

3.3.1	Eintritt und Wissensvermittlung —— 150	
3.3.1a	Judentum und Christentum: frei gewählte Zugehörigkeit – Möglichkeiten und Grenzen —— 151	
3.3.1b	Islam: Gleichzeitigkeit von natürlicher und entschiedener Zugehörigkeit —— 178	
3.3.1c	Von den brahmanischen Traditionen zum Buddhismus: von der Geburt in eine religiöse Praxis zur Entscheidung für eine Religion? —— 191	
3.3.2	Ausbreitung und Religionswechsel —— 205	
3.3.2a	Christentum: Erfindung von „Mission" und „Konversion" —— 207	
3.3.2b	Nachantikes Judentum: „Diaspora" ohne Machtpolitik —— 233	
3.3.2c	Islam: Ausbreitung meist ohne Feuer und Schwert —— 237	
3.3.2d	Buddhismus: Ausbreitung ohne „Mission"? —— 259	
3.3.3	Organisation religiöser Pluralität zwischen „Toleranz" und Gewalt —— 270	
3.3.3a	Christentum: Verfolgte und verfolgende Christen – und die Religionsfreiheit —— 272	
3.3.3b	Islam: „Toleranz" unter Bedingungen —— 303	
3.3.3c	„Hinduismus" und Buddhismus: zwischen Gewaltverzicht und Gewaltanwendung —— 339	
3.4	Zwischenbilanz —— 347	

III   Konsequenzen

4	Schrift —— 355	
4.1	Schrift: ein relatives Zentrum von Religion —— 356	
4.1.1	Ortholexie und Orthopraxie —— 356	
4.1.2	Oralität und Schriftlichkeit —— 360	
4.1.3	Kanon und Kanonisierung —— 364	
4.2	Judentum und Christentum —— 368	
4.2.1	Antike und mittelalterliche Sammlung autoritativer Texte —— 369	
4.2.2	Die Kanonisierung der Bibel in der Frühen Neuzeit —— 393	
4.2.3	Übersetzung —— 403	
4.2.4	Textkritik —— 409	
4.3	Islam —— 424	
4.3.1	Mohammed, die Gemeinde und der Koran —— 424	
4.3.2	Redaktion und Kanonisierung —— 429	
4.3.3	Übersetzung und Philologie —— 436	
4.4	Buddhismus —— 439	
4.4.1	Europäische Suche nach indischen „Kanones" —— 439	
4.4.2	Vedische Texte —— 441	
4.4.3	Kanonische Schriften im Buddhismus? —— 442	
4.5	Kanonisierung: Bedingungen und Folgen in komparativer Perspektive —— 458	

5	**Stadt** —— **463**	
5.1	Städtische Selbstverwaltung im Okzident —— **463**	
5.2	Selbstverwaltung und die orientalischen Stadt —— **472**	
5.3	Städtische Selbstverwaltung: ein lateinisch-christlicher Sonderweg? —— **481**	

6	**Universität** —— **485**	
6.1	Die Universität im lateinischen Christentum —— **488**	
6.2	Die Madrese im Islam —— **499**	
6.3	Wechselbeziehungen zwischen islamischen und christlichen Bildungseinrichtungen —— **509**	

7	**Neuzeitliche Naturforschung** —— **513**	
7.1	Religion und die „wissenschaftliche Revolution" —— **515**	
7.2	Sonderwege in der okzidentalen Naturforschung —— **522**	
7.3	Soziëtäten und Wissenschaft —— **526**	
7.4	Naturforschung in der arabisch-islamischen Welt —— **528**	
7.5	Zum letzten Mal: Entscheidung und Vergemeinschaftung —— **537**	

Relativismus – ein biographisches Nachwort —— **539**

Literaturverzeichnis —— **543**

Register —— **623**

I Festlegungen

1 Konzeptionelle Vorentscheidungen

1.1 Ist Europa ein Sonderfall der Religionsgeschichte?

Natürlich ist dasjenige Europa, das wir heute kennen, ohne den Faktor Religion undenkbar. Das, was man von Mensch und Welt zu sagen wusste, war (und ist) religiös imprägniert, es gab über Jahrhunderte keine Debatten, in denen nicht religiöse Vorstellungen konstitutiv (im Wortsinn: „mit"begründend) eine Rolle gespielt hätten: keine Psychoanalyse ohne Augustinus, keine Urknalltheorie ohne Schöpfungstheologie, keine politische Partizipation ohne die Forderung nach Entscheidungsfreiheit. Aber ebenso gilt: Keine dieser Entwicklungen ist alleine auf den Faktor Religion zurückzuführen, keine Psychoanalyse ohne den Atheisten Sigmund Freud, keine Urknalltheorie ohne die neuzeitliche „Entzauberung" des physikalischen Himmels, keine demokratische Partizipation ohne eine Kritik der politischen Religion. Eben diese Ambivalenz gilt auch für das Herzstück dieses Buches: Ohne die christliche Tradition der Bildung von religiösen Gemeinschaften, in denen die Zugehörigkeit auf der Entscheidung ihrer Mitglieder beruht, keine Religion als exklusive Konfession, die es aber auch nicht ohne den Souveränitätsanspruch des neuzeitlichen Staates gegeben hätte, der religiöses Handeln auf „rein" religiöse Felder zu beschränken beanspruchte und so die Bedingungen für die Religion als funktional differenzierter Größe schuf.

Viele dieser Entwicklungen hat es in anderen Gegenden der Welt nicht gegeben. Deshalb steht man mit diesen Beobachtungen vor den Kinderfragen, die das Experimentum crucis für eine Frage der historischen Religionsforschung herausfordern: Ist Europa anders als der Rest der Welt? Hat Europa eine eigene Religionsgeschichte? Glauben Europäer anders als Afrikanerinnen oder Asiaten? Würden wir Kindern auf die letzten beiden Fragen leichtfüßig mit einem klaren Ja oder Nein antworten, öffnete sich für den Wissenschaftler der Abgrund der historischer Konstruktionen: Was ist eigentlich Europa: ein geographischer Raum? eine kulturelle Imagination? ein kulturpolitischer Kampfbegriff? Und sind nicht „die" Europäer und „die" Afrikaner und „die" Asiaten künstliche Kollektivsingulare, nahe an Fiktionen? Und was ist Religion: rituelle Praxis? persönlicher Glaube? wissenschaftliche Zuschreibung?

Aber in diesem Buch geht es nicht um das Pluriversum möglicher Charakteristika (nicht: Alleinstellungsmerkmale) der gegenwärtigen europäischen Kultur, und schon gar nicht – das wäre der „Erzfeind" – um die Unterstellung von essenzialisierend verstandenen Kulturen oder Akteuren. Vielmehr steht im Mittelpunkt dieses Buches mit hochreduktiver Perspektive eine einzige Dimension, von der ich allerdings behaupte, dass sie die okzidentale – später europäische – Religionsgeschichte einschneidend und entscheidend geprägt hat: Die Zugehörigkeit zu einer religiösen Tradition (später: Religion) sollte nicht mehr durch Geburt begründet, sondern durch eine freie Entscheidung festgelegt sein, und diese Entscheidung sollte zudem exklusiv sein, also keine hybriden, synkretistischen, mehrpoligen religiösen Praktiken beinhalten. Wenn, so die zentrale These, Zugehörigkeit durch Entscheidung hergestellt wird oder zumindest auf dem Anspruch einer solchen beruht, entsteht eine anders strukturierte Religion als dort, wo die Zugehörigkeit aufgrund von Geburt existiert. Die Prüfung dieser These zieht sich als roter Faden durch alle Kapitel dieses Buches, weil ich behaupte, dass damit nicht nur ein Element ausgetauscht, sondern die gesamte Architektur einer Religion verändert wird: In der Geschichte des Christentums sind Initiationsrituale („Taufe"), Bildungsprozesse („Katechismus") oder eine intentionale Ausbreitung („Mission"), aber auch die Genese von Religion als eigenständigem Bereich in einer funktional differenzierten (sogenannten modernen) Gesellschaft, um nur einige Beispiele zu nennen, von denen noch die Rede sein wird, Innovationen einer auf entschiedene Zugehörigkeit umgestellten Religion. Dass dabei Anspruch und Wirklichkeit, Theorie und Praxis himmelweit auseinandertreten können, ist eine banale soziologische Einsicht, die sich ebenfalls wie ein roter Faden durch dieses Buch ziehen wird. Noch komplexer ist das Problem des Religionsbegriffs: Er setzt in seiner heute geläufigen Verwendung eine scharfe Unterscheidung der Religion von anderen kulturellen Symbolsystemen voraus, so dass der okzidental und christlich imprägnierte Religionsbegriff nur unter Reflexion auf seine kulturellen Eigenheiten auf andere Religionen anwendbar ist. Man müsste immer neu festlegen, in welchem Ausmaß man diesen Religionsbegriff auf buddhistische oder jüdische oder islamische Traditionen anwenden kann; aus (sprach-)pragmatischen Gründen geschieht dies nicht immer.

Insofern diese Entwicklungen eng mit der Christentumsgeschichte verknüpft sind, bedeutet dies, eine „,europäische' Religionsgeschichte" mit einem Fokus auf der Geschichte des Christentums, namentlich des antiken, zu betreiben, welches eine entscheidungsbasierte Zugehörigkeit zu einem konstitutiven Merkmal verschärfte, diese mit dem Anspruch auf Exklusivität, den es vom Judentum erbte, verband und so von anderen Modellen abgrenzte. Diese herausgehobene Rolle des Christentums in der wissenschaftlichen Perspektive hängt aber nicht nur mit dieser „Innovation" (s. u.), sondern auch mit seiner Dominanz in der Politik zusammen. Es prägte den Okzident seit der Antike, aber seit der sogenannten Neuzeit auch massiv und zunehmend die globale religiöse Landschaft. Ohne Christentum keine Menschenrechte und keine (neuzeitlichen) Religionskriege, ohne seine Verbindung von Religion und Politik keine Kreuzzüge und keinen Pazifismus, keine religionspolitische „Toleranz" ohne die protestantischen Dissenter und keine Europäische Union ohne die katholischen Gründungsväter aus dem „Pralineneuropa".

Dieser „Okzident" und dieses „Europa" mit ihren Religionen waren – natürlich – Gebilde, von denen man nicht im Kollektivsingular sprechen kann wie von einem Haus oder einer Organisation oder einem Container. Denn Religionen existierten nie als Solitäre, sondern immer nur in Vernetzung mit anderen Religionen. Von der Entstehung des Christentums im Rahmen des Judentums über die Rezeption des Aristoteles durch die Vermittlung des Islam bis zur Übernahme der Ethik der Achtsamkeit aus dem Buddhismus in der gegenwärtigen Spiritualität zieht sich eine 2000-jährige Austauschgeschichte. Diese Analyse von Vernetzungen und nicht die Präparierung von abgeschlossenen Religions„containern" ist eine Basis dieses Buches. In dieser Verknüpfung, und das macht die Angelegenheit komplex, sind vereindeutigte Bilder von Religionen eingebunden. Wir reden auch in der Wissenschaft von „dem Buddhismus", „dem Christentum", „dem Hinduismus" und „dem Judentum", obwohl klar ist, dass es sich dabei um Gebilde mit hoher Pluralität und vor allem unscharfen Außengrenzen handelt. Protestanten praktizieren Zen und Esoteriker meditieren mit katholischen Rosenkränzen, Hindus verehren Christus in Indien als Avatar und Angehörige der brasilianischen Religionsgemeinschaft Candomblé können christliche Heilige in ihren göttlichen Gestalten, den „Orishas", anbeten. Aber auch ich werde aus darstellungspragmatischen Gründen häufiger diese Singulare nutzen. Aber hinter dieser Hinnahme einer konstruierten Eindeutigkeit steht auch eine epistemologische Didaktik: Das Spezifikum einer Religion wird nur in der Differenz, nur angesichts des Fremden erkennbar, und das umso deutlicher, je schärfer wir Grenzen zwischen Religionen konstruieren. Diese Komplexitätsreduktion durch Vereindeutigung macht einen Vergleich einfacher, oft erst praktikabel – auch deshalb lebt dieses Buch mit einer unaufgelösten Spannung zwischen einem historischen Differenzbewusstsein und einer rhetorischen Deklaration von Klarheit.

Das Buch startet nun nicht gleich mit inhaltlichen Debatten, sondern verstärkt auf den nächsten Seiten erstmal methodische Überlegungen. Das ist für Leser und Leserinnen, die primär an historischen Fakten oder an Deutungen interessiert sind, sicher unbefriedigend. Aber auch oder vielleicht hängen gerade bei einem Buch, welches sich mit sehr abstrakten Perspektiven beschäftigt, die Ergebnisse nicht nur von der Interpretation historischer Grundinformationen ab, sondern zentral von den konzeptionellen und methodischen Vorentscheidungen.

Dabei steht ein prinzipielles Dilemma der historischen Epistemologie im Zentrum: Wir benötigen Allgemeinbegriffe, um historische Zusammenhänge erkennen zu können, während wir gleichzeitig ein hochspezialisiertes Detailwissen produzieren, das eben diese orientierungsnotwendigen Allgemeinbegriffe infrage stellt oder destruiert. Diese zerstörerische Leistung historischer Analyse ist eine der vornehmen Aufgaben der Wissenschaft, weil es ein Zerstören um desjenigen Verstehens willen ist. Denn Allgemeinbegriffe wie „der Mensch", „die Gesellschaft", „der Kosmos" oder „die Religion" sind sozial und, was im Folgenden besonders interessiert, religiös imprägnierte Konstrukte. Aus diesem Grund gibt es ein Vorrecht der analytischen Kritik gegenüber der kondensierenden Synthese, und, so Reinhard Koselleck, das „Vetorecht" der Quellen[1] gegenüber den sekundären Konstruktionen abstrakter Theorien.

Gesellschaftspolitische Debatten setzen allerdings oft die Prioritäten anders, nämlich bei den postulierten Gemeinsamkeiten, vielleicht weil man in deren Identifizierung mehr Potenziale für ein friedliches Zusammenleben der Menschen sieht als in der Lösung von Konflikten, die auf Differenzen beruhen. Aber aus Gemeinsamkeiten werden leicht „Identitäten". Dieses Dilemma macht Samuel Huntingtons These vom „Clash of Civilisations" deutlich, die er 1993, vier Jahre nach dem Verlust der durch politische „Blöcke" in Ost und West vermittelten Weltorientierung, publizierte.[2] Die Konflikte der Zukunft seien nach dem Zusammenbruch des Kommunismus kulturell definiert, und das hieß für ihn nicht zuletzt: religiös begründet. Er ist für seine Vereinfachungen komplexer Religionsstrukturen zu „civilisations" oder für seine Reduktion von Politik auf Religion zu Recht viel gescholten worden, aber mit und ohne Huntingtons Thesen hat sich die schon lange existierende Rede von „der islamischen Welt", von „der christlichen Moderne" oder „der chinesischen Religion" ausgebreitet. Alle diese Kategorien erweisen sich bei näherem Hinsehen als falsch, weil sie einmal mehr Komplexität reduzieren und soziale Größen diskursiv schaffen, die es in der Wirklichkeit nicht gibt. Doch zugleich werden sie als Orientierungshilfen benutzt und sind in diesem

---

[1] Koselleck: Standortbildung und Zeitlichkeit, 45.
[2] Huntington: The Clash of Civilizations.

Sinn pragmatische Vor-Urteile, die als notwendige Komplexitätsreduktionen die unendliche Vielfalt des Wissbaren ordnen.

Der scheinbar freundliche Bruder von Huntington ist der Rückgriff auf unterstellte, oft erwünschte Gemeinsamkeiten von Kulturen, in der Hoffnung, damit die unerwünschten Konflikte bewältigen zu können. Aber solche Gemeinsamkeiten sind nicht nur eine sekundäre Abstraktion gegenüber von konkreten Gegebenheiten, sondern marginalisieren auch leicht den Reichtum, der in Unterschieden liegt. Und nicht zuletzt überspringen Gemeinsamkeiten oft das Konfliktpotenzial, das in der kulturellen Differenz liegt und deren Befriedung die Wahrnehmung von Differenz voraussetzt. Deshalb fokussiert dieses Buch, wohlwissend, dass die Identifikation von Unterschieden formallogisch Gemeinsamkeiten voraussetzt (siehe Kap. 3.2), auf Unterschiede als Angelpunkte, um Vielfalt, Leistungen und Gefahren von Religionen zu verstehen – auch, weil die religiöse Aufladung politischer Konflikte seit 1989 zugenommen hat und insofern Religionsgemeinschaften an einer Segmentierung der Welt in kulturelle Gegner teilhaben. Der Glaube jedenfalls, dass sich dieses Problem der politischen Brisanz von Religionen im Rahmen von sogenannten Modernisierungsprozessen erledigen könne, wie Säkularisierungstheorien im 20. Jahrhundert verkündeten, hat sich als realitätsfremd erwiesen. Religionen, die Probleme produzieren und lösen, sind uns erhalten geblieben.

Im Rahmen dieser asymmetrischen Dialektik von synthetischen Zugriffen auf Gemeinsamkeiten und analytischen Zugriffen auf Differenzen stelle ich die Frage nach der „,europäischen' Religionsgeschichte". Dabei ist der Ausgangspunkt nicht die Geschichte ihrer konkreten Inhalte, sondern der Anspruch, strukturelle Eigenheiten zu identifizieren. Das Ziel ist dabei nicht, um ein Missverständnis auszuschließen, ein kulturalistisches Bollwerk im Kampf der Zivilisationen aufzurichten, also nicht um den Versuch, essenzialistisch Religion zu (re-)konstruieren, sondern es geht darum, zu verstehen, welche Eigenheiten Europa in die globale Verflechtung der religiösen Traditionen einbringt.

Aber braucht man wirklich, so haben mich manche Forscherinnen und Forscher gefragt, einen solchen methodischen Aufwand? Reicht es nicht, die Probleme implizit im Text aufzugreifen? Theoretisch: ja, aber in der Praxis droht die Falle, die kulturelle Konstruktivität von „Fakten" en passant hinzunehmen oder gar, horribile dictu, die Beschreibung historischer Phänomene als pure Fakten misszuverstehen. Nein, die Plausibilität dieses Buches hängt an methodologischen Vorentscheidungen und weniger an Inhalten: Das ist keine aufregende Nachricht, weil dies für jedes wissenschaftliche Buch gilt. Wissenschaftliches Wissen ist (re-)konstruiertes Wissen, hängt ab von Deutungen und Selektionsentscheidungen, von (zumindest impliziten) normativen Annahmen und Verdrängungen, und immer wieder von der unhintergehbaren Perspektivität des Autors, auch wenn er diese noch so skrupulös reflektiert. Weil sich diese Probleme in besonderer Schärfe bei den von uns verwandten Begriffen zeigen, lege ich zu Beginn Rechenschaft über zentrale Festlegungen ab: Begriffe wie „Europa", „Religion" und „Entscheidung" erzeugen aufgrund ihres alltäglichen Gebrauchs konstant Missverständnisse, die die Religionsgeschichtsschreibung gerade im Blick auf interreligiöse Beziehungen als kulturelle Relativität ihrer Position zu reflektieren hat.

1.2 Schlüsselbegriffe

Die Historiographie jeder Religionsgeschichte hängt an Begriffen, mit denen wir kommunizieren, wahrnehmen und deuten. Diese banale Einsicht birgt ein kardinales Problem, weil eine komparative Religionsgeschichte mit Begriffen arbeiten muss, die von regionalen Pfaden (siehe Kap. 1.4) geprägt wurden. Die Wissenschaft verfügt nicht über Begriffe, die im Niemandsland eines kulturellen Esperanto entstanden wären, sondern ausschließlich über Begriffe aus konkreten kulturellen Traditionen. Wer derartige Begriffe zu komparativen Zwecken nutzt, importiert damit automatisch normative Implikationen dieser regionalen Traditionen.

Aufgrund dieser Pfadabhängigkeit können Begriffe zu false friends werden, wenn man bei der Übertragung von einer Kultur in eine andere nicht die Eigenheiten und damit die Begrenzungen aufgrund ihres Herkunftskontextes beachtet. Um mit einigen Beispielen vorzugreifen: Die Anwendung des neuzeitlichen okzidentalen Religionsbegriffs, der an die Existenz „heiliger Schriften" gebunden wurde, kann zur Konstruktion eines Kanon im Buddhismus führen, den es so nie gab (siehe Kap. 4.4.3), oder eine Religion mit eindeutiger Zugehörigkeit wie den „Hinduismus" als Entität entstehen lassen, die vor der europäischen Eroberung Indiens nicht existierte (siehe Kap. 1.2.2). Dieses Problem betrifft fast alle Religionen, von denen in diesem Buch die Rede ist, und auch fast alle Begriffe, die im Folgenden eine wichtige Rolle spielen werden, etwa „Mission" oder „Konversion" oder Exklusivität. Die Anführungszeichen vor „Hinduismus" (vor seiner emischen Nutzung im 20. Jahrhundert) haben angesichts dieses Faktums eine fast rhetorische Funktion und lassen sich nur damit rechtfertigen, dass „der Hinduismus" ein besonders massiver Fall der Konstruktion einer Religion aus einer Außenperspektive ist. Zudem sind historiographische Ordnungsbegriffe davon betroffen, etwa Zeitkonzepte, mit denen wir Religionsgeschichte gliedern, wie „Antike", „Mittelalter"; „Neuzeit" und „Moderne", und auch Derivate wie „Sandwich-" oder „Blütezeit" entstammen einer Historiographie, die Maß genommen hat an der europäischen Geschichte, deren Historiker in der „Neuzeit", meist im 19. Jahrhundert, derartige Begriffe geprägt haben. Diese Problematik betrifft auch die beiden zentralen Begriffe des Titels, Europa und Religion. Wer von Europa redet, geht davon aus, dass eine geographische, möglicherweise gar staatliche Gliederung auch im Blick auf andere Religionen Sinn macht, und wer von Religion spricht, transportiert Kriterien, die ihre entscheidende Wurzeln im Judentum, vor allem aber im Christentum der Antike haben und die im neuzeitlichen Okzident die Merkmale des heutigen Religionsbegriffs erhielten.

Es gibt aus dieser Bredouille zwischen kultureller Traditionsprägung und dem Anspruch auf transkulturelle Verwendbarkeit keinen goldenen Ausweg. Es gelingt in der Sprachpraxis nur ausnahmsweise, Begriffe neu zu schaffen, die von kulturellen Prägungen frei sind, und wenn dies gelingt, werden diese durch eine kulturrelative Nutzung sehr bald wieder mit normativen Implikationen aufgeladen. Aus diesem Grund sind wir gezwungen, auf regionale, objektsprachliche Begriffe wie „Okzident", „Europa" oder „Religion" zurückzugreifen. Zumindest eine Linderung dieser Problematik ermöglichen zwei Wege: Zum einen kann man auf besonders problembeladene Begriffe verzichten. Aus diesem Grund verwende ich etwa den Begriff Europa/europäisch nicht, wenn von vorneuzeitlichen Perioden die Rede ist, ebensowenig den Begriff des „Mittelalters" für außerokzidentale Kulturen, der Begriff „Moderne" fehlt aufgrund seiner vielfältigen normativen Implikate ganz; beim Begriff Religion hingegen lässt sich eine solche Praxis mangels Alternativen nicht durchhalten. Zum anderen kann man, und dies ist der realistische Königsweg, die verwendeten Begriffe einer Reflexion auf ihre kulturrelativen Implikate unterziehen und die normativen Dimensionen ausweisen.

1.2.1 Europa

Soll „,europäische' Religionsgeschichte" heißen, zu untersuchen, was in Europa *wichtig* ist? Oder soll es um die Frage gehen, was *spezifisch* ist? Die erste Option hätte es ermöglicht, eine auf Europa fokussierte Geschichte zu schreiben, als Modell einer auf Regionalkunde reduzierten Religionsgeschichte, aber dies hätte den Verzicht auf den Versuch bedeutet, die Stellung Europas in einer globalisierten Welt zu bestimmen. Die zweite Option, die ich gewählt habe, hingegen zwingt, andere Kulturen einzubeziehen, und evidenterweise wären mit mehr Kompetenzen, als ich sie besitze, die interkulturellen Kontexte präziser und die Erklärungen angemessener ausgefallen.

Wer eine europäische Entwicklung zu beschreiben beansprucht, muss also sagen, was er unter Europa versteht. In der Debatte befinden sich kategorial sehr unterschiedliche Angebote: geographische Definitionen („vom Ural bis ans Mittelmeer"), politische (Staatensystem der Frühen Neuzeit), historische (Erbe der Antike, Raum der Aufklärung), religionskundliche (christliches „Abendland") Festlegungen – Europadefinitionen sind eine offene Liste. Angesichts dieser Fülle von Deutungsoptionen scheint die Geschichte eines historischen Gegenstandes namens Europa ein gut 3000-jähriger, hochkomplexer Prozess der Identitätsbildung zu sein. Aber der historische Befund erweist die Sache ausnahmsweise als wesentlich einfacher.[3] In der Antike fällt der Europabegriff als politisches oder kulturelles Konzept weitgehend aus. Zwar gibt es den Terminus Europa, aber er bezeichnet fast ausschließlich eine geographische Größe, und diese mit wechselnden Grenzen. Herodot etwa verlegt die Region Europa in eine mythische Welt und bleibt dann, wenn er vom geographischen Europa spricht, in einer unklaren Zone: Er wundere sich, dass man drei Erdteile unterscheide[4] und dokumentiert eine große Unsicherheit in der Abgrenzung dieser Gebiete, wobei Europa offenbar große Teile der heute eurasisch genannten Landmasse umfasste.[5]

Für die nachantike Zeit ergibt sich ein ähnlicher Befund. Europa war ein marginaler Begriff, mit zwei möglichen Schwerpunkten: Damit konnte zunächst die lateinische „Christenheit" – ein seit dem 9. Jahrhundert benutzter Terminus[6] – gemeint sein. Daraus entstand allerdings kein politischer Begriff, schon weil entsprechende Trägergruppen fehlten.[7] Bis in die Neuzeit blieben der Bezug auf das Christentum und damit verknüpfte transregio-

---

3 Reichhaltiges Material findet sich in älteren Darstellungen, die aber meist die Konstruktivität von Europavorstellungen unterbelichten; Gollwitzer: Europabild und Europagedanke; Chabod: Der Europagedanke.
4 Herodot: Historien, 4,42.
5 Ebd., 2,16.
6 Berend: The Concept of Christendom.
7 Schneidmüller: Grenzerfahrung und monarchische Ordnung, 22.

nale Organisationen (etwa das Alte Reich, die Orden, der Kaiser) die wenigen verbindenden Elemente, deren man sich bewusst war.[8] Europa konnte sodann als geographischer Raum gefasst werden, der, wie schon in der Antike, wechselnde Grenzen zugewiesen bekam und kleiner oder größer als das heutige Europa ausfallen konnte,[9] etwa unter Ausschluss Skandinaviens oder des heute Ost-Mittel-Europa genannten Gebietes. Wie wenig Europa eine abgeschlossene Einheit war, mag man daran ablesen, dass sich zentrale Symbolorte außerhalb dieser Region befanden. So lag das Paradies auf der Ebstorfer Weltkarte (wohl um 1300) hinter Indien und Anfang und Ende der Heilsgeschichte spielten sich in Jerusalem ab.[10]

Wie häufig, schärfte auch im „Mittelalter" die Begegnung mit anderen Kulturen das Selbstbild. So dürften die Kontakte im levantinischen Raum in der Kreuzfahrerzeit den „Orient" stärker in das Bewusstsein der Okzidentalen gehoben und über diese Schiene deren Zusammengehörigkeitsgefühl intensiviert haben.[11] Aber ein politisches oder kulturelles Äquivalent zu unserem heutigen Europabegriff entstand nicht.[12] „Europa" blieb ein „Abrufbegriff", den man je nach Motivation instrumentalisieren konnte,[13] etwa wenn Karl der Große von Dichtern zum „pater Europae" stilisiert wurde – wobei ein fränkisches Gebiet gemeint war. Die neuere Mittelalterforschung hat auch die mit älteren Konzepten häufig verbundenen religiösen Identitätsmarker wie das „christliche Abendland" ad acta gelegt, das als Kampfbegriff des 19. und 20. Jahrhunderts dechiffrierbar ist, der von christlichen Intellektuellen zu einem Konzept gegen säkulare Europakonzepte aufgebaut[14] und in der NS-Zeit als „politischer Kampfbegriff"[15] verwandt wurde, der weniger historiographische Prozesse als vielmehr eine kulturelle Selbstverständigung thematisierte. Schließlich unterschlagen klassische Europavorstellungen die konstitutive Bedeutung von Vernetzungen und interkulturellen Beziehungen sowie die (manchmal zeitweilige) Präsenz nichtchristlicher Religionen (wie des Islam) oder von nichthegemonialen christlichen Gruppen (wie der Katharer). Vielmehr erscheint das mittelalterliche „Europa" heute auch als Ergebnis transkultureller Beziehungen, die das Bild einer christlich-europäischen „Einheitskultur" infrage stellen.[16]

In dieser nachantiken Periode ist für viele Kapitel dieses Buches wichtig, dass sich Byzanz einschließlich der heute als „europäisch" betrachteten Teile nie zu Europa zählte. Schon das klassische Griechenland hatte sich nicht als Teil Europas verstanden, Aristoteles lokalisierte Griechenland zwischen Europa und Asien. In dieser Tradition betrachteten sich

---

8 Vgl. die Quellen in: Die Idee Europa 1300–1946, hg. v. R. H. Foerster.
9 Borgolte: Perspektiven europäischer Mittelalterhistorie an der Schwelle zum 21. Jahrhundert, 14–16; Schneidmüller: Grenzerfahrung und monarchische Ordnung, 9–11.
10 Schneidmüller, ebd., 14f.
11 Jaspert: Die Kreuzzüge, 160.
12 Fischer: Oriens – Occidens – Europa; Oschema: Der Europabegriff im Hoch- und Spätmittelalter. Zum Untergang des im Frühmittelalter geläufigen Europabegriffs im 11. Jahrhundert vgl. Fischer, ebd., 107–115.
13 Schneidmüller: Die mittelalterlichen Konstruktionen Europas, 6.
14 Pöpping: Abendland; Hürten: Der Topos vom christlichen Abendland in Literatur und Publizistik nach den beiden Weltkriegen, 131–145; Scherzberg: Katholische Abendland-Ideologie der 20er und 30er Jahre, 11–28. Zur Geschichte des Begriffs s. Köhler: Abendland.
15 Faber: Abendland.
16 Mittelalter im Labor, hg. v. M. Borgolte; Borgolte: Christen, Juden, Muselmanen.

auch Byzantiner nie als Segment Europas und haben den Begriff nicht auf sich bezogen.[17] Vielmehr nahm die kulturelle Fremdheit gegenüber dem Okzident in der nachantiken Zeit zu. Die Byzantiner hatten nach dem 7. Jahrhundert „mit der inneren Entwicklung des lateinischen Europa ... nur noch sehr wenig zu tun und selbst das in abnehmendem Maße".[18] Die Beziehung wurde zunehmend asymmetrisch: Byzanz blieb für den Okzident im Hochmittelalter von eminenter Bedeutung, während umgekehrt der Okzident für Byzanz nurmehr eine marginale Rolle spielte;[19] erst die Bedrohung durch die Muslime ließ Byzanz in der Hoffnung auf Hilfe den Blick wieder stärker nach Westen richten.

Auch für die arabische Welt bildete das heutige Europa keine Einheit. Sie redete nicht von Europäern, sondern von „Franken", womit sie die Franken im Frankenreich, aber auch das Heilige Römische Reich oder noch größere Teile des Okzidents meinen konnte.[20] In der arabischen Sprache war der Begriff Europa marginal, er tauchte nur kurz in Übersetzungen aus dem Griechischen auf, wohingegen Asien als Begriff geläufig war.[21] Stattdessen unterschied man auf dem Gebiet des heutigen Europa Rhomäer (Römer), Saqaliba (Slawen), Majus/Magianer („Heiden" im Norden).[22] Über eine darüber hinausgehende Binnendifferenzierung verfügten zwar beispielsweise während der osmanischen Zeit die mit dieser Region befassten Verwaltungsbeamten, aber schon in der osmanischen Literatur oder Geschichtsschreibung schlugen sich diese Unterscheidungen nicht nieder.[23]

Gleichwohl waren es diese nicht zuletzt durch Konflikte induzierten Kulturkontakte mit der islamischen Welt, die Ansätze für ein späteres europäisches Bewusstsein und, so der Mediävist Bernd Schneidmüller, eine „wenigstens geistig evozierte Schicksalsgemeinschaft" schufen.[24] Nach dem Mongolensturm des 13. Jahrhunderts waren es vor allem die Türken, die mit der Eroberung Konstantinopels im Herbst 1453 schockartig eine äußere Bedrohung durch den Islam sichtbar werden ließen[25] und in elitären Kreisen ein Europabewusstsein schufen. Nikolaus von Kues, der 1437 Mitglied einer päpstlichen Gesandtschaft in Konstantinopel gewesen war, vor allem aber der Humanist Enea Silvio Piccolomini (1405–1464), der spätere Papst Pius II., reagierten auf den Fall des byzantinischen Reiches mit einem Appell an ein europäisches Bewusstsein. Im Rahmen dieser Formierung des geistigen Widerstandes gegen die Eroberung Konstantinopels machte der Piccolomini-Papst den Europabegriff stark[26] und kreierte auch einen dazugehörigen geographischen Raum. In seiner „Cosmographia"

---

17 Brague: Orient und Okzident, 49; Strohmaier: Hellas im Islam, 3–6; Salamon: Der Begriff Europa in der Spätantike und in Byzanz, 22f.
18 Lilie: Byzanz, 523.
19 Ebd., 533.
20 Schulze: Das Große Land der fränkischen Romanen oder Wie Europa zu einer arabischen Bedeutung gelangte, 227; Schneidmüller: Die mittelalterlichen Konstruktionen Europas, 10–12.
21 Lewis: Die islamische Sicht auf und die moslemische Erfahrung mit Europa, 68. 73.
22 Ebd., 71.
23 Ebd., 76.
24 Schneidmüller: Die mittelalterlichen Konstruktionen Europas, 13f.
25 Enea Silvio Piccolomini: Epistola ad Mahumetem.
26 Helmrath: Enea Silvio Piccolomini (Pius II.) – ein Humanist als Vater des Europagedankens?, 361–369; Enea Silvio Piccolomini: Epistola ad Mahumetem.

zählte er im Osten Polen, Böhmen, Ungarn, die Balkanländer und Griechenland, nicht aber Russland zu Europa.[27] Gleichwohl wurde auch daraus kein Gebiet mit einem einheitlichen kulturellen Selbstverständnis, und zudem war die Konjunktur seiner Idee erstmal nur von kurzer Dauer.[28] Vielmehr blieb Europa im Spätmittelalter ein instrumentalisierbares Konzept für „Päpste, Kardinäle und steuerfordernde Herrscher",[29] die „Europa" für ihre politischen Absichten verzweckten.

Im 16. Jahrhundert findet man, wieder ausgehend von intellektuellen Kreisen, erneut Formierungen eines ideellen Europakonzeptes, verstärkt durch soziale Faktoren wie verdichtete Verkehrs- und Kommunikationsnetze[30] und flankiert von außenpolitischen Bedrohungen. Europa konnte zu einer Einheit „für Geschichtsschreibung, Nachrichten, Landkarten, für Handelsbeziehung und politische Großordnung" werden, Machiavelli etwa konzipierte um 1500 Europa als „Raum vergleichbarer politischer Systeme".[31] Die kulturellen Indikatoren eines Europabewusstseins mehrten sich. Pier Francesco Giambullari (1495–1555) schrieb die 1566 postum veröffentlichte erste Geschichte Europas.[32] Das Bild Europas als Frau tauchte im 16. Jahrhundert auf und stellt sie als eigenständige Repräsentantin einer polyzentrischen Staatenwelt dar, in der nicht mehr christliche Universalmächte als Faktoren der Identität erscheinen; aber bald erschien sie auch als „Braut" und so als Objekt herrschaftlicher Machtpolitik.[33]

Als weiterer Kulturkontakt, der einen Schub für die Ausprägung eines okzidentalen Zusammengehörigkeitsbewusstseins bedeutete, gilt die Eroberung des Balkan durch die Türken und deren Angriffe auf Wien,[34] zuerst 1529 und insbesondere mit der zweiten Belagerung im Jahr 1683. Allerdings muss man auch hier eine Relevanzkonjunktur in Rechnung stellen. Schon in der zweiten Hälfte des 17. Jahrhunderts wurden die Türken zu Spielfiguren auf der Theaterbühne und galten nicht mehr als die große Gefahr, die man als Gegenfolie für die Ausbildung einer europäischen „Identität" benötigt hätte.[35] Dass in diesem Kontext ein ideeller Europabegriff gleichwohl Konturen bekam, dokumentiert die Formierung der Europagegner, die im 17. Jahrhundert antieuropäische Diskurse kreierten.[36]

In dieser Zeit begann die Karriere des Europabegriffs als politischer und kultureller Größe, bis er im 18. Jahrhundert zum Bestand des allgemein verbreiteten Wortschatzes wurde.[37] Drei Gründe hat der Historiker Winfried Schulz für diesen Prozess genannt: An erster Stelle den

---

27 Schulze: Europa in der Frühen Neuzeit – begriffsgeschichtliche Befunde, 43.
28 Oschema: Der Europabegriff, 225.
29 Schneidmüller: Die mittelalterlichen Konstruktionen Europas, 16.
30 Duchhardt: Europa am Vorabend der Moderne, 27–33.
31 Schulze: Europa in der Frühen Neuzeit, 45f.
32 Ebd., 46.
33 Europa im 17. Jahrhundert, hg. v. K. Bußmann/E. A. Werner; Schmale: Europäische Identität und Europaikonografie im 17. Jahrhundert; ders.: Geschichte Europas, 63–82; Maissen: Die Bedeutung der christlichen Bildsprache für die Legitimation frühneuzeitlicher Staatlichkeit, 164–169.
34 Kaufmann: „Türckenbüchlein", 60.
35 Köstlbauer: Europa und die Osmanen – der identitätsstiftende „Andere", 70f.
36 Burgdorf: „Chimäre Europa".
37 Schmale: Geschichte Europas, 11.

Konflikt zwischen den europäischen Großmächten, insbesondere zwischen Frankreich und Habsburg; deren Versuche, ein kontinentales Gleichgewicht herzustellen, ließen die europäischen Staaten als ein miteinander verbundenes System erscheinen. Sodann wirkten schon damals die Kenntnis und später die Eroberungspolitik außerhalb der angestammten Territorien auf das europäische Selbstbild zurück. Und schließlich stellte sich im 18. Jahrhundert ein verbreitetes Bewusstsein europäischer Überlegenheit ein.[38]

Nun erst, im 18. und insbesondere im 19. Jahrhundert, entwickelte sich ein Europabegriff, der zu einer identitätsstiftenden Projektions- und Abgrenzungsfolie werden konnte und so viele Überschneidungen mit unserem aktuellen Reden über Europa besitzt, dass man ihn auch ohne mentale Anführungszeichen verwenden könnte. Hier floss die romantische Vision eines christlichen Europa ein, wie sie 1799 Novalis in seinem Fragment „Die Christenheit oder Europa" beschwor: „Es waren schöne glänzende Zeiten, wo Europa ein christliches Land war, wo Eine Christenheit diesen menschlich gestalteten Welttheil bewohnte; Ein großes gemeinschaftliches Interesse verband die entlegensten Provinzen dieses weiten geistlichen Reichs."[39] Aber es war auch wieder der Kontakt mit außereuropäischen Kulturen, der die Konstruktionen innerer Homogenität beförderte. Ohne die Geschichte des europäischen Imperialismus, des hierarchischen oder sehnsüchtigen oder neugierigen Blicks auf die außereuropäische Welt, ohne Warenverkehr und Mission, ohne Handelsmonopole und Siedlungskolonisation, die im Zeitalter des Imperialismus in eine faktische Eroberung weiter Teile der damals bekannten Welt mündeten, ist diese Konstituierung eines europäischen Selbstverständnisses nicht zu verstehen.[40] Erst im 19. Jahrhundert rückte die über Jahrtausende globalgeschichtlich gesehen unauffällige, kleine Halbinsel der asiatischen Landmasse ins Zentrum der Weltgeschichte.

Nun zog man immer schärfere „Grenzen" – ein im 13. Jahrhundert über das Deutschordensland ins Deutsche als slawisches Lehnwort eingeführter Begriff[41] – und schuf kulturräumliche Gegenwelten, etwa mit einem abgegrenzten Raum namens „Asien" oder dem „Osten". Aber schon in dem Versuch, diese Grenzen näher zu bestimmen, dokumentierte sich die konstruktive Dimension der europäischen „Identität". Denn zu welchem „Osten" bildete Europa geographisch „den Westen", etwa zu demjenigen, der um 1890 als politisches Konzept kreiert wurde?[42] Zum Fernen Osten, zum Nahen Osten, zum islamischen oder arabischen Orient?[43] Jetzt erst entstand ein Kontinent namens Asien als Gegenwelt zu Europa,[44] und in diesem Sinne sei, so Jürgen Osterhammel, „Asien ... eine Erfindung Europas".[45] In diesem Prozess wurde das Bild Asiens eskamotiert: Aus den weisen Orientalen des 18. Jahrhunderts wurde die Welt der orientalischen Despotie ein Jahrhundert später. Man sah nicht mehr den Reichtum des Ostens, nicht mehr „Aladins Schatzhöhle", sondern zurückgebliebene

---

38 Schulze: Europa in der Frühen Neuzeit, 49.
39 Hardenberg (u. d. Pseudonym Novalis): Die Christenheit oder Europa, 189.
40 Osterhammel: Die Verwandlung der Welt.
41 Grenze, in: Deutsches Wörterbuch von Jacob und Wilhelm Grimm, Sp. 124.
42 Winkler: Geschichte des Westens, 17; Winkler sieht im Zentrum eine religiöse, eine christliche Prägung.
43 Brague: Orient und Okzident, 46f.
44 Osterhammel: Die Entzauberung Asiens.
45 Ders.: Vielfalt und Einheit im neuzeitlichen Asien, 9.

Länder,⁴⁶ denen man glaubte, durch die Segnungen des europäischen Fortschritts aufhelfen zu müssen. Wissenschaftliche Erkenntnis und Technisierung, Industrialisierung und Urbanisierung, Demokratie und Verfassungsstaat, Privatisierung und Säkularisierung wurden zu Markenzeichen eines Fortschrittsglaubens, der Europa zur kulturellen Avantgarde stilisierte und seiner Kultur eine „mission civilisatrice" zuschrieb. Zwar gab es schon früh Kritik an der europäischen Überheblichkeit, etwa in der „Histoire philosophique et politique ... dans les deux Indes", die der Abbé Thomas Guillaume Raynal und Denis Diderot 1770 herausgaben. Und acht Jahre später publizierte Abraham-Hyacinthe Antequil-Duperron seine „Législation orientale",⁴⁷ in der er die Theorie des „orientalischen Despotismus" als europäische Projektion entlarvte und der mit seiner Übersetzung der Zend-Avesta und erster Upanischadentexte Asien aus der Zuschreibung kultureller Inferiorität löste.⁴⁸ Aber die Beziehungen zwischen Asien und Europa entwickelten sich zunehmend asymmetrisch. Die „inklusive Eurozentrik", die Europa in die neu dimensionierte Weltgeschichte integrierte, schlug in eine „exklusive Eurozentrik" um,⁴⁹ in der Europa zum Maßstab der Welt wurde – und zugleich, oft ohne dass man es merkte oder wahrhaben wollte, durch diese Kulturkontakte selbst verändert wurde.

Parallel zu diesem verstärkten Zusammengehörigkeitsbewusstsein entstanden in Europa Nationalstaaten, die gegeneinander in nie zuvor gekannter Weise abgeschottete Kulturräume konstruierten, indem sie nach innen nationale Identitäten schufen, die mit einer Reduktion kultureller, regionaler und sprachlicher Vielfalt einhergingen und die Staaten entstehen ließen, deren Grenzen gewachsene Kulturräume zerschnitten. So kam Flandern an die Niederlande, Belgien und Frankreich, Tirol an Italien und Österreich, Luxemburg wurde ein eigenständiger Staat, der in Belgien eine eigene Region Luxemburg hinterließ. Aber diese sich teilweise in „Erbfeindschaften" gegenüberstehenden Staaten einte die Überzeugung der europäischen Superiorität. Der Kolonialismus, der die gefühlte Überlegenheit machtpolitisch durch Eroberungen realisierte, verschärfte diese Seite der europäischen „Identität" und das Bewusstsein einer europäischen Eigenart massiv. Die Genese der dahinterstehenden ökonomischen Macht Europas gehört zu den Sonderentwicklungen des 19. Jahrhunderts, die, so Jürgen Osterhammel, immer „rätselhafter" werde,⁵⁰ je mehr man mit neueren Forschungen realisierte, dass die Unterschiede gegenüber anderen Kulturen weitaus geringer waren als lange gedacht. Religionsgeschichtlich sind der Export des europäischen Religionskonzeptes oder der organisierten Religionen wichtige Dimensionen dieses Kulturtransfers, während die Einsicht in die Relativität des europäischen Modells sowie die Veränderung des Christentums durch die Begegnung mit nichteuropäischen Religionen die Rückwirkungen der europäischen Expansion dokumentieren.

Erst im 20. Jahrhundert, nach zwei Weltkriegen, die von Europa ausgingen und die die „belle époque" in Strömen von Blut ertränkten, ging Europa den Weg zu der Europäischen

---

46 Ders.: Die Entzauberung Asiens, 382.
47 Antequil-Duperron: Législation Orientale.
48 Winter: Indische Philosophie und Religion als Vollendung der abendländischen Weisheit im Oupnek'hat des Abraham H. Anquetil-Duperron.
49 Vgl. Osterhammel: Die Entzauberung Asiens, 62f.
50 Ders.: Verwandlung der Welt, 927.

Union. In diesen Prozessen wurde der Europabegriff zu dem Konzept modifiziert, das heute vorherrscht.[51] Dabei kamen nationalstaatskritische Traditionen zur Geltung, die in der Hochzeit des Nationalismus marginalisiert worden waren: romantische Konzepte, die auf vornationalstaatliche, oft projektive Ideen einer (mittelalterlichen) Einheit zurückgriffen, oder transnationale Traditionen, die von katholisch geprägten Protagonisten aus den Randgebieten von Nationalstaaten oder kleinen Ländern stammten: Konrad Adenauer (Rheinland), Charles de Gaulle (Lothringen), Alcide de Gasperi (Trentino), Robert Schuman (Luxemburg). Diese Union sieht sich auf gemeinsame „Werte" begründet: „Achtung der Menschenwürde, Freiheit, Demokratie, Gleichheit, Rechtsstaatlichkeit und die Wahrung der Menschenrechte einschließlich der Rechte der Personen, die Minderheiten angehören, ... Pluralismus, Nichtdiskriminierung, Toleranz, Gerechtigkeit, Solidarität und die Gleichheit von Frauen und Männern".[52] Einen expliziten Bezug auf Gott und auf religiöse, namentlich christliche und jüdische Traditionen hatten Länder mit einer laizistischen Tradition, insbesondere Frankreich, im EU-Vertrag nicht akzeptiert, wohl aber hatte man einen religionsaffinen Passus in einem zweiten Grundlagentext, dem Vertrag von Lissabon, aufgenommen:

> (1) Die Union achtet den Status, den Kirchen und religiöse Vereinigungen oder Gemeinschaften in den Mitgliedstaaten nach deren Rechtsvorschriften genießen, und beeinträchtigt ihn nicht. (2) Die Union achtet in gleicher Weise den Status, den weltanschauliche Gemeinschaften nach den einzelstaatlichen Rechtsvorschriften genießen. (3) Die Union pflegt mit diesen Kirchen und Gemeinschaften in Anerkennung ihrer Identität und ihres besonderen Beitrags einen offenen, transparenten und regelmäßigen Dialog.[53]

Von dieser historischen Skizze aus lässt sich die Rolle von Europakonzepten für eine „,europäische' Religionsgeschichte" bestimmen. Negativ gesagt gibt es keinen Europabegriff, der sich mit auch nur annähernd gleichen Inhalten über 2000 oder 3000 Jahre strecken ließe. Europa ist ein diskursiver und bleibt deshalb ein umstrittener Begriff,[54] ein Ergebnis von Zuschreibungen und Projektionen, das in unterschiedlichen Epochen von unterschiedlichen Gruppen mit unterschiedlichen Interessen immer neu entstand. Dabei wurden Räume zu einem Raum verdichtet, trotz wechselnder Zentren und beweglicher Grenzen. Es gibt keine essenzialen Merkmale (die zudem häufig identitätspolitische Konzepte transportieren: von Europa als „christlichem Projekt"[55] oder als „Wertegemeinschaft"[56] bis zu Huntingtons Konzept kulturell definierter Räume), sondern nur regional und temporal begrenzte Einheiten. Europa ist eine „imagined community"[57] und eine „invention of tradition",[58] deren Inhalte allerdings historisch kontingent und insofern nicht beliebig konstruierbar sind.

---

51 Kaelble: Europäer über Europa.
52 Vertrag über die Europäische Union, konsolidierte Fassung vom 9.5.2008 (Vertrag von Lissabon), Art. 2.
53 Ebd., Art. 17.
54 Vgl. Sarasin: Geschichtswissenschaft und Diskursanalyse (v. a. die Einleitung); Begriffsgeschichte, Diskursgeschichte, Metapherngeschichte, hg. v. H. E. Bödeker.
55 Europa: ein christliches Projekt?, hg. v. U. Altermatt u. a.
56 Die kulturellen Werte Europas, hg. v. H. Joas/K. Wiegandt.
57 Anderson: Imagined Communities.
58 Hobsbawm: Introduction. Invention of Traditions.

Eine „,europäische' Religionsgeschichte" bezieht sich insofern auf eine kulturelle Konstruktion und ist Ausdruck einer normativen Position. Der Ausgangspunkt meiner historischen Selektion ist grosso modo das EU-Europa mit einem offenen Kranz von Nachbarstaaten, mithin steuert eine aktuelle politische und kulturelle Größe die Wahrnehmung historischer Prozesse. Es geht mit anderen Worten um die Geschichte von Traditionen, die in das heutige, größtenteils von der Europäischen Union abgedeckte Europa eingeflossen sind. Diese Spannung zwischen einer interessierten und insofern normativen Perspektive und der historiographischen Forderung nach einer wertneutralen Forschung, die insbesondere einen Verzicht auf die Fremdbestimmung eines geschichtlichen Gegenstandes durch eine Perspektive außerhalb ihrer selbst impliziert, bleibt dabei unaufhebbar.

Abschließend noch eine Bemerkung zu einem möglichen normativen Missverständnis bei der Fokussierung auf die okzidentale/europäische Perspektive. Es geht in diesem Buch nicht um die potenzielle Einzigartigkeit Europas einschließlich des möglichen Missverständnisses, darin eine europäische Superiorität zu sehen, sondern um mögliche Eigenheiten, also um die Wahrnehmung von Differenz auf einer egalitären, horizontalen Ebene. Man könnte strukturanalog zu einer „europäischen' Religionsgeschichte" jede andere Region untersuchen und so eine „indische" oder „asiatische" Religionsgeschichte schreiben. Sie würden ähnlich perspektivisch, selektiv und somit normativ ausfallen. Diese Begrenztheit lässt sich nicht prinzipiell aufheben, weil es keine nichtpartikularen Perspektiven gibt, wohl aber die Möglichkeit und Notwendigkeit, diese Grenze als Bedingung wo immer möglich zu reflektieren. Konkret gehört eine über weite Strecken politische und/oder kulturelle Hegemonie des Christentums zu den religionshistorischen Eigenheiten des Okzidents respektive Europas, doch bleibt deren Reichweite kontextuell zu bestimmen. Vor diesem Hintergrund habe ich das Adjektiv europäisch für den so heute genannten Raum in den Titel aufgenommen. Wenn allerdings das Substantiv Europa nur im Bereich der Neuzeit Sinn macht, empfiehlt sich für ältere Epochen der Begriff des Okzidents, der im Mittelmeerraum – für den der Westen das Gebiet der untergehenden Sonne war – mit einer vergleichsweise geringen normativen Aufladung historisch verwandt worden ist; einen ähnlichen Weg gehen inzwischen Publikationen, die statt Europa vom „Westen" sprechen.[59] Angesichts dieser Problemlage ist die Rede von der „,europäischen' Religionsgeschichte" in diesem Buch (mit kleingeschriebenem Adjektiv, um auch damit essenzialisierenden Deutungen zu wehren) ein Kompromiss, um mit einem etablierten Begriff (siehe Kap. 1.3.1) die wissenschaftliche Kommunikation zu erleichtern.

1.2.2 Religion

Nicht minder problematisch als der Begriff Europa ist derjenige der Religion. Denn in den Kulturwissenschaften ist seit langem klar, dass dieser Begriff in seiner heute vielfach geläufigen

---

[59] Etwa Nemo: Was ist der Westen? (konzentriert auf Fragen von Recht und Demokratie); Winkler: Geschichte des Westens (mit dem Interesse, die neuzeitliche Entwicklung in Nordamerika einzubeziehen, in der historischen Perspektive unter Einbeziehung von klassischen Positionen der Bedeutung der Christentumsgeschichte [S. 25–82]); oder Ferguson: Der Westen und der Rest der Welt (der Religion nur sporadisch thematisiert).

Verwendung eine okzidentale Genese und genuin westliche Inhalte besitzt und folglich jeder komparative Zugang zu einer „europäischen' Religionsgeschichte" semantisch normiert ist. Damit ist der Religionsbegriff nur ein Beispiel für den Normalfall, dass unsere regionale Sprache unser Denken und folglich auch unsere religiösen Vorstellungen prägt.[60] Ernst Feil konnte in seiner monumentalen Studie zur Geschichte des Begriffs der religio/Religion[61] nachweisen, dass religio bis zum Beginn des 18. Jahrhundert in der Regel eine Praxis des angemessenen und richtigen Verhaltens gegenüber Gott bezeichnete und in das Bedeutungsfeld von pietas und cultus gehörte, darin der antiken Verwendung des Begriffs nahestehend. In der Neuzeit kam es aber zu einer massiven Verschiebung des semantischen Profils. Zum einen wurde Religion zunehmend als Abstraktum über oder jenseits von konkreten Religionen verstanden, zum andern als persönliche oder innerliche Haltung. Dazu kam im 18. Jahrhundert eine Ethisierung von Religion, die religiöses Handeln auf „richtiges" oder „falsches" Sozialverhalten zentrierte. Im kulturvergleichenden Blick wird darüber hinaus deutlich, dass dieser Religionsbegriff weitere Merkmale besitzt, die aus europäischer Perspektive universell wirken, de facto aber kategorial oder im Ausmaß ihrer Prägung von okzidentalen Vorstellungen abhängig sind: ein über Lehren (Dogmen) gesteuertes Selbstverständnis, eine zunehmende Fokussierung auf den Schriftgebrauch als Zentrum religiöser Praxis oder, davon wird in diesem Buch zentral die Rede sein, die Konstruktion von Zugehörigkeit über Mitgliedschaft und mit dem Anspruch auf Exklusivität, die wiederum eine hohe Institutionalisierung der Kirchen mit sich gebracht hat, die schließlich in Gestalt der neuzeitlichen Konfessionskirchen im interreligiösen Vergleich vermutlich ihresgleichen sucht. Mit diesen möglichen Elementen einer Religionsdefinition, die mit Entscheidung, Exklusivität und der damit realisierbar werdenden instituionellen Form arbeitet, gerät man in einer historischen Arbeit in ein zirkuläres Definitionsproblem, weil diese Dimension eine kulturrelatives Produkt der Christentumsgeschichte ist, dessen Nutzung für das entstehende Christentum und seine Umfeldreligionen Ergebnisse einer späteren Veränderungsgeschichte in die Frühzeit transportiert.

Mit diesen Elementen eines Religionsbegriffs wurden Klassifizierungssysteme geschaffen und die dazugehörigen Kollektivsubstantive für außereuropäische Religionen kreiert oder operationalisiert: „Buddhismus" als Substantiv entstand, nachdem man über Jahrhunderte nur ein sehr fragmentarisches Wissen besessen hatte, um 1800 und dokumentierte neben einem gewachsenen Wissen das Bewusstsein, es mit einer komplexen Religion zu tun zu haben;[62] wenig später kam der „Hinduismus" hinzu (s. u.). Begriffe für Frömmigkeitspraktiken wurden geschaffen, etwa die „Spiritualität" im Frankreich des 17. Jahrhunderts,[63] oder ein taxonomischer Terminus wie „Weltreligionen" im 19. Jahrhundert auf der Basis aufklärerischer Universalismen[64] und im Rahmen der imperialistischen Ausbreitung Europas.[65] Im

---

60 Whorf: Sprache, Denken, Wirklichkeit.
61 Feil: Religio.
62 Mazusawa: The Invention of World Religions, 121–146; Droit: The Cult of Nothingness, 12f. Wichtige Überblicksinformationen bei Susanne Ott: First occurrence of the term „Buddhism", h-buddhism-mail@mailman-list.net, 20.4.2015, der ich auch für weitere Informationen danke.
63 Peng-Keller: Zur Herkunft des Spiritualitätsbegriffs, 39f.
64 Mazusawa: The Invention of World Religions.
65 Auffarth: Reichsreligion und Weltreligion, 38–40.

Angesicht der kulturrelativen Prägung potenzieller Merkmale des Religionsbegriffs wird aber jede Anwendung auf außereuropäische „Religionen" (aber auch auf das okzidentale „Mittelalter" und die Antike) zu einem Akt potenzieller Fremdbestimmung.

Die Zuweisung dieser Merkmale geschah vor dem Hintergrund eines Prozesses funktionaler Differenzierung neuzeitlicher Gesellschaften, in denen die Religion als eigenes „System" entstand. Diese Unterscheidung (nicht: Trennung) von beispielsweise Religion und Politik, Religion und Medizin oder Religion und Recht hat Religion zu einer in der Gegenwart scheinbar isolierten Größe gemacht, die das religionswissenschaftliche Religionsverständnis und namentlich die komparative Religionswissenschaft bis heute prägt.[66] Allerdings wurde diese Unterscheidung in der okzidentalen Neuzeit nicht erfunden, sondern verschärft. Eine nachhaltig wirkende Form dieses Differenzbewusstseins liegt schon in der jesuanischen Aufforderung „Gebt dem Kaiser, was des Kaisers ist, und Gott, was Gottes ist" (Mt 22,21) vor, und analoge Unterscheidungen kann man auch in der nichtchristlichen Antike und in außereuropäischen Religionen entdecken.[67] Aber mit der Übertragung einer solchen Vorstellung auf andere Kulturen gewinnt man nicht nur neue komparative Analysemöglichkeiten, sondern handelt sich auch die Frage der Angemessenheit der Übertragung dieses an der okzidentalen Geschichte gewonnenen Konzeptes ein, insbesondere wenn man Religion als funktional eigenständigen Bereich versteht. Das Problem eines ideen- und sozialgeschichtlich von der okzidentalen Tradition informierten Religionsbegriffs zieht sich als reflektiertes, aber nicht aufgelöstes Problem durch diese gesamte Arbeit. Die in jüngster Zeit vermehrt entstehenden Arbeiten zum Religionsbegriff in anderen Religionen machen deutlich, wie groß die Spannung zwischen ähnlichen und dennoch schwer vergleichbaren Konzeptionen ist, nicht zuletzt weil ähnliche Kategorien (Praxis, Institution, Lehre) mit unterschiedlichen Inhalten und Zuordnungen äquivalente Begriffe zu demjenigen der Religion füllen.[68] In den Debatten der letzten Jahre ist der Befund allerdings insofern nochmals komplizierter geworden, so dass der Versuch, anderen Kulturen ihre Eigenheit wiederzugeben, indem man ihre religiöse Praxis möglichst nicht mit einem europäischen Religionsbegriff verstehen will, nun seinerseits als Projektion kritisiert wird, weil es in anderen Religionen durchaus Strukturen gebe, die mit der „westlich-neuzeitlichen" Konzeption von Religion (fast immer mit dem Blick auf

---

66 Diese Konzeption in Anlehnung an Überlegungen Volkhard Krechs und an Diskussionen im Käte Hamburger-Kolleg „Dynamiken der Religionsgeschichte" an der Universität Bochum.
67 Etwa Kollmar-Paulenz: Zur Ausdifferenzierung eines autonomen Bereichs Religion.
68 Exemplarisch: Zur Antike Vössing: Das Verhältnis „religio" – „superstitio" und Augustins *De ciuitate dei*; Berner: Moderner und antiker Religionsbegriff; Bendlin: Nicht der Eine, nicht die Vielen; Fitzgerald: The Ideology of Religious Studies, 19 (zur Überlast jüdisch-christlicher Konzepte).
Zu Asien s. den Band Religion in Asien?, hg. v. P. Schalk (mit der Tendenz in vielen Beiträgen, bei allen Unterschieden Äquivalente zu identifizieren). Darüber hinaus Kleine: Wozu außereuropäische Religionsgeschichte?, 8–24 (Ostasien); Malinar: Before „religion" in India? („Hinduismus"); Kollmar-Paulenz: Zur Ausdifferenzierung eines autonomen Bereichs Religion (tibetischer Buddhismus); dies.: Außereuropäische Religionsbegriffe, 87–91 (mongolischer Buddhismus); Bretfeld: Resonant Paradigms, 279–282 (Buddhismus auf Sri Lanka); Durbridge: Die Weitergabe religiöser Traditionen in China, 17–19 (China, v. a. zur über Japan vermittelten Übersetzung des Begriffs Religion durch den Begriff „zongjiao").
Zum Islam s. etwa Glei/Reichmuth: Religion between Last Judgement, Law and Faith, 247–271; zur kultischen Grundbedeutung von „dīn" s. Schulze: Der Koran und die Genealogie des Islam, 299f. 421.

ein System, in dem Religion durch funktionale Differenzierung bestimmt wird) viele Ähnlichkeiten besitze.[69] Aber auch dann würde gelten, dass man über eine „‚europäische' Religionsgeschichte" viel lernen könnte, wenn sie im Rahmen einer „indischen" oder „afrikanischen" Religionsgeschichte behandelt würde.

Im Rahmen dieses Differenzierungsprozesses entstand seit dem 18. Jahrhundert, vor allem aber seit den letzten Jahrzehnten des 19. Jahrhunderts, die Religionswissenschaft als Kind der europäischen Geschichte (siehe Kap. 1.3.2), die sich anschickte, die außereuropäische Religionsgeschichte zu erforschen.[70] Die dabei verwandten Konzepte und Begriffe blieben zuinnerst europäischen Traditionen verhaftet. Von der „Seele" über das „Heilige" bis zur „Religion" und der „Religionsgemeinschaft" war und ist das religionswissenschaftliche Vokabular mit Vorstellungen christlicher Provenienz durchtränkt, die andere religiöse Traditionen zumindest so nicht besitzen. Der palästinensische Literaturwissenschaftler Edward Said hat dies 1978 unter dem Stichwort des „Orientalismus" als Vergewaltigung des Ostens durch den Westen mithilfe der Wissenschaft gegeißelt[71] und damit die postkoloniale Debatte über die Beteiligung der Religionswissenschaft an der Konstruktion von außereuropäischen Kulturen mit europäischen Konzepten intensiviert – wobei man wissen muss, dass der Palästinenser Said schon mit der amerikanischen Staatsbürgerschaft geboren wurde, Protestant war und seine akademische Karriere in den USA machte. Bei aller Kritik an Saids Konzept, dem man zu Recht vor allem eine einseitige Konstruktion der Abhängigkeit des „Orients" vom „Okzident" vorwarf, hat diese Kontroverse das Problembewusstsein der Fundierung des Religionsbegriffs in der westlich-christlichen Deutungskultur immens geschärft.

Zudem wurde klar, dass all das nicht irgendwie und allgemein „westlich", „okzidental" oder „europäisch" ist, sondern aus partiellen Deutungskulturen kommt: Der Begriff der „Seele" entstammt der Rezeption der griechischen Anthropologie in Juden- und Christentum, das „Heilige" in der religionswissenschaftlichen Deutung ist eine antihistoristische Konstruktion des 19. Jahrhunderts, die „Religionsgemeinschaft" als soziologisches Konzept trägt das Erbe christlicher Gemeindevorstellungen in die um 1900 zwischen „Gemeinschaft" und „Gesellschaft" diskutierten Sozialstrukturen ein. Zudem ist die Geschichte der Religionsforschung des 19. Jahrhunderts stark protestantisch geprägt, etwa in der Konzentration auf Schrift, der damit verbundenen Relativierung von Riten und in der Fokussierung auf individuelle und verinnerlichte Religionspraktiken. Damit aber wird die Übertragung des Religionsbegriffs schon auf frühere Epochen der europäischen Geschichte als das späte 18. Jahrhundert und allemal auf nichteuropäische Religionen zusätzlich problematisch.

Die Religionsforschung sieht dieses Definitionsproblem des Religionsbegriffs seit längerem. Einen Ausweg suchte sie in der Entgrenzung des Religionsbegriffs in ein funktionales Religionsverständnis, in welchem jede Art von Sinnsuche oder Sinngebung religiös verstan-

---

69 Für die römische Antike s. Vössing: Das Verhältnis „religio" – „superstitio" und Augustins *De ciuitate dei*; für den mongolischen Buddhismus s. Kollmar-Paulenz: Zur Ausdifferenzierung eines autonomen Bereichs Religion; dies.: Lamas und Schamanen. v. a. 161f. Buddhisten kreierten dann ihrerseits wieder neue Religionssysteme, etwa den Schamanismus (S. 162–173).
70 Kippenberg: Die Entdeckung der Religionsgeschichte; Handbuch religionswissenschaftlicher Grundbegriffe, hg. v. H. Cancik u. a.; Molendijk: The Emergence of the Science of Religion in the Netherlands.
71 Said: Orientalism.

den werden kann. Wenn man aber von Opfern in Tempeln bis zu Fußballspielen jede sinnhafte Tätigkeit als religiös qualifiziert, wird der Religionsbegriff ubiquitär und verliert seine Differenzierungsfähigkeit. Die mögliche Qualifizierung liegt in inhaltlichen Definitionselementen („Gott", „das Göttliche", „Transzendenz"). Aber noch bevor man die Zuschreibung derartiger Inhalte diskutiert, stellt sich die Frage, wer legitimerweise definiert, was Religion ist: die Akteure oder die Beobachter? Ist also Religionsdefinitionen eine Selbst- oder eine Fremdbeschreibung zugrundezulegen? Wie ist zwischen Religion und religionsförmigen Systemen, etwa Weisheitslehren, Philosophien oder Weltanschauungen, zu unterscheiden? Kommt man ohne eine externe Definition aus, die das Selbstverständnis einer Gruppe berücksichtigt, aber nicht notwendigerweise zum gleichen Ergebnis wie diese kommt? Klar ist immerhin, dass man handlungstheoretische Elemente in den Religionsbegriff einbeziehen muss: Dazu gehören die religiöse Praxis und namentlich Rituale,[72] aber überhaupt der Bereich der materialen Religionsgeschichte,[73] um die protestantisch geprägte Fixierung auf kognitive und schriftförmige Dimensionen von Religion zu relativieren. Auch wenn im Zentrum wissenschaftlicher Religionsforschung sprachbasierte Zugänge zu religiösen Phänomenen stehen, bleiben diese immer ein aposteriorisches Konstrukt gegenüber einer vorgängigen Praxis.

Evident ist zudem, dass der Begriff einer Religion im Singular heterogene und transitorische Momentaufnahmen von Religionen aggregiert: Es gibt einen Singular namens Buddhismus oder Judentum oder Christentum oder Islam nur als höchst abstraktes Konstrukt, weil jede Religion bis zur Gegenläufigkeit verschiedene Strömung beinhalten kann. Und natürlich verändert sich ein solcher Kollektivsingular immer im historischen Verlauf, denn Religion existiert nur als Transformationsprodukt. Beispielsweise haben die jüdischen Schriftgelehrten, die in der Zeit des Zweiten Tempels Schriften sammelten, wenig gemein mit den Vorstehern einer heutigen orthodoxen jüdischen Gemeinde, die die Thora als festes Regelwerk interpretieren. Das Christentum, das in der Spätantike Staatsreligion wurde, unterscheidet sich von den politischen Vorstellungen eines Jesus von Nazareth ebensosehr wie von der mittelalterlichen Papstkirche oder von einer heutigen charismatischen Gemeinde oder von einem liberalprotestantischen Intellektuellen. Ein islamischer Ausleger des Aristoteles mutazilitischer Tradition aus dem 10. Jahrhundert besitzt mit einem Salafisten von heute nur eine kleine Schnittmenge von Gemeinsamkeiten, und das Ideal des buddhistischen Sangha als Gemeinschaft weltdistanzierter Mönche hat nur wenig gemein mit der Machtverwaltung durch buddhistische Klöster im Tibet des 15. Jahrhunderts. Alle diese Religionen verbindet die Berufung auf einen gemeinsamen Ursprung, aber sie kommen nur deshalb in der Gegenwart an, weil sie diesen Ursprung immer wieder akkulturiert, reinterpretiert, neu selegiert, umgedeutet, eben transformiert haben. Dies bedeutet nicht, Singulare wie „das Judentum", „das Christentum", „der Islam" oder „der Buddhismus" aufzugeben, aber der hohen Abstraktionsleistung gewärtig zu bleiben, die in diesen Allgemeinbegriffen steckt. Eigentlich müsste man von Hinduismen, Buddhismen, Christentümern oder islamischen Traditionen sprechen, aber in der Dogmatisierung eines solchen Sprachgebrauchs würde die Sprach-

---

72 Riesebrodt: Cultus und Heilsversprechen.
73 Meyer/Houtman: Material Religion; Meyer: Mediation and the Genesis of Presence.

pragmatik leiden, weil wir ohne solche Abstrakta etwa Vernetzungen nur schwer beschreiben könnten und vor der Lesbarkeit eines Textes hohe Hürden aufbauen würden. Vielleicht droht das größte Problem hinter der Frage, in welchem Ausmaß durch solche Kollektivsingulare Untersuchungsgegenstände überhaupt erst geschaffen werden, wie es prominent etwa mit „dem Hinduismus" geschah, der wohl zuerst von Muslimen als kollektive Religionstradition wahrgenommen wurde, ehe er von den Briten im Rahmen einer religionspolitischen Ordnung Indiens als Religion im europäischen Verständnismerkmal konstruiert wurde (s. u.). Man kann dies die Huntington-Gefahr einer religionswissenschaftlichen Taxonomie nennen, die Zivilisationen schafft, die es zumindest in der postulierten Eindeutigkeit und mit scharfen Grenzen nicht gibt und bei denen in größerem Ausmaß von innerer Pluralität und von Abgrenzungen durch Hegemonie sowie von inter- und transkulturellen Verknüpfungen die Rede sein müsste.

Schließlich gibt es eine Dimension der Bestimmung von Religion, die so tief verwurzelt wie religionswissenschaftlich fatal ist, die Idee, Religion müsse von ihrem Anfang her interpretiert werden. Die Rolle von Stiftern, Grundschriften oder Ursprungsmythen zog und zieht ein hohes Maß an religionswissenschaftlicher Aufmerksamkeit auf sich und insinuiert die Vorstellung, dass Religion von ihren Anfängen her verstanden werden müsse. Aber wenn man Anfänge normativ zum Maß späterer Entwicklungen erklärt, steckt darin in der Regel ein beträchtliches Maß an nicht reflektierter Mythologie und Theologie. Angesichts der tiefgreifenden Veränderungen, denen Religionen im Verlaufe einer langen Geschichte unterliegen, ist die „Treue" zum „Ursprung" oft mehr Postulat als Realität. Für eine auf Austauschprozesse hin angelegte Perspektive ist hingegen die Einsicht fundamental, dass Religionen ausschließlich als Traditionen bestehen. Wenn etwa christliche Muster der Organisation von Religion im Islam übernommen werden oder lateinische Christen Zen-Meditationen praktizieren, mag das für Angehörige einer Religionsgemeinschaft ein Grund sein, die „Rückkehr zum Ursprung" oder eine „Reform(ation)" auszurufen – für den Religionswissenschaftler ist dies der Normalfall transformierter Religion.

Sucht man angesichts dieses Problemportfolios nach inhaltlichen Definitionsoptionen, kehrt das Problem kulturrelativer Merkmale mit voller Macht zurück. Ein Kennzeichen wie „Gott" ist zu personalistisch gedacht, um auf Religionen anwendbar zu sein, die ein apersonales „Göttliches" postulieren. Beide Begriffe können mit dem Prädikat „transzendent" versehen werden, aber auf religiöse Konzepte wie den „Pantheismus" passt dieses Kriterium nicht. Religionskonzepte wiederum, die mit negativen Definitionen arbeiten und den Kern einer Religion im Nichtsagbaren sehen, verfehlen die Praxis und weite Teile der Reflexion in allen Religionen. Es gibt meines Erachtens eine Lösung, die dem unaufhebbaren Antagonismus von Selbst- und Fremddefinitionen, von Theorie- und Praxiselementen, vor allem aber von kulturrelativen Fakten und transkulturellen Ansprüchen, deren Identität ein theoretisches Postulat bleibt, Rechnung trägt und die damit verbundene Relativität eines jeden Religionsbegriffs ernstnimmt: Der Religionsbegriff existiert nur in unterschiedlichen kulturellen Füllungen, die man zu „allgemeineren" (wenn man diesen logisch unmöglichen Komparativ als Metapher akzeptiert) Religionsbegriffen erweitern kann, ohne damit einen allgemeingültigen Religionsbegriff zu besitzen. Man muss dann den Begriff der Religion als einen offenen Signifikanten betrachten, der in unterschiedlichen kulturellen Konstellationen je anders gefüllt werden kann.⁷⁴ Das bedeutet religionsphilosophisch nicht, dass ein gemeinsames Merkmal aller Religionen inexistent wäre, wohl aber, dass man es religionswissenschaftlich nicht identifizieren kann. Für den Religionswissenschaftler kommt hinzu, dass er es auch nicht darf, sofern er sich zur methodischen Neutralität versteht, weil eine eindeutige (also kulturabhängige) Definition von Religion letztlich eine normative Essenzialisierung ist. Ein solch offener Religionsbegriff ist aber auch keine bloße Konstruktion, weil die Inhalte, insofern sie etwa aus einem sich religiös definierenden Feld entnommen werden, nicht beliebig sind, aber er ist auch gegen eine essenzialisierende Interpretation gefeit, weil der jeweils benutzte Religionsbegriff das Produkt eines diskursiv hergestellten Konsenses ist.

Das vermutlich historisch interessanteste Feld der Konstruktion konkreter Religionen respektive Religionsbegriffe ist die britische Kolonialpolitik in Indien, wo die Herstellung einer politischen Ordnung mit der Formierung des religiösen Feldes einherging. Religion wurde für die Briten ein wichtiger Faktor in der Beherrschung Indiens, bei der man allerdings zuallererst verwaltungstechnisch handhabbare Religionen herstellen musste,⁷⁵ allerdings auch auf innerasiatische Prozesse der Herausbildung derartiger Konzepte zurückgreifen konnte.⁷⁶ Das klassische Beispiel für diese Problematik ist „der Hinduismus", ein Begriff, welcher zwar schon bei Muslimen seit dem 13. Jahrhundert in Konfrontation mit anderen indischen Traditionen auftaucht,⁷⁷ aber von den Briten operationalisiert und politisch genutzt wurde. Klar ist seit langem, dass man in diesem Begriff die Verehrung einer Vielzahl von Göttinnen und Göttern zusammenführte, dass Tempelreligion und Bhakti-Frömmigkeit darunter fielen oder vedische und upanischadische Traditionen. Peter Gottschalk hat gezeigt, wie die Konstruktion dieses Typs von Religionszugehörigkeit im britischen Indien im 19. Jahrhundert unter Einbeziehung anthropologischer, geographischer, sozialer, biologischer und religiöser Faktoren ablief: Auf Karten wurden Gebiete ethnischer und religiöser Gruppen eingezeichnet, deren klare Kartengrenzen in der Realität nicht existieren; man erfand Rassen, denen die biologische Grundlage fehlte; Geburt galt als Merkmal der Kastenzugehörigkeit, obwohl es auch den Eintritt ohne dieses Kennzeichen, etwa bei einer Heirat, gab. Zum zentralen Indikator der sozialen Topographie wurde bei alledem die Religion stilisiert, deren scharfe Grenzen allerdings ebensowenig wie diejenigen der politischen Sphären auf Karten in der Realität existierten. Hybride oder geteilte Identitäten (im Sinne von shared identities) wurden ignoriert, ebenso religionsübergreifende Praktiken: Dass beispielsweise muslimische Herrscher das Patronat über „hinduistische" Tempel besitzen konnten,⁷⁸ passte ebensowenig in dieses Bild wie Gräber von Sufis in als „hinduistisch" definierten Orten, die auf von den Briten erstellten Karten aus den 1840er Jahren einfach nicht eingezeichnet wurden, obwohl sie nachweislich

---

74 Bergunder: Was ist Religion?, 35, spricht von einem „leeren Signifikanten". Angesichts der Unmöglichkeit, „kontingente" „Bedeutungsfixierungen" (ebd., 35) zu vermeiden, scheint mir die Rede vom „offenen" Signifikanten hilfreicher.
75 Gottschalk: Religion, Science, and Empire; Mazusawa: The Invention of World Religions; Almond: The British Discovery of Buddhism; Marshall: The British Discovery of Hinduism.
76 Auf die Unterschätzung dieser Dimension verweist Bretfeld: Resonant Paradigms, 277–279.
77 Lorenzen: Who Invented Hinduism?; zu weiteren Vorschlägen zur Bestimmung des „Hinduismus" s. Defining Hinduism, hg. v. J. E. Llewellyn.
78 Gottschalk: Religion, Science, and Empire, 103.

existierten und teilweise bis heute dort stehen.⁷⁹ Diese Konstruktion einer „hinduistischen" Religion war tief von christlichen Mustern geprägt,⁸⁰ vor allem protestantischer Provenienz, in der „der Hinduismus" mit ikonoklastischen und antipolytheistischen Motiven sowie unter Zugrundelegung des protestantischen Schriftprinzips abgewertet wurde.⁸¹ Zur Verschärfung der unangemessenen Wahrnehmung trug bei, dass nicht wissenschaftlich ausgebildete Theologen oder Religionskundler, sondern lange Zeit europäische Amateure, die sich für Indien interessierten, eine entscheidende, oft die alleinige und in der Regel problematische Quelle für die universitäre Wissenschaft und die britischen Beamten bildeten.

Man kann fragen, warum sich diese Klassifikation, von der die klugen Köpfe wussten, dass sie sich in der Wirklichkeit nicht wiederfand, gleichwohl durchsetzte. Die wahrscheinlichste Antwort rechnet mit der Faszination rationaler Taxonomien, die eine komplexe Wirklichkeit leicht begreifbar und für Regierungshandeln praktikabel erscheinen ließ, aber auch der Druck evangelikaler Christen auf die Markierung von Differenz spielte eine wichtige Rolle. Dass die Briten mit dieser Klassifikation eine Strategie des divide et impera angezielt hätten, lässt sich hingegen nicht belegen – wohl aber, dass der Religionszensus immer stärker von politischen Gruppen zur Konstruktion religiöser Entitäten in Indien benutzt wurde, so im Zensus von 1941.⁸² Dass diese historische Konstruktion in Indien zur Grundlage eines hinduistischen Selbstverständnis werden konnte und inzwischen vom indischen Supreme Court partiell übernommen wurde,⁸³ gehört zu den faktischen Vollzügen in der Religionsgeschichte, in denen die Genese nicht gegen die Geltung eines Konzeptes ausgespielt wird. Aber Indien war in Asien nur ein Fall, in dem eine europäische Religionskonstruktion angewandt wurde.⁸⁴

Der in dieser Arbeit verwandte Religionsbegriff ist mithin wissentlich kulturrelativ, seine europäische Perspektive ist ihm konstitutiv eingeschrieben, insbesondere die objektsprachlich verwurzelte, christentumsgeprägte Semantik ist eine bleibende Grenze, die sich reflektieren und minimieren, faktisch aber nicht eliminieren lässt. Hier hilft auch nicht, dass dieser Religionsbegriff inzwischen in anderen Kulturen rezipiert wird und zur Umgestaltung ihrer Religionen nach dem christlich-okzidentalen Muster führt – davon wird im Folgenden, beispielsweise im Blick etwa auf Zugehörigkeits-, Verbreitungs- und „Kanon-"Konzepte, immer wieder die Rede sein. Aber diese Entwicklung hebt die Relativität des hier verwandten Religionsbegriffs nicht auf.

Der Religionsbegriff ist damit ein klassisches Beispiel für ein kulturelles „boundary work". Dabei ist nicht entscheidend, mit welchen Inhalten er gefüllt wird, sondern dass die Auseinandersetzungen um seine Grenzen geführt werden, die als Folgeprodukt auch die Inhalte bestimmen. Der Religionsbegriff bleibt so ein offener Signifikant und folglich unscharf, umschreibt aber ausreichend klar einen Diskursraum, der es ermöglicht, einen

---

79 Ebd., 76.
80 Ebd., 96–136.
81 Yelle: The Language of Disenchantment.
82 Gottschalk: Religion, Science, and Empire, 223.
83 Nehring: Zwischen Monismus und Monotheismus, 794f.
84 Zu Japan im 19. Jahrhundert etwa s. Josephson: The Invention of Religion in Japan.

Begriff von Religion zu diskutieren. Immerhin lässt sich in diesem Verständnis sinnvoll der Kollektivsingular „Religion" nutzen.

1.2.3 Entscheidung

Entscheidung verstehe ich als deskriptiven Begriff, der die willentliche Möglichkeit der Zugehörigkeit zu einer Religion behauptet. Deshalb ist mit Entscheidung kein existenzieller Akt gemeint, der in der Christentumsgeschichte als Hinwendung zur wahren Religion, etwa als positiv gewerteter Akt einer genuin kirchlichen Realisierung von Freiheit, wie er ekklesiologisch von Theologen gefordert[85] und konkret etwa in der Tradition Karl Barths als Wendung gegen den Nationalsozialismus[86] und vor allem als Abgrenzung des Christentums von anderen Religionen verstanden wurde. Dass der Entscheidungsbegriff für die historische Analyse eine zirkuläre Struktur beinhaltet, insofern eine Religion als Institution, der man beitreten kann, erst als Konsequenz eines solchen Entscheidungstheorems entstand, wird im Folgenden zum Thema werden. Eine solche Entscheidung wurde in der Theologie der „Konversion" (siehe Kap. 3.3.2a) oft als punktuelles Ereignis verstanden, aber die beobachtbare soziale Realität dokumentiert in der Regel, dass Entscheidungen Prozesse sind, in denen der „Moment" der Entscheidung nur ein verdichteter Abschnitt auf dem Weg zu einer Entscheidung ist. Hinsichtlich einer Organisation, auf die hin man sich entscheiden konnte, spreche ich in der Regel von einer Zugehörigkeit und nur dann von einer Mitgliedschaft, wenn vereinsartige Strukturen vorliegen.

1.3 Historiographische Positionsbestimmungen

1.3.1 Das Programm einer „europäischen Religionsgeschichte"

Eine „europäische Religionsgeschichte" als wissenschaftliches Forschungsfeld ist eines der jüngsten Kinder religionshistorischer Forschung. Dieser Befund, den man angesichts einer überbordenden Publikation zu den Stichworten „Europa" und „Religion" verwundert zur Kenntnis nehmen könnte, erklärt sich im wesentlichen aus einer arbiträren, disziplinpolitisch begründeten Aufteilung von Gegenständen der Religionsgeschichte an den Universitäten seit dem ausgehenden 19. Jahrhundert. Die Theologie erforschte die Christentumsgeschichte, wenngleich andere Religionen in einzelnen Fächern (Exegese, Fundamentaltheologie, Missionswissenschaft) behandelt wurden. Die Religionswissenschaft hingegen hatte sich auf außereuropäische Religionen verlegt und behandelte die Christentumsgeschichte nicht. Andere Fächer, etwa die Geschichtswissenschaft, die Ethnologie oder die Germanistik, thematisierten Religion nur als Teilbereich und entwickelten kein systematisches Programm

---

85 Wölber: Religion ohne Entscheidung, 64.
86 Barth: Reformation als Entscheidung (1933).

einer religionsgeschichtlich informierten Kulturwissenschaft.[87] Diese Situation hat sich in den letzten zwei Jahrzehnten verändert, seitdem die Religionswissenschaft begann, sich aus der Rolle eines theologischen Komplementärfachs zu lösen und dabei ist, die pragmatische Arbeitsteilung zwischen Theologie und Religionsgeschichte zu beenden. Die Erforschung europäischer Religionstraditionen durch die Religionswissenschaft, nicht zuletzt des Christentums, bedeutet nicht nur die Aufhebung einer historisch gewachsen, aber systematisch nicht zu begründenden Beschränkung auf außereuropäische Religionen, sondern auch eine Auseinandersetzung um Finanzmittel, Lehrstühle und Deutungsmacht.

Die wissenschaftliche Literatur zum Themenfeld einer „europäischen Religionsgeschichte" (hier fokussiert auf die deutschsprachige Debatte) ist noch überschaubar. Die Geschichte einzelner Religionen in Europa, namentlich von Christentum und Judentum, aber auch von Islam, Buddhismus und Hinduismus oder von kleinen Gemeinschaften wie den Katharern, Bogomilen oder Waldensern ist zwar intensiv bearbeitet. Diese Forschungen sind hier aber nicht in Betracht zu ziehen, da sie ein kategorial anderes Interesse verfolgten, nämlich einzelne Religionen zu erforschen und keine Analyse einer die einzelnen Religionen übergreifenden oder vernetzenden Religionskultur zu bieten.

Einer der ersten und vielleicht wichtigsten Forscher, der im 20. Jahrhundert im deutschsprachigen Bereich spezifisch europäische Entwicklungen ins Zentrum seiner Interessen rückte, war der Protestant Max Weber (1864–1920). Seine Frage nach den von ihm oft „okzidental" genannten Eigenheiten, bei denen religiöse Faktoren eine zentrale Rolle spielten, zielte auf die Geschichte „okzidentaler" Rationalität und letztlich auf eine Erklärung der Genese der sogenannten europäischen „Moderne". In einem Punkt war er dabei, wie im Rückblick klar wird, fast der gesamten deutschen Religionsforschung bis zum Ende des 20. Jahrhunderts voraus, insofern er vor allem in seinem letzten Lebensdrittel realisierte, dass diese Fragen nur im interkulturellen Vergleich beantwortbar waren. Seine heute unter dem Titel „Die Wirtschaftsethik der Weltreligionen"[88] edierten Überlegungen zu Konfuzianismus, Taoismus, Hinduismus, Buddhismus und Judentum aus den ersten Jahrzehnten des 20. Jahrhunderts waren der groß angelegte, unvollendete Versuch, eine europäische Selbstwahrnehmung im fremden Blick zu schärfen. Dass er trotz der Nähe zu zentralen Fragestellungen dieser Arbeit nicht stärker als Gesprächspartner firmiert, liegt an zwei Gründen: Zum einen ist seine Leitfrage nach okzidentalen Eigenheiten stark von modernitätstheoretischen, mithin spezifisch normativen Fragen des frühen 20. Jahrhunderts, nicht zuletzt von einer protestantischen Fragestellung auf Individualisierungsprozesse hin geprägt, die einen stark protestantisch-biografischen Hintergrund bei Weber haben.[89] Zum anderen sind sein historisches Material und die darauf beruhenden Analysen heute zu beträchtlichen Teilen nicht

---

[87] Zander: Geschichtswissenschaft und Religionsgeschichte, 23–43. Die „Abteilung für Abendländische Religionsgeschichte" am Mainzer „Leibniz-Institut für Europäische Geschichte" besitzt vom Titel her eine vergleichbare Ausrichtung, ist jedoch inhaltlich relativ nahe an klassischen theologischen Fragen.
[88] Weber: Die Wirtschaftsethik der Weltreligionen.
[89] Lehmann: Max Webers „Protestantische Ethik"; Radkau: Max Weber, 316–350.

mehr Stand der Forschung,⁹⁰ wohingegen man seine systematischen Überlegungen weiterhin mit Gewinn nutzen kann.⁹¹

Die Jahrzehnte nach dem Ersten und nach dem Zweiten Weltkrieg sahen eine intensive Literaturproduktion zu Europas Stellung in der Weltgeschichte, die die Verunsicherung vieler Europäer über die Zukunft ihres Kontinents spiegelte. Eine außerordentlich vielgelesene Publikationen war Oswald Spenglers zweibändiges Werk „Der Untergang des Abendlandes" (1918/1922),⁹² in dem er im Rahmen eines zyklischen Weltbildes das Ende der „abendländischen" Kultur prophezeite und dabei auch das Christentum im Niedergang hin zu einem „geschichtslosen Zustand" sah.⁹³

Dem standen Theorien gegenüber, die gerade unter Berufung auf die europäische Geschichte die Zukunftsfähigkeit Europas beschworen, so etwa „Progress and Religion" des britischen katholischen Kirchenhistorikers Christopher Dawson aus dem Jahr 1929, das auf Deutsch 1935 unter dem Titel „Die wahre Einheit der europäischen Kultur" erschien und im europäischen Rahmen als deutsches Spezifikum, so Karlheinz Schmidthüs im Vorwort, eine „neue ‚spirituelle' Gemeinschaft" mit „völkischer Zugehörigkeit" behauptete.⁹⁴

Nach dem Zweiten Weltkrieg setzte sich diese Debatte angesichts einer verstärkten In-Frage-Stellung der europäischen Rolle in der Welt fort. Der evangelische Theologe Rudolf Bultmann betonte 1949 die Bedeutung von Eigenheiten des Christentums für die europäische Geschichte (etwa: Geschichtsverständnis, Individualität, Verständnis des Leidens), hielt aber zugleich an den „orientalischen" Wurzeln des Christentums fest,⁹⁵ wohingegen der Historiker Johannes Bühler bei der Bestimmung des „Wesens ... der europäischen Kultur" die antiken Wurzeln des „Abendlandes" gegenüber dem Christentum hervorhob,⁹⁶ während in der Reihe des Mainzer „Instituts für Europäische Geschichte" 1959 Vorträge erschienen, die in der Hochphase des Kalten Krieges die, so der Kultursoziologe Fedor Stepun, „Abwehrkräfte Europas" gegen den „Bolschewismus" beschworen.⁹⁷ Hingegen habe es, wie der Wiener Kulturphilosoph Friedrich Heer 1952 meinte, „streng genommen nie ein christliches Europa, wohl aber ein weiteres und reiches Christsein in Europa" gegeben.⁹⁸ Daneben entstand auch eine dezidiert christentumskritische Literatur, etwa von Sigrid Hunke, die mit völkischer und liberalprotestantischer Einfärbung Europas religiöse Zukunft in dem Glauben an Immanenz,

---

90 Vgl. zu den historiographischen Problemen exemplarisch das Kap. 5 zur Stadt und die durchweg kritische Perspektive auf Weber insbesondere hinsichtlich seiner Materialgrundlage in den Beiträgen der interkulturell ansetzenden ForscherInnen in: Max Webers Religionssoziologie in interkultureller Perspektive, hg. v. H. Lehmann/J. M. Ouédraogo.
91 Dies habe ich an anderer Stelle auch intensiv getan, s. exemplarisch Zander: Anthroposophie in Deutschland, 408–432.
92 Spengler: Der Untergang des Abendlandes, Bd. 1: Gestalt und Wirklichkeit; Bd. 2: Welthistorische Perspektiven.
93 Ebd., Bd. 2, 382.
94 Dawson: Progress and Religion; ders.: Die wahre Einheit der europäischen Kultur; Vorwort des Übersetzers Karlheinz Schmidthüs auf den S. IX-XV, Zit. S. XIII. XV.
95 Bultmann: Das Christentum als orientalische und abendländische Religion.
96 Bühler: Die Kultur der Antike und die Grundlegung der abendländischen Kultur, Bd. 2.
97 Stepun: Der Bolschewismus und die Abwehrkräfte Europas.
98 Heer: Das Experiment Europas, 76.

Wiederverzauberung und autonome Erlösung sah[99] und die dabei „Europas andere Religion", die sie 1969 propagiert hatte, 1981 zu Europas „eigener" Religion aufwertete.[100]

Im Rückblick war diese Literaturgattung seit Spengler Teil einer Reaktion auf die säkulare Verschiebung der politischen Kräftefelder im Rahmen der Weltkriege des 20. Jahrhunderts, in denen Europa zunehmend seine politische und kulturelle Vormachtstellung verlor und Begriffe wie das „christliche Abendland" als politische, nicht als analytische Begriffe dechiffriert wurden (siehe Kap. 1.2.1). Dies dürfte neben der disziplinären Aufteilung der Religionsgeschichtsforschung ein Grund gewesen sein, warum eine „‚europäische' Religionsgeschichte" ein Feld blieb, dem man sich nur vorsichtig näherte.

Im engeren Bereich der Religionswissenschaft war der erste Disziplinvertreter, der sich der „europäischen Religionsgeschichte" systematisch annahm, der Bonner Ordinarius Carl Clemen (1865–1940), Inhaber des ersten religionswissenschaftlichen Lehrstuhls an einer philosophischen Fakultät.[101] Von Hause aus protestantischer Theologe, kam er über die Erforschung der Umwelt des frühen Christentums zur allgemeinen Religionsgeschichte und publizierte 1926/1931 eine zweibändige materiale „Religionsgeschichte Europas", in der er den Blick von der Christentumsgeschichte löste und die nichtchristliche Vorgeschichte, darüber hinaus Judentum, Islam und den Buddhismus („Lamaismus") in Europa darstellte. Clemen wusste dabei, dass Europa nicht in einem geographischen Raum aufgeht,[102] hielt sich aber an einen religionsgeographischen Rahmen.

Unter dem gleichen Titel legte 1971 Günter Lanczkowski, Ordinarius für Religionswissenschaft in Heidelberg und von der Ausbildung ebenfalls evangelischer Theologe sowie Orientalist, eine Monographie vor,[103] der er einen geographischen Europabegriff zugrundelegte, den er an den Rändern durch Beziehungen zu Nachbarkulturen auflöste. Konzeptionell aber fixierte er die faktische Arbeitsteilung zwischen Theologie und Religionswissenschaft. Da er der Auffassung des liberalprotestantischen Theologen Adolf von Harnack folgte, der in der christlichen Kirche den „Abschluß der bisherigen Religionsgeschichte" sah, endete seine Darstellung chronologisch an dem Punkt, wo „sich mit der Christianisierung des Kontinents ein Übergang von der Religions- zur Kirchengeschichte vollzog".[104] Es ist unklar, ob Lanczkowski aus darstellungspragmatischen Gründen die Masse des Materials begrenzen wollte, faktisch aber nahm er auch eine disziplinpolitische Entscheidung vor, indem er die Religionswissenschaft auf die vorchristliche Zeit beschränkte und der Theologie die weitere Geschichte bis in die Gegenwart überließ. Von späteren Religionswissenschaftlern wurde ihm dies als Unterwerfung der Religionswissenschaft unter die Theologie angekreidet.[105] Einen weitere „Religionsgeschichte Europas" legte 2002 Christoph Elsas vor, konzipiert als

---

99 Hunke: Europas andere Religion; dies.: Europas eigene Religion.
100 Beobachtet von Gladigow: Europäische Religionsgeschichte, 290.
101 Vollmer: Carl Clemen (1865–1940) als Emeritus.
102 Clemen: Religionsgeschichte Europas, Bd. 1, S. V.
103 Lanczkowski: Religionsgeschichte Europas.
104 Ebd., 24.
105 So Gladigow: Europäische Religionsgeschichte, 290.

materiale Religionsgeschichte mit dem Schwerpunkt in der älteren Geschichte und einem geographischen Europabegriff.[106]

Einen Vorschlag, der sich von den stark geographischen Definitionsmerkmalen löst, hat der Religionsphilosoph, Islamwissenschaftler und ehemalige Inhaber der Romano Guardini-Professur an der Universität München, Rémi Brague, vorgelegt, indem er inhaltliche Kriterien im Rahmen eines komparativen Ansatzes zum Ausgangspunkt nahm. Angesichts fehlender natürlicher Landgrenzen habe es eine kulturelle „Selbsteuropäisierung" gegeben.[107] Er bestimmte Europa als einen „Kontinent von Emporkömmlingen", die aufgrund ihrer vergleichsweise schwachen kulturellen Grundlagen und eines Bewusstseins ihrer „Zweitrangigkeit"[108] eine von fremden Kulturen übernommene und deshalb „exzentrische Identität"[109] – angelehnt an einen in der Anthropologie Helmuth Plessners zentralen Begriff – besessen hätten, die es weder in Byzanz noch in der islamischen Welt so gegeben habe.[110] Als zentral für die okzidentale Entwicklung betrachtete er zwei Dimensionen der Rezeption fremden Wissens: Zum ersten die christliche Akzeptanz des Alten Testamentes, auch nachdem das Christentum sich vom Judentum gelöst habe, sowie die Pflege der antiken griechischen Literatur, wohingegen der Islam weder das Alte noch das Neue Testament als seine Heilige Schrift akzeptiert und die griechischen Klassiker als „fremde Wissenschaft" abgewertet habe.[111] Europa „macht sich zu eigen, was als fremd erkannt worden war".[112] Bei den dabei vorgenommenen Übersetzungen im christlichen Okzident habe man darauf Wert gelegt, auch die Originale zu erhalten, wiederum anders als im Islam, und damit das Bewusstsein verstetigt, eine Kultur zu sein, die auf fremden Quellen ruhe.[113] Die „Identität Europas" rührt in den Augen Bragues deshalb „nicht von seinen Quellen her, sondern von der Art und Weise, wie Europa daraus geschöpft hat".[114]

Einen anregenden Vorschlag, den kulturellen „Sonderweg" „Europas" zu verstehen, hat 2003 Michael Mitterauer vorgelegt, bis anhin Mittelalterhistoriker an der Universität Wien.[115] Er untersuchte mittelalterliche Faktoren, wobei er sich nicht auf einzelne beschränkte, sondern sozial-, politik- und religionsgeschichtliche Aspekte gleichermaßen einbezog: vom Nahrungsmittelanbau über Agrar- und Familienstruktur bis zu vielfältigen Aspekten der okzidentalen Religionskultur (Papstkirche, Orden, Kreuzzüge, Predigt und Buchdruck). In der auf Max Weber zurückgehenden Metapher der „Verkettung von Umständen"[116] wehrte er jeder Monopolisierung einzelner Gründe für diese Entwicklung. Konkret ist für ihn in religionshistorischer Perspektive die okzidentale „Papstkirche" ein zentraler Faktor, der er, was

---

[106] Elsas: Religionsgeschichte Europas, 11–13.
[107] Brague: Die Geschichte der europäischen Kultur als Selbsteuropäisierung.
[108] Ders.: Europa. Eine exzentrische Identität, 96.
[109] Ders.: Sohnland Europa, 37.
[110] Ders.: Europa. Eine exzentrische Identität, 106f.
[111] Ebd., 96. 106f.; ders. Sohnland Europa, 32f.
[112] Ders.: Europas Fundamente, 27.
[113] Ders.: Europa. Eine exzentrische Identität, 94.
[114] Ders.: Sohnland Europa, 28.
[115] Mitterauer: Warum Europa?
[116] Ebd., 274.

im Blick auf eine religionskundliche Perspektive relevant ist, im Vergleich zu anderen Religionsgemeinschaften einen besonders „hohen Organisationsgrad" zuschreibt[117] und in deren Raum viele westliche Eigenheiten entstanden (Reichs- und Landstände, Universitäten, gotische Architektur, musikalische Polyphonie) und die die Zentralisierung, Juridisierung, Politisierung, Militarisierung und die Klerikalisierung des Christentums vorantrieb.[118] Gleichwohl kann man ihm, wie jedem Autor eines synthetisierenden Entwurfs, eine Komplexitätsreduktion vorwerfen: Überschätzung regional begrenzter Kriterien, mangelnde Perspektiven auf Vernetzungen, fehlende Aspekte.[119] Strukturell jedoch und in vielen Beobachtungen scheint mir seine Matrix, spezifische kulturelle Entwicklungen im Rahmen einer komplexen Interaktion mit der Diskussion unterschiedlicher Bedeutung der verschiedenen Faktoren zu erkunden, plausibel.

Schließlich entwickelte sich in den letzten Jahrzehnten des 20. Jahrhunderts eine Debatte um religionshistorische europäische „Sonderwege".[120] Dieses Modell stammt aus den Sonderwegsdebatten in der allgemeinen Geschichtswissenschaft in den 1970er Jahren, die damit die extremen Entwicklungen Deutschlands in der NS-Zeit zu erklären versucht hatte. Eine in der Diskussion um eine „europäische Religionsgeschichte" augenblicklich besonders intensiv diskutierte Variante dieses Modells beschreibt Europa als Kontinent von besonders hoher Pluralität, worin man eine Art „demokratischer" Reaktion auf letztlich monokratische Erklärungsversuche aus der Zwischenkriegszeit, wie sie etwa die Rede vom christlichen Abendland beinhaltete, lesen kann. Der Philosoph Karl Jaspers wies 1947 die „Mannigfaltigkeit" als Kennzeichen Europas aus.[121] Auch Peter Meinhold, evangelischer Kirchenhistoriker, hat Jahrzehnte später, 1981, ähnlich argumentiert und diese Vielfalt mit der Dichte von Religionskontakten begründet.[122] Diese ohnehin nur in einem kleinen Kreis geführte Debatte wurde in den letzten Jahrzehnten des 20. Jahrhunderts von einer Diskussion über die ökonomischen Faktoren, die die zeitweilig hegemoniale Rolle Europas erklären sollten, überla-

---

117 Ebd., 154.
118 Ebd.
119 Vgl. aus der großen Zahl der Auseinandersetzung die im Ansatz sehr positive, im Einzelnen sehr kritische Rezension von Kuchenbuch, Ludolf: Kontrastierter Okzident. Bemerkungen zu Michael Mitterauers Buch „Warum Europa? Mittelalterliche Grundlagen eines Sonderwegs", in: Historische Anthropologie, 2006, 410–429, mit der Kritik an der religiösen Dimension von Mitterauers Vorschlag S. 419.
120 Mit dem Schwerpunkt auf der Säkularisierungsdebatte (Entkirchlichung, Entchristlichung und Atheismus) Lehmann: Säkularisierung; ders.: Ein europäischer Sonderweg in Sachen Religion; mit dem Schwerpunkt auf einer philosophischen Rationalisierung Bammé: Homo occidentalis, 73; hinsichtlich spezifischer Strukturen der Rationalität Vietta: Rationalität – eine Weltgeschichte. Wenig hilfreich für die hier diskutierten Fragen sind die unter dem Titel „Der Europäische Sonderweg" von der Breuninger-Stiftung herausgegebenen Veröffentlichungen (programmatisch Sieferle: Europe's Special Course), da sie den Faktor Religion nur schwach einbeziehen oder ihr eine Rolle zuweisen, die nicht mehr dem Stand der Forschung entspricht, etwa: „Die Verbannung der Religion aus der Naturforschung machte demzufolge den Weg frei für die Entwicklung der Naturwissenschaften", so Oesterdiekhoff: Der europäische Rationalismus und die Entstehung der Moderne, 6.
121 Jaspers: Vom Ursprung und Ziel der Geschichte (Vorträge 1947), 88.
122 Meinhold: Die Begegnung der Religionen und die Geistesgeschichte Europas, 7.

gert (siehe Kap. 2.4); hier, nicht in der Religionsgeschichte, wurden in den letzten Jahren die spannendsten und sehr kontroversen Antworten diskutiert.

Eine intensive Nachwirkung war den religionshistorischen Überlegungen erst unter gewandelten Zeitumständen beschieden. 1995, in einer Ära neuer globalkultureller Koordinaten und zugleich verstärkter Bemühungen in der Religionswissenschaft, die Forschungsfelder hinsichtlich der Theologie neu zu vermessen, legte Burkhard Gladigow, damals Ordinarius für Religionswissenschaft an der Universität Tübingen und von Hause aus Altertumswissenschaftler, das Programm einer „Europäischen Religionsgeschichte" (mit großgeschriebenem Adjektiv) vor. Sein aphoristischer Aufsatz wurde zum Bezugspunkt dieser Debatte, in der die Indikatoren „Pluralismus und Komplexität"[123] einen zentralen Stellenwert erhielten. Gladigow deutete mit seiner Pluralismusthese die europäische Religionsgeschichte als Konkurrenz pluraler Sinnangebote, in der die Religionsgemeinschaften und insbesondere das Christentum zudem nicht mehr als isolierte, sondern als vernetzte Akteure agierten. Dies bedeutete eine Infragestellung der Identifizierung von Europa und Christentum (die Rolle des Judentums kam dabei eher beiläufig zur Sprache) und eine erhöhte Aufmerksamkeit für kleinere Gruppen sowie nichtchristliche Religionen, die im „orthodoxen" Christentum als „Häresien", „Ketzerei", „Schwärmerei" oder „Aberglaube" abgewertet worden waren.[124] Dabei ging es aber nicht nur um die historiographische Revision eines Gegenstandsbereichs, sondern zugleich um die Revision einer von der Theologie geprägten Perspektive, in der die Christentumsgeschichte im Mittelpunkt stand. Letztlich richtete sich das Konzept „natürlich" gegen eine monolithisch verstandene „Christianitas"[125] und den „Mythos vom christlichen Europa".[126] Gladigow konnte dabei die Kritik an europäischen Absolutheitsansprüchen scharf zuspitzen („Ohne Muhammad kein Karl der Große"[127]), aber letztlich fällt jedweder monopolistische Anspruch, Europa als Produkt oder Dominium einer Religionsgemeinschaft zu verstehen, sei sie „germanisch" oder „christlich", unter diese Kritik.[128] Diese Auszeichnung Europas durch Pluralität unterlegte Gladigow durch sublim evolutionäre Überlegungen, wonach von „dem Mittelalter" über „die Renaissance" sich in „der Aufklärung" „für die Europäische Religionsgeschichte das ‚Spektrum der religiösen Möglichkeiten' um eine weitere Dimension", um einen „Pluralismus zweiter Ordnung", eröffnet habe.[129]

Die Literatur zur Konzeption einer „europäischen Religionsgeschichte" insbesondere im deutschsprachigen Raum ist diesem Ansatz Gladigows fast vollständig gefolgt, in der Regel mit einem stark geographisch bestimmten Europabegriff.[130] Dabei hat man die reli-

---

123 Gladigow: Europäische Religionsgeschichte, 291.
124 Auffarth: Europäische Religionsgeschichte (1999).
125 Rüpke: Europa und die Europäische Religionsgeschichte, 9.
126 Stausberg: Faszination Zarathustra, Bd. 1, 15. Ein Beispiel für diese trotz gegenteiliger Intentionen weitgehend fortbestehende Konzentration auf das hegemoniale Christentum: Handbuch der Religionsgeschichte im deutschsprachigen Raum, hg. v. P. Dinzelbacher.
127 Gladigow: Polytheismus und Monotheismus, 3.
128 So schon ders.: Europäische Religionsgeschichte, 290.
129 Gladigow: Europäische Religionsgeschichte der Neuzeit, 15f.
130 Europa als „regionale Einheit" etwa bei Auffarth: Irdische Wege und himmlischer Lohn, 28; Auffarth sieht aber, dass sich „Identität" in Austauschprozessen konstituiert (ebd., 29).

giöse Pluralität Europas, „die mitlaufenden Alternativen" (Christoph Auffarth/Jörg Rüpke) gegenüber dem als hegemonial gedeuteten Christentum, ins Zentrum gerückt und dies als „das Besondere der Europäischen Religionsgeschichte" begriffen,[131] wohingegen es „in anderen kulturellen Räumen … in geringerem Maß Pluralität gibt und wenig dauerhafte Auseinandersetzungen".[132] Im Rahmen dieser Forschung um „die metaphysische Mehrsprachigkeit" (Peter Sloterdijk)[133] sind wichtige Perspektiven auf die Geschichte der Vernetzung von Religionen in dem Europa genannten Raum entstanden, die von der (theologischen) Forschung marginalisierte Traditionen ins Licht gerückt haben und nötigen, die Rolle des hegemonialen Christentums neu zu bestimmen. Damit hat diese Perspektive die klassische Religionsgeschichtsschreibung aus ihrer Engführung herausgeleitet, weil sie die innovative Rolle nichthegemonialer Gruppen und Strömungen in den Fokus des Interesses rückt und die Eigenheiten der hegemonialen Kirchen schärfer erkennbar macht. Gleichwohl folge ich diesem Konzept einer „Europäischen Religionsgeschichte" nicht, vor allem aus drei Gründen:

- Zum ersten bedeutete diese Perspektivverschiebung faktisch eine neue Verengung, denn man konzentrierte sich vor allem auf die Erforschung von Minderheiten oder als „heterodox" ausgegrenzten Gruppen[134] und nutzte im Grunde arbiträre zeitliche Eingrenzungen.[135] Ein vergleichbares Interesse an den Großkirchen, die zentrale, oft entscheidende Akteure waren, fehlte bislang.[136]
- Zum anderen kann man nur komparativ das Europäische an einer europäischen Religionsgeschichte bestimmen. Aber genau diese Dimension fehlt.[137]
- Schließlich führt die fehlende komparative Perspektive zu einer höchst umstrittenen inhaltlichen Festlegung: der Identifizierung von Pluralität oder „Pluralismus" (dessen normative Aufladung gegenüber „Pluralität" in diesem Zusammenhang oft nicht reflektiert wird[138]) als europäischem Spezifikum. Aber besitzen andere Religionen wirklich „in geringem Maße Pluralität … und wenig dauerhafte Auseinandersetzungen"?[139] Kann

---

131 So Auffarth/Rüpke: Einleitung (in: Gladigow: Religionswissenschaft als Kulturwissenschaft), 11. Dieser Ansatz steht auch hinter dem Sammelwerk Europäische Religionsgeschichte, hg. v. H. G. Kippenberg u. a.
132 Auffarth: Europäische Religionsgeschichte – ein kulturwissenschaftliches Projekt (2010), 757; ähnlich ders.: Europäische Religionsgeschichte – ein kulturwissenschaftliches Projekt (2009), 31.
133 Sloterdijk: Interview, 108. 110.
134 So der stark esoterikbezogene Antrag für den nicht realisierten Sonderforschungsbereich „Religiöser Pluralismus in Europa" (2001). Mit Blick auf das Mittelalter die Forschungen von Auffarth, etwa in ders. u. a.: Religiöser Pluralismus im Mittelalter; so auch von Stuckrad: Locations of Knowledge in Medieval and Early Modern Europe, 7–23. S. auch Auffarth: Religiöser Pluralismus im Mittelalter?, bei dem dissentierende Gruppen und „Ketzer"verfolgungen den Schwerpunkt bilden und der mit dem abschließenden Kürzel „SDG" (S. 168), das die Auflösung mit „Soli Deo Gloria" nahelegt, eine theologische Rahmung bietet.
135 S. zu den Veränderungen bei Gladigow Auffarth: Europäische Religionsgeschichte – ein kulturwissenschaftliches Projekt (2010), 758f.
136 Diese Forschung aber fordert Auffarth, ebd., 758.
137 Signifikant in den Bänden: Europäische Religionsgeschichte, hg. v. H. Kippenberg; vgl. die nachdrückliche Kritik bei Schlieter: Paradigm Lost?, 46–49, und Kollmar-Paulenz: Lamas und Schamanen, 153.
138 Das Problem ist allerdings gesehen bei Auffarth: Mittelalterliche Modelle der Eingrenzung und Ausgrenzung religiöser Verschiedenheit, 193.
139 Ders.: Europäische Religionsgeschichte – ein kulturwissenschaftliches Projekt (2009), 37.

man von „einer hohen Komplexität" als möglicherweise „dem Charakteristikum der Europäischen Religionsgeschichte" sprechen?[140] Selbstverständlich ist dies ein mögliches Ergebnis religionswissenschaftlicher Forschung, doch bis jetzt scheint mir nicht klar, ob hier eine petitio principii vorliegt, wenn die nachzuweisende höhere Pluralität vorausgesetzt wird. Inwieweit die hohe Differenzierung der europäischen Religionsgeschichte ein Spezifikum ist, bedarf mithin weiterer Forschungen, ebenso wie die Frage, wieweit die Traditionen des Monotheismus polytheistische Religionssysteme verdrängt und damit Differenz reduziert oder diese in Religionsgemeinschaften hineinverlagert haben. Aufgrund dieser Engführung fällt die Kritik an diesem Element einer eurozentrischen Normierung, etwa bei dem Buddhologen Jens Schlieter, mit Blick auf die über Jahrhunderte bestehende Pluralität von Schulen, Orden und regionalen Traditionen im Buddhismus sehr deutlich aus.[141]

Aus diesen Gründen wähle ich einen methodisch anders gelagerten Ansatz und nehme interreligiöse Vergleiche (siehe Kap. 1.3.2) konstitutiv zur Bestimmung einer „‚europäischen' Religionsgeschichte" hinzu. Ich gehe dabei nicht von der Vermutung einer höheren Pluralität im Okzident und in Europa aus, sondern von der nichtgentilen Organisation der Zugehörigkeit als Unterscheidungskriterium, nicht nur, weil Pluralität als Spezifikum fraglich ist, sondern auch, weil es in jedem Fall nur bei einer modalen Differenz (siehe Kap. 1.3.2) bliebe.

Gleichwohl bleibt auch mein Ansatz eurozentrisch limitiert,[142] weil die Entwicklung in Europa das komparative Interesse (s. u.) bestimmt und weil andere Kulturen nicht einmal vom Aufbau dieses Buches her die gleiche Intensität der Ausarbeitung erhalten. Dies liegt an den Grenzen meiner Kenntnisse, und epistemologisch ist eine Perspektive, die nicht kulturrelativ ist, unmöglich.

Schließlich und endlich kann man fragen, wie europäisch eine „europäische Religionsgeschichte" im interkulturellen Vergleich ist, ob sie, um die Pfadmetaphorik zu nutzen (siehe Kap. 1.4), einen europäischen „Sonderweg" darstellt. Die Antwort fiele ganz leicht aus, wenn bei „Sonderweg" nicht noch der „besondere" Weg im Sinne von kultureller Höherwertigkeit mitklänge. Diese Wertung sei definitiv ausgeschlossen, aber ein Sonderweg ist die Religionsgeschichte hin zum heutigen Europa gleichwohl. Wenn man allerdings im komparativen Blick nur präzise genug hinschaut, wird klar, dass alle Kulturen ihre je eigenen, ihre Sonderwege gegangen sind. Jede Kultur öffnet Pfade und schließt andere.

---

140 Gladigow: Europäische Religionsgeschichte der Neuzeit, 16.
141 Schlieter: Paradigm lost?, 48.
142 Ähnlich Osterhammel: Die Verwandlung der Welt, 20, oder Schüttpelz: Die Moderne im Spiegel des Primitiven.

1.3.2 Komparatistik

Der Religionsvergleich war so etwas wie der Kreißsaal der Religionswissenschaft.[143] Er ist auch die Grundlage der vorliegenden Arbeit, weil man nur im vergleichenden Blick auf außereuropäische Kulturen erkennt, was eine „europäische" Religionsgeschichte kennzeichnet. Dieses Verfahren ist allerdings alles andere als methodisch „unschuldig", weil es nicht eliminierbare, normative Dimensionen besitzt.

Im Hintergrund der Entstehung der komparativen Religionsforschung stand die dramatische Zunahme des Wissens über Religionen in der Neuzeit. Zum einen wuchsen die Kenntnisse lebender außereuropäischer Religionen durch globalisierte Handels- und Kulturbeziehungen, zum anderen nahm durch antiquarische und historische Forschungen das Wissen um untergegangene Religionen, zuerst vor allem aus dem mediterranen Raum, zu. Die damit verbundene Einsicht in die Pluralität der Religionen besaß kaum zu überschätzende Folgen, die man in ihrer Dramatik oft nur deshalb nicht wahrnimmt, weil sich die Veränderungen über lange Zeiträume hinzogen. Eine zentrale Konsequenz war die Einsicht in die Relativität der okzidentalen Kultur angesichts der durch Quellenpublikationen erstmals direkt zugänglichen nichtchristlichen Religionen. Der Anspruch auf die europäische Superiorität oder Einzigartigkeit musste in diesem Prozess erodieren, und nur die zeitliche Parallele mit dem Aufstieg Europas zur hegemonialen Kultur im Rahmen des Imperialismus verdeckte diese Konsequenz über weite Strecken des 19. Jahrhunderts. Damit war eine zweite, nicht minder dramatische Veränderung verbunden, die durch philologische Forschung offengelegte Konstruktionsgeschichte historischer Quellen, einschließlich und namentlich der Bibel. Der Vergleich war eine unausweichliche Bedingung und zugleich eine Konsequenz dieser Neuformierung des Wissens. Zu den Anstrengungen, diese Kenntnisse in einem veränderten Deutungsrahmen aufzuheben, gehört auch die neuzeitliche Religionsforschung, aus der im späten 19. Jahrhundert eine universitär institutionalisierte Religionswissenschaft aufstieg. Exemplarisch dafür mag Friedrich Max Müller (1823–1900) stehen, der deutsch-englische Orientalist und Sprachwissenschaftler, der die vergleichende Sprachwissenschaft bei Franz Bopp, dem Verfasser der ersten vergleichenden Grammatik der indo-europäischen Sprachen, kennengelernt hatte. Müller eröffnete mit dem Rigveda, den vedischen Texten für Opferrituale, den er aus dem Sanskrit übersetzte, neue Welten, mehr noch aber tat er dies durch die Herausgabe der 50 Bände umfassenden Sammlung der „Sacred Books of the East" (1879–1910), die unter anderem hinduistische, buddhistische, zoroastrische, jainistische, taoistische und muslimische Texte beinhalteten. Mit diesem Material arbeiteten Generationen von Religionsforschern, deren Forschungen die „Vergleichende Religionsgeschichte" seit dem späten 19. Jahrhundert an den Universitäten konstituierten. Dieses Syndrom von Quellenerschließung und der Folgen„bewältigung" durch Interpretation ist unter dem Stichwort des „Historismus" inzwischen gut und nicht nur als Konstitutionsbedingung der Genese der Religionswissenschaft, sondern auch als eine der zentralen Debatten des 19. und 20. Jahrhunderts erforscht.

---

[143] Als „Religionsvergleichung" etabliert durch Chantepie de la Saussaye: Lehrbuch der Religionsgeschichte, 3.

Der Religionsvergleich gehört aber nicht nur aus historischen, sondern auch aus systematischen Gründen zum Fundament der Religionswissenschaft und dieses Buches. Denn zum ersten ist der Vergleich logisch unausweichlich, weil es unvergleichbare Gegenstände insofern nicht gibt, als selbst derjenige, der behauptet, dass zwei Gegenstände nicht vergleichbar seien, mit Blick auf die unterstellte Unvergleichbarkeit einen Vergleich vornimmt. Zum anderen ist der Vergleich epistemologisch unausweichlich, weil Erkennen auf der Existenz von Unterschieden beruht. Teilt man diese differenztheoretische Annahme nicht, müsste man demgegenüber im Rahmen eines identitätsphilosophischen Konzeptes des Erkennens gemeinsame Gegenstände idealistisch voraussetzen.[144] Ich gehe demgegenüber davon aus, dass vor allem die Wahrnehmung von Alterität die Bestimmung von Identität ermöglicht und deshalb der differenztheoretisch begründete Vergleich die Spezifika einer Kultur sichtbar macht. Allerdings – davon gleich mehr – werden differente Phänomene erst durch Vergleichsverfahren vergleichbar gemacht. Wir sehen mithin Vergleichbares, weil wir mit unseren Wahrnehmungskategorien etwas Vergleichbares konstruieren.

Trotz der grundlegenden Bedeutung des Vergleichs kam die komparatistisch arbeitende Religionsforschung seit dem ausgehenden 19. Jahrhundert in eine schwere Krise. Ausgangspunkt war die Frage, worin denn die Einheit des Gegenstandes Religion liege, wenn die vergleichende Religionsgeschichte Differenzen erforsche: etwa zwischen einem vermeintlich „atheistischen" Buddhismus und einem theozentrischen Islam. Die Antwort lautete für die Phänomenologen unter den Religionsforschern, es gebe einen gemeinsamen Kern der Religionen. Rudolf Otto (1869–1937) etwa, evangelischer Theologe und später als Religionswissenschaftler tätig, fand das Fundament der Religion in „dem Heiligen", welches auf dem Gefühl beruhe und *„begrifflicher* Erfassung völlig unzugänglich" sei.[145] Einen zeithistorischen Index besaß die so bestimmte Religion nur noch sekundär. Im Kontext dieses Ansatzes konnte Ottos niederländischer Kollege Gerardus van der Leeuw (1890–1950), ebenfalls protestantischer Theologe und Religionswissenschaftler, das Religionsverständnis der Phänomenologie ahistorisch verorten: „Von einer historischen ‚Entwicklung' der Religion weiß die Phänomenologie nichts …; von einem Ursprung der Religion noch weniger".[146] Vielmehr sei „das Phänomen … dasjenige, *was sich zeigt*":[147] Es sei durch ein *„allmähliches Offenbarwerden"* korreliert mit „1. *Erlebnis,* 2. *Verstehen,* 3. *Zeugen".*[148] Solche Positionen waren gegen den Historismus formuliert worden, dessen Rückführung der Religion auf historische Faktizität als deren Zerstörung, und zwar ihres metaphysischen Kerns, wahrgenommen wurde. Nach dem Zweiten Weltkrieg erlebte die Phänomenologie insbesondere in Deutschland eine zweite Blüte, vielleicht weil sie das Interesse an Gemeinsamkeiten anstelle von Differenzen bediente. Gustav Mensching forderte 1959, „nach dem Leben zu fragen, das hinter und in den beobachteten Phänomenen der Religionsgeschichte" wirksam ist,[149] strich dabei allerdings

---

144 De Libera: Der Universalienstreit, pointiert 457f.
145 Otto: Das Heilige, 5; Hervorhebung im Original.
146 Van der Leeuw: Phänomenologie der Religion, 652f. (identisch: ³1970, 787).
147 Ebd. (1933), 634 (identisch: ³1970, 768).
148 Ebd. (1933), 635 (identisch: ³1970, 769); Hervorhebung im Original.
149 Mensching: Die Religionen, 12.

die kulturellen Relativierungen der Erstauflage aus der NS-Zeit (etwa die Kategorie der „Religionen auf vorwiegend nordischem Rasseboden"), die seinen Universalismus vor 1945 kontextualisiert hatten.[150] Und noch 1969 sah Geo Widengren im „Gottesglauben das innerste Wesen der Religion" im Gegensatz zur „Magie".[151] Den Vorwürfen von unzulässigen Generalisierungen aufgrund der unzureichenden Beachtung der Kontexte von Zeit und Raum war kaum noch auszuweichen.

Mit der Phänomenologie aber geriet die einzige Methode, die die Religionswissenschaft als ihr Proprium konzipiert hatte, in eine letale Krise, weil sie die nur mit historischer Empirie erforschbaren Gegenstände einem normativen, theologisch geprägten Vorverständnis von Religion und ihrem „Wesen" unterworfen und eine dekontextualisierende Generalisierung ihres Gegenstandes vorgenommen hatte. Als Kollateralschaden kam auch die religionswissenschaftliche Komparatistik in die Krise, die sich nun des Vorwurfs (krypto-)theologischer Phänomenologie erwehren musste. Die Religionswissenschaft konzentrierte sich in der Regel fortan auf Spezialstudien zu Religionen und Gemeinschaften, bei denen Gemeinsamkeiten und damit die Vergleichbarkeit als cura posterior galten. Eine Transformation der normativen Phänomenologie in eine methodisch neutrale Komparatistik fand über Jahrzehnte kaum statt,[152] vielmehr nahm die Kritik an komparativen Methoden noch zu. Die „Postcolonial Studies" unterstellten jedem Vergleich eine inhärent normative Perspektive, die ein Ausdruck asymmetrischer Machtverhältnisse sei, bei dem eine kulturell hegemoniale Wahrnehmung die dem eigenen Blick unterworfenen Kulturen fremdbestimme.[153] Aber diese Kritik schüttete das Kind mit dem Bade aus, der Missbrauch ist kein Argument, einen Vergleich zu unterlassen, und epistemologisch ist der Vergleich, wie gesagt, unausweichlich.

Die Antwort auf die Probleme der Phänomenologie lautet, dem Religionsvergleich eine revidierte Komparatistik zugrunde zu legen[154] – so auch in diesem Buch. Eine solche umfasst zwei Dimensionen: die Bestimmung des Vergleichsgegenstandes und die Reflexion auf die normativen Implikate des Vergleichens. Das klassische und weiterhin hilfreiche Modell dazu ist die Reflexion auf das tertium comparationis in der Unterscheidung von genus proximum und differentia specifia. Das tertium comparationis ist dabei das Merkmal einer Klasse von Gegenständen mit gemeinsamen Merkmalen (genera proxima) und unterscheidenden Merkmalen (differentiae specificae). Beispiel: Als tertium comparationis von „Hinduismus" und

---

150 Ders.: Vergleichende Religionswissenschaft, 56; Fehlstelle: ²1949, 63.
151 Widengren: Religionsphänomenologie, 3.
152 Vgl. zu neueren Überlegungen einer revidierten Religionsphänomenologie Hock: Einführung in die Religionswissenschaft (¹2002), 54–78; Noch eine Chance für die Religionsphänomenologie?, hg. v. A. Michaels. Sehr kritisch Kippenberg/von Stuckrad: Einführung in die Religionswissenschaft, 32–34.
153 Klassisch Said: Orientalism; Religion im Spiegelkabinett, hg. v. P. Schalk. Vgl. auch die Debatte um entsprechende Befürchtungen bei Patton/Ray: Introduction (in: A Magic still Dwells), 1–19.
154 Vgl. Freiberger: Der Vergleich als Methode und konstitutiver Ansatz der Religionswissenschaft; Comparing Religions, hg. v. Th. Idinopulos. Zu den Überlegungen zum Vergleich scheinbar unvergleichlicher Phänomene s. die Konzepte einer comparaison différentielle: Heidmann: Epistémologie et pratique de la comparaison différentielle, 141–157 (und andere Beiträge in diesem Band), zudem die Arbeit von Pasche Guignard: De quelques représentations de figures féminines en transaction avec des dieux.

Christentum kann man die Zugehörigkeitskonzeption bestimmen. Ein Genus proximum bezeichnet klassisch die nächsthöhere Gattung. Gemeinsam haben beide heute eine Reflexion über die Grenzen ihrer Gemeinschaft, die zugleich eine differentia specifia beinhaltet: etwa eine geburtsbegründete Zugehörigkeit im „Hinduismus", eine entscheidungsbegründete im Christentum.

Dieses Verfahren ist, und hier liegt ein zentrales Problem für die religionswissenschaftliche Anwendung, nicht neutral, sondern besitzt normative Dimensionen, da jede Operation in allen drei Dimensionen (tertium comparationis, genus proximum, differentia specifia) zum ersten ein selektiver Vorgang ist, der in Auswahl und Exklusion normative Dimensionen beinhaltet. Die grundlegende Idee dieses Buches, Zugehörigkeit als disponiblen Faktor für die Konzeption einer Religion zu betrachten, ist eine solche normativ geprägte Dimension, die „dem Hinduismus" eine Frage stellt, die in dieser Tradition so nicht vorkommt. Zum zweiten handelt es sich um einen konstruktiven Akt. Namentlich die Notwendigkeit, von konkreten Phänomenen zu abstrahieren und Typen zu konstruieren, also ein genus proximum und ein tertium comparationis zu bestimmen, zieht perspektivische Einschränkungen nach sich und dekontextualisiert zudem seinen Gegenstand. Typenbildung heißt dabei natürlich, komplexe Sachverhalte zu vereinfachen. Mit dieser Komplexitätsreduktion läuft der Vergleich einer der vornehmsten Aufgaben der Wissenschaft, der Erhöhung von Komplexität, entgegen. Vergleichsebenen sind deshalb nur Werkzeuge zum pragmatischen und heuristischen Gebrauch, die dort legitim sind, wo sie in ihrer Ausgestaltung zur Disposition stehen. Diese normativen Dimensionen sind nicht zu vermeiden, aber als Begrenzung jedes Vergleichs zu reflektieren. Allerdings ist eine Essenzialisierung, die Identifizierung des „Wesens" von Religion, damit ausgeschlossen, weil der religionswissenschaftliche Vergleich nicht auf ontologische Essenzen, sondern auf Relationen zielt. Damit ermöglicht er Annäherungen an vergleichbar gemachte Ähnlichkeiten.

Einen Vergleich kann man mit dem Ziel durchführen, Gemeinsamkeiten oder Differenzen zu identifizieren. Logisch bedingen sich beide Dimensionen wechselseitig, der Ansatzpunkt bei einer dieser Möglichkeiten ist auch eine normative Entscheidung. Diese Alternative ist in der Frühphase der Religionswissenschaft als klassischer Streit zwischen Max Müller („Wer eine [Religion] kennt, kennt keine")[155] und Adolf von Harnack („Wer diese Religion [das Christentum] nicht kennt, kennt keine, und wer sie sammt ihrer Geschichte kennt, kennt alle")[156] fast sprichwörtlich bekannt. Mir geht es in diesem Buch vor allen Dingen um Differenzen, denn diese strukturieren Geschichte, sie lassen die kulturelle Vielfalt, aber auch das Konfliktpotenzial von Religionen schärfer oder überhaupt sichtbar werden, wohingegen die Identifizierung oder Zuschreibung von Gemeinsamkeiten Differenzen minimiert oder negiert. Zudem liegt in der Kondensation von Gemeinsamkeiten ein höheres konstruktives Potenzial als in der Selektion von Differenzen.

---

155 Müller: Einleitung in die vergleichende Religionswissenschaft, 14 („He who knows one, knows none"; ders.: Introduction to the Science of Religion, 16).
156 Harnack: Die Aufgabe der theologischen Facultäten und die allgemeine Religionsgeschichte, 11.

Mit dieser Präferenz für die Analyse von Unterschieden ist nicht infrage gestellt, dass es biologisch und kulturell begründete Gemeinsamkeiten aller Menschen gibt.[157] Aber weil ich den Ansatzpunkt bei den Unterschieden wähle, sei dessen Plausibilität mit einer Reihe konkreter Beispiele belegt, mit denen klar wird, wie die Wahrnehmung von Gemeinsamkeiten die Identifizierung von Unterschieden verhindern kann. Marco Polo identifizierte auf seiner Asienreise (1271 bis 1295) eine religiöse Gemeinschaft im chinesischen Fu Chou über einen Psalter und drei Apostelfiguren als „orthodox" christlich, dürfte dabei aber in Wahrheit Manichäer mit ihren Schriften und Vertretern gesehen haben, er war also nicht im Stande, Differenzen wahrzunehmen.[158] Das gleiche Problem ereilte Wilhelm von Rubruk. Er dachte wohl auf einer Reise zum Großkhan (1252 bis 1255) bei einem Priester, der ein Kreuz auf den Handteller gemalt hatte, an die ostsyrische Kirche, so dass er auch einen christlichen Altar und in einem geflügelten Wesen den hl. Michael sah, obwohl es sich um einen Tempel in der Tradition des tantrischen Buddhismus gehandelt haben dürfte,[159] und Mönche in einem weiteren buddhistischen Tempel hielt er für Mitglieder der Gemeinschaft des Priesterkönigs Johannes.[160] Franziskaner betrachteten im 13. Jahrhundert die buddhistische Göttin Guanyin, die ein Kind auf dem Arm trägt, als Maria,[161] und Vasco da Gama betrat, als er 1497 zum ersten Mal im südwestindischen Kalicut (heute: Kozhikode) anlandete, eine Kirche der Thomas-Christen, ohne zu realisieren, dass es sich um einen „Hindu"-Tempel handelte.[162] Natürlich war das kein Problem alleine von Christen. In China wurden unter der Tang-Dynastie im 7. Jahrhundert buddhistische Klöster verboten – und diejenigen der Kirche des Ostens gleich mit, vermutlich, weil man sie nicht so genau unterscheiden konnte.[163] In jedem dieser Fälle wurden Gemeinsamkeiten identifiziert, die in historisch-kritischer Perspektive nicht existiert.

Die kontrafaktische Identifizierung von Gemeinsamkeiten gibt es nicht nur im Gegenstandsfeld, sondern auch in der religionswissenschaftlichen Reflexion. Ein Beispiel ist das aufklärerische Interesse von Bernard Picard, in den Kupferstichen zu den religiösen Riten der Menschheit (1723/43) Gemeinsamkeiten aller Religionen herauszuarbeiten, um über deren aller Vernunftgemäßheit Egalität zu dokumentieren und eine Toleranzpolitik einzufordern;[164] ein anderes Beispiel ist die Konzeption einer gemeinsamen „Achsenzeit" in der religiösen Menschheitsgeschichte, zumindest der „bedeutenden" „Weltreligionen", die Karl Jaspers 1947 identifizierte (siehe Kap. 2.4). Auch Shmuel Eisenstadt knüpfte seine Beschäftigung mit der Achsenzeit an große politische Visionen und reflektierte über „die Institutionalisierung der transzendentalen Vision und die Neuordnung der Welt".[165] Inzwischen werden derartige

---

157 Etwa Antweiler: Was ist den Menschen gemeinsam? Mit Blick auf Lernprozesse als quasi-naturale Dimensionen Tomasello: Die kulturelle Entwicklung des menschlichen Denkens.
158 Bacci: Cult-Images and Religious Ethnology, 351f.
159 Ebd., 352f.
160 Ebd., 362.
161 Ebd., 365; Kötter: Weiße Beschützerinnen aus Porzellan, 267f.
162 Da Gama: The Journal of the First Voyage 1497–1499, 52–55.
163 Suermann: Timotheos I. und die Asienmission, 194.
164 S. Hunt/Jacob/Mijnhardt: The Book that Changed Europe.
165 Eisenstadt: Allgemeine Einleitung (in: Kulturen der Achsenzeit), 15.

inter- oder transkulturellen Gemeinsamkeiten mit neurobiologischen Argumenten versehen, bei denen aber kulturwissenschaftlich ermittelbare Differenzen im Blick auf (unterstellte) Gemeinsamkeiten zurückgenommen werden.[166] Wertende Annahmen gibt es natürlich nicht nur in solchen Deutungen, sondern auch in meiner Präferenz für eine differenztheoretische Perspektive. Aber mir erscheint vor allem die Frage historisch ertragreich und politisch relevant, warum Kulturen unterschiedliche Pfade gehen, obwohl sie doch strukturell gleiche Bedingungen besitzen.

Die Vergleichsgegenstände sind im Prinzip unbegrenzt. Von Sozialstrukturen und Sprachen über Ideen und Mentalitäten bis zu Handlungstheorien und Organisations- und Gesellschaftsformen, von performativen Praktiken (wie dem Ritus) über religiöse Pragmatik (in der Ethik) oder ästhetische Realisierungen (wie die Architektur) sind unterschiedlichste Dimensionen in Religionen dem Vergleich zugänglich. Dabei eignen sich Allgemeinbegriffe umso mehr zum Vergleich, je höher der Abstraktionsgrad ist, diese aber sagen dann – dies ist der Preis für die Erhöhung des Abstraktionsniveaus – immer weniger über die konkreten Phänomene aus, die unter einem Allgemeinbegriff rubriziert sind.

Hinsichtlich der methodischen Optionen eines Vergleichs seien fünf Dimensionen festgehalten, die in dieser Arbeit immer wieder, in der Regel ohne sie explizit zu reflektieren, vorkommen:

1. Gemeinsamkeiten können homolog auftreten, aufgrund einer gemeinsamen historischen Genese, oder analoge Gemeinsamkeiten sein, also strukturelle Äquivalente, die auf historisch getrennten Wegen entstanden sind. Die Isomorphie eines religiösen Gegenstandes kann aus beiden Quellen herrühren.
2. Es gibt funktionale und inhaltliche Gemeinsamkeiten. Die Wahrscheinlichkeit ist groß, dass funktionale Gemeinsamkeiten auch ohne eine gemeinsame Genese entstehen und inhaltliche Gemeinsamkeiten auf homologe Entwicklungen zurückgehen; aber dies ist im Einzelfall zu prüfen.
3. Ein Vergleich funktioniert dann besonders leicht, wenn man scharf abgegrenzte Vergleichsgegenstände kreiert. Unterstellt man jedoch, dass das Entanglement zwischen Religionen, so wie es im Folgenden geschieht, keine sekundäre, sondern eine konstitutive Dimension der Religionsgeschichte ist, verliert man die handlichen Vergleichs„objekte" zugunsten komplexer Netze. Dies macht den Vergleich nicht unmöglich, aber schwieriger.
4. Ich unterscheide zwischen modalen und absoluten Differenzen. Eine absolute Differenz ist ein metaphorischer Begriff und indiziert gegen Null gehende Gemeinsamkeiten. Die Unterscheidung zu einer modalen Differenz ist insoweit forschungspragmatisch begründet. Beispielsweise kann man die Zugehörigkeit durch Entscheidung als absolute Differenz zwischen „Hinduismus" und Christentum betrachten, wohingegen sie im buddhistisch-christlichen Vergleich nur als modale Differenz erscheint.

---

[166] Etwa bei Farmer/Henderson/Witzel: Neurobiology, Layered Texts, and Correlative Cosmologies, 48–90; oder bei Farmer/Henderson/Robinson: Commentary Traditions and the Evolution of Premodern Religious and Philosophical Systems.

5. Intrikat sind schließlich die genannten impliziten Wertungen in scheinbar neutralen Vergleichskonstellationen. Das zentrale tertium comparationis in diesem Buch, die (entschiedene und exklusive) Mitgliedschaft in einer religiösen Gemeinschaft, ist ein solcher normativer Ausgangspunkt. Er geht von Organisationsformen spätantiker Gemeinschaften aus, insbesondere des paulinischen Christentums, und thematisiert insofern eine Wahl, die es etwa im „Hinduismus" als Entscheidung zwischen zwei exklusiven „Religionen" traditionell nicht gibt und die diese indischen Traditionen insofern einer wertenden westlich-christlichen Perspektive unterwirft.

Darüber hinaus besitzen solche Festlegungen Konsequenzen für politische (also ebenfalls normative) Debatten, die zwar nicht Gegenstand einer historiographischen Analyse sind, jedoch von historiographischen Überlegungen ausgelöst werden können. Wenn man beispielsweise nach der Stellung der Religionsfreiheit als rechtlich verankerter Entscheidungsfreiheit im Vergleich zwischen Christentum und Islam fragt, stehen nicht nur ein neuzeitlich-christentumsgeprägter Religionsbegriff und die Beschreibung von Unterschieden im Umgang mit religiöser Differenz im Raum. Vielmehr wird dann häufig auch die politische Frage nach der Freiheit aller religiösen oder weltanschaulichen Überzeugungen (auch etwa von Atheisten und Polytheisten) und nach der rechtlichen Möglichkeit eines Religionswechsels gestellt. Wenn dann ein Austritt in weiten Teilen der islamischen Reflexionstradition als unmöglich angesehen wird (was auch für Teile der christlichen Tradition gilt) oder ein Eintritt, wie bei den Drusen, nicht vorgesehen ist, kann aus der religionswissenschaftlichen Differenz eine rechtliche Unvereinbarkeit werden. Dabei wird nicht nur um eine „andere", sondern auch um eine „bessere" Politik gestritten, dann geht es um „Grundwerte" (so der Terminus in der deutschen Verfassungsrechtsdebatte) im Rahmen der Religionspolitik. Selbst wenn man also eine religionswissenschaftlich neutrale Analyse vorlegt, ist so gut wie sicher, dass spätestens in der Rezeption normative Fragen mitverhandelt werden. Viele Rezipienten aus dem christlichen Kulturkreis stellen hinsichtlich der Religionsfreiheit etwa die Frage nach der „Modernitäts"fähigkeit des Islam, viele Rezipienten aus dem islamischen Kulturkreis fragen, wieweit der Islam den partikularen, aber als universell deklarierten Normen der westeuropäisch-amerikanischen Verfassungstradition unterworfen wird. Selbst wenn man die Wertungen positiv wendet und man westlicherseits dem Islam „Modernitäts"fähigkeit bescheinigt oder wenn Muslime Religionsfreiheit als genuin islamische Position deuten, wäre man aus der normativen Zuschreibung nicht heraus, denn auch positive Wertungen bleiben Wertungen.

Was für den Begriff Religionsfreiheit gilt, trifft letztlich alle Begriffe im Feld Religion und natürlich auch den Begriff Religion selbst. Einmal mehr: Wir kommunizieren Vorstellungen nur in sprachlicher Gestalt und damit in einem kulturellen Kontext, hier: Religion und Religionsfreiheit im Deutungshorizont einer Wissenschaftstradition, die semantisch wie konzeptionell mit der Christentumstradition verknüpft ist. Ein Ausweg könnte darin bestehen, derartige Begriffe von Vertretern unterschiedlicher Kulturen in einem interaktiven Prozess zu bestimmen. Aber hier liegt die Grenze eines monographisch verfassten Buches.

1.3.3 Kulturkontakte

Die historischen Wissenschaften nehmen Abschied von einer „Container-Theorie"[167] der Weltgeschichte, von abgeschotteten, isolierten „(Kultur-) Nationen", „Kulturkreisen" oder „Sonderwegen". An die Stelle der Auffassung, Kontinente oder Nationen oder Völker oder Individuen oder eben Religionen würden sich wie abgeschlossene Einheiten durch die Geschichte bewegen oder geschoben werden, tritt die Einsicht, dass historische Identitäten in Beziehungsgeflechten entstehen, in denen die Interferenz von Bewegung und Stabilität konstitutiv ist.[168] So besaß Europa, dieser Raum vieler Ethnien und Kulturen, „Grenzen", die letztlich als Außenbeziehungen konstituiert waren. Das wichtigste Beispiel einer solchen relationalen Grenze ist der Mittelmeerraum, der für die kulturelle Entwicklung des Okzidents von schlechthin zentraler Bedeutung ist und als Abgrenzungsregion völlig missverstanden wäre.[169] Das Mittelmeer trennte weniger, als dass es über Handel, Eroberung oder intellektuellen Austausch Gebiete zuvörderst miteinander verband. Der Okzident, Europa ist begründet, nicht nur verändert oder erweitert durch Beziehungen zu anderen Kulturen. Für Religionsgemeinschaften gilt kein anderer Befund. Alle drei großen Religionen im mediterranen Raum, Christentum, Judentum und Islam, sind „über" das Mittelmeer und mit darüber hinausgehenden Kontaktzonen Eurasiens entstanden. Verschärfend kommt hinzu, dass die Rede von Religionsgemeinschaften soziale Singulare konstruiert, wo doch jede dieser Religionen als Netz von (oft konkurrierenden) internen Teilgemeinschaften existiert, die sowohl die Binnenstruktur von Religionen als auch deren Verhältnis nach außen relational konstituieren.

Diese Vernetzung in Form von wirtschaftlicher Verflechtung, Migration, expansiver Politik (einschließlich des Krieges) und kommunikativer Vernetzung begleitet die Menschheitsgeschichte seit ihrem Beginn.[170] Die populär gewordene Rede von der Globalisierung indiziert nur eine Verdichtung von Interaktionen, dies vor allem seit der Frühen Neuzeit, dramatisch seit dem 19. und 20. Jahrhundert.[171] Im Rahmen einer intensivierten Kulturkontaktforschung[172] hat sich in der Religionswissenschaft dafür eine Gruppe von Adjektiven eingebürgert, die solche Beziehungen als interkulturell, interreligiös oder transkulturell definieren und eine Logik der Vernetzung (entanglement, enchevêtrement) beanspruchen. Aber ein Partikel wie „inter" unterstellt ein Drittes zwischen meist binär konstruierten Kulturen, „trans" einen gemeinsamen, unterschiedliche Kulturen durchlaufenden Gegenstand.[173] Derartige Begriffe haben den Nachteil, eine Entität namens Kultur vorauszusetzen und damit von einem Kulturbegriff abhängig zu bleiben, der von containerartigen Größen ausgeht und

---

[167] Beck: Was ist Globalisierung?, 49.
[168] Tweed: Crossing and Dwelling.
[169] Klassisch Braudel: La Méditerranée et le monde méditerranéen à l'époque de Philippe II; Horden/Purcell: The Corrupting Sea, 403–460.
[170] Osterhammel/Petersson: Geschichte der Globalisierung, 17f. Manning/Trimmer: Migration in World History.
[171] Osterhammel: Die Verwandlung der Welt, 16.
[172] S. etwa: Cultural Exchange in Early Modern Europe, hg. v. R. Muchembled.
[173] Vergleichbare Probleme sehe ich auch bei den Begriffen cross cultural history oder histoire croisée.

oft letztlich ein nationalstaatliches Modell unterstellt.[174] Angesichts des Fehlens alternativer Begriffe, die diese Problematik ausschalten, bleibt es auch in dieser Arbeit bei einer problemreflexiven Nutzung solcher Termini.

In soziologischer Perspektive bildet eine Vernetzung ein komplexes und oft gegenläufiges Geflecht von Interaktionen. Eine Beziehungsgeschichte ist eine geteilte Geschichte in der doppelten Bedeutung des englischen „shared and divided": Austauschprozesse trennen und verbinden, können ein kulturelles Selbstverständnis stärken oder schaffen und schwächen oder zerstören. Solche Austauschprozesse verlaufen in der Regel asymmetrisch, weil sie ein Teil von Machtverhältnissen sind: wenn das staatlich protegierte Christentum der Spätantike die paganen Kulte verbieten lässt, wenn Muslime polytheistische Tradition eliminieren und Juden und Christen deklassieren oder tibetische Buddhisten schamanistische Praktiken durch erzwungene Integration auflösen – davon wird in diesem Buch immer wieder die Rede sein. Ich unterstelle zudem nicht, dass es sich dabei üblicherweise um intentionale Prozesse handelt: Austauschprozesse durch Migration und Handel oder diplomatischen Verkehr, Spionage und Krieg zogen religiöse kulturelle Veränderungen meist als unbeabsichtigte Folgeprodukte nach sich. Aber Gegenbeispiele finden sich natürlich ebenfalls, auch im religiösen Feld. Das möglicherweise wichtigste Beispiel einer intentionalen Veränderung durch Kulturkontakt ist die „Mission", vor allem in ihrer neuzeitlichen Ausprägung (siehe Kap. 3.3.2a). Schließlich gründet nicht jede Veränderung in interkulturellen Kontakten. Reformen oder Renaissancen können auch innerhalb einer Kultur angestoßen werden. Und natürlich ist Verflechtung nicht schlechthin mit kulturellem Zugewinn gleichzusetzen. Kriege sind in der Regel Kulturkontakte, bei denen möglichen Gewinnen durch kulturellen Austausch evidente Verluste durch das Leiden von Menschen und durch die Zerstörung kultureller Strukturen zur Seite stehen.

Vielleicht betrifft die intrikateste Entscheidung in der Darstellung von Kulturkontakten die Nutzung von Metaphern für Austauschprozesse: Adaption, Anverwandlung, Kopie, Nachleben, Osmose, Renaissance, Repression, Reproduktion, Rezeption, Transport, Überblendung, Übernahme, Verflechtung, Verknüpfung, Zuschreibung – die Liste ist eine offene Fundgrube. Man könnte darin raumbezogene (Bricolage, Schicht, Substrat, Überlagerung) oder schriftbezogene Metaphern (Formular, Palimpsest, Überschreibung) zusammenstellen oder Austauschprozesse über den Modus interpretieren (Ästhetisierung, Auratisierung, Hierarchisierung, Sakralisierung). Ein besonderes Problemfeld sind dabei identitätsphilosophische Verschmelzungsmetaphern (wie Amalgamierung, Fusion, Synthetisierung, Verschmelzung, Zusammenfluss), weil bei ihnen oft normativ motivierte Vorstellungen von Einheit oder Vereinigung im Hintergrund stehen und so Pluralität oder Differenz verdecken oder gar unterschlagen können.

Pars pro toto mögen für derartige Problematiken zwei Begriffe stehen, zum einen derjenige des Synkretismus, der nach einer Geschichte pejorativer Wertung in der Theologie dort inzwischen als analytischer Begriff verwandt positiv gewertet werden kann[175] und von Religi-

---

174 Höfert: Anmerkungen zum Konzept einer „transkulturellen" Geschichte in der deutschsprachigen Forschung, 15–26.
175 Sparn: Synkretismus, 553f.

onswissenschaftlern operationalisiert wurde, etwa indem man ihn analytisch zur Unterscheidung zwischen dem Synkretismus ganzer Systeme oder nur einzelner Elemente verwandte[176] oder indem man zwischen der Erhöhung oder Verringerung von Differenz unterschied, wobei dann weitere Entscheidungen zu Metaphern anstehen (etwa Symbiose oder Patchwork einerseits und Einbindung oder Integration andererseits).[177] Ein zweiter Begriff, derjenige der Hybridisierung / des Hybrid hat sich insbesondere durch die postkoloniale Debatte verbreitet und einen ebenfalls negativ besetzten Begriff, den des Bastard, positiv umbesetzt,[178] obwohl bei der Übertragung aus der Biologie in die Kulturwissenschaften die Gefahr von Essenzialisierungen nicht gebannt ist.[179] Welchen Begriff man auch immer wählt: Den Problemen einer historischen Semantik und den damit verbundenen kontextuellen oder normativen Implikationen ist nicht auszuweichen, sondern nur, wie beim Religionsbegriff, reflexiv zu begegnen. Dass ich in dieser Arbeit differenzorientierte Begriffe bevorzuge, versteht sich nach der Festlegung meiner Position hinsichtlich der Methodik des Vergleichs (s. o.) von selbst.

All diese Debatten sind schwieriger geworden durch die Einführung des Begriffs der kulturellen oder religiösen Identität, der um 1960 in den kulturwissenschaftlichen Debatten popularisiert worden sein dürfte[180] und der in der Gefahr steht, containerartige Gebilde, also substanzialisierte Identitäten zu erfinden und Konzepte zu reifizieren. Gilt schon für die Anthropologie, dass der Mensch sich nur in der Begegnung mit anderen seiner selbst bewusst wird und seine Persönlichkeit ausbildet, so gilt dies a fortiori für Gesellschaften: „Identitäts"bildung geschieht in bedeutendem Maß in interkulturellen Kontakten.

Ein zentrales Thema in unmittelbarer Nachbarschaft zu Identitätskonstruktionen ist der Umgang mit dem „Nichtidentischen" in Gestalt des „Fremden". Hier besteht die Gefahr, das Fremde ebenfalls als eine Art substanzialisierte „Identität" abgrenzend zu konkretisieren oder es zu assimilieren, etwa durch die Anpassung an die eigene Kultur oder durch eine Annäherung, die im „Verstehen" die Fremdheit des Fremden bedroht. Aber ein derartiges Verstehen ist alternativlos, die Eliminierung der eigenen Perspektive und die „Verschmelzung" von „Horizonten"[181] sind Fluchten und nehmen die unaufhebbare Alterität nicht ernst. Die Konsequenz lautet auch hier, einen hingenommenen Eurozentrismus kritisch zu akzeptieren und einer Dauerreflexion zu unterziehen. Wenn aber Relationalität und darin Fremdheit konstitutive Faktoren kultureller Entwicklung sind, droht der inzwischen inflationär benutzte Begriff der Identität das Gegenteil zu indizieren. Denn die Rede von Identität suggeriert, nicht zuletzt durch die immer mitschwingende mathematische Metaphorik und trotz ihrer Entkernung von metaphysischen Vorgaben, die Existenz eines „Wesens", eines

---

176 Berner: Untersuchungen zur Verwendung des Synkretismus-Begriffes.
177 Bernhardt: „Synkretismus" als Deutekategorie für multireligiöse Identitätsbildungen. Aus verschiedenen religiösen Traditionen schöpfen, hg. v. R. Bernhardt/P. Schmidt-Leukel, 267–290; Wagner: Möglichkeiten und Grenzen des Synkretismusbegriffs für die Religionstheorie, in: Im Schmelztiegel der Religionen, hg. v. V. Drehsen/W. Sparn, und weitere Aufsätze in diesem Band.
178 Ha: Hype um Hybridität, 19–22.
179 Zur Geschichte des Begriffs Young: Colonial Desire.
180 Schneider: Identity Theory, Kap. 1 (Early Versions of the Theory). Zur Vorgeschichte insbesondere seit William James s. Levita: Der Begriff der Identität (¹1965), 45 ff.
181 Gadamer: Wahrheit und Methode, 289.

unverlierbaren Kerns, obgleich doch ein derartiges Zentrum unentwegt im historischen Prozess neu konstituiert wird. Eine okzidentale oder eine europäische „Identität" gibt es nur als abstrakte Momentaufnahme von Vernetzung. Aber weil selbst unter dieser Voraussetzung die Gefahr übergroß ist, dass Leser doch etwas Festes oder gar Unveränderliches im Hinterkopf haben, empfiehlt es sich, den Begriff der Identität im Zweifel in Anführungszeichen zu setzen, wo man nicht ganz auf ihn verzichten kann.

Aber auch hier darf man nicht das Kind mit dem Bade ausschütten. Kulturen sind keine beliebigen Agglomerationen von kulturellen Inhalten, die man nach Gutdünken zu neuen Netzen verknüpfen könnte. Es gibt Pfadabhängigkeiten, die zwar keine Identität, wohl aber konstitutive Referenzen schaffen und gespeichertes Wissen, welches, solange es in einer Kultur bevorratet wird, eine Bezugnahme darauf erzwingen kann. So bleibt beispielsweise die okzidentale Geschichte ohne den Bezug auf die Bibel unverständlich. Das heißt nicht, dass sie eine Art Blaupause gewesen wäre, die für religiöse Praxis, Rechtsprechung oder die anthropologische Reflexion als Handbuch oder Register gedient hätte, aber sie war eine hegemoniale Referenz (siehe Kap. 1.3.4): immer wieder reinterpretiert, mit sehr verschiedenen Passagen selektiv adaptiert, mit unterschiedlichsten Interessen gelesen. Sie begründet nicht „die Identität" des Okzidents oder Europas, sondern ist ein Grenzobjekt, das im Streit um Identitäten beansprucht wird.

1.3.4 Hegemonie

Ein brisantes Problem der komparativen Analyse religiöser Traditionen ist der Umgang mit kultureller Hegemonialität, insbesondere, wenn einer (unterstellt) hegemonialen Religion – hier: dem okzidentalen Christentum – ein herausgehobener Stellenwert zugewiesen wird. Eine solche Platzierung kann in den Geruch intellektueller Komplizenschaft kommen, in der sich religiöse Dominanz in die wissenschaftliche Forschung fortsetze. Ein solcher Fall war die Erforschung religiöser Traditionen in der europäischen Religionsgeschichte, die bis in die 1970er Jahre weitestgehend auf die großen Kirchen reduziert war, nicht nur in der Theologie, sondern auch in der allgemeinen Geschichtswissenschaft. Dies hatte mit einer quantitativ und qualitativ, insbesondere wirkungsgeschichtlich herausragenden Bedeutung dieser Kirchen zu tun, aber eben auch mit einer Übernahme theologischer Postulate hinsichtlich der dominanten Bedeutung von Großkirchen in die nichttheologische Forschung. In dem Versuch, eine alternative Perspektive in dem Programm einer „,europäischen' Religionsgeschichte" zu entwickeln, stellte sich das Problem vielfach nur mit anderen Vorzeichen, insofern der Ansatz nicht über die (theologisch definierten) dominanten Konfessionen, sondern über als „marginal" definierte Gemeinschaften erfolgte, wobei der Versuch spürbar ist, diesen von den großen Kirchen in der Regel benachteiligten oder von ihnen verfolgten Gruppen historiographische Gerechtigkeit zukommen zu lassen (siehe Kap. 1.3.1).

Die notwendige Bearbeitung des großkirchlichen Christentums aus religionswissenschaftlicher Perspektive ist hingegen (noch) nicht erfolgt, so dass eine „symmetrische"[182]

---

182 Als Schlüsselbegriff popularisiert durch Latour: Nous n'avons jamais été modernes.

religionswissenschaftliche Historiographie noch aussteht. Ein solcher symmetrischer Ansatz in der egalitären Behandlung als hegemonial oder nichthegemonial betrachteter Gruppen und Traditionen bedeutet, sie hinsichtlich der wissenschaftlichen Interessen gleich zu behandeln. Unbenommen bleibt es hingegen, asymmetrische historische Prozesse, etwa in Rezeptions- und Wirkungsgeschichten, anzunehmen.

In der „‚europäischen' Religionsgeschichte", wie ich sie im Folgenden zu verstehen versuche, nimmt die hegemoniale Religion, das Christentum in seinen großen Kirchen, einen zentralen Platz ein, weil auch dann, wenn Pluralität zu den analyseleitenden Interessen gehören, der Frage nach der Dominanz bestimmter Vorstellungen, ihrer kulturellen und politischen Prägekraft und damit machtgestützter Asymmetrien, nicht auszuweichen ist. Auch hier gilt, dass die Reflexion auf die „epoché", die intendierte Einklammerung der eigenen normativen Position, ein asymptotischer Prozess ist. Dies bedeutet, eine unterstellte Hegemonialität oder ihr Fehlen ohne Rücksicht auf die (zugeschriebenen) normativen Implikate zu erforschen. Weder fromme Entlastung der Großkirchen von einer Schuldgeschichte noch die religionskritische Konzentration auf deren Versagen, weder die säkularisierungseuphorische Ignoranz der kulturellen Leistung dominierender Religionen noch die Überhöhung kleiner Gemeinschaften zu den „eigentlichen" Motoren kultureller Innovationen sind mögliche Ziele einer sich von normativen Vorgaben distanzierenden religionswissenschaftlichen Analyse. Und folglich gilt diese epistemische Neutralität auch gegenüber kleinen und unterdrückten Religionsgemeinschaften. Religionswissenschaftliche Forschung dient weder der Verurteilung oder Rechtfertigung ihrer Verfolgung noch der Rechtfertigung ihres Widerstandes – und klar ist, dass auch nichthegemoniale Gruppen beide Optionen in sich tragen: Dass verfolgte Gruppen wie radikale Pietisten hochautoritäre Strukturen entwickeln oder Täufer eine mörderische Herrschaft errichten konnten, gehört auch zu deren Geschichte.[183]

Das Verhältnis von hegemonialen und nichthegemonialen Gruppen hinsichtlich ihrer kulturellen Bedeutung ist keine sozialstrukturelle Konstante. Aber in der Regel gilt, dass Gruppen, die quantitativ und machtpolitisch dominieren, kleineren Gruppen ihren kulturellen Stempel aufdrücken (wenn man die komplexen Interaktionsverhältnisse auf diese binäre Beziehungsebene reduziert). Diese Einsicht ist ein Ergebnis beispielsweise der neueren Forschungen zum Verhältnis von Christentum und Judentum in Okzident (zu den Forschungen etwa von Israel Yuval s. Kap. 2.2) – aber sie gilt auch für die Rolle von Christen in islamisch dominierten Ländern oder für Buddhisten unter europäischer Herrschaft zur Zeit des Imperialismus (siehe Kap. 3.3.3b-c). Dies schließt natürlich nicht aus, dass nichthegemoniale Gruppen wichtige Rollen spielen konnten, etwa für die Bereitstellung alternativen Wissens oder die Innovation von Denkmodellen und Praktiken. Aber wie so oft lautet die relevante Frage nicht, was geschieht, sondern in welchem Ausmaß etwas geschieht. Und hier dürfte gelten, dass – immer gilt: in der Regel – Mehrheitskulturen die jeweiligen Minderheitskulturen stärker beeinflussen als umgekehrt. Und dies gilt natürlich, wenn man wertende Perspektiven einbeziehen will, im Guten wie im Bösen – hinsichtlich derjenigen Dimensionen, die wir in einer Kultur schätzen oder verurteilen.

---

[183] S. zur pietistischen Variante exemplarisch Temme: Krise der Leiblichkeit; zu den Täufern s. Kap. 3.3.3a.

Die herausgehobene Stellung des großkirchlichen Christentums versteht sich in diesem Kontext als Versuch, dessen (unterstellter) hegemonialer Bedeutung Rechnung zu tragen. Das kann heißen, die Projektion von Hegemonialität infrage zu stellen, etwa in der Antike, wo vor der staatskirchlichen Transformation des Christentums im 4. Jahrhundert eine Pluralität von Christentümern existierte, deren Aufteilung in „orthodoxe" (und später hegemoniale) und „häretische" (später nichthegemoniale) Strömungen ein Produkt späterer, von der kirchlichen „Orthodoxie" intellektuell und machtpolitisch vorgenommenen Ordnung dieses Feldes ist; das kann auch bedeuten, die wirkungsgeschichtliche Hegemonialität von (ehedem) marginalen Vorstellungen zu thematisieren, etwa die Rolle der frühneuzeitlichen Dissenter für die Durchsetzung von Entscheidungsfreiheit als rechtlich verankerter Religionsfreiheit (siehe Kap. 3.3.3a).

Im mikroskopischen historischen Blick lösen sich diese klaren binären Kategorien von hegemonialen versus nichthegemonialen Traditionen allerdings auf, Hegemonie hat einen Zeit- und einen Ortsindex. Eine Religionsgemeinschaft kann zeitweilig dominieren, aber diese Stellung auch wieder verlieren. Sie kann in bestimmten Regionen vorherrschen und zugleich in einer anderen eine Minorität bilden. Mitglieder einer hegemonialen Gemeinschaft können in ihren Überzeugungen, oft verborgen, Positionen aus „marginalen" Gruppen verwahren, so dass weltanschauliche Hybride entstehen. Und die Historiographie kann das ihre zu diesem Problemtumulus hinzufügen, indem sie eine aktuelle hegemoniale Stellung auf frühere Zeiten kontrafaktisch projiziert und umgekehrt.

Eine an Hegemonien orientierte Religionsgeschichtsschreibung steht dabei in der Gefahr, eine Vorherrschaft als Ergebnis evolutionärer, fast zwangsläufiger Entwicklungen zu lesen oder eine Geschichte unter Rückgriff auf Elemente wie Linearität oder Irreversibilität mit Sinn und ergo normativ zu füllen. Intrikat wird die Sache zudem insofern, als lineare oder gar evolutionäre Geschichtskonzepte als Säkularisate der christlichen Konzeption von Geschichte gedeutet werden können. Im theologischen Konzept der christlichen Heilsgeschichte und in den evolutionären Modellen der Religionswissenschaft ist dies immer wieder passiert.

In diesem komplexen Beziehungsgeflecht können nichthegemoniale Gruppen (oder Ideen) sehr unterschiedliche Funktionen besitzen. Kleine Gruppen können hegemoniale durch Innovationen beeinflussen, wie etwa die Vorstellung des „kosmischen Christus" aus der Theosophie Annie Besants in die großkirchliche Debatte kam,[184] während hegemoniale Gruppen in der Regel kleinere oder „marginale" Gruppen prägen, wie man es für die syrischen Christen unter islamischer Herrschaft (siehe Kap. 2.2) oder für das mitteleuropäische Judentum im Spätmittelalter (siehe Kap. 2.3) nachweisen kann. Dieser Einfluss nichthegemonialer Gruppen kann auch über die Nutzung hegemonialer Vorstellungen erfolgen. So bediente sich die frühen Theosophen der buddhistischer Traditionen, die sie für Asien als hegemonial betrachteten, um die hegemoniale westliche Tradition zu kritisieren. In derartigen Fällen findet sich eine Dialektik, in der binäre, hierarchisierende Metaphern (etwa von Zentrum und Peripherie, aber eben auch von Hegemonie und „Marginalität") die Komplexität von Austauschprozessen verschleiern. Ganz deutlich wird dies in vielen Biographien,

---

184 Thiede: Wer ist der kosmische Christus?, 138 f.

wo die analytische Trennung von hegemonialen und nichthegemonialen Traditionen häufig besonders schlecht funktioniert: wenn bei Augustinus die Prägung durch seine manichäische Phase lebenslang wirkte, wenn Isaac Newton als Anglikaner zugleich unitarischer Trinitätskritiker war, wenn der Katholik Georg Cantor seine Überlegungen zur mathematischen Unendlichkeit mit der Suche nach den wahren Rosenkreuzern verband, immer dann wird klar, in welchem Ausmaß Hegemonialität ihrerseits „Marginalität" als integralen Bestandteil besitzt – und umgekehrt. Die antagonistische Trennung beider Dimensionen ist in dieser Perspektive nur analytisch sinnvoll.

Sodann verdeckt der Blick auf eine hegemoniale Rolle oft die innere Pluralität großer Religionsgemeinschaften, in denen interne Hegemonien produziert werden. Dahinter steht eine soziologische Bedingung für eine stabile Hegemonie, weil diese in der Regel nur funktioniert, indem unterschiedliche oder sogar gegensätzliche Positionen integriert werden. Ein klassisches Beispiel dafür ist der Islam in den ersten Jahrhunderten seiner Existenz, wo rationale und rationalitätskritische Muslime, Wissenschaftskritiker und Naturforscher, mystisch orientierte Sufis und ihre Gegner, Vertreter von Auferstehungskonzeption und von Seelenwanderungslehren, nomadische neben städtischen Anhängern des Islam lebten; ein anderes ist die neuzeitliche katholische Kirche, in der Asketen und Prälaten, Pazifisten und Bellizisten, Laikale und Klerikale nebeneinander standen, Händler eine politische vita activa und Nonnen eine vita contemplativa lebten, wo Synkretismus praktiziert und ein reines Christentum gefordert wurde und soteriologische Synergisten und Deterministen miteinander stritten. Dies bedeutet nicht, dass große Religionsgemeinschaften ein Gemischtwarenladen beliebiger Positionen sind, denn es gibt Steuerungsmechanismen für die Bestimmung hegemonialer Positionen. Von der freiwilligen Anverwandlung bis zur machtpolitischen Durchsetzung, von der nichtreflexiven Habitualisierung religiöser Praxen bis zur fundamentalistischen Entscheidung ist dabei keine Option bei der Herstellung hegemonialer Strukturen ausgeschlossen.

Nur einen Punkt und eine Konsequenz meine ich festhalten zu müssen: Man findet, verkürzt gesagt, alles in allen großen Religionen – alle Praxen, alle Theorien. Alle hier behandelten Religionen können die Idee eines in Freiheit handelnden Individuums entwerfen, aber auch eine determinierte Weltgeschichte konzipieren, sie können Rituale für unersetzlich erklären und ihre gänzliche Abschaffung fordern – die vedischen Traditionen, der Buddhismus, das Judentum, das Christentum und der Islam unterscheiden sich in dieser auf Strukturmerkmale zielenden Perspektive nicht. Deshalb sind alleinstehende Beispiele von randständiger Bedeutung, und aus diesem Grund ist die Frage der Hegemonialität bis hin zu kulturprägenden Wirkungen zentral. Mit anderen Worten gesagt: Es ist meist nicht relevant, was in einer Religion passiert und was es dort gibt, sondern es kommt darauf an, in welchem Ausmaß es passiert und was schließlich hegemonial wird.

Konkret: Zentral für den Ansatz dieses Buches ist die These, dass eine Dimension, nämlich das Postulat einer durch Entscheidung begründeten Religionszugehörigkeit, im Okzident in den und mit den christlichen Kirchen hegemoniale Geltung erlangt habe: bei den großen Kirchen über lange Zeit nur gefordert, manchmal bei kleinen Christentümern zumindest zeitweilig praktiziert. Aber als theoretische Forderung war sie unbestritten und konstituierte dadurch eine Pfadabhängigkeit. Die hegemonialisierende Wirkung zeigt sich in den Versuchen, das Programm auch in der Praxis durchzusetzen, von Eintrittsritualen über

Bildung bis zur „missionarischen" Ausbreitung, dokumentiert sich aber auch in gesellschaftlichen Feldern, in denen die Konsequenzen dieses Zugehörigkeitsprogramms nicht unmittelbar ins Auge springen (Stadt, Universität, Naturforschung).

1.3.5 Multifaktorielle Religionsgeschichte

Religionsgeschichte ist ein analytisch präparierter Gegenstand wissenschaftlicher Neugier, denn Religion existiert nicht als Solitär in einer Kultur. Zwar gibt es dort, wo wissenschaftliche Disziplinen wie die Religionswissenschaft und die Theologie Religion erforschen, die Vorstellung, man könne Religion als isolierten Faktor verstehen. Doch was für die Pragmatik der wissenschaftlichen Arbeit als Komplexitätsreduktion Sinn macht, ist für die Lebenswelt von Religion sinnlos. Menschen werden nicht nur von Religion geprägt, sondern auch von politischen, familiären oder genetischen Dispositionen. Religionsgemeinschaften erhalten ihre „Identität" nicht nur über religiöse Lehren und Rituale, sondern auch in Verbindung mit ökonomischen, technischen und sozialen Praktiken. Wollte man sich zu dieser Einsicht auf hohe Schultern setzen, könnte man zu dem Ethnologen Bronislaw Malinowski eilen, der sich sicher war, dass der „Ethnograph, der sich vornimmt, nur die Religion zu studieren, ... ernstlich in seiner Arbeit behindert sein" werde.[185] Religion ist nur ein Faktor in einem multiplen Faktorengeflecht.

Diese Einsicht, dass Religion hochkomplex mit anderen gesellschaftlichen Kontexten verbunden ist, liegt auch diesem Buch zugrunde. Eine „europäische' Religionsgeschichte" schreiben hieße dann konsequenterweise, allgemeine Gesellschaftsgeschichte zu betreiben. Menschen sind in soziologischer Perspektive hybride Existenzen, nicht nur, insofern sie Vorstellungen aus unterschiedlichen religiösen Traditionen amalgamieren können, sondern auch, weil Religion immer mit „säkularen" Faktoren verschmolzen ist – wohlwissend, dass die Unterscheidung zwischen religiös und säkular spezifisch neuzeitliche und dabei christentumsgeschichtliche Dimensionen enthält. Religion kann eine Gesellschaft stark prägen, aber auch ein marginaler Faktor sein, sie kann für einzelne Dimensionen flankierend oder retardierend, unterstützend oder verhindernd wirken. Religion, dies ist entscheidend, ist selten ein monokratischer, sondern fast immer ein synergetischer Faktor in einem Spiel gesellschaftlicher Kräfte, dessen Vektoren nur analytisch isoliert werden können. Deshalb muss im Folgenden oft umstritten oder in der Schwebe bleiben, ob oder wieweit religiöse Faktoren allein oder im Verbund mit anderen Faktoren wirken und ob die Wirkungen real oder zugeschrieben sind.

Auch in diesen Streit spielen normative Positionen hinein. Religionskritiker können die Bedeutung von Religion aus normativen Vorannahmen beschneiden, Religionswissenschaftler oder Theologen dazu tendieren, eine überzogene Wirksamkeit von Religion anzunehmen. Ihnen droht der Tunnelblick auf ihren Gegenstand, weil sie aus Interesse oder Unkenntnis nur die sie aus professioneller Perspektive interessierenden Faktoren im Auge haben. Ein klassisches Beispiel dafür ist die Historiographie des Verhältnisses zwischen Religion und

---

[185] Malinowski: Argonauten des Westlichen Pazifik, 33.

Naturwissenschaft, wo man Religion für irrelevant (so weite Teile der Forschung des 19. Jahrhunderts), entscheidend (Frances Yates) oder wichtig (Robert King Merton) halten konnte (siehe Kap. 7.1). Wenn und weil aber kausale Wirkungen von religiösen Praktiken oder Theorien nicht isolierbar sind, bleibt die Identifizierung von Wirkungen ein Akt der Komplexitätsreduktion, dessen Ergebnisse im Idealfall eine hohe Plausibilität besitzen, aber nie unumstritten sein werden. Nur selten lässt sich eindeutig festlegen, wo religiöse Faktoren zu den ausreichenden und wo sie zu den notwendigen Bedingungen gehören, wo sie den Grund für Entwicklungen legen oder wo sie zu den Folgen anderer Entwicklungen gehören. Auch ich kann im Folgenden für viele Zusammenhänge nur eine aus meiner Perspektive plausible Erklärung für die Rolle des analytisch isolierten Faktors Religion in einem multifaktoriellen Wirkungsgeflecht liefern. Deshalb spielen Konditional und Konjunktiv eine wichtige Rolle, sie sind die semantischen Ausdrucksformen dieses Problems.

Eine multifaktoriell angelegte „europäische' Religionsgeschichte" in extenso zu schreiben, wäre mithin ein unabschließbares Lebenswerk. Auch aus diesem Grund geht es im Folgenden nicht um eine abschließende materiale „europäische' Religionsgeschichte", sondern um Fingerübungen an einer allerdings als zentral postulierten Frage, der Zugehörigkeit durch Entscheidung. Dabei bleibt die Auswahl der Fallstudien (Stadt, Universität, Naturforschung) arbiträr, weitere Themen ließen sich mit leichter Hand hinzufügen: die Geschichte der Psychologie, die Entstehung des Wohlfahrtsstaates oder das Verhältnis von Religion und politischer Herrschaft scheinen mir nur die auffälligsten Desiderate zu sein. Aber wenn dieses Buch dazu anregt, neue Perspektiven zu bedenken und die bisherigen Schwächen zu bearbeiten, hat es seine Aufgabe erfüllt.

1.4 Die historiographische Schlagader: Pfadabhängigkeit und kulturelles Gedächtnis im Rahmen von „Tradition" und „Innovation"

Ein zentrales historiographisches Problem dieses Buches betrifft die Frage, wie man sich die unterstellte rund 2000-jährige Wirkungsgeschichte eines Konzeptes wie der entschiedenen, exklusiven Zugehörigkeit vorstellen kann. Ein klassischer Ort dieser Debatte ist der Begriff der Tradition, der einen diachronen Zusammenhang zu erfassen versucht. In den religionswissenschaftlich ausgerichteten Kulturwissenschaften hat es allerdings kaum Versuche gegeben, diesen Begriff zu operationalisieren.[186] Möglicherweise liegt dies an der protestantischen Imprägnierung der Religionshistoriographie, insofern sie auch ein Kind der neuzeitlichen Kontroverstheologie ist, in der die Verbindung von Schrift und Tradition als Kennzeichen der katholischen Konfession galt, wohingegen der Protestantismus das ursprungsbezogene und damit traditionskritische Prinzip des sola scriptura präferierte.

Im Folgenden interpretiere ich Tradition nicht im theologischen (und dort kontrovers diskutierten) Sinn als normativ bestimmte Weitergabe (paradosis/traditio) oder Interpreta-

---

[186] Vgl. die Klage bei Grieve/Weiss: Illuminating the Half-Life of Tradition, 1; Überlegungen hingegen bei Assmann: Zeit und Tradition, und die historische Aufarbeitung bei Wiedenhofer: Tradition, Traditionalismus, bes. hinsichtlich der religiösen und theologischen Bedeutung, 613–622.

tion von Quellen, auch nicht kulturkonservativ als statisches Ensemble der Inhalte (Ideen, Praktiken oder Strukturen) von Religionen. Vielmehr verstehe ich Tradition als Sonderfall von Transformation: als Prozess der Weitergabe und gleichzeitigen Transformation historischer Gegenstände, der eine diachrone „Identität" ermöglicht. Meines Erachtens dokumentiert das religionshistorische Material, dass partielle Stabilität und gleichzeitige Veränderung konstitutive und unabdingbare Bestandteile von Traditionsprozessen sind. Anders gesagt: Stabilität (oder Identität) lässt sich nur konstruieren, indem vermeintlich unveränderliche Bestände immer wieder an neue Kontexte angepasst, also reinterpretiert und insoweit verändert werden. Hingegen sind Vorstellungen von ungebrochener Kontinuität, von der Vorstellung einer Sukzession, wie sie sich in der Legitimation buddhistischer Sanghas oder in der katholischen Bischofssukzession findet, bis zur Konzeption einer „philosophia perennis"[187] oder einer „esoterischen" Geschichte[188] normative Konstruktionen. Angesichts der offenkundigen Dynamiken haben Eric Hobsbawm und Terence O. Ranger an einem politisch besonders brisanten Beispiel von Kontinuitätskonstruktion, dem Konzept der Nation, ideologiekritisch von einer „invention of traditions" gesprochen.[189] Damit aber ist man mitten im Minenfeld normativer Semantiken gelandet. Denn die Idee einer ungebrochenen Kontinuität lässt sich historisch ebensowenig belegen wie die Annahme eines absolut Neuen.

Einmal mehr ist auch hier die Auswahl der Metaphern eine entscheidende Weichenstellung für die Analyse: Es gibt für die Beschreibung von Traditionen die Familie stabilitätsorientierter Metaphern, die etwa von Kontinuität, Gewohnheit, der Weitergabe eines „Depositum" oder der „Treue" zum Ursprung sprechen, aber auch die Familie der veränderungsorientierten Bilder, etwa wenn von Anpassung, Adaption, Filiation, Reform(ation), Transformation oder Transition die Rede ist. In diesem Kontext sind Innovationen im Bereich der Religionsgeschichte zu diskutieren. Dabei ist Innovation ein relationaler Begriff in Bezug auf vorgängige Gegenstände, anders gesagt: Eine voraussetzungslose Innovation gibt es nicht, eine „Erfindung" „ex nihilo" ist ein religiös normierter Begriff, wobei die creatio ex nihilo vermutlich aus gnostischen Wurzeln als Begriff in die christliche Theologie und von dort als Konzept in den okzidentalen Ideenhaushalt eingewandert ist. Eine historische Innovation ist deshalb allenfalls als Sonderfall von Veränderung und ergo von Tradition zu deuten: eine Transformation von besonderer Intensität, deren semantische Qualifizierung als Innovation (und nicht bloß als Veränderung) von normativen Festlegungen abhängt. So kann man die Schaffung des „Bildnisses" des Serapis im dritten vorchristlichen Jahrhundert als Innovation verstehen, doch wird die Dimension des Neuen klein, wenn man den Betrachtungsausschnitt schmal wählt: Wurden dabei doch nur unterschiedliche Göttertraditionen zusammengeführt, unter anderem des Asklepios, des Zeus und des Dionysos, so dass man diese Verbindung als Innovation bezeichnen müsste. Ein anderes Beispiel ist die Bestimmung der Pali-Schriften, die die Europäer auf Sri Lanka kennenlernten, als „Kanon"; innovativ ist hier die Übertragung des okzidentalen Deutungskonzeptes „Kanon", die am

---

[187] Das Ende des Hermetismus, hg. v. M. Mulsow.
[188] Hanegraaff: Esotericism and the Academy. Rejected Knowledge in Western Culture; Constructing Tradition, hg. v. A. B. Kilcher.
[189] Hobsbawm: Introduction. Invention of Traditions; so auch: Anderson: Imagined Communities.

vorliegenden Schriftkorpus nichts änderte. Aber solche Praktiken der Verschmelzung oder Übertragung sind insbesondere bei kulturellen Austauschprozessen derart weit verbreitet, dass man Innovation als Normalfall betrachten müsste. Auch in dieser Perspektive halte ich es für sinnvoll, Innovation als Transformation von Tradition, wenngleich als besonders intensive, zu bezeichnen.

Bei jedem dieser Begriffe wären die normativen Implikate zu reflektieren. In den Religionen wird Innovation in der Regel nicht als positive Option reflektiert,[190] der Regelfall ist vielmehr der Versuch, ungebrochene Kontinuität zu beanspruchen. Die genannte Rede von der „Schöpfung aus dem Nichts" oder die Vorstellung eines „neuen Himmels und einer neuen Erde" (Apk 21,1) werden eben gerade nicht als menschlich, sondern als göttlich „machbare" Dimensionen verstanden. Interessant ist vielmehr die Auseinandersetzung um die Legitimationshoheit über die Deutung von Stabilität oder Veränderung und damit von Transformation und Tradition – wer also beispielsweise zu Recht in einer „Sukzession" stehe oder welche Inhalte ein „Kanon" haben dürfe. Wissenschaftler sind Teil dieser Auseinandersetzung um Deutungsmacht, wie die ideologiekritische und insofern normative Nutzung des Innovationsbegriffs bei Hobsbawm und Ranger zeigt.

Auch das Kriterium der Zugehörigkeit durch Entscheidung im frühen Christentum lässt sich mit dieser Konzeption von Tradition und Innovation als Sonderfall von Transformation deuten. Insofern es auf Entscheidung beruhende Praktiken im Rahmen der Mysterienreligionen und des Judentums gab, handelt es sich bei der Entscheidung, dem Christentum zuzugehören, nur um eine Transformation vorhandener Verhaltensmöglichkeiten (und um eine modale Differenz). Aber durch die Verbindung mit der Forderung nach Exklusivität, die wiederum als jüdisches Erbe vorlag, kam ein Element hinzu, welches daraus eine als Innovation interpretierbare Größe machte, weil ein Zugehörigkeitsmodell mit exklusiver Abgrenzung gegenüber anderen Religionen und einem egalitären Status für alle Mitglieder zuvor nicht existierte. In der longue durée der Religionsgeschichte ist allerdings oft nicht eine Innovation der springende Punkt, denn eine solche wird vermutlich häufig gemacht, sondern deren Durchsetzung und Verstetigung; wahrscheinlich liegt in der kontinuierlichen Tradierung des christlichen Entscheidungstheorems und seiner Implementierung in den Kanon hegemonialer Vorstellungen seine herausragende Bedeutung.

Mit diesen Überlegungen komme ich auf die eingangs aufgeworfene Frage zurück, mit welchem Recht man behaupten kann, die 2000-jährige Tradition eines Konzeptes zu behaupten, gerade wenn man Metamorphosen für konstitutiv hält. Ein hilfreiches Werkzeug ist in diesem Zusammenhang das Modell der Pfadabhängigkeit (path dependence, dépendence au sentier), das in der historischen Soziologie seit den 1980er Jahren entwickelt wurde. Sein locus classicus ist ein Aufsatz von Paul Arthur David über die QWERTY-Tastatur auf Schreibmaschinen, die sich durchsetzte, obwohl es ergonomisch bessere Varianten gab.[191] Sein Modell der Pfadabhängigkeit beruhte auf der Beobachtung einer selbstreferentiellen Reproduktion von Strukturen innerhalb eines Systems, die – und dies interessierte in der

---

190 Zur kontroversen Etablierung der Rede vom „Neuen" im okzidentalen Mittelalter s. Schmidt: Einleitung. Ist das Neue das Bessere?
191 David: Clio and the Economics of QWERTY.

Folgezeit vor allem die Ökonomen, die Forschungen zur Pfadabhängigkeit betreiben – Veränderung begrenzten, weil durch biographische Festlegungen, Institutionalisierung, Opportunitätskosten, ausgeschaltete Konkurrenz und etablierte Machtbasen oder entwickelte Kompetenzen Veränderung teurer und arbeitsaufwendiger war (oder schien) als die Beibehaltung etablierter Strukturen.[192] Die wirtschaftswissenschaftliche Forschung arbeitet sich damit an einem Problem vieler historiographischer Ansätze ab, auf das Fernand Braudel in einem klassischen Aufsatz zur „longue durée" hingewiesen hat:[193] Historiker neigen zur Überbewertung kurzfristiger Ereignisse oder, in Opposition dazu, zur Annahme quasi unveränderlicher Strukturen. Auch aus diesem Grund ist die historiographische Konzeptionalisierung des Begriffs der Tradition weitgehend eine Leerstelle. Hingegen stehen im Zentrum des historischen Interesses in der Regel Veränderungen, etwa Reformationen oder Revolutionen, während Konzepte zur Deutung langer Dauer und stabiler Strukturen sich häufig in normativen Historiographen (etwa zur kulturellen Evolution/Sozialdarwinismus, als Ideen einer „Heilsgeschichte", Apokalyptik oder zyklischen Geschichte) finden.

Wenn man sich von Braudels relativ statischem Modell lösen will,[194] wird das Konzept der Pfadabhängigkeit hilfreich, weil es Stabilität (hier in das Bild des Weges verlagert) in einer elastischeren Metapher zu denken ermöglicht. Ich nutze im Folgenden die Metapher der Pfadabhängigkeit in dem Sinn, dass es kulturelle Festlegungen gibt, die nachfolgende Entwicklungen prägen. Das bedeutet nicht, ontologische Festlegungen für eine Kultur zu treffen, sondern historisch kontingente und im Prinzip reversible, jedoch stabile Festlegungen anzunehmen.

Eben dies trifft auf die zentrale historische Figur dieses Buches, einer Zugehörigkeit durch Entscheidung, zu. Sie gilt in der okzidentalen Christentumsgeschichte in der Theorie unbedingt und weist die lateinische Tradition damit auf einen Pfad, der von der Antike bis in die Gegenwart führt, wenngleich dieses Theorem, wie einschränkend festzuhalten ist, in der Praxis über Jahrhunderte nur punktuell umgesetzt wurde; davon ist noch im Detail zu sprechen. Dieses „Depositum" wurde nun nicht als fixierter Gegenstand durch die Zeitläufte transportiert, sondern existierte nur in immer neuen Bezugnahmen darauf, also relational. Man hat sich immer wieder auf das Entscheidungstheorem bezogen, ein solches in verschiedenen Epochen für die religiöse Praxis eingefordert und seine Verbindlichkeit diskutiert. Das Konzept der entschiedenen, exklusiven Zugehörigkeit blieb eine Referenz, die nur in kontextuellen Aktualisierungen wirksam wurde. Aber aufgegeben wurde sie nie. Einmal als Forderung postuliert, konnte sie in der Christentumsgeschichte in der Praxis irrelevant werden, ging aber als Konzept nicht mehr verloren. Hans Blumenberg hat diese Einsicht in seiner Analyse der neuzeitlichen Kosmologie und Anthropologie auf den Punkt gebracht: Eine Frage, die einmal artikuliert ist und tradiert wird, lässt sich nicht mehr eliminieren,

---

192 Holtmann: Pfadabhängigkeit strategischer Entscheidungen, 51–60; Schäcke: Pfadabhängigkeit in Organisationen, 389–394; Mahoney: Path Dependence in Historical Sociology, 507–548.
193 Braudel: Geschichte und Sozialwissenschaften, 47–85.
194 Vgl. aber die Forderung zur Verbindung von langen und kurzen Prozessen bei Braudel: Geschichte und Sozialwissenschaften, etwa 76–80.

sondern nur noch – und natürlich immer wieder anders – beantworten.[195] Dass eine solche Pfadfestlegung, unabhängig von den Details des Umgangs mit den darauf transportierten Gegenständen, massive Konsequenzen für die Umgestaltung des Religionssystems besitzt, ist zu diskutieren.

Allerdings behält die Pfadmetapher einen blinden Fleck, insofern sie schon qua Bild nichts darüber sagt, welchen Veränderungen die Gegenstände auf ihrem Weg unterliegen. Die Fixierung der ökonomischen Literatur auf die Veränderungsresistenz von pfadabhängigen Systemen[196] hat diese Engführung begünstigt und damit den Blick auf die Veränderungen derartiger Traditionen verstellt. Denn in der okzidentalen Religionsgeschichte war die Pfadabhängigkeit nicht nur eine Grenze für Veränderungen, sondern auch deren Motor, denn das Entscheidungstheorem führte auch zur „Erfindung" von Eintrittsritualen, „Katechese" oder „Mission". Die Erklärung von Innovation ist die strukturelle Schwachstelle des Konzeptes der Pfadabhängigkeit.

Eine hilfreiche Lösung dieses Problems haben Jan und Aleida Assmann in Überlegungen über die soziale Konstitution einer jeden Erinnerung, damit Ideen von Maurice Halbwachs aufgreifend, vorgelegt. Sie unterscheiden zwischen einem „kulturellen" und einem „kommunikativen Gedächtnis",[197] respektive, in anderer Terminologie, zwischen „Speicher-" (oder dem „latenten"[198]) Gedächtnis und dem „Funktionsgedächtnis".[199] Unter einem (kulturellen, latenten) Speichergedächtnis kann man einen Ort für diejenigen Wissensbestände, die magaziniert sind und aktualisiert werden müssen, verstehen, unter dem kommunikativen (oder Funktions-) Gedächtnis den Ort für das in einer sozialen Gruppe aktuell zugängliche Wissen. Das Speichergedächtnis funktioniere für die Gesellschaft wie ein „Archiv", in dem Bestände unabhängig vom aktuellen Gebrauch aufbewahrt würden und das, so in einem vielleicht von Carl Gustav Carus geprägten Begriff, als „latentes" Wissen im, so das Assmannsche Modell, „Unbewussten" existiere.[200] Erst wenn – so Carus – aus dem „unbewohnten"[201] „‚passiven' Speichergedächtnis" Elemente ins aktive, kommunikative Gedächtnis (wieder) überführt würden, stünden sie dem kommunikativen Gedächtnis zur Verfügung.[202] Und genau darum handelt es sich bei den Gütern, die auf einem Pfad transportiert werden. Diese Rede von historischer Latenz bedeutet das Ende einer linearen Geschichtstheorie, weil latente Faktoren immer wieder neu aktualisiert und kommunikabel gemacht werden können, in der Regel unter normativen Auspizien, etwa als „Reform(ation)" oder als „Renaissance" des archivierten Wissens. Die Gretchenfrage, *warum* dies geschieht, warum etwa eine entscheidungsbe-

---

[195] So kann man jedenfalls eine grundlegende Einsicht Blumenbergs in seinem Buch „Die Genesis der kopernikanischen Welt" lesen.
[196] Stråth: Path Dependence versus Path-Breaking Crisis, 19–42; Holtmann: Pfadabhängigkeit strategischer Entscheidungen, 35–50; Gerhard Schewe in Schäcke: Pfadabhängigkeit in Organisationen, 5.
[197] Assmann: Das kulturelle Gedächtnis, 48–66.
[198] Ders.: Der lange Schatten der Vergangenheit, 55.
[199] Ebd., Zit. 55.
[200] Etwa bei Carus: Psyche, 2.
[201] Assmann: Erinnerungsräume, 408.
[202] Ders.: Der lange Schatten der Vergangenheit, 56f.

gründete Mitgliedschaft trotz beträchtlicher sozialer Nachteile immer wieder zu realisieren versucht wurde, wird insbesondere im dritten Kapitel mehrfach zum Thema werden.

Die Relation von Speichergedächtnis und kommunikativem Gedächtnis lese ich als Sonderfall eines Konzeptes, welches Tradition, verstanden als eine Form der Transformation, zwischen Potenzialität und Aktualität aufgespannt sieht. Die Akt-Potenz-Konzeption, die, von Aristoteles kommend, insbesondere seit dem Mittelalter im Okzident rezipiert und operationalisiert wurde, unterstellt unterschiedliche Modi der Präsenz von Elementen: als nicht realisierte Möglichkeit (Potenz) und als realisierte (Akt). Die Überführung von Potenzialität in Aktualität ist, wie der Übergang vom kommunikativen ins Speichergedächtnis, eine mögliche, nicht aber notwendige, keine determinierte, sondern eine disponierte Entwicklung: Sie kann, muss aber nicht erfolgen. Zudem bedeutet Aktualisierung keinen Transport unveränderter Gegenstände durch die Zeit, wie es die Metapher eines Gegenstandes auf einem Pfad oder die Rede vom „Depositum" der Tradition nahelegt, das zu einem Zeitpunkt niedergelegt und später wieder aufgehoben wird, um dann in „ursprünglicher" „Authentizität" wieder gegenwärtig zu sein. Vielmehr bedeutet Aktualisierung, eine Vorstellung unter veränderten Bedingungen und in veränderter Deutung wieder aufzugreifen, sie möglicherweise aufgrund eines veränderten kulturellen Rahmens (wieder) zu entdecken (oder auch zu konstruieren), sie jedenfalls in einem veränderten Kontext zu interpretieren und in einen neuen Zusammenhang zu integrieren. Aktualisierung bedeutet mithin, entgegen einer auch möglichen Interpretation, dezidiert die Transformation von Traditionsgehalten. Aber dies passiert auf einem einmal abgesteckten Pfad.

Am Beispiel des Traditionsgegenstandes „Entscheidung" als Bedingung der Zugehörigkeit zu einer religiösen Gemeinschaft werde ich die Brauchbarkeit dieses Konzeptes ausloten.[203] Die Forderung nach entschiedener Zugehörigkeit war über die längste Zeit und in den meisten Gruppen des westlichen Christentums eine Potenz, deren Relevanz insbesondere von theologischen Reflexionseliten im kulturellen Gedächtnis vorrätig gehalten wurde, deren Aktualisierung aber von spezifischen Bedingungen abhing: von – etwa – der Repotenzialisierung schon aktualisierter Entscheidungsmöglichkeiten im nachantik wieder gentil strukturierten Christentum (siehe Kap. 3.3.1a) über die Aktualisierung dieses Konzeptes in Kulturkontakten, weil man die Differenz des christlichen gegenüber anderen Zugehörigkeitskonzepten realisierte, natürlich auf Grundlage des zentralen Speichermediums Schrift und der Sonderform eines kulturellen Archivs als „Kanon" (siehe Kap. 4.2.1–2) bis zur Umsetzung einer Theorie entschiedener Zugehörigkeit in eine rechtlich abgesicherte Verfassungspraxis, wie es in der Debatte um die Religionsfreiheit in der frühen Neuzeit geschah und die antike Vorlagen aktualisierte und rechtlich fixierte (siehe Kap. 3.3.3a).

---

[203] Vgl. die Erprobung dieses Konzeptes am Beispiel der hermetischen/esoterischen Tradition schon in Zander: Das Konzept der „Esoterik", v. a. S. 131–135.

1.5 Konzeption: Thesen – Abwege

Die zentrale These steckt im ersten inhaltlichen Kapitel (siehe Kap. 3) und besteht aus einer doppelten Behauptung: Zum ersten, dass in der mediterranen Antike ein für diese Region – für den Buddhismus in Indien ist die Entwicklung separat zu diskutieren – neues Konzept der Zugehörigkeit zu einer Religionsgemeinschaft eingeführt wird. In ihm wird die Zugehörigkeit, pointiert gesagt, nicht mehr über die Geburt, sondern über eine Entscheidung geregelt. Dieses Konzept besitzt Wurzeln in der paganen und der jüdischen Antike, wurde aber vor allem durch Paulus und in den paulinischen Gemeinden zu einem programmatischen Teil des Christentums. Ein weiteres Charakteristikum war die aus jüdischen Quellen erfolgte Aufladung dieser Vorstellung mit der Forderung nach monotheistischer Exklusivität. Mit dieser exkludierenden Form freiwilliger Zugehörigkeit schuf das Christentum in der Abgrenzung von den paganen Traditionen Religion in dem Sinn, der in der okzidentalen Tradition dominant geworden ist. Damit erfand es zugleich eine eigene Form religiöser Pluralität und damit das Problem der Toleranz. Dieses Religions- und Pluralitätskonzept prägte die okzidentale, später europäische Religionsgeschichte und entfaltete im Rahmen des europäischen Imperialismus globale Wirkungen.

Diese Konzeption der Zugehörigkeit ist prima facie nur ein Element unter vielen in der Sozialform des Christentums, erweist sich aber bei näherem Hinsehen als ein Faktor, der die Grammatik des auf Geburt gestützten Religionssystems revolutionierte. Eine auf Entscheidung beruhende Zugehörigkeitsregelung hat im Christentum eine Reihe von Erfindungen nach sich gezogen, unter anderem die Schaffung eines Eintrittsritus („Taufe"), eine Unterweisung zur Begründung der neuen Zugehörigkeit („Katechese"), die Idee einer gentilfreien Ausbreitung („Universalismus") unter Einschluss des Anspruchs auf den Religionswechsel der Anhänger anderer religiöser Traditionen („Mission") – und auch damit Grundlagen zu dem gelegt, was wir seit der Frühen Neuzeit als Religion definieren.

Evidenterweise – und dies ist im Einzelnen zu diskutieren – sind theologischer Anspruch und religiöse Praxis unterschiedliche Kategorien. Der zutreffende Hinweis, dass die Praxis in der Christentumsgeschichte der Theorie eher selten gefolgt ist, ist aber für die Pfadgeschichte dieses Konzeptes nur begrenzt relevant, weil die theoretische Forderung auch dann und manchmal gerade dann Wirkungen erzeugte, wenn die Praxis offenkundig von der Theorie abwich. Die Forderung nach entschiedener Zugehörigkeit blieb ein theologischer Stachel im Fleisch der unentschiedenen religiösen Praxis des Christentums. Im Religionsvergleich wird sich etwa im Buddhismus zeigen, in welchem Ausmaß strukturelle Äquivalente vermutlich ohne wesentliche interkulturelle Kontakte entstehen konnten, und wo, etwa im Islam, aufgrund von interreligiösen Austauschprozessen anzunehmen ist, dass ein neues Modell entstand, welches, ebenfalls im Rahmen interreligiöser Osmose neben der traditionellen Zugehörigkeit durch Geburt eine Form entschiedener Zugehörigkeit kannte.

Die folgenden Kapitel im Anschluss an dasjenige zur „Entscheidung" sind Anwendungsbeispiele dieser zentralen These. Im Kapitel zur „Schrift" soll deutlich werden, dass die neue, auf Freiwilligkeit beruhende Vergemeinschaftung eng mit Verschriftungsprozessen verknüpft ist, schon weil die eben nicht selbstverständliche christliche „Identität" kognitive Versicherungen, also Bildungsprozesse, forderte. Die Herausbildung eines unveränderlichen „Kanon" von Schriften – allerdings erst, so eine These in diesem Kapitel, im Okzident des 16. Jahrhunderts – ist eine Folge dieser veränderten Grammatik der Zugehörigkeit. Selbstverständlich haben auch andere religiöse Traditionen Verschriftungen vorgenommen, es handelt sich mithin nicht um ein Alleinstellungsmerkmal des Christentums. Aber die Erfindung eines *unveränderlichen* „Kanon" unterscheidet das okzidentale Christentum von anderen religiösen Traditionen. Allerdings, und dies macht der Blick auf anders geartete Prozesse der Herstellung verbindlicher Schriftkorpora in orientalischen Kirchen, die diese verschärfte Konzeption eines Kanon nicht kennen, deutlich, ist die Beziehung zwischen entschiedener Zugehörigkeit und der Kanonisierung eines unveränderlichen Korpus keine notwendige Folge des Verschriftungsprozesses im Christentum, sondern eine modale Differenz, die von weiteren kulturellen Rahmenbedingungen der okzidentalen Geschichte abhängig ist.

Die drei kürzeren Kapitel zur Geschichte der Stadt, der Universität und der neuzeitlichen Naturforschung sind schließlich Versuche, die Reichweite der Konsequenzen des Konzeptes entschiedener Zugehörigkeit in Bereichen auszuloten, die (scheinbar) weit entfernt von diesem Thema liegen. Hinsichtlich der Stadt im Okzident ist die These zu diskutieren, ob im Vergleich mit der „orientalischen" Schwester Strukturen kommunaler Selbstverwaltung Wurzeln im Konzept freier Vergemeinschaftung besitzen, die das Christentum aus der Antike mitbrachte. Auch bei der Universität geht es um die Frage, ob diese idealiter als Gemeinschaft von Lehrenden und Lernenden, nicht zuletzt als juristisch eigenständige Institution mit dem Recht auf die Selbstergänzung des Lehrkörpers konzipierte Einrichtung ohne die Hintergründe in christlichen Vergemeinschaftungskonzepten zu verstehen ist. Schließlich ist bei der neuzeitlichen Naturforschung damit zu rechnen, dass in den naturforschenden Sozietäten Strukturen frei gewählter Mitgliedschaft und insoweit eigenständiger Vereinigungen eine wichtige Rolle bei der Entstehung dessen gespielt haben, was man seit dem 19. Jahrhundert eine „scientific revolution" genannt hat.

Um zumindest den wichtigsten Missinterpretationen vorzubeugen, ende ich, bereits Gesagtes pointierend, mit vier Klarstellungen:

1. Von einer Religion im Singular zu sprechen, ist ein rhetorischer Notbehelf, weil deren Binnenpluralität es rechtfertigen würde, auch von buddhistischen, jüdischen, christlichen und islamischen Religionen zu sprechen. Wo der Singular gleichwohl benutzt wird, ist es ein Zugeständnis an die Lesbarkeit von Texten. Dementsprechend stehen Beispiele für perspektivische Wahrnehmungen und sprechen nicht pars pro toto (selbst wenn zugegebenermaßen auch dies in der Darstellung in dieser Deutlichkeit aus pragmatischen Gründen nicht immer zum Tragen kommt).

2. Der eurozentrischen Perspektive ist nicht auszuweichen, weil es keine Position jenseits kultureller Bedingtheiten gibt. Dieses Buch ist also keine ausgewogene Globalgeschichte, sondern ein epistemologischer Relativismus, der zu reflektieren und gegebenenfalls zu kritisieren ist.

3. Warum sind Kulturen unterschiedlich? Man findet fast alles in fast allen Kulturen, wenn man die Vergleichsobjekte nur entsprechend auswählt – und allemal, wenn man Vernetzung als konstitutiv für eine globale religiöse Welt erachtet. Entscheidend für die Unterschiede von Religionsgemeinschaften ist vielmehr die Ausbildung von Schwerpunkten bis hin zu Hegemonien einzelner Elemente. Insofern sind Alleinstellungsmermale keine qualitativen, sondern quantitative Größen.

4. In dieser Arbeit präsentiere ich Ergebnisse, die in der politischen Debatte normativ genutzt werden können. Die Möglichkeit einer Entscheidung kann positiv als Freiheitsrecht gelesen werden – und dies ist ja beispielsweise auch in der Menschenrechtserklärung der Vereinten Nationen aus dem Jahr 1948 so geschehen –, aber auch negativ, etwa als Zerstörung sozialer Strukturen, wie es in der Kritik etwa an Teilen des politischen Liberalismus oft geschah, der mit dem geforderten Recht auf individuelle Lebensführung kommunitäre Dimensionen der Gesellschaft zerstört habe. Aber um diese normative Funktionalisierung geht es in dieser Arbeit nicht. Vielmehr beanspruche ich, die Genese zu analysieren und nicht die Geltung zu begründen, wohlwissend, und davon war schon die Rede und wird noch zu reden sein, dass es keine wertneutralen Positionen, also keine vollständige Trennung von Genese und Geltung, gibt. Wichtig ist dabei, dass zwar die Genese und damit auch das latente Gedächtnis kulturrelativ bleiben, während Geltung, etwa der Anspruch auf freie Entscheidung in Religionsangelegenheiten, auch ohne die in diesem Buch diskutierte Genese in einer anderen Kultur begründet werden kann. Anders gesagt: Wenn etwas nur in einer Kultur entstanden ist, bedeutet das nicht, dass seine Geltung in einer anderen Kultur nicht auch und anders begründet werden kann.

1.6 Formalia

Auf Abkürzungen wurde weitgehend verzichtet. Die kanonisierten biblischen Bücher sind mit den üblichen Kürzeln nachgewiesen, der Koran mit dem Buchstaben „Q", die islamische Jahreszählung nach der Hedschra mit „H".

Diakritische Zeichen sind nicht vollständig gesetzt.

Anführungszeichen finden sich häufig, vor allem um die Problematik der Übertragung von Begriffen, etwa aus der Objektsprache in eine Metasprache anzuzeigen, insbesondere bei Begriffen, die in der (okzidentalen) Christentumsgeschichte geprägt oder operationalisiert wurden, etwa „Religion", „Mission", „Katechese" oder „Kanon". Die LeserInnen werden schnell feststellen, dass diese Problematisierung nicht konsequent durchgeführt wurde: Die wissenschaftliche Stringenz ist immer wieder der Lesbarkeit des Textes „geopfert".

Verweise innerhalb dieses Buches sind in Klammern angegeben, beispielsweise „(siehe Kap. 3.3.3c)".

2 Religionsgeschichtliche Stationen

Eine „‚europäische‛ Religionsgeschichte" kann man „eigentlich" nicht ohne einen historischen Überblick schreiben, um die kulturelle Landschaft zu kartieren, in der man neue Deutungen platziert. Aber selbstredend ist dies nicht unter ein paar Büchern zu haben: Eine materiale Religionsgeschichte der okzidentalen Welt, die von Adam und Eva bis zum New Age reichen und den Anspruch auf eine umfassende Darstellung erheben würde, wäre ein hypertrophes Unternehmen. Jede Gruppe von Forscherinnen und Forschern und allemal jeder einzelne wäre damit überfordert, weil die Fragen mit jeder abgeschlossenen Forschung nicht weniger werden, ist doch jede Frage nur um den Preis neuer Fragen zu beantworten. Wissenschaftliche Forschung verkündet keine abschließenden Ergebnisse, sondern eröffnet mit jeder Antwort die Kritik ihrer Antworten und damit neue Auseinandersetzungen um die Deutung von Ergebnissen. Möglich aber ist eine Auswahl von Themen, die strukturell wichtige Rahmeninformationen für meine „‚europäische‛ Religionsgeschichte" bieten, insbesondere hinsichtlich einer Religionsgeschichte als Prozess von Austauschbeziehungen, als entangled history, und von möglichen Weichenstellungen, mit denen der Okzident spezifische Pfade eröffnet hat. Dies bleibt zugegebenermaßen ein selektives Florilegium, das an vielen Stellen mehr mit anregenden Lektüren zu tun hat als mit dem Anspruch auf auch nur momentan gültige Perspektiven – und das den gegenwartsbezogenen Zeitindex des vorliegenden Buches anzeigt.

2.1 Eurasien

Eine vergleichende Perspektive für die „‚europäische‛ Religionsgeschichte" betrifft im Prinzip alle Religionen in der ganzen Welt: von den Kulturen in den Urwaldgebieten des Amazonas über die „hinduistische" Enklave Bali bis zum subsaharischen Königreich Benin, weil sie alle einmal in Austauschbeziehungen, mögen sie auch extrem asymmetrisch gewesen sein, gestanden haben. Aber über Jahrhunderte war der für den Okzident relevante Kulturraum kleiner: von größter Bedeutung war die mediterrane Welt, daneben der eurasische Raum. Amerika gehörte erst seit 1492, vielleicht wenige Jahrzehnte früher dazu.[1] Die dorthin zuvor eingewanderten Gruppen, die zumindest teilweise vor mehr als 15.000 Jahren über die Beringstraße kommend dort siedelten, haben die Kontakte aufgrund der untergegangenen Landbrücke nicht aufrechterhalten, und die Wikinger-Fahrten seit dem späten 10. Jahrhundert an die nordamerikanische Ostküste blieben eine Episode. Aus diesen Gründen war Eurasien für die okzidentale Welt der mit Abstand wichtigste Großraum. Dazu kam noch Afrika, sofern es Anrainergebiet des Mittelmeers war, wohingegen Innerafrika der okzidentalen Welt bis ins 19. Jahrhundert verschlossen blieb. Über Jahrtausende war Eurasien der geographische Bedingungsraum der lateinischen Religionsgeschichte.

---

[1] Vermutungen über lange Zeit geheimgehaltene Amerikafahrten der Portugiesen, von denen Kolumbus profitiert habe, bei Rosenfeldt: Die Fahrten des Kolumbus und ihre Hintergründe, 113 ff.

Im Ensemble der Kulturräume Eurasiens – von Mesopotamien über Indien und China bis Japan – war das spätere Europa über Jahrtausende in kultureller Perspektive nur der Wurmfortsatz einer riesigen Landmasse und die längste Zeit der Krähwinkel im Konzert sogenannter Hochkulturen.[2] Dies änderte sich homöopathisch in nachantiker Zeit, langsam im Mittelalter, und mit zunehmender Dynamik schließlich in der Neuzeit, als die europäische Expansion aufgrund der ökonomischen und wissenschaftlichen „Revolutionen" sowie der militärischen Macht die kulturelle Kräftebalance derart verschob, dass Europa im 19. Jahrhundert die Welt weitgehend beherrschte und die großen asiatischen Kulturräume unter seine Herrschaft brachte. Indien wurde vom 16. Jahrhundert an europäisches Kolonialgebiet, bis es Ende des 18. Jahrhunderts weitgehend unter britischer Herrschaft stand, seit dem späten 19. Jahrhundert zwangen die Europäer China zum Eintritt in ihren Wirtschaftsraum, die arabische Welt wurde zu beträchtlichen Teilen im frühen 20. Jahrhundert europäische Kolonie. Im Windschatten dieser ökonomischen und politischen Eroberung etablierte sich auch eine kulturelle Hegemonie: naturwissenschaftliches und technisches Wissen, historiographische Methoden oder politische Ordnungsmodelle kamen aus dem Okzident nach Asien und in den Rest der Welt. Die globale Verbreitung von christentumsgeprägten, namentlich protestantisch aufgeladenen, also kulturrelativen Begriffen wie „Religion", „Kanon" oder „Mission", von denen in diesem Buch die Rede sein wird, ist ein bis heute lastendes Erbe dieser Geschichte. Natürlich war dies keine Einbahnstraße, natürlich hat dieser Prozess Europa tiefgreifend verändert, doch gleichwohl war das Verhältnis Europas zum Rest der Welt aufgrund der Machtverhältnisse asymmetrisch.

Diese Entwicklung führte dazu, dass sich die historiographische Wahrnehmung der Religionsgeschichte eurozentrisch verschob. Europa konnte als Telos der Weltgeschichte gelten, wo Prozesse der Individualisierung, Rationalisierung und Säkularisierung, also „die Moderne", ihren Gipfel erreicht hätten. Eine derartige Selbstzentrierung ist historisch nicht selten, vielleicht sogar normal. Das antike Griechenland, das neben sich vor allem Barbaren kannte, oder China, das sich als das Reich „der Mitte" verstand, sind Beispiele dafür. Aber nie zuvor waren kulturelle und politische Macht auf globaler Ebene stärker verschwistert als in den Jahrzehnten des europäischen Imperialismus um 1900, nie zuvor war die Versuchung größer, die europäische Regionalgeschichte für die Weltgeschichte zu halten.

Aber gegen diese Teleologie sind andere Geschichten zu erzählen, die von Austausch und Wechselwirkungen berichten, und das tun wir intensiver seit der postkolonialen Wende der Geschichtsschreibung. Die erste: Die vergleichsweise ruhige Entwicklung des Okzidents hat mit geographischen Kontingenzen zu tun, mit seiner Randlage und seiner geringen Größe, vielleicht auch mit dem im Vergleich zur südlichen Hemisphäre unwirtlichen Klima, das Eroberer weniger anlockte. An manchen Stellen hatte zudem der Zufall seine Hand im Spiel. 1241 fegten die Mongolen die christlichen Panzerreiter genauso hinweg wie zuvor die erfolgsverwöhnten Heere der Muslime. Im April vernichteten sie an zwei Tagen ein Heer aus deutschen und polnischen sowie ein weiteres aus ungarischen Rittern. Einer Eroberung des Okzidents stand militärisch nichts mehr im Weg, und die möglichen Folgen kann man am

---

[2] So die klassische These bei Abu-Lughod: Before European Hegemony; s. auch Pomeranz: The Great Divergence.

Beispiel des muslimischen Persien hochrechnen: Massenmorde, Plünderungen und eine Zerstörung der kulturellen Infrastruktur wären die höchst wahrscheinliche Folge eines mongolischen Sieges gewesen. Die Krise der islamischen Zivilisation zur Zeit des okzidentalen Mittelalters ist jedenfalls ohne diesen Faktor nicht zu verstehen (s. u.). Aber im Dezember 1241 starb Ögödei Khan, und die mongolischen Heerführer hatten besseres zu tun, als noch ein paar weitere Gebiete zu erobern: Sie kehrten ins innerasiatische Karakorum zurück, um die Nachfolge zu regeln. Europa verdankt seine Entwicklung, wenn man ausnahmsweise bereit ist, Geschichte auf einen solchen Punkt zu reduzieren, nicht nur Austauschprozessen und inneren Dynamiken, sondern auch einer Portion Glück.

Zu erzählen wären weitere Geschichten von Verknüpfungen zwischen dem mediterran-nordländischen Okzident und den asiatischen Kulturräumen: Etwa von Gandhara (heute im Norden Pakistans und im Süden Afghanistans), wo nach dem Feldzug Alexanders des Großen im vierten vorchristlichen Jahrhundert mediterrane und buddhistische Kultur zusammentrafen. Im Gefolge dieser Expansion entwickelte sich möglicherweise die okzidentale philosophische Skepsis aus buddhistischen Wurzeln, jedenfalls war Pyrrhon, einer ihrer Exponenten, in Indien.[3] Allerdings ist nicht klar zu ermitteln, mit welchen Vertretern indischer Religionen (Asketen? Mönchen? Brahmanen?) er dort zusammentraf,[4] in welchem Ausmaß er indische Vorstellungen verstand und sie übernahm.[5] Umgekehrt besitzt die buddhistische Skulptur im Gebiet von Gandhara griechische Wurzeln[6] – wenngleich gerade in den künstlerischen Austauschbeziehungen noch viele Unbekannte stecken.[7] Zu berichten wäre auch von der Seidenstraße als interkulturellem Verkehrsweg,[8] auf dem beispielsweise Franziskaner die Maria in den Osten transportierten, wobei ihnen unterwegs die mahayana-buddhistische Göttin Guanyin begegnete, die vielleicht durch diese Begegnung eine Ikonographie erhielt, die sie in der Funktion als Kinderspenderin zeigt, wie Maria mit einem Kind auf dem Arm.[9] Syrische Christen gelangten bis weit in den Osten Chinas, wo sie versuchten, in der chinesischen Kultur Fuß zu fassen, indem sie das Christentum als kosmische Ordnung verstanden.[10] Insgesamt aber kommen im vorliegenden Buch Verbindungen nach China, der großen Kulturlandschaft, die sich über Jahrtausende viel stabiler entwickelte als jede andere eurasische Region, unangemessen wenig vor. Immerhin ist China über die Migrationsgeschichte von Religionen immer wieder präsent, namentlich von Buddhismus, Christentum und Islam. Schließlich und ganz

---

3 Beckwith: Greek Buddha, 13–16.
4 Karttunen: India and the Hellenistic World, 55–64. Eine prononcierte These starker inhaltlicher Übereinstimmungen in der Lehre und der Praxis zwischen Pyrrhon und dem Buddha bei Beckwith: Greek Buddha, 22–60.
5 Sehr zurückhaltend Sedlar: India and the Greek World, 75–78; nur mögliche Transfers sieht McEvilley: The Shape of Ancient Thought, 452f.
6 From Pella to Gandhara, hg. v. A. Kouremenos u. a.; Gandhara, hg. v. Ch. Luczanits; Seledeslachts: Greece, the Final Frontier?
7 Ein Problem bereitet die zeitliche Distanz zwischen dem Kriegszug Alexanders im Jahr 326 v. Chr. und den wohl frühestens zwei Jahrhunderte später auftretenden Skulpturen in Gandhara. Frühere Skulpturen finden sich in Andhra Pradesh, doch sind die Beziehungen zum Westen noch nicht geklärt; s. Zin: Buddhist Narrative Depictions in Andhra, Gandhara and Kucha.
8 Beckwith: Empires of the Silk Road; Hansen: The Silk Road.
9 Kötter: Weiße Beschützerinnen aus Porzellan, 267f.
10 Longfei: Die nestorianische Stele in Xi'an.

besonders wäre, um ein letztes Beispiel zu nennen, vom Mittelmeerraum zu berichten,[11] wo das Wasser nicht nur Länder trennte, sondern sie durch den Schiffsverkehr auch miteinander verband, etwa die islamische und die christliche Welt.[12] Und natürlich waren nicht nur friedlicher Handel, sondern auch und vor allem Kriege – wie die islamische Eroberung des südöstlichen Mittelmeerraums, die Kreuzzüge, die christliche Rückeroberung Spaniens und Siziliens und des Balkan – Faktoren intensivierter Kulturbegegnung.[13]

Aber eine kritische Historiographie betreiben heißt auch, lang gehegte Konstruktionen von Austauschbeziehungen zu verabschieden, und auch dazu nur ein Beispiel. Die Entstehung von zölibatär lebenden Gemeinschaften, den Mönchsorden, ist kulturell alles andere als selbstverständlich, und dass solche Gruppen sowohl im buddhistischen Indien als auch im christlichen Südosten des Mittelmeeres entstanden, ist schon bemerkenswert. Aber inzwischen überwiegt die Skepsis, dass die ältere buddhistische Tradition die christliche signifikant oder überhaupt befruchtet haben könnte.[14] Historiographien der Vernetzung schließen nicht aus, dass sich ähnliche Traditionen unabhängig voneinander, ohne gemeinsame Wurzeln entwickeln.

2.2 Beziehungsgeschichten: Judentum – Christentum – Buddhismus – Islam

Die Geschichtsschreibung von Judentum und Christentum in der Antike hat lange mit zwei Mythen gelebt: Die einen sahen im Christentum die „Erfüllung" des Judentums, die anderen das Judentum als „Mutter" des Christentums. Beide Konzepte schreiben zwar Verflechtungsgeschichten, beschreiben jedoch den Differenzierungsprozess zwischen beiden Religionen – oder, präziser gesagt, hin zu zwei Religionen – unter normativen Auspizien. Die erste, christliche Variante schreibt eine teleologische Geschichte, in der das Judentum irgendwann „überholt" ist, die zweite, jüdische, einen Ursprungsmythos, in dem das Christentum immer nur der Ableger des „wahren" Israel ist. In der christlichen Historiographie besaß die Theologie der „Erfüllung" die Aufgabe, diese Superiorität des Christentums zu begründen, während in der jüdischen Historiographie die Erzählung vom unüberholbaren Anfang auf die jüdische Superiorität zielte.

Natürlich galten diese Interpretationen nie unangefochten, aber 2004 hat der liberale jüdische Historiker Daniel Boyarin beide Varianten derart infrage gestellt,[15] dass wir genötigt sind, neu über die Entstehung des Christentums – präzise gesagt: die Genese des spätantiken Judentums und Christentums – nachzudenken. Die traditionelle genealogische Deutung der Geschichte, die entweder einen gemeinsamen Ursprung oder ein gemeinsames Telos postuliert, ist seiner Meinung nach falsch aufgestellt, weil sie zu linear argumentiere: Sie unterschätze die

---

11 Braudel: La Méditerranée et le monde méditerranéen à l'époque de Philippe II; Horden/Purcell: The Corrupting Sea.
12 Jaspert: Religiöse Minderheiten auf der Iberischen Halbinsel, 28–44.
13 Ders.: Die Kreuzzüge, 158–160.
14 Winter: Das frühchristliche Mönchtum und der Buddhismus.
15 Boyarin: Border Lines.

Folgen des Jahres 70 mit der Zerstörung des jüdischen Tempels, die teilweise einen Abbruch jüdischer Traditionen bedeutete, denn das auf ein zentrales Ritual im Tempel zentrierte Judentum existierte danach nicht mehr. Stattdessen sieht er nach dem Untergang des jüdischen Staates zwei neue Traditionen entstehen, das (rabbinische) Judentum und das Christentum, die beide in je eigener Weise das frühe Judentum beerben und insofern nicht zwingend ein gemeinsames Telos besitzen.[16] An dieser Deutung ist zu Recht kritisiert worden, dass die Metapher der Weggabelung zwei massive Probleme beinhaltet: Sie unterstellt eindeutige Identitäten in „dem Judentum" und „dem Christentum", vor allem aber hat sie die Geschichte der fortbestehenden Vernetzung, von wechselseitigen Beeinflussungen und Abgrenzungen zumindest im Rahmen dieser Metapher nicht im Blick.[17] Gleichwohl bleibt ein Pointe von Boyarins Überlegungen für die Konstruktionslogik dieses Prozesses valent: Die beiden (späteren) Religionen hätten ihr Profil durch gegenseitige Bezugnahmen und Abgrenzungen gewonnen und dabei ähnliche Strukturen entwickelt. So sei auf der jüdischen Seite die umfangreiche rabbinische Kommentartradition entstanden: die um 200 redigierte Mischna, die Midraschim als Kommentare zu biblischen Büchern (redigiert vom 3. Jahrhundert bis weit ins Mittelalter hinein) und die beiden Talmudim als Interpretationen der Mischnaim, der Jerusalemer Talmud, redigiert im 5. Jahrhundert in Palästina, sowie der babylonische Talmud, redigiert im 7. (?) Jahrhundert in zumindest zwei Redaktionen in Babylon.[18] Dem entspreche, Boyarin zufolge, das Korpus der nicht weniger umfangreichen „Kirchenväter"schriften der Spätantike.[19] Aber Boyarin und von ihm angeregte Forscher denken darüber hinaus über viele weitere Beispiele nach: Ist das Narrativ eines jüdischen Konzils von Jamnia, das kurz nach der Zerstörung des Tempels stattgefunden haben soll (siehe Kap. 4.2.1), nach dem Modell des christlichen Konzils von Nizäa aus dem Jahr 325 konstruiert? Oder: War es Zufall, dass sich das Judentum unter den Rabbinern als Volk konzipierte, während das Christentum auf eine nichtethnische, teilweise vereinsmäßige Struktur (siehe Kap. 3.2.3b) setzte? Oder: Steht dem Konzept der unabschließbaren Auslegung der Thora bei den Rabbinen dasjenige vom Ende der Geschichte im Christentum entgegen? Und ist die christliche Konzeption der Sühne als eine Option der Deutung von Erlösung eine Reaktion auf die jüdische Interpretation des Jom Kippur – und umgekehrt, zumindest im ersten und zweiten nachchristlichen Jahrhundert?[20] Kann man schließlich die Zentrierung auf die schriftliche Tradition rabbinischerseits als eine Absage an eine rituelle Zentrierung im Herrenmahl der Christen verstehen?[21]

Natürlich stellen sich schon angesichts der schwierigen Quellenlage viele darüber hinausgehende grundsätzliche Fragen:[22] Wie weit waren die beiden Gruppen als alternativ sich

---

16 Ähnlich Akenson: Surpassing Wonder, 212.
17 S. dazu Reed/Becker: Traditional Models and New Directions, und den Band The Ways that Never Parted, hg. v. A. H. Becker/A. Y. Reed; Nicklas: Jews and Christians?
18 Stemberger: Einleitung in Talmud und Midrasch, 190. 213–215; Schäfer: Die Geburt des Judentums aus dem Geist des Christentums, 1f.
19 Boyarin weiterdenkend Akenson: Surpassing Wonder.
20 Stökl Ben Ezra: The Impact of Yom Kippur on Early Christianity.
21 Ders.: Templisierung.
22 Zu der reichen Literatur die konzentrierten Erwägungen bei Kampling/Leonhard: Gegenwärtige Ansätze der Rekonstruktion der frühen Geschichte von Judentum und Christentum.

verstehende „Religionen" verfestigt, um von strukturierten Austauschprozessen sprechen zu können? Vieles spricht dafür, dass beide Traditionsfamilien bis ins vierte Jahrhundert unterschiedliche Zielgruppen besaßen, aber so viele Gemeinsamkeiten hatten, dass man durchaus noch die Toten auf gemeinsamen Friedhöfen beerdigen konnte,[23] Trennendes und Verbindendes mithin verknüpft waren. Allerdings haben solche Beobachtungen gerade in den ersten nachchristlichen Jahrhunderten mit einer beträchtlichen Quellenarmut zu kämpfen, wobei die Beweislast bei christlichen Quellen liegt, weil sie jüdischerseits dünner fließen.[24] Auch in späteren Jahrhunderten sind diese Prozesse wechselseitiger Wahrnehmung, Befruchtung und Abgrenzung nachweisbar. Ein Beispiel auf rabbinisch-jüdischer Seite wäre etwa die Christentumskritik im babylonischen Talmud, wo das Christentum unter den Sassaniden schwach war, so dass man es (anders als in Palästina, wo es unter römischer und dann byzantinischer Oberhoheit zur Hegemonialmacht aufstieg) ohne größere Gefahr kritisieren konnte. So findet sich im babylonischen Talmud eine Gegengeschichte zur Geburt des Gottessohnes in der Geschichte vom verschwundenen Messiasbaby,[25] welche sich mit der christlichen Trinitätslehre auseinandersetzt, insofern die Rede von den „Elohim" (den Göttern im Plural), die in der hebräischen Bibel Gott bezeichnen kann, zur jüdischen Interpretation der christlichen „Trinitätstheologie" genutzt werden konnte.[26] Dazu traten natürlich sozialhistorische Faktoren in dieser Trennungsgeschichte, etwa die unterschiedliche steuerliche Behandlung von Juden und, so wie sie sich getrennt hatten, von Christen im Rahmen des fiscus iudaicus, der den Juden nach dem Jüdischen Krieg im Jahr 70 auferlegt worden war und den Christen sich bald weigerten, zu zahlen.[27]

Ein Beispiel auf christlicher Seite für die Wahrnehmung der anderen Seite ist der Bischof Johannes Chrysostomos im 4. Jahrhundert, der in der multikulturellen Stadt Antiochia amtierte. Bei ihm artikulierte sich in dem Augenblick, wo das Christentum öffentliche und staatlich protegierte Religion wurde, die Neigung und das Bedürfnis nach Abgrenzung.[28] In seinen acht Reden gegen die Juden aus den Jahren 386/87[29] mit ihrer teilweise beträchtlichen Schärfe (Juden als „Christusmörder"[30]) kommen intensive Interferenzen zum Vorschein. Offenbar lebte man neben- und miteinander, jedenfalls kannte Johannes Christen, die zu jüdischen Ärzten gingen,[31] solche, die Sympathien für die Juden hegten,[32] die jüdische Zusammenkünfte besuchten,[33] die jüdische Versammlungsräume als den Ort schätzten,

---

23 Lieu: Neither Jew Nor Greek, 27.
24 Kampling/Leonhard: Gegenwärtige Ansätze der Rekonstruktion der frühen Geschichte von Judentum und Christentum, 272.
25 Schäfer: Die Geburt des Judentums, 1–31.
26 Ebd., 36–48.
27 Heemstra: The „Fiscus Judaicus" and the Parting of the Ways, 196–211.
28 Sandwell: Religious Identity in Late Antiquity.
29 Brändle: Einleitung, 38.
30 Johannes Chrysostomos: Acht Reden gegen Juden, I,6 (hg. v. Brändle, S. 95).
31 Brändle: Einleitung, 53.
32 Johannes Chrysostomos: Acht Reden gegen die Juden, I,1 (hg. v. Brändle, S. 84).
33 Ebd., I,5 (hg. v. Brändle, S. 94).

wo die alttestamentlichen Bücher verwahrt wurden,[34] und die wohl jüdische Feste attraktiv fanden.[35] Derartige Spannungen sind wohl mitten durch die Familien gegangen.[36] Die christlichen Reaktionen konnten sich aber auch anderer Mittel als der Rhetorik bedienen. In diesen Jahren kam es im Westen von Antiochia, in Syrien, zur Übernahme von Synagogen durch Christen, vielleicht, um die Teilnahme an jüdischen Riten zu verhindern.[37] Offenbar muss man in diesen Jahren immer wieder damit rechnen, dass die Trennung von Juden- und Christentum so scheinbar präzise nicht funktioniert. Ein eindrückliches Zeugnis findet sich dafür in der römischen Kirche Santa Sabina, wo auf der kircheninneren Westwand ein um 430 datiertes Mosaik zu sehen ist, das die „ecclesia ex circumcisione" und die „ecclesia ex gentibus", der „Kirche aufgrund der Beschneidung" und der „Kirche aus den Völkern/‚Heiden'", zeigt und das nahelegt, dass auch im 5. Jahrhundert weiterhin zwei Gruppen, beschnittene Judenchristen und unbeschnittene „Heiden"christen, existierten.

Die weitere Geschichte des Judentums (präzise gesagt: der jüdischen Traditionen), das allein neben dem Christentum ein Existenzrecht erhielt, ist augenblicklich ein Gegenstand ähnlich kontroverser Debatten wie die These Boyarins von den geteilten Wegen. Das zentrale Problem der nachantiken Historiographie ist die hegemoniale Durchsetzung des rabbinischen Judentums. Hier geht es vor allem um die Frage, ob es im okzidentalen Raum eine eigene jüdische Tradition gegeben habe, die dann nicht hebräisch geschrieben und gesprochen hätte, sondern griechisch oder eine Landessprache. Diese von Doron Mendels und Arye Edrei zur Diskussion gestellte These[38] stellt viele Fragen: Warum gibt es so wenige schriftliche Belege für die Existenz eines solchen westlichen nachantiken Judentums? Ist dieser Strang des Judentums in Christentum aufgegangen? Waren die christlichen Auseinandersetzungen im Mittelalter vor allem solche mit dem rabbinischen Judentum, das neben dem griechischsprechenden (wenn es existierte) immer stärker wurde? Jedenfalls waren im Okzident die christlichen Auseinandersetzungen um den Talmud im 13. Jahrhundert, um die Entstehung einer christlichen Kabbala seit dem 15. Jahrhundert oder der Rückgriff auf den masoretischen (hebräischen) Text für das Alte Testament ebenfalls seit dem 15. Jahrhundert keine Auseinandersetzungen mit „dem" Judentum, sondern mit seiner rabbinischen Tradition. Hier stößt man auf ein Quellenproblem, weil unser wichtigster Zugang zur nachantiken jüdischen Geschichte die Mischna und vergleichbare Textkorpora sind, die aus rabbinischer Perspektive normative Informationen liefern, weil sie Auskunft darüber geben, wie etwas sein sollte oder auch nicht, aber nur begrenzt Aussagen über die historische Realität und die innerjüdische Pluralität machen.

Weitere neue Perspektiven einer auf Austauschprozessen beruhenden Historiographie[39] hat der liberale jüdische Historiker Israel Yuval für das okzidentale Mittelalter dokumen-

---

34 Ebd., I,5 (hg. v. Brändle, S. 92).
35 Ebd., VII,1 (hg. v. Brändle, S. 188).
36 Im kleinasiatischen Aphrodisias lassen sie sich im späten 5. Jahrhundert nachweisen; Chaniotis: Zwischen Konfrontation und Interaktion, 113f.
37 Hahn: Gewaltanwendung *ad maiorem Dei gloriam*?, 249f.
38 Mendels/Edrei: Zweierlei Diaspora.
39 Przybilski: Kulturtransfer zwischen Juden und Christen in der deutschen Literatur des Mittelalters.

tiert.⁴⁰ Unter der Voraussetzung (und mit dem Nachweis), dass es keinen Sinn macht, von getrennten Welten zu sprechen, schreibt er die Geschichte von den zwei „Schwester-Religionen" Judentum und Christentum neu, oft, indem er den traditionellen Einfluss, den man vom Judentum hin zum Christentum annimmt, umkehrt:⁴¹ Die Prägung des jüdischen liturgischen Kalenders durch das Christentum (etwa des Pessach- oder Wochenfestes), der Einfluss christlicher Hostienvorstellungen auf den rituellen Umgang mit den ungesäuerten Broten, den Matzen, oder die millenaristischen Erwartungen im Judentum, die von den Kreuzzügen ausgelöst wurden. Solche Beispiele für Einflüsse vom Christentum auf das Judentum lassen sich leicht vermehren: Die Entstehung der Bar mitzwa im Zusammenhang mit christlichen Taufpraktiken und die Aufwertung des Rabbi zum Gelehrten im Rahmen der mittelalterlichen Bildungsgeschichte (siehe Kap. 3.3.1a), die Geschichte jüdischer Heiligenverehrung⁴² oder die Entstehung weiblicher Züge im Gottesbild der jüdischen Kabbala um 1200 im Kontakt mit der christlichen Mariologie.⁴³ Noch deutlicher werden solche Einflüsse, wenn man die zeitlich in etwa parallelen Prägungen des Judentums durch Christentum und Islam vergleicht. Hier hat Bernhard Lewis ein Fülle von Belegen für diesen Einfluss der jeweils dominanten kulturellen Akteure beigebracht, etwa, und auch dies nur als Beispiel, wenn Juden in christlichen Hegemonialkulturen nur monogame, in muslimischen auch polygame Ehen praktizierten.⁴⁴

Natürlich werden die umgekehrten Einflüsse, vom Judentum zum Christentum, davon nicht absorbiert. Ein Beispiel findet sich in intellektuellen Kontakten, etwa in der Möglichkeit, dass Anselm von Canterburys berühmte Abhandlung „Cur deus homo" (Warum Gott Mensch geworden sei, 1090er Jahre) einen Anstoß von jüdischen Anfragen an die christliche Inkarnationstheologie erhielt,⁴⁵ wobei im Hintergrund bibelphilologische Debatten standen.⁴⁶ Insgesamt neigt die Forschung dazu, im christlichen Umfeld Anselms die Kenntnis jüdischer Texte und Motive höher anzusetzen als ältere Forschungen dies taten.⁴⁷ Unbenommen bleibt dabei auch, dass die intellektuellen Debatten gewaltsam beendet werden konnten, wie es sich in der Pariser Verbrennung des Talmud durch Christen im Jahr 1242 (in der hochsymbolischen Zahl von 24 Wagenladungen) zeigte. Gleichwohl beinhaltet dieser Blick auf die Vernetzungsgeschichte auch, das Geschichtsbild des Judentums als einer ausschließlich verfolgten Minderheit zu revidieren, weil neben das unbestreitbare Faktum der Deklassierung und Verfolgung Indizien einer Existenz als selbstbewusster, oft blühender Gemeinschaft auch im Rahmen von Assimilationsprozessen treten.⁴⁸

---

40 Yuval: Zwei Völker in deinem Leib.
41 Ebd., 35.
42 Raspe: Jüdische Heiligenverehrung in mittelalterlichen deutschen Städten.
43 Schäfer: Weibliche Gottesbilder im Judentum und Christentum.
44 Lewis: The Jews of Islam, 82.
45 Vgl. Awerbuch: Christlich-jüdische Begegnung im Zeitalter der Frühscholastik, 92.
46 Ebd., 215–230.
47 Przybilski: Kulturtransfer zwischen Juden und Christen in der deutschen Literatur des Mittelalters. Demgegenüber etwa noch Lasker: Jewish Philosophical Polemics Against Christianity, der allenfalls Debatten und keine Lektüren als Transferstellen annahm.
48 Chazan: Reassessing Jewish life in Medieval Europe, 193–195.

Fast immer aber blieben die Beziehungen zwischen Judentum und Christentum im Mittelmeerraum asymmetrisch. Allenfalls in der Anfangszeit des Differenzierungsprozesses besaßen diese Austauschprozesse manchmal eine egalitäre Qualität, häufig aber handelte es sich um ein Gefälle, wo (hegemoniale) christliche Konzepte und Praktiken diejenigen auf jüdischer Seite beeinflusst haben. Das Bild eines christlichen Baumes mit jüdischen Wurzeln, das die Historiographie nach der Katastrophe der Judenvernichtung durch das nationalsozialistische Deutschland prägte, entspricht oft nicht, wenn man Boyarin oder Yuval folgt, dem historiographisch erhebbaren Befund. Häufig, vielleicht in der Regel, werden Austauschprozesse nicht von historischen Vorläufern, sondern von zeitgenössischen Machtverhältnissen gesteuert. In der ausgehenden Spätantike und im Mittelalter ist dies bei Juden- und Christentum ganz deutlich. Das hegemoniale Christentum beeinflusste in der Regel das Judentum, man könnte auch sagen, die Religion mit den schon aufgrund der quantitativen Verhältnisse größeren kulturellen Ressourcen beeinflusste die „kleinere Schwester" – was natürlich umgekehrte Prozesse nicht ausschließt. Yuval hat diese Asymmetrie für seinen Forschungsbereich auf den Punkt gebracht: „Wo immer Ähnlichkeiten zwischen Judentum und Christentum zu beobachten sind, dürfte es sich um einen christlichen Einfluss auf das Judentum handeln". „Der Grund für diese Annahme ist ganz einfach: Die Kultur der Minderheit neigt dazu, sich Elemente der Mehrheitskultur anzueignen."[49]

Für diese Annahme spricht, dass diese Asymmetrie natürlich auch für Christen gilt, wenn sie zu einer Minorität werden. In Ländern, in denen der Islam zur hegemonialen Religion aufstieg und Christen als Minderheiten lebten, lässt sich die Beeinflussung durch islamisches Denken nachweisen: Bildungsanstrengungen finden in der syrischen Kirche durch die Konfrontation mit dem Islam in neuer Qualität,[50] und unter dem Druck der trinitätskritischen islamischen Theologie konnten syrische Christen ihre Theologie der Gottesvorstellung tendenziell „monistisch" umformulieren, indem sie statt von drei Personen Gottes von drei Attributen sprachen.[51] Ein anderes Beispiel sind mozarabische Christen in Spanien, die von den islamischen Eroberern nicht nur die Sprache oder im 10. Jahrhundert die Beschneidung übernahmen,[52] sondern möglicherweise auch ihre Christologie adoptianisch formulierten (wonach Jesus „nur" der von Gott „adoptierte" Sohn sei), womit das Theologumenon der Inkarnation weniger mit den antitrinitarischen muslimischen Gottesvorstellungen in Konflikt kam.[53] Vermutlich gilt generell, dass soziale Verhältnisse Religionen stärker prägen, als es Ideenhistorikern, stammen sie aus der Theologie oder der Religionswissenschaft, oft lieb ist.

Während seiner Genese kam das Christentum auch mit dem Buddhismus in Berührung, der zu diesem Zeitpunkt schon eine etwa 500-jährige Geschichte besaß und sich ebenfalls in Abgrenzung und Verbindung mit anderen religiösen Traditionen, den vedisch-brahmanischen, entwickelt hatte. Um zwei disparate Beispiele zu nennen: Die Vorstellungen von Wiedergeburt und Karma finden sich schon in den Upanischaden und dürften von dort in

---

[49] Yuval: Zwei Völker in deinem Leib, 35, vgl. ebd., 213.
[50] Tamcke: Wie der Islam die christliche Bildung beflügelte, 254–259.
[51] Griffith: The Church in the Shadow of the Mosque, 95.
[52] Maser: Christen im umayyadischen Andalus, 83.
[53] Potthast: Christen und Muslime im Andalus, 115f.

das buddhistische Lehrgebäude gekommen sein, wohingegen der Buddhismus Einfluss auf die „hinduistische" Architektur nahm, insofern deren Anfänge wohl in den buddhistischen Stupas und der damit verbundenen Reliquienverehrung gründeten.[54] Wiederum gilt, dass die Rede im Singular, hier vom Buddhismus, ein Konstrukt ist, das eine Vielfalt von großen Richtungen beinhaltet – Mahayana-Buddhismus vor allem in China und Südostasien, Vajrayana-Buddhismus in Tibet und der Theravada-Buddhismus auf Ceylon –, die jeweils wiederum eine Vielzahl von Linien („Schulen"), Ordenstraditionen und Frömmigkeitspraktiken einschließen, deren Ausprägungen im Laufe der Zeit ein Kaleidoskop von Unterschieden ausbildeten. Über lange Zeit begegnete das Christentum nur sehr wenigen Vertretern dieser Traditionen. Möglicherweise traf es im antiken Skeptizismus auf ein Transformationsprodukt buddhistischen Denkens, das im Rahmen des Kriegszuges Alexanders des Großen im vierten vorchristlichen Jahrhundert aus Indien in den Mittelmeerraum gekommen war (s. o.) und dem wir möglicherweise die frühesten schriftlich dokumentierten Aussagen über den Buddhismus überhaupt verdanken, da es in Indien aus dieser Zeit kaum Schriftquellen gibt.[55] Aber die Kenntnisse blieben sehr beschränkt, immer wusste zur Zeit des frühen Christentums Clemens von Alexandrien zumindest von Buddhisten zu berichten.[56] Dass man auch die heute hinduistisch genannten Traditionen kannte, dokumentiert eine 1939 in Pompeji gefundene kleine Elfenbeinstatue der Göttin Lakshmi aus Südindien, die wohl aus Handelskontakten stammen dürfte. Im Mittelalter brachten Franziskaner Nachrichten über den Buddhismus von ihren Reisen nach Zentralasien mit (siehe Kap. 2.3), aber die Kontakte blieben vergleichsweise dünn. Erst im Rahmen der neuzeitlichen europäischen Expansion des 19. Jahrhunderts, vor allem aber mit der britischen Eroberung Indiens, kam es zu einem intensiven Austausch, der beide Seiten, den Buddhismus in Asien und das Christentum und die Philosophie in Europa, veränderte. Viele Europäer sahen im Buddhismus mehr eine Philosophie denn eine Religion oder hofften, durch Meditation „wahre" oder „höhere" Erkenntnis zu finden, während zugleich das europäisch-christliche Denken den Buddhismus als Religion im neuzeitlich-europäischen Sinn teilweise erst konstituierte – am Beispiel der Herausbildung eines buddhistischen Kanon ist darüber noch zu sprechen (siehe Kap. 4.4).

Von weitaus größerer Bedeutung war über Jahrhunderte die Begegnung mit dem Islam seit seiner Entstehung im 7. Jahrhundert christlicher Zeitrechnung. Erneut gilt, dass es eine Religion, „den Islam", nur als hochabstraktes Konstrukt gibt – und das gilt für dessen Frühgeschichte in besonderer Weise. Die Forschungen der letzten Jahre haben das Bild eines Islam, der von Mohammed (569/573–632) als neue Religion konzipiert und von einem Ursprungspunkt aus etabliert worden sei, grundlegend infrage gestellt.[57] Demgegenüber setzt sich in der Wissenschaft das Bild eines Islam durch, der sich schrittweise und in Austauschprozessen mit seinen Umfeldkulturen konstituierte, damit diejenigen islamischen Deutungen auf den Kopf stellend, die im Islam die Wiederherstellung einer ursprünglichen Offenbarungs-

---

54 Schopen: Bones, Stones, and Buddhist Monks, 86–103.
55 Unter der Bedingung, dass der antike Pyrrhonismus eine „form of Buddhism" ist, wie Beckwith: Greek Buddha, 61, zur Diskussion stellt.
56 Clemens von Alexandrien: Stromateis, u. a. 1.15.68.1; 1.15.71.6; 3.60.3.
57 Schulze: Der Koran und die Genealogie des Islam.

religion sehen. Fred Donner etwa ist ein Vertreter der These, dass Mohammed zu Beginn überhaupt nicht beabsichtigt gehabt habe, eine eigene Religion zu gründen, sondern eine Gemeinde ins Leben rief, um die überlieferte monotheistische Tradition in besonders strenger Weise zu leben. Diese Gruppe seien die „Muslime" gewesen, von denen im Koran die Rede ist und unter die auch Juden und Christen zu zählen seien.[58] Erst im Laufe der Jahre und Jahrzehnte – für Donner vollzieht sich dieser Prozess bis in die Zeit des Kalifen Abd al-Malik (reg. 685–705 [44–64 H]) – habe sich der Islam als eine Religion, die sich von Judentum und Christentum unterschied, herausgebildet.[59] Das islamische Selbstverständnis, einen radikalen Monotheismus zu vertreten, habe Mohammed dabei sukzessive entwickelt. Diese Vorstellung fand er zum einen bei den autochthonen Religionen auf der Arabischen Halbinsel vor, die sich teilweise im Prozess einer monotheistischen Transformation befanden,[60] zum anderen bei Vertretern schon etablierter monotheistischer Religionen, von denen er Juden, Christen und andere („Hanifen") auf der arabischen Halbinsel getroffen haben dürfte.[61] Nach einer Anfangszeit, in der er sich wohl als Reformer vornehmlich der jüdisch-christlichen Monotheismen verstand, der vielleicht glaubte, nur seinem eigenen Volk eine neue Basis gebracht zu haben,[62] hat er sich als Abschluss der Offenbarung, als das „Siegel der Propheten" (Q 33,40) begriffen (eine Vorstellung, die eine Wurzel bei Tertullian um 200 haben dürfte und über die Manichäer vermittelt worden sein könnte[63]). Dies entspricht einer inzwischen weitverbreiteten Perspektive auf den Islam, die diesen nicht als mehr oder minder plötzlich in der Geschichte auftauchen sieht, wie es nicht zuletzt angesichts schlechter historischer Kenntnisse über das 6. und 7. Jahrhundert lange nahelag, sondern in der ein über viele Jahrzehnte dauernder Formationsprozess in der Spätantike[64] in den Vordergrund rückt.

Auch die Genese des Koran in den Jahrzehnten nach Mohammed Tod (siehe Kap. 4.3), die Entstehung der Jurisprudenz am Beginn des 7. Jahrhunderts (Ende des ersten Jahrhunderts islamischer Zeitrechnung)[65] oder die Entwicklung der islamischen Theologien[66] gehören in diese Dynamik des Anfangs. So umstritten manche dieser Thesen einer langlaufenden Formierung des Islam auch sind, entsprechen sie doch in der Struktur dem, was man in der Religionsgeschichte als Regelfall beobachten kann. Denn die Vorstellung eines Anfangs, in dem die wichtigsten Strukturen und Ideen neu geschaffen würden, hat viel mit dem religiösen Mythos einer Schöpfungserzählung zu tun und wenig mit den tatsächlichen Vorgängen einer Schritt um Schritt, in Aushandlungen und Kontroversen sich vollziehenden Konstituierung einer Religion. Dies gilt nicht nur für die ersten Augenblicke des entstehenden Islam, sondern noch für lange Zeit danach. Dabei nahm der Islam, von kleinen Gruppen in den eroberten Gebieten getragen, unterschiedliche Ausformungen an: In den Garnisonsstädten, in Fustat

---

58 Donner: Muhammad and the Believers, 70–71. 108–111.
59 Ebd., 194–197.
60 Al-Azmeh: The Emergence of Islam in Late Antiquity, 76.
61 Bowersock: Le trône d'Adoulis, 79 ff.
62 Van Ess: Muhammad und der Koran, S. 41.
63 Colpe: Das Siegel der Propheten.
64 Dezidiert Neuwirth: Der Koran als Text der Spätantike.
65 Motzki: Die Anfänge der islamischen Jurisprudenz.
66 Van Ess: Theologie und Gesellschaft.

(heute Kairo), Kufa oder Basra, in denen sich die kleine Minderheit der Muslime zusammenfand, etwa entstanden unterschiedliche Lesarten des Koran – aber das war nur ein Vorgeschmack auf die Vielfalt von Theologien, die in den kommenden Jahrhunderten entstand.

Erst in diesem Prozess haben sich feste Referenzpunkte als Grundlage für eine „Identität" des Islam entwickelt. Dazu zählte der Koran, aber weniger als solitärer Text, sondern insbesondere durch seine Auslegung in der Theologie und in den Rechtsschulen, die sich wohl seit dem frühen 8. Jahrhundert herausbildeten. Zu dieser Identitätsbildung zählt auch die Genese der Scharia, die in der Interpretation des Koran die gesetzliche Ordnung garantieren sollte, aber dazu gehörten auch rituelle Praktiken wie die Proskynese, der Fall auf die Knie während des Gebetes, die möglicherweise eine für die Umgebung gut sichtbare Eigenheit der Muslime bildete.[67] Weitere Differenzierungen, die bis heute den Islam prägen, folgten, etwa die Entstehung islamischer „Denominationen" wie der Sunna und der Schia noch im 7. Jahrhundert (1. Jh. H), die Herausbildung einer islamischen Philosophie seit dem 8. Jahrhundert (2. Jh. H) oder die Entstehung der Sufi-Traditionen, die auf die Institutionalisierung und Verrechtlichung des Islam mit einer Spiritualität der Innerlichkeit, vielleicht auch unter dem Einfluss christlicher Mönche,[68] reagierten, ebenfalls seit dem 8. Jahrhundert (2. Jh. H).[69] Mit diesen Strömungen kam das okzidentale Christentum im Rahmen der arabisch-islamischen Expansion in Kontakt. Konnte man im 7. Jahrhundert noch meinen, der furiose Siegeszug würde kurzzeitig nur Byzanz betreffen, so machte die beginnende Eroberung der Iberischen Halbinsel am Anfang des 8. Jahrhunderts klar, dass es sich hier nicht um ein episodisches Auftauchen handelte. Zudem stellte sich die Einsicht ein, dass der Islam nicht, wie Johannes von Damaskus noch meinte, ein Produkt des Christentums, eine Art „Sekte" war oder blieb,[70] sondern eine eigenständige Religion wurde. In welchem Ausmaß sich der Islam dann in Austauschprozessen mit jüdischen und christlichen Konzepten entwickelte und davon geprägt war, wird in der Wissenschaft heute wieder intensiv erforscht.[71] Klar ist, dass ohne Judentum und Christentum, ohne enge Beziehungen der Befruchtung und der Abgrenzung, die Entstehungsgeschichte des Islam unverständlich bleibt.[72]

In den ersten Jahrhunderten kennzeichneten auf dem militärischen Feld Niederlagen der christlichen Mächte gegen die islamischen Heere an allen Fronten die Lage – in Kleinasien und in Spanien, auf Sizilien, den Balearen und auf dem Balkan und nicht zuletzt in der Levante, wo die Kreuzzüge nur für ein Jahrhundert militärisch erfolgreich waren. 1453 schließlich fiel die Hauptstadt des byzantinischen Reiches, Konstantinopel. Aber während

---

67 Van Ess: Die Anfänge des Islam.
68 Tamcke: Wie der Islam die christliche Bildung beflügelte, 267.
69 Zur schwer ermittelbaren Frühgeschichte im mediterranen Raum und in Chorasan s. Gril: Les débuts du soufisme.
70 Johannes Damascenus: De haeresibus, Kap. 101 (auch in : Patrologia graeca, hg. J. Migne, Bd. 94, Paris 1860, 763/765). Zu den Problemen der frühen Wahrnehmung des Islam als eigenständiger Religion s. Hoyland: Seeing Islam as Others Saw it, v. a. 55 ff.
71 Etwa bei Neuwirth: Der Koran als Text der Spätantike.
72 Vgl. zum Christentum den ersten Band von Christian-Muslim Relations, hg. v. D. Thomas/B. Roggema; zu den Konflikten mit Blick auf das Judentum s. The Legacy of Islamic Antisemitism. Insbesondere bei der Darstellung der Entstehung des Koran (siehe Kap. 4.3.1–2) wird von diesen Beziehungen noch die Rede sein.

sich im nördlichen Mittelmeerraum die Expansion des Islam bis vor die Tore Wiens noch fortsetzte, mussten die Muslime in anderen Regionen Niederlagen einstecken. Im 9. Jahrhundert schon ging Sizilien verloren, die Balearen, Spanien und später der Balkan folgten. In diese vor allem militärisch, aber auch durch Handel begründeten Kulturkontakte fallen intensive und auf lange Dauer nachhaltige Begegnungen des Okzidents mit der islamischen Kultur. Der Islam wurde zur Brücke für die Rezeption antiker Philosophie, namentlich des Aristoteles und seiner neuplatonischen Kommentatoren, die entstehende Scholastik wurde durch die Rezeption dieser Schriften und ihre Deutung durch islamische Philosophen wie Ibn Sina (um 980 – 1037 [um 369–428 H]) oder Ibn Ruschd (1126–1198 [520–594 H]) – Avicenna und Averroes, wie diese Philosophen latinisiert hießen – mit neuen Fragen aufgeladen (siehe Kap. 6.2). Philosophie und Naturforschung im lateinischen Mittelalter sind in einigen Feldern ohne diese Anstöße aus der islamischen Welt nicht zu verstehen, auch darauf werde ich noch kommen (siehe Kap. 7.2). Ganz anders, und davon wird seltener die Rede sein, verliefen die Kulturkontakte zwischen Muslimen und den Christen aus den orientalischen und den byzantinischen Kirchen im muslimischen Herrschaftsbereich. Hier waren die Christen bis hinein in die Theologie durch den hegemonialen Islam geprägt und ermangelten derjenigen kulturellen Entfaltungsmöglichkeiten, die dem okzidentalen Christentum aufgrund seiner hegemonialen Position zur Verfügung standen.

Dass die islamische Welt in Nahen und Mittleren Osten in derjenigen Epoche, die Europäer später die Neuzeit nannten, ganz andere Wege ging, hat mit vielen Faktoren, keinesfalls nur mit religiösen, zu tun. Eine sozialhistorische Entwicklung hat sich in den letzten Jahren in der Forschung in den Vordergrund geschoben: die Kriegszüge der Mongolen. Im 13. Jahrhundert brach über die islamische Welt eine Katastrophe herein. Die Mongolen überfielen unter Temudjin, der sich seit 1206 Weltenherrscher, „Dschingis Khan", nannte, ihre Nachbarn und eroberten mit ihren schnellen und flexiblen Truppen scheinbar unaufhaltsam und unter Anwendung fürchterlicher Grausamkeiten weite Gebiete, die unter islamischer Herrschaft standen.[73] China, Tibet, Korea und das Reich von Kiew fielen, aber auch der Okzident zeigte sich militärisch hilflos.

Die östlichen Gebiete des islamischen Einflussbereichs, insbesondere Persien, wurden verheert. Manche Landstriche glichen nach der Massakern an Männern und der Versklavung von Frauen und Kindern kulturellen Wüsten, Städte wurden dem Erdboden gleichgemacht, eine berühmte Metropole wie Nischapur (heute im Nordosten Irans) hat sich von diesem Schlag nie mehr erholt. 1258 eroberten die Mongolen Bagdad, das Europäer aus den „Märchen aus Tausendundeiner Nacht", entstanden unter dem Kalifen Harun ar-Rashid, als Blüte der islamischen Kultur bewunderten. Der Fall dieser Stadt war möglicherweise ein „Wendepunkt von weltgeschichtlicher Tragweite",[74] wenngleich die kulturellen Folgen des Mongolensturms letztlich schwer zu saldieren sind.

Nicht verschwiegen sei allerdings, dass viele Forscher dieses apokalyptische Bild heute weicher zeichnen und fragen, inwieweit dieses Bild für das Ensemble der islamischen Welten angemessen ist. Denn weite Bereiche, insbesondere die mediterrane Welt, blieben von den

---

73 Nagel: Timur der Eroberer und die islamische Welt des Mittelalters.
74 Ebd., 30.

Mongolen verschont, und selbst für den Irak kann man die Frage stellen, ob die zerstörerischen Folgen des Mongolensturms nicht überbewertet wurden.[75] Nicht zuletzt entstand aus der politischen Niederlage ein religiöser Gewinn, denn seit der zweiten Hälfte des 13. Jahrhunderts wandten sich die Mongolen zunehmend dem Islam zu, im 14. Jahrhundert trat die Goldenen Horde unter der Leitung Usbek Khans (reg. 1312–1342) zum Islam über.

Im Laufe der Frühen Neuzeit verschob sich im Verhältnis zwischen dem christlichen Okzident und der islamisch-arabischen Welt zunehmend die machtpolitische Balance. Muslimische Länder wurden von einer Bedrohung zum Gegenstand von Eroberungen, bis dann im 19. und 20. Jahrhundert nordafrikanische Gebiete zu europäischen Kolonien wurden und das Osmanische Reich seine Besitzungen auf dem Balkan verlor. Mit diesem Kulturkontakt durch Krieg setzte eine Veränderung der Struktur islamischer Länder, eine oft als Reform verstandene Transformation dieser Länder unter westlicher Vorherrschaft ein.[76] Die Geschichte dieser Umkehrung der Machtverhältnisse wird in diesem Buch nur sehr punktuell angesprochen, ihre Folgen allerdings ziehen sich bis ins 21. Jahrhundert. Die Ausbildung eines „europäischen Islam" ist sicher nicht das letzte Ergebnis dieser Inversion der Machtverhältnisse im Kulturkontakt.

Diese rhapsodischen Beobachtungen zum Verhältnis vier großer Religionen kartographieren nicht nur mit groben Strichen das Feld, in dem sich die meisten Überlegungen in diesem Buch bewegen. Vielmehr machen sie deutlich, wie intensiv Austauschbeziehungen sein konnten. Damit ist nicht ausgeschlossen, dass Religionen weitgehend oder ganz wie Solitäre existieren, aber angesichts der nachweisbaren Vernetzungen ist nicht die Historiographie von Beziehungsgeschichten, sondern von isolierten Religionen begründungsbedürftig.

2.3 Religiöse Tiefengrundierung des okzidentalen Christentums seit dem „Mittelalter"

Im okzidentalen Mittelalter (das als unangemessene Sandwich-Kategorie eigentlich in Anführungszeichen stehen müsste) kam es seit dem 11., 12. Jahrhundert zu einer christlichen Formierung der Kultur, die aus den vielerorts nur punktuell oder oberflächlich „missionierten" Gegenden und Ethnien Gesellschaften formte, die tiefer vom Christentum geprägt waren und in denen sich Spiritualitätsformen entwickelten, die den Okzident von anderen Traditionen, den byzantinischen wie den orientalischen, markant unterschieden. Das neuzeitliche Christentum und damit die „europäische" Religionsgeschichte einschließlich ihres Einflusses auf andere Religionen bleiben ohne diese (meines Erachtens zentrale) Formierungsphase und ihre Konsequenzen unverständlich.[77] Das, was Europa heute ausmacht, insbesondere hin-

---

75 Gilli-Elewy: Bagdad nach dem Sturz des Kalifats.; Haarmann: Der arabische Osten im späten Mittelalter, 258f.
76 Mit dieser Perspektive Robinson: Introduction (in: The New Cambridge History of Islam, Bd. 5), 1–28.
77 Publikationen zur Geschichte des Mittelalters sind Legion, auch zum Faktor Religion im Rahmen der (politischen) Entwicklung, aber eine systematische Analyse dieser hochmittelalterlichen Tiefengrundierung ist mir nicht untergekommen. Vergleiche aber Leppin: Geschichte des mittelalterlichen Christentums, 207ff., bes. 279–313 (ohne Einzelnachweise); Tellenbach: Die westliche Kirche vom 10. bis zum frühen 12. Jahrhundert, 82–116; Mitterauer: Warum Europa? Daneben: The Cambridge History of Christianity, Bd. 4, hg. v. M. Rubin/W.

sichtlich der Bildung und der damit zusammenhängenden christlichen Prägung der Gesellschaft, entstand in wichtigen Dimensionen in dieser Zeit, und deshalb rechtfertigt diese Epoche einen intensiveren Blick.

Im Hintergrund stand – natürlich – eine Vielzahl sozialer Faktoren. Dabei dürfte die eurasische Randlage eine wichtige Rolle gespielt haben, denn im Hoch- und Spätmittelalter blieb der Okzident, wie gesagt, von Eroberungen, wie sie das orientalische Christentum durch den Islam und der Islam durch die Mongolen erlitt, verschont und konnte sich vergleichsweise stabil entwickeln. Dazu traten unter anderem die Gunst des Klimas, das zwischen dem 10. und dem 13. Jahrhundert besonders warm war, ehe um 1500 eine „kleine Eiszeit" anbrach.[78] Aber auch gesellschaftspolitische Faktoren im „Zentralraum des Karolingerreichs"[79] zwischen Norditalien, Rhein und Flandern spielten eine Rolle, etwa eine effiziente, das Wachstum der Bevölkerung tragende Landwirtschaft,[80] eine Hufenverfassung, in der Abhängige keine Sklaven, sondern eigenständige Subunternehmer waren, eine gattenzentrierte Familie und eine bilaterale Verwandtschaft, die die Bildung kleiner Gruppen förderte, Lehnswesen und Ständeverfassung, die über kleinräumige Herrschaftsformen mit Adelsburg und Stadt eine „extrem dezentrale" Struktur entwickelt habe,[81] oder partizipative Formen der Herrschaft, die in ständischen Organisationen und städtischer Mitbestimmung gemündet habe.

Zu den religiösen Elementen, die in diesem Kontext entweder neu geschaffen oder profiliert wurden, gehören etwa Papstkirche und Laienfrömmigkeit, Seelsorgeorden und die Ausbildung des kanonischen Rechtes, Individualisierung in der Mystik und Beichte, verstärkte Emotionalisierung und Visualisierung religiöser Erfahrung, um nur einige kategorial sehr unterschiedliche Dimensionen zu nennen. Die Interferenzen zwischen diesen Dimensionen stellen die Frage nach innerreligiösen, nicht nur interreligiösen Vernetzungen, etwa: Gehört die Klerikalisierung im Gefolge der Ausbildung der päpstlich gelenkten Kirche zu den Bedingungen der laikalen Frömmigkeit? Darf man die Bettelorden, die durch päpstliche Protektion stark wurden und für die Ausbreitung einer Laienspiritualität eine bedeutende Rolle spielten, als Transmitter päpstlicher Interessen deuten? In jedem Fall gilt, dass Wechselwirkungen, die nicht zu bestreiten sind, dann immer noch nicht intentional entstanden sein müssen. Ein weiterer wichtiger Punkt muss ebenfalls offen bleiben, nämlich die Frage, ob diese Merkmale des okzidentalen Christentums auch Eigenheiten in interreligiöser Perspektive sind, denn Kennzeichen sind nicht zwingend Unterscheidungsmerkmale. Immerhin zieht sich eine Gemeinsamkeit, die für das vorliegende Buch zentral ist, teils offensichtlich, teils subkutan durch diese

---

Simons, 75–132; Geschichte der christlichen Spiritualität, hg. v. B. McGinn, Bd. 2; Die Machtfülle des Papsttums (1054–1274), hg. v. A. Vauchez. Im Überblick (sehr breit, in der Regel ohne lokale oder regionale Differenzierung und oft auch ohne chronologische Differenzierung „des Mittelalters") Dinzelbacher: Hoch- und Spätmittelalter; Angenendt: Geschichte der Religiosität im Mittelalter. – Überlegungen, in welchem Ausmaß zumindest für die Eliten ein kultureller „Habitus" entstanden ist (Bourdieu: Entwurf einer Theorie der Praxis, 190–202), wären reizvoll (exemplarisch zur Gotik ders.: Zur Soziologie der symbolischen Formen, 125–159).
[78] Kulturelle Konsequenzen der „Kleinen Eiszeit"/Cultural Consequences of the „Little Ice Age", hg. v. W. Behringer u. a.
[79] Mitterauer: Warum Europa?, 17.
[80] Vgl. ebd.
[81] Ebd., 148.

Entwicklungen hindurch: Das Moment der Entscheidung spielt eine zentrale Rolle, allerdings in der Praxis nicht für oder gegen das Christentum, aber doch für eine bestimmte Frömmigkeitspraxis oder -richtung auf der Suche nach dem „wahren" Christentum.

Mit dieser Perspektive greife ich einige der Formierungselemente dieser hochmittelalterlichen okzidentalen Religionsgeschichte heraus. Der vielleicht wichtigste Faktor war ein politischer, der nicht am Beginn der nachantiken Geschichte steht, sondern im 11. und 12. Jahrhunderts in veränderter Form „erfunden" wurde: das Papsttum als zentrale Leitungsinstanz der okzidentalen Christenheit.[82] Es war „eine der wenigen *europäischen* Institutionen ..., wenn mit ‚Europa' hier vornehmlich ein lateinisch dominierter Einflussbereich gemeint ist",[83] das diese Halbinsel unterschiedlicher Sprachen und Kulturen überspannte. Aus der Kirche bischöflicher Amtsträger respektive eines bischöflichen Kollegiums wurde mit der „papstgeschichtlichen Wende"[84] seit dem 11. Jahrhundert eine „Papstkirche", in der sich das Papsttum mit Jurisdiktionsvollmachten ausstattete und eine souveräne Machtausübung anzielte. Dieser Prozess begann mit Leo IX. (reg. 1048/49–1054) und kulminierte in Gregor VII., der in seinem Dictatus Papae 1075 den Anspruch auf päpstliche Suprematie erhob. Im Hintergrund stand der Versuch von Theologen, im „Investiturstreit" eine zunehmende Bindung der Bischöfe an weltliche Gewalt und eine Verkümmerung synodaler Strukturen zu revidieren, weshalb in der kirchlichen aber auch allgemeinhistorischen Historiographie diese römischen Bischöfe „Reformpäpste" heißen. In diesem Prozess erlangten die Päpste eine Unabhängigkeit gegenüber der kaiserlichen Macht, die bischöfliche Amtsträger in anderen Kirchen nie erreichten, womit sie eine vermutlich entscheidende Weiche für die Ausdifferenzierung eines eigenständigen Bereichs Religion (bis hin zur „Trennung" von Staat und Kirche) stellten. Das Papsttum wurde dabei zu einem machtpolitischen Faktor und einem wichtigen Faktor der Integration, aber sowohl im Blick auf die Kirchen im südöstlichen Mittelmeer als auch auf die innerokzidentalen Entwicklungen ebenfalls ein Agens der Desintegration der Christenheit. So kreierte das neue Papsttum seine Gegenspieler: „Gegenpäpste", also konkurrierende Päpste, sind Phänomene des Mittelalters, nicht der Antike.[85] Damit nahm das westliche Christentum eine Entwicklung, die sich signifikant von derjenigen in den östlichen Christentümern unterschied. In Byzanz blieb der Patriarch, der in Konstantinopel immer in unmittelbarer Nachbarschaft des Kaisers residierte und stark dessen Zugriff ausgesetzt war, ohne einen vergleichbaren politischen Einfluss, und in den orientalischen Traditionen des Christentums fehlte nach der islamischen Eroberung der machtpolitische Freiraum für eine derartige Stellung. In religionskomparativer Perspektive spricht viel dafür, dass die päpstliche Funktion mit ihren schlussendlich erlangten Befugnissen und ihrer bis in die Gegenwart reichenden Tradition nicht nur ein Merkmal, sondern auch ein Spezifikum der okzidentalen Religionsgeschichte ist.

Den komplexen Prozess der Herausbildung des päpstlichen Anspruchs auf die monarchische Lenkung der Kirche und seine partielle Realisierung kann man seit dem 11. Jahrhundert

---

[82] Schrör: Metropolitangewalt und papstgeschichtliche Wende.
[83] Herbers: Geschichte des Papsttums im Mittelalter, 15.
[84] Schieffer: Motu proprio.
[85] Herbers: Konkurrenz und Gegnerschaft; Schieffer: Das Reformpapsttum und seine Gegenpäpste.

dann im Hochmittelalter um vier Schwerpunkte herum kristallisieren sehen:[86] (1.) eine Zentralisierung, die ihre institutionelle Grundlage im Aufbau eines für damalige Zeiten riesigen Beamtenapparates, der Kurie, fand und damit Strukturen ausbildete, die zum Kennzeichen des in der Neuzeit „erfundenen" Staates wurden.[87] Zur Durchsetzung dieses Herrschaftsanspruchs bediente man sich einer Vielzahl von Instrumenten: etwa der Konzilien, in denen man Bischöfe und Äbte nach Rom zusammenrief; oder der Legaten, die päpstliche Interessen außerhalb des römischen Machtbereichs wahrten und über die Ortsbischöfe gestellt werden konnten; darüber hinaus der neuen transregionalen und auf Seelsorge ausgerichteten Ordensgemeinschaften, von denen noch die Rede sein wird; oder der Aufwertung der symbolischen Anbindung der Bischöfe an Rom, die mit der Erhalt des auf dem Petrusgrab geweihten Pallium und dem damit verbundenen Gehorsamseid den Anspruch auf den päpstlichen Universalprimat unterschrieben. Natürlich war dies keine lineare Erfolgsgeschichte, sondern ein diskontinuierlicher Prozess der Durchsetzung, der auf regionale kirchliche, vor allem aber auf weltliche Ablehnung stieß. Im Alten Reich oder im südlichen Italien gab es größte Widerstände, die sich im 12. Jahrhundert im Investiturstreit artikulierten und den Anspruch auf zentrale Lenkung der Papstkirche letztlich bis zum Beginn des 19. Jahrhunderts relativierten, als die Nationalstaaten regionale kirchliche Strukturen zerschlugen und damit die römische Position stärkten.[88] (2.) Begleitet wurde die Zentralisierung von einer Juridisierung, die zur Schöpfung des kanonischen Rechtes führte, das ebenfalls eine der nachhaltig wirkenden Innovationen im Raum der Papstkirche war.[89] Harold J. Berman sieht die Neuzeit geradezu in der Schaffung eines nach dem Vorbild des antiken römischen Rechts erneut systematisierten juristischen Korpus im Kirchenrecht beginnen.[90] Der innovative Angelpunkt des kanonischen Rechtes war der Übergang von der bis ins 11. Jahrhundert dominierenden Sammlung von Rechtstexten zu einer systematisierten Zusammenstellung der Rechtsmaterie durch den Vergleich unterschiedlicher oder widersprüchlicher Rechtstraditionen. Das Decretum Gratiani, eine Sammlung von römisch-rechtlichen und christlich-theologischen Rechtstexten, wohl gegen die Mitte des 12. Jahrhunderts redigiert, wurde zur Grundlage für die systematische Bearbeitung des kanonischen Rechtes, in dessen Kommentierung klassische Rechtsschulen entstanden. Die Promulgation des Liber extra, der Dekretalen Gregors IX. im Jahr 1234, war Ausdruck der päpstlichen Intention einer effektiven Durchsetzung rechtlicher Normen, und die Einführung des Begriffs der „absoluten Gewalt"[91] durch Kanonisten der Versuch, den päpstlichen Souveränitätsanspruch auch juristisch zu begründen. Bei alldem wurde aber nicht nur altes Sakralrecht fortgeschrieben oder angewandt, sondern ein neues

---

86 Mitterauer: Warum Europa?, 152–198.
87 Reinhard: Geschichte der Staatsgewalt, 210.
88 Vgl. zur bis ins 18. Jahrhundert weitgehend fortbestehenden Souveränität vieler regionaler Kirchen Hersche: Muße und Verschwendung.
89 Link: Kirchliche Rechtsgeschichte, 35–43; Erdö: Geschichte der Wissenschaft vom kanonischen Recht, 236–242; Feine: Kirchliche Rechtsgeschichte, 276 ff. Detailliert: Der Einfluss der Kanonistik auf die europäische Rechtskultur, hg. v. O. Condorelli u. a. Zur Textgenese Winroth: The Making of Gratian's Decretum.
90 Berman: Recht und Revolution; Landau: Der Einfluss des kanonischen Rechts auf die europäische Rechtskultur.
91 Reinhard: Geschichte des modernen Staates, 35.

Normensystem unter Einbeziehung antiker Rechtstraditionen konzipiert. Eng mit diesen beiden Prozessen verbunden war (3.) eine Politisierung des Papstamtes, von Wallfahrten zum Petrusgrab bis zu den Kaiserkrönungen. Sie wurde im Investiturstreit durch eine „Politisierung der Sakramentenverwaltung" mithilfe von Interdikt und Bann[92] gegen Herrscher bis hin zu Kaisern und Königen politisch durchgesetzt und reichte bis hin zu militärische Funktionen des Papstes, etwa in der Initiierung oder Unterstützung von Kreuzzügen. Die Bedeutung des Papstamtes als machtpolitischer Faktor zeigt sich aber umgekehrt auch im Versuch seiner Vereinnahmung durch die entstehenden Territorialstaaten. Seit 1309 residierten die Päpste in Avignon, im Einflussbereich des französischen Königs, einschließlich des damit verbundenen Schisma seit 1378 bis zum Jahr 1417. (4.) Schließlich gehörte zu alldem eine Klerikalisierung des kirchlichen Personals, die in dem Versuch der Durchsetzung des Zölibats und der Auferlegung monastischer Lebensformen für Priester ihren Ausdruck fand.[93] Mit diesen Dimensionen prägte die Papstkirche den geographischen (sich mit dem „karolingischen Kerneuropa" weitgehend überlagernden) Raum, in dem eine Vielzahl Entwicklungen, die weit über die Papstkirche hinausgingen, abliefen: Hier entstanden Reichs- und Landstände, die Universität und die Gotik und die polyphone Musik – um einmal mehr heterogene Beispiele zusammenzuklauben.

Der Anspruch auf die Formierung der religiösen Lebenswelt lässt sich an den Konzilien, die die Päpste seit 1123 im Lateran zusammenrufen, ablesen. Im dritten Laterankonzil im Jahr 1179 wurden Bildungsanstrengungen für Kleriker dekretiert,[94] die in den folgenden Jahrhunderten immer wieder eingefordert wurden, in deren Gefolge neue Institutionen entstanden und die eine neue Wissensgesellschaft entstehen ließen. Namentlich das Vierten Lateranense von 1215 bündelte diese Ambitionen wie in einem Brennglas.[95] Seine Konstitutionen beginnen mit der Aufforderung, gegen „Häresien" vorzugehen (can. 2–3), gefolgt von der Aufforderung zu jährlichen Provinzialsynoden (can. 6) und einem Paket von Maßnahmen zur theologischen Bildung und Vertiefung der Frömmigkeit: Für unterschiedliche Sprachgruppen in einer Gemeinde solle es sprachkompetente Priester geben (can. 9), die Predigt sei sicherzustellen (can. 10), ebenso eine kostenlose Bildung für Kleriker und arme Studenten (can. 11), Orden sollten alle drei Jahre ein Generalkapitel abhalten und visitiert werden (can. 12. 33). Klerikern wurde vorgeschrieben, zölibatär zu leben (can. 14), die Eucharistie sei jährlich, zumindest an Ostern, zu empfangen (can. 21) und in den Kirchen verschlossen aufzubewahren (can. 20). Simonie, also der Handel mit Ämtern, sei ebenso verboten (can. 63. 64) wie die Erhebung von Gebühren für Sakramente (can. 66). Außerdem müssten sich Juden und Muslime durch Kleidung von Christen unterscheiden und dürften an den Kar- und Ostertagen nicht in der Öffentlichkeit erscheinen (can. 68). Dieses Programm artikulierte eine Agenda, an der sich die lateinische Kirche bis in die Neuzeit abarbeitete.[96]

---

92 Mitterauer: Warum Europa?, 160.
93 S. auch Oexle: Dauer und Wandel religiöser Denkformen, 181–185.
94 Kanon 18 (Conciliorum oecumenicorum decreta, hg. Wohlmuth, 220).
95 Ebd., 227 ff.
96 Unger: Generali concilio inhaerentes statuimus; Pixton: The German Episcopacy and the Implementation of the Decrees of the Fourth Lateran Council.

Das mittelalterliche Papsttum war, gemessen an heutigen Kriterien der Bewertung von Organisationen, eine Institution mit spannungsreichen, oft gegenläufigen Eigenschaften. Man war auf die Zentralisierung seiner Macht bedacht und trat zugleich für die Freiheit der Kirche gegenüber dem herrschaftlichen Zugriff ein; die Päpste etablierten synodale Strukturen, in denen sich Disziplinierung und Mitsprache kreuzten; sie schufen ein systematisiertes Recht, das die Egalität vor dem Recht erhöhte und Kontrolle effektivierte. Vielleicht war eine der wichtigsten Konsequenzen die Förderung oder gar Einleitung von Bildungsprozessen, die den Okzident in einem bis dato unbekannten Ausmaß christianisierten. Viele der Folgen sind zentrale Themen dieses Buches wie die Entstehung der Universität oder die strategische Mission, um nur zwei Beispiele anzuführen.

In diesem Rahmen veränderten sich oder entstanden religiöse Ideen und Lebensformen, von denen ich rhapsodisch einige nenne. Die Stellung des Individuums wurde neu situiert und aufgewertet,[97] während gleichzeitig neue Gemeinschaftsformen entstanden. Zu besonderer Bedeutung gelangten Klostergemeinschaften neuen Typs. Waren die antiken Mönchsgemeinschaften wie die mittelalterlichen Benediktiner (und Basilianer) klösterliche Familien gewesen, bei denen jedes Kloster im Prinzip eigenständig lebte, schuf man nun Verbände von Klöstern. Die im 10. Jahrhundert gegründeten (noch stark monarchisch organisierten) Klosterverbände von Cluny und Gorze sowie die im 11. Jahrhundert entstandenen (und im Prinzip demokratisch verfassten) Zisterzienser waren überregional organisiert. Sie konnten sich nicht zuletzt durch die Protektion der Päpste etablieren und stärkten zugleich deren Stellung. Die zu Beginn des 13. Jahrhunderts entstandenen Orden der Dominikaner und der Franziskaner trieben die Genese des neuen Ordenstyps insofern weiter, als sie die Stabilitas loci als Residenzprinzip aufhoben. Die Mitglieder traten nun nicht mehr einem Kloster, sondern einem Orden bei und lösten sich damit aus dem diözesanen Bezugsrahmen. Dabei wurde die Seelsorge, die im älteren Mönchtum in der Regel sekundär angelagert gewesen war, zum Zentrum der Tätigkeit und auch zur Bedingung einer „Mission" jenseits des näheren Klosterumfeldes.[98]

Neben diese klerikalen Institutionen, welche also von Menschen ausgeübt wurden, die sich professionell religiösen Praktiken widmeten oder im kirchenrechtlichen Sinn Geweihte waren[99] und nicht isoliert existierten, sondern in intensiven Austauschprozessen mit laikalen Milieus,[100] und den damit verbundenen Frömmigkeitsformen, traten verstärkt laikale Praxen.[101] Ihre Wurzeln dürften in sozialhistorischen Veränderungen liegen, namentlich in der Genese eines städtischen Bürgertums, das ökonomisch und teilweise auch hinsichtlich der Bildungsmöglichkeiten und angesichts pragmatischer Schriftlichkeit eigenständige Lebensformen entwickelte,[102] die sich sowohl in der Volks- als auch in der Elitenfrömmigkeit

---

97 Morris: The Discovery of the Individual.
98 Zu den Franziskanern s. Feld: Franziskus von Assisi und seine Bewegung; Iriarte: Histoire du franciscanisme; Merlo: Au nom de saint François.
99 Freiberger: Laien, I: Religionsgeschichtlich, 17; Vauchez: Gottes vergessenes Volk.
100 Fleckenstein: Miles und clericus.
101 Vauchez: Les laïcs au Moyen Age.
102 Oberste: Gibt es eine urbane Religiosität des Mittelalters?

ausprägte.¹⁰³ Daraus entwickelte sich eine Partizipation von Laien, auch an der Heilssorge, die sowohl von kirchlichen Reformern gefördert als auch von Laien gefordert und praktiziert wurde.¹⁰⁴ In einem zentralen Bereich der religiösen Kommunikation, in der Laienpredigt, kam es aber nicht zu einer Entklerikalisierung, Tendenzen der Relativierung des priesterlichen Predigtmonopols um 1200, angestoßen durch Reformbewegungen und das partielle Scheitern des Ortsklerus bei der „Ketzer"bekämpfung, führten schlussendlich zu keiner Veränderung.¹⁰⁵ Bewegung gab es allerdings bei der Bestimmung des Status von Laien. Als 1199 der Cremoneser Tuchhändler Homobonus heiliggesprochen wurde,¹⁰⁶ war dies der Auftakt der Heiligsprechung einer Vielzahl von karitativ engagierten Laien, von Männern wie von Frauen, zu denen etwa Elisabeth von Thüringen und Hedwig von Schlesien zählten oder Frauen, die nach einem bürgerlichen Leben mit eigenständigen theologischen Ansprüchen, etwa aufgrund von Offenbarungen, in einen Orden eintraten, wie Birgitta von Schweden und Katharina von Siena.¹⁰⁷ Dabei verschwammen, insbesondere bei den „Mystikerinnen" des 12. und 13. Jahrhunderts, die Grenzen zwischen laikaler und monastischer Frömmigkeit, insofern Frauen wie Maria von Oigniès, Hadewijch, Mechthild von Magdeburg, Gertrud von Helfta und Margareta Ebner in ein Milieu mit offenen Grenzen zwischen Beginen und Ordensschwestern gehörten.

Diese Frauen dokumentieren aber nur einen Aspekt des Interferenzverhältnisses von klerikaler, vor allem monastischer, und laikaler Frömmigkeit. Eine weitere Verschränkung bildeten die „Dritten Orden", in denen Laien außerhalb der Klöster und ohne zentrale monastische Prinzipien (Armut, Zölibat), aber angelehnt an die Spiritualität ihrer Muttergemeinschaften lebten. Mit den Dominikaner- und Franziskaner-Terziaren erreichte diese Praxis schon im 13. Jahrhundert einen ersten Höhepunkt. Am Ende des 14. Jahrhunderts bildete diese laikalmonastische Frömmigkeit die Devotio moderna aus, die auf Geert Groote (1340–1384) zurückging, der Laien ebenso wie Kleriker und Mönche zu einem Leben in Armut aufforderte. Er trat nicht in den Klerikerstand ein, sondern propagierte eine auf innere Erfahrung angelegte Frömmigkeit, die sich im 15. Jahrhundert insbesondere im Nordwesten des Alten Reiches ausbreitete.¹⁰⁸ Diese Strömung wurde zur Geburtshelferin von Laiengemeinschaften mit monastischen Formen, den Konventen von Beginen und Begarden, die insbesondere für Frauen Freiräume, die darüber hinaus rar waren, boten. Diese Entwicklung verlief nicht konfliktfrei, aber eine dominante „Häresie"-Problematik, die man lange für das 15. Jahrhundert annahm, dürften diese Lebensformen nicht generiert haben.¹⁰⁹

Parallel dazu entwickelte sich im okzidentalen Christentum eine gesellschaftliche Organisationsstruktur, die weder das ostkirchliche noch das orientalische Christentum kannte:

---

103 Schreiner: Laienfrömmigkeit – Frömmigkeit von Eliten oder Frömmigkeit des Volkes? Zur laikalen Frömmigkeitspraxis s. ders.: Soziale, visuelle und körperliche Dimensionen mittelalterlicher Frömmigkeit.
104 Mit diesen beiden Dimensionen Oberste: Zwischen Heiligkeit und Häresie; zur „pastoralen Wende um 1200" s. ebd., Bd. 1, 103ff.
105 Zerfaß: Der Streit um die Laienpredigt.
106 Vauchez: La sainteté en occident aux derniers siècles du Moyen Age, 410–427; ders.: Le „trafiquant céleste".
107 Flemmig: Hagiografie und Kulturtransfer.
108 Die „Neue Frömmigkeit" in Europa im Spätmittelalter, hg. v. M. Derwich/M. Staub.
109 Voigt: Beginen im Spätmittelalter.

die Pfarrei.[110] Deren Genese verlief in den Regionen der lateinischen Kirche ausgesprochen unterschiedlich. Aber ein gemeinsamer, zentraler Punkt war die Herausbildung einer nachgelagerten Verwaltungsstruktur unterhalb der seit der Antike etablierten bischöflichen Ebene. Auf dem Land nahm die Pfarrorganisation ihren Ausgang häufig in Taufkirchen, die einem sozialen Verband zugehören oder Eigenkirchen sein konnten. Seit dem 6. Jahrhundert dokumentieren vermehrt Taufrechte und eigenständige Vermögensverhältnisse diese Verselbständigung gegenüber den städtischen Mutterkirchen. In Städten, in denen pfarrartige Strukturen in der Regel früher entstanden, konnten sowohl stiftische Kapitelkirchen als auch Bürgerkirchen die Keimzellen von Pfarreien sein. Diese durch päpstliche Dekrete geförderte Veränderung war allerdings zugleich mit Gegenentwicklungen konfrontiert, die ebenfalls päpstlich gefördert wurden, nämlich mit den genannten transregionalen Orden, die Seelsorgestrukturen quer zur Pfarrorganisation bildeten. Aber letztlich entstand eine Organisationsform, die die rechtlich-institutionelle Form der westlichen Kirche antagonistisch formte, insoweit sie diese zentralisierte und zugleich eigenverantwortliche Einheiten schuf. Die Pfarre bildete jedenfalls über weite Strecken den organisatorischen Rahmen, in dem sich die religiöse Formierung des okzidentalen Christentums vollzog.[111] Auch hier dokumentieren Heiligsprechungen die Anerkennung oder Aufwertung des veränderten religiösen Rahmens. Der 1303 gestorbene und 1347 heiliggesprochene Bretone Ivo Hélory soll der erste heiliggesprochene Gemeindepfarrer gewesen sein.

Die in diesem Kontext entwickelten Frömmigkeitsideale und -praktiken bildeten einen eigenen Spiritualitätskosmos der lateinischen Kirche, in dem jede Auswahl etwas Beliebiges hat. Aber weil diese Praktiken zumindest in ihrer Vielfalt und Verbreitung ein neues Kapitel der okzidentalen Religionsgeschichte aufblätterten, seien sie zumindest als Florilegium im Folgenden präsentiert. Ein Zentrum bildete – zumindest gemäß der überlieferten theologischen Literatur – die sakramentale Praxis. Sie wurde intensiviert und teilweise individualisiert. Die Teilnahme an der Messe, die nie eine reine Klerikerliturgie gewesen war, nahm zu,[112] Messübersetzungen ins Deutsche, genutzt von Laien und Klerikern, gibt es in großer Zahl seit dem 14. Jahrhundert.[113] Die seit dem frühen Mittelalter fest etablierte Laienbeichte vor einem Priester fand zunehmend als individualisierte Praxis Verbreitung, mit wichtigen Veränderungen im Detail, etwa mit dem Übergang von der öffentlichen zur privaten Buße, die den Verzicht auf eine Einweisung in den Stand der Büßer mit sich brachte und die Tarifbuße (in der jedem Vergehen eine genau bestimmte Strafe zugeordnet wurde) als gegenstandsbezogene und partielle, nicht die ganze Existenz betreffende Strafe einführte.[114] Seit dem 12. Jahrhundert, vor allem seit dem Vierten Lateranense, dokumentiert eine dichte theologische Literaturproduktion die pastorale Implementierung der Beichte.[115] Die Eucharistie, die schon in der Antike von einem Gemeinschaftsmahl zu einem sakralen Verkehr mit Gott geworden war, erhielt stark

---

110 Leuninger: Die Entwicklung der Gemeindeleitung; Bünz, Die mittelalterliche Pfarrei in Deutschland; Aubrun: La paroisse en France des origines au XVe siècle (^{1}1986); Puza: Pfarrei, Pfarrorganisation.
111 S. Vauchez: Die pastorale Erneuerung in der lateinischen Kirche.
112 Harnoncourt: Gesamtkirchliche und teilkirchliche Liturgie.
113 Henkel: Deutsche Messübersetzungen des Spätmittelalters.
114 Vorgrimler: Buße und Krankensalbung, 93ff.
115 Payer: Sex and the New Medieval Literature of Confession, 12–44.

numinose Züge.[116] Die Transsubstanziationslehre wurde auf dem Vierten Laterankonzil zum verpflichtenden Lehrinhalt bestimmt und die Eucharistie seit der Mitte des 13. Jahrhunderts vor dem im Ostfrankenreich entwickelten Altaraufsatz, dem späteren Hochaltar, zelebriert, wobei die geweihten Hostien zuerst in Wandtabernakeln, dann in freistehenden Tabernakelhäusern (erstmals wohl in den 1340er Jahren im mittelrheinischen Oberwesel[117]) verwahrt und Gegenstand einer eigenen Frömmigkeit des „Corpus Christi" wurden. Parallel entwickelte sich eine eucharistische Schaufrömmigkeit, die in der Elevation der geweihten Hostie oder in dem erstmalig 1251 in Lüttich gefeierten Fronleichnamsfest[118] performative liturgische Ausdrucksformen fand und darüber hinaus neue ikonographische Bildtypen entwickelte, etwa die Erscheinungsbilder des Papstes Gregor I. (der im 6. Jahrhundert gelebt hatte), „Gregorsmesse" genannt, die seit Mitte des 15. Jahrhunderts die Erscheinung Gottes in der Hostie symbolisieren sollten[119] und in die Eucharistieverehrung einwanderten.[120]

Die Verehrung von Heiligen, in der Praxis von einer Anbetung oft nicht zu unterscheiden, unterlag seit der Mitte des 12. Jahrhunderts einem tiefgreifenden Wandel. Nun wurden nicht mehr fast ausschließlich antike, sondern zeitgenössische Heilige verehrt, deren Zahl nach oben schnellte. Dahinter stand eine Veränderung der spirituellen Vorbilder der Lebensführung, namentlich eine höhere Bewertung der vita activa, eines weltlichen Lebens gegenüber der vita passiva, einer zurückgezogenen Existenz, hinter der oft ein monastisches Ideal stand.[121] Dabei löste sich die Verehrung von dem konkreten Bezug auf Märtyrer(gräber) und Reliquien, um eine eigene mobile, nicht mehr an einen Ort gebundene Heiligenwelt zwischen Gott und Menschen zu konstituieren. Dazu trat ein Heiligsprechungsverfahren, das die Berechtigung der Beatifikation prüfen sollte und welches die Päpste seit etwa 1200 an sich zogen. „Heilige" (sancti) hießen nunmehr die von Rom erhobenen, „Selige" (beati) blieben die nicht anerkannten (und oft regional verehrten) Heiligen.[122] Unter dem Patrozinium einer oder eines Heiligen entstanden für Städte oder Gruppen kirchenartige Vergemeinschaftungen.

Eine Emotionalisierung der Frömmigkeit lässt sich allerorten beobachten, etwa in der von den Franziskanern verstärkte Verehrung des Jesuskindes in der Krippe,[123] die nur eine Dimension vielfältiger Bild-Nutzung oder -Inventionen durch die Franziskaner bildete.[124] Auch der Weg von der Ikone zum erzählenden Altarbild dürfte in Italien mit der Darstellung des Franziskus verbunden sein.[125] Sie war Teil einer neuen Dimension der Nutzung von

---

116 Franz: Die Messe im deutschen Mittelalter, 73–114; Angenendt: Offertorium, 358–380.
117 Kessel: Erzbischof Balduin von Trier, 376.
118 Rubin: Corpus Christi, 164–176.
119 Meier: Die Gregorsmesse.
120 Das Bild der Erscheinung, hg. v. A. Gormans/Th. Lentes.
121 Vauchez: La sainteté en occident, 121–123.
122 Ebd., 99–103.
123 Berliner: Die Weihnachtskrippe, 28.
124 Im heuristisch weiterhin anregenden Überblick Thode: Franz von Assisi und die Anfänge der Kunst der Renaissance in Italien, bes. 459–565.
125 Krüger: Der frühe Bildkult des Franziskus in Italien.

Bildern zu propagandistischen Zwecken,[126] bei der die Franziskaner schon aus pekuniären Gründen eng mit Laien kooperierten.[127] Andere Beispiele einer emotional aufgeladenen Spiritualität finden sich im Konzept einer Mystik, wo man weniger die Vereinigung mit Gott als die Beziehung zu ihm, weniger außergewöhnliche als vielmehr alltägliche Erfahrung förderte,[128] wieder andere in der im 14. Jahrhundert starken Verbreitung Heiliger Gräber in der Passionsliturgie, in der Christusfiguren symbolisch beerdigt wurden oder auferstanden, oder die Bilder des expressiv leidenden Christus seit den Jahren um 1300.[129] Überhaupt gehört zumindest die Verbreitung vollplastischer lebensgroßer Figuren in diese Zeit, wenngleich ihre Wurzeln wohl bis ins Frühmittelalter oder die Spätantike zurückreichen –[130] wobei man wissen muss, dass die Kreuzesverehrung, um die es dabei vielfach geht, ein nachantikes Produkt ist,[131] das erst im Mittelalter eine breite Wirkung und eine expressive Rezeption erfuhr. Zu sprechen wäre auch von der Intensivierung der Pilger- und Wallfahrten oder von Körpererfahrungen wie der durch Franziskus popularisierten Stigmatisationsfrömmigkeit.[132] Aber dies, wie gesagt, sind nur wenige Facetten eines fast unendlichen Kosmos von hochmittelalterlichen Spiritualitätsinnovationen.

Von außerordentlich hoher, vielleicht alle anderen Dimensionen überragender Bedeutung war die zunehmende Bildung als Bedingung und Korrelat der Christianisierung,[133] die sowohl die höhere, universitäre (siehe Kap. 6.1) als auch die allgemeine Bildung umfasste und als noch zu diskutierende Konsequenz der auf Entscheidung begründeten Religionszugehörigkeit (siehe Kap. 3.3.1a) ins Zentrum dieses Buches gehört. Sie hatte vermutlich viel mit der Forderung nach einer Katechese und ihrer Förderung nicht zuletzt bei Kindern seit der Mitte des 13. Jahrhunderts zu tun, für die es dann auch gelehrter Pfarrer bedurfte, sofern man nicht auf kommunale Bildungseinrichtungen zurückgriff.[134] Die Ausbildung des höheren Klerus lag der Laienbildung zeitlich voraus, aber die des niederen Klerus dürfte sich in etwa zeitgleich mit den Bildungsanstrengungen für Laien verstärkt haben. Sie fand an Kathedralkirchen, Stiften und größeren Pfarrkirchen statt und umfasste vor allem die Unterrichtung in Latein, Liturgik und Gesang; regelrechte Seminarien etablierten sich erst langsam nach dem Tridentinischen Konzil. Das Universitätsstudium der Kleriker erhielt seit dem 15. Jahrhundert eine größere Bedeutung, allerdings studierten die Weltgeistlichen in der Regel nicht an der Theologischen Fakultät, wo die Ordensgeistlichen dominierten, sondern an der Juristischen oder an der Artistenfakultät.[135] Die religiöse Bildung von Laien entwickelt

---

[126] Blume: Wandmalerei als Ordenspropaganda.
[127] Bourdua: The Franciscans and Art Patronage in Late Medieval Italy.
[128] Hamm: „Gott berühren", 450f.
[129] Hoffmann: Das Gabelkreuz in St. Maria im Kapitol zu Köln.
[130] Schüppel: Silberne und goldene Monumentalkruzifixe.
[131] Tongeren: Ein heilsames Zeichen, 10–31; ders.: The Cult of the Cross in Late Antiquity and the Middle Ages.
[132] Trexler: The Stigmatized Body of Francis of Assisi.
[133] Vauchez: Kirche und Bildung.
[134] Meuthen: Zur europäischen Klerusbildung, 270–276.
[135] Oediger: Über die Bildung der Geistlichen im späten Mittelalter, 58–65; Meuthen: Zur europäischen Klerusbildung, 277–287.

dabei eigene Formen, etwa in dem Anspruch, die „scientia theologica" und die „devotio", die intellektuelle Beschäftigung mit dem Glauben und die Frömmigkeitspraxis, miteinander zu verbinden.[136]

Schließlich gehört auch die zunehmende literate Laienbildung in diesen Zusammenhang, mit Wurzeln in der pragmatischen Schriftlichkeit in Städten. Sie führte zu einer seit dem ausgehenden 13. Jahrhundert boomenden religiösen Literatur für Laien.[137] Eine wichtige Rolle spielte dabei die Verbreitung des Gebetbuches nicht nur für Kleriker, sondern auch für Laien. Dieses hatte sich außerhalb der öffentlichen Liturgie in Irland und im angelsächsischen Bereich seit dem achten Jahrhundert aus spanischen Vorbildern entwickelt. Monastische Gebetbücher mit nichtbiblischen Texten sind zuerst für das 11. Jahrhundert durch den Benediktiner Johannes von Fécamp dokumentiert, die aber bald auch für Laien zugänglich wurden, wie etwa Anselm von Canterburys „Meditationes et orationes", die er zwar für seine Mitbrüder schrieb, aber Mathilde von Tuszien „offerierte". Für Laien wurde das Stundenbuch mit dem Psalter seit dem 14. Jahrhundert zentral, aber nicht zuletzt durch den Einfluss der Frauenmystik weitete sich der Bestand an individuell genutzten Gebeten aus.[138]

Zu einem weiteren wichtigen Faktor wurde die Intensivierung der Laienpredigt, deren Geschichte bis in die Anfänge des Christentums zurückreicht und die in der Regel im Anschluss an eine Schriftlesung erfolgte. Schon im frühen Christentum war das Predigtrecht an die Kleriker gegangen, denen neben diesem Recht auch die Predigtpflicht zugewiesen wurde, wobei zumindest in Klöstern auch Frauen predigten (etwa Hildegard von Bingen).[139] Seit dem 11. Jahrhundert veränderte sich die Situation insofern, als auch Laien als Wanderprediger auftraten (etwa Robert von Arbrissel)[140] und das Predigtmonopol des Klerus infrage stellten. Zudem entstanden volkssprachliche Predigten, die etwa für den deutschsprachigen Raum seit der zweiten Hälfte des 12. Jahrhunderts nachweisbar[141] und mit den Predigten von Meister Eckhart († 1328) bekannt geworden sind. Der damit verbundene Transfer von theologischen Inhalten und Debatten in laikale Milieus dürfte für die vertiefte Christianisierung von kaum zu unterschätzender Bedeutung gewesen sein.

Eine vieldiskutierte Konsequenz waren die mit diesen christianisierenden Bildungsprozessen einhergehenden Sanktionen, nicht nur materieller, sondern auch psychischer Natur. Diese thematisierte Jean Delumeau, der 1978 den ersten Band seiner berühmten Studien zur Geschichte der „Angst im Okzident" vorlegte. Für ihn waren die erhöhten, in seinen Augen und im interkulturellen Vergleich übersteigerten Ängste, die „surculpabilisation",[142] eine Folge dieser Christianisierungsgeschichte. Natürlich wusste er um Klimaveränderungen, Pest und Türkenangst als sozialhistorische Bedingungen, aber er deutete das massive Eindringen

---

136 Schreiner: Laienfrömmigkeit, 42, dazu im weiteren 42–56.
137 Schiewer/Williams-Krapp: Das geistliche Schrifttum des Spätmittelalters vom Anfang des 14. bis zum Ende des 15. Jahrhunderts, S. V-XX.
138 Achten: Das christliche Gebetbuch im Mittelalter.
139 Frank: Predigt VI: Mittelalter, 249.
140 Ebd., 249f.
141 Schiewer: Die deutsche Predigt um 1200.
142 Delumeau: Le péché et la peur, 10.

der Theologie ins tägliche Leben seit dem 14. Jahrhundert,[143] deren mentalitätsprägende Wirkung im konfessionellen Zeitalter ihren Höhepunkt erreicht habe, als entscheidenden Motor dieser okzidentalen Verschärfung. 1981 folgte Jacques Le Goffs Studie zur Geschichte des Fegefeuers, dessen „Geburt" er im 12. Jahrhundert als einen „dritten" kosmologischen Ort neben Himmel und Hölle sah. Wir wissen inzwischen genauer um die antiken Wurzeln dieser Vorstellung,[144] aber Le Goff verwies zu Recht auf die Verschärfung eines nachtodlichen Strafpotenzials als Folge der kulturellen „Explosion" der lateinischen Christenheit,[145] bei dem einmal mehr Theologen und die Popularisierung ihrer Vorstellungen eine zentrale Rolle gespielt hätten,[146] ehe das Purgatorium im Ersten Weltkrieg seine Plausiblität verlor.[147]

Parallel zur Intensivierung von Seelsorge und Frömmigkeit im großkirchlichen („orthodoxen") Rahmen bildeten sich in Bewegungen und Gemeinschaften Vorstellungen, die von den hegemonialen kirchlichen Traditionen als „heterodox" abgelehnt wurden.[148] Signifikanterweise finden sich solche Konflikte im westlichen Christentum kaum vor dem 11. Jahrhundert. Beispielsweise haben die Auseinandersetzungen über die Deutung der Eucharistie im 9. Jahrhundert – im Kern über die Frage, ob von einer realen Präsenz zu reden sei oder von einer Zeichenhandlung – keine länger existierenden Gruppen hinterlassen. Dies änderte sich am Ende des 10. Jahrhunderts, als in Südeuropa nichthegemoniale Vorstellungen registriert wurden, etwa dualistische Vorstellungen in Aquitanien, die die Weltlichkeit von Religion im „gnostischen" Geist kritisierten,[149] oder spiritualistische Gruppen in Orléans am Beginn des 11. Jahrhunderts, die ebenfalls weltkritisch argumentierten.[150] Das 12. Jahrhundert wurde dann zur großen Zeit „heterodoxer" Gruppen und Bewegungen. Die Katharer,[151] deren Ideen vermutlich vom byzantinischen Balkan kamen, breiteten sich bis Mitte des Jahrhunderts zwischen Südfrankreich und dem Rheinland aus. Sie verstanden sich als „gute Christen" und nicht als „Ketzer", für die sie vermutlich mit ihrem Namen Katharer (möglicherweise von griechisch: die Reinen) den Gattungsbegriff lieferten. Die hegemoniale Kirche konstatierte allerdings eine Vielzahl „abweichender" Positionen gegenüber ihrer Lehre: etwa in der katharischen Forderung, dass nur die „Reinen", die „perfecti", das Priesteramt ausüben dürften, in der Ablehnung des Alten Testamentes, in körperfeindlichen Praktiken wie dem Consolamentum, bei dem Hungertod und Erlösung verbunden wurden, oder in der Seelenwanderungslehre des späteren Katharismus. Die in den 1160er Jahren nachweisbare Errichtung einer kirchlichen Hierarchie führte aber letztlich nicht zur Etablierung einer eigenen katharischen Kirche, vielmehr endete deren Existenz mit der Verfolgung durch die Großkirche und weltliche Herrschaften und durch die pastoralen Tätigkeiten etwa der Dominikaner und Franziskaner.

---

143 Ders.: La peur en Occident, 23.
144 Merkt: Das Fegefeuer.
145 Le Goff: La Naissance du Purgatoire, 177f.
146 Ebd., 175ff.
147 Cuchet: Le crépuscule du purgatoire.
148 Im Überblick Oberste: Ketzerei und Inquisition im Mittelalter; Auffarth: Die Ketzer.
149 Taylor: Heresy in Medieval France.
150 Oberste: Ketzerei und Inquisition, 31.
151 Lambert: Geschichte der Katharer; zu den religiösen Vorstellungen Rottenwöhrer: Der Katharismus.

Seit Herbert Grundmanns Arbeit über religiöse Bewegungen im Mittelalter[152] ist klar, dass die Katharer in einen Kontext weiterer Gruppen gehören, die als Bewegungen neue Organisationsformen bildeten, sich mit ihren Vorstellungen oft in Spannung oder im Konflikt mit der Großkirche befanden und im Gegensatz zu frühmittelalterlichen Gruppen als Massenphänomene eine neue Qualität darstellten. Zu ihnen zählten etwa die Waldenser, die in der Nachfolge des Lyoneser Kaufmanns Petrus Valdes seit den 1170er Jahren Armut, Bibellektüre und Laienpredigt forderten, oder die Dominikaner, Franziskaner und später die Devotio moderna. Dabei gingen von Seiten der Großkirche reale Wahrnehmung und die Imagination von Merkmalen Hand in Hand, es ist nicht immer leicht zu entscheiden, welche Eigenschaften die „orthodoxen" Theologen vorfanden und welche sie zuschrieben. Man fand „Manichäer", obwohl deren Tradition seit der Spätantike im Westen abgebrochen war, man kreierte ein „Heidentum", weil die Christianisierung auch das Wissen um religiöse Alternativen transportierte,[153] und in den 1420er Jahren erfanden einige großkirchliche Theologen mit den „Hexen" (häufig aber auch gegen die Zurückhaltung oder den Widerstand römischer Theologen und der Päpste[154]) eine fiktionale dämonische Welt, die gleichwohl zu mehreren zehntausend Todesopfern führte. Schließlich gehören auch die Pogrome gegen Juden, die seit dem 11. Jahrhundert in Spanien und im Rahmen des ersten Kreuzzugs im Rheinland stattfanden und ebenfalls Hunderte oder Tausende von Todesopfer forderten, zu den Folgen der internen Pluralisierung im mittelalterlichen Okzident.

Die Gründe für die Entstehung der real existierenden „dissentierenden" Gruppen waren, wie immer, vielfältig. Unübersehbar ist, dass der genannte Faktor Bildung und die damit zusammenhängende Christianisierung zentral war, denn fast alle dieser „abweichenden" Gruppen und Personen des Hochmittelalters setzten sich mit Fragen der Lektüre der Bibel, ihrer Deutung und ihrer ethischen Applikation auseinander,[155] und fast immer spielten Laien, die in das klerikale und monastische Bildungsmonopol eindrangen, eine wichtige Rolle, auffällig ist zudem die Konzentration in städtischen Milieus, ebenso die Häufung im Küstengebiet des Mittelmeers, einer klassischen kulturellen Transferzone. Kaum zu bestreiten ist jedenfalls, dass es gerade der Prozess der intellektuellen Formierung der Gesellschaft war, der über die Identifizierung von „Feinden" deren Ausgrenzung ermöglichte und die Begründung ihrer Verfolgung lieferte –[156] davon wird noch intensiver die Rede sein (siehe Kap. 3.3.3a).

Die Reaktion der hegemonialen Kultur, der kirchlichen und der weltlichen, beinhaltete grosso modo drei Dimensionen: „Ketzer"prozesse, Seelsorge und Kriege. Das militärische Vorgehen, welches in der Regel, wenn auch oft mit Einschränkungen und den Versuchen der Konfliktbegrenzung, kirchlich gedeckt war, bediente fast immer auch machtpolitische, herrschaftliche Interessen.[157] Doch dürfte die Seelsorge auf Dauer den wesentlichen Teil der kirchlichen Reaktion ausgemacht haben. Dabei handelte es sich (natürlich) nicht um

---

152 Grundmann: Religiöse Bewegungen im Mittelalter.
153 Brauer: Die Entdeckung des „Heidentums" in Preußen.
154 Decker: Die Päpste und die Hexen, 44–46.
155 Fichtenau: Ketzer und Professoren.
156 Moore: The Formation of a Persecuting Society (²2007), 117–143.
157 Vgl. Oberste: Der Kreuzzug gegen die Albigenser.

eine Angebotspastoral unter den Bedingungen neuzeitlicher Religionsfreiheit, sondern um Zugehörigkeit zu den Konditionen der „Orthodoxie", in der sozialer Druck und strukturelle Gewalt oft nicht leicht zu unterscheiden waren. Doch innerhalb dieses Rahmens gab es viele Wege, manifeste Gewalt und insbesondere die Todesstrafe zu vermeiden. Man versuchte zu verstehen und erstellte auch zu diesem Zweck Kompendien mit den ermittelten (oder auch zugeschriebenen) Lehren; Orden wie die Dominikaner und die Franziskaner sollten den „Ketzern" die großkirchliche Frömmigkeit attraktiv machen; man wollte überzeugen, indem man die eigene Katechesen entwickelte; die Buße sollte anstelle der körperlichen Strafen eine auf Einsicht beruhende „Bekehrung" fördern. Vermutlich durchaus repräsentativ war das Vorgehen des Inquisitors Petrus Cellani in den 1230er/40er Jahren im südfranzösischen Montauban gegenüber Katharern und Waldensern. Die Todesstrafe war ausschließlich vorgesehen für diejenigen, die nicht bereuten, rückfällig wurden, sowie für die katharische Elite, die „perfecti".[158] Stattdessen dominierten im Strafregister Wallfahrten, das Tragen von Stoffkreuzen und als besonders schwere Buße die Beteiligung an der Verteidigung Konstantinopels.[159] In Montauban jedoch kam auch der „Kreuzzug" nach Konstantinopel offenbar kaum oder gar nicht zur Durchführung, er konnte beispielsweise durch die Teilnahme an einem Kirchenbau ersetzt werden.[160]

Das meiste Interesse aber haben die gewaltsamen Verfolgungen im Rahmen von Eroberungen, juristischen Verfahren und später der Inquisition auf sich gezogen (siehe Kap. 3.3.3a). Im Rahmen dieser Vorgehensweisen entwickelte sich ein Umgang mit „abweichenden" Positionen, der ein in der westlichen Christentumsgeschichte bis dato unbekanntes Maß an Gewalt entfesselte. Europa sei, so meinte Robert Moore, eine komplexe Geschichte vereindeutigend und gleichwohl einen wichtigen Punkt treffend, seit dem 11. Jahrhundert zu einer „persecuting society" geworden.[161] Ob dies im hinsichtlich anderer Christentümer außergewöhnlich war und im Vergleich mit anderen Religionen nicht nur ein Merkmal, sondern auch ein Spezifikum des lateinischen Christentums darstellte, ist eine offene Debatte. Moore zumindest vertritt die Auffassung, dass es ähnliche Formen, aber keine derartige und auf Dauer gestellte Intensität der Verfolgung in anderen Religionen oder anderen christlichen Kirchen gegeben habe.[162] Offen bleibt letztlich zudem die Frage, in welchem Ausmaß kirchliche oder säkulare Akteure für den Umgang mit Gewalt verantwortlich waren. Die theologische und pastorale Legitimierung der Gewalt steht neben der Absage an die Gewaltanwendung[163] und die Versuche ihrer Pazifizierung;[164] zugleich ist unübersehbar, dass etwa in Städten soziale Konflikte als religiöse kaschiert wurden oder dass die entstehenden Territorialherrschaften und später die frühneuzeitlichen Staaten im Interesse einer gesellschaftlichen Homogenisierung versuchten, religiöse Differenz zu minimieren und dabei Gewalt einsetzten und „Ketzer" aus-

---

158 Feuchter: Ketzer, Konsuln und Büßer, 339.
159 Ebd., 322–326.
160 Ebd., 353–361.
161 Moore: The Formation of a Persecuting Society.
162 Ebd., 148–151.
163 Angenendt: Toleranz und Gewalt; ein instruktives Beispiel zum Umgang mit den Katharern bei Feuchter: Ketzer, Konsuln, 448–451, bes. S. 451.
164 Angenendt: Toleranz und Gewalt.

schalteten. Deutlich wird diese Verschränkung beispielsweise im Vierten Lateranense (1215), in dem die weltlichen Vertreter die militärisch verschärfte Verfolgung der Katharer durchsetzten, die damit aber auch kirchlich legitimiert war.

Ein anderes Beispiel war die „Ketzer"verfolgung im Rahmen der „Ketzer"prozesse, wo man die „Häresien" als Projektionsfläche religiöser wie nichtreligiöser Interessen nutzte. Man verknüpfte unter Innozenz III. weltliches und religiöses Recht, indem man das antike Crimen lasae majestatis, die Majestätsbeleidigung, auch auf religiöse Dimensionen anwandte, damit kirchliche und weltliche Interessen bedienend. Schließlich und einmal mehr darf man sich den okzidentalen Raum nicht homogen vorstellen, diese Verfolgungen liefen regional sehr unterschiedlich ab: In England gab es sie beispielsweise kaum, wohingegen sie in Oberitalien und Südfrankreich ausgeprägt waren. Kaiser Friedrich II. (reg. in Sizilien 1198–1250) aus dem Adelsgeschlecht der Staufer machte deutlich, dass selbst in einem einzigen Herrschaftsverbund unterschiedliche Optionen zum Zuge kommen konnten. In Sizilien ließ er „Häretiker" intensiv verfolgen, weil er damit seine politischen Interessen verbinden konnte, anders als im Deutschen Reich, wo er nur über eingeschränkte Befugnisse verfügte und sie deshalb einen weniger effektiven Zugriff hatte.[165]

Letztlich laufen die Überlegungen dieses Kapitels, wie eingangs angedeutet, auf eine Facette der Ausbildung eines christlichen Okzidents hinaus: Man kann die Christianisierung der mittelalterlichen Gesellschaft als Konsequenz einer Religion begreifen, die eine Zugehörigkeit aufgrund von Entscheidungen einforderte und diese deshalb begründen und herstellen musste (siehe Kap. 3). Dabei forderte und förderte sie Bildung, etwa in der Ausbildung von Klerikern und in der Unterrichtung von Laien, in der Predigt und durch Seelsorgeorden. Aber die Ergebnisse waren antagonistisch. Kollektive Haltungen, die sich in weit verbreiteten Frömmigkeitspraktiken spiegeln, standen neben Individualisierungsprozessen, wie sie die Nutzung von persönlichen Gebetbüchern oder mystischer Frömmigkeit dokumentieren. Mechanismen sozialer Disziplinierung, wie sie die „Ketzer"verfolgung zeigt, finden sich neben Formen der Selbstorganisation der Gesellschaft, etwa in Städten und Universitäten, von denen noch zu sprechen ist (siehe Kap. 5 und 6). Mit diesen Ambivalenzen war das Hochmittelalter religionsgeschichtlich die zentrale Phase für die Formierung des lateinischen Christentums, ehe es in der Neuzeit globale Wirkungen entwickelte.

Im Rahmen dieses Interesses ist die „Renaissance" eher eine Verdichtung als eine Zäsur, trotz der epochalen Bedeutung der Rezeption antiker Kunst und insbesondere der Literatur.[166] Wichtiger hingegen war die „Reformation" des 16. Jahrhunderts, die im mitteleuropäischen Raum zu tiefgreifenden religiösen und damit verbunden politischen Veränderungen führte. Die Formulierung einer kleruskritischen Erlösungslehre, die verstärkte Übersetzung der Bibel in Landessprachen, die Durchsetzung der landessprachlichen Messe, die Abschaffung des (vermutlich bei Weltgeistlichen kaum eingehaltenen[167]) Zölibats, die intensivierte Nutzung von Druckmedien, die Verstärkung synodaler Strukturen oder die Intensivierung

---

165 Ragg: Ketzer und Recht, 119–159.
166 Hunger u. a.: Die Textüberlieferung der antiken Literatur und der Bibel.
167 Bünz/Lorenzen-Schmidt: Zu den geistlichen Lebenswelten in Holstein, Lauenburg und Lübeck zwischen 1450 und 1540, 41–44.

von Bildungsanstrengungen gelten zu Recht als wichtige und nachhaltige Interessen und Folgen der Reformation. In der Einschätzung dieser Veränderungen kommt man in eine der dichtesten Debatten der Geschichtsschreibung, in der weiterhin zwei manchmal antagonistische Perspektiven prägend sind. Auf der einen Seite stehen Kontinuitätstheoretiker, die die protestantischen Traditionen als Verlängerung mittelalterlicher Veränderungen deuten, auf der anderen Seite Forscher und Forscherinnen, die im Protestantismus einen Bruch gegenüber ebendiesen Traditionen sehen. Diese Linie verläuft häufig nicht nur entlang wissenschaftlicher, sondern auch konfessioneller Positionen. Historiker katholischer Provenienz neigten dazu, die Verbindungslinien zu Reformgruppen im 14. und 15. Jahrhundert zu betonen, diejenigen protestantischer Herkunft machten eher das Neue der Reformation oder gar deren „Unableitbarkeit"[168] stark. Ich möchte diese Frage angesichts der Komplexität der Materie und unterschiedlicher Entwicklungen in den Regionen des okzidentalen Christentums hier nicht generell beantworten, ohnehin wohlwissend, dass die Bestimmung von Kontinuität versus Bruch oder Innovation eine Frage historiographischer Konstruktion ist (siehe Kap. 1.4). Allerdings sehe ich hinsichtlich der mich interessierenden christlichen Formierung der hochmittelalterlichen Gesellschaft weitreichende Kontinuitäten: Bildung, Predigt, Bibelübersetzung oder die Aufwertung der Laienfrömmigkeit dynamisierten sich seit dem 11., 12. Jahrhundert.

In diesem Prozess haben sich in der Reformation wichtige Antworten geändert, so, um wieder nur ein Beispiel zu nennen, wurde der Unterschied zwischen Laien und Klerikern konzeptionell eliminiert, etwa im Theologumenon des „allgemeinen Priestertums aller Gläubigen", aber soziologisch blieb die Differenz zwischen „Laien" und „Klerikern" bestehen, wenn sich auch in den protestantischen Großkirchen keine Laienpredigt etablierte, sondern diese den nunmehr „ordinierten" Pfarrern anstelle der geweihten Priester vorbehalten blieb. Aber in wichtigen Grundstrukturen dominierten Elemente der Kontinuität, nicht zuletzt hinsichtlich des Verhältnisses von entschiedener Zugehörigkeit und der Konstitution einer religiösen Gemeinschaft. An einem Punkt jedoch bildeten die reformatorischen Bewegungen seit dem 15. Jahrhundert einen Einschnitt mit nachhaltigen, nicht mehr revidierten Folgen. Der Okzident wurde religiös qualitativ neu pluralisiert. Ein erster Schritt war die Existenz einer böhmischen Kirche, der in einem Vertrag, den Prager Kompaktaten von 1433, unter anderem die Verwendung des Laienkelches zugestanden war, doch wurden diese Rechte in der Gegenreformation 1567 wieder aufgehoben. Doch seit dem 16. Jahrhundert gab es dauerhaft theologisch markant unterschiedene und mit machtpolitischen Optionen verbundene Traditionen des Christentums, die sich als eigenständige – alternative und gegensätzliche – Kirchen betrachten, bis hin zu wechselseitig sich ausschließenden Wahrheitsansprüchen. Über Jahrhunderte hinweg verhielten sich die Konfessionen weitenteils faktisch so, wie unterschiedliche Religionen es im christlichen Verständnis taten, nämlich exklusiv: man konnte nur noch entweder Katholik oder Lutheraner oder Calvinist sein. Und man nannte sich auch so: eine Konfession, von der wir heute sprechen, hieß im 16. Jahrhundert noch „religio". Aber in wichtigen Grundstrukturen dominieren Elemente der Kontinuität, nicht

---

168 Dazu kritisch Jussen/Koslofsky: „Kulturelle Reformation" und der Blick auf die Sinnformationen, 23.

zuletzt hinsichtlich des Verhältnisses von entschiedener Zugehörigkeit und der Konstitution einer religiösen Gemeinschaft.

Wichtige Positionen der neueren Forschung sehen diesen langen Prozess der spirituellen Christianisierung bis um 1500 seit dem 16. Jahrhundert in die Entstehung der großen Konfessionen katholischer und evangelischer Tradition münden, in die Konfessionalisierung des Okzidents, dabei normative Begriffe wie „Reformation", „Gegenreformation" oder „katholische Reform" ersetzend.[169] Im Zentrum dieser Konzeption steht die These, dass sich die neuzeitlichen institutionellen, frömmigkeitspraktischen und dogmatischen Formen des Christentums im Laufe des 16. und 17. Jahrhunderts in parallelen Konfessionskulturen entwickelt haben und dass dies ein Prozess war, der im Kontext der Herausbildung, nachgerade der „Erfindung" des neuzeitlichen Staates und seines sozialdisziplinierenden Zugriffs auf die Kultur, auch und gerade auf die religiöse, zu lesen ist. Die nationalistische Homogenisierung von Staat und religiöser Kultur im 19. Jahrhundert führte zu einer verschärften, zweiten Konfessionalisierung,[170] und diese Version exportierten die Europäer im 19. Jahrhundert in alle Welt.

Wichtig für die Fragestellung des vorliegenden Buches ist dabei nicht nur die Einmündung der bildungsbegründeten Christianisierung in die Konfessionalisierung, auch nicht nur die Entstehung institutionell hochorganisierter Gemeinschaften, für deren Klassifizierung der heute global verbreitete Religionsbegriff geprägt wurde, sondern vielmehr, dass Entscheidung (wieder) zu einem zentralen Kriterium der Mitgliedschaft wurde. Zwar handelte es sich dabei nicht um eine Entscheidung zwischen Religionen, sondern zwischen Konfessionen, doch das Strukturmuster entschiedener Mitgliedschaft, zumindest theoretisch und zumindest für die Anfangsphase der Konfessionalisierung, rückte damit in eine zentrale Stellung. Dabei war im Alten Reich die Entscheidung für (oder seltener gegen) die Reformation in Städten oft ein Akt ohne Minderheitenschutz, und auf territorialer Ebene blieb die religiöse Entscheidung mit dem Prinzip des „cuius regio, eius religio" ein Exklusivrecht des Herrschers, aber seit dem 16. Jahrhundert gab es im Prinzip wieder Alternativen für eine (inner-) religiöse Entscheidung. Dass sowohl die drei großen Konfessionsverbände im Alten Reich – Lutheraner, Katholiken und Calvinisten – als auch die kleinen protestantischen Gemeinschaften, die sich häufig die freie Entscheidung auf die Fahnen geschrieben hatten, faktisch bald sozial vererbte Mitgliedschaften etablierten, bedeutete „nur" partiell eine Abkehr von einer entschiedenen Mitgliedschaft, weil die Forderung nach Entscheidung insbesondere mit den protestantischen „Dissentern", namentlich den Spiritualisten und den Täufern, im Raum blieb, zumindest als Theorie. An diesem Punkt der über die Großkirchen hinausreichenden Pluralisierung liegt eine Schwäche der ursprünglichen Konfessionalisierungsthese (neben ihren etatistischen und modernisierungstheoretischen Implikaten). Es fehlte anfangs der Blick auf intrakonfessionelle Pluralisierungsprozesse, die die mittelalterliche Kirche wie auch die neuzeitlich-katholische prägten, auf konfessionsartige Gruppen zwischen den Konfessi-

---

169 Klassisch Reinhard: Gegenreformation als Modernisierung?; Schilling: Konfessionskonflikt und Staatsbildung. Zur Forschung s. Kaufmann: Konfessionalisierung; Klueting: „Zweite Reformation" – Konfessionsbildung – Konfessionalisierung, 309–341.
170 Blaschke: Das 19. Jahrhundert; Konfessionen im Konflikt, hg. v. dems.

onen wie die Erasmianer,[171] wo etwa ein Priester der alten Kirche einmal lutherisch, einmal reformiert predigen konnte,[172] und auf kleine Gemeinschaften vor allem im Protestantismus. Nicht zuletzt blieben Hermetiker außen vor, die neue Verbindungen zwischen christlichen und nichtchristlichen, insbesondere neuplatonischen Traditionen schufen.[173] In interkultureller Perspektive wäre zu untersuchen, ob das Ausmaß der institutionellen Strukturierung und der damit verbundenen mentalen Formierung der konfessionalisierten Kirchen, in der ein hohes Maß an gebildeter religiöser Subjektivität und eine ebenso große Dosis an Disziplinierung ineinandergreifen konnten, im Blick auf andere religiöse Traditionen in Eurasien ihres Gleichen besitzt. Vielleicht aber ist die wichtigste Konsequenz eine juristische, dass die Pluralität christlicher Lebensformen und Überzeugungen mit den Gruppen- und Kirchenbildungen, die seit dem Mittelalter entstanden, seit dem 16. Jahrhundert in rechtlich sanktionierte Verbände überführt werden. Seitdem existierte jedenfalls „die eine" Kirche im Okzident zunehmend nur noch als theologische Forderung, während sie sich soziologisch in eine Vielzahl von Kirchen pluralisierte.

2.4 Globalisierung

Im Mittelalter begann im Mittelmeerraum ein Prozess, der zu einer Verflechtung führte, die die Weltgeschichte unter dem Signum „Globalisierung" in neue quantitative, aber auch neue qualitative Dimensionen öffnete. Aus westlicher Perspektive begann mit den Kreuzzügen, den Kauffahrten der italienischen Seestädte und den transozeanischen Erkundungen frühneuzeitlicher Staaten eine stark ökonomisch motivierte und militärisch abgestützte Erkundung der Welt durch den Okzident, die im 15. Jahrhundert mit der Entdeckung des Seewegs nach Asien und der (Wieder-)Entdeckung Amerikas den gesamten Globus umfasste.

Letztlich war die gesamte Menschheitsgeschichte ein Prozess zunehmender Verflechtung zuvor weitgehend getrennter Regionen und ihrer Kulturen,[174] in diesem Sinne gibt es Globalgeschichte seit Jahrhunderttausenden, mit dem Beginn der Ausbreitung der Hominiden vom prähistorischen Afrika aus. Allerdings gab es Konjunkturen stärkerer Verdichtung.

Ein beliebtes Modell war die sogenannte „Achsenzeit", die der Psychiater und Philosoph Karl Jaspers 1947 postulierte, indem er zwischen 800 und 200 v. Chr. die Entstehung der großen religiösen und philosophischen Systeme, etwa des Buddhismus, Taoismus, Konfuzianismus, der Prophetie des Judentums und der griechische Philosophie sah, in der eine transzendente Gottesvorstellung entwickelt und eine Ethisierung der Religion betrieben werde und in der der Mensch nach dem Ende des mythischen Zeitalters auf „Erlösung ... dränge" und eine „Vergeistigung" anziele.[175] Die weltanschaulichen Intentionen in Jaspers'

---

171 Flüchter: Zölibat zwischen Devianz und Norm; Interkonfessionalität – Transkonfessionalität – binnenkonfessionelle Pluralität. Neue Forschungen zur Konfessionalisierungsthese, hg. v. K. von Greyerz u. a.
172 Kessel: Weltgericht und Seelenwaage, 31; Wesoly: Katholisch, lutherisch, reformiert, evangelisch?, 299–306.
173 Hanegraaff: Esotericism and the Academy.
174 So etwa Fäßler: Globalisierung, 219.
175 Jaspers: Vom Ursprung und Ziel der Geschichte, 20. 21.

Achsenzeitmodell sind offensichtlich. Er entfaltete nach dem desaströsen Zweiten Weltkrieg und angesichts der neuen Spaltung der Welt in „Blöcke" die Vision einer durch grundlegende Werte verbundenen Menschheitskultur. In welchem Ausmaß es in dieser „Achsenzeit" parallele oder vernetzte Entwicklungen gab und neue religiöse Vorstellungen entwickelt wurden, wird kontrovers diskutiert und muss hier nicht entschieden werden. Gleichwohl wurden insbesondere nach dem Ende des Kalten Krieges erneut Modelle eines achsenzeitlichen Universalismus, oft mit evolutionstheoretischer Grundierung,[176] zur Debatte gestellt, auch im Blick auf Europa, dessen „Geburt" auch aus den achsenzeitlichen Theoremen von Transzendenz und Individualismus zu erklären sei.[177]

Weniger umstritten ist hingegen, dass mit der Erkundung der Erde seit dem okzidentalen Mittelalter und schlussendlich der Eroberung weiter Teile durch die Europäer, die (erst) im 19. Jahrhundert zu einer weltbeherrschenden Stellung Europas führte, eine Vernetzung in neuen Dimensionen erfolgte, was die Intensität und Nachhaltigkeit von Austauschprozessen betrifft. Die Details dieser in den letzten Jahren intensiv erforschen Entwicklung – die Rolle der Ökonomie, die Bedeutung einzelner Regionen, antagonistische Prozesse (Reregionalisierung, Glocalisierung), die Interferenz von hegemonialen und marginalen Strukturen – breite ich im Folgenden nicht aus.

In diesem Prozess kam es zu einem historisch singulären Ungleichgewicht zwischen Europa und der restlichen Welt, insofern es dem Westen gelang, eine machtpolitische und kulturelle Hegemonie zu errichten. Im Nachhinein kann man den Anspruch auf Weltherrschaft im Vertrag von Tordesillas artikuliert sehen, in welchem Papst Alexander VI. 1494 als Schiedsrichter die Welt unter den katholischen Mächten Spanien und Portugal aufteilte. Für Asien besaß dieses Urteil nur begrenzte Wirkung, auch weil die protestantischen Staaten sich an diese Regelung natürlich nicht gebunden fühlten, aber in Südamerika prägt sie bis heute die Aufteilung in zwei Hegemonialsprachen (Portugiesisch in Brasilien, Spanisch im restlichen Lateinamerika). Im 19. Jahrhundert, im Zeitalter des Imperialismus, wurde daraus eine weitreichende globale Hegemonie Europas, bei der Afrika fast vollständig in Kolonialgebiete aufgeteilt wurde und auch die großen Kulturen Asiens unter europäische Herrschaft fielen: Mit den Opiumkriegen erzwang Großbritannien seit den 1840er Jahren die Öffnung des chinesischen Marktes, 1853/54 gelang dies den Amerikanern in Japan, 1858 wurde Indien britische Kronkolonie, und 1916 ordneten Frankreich und Großbritannien den Nahen Osten nach dem Ende des Osmanischen Reiches im Sinne ihrer Interessen neu. Die ökonomische Durchdringung nicht zuletzt durch die Standardisierung von Finanzsystemen und gehandelten Waren legte einen Grundstein für eine bis heute anhaltende Verflechtung. Erst jetzt wurde Europa zu einer globalen Hegemonialmacht, nachdem es gegenüber asiatischen und arabischen Kulturen bis in die frühe Neuzeit machtpolitisch und weitenteils auch kulturell unterlegen gewesen war.

In diesen asymmetrischen Austauschprozessen konnten die Europäer ihre ökonomischen Vorstellungen, nicht zuletzt in der Durchsetzung von Freihandelszonen und standardi-

---

[176] Bellah/Joas: Introduction (in: The Axial Age and its Consequences), 3; als Grundlage der Konzeption einer Weltkultur Armstrong: Die Achsenzeit.
[177] Borgolte: Die Geburt Europas aus dem Geist der Achsenzeit, 46–51.

sierten Ordnungssystemen (etwa in der Bindung von Währungen an Goldstandards), durchsetzen und naturwissenschaftliche Erkenntnisse und technische Inventionen exportieren: Maschinen und Motoren, Eisenbahn und Motorschiffe, am Ende des 19. Jahrhunderts Flugzeuge und Autos, schließlich die mediale Revolution mit Druckmedien, Radio und Internet. Tief in gesellschaftliche und politische Strukturen griff der Transfer des im 19. Jahrhundert erfundenen Nationalstaates ein, der mit dem Konzept eines homogenen Staatsvolks, eines abgeschlossenen Territoriums und der Entmachtung partikularer Strukturen zu Gunsten einer zentralen, auf bürokratische Verwaltung gegründeten Herrschaft die eroberten Gebiete veränderte und oft, namentlich in Afrika, überhaupt erst die heute existierende Staatenwelt schuf. Zugleich verloren transnational organisierte Religionsgemeinschaften, insbesondere die katholische Kirche, mit der Nationalisierung der Staatenwelt beträchtliche Teile ihres Handlungsspielraums. Diese Phase europäischer Hegemonie ging mit dem 20. Jahrhundert zu Ende.

Religion spielte in diesem Globalisierungsprozess eine komplexe, selten eindeutige Rolle, die aber in wichtigen Werken zur Globalisierungsgeschichte oft marginalisiert erscheint.[178] Das Christentum war immer ein Teil der okzidentalen Kultur, die Europäer auf ihren Handels- und Eroberungsfahrten mitbrachten. Dabei machten die Missionare das Christentum in einigen Gebieten zur Mehrheitsreligion, wie in Amerika und in Teilen Afrikas, in anderen Regionen, etwa wie weitgehend in Asien (Ausnahme: Philippinen), blieb es eine Minderheitenreligion. Dabei konnte das Christentum Teil der imperialistischen Politik sein, wie in Amerika, wo spanische und portugiesische Herrschaft und christliche Formierung der Gesellschaft Hand in Hand gingen, aber auch genau dagegen Widerstände entwickeln (wie bei der Einforderung von Menschenrechten für Indianer durch Bernardin de Sahagun) oder unerwünscht sein, weil Religion ein potentieller Konfliktfaktor war (wie im Raum der englischen, später britischen East India Company). Missionare machten das Christentum weltweit präsent, aber zugleich waren sie Vermittler fremder Kulturen in den Okzident. Die Informationen der Jesuiten dürften im 18. Jahrhundert die wichtigste Quelle des Wissens über China gewesen sein,[179] während die berühmten „Cérémonies Et Coutumes Religieuses De

---

[178] Dazu nur einige Beispiele. Wie angehängt erscheint das Kapitel Religion bei Osterhammel: Die Verwandlung der Welt, 1239–1278. Sie fehlt ganz bei Marks: Die Ursprünge der modernen Welt, während Bayly: Die Geburt der modernen Welt, 400–450, Religion zumindest im zentralen Teil seines Buches behandelt. Beide Werke thematisieren allerdings schon von ihrem Ansatz her keine longue durée der Religionsgeschichte. Im Zentrum der Erklärung divergierender Entwicklungen stehen häufig Fragen der technisch-industriellen Revolution und der Ökonomie. Religionsgeschichtliche Fragen spielen dann oft überhaupt keine Rolle, s. etwa bei Darwin: After Tamerlane, 157–217, oder bei Pomeranz: The Great Divergence, 109 ff. Ein anderes Problem zeigt sich ebenfalls bei Darwin: Der imperiale Traum, bei dem Religion als politische Größe vorkommt, aber fast nie als ideengeschichtlicher Faktor, allenfalls im Rahmen der Entwicklung religionsskeptischen Denkens (etwa S. 98. 202). Sensibler ist ein Klassiker wie Bitterli: Alte Welt – Neue Welt, der in seinen differenzierten Analysen von Kontaktformen (u. a. Kulturberührung, -zusammenstoß, -beziehung) auch missionarische Formen einbezieht (v. a. S. 97 ff.).
[179] Lettres édifiantes et curieuses des Missions étrangères de la compagnie de Jésus, 1702–1776; dazu Lach: Asia in the Making of Europe, II/2, 39–392. S. exemplarisch Leibniz: Der Briefwechsel mit den Jesuiten in China (1689–1714).

Tous Les Peuples Du Monde" von Bernard und Picart[180] in ihrem riesigen Bildpanorama das aufklärerische Interesse an fremden Kulturen präsentierten. Im 19. Jahrhundert spielte die Religion bei den sich überlagernden ethnischen und religiösen Faktoren in der Nationalstaatenbildung eine Rolle, nicht nur in der religiös abgestützten Legitimation nationalstaatlicher Vorstellungen, sondern auch in der praktischen Homogenisierung, bei denen jeweils hunderttausende Mitglieder „fremder" Ethnien und/oder Religionen vertrieben und teilweise getötet wurden: türkisch sprechende muslimische Griechen im Rahmen der Schaffung einer griechischen Nation nach 1821, muslimische Bergvölker aus dem Kaukasus in den 1860er Jahren durch das zaristische Russland, christlichen Armenier durch die Jungtürken zwischen 1915 und 1919. Schließlich übertrugen Europäer zentrale Elemente ihres Religionskonzeptes, seit dem 19. Jahrhundert zunehmend in seiner protestantischen Prägung, auf andere Kulturen. Dazu gehören die Fixierung auf die Schrift, die Kanonisierung heiliger Schriften, die über Exklusivitätsansprüche geregelte Abgrenzung von Religionen, die Übertragung des Religionsbegriffs zur Ordnung der religiösen Landschaft, für die die Erfindung „des Hinduismus" durch die Briten vielleicht das bekannteste Beispiel ist (siehe Kap. 1.2.2), schließlich Konzepte wie die Säkularität, in deren Gefolge Religion von einem stratifikatorisch zu einem funktional differenzierten Faktor wurde. Davon wird in diesem Buch immer wieder die Rede sein. Klar ist jedenfalls, dass die Asymmetrie, die durch die okzidentale Hegemonie auch hinsichtlich des religiösen Austausches herrschte und durch eine teilweise strategisch organisierte „Mission" das Christentum in den eroberten Gebieten verbreitete, sich relativierte und die unterworfenen Kulturen immer stärker die Sieger veränderten. Es dauerte allerdings bis ins 18. Jahrhundert, ehe originalsprachliche Texte nichtchristlicher Kulturen in größerem Umfang zugänglich wurden, und bis ins 19. Jahrhundert, ehe sich nichtchristliche Religionen als alternative Religionen in Europa institutionaliserten.

Die für die kulturelle Grammatik möglicherweise tiefstgreifende Veränderung ist mit dem Komplex von „Antiquarianismus" und „Historismus" verbunden.[181] Dies war in ihrem historiographischen Kern seit der frühen Neuzeit ein Konzept, Geschichte über den Zugriff auf Quellen in ihren unbekannten Dimensionen zu entdecken, sie zu rekonstruieren und zu verstehen. Dieser Prozess, der mit der Quellenkritik in der italienischen Renaissance einsetzte, wurde zu einem konstitutiven Element der streitfreudigen frühneuzeitlichen Gelehrtenkultur[182] und prägte, zu beträchtlichen Teilen davon ausgehend, auch die theologische Kultur, wovon noch zu sprechen ist (siehe Kap. 4.2.2). Ihren Höhepunkt fand sie im „Historismus" des 19. Jahrhunderts, der jegliche Kultur als historisch gewordene und damit potenziell antiidealistisch interpretierte.[183]

---

[180] Bernard [Text]/Picart [Stiche]: Cérémonies Et Coutumes Religieuses De Tous Les Peuples Du Monde.
[181] Das Feld ist unerforscht, vgl. die Klage bei Miller/Louis: Introduction. Antiquarianism and Intellectual Life in Europe and China, 1; das gilt auch für die in diesem Band (Antiquarianism and Intellectual Life in Europe and China) immerhin aufgeworfene interkulturelle Frage nach möglichen Spezifika europäischer oder chrinesischer Traditionen.
[182] Mulsow: Netzwerke gegen Netzwerke; Sawilla: Antiquarianismus, Hagiographie und Historie im 17. Jahrhundert; ders.: Vom Ding zum Denkmal.
[183] Geschichtsdiskurs, Bd. 3: Die Epoche der Historisierung, hg. v. W. Küttler u. a.; Historismus in den Kulturwissenschaften. Geschichtskonzepte, historische Einschätzungen, Grundlagenprobleme, hg. v. O. G. Oexle/J. Rüsen; Oexle: Geschichtswissenschaft im Zeichen des Historismus, 9–136; Wittkau: Historismus.

Diese Entwicklung besaß zwei zentrale Dimensionen hinsichtlich einer globalisierten Religionsgeschichte. Zum ersten erhielt diese Deutungstradition eine besondere Dynamik, weil sie mit der Einbeziehung der nichtchristlichen Religionsgeschichte verbunden war. Dies begann in der Renaissance mit der Wiederentdeckung antiker Literatur sowie mit archäologischen Ausgrabungen, die seit dem späten 18. Jahrhundert weit in den östlichen Mittelmeerraum ausgriffen und deutlich machten, dass das Christentum eng mit den Umfeldreligionen verbunden war. Die historisch-kritische Exegese, die sich seit dem 17. Jahrhundert entwickelte, applizierte diese Ergebnisse auf die Christentumsgeschichte. In einer Art Zangenbewegung traten die Kenntnisse lebender nichteuropäischer Religionen im Rahmen der Globalisierung hinzu. Das gerade genannte Werk von Bernard und Picart, das in hunderten von Stichen versuchte, religiöse Traditionen ohne den üblichen Anspruch auf europäische Souveränität darzustellen und vielmehr Kritik am katholischen Christentum übte (Bernard war Protestant und Picart dorthin übergetreten),[184] bildete eine Religionswissenschaft avant la lettre, dem weitere gigantische Editionsunternehmen an die Seite zu stellen wären, etwa Jacques Paul Mignes 387 Quartbände vor allem antiker, zudem mittelalterlicher christlicher Schriftsteller (1844–1866), und Friedrich Max Müllers 50-bändige Sammlung der „Sacred Books of the East" (1879–1910) als Sammlung zumeist nah- und fernöstlicher Literatur.

Aber, und dies ist entscheidend, Antiquarianismus und Historismus produzierten nicht nur unüberschaubare Materialsammlungen, sondern besaßen systematische Konsequenzen, die das Selbstverständnis der europäischen Religionspraxis und die Deutung anderer religiöser Traditionen in doppelter Weise tiefgreifend veränderten. Zum einen wurde „Relativismus" zu einem Schlagwort für die Einsicht, dass Religion okzidentalen Zuschnitts nicht mehr der Maßstab und ohnehin nicht das Zentrum der Religionsgeschichte sei. Zum anderen machte die damit verbundene historisch-kritische Forschung deutlich, in welchem Ausmaß Religionen keine materialisierte Philosophia perennis waren, sondern in sozialen Rahmen konstruierte und im Lauf der Jahrhunderte ständig und zum Teil signifikant transformierte Größen darstellten. Diese Veränderung des Bildes von Religionen weg von statischen, idealistischen Einheiten hin zu dynamischen, sich dauernd, eben nicht zuletzt in Austauschprozessen, verwandelnden Größen etablierte sich zunehmend als angemessenes Wahrnehmungsraster. Der Streit um die Konsequenzen treibt bis heute die Religionsgeschichtsschreibung um. Wie weit konstruiert „der Westen" ein Bild „des Orients", nicht zuletzt mithilfe der Wissenschaft, so die Frage Edward Saids,[185] die den Ausgangspunkt der postkolonialen Debatte bildete? Ist nicht die Religionswissenschaft bei der Rezeption nichteuropäischer Religionen nicht selbst ein Teil der Konstruktion einer Religionsgeschichte aus theologischem Geist (gewesen)? Auch darum wird es im Folgenden gehen.

---

184 Hunt/Jacob/Mijnhardt: The Book that Changed Europe.
185 Said: Orientalism.

II Systemwechsel

3 Entscheidung

3.1 Zugehörigkeit durch Entscheidung – eine zoroastrische Perspektive

Kurz nach 1900 fand die Französin Suzanne Brière in Paris ihre große Liebe: den indischen Parsen Ratanji Dadabhoy Tata, Spross einer bedeutenden Unternehmerfamilie in Indien, die weltweit mit Perlen und Seide handelte. 1902 machte sie aus der Amoure eine Lebensentscheidung und heiratete ihren Geliebten.[1] Damit eröffnete sie, ohne es zu ahnen, einen Religionskonflikt, in dem sie, wie in einem Brennglas, das Thema des zentralen Kapitels dieses Buches aufschlug: Entscheidung als Grund einer Zugehörigkeit oder gar einer Mitgliedschaft in einer religiösen Gemeinschaft. Denn die vermutlich katholisch getaufte Madame Brière, die inzwischen Sooni hieß, fand die Religion ihres Mannes, den Zoroastrismus, attraktiver als die Religion ihrer Herkunft, vielleicht nicht zuletzt, weil die Lehren Zarathustras im 19. Jahrhundert immer noch als „Philosophia perennis", als ewige Weisheit und als ältester Monotheismus der Menschheit gelten konnten – aller historischen Kritik zum Trotz.[2] Wie ernst sie ihre Entscheidung und ihre (in christlicher Terminologie:) „Konversion" nahm, dokumentierte sie in ihrem letzten Willen: Man möge sie in einem parsischen „Turm des Schweigens" niederlegen, in einem seit islamischer Zeit in Indien dokumentierten „Totenturm", in dem der Leichnam den Geiern und dem Wetter überlassen wird, um die parsischen Reinheitsvorschriften zu erfüllen.

Damit begann ein Konflikt, der für die indische Religionsgeschichte des 20. Jahrhunderts eine hohe Bedeutung erhielt: um Entscheidung und Mitgliedschaft in einer Religionsgemeinschaft. Denn die Nutzung der scheinbar selbstverständlichen Freiheit, über die Mitgliedschaft in einer religiösen Gemeinschaft selbst zu entscheiden, löste in der parsischen Gemeinschaft einen erbitterten Streit aus: War es überhaupt möglich, Parsin zu werden, also in die parsische „Religion" einzutreten? War man nicht Parsin von Geburt an und musste man es nicht durch Geburt sein? Der Fall erwies sich innerhalb der parsischen Gemeinschaft als unlösbar und traf auf eine seit Beginn des 20. Jahrhunderts in Indien laufende Debatte über die Möglichkeit eines Religionswechsels. 1908 wurde er vor den Bombay High Court gebracht,[3] wo ein Parse, Dinshaw Davar, und ein Brite, Frank Beaman, über die Frage befinden mussten, ob Madame Sooni geborene Brière das Recht hatte, in einem Totenturm niedergelegt zu werden, womit eine Antwort auf die Frage verknüpft war, ob man in den Zoroastrismus eintreten könne. In der britischen Tradition der Rechtsprechung in Indien, die grosso modo darauf hinauslief, lokales Recht möglichst zu tolerieren, gab das Votum des Parsen Davar den Ausschlag,[4] als das Gericht gegen die europäische – und wie sich zeigen wird, christlich geprägte Option – und für das parsische Verständnis einer Zugehörigkeit ent-

---

[1] www.tatacentralarchives.com/history/biographies/03%20rdtata.htm (12.3.2012). Rafael Walthert danke ich für den Hinweis auf die parsische Debatte; s. dazu ders.: Reflexive Gemeinschaft.
[2] Stausberg: Faszination Zarathushtra.
[3] Paletsia: The Parsis of India, 229–251; Dhalla: Contra Conversion, 115–135; Walthert: Reflexive Gemeinschaft, 70f.
[4] Sharafi: Judging Conversion to Zoroastrianism.

schied: Es gebe kein Recht auf einen letzten Ruheplatz im Totenturm, kein Recht, sich in eine Religionsgemeinschaft hineinzuentscheiden.

Dieser Gerichtsentscheid war die Vereindeutigung eines komplexen Diskursgeflechtes im Feld der Bestimmung von Religion. Diese Diskussion wurde vor allem von einer gebildeten Elite geführt, und in der Praxis hatte es insbesondere außerhalb von Städten sehr wohl eine kulturelle Einwanderung in den parsischen Religionsraum gegeben. Diese Debatte dauert bis heute an, denn die Weigerung, Mitglieder aus einer anderen Religion aufzunehmen, führt bei den Parsen, die oft gut gebildet sind und dementsprechend in der Regel eher wenige Kinder haben, dazu, dass die Gemeinschaften schrumpfen und teilweise vom Aussterben bedroht sind. Auch in der Theorie war diese gentile Konstruktion der parsischen Gemeinschaft nie unumstritten gewesen, und bis heute finden sich kontroverse Antworten auf die Frage, ob es einen Eintritt in den Zoroastrismus geben könne. Auf der administrativen Ebene spielte das parsische Selbstverwaltungsorgan in Bombay, der Punchayet, der parsischerseits die Entscheidungskompetenz in dieser Angelegenheit und die Autorität über alle Parsen beanspruchte, eine wichtige Rolle, aber er ist erst seit dem 18. Jahrhundert nachweisbar und besaß seine größte Autorität zu Beginn des 19. Jahrhunderts.[5] Des weiteren war dies nicht nur ein innerparsischer Theoriekonflikt, sondern auch eine kolonialpolitische Auseinandersetzung, in der es um die „indische" oder „europäische" Deutungshoheit über das Verständnis von Religion ging.[6] So unscharf also dieser Fall bei näherem Hinsehen hinsichtlich der Religionszugehörigkeit durch Geburt auch wird, dokumentiert er im Prinzip zwei markant unterschiedliche Konzeptionen der Zugehörigkeit zu einer religiösen Gemeinschaft: Zugehörigkeit aufgrund einer Geburt hier, Zutritt aufgrund einer Entscheidung dort.

Mit ihrer Mitgliedschaftskonzeption stehen die Parsen nicht allein. Im Gegenteil, sie repräsentieren die Mehrheit der Religionsgemeinschaften der Welt, in denen man Mitglied gerade nicht durch Entscheidung wird. Wenn „Hindus" sich gegen die christliche Mission wehren, weil sie dieser Werbung kein Äquivalent entgegenzusetzen haben (siehe Kap. 3.3.2d), wenn in einer jezidischen Familie eine Frau sterben muss, weil ihr Freund kein Jezide ist[7] oder wenn im Islam der Austritt mit der Todesstrafe bewehrt werden kann (siehe Kap. 3.3.3b), wird deutlich, wie wenig selbstverständlich die freie Entscheidung über die Religionszugehörigkeit ist. Aber auch im Christentum bedeutete die Forderung nach freier Entscheidung nicht, dass sich diese in der Praxis auch immer durchgesetzt hätte. Von der faktisch oft kulturell „vererbten" Mitgliedschaft von der Verfolgung und der Tötung derjenigen, die sich gegen das Christentum entschieden, von Austrittsverboten wird noch die Rede sein (siehe Kap. 3.3.1a). Das parsische Beispiel macht in dieser Perspektive nur eine für die heutige westliche Wahrnehmung selbstverständliche Praxis fragwürdig: die Vorstellung, dass die Möglichkeit, über seine religiöse Zugehörigkeit zu entscheiden, (eine) Religion konstituiere. Um die Genese und die Konsequenzen dieser Konzeption von Religion geht es in diesem Kapitel, welches das Kernstück des ganzen Buches bildet.

---

5 Paletsia: The Parsis of India, 66. 78.
6 Dies.: Parsi and Hindu Traditional and Nontraditional Responses to Christian Conversion.
7 S. den Artikel zu Arzu Özmen in Wikipedia (2.7.2012).

Seit dem Tod von Madame Brière-Sooni wurde das Rad der westlichen Prägung der globalen Religionsgeschichte weitergedreht. 1948 verabschiedete die UNO die Charta der Menschenrechte, deren Artikel 18 die freie Wahl der Religion zu einem unveräußerlichen Menschenrecht erhob. Nun erscheint Religionsfreiheit nicht mehr als partikulare Möglichkeit, sondern als universales Recht. Dass aber diese Universalisierung kulturelle Unterschiede übertünchte, machte damals Saudi-Arabien deutlich, das unter Berufung auf seine islamische Tradition das Konzept religiöser Pluralität der Charta nicht unterschrieb. Dahinter steht ein weiteres Problem, eine Verschärfung, die in der parsischen Debatte keine wichtige Rolle gespielt hatte, nämlich die in der jüdisch-christlichen Geschichte vorgenommene Verknüpfung von Entscheidung und Exklusivität. Von all diesen Fragen wird im Folgenden die Rede sein.

Dahinter steht die dieses Kapitel fundierende These, dass die Forderung, sich für eine Religion zu entscheiden, und zwar exklusiv, ein Merkmal, vielleicht sogar eine Eigenheit der okzidentalen Religionsgeschichte geworden ist. Dabei meint Entscheidung nicht primär eine empathische Subjektivität, wie sie etwa in der dialektischen Theologie im 20. Jahrhundert formuliert wurde, sondern einen sozialen, auf eine Gemeinschaft bezogenen Akt der Veränderung einer religiösen Orientierung. Man könnte dies auch einfacher einen Religionswechsel nennen – wäre nicht die Religion, die dabei zugrundegelegt wird, in wichtigen Merkmalen erst ein Ergebnis dieser Umkodierung der religiösen Zugehörigkeit von einer genetischen auf eine deliberative Zugehörigkeit.

Das bedeutet, dass nicht Entscheidungen an sich das Thema dieses Kapitels sind. Entscheidungen dürfte es in jeder Religion geben: von der Entscheidung zu einer graduellen Veränderung der religiösen Lebensführung, wie sie oft beim Eintritt in eine Sufigemeinschaft im Islam vorliegt, bis hin zu der Entscheidung, das Koordinatensystem einer religiösen Praxis zu verändern, wie es beim Übertritt von der brahmanischen Ritualpraxis in den buddhistischen Sangha der Fall sein kann. Entscheidung ist in diesem Sinn und bei der Unterstellung von Freiheit eine anthropologische Universalie. Das Merkmal der okzidentalen und später europäischen Geschichte liegt vielmehr in der Verbindung einer mit dem Anspruch auf Exklusivität verbundenen Entscheidung für eine als „Religion" definierte und von anderen „Religionen" abgegrenzte Gemeinschaft.

3.2 Religiöse Zugehörigkeit in der mediterranen Antike

3.2.1 Die pagane Welt: gentile Strukturen und polytheistische Traditionen

Der Kreißsaal der Organisation von religiöser Zugehörigkeit durch Entscheidung war der mediterrane Raum der Spätantike. Will man die Eigenlogik des neuen Vergemeinschaftungskonzeptes verstehen, bedarf es zumindest skizzenhafter Überlegungen zu seinen Möglichkeitsbedingungen im Feld antiker Religionen. Zentral ist, dass religiöse Praktiken in aller Regel an gentile Strukturen gebunden waren. Deren Nukleus war der Hausverband, in dem – beispielsweise – in Rom die Götter einer Gens, die Laren und die Penaten, für das Wohlergehen dieser Gruppe zuständig waren und für deren Verehrung der Pater familias als Oberhaupt dieser „familia" die Verantwortung trug.[8]

Auch der öffentliche Kult in der Polis und in der Stadt folgte dem ortsgebundenen und insofern vielfach gentilen Organisationsmuster. Die Option einer individuellen Entscheidung spielte dabei keine konstitutive Rolle, diejenige einer transregionalen Vernetzung allenfalls eine unter religionspolitischen Interessen. Neben diesen Formen der Zugehörigkeitsregelung, bei der die Geburt mit der Integration in einen traditionalen Sozialverband (gens, polis) auch die religiöse Praxis dominierte, traten neue Formen der Zugehörigkeit zu einer religiösen Gemeinschaft (und damit neue Formen religiöser Gemeinschaften), in denen sich Religion nicht mehr nur in einem sozialen Prozess „vererbte". Diese Arbitrarisierung der Zugehörigkeit wurde vor allem im Christentum betrieben: nicht nur von Christen (vom Judentum und seinen Proselyten wird noch die Rede sein), aber von Christen mit einem ausgeprägten konzeptionellen Anspruch und mit besonders weitreichenden Folgen für die okzidentale Religionsgeschichte. Eine Verschärfung erfuhr dieses Zugehörigkeitskonzept durch die Forderung nach Exklusivität: Christ oder Christin sollte man monotheistisch unter Ausschluss der Verehrung anderer Götter und ohne Teilnahme an anderen Kulten sein. In der Reduktion einer binären Logik standen sich christliche Gemeinde versus „gens", Monotheismus versus Polytheismus, Exklusivität versus Polypraxie gegenüber. Dieses Konzept einer Zugehörigkeit durch exklusive Entscheidung blieb natürlich vielfach eine theoretische Forderung, deren Praxis ganz anders aussehen konnte, weil sich auch Christen mehrheitlich wohl nicht arbiträr für eine exklusive, polytheistische Praxis entschieden; auch davon wird noch die Rede sein. Gleichwohl setzte sich die Vorstellung der freien Entscheidung als Grundlage der Zugehörigkeit zum Christentum zumindest in dessen Reflexionselite durch und wurde ein zentraler Teil des latenten kulturellen Gedächtnisses des Okzidents.[9] Diese Einlagerung in die kollektive Memoria begründete eine Wirkungsgeschichte dieses Konzeptes auch dann, wenn Theorie und Praxis weit auseinanderdrifteten.

Die neue Zugehörigkeitskonzeption wurde von Christen vom paganen[10] Polytheismus abgegrenzt. Aber nicht erst durch die Zuschreibung, sondern schon mit der Semantik beginnen die Probleme für eine wissenschaftliche Perspektive. Der Begriff Polytheismus war den antiken Religionskulturen fremd, ehe in der Spätantike neuplatonisch argumentierende

---

8 Latte: Römische Religionsgeschichte, 108 f.; Muth: Einführung in die griechische und römische Religion (^{1}1988), 289 f. Zur weiteren Kontexten s. Household and Family Religion in Antiquity, hg. v. J. Bodel/S. M. Olyan.
9 Zwei Autoren haben diese Frage im 20. Jahrhundert markant gestellt: Der englische Altphilologe Arthur Darby Nock mit seiner Studie „Conversion" (1933) und der französische Patrologe Gustave Bardy mit derjenigen zur „Conversion au Christianisme durant les premiers siècles" (1949). Neueren Datums dazu mit Schwerpunkt auf die „Mission" Goodman: Mission and Conversion, und knapp North: The Development of Religious Pluralism.
10 Die Begriffe pagan/heidnisch und die lexikalische Familie werden hier nicht normativ verwandt, etwa im Sinne einer nicht zur „Wahrheit" gekommenen nichtchristlichen Religion, sondern deskriptiv als vom Christentum unterschiedene Religionen. Zur Operationalisierung einer Kategorie des Heidentums im 2. und 3. Jahrhundert durch diejenigen Gruppen, die Konvertiten suchten, s. North: The Development of Religious Pluralism, 188.

Christen und Juden diesen Terminus prägten,[11] um dagegen ihren Eingottglauben abzuheben. Mit dieser Unterscheidung hat die antike Debatte der Religionsforschung problematische Orientierungen mitgegeben, denn sie dekontextualisierte mit dem Abstraktum „Polytheismus" eine Welt fließender Übergänge in einer binären Kodierung gegenüber einem „Monotheismus", ein Begriff, der sich erstmals um 1660 bei dem Cambridger Neuplatoniker Henry Moore nachweisen lässt.[12] Schon in der Antike benutzten allerdings Christen Polytheismus als Kampfbegriff für die Religion von „Heiden" (gentes/gentiles, ethnoi). Auf dieser Basis wurden die Begriffe Polytheismus, Idolatrie und Atheismus im 16. Jahrhundert zu einem pejorativen Syndrom verschmolzen.[13] Das oppositionelle Begriffspaar Polytheismus – Monotheismus ist mithin ein Konstrukt, das nicht zuletzt von der christlichen Theologie unter Monopolisierung des Monotheismus für die eigene Religion geschaffen wurde.[14] In den Hintergrund traten dabei pagane Traditionen eines philosophischen Monotheismus[15] und gleitende Übergänge zwischen Polytheismus und Monotheismus: von den sprachphilosophischen Überlegungen zur „interpretatio" (s. u.) über die Religionsphilosophie eines Symmachus im 4. Jahrhundert, der den gleichen Himmel über allen Menschen und den „Einen" von allen verehrt sah,[16] bis hin zu den kosmologischen Konzepten des Aristotelismus, wo man die Vorstellung eines ersten Bewegers fand, und schließlich zum Neuplatonismus, der einen die Vielfalt aufhebenden Geistmonismus propagierte. Darüber hinaus finden sich nichtexklusive Monotheismen im Rahmen gentiler Sozialstrukturen, die sich schon im frühen Judentum und seinen paganen Umfeldkulturen identifizieren lassen[17] und die dann im 19. Jahrhundert mit Termini wie Monolatrie (der Verehrung nur eines Gottes in einem polytheistischen Pantheon) oder Henotheismus (der Verehrung nur eines Gottes innerhalb einer Ethnie oder Gruppe, ohne dass dadurch die Bedeutung anderer Götter für andere Gruppen infrage gestellt wäre) bezeichnet wurden. Allerdings wird in der Forschung die Frage intensiv diskutiert, ob die Addition schrittweiser Veränderungen hin zum Eingottglauben in der Summe nicht doch einen Systembruch ergibt, weil der Monotheismus die Logik der polytheistischen Systeme fundamental verändert.[18]

In diesen komplexen und elastischen Beziehungen zwischen Poly- und Monotheismus entwickelten Christen eine große Spannbreite von Positionen. Theologen konnten in einem provokativen Bruch mit der überlieferten Religion die „Vielgötterei" der „Heiden" verwerfen

---

[11] Lanczkowski: Polytheismus, 1087.
[12] Hülsewiesche: Monotheismus, 142.
[13] Bendlin: Nicht der Eine, nicht die Vielen, 283.
[14] Athanassiadi/Frede: Introduction (in: Pagan Monotheism in Late Antiquitiy).
[15] One God, hg. v. St. Mitchell/P. van Nuffelen; Pagan Monotheism in Late Antiquitiy ([1]1999), hg. v. P. Athanassiadi/M. Frede; Monotheism between Pagans and Christians in Late Antiquity, hg. v. St. Mitchell/P. van Nuffelen.
[16] „Quidquid omnes colunt, unum putari"; Symmachus: Relatio 3, 10; s. Klein: Der Streit um den Victoriaaltar, 104 f.
[17] Vgl. Keel: Die Geschichte Jerusalems und die Entstehung des Monotheismus, Bd. 2, 1275, der einen frühen inklusiven Monotheismus Israels und einen exklusiven Echnatons rund 500 Jahre zuvor in Ägypten unterscheidet.
[18] Prononciert etwa Hornung: Der Eine und die Vielen, 239 f. S. dazu Kratz/Spieckermann: Einleitung (in: Götterbilder – Gottesbilder – Weltbilder), S. XVIII f.

und dabei zugleich die alten Götter, zu Dämonen degradiert, in ihrem Kosmos beheimaten: „Der Gott der Christen" sei, so Ambrosius von Mailand am Ende des 4. Jahrhunderts, der „allein wahre Gott, ... denn ‚die Götter der Heiden sind Dämonen', wie die Heilige Schrift sagt."[19] Im Rahmen solcher inklusivistischer Theologien konnte aber auch die antike Religions- und Philosophiegeschichte zu großen Teilen in die Vorgeschichte des Christentums integriert und aufgehoben werden. Schon Justin der Märtyrer (um 100–165) entwickelte – möglicherweise in Übernahme stoischer Vorstellungen –[20] die Lehre vom „Spermatikos Logos", des „in Keimen ausgestreuten göttlichen Logos",[21] den er in den Lehren vieler Philosophen entdeckte. Theologen sahen in der „Ecclesia ab Abel",[22] der seit der Schöpfung bestehenden Kirche, ihre religiösen Ahnen weit über das Christentum hinaus. Und Eusebius von Caesarea fand namentlich in der neuplatonischen Philosophie zu Beginn des 4. Jahrhunderts eine „Praeparatio evangelica", eine Vorbereitung der christlichen Lehre, und darin die Möglichkeit, den eigenen Monotheismus in platonischer Terminologie zu artikulieren.[23] Zugleich entstanden vermittelnde Register wie die Heiligenverehrung, mit der man sich zwar theologisch gegen polytheistische Traditionen abgrenzte, sie aber faktisch polytheistisch aufladen und das antike Erbe inkorporieren konnte, wenn man etwa Traditionen der Isis-Ikonographie für die Mariendarstellung übernahm (siehe Kap. 3.2.3a). Selbstverständlich waren solche Transfers keine rezeptive Einbahnstraße von Christen. Umgekehrt konnten im 4. Jahrhundert Nichtchristen Christus in ein paganes Pantheon aufnehmen.[24] Das jedenfalls geschah nach der staatskirchlichen Verankerung des frühen Christentums, als Christen Kaiser Alexander Severus (reg. 222–235) kontrafaktisch unterstellten, er habe Christus in seiner Hauskapelle verehrt und glaubten, Kaiser Hadrian habe beabsichtigt, Christus in den Kreis der Götter aufzunehmen.

Die hier interessierende zentrale Pointe der antiken Polytheismen war der fehlende Zwang, sich exklusiv für eine einzige religiöse Praxis entscheiden zu müssen. Polytheismus war ein additives, kein alternatives Modell, seine Logik war kumulativ, nicht exklusiv.[25] Eine solche These für „die" Antike aufzustellen bedeutet, typologisierend und damit reduktiv vergleichbare Praktiken in einem großen geographischen Raum mit hoher religiöser Pluralität[26] in unterschiedlichen sozialen Milieus zu unterstellen – und all dies zudem angesichts beträchtlicher Veränderungen über Jahrhunderte, namentlich in der römischen Kaiserzeit. Aber diese Reduktion auf einen Typus dient vor allem analytischen und weniger deskriptiven Zwecken. Unter den dabei implizierten Problemen ist dasjenige der statischen Konstruktion eines in Wirklichkeit dynamischen Religionsfeldes eines der größten. Unveränderliche oder wenigstens über lange Zeit kaum veränderte Polytheismen dürfte es (fast) nicht gegeben

---

19 „Dii enim gentium daemonia"; Ambrosius: Brief 17,1 (= ed. Zelzer, Wien 1982), mit Bezug auf Ps 96,5.
20 Barnard: Apologetik I, 378.
21 Justin der Märtyrer: Zweite Apologie, 13.
22 Daniélou: Les saints „päiens" de l'Ancien Testament, v. a. 39–54; Congar: Ecclesia ab Abel.
23 Athanassiadi/Frede: Introduction, 10.
24 Lampridius: Vita Severi Alexandri (Historia Augusta) 29,2; 45,3. Zur Fiktionalität dieser Zuschreibung s. Historia Augusta, hg. v. E. Merten/A. Rösger, Bd. 1, S. XXII und 507 f., Anm. 170.
25 Bonnet: Repenser les religions orientales, 8.
26 Gwynn: Religious Diversity in Late Antiquity.

haben, schon deshalb, weil das Mittelmeer eine Zone intensiver Austauschprozesse war: Eine rege Schifffahrt und ein zunehmend dichtes, nicht zuletzt militärischer Zwecke wegen gebautes Straßennetz ermöglichten eine Migration von Kolonisten und Händlern, Gesandtschaften und Vertriebenen. Die punktuelle Migration von Einzelnen und Gruppen stand neben der Kettenmigration über einen längeren Zeitraum, die freiwillige Wanderung gab es neben der erzwungenen. Im Rahmen dieser Migrationen wurden auch Religionen bewegt, solche mit gentilen Trägergruppen und andere, die sich teilweise davon gelöst hatten, religiöse Ideen nicht weniger als religiöse Literatur und Kunst.[27] Die Folgen betrafen natürlich auch das zentrale Thema dieses Kapitels: Gentilizische Sozialstrukturen und die Polis als Grundlagen der sozialen „Vererbung" von Religion verloren an Bedeutung.[28] Parallel zum Aufstieg von vereinsmäßigen Organisationsformen (siehe Kap. 3.2.3b) lässt sich ein Rückgang der Bedeutung von Tempeln beobachten, etwa in der Relativierung etablierter Traditionen durch Kultimporte und der abnehmenden Nutzung von Tempeln zur Kultausübung.[29] Dieser Prozess hatte schon außerhalb des Christentums den Stellenwert von Selektions- und Entscheidungsprozessen im Rahmen des Polytheismus erhöht, noch ehe sie vom Christentum exklusiv eingefordert wurden. Letztlich geht es im Folgenden Blick auf pagane Praktiken um die Frage, in welchem Ausmaß es in der antiken Welt auch entscheidungsbedingte Formen der Partizipation gab und inwieweit man im antiken Polytheismus einen paganen Monotheismus und damit potentiell eine entschiedene Vereindeutigung kannte.

Grundsätzlich gilt, dass eine religiöse Praxis in der Antike vor allem im Rahmen eines gentilen Verbandes ausgeübt und weitergegeben wurde.[30] Dieser war im Prinzip biologisch definiert, konnte aber durch die Aufnahme Nichtblutsverwandter erweitert werden. So war im römischen Recht die Konstituierung einer nicht-natural begründeten Verwandtschaft insbesondere mit der Adoption möglich,[31] die nicht nur in Rom einen nachrangigen, aber auch einen höheren Status des Adoptierten nach sich ziehen konnte.[32] Solche Aufnahmen gehören zu einer interkulturell weit verbreiten Form der nichtbiologischen Konstituierung von Verwandtschaft. Für die Weitergabe von religiösen Überzeugungen und Praktiken bedeutete die wie auch immer hergestellte Verwandtschaftsbeziehung eine soziale Vererbung der religiösen Affiliation. Konsequenterweise war in diesen Verbänden keine Entscheidung zur religiösen Zugehörigkeit vorgesehen, ebensowenig eine exklusive Praxis. Zwar gab es auch den Ausschluss von Teilnehmern, der aber nichts mit einer allfälligen Entscheidung zu tun hatte, sondern (hier: für Rom) geschlechts- oder gentilbestimmte Gruppen abgrenzte.[33] Verkürzt gesagt wurde üblicherweise die korrekte Erfüllung von Riten erwartet und keine – gar offen nach außen getragene – persönliche Überzeugung oder das Bekenntnis zu einer „Religions-

---

27 Auffarth: Religio migrans, 345–350.
28 Exemplarisch zur Ausweitung von Zugehörigkeitsgrenzen im klassischen Athen (zwischen Solon und Platon) Jones: The Associations of Classical Athens, v. a. 221–267; für den dabei beobachtbaren Bedeutungsverlust der klassischen Polisreligion am Beispiel Thessalonikis Steimle: Religion im römischen Thessaloniki.
29 Steimle, ebd., v. a. 214–219.
30 Reiprich: Das Mariageheimnis, 166–169; Barclay: The Family as the Bearer of Religion, 67 f.
31 Kaser: Das römische Privatrecht, Bd. 1, 65–68. 347–350; Bd. 2, 207–211.
32 Pitt-Rivers: Kinship III; Jussen: Patenschaft und Adoption im frühen Mittelalter, 52–55.
33 Latte: Römische Religionsgeschichte, 382.

gemeinschaft". Das zentrale „Problem" einer derartigen Aussage ist allerdings der Religionsbegriff (siehe Kap. 1.2.2), weil es eine Religion im neuzeitlichen christlichen Verständnis als über Mitgliedschaft organisierte und durch Exklusivität gekennzeichnete Vereinigung und dem Problem eines Religionswechsels schlicht nicht gab.

Die in solchen Gruppen verehrten Götter koexistierten in der polytheistischen Logik in einem „Pantheon", dessen Entstehung mit der Genese komplexer Sozialstrukturen in Städten und Regionen verbunden war[34] und das in jedem Gebiet seine je spezifische Zusammensetzung besaß. In Rom etwa konnte man dort unter anderem Jupiter, den „Himmelsvater", den Kriegsgott Mars oder Ceres, die Göttin des Getreides und der Fruchtbarkeit, lokalisieren,[35] denen je eigene „Kompetenzbereiche"[36] zugewiesen waren. Darin konnten neben die Hochgötter eine kaum überschaubare Zahl von „Funktionsgöttern" für bestimmte Aufgaben treten: Neben Ortsgöttern, die mit einem bestimmten Ort verbunden waren, standen Ahnengötter und die Heroen als vergöttlichte Menschen; dazu kamen nicht zuletzt die Zwischenwesen, die Engel und Dämonen, die weder Götter noch Menschen waren.

Ein Zentrum der öffentlichen Religionspraxis war der antike Tempel, der hier wiederum hinsichtlich der religiösen Zugehörigkeit und der Exklusivität religiöser Praxis interessiert. Eine wichtige Funktion bestand in der Ermöglichung des Opferkultes, der oft, vielleicht in der Regel (und jedenfalls in Rom) vor dem Tempel zelebriert wurde,[37] allerdings auch in den Innenräumen vorgenommen werden konnte.[38] Daneben konnte er aber eine Vielzahl weiterer staatlicher und zivilgesellschaftlicher Aufgaben übernehmen: großen Festen dienen, ein Ort der privaten Gottesverehrung sein, als Versammlungsort für politische Körperschaften oder als Podium der politischen Propaganda genutzt werden, Markt, Zentrum des Geldverkehrs, Museum, Bibliothek oder einfach ein Ort sein, an dem man sich traf.[39]

Und um drei Blicke in die alltägliche Praxis zu werfen: An dem Artemis-Tempel der griechischen Hafenstadt Aulis, dessen letzte größere Erneuerung aus der römischen Kaiserzeit stammt, kann man diese Polyfunktionalität gut ablesen:[40] Hier wurde natürlich die Artemis verehrt, aber auch weitere Gottheiten. Aber darüber hinaus hat man Ehrungen für Zeitgenossen vorgenommen, etwa einem Feldherrn und einer Priesterin Statuen geweiht, dazu gab es einen prominenten Platz für ein Objekt der griechischen Mythologie (für die Platane, neben der Agamemnon ein Opfer vor der Überfahrt nach Troja dargebracht habe), schließlich waren dort Beutestücke und Votivgaben deponiert, überhaupt der Tempelschatz, und vielfach waren die Namen von Stiftern angebracht. Dieser Tempel besaß mithin religiöse und zivilreligiöse Funktionen, er war ein begehrtes Ziel von Touristen und dürfte in diesem Zusammenhang nicht nur ein Ort der Götterverehrung, sondern auch der Konstruktion eines kulturellen Gedächtnisses gedient haben. Im Tempel des Amphiaraos in Epidaurus, dem zweiten Beispiel, belegt eine Inschrift aus dem 4. vorchristlichen

---

34 Gladigow: Wieviel Götter braucht der Mensch?, 129.
35 Rüpke: Die Religion der Römer, 22–24.
36 So ders.: Polytheismus und Monotheismus als Perspektiven auf die antike Religionsgeschichte, 59.
37 Latte: Römische Religionsgeschichte, 386.
38 Steuernagel: Wozu brauchen Griechen Tempel?, 129.
39 Stambaugh: The Functions of Roman Temples, 576–588.
40 Steuernagel: Wozu brauchen Griechen Tempel?, 128–130.

Jahrhundert, die wie eine Art Hausordnung wirkt, einen pragmatischen Umgang mit den Leistungen des Tempels: Die Heilung durch den Gott kostete mindestens neun Obolen, der Priester verrichtete Gebete (aber ein Stellvertreter kann dies auch tun), aber anschließend konnte jeder noch für sich selbst beten – und man bittet die Kommenden achtzugeben: priesterliche Dienstleistungen gibt es nur in den Sommermonaten, vielleicht, weil dann Wallfahrtssaison war; von Exklusivität oder innerer Anteilnahme ist dabei nicht die Rede.[41] Amulette aus römischer Zeit konnten bilingual verfasst sein, so dass sie praktischerweise in unterschiedlichen Sprach- und damit auch Religionstraditionen verwendbar waren.[42] Dass es für die Teilnahme an Kulten anderer religiöser Traditionen offenbar kaum Hindernisse gab, dokumentiert auch das grenz- und damit kulturüberschreitende Einzugsgebiet von Tempeln. Lukian (ca. 120 – nach 180 n.Chr.) etwa berichtet, dass die syrischen Götter in Hierapolis (am oberen Euphrat) Einkünfte aus der Nähe, aus Kappadokien und Kilikien erhielten, aber auch aus weiter entfernten Regionen, aus Arabien, Babylonien, Phönizien und Assyrien.[43] Eine exklusive Praxis der Verehrung nur eines Gottes lief letztlich den vielfältigen Nutzungsmotiven solcher Tempel diametral entgegen. Ein Tempel (oder die religiösen Riten in einer „gens") konnte soziale Gruppen voneinander scheiden, nicht aber „Religionsgemeinschaften". Deshalb verschwanden auch Tempel, wenn ihr Nutzen vor Ort nicht mehr gegeben war, weil translokale oder transgentile Strukturen schwach ausgeprägt waren oder ganz fehlten.[44]

Mit dieser Praxis ist eine in der den Forschungen zur Antike augenblicklich recht kontrovers diskutierte Frage verbunden, ob oder in welchem Ausmaß der Vollzug von Riten, zumindest in den großen, öffentlichen Tempeln, auf korrekten Vollzug ohne (tieferreichende) Überzeugungen oder doch auf innere Anteilnahme gezielt habe. John Scheid vertritt hinsichtlich der römischen Religion pointiert die These, dass die Teilnahme am Tempelkult durch das Fehlen einer innerlichen Zuneigung gekennzeichnet gewesen sei. Die Abwertung dieser Praxis als bloß äußerliche Veranstaltung sei das Ergebnis einer protestantischen Religionstheorie, der zufolge Religion, „gute" allemal, durch Innerlichkeit gekennzeichnet sei. Aber gerade die Freiheit von einer inneren Bindung habe den Tempel zu einem Ort gemacht, der auch für Menschen, die nicht Bürger einer Polis gewesen seien, offen gestanden habe.[45] Die spannende Frage lautet auch hier, wie fast immer, nicht, ob, sondern in welchem Ausmaß derartige Haltungen präsent waren. Es gibt jedenfalls Belege, dass die Unterscheidung zwischen formaler ritueller Praxis und einer Teilnahme mit innerer Anteilnahme in der Antike präsent war und mithin die Existenz beider Dimensionen belegt. So etwa kennt Apuleius in der zweiten Hälfte des 2. Jahrhunderts die Kritik an einer leeren Praxis („observationes

---

[41] Dignas: A Day in the Life of a Greek Sanctuary, 163f.
[42] Dasen: Healing images, 180.
[43] Lucian: De dea Syria, 10.
[44] Rüpke: Von Jupiter zu Christus, 147–149.
[45] Scheid: Les dieux, l'Etat et l'individu, 110–120, 130–143; vgl. auch ders.: La Religion des Romains ([1]1998), 83f. Scheid kann dezidiert von der „religion ritualist" sprechen, in einem Buch mit dem sprechenden Titel: Quand faire, c'est croire. Les rites sacrificiels des Romains. Keine gruppenspezifische Limitierung sehen auch die Autoren in: Religions of Rome. A Sourcebook, hg. v. M. Beard u. a., Bd. 2, 116–132. 137–160.

vacuae"),⁴⁶ und etwa 100 Jahre später wird in den Märtyrerakten des Cyprian zwischen dem Vollziehen/Pflegen („colere") der römische Religion („religio") einerseits und den römischen Ritualen/Gebräuchen („ceremoniae") andererseits unterschieden.⁴⁷ An dieser Stelle ist nicht zu diskutieren, in welchem Maß Scheids Annahme der distanzierten inneren Anteilnahme in dieser Schärfe stimmt;⁴⁸ entscheidend ist für meine Überlegungen vielmehr, dass formalisierte Riten den potentiellen Konfliktfaktor konkurrierender Überzeugungen minimierten und die Partizipation von Menschen sehr unterschiedlicher weltanschaulicher Herkunft erleichterten. Diese Wahrnehmung des Kultes blieb offenbar noch lange nach der staatskirchlichen Aufstellung des Christentums verbreitet, noch zu Beginn des 5. Jahrhunderts berichtete Augustin, dass „Heiden" selbst während der Mahlfeier die Kirche nicht verließen.⁴⁹ In der Praxis konnte man bei den „sacra publica", den öffentlichen Ritualen, Speisen vor die Kultbilder setzen, sie waschen und ölen, man konnte dem Triumphzug beiwohnen, wo der siegreiche Feldherr in der Kleidung des Jupiters und mit einem ebenso wie dieser rot geschminkten Gesicht zum Tempel des Jupiter Capitolinus zog⁵⁰ – man konnte all dies tun, ohne dass es ein Problem gewesen wäre, zugleich dem Hausgott einen Kranz auf den Herd zu setzen⁵¹ oder einem Mysterienkult anzugehören. Die Gruppe der Teilnehmenden war nicht prinzipiell eingegrenzt, allenfalls konnten bestimmte Gruppen ausgeschlossen werden, etwa Frauen aus liturgischen Gründen von bestimmten Festen.⁵² Religiöse Vereinigungen konnten zudem ihr je eigenes Pantheon etablieren, im Mithraskult konnten etwa auch Sol, Attis oder olympische Götter Platz finden.⁵³ Und natürlich generierten unterschiedliche Verehrungstraditionen auch Konflikte, etwa wenn Städte bei Festen mit anderen Städten konkurrierten, wenn diese die gleichen Götter oder Göttinnen verehrten.⁵⁴

Transregionale Strukturen, die für das Judentum, vor allem aber für das Christentum kennzeichnend wurden, dürfte es, wie angedeutet, in der mediterranen Religionslandschaft nur in sehr beschränktem Ausmaß gegeben haben. In den letzten Jahren ist intensiv diskutiert worden, ob der Kaiserkult diese Funktion als römische „Reichsreligion" ausgefüllt haben könnte.⁵⁵ In der Tat finden sich in dem Bezug auf den Kaiser als zentrale religiöse Figur,⁵⁶ dessen Verehrung mit den Mitteln der hergebrachten Zeremonien für Götter⁵⁷ sowie

---

46 Lucius Apuleius: Metamorphoseon libri XI, 9,14.
47 Cyprian-Akten, 1.
48 Kritisch dazu Vössing: Das Verhältnis „religio" – „superstitio", 30–37. Kritisch gegenüber Scheids Fokussierung auf den bloß rituellen Vollzug auch Rüpke: Aberglauben oder Individualität?, 119–125; vgl. des Weiteren Hirschmann: Macht durch Integration?, 49f. 53f.; Brabant: Persönliche Gotteserfahrung und religiöse Gruppe – die Therapeutai des Asklepios in Pergamon.
49 Scheid: La religion des Romains, 155.
50 Rüpke: Die Religion der Römer, 107.
51 Ebd., 140.
52 Latte: Römische Religionsgeschichte, 382.
53 Clauss: Mithras. Kult und Mysterium, 142–158.
54 Chaniotis: Konkurrenz und Profilierung von Kultgemeinden im Fest, 72–76. 79.
55 Antike Religionsgeschichte in räumlicher Perspektive, hg. v. J. Rüpke/F. Fabricius.
56 Barceló/Sauer/Stepper: Der römische Kaiser als Mittelpunkt der Reichsreligion.
57 Chaniotis: Der Kaiserkult im Osten des Römischen Reiches in Kontext der zeitgenössischen Ritualpraxis.

mit einer gewissen Kultverpflichtung praktiziert wurde[58], Elemente einer translokalen Praxis. Im Detail gibt es allerdings beträchtliche Fragezeichen. Aus dem Faktum der Kumulation pontifikaler Funktionen bei den römischen Kaisern[59] folgt noch keine integrative Funktion für eine reichsweite religiöse Praxis. Zudem muss man bezweifeln, dass der Kaiserkult eine monolithische „Reichsreligion" unter römischen Auspizien war,[60] weil offenbar nur in einem Ausnahmefall, unter Kaiser Hadrian, die Kaiserverehrung von Rom aus top down organisiert wurde.[61] Jedenfalls ist mit unterschiedlichen lokalen Ausprägungen und vor allem mit Interessen von Provinzen, die sich vom Kaiserkult Vorteile versprachen, zu rechnen. Ob damit religiöse Überzeugungen klassischen Zuschnitts verbunden waren oder ob es sich nicht doch um eine mit religiösen Formeln ummantelte Loyalitätsbekundung handelte, ist Gegenstand einer offenen Debatte. Indizien weisen allerdings darauf hin, dass man vielfach mit einer auf ein politisches Nutzenkalkül ausgerichteten und insofern religiös-formalen Praxis rechnen muss – und natürlich wäre dies für jede Region einzeln zu beantworten. Eine pragmatische Verehrung scheint es in Ägypten gegeben zu haben,[62] obwohl hier die göttliche Verehrung des Herrschers im Gegensatz zu Rom eine lange Tradition besaß. Ein anders gelagertes Beispiel war Judäa, wo der Kaiserkult für die Herrscher zwar eine Möglichkeit sein konnte, Loyalität gegenüber der römischen Herrschaft zu zeigen, andererseits aber auch Konflikte mit dem jüdischen Monotheismus heraufbeschwor.[63] Für Judäa ist allerdings nicht klar, ob es sich um eine göttliche Verehrung des Kaisers, von der auch Juden wohl nicht prinzipiell dispensiert waren,[64] oder nur um ein Gebet für den Kaiser, das theologisch als unproblematisch galt, handelte. Unabhängig davon ist nicht infrage zu stellen, dass einzelne Städte die Kaiserverehrung intensiv pflegten, wie man an den vielfach tief in die Sakraltopographie einer Polis eingreifenden Architekturen ablesen kann;[65] aber damit funktionalisierten sie vermutlich den Kaiserkult für ihre jeweiligen politischen Interessen. Darüber hinausgehende transregionale Strukturen finden sich nur in Ausnahmefällen, etwa in Festen zu Ehren von herausragenden Personen, die jedoch weniger eine transregionale Religionsgemeinschaft als vielmehr die Ausrichtung auf den Ursprung des Kults, hier etwa auf Rom, dokumentieren.[66] Eine neue Dimension ortsübergreifender Beziehungen eröffnete jedenfalls das Christentum, dessen transregionale Vernetzung, über Kulttermine oder gemeinsame Schriften, schließlich auch mit Verwaltungsformen eine Religionsgemeinschaft schuf, die konstitutiv über eine regionale Verankerung hinausging.

---

58 Cancik/Rüpke: Einleitung (in: Römische Reichsreligion und Provinzialreligion), 9.
59 Stepper: Der Kaiser als Priester.
60 Rüpke: Wie verändert ein Reich Religion – und wie die Religion ein Reich?
61 Witulski: Kaiserkult in Kleinasien.
62 Pfeiffer: Der römische Kaiser und das Land am Nil, 318f.
63 Bernett: Der Kaiserkult in Judäa unter herodischer und römischer Herrschaft; dies.: Der Kaiserkult in Judäa unter den Herodiern und Römern.
64 Dies.: Der Kaiserkult in Judäa unter den Herodiern und Römern, 9.
65 Süss: Kaiserkult und Urbanistik.
66 Mileta: Die offenen Arme der Provinz.

Damit rührt man an ein großes Kapitel des christlichen Selbstverständnisses: die Deutung als überregionale, „universale" Gemeinschaft, jenseits von ethnischen und sozialen Schranken. Paulus lehrte in einem locus classicus, es gebe „nicht mehr Juden und Griechen, nicht Sklaven und Freie, nicht Mann und Frau; denn ihr alle seid einer in Christus Jesus" (Gal 3,28). Dieser Anspruch auf einen christlichen „Universalismus" (um einen im 19. Jahrhundert zur Klassifikation von Religionen benutzen Begriff zu gebrauchen[67]), der partiell realisiert, vor allem aber gefordert wurde, und zwar als konstitutive Dimension der christlichen Theologie, besaß in diesem geburtsunabhängigen Zugehörigkeitsprinzip mit der Folge einer transregionalen Ausbreitung – die, davon ist noch zu sprechen, nicht nur das Christentum kannte – eine Wurzel. Die große Erzählung, die dieses Konzept untermauerte, war diejenige vom „Pfingstereignis", in dem man die Theologie formulierte, dass die christliche Botschaft nicht nur von Juden, sondern von Mitgliedern vieler anderer Ethnien mit unterschiedlichen Sprachen verstanden werde (Apg 2). Theologisch ersetzte schon bei Paulus die Pneumatologie die biologische Verwandtschaft,[68] und diese Forderung wurde in der Geschichte christlicher Gemeinschaften immer wieder erhoben. Historisch gab es für die regionale Entgrenzung einige Ansätze bereits im Umfeld des Christentums, natürlich in der jüdischen „Diaspora", aber auch in den paganen Traditionen. Am Beispiel von paganen transregionalen Strukturen wird deren Eigenheit dabei deutlich: Es kam etwa bei der Verbreitung von Göttern oder Vorstellungen der stadtrömischen Religion und bei deren philosophischen Interpretationen zu einer Aufnahme (oder Integration oder Überformung) lokaler Traditionen,[69] und insoweit gab es Ähnlichkeiten zu christlichen Ausbreitungspraktiken (siehe Kap. 3.3.3a), aber in der paganen Welt fehlten strategische Intentionalität und vor allem dauerhafte überregionalen Strukturen. Die Geschichte der Ausbreitung des Christentums als „Mission" (siehe Kap. 3.3.2a) wurde eine der nachhaltigen Folgen dieser neuen Ausrichtung. Die damit generierte Entlokalisierung war allerdings durchaus gefährlich. Nicht auszuschließen ist jedenfalls, dass gerade die überregionale Struktur auch ein Grund war, in der Spätantike gegen das Christentum als politischem Faktor vorzugehen (siehe Kap. 3.3.3a).

Zurück zur paganen Religion. Dieses immer noch holzschnittartige Bild von außerchristlichen Organisationsformen der Götterverehrung generiert beträchtliche Probleme, denn zum ersten unterschlägt es die dynamische Struktur des Pantheons. Dessen variable Architektur wird in der Einführung neuer Götter deutlich. In Athen etwa kamen im 5. Jahrhundert Pan oder die thrakische Göttin Bendis in die Götterwelt.[70] Ein anderes Beispiel ist die Einführung des Gottes Asklepios nach Athen, der Apollo, den ursprünglich für die Heilung zuständigen Gott, verdrängte, als sich dieser in den Augen der Athener als nicht mächtig erwies respektive im Peloponnesischen Krieg nicht auf ihrer Seite zu stehen schien. Mit einer ähnlichen Begründung kam Asklepios im Jahr 293 v. Chr. nach Rom: gerufen von der römischen Aristokratie als hilfreicher Gott gegen die Pest, erhielt er als Aeskulap einen

---

[67] Heftrich: Universalismus, 205.
[68] Scherer: Geistreiche Argumente.
[69] Erker: Religiöse Universalität und lokale Tradition, 84–89.
[70] Parker: Athenian Religion, 152–198; Garland: Introducing New Gods.

Tempel.[71] Oder: Anno 205 v. Chr. wurde der Kult der Göttermutter, der Magna mater, der späteren Kybele, in Rom zum offiziellen Kult erhoben, wobei vermutlich politische Motive angesichts einer befürchteten Niederlage gegen Hannibal eine Rolle spielten. Ein anderes Motiv könnte hinter der Aufnahme der Venus Erycina in den römischen Pantheon am Beginn des 3. vorchristlichen Jahrhunderts stehen: Möglicherweise wollte man durch die Einbeziehung der karthagischen Göttin Eryx die Schutzgottheit des Gegners auf die eigene Seite ziehen, um diesen zu schwächen.[72] Doch wenn man auf der Grundlage solcher Beschreibungen ein festes Pantheon konstruiert, fixiert man nur einen bestimmten Stand in einer bestimmten Region zu einem bestimmten Zeitpunkt. Und den konfliktreichen Akt der mutmaßlichen Aufstellung eines Zeus-Bildes im Jerusalemer Tempel versteht man vielleicht besser und für jüdische Augen als weniger „anstößig", wenn man ihn als hellenistische „interpretatio" (s. u.) begreift, in deren Horizont man die ursprüngliche jüdische Gottesverehrung habe wiederherstellen wollen.[73] Nochmals mehr Varianten erhält man, wenn man die literarischen um archäologische Befunde erweitert. Dann realisiert man, dass von den Lararien in Pompeji kaum je eines dem anderen gleicht[74] und dass also auf dieser Ebene (und im familiären Bereich) die literarisch erhebbaren Konstellationen eines Pantheon sich in ergrabenen Kontexten nicht widerspiegeln. Konsequenterweise muss man den Singular eines Pantheons fallenlassen und von Panthea im Plural sprechen.[75]

Eine andere Annäherung an den antiken Polytheismus beschreibt dessen Logik nicht über eine funktionale Differenz einzelner Götter, sondern über die Aufhebung von Differenz in einem Fusionsmodell, demjenigen der „interpretatio". So wurden im griechisch-römischen Kulturkontakt seit dem 3. Jahrhundert v. Chr.[76] römische mit griechischen Göttern verschmolzen, so dass der griechische Zeus über den römischen Jupiter geblendet oder Neptun mit Poseidon oder Juno mit Hera identifiziert werden konnte. Aber schon bei den Metaphern beginnen die Probleme: Ist der Terminus der „Überblendung" (mit einer Restdifferenz) oder derjenige der „Identifikation" (ohne eine solche) angemessen? Oder wären andere Bilder vorzuziehen, etwa dasjenige der „Übersetzung" oder der „Hybridisierung"? Und was passiert, wenn man von der theoretischen Differenzierung auf die Ebene der Riten wechselt, in der „ritus graecus" und „ritus romanus" in der Verehrung der Götter unterschieden werden? Und wie symmetrisch, wie „egalitär" waren solche Prozesse der „interpretatio"? Im Griechenland der Kaiserzeit etwa lässt sich eine Romanisierung der Kultur beobachten, die von den Römern vorangetrieben und von den griechischen Eliten adaptiert wurde, ohne

---

71 Auffarth: Religio migrans, 342f.
72 Stark: Religiöse Konflikte durch Kultimport und Kultinvasion.
73 Keel: Die Geschichte Jerusalems und die Entstehung des Monotheismus, Bd. 2, 1210; zur Frage der Statue s. 1195.
74 Hinweis von Andreas Bendlin.
75 Bendlin: Nicht der Eine, nicht die Vielen, 288–296.
76 Gall: Aspekte römischer Religiosität, 76. Diese Frage hängt allerdings an der Frage der Datierung des „Monotheismus", dessen für Europa wirksam gewordene Form nicht mehr in Ägypten gesehen wird, sondern von der alttestamentlichen Exegese nach dem Vorlauf in einem vorexilischen jüdischen „impliziten Monotheismus" (Frevel: Du sollst dir kein Bildnis machen!, 41f.) in eine Phase des Zweiten Tempels und damit frühestens ins 5. vorchristliche Jahrhundert datiert wird.

auf großen Widerstand zu stoßen – für eine religiös motivierte Konfrontation bei diesen „Kultübertragungen"[77] gibt es jedenfalls keine Indikatoren.[78] Zugleich war die Plastizität des römischen Pantheons im Vergleich zum griechischen weitaus größer – vielleicht eine Folge der Ausdehnung des Imperium Romanum mit seinen dynamischen Verschmelzungs- und Neuordnungsprozessen.[79] Klar ist jedenfalls, dass genau diese Übersetzung einer Gottheit in eine andere im Judentum und Christentum abgelehnt wurde.[80]

Bei der Suche nach Quellen für die „interpretatio" stößt man auf einen literarischen locus classicus bei Tacitus,[81] wonach zwei bei den Naharvali (einer zwischen Oder und Weichsel lebenden Ethnie) verehrte Götter „deos interpretatione romana Castorem Pollucemque memorant", also in der „interpretatio romana" als Kastor und Pollux geführt würden. Damit aber betritt man das Feld einer sprachphilosophischen Interpretationsdebatte in der Antike, in der es um die klassische Frage geht, ob Begriffe Realien oder Zuschreibungen seien,[82] ob also die „interpretatio" eine wirkliche Gottheit hinter den Einzelerscheinungen meine oder dieses ein Konstrukt sei. In der antiken Literatur finden sich eine Reihe von Beschreibungen einer „interpretatio", die allerdings die Sache gerade nicht auf den vereindeutigenden Punkt bringen, den man im Interesse einer analytischen Kategorienbildung gerne hätte: Cicero spricht davon, dass die Götter so viele Namen hätten als Sprachen unter Menschen seien und ergo Vulcanus in diesem Sinne nicht der gleiche Vulcanus in Italien und Afrika und Spanien sei. Lukian hingegen meint, dass Helena zwar Helena sei, aber auch etwas von Athena und Aphrodite und Selena und Aphrodite und Rhea und Artemis und Nemesis habe, und auch Cicero kennt eine ähnliche Vorstellung, wenn er der Juno eine „alia species", eine Andersartigkeit unter den Argivern (auf den Peleponnes) und noch eine andere unter den Lanuviern (in Mittelitalien) zuspricht.[83]

Auch bei der „interpretatio" gilt, dass durch die Einbeziehung archäologischer Dimensionen die literarischen Befunde nochmals komplexer werden,[84] wohinter die Asymmetrie steht, dass unsere literarischen Quellen fast ausschließlich aus römischer Perspektive berichten, während die archäologischen Quellen mehrheitlich aus den Provinzen stammen.[85] Warum, kann man dann fragen, werden manche Götter nicht (re-)interpretiert, sondern importiert, wie der Kult der Magna mater nach Rom? Warum wurden manchmal Götter unterlegener Feinde mitgenommen (etwa Marduk von den Assyrern) und warum geschah das in anderen Fällen nicht (so überführten die Römer den Moloch nicht aus Karthago nach Rom). Konnte in der Praxis eine Statue von verschiedenen Verehrern mit unterschiedlichen Namen belegt

---

77 Gall: Aspekte römischer Religiosität, 85f.
78 Schörner: Votive im römischen Griechenland, 222.
79 Rüpke: Die Religion der Römer, 23.
80 Assmann: Die Mosaische Unterscheidung, 33.
81 Tacitus: Germania, 43,4.
82 Ando: Interpretatio Romana, 42.
83 Die Belegstellen (Cicero: De natura deorum, 1.83–84; Lukian: De dea syria, 31–32; Cicero: De natura deorum, 1.82) nach ebd., 43–46.
84 Die Überlegungen gehen auf die Konferenz „Interpretatio punica – interpretatio graeca – interpretatio romana" am Käte Hamburger-Kolleg, Universität Bochum, 10.-12.11.2011, zurück.
85 Ando: Interpretatio Romana, 42.

werden? Warum wurden manche Götter durch „interpretatio" einer neuen Benennung unterworfen, während andere ihren alten Namen als Beinamen behielten, so dass Artemis die delische oder kynthische heißen konnte? Und wie lässt sich davon die bewusste Schaffung von Göttern in einem Akt der Theokrasie unterscheiden, wie sie etwa im Hellenismus mit der Kreation des Gottes Serapis erfolgte?

Derartige Beobachtungen zur „interpretatio" machen auf einen blinden oder zumindest unscharfen Fleck in der Konstruktion von Polytheismen aufmerksam, dass nämlich auch in der polytheistischen Welt die Götter nicht nur friedlich nebeneinander existierten, sondern in einer Hierarchie geordnet, bevorzugt oder hintangesetzt werden konnten und so Konflikte generierten. Dieser Aspekt ist im Blick auf Zugehörigkeitsfragen in der Spätantike von Bedeutung, insofern damit Entscheidungen verbunden waren. Dazu zuerst einige Beispiele, die in ihrer Heterogenität auch nicht die Spur eines Anspruchs erheben, den Umgang mit Differenz innerhalb von polytheistischen Systemen mehr als exemplarisch beschreiben zu wollen: Zeus beansprucht in der Ilias (spätestens aus dem 7. vorchristlichen Jahrhundert) die Herrschaft über andere Götter,[86] womit er nur ein Beispiel für Götterkämpfe in Mythologien bildet;[87] Pythagoras (gest. um 510 v. Chr.) und seine Schüler sollen – allerdings einem Bericht des 3. nachchristlichen Jahrhunderts zufolge – im Rahmen von Verfolgungen ermordet worden sein, weil sie mit lokalen Religionsgesetzen in Konflikt kamen;[88] Sokrates wurde 399 v. Chr. mit der Begründung hingerichtet, er werde den alten Göttern untreu und wolle neue einführen;[89] in Gerasa in der syrischen Dekapolis (heute Jordanien) konkurrierte unter den Seleukiden der Zeus-Tempel mit dem Artemis-Heiligtum, wohinter Konflikte zwischen griechischen Einwanderern und Einheimischen gestanden haben könnten;[90] die religiösen Praktiken der Druiden hat man unter Claudius, der eine Religionspolitik der Orientierung an der altrömischen Religion betrieb, in der Mitte des ersten Jahrhundert (zeitweilig?) verboten, im Kontext weiterer politisch motivierter Maßnahmen gegen Religionen, wie jedenfalls Sueton berichtet;[91] Astrologen, Philosophen und Rhetoren sowie Juden und Anhänger des Isis-Kultes wurden zwischen dem ersten vorchristlichen und dem ersten nachchristlichen Jahrhundert wiederholt aus Rom vertrieben.[92] Und über lange Zeiträume hin finden sich etwa Evokationen der Götter einer belagerten Stadt als Versuch, fremde Götter zur Stärkung der eigenen Position vom Gegner abzuziehen,[93] oder auch, wenn es politisch dienlich schien, der Raub oder die Zerstörung von Götterbildern.[94]

---

86 Homer: Ilias 8, 1–29.
87 Gladigow: Strukturprobleme polytheistischer Religionen, 300 f.
88 Porphyrios: Das Leben des Pythagoras, 56 f.
89 Platon: Apologie des Sokrates, 15; s. auch Garnsey: Religious Toleration in Classical Antiquity, 4, zur Verteidigung von Göttern gegen Asebie durch die Athener.
90 Lichtenberger: Artemis and Zeus Olympios in Roman Gerasa and Seleucid Religious Policy, 144 f. 150.
91 Sueton: Vita Caesarum, Claudius 25,5; zu den Umfelddebatten s. Alvarez Cineira: Die Religionspolitik des Kaisers Claudius und die paulinische Mission, 107–115.
92 Rüpke: Die Religion der Römer, 41.
93 Ogilvie: A Commentary on Livy, 674; Basanoff: Evocatio.
94 Funke: Götterbild, 736–741.

Welche konkreten Konflikte dabei selbst unter Bezug auf nur eine Gottheit auftreten konnten, hat Andreas Bendlin am Beispiel der Jupiterverehrung in Rom deutlich gemacht, das zeitlich in die unmittelbare Vorgeschichte der Entstehung des Christentums führt.[95] Kaiser Augustus hatte im Jahre 22 v. Chr. aus Dankbarkeit dem Jupiter Tonans einen Tempel dediziert. Dies aber bedeutete eine offenkundige Konkurrenz für den Jupiter Optimus Maximus, nicht zuletzt da beider Tempel auf dem Kapitol standen. Augustus löste den Konflikt, indem er den Jupiter Tonans als Türwächter des Jupiter Optimus Maximus interpretierte und das römische Volk um eine jährliche Geldspende für diesen bat. Diese beiden Jupiter-Tempel waren wiederum nur ein Teil einer römischen Tempellandschaft, in der es fast ein Dutzend Tempel gab, in denen Jupiter durch Epitheta und Lokalisierungsangaben differenziert als Jupiter Invictus (der Unbesiegte), Jupiter Propugnator (der Vorkämpfer) oder als Jupiter Stator (der Standhafte) auftrat. Ob man diese Multiplizierung des Jupiters als Individualisierung oder Aufspaltung oder, wie Bendlin hinsichtlich des Jupiter Tonans und des Jupiter Optimus Maximus vorschlägt, als „zwei personalisierte und in Konkurrenz zueinander subjektiv handelnde Götter" versteht,[96] in der offenbar persönliche Interessen des Augustus eine entscheidende Rolle spielten, ist für die hier verhandelte Frage weniger wichtig als die Tatsache, dass im römischen Pantheon Konkurrenzen auszutragen waren.

In all diesen Fällen standen im Hintergrund von Konflikten und im Ernstfall von Verboten nicht religiöse, sondern politisch motivierte Ausgrenzungsprozesse, nicht Fragen von „Orthodoxie" oder „Heterodoxie" (siehe Kap. 3.3.3a), sondern von öffentlicher Ordnung:[97] Es ging bei den Jupiter-Tempeln um die Hierarchie in einer Konkurrenzsituation, soziale Fragen mit Migrationshintergrund bildeten einen Problemfokus in Gerasa. Ein herausragender Fall eines politisch motivierten Religionskonfliktes war der Beschluss des römischen Senates aus dem Jahr 186 v. Chr., die Bacchanalien einer strengen Kontrolle zu unterwerfen,[98] aber gerade nicht um die religiöse Dimension dieser Feiern zu unterbinden, sondern weil man politische Probleme befürchtete. In dieser Perspektive waren die Konflikte des jüdischen und christlichen Monotheismus mit den antiken Polytheismen nur der Sonderfall einer Geschichte von Auseinandersetzungen zwischen den Anhängern von Göttern, von einem Faktor abgesehen: Der Anspruch auf eine exklusive Götterverehrung spielt im Prinzip in den polytheistischen Religionen keine konfliktverschärfende Rolle. Dies änderte sich auch in der Kaiserzeit kaum, wo staatliche Stellen weiterhin vor allem bei gesellschaftspolitischen Konflikten eingriffen und ansonsten eine eher diskursive Regelung religiöser Praxis, zwischen philosophischer Kritik und Debatten um ethische Normen, vorherrschte. Über eine Ausnahme, die Christenverfolgung, ist noch zu reden (siehe Kap. 3.3.3a).

Für die Juden- und Christentumsgeschichte sind diejenigen Felder von größtem Interesse, in denen gerade um die Zeitenwende herum gentile Zugehörigkeitsmuster durch Formen

---

[95] Bendlin: Nicht der Eine, nicht die Vielen, 301–306.
[96] Ebd., 305.
[97] Alvarez Cineira: Die Religionspolitik des Kaisers und die paulinische Mission; Religions of Rome, Bd. 2, 260–283.
[98] Bendlin: „Eine Zusammenkunft um der religio willen ist erlaubt ...?", 85–88; Cancik-Lindemann: Der Diskurs Religion im Senatsbeschluss über die Bacchanalia von 186 v. Chr. und bei Livius (B. XXXIX).

vor allem städtischer „diffuser Religiosität"[99] verändert wurden. Derartige Konstellationen fanden sich bei vielen religiösen Gruppen und Vereinigungen, von denen ich zwei Typen herausgreife. Ein Beispiel waren die Philosophenschulen, die teilweise, etwa im Pythagoräismus, ausgesprochen religiöse Züge tragen konnten.[100] Auch sie konnten die gentilen Bindungen durchtrennen,[101] auch ihnen konnte man unter Nutzung von Zeremonien beitreten,[102] auch sie betrieben Werbung, auch sie konnten Lebensgemeinschaften bilden.[103] Und auch sie banden Mitglieder über die Vermittlung von Bildung.[104] Zudem, und hier liegen weitere Gemeinsamkeiten von Philosophenschulen mit dem Christentum, grenzten sie sich über dogmatische Differenzen voneinander ab. So finden sich zur Kennzeichnung von Abgrenzungs- und Entscheidungsprozessen in solchen Schulen, etwa bei Flavius Josephus und Philo von Alexandrien, Begriffe der (Aus-)Wahl, „hairesis" und „prohairesis",[105] die in der okzidentalen Religionsgeschichte die Vorlage für den vielleicht wichtigsten Oppositionsbegriff zu „Orthodoxie" lieferten, denjenigen der „Häresie". Zugleich kann man allerdings auch markante Unterschiede zu christlichen Traditionen identifizieren:[106] Eine universale Perspektive fehlte ihnen, ihre Zielgruppen waren ausschließlich die Gebildeten; eine Absicht, biographische Lebenswenden im Sinne einer „Bekehrung" herbeizuführen, gab es schon angesichts unscharfer Gruppengrenzen nicht;[107] und in den meisten Fällen blieb die Zugehörigkeit zu einer Philosophenschule eine Lebensabschnittsbeziehung.

Ein anderes, besonders markantes Beispiel für eine freie Entscheidung zu religiösen Praktiken bildeten die sogenannten Mysterienkulte. Sie sind, begünstigt durch eine recht gute Quellenlage und in einer weltanschaulich hoch aufgeladenen Deutungsgeschichte (in der der Sammelbegriff „Mysterienkulte" vermutlich im 15. Jahrhundert geprägt wurde – und eigentlich in Anführungszeichen stehen müsste), intensiv und kontrovers erforscht worden.[108] Ein zentrales Problem der Debatte betrifft das Verhältnis zum Christentum, näherhin die Frage, in welchem Ausmaß es von Mysterienkulten beeinflusst wurde oder in Abgrenzung von ihnen existierte, wobei die paganen Kulte sowohl zum Ursprung des Christentums als auch zu einer antichristlichen Selbsterlösungsreligion stilisiert werden konnten. Die Antworten – hier eingegrenzt auf Fragen im Kontext der Zugehörigkeit – sind allerdings komplex. Die Schwierigkeiten beginnen mit der Bestimmung derjenigen Gruppen, welche zu den Mysterienkulten gezählt werden sollten, und enden bei der Frage, wie sichtbar Mysten

---

99 Rüpke: Einleitung (in: Gruppenreligionen im römischen Reich), 1.
100 Hadot: Philosophischer Unterricht, 877–879; Goodman: Mission and Conversion, 20–37; Nock: Conversion, 164–186.
101 Barton: The Relativisation of Family Ties in the Jewish and Graeco-Roman Traditions; ders.: Discipleship and Family Ties in Mark and Matthew, 23-56.
102 Schmidt: Utopian Communities of the Ancient World, 53–58.
103 Zhmud: Pythagoras and the Early Pythagoreans, 135–168.
104 Ebd., 150–162; Schmidt: Utopian Communities, 59–69; Huizenga: Moral Education for Women in the Pastoral and Pythagorean Letters.
105 Baumgarten: The Flourishing of Jewish Sects in the Maccabean Era, 7. 73f.
106 Schmeller: Neutestamentliches Gruppenethos, 125–130.
107 Goodman: Mission and Conversion, 21.
108 Auffarth: Mysterien (Mysterienkulte).

waren, wie öffentlich oder geheim Mysterienkulte agierten. Zumindest die letzte Frage lässt sich leicht beantworten: Praktiken, die ihm Verborgenen ausgeführt wurden, machten nur einen kleinen Teil, vermutlich den kleinsten Teil ihrer Rituale aus. Anhänger der Isis führten öffentliche Prozessionen durch und die Feiern zu den eleusinischen Mysterien besaßen volksfestartigen Charakter. Aber natürlich gab es auch das Gegenteil: beispielsweise feierten Mithras-Anhänger im geschlossenen Zirkel. Vermutlich waren die Konstruktion eines Geheimnisses und das Versprechen geheimen Wissens vielmehr Teil einer Selbstdarstellung von Mysterienkulten, die ihre Attraktivität mitbegründeten.

Klar ist, und dies ist für die hier verfolgte Frage von besonderer Bedeutung, dass die Zugehörigkeit nicht automatisch, genetisch gegeben war, sondern auf der Grundlage einer Entscheidung erfolgte. Für manche Kulte wie die eleusinischen lässt sich zudem nachweisen, dass sie von gentilen Riten eine Öffnung auf alle Interessenten hin, also eine Art Universalisierung, vollzogen.[109] Konsequenterweise gab es Eintrittsrituale und solche für den Aufstieg[110] – aber schon hier ist das Verhältnis zum Christentum nicht leicht zu bestimmen, weil gerade die Einstiegszeremonien durch Interferenzen mit christlichen Ritualen der Zugehörigkeit in der Spätantike zumindest überformt worden sein könnten (siehe Kap. 3.3.1a). Unscharf fällt auch die Antwort auf die Frage aus, in welchem Ausmaß die Mysterienkulte wirklich gentile Zugehörigkeitsmuster ersetzten.[111] Neuere archäologische Forschungen setzen dahinter jedenfalls beträchtliche Fragezeichen. Die Prosopographie von Vereinen orientalischer Kulte in den Hafenstädten Puteoli, Ostia und Aquileia im 2./3. Jahrhundert n. Chr. zumindest zeigt, dass sie nicht, wie in der Forschung oft angenommen, quer durch die Gesellschaft Verbreitung fanden, sondern auf Kreise von ethnisch homogenen Gruppen beschränkt blieben und sich meist im Hafenviertel fanden, also sowohl soziale Grenzen als auch wohl mobile Anhängergruppen dokumentierten.[112] Neben dem Christentum haben nach diesen archäologischen Quellen nur die Kulte von Isis und Serapis sowie von Magna mater und Attis derartige Gruppengrenzen überschritten, aber es gibt auch darüber hinaus Hinweise, dass man in Mysterienvereinigungen fiktive Verwandtschaftsverhältnisse konstruieren konnte,[113] die nichtgentile Zugehörigkeitsverhältnisse voraussetzen. Ein Beispiel dafür bietet eine Vereinigung von Dionysosanhängern in Torre nova (Latium), wo eine Liste von über 500 Mitgliedern aus dem 2. nachchristlichen Jahrhundert eine familiale Grundstruktur, die allerdings nicht exklusiv war, dokumentiert.[114] Andere Mysterienkulte waren zielgruppenspezifisch ausgerichtet, sowohl hinsichtlich der Inhalte als auch der Frömmigkeitspraktiken und der

---

109 Martin: „The Devil is in the Details", 157–161
110 Auffarth: Mysterien, 456–459.
111 Bejaht als Individualisierungs- und Pluralisierungsprozesse etwa bei Pakkanen: Interpreting Early Hellenistic Religion, 85–130.
112 Steuernagel: Kult und Alltag in römischen Hafenstädten, 251.
113 Harland: Dynamics of Identity, 68–80.
114 Jaccottet: Choisir Dionysos, Bd. 1, 35–38.

sozialen Rekrutierung.¹¹⁵ Ein Beispiel ist der Mithraskult. Er zog soziale Aufsteiger an,¹¹⁶ insbesondere Soldaten und Sklaven als Mitglieder der kaiserlichen Verwaltung, blieb aber auf Männer und dabei auf solche unterhalb der Oberschicht beschränkt.¹¹⁷ Aufgrund dieser Ausrichtung galt politische Loyalität als hohe Tugend, während ägyptische Kulte häufig als fremd und als potentieller Unruheherd angesehen wurden. Beide Kulte distanzierten sich von anderen Mysterienkulten, von den extatischen Praktiken der Anhänger der Kybele und des Sabazios, wenngleich Kybele und Isis in Rom unter die Staatsgottheiten aufgenommen werden konnten. Schon angesichts derartiger Konkurrenzen waren Mehrfacheinweihungen „keinesfalls die Regel und eher ein Phänomen der Spätantike. Der Regelfall scheint die Einweihung in einen Mysterienkult gewesen zu sein."¹¹⁸ Vielleicht hängt dies auch mit einem staatlichen Misstrauen zusammen; es gibt zumindest Quellen, dass Mehrfachmitgliedschaften im zweiten nachchristlichen Jahrhundert von staatlichen Vertretern und von Mitgliedern von religiösen Gemeinschaften kritisch betrachtet werden konnten.¹¹⁹ Zugleich ist keine „aggressive Konkurrenz" zwischen den Mysterienkulten nachweisbar: Man forderte keine exklusive Mitgliedschaft oder die Exklusion der Verehrung anderer Götter, sondern „duldete und tolerierte einander, wenn man sich auch nicht unbedingt schätzte".¹²⁰

3.2.2 Judentum: gentile Zugehörigkeit – die Regel mit Ausnahmen

Für das Christentum war zu Beginn das Judentum der Referenzhorizont für die Bestimmung seines Verhältnisses zu anderen Religionen. Dieses hatte sich von seiner polytheistischen Praxis in der Frühzeit zunehmend gelöst, zumindest in der Theorie. Ein zentraler Einschnitt wird in der Bibel in einer „Kultreform" des Königs Josia gesehen, der nach der Auffindung eines Thoratextes im Tempel im Jahr 622 v. Chr. die dort befindlichen Statuen und Kultgeräte anderer Götter und Göttinnen, der Aschera, des Baal und von Planetengöttern, habe zerstören lassen; auch anderen Kultstätten im Reich habe er dieses Schicksal bereitet, schließlich die Priester töten und sie auf ihren Altären verbrennen lassen (2 Kön 23,4–20). Die Historizität dieses Ereignisses ist in der Exegese hoch umstritten, wobei sich inzwischen viele Forscher dagegen aussprechen, in der Josianischen Zerstörung eine bloße Fiktion aus späterer Zeit zu sehen.¹²¹ Allerdings würde eine Anerkennung als historisches Faktum noch nicht bedeuten, dass damit der Monotheismus in Israel durchgesetzt worden wäre, man könnte etwa an eine Eingrenzung des israelitischen Pantheon denken.

---

115 Engster: Konkurrenz oder Nebeneinander, 573–575. Zu Engsters Ergebnissen fügen sich die Beobachtungen von Rüpke: Collegia Sacerdotum, dass stadtrömische Vereine in der hellenistischen und römischen Zeit keine über Arbeitsteilung definierte Organisationen, sondern „Kristallisationspunkte sozialen Handelns" waren (S. 63).
116 Clauss: Mithras. Kult und Mysterium, 47.
117 Ebd., 36.
118 Engster: Konkurrenz oder Nebeneinander, 575.
119 Ascough: Voluntary Associations and the Formation of Pauline Christian Communities, 171f. 174.
120 Engster: Konkurrenz oder Nebeneinander, 574f.
121 Pietsch: Die Kultreform Josias.

Im Laufe der Zeit entwickelte sich jedenfalls eine theologisch, also theoretisch präzise Abgrenzung gegenüber den Umfeldreligionen, verschärft durch die nachexilische monotheistische Revision der jüdischen Tradition. Hier waren fremde Götter zu Götzen geworden: Die Entthronung von Baalen, Astarten und Ascheren wurde zu einem Charakteristikum der israelitischen Gotteslehre und die Entscheidung für den einen „wahren" Gott zum zentralen Prüfstein der Zugehörigkeit. Symbolisch dafür stehen das erste Gebot des Dekalogs, „keine anderen Götter" – deren Existenz nicht bestritten wurde – „neben" Jahwe zu haben (Ex 20,3/Dtn 5,7), oder die Erzählung von Josua, dem Nachfolger des Mose, der vor seinem Tod die Ältesten zusammenruft und sie vor die Entscheidung stellt, fremden Göttern oder dem Gott Israels zu dienen (Jos 24,15). Immer handelte es sich um ein Verbot des Polytheismus in Israel, das von einem Polytheismus bei anderen Völkern ausging. Inwieweit derartige monotheistische Erzählungen vorexilische Entwicklungen oder eine Theologie zur Zeit des Zweiten Tempels dokumentieren (wohin zumindest die Mehrzahl der Exegeten die entscheidenden theologischen Formulierungen des Monotheismus datiert, s. u.) und in welchem Ausmaß die Praxis auch noch nach der monotheistischen Revision der Theologie polytheistisch blieb, ist im Blick auf das Christentum insofern nicht relevant, als zu seiner Entstehungszeit Monotheismus und Judentum wie Synonyme gehandelt werden konnten und das Christentum sich programmatisch auf den jüdischen Monotheismus gründete. Entscheidend ist vielmehr, dass die Unterscheidung zwischen Monotheismus und Polytheismus und damit die Entscheidung für den „wahren" einen Gott im Judentum das Konzept der exklusiven Entscheidung im Christentum vorbereitete.

Dass mit der Monotheisierung von Religion nicht nur theologische, sondern auch soziale und politische Konsequenzen verbunden waren, hat Jan Assmann hinsichtlich des Gewaltpotenzials thematisiert. Die dem Eingottglauben zugrundeliegende Unterscheidung zwischen wahr und falsch habe die Religionspraxis gewaltförmig strukturiert. Der „wahre" Gott fordere geradezu Ausgrenzung und schließlich die Vernichtung der „falschen" Götter.[122] Assmann hat im Aufkommen des Monotheismus eine Zäsur der Religionsgeschichte gesehen, die man als strukturelles Äquivalent der hier thematisierten – auf Mitgliedschaft und Entscheidung ausgerichteten – Perspektiven zur Deutung antiker Differenzierungsprozesse im religiösen Feld lesen kann, weil sich in seiner Konzeption ähnliche Konsequenzen im Blick etwa auf Inklusion und Exklusion ergeben. Ich meine allerdings, dass ein stärker sozialhistorisch fundierter Ansatz (unabhängig von der Frage, ob die von Assmann diskutierten Konsequenzen des Monotheismus so stimmen) viel breiter, oft quellenmäßig leichter und damit die Dynamik dieses Umbruchs in der Spätantike weniger spekulativ diskutierbar macht (siehe v. a. Kap. 3.3.1a).

---

[122] Assmann: Die Mosaische Unterscheidung oder der Preis des Monotheismus, 28–37. Zur fortdauernden Debatte s. Die Gewalt des einen Gottes, hg. v. R. Schieder. Assmann hat inzwischen auch Überlegungen angestellt, den Monotheismus zum Angelpunkt einer neuen Matrix der antiken Religionsgeschichte zu machen (ders.: Gottesbilder – Menschenbilder, 323. 325f.). Dass auch polytheistische Vorstellungen Gewalt freisetzen können, trifft zu, beantwortet die Frage aber nicht, ob Monotheismus ein besonders hohes Gewaltpotenzial besitzt.

Die Verehrung nur eines Gottes in Israel bedeutete zuerst einmal nicht, einen universellen Monotheismus zu fordern, denn der exklusive Anspruch auf Jahwe-Verehrung galt nur innerhalb des ethnischen Verbandes, des „Volkes" Israel. Die Genese der monotheistischen Vorstellung ist ein augenblicklich intensiv diskutiertes Forschungsfeld, bei dem sich aber abzeichnet, dass vorexilische Frühdatierungen immer seltener vertreten werden und die zentralen Weichenstellungen vermutlich in der Zeit des Zweiten Tempels vorgenommen wurden, ohne dass man Anfänge und Reflexionen im Exil vollständig eliminieren müsste.[123] Diese monotheistischen Tendenzen dürften also nicht so sehr in den vorexilischen Auseinandersetzungen mit „Fremdvölkern" gründen, wie es die alttestamentlichen Erzählungen in ihrer inneren Chronologie unterstellen, sondern im wesentlichen ein Produkt gelehrter, nachexilischer Theologie sein. Sie gehören zudem in den Kontext strukturanaloger Entwicklungen in den Umfeldreligionen. So lassen sich auch dort im Rahmen eines Polytheismus monolatrische Tendenzen nachweisen, bei denen ein Gott verehrt wurde, die Verehrung anderer Götter aber nicht verboten war. Derartige monotheisierende Tendenzen finden sich dann um die Zeitenwende herum verstärkt, insbesondere unter Religionsintellektuellen (siehe Kap. 3.2.1).

Als Charakteristikum der jüdischen und dann auch christlichen Monotheismusreflektion bleibt die Entstehung des Anspruchs auf einen exklusiven Monotheismus, den die antike Religionsgeschichte in seiner abgrenzenden Schärfe nicht kannte. Erst in der Begegnung mit dem christlich konzeptionalisierten und gesellschaftlich hegemonial gewordenen Monotheismus entwickelten auch pagane Autoren einen Religionsbegriff (im Singular) für den paganen Polytheismus, so wie es Kaiser Julian (reg. 360–363) mit dem Begriff des „Hellenismos" tat.[124] Diese monotheistische Transformation verengt allerdings im Interesse theologischer Theoriebildung die facettenreichen Interaktionen zwischen „Israel" auf der einen Seite und den „Fremden" und ihren Göttern auf der anderen. Die nachexilische Durchsetzung des monotheistischen Programms durchzieht die Redaktion der vorexilischen Erzählungen, die die großen Widerstände und die auch nachexilisch lange anhaltende polytheistische Praxis nicht sichtbar werden lassen (wollen). Wie unscharf die „mosaische Unterscheidung" (Jan Assmann)[125] zwischen einem monotheistischen Israel auf der einen Seite und den Fremden auf der anderen war und wie schwierig das Verhältnis von monotheistischer Theorie und polytheistischer Praxis lange blieb, belegen etwa die archäologischen Funde von Baalen, Ascheren und Astarten in „jüdischen" Fundkomplexen,[126] die Teilnahme von Nichtjuden am Jerusalemer Tempelkult[127] oder umgekehrt die Partizipation von Juden am Kaiserkult, die unter Herodes bis hinein ins jüdische Kernsiedlungsgebiet praktiziert und in die politische Kultur des Judentums teilweise integriert wurde.[128] Man kann all dies als Reflexe der addi-

---

[123] Mit zurückhaltenden Spätdatierungen etwa Schmid: Literaturgeschichte des Alten Testaments; Keel: Die Geschichte Jerusalems und die Entstehung des Monotheismus.
[124] Hepperle: Hellenismos bei Flavius Claudius Iulianus; Gladigow: Wieviel Götter braucht der Mensch?, 135.
[125] Assmann: Die Mosaische Unterscheidung.
[126] Cornelius: The Many Faces of the Goddess.
[127] Krauter: Die Beteiligung von Nichtjuden am Tempelkult.
[128] Bernett: Der Kaiserkult in Judäa unter herodischer und römischer Herrschaft; dies.: Der Kaiserkult in Judäa unter den Herodiern und Römern.

tiven Logik polytheistischer Traditionen in einer Phase der Durchsetzung der monotheistischen Theorie verstehen.

In diesem Kontext wurden Fragen der Zugehörigkeit im Judentum zu einem kontroversen Thema, insbesondere dort, wo Exulanten in Babylon und die Zurückgebliebenen in Palästina unterschiedliche innerjüdische Milieus bildeten.[129] So war im jüdischen Herrschaftsgebiet das Verhältnis zu Migranten aus anderen Ethnien zu regeln, etwa bei deren Naturalisierung. Dabei stellte sich die für das Christentum später wichtige Frage nach dem Verhältnis von verwandtschaftlicher, „biologischer" Zugehörigkeit im Rahmen eines „Volkes" Gottes und kultureller Zugehörigkeit, wobei es im Selbstverständnis Israels zumindest in der schriftlich zugänglichen Kultur eine im Vergleich zu anderen Kulturen offenbar stärkere Forderung nach gentiler Zugehörigkeit gab, verbunden mit der Erwartung religiöser Anpassung von Fremden.[130] Insbesondere die Rückkehrer aus dem babylonischen Exil zur Zeit des Zweiten Tempels[131] mussten ihre Beziehung zu den in Palästina Verbliebenen bestimmen und stritten deshalb um das „wahre" Israel, eben weil gentile oder kulturelle Zugehörigkeit ein Grenzobjekt war. Dabei ist zwar von einer fundamentalen biologischen Bestimmung von Ethnizität auszugehen, doch finden sich bemerkenswerte Perforationen dieser Grenze. Die nachexilische Theologie kannte die Vorstellung von Jahwe-Verehrern außerhalb des Volkes Israel,[132] so dass ethnisch-biologische und religiös-kulturelle Zugehörigkeitsmarker nicht identisch sein mussten. Im sogenannten deuteronomistischen „Gemeindegesetz" (Dtn 23,2–9)[133] wird Ammonitern und Moabitern der Eintritt in die Jahwe-Versammlung verweigert, hingegen Edomitern und Ägyptern zumindest in der dritten Generation ermöglicht (Dtn 23,8f.). In einem weiteren nachexilischen Text aus dem Jesajabuch (der mit dem deuteronomistischen in keiner unmittelbaren Verbindung steht[134]) (Jes 56,1–8), wird generell Fremden der Zutritt eröffnet, dies aber nur unter genauer definierten Bedingungen: Sie müssen sich „Jahwe angeschlossen" haben, ihm als „Knechte dienen" und seinen „Namen lieben" sowie den Sabbat und den Bund mit Gott beachten (Jes 56,6). Umstritten ist, ob mit dem „Dienen" eine rituelle Funktion im Tempel gemeint war und ob die Bundesverpflichtung eine Beschneidung beinhaltete. Darüber hinaus entwickelte sich (allerdings ausgefaltet erst in rabbinischer Zeit) die Vorstellung Noachitischer Gebote, die eine universelle Ethik formulierten, die diejenigen, die diese Gebote einhielten (etwa das Verbot der Tötung oder der „Götzen"anbetung), dem Judentum näherückten.

Zur Zeit des Zweiten Tempels wurden in den Augen der Remigranten die Mischehen der in Palästina Verbliebenen mit nichtjüdischen Frauen zu einem zentralen Konfliktpunkt.[135] In den Büchern Esra und Nehemia finden sich scharfe Verdikte des Tauschs von Frauen (Esr 9,12), der Heirat von Nichtisraelitinnen (Esr 10,2.10–17) und überhaupt der Zugehörigkeit von

---

[129] Rom-Shiloni: Exclusive Inclusivity.
[130] Zehnder: Umgang mit Fremden in Israel und Assyrien, 547.
[131] Dazu das reiche Material bei Grabbe, Lester L.: A History of the Jews and Judaism in the Second Temple Period.
[132] Haarmann: JHWH-Verehrer der Völker, 59–254.
[133] Zum folgenden Schulmeister: Signale von „Grenzkonstruktion" und „Grenzdestruktion".
[134] Schulmeister: Signale von „Grenzkonstruktion" und „Grenzdestruktion" in Dtn 23,2–9 und Jes 56,1–8, 48f.
[135] Southwood: Ethnicity and the Mixed Marriage Crisis in Ezra 9–10.

Mitgliedern fremder Völker, der Ammoniter und Moabiter (Neh 13,1). Die Ablehnung derartiger Ehen dürfte ein Indiz für den Versuch sein, die neue Vorstellung von sozialer Identität durchzusetzen. In diesem Prozess änderten sich die Begründungen von älteren Mischeheverboten, die stark von der Angst vor der Verehrung falscher Götter, die mit fremden Frauen gedroht habe, motiviert gewesen waren; in der Zeit des Zweiten Tempels hingegen trat das Element der Reinheit des Volkes Israel in der Theologie der Rückkehrer in den Vordergrund.[136] Zugleich aber dürfte es im nachexilischen Judentum auch Vertreter einer Offenheit gegenüber einem Beitritt gegeben haben, wie die Geschichte der Moabiterin Ruth nahelegt, die bei ihrer jüdischen Schwiegermutter Noomi blieb und den Gott Israels verehren wollte (Rut 1,16–17). De facto gehörte Ruth dem jüdischen Volk an (Rut 4,6–22) – worin man eine Kritik an den Vorstellungen der Rückkehrer lesen kann.

Weitere Unschärfen hinsichtlich der Zugehörigkeit ergaben sich aus innerjüdischen Differenzierungen, etwa im Verhältnis zwischen dem Mehrheitsjudentum und den Samaritanern. Diese hatten sich als eigenständige jüdische Gruppe konstituiert, wohl im Zusammenhang mit dem Bau eines eigenen Tempels auf dem Berg Garizim,[137] der im 2. vorchristlichen Jahrhundert nachweisbar ist und durch den Hasmonäer Johannes Hyrkan I. (reg. 134–104) zerstört wurde. Sie hatten in den Kanonisierungsprozessen seit dem ersten nachchristlichen Jahrhundert ihr eigenes Schriftkorpus – ausschließlich die fünf Bücher der Thora – definiert (siehe Kap. 4.2.1) und stellten die Frage, in welchem Ausmaß Zugehörigkeit nicht nur über gentile Abstammung, sondern auch oder vor allem über ein Textkorpus konstituiert würde. Eine andere Gruppe wie die Essener knüpfte die Zugehörigkeit zu ihrer Gemeinschaft an die Vorstellung eines „wahren" Judentums, das wiederum an die Vorstellung einer besonderen Rolle des Jerusalemer Tempels und an die Praktizierung bestimmte Riten geknüpft war.

Wie pragmatisch die Zugehörigkeit zum jüdischen Herrschaftsverband geregelt werden konnte oder musste, zeigte sich im 2. Jahrhundert vor unserer Zeitrechnung, als erneut ein eigenständiger jüdischer Staat unter der Dynastie der Hasmonäer existierte. Dabei dürfte es zu einer größeren, möglicherweise unter Zwang vorgenommenen Aufnahme von Nichtjuden ins Judentum gekommen sein, als Hyrkan I. (reg. 134–104) im Rahmen einer Ausweitung seines Herrschaftsbereichs bei den Idumäern die jüdischen Gebräuche und Gesetze einführte und offenbar die dortige Verehrung anderer Götter, etwa des Koze, unterband.[138] Doch scheint diese machtpolitisch motivierte Veränderung der religiösen Praxis eine nur begrenzte Wirkung gehabt zu haben, denn schon der von Herodes eingesetzte Gouverneur Kostobar (um 70–28 v. Chr.), dessen Vorfahren Priester des Koze gewesen waren, kündigte Herodes den Gehorsam und postulierte im gleichen Atemzug die Freiheit von jüdischen Gebräuchen.[139]

Angesichts solcher Relativierungen einer im Prinzip über Abstammung festgelegten Zugehörigkeit ist die Übertragung eines ausschließlich biologisch definierten Volksbegriffs unangemessen. Der griechische Begriff „Ioudaios" changierte noch nach der Zeitenwende

---

136 Frevel/Conczorowski: Deepening the Water.
137 Kartveit: The Origin of the Samaritans, 351–362.
138 Josephus: Antiquitates Judaicae, 15,7,9; Strabon: Geographica, 16,2,34, spricht von der Übernahme jüdischer Gesetze, womit Teile des heute Religion genannten Bereichs gemeint sein können.
139 Josephus: Antiquitates Judaicae, 15,7,9.

zwischen religiösen und ethnischen Bedeutungen,[140] so dass manche Historiker den Begriff „Judäer" gegenüber „Juden" präferieren.[141] Vermutlich kommt den frühen Rabbinen bei der (erneuten) Fokussierung auf die gentile Bestimmung der Zugehörigkeit eine zentrale Bedeutung zu. Sie waren es, die im Religionsrecht unter anderem die heute dominierenden Einzelheiten der Regelung der Zugehörigkeit zum Judentum über eine Abstammung und dabei auch die Matrilinearität festlegten. Traditionellerweise war die religiöse Praxis in der Thora an die „Religion der Väter" gebunden gewesen, im rabbinischen Judentum jedoch wurde sie unter Eliminierung der tradierten Vorschriften an eine jüdische Mutter geknüpft. Diese Revision der Patrilinearität dürfte im 2. Jahrhundert unserer Zeitrechnung vorgenommen worden sein, vielleicht weil sich über die Mutter eine Zugehörigkeit leichter feststellen ließ als über den Vater.[142] Noch über Jahrhunderte haben sich aber patrilineare Traditionen in jüdischen Gemeinden insbesondere im islamischen Herrschaftsgebiet, die sich der Rabbinisierung widersetzten, gehalten.[143]

Hinsichtlich der christlichen Zugehörigkeit durch Entscheidung ist schließlich die Gruppe der sogenannten Gottesfürchtigen oder Proselyten von herausragendem Interesse. Hinter dieser Fremdzuschreibung, die von den Betroffenen selbst nicht verwandt wurde,[144] verbarg sich ein abgestuftes Feld von Zugehörigkeitsoptionen zum Judentum, das von Nachahmern ohne Kontakt mit dem Judentum über Sympathisanten mit Kontakt zu einer Gemeinde bis zum regelrechten Eintritt reichen konnte.[145] Vermutlich hat man sich das Judentum wie von konzentrischen Kreisen umgeben vorzustellen und könnte von einer Unterscheidung zwischen einer jüdischen „Religion" und einer jüdischen „Bewegung" sprechen. Dabei darf man sich möglicherweise den Terminus „Judaismos", der sich schon vor der Entstehung des Christentums etablierte, als eine Art Religionsbegriff und damit als einen Hinweis auf einen von seinen ethnischen Bindungen gelöstes oder gelockertes Judentum verstehen, der wohl durch die Etablierung des Christentums aus einer kulturellen und vor allem stark ethnischen zu einer religiösen Kategorie wurde.[146]

Vermutlich kam es vielleicht schon in der Zeit des Zweiten Tempels, sicher aber im ersten vorchristlichen Jahrhundert vermehrt zu freigewählten Annäherungen und Übertritten. Diese konnten von den Zeitgenossen abgelehnt werden, nicht zuletzt wegen der als Körperverletzung wahrgenommenen Beschneidung,[147] aber es gibt auch Indizien für die hohe Attraktivität der jüdischen Tradition, die unter anderem durch den Monotheismus und ethische Prinzipien begründet war.[148] Generelle Verhaltensregeln wird es für diese Gruppen nicht gegeben haben, doch dürfte neben der Akzeptanz des Monotheismus die Erfüllung ethischer Regeln

---

140 Cohen: The Beginnings of Jewishness, 2–4.
141 Harland: Dynamics of Identity, 14.
142 Cohen: The Origins of the Matrilineal Principle in Rabbinic Law, 19–53, mit Reflexionen über andere Gründe (Regelung von Mischehen, Anlehnung an römisches Recht).
143 Astren: Islamic Contexts of Medieval Karaism, 150.
144 Long: Who Determines Conversion?, 33.
145 Wander: Gottesfürchtige und Sympathisanten, 212–214. 229. 233 et passim.
146 Boyarin: Semantic Differences; or, „Judaism"/„Christianity", 71.
147 Schäfer: Judeophobia, 106–118.
148 Wander: Gottesfürchtige und Sympathisanten, 138–179; Dickson: Mission-Commitment, 11–84.

zentral gewesen sein.[149] Dabei wurden sozial unterschiedliche Gruppen angezogen, Menschen „von unten",[150] aber auch – gerade in der Entstehungszeit des Christentums zwischen 50 und 150 – solche, die intellektuelle Interessen hatten. Diese dokumentiert etwa Sergius Paulus, römischer Prokonsul auf Zypern, an dessen Hof der „Apostel" Paulus war (Apg 13,7) (und der vom Prokonsul möglicherweise seinen nichtjüdischen Namen übernommen hatte)[151]. Die Motive der Interessenten waren allerdings, wie meist bei Übertritten, komplex und sind allenfalls für einzelne Biographien rekonstruierbar. In vielen Fällen kann man weltanschaulich oder religiös begründete Annäherungen vermuten, doch gab es auch pragmatische Beweggründe. Ein prominenter Fall, der Übertritt der Königin Helene von Adiabene (um 25/15 v. Chr. – ca. 60 n. Chr.) und ihres Sohnes Izates zum Judentum in der Mitte des ersten Jahrhunderts unserer Zeitrechnung macht die Unschärfe dieser Dimensionen deutlich, denn dieser wohl auch religiös motivierte Schritt lässt sich kaum von den Ambitionen auf den jüdischen Königsthron in Jerusalem trennen.[152] Diese Attraktivität des Judentums nahm mit den jüdischen Kriegen im ersten und zweiten Jahrhundert ab, vermutlich in dramatischem Ausmaß, ohne allerdings bis in die Spätantike gänzlich zu erlöschen. Für das antike Aphrodisas (im kleinasiatischen Karien) ist für die Zeit zwischen etwa 330 und 500 ein blühendes jüdisches Leben mit einer beträchtlichen Zahl von „Gottesfürchtigen" nachgewiesen.[153] Doch letztlich dürfte die Anzahl der Angenäherten oder Übergetretenen, die sehr schwierig zu ermitteln ist,[154] sehr klein geblieben und nicht mit der Größenordnung von Eintritten ins Christentum zu vergleichen sein.[155]

Zur komplexen Attraktivität des Judentums gehören zwei Felder, die antagonistisch gewirkt haben dürften. Zum einen gab es dezidierte Abgrenzungsrhetoriken, die in dem um die Zeitwende fixierten biblischen Textkorpus vorlagen.[156] Sie reichten von dem theologischen Topos der Erwählung bis zu den Geboten, Völker in eroberten Gebieten zu vernichten, Ehen mit den Mitgliedern der unterworfenen Völkern zu unterlassen, ihre religiösen Orte zu zerstören und die Götterbilder zu verbrennen (Dtn 7,1–5). Derartige Forderungen waren zwar realpolitisch nicht durchsetzbar, konnten jedoch als symbolische Demarkation gedeutet werden und zusammen mit der Idee, ein auserwähltes Volk zu sein, die Grenzen gegenüber Eintrittswilligen erhöhen oder verschließen. Zum anderen gab es eine hohe Anziehungskraft, die sich in der Hinwendung von „Proselyten" zum Judentum zeigte. Allerdings machten die ethnischen Abgrenzungen eine Werbung zwar nicht unmöglich, sie sind jedoch mit einer aktiven Ausbreitungskonzeption im Sinne einer „Mission" nur schwer in Deckung zu bringen

---

149 Hengel/Schwemer: Paulus zwischen Damaskus und Antiochia, 119–125, bes. 123–125.
150 The Jewish Political Tradition, Bd. 2, hg. v. M. Walzer u. a., 231–309.
151 Bardy: Conversion, 113f.
152 Neusner: The Conversion of Adiabene.
153 Chaniotis: Zwischen Konfrontation und Interaktion, 90–103.
154 Die Zunahme der jüdischen Bevölkerung in Judäa im 6. Jahrhundert von geschätzten 150.000 Juden auf acht Millionen Juden im 1. Jahrhundert n. Chr. wird teilweise auf Gottesfürchtige zurückgeführt, aber alle diese Zahlen sind spekulativ, die darauf fußenden Deutungen sind es noch mehr; Wander: Gottesfürchtige und Sympathisanten, 139.
155 So gegen die ältere Forschung Ware: The Mission of the Church in Paul's Letter to the Philippians, 47.
156 Zum Kontext Riecker: Mission im Alten Testament?

(siehe Kap. 3.3.2a). Allerdings steht die Anwendung eines Missionskonzeptes grundsätzlich unter dem Vorbehalt, ein christliches Konzept auf die Judentumsgeschichte anzuwenden und ein jüdisches Merkmal wie das stark ethnische Selbstverständnis oder die Theologie der Erwählung durch Gott zu wenig zu berücksichtigen.

Zum anderen und gegenläufig wurden die Grenzen des Judentums hinsichtlich des Heils vom Nichtjuden schon in der nachexilischen Theologie relativiert, etwa in der Erwartung einer eschatologischen „Völkerwallfahrt" zum Berg Zion (Jes 2,1–4; Jes 60), wo alle Menschen am Ende der Zeiten den Gott Israels anbeten würden und Gott Israel als „Licht für die Völker" (Jes 49,6) auszeichnen werde. Dahinter stand das Motiv der Herrschaft Israels über alle Völker, eine Umkehrung der faktischen Machtverhältnisse, weil dann die ehemals überlegenen Angreifer dem Gott Israels dienen würden. Allerdings beinhaltete diese Hoffnung keine aktive Expansion („Mission"), sondern die Erwartung, dass die „Völker" zur Einsicht und selbständig nach Zion kommen und dabei die unterlegene Religion bleiben würden.[157] Auch andere Textstellen, denen manchmal eine universalisierende oder gar missionarische Ausrichtung unterstellt wird, tragen diese Beweislast nur in Grenzen. Der „Noah-Bund" bezieht sich zwar auf das Überleben aller Menschen nach der Sintflut (Gen 9,17), fokussiert aber auf die Ausbreitung des Volkes Israel (Gen 9,1.6); und die „Abrahams-Verheißung", nach der „alle Geschlechter der Erde" durch Abraham „Segen erlangen" sollen (Gen 12,3), beansprucht zwar eine universale Bedeutung Israels, enthält allerdings keine „missionarische" Dimension.

Über die Größe und die Bedeutung der Proselyten zur Zeit des entstehenden Christentums gibt es keine verlässlichen Informationen, ebensowenig wie über die Kommunikationswege, auf denen Proselyten gewonnen wurden; es ist damit zu rechnen, dass von aktiver Propaganda bis zu kapillarer Verbreitung eine Vielzahl von Vermittlungswegen existierte. Der Evangelist Matthäus jedenfalls kennt „Schriftgelehrte und Pharisäer", die umherreisten, um Proselyten zu finden (Mt 23,15), dies kommt am ehesten einem christlichen „Missions"verständnis nahe. Aber die allermeisten Belege legen es nahe, aus der Attraktivität des Judentums und aus seiner Offenheit für Nichtjuden nicht auf eine aktive Werbung im Sinne einer intentionalen „Mission" zu schließen.[158] Letztlich lässt sich der Stellenwert dieser Proselyten für die Identitätsbildung des entstehenden Christentums kaum verlässlich bestimmen. Einerseits kann man spekulativ vermuten, dass zumindest der Evangelist Lukas aus diesem Milieu kam oder ihm nahestand, andererseits gibt es zumindest für die makedonischen Gemeinden des Paulus keine Indizien einer Bedeutung jüdischer Proselyten.[159] Schließlich muss man im Christentum mit überlappenden Traditionen vom Völkerwallfahrt und Mission rechnen. Wenn Jesus in einer Endzeitrede davon spricht, dass der „Menschensohn" „die von ihm Auserwählten aus allen vier Windrichtungen zusammenführen" werde (Mk 13,27), taucht darin ebenso das Motiv der Völkerwanderung auf wie in den Oracula

---

[157] Exemplarisch zu Jesaja, s. Ware: The Mission of the Church in Paul's Letter to the Philippians, 59–91; das eschatologische Motiv der Völkerwallfahrt zum Zion konnte auch auf die Integration der Gottesfürchtigen bezogen werden.
[158] Riesner: A Pre-Christian Jewish Mission?, gegen renommierte Positionen wie diejenige von Harnack: Die Mission und Ausbreitung des Christentums in den ersten drei Jahrhunderten (²1906), Bd. 1, 8.
[159] Ascough: Paul's Macedonian Associations, 191–212.

Sibyllina,[160] einem jüdischen, christlich überarbeiten Text, dessen Textgeschichte vielleicht bis ins 6. Jahrhundert reicht.

Im Judentum entwickelte sich die Frage, welchen Status die Proselyten haben sollten, zum Ausgangspunkt einer Dauerdebatte über die gentile oder kulturelle „Identität", die von Fragen des Heiratsrechtes in der Spätantike bis hin zu gegenwärtigen Fragen der Staatsbürgerschaft in Israel reichen. In der Antike zumindest blieb die wertende Differenz zwischen geborenen (ethnischen) und übergetretenen (kulturellen) Juden manifest: Proselyten wurden durch ihren Eintritt keine gleichberechtigten Mitglieder,[161] Neujuden blieben angesichts der Einschränkung von Rechten und der Auflagen Mitglieder zweiter Klasse (siehe Kap. 3.3.2b). Auch diesbezüglich dürfte die Attraktivität des Judentums für Interessenten und Eintrittswillige begrenzt geblieben sein. Hier nahm das Christentum eine grundlegend andere Regelung vor, insofern neue Mitglieder in der Konzeption des Übertritts als gleichberechtigt galten.

3.2.3 Christentum: exklusive Entscheidung – eine regulative Idee

Die entscheidende Gruppe für die nachhaltige Etablierung einer auf Entscheidung beruhenden, exklusiven Mitgliedschaft war, so die These dieses Kapitels, das antike Christentum. Dies ist allerdings nur in der aus großer Distanz formulierten Reduktion ein klares Kennzeichen. Bei näherem Hinsehen wird die Geschichte komplex: Wie verhält sich die Forderung nach einer persönlich entschiedenen Hinwendung zum Christentum zu den Theologien der Vorsehung oder der Vorherbestimmung, die genau diese Entscheidung in die Hände Gottes legten und so als menschliche infrage stellten? Etwa wenn Paulus vor Damaskus von einer himmlischen Stimme gerufen wird? Oder wenn Augustinus den letzten Schritt seiner Hinwendung zum Christentum als Konsequenz einer Kinderstimme deutet, die ihm singend „tolle, lege", nimm und lies (die Bibel an der Stelle, wo du sie gleich aufschlagen wirst), zuruft?[162] Ist, wenn man die deliberativen Möglichkeiten hervorhebt, Entscheidung der angemessene Terminus – oder wäre es nicht viel mehr Zustimmung? Markiert eine Entscheidung eine Art Bruch oder ist sie nicht vielmehr als Prozess zu deuten? Gibt es eine scharfe Grenze zwischen Entscheidungen, die in jeder Religion anzunehmen sind, insofern sie ein Teil der auf Freiheitsannahmen beruhenden Lebensführung sind, und der hier gemeinten Entscheidung zwischen zwei „Religionen"? Schließlich ein höchst bedeutsamer Punkt: Wie verhält sich eine wie auch immer verstandene Theorie zu gelebten Praktiken? Das Faktum, dass die theoretisch geforderte Entscheidung in der Praxis dann doch nicht vollzogen wurde, zieht sich durch alle Kapitel dieses Buches. Es muss jedenfalls klar sein, dass der hier der Zugehörigkeit zugrundegelegte Entscheidungsakt ein hochreduktiv gezeichnetes Merkmal ist, dessen Einforderung allerdings als latentes Wissen des kollektiven Gedächtnisses immer aktualisierbar blieb.

---

[160] Oracula Sibyllina, II, 173–176 (hier nach Lightfoot: The Sibylline Oracles); dazu Dickson: Mission-Commitment in Ancient Judaism and in the Pauline Communities, 19–24.
[161] The Jewish Political Tradition, hg. v. M. Walzer u. a., Bd. 2: Membership, 231–309. Zu den Konsequenzen bis in die Gegenwart mit einem ausgeprägt politischen Interesse s. Sand: Die Erfindung des jüdischen Volkes.
[162] Augustinus: Confessiones, 8,12.

Dabei stößt man erneut auf das Problem des Religionsbegriffs. Die theologisch geprägte christliche Historiographie seit der Spätantike hat „Heidentum" und „Christentum" zu religionsartigen Größen vereindeutigt und damit eine Entscheidung zwischen klaren Alternativen postuliert. In theologischer Semantik hieß dies, dass man sich zu Christus „bekehren" und den Traditionen seiner Herkunftsreligion „absagen" solle, dass man seinen Göttern oder „Götzen" „widersagen" müsse. Dem zirkulären Problem, dass die daraus resultierenden Elemente des (neuzeitlichen) Religionsbegriffs durch das christliche Theorem exklusiver Entscheidung geprägt sind, bleibt ein Problem, das aus pragmatischen Gründen hinzunehmen ist.

Mit dieser Festlegung auf die Norm entschiedener und exklusiver Zugehörigkeit prägte das Christentum, wie sich herausstellen sollte, zuerst die okzidentale und seit der Neuzeit die globale Religionsgeschichte. Eine der einfachsten aller Fragen, warum das Christentum sich (mit dieser Konzeption) durchsetzte, ist nur schwer und sicher nicht mit einfachen Annahmen zu beantworten. Die Plausibilität des christlichen Programms? Oder (und?) der Plausibilitätsverlust vieler Praktiken der paganen Religionen? Politische Protektion, etwa durch Kaiser Konstantin? Oder gerade die fehlende politische Instrumentalisierung, zumindest bis ins 4. Jahrhundert? Jedenfalls wurde die regulative Idee einer auf Entscheidung beruhenden Zugehörigkeit mit dem Aufstieg des Christentums zur hegemonialen Religion ein fester Bestandteil des kulturellen Wissens im späteren Okzident und schließlich in Europa: Manchmal lag es explizit und offen zu Tage, oft aber blieb es latent und verborgen. Die Forderung nach Entscheidung wurde jedenfalls häufiger nicht realisiert als dass sie umgesetzt wurde, aber das ist nicht der entscheidende Punkt. Die Forderung nach einer Entscheidung blieb im kulturellen Speichergedächtnis zugänglich und konnte immer wieder ins kommunikative Gedächtnis hinein aktiviert werden – in dieser Potenz lag der Sprengstoff.

3.2.3a Religiöse Zugehörigkeit zwischen sozialer Bindung und persönlicher Entscheidung

Die Organisation von religiöser Zugehörigkeit durch Entscheidung war keine dogmatische Setzung des „Urchristentums", mit der es in die antike Religionsgeschichte eingetreten wäre. Sie war vor allem keine Forderung Jesu. Er verstand sich vielmehr – so noch in der matthäischen Theologie in der zweiten Hälfte des ersten Jahrhunderts – als innerjüdischer Reformer, der, so die Verkündigungserzählung eines Engels an Josef, zur Erlösung „seines Volkes" gesandt (Mt 1,21) und Lukas zufolge zur Herrschaft über das „Haus Jakob" bestimmt sei (Lk 1,33). Von einer zentralen Grenzüberschreitung, der Mahlgemeinschaft mit Nichtjuden, liest man in den Evangelien nicht. Insbesondere an den Stellen, wo Jesus im Matthäusevangelium fordert, nicht zu den „Völkern"/„Heiden" (ton ethnon) zu gehen, auch nicht zu den Samaritanern, sondern nur „zu den verlorenen Schafen des Hauses Israel" (Mt 10,5f.), wie Matthäus in Erweiterung der Markus-Vorlage schreibt, ist der innerjüdische Horizont evident, wenngleich Matthäus diese Ausrichtung vielleicht pointiert hat.[163] Eine Verbreitung seiner Ideen außerhalb des Judentums wurde weder von Jesus noch von den meisten frühen Tradenten als Aufgabe gesehen. Es gibt zwar Jesusworte, die in allgemeinen Formulierungen die ganze

---

163 Konradt: Israel, Kirche und die Völker im Matthäusevangelium, 81–92.

Welt („kosmos") als Adressaten seiner Botschaft nennen (Mt 5,14; 13,38), aber sie implizieren keine Forderung nach Entscheidung zu dem, was heute Religionswechsel heißt. Jesus als „Urmissionar"[164] ist eine theologische, keine historische Deutung.

Allerdings überschritt auch Jesus religiös bestimmte Grenzen. Exemplarisch steht dafür die Erzählung von der Heilung der Tochter einer Griechin, die im syrisch besetzten Phönizien wohnte und so als Heidin vorgestellt wird (Mk 7,24–30). Jesus habe sich in dieses Gebiet, also zu den „Heiden", begeben und angesichts der Bitte, die Tochter der Frau zu heilen, und dabei die Metapher eines Hündchens, dem keine Brotkrumen vom Tisch Israels zuständen, verwandt. Er wertete die heidnische Frau also brüsk ab und pointierte so die Differenz zum „erwählten" Volk. Die Erzählung präsentiert die erklärte Absicht Jesu, das Mädchen nicht zu heilen, mit der Begründung, dass er ausschließlich zu Israel gesandt sei (Mt 15,24). Allerdings schwächt Matthäus, wiederum die Vorlage bei Markus aufgreifend, dessen Ausrichtung auf Nichtisraeliten ab – die Qualifizierung als „Heidin" entfällt. Wahrscheinlich sind in die Redaktion dieser Erzählung die Reflexionen früher Christen über Außenbeziehungen nach dem weitgehenden Verschwinden des Judenchristentums eingeflossen,[165] weil sich die Erzählung für ein auf die pagane Welt geöffnetes Christentum anbot – aber dieser Schritt besaß mit den Absichten Jesu nur noch schmale Bereiche der Übereinstimmung. Jesus heilt also nur auf hartnäckiges Bitten der Frau in beiden Evangelien ihr Kind, weil, so kann man die Erzählung lesen, ihr Vertrauen in die Heilkraft des charismatischen Jesus die Grenze von jüdischer und heidnischer Welt überspringe. Aber die Phönizierin erhält das Brot nicht auf Augenhöhe, sondern als gnädig gewährte Gabe. Hinter dieser damit gleichwohl vollzogenen Grenzüberschreitung lässt sich eine Theologie Jesu erschließen, in der er sich eine eigene Auslegungskompetenz der Thora zubilligte[166] und auf deren Schultern die Revision der jüdischen Grenze zur paganen Welt für die erste Generation von Christen legitim wurde. Vielleicht stand hinter der Offenheit gegenüber der Phönizierin auch die Erwartung einer Wendung der Heiden zum Zion als Vorbote der endzeitlichen Restitution Israels – aber eine „Missions"theologie war das eben nicht.[167] Vergleichbare Perspektiven gibt es auch in anderen Texten, die sich auf Jesus zurückführen lassen, etwa in der Gleichniserzählung vom Senfsamen, in dem, wenn er gewachsen ist, die Völker (in der Metapher der Vögel) wohnen/nisten (Mk 4,30–32). Sie werden nicht gerufen, sondern kommen herbeigeflogen. Damit blieb auch hier der Vektor erhalten, wonach die Fremden auf Israel zukommen – wie es auch von Proselyten in der Regel berichtet wird und es die Logik einer „Völkerwallfahrt" vorsieht. Erneut geht es nicht um eine aktive „Mission", sondern um die Erwartung der Ankunft der „Völker" in Israel. Diese Perspektive hat Matthäus auch in sein Sondergut, das nicht auf Jesus zurückgeht, aufgenommen. Auf den ersten Seiten seines Evangeliums wallfahren die heidnischen „Magoi", die später zur den „heiligen drei Königen" wurden, zum neugeborenen Knaben (Mt 2,1–2). Eine neue Wendung deutet sich im Lukasevangelium an, wo das Motiv der Völkerwallfahrt verdunstet zu sein scheint. Wenn er

---

164 Hengel: Die Ursprunge der christlichen Mission, 133.
165 Luz: Das Evangelium nach Matthäus, Bd. 2, 437.
166 Als Bruch mit der jüdischen Tradition bei Neusner: Un rabbin parle avec Jésus, 16, gedeutet.
167 Gegen Positionen einer von Jesus ausgehenden Mission, etwa behauptet bei Bird: Jesus and the Origins of the Gentile Mission.

faktisch die „Diaspora" hochschätzt und Jerusalem nach dem Pfingstereignis nur noch ein Ort unter vielen ist – „ihr werdet meine Zeugen sein in Jerusalem und in ganz Judäa und Samarien und bis an die Grenzen der Erde" (Apg 1,8) – ist die Idee der Völkerwallfahrt zugunsten der weltweiten Präsenz des Christentums aufgehoben. Eine nochmals andere Wendung findet sich bei Matthäus, bei dem die Verkündigung an Israel durch die Heidenmission abgelöst ist, weil Israel Jesus zurückgewiesen habe.[168]

Die intentionale Ausbreitung war mithin eine spätere Entwicklung, die erst nach Jesu Hinrichtung in Gang kam. Dann aber wurde die exklusive Entscheidung im Rahmen eines Eintritts sehr schnell, vermutlich innerhalb weniger Jahrzehnte, zu einem konstitutiven, geforderten Merkmal der Zugehörigkeit zum Christentum. Der Schritt von der im wesentlichen ethnisch bestimmten Zugehörigkeit zum Judentum der ersten Jesusanhänger hin zur Verbreitung des Christentums außerhalb hereditärer Strukturen in der paganen Welt war schon dem Verfasser des Matthäusevangeliums so wichtig, dass er den Auftrag zur Verkündigung unter allen „Völkern" (ta ethne) und eine trinitarisch verstandene Taufe dem historischen Jesus in den Mund legte (Mt 28,19f.) – doch dies ist eine nachträgliche Deutung. Dieser sogenannte „Missionsbefehl" am Ende des Matthäus-Evangeliums, der erst seit dem 19. Jahrhundert vor allem in der deutschsprachigen Bibelauslegung so heißt,[169] stammt fast sicher nicht von Jesus. Er ist in der Lexik von Matthäus geprägt[170] und lässt sich nicht mit den gerade genannten Praktiken Jesu in Deckung bringen. Auch wären die massiven Konflikte, die über exakt diese Frage im Umfeld des paulinischen Christentums aufbrachen, nicht zu erklären, wenn ein solches autoritatives „Herrenwort" am Anfang der Christentumsgeschichte gestanden hätte. Aber, und dies bleibt bemerkenswert, mit der Endredaktion des Matthäusevangeliums war dort eine Missionskonzeption so tief verankert, dass sie als jesuanische Forderung begriffen werden konnte.

Über die epochale Wende, den werbenden, aktiven Zugang auf die nichtjüdische Welt, die die Entscheidung zum Eintritt in das Christentum nach sich zog und später „Mission" genannt wurde, sind wir vor allem durch neutestamentliche Texte unterrichtet. Im Mittelpunkt steht dabei eine Person, die durch ihre Wirkungsgeschichte alle anderen Propagandisten des Christentums in den Schatten stellte: Paulus. Er entstammte dem Diasporajudentum im kleinasiatischen Tarsus und las aufgrund seiner griechischen Muttersprache die Schriften des Judentums in der griechischen Version, der Septuaginta, wenngleich er auch des Hebräischen mächtig gewesen sein dürfte. Dank seiner polykulturellen Biographie kannte er sich sowohl in der jüdischen Schriftauslegung, namentlich pharisäischer Tradition, als auch in der paganen Bildungswelt aus. Sein Namenswechsel von Saulus zu Paulus dokumentiert mit der Einbindung sowohl in die jüdische als auch in die griechische Kultur, dass er ein Wanderer in und zwischen verschiedenen Kulturen war, der am Hofe des römischen Prokonsuls von Zypern, Sergius Paulus, dessen Cognomen er, wie gesagt, trug, ebenso verkehrte wie in der Welt der jüdischen Synagogen, möglicherweise als römischer Bürger.[171]

---

[168] Luz: Das Evangelium nach Matthäus, 451.
[169] Ebd., 436.
[170] Ebd., 430, Anm. 10; 453f.
[171] Dass Paulus auch das römische Bürgerrecht besessen habe, ist unter den Exegeten umstritten, da es nur bei Lukas belegt ist.

Seine christliche Biographie begann nach einer Phase als Christenverfolger Anfang der dreißiger Jahre mit dem sprichwörtlich gewordenen „Damaskuserlebnis", einer Vision, über die sein wichtigster antiker Biograph, der Evangelist Lukas, in drei Erzählungen intensiv berichtet, während Paulus selbst darauf nur einmal und sehr zurückhaltend zu sprechen kommt.[172] Zwei Elemente verband Lukas miteinander: Paulus sehe in der Vision sich unmittelbar von Jesus angesprochen und mit der Aufgabe der Verkündigung des „Herrn" vor den „Völkern" ([ton ethnon] Apg 9,15; 26,17) respektive „allen Menschen" (Apg 22,15) betraut. Seine Verkündigung einschließlich des Überschreitens der Grenzen des jüdischen Christentums habe Paulus mithin durch eine eigenständige, visionär untermauerte Berufung legitimiert gesehen. Diese Erfahrung gründete allerdings Lukas zufolge dezidiert nicht in einer eigenen Entscheidung, sondern in einem rezeptiven Vorgang: Paulus wird, so die Erzählung, zu Boden geworfen, er hört eine Stimme, die ungefragt zu ihm spricht, und erhält von ihr die Anordnungen, was er weiter tun solle, insbesondere die Aufforderung, sich taufen zu lassen. Rezeptivität oder gar Passivität und Autonomie stehen seitdem in der Mitgliedschaftskonzeption der Christentumsgeschichte in einem theologischen Spannungsverhältnis.

Mit den großen Reisen, die Paulus nach Kleinasien, Griechenland und schlussendlich nach Rom führten, und den Briefen, die er an seine Gemeinden schrieb, begann die Ausbreitungs- und schließlich die „Missions"geschichte des Christentums. Er spricht um das Jahr 50 herum in dem ersten von ihm überkommenen Brief, dem überhaupt ältesten erhaltenen Text des Neuen Testaments, von den neuen Gläubigen in Mazedonien und Achaia und „überall" (1 Thess 1,7f.). Schon in den 30er (?) Jahren waren in Antiochia Griechen (hai hellenistai), möglicherweise Proselyten, in die judenchristliche Gemeinde gekommen (Apg 11,20), wenig später wurden hier die Mitglieder erstmals „Christianer" (christianoi, Apg 11,26) genannt, womit möglicherweise lateinischsprachige Mitglieder gemeint waren.[173] Diese Beitritte produzierten massive Konflikte in den judenchristlichen Gruppen, weil sie eben alles andere als selbstverständlich waren und weil Paulus die Frage christlicher Proselyten zu einer Prinzipiendebatte über die Regeln der Zugehörigkeit zum Judenchristentum erhob. Der „antiochenische Konflikt" entzündete sich an der Frage, welche Regeln die neuen Mitglieder einhalten müssten. Eine traditional orientierte Gruppe pharisäischer Judenchristen forderte, ein zentrales Differenzkriterium des Judentums, die Beschneidung, auch für Heidenchristen verbindlich zu machen (Apg 15,5). In einer Besprechung um 48/49 herum, dem Apostel„konzil",[174] trafen hellenistisch geprägte Judenchristen, namentlich Paulus und Barnabas, die die Gemeinde aus Antiochia vertraten, und Vertreter der Judenchristen aus Jerusalem, insbesondere Petrus und Jakobus, zusammen. Diese für die Interessen dieses Buches „absolut" zentrale Begebenheit ist in zwei Überlieferungen, hinter dem eine Minderheit der Exegeten zwei Treffen vermutet, erhalten, dem wohl älteren paulinischen Bericht (Gal 2,1–10) und dem

---

172 Die lukanischen Berichte in Apg. 9,1–19; 22,6–21; 26,12–18; die Anspielungen des Paulus in 1 Kor 9,1; 15,8.
173 Eine derartige Substantivbildung gibt es im Griechischen nicht, christianoi war ein Lehnwort aus dem Lateinischen; Hinweis Konrad Vössing.
174 Der ältere paulinische Bericht (Gal 2,1–10) unterscheidet sich vom lukanischen (Apg 15,1–29) sowohl hinsichtlich des Ablaufs als auch der Beschlüsse. Dahinter stehen nicht zuletzt unterschiedliche Theologien, die aber den hier entscheidenden Punkt, die Öffnung auf das Heidentum, nicht tangieren.

lukanischen (Apg 15,1–29), die sowohl hinsichtlich des Ablaufs als auch der Beschlüsse voneinander abweichen. Dahinter stehen nicht zuletzt unterschiedliche Theologien, die aber den hier entscheidenden Punkt, die Öffnung auf das Heidentum, nicht tangieren. Es kam jedenfalls zu dem historischen Beschluss, die Beschneidung nicht mehr einzufordern. Man kann vermuten, dass eine Praxis, die Aufnahme von Heiden in Antiochia, eine theoretische Reflexion forderte, die aller Wahrscheinlichkeit von Paulus ausging. Bei Lukas wird zwar auch Petrus als „Heidenapostel" präsentiert (etwa in Apg 10,34; 15,7), aber angesichts der Tendenz des Lukas, Paulus eine sekundäre Rolle zuzuweisen (er verweigert ihm etwa beharrlich den Titel „Apostel"), dürfte dies den historischen Vergängen nicht gerecht werden.

Mit der antiochenischen Vereinbarung war allerdings das Problem nicht sofort erledigt, die Debatten setzten sich noch über Jahre fort. Jakobus, vermutlich der leibliche Bruder Jesu (aber angesichts des breiten Bedeutungsspektrums von Bruder ist das nicht zwingend[175]), steht bei Lukas für eine Gruppe von Judenchristen, die einen Minimalbestand an rituellen Vorschriften durchsetzen wollte (Verzicht auf Opferfleisch, Blut und Ersticktes, sowie auf Unzucht in Form verbotener Verwandtschaft [Apg 15,29]). Aber davon ist in dem Bericht des Paulus nichts zu lesen, der allein eine sozialethische Verpflichtung festhielt: sich um die Armen zu kümmern (Gal 2,10). Die Auseinandersetzungen dokumentieren, wie irritierend wohl dieser Schritt in eine deliberative Zugehörigkeit war und in welchem Ausmaß die Verletzung der tradierten Regelungen der „Religions"zugehörigkeit begründungsbedürftig blieb. In der weiteren Geschichte blieb zudem der Kompromiss des Apostel„konzils", das die Aufteilung in eine Verkündigung unter den Heiden und unter den Juden vorsah (Gal 2,9), marginal. Letztlich wurde die „Heidenmission", in der weder Beschneidung noch rituelle Reinheitsvorschriften eine programmatische Rolle spielten, zum unangefochtenen Programm in der Ausbreitung des Christentums. Die Fraktion der Judenchristen, die an der Beschneidung festhielt, wurde zu einer Minorität.

Schon im Matthäus-Evangelium lassen sich wichtige Konsequenzen ablesen. Hier (allerdings fast ausschließlich hier) findet sich ein Terminus technicus für missionarische Aktivitäten: „matheuo", „Jünger machen".[176] Zugleich dokumentiert dieser Text den Prozess der Ausdifferenzierung von Judentum und Christentum, denn die matthäische Gemeinde hatte sich von der „Israelmission" verabschiedet, weil Israel Jesus zurückgewiesen habe, womit diese Mission nutzlos geworden sei.[177]

Diese Entwicklung impliziert einen tiefen und sozial prekären und deshalb in der Christentumsgeschichte faktisch immer wieder revidierten Schnitt: Die Trennung religiöser Praxis von der gentilen Herkunft, von Verwandtschaft und „familia", die üblicherweise fundamental die soziale Sicherheit garantierten (siehe Kap. 3.2.3b). Nun waren Verwandtschaftsstrukturen keine eins zu eins in kulturelle Organisationen übersetzten biologischen Dispositionen und insofern elastisch und in jedem Fall vielfältig. Das, was wir als „Familie" bezeichnen, konnte im Umfeld der Bibel den Haushalt, die (Bluts-)Verwandtschaft oder die durch Heirat

---

175 Blinzler: Die Brüder und Schwestern Jesu, 39–48; Oberlinner: Historische Überlieferung und christologische Aussage, 16–49.
176 Luz: Das Evangelium nach Matthäus, Bd. 4, 443.
177 Ebd., 451.

entstandene Gemeinschaft umfassen.[178] Dabei spielten biologische Beziehungen in der Blutsverwandtschaft eine grundlegende Rolle, aber zugleich wurde Verwandtschaft, wie angedeutet (s. o.), auch sozial konstruiert.[179] Am antiken Konzept der „familia" wird diese Verschränkung deutlich. Sie war vor allem eine sozial bestimmte Hausgemeinschaft, in der der Vater als „pater" die Herrschaft ausübte, aber auch eine Blutsverwandtschaft begründende Funktion besaß: als biologischer Erzeuger hieß er „genitor". Diesem Haus gehörten neben Blutsverwandten auch angeheiratete oder adoptierte Mitglieder, zudem Unfreie und Sklaven an.[180] Ein solches Verständnis der Familie als Herrschaftsverband blieb im Okzident auch im Mittelalter konstitutiv[181] und spiegelt sich in einem Begriffsfeld, das nicht nur Blutsverwandte, sondern auch Adoptivverwandte, Heiratsverwandte, Milchverwandte, geistliche Verwandte, Patenverwandte oder Pflegeverwandte kannte.[182] Erst um 1700 dürfte Familie zunehmend auf eine durch Blutsverwandtschaft konstituierte Sozialform, die dann zur Grundlage der bürgerlichen Kernfamilie wurde, reduziert worden sein; im Deutschen ist Familie ein Lehnwort aus dem späten 17. Jahrhundert.[183] Für das antike Christentum waren allerdings die Differenzen biologischer und nichtbiologischer Verwandtschaft fast irrelevant, denn verwandtschaftliche Beziehungen bildeten, wie auch immer definiert, in jedem Fall das soziale Netz, das in paulinischen Gemeinden im Prinzip durchschnitten wurde.

Dies war, wie skizziert, keine Erfindung des Christentums. Aber mit dem Anspruch, diese Praxis nicht nur für weltanschauliche Virtuosen zu fordern, wie etwa in den Philosophenschulen, sondern sie auf alle Mitglieder einer religiösen Gemeinschaft anzuwenden, radikalisierte man diese Praxis in eine neue Dimension hinein. Schon in den jesuanischen Aussagen im Markus-Evangelium findet sich eine scharfe Abwendung von der Herkunftssippe in der Forderung, Vater und Mutter, Schwestern und Brüder zu verlassen.[184] An dessen Stelle trat mit der auf spirituelle Verwandtschaft gegründeten familia dei (Mk 3,31–35)[185] ein neuer Verband, der jedoch bei Jesus noch keinen Bruch mit dem Judentum implizierte. Matthäus und Lukas verschärften diese Position, indem sie und nur diese beiden das Logion bieten, dass die Toten ihre Toten begraben sollten (Mt 8,22 / Lk 9,60) und man auch wohl die Ehefrau verlassen solle (Lk 14,20). Sie dürften Auseinandersetzungen über die Rolle derjenigen, die Christen geworden waren, mit ihren Herkunftssippen in der markinischen Gemeinde auf die Konflikte Jesu mit seiner Familie projizieren und vielleicht die nachjesuanische Wendung zu einer nichtgentilen Gemeinschaft in den paulinischen Gemeinden voraussetzen. Hingegen ist in der Nachfolge-Theologie des Markus der Bruch mit der Sippe moderater gezeichnet

---

178 Moxnes: What is Family?
179 Klassisch – als Antwort auf die Biologisierung von Gesellschaftskonzeptionen im 19. und 20. Jahrhundert – Lévi-Strauss: Les structures élémentaires de la parenté.
180 Schmitz: Haus und Familie im antiken Griechenland, 15 f. 64 f. 149–151.
181 Mitterauer: Mittelalter (in: Geschichte der Familie), 264 ff.; Bosl: Die Grundlagen der modernen Gesellschaft im Mittelalter, Bd. 1, 179–190.
182 Dazu Mitterauer: Geistliche Verwandtschaft im Kontext mittelalterlicher Verwandtschaftssysteme, 171–194.
183 Gestrich: Geschichte der Familie im 19. und 20. Jahrhundert, 4.
184 Mk 10,29, parallel Lk 18,29/Mt 19,29.
185 Roh: Die „familia dei"; Reiprich: Das Mariageheimnis, 44–49.

als etwa bei Lukas,[186] insofern hier nicht gefordert ist, die Ehepartner zu verlassen und sich wichtige Handlungen Jesu im Rahmen des familiären Hauses abspielen (s. etwa Mk 1,29).

Mit dieser familienkritischen Dimensionen kommt man in einen Bereich der Sozialgeschichte, der leicht eine eigene Bibliothek füllt: zur Revision der Familienkonzeption durch das Christentum. Ich beschränke mich in einer Seitenüberlegung auf drei Perspektiven, die Verwandtsschaftsstruktur, den damit zusammenhängenden Totenkult und die Neubestimmung der Reziprozität des sozialen Verhaltens.

1. Man muss davon ausgehen, dass im Okzident die christliche Theologie zusammen mit dem Lehnswesen dazu führte, dass die Einbindung von Eheleuten in Clanstrukturen und ihre Verwandtschaftsverhältnisse relativiert wurde.[187] Man kann dies gut an der Terminologie der Verwandtschaftsbeziehungen ablesen, wo es tendenziell zu einer Egalisierung von männlichen und weiblichen Verwandtschaftsbezeichnungen seit der Spätantike kam.[188] Ob dahinter, so Jack Goody, ein strategisches Interesse der Kirche stand, mit der Einschränkung von blutsverwandten Beziehungen ihre gerade nicht durch solche Netze gesicherten Mitglieder, nicht zuletzt im Klerus, zu unterstützen,[189] ist in der Forschung umstritten und eine Minderheitenposition.[190] Klar ist jedenfalls, dass das Christentum im fränkischen Okzident, also im Raum der lateinischen Kirche, eine mitentscheidende Rolle bei einer fundamentalen Revision der Familienstruktur und dabei nicht zuletzt der Position der Frauen spielte,[191] indem geburtsabhängige Strukturen (wie die Patrilinearität) zugunsten bilateraler Strukturen, die auf den Mann und die Frau zurückgingen, zurückgedrängt und letztere im Kirchenrecht stabilisiert wurden.[192] Demgegenüber stand im Zentrum der patriarchalen Großfamilie üblicherweise (etwa im römischen Recht) der Pater familias als Repräsentant einer Verwandtschaftsstruktur, in der über die männlichen Angehörigen der Clan konstituiert und rechtlich reproduziert wurde. Unter dem Einfluss des Christentums jedoch rückten Mann und Frau gemeinsam in dieses Zentrum der Verwandtschaftsstruktur, unter anderem mit der Folge, dass die männlichen und weiblichen Abstammungslinien gleichermaßen berücksichtigt wurden oder es zumindest werden konnten. Unter den tiefgreifenden Veränderungen seien zwei Dimensionen hervorgehoben: Die neuen Möglichkeiten der Frauen, als religiöse Akteurinnen im frühen Christentum zu handeln, wurden durch diese Verwandtschaftsordnung strukturell abgestützt. Die weitreichende Einschränkung traditioneller patriarchaler Herrschaftsrechte setzte sich zwar in der Praxis erst langsam und oft retardierend durch, veränderte jedoch auf lange Dauer das Verhältnis von Männern und Frauen fundamental. In Abwendung von der Einbindung in die Reproduktion des Clans eröffnete das Christentum für Witwen und (mönchisch lebende) Jungfrauen nicht nur in der Antike eine Freiheit vom Gebärzwang

---

186 Lau: „Wenn einer hinter mir nachfolgen will ...", 5. 7.
187 Gestrich: Neuzeit (in: Geschichte der Familie), 364.
188 Anderson: Changing Kinship in Europe, 7. 29.
189 Goody: Die Entwicklung von Ehe und Familie, 96–115; ders.: Geschichte der Familie, 53–55.
190 S. Mitterauer: Mittelalter (in: Geschichte der Familie), 163f.
191 Jussen: Die Franken, 101–107.
192 Teuscher: Verwandtschaft in der Vormoderne, 89.

und von der familiären Funktionalisierung;¹⁹³ doch blieben Frauen von Führungspositionen, insbesondere in der priesterlichen Hierarchie, ausgeschlossen.

2. Ein weiterer Aspekt betraf die religiöse Absicherung der gentilen Strukturen mit Hilfe der Totensorge. Denn der klassische Ahnenkult wurde mit der Konstruktion eines neuen Beziehungsnetzes infrage gestellt,¹⁹⁴ weil die biologischen Vorfahren angesichts der Entscheidung überflüssig wurden. Das Jesuswort „Lasset die Toten die Toten begraben" (Mt 8,22), das möglicherweise aus dem Milieu von Wanderpredigern stammt, konnte zum Schibboleth einer Auflösung der gentilen Sakralordnung werden. Frühe christliche Gemeinden trafen sich jetzt an den Gräbern ihrer geistlichen Verwandten, neue Siedlungsgebiete (wie der Vatikan) oder ganz Städte (wie Bonn) entstanden über diesen Nekropolen. Die Folgen waren für den Okzident auf lange Dauer einschneidend: Beispielsweise schlug sich die Relativierung der Großfamilie in der Übernahme der Grabpflege durch die Eheleute nieder, die damit die Großfamilie in dieser Funktion ersetzten. Sozialhistorisch reichten die Folgen noch viel weiter, weil im fränkischen Lehnswesen die auf patriarchalen Großfamilien gründende Agrarstruktur aufgelöst wurde. Ein landwirtschaftliches System entstand, in dem die Grundherrschaft durch den Grundherrn bewirtschaftet wurde, mit Hufen für die Bauern, die in ebenfalls gattenzentrierten Familien wirtschafteten. Das Kirchenrecht stützte diesen Machtverlust der Großfamilie, indem es die Verbote für Verwandtschaftsehen ausweitete. Eine weitere Konsequenz war das Ende der Erlaubnis zur Tötung von Mädchen im christlichen Bereich, die jetzt eigene Abstammungslinien begründen konnten. Allerdings darf man sich die Erosion traditionaler gentiler Netze, die in Europa im 19. und 20. Jahrhundert in interkultureller Perspektive wohl einmalige Ausmaße annahm, für die längste Zeit der okzidentalen Geschichte nicht als einen linearen Verfallsprozess vorstellen, wie es weite Teile der Forschung angenommen hat. Der gentilizische Faktor wurde immer wieder gestärkt, etwa in der Funktionalisierung des Adels für die Verwaltung der entstehenden Territorialstaaten seit dem Spätmittelalter, in dem die „Ahnenprobe" zur Bedingung für die Zugehörigkeit zur Verwaltungselite wurde.¹⁹⁵ Dies ist nur ein Beispiel dafür, welchen Durchsetzungsproblemen die Ablösung von gentilen Strukturen gegenüberstand – die nicht gentil begründete Zugehörigkeit zum religiösen Verband der Kirche war dabei ein Feld in konkurrierenden Zugehörigkeitskonzepten.

3. Der dritte Punkt betrifft die Reorganisation der generellen Reziprozität, unter der man in soziologischer Perspektive eine Form des Gabentauschs verstehen kann, in der zumindest zeitlich keine unmittelbare Gegenleistung erwartet wird.¹⁹⁶ Dies ist in intergenerationellen Beziehungen konstitutiv der Fall, wenn etwa Ältere die Jüngeren aufziehen oder Verwandte in Not, bei Krankheit oder beim Begräbnis helfen, ohne unmittelbar oder jemals für ihre Leistungen entlohnt zu werden.¹⁹⁷ Diese Grunddimension des gesell-

---

193 Exemplarisch zu Japan s. Ward: Women Religious Leaders in Japan's Christian Century, 33–105.
194 Reiprich: Das Mariageheimnis, 170.
195 Teuscher: Verwandtschaft in der Vormoderne, 85–92.
196 Klassisch Mauss: Essai sur le don, und darauf aufbauend Lévi-Strauss: Les Structures élémentaires de la parenté.
197 Hollstein: Reziprozität in familialen Generationenbeziehungen.

schaftlichen Zusammenhalts ließ sich nicht ersatzlos infrage stellen, sondern wurde in der Christentumsgeschichte entweder beibehalten oder reimplantiert oder, dies ist der spannendste Fall, durch ein neues System der Reziprozität ersetzt. Dabei traten idealiter die gewählten Mitglieder einer Gruppe oder, wovon im nächsten Kapitel zu sprechen ist, eines Vereins, in die Funktion der Verwandten ein. Die langfristigen Folgen dieser Pfadentscheidung dürften bis in den europäischen Wohlfahrtsstaat reichen,[198] der etwa in einem Generationenvertrag oder einem Sozialversicherungssystem eine nicht verwandtschaftlich begründete Reziprozität organisiert.

In dieser Auseinandersetzung entwickelte die Kirche soziale Ersatzstrukturen für die konzeptionell eliminierten und zeit- und teilweise auch faktisch aufgehobenen traditionellen Verwandtschaftsbeziehungen. Dabei traten die Gatten als Nichtblutsverwandte ins Zentrum der Verwandtschaft, flankiert durch Paten der Täuflinge, die ebenfalls blutsverwandte Strukturen zur Disposition stellten. Gut ablesbar ist dieser Prozess auf einer sprachsymbolischen Ebene, indem die Verwandtschaftsterminologie auf christliche Sozialformen übertragen wurde. Die Rede von Bruder und Schwester in der Gemeinde, der Titel des Abtes (deutsch: Vater) für den Vorsteher eines Klosters, die Anrede von Nonnen und Mönchen mit Schwester oder Bruder oder die Bezeichnung Pater (ebenfalls: Vater) für Mönchspriester und schließlich Papa für den Papst illustrieren diesen Transfer. Das Mönchtum war im mediterranen Raum eine neue Lebensform für diese nichtgentile Vergemeinschaftung, für die es nur sehr begrenzt Vorbilder in der Umwelt des frühen Christentums gab.[199] Ein anderes Beispiel ist das Haus als Ort der antiken familia, das in den ersten Jahrhunderten das Zentrum des christlichen Gemeindelebens wurde. In solchen Hauskirchen – vergleichbare Hausgemeinschaften gab es auch im Judentum, in den Mysterienkulten und im Mithraskult –[200] trafen sich Christen bis zur Konstantinischen Wende, basilikale Großgebäude waren erst eine Folge der staatskirchlichen Konstituierung des Christentums.[201] Hausgemeinden blieben nicht das dominante Sozialmodell des Christentums, aber langfristige Wirkungen dürfte es gleichwohl gegeben haben.

Der mit der Auflösung verwandtschaftlicher Verhältnisse verbundene Prozess der Herausbildung des Christentums als eigener „Religion" füllt hinsichtlich der Deutung seiner sozial- und ideengeschichtlichen Gründe ebenfalls eine Bibliothek. Klar ist, dass eine Rekrutierung von Christen aus niederen Schichten, denen man ein hohes Interesse an der Auflösung sozialer Strukturen (allerdings auch das Gegenteil: eine Verringerung von Unsicherheit) zuschreiben könnte, nicht zutrifft. Vielmehr war das Christentum von Anfang an ein schichtenübergreifendes Phänomen, auch in seiner Ausbreitung.[202] Klar ist auch, dass sich das Heidenchristentum innerhalb weniger Jahrzehnte, vielleicht sogar innert weniger Jahre immer stärker vom jüdischen Herkunftsmilieu löste. Die Feier des eigenen „Herrenmahls" in Erinnerung an Jesus ist

---

198 Schon Lévi-Strauss: Les Structures élémentaires de la parenté, 66–86, hat diese Reziprozitätsstruktur neuzeitlicher Gesellschaften gesehen; s. auch Lessenich/Mau: Reziprozität und Wohlfahrtsstaat.
199 Rubenson: Mönchtum I, 1012–1019.
200 Gehring: Hausgemeinde und Mission, 29f.
201 Mell: Christliche Hauskirche und Neues Testament, 33–57.
202 Schöllgen: Probleme der frühchristlichen Sozialgeschichte, 37–39.

schon in den fünfziger Jahren bezeugt (1 Kor 11,17–34), und die Feier des „Herrentags" zusätzlich oder anstelle des Sabbat kam im Laufe des ersten Jahrhunderts dazu.[203] Vielleicht schon im Umfeld des Claudiusediktes (anno 49), spätestens aber Mitte der 50er Jahre wurden Christen von den römischen Behörden von Juden unterschieden.[204] Die an den Namen erkennbaren hellenistischen Juden, die schon in Jerusalem eine einflussreiche Rolle gespielt hatten (Apg 6,5), rückten in diesen Prozessen in eine zentrale Stellung ein. Dabei änderten sich wichtige Dimensionen der Sozialstruktur des Christentums. Die jüdischen Gemeinden verloren ihre zentrale Stellung, aber auch die Wandercharismatiker,[205] in deren Nähe man auch Jesus sehen kann, büßten zunehmend ihre hohe Bedeutung der Anfangsjahre ein. Stattdessen entwickelte sich seit dem ersten Jahrhundert eine Vielfalt von Vergemeinschaftungsformen: Vereinsartige Gruppen, Hausgemeinschaften, Lehrer mit Schülergruppen, Eremiten und monastische Kommunitäten entstanden. Zum langfristig erfolgreichsten Modell stiegen Gemeinden mit einem (monarchischen) Bischofsamt auf, die sich am Ende des 2. Jahrhunderts, um 180, ausgebildet haben dürften, vermutlich in dem Augenblick, wo die Gemeinden in der Lage waren, einen Bischof vollzeitlich zu finanzieren.[206] Das Judenchristentum wurde gegenüber dem Heidenchristentum zu einer kleinen Minderheit und zusätzlich durch die Zerstörung Jerusalems durch die Römer im Jahr 70 schwer getroffen; eine Gruppe der Jerusalemer Judenchristen wanderte vermutlich über den Jordan nach Pella aus, wo sich ihre Spur verliert.

Die Trennung von der jüdischen Herkunft führte nicht zu einer Verschwisterung mit dem Heidentum, sondern in der Tradition des Judentums zu einer Unterscheidung (in theologischer Absicht: zur Trennung) von den heidnischen Religionen. Dabei wurde die Abgrenzung zum Polytheismus zu einem zentralen Marker, wie viele Beispiele belegen. So stellte schon Paulus infrage, dass man Christus und Belial miteinander in Einklang bringen könne (2 Kor 6,15) und öffnete den Graben zwischen den vielen Göttern und Herren hier und dem einen Gott und dem einen Herrn Jesus Christus dort (1 Kor 8,5f.). Schärfer noch illustriert diesen Prozess das Jesus-Logion, wonach man nicht zwei Herren dienen könne. Es wurde von seinem Bezug auf den Mammon in den Evangelien (Mt 6,24/Lk 16,13) bald gelöst und antipolytheistisch lesbar gemacht.[207] Monotheismus und Polytheismus, Christentum und Heidentum wurden zu konzeptionell schroffen Gegensätzen verschärft, die Entscheidung der Zugehörigkeit zum Christentum zu einer theologischen Grundsatzfrage.

Die Werke der antiken christlichen Schriftsteller sind voll von dieser Unterscheidung, oft polemisch zugespitzt: Die Ägypter, meinte Athenagoras von Athen in der zweiten Hälfte des 2. Jahrhunderts, „halten sogar Schlangen, Nattern und Hunde für Götter";[208] Ambrosiaster steht am Ende des 4. Jahrhunderts für die dämonologische Deutung der antiken Religion,

---

[203] So etwa in der Didache, 9f., wenn man eine Entstehung um 100 herum (so ed. G. Schöllgen, 82) annimmt.
[204] Lampe: Die stadtrömischen Christen in den ersten beiden Jahrhunderten. Untersuchungen zur Sozialgeschichte, 8f.
[205] Theißen: Jesusbewegung, 55–79; Tiwald: Wanderradikalismus; Reinbold: Propaganda und Mission, 226–235.
[206] Schöllgen: Die Anfänge der Professionalisierung des Klerus, 146; s. auch Günther: Die Frühgeschichte des Christentums in Ephesus.
[207] 2. Clemensbrief, 6,1–5.
[208] Athenagoras, Legatio pro Christianis, 1,1, zit. nach Fiedrowicz: Apologie im frühen Christentum, 36.

würden dort doch die Dämonen mit dem Schicksal verwechselt und als Götter verehrt;[209] und überhaupt, was solle man von diesem „Katalog von Mythen" mit Göttern und Göttinnen halten, die sexueller Eskapaden, der „Lüsternheit", überführt waren – schrieb Cyrill von Alexandrien gegen Kaiser Julian,[210] der in den 360er Jahren versucht hatte, die pagane Religion zu restituieren.

In dieser Auseinandersetzung um die Stellung des Christentums in der Familie der antiken Religionen hatte schon im Jahr 197 ein christlicher Philosoph die Debatte auf den Punkt gebracht. Tertullian, aus einem heidnischen Elternhaus stammend, hatte sich der Verbindung von Christentum und antiker Kultur verschrieben und veröffentlichte in diesem Jahr sein „Apologeticum", um das Christentum mit rationalen Argumenten zu verteidigen. Für ihn waren die Christen keine Fremden, sondern kämen mitten aus der antiken Gesellschaft: „De vestris sumus." Und dann fällt eine programmatische Äußerung, die als Leitsatz über diesem ganzen Buch, das sie gerade in Händen halten, stehen könnte: „Fiunt, non nascuntur Christiani."[211] Christen, so kann man übersetzen, werden gemacht, nicht geboren. Christen seien Christen, so kann man diese Stelle im Blick auf die hier diskutierten Fragen interpretieren, nicht durch Geburt, sondern durch den Akt der Entscheidung.

Diese philosophische Unterscheidungsdebatte war ein intellektueller Diskurs mit Langzeitwirkung, aber in der Antike auch nur eine Dimension der Unterscheidung von Heidentum und Christentum. In der Lebenswelt dürften Fragen der Lebensführung zur Markierung von Differenz eine weit wichtigere Rolle gespielt haben als philosophische Distinktionen: etwa die Forderung nach strikter Einhaltung ethischer Prinzipien, die Begründung von Gemeinschaft in Vereinen über traditionale soziale Grenzen hinaus, die Ablehnung sexueller Promiskuität, die Aufwertung der Rolle von Frauen, das Verbot von Kindesaussetzung – es gibt ein ganzes Bündel von Merkmalen, mit denen sich das (entstehende) Christentum von seiner Umwelt unterschied und die teilweise die Attraktivität der neuen Religion ausmachten.[212] All diese Dimensionen waren mit einer Entethnisierung der Zugehörigkeit verbunden,[213] nicht nur in der Theorie, sondern – wenngleich abgeschwächt – auch in der Praxis. Damit stand das Christentum, wie oben im Blick auf Mysterienkulte, Philosophenschulen und Proselyten deutlich wurde, nicht allein, aber die gesellschaftliche Reichweite dieser Entkoppelung von Religion und Ethnizität dürfte bei den anderen Gruppen begrenzt geblieben sein.

Das Programm der Ablösung von angestammten, gentilen Strukturen und die scharfe Abgrenzung von klassischen Verwandtschaftsstrukturen[214] muss schon bald und in Kontrast zur Deutung Tertullians zu einer Selbstwahrnehmung von Christen als Außenseiter geführt haben. Der erste Clemensbrief, wohl in einer römischen Gemeinde um 100 entstanden, beginnt mit dem Satz „Die Kirche, die zu Rom in der Fremde wohnt, an die Kirche Gottes,

---

209 Ambrosiaster: Adversus paganos (quaestio 114, 29).
210 Cyrill von Alexandrien: Contra Iulianum, 2, 4.
211 Tertullian: Apologeticum, 18, 4. Möglicherweise mit einem – allerdings nur rhetorischen – Bezug auf Seneca, De ira 2, 10, 6 (so Georges: Tertullian [sic] „Apologeticum", 297).
212 Diese Debatte füllt Bibliotheken, nur exemplarisch Meeks: The Moral World of the First Christians; Bardy: Conversion; Meeks: Urchristentum und Stadtkultur; Markschies: Das antike Christentum, 216f.
213 Meeks: Urchristentum und Stadtkultur, 225–232.
214 Mitterauer: Die Toten und die Lebenden.

die zu Korinth in der Fremde wohnt",[215] und im ersten Petrusbrief, der im gleichen Zeitraum entstanden sein dürfte, beinhalteten die für die Beschreibung dieser Selbstwahrnehmung verwandten Begriffe (pároikos/parepídemos), mit denen ursprünglich diejenigen bezeichnet wurden, die keine Vollbürger waren, eine offen sichtbare Distanz zu den etablierten Institutionen, Werten und politischen Praktiken der Gesellschaft.[216] Gleichwohl entstand aus dem Begriff pároikos in den westeuropäischen Sprachen das Wort Pfarrei (parish, paroisse, parrocchia). Diese Identitätsstiftung durch Abgrenzung wurde schon in den am Ende des ersten Jahrhunderts entstehenden neutestamentlichen Theologien prononciert vertreten, etwa im Johannesevangelium, das eine Theologie des Gegensatzes zwischen den Christen und „der Welt", die als blind oder ungläubig qualifiziert werden konnte, vertrat. Die Literatur des frühen Christentums ist reich an Geschichten, die die internen Konflikte dieser (Selbst-)Ausgrenzung dokumentieren, und nicht überraschend traten diese im Herzen der Sippe auf. Ein eindrückliches und sehr frühes Beispiel ist die Erzählung vom Martyrium der Perpetua, die um 200 datiert wird. Darin entscheidet sich ein Mädchen für das Martyrium und gegen alle Rettungsbemühungen ihres Vaters, der ihr Leben für wichtiger hält als ihre Überzeugung.[217]

Diese Selbstausgrenzung wurde schnell zu einem Politikum, denn häufig partizipierten Christen nicht am öffentlichen Leben, insbesondere dann nicht, wenn Konflikte durch die Teilnahme an heidnischen Kulten ausgelöst wurden – von der öffentlichen bis zur familiären Feier.[218] Deshalb hielten sich manche, vielleicht sogar viele Christen bei der Übernahme von Ämtern oder der Beteiligung an Spielen zurück – im Gegensatz zu den Mitgliedern anderer Kultgemeinschaften wie etwa den Dionysosmysten.[219] Hingegen war der Soldatendienst kein zentrales Problem, insofern er freiwillig war und man ihm aus dem Weg gehen konnte. Doch per saldo galten Christen mit der zunehmenden Präsenz des Christentums in der Öffentlichkeit immer häufiger als Menschen mit eigenen Regeln und einer anderen „patris",[220] mit einem anderen Vaterland, und konnten als ein die Gesellschaft „bedrohender Fremdkörper" wahrgenommen werden.[221]

Aber messerscharf gezogene Grenzen in der Theorie wie in der Praxis sind Produkte einer normativen und reduktiven Wahrnehmung. Nicht, dass es derart scharfe Unterscheidungen nicht gegeben hätte – es gab sie. Beispielsweise legen die Konflikte um den Kaiserkult, in denen man die göttliche Verehrung des Kaisers oder des Kaisers als Gott verweigerte, wie sie Plinius dokumentiert (siehe Kap. 3.3.1a), und nicht zuletzt die „Märtyrer", die für ihre Überzeugungen den Tod auf sich nahmen, davon Zeugnis ab. Aber ebenso selbstverständlich gab es in der lebensweltlichen Praxis durchlässige und unscharfe Grenzen.[222] Und man kann

---

215 1 Clem, Präskript.
216 Feldmeier: Christen als Fremde, 22.
217 Passio S. Perpetuae et Felicitatis, 3. 5.
218 Schöllgen: Die Teilnahme der Christen am städtischen Leben in vorkonstantinischer Zeit.
219 Im Blick auf Ämter s. Hirschmann: Macht durch Integration?, 51f.
220 Schöllgen: Integration und Abgrenzung.
221 Feldmeier: Die Christen als Fremde, 174.
222 Zur Spannbreite zwischen rigoristischer Abgrenzung und problemloser Integration s. in der reichen Literatur etwa Mühlenkamp: „Nicht wie die Heiden"; Schöllgen: Integration und Abgrenzung; Jones: Between Pagan and Christian.

mit Recht fragen, ob die unscharfen Grenzen nicht über lange Zeit der Normalfall im antiken Christentum waren. Jedenfalls dokumentiert in den ersten Jahrhunderten ein Bündel theologischer Debatten, wie schwierig die theoretisch geforderte Eindeutigkeit umzusetzen war. Deutlich ist, dass die „Conversio" zwar topisch oft als plötzliches Ereignis nach der Matrix des paulinischen „Damaskuserlebnisses" konstruiert wurde, sie aber in der Praxis meist genau das nicht war, sondern einen langen Weg und oft eine nur partielle Hinwendung zum Christentum beinhaltete. Dieses prozessuale „Konversions"verständnis war nun schon in der Antike geläufig und wurde als theologisches Konzept reflektiert.[223] Zunehmend entstanden auch theologische Texte, wonach es eine „wahre Konversion" nur bei Asketen gebe und eine vollständige Bekehrung zum Christentum nachgerade unmöglich sei.[224] Theologische Reflexionen stützten die lebenspraktische Uneindeutigkeit: Wenn Gott die „Konversion" bewirkte, wie konnte dann der Mensch eine vollständige Hinwendung zum Christentum erreichen?[225] Und waren nicht die „lapsi", die vom Christentum wieder „Abgefallenen", die meist in den Zeiten der Christenverfolgung dem Christentum wieder den Rücken kehrten, ein Beleg, dass die Menschen ihre Bekehrung nicht in der Hand hatten?[226] Jedenfalls zeigten sie in den Augen dieser Zeitgenossen, dass die Grenzen zwischen Christentum und Heidentum für sie keine Einbahnstraße war. Ihre Zahl muss beträchtlich gewesen sein und führte vor allem die westliche Kirche in schwere Auseinandersetzungen über die Frage, ob eine Wiederaufnahme möglich sei.

Sodann gab es die hybriden Existenzen, die das Theorem einer klar entschiedenen Zugehörigkeit nicht mit unklaren Grenzen, sondern mit der Verbindung unterschiedlicher Traditionen infrage stellten. Schon bei Paulus gibt es eine bemerkenswerte Akzeptanz von Hybridisierungen, wenn er etwa die Taufe von Toten („Vikariatstaufe" [1 Kor 15,29]) akzeptierte (siehe Kap. 3.3.1a), also potenziell eine Ahnenverehrung, die die gentile Beziehung in die im Ernstfall gegen die Sippe getroffenen Entscheidung integrierte, hinnahm. Sehr bald gab es Überlagerungen von christengemeindlichem und paganem Leben. In einer weitverbreiteten Variante übertrug man antike Göttertraditionen auf Christus, etwa wenn Galla Placidia in ihrem berühmten Grabmahl um 425/30 Christus, den Guten Hirten, als Apoll mit langem, gelocktem Haar darstellt oder ein christlicher Dichter im 5. Jahrhundert den „wahren Apollo", den „ruhmreichen Päan, Besieger des höllischen Drachens" besingt und mit dieser Kontrafaktur Christus meint.[227] Vermutlich nahmen in den ersten heidenchristlichen Gemeinden viele Christen auch an den städtischen Kulten teil und hoben so die theologisch postulierte scharfe Grenze zur paganen Welt auf. Derartige Entwicklungen beschränkten sich längst nicht auf „einfache" Christen.[228] Ein Bischof wie Pegasios von Illion in Kleinasien dokumentierte im 4. Jahrhundert diese osmotische Praxis für ein Mitglied der Oberschicht: Er war christlicher Bischof seiner Vaterstadt gewesen, ehe er Priester in der neupaganen

---

223 Elm: Inscriptions and Conversions. Nur als Beispiel für spätere prozessuale Konversionen s. die Vita der mittelalterlichen Dominikanerin Margarete Ebner bei Hindsley: Monastic Conversion.
224 Piepenbrink: Antike und Christentum, 23. 26 ff.
225 Ebd., 28–33. 76–78.
226 Ebd., 55–60.
227 Zit. nach Dölger: Amor und Christus nach Arnobius dem Jüngeren, 226.
228 S. 1 Kor 8,10; 10,14; Röm 16,23; vgl. Ascough: Voluntary Associations, 173.

Kultorganisation Kaiser Julians wurde. Wenn man Julians intellektuelle Biographie nachvollzieht, gibt es Indikatoren, dass er schon als Christ nie den radikalen Bruch mit seiner religiösen Herkunftstradition vollzogen hatte und Anhänger einer paganen Religionspraxis geblieben war,[229] während er gleichzeitig Strukturen des Christentums aufgriff: etwa in der bischofsartigen Organisation seiner Religion, in der Forderung nach einer Art Glauben seiner Priester, in der Forderung einer caritativen Praxis[230] und nicht zuletzt mit Elementen einer exklusiven Zugehörigkeitskonzeption.[231] Ein anderes Beispiel für dieses Feld mehrpoliger Strukturen und Entscheidungen ist vermutlich der große Wandbehang aus einem ägyptischen Dionysos-Heiligtum, der in der Schweizer Abegg-Stiftung verwahrt wird und aus dem 4. Jahrhundert stammen dürfte. Er wurde später, vermutlich im 5. Jahrhundert, als Grabtuch verwandt – von einer Person, die eine Tunika mit Szenen aus dem Marienleben ebenfalls in ihr Grab mitnahm.[232] An dieser Sekundärverwertung des Wandbehangs lässt sich das Interpretationsproblem solcher Synkretismen ablesen: Hat die Person, falls sie Christ war und diesen Wandteppich für ihre Totenruhe verwandte, damit ihre Anhänglichkeit an den Gott Dionysos dokumentieren wollen? Oder hat sie das ikonographische Programm im Rahmen einer weit verbreiteten „interpretatio christiana" gedeutet, die die gleiche Wahrheit in allen Religionen mit einer christlichen Brille las? Oder hat sie den Teppich als ästhetisches Kunstwerk benutzt? Und war sie überhaupt Christin oder Christ? Oder vor allem Anhängerin paganer Traditionen? Oder dies mit einer uneindeutigen Zugehörigkeit? Derartige Hybridisierungen finden sich aber nicht nur in (vermeintlich) randständigen Einzelfällen, sondern auch mitten in den orthodox approbierten Praktiken. So ist die Übernahme der Ikonographie der Isis mit dem Horusknaben in die Darstellung der Maria mit dem Jesuskind ein solcher Indikator für die Verschränkung ästhetischer Traditionen.[233] Sind möglicherweise „Halbchristen" der „Normalfall",[234] wenn man noch im 4. und 5. Jahrhundert hört, dass, so Augustinus, die Götzen in den Herzen der Christen ruhten, Christus aber die Christen alleine besitzen wolle, oder wenn Zeno von Verona forderte, dass sich die Christen für die richtigen Opfer entscheiden sollen, sie also offenkundig pagane Tempel besuchten, oder wenn Maximus von Turin klagt, Christen begingen Weihnachten und die Kalenden gleichermaßen, oder wenn Augustinus feststellt, dass Christen als Priester paganer Gottheiten amtierten, oder dass in Rom christliche Senatoren gegen Ende des 5. Jahrhunderts die Luperkalien feierten[235] oder sich christliche und pagane Traditionen leicht nachweisbar bei Passageriten wie der Hochzeit mischten[236] oder ägyptische Christen im 4. Jahrhundert ihre Toten weiterhin zu Hause

---

229 Schöllgen: Pegasios Apostata.
230 Nesselrath: Kaiser Julian und die Repaganisierung des Reiches, 98–100. 132f. 183.
231 Ebd., 133.
232 Schrenk: Textilien des Mittelmeerraumes aus spätantiker bis frühislamischer Zeit, 34. 189.
233 Langener: Isis lactans – Maria lactans.
234 Gemeinhardt: Heilige, Halbchristen, Heiden, 471.
235 Belege ebd., 461–463.
236 Kunst: Christliche Frömmigkeit und heidnische Kultpraxis; zum Nachleben der antiken Kulte s. Mitchell: A History of the Later Roman Empire AD 284–641, 226–300.

aufbewahrten und sie offenbar mumifizieren ließen[237] oder Zaubersprüche noch im frühen 5. Jahrhundert auch von Christen verwandt wurden?[238]

Neben den hybriden Biographien gab es die hybriden Orte. Von einem solchen berichtet der christliche Historiograph Sozomenos, dessen Vater noch in der paganen Religion praktiziert hatte,[239] um 440/45. In Mamre (nahe Hebron), an dem Abraham laut dem Buch Genesis (Gen 18) drei Männer als eine Gottesepiphanie erschienen seien, hätten noch in dieser Zeit Juden, Christen und „Hellenen" (also Pagane) im Sommer unter Berufung auf diese Bibelstelle ein Fest gefeiert: jede mit ihrer eigenen Deutung der Abrahamsgeschichte und ihren eigenen Riten,[240] wohl auch unter Übernahme von rituellen Praktiken der jeweils anderen Religion.[241]

Zwar dürfte seitens der Theologen die christliche Interpretation der heidnischen Tradition dominiert haben, aber welche Ligaturen die populare Frömmigkeit in diesen lebensweltlichen Überschneidungen von Theorie und Praxis konstruiert hat, mutmaßlich auch an „unorthodoxen" Hybriden, ist schon aus Quellenmangel häufig nur zu vermuten. Es finden sich jedenfalls Zugriffe auf pagane Praktiken in vielen Feldern – im Umgang mit Eiden, Amuletten, Dämonen, Astrologie, Sonnenkulten, Wundern, Opferfesten oder Totengedenken[242] – überall hier und noch viel öfter hat die scharfe Unterscheidung gerade nicht funktioniert.

Letztlich lässt sich die Herausbildung einer christlichen „Identität" nicht in der Opposition binär kodierter Gegensätze, etwa zwischen Judentum und Christentum oder Heidentum und Christentum beschreiben, sondern nur als abgrenzendes und zugleich rezipierendes Interagieren vieler Felder, unter denen dasjenige, was seit der europäischen Neuzeit „Religion" heißt, nicht mehr als eine Dimension bildete. Juden und Christen teilten eine gemeinsame Kultur, in der selbst dann, wenn das religiöse Feld exklusiv bestellt wurde, die Grenzen für Verhandlungen und Vermittlungen offen sein konnten.[243] Meist lässt sich allerdings schon aufgrund der dünnen Quellenlage nicht verlässlich sagen, wie und wo die Grenze zwischen Christentum und „Heidentum" jenseits der normativen Literatur verlief.

Klar ist vielmehr, dass die scharfe Entgegensetzung von heidnischer und christlicher Antike ein Konstrukt ist,[244] das bis in die religionsgeschichtliche Forschung des 19. Jahrhunderts hinein nicht zuletzt die theologische Funktion hatte, das Christentum als Stiftung einer ganz anderen göttlichen Offenbarung in der Geschichte zu platzieren. Wenn man hingegen den Blick ausschließlich auf Gemeinsamkeiten oder Hybridisierungen richtet, lassen sich Devianzen und eigenständige Entwicklungen bis hin zu „absoluten" Unterschieden kaum noch erklären, etwa die hier interessierenden scharfen, für die Antike ungewohnt massiven Abgrenzungen des Christentums gegenüber anderen religiösen Traditionen. Die Debatte über

---

237 Athanasius: Vita Antonii, 90.
238 Rebillard: Christians and Many Identities in Late Antiquity, 74.
239 Hansen: Einleitung (in: Sozomenos, Historia ecclesiastica), 11.
240 Sozomenos: Historia ecclesiastica, 2.4.3; s. dazu Katharina Heyden: Das antike Heiligtum von Mamre als Begegnungsort und locus theologicus. Öffentliche Antrittsvorlesung, Bern 12.3.2015, unveröffentlicht.
241 Sozomenos: Historia ecclesiastica, 2.4.5.
242 Piepenbrink: Antike und Christentum, 96–102.
243 Lieu: Christian Identity in the Jewish and Graeco-Roman World, 307.
244 Schöllgen: Franz Joseph Dölger und die Entstehung seines Forschungsprogramms „Antike und Christentum", 8; May: Das Konzept Antike und Christentum in der Patristik von 1870 bis 1930, 10–13.

„boundary markers" des Christentums ist deshalb in den letzten Jahren parallel zu den Überlegungen hinsichtlich seiner unscharfen „Identität" in das Interesse der Forschung getreten.

Schließlich gab es, und davon wird immer wieder zu sprechen sein, eine faktische Regentilisierung des Christentums, weil man immer wieder gentile Strukturen reproduzierte – schon aus Gründen der sozialen Sicherung. Sie wurden mit theologischen Vorstellungen abgesichert, die zumindest implizit, nämlich spiritualisert, eine naturale Grundlage des Christentums kreierten. Eine der wichtigsten Metaphern des Christentums war und ist diejenige des „Volkes Gottes", womit man zwar ein spirituelles und kein biologisches mehr meinte, aber das Denken in ethnischen Strukturen gleichwohl transportierte. In diesem Kontext finden sich Vorstellungen einer quasi naturalen Zugehörigkeit zum Christentum. So sprach Tertullian am Ende des 2. Jahrhunderts von einer „anima naturaliter christiana"[245] und – gegen die als Vorwurf gemeinte Klassifizierung des Christentums als tertium genus – von einer „nulla gens non christiana", wonach nicht nur Individuen, sondern alle Völker aufgrund von Überzeugungen, die sie mit dem Christentum teilten, als in ihrem Fundament christlich geprägt zu verstehen seien.[246] Allerdings wurde diese Vorstellung, die das Entscheidungsprinzip eliminiert hätte, im Christentum nicht hegemonial[247] und begründete keine Konzeption einer automatischen Zugehörigkeit. Zwei Zugangswege gab es theoretisch im Christentum als mehrheitsfähiges und nachhaltiges Programm nicht, wenngleich in der Praxis die Mitgliedschaft in einer Kirche über Jahrhunderte faktisch kulturell vererbt wurde.

In diesem Zusammenhang ist nicht nur die Tatsache einer Innovation interessant, sondern mehr noch die Frage, warum sie nicht wieder verlorenging – was in der Geschichte mit Innovationen häufig, vielleicht sogar meistens passiert. Die vollständige Regentilisierung nicht nur in der Praxis, sondern auch in der Theorie hätte angesichts der Probleme des Entscheidungsmodells durchaus nahegelegen, da es ja nur sehr begrenzt adäquate Sozialstrukturen zur Lebenssicherung gab. Von den Gründen der Beibehaltung dieses lebensweltlich ziemlich unzweckmäßigen Modells entschiedener Zugehörigkeit wird im Folgenden immer wieder die Rede sein: Für dessen Legitimation war mit den neutestamentlichen Schriften eine Grundlage archiviert, die immer wieder aktualisiert werden konnte, und in der Praxis ist genau das geschehen. Von der Großkirche des Mittelalters, die die Firmung einführte, weil die Kindertaufe gerade keine Entscheidung beinhaltete, über die Täufer der Reformationszeit, die nur Erwachsene taufen wollten, bis zu den Bruderschaften der Jesuiten in der Frühen Neuzeit oder der „inneren Mission" des 19. Jahrhunderts, die Erwachsene in ein entschiedenes Christentum hinein nachsozialisieren wollten, zieht sich eine lange Parallelgeschichte, in welcher Entscheidung in ein faktisch gentiles Modell der Reproduktion des Christentums wieder verankert werden sollte.

Aber die Frage, ob sich die exklusive Entscheidung in der Praxis des Christentums wirklich findet, ob also die Praxis der Theorie entsprach, ist gar nicht der entscheidende Punkt.

---

245 Tertullian: Apologeticum, 17,6.
246 Brox: „Nulla gens non christiana".
247 Vgl. exemplarisch die im Mittelalter ventilierte Idee, etwa unter Innozenz IV., dass alle Menschen auf der Erde zur Christus gehörten (Muldoon: Popes, Lawyers, and Infidels, 9) oder die genannte Vorstellung der „ecclesia ab Abel".

Langfristig entscheidend war vielmehr, dass die geforderte Eindeutigkeit der Entscheidung die Konzeption des religiösen Feldes auch dort veränderte, wo sie in der Praxis nicht mit der theoretisch geforderten Klarheit durchgeführt wurde. Anders gesagt: Mit der Forderung nach einer exklusiven, auf Entscheidung begründeten Zugehörigkeit implantierte das Christentum ein Kriterium, das eine bislang unbefragt geltende Praxis infrage stellte – und bei Christen wie bei Nichtchristen einen Entscheidungsbedarf erzeugte. Selbst wenn sich eine exklusive Entscheidung nur in Ausnahmefällen realisierte, ist die „unentschiedene" Praxis kein Argument gegen die langfristig wirksame Idee, wenn sie einmal in das kulturelle Gedächtnis eingelagert ist und immer wieder aktiviert werden kann. Denn im Christentum galt theoretisch ein Polytheismus selbst dort, wo er stillschweigend praktiziert wurde, als falsche Haltung. Im Gegensatz zum antiken Polytheismus besaß das Christentum damit eine Forderung, die immer wieder die Selbstverständlichkeit einer nichtexklusiven religiösen Praxis auch dort infrage stellte, wo sie (wieder) zu einer selbstverständlichen Praxis geworden war. Dies gilt sozialgeschichtlich gleichermaßen hinsichtlich der faktischen Gentilisierung des Christentums, also einer Zugehörigkeit faktisch ohne Entscheidung und aufgrund der Geburt in eine christliche Familie, die in den nachfolgenden Jahrhunderten dominant wurde: Mochte sie auch als sozial akzeptiert gelten, so blieb sie in der theologischen Norm ein Kompromiss, der immer wieder infrage gestellt wurde – davon wird bei der Taufe noch die Rede sein (siehe Kap. 3.3.1a). Verantwortlich für die dauernde Präsenz dieser Norm dürften die Theologen gewesen sein, deren Etablierung als Schuloberhäupter, Bischöfe oder Mönche eine Grundlage für die Offenhaltung dieses Differenzbewusstsein gegenüber „einfachen" Gemeindemitgliedern und paganen Traditionen bildete.

In der Geschichte des Christentums war diese Einführung der Zugehörigkeitsentscheidung mit einer Vielzahl von Individualisierungsprozessen verknüpft, die eine eigene Relecture verdienten. So avancierte der Gewissensbegriff, der in der antiken Philosophie mit der Bedeutung einer „mitwissenden" Instanz (syneidesis, conscientia) vorlag, zu einer zentralen anthropologischen Größe im Christentum, vor allem in der Neuzeit.[248] Im Neuen Testament war es letztlich Paulus gewesen, der diesen Begriff aus der Stoa zu der Vorstellung einer persönlichen Instanz der Normenfindung erhoben hatte. In anderen Religionskulturen lässt sich „Gewissen" offenbar nur schwer oder nicht angemessen wiedergeben. Dies dürfte insbesondere dann der Fall sein, wenn die Vorschriften eines Gesetzes individuelle Entscheidungsräume eingrenzten. So gibt es in diesem vielstimmigen jüdischen Feld die Vorstellung einer inneren Eigenständigkeit,[249] aber unter zeitgenössischen Autoren auch die Einstufung des Gewissens als „atheistical category", die ein Jude nicht wertschätzen könne, so der Wissenschaftstheoretiker und orthodoxe Jude Isaiah Leibowitz.[250] Die islamischen Traditionen gingen einen vergleichbaren Weg, insofern, so Josef van Ess, „die Vorstellung vom Gewis-

---

248 Reiner: Gewissen. Für die Antike Chadwick: Gewissen; für die Scholastik knapp Chenu: L'éveil de la conscience dans la civilisation médiévale; für eine neuzeitlich-protestantische Perspektive in individualisierungstheoretischer Perspektive Kittsteiner: Die Entstehung des modernen Gewissens.
249 Falk: Law and Religion, 106–109.
250 Zit. ebd., 66.

sen als einer Instanz jenseits der Offenbarung" nicht entwickelt worden sei.[251] Gegenläufig gibt es Versuche, auch im Islam, aber tendenziell mit dem Anspruch einer kulturinvarianten Anthropologie, „Selbstkontrolle" oder „Verinnerlichung" als Kategorien einer innengeleiteten Entscheidungsfindung auszuweisen.[252] Ob die christlich-okzidentale Konzeption des autonomen Gewissens in diesem Kontext einen neuzeitlichen Sonderweg darstellt oder doch ältere Wurzeln, eben auch in der Notwendigkeit einer religiösen Entscheidungsfindung, besitzt, bleibt zu prüfen.

Nahe am Komplex der Zugehörigkeit liegt auch der theologische Begriff der „Bekehrung", der stark individualpsychologisch ausgerichtet ist und die normative Hinwendung zur „wahren" Religion impliziert. Ein solches Bekehrungskonzept gehört in ein Feld von Begriffen, die eine Erneuerung oder Bestärkung des religiösen Lebens beschreiben und als solche in Religionsgemeinschaften häufig zu finden sind.[253] So lassen sich die Erleuchtung im Buddhismus oder die Unterwerfung unter die Rechtleitung Gottes im Islam als strukturelle Analogien zur Bekehrung lesen,[254] ebenso in den antiken Philosophenschulen die religiös bestimmte Veränderung der Lebensführung,[255] bei der die Hinwendung zu einer philosophischen Einsicht als „Beginn einer neuen Existenz" verstanden werden konnte.[256] Platons Höhlengleichnis kann man nachgerade als Paradigma der Umwendung rezipieren, wenngleich es bezeichnenderweise dafür keine termini technici gab.[257] Vielleicht konnte in Mysterienreligionen das Erlebnis einer „verwandelnden Erfahrung"[258] (wenn dieses Konzept nicht zu sehr von christlichen Vorstellungen her gedacht ist) den Angelpunkt der Spiritualität der Mysten bilden. Im nachexilischen Judentum wiederum findet sich ein Analogon zur „Bekehrung" etwa bei dem Weisheitslehrer Jesus Sirach, der im 2. vorchristlichen Jahrhundert forderte, sich wieder zum Gott Israels zu bekehren und die Sünden hinter sich zu lassen (Sir 7,21). In vielen Fällen bedeutete „Bekehrung" aber nur einen Orientierungswechsel innerhalb eines angestammten religiösen Koordinatensystems.

Jedenfalls markierten derartige „Bekehrungen" keinen Wechsel einer (Art) „Religion", im Regelfall nicht einmal, vom Judentum abgesehen, die Hinwendung zu einer exklusiven Praxis. Dieses Merkmal exklusiver Entscheidung im interreligiösen Feld besitzt dieses Begriffsfeld jedoch im Neuen Testament. Hier gibt es zum einen die „Metanoia" (als Sinnesänderung, Umkehr) im innerreligiösen Bereich. Zusätzlich findet sich das Verb „epistrepho", etwa wenn Lukas sagt, dass durch Johannes den Täufer viele Söhne Israels zu ihrem Gott bekehrt würden (Lk 1,16). Aber zugleich benutzt Lukas in seiner Apostelgeschichte, die in den neunziger Jahren redigiert sein dürfte, diesen Begriff, um damit etwas anderes zu kennzeichnen, nämlich die Bekehrung der „Heiden" (ethne) in Antiochia (Apg 15,19). Damit nahm er die

---

251 Van Ess: Theologie und Gesellschaft, Bd. 4, 574.
252 Hofheinz: Der Scheich im Über-Ich oder Haben Muslime ein Gewissen?
253 Underwood: Conversion.
254 Gensichen: Bekehrung V, religionsgeschichtlich, 484.
255 Nock: Conversion, 164–186.
256 Bardy: Menschen werden Christen, 56.
257 Nock: Bekehrung, 106.
258 Burkert: Antike Mysterien, 75.

zentrale Veränderung der Zielrichtung vor: „Bekehrung" ereignete sich nicht mehr im Koordinatensystem der angestammten Religion, sondern indizierte einen „Religions"wechsel.

3.2.3b Vereine und die nicht gentile Vergemeinschaftung von Entscheidungen

Die massiven Probleme, die von der theologischen Theorie postulierte Entscheidung in der sozialen Realität umzusetzen, lagen nicht nur in der gentilen oder zumindest gruppenbezogenen Konstitution fast aller religiösen Gemeinschaften in der Antike, sondern auch in harten sozialhistorischen Fakten, die so einfach wie in ihren Folgen dramatisch waren: Wer die „familia" (also die [Haus-]Gemeinschaft) oder die Ethnie oder die Polis verließ, trennte sich nicht nur von seiner Herkunftsreligion, sondern durchschnitt auch sein soziales Netz, er gab das in der generellen Reziprozität liegende Sicherungssystem, soweit es verwandtschaftlich begründet war, auf. Die Sicherung des alltäglichen Lebens von der Ernährung bis zur Wohnung, die Hilfe bei Unfällen oder in einer Geburt, der Schutz vor Armut oder Gewalt, der Beistand bei Gebrechlichkeit und im Alter, das angemessene Begräbnis und die Feier der dazugehörigen Riten, all dies und noch sehr viel mehr war ohne die Sippe oder vergleichbare Verbände fast nicht denkbar. All das, was der Nationalstaat heute in sozialen Sicherungssystemen bereitstellt und womit er die familiäre und gentile Versorgung weitgehend überflüssig macht – Krankenversicherung, Altersversicherung, Arbeitslosenversicherung, Pflegeversicherung oder Lebensversicherung –, die Äquivalente all dessen gab derjenige auf, der mit einer neuen Religion auch sein „Haus" und seine Verwandten verließ. Dies galt zumindest dann, wenn die Hinwendung zum Christentum im Konflikt erfolgte, ein Modell, das in der christlichen Literatur topischen Charakter besaß.

Diese sozialen Folgeprobleme der Zugehörigkeit zu einer eigenständigen Religion stellten sich natürlich erst in dem Augenblick ein, als von der innerjüdischen „Umkehr", wie sie noch die Johannestaufe dokumentiert (siehe Kap. 3.3.1a), der Weg in die „Konversion" zu einer neuen „Religion" beschritten wurde. Einmal mehr steht an dieser Stelle nicht Jesus, denn er verstand sich nicht als Religionsgründer. Er organisierte allenfalls eine dissentierende, innerjüdische Gemeinschaft, grundgelegt in einem Anspruch auf eine eigenständige Schriftauslegung und einem eigenen Zugang zu Gott. Kennzeichnend ist dafür, dass jesuanische Forderungen, die Entscheidung für seinen Weg mit der Auflösung verwandtschaftlicher Bande zu unterschreiben und Eltern und Geschwister zu verlassen, redaktionelle Zuschreibungen sein dürften (siehe Kap. 3.2.3a). Das Problem einer nichtgentilen Gemeindebildung stellte sich bei Jesus und in seinem unmittelbaren Umfeld nicht; möglicherweise hatte sich Jesus sogar kritisch gegenüber Wandercharismatikern verhalten, die die familiären Strukturen aufgaben und denen er die familia dei für seine Anhänger und Anhängerinnen entgegengesetzt haben könnte.[259] Die ersten Judenchristen dürften sich jedenfalls im Rahmen ethnischer Strukturen organisiert haben. Konsequenterweise wurde die Nachfolge Jesu deshalb anfangs wohl

---

259 Roh: Die „familia dei", 284–287.

innerhalb seiner Verwandtschaft organisiert, jedenfalls übernahm sein „Bruder" Jakobus die Leitung der Jerusalemer Gemeinde.[260]

Schon die frühen neutestamentlichen Gemeindeschriften dokumentieren, dass man auf eine problematisch gewordene Sozialfürsorge reagierte und beispielsweise die Versorgung von Witwen organisierte.[261] Das Christentum musste Äquivalente zu den gentilizischen Strukturen bilden,[262] und das geschah zum einen in familialen Sozialstrukturen. „Häuser", also Hausgemeinschaften, in denen vermutlich kleine Sozialverbände zum Christentum übertraten (siehe Kap. 3.3.2a), waren eine Antwort, die schon in den neutestamentlichen Briefen belegt und in der frühen Ausbreitungsgeschichte dokumentiert ist.[263] Sie waren keine Erfindung des Christentums, sondern finden sich auch im Judentum, hier vor allem in den jüdischen Gemeinden, wo in familialen Häusern die wichtigsten Riten im Jahreslauf gefeiert wurden,[264] und auch in Mysterienkulten wie dem Mithraskult.[265] Eine andere Lösung bildete die Gemeinde, auch sie eine nicht gentile und für das frühe Christentum charakteristische Organisationsstruktur.[266] Für sie bürgerte sich später auch der Begriff der Kirche (ekklesia) ein, womit man nicht nur die kultische Versammlung des Qahal im Judentum beerbte, sondern auch die „ekklesia" genannte Volksversammlung der hellenistischen Umwelt,[267] von der der Begriff Kirche (church, église) stammt. Wichtige Dimensionen der Gemeinden bildeten der Gottesdienst und die (Armen-) Fürsorge, also religiöse und caritative Praktiken, flankiert von weltanschaulichen Abgrenzungen, die sie gegenüber der paganen Welt unterschieden: vom strikten Monotheismus bis zur Forderung nach Standards einer ethischen Lebensführung. In solchen Gemeinden ersetzte man klassische Versorgungsstrukturen durch neue Modelle, etwa die ökonomische Sicherung im familialen Verband durch die Abgabe eines Zehnten. Vermutlich bildete die Synagoge einen Ansatzpunkt für diese Entwicklung.[268] Der Begriff hatte sich im Judentum zur Zeit der Entstehung des Christentums für die Versammlung einer Gruppe etabliert, die von der antiken Vereinsgeschichte beeinflusst sein dürfte,[269] ehe er zunehmend für das Gebäude verwandt wurde, das die Rabbinen dann als sakralen Raum deuteten.[270] Dabei dürften auch Synagogen gruppenspezifisch ausgerichtet gewesen sein und sich nicht alle Juden etwa einer Stadt getroffen haben, jedenfalls gab es in einer Stadt wie Rom Synagogen für unterschiedliche Landsmannschaften.[271] In dieser kontrovers dis-

---

260 Bammel: Jakobus als „Nachfolger" Jesu im Neuen Testament, 41–43.
261 Apg 6,1–3; 1 Tim 5,14–16, s. Schöllgen: Die Anfänge der Professionalisierung des Klerus, 147–161.
262 Lieu: Christian Identity, 309.
263 Etwa Phlm 2; s. Mell: Christliche Hauskirche und Neues Testament, 33–58. Exemplarisch für Rom Lampe: Die stadtrömischen Christen, 307–310.
264 Klauck: Hausgemeinde und Hauskirche im frühen Christentum, 92f.
265 Gehring: Hausgemeinde und Mission, 29f.
266 Mühlenkamp: „Nicht wie die Heiden", 9.
267 Berger: Volksversammlung und Gemeinde Gottes.
268 Claußen: Versammlung, Gemeinde, Synagoge.
269 Richardson: Early Synagogues as Collegia in the Diaspora and Palestine.
270 Hüttenmeister: Die Synagoge und ihre Entwicklung von einer multifunktionalen Einrichtung zum reinen Kult.
271 Öhler: Das Apostoldekret als Dokument ethnischer Identität im Spiegel antiker Vereinigungen, 364f.; ders.: Ethnos und Identität, 235f.

kutierten Geschichte des Verhältnisses von jüdischer und christlicher Gemeinde wird heute die Frage von Vorbild und Nachahmung angesichts der sich erst parallel zu den christlichen Gemeinden entwickelnden rabbinischen Synagoge komplexer als in einer linearen Abfolge gesehen[272] und der pagane Einfluss höher eingeschätzt.[273] Ein drittes Modell bildeten seit dem dritten Jahrhundert Eremitenverbände. Auch sie lebten aufgrund einer Entscheidung zusammen und hatten gentile Strukturen hinter sich gelassen, strukturierten jedoch das Klosterleben durch neue familiale Strukturen (siehe Kap. 3.2.3a).

Eine weitere Lösung, die eine freiwillige Vergemeinschaftung jenseits verwandtschaftlicher Bindungen ermöglichte und sozialhistorisch von besonderem Interesse ist, war der Verein. Dessen Formular fanden die frühen Christen in der antiken Kultur vor und konnten es in der damaligen Vereinslandschaft konkret kennenlernen. Allerdings besitzt der Vereinsbegriff, den wir in Europa durch die Brille der im 19. Jahrhundert durchgesetzten Vereinigungsfreiheit und der damit verbundenen Selbstorganisation der Gesellschaft lesen, in der Antike kein direktes Pendant. Zwar teilen antike Vereine in der freiwilligen Mitgliedschaft ein Element mit heutigen Vereinen, doch wichtige Praktiken, etwa die gemeinsamen Mähler oder die Totenfürsorge, haben den in der Antike herausragenden Stellenwert heute verloren. Die im Lateinischen meist „collegia" genannten Vergemeinschaftungsformen (die Bezeichnung konnte auch auf christliche Gemeinden angewandt werden[274]) hießen im Griechischen oft „orgeones" oder „thiasoi" und entwickelten je nach lokalen Eigenheiten – mit beträchtlichen Unterschieden im Osten und Westen des Römischen Reiches – sehr unterschiedliche Formen.[275] Es gab Gruppen, die auf Dauer gestellt waren, andere dürften sich nur für die Zeit eines Festes konstituiert haben. Vielfach besaß man Vereinshäuser, aber Vereine konnten auch an ein öffentliches Heiligtum angeschlossen sein. Ein wichtiges Segment waren berufsbezogene, zünftige Vereinigungen, andere bildeten im Kern „Landsmannschaften" in fremden Städten,[276] wobei sich tätigkeitsbezogene, ethnische und religiöse Merkmale mischen konnten.[277] Derartige Vereinigungen bildeten eine Möglichkeit (religiöser) Vergemeinschaftung parallel und quer zu den staatlichen Kulten und existierten hinsichtlich religiöser Implikate in der Regel unbehelligt – von politisch motivierten Zugriffen abgesehen.[278]

Diese Vereinslandschaft erlebte in der römischen Kaiserzeit einen Prozess der Veränderung und Ausdifferenzierung. Die Vereine konnten neue Funktionen übernehmen, etwa eine zunehmende Kultpraxis ausbilden. Sie hatten ihren Ort häufig nicht mehr an den „Plätzen der politischen Meinungsbildung" und als Leiter fungierten vielfach keine öffentlichen

---

272 Omerzu: Rezension zu Claußen: Versammlung, Gemeinde, Synagoge.
273 Ascough: S. Paul's Macedonian Associations.
274 Wilken: Kollegien, Philosophenschulen und Theologie, 191.
275 Poland: Geschichte des griechischen Vereinswesens; Voluntary Associations in the Graeco-Roman World, hg. v. J. S. Kloppenborg/St. G. Wilson, London/New York 1996; Rüpke: Die Religion der Römer, 199–207; Religiöse Vereine in der römischen Antike, hg. v. U. Egelhaaf-Gaiser/A. Schäfer; Harland: Associations, Synagogues, and Congregations.
276 Schwarzer: Vereinslokale im hellenistischen und römischen Pergamon.
277 Steimle: Religion im römischen Thessaloniki, 168–200.
278 Cotter: The Collegia and Roman Law; s. auch die Beispiele in Kap. 3.2.1.

Beamten mehr.²⁷⁹ Dies zog eine größere Selbständigkeit und mehr Vielfalt nach sich und ermöglichte eine Adaption an veränderte soziale Verhältnisse. Der Aufstieg des Christentums auch mit vereinsförmigen Strukturen ist in dieser Perspektive keine Antwort auf den Niedergang der paganen Religion, sondern eine Partizipation an prosperierenden Praktiken,²⁸⁰ die parallel zur Entstehung des Christentums blühten.²⁸¹ Dabei ist allerdings nicht immer leicht zu entscheiden, wie Vereine von anderen Sozialformen, etwa vom „Haus" und der „familia dei", zu unterscheiden sind.²⁸² Schließlich muss man davon ausgehen, dass zwischen Vereinen und vereinsartigen Gruppen auf der einen Seite und gentilen Verbänden auf der anderen keine scharfen Trennungslinien verliefen; eine solche Rekonstruktion dürfte viel mit einer Rückprojektion späterer okzidentaler Praktiken zu tun haben.

Die Forschung hat in den letzten Jahren intensiv nach strukturellen Ähnlichkeiten oder Unterschieden zwischen paganen und christlichen Vereinen gefahndet. Exemplarisch hat dies Eva Ebel mit Blick auf die paulinischen Gemeinden an zwei paganen Kultvereinen in Korinth untersucht, an den im italischen Latium beheimateten „Cultores Dianae et Antinoi" in Lanuvium (Inschrift aus dem 2. Jahrhundert n. Chr.)²⁸³ und an den Athener Iobakchen (Kultlokale benutzt vom 1. bis ins 4. Jahrhundert n. Chr.²⁸⁴). Das Lanuvische „collegium" war eine Vereinigung, die als besondere soziale Leistung das Begräbnis sicherte. Im alltäglichen Leben besaßen gemeinsame Mähler einen hohen Stellenwert, aber die überkommene Inschrift – andere Quellen besitzen wir nicht – dokumentiert keine weitergehenden rituellen Aktivitäten. Hinsichtlich der Sozialstruktur fehlen Hinweise auf Mitglieder der Oberschicht, hingegen wissen wir, dass man, wie die christlichen Gemeinden auch, Sklaven aufnahm.²⁸⁵ Die Iobakchen, die wie die „Cultores Dianae et Antinoi" auf Männer beschränkt waren,²⁸⁶ waren demgegenüber ein Verein, in dem sich Menschen einer gehobenen gesellschaftlichen Stellung fanden. Eine zentrale Praxis bildeten Mahlzeiten mit religiös aufgeladenen Riten, deren Hintergrund in den Dionysos-Kulten zu suchen ist. Strenge Aufnahmeverfahren sicherten die Exklusivität beider Vereinigungen.²⁸⁷

Angesichts großer Lücken bei den Quellen für das antike Vereinswesen²⁸⁸ kann man nur näherungsweise Aussagen darüber machen, wie repräsentativ derartige Beobachtungen für nichtchristliche Vereine sind und über welches Pendant man auf der Seite des Christentums spricht. Unter diesen Vorbehalten kann man Gemeinsamkeiten zwischen nichtchristlichen und christlichen Vereinen identifizieren: Die Vereine kannten eine freie Entscheidung über

---

279 Rüpke: Religion der Römer, 234.
280 Schöllgen: Die frühen Christen und die andere Antike, 152; Fox: Pagans and Christians, 75f.
281 Ein Indiz sind die in etwa zeitgleich mit der Entstehung des Christentums belegte Baukonjunktur für Vereinshäuser; Bollmann: Römische Vereinshäuser.
282 Roh: „familia dei".
283 Ebel: Die Attraktivität früher christlicher Gemeinden, 26.
284 Schäfer: Raumnutzung und Raumwahrnehmung im Vereinslokal der Iobakchen in Athen, 180.
285 Ebel: Die Attraktivität früher christlicher Gemeinden, 39–41.
286 Ebd., 214.
287 Ebd., 140–142.
288 Harland: Associations, 228–237, macht etwa klar, wie schwierig die Quellenlage schon in Kleinasien ist, wo Christen relativ verbreitet waren.

die Mitgliedschaft an Stelle ethnischer oder gentiler, also über Geburt geregelter Zugehörigkeitskriterien und ein hohes Maß an tendenziell partizipativen Organisationsformen, wenngleich Wohltäter und oft patriarchal agierende Leiter eine hohes Prestige genossen. Dazu trat die Wertschätzung persönlicher Nähe, die in den gemeinsamen Mählern, in Begräbnissen und kultischen Handlungen[289] sowie in anderen geschwisterlichen Aktivitäten, etwa einer gemeinsamen Kassenführung, oder in einer alle verbindenden Erinnerungskultur sichtbar wurde.

Vor diesem Hintergrund grundlegender Gemeinsamkeiten sind die Spezifika christlicher Vereinigungen in das Bild antiker Vereine von der Forschung eingetragen worden:

- Ein monotheistischer Wahrheitsanspruch christlicher Gemeinden schloss Mehrfachmitgliedschaften aus.[290]
- Die frühen Christen verschärften die Außengrenzen, indem sie sich eine hohe theologische Legitimation gaben und sakrale Prädikate auf die Gemeinde übertrugen: Ihre Mitglieder wurden „heilig" genannt oder galten als „berufen". Die pagane Welt wandte diese Begriffe nicht auf die Mitglieder von Vereinen, auch nicht von Kultvereinen, an. Zudem kreierten Christen für ihre Vereinigung einen neuen Begriff, den der „ekklesia" (Kirche).
- Zugleich dürfte die Offenheit der christlichen Gemeinden größer gewesen sein, trotz der hohen theologischen Schwelle im Anspruch auf Exklusivität und obwohl sie sich in der Regel in Privathäusern statt in Vereinslokalen trafen. So nahm man grundsätzlich auch Sklaven auf, die in theologischer Perspektive egalitär behandelt werden sollten.[291] Zu diesen sozialen Öffnungen gehörte trotz der patriarchalen Züge die Mitgliedschaft von Frauen, für die diese Gemeinden von der Relativierung der männlichen Herrschaft und Sorgepflicht bis zu konkreten Details wie der fehlenden Beitragspflicht attraktiv gewesen sein dürfte.[292] Diese Gruppen findet man auch in antiken Vereinen, Sklaven (aber vermutlich eher selten[293]) etwa bei den genannten „Cultores Dianae et Antinoi" oder in einem Dionysos-Kultverein im lydischen Philadelphia um 100 v. Chr.,[294] während Frauen in nichtchristlichen Vereinen häufig nur in Abhängigkeit von Männern teilnehmen konnten.[295] Die paulinischen Gemeinden integrierten darüber hinaus offenbar auch Nichtchristen,[296] akzeptierten etwa nichtchristliche Ehepartner. Letztlich besaßen alle Vereine hierarchische und egalitäre Elemente, doch dürfte in den christlichen Gemeinschaften die soziale Anerkennung der schwächsten Mitglieder besonders hoch gewesen sein.

---

289 McLean: The Place of Cult in Voluntary Associations and Christian Churches on Delos.
290 Hier gibt es Bezüge zum zeitgenössischen Judentum. So waren Übereinstimmungen zwischen Essenern und anderen antiken Vereinen in der Organisationsform hoch, in den religiösen Grundlagen jedoch gab es große Unterschiede; s. Herrmann: Die Gemeinderegel von Qumran und das antike Vereinswesen.
291 S. auch Schmeller: Hierarchie und Egalität.
292 Ebel: Die Attraktivität früher christlicher Gemeinden, 217 f.
293 Poland: Geschichte des griechischen Vereinswesens, 329.
294 Text bei Schmeller: Hierarchie und Egalität, 96.
295 Poland: Geschichte des griechischen Vereinswesens, 298.
296 Ebel: Die Attraktivität früher christlicher Gemeinden; s. die Idiotai und Apistoi in 1 Kor 14,23–25.

- Zu dieser Offenheit gehörte auch eine schichtenübergreifende Sozialstruktur. Sie war kein Alleinstellungsmerkmal der christlichen Gemeinschaften, es gibt auch Beispiele paganer Vereinigungen, die, wie ein hellenistischer Kultverein des Dionysos in Philadelphia, keine Unterscheidung im Zugang nach Geschlecht, Rasse, und sozialem Status vornahmen,[297] aber eben auch die Gegenbeispiele, etwa hinsichtlich der Armen, die von den lanuvischen „Cultores" nicht aufgenommen wurden,[298] oder der ethnischen Ausrichtung vieler Vereine.[299] Letztlich gingen christliche Gruppen im Ausmaß ihrer sozialen Offenheit meist weit über vergleichbare Inklusionsprozesse in paganen Vereinen hinaus. Die gesteigerte soziale Heterogenität in christlichen Gruppen ging einher mit Forderungen nach Egalität[300] und mit einer hohen Bedeutung familialer Strukturen, in denen die soziale Vielfalt organisiert wurde. Der Anspruch auf Gleichheit dürfte in paulinischen Gemeinden mit der Lehre der Charismen, die jedem Christen eigen sein sollten, theologisch untermauert worden sein.[301] Insbesondere wurde im Vergleich zu paganen Vereinen die Mahlgemeinschaft, die keine Gruppierung, auch keine reichere, so häufig anbot wie die Christen,[302] entgrenzt – für Arme war die Teilnahme am gemeinsamen Tisch kostenlos.[303] Im paulinischen Abendmahlsbericht aus der Mitte der fünfziger Jahre ist das Konfliktpotenzial dieser Regelung offen sichtbar, wo die Spannungen zwischen reichen und armen Tischgemeinschaften, die in einem Haus tafelten, für Paulus ein entscheidender Grund waren, eine Egalität einzufordern, die es in anderen Vereinen nicht gab und die auch Jesus so nicht angezielt hatte.[304] In diesem Prozess dürfte die in der Antike übliche Gleichung, dass mehr Egalität weniger Sozialprestige bedeutete,[305] das Wachstum der Gemeinden nicht entscheidend behindert haben.
- Von besonderer Bedeutung war wohl die Erhöhung der Intensität persönlicher Bindungen. Die Anrede als Brüder und Schwestern war zwar keine Innovation von Christen, sondern findet sich auch in paganen Vereinigungen, wurde aber unter Christen sehr viel intensiver genutzt.[306] Ein besonderer Ausdruck dieses Anspruchs war der Austausch des „heiligen Kusses", der sich vom außergewöhnlichen Zeichen zum alltäglichen Usus wandelte.[307] Aber mit dieser sozialen Verdichtung erhöhten sich auch Konflikte und die soziale Kontrolle, denn Vorschriften und Sanktionen betrafen nicht mehr nur das Leben im Verein, sondern die gesamte Lebensführungspraxis.

---

297 Barton/Horsley: A Hellenistic Cult Group and the New Testament Churches, 17.
298 Bendlin: Associations, Sociality, and Roman Law, 266.
299 Öhler: Ethnos und Identität, 227–234.
300 Schmeller: Hierarchie und Egalität, 53.
301 Barton/Horsley: A Hellenistic Cult Group, 39. Maier: Die Gemeinde in der Theologie des Christentums, 21.
302 Ebel: Die Attraktivität früher christlicher Gemeinden, 163.
303 Ebd., 219.
304 Vössing: Das „Herrenmahl" und 1 Cor. 11 im Kontext antiker Gemeinschaftsmähler, 64–67. Zu den Konflikten vgl. auch Theißen: Studien zur Soziologie des Urchristentums, 293–317.
305 Schmeller: Hierarchie und Egalität, 51f.
306 Harland: Dynamics of Identity in the World of the Early Christians, 63–96; Ebel: Die Attraktivität früher christlicher Gemeinden, 203–213.
307 Heid: Der gebetsabschließende Bruderkuss im frühen Christentum; Thraede: Ursprünge und Formen des „Heiligen Kusses" im frühen Christentum, 143–145.

- Gemeindeübergreifende Strukturen, wie sie im Christentum entwickelt wurden, lassen sich in den antiken Kultvereinen nicht und wohl überhaupt in antiken Religionen fast nicht nachweisen.[308] Allenfalls trifft man bei antiken Orakeln auf Anfragen weit über den näheren Einzugsbereich hinaus, ohne dass allerdings damit Dachorganisationen verbunden gewesen wären.[309] Transregionale Verflechtungen finden sich hingegen im Judentum, natürlich im Bewusstsein ethnischer Zusammengehörigkeit, aber auch in konkreten Verbindungen, etwa im gemeinsamen Festkalender aller Gemeinden. Doch erhielt die ortsübergreifende Organisation im Christentum eine neue Dimension: durch gemeindeübergreifende Leitungsstrukturen, durch die Kanonisierung von Schriften, durch einen Austausch fast „internationalen" Zuschnitts in einer reichen Briefkultur oder durch wechselseitige Besuche durch die Abgesandten fremder Gemeinden oder Wanderapostel.
- Indikatoren für eine Einbindung der christlichen Gemeinden in gesellschaftliche Aufgaben, die sich bei Vereinen häufig nachweisen lassen, fehlen. Belege finden sich erst seit dem 3. Jahrhundert, nun aber unter dem Einfluss deutlich veränderter, hierarchisierter Gemeindestrukturen und einer wohl zurückgehenden Bedeutung einer Entscheidung als Grundlage der Zugehörigkeit in einer christlichen Gemeinde.[310]
- Vor allem mit dem Judentum teilte das Christentum die Unterscheidung von anderen Vereinen aufgrund religiöser Spezifika, ersetzte aber dessen Speisegebote und die Beschneidung durch theologische und ethische Kriterien.
- Schließlich inkludierten christliche Gemeinschaften Bildung in hohem Maße (siehe Kap. 3.3.1a).

Gleichwohl bleiben aufgrund der schlechten Quellenlage viele Unsicherheiten. Das betrifft zum einen die Rechtsgeschichte, näherhin das Verhältnis zwischen den soziologischen Merkmalen eines Vereins und seiner rechtlichen Konstituierung. Grundsätzlich gilt, dass aus der Nutzung der Vereinsterminologie nicht auf die Nutzung von Vereinsstrukturen geschlossen werden darf.[311] Sodann dürften Begriffe, die die heutige historiographische Wahrnehmung prägen, erst durch das Christentum in das antike Vereinsrecht gekommen sein. Den juristischen Begriff der religio licita (respektive illicita), den der Christ Tertullian um die Wende zum 3. Jahrhundert benutzte[312] und möglicherweise sogar kreierte, gab es im römischen Recht jedenfalls nicht. Für jüdische Gemeinden, auf die diese Sonderregel bezogen wird, gab es zwar besondere Rechte,[313] und sie suchten angesichts der Konflikte mit der paganen Umwelt auch nach staatlicher Protektion,[314] ohne jedoch einen rechtlichen Sonderstatus zu

---

308 Zu nicht vorhandenen Dachorganisationen s. Cancik: Haus, Schule, Gemeinde, 46. Exemplarisch zum Dionysoskult s. Schäfer: Dionysische Gruppen als ein städtisches Phänomen der römischen Kaiserzeit, 172.
309 Zum Asklepios-Glykon von Abonuteichos (Kleinasien) im 2. Jahrhundert n. Chr. s. Feldtkeller: Identitätssuche des syrischen Urchristentums, 24.
310 Hinweis von Andreas Bendlin.
311 Cancik: Haus, Schule, Gemeinde, 45.
312 Tertullian: Apologeticum, 21,1.
313 Grayzel: The Jews and Roman Law, 95.
314 Rajak: Was There a Roman Charter for the Jews?, 107–123.

erhalten. Allerdings kannte das römische Recht das Gegenteil, den Status des collegium illicitum für einen politisch aufrührerischen Verein,[315] und das entspricht der unter römischer Herrschaft, die nämlich eine religiöse Praxis nur bei politischen Problemen reglementierte. Wie christliche Vereinigungen in diesem Kontext wahrgenommen wurden, ist unklar, weil wir keine vereinsrechtliche Thematisierung christlicher Gemeinden aus paganer Sicht besitzen; ob dies mit deren sozial weitgehend unauffälliger Existenz zusammenhängt[316] oder mit der Praxis stark einzelfallbezogener Entscheidungen,[317] muss offenbleiben. In jedem Fall ging die römische Herrschaft gegen Vereine – wenn sie das tat – nicht aus religiösen, sondern aus politischen Gründen vor. Ebenso fehlen Belege, dass Christen ihre eigene Organisation im Kontext des Vereinsrechtes bestimmt hätten. Eine Stelle bei Tertullian, wo er über christliche „factiones" spricht,[318] trägt eine solche Beweislast jedenfalls nicht, denn dies war für ihn nur ein Beispiel, um zu begründen, dass Christen sich im Rahmen akzeptierter Vergemeinschaftungsformen organisierten.[319]

Das größte Problem aber dürfte sein, dass wir über die Organisationsformen christlicher Gemeinden in den ersten beiden Jahrhunderten nur wenig wissen. Vermutlich waren die neuen weltanschaulichen Grenzziehungen, die das Christentum vornahm, wichtiger als die Organisationsform.[320] Vielleicht überschätzt man auch die Rolle vereinsförmiger Organisationsformen für das frühe Christentum. Spätestens am Ende des 2. Jahrhunderts etablierten sich, wie erwähnt, hierarchische Gemeindestrukturen durch einen „Aufseher" („episcopus", „Bischof"), durch die egalitäre Momente der Vereinsorganisation zurückgedrängt wurden. Dieser Prozess, der schon in den Pastoralbriefen des Neuen Testaments im 2. Jahrhundert fassbar ist, setzte sich mit dem Aufstieg des Christentums zur Staatsreligion durch. Die hierarchische Konstituierung wurde zu einem Erfolgsmodell: von Verwaltungsstrukturen bis zur Organisation der Caritas bildeten christliche Gemeinden im untergehenden Römischen Reich eine funktionierende Struktur. Ein wesentliches Merkmal des Vereins blieb allerdings auch in diesen neuen Gemeindestrukturen erhalten: Die Mitgliedschaft war in der Konzeption freiwillig und sollte auf Entscheidung beruhen.

Darüber hinaus erledigt die episkopale Umstrukturierung die Frage nach der Wirkungsgeschichte der Vereine nicht. Die kontrovers diskutierte Frage, wie hoch die Bedeutung von Vereinen als nicht gentile Vergemeinschaftungsformen für das antike Christentum letztlich war, muss hier nicht beantwortet werden. Aber selbst wenn sie marginal gewesen wäre, müsste man ihnen schon deshalb Aufmerksamkeit zollen, weil sie ein Modell zur Verfügung stellten, das in der vereinsförmigen Selbstorganisation im Mittelalter und in der Neuzeit erneut zu einer wirkungsmächtigen Sozialformen des Christentums wurde (siehe Kap. 5). Die Wirkungsgeschichte und die Rezeptionsgeschichte von Sozialformen einerseits und Ideen

---

[315] Sirks: Die Vereine in der kaiserlichen Gesetzgebung, 27.
[316] Kippenberg: Christliche Gemeinden im Römischen Reich.
[317] Bendlin: „Eine Zusammenkunft um der religio willen"; die Annahme einer grundsätzlichen Erlaubtheit religiöser Vereinigungen bei Noethlichs: Das Judentum und der römische Staat, 35.
[318] Tertullian: Apologeticum, 39,1.
[319] Bendlin: „Eine Zusammenkunft um der religio willen", 102f.
[320] Dunn: Boundary Markers in Early Christianity; Bachmann: Zur Rezeptions- und Traditionsgeschichte des Paulinischen Ausdrucks erga nomou.

andererseits können, dies dokumentiert die Geschichte des Vereinskonzeptes, weit auseinandertreten.

3.3 Konsequenzen entscheidungsbasierter Zugehörigkeit – ein eurozentrischer Vergleich: Judentum, Christentum, Islam, „Hinduismus", Buddhismus

Die exklusive Zugehörigkeit über Entscheidung war für das Christentum nicht nur ein Kennzeichen unter anderen, sondern von fundamentaler Bedeutung für seine Architektur als „Religion". Diese voluntaristische Regelung der Religionszugehörigkeit führte dazu, dass nicht nur etablierte religiöse Praktiken einen neuen Stellenwert erhielten, sondern auch neue Elemente in das System Religion eingeführt wurden, von denen im Folgenden vor allem die Rede ist. Die Veränderungen auf beiden Ebenen kann man als Innovationen verstehen, wenn man sich dem Definitionsvorschlag anschließt, darunter besonders weitreichende Transformationen zu verstehen (siehe Kap. 1.4). Im Vorgriff auf die Ergebnisse des nun folgenden Kapitels indiziere ich zentrale Dimensionen dieser Veränderungen:
- Der Übergang von einer angestammten Praxis in die neue christliche Religion wurde von einem Passageritual begleitet, der „Taufe", die als Wasser-Ritual für Erwachsene in ihrer sozialen Funktion im Religionssystem weitgehend präzedenzlos war.
- Wo eine Zugehörigkeit nicht mehr selbstverständlich war, musste der Eintritt begründet werden. In diesem Kontext entwickelte das frühe Christentum Formen der Wissensvermittlung, unter anderem die „Katechese", die ebenfalls kaum Vorbilder in den antiken Umfeldreligionen besitzt.
- Damit lag ein Schwerpunkt auf einem subjektivierten Nachvollzug. Begriffe wie „Glaube(n)" oder „Bekehrung" indizieren diese Verinnerlichung religiöser Praxis, etwa gegenüber der hohen Bedeutung ritueller Korrektheit beim Opfer in vielen paganen Kulturen.
- Bei einer entscheidungsbasierten Zugehörigkeit entsteht die Notwendigkeit, mit der Revision einer Entscheidung umzugehen. Der „Abfall" wurde zu einem normativen Problem, „Häresie" nun negativ bewertet und als dogmatischer Tatbestand möglicherweise neu geschaffen.
- Mit der Relativierung der ethnischen Zugehörigkeit war die Idee eines „Universalismus" verknüpft. Die „Mission" entstand als Option der Gewinnung von Mitgliedern und die „Konversion" als deren individuelles Korrelat.
- In diesem Kontext regelte das Christentum sein Verhältnis zu anderen „Religionen", seine Außenbeziehungen, neu. Dabei wurde die „Dogmatik" zum Mittel der Bestimmung von Identität und Differenz, die „Apologetik" zu einer rhetorischen Figur der Abgrenzung und inneren Versicherung, das „Martyrium" zu einem Spezifikum des Konfliktes von Christen mit der antiken Gesellschaft, und „Toleranz" konnte aufgrund des Gewaltpotenzials dieser Abgrenzungen zur Überlebensbedingung einer Gesellschaft werden.
- Schließlich bedeutete diese Ausgrenzung als separierte Gemeinschaft, neue Sozialstrukturen zu schaffen, von denen nicht näher die Rede sein wird, die aber ebenfalls fun-

damentale Veränderungen beinhalteten. Christen schufen transregionale Strukturen und überregional verbindliche Lehren, die in anderen antiken Religionen unbekannt waren, jedenfalls gegenüber analogen ortsübergreifenden Strukturen in Judentum und Mysterienreligionen ganz neue Dimensionen aufstießen und die „Universalisierung" des Christentums begleiteten. Dazu gehören die Synoden, die einen „horizontalen Konsens" unter den Anwesenden herstellten[321] und im mediterranen Raum eine Innovation darstellten. Sie blieben bis ins 19. Jahrhundert weitgehend ein Alleinstellungsmerkmal des Christentums, ausgenommen nur die „Versammlungen" im Buddhismus, deren historische Faktizität zumindest für die frühen Treffen aber umstrittenen ist (siehe Kap. 3.3.3c). Zumindest hinsichtlich der Quantität hat man es offenbar mit einem einmaligen Phänomen zu tun: Schon in der Antike zählte man Hunderte von Synoden, die im Lauf der Christentumsgeschichte auf über 6000 Versammlungen anwuchsen.[322]
- Mit diesen Elementen wurden die Grundlagen zu einem veränderten Begriff von „Religion" gelegt (siehe Kap. 1.2.2), der bis in den aktuellen religionswissenschaftlichen Sprachgebrauch nachwirkt und dessen retrospektive Anwendung auf die nichtchristliche (und die christliche) Antike ein Dauerproblem auch dieser Darstellung bildet.

Dass in allen Begriffen, mit denen diese Veränderung beschrieben wird, komplexe Probleme stecken, ist evident, und ich nenne nur einige wichtige:
- Alle genannten Begriffe in Anführungszeichen sind objektsprachliche, (ursprünglich) im christlichen Kontext normierte Termini, die nicht einfachhin als analytische Begriffe benutzt werden können. In vielen Fällen stehen Ersatzbegriffe zur Verfügung, man kann beispielsweise statt von „Mission" von „Ausbreitung" sprechen. Aber selbst wenn man die christliche Semantik verlässt, verbleibt man im Rahmen christlicher Konzepte.
- Natürlich klaffen, es sei hier wiederholt, Theorie und Praxis einer Entscheidung oft weit auseinander. Eine Innovation blieb aber die theologisch begründete Delegitimation einer selbstverständlichen, sozial vermittelten Religionszugehörigkeit auch dann, wenn die Praxis der Theorie diametral entgegentrat. Der Anspruch auf entschiedene Zugehörigkeit blieb ein Stachel im Fleisch eines sich in der Praxis oft genetisch fortzeugenden Christentums, oder, mit Hans Blumenberg, eine Frage, die, einmal gestellt, sich nicht wieder entfernen lässt, oder: ein Pfad, der zumindest konzeptionell geöffnet blieb. Das Ideal einer Entscheidung blieb im christlichen Speichergedächtnis und wurde immer wieder aktiviert. Zum einen hinsichtlich der „Konversion" von Nichtchristen, und davon wird unter dem Stichwort der „Mission" noch intensiv die Rede sein. Viel bedeutsamer wurde über Jahrhunderte aber innerhalb des Christentums die persönliche Entscheidung, die existenzielle, überzeugte Hinwendung zu einer christlichen Lebensführung. „Lebensübergabe", „Bekehrung" oder „Nachfolge" (geistlich etwa als „Nachfolge Christi" bei Thomas von Kempen oder mit einer ethischen Spitze etwa bei Franz von Assisi) sind Stichworte solcher Binnen„konversionen", die zwar die tiefe kulturelle Implementierung

---

[321] Weckwerth: Ablauf, Organisation und Selbstverständnis westlicher antiker Synoden im Spiegel ihrer Akten, 229.
[322] Dizionario dei concili, hg. v. P. Palazzini, Bd. 6, 263–415.

des Entscheidungsmotivs indizieren, aber im weiteren Verlauf meiner Überlegungen nur noch in kurzen Verweisen sichtbar werden werden.
- Innovation bedeutet dabei keine Erfindung im luftleeren Raum, weil sich das Christentum aus dem Fundus seiner zeitgenössischen antiken Religionskulturen bediente. Jede Innovation bleibt insoweit eine Transformation von etwas Vorhandenem zu etwas Verändertem.

Im Anschluss an die Kapitel zur Christentumsgeschichte werde ich diese Überlegungen komparativ reflektieren. Sie bleiben allerdings perspektivisch auf Entwicklungen im Christentum bezogen und insofern eurozentrisch. Um diese Schlagseite zu verringern, würde es nicht ausreichen, christentumsgeprägte Begriffe durch solche aus anderen Religionen, aus „Hinduismus", Buddhismus, Judentum oder Islam, zu ersetzen, vielmehr müsste man ein anderes tertium comparationis wählen. Doch auch eine so geschriebene „hinduistische", „buddhistische", „jüdische" oder „islamische" Religionskomparatistik bliebe perspektivisch verfasst und insofern normativ und kulturrelativ. Aber vielleicht würden wir Okzidentalen damit mehr über uns lernen als mit dem vorliegenden Versuch aus westlicher Perspektive.

3.3.1 Eintritt und Wissensvermittlung

Die Zugehörigkeit zu einer Religionsgemeinschaft über Entscheidung und Eintritt ist im religionsgeschichtlichen Vergleich in der Entstehungsphase des Christentums außergewöhnlich, vielleicht sogar, dies ist hinsichtlich des Judentums, vor allem aber später mit Blick auf den Buddhismus zu diskutieren, mit wichtigen Elementen ohne Parallele. Damit ist nicht gemeint, dass es in anderen Religionen keine liminalen oder Passage-Riten gebe, ganz im Gegenteil. Beispielsweise ist im „Hinduismus" die „zweite Geburt" in den Veda ein solcher Ritus, der den Eintritt in die Welt der Erwachsenen begleitet. Aber bei dieser neuen Geburt geht es nicht um einen Religionswechsel und ergo nicht um den Eintritt in eine (neue) Religion.

Ein solcher Eintritt setzte ein spezifisches Bewusstsein von Differenz voraus, das Christen in der Antike offenbar in hohem Maße entwickelt haben – beziehungsweise das vor allem intellektuelle Christen scharf formulierten und im Laufe der Zeit popularisierten. Zugleich verband man die genannten Innovationen der Theorie mit einer religiösen Praxis: Der eigentliche Eintritt wurde mit der Taufe vollzogen; von diesem wohl durch das Christentum kreierten Ritual ist noch zu sprechen. Weil dieser Eintritt unüblich und deshalb begründungsbedürftig war, wurde er seit der Antike mit Begründungen versehen. Wissensvermittlung, dieses große Thema vieler, insbesondere schriftbezogener Religionen, muss man nicht an die Zugehörigkeitsfrage anschließen, aber in den Christentumstraditionen nehmen Bildungsanstrengungen hier ihren Ausgang. Insofern ist die Konjunktion von Eintritt und Wissen in den folgenden Überlegungen erneut einer perspektivisch-okzidentalen Konstruktion der Religionsgeschichte geschuldet.

3.3.1a Judentum und Christentum: frei gewählte Zugehörigkeit – Möglichkeiten und Grenzen

Entscheidung und die darauf beruhende Zugehörigkeit bedingte und forderte Unterscheidung. Es gibt Indizien, dass die Differenz zwischen christlichen und nichtchristlichen Praktiken in der Antike sehr scharf gesehen werden konnte, und zwar sowohl von Christen als auch von Nichtchristen. In den normativ ausgerichteten und von Mitgliedern kultureller Eliten verfassten theologischen und philosophischen, apologetisch wie polemisch gestimmten Texten aus dem 3./4. Jahrhundert findet sich ein ausgeprägtes Bewusstsein der Andersartigkeit von Christen. So konstatierte der Neuplatoniker Porphyrios im 3. Jahrhundert in der Außenperspektive einen Traditionsbruch durch Christen: Müssen Menschen nicht gottlos sein, die den Göttern der Vorfahren, welche doch das Heil eines Volkes und einer Stadt sichern, abgeschworen haben?[323] Ähnlich irritiert zeigte sich Kaiser Julian, der sich frug, warum die Christen dem Gesetz, das Gott ihnen gegeben habe, nicht weiter folgten und die Traditionen der Väter aufgäben.[324] In der Innenperspektive hingegen rechtfertigte der Christ unter dem Notnamen Ambrosiaster diese Differenz, indem er im 4. Jahrhundert den Anspruch der Heiden („pagani") ablehnte, aufgrund der Ancienität ihrer Tradition einen Anspruch auf Wahrheit zu erheben.[325] Heidnischerseits näherten sich diese Vorbehalte oft dem Vorwurf eines christlichen Atheismus, wie es Tertullian schon um 200 überlieferte: Die „Götter verehrt ihr nicht und für die Kaiser bringt ihr keine Opfer dar".[326] Der Christ Origenes brachte den darin liegenden Absolutheitsanspruch zu Anfang des 3. Jahrhunderts selbstbewusst auf den Punkt:

> Wir scheuen uns, Altäre und Götterbilder und Tempel zu errichten, ... weil wir durch Jesu Lehre die rechte Art, Gott zu verehren, gefunden haben und nun alles fliehen, was unter dem falschen Schein der Frömmigkeit diejenigen zu Gottlosen macht, welche von der durch Christus gezeigten Frömmigkeit abgeirrt sind. Denn er allein ist ‚der Weg' zur Frömmigkeit, der mit voller Wahrheit von sich sagen konnte: ‚Ich bin der Weg und die Wahrheit und das Leben.' [Joh 14,6][327]

Christen konnten diese generelle Unterscheidung durch die Angabe konkreter inhaltlicher Differenzen illustrieren, wobei uns vor allem die philosophischen Debatten überliefert sind. So fand in der christlichen Philosophie die Ewigkeit der Welt keine Akzeptanz, die Trennung von Körper und Seele wurde verworfen. Die damit verbundene Lehre von der Seelenwanderung macht klar, wie konsequent man vermutlich in der Grenzziehung vorging. Es ist jedenfalls kein Werk eines antiken Theologen überliefert, welches belegte, dass trotz der „Konversion" ganzer (neu-)platonischer Philosophengenerationen ins Christentum die Rezeption des Platonismus oder des Neuplatonismus mit der Übernahme der Seelenwanderungslehre einhergegangen wäre.[328]

---

323 Porphyrios: Contra christianos, nach Eusebius: Praeparatio evangelica, 1,2,2.
324 Julian: Contra Galileos, Fragment 238 B (ed. Gérard).
325 Ambrosiaster: Adversus paganos (quaestio 114, 24).
326 Tertullian: Apologeticum, 10,1.
327 Origenes: Contra Celsum 8,20 (Übersetzung Paul Koetschau).
328 Zander: Geschichte der Seelenwanderung in Europa, 126–134.

Sicher hat eine beträchtliche Gruppe der Christen, vor allem wohl die Hochengagierten, die Differenzen zur Umwelt auch durch ihr praktisches Verhalten dokumentiert und so verstärkt. Denn sie dürften oft keine öffentlichen Ämter übernommen, nicht an Spielen und nicht an Festen teilgenommen haben.[329] Dies besaß wohl vor allem einen Grund: Diese Veranstaltungen waren mit der paganen Religion verbunden, implizierten oft die Teilnahme an Opfern und stellten so den christlichen Monotheismus infrage. Der jüngere Plinius, Statthalter Kaiser Trajans in der kleinasiatischen Provinz von Bithynien und Pontus, dokumentierte vice versa in seinem Brief an Trajan zu Beginn des 2. Jahrhunderts, dass er den „Opfertest"[330] als ein probates Mittel betrachtete, bekennende Christen zu identifizieren (siehe Kap. 3.3.3a).

Dieses Verhalten konnte zur Wahrnehmung von Christen als Outsidern führen, die im Rahmen der tradierten gesellschaftlichen Ordnung schwer zu positionieren waren oder als unintegrierbar galten. Schon Paulus hatte die Christen zwischen Juden und Griechen (also Heiden), also außerhalb traditioneller Ordnungsmuster, gesehen (1 Kor 10,32). In einer Außenperspektive schrieb Tacitus den Christen am Beginn des 2. Jahrhunderts einen „odium humani generis",[331] einen Hass gegen das Menschengeschlecht zu, und in etwa zeitgleich war es für Plinius eine Frage, ob Christen allein ihres Namens wegen („nomen ipsum"[332]), also allein aufgrund der Tatsache, dass sie Christen und insofern „anders" seien, verfolgt werden müssten. In diesem Kontext entstand eine eigene Begrifflichkeit zur Bestimmung des sozialen Standorts von Christen. Im Sprachspiel biologischer, gentiler Zugehörigkeit sprach man in der Antike häufig von den Christen als einem „dritten Geschlecht" (tertium genus) der Menschheit.[333] Diese Bezeichnung wird bei Tertullian um 200 als von ihm abgewiesene Fremdbezeichnung greifbar,[334] doch übernahmen Christen diese Terminologie im Rahmen einer „Selbstisolierung",[335] bis sie sich schließlich positiv damit identifizierten.[336] In der alltäglichen Praxis hat man jedoch mit weniger scharfen Markern zu rechnen – jedenfalls lassen sich sich etwa in Nordafrika bis zum 5. Jahrhundert viele profane Distinktionsmerkmale wie Kleidung oder Namensgebung nicht nachweisen, wohingegen einige ethische und religiöse Praktiken (wie Gefangenenbesuche, regelmäßige religiöse Treffen, Kreuzzeichen, ritueller Kuss oder die Teilnahme an Lebenszyklusritualen) Christen sehr wohl erkennbar machten.[337]

Ein anschauliches Beispiel dieser sozialen Differenzwahrnehmung, bei dem allerdings zwischen normativem Anspruch und historischem Faktum nicht leicht zu unterscheiden ist, bietet der christliche Historiograph Eusebius, der zu Beginn des 4. Jahrhunderts erzählt, wie

---

[329] Schöllgen: Die frühen Christen und die andere Antike, 147–150; ders.: Die Teilnahme der Christen am öffentlichen Leben in vorkonstantinischer Zeit.
[330] Ders.: Die frühen Christen und die andere Antike, 150.
[331] Tacitus: Annales, 15,44.
[332] Plinius d. J.: Epistulae, 10,96.
[333] Harnack: Die Mission und Ausbreitung des Christentums in den ersten drei Jahrhunderten ([4]1924 [urspr. [1]1902]), Bd. 1, 262–267. 281–289; Brox: „Non ulla gens non christiana", 46–49.
[334] Wolter: Ein neues Geschlecht?, 288.
[335] Schöllgen: Die frühen Christen und die andere Antike, 149.
[336] Öhler: Ethnos und Identität, 247f.; Rizzi: Conclusion, 142.
[337] Rebillard: Christians and Many Identities, 12–20. 67–70.

sich Sanktus von Vienna während seines Martyriums jeglicher sozialer Zuordnung entzogen habe:

> Er bekannte „zum Trotz nicht einmal seinen Namen, auch nicht den Namen seines Volkes oder der Stadt, aus der er stammte, auch nicht, ob er Sklave oder Freigeborener sei. Auf alle Fragen antwortete er in lateinischer Sprache: ‚Ich bin Christ.' Statt seinen Namen, seine Heimatstadt, sein Volk und irgendwelche Personalien anzugeben, bekannte er nur immer wieder dieses eine Wort."[338]

In der Außenperspektive des Satirikers Lukian hieß dies mit spitzer Feder, dass die Christen, die Anhänger des „gekreuzigten Sophisten", glaubten, dass sie „alle Brüder seien".[339] Man mochte hier nicht nur an christliche Vereine, sondern auch an eine Gemeinschaft mit amoralischen Praktiken denken. Die Vermutung, dass Kannibalismus, Promiskuität und Inzest zum christlichen Ritualprogramm gehörten, muss jedenfalls schnell gekommen sein.[340] Wenn Tertullian meinte, die Christen würden alles teilen, außer die Frauen,[341] wusste wohl jeder, welche Gerüchte im Raum standen.

Die Innenseite der Fremd- und Selbstausgrenzung dürfte im Rahmen der „Bekehrung" (siehe Kap. 3.3.2a) eine Individualisierung von Entscheidung und damit einhergehend eine verstärkte Verinnerlichung von Religion gewesen sein.[342] Ein Indikator ist der Begriff „pistis", den wir üblicherweise mit Glaube(n) übersetzen. Die Begriffsverwendung knüpfte an einen vorchristlichen Sprachgebrauch an, doch wurde der Referenzpunkt von wechselseitigen zwischenmenschlichen Beziehungen auf Gott hin ausgerichtet, beginnend in der Septuaginta. Das Konzept des „Glaubens" etablierte sich erst in einem langen Tradierungsprozess, jedenfalls ist bei vielen neutestamentlichen Stellen nicht anzunehmen, dass der später theologisierte Gebrauch dort schon anzuwenden ist.[343] Bei Augustinus ist zu Beginn des 5. Jahrhunderts Glaube („fides") mitten im religiösen Sprachgebrauch angekommen, er jedenfalls verwendet „religio" oft synonym mit „fides" und die beiden Begriffe jedenfalls nicht antogonistisch.[344] Dieser Transfer war eine Innovation im religiösen Feld,[345] so dass „glauben" aufgrund seiner spezifischen Herkunftsgeschichte nur schwer in andere Sprachen, etwa ins Arabische, übersetzbar ist.[346]

Mit dieser Fokussierung oder gar Neukonzeption von Religion respektive Religiosität über ein Innenverhältnis an Stelle einer (rituellen) Orthopraxie öffnete das Christentum vermutlich ein neues Kapitel der Religionsgeschichte, indem es das Verhältnis zwischen gesellschaftlich erwarteter und individuell verantworteter religiöser Praxis revidierte. Für eine

---

338 Eusebius: Historia ecclesiastica, 5, 1, 20 (Übersetzung Häuser/Gärtner).
339 Lukian: De morte Peregrini, 13.
340 Athenagoras: Legatio, 3,1.
341 Tertullian: Apologeticum, 39,11.
342 Von der „Entdeckung des inneren Menschen in der christlichen Bekenntnisliteratur" spricht Böhme: Bewusstseinsformen, 43–54, Zit. 43.
343 Schumacher: Zur Entstehung christlicher Sprache.
344 Feil: Religio, Bd. 1, 69–72.
345 Mutschler: Glaube in den Pastoralbriefen, 37–77.
346 „Glauben" kann man mit Gottestreue (iman), Unglauben mit Undank (kufr) übersetzen; Schulze: Die sechste Gestaltung, 220.

Polisreligion, die öffentlich sichtbare Akte einforderte und nicht nach der Kongruenz mit einer inneren Überzeugung frug, in der also eine loyale Praxis und kein „innerer" Glaube verlangt wurde[347] und in der es etwa ein regelmäßiges Gebet ohne öffentliches Ritual nicht gegeben zu haben scheint,[348] dürfte diese Ausgrenzung durch Verinnerlichung einen Einschnitt bedeutet haben. Auch dafür ist der genannte Brief des Plinius an Trajan vielleicht ein Indikator, insofern dort nur nach dem gefragt wurde, was in der antiken Praxis üblicherweise gefordert wurde, nämlich der korrekte Vollzug eines Opfers.

Wie immer, führt auch diese scharfe Konturierung des Begriffs „Glaube(n)" bei näherem Hinsehen in eine religionsgeschichtliche Grauzone. Das Konzept der „pistis" hatte in der antiken religiösen Praxis immerhin Anknüpfungspunkte, etwa in verinnerlichten Gottesbeziehungen in Mysterienreligionen. Manche Forscher eröffnen auch eine anthropologische Perspektive mit der These einer achsenzeitlichen Entdeckung des inneren Menschen im Konzept der Seele.[349] Aber solche Traditionsbildungen kann man kaum postulieren, ohne zu erwägen, dass derartige Rekonstruktionen von einer christentumsgeschichtlich informierten Perspektive geleitet werden. Zugleich gilt schon für die Antike, dass die christliche Zentralstellung der „pistis" bald wieder relativiert wurde, insofern mit der Etablierung einer christlichen Ritualtradition eine „magisch" korrekte Durchführung von Zeremonien unabhängig vom persönlichen Glauben im Christentum Platz fand und eine personalisierte Innerlichkeit ablösen konnte.

Und natürlich blieben bei dieser Ausgrenzung des Christentums viele theologischer Vorstellungen jüdischer Tradition erhalten, die gerade nicht auf eine freie Entscheidung zielten. So etwa kannte auch ein Christ wie Paulus weiterhin den Topos der Erwählung: Gott habe ihn schon im Mutterleib erkoren und ihn durch seine Gnade berufen (Gal 1,15). Damit schlug das Christentum das Thema von Freiheit und Gnade auf, das es bis heute begleitet. In dessen theologischer Reflexion konnte man diese Spannung zugunsten der Freiheit auflösen, indem man die Erwählung als gratia praeveniens, als zuvorkommende Gnade, deutete, die die Entscheidung erst möglich, aber auch notwendig mache. Doch konnte man sie auch zugunsten der Determination des menschlichen Schicksals fixieren, in der es eben keine menschliche Entscheidungsfreiheit mehr gebe, weil Gott das Leben des Menschen vorherbestimme – so der späte Augustinus und in seiner Nachfolge viele Reformatoren und katholische Augustinisten.

Schließlich war die Zuschreibung oder Existenz von Differenz nur eine Dimension in den Beziehungen des Christentums zu seiner antiken Umwelt. Man findet leicht auch Indikatoren für das Gegenteil: Philosophisch interessierte Christen haben die Gemeinsamkeiten mit der paganen Kultur identifiziert: den „Plato christianus" ins Christentum aufgenommen[350] oder den spermatikos logos und die „ecclesia ab Abel" im „Heidentum" gesehen (siehe Kap. 3.2.1). Dazu kommen die oft viel weniger reflektierten, frömmigkeitspraktischen Synkretismen, von denen schon die Rede war. Abgrenzungen waren also sicher nur eine Dimension des Verhält-

---

347 Goody: Against „Ritual", 33.
348 Rüpke: Religion der Römer, 104.
349 Theißen: Erleben und Verhalten der ersten Christen, 49–109.
350 Ivánka: Plato Christianus.

nisses von Christen zu ihrer Umwelt, die allerdings gegenüber dem religionsakkumulativen Polytheismus dominant und schließlich mit dem Aufstieg des Christentums zur Staatsreligion hegemonial wurde.

Taufe

Die Organisation des Eintritts in das Christentum (man müsste, um den Konnotationen des neuzeitlichen Religionsbegriffs auszuweichen, sagen: in eine Gemeinschaft seiner Anhänger; in einer objektsprachlichen Semantik: in den Herrschaftsbereich des Jesus Christus) zog mit einer hohen Geschwindigkeit, fast plötzlich, die Etablierung eines Passage- und Aufnahmeritus nach sich, den der „Taufe" (im Folgenden, obwohl es ein objektsprachlicher Begriff ist, ohne Anführungszeichen). Die Taufe und nicht das „Herrenmahl" wurde zur zentralen Liturgie der frühen Christen[351] und erlangte in der Spätantike eine ubiquitäre Verbreitung.[352] Dabei war sie nicht die einzige Möglichkeit, sich als Christ zu begreifen, wie die Praxis des Taufaufschubs in der Antike und vermutlich auch allegorische Auslegungen (etwa die Taufe mit Blut, Wasser oder Geist oder die Taufe der Tränen) belegen.[353] Schon in der Antike sahen sich Spiritualisten oder Gnostiker durch den Geistempfang als Christen, andere betrachteten eine evangeliumsgemäße Lebensführung als entscheidendes Element ihrer Christlichkeit,[354] mit der man die Taufe in der Regel nicht ersetzte, aber doch massiv relativieren konnte. Belegt ist, dass man schon die Katechumenen, die sich noch auf die Taufe vorbereiteten, zu den Christen zählen konnte,[355] oder den Kirchgang als Kriterium nahm.[356]

Aber die Taufe blieb der augenfälligste Zugehörigkeitsindikator des Christentums. Sie dürfte als Zeremonie, die ein Zugehörigkeitsverhältnis besiegelte, eine Innovation des Christentums gewesen sein. Die Behauptung eines solchen Alleinstellungsmerkmals ist hinsichtlich paralleler oder ähnlicher Phänomene zu prüfen, unter Berücksichtigung der Differenz zwischen strukturellen Analogien und genetischen Abhängigkeiten. Die rituelle Verwendung von Wasser, namentlich in Reinigungs- und Initiationsriten, spielte in sehr vielen Religionen und natürlich auch im Umfeld des entstehenden Christentums eine wichtige Rolle[357] und führte auch im Rahmen der Ausbreitung des Christentums, etwa bei den malabarischen Christen im Umfeld „hinduistischen" Kulturen, noch im 17. und 18. Jahrhundert zur „Verwechslung" beider Praktiken.[358] Allerdings können wiederholte Waschungen sowohl mit einer anderen Funktion als auch terminologisch von der Taufe als einmaligem Aufnahmeri-

---

[351] Kretschmar: Geschichte des Taufgottesdienstes, 5.
[352] Early Christian Baptism and the Catechumenate, Bd. 1: West and East Syria; Bd. 2: Italy, North Afrca, and Egypt, hg. v. Th. M. Finn.
[353] Elm: Inscriptions and Conversions, 17 f.
[354] Zu den nachantiken Entwicklungen s. exemplarisch Öhler: Einheit und Vielfalt, 68; Müller: Tauftheologie und Taufpraxis, 123–126; Huber: Auf dem Weg zu einer Kirche der offenen Grenzen.
[355] Rebillard: Christians and Many Identities, 11. 77.
[356] Ebd., 67 f.
[357] Wolf: Mysterium Wasser.
[358] Amann: Malabares (Rites), 1721.

tus unterschieden werden.³⁵⁹ So etwa handelte es sich bei den auch im Judentum in den biblischen Texten geforderten Waschungen³⁶⁰ und oder bei den in unmittelbarer zeitlicher Nähe etwa in Qumran praktizierten Wasserriten³⁶¹ um wiederholte Reinigungszeremonien.³⁶²

Ein unmittelbares Vorbild war für die Christen die Taufpraxis des Johannes, von dem berichtet wird, dass er auch Jesus getauft habe (Mk 1,9). Seine Taufe war ein einmaliger Akt, wie auch die späteren christlichen Taufen, unterschied sich jedoch in wichtigen Deutungselementen. Johannes forderte in der Hoffnung des alsbald erwarteten Weltendes die Taufe zur Reinigung und Sündenvergebung (Mk 1,4), doch enthielt seine Predigt keine abgrenzenden Bezüge auf andere religiöse Traditionen. Vielmehr spielte sich sein Taufakt innerhalb des jüdischen Rahmens ab und hatte nichts mit einem „Religions"wechsel zu tun. Im Christentum hingegen änderte sich die Funktion der Taufe: Aus dem Reinigungsritus wurde ein Passageritus in eine andere „Religion". Damit bildete die Johannestaufe eine wichtige, aber in entscheidenden Details veränderte Matrix für die christliche Taufe.³⁶³

Hinsichtlich der Abgrenzung nach außen hatte es im Judentum aber ein analoges Ritual zur Bestimmung der Zugehörigkeit zumindest für Männer gegeben, die Beschneidung (etwa Gen 17,11 u. ö.). Sie wird schon in frühen Schichten des Alten Testamentes vorausgesetzt und findet sich mit einer übertragenen Bedeutung erstmals bei Jeremia, also kurz vor dem Anbruch des babylonischen Exils.³⁶⁴ Die Vollmitgliedschaft in einer jüdischen Gemeinde setzte um die Zeitenwende die Entfernung der Vorhaut von Jungen und Männern voraus³⁶⁵ und war ein taufäquivalenter Ritus zur Aufnahme in die jüdische Gemeinschaft.³⁶⁶ Diese in der griechisch-römischen Welt als Verstümmelung dezidiert negativ bewertete Praxis³⁶⁷ wurde, obwohl Jesus selbst beschnitten war (Lk 2,21), in der paulinischen Tradition des frühen Christentums abgelehnt (Gal 2,7–9) und in der Mehrzahl der christlichen Kirchen und Gemeinschaften – eine Ausnahme war etwa die äthiopische Kirche – später nicht mehr praktiziert; die Taufe geriet in der Regel zum solitären Abgrenzungsmerkmal.

Für eine über Johannes hinausreichende Vorbildfunktion scheidet das Judentum aus. Proselytentaufen sind vor dem Neuen Testament nicht belegt, erst Mischnatraktate aus dem 2. Jahrhundert bezeugen – nun aber gut – die Forderung nach einer Immersionstaufe für Menschen, die zum Judentum kamen.³⁶⁸ Dieser Befund lässt es unwahrscheinlich erscheinen, dass eine solche Taufe, die zusammen mit der Beschneidung den Eintritt ins Judentum bedeutet

---

359 Petersen: Rituals of Purification, Rituals of Initiation.
360 Etwa Num 19, 12f. 17–21.
361 Gemeinderegel (1 QS) III,4f. (= Die Texte aus Qumran, hg. v. E. Lohse, 9. 11); III,9 (ebd., 11).
362 Labahn: Aus dem Wasser kommt das Leben; Freyne: Jewish Immersion and Christian Baptism.
363 Labahn: Kreative Erinnerung als nachösterliche Nachschöpfung; Betz: Jesus' Baptism and the Origins of the Christian Ritual.
364 Blaschke: Beschneidung, 54.
365 Goldenberg: Proselyten/Proselytentaufe, 523.
366 Für die mittelalterliche Geschichte s. Baumgarten: Mothers and children, 55–89.
367 Schäfer: Judeophobia, 96–105.
368 Porton: The Stranger within Your Gates, 146–148.

hätte, in vorchristlicher Zeit existierte,[369] eher ist der umgekehrte Einfluss anzunehmen.[370] Bezeichnenderweise findet sich in judenchristlichen Gruppen ein changierender Umgang mit einmaligen und mehrmaligen Waschungen. So vollzogen die vermutlich judenchristlichen Hemerobaptisten eine tägliche Taufe,[371] während die judenchristlichen Elchesaïten eine einmalige Taufe zur Sündenvergebung mit wiederholbarer Reinigungswaschung kombinierten.[372] Signifikanterweise distanzierte sich Mani von seiner elchesaïtischen Heimatgemeinschaft gerade wegen der immer wieder vorgenommenen Waschungen – weil er das Ziel der Reinheit auf gnostischem Weg zu erreichen beanspruchte.[373]

Sehr viel später datieren jüdische Taufen als Passageriten wie die Bar Mizwa, die als Übergang ins Erwachsenenalter mit einem Wasserritus ein strukturelles Analogon zur Taufe bildet. Sie taucht erst im okzidentalen Judentum des 13. und 14. Jahrhunderts auf, mit sehr unsicheren Vorläufern im 12. Jahrhundert im Rheinland. Möglicherweise bildeten die in diesem Zeitraum etablierten christlichen Firmrituale (s. u.) das Vorbild. Die langsame Verbreitung der Bar Mizwa zog sich dann vom deutschen Sprachraum im Westen des Alten Reiches ausgehend bis in die Frühe Neuzeit hinein, ehe sie im 19. Jahrhundert auch bei Juden in muslimischen Gebieten heimisch wurde. Dabei blieb sie lange auf Jungen beschränkt, die Öffnung für Mädchen erfolgte erst im 19. und 20. Jahrhundert.[374]

Ein weiteres Feld möglicher Vorbilder bilden die Mysterienkulte, deren Einflüsse auf neutestamentliche Texte auch hinsichtlich Wasserriten mit gutem Grund diskutiert werden (etwa hinsichtlich Röm 6,3–5). Eine Abhängigkeit, die man noch am Beginn des 20. Jahrhunderts fraglos postulierte, wenn man eine „hellenistische Mystik ... ins Evangelium" einziehen sah, die hinsichtlich „der Mysterien ... die Verwandtschaft nicht verleugnet",[375] ist inzwischen einer beträchtlichen Zurückhaltung gewichen. Denn auch hier datieren wichtige Belege später als die neutestamentlichen Schriften, etwa die Berichte über eine Taufe im Mithraskult, die möglicherweise eine Wassertaufe war. Die spektakuläre mithräische Taufe mit dem Blut eines getöteten Stieres ist zudem archäologisch nicht nachweisbar und möglicherweise eine literarische Fiktion.[376] Schließlich stammen die wenigen literarischen Belege für eine Mysterientaufe in nichtchristlichen Mysterienkulten vermutlich aus Texten christlicher Autoren, so dass unklar ist, ob oder in welchem Ausmaß es sie vorchristlich gegeben hat und wie sie auf das Christentum gewirkt haben könnte. Dazu kommen große inhaltliche Differenzen. Es gibt in Einzelfällen eine vorbereitende Reinigung, aber keine Forderung nach einem radikalen Wandel der Person wie im Christentum und damit keine der christlichen

---

369 Sänger: „Ist er heraufgestiegen, gilt der in jeder Hinsicht als ein Israelit" (bYev 47b); Neusner: The Judaic law of Baptism, S. X et passim.
370 Rouwhorst: A Remarkable Case of Religious Interaction.
371 Epiphanius von Salamis: Panarion, I,17.
372 Lichtenberger: Synkretistische Züge in jüdischen und judenchristlichen Taufbewegungen.
373 Stroumsa: Purification and its Discontents. Meni's Rejection of Baptism.
374 Marcus: The Jewish Life Cycle, 82–123.
375 Jacoby: Die antiken Mysterienreligionen und das Christentum, 20. 22.
376 Auffarth: Mysterien, 458.

Taufe vergleichbare Handlung und Intention,[377] von einem Religionswechsel ganz zu schweigen.

Diese bahnbrechende Transformation eines Wasserrituals vom theologischen Reinigungs- zum Initiations- oder Eintrittsritus (wobei sich die drei Dimensionen nur analytisch trennen lassen) geht allerdings nicht auf Jesus selbst zurück, der ziemlich sicher nicht getauft hat, jedenfalls schweigen die synoptischen Evangelien darüber. Zwei im Johannesevangelium (3,22; 4,1) alleinstehende Textbelege, wonach Jesus selbst getauft habe und die im Widerspruch zu einer anderen Stelle stehen (Joh 4,2), gelten den Exegeten mehrheitlich als nachjesuanische Theologie[378] (die vielleicht auch die Zugehörigkeit Jesu zu der Täuferbewegung des Johannes anzeigt). Ein vergleichbarer Befund gilt für das Ende des Markus-Evangeliums (16,16), in dem Jesus ein Hinweis auf die heilswirksame Taufe in den Mund gelegte wird, doch handelt es sich dabei um den zweiten Schluss, der schon von der Manuskriptüberlieferung her als nachgetragen ausgewiesen ist; ebenfalls als nachjesuanische Gemeindetheologie ist der sogenannte „Taufbefehl" Jesu am Schluss des Matthäusevangeliums einzustufen (siehe Kap. 3.2.3a). Auch in späteren Schriften des Neuen Testament ist die Bedeutung von Taufe/taufen (baptismos/baptizein) nicht zwingend mit unserem Verständnis des Taufaktes gleichzusetzen. Von der Wurzel des „Untertauchens" her verschiebt sich im Neuen Testament die Bedeutung vom mehrmaligen zu einmaligen Akt, und oft noch ist die Bedeutung Untertauchen statt Taufen anzunehmen (etwa Mk 1,9), ehe das Alltagsgriechische in ein theologisches Griechisch transformiert wird.[379]

Trotz dieser Innovation muss sich die Taufe als Zugehörigkeitsmerkmal schon im Übergang von der ersten zur zweiten christlichen Generation extrem schnell und offenbar ohne prinzipielle Konflikte etabliert haben.[380] Nur vereinzelt findet man etwa beim frühen Paulus taufdistanzierte Aussagen (1 Kor 1,13–17), wohingegen in späten Äußerungen die Taufe fast als Konstitutivum christlicher Existenz erscheint (Röm 6,2f.). Dabei stehen alle Stellen, an denen er die Schranken der Herkunft zugunsten einer christlichen Gemeinde aufhob, in Taufkontexten.[381] Diese Entwicklung der Fixierung der Taufe zu einem Zugehörigkeitsmerkmal lässt sich auch theologisch fassen, etwa in den Elementen des Exorzismus, insofern dieser als Dämonenaustreibung eine Distanzierung von anderen Göttern respektive Mächten war. Zwar wird dieser Prozess kaum durch sozialhistorische Quellen erhellt, doch er dürfte im Zusammenhang der Ausbreitung in die pagane Welt erfolgt sein. Jedenfalls wurde wohl bereits Paulus in den frühen dreißiger Jahren getauft,[382] und in den paulinischen Gemeinden sind in den vierziger und fünfziger Jahren Taufen belegt, während bei den Berichten

---

377 Graf: Baptism and Graeco-Roman Mystery-Cults, 110–114.
378 Labahn: Kreative Erinnerung als nachösterliche Nachschöpfung. Der Ursprung der christlichen Taufe, 350–354.
379 Schumacher: Zur Entstehung christlicher Sprache, 151–168.
380 Kinzig/Wallraff: Das Christentum des 3. Jahrhunderts zwischen Anspruch und Wirklichkeit, 332–339. Durchsicht altkirchlicher Belegstellen bei Ferguson: Baptism in the Early Church; Lange: Gestalt und Deutung der christlichen Initiation in der Alten Kirche; Markschies: Einführung, S. IL-LXIII, hier S. III.
381 Klauck: Hausgemeinde und Hauskirche, 100.
382 Dass Paulus getauft wurde, wird von vielen Exegeten angenommen, vgl. Hengel/Schwemer: Paulus zwischen Damaskus und Antiochien, 72.

über Taufen in der Apostelgeschichte aufgrund der Abfassung des Textes durch Lukas in den siebziger bis neunziger Jahren weniger klar ist, was davon für die ersten Jahrzehnte gilt. In derartigen Texten wird (natürlich) nicht explizit die soziologische Frage nach einem Religionswechsel gestellt, es ist sogar bemerkenswert, dass sich der Taufakt in neutestamentlichen Schriften zwischen Täufer und Täufling abspielt und zumindest in den zugehörigen Geboten die gemeinschaftskonstitutive Dimension fehlt.[383] Das Moment einer neuen Zugehörigkeit kommt allenfalls implizit zur Sprache. Paulus etwa setzt bei der Taufe einen Herrschaftswechsel voraus, weil sie auf den Namen Jesu erfolgt (1 Kor 1,13f.), und sieht die Neophyten in einen neuen Sozialkörper integriert, für den er die Metapher vom „Leib Christi" benutzt (1 Kor 12,13). Vor allem im Galaterbrief betont Paulus, dass dabei klassische soziale Grenzen – zwischen „Juden" und „Griechen", Sklaven und Freien, Männern und Frauen – durch die Taufe aufgehoben seien (Gal 3,27f.). Zugleich aber könnte die Taufe in den frühen paulinischen Gemeinden auch sozialen Sprengstoff beinhaltet haben, jedenfalls ist nicht auszuschließen, dass Paulus den Grund für Parteibildungen in der Taufe durch bestimmte Täufer sah.[384] In dieser konstitutiven Phase dokumentieren unterschiedliche Theologien im Neuen Testament die Elastizität der Taufpraxis und ihrer Deutung: Es gibt die Taufe auf den Namen Jesu (1 Kor 1,12) und eine mit einer dreigliedrigen Formel (Mt 28,19), Varianten mit und ohne Geistempfang,[385] wobei man sich fragen kann, warum dann bei einer vorgängigen Geisttaufe wie bei dem römischen Centurio Cornelius die nachträgliche Wassertaufe noch notwendig war (Apg 10). Hinsichtlich der sozialen Folgen kennt man die Verbindung der Taufe mit unterschiedlichen Funktionen in der Gemeinde[386] und in der Regel die faktische Verbindung von Christsein und Gemeindezugehörigkeit, aber eben auch den äthiopischen Kämmerer, der getauft wird, aber der Gemeinde nicht beitritt (Apg 8,27–40). Ein besonders instruktiver Fall ist die Einwilligung des Paulus, eine an Lebenden stellvertretend durchgeführte Taufe von Toten („Vikariatstaufe") vornehmen zu dürften (1 Kor 15,29), die allerdings schon in der Antike nur ausnahmsweise von christlichen Gruppen praktiziert wurde (heute etwa in der Neuapostolischen Kirche oder bei den Mormonen). Angesichts nicht überzeugender Versuche, Parallelen für die Totentaufe in anderen Religionen zu identifizieren, muss man davon ausgehen, dass auch sie ihre Voraussetzungen im Christentum besitzt und aus diesem stammt.[387] Mit dieser Ausdehnung auf die Verstorbenen dokumentiert die Taufe von Toten neben ihrem gentilen Bezug vermutlich den hohen Stellenwert, den die Taufe schon im paulinischen Umfeld erhalten hat.

Es gibt eine Reihe von Indizien, dass die Taufe bald in Differenz zu ähnlich aussehenden paganen Praktiken gedeutet wurde. So benutzte man in Abgrenzung von nichtchristlichen Wasserriten den Begriff „baptismos", der in der sakralen Sprache nicht üblich war.[388] Dazu traten Theologumena, die, und das ist im Blick auf eine Entscheidung indikativ, aus der

---

383 Öhler: Einheit und Vielfalt, 39.
384 Ebd., 48.
385 Avemarie: Die Tauferzählungen der Apostelgeschichte, 129–174; vgl. Apg 8,14–17; 10,47f.; 19,1–7.
386 Hengel/Schwemer: Paulus zwischen Damaskus und Antiochien, 450.
387 Zeller: Die Taufe für die Toten, bes. S. 405.
388 Ferguson: Baptism in the Early Church, 38–59.

Theologie der Umkehr eine Theologie des Bruchs machten. Auch hier war ein wichtiger, vielleicht ausschlaggebender Akteur Paulus, der in die Taufe die Vorstellung vom „neuen Menschen" eintrug und sie als Wiederholung von Christi Tod und Auferstehung deutete (Röm 6). Gerade die Metaphorik des Todes dramatisierte diesen Bruch: Die Taufe wurde – vermutlich unter Aufnahme von Motiven aus Mysterienreligionen – mit „symbolischen Tabubrüchen" aufgeladen:[389] In der Taufe wird der Mensch Paulus zufolge gekreuzigt, erleide mithin Ehrverlust, das symbolische Begrabenwerden führe ihn in die Totenwelt und damit in ein im jüdischen Verständnis unreines Gebiet par excellence, und die Überkleidung mit einem neuen Gewand lässt sich als Metapher für einen Traditionsbruch deuten, folglich als Schritt, den man in einer Gesellschaft, für welche Tradition auch soziale Absicherung bedeutete, ohne Not nicht auf sich nahm. Damit konnte man sich allerdings wieder auf Vorstellungen Jesu beziehen, der ebenfalls den Bruch mit der sozialen Bindung des Clans gefordert oder zumindest legitimiert hatte, etwa in der Forderung, dass die Toten die Toten begraben mögen (Lk 9,60).

Seit dem frühen 2. Jahrhundert mehren sich Indizien einer veränderten sozialen Rahmung. Konnte die Taufe ursprünglich von allen Christen vorgenommen werden, findet sich jetzt immer häufiger die Forderungen, sie nur durch einen Bischof vollziehen zu lassen.[390] Ebenfalls seit dem 2. Jahrhundert sind Fragen für die Täuflinge dokumentiert, die in kurzer Form die zentralen Inhalte des Christentums aufrufen (Gott als Schöpfer, Christus als Erlöser, Heiliger Geist)[391] und so mit der Taufe eine auch detaillierte inhaltliche Abgrenzung gegenüber nichtchristlichen Überzeugungen artikulierten. Evident ist auch die Übernahme gentiler Funktionen: Die Verleihung eines neuen Namens aus der Sippe oder die Bestellung von Taufpaten aus dem Kreis von Verwandten (die als „geistliche Verwandtschaft" noch im Codex iuris canonici von 1917 weiterhin als Ehehindernis galt[392]) wurde üblich.

Diese zentrale Stellung der Taufe und ihre intensive Interpretation dokumentiert am Ende des 2. Jahrhunderts auch eine ausführliche Reflexion Tertullians über die Taufe („De baptismo"). Die differenzierten theologischen Deutungen (Frage der Gültigkeit oder des Zusammenhangs mit der Christologie) brauchen hier nicht zur Sprache zu kommen, ausgenommen diejenigen Aspekte, die in das Umfeld des Religionswechsels gehören. Für Tertullian bedeutete die Taufe das Ende der Verehrung der falschen Götter(bilder), der idolatria (de bapt. 4,3; 5,1), wobei die intensive Auseinandersetzung mit den Wasserriten in den Mysterienkulten und anderen paganen Praktiken (5,1–6) die interreligiöse Demarkation belegt. Aber er grenzte seine Vorstellungen auch von konkurrierenden (christlichen) Gruppen, den Gnostikern, ab (1,2), zudem kritisierte er die Pneumatiker, denen der Glaube (fides) genüge (13,1) und die damit auf das noch in der Apostelgeschichte unklare Verhältnis von Geist- und Wassertaufe zurückgriffen – ein Spannungsfeld, welches das Christentum nie verlassen hat und die Frage transportierte, ob die Wassertaufe überhaupt ein notwendiges Element für den Eintritt ins Christentum war. Üblicherweise wurden Erwachsene getauft, dies war eine

---

389 Theißen: Erleben und Verhalten der ersten Christen, 364.
390 Öhler: Einheit und Vielfalt, 65.
391 Kinzig: „… *natum et passum* etc."
392 „Spiritualis cognatio"; Codex Iuris Canonici, 1917, canon 1079.

der Bedingungen, von einer Entscheidung sprechen zu können, aber es gab auch schon zu diesem Zeitpunkt die Taufe Unmündiger (18,4), die allerdings in den Berichten über die Taufe ganzer „Häuser" im Neuen Testament ebenfalls vorauszusetzen ist. Tertullians Argumentation macht deutlich, dass es gerade die mit den Mysterienreligionen gemeinsamen Vorstellungen waren, etwa die Idee eines neuen Lebens durch die Taufe (vgl. Röm 6,14), die ihm eine scharfe Unterscheidung geboten erscheinen ließen (5,1). Bei der Abgrenzung von anderen „Religionen" ist schließlich auch deutlich, dass bei Tertullian die Taufe in eine „christliche" Organisationsform führte: in eine hierarchisch organisierte Kirche (17,1). Aber Tertullian steht nur exemplarisch für eine breite Tradition, die den Eintritt ins Christentum mit einer Absage an konkurrierende religiöse Praktiken verband, die oft als diabolische oder dämonische Mächte personifiziert wurden.[393] In diesem Kontext kann man die Lehre der Befreiung von der „Erbsünde", einer quasi genetischen Schuldverstrickung, durch die Taufe[394] als eine theologische Bearbeitung dieser Entgentilisierung lesen.

Von daraus resultierenden vereinsartigen Mitgliedschaftskonzeptionen im heutigen Sinn war man in der Antike noch weit entfernt. Zwar finden sich auch Metaphern, die das spätere Bild des „Mitgliedes" aufgreifen, etwa in der paulinischen Metapher des Gliedes am Leib Christi (1 Kor 12,12), aber damit war keine institutionelle Mitgliedschaft im heutigen Sinn gemeint.[395] Bezeichnend ist dafür, dass die möglicherweise ins 3. Jahrhundert zu datierende Kirchenordnung der Traditio apostolica keinen Terminus technicus für Mitglieder und Nichtmitglieder kennt, sondern von „denen, die heranführen" und von „denen, die herangeführt werden", spricht.[396]

Bei dieser Fokussierung von Tauftheologien auf eine interreligiöse Abgrenzung muss man allerdings im Auge behalten, dass die weit überwiegende Zahl der Deutungsangebote im Neuen Testament und bei den frühchristlichen Theologen andere Schwerpunkte setzte, etwa Sündenvergebung, Adoption als Kinder Gottes, Eintritt in die Unsterblichkeit, Herausnahme aus der Welt der Dämonen. Zudem besitzen diese Überlegungen zur Taufe als interreligiöse Abgrenzung das Problem, stark theoriebezogen zu sein. In der Praxis findet sich hinsichtlich der sozialen Distinktionsfunktion eine Reihe von Spannungen, von denen ich vier nenne.

1. An erster Stelle geht es um die Frage, ob der postulierten Radikalität der Entscheidung eine entsprechend radikale Praxis entsprach. Schon in der frühen Christentumsgeschichte muss man jedenfalls in vielen Fällen davon ausgehen, dass die Taufe nur als eine Ermöglichung der Zugehörigkeit interpretiert wurde. Schon in der Antike ist neben der Taufe vielmehr von einer gestuften Mitgliedschaft auszugehen, wie sie sich etwa in dem graduellen Weg widerspiegelt, den Katechumenen bis zu ihrem Status als Vollchristen gingen.[397] Ein weiterer Indikator für die Relativität der Taufe als Zugehörigkeitsmerkmal ist deren mögliche Verzögerung, da sie über Jahre bis zum Sterbebett vertagt werden konnte. Der genannte Taufaufschub

---
[393] Stenzel: Die Taufe, 98–104.
[394] Klassisch Augustinus: De peccatorum meritis et de baptismo parvulorum.
[395] Aasgaard: Ambrose and Augustine.
[396] Markschies: Mitgliedschaft in der Geschichte der Kirche, 12 (Bezug auf die Traditio apostolica, 15. 20).
[397] Ders.: Mitgliedschaft in der Geschichte der Kirche, 12.

ist seit dem 3. Jahrhundert in beträchtlichem Ausmaß nachweisbar und setzte die weite Verbreitung der Kindertaufe voraus; seine Entstehung dürfte einen auslösenden Grund in der dann weit nach der Taufe stattfindenden Katechese haben.[398] Unter den Motiven dürfte aber auch eine Kritik an der Kindertaufe eine Rolle gespielt haben (s. u.). Zudem ist mit der Befürchtung zu rechnen, die ethischen und soteriologischen Forderungen des Christentums nicht erfüllen zu können: Dann hätte es sich um der Sicherheit der Erlösung willen gelohnt, die als heilswirksam betrachtete Taufe möglichst lange hinauszuzögern.[399] In radikalen Varianten gab es Menschen, die sich ohne Taufe als Christen oder Kirchenmitglieder verstanden;[400] immer wieder wurden Geistbegabung und Lebensführung als ausreichende Kriterien des Christseins in Anschlag gebracht.[401] Schließlich verstand man die Taufe oft auch als einen magischen Akt, der einen Menschen schützen sollte, wobei die Entscheidung des Handelnden nur begrenzt von Bedeutung war – und auf das man auch entsprechend rituell reagierte, wie vielleicht die nachträglichen Gegentaufen, in denen man pflichtgemäß getaufte Kinder erneut und mit neuem Namen taufte, augenfällig machen.[402]

2. Sodann erweist sich die individuelle Entscheidung nur als eine Taufoption. Schon im Neuen Testament dokumentiert die Taufe ganzer „Häuser" bei Paulus und insbesondere bei Lukas,[403] etwa der Purpurhändlerin Lydia und ihres „Hauses" (Apg 16,15), dass hier soziale Zusammengehörigkeit und der Wechsel der „Religion" verbunden waren. Genau dieser Übertritt ganzer Sozialverbände ist nach dem oben zu den sozial prekären Konsequenzen eines Religionswechsels Gesagten (siehe Kap. 3.2.3b) nicht verwunderlich und zu erwarten. Beispiele für einen „Religions"wechsel im Sozialverbund finden sich in den nächsten Jahrhunderten immer wieder. Um noch ein Beispiel aus dem 4. Jahrhundert anzuführen: Im Bischofsgebiet von Augustinus war es wohl üblich, beim Kauf eines Landgutes nach dem Prinzip „cuius regio, eius religio" zu verfahren und Landarbeiter beim Kauf eines Landgutes zu taufen.[404] Dies sind nur einige Indikatoren dafür, dass das frühe Christentum sehr bald eine wichtige Traditionsschiene in der Weitergabe im Rahmen der familia und anderer Gemeinschaftsformen besaß.

3. In diesem Kontext ist der Übergang zur Säuglings- und Kindertaufe als wichtiges Argument gegen die Bedeutung der Taufe als Entscheidungskriterium anzusiedeln. Möglicherweise implizierte schon die gerade genannte Taufe von „Häusern" im Neuen Testament auch die Taufe von Kindern, wenngleich sie nicht explizit genannt sind.[405] Die ältesten zweifelsfreien Belege dürften sich zu Beginn des 3. Jahrhunderts finden, etwa

---

[398] Hammerich: Taufe und Askese, 157.
[399] Gärtner: Die Familienerziehung in der alten Kirche, 84–86.
[400] Piepenbrink: Antike und Christentum, 63–65.
[401] Huber: Auf dem Weg zu einer Kirche der offenen Grenzen.
[402] So etwa das allerdings nachantike Beispiel der Pruzzen bei Radziminski: Christianisierung, Umstände und Verlauf der Evangelisierung der Prußen im Deutschordensstaat Preußen, 433.
[403] 1. Kor 1,16 f.; Apg 10,48; 11,14; 16,31–33; 18,8; vgl. 16,15.
[404] Nach Chadwick: Augustinus über Heiden und Christen, 93. (= Augustinus: Contra Litteras Petiliani Donatistae Cirtensis Episcopi, II, 83, 184, wo es um eine zweite Taufe durch einen donatistischen Gutsbesitzer geht.).
[405] Zur Problematik s. Barth: Die Taufe in frühchristlicher Zeit, 138–141.

ablehnend bei Tertullian[406] und zustimmend bei Origines[407] oder in der Kirchenordnung „Traditio apostolica", derzufolge Kinder gemeinsam mit Erwachsenen getauft wurden[408] – aber gerade bei dieser Textstelle ist unklar, ob sie keine Ergänzung aus dem 4. Jahrhundert ist.[409] Die Taufe kleinster Kinder wurde in spätantiken Theologien häufig anthropologisch als Antidot gegen die Erbsünde gedeutet,[410] womit man das Theologumenon der Entscheidung außer Kraft setzte. Letztlich dürfte auch bei der Taufe Unmündiger wieder die Abhängigkeit von sozialen, namentlich gentilen Netzen, ohne die ein Überleben nur unter extrem komplexen Bedingungen möglich war, eine zentrale Rolle gespielt haben.

In der nachantiken Ausbreitungsgeschichte des Christentums fand zudem eine weitreichende Regentilisierung des Christentums statt, als sich ganze „Völker" dem Christentum respektive einer seiner Denominationen anschlossen, wobei die Taufe von Kindern ein fester Bestandteil der religiösen Sozialisation wurde. In diesem Prozess ist die Kindertaufe zum Standardformular der Christianisierung geworden und es bis heute geblieben. Erst im Rahmen der Reformation bildeten sich in der lateinischen Kirche Täufer- respektive Baptistengemeinden, in denen die Erwachsenentaufe gefordert wurde; aber sie blieben eine Minderheit, und de facto wurden und werden auch in ihnen Kinder weitestgehend im Rahmen familiärer Strukturen sozialisiert, die eine Entscheidung soweit vorprägt, dass von Freiheit nurmehr begrenzt geredet werden kann.

4. In den Großkirchen artikulierte sich diese Theorie-Praxis-Spannung in der Ausbildung eines weiteren Ritus, der die in der Taufe nicht vollzogene Entscheidung nachholen sollte, der Firmung. Einer seiner Kontexte war ein seit dem 3. Jahrhundert eingerichtete Stellvertreteramt, dasjenige der „geistlichen Väter" respektive der „Mütter" des Täuflings (später: [Tauf-]Paten), die Entscheidung als notwendige Dimension der Zugehörigkeit dokumentierten, sie angesichts der Unmündigkeit der Kinder jedoch delegierten.[411] Zugleich flossen hier Elemente der (sozialen) Verwandtschaft, etwa des Adoptionsrechtes, und der Klintelbildung ein, insofern Paten der Bildung sozialer Netze dienten,[412] wenn man einen in der „heiligen Taufen neu gezeugten" Menschen einem Paten anvertraute.[413]

Seit dem 9. Jahrhundert wurde in der lateinischen Kirche dann die Firmung (protestantisch: Konfirmation) als ein eigener postbaptismaler Ritus etabliert,[414] der allerdings erst in inter-

---

406 Tertullian: De baptismo, 18.
407 Vgl. zu Origenes Hällström: More Than Initiation?, 1000–1004.
408 Traditio apostolica, 21 (ed. W. Geerlings, 257): „Die Täuflinge sollen ihre Kleider ablegen, und zuerst soll man die Kinder taufen."
409 Markschies: Wer schrieb die sogenannte Traditio Apostolica, 54.
410 Nagel: Kindertaufe und Taufaufschub.
411 Jussen: Patenschaft und Adoption im frühen Mittelalter, 149–158; Lynch: Godparents and Kinship in Early Medieval Europe, 210–218.
412 Jussen: Patenschaft und Adoption im frühen Mittelalter, 271–276.
413 Ebd., 271.
414 Amougou-Atangana: Ein Sakrament des Geistempfangs?, 214. Zu separaten Riten des Geistempfangs vor der Taufe im palästinensischen Christentum des 2. Jahrhunderts (Müller: Tauftheologie und Taufpraxis vom 2. bis zum 19. Jahrhundert, Einheit und Vielfalt, 87) bestehen vermutlich keine Beziehungen.

kulturellen Kontakten, im Armenierdekret des Konzils von Florenz (1439)[415] synodal und im Tridentinum (1547) als episkopales Recht fixiert wurde.[416] Man kann dieses Ritual strukturanalog zur Taufe lesen, eine mündige Entscheidung zu etablieren. Theologisch gründete sie in der Unterscheidung von Taufe und Geistgabe, woraus ein eigener Firmritus als Verleihung des Geistes wurde, der schließlich den Bischöfen reserviert blieb. Die Forderung nach einer solchen Verselbständigung gab es unter Papst Innozenz I. 416 in Rom,[417] aber ein bischöfliches Monopol dürfte es bis ins hohe Mittelalter nicht gegeben haben.[418] Ein eigenständiger Ritus dürfte sich im 12. Jahrhundert, wohl von Rom ausgehend, entwickelt haben.[419] Dabei wurden in den theologischen Texten der Frühscholastik Metaphern benutzt, die hier besonders interessieren, weil sie in den Bereich des Erwachsen-Werdens und damit der Mündigkeit gehören. So etwa findet sich zu Beginn des 12. Jahrhunderts als Antwort auf die Frage, warum es nach der Taufe überhaupt noch der Firmung bedürfe, das Bild der Schwertleite: Wie der Getreue mit Waffen ausgerüstet werde, so erhalte der Getaufte die Firmung.[420] Gleichwohl blieb während des Mittelalters in der theologischen Begründung das Motiv der Stärkung, nicht dasjenige der Entscheidung dominant.[421]

Natürlich realisierte man, dass die Firmung als separartes Sakrament im Neuen Testament nicht bezeugt war.[422] Deshalb dominierte in der Frühscholastik die Auffassung, sie sei sowohl der Form als auch der Sache nach von den Aposteln eingesetzt worden;[423] seit der Mitte des 12. Jahrhunderts wurde die Firmung deshalb in die Spätantike rückprojiziert.[424] Vor diesem Hintergrund setzte sich in der lateinischen Kirche im Gegensatz zu den orientalischen die Spendung durch den als Apostelnachfolger konzipierten Bischof durch.[425] Aber auch bei der Firmung findet man schon im Mittelalter den gleichen Prozess wie bei der Taufe, nämlich eine Rückverlagerung in das Kindesalter, woraus sich erneut die Frage nach der Notwendigkeit der Firmung ergab,[426] die nicht nur aus diesem Grund in der Scholastik lange umstritten blieb.[427] Im 13. Jahrhundert gibt es eine Reihe von Belegen für das Problem, den Firmzwang für Säuglinge durchzusetzen. In Reaktion darauf setzte das Kölner Provinzialkonzil 1280 statt der Höchst- nun eine Mindestgrenze von sieben Jahren für Firmlinge fest.[428] In den Kirchen der Reformation wurde die Firmung als Sakrament dann abgeschafft, blieb aber als tauferergänzender Konfirmationsritus bestehen, wobei auch hier, grundgelegt durch Über-

---

415 Enchiridion symbolorum, hg. v. H. Denzinger/P. Hünermann, Nr. 1311.
416 Ebd., Nr. 1628–1630.
417 Kleinheyer: Sakramentliche Feiern I, 195.
418 Ebd., etwa 198. 202.
419 Ebd., 206.
420 Zit. bei Weisweiler: Das Sakrament der Firmung, 489.
421 Amougou-Atangana: Ein Sakrament des Geistempfangs?, 217–222.
422 Etwa als Ritus eines Geistempfangs, vgl. Neunheuser: Taufe und Firmung, 134–139.
423 Weisweiler: Das Sakrament der Firmung in den systematischen Werken der ersten Frühscholastik, 482–488.
424 Fisher: Christian Initiation, 160–164.
425 Dölger: Das Sakrament der Firmung, 118–130.
426 Weisweiler: Sakrament der Firmung, 502f.
427 Ebd., 514–523.
428 Amougou-Atangana: Ein Sakrament des Geistempfangs?, 214; Kleinheyer: Sakramentliche Feiern I, 209.

legungen Martin Bucers, die Betonung auf die „Bestetigung" und nicht auf die Entscheidung lag.[429] Erst in der jüngeren protestantischen und katholischen Theologie dürfte sich eine Deutung der Firmung respektive Konfirmation als rituell begleitete Entscheidung zum Christentum durchgesetzt haben.[430] Allerdings hatte sich im Pietismus der Frühen Neuzeit schon eine eigene Variante der Forderung nach einem auf Entscheidung beruhenden Christentum etabliert, die „geistliche Wiedergeburt", die im Neuen Testament nur an wenigen Stellen belegt ist. Sie wurde zum Zentrum einer mündigen Entscheidung, Christ zu sein und holte so die in der Kindertaufe fehlende Entscheidung nach –[431] wobei sich auch im Pietismus bald Tendenzen einstellten, dieser Entscheidung durch eine frühe Ansetzung die „Bedrohung" zu nehmen, dass getaufte Christen sich dann doch als Erwachsene vom Christentum wieder abwenden könnten.

Der entscheidende Grund für diese Divergenzen zwischen Theorie und Praxis, zwischen individueller Entscheidung und sozialer Formierung der Zugehörigkeit zum Christentum dürfte vor allem in dem immer wieder genannten sozialen Risiko einer Individualisierung religiöser Entscheidungen (siehe etwa Kap. 3.2.3b) zu suchen sein. Das Christentum konzipierte eine in der Antike *sozial* nicht realisierbare Form religiöser Sozialisation: Eine individuelle religiöse Entscheidung lief insbesondere bei Kindern der sozialen Absicherung diametral entgegen. Vielmehr ist die Integration von Neugeborenen in eine Gemeinschaft eine anthropologische Konstante, die letztlich in seiner Konstitution als „Mängelwesen"[432] gründet.

Allerdings ist mit einer Taufpraxis Unmündiger, die der Entscheidungstheorie entgegenlief, das Veränderungspotenzial der Theorie nicht zureichend beschrieben. Im Christentum blieb das Bewusstsein gegenwärtig, dass die Praxis der Theorie nicht entsprach. Ein Indikator dürfte der Umgang mit der Forderung sein, in der Taufe die Absage gegenüber anderen Göttern und dem Teufel zu artikulieren, also zentrale Schritte des „Religions"wechsels zu vollziehen. In der Kindertaufe wurde diese Dimension zum Problem, weil diese Entscheidung Unmündigen nicht zugebilligt wurde. Dies war die stellvertretende Aufgabe von Paten, so dass mancherorts, etwa in einem Taufformular der ostsyrischen Kirche Mitte des 7. Jahrhunderts, für Kinder Abrenuntiation, Exorzismus und Credo fehlen;[433] dies sollte den erwachsenen Christen vorbehalten bleiben.

Scharf blieb die Kritik an der religiösen Sozialisation von Kindern insbesondere durch nichthegemoniale Christentümer, vor allem aus zwei theologischen Richtungen: Zum einen forderten die Spiritualisten, die „geistliche" Erfahrung und in diesem Kontext die Entschei-

---

429 Bucer: Die ander verteydigung vnd erklerung der Christlichen Lehr, S. XC^v.
430 Vgl. etwa die Firmung als Akt „des zum Bewußtsein gekommenen Gläubigen" (Amougou-Atangana: Ein Sakrament des Geistempfangs?, 298), als „Sakrament der Mündigkeit" (Zerndl: Firmung, 1299); oder die Deutung „Wer als Kind getauft wurde, muss sein persönliches Ja zu Christus und zu Kirche im Verlauf seines Lebens nachvollziehen." (Schwalbach: Firmung und religiöse Sozialisation, 168). Das katholische Kirchenrecht hingegen bewahrt die Intention der Bestärkung, der allerdings die Vorstellung der „Initiation" im Codex iuris Canonici 1983 gegenüber der Ausgabe von 1917 hinzugefügt wurde; Schmitz: Taufe, Firmung, Eucharistie, 386–391.
431 Matthias: Bekehrung und Wiedergeburt.
432 Gehlen: Der Mensch, 16.
433 Kretschmar: Die Geschichte des Taufgottesdienstes in der alten Kirche, 281.

dung zum Angelpunkt einer Zugehörigkeit zum Christentum zu machen – mit oder ohne Taufe, in jedem Fall als Erwachsene. Deren Spur zieht sich durch die gesamte christliche Theologie, in der lateinischen Kirche etwa von den paulinischen Pneumatikern über die Spiritualen des Mittelalters oder die Inspirierten der Reformation bis zu den charismatischen Gruppen der Gegenwart. Zum anderen bestanden Täufer insbesondere seit dem 16. Jahrhundert auf der ausschließlichen Gültigkeit der Taufe Erwachsener (siehe Kap. 3.3.3a). Beide Gruppen trafen damit auf den Widerstand der hegemonialen Kirchen. Vielleicht waren die Freimaurer die erste Gemeinschaft in der neuzeitlichen okzidentalen Religionsgeschichte, die eine Entscheidung im Rahmen einer (geheimen) Initiation wieder zum Angelpunkt einer Zugehörigkeitskonzeption machten.

Dass das Konzept erwachsener Entscheidung ein wirkmächtiger Faktor war und blieb, zeigte sich an ganz anderer Stelle seit der Frühen Neuzeit im Bereich der Menschenrechte, als christliche Dissenter Religionsfreiheit einforderten, die für die Durchsetzung bürgerlicher Freiheitsrechte eine wichtige Rolle spielte. Zusammen mit der wohlfahrtsstaatlichen Relativierung der verwandtschaftlichen Netze und der aus diesem Komplex resultierenden Möglichkeit der sozialen Umsetzung von religiöser Entscheidungsfreiheit war seit dem 19. Jahrhundert die kritische soziale Masse beisammen, um Entscheidung zu einem individuell realisierbaren Faktor für die Bestimmung der Religionszugehörigkeit zu machen (siehe Kap. 3.3.3a).

Religiöse Bildung

Jede Gruppe, auch jede Religionsgemeinschaft, benötigt Bildung, insofern Tradition nicht über genetische Faktoren, sondern über soziale Faktoren generiert und stabilisiert wird. Dabei steigen die Anforderungen an eine explizite religiöse Unterweisung mit einer zunehmenden Bedeutung von Schrift, da religiöses Wissen nicht mehr nur durch den Mitvollzug von Praktiken, vor allem Riten, und die zugehörige orale Überlieferung generiert wird. Eine weitere Erhöhung der Bildungsbedürfnisse entsteht durch die Konzeption eines Religionswechsels („Konversion"). Zum einen fordert die dazugehörige Entscheidung Begründungen, die wiederum Wissen und damit Bildung voraussetzen. Zum anderen bedarf der Religionswechsel, allemal der auf Exklusivität zugespitzte, der Beheimatung in einer neuen Religionskultur und damit neuen Wissens, weil die selbstverständliche Praxis der angestammten Religion oder der (ethnischen) Gemeinschaft fehlt. Beide Varianten, Bildung vor und nach dem Eintritt, hat das Christentum deshalb ausgebildet – aber nur um die erste Dimension geht es im Folgenden.

Allerdings dürfte die religiöse Bildung im Christentum eine Intensität erreicht haben, die die modalen Differenzen im Vergleich mit anderen Religionen weit aufgesprengt und an mehreren Punkten wiederum zu Innovationen geführt hat. In der Zuordnung der religiösen Bildung zu dem Eintritt ins Christentum entwickelte dieser Bereich eine ganz eigene Dynamik. Um hier kein Missverständnis aufkommen zu lassen: Natürlich gab es in der paganen Antike eine reich ausgestattete Bildungslandschaft, aus der die Christen ja auch teilweise kamen, mit der sie verwoben blieben⁴³⁴ und die sie auch als Konkurrenz empfanden – jedenfalls kann man etwa die Schließung der platonischen Akademie im Jahr 529 als Versuch werten, die Heiden von den Bildungsprozessen auszuschließen.⁴³⁵ Auch in den Mysterienreligionen, bei denen man zumindest bei einzelnen Mitgliedern existenzielle Entscheidungen annehmen darf (siehe Kap. 3.3.2a), sind Bildungsprozesse vorauszusetzen, aber es scheint, dass sie weniger der biographischen Transformation als vielmehr der Erläuterung von Riten und der Herstellung von Handlungssicherheit darin dienten.⁴³⁶ Dabei scheint es eine lebenslange, aber offenbar keine exklusive Zugehörigkeit gegeben zu haben.⁴³⁷ Bemerkenswert ist hinsichtlich der Vernetzung mit der antiken Bildungslandschaft allenfalls, dass das Christentum von Beginn an eine Bildungsreligion war, obwohl Jesus und seine Jünger dezidiert als Handwerker (mit einer, wie bei Jesus zu vermuten, eher guten Ausbildung) und Fischer ausgewiesen wurden und gerade nicht aus der Gruppe der Lehrer und Philosophen kamen. Aber dies änderte sich schon mit Paulus und den Mitgliedern der frühen Gemeinden, die soziologisch gerade nicht von „einfachen Menschen" dominiert waren. Hier entwickelte sich eine neue Dimension religiöser Unterweisung, die wohl präzedenzlos⁴³⁸ und insbesondere im Kontext des Religionswechsels neu;⁴³⁹ Katechese und Katechismus wurden in diesem Kontext erfunden.

In den Religionskulturen der paganen Antike fehlte jedenfalls eine derartige Intensivierung der religiösen Bildung – und mit dem nicht vorhandenen Konzept eines Religionswechsels auch ein Motiv dafür. Eigenständige soziale Formate sowohl hinsichtlich der Inhalte als auch der Organisationsformen,⁴⁴⁰ in denen ausschließlich Religion gelehrt worden wäre, existierten in der paganen Antike des Mittelmeerraumes nicht.⁴⁴¹ Religiöse Inhalte und Praktiken wurden oral und nicht schriftlich vermittelt, vor allem nicht in eigenen Sozialformen, sondern working by doing: „informal and participatory".⁴⁴² Üblicherweise gab man religiöses Wissen oder das Wissen um religiöse Praktiken im Rahmen der Familie und der Teilnahme an Riten weiter, über eine „schulische" Vermittlung gibt es keinerlei Informationen.⁴⁴³ Aus der römischen Kultur ist uns nur ein singulärer Beleg über eine darüber hinausgehende Ver-

---

434 Gemeinhardt: Das lateinische Christentum und die antike pagane Bildung.
435 Chuvin: A Chronicle of the Last Pagans, 136.
436 S. die Beispiele bei Bilde: The Role of Religious Education in Six of the Pagan Religions of the Hellenistic-Roman Period, 232–242, und bei Beck: Educating a Mithraist.
437 Secher Bøgh: In Life and Death, 38.
438 „Überzeugende Analogien oder gar Vorbilder für diese Institutionalisierung des Überganges ... sind nicht zu erkennen", so Kretschmar: Katechumenenat/Katechumenen, 1f.; Tanaseanu-Döbler/Döbler: Towards a Theoretical Frame for the Study of Religious Education, 17.
439 S. Religiöses Lernen in der biblischen, frühjüdischen und frühchristlichen Überlieferung, hg. v. B. Ego/H. Merkel, wo aber gerade der Zusammenhang von Religionswechsel und Lernen fehlt.
440 Tanaseanu-Döbler/Döbler: Towards a Theoretical Frame for the Study of Religious Education, 8–18; Tanaseanu-Döbler: Religious Education in Late Antique Paganism, 97–99.
441 Auffarth: Religious Education in Classical Greece, 47f.
442 Bremmer: The Family and Other Centres of Religious Learning in Antiquity, 38. Für Griechenland im 7. bis 5. Jahrhundert s. Deißmann-Merten: Zur Sozialgeschichte des Kindes im antiken Griechenland, 305–309.
443 Bremmer: The Family and Other Centres of Religious, 37.

mittlung religiösen Wissens überliefert,⁴⁴⁴ demzufolge ein Vater seinen aus Neapel nach Rom zureisenden, also stadtfremden Kindern Kenntnisse der römischen Rituale habe vermitteln wollen.⁴⁴⁵ Auch in Priesterfamilien dürften die Kinder durch die Teilnahme am Kult in die religiöse Praxis eingeführt worden sei, wobei eine Unterrichtung wahrscheinlich ist. Für die anderen Kultteilnehmer ist jedoch nichts von einer weiteren religiösen Unterrichtung bekannt, etwa durch eine gottesdienstliche Predigt.⁴⁴⁶ Allerdings gab es eine Art religiöser Unterweisung in Gymnasien, Ephebien oder Kollegien, wo philosophische und mythische Texte erklärt wurden.⁴⁴⁷ Inhalte, die auf religiöse Kontroversen gezielt oder gar den Wechsel religiöser Überzeugungen angezielt hätten, dürfte es dabei nicht gegeben haben.

Eine Sonderstellung besaß in Rom die „etrusca disciplina". Dabei handelte es sich um ein Set von Regeln und Weltdeutungen etruskischer Provenienz,⁴⁴⁸ insbesondere um die Eingeweideschau der Haruspizien,⁴⁴⁹ die aber, anders als die Praktiken römischer Religion, auf „heiligen", „geoffenbarten" Texten beruhten.⁴⁵⁰ Aber auch hier galt, dass die Praxis auf ein funktionierendes Ritual zielte, um die pax deorum in einer Stadt zu sichern, nicht aber auf Überzeugungen.⁴⁵¹ Angesichts der Schwierigkeiten für Römer, diese disciplina zu verstehen, die sie bis zum Ende der Republik in ihr kulturelles Erbe übernahmen und deren Texte sie übersetzten,⁴⁵² kam es zu einer organisierten Vermittlung diesbezüglicher Wissensbestände. In den Mysterienkulten hingegen, bei denen es oft eine auf Entscheidung beruhende Teilnahme gegeben haben könnte, sind Erklärungen zu den Riten fast nicht belegt. Bei dem wichtigsten Beispiel einer Unterweisung vor einer Initiation, dem Bericht des Apuleius über die Isis-Mysterien, ist jedenfalls nicht klar, ob respektive inwieweit es sich um eine literarische Fiktion handelt.⁴⁵³ Am nächsten kamen dem christlichen Katechumenat vermutlich Einführungen in den philosophischen Schulen, die nun sehr wohl mit scharfen Abgrenzungen und Exklusivitätsansprüchen verbunden sein konnten.⁴⁵⁴

Immerhin gibt es ein prominentes Beispiel für katechetische Praktiken in der paganen Antike, in der Religion Kaiser Julians, der im 4. Jahrhundert bei dem Versuch, die vorchristliche Religion zu restituieren, philosophische Inhalte zu einem Angelpunkt der Auseinandersetzung mit dem Christentum machte.⁴⁵⁵ Seine „Hymne auf die Mutter der Götter" (wohl 362) ist in ihrem Aufbau mit Fragen und Antworten eine Art Katechese, und die Ausführungen des mit Julian eng verbundenen Philosophen Salustios „Über die Götter und die

---

444 Cancik: Römischer Religionsunterricht, 188.
445 Statius: Silvae, V,3,176–184; dazu Cancik: Römischer Religionsunterricht in apostolischer Zeit. S. auch Rüpke: Religion der Römer, 17, und Pasquato/Brakmann: Katechese (Katechismus), Sp. 490f.
446 Pasquato/Brakmann: Katechese (Katechismus), 490.
447 Cancik: Römischer Religionsunterricht, 190.
448 Guittar: Etrusca Disciplina. How Was It Possible to Learn about Etruscan Religion in Ancient Rome?, 65.
449 Ebd., 68.
450 So ebd., 63.
451 Ebd.
452 Ebd., 64. 66. 68.
453 Lucius Apuleius: Metamorphoseon libri XI („Der goldene Esel"), Buch 11; s. dazu Metzger u. a.: Katechumenat, 498f., auch Pasquato/Brakmann: Katechese (Katechismus), 489.
454 Metzger u. a.: Katechumenat, 500f.
455 Tanaseanu-Döbler: Religious Education in Late Antique Paganism.

Welt" (um 362/3) sind wie ein Lehrbuch zur religiösen Unterweisung konzipiert. Allerdings: Diese Texte setzen die Kenntnis katechetischer Traditionen des Christentums voraus, die bei Julian aufgrund seiner christlichen Sozialisation auch biographisch belegt sind. Hinter diesen Praktiken steht eine große Frage, die ich hier nicht einmal anreißen kann: In welchem Ausmaß litt die pagane Religionswelt unter Plausibilitätsproblemen, angesichts derer christliche Praktiken den größeren Erfolg versprachen? Konsequenterweise war die Nutzung der katechetischen Didaktik bei Julian kein isoliertes Element christlicher Herkunft. Dass die Priester seines Kultus ihre Tätigkeit mit innerer Überzeugung, einer Art „Glauben", vollziehen sollten, dürfte der paganen Tradition so fremd gewesen sein wie der Anspruch auf eine Verbreitung seiner religiösen Vorstellungen und Praxis, auf eine „Mission",[456] die christliche Wurzeln besitzt.

Ob sich im Judentum die Praktiken der (religiösen) Erziehung markant von paganen Traditionen unterschieden haben, lässt sich nicht leicht sagen. Für die Antike stammen Informationen über die Vermittlung von Wissen insbesondere für die frühen Phasen fast ausschließlich aus religiösen Texten, der Bibel,[457] wobei es sich oft um einen speziellen Teil „religiöser" Unterweisung, um (ethische) Regeln für das Zusammenleben handelte. Informationen über eine Erziehung zur religiösen Praxis fehlen fast ganz, einige wenige Vorschriften zum religiösen Unterrichts sind seit der Zeit des Zweiten Tempels nachweisbar und betreffen die in das Judentum hineinwachsenden Kinder (Dtn 6,7; 11,19).[458] Im Rahmen der Rückkehr aus dem Exil wird zudem eine als allerdings nur einmaliger Akt konzipierte, symbolisch inszenierte Verlesung des Gesetzes an die Israeliten berichtet (Neh 8). Aber auch für das antike Judentum dürfte, wie für die nichtjüdische Welt, gelten, dass weite Teile des religiösen Wissens durch praktisches Mit(er)leben erworben wurden. In der Ära um die Zeitenwende ist dann von einem Unterricht zu Hause, in Schulen und in der Synagoge auszugehen, worin sich vermutlich neue Entwicklungen dokumentieren.[459] In dieser Periode gab es zudem in der Qumran-Gemeinde eine katechismusartige Gesetzesparänese, die in der „Gemeinderegel" dokumentiert ist,[460] ohne dass man allerdings in der aktuellen Forschung noch von der Existenz einer dem christlichen Katechumenat vergleichbaren Praxis ausginge,[461] nicht zuletzt weil die Unterweisung in Qumran auf Auserwählte beschränkt war.[462] Für die Unterrichtung von Proselyten hat sich offenbar keine eigene Praxis und jedenfalls in der Antike keine entsprechende Literaturgattung entwickelt.

Einmal mehr dürfte die Zerschlagung des jüdischen Staates durch die Römer einschneidende Folgen besessen haben, denn religiöses Wissen diente nun auch der Stabilisierung der dezentral und in den meisten Fällen als Minoritäten lebenden Juden. An der Bedeutung des

---

456 Stöcklin-Kaldewe: Kaiser Julians Gottesverehrung im Kontext der Spätantike, 393f.
457 Crenshaw: Education in Ancient Israel; Ego: „In der Schriftrolle ist für mich geschrieben" (Ps 40,8), 82–104.
458 Religiöses Lernen in der biblischen, frühjüdischen und frühchristlichen Überlieferung, hg. v. B. Ego.
459 Cancik: Römischer Religionsunterricht, 195.
460 Kretschmar: Katechumenat/Katechumenen, 1; Benoît/Munier: Die Taufe in der Alten Kirche, 1–9.
461 Pasquato/Brakmann: Katechese (Katechismus), 492.
462 Metzger u. a.: Katechumenat, 509.

Thorastudiums, das in der Synagoge den Tempelgottesdienst ersetzte,[463] kann man wohl auch den Stellenwert des Schriftgebrauchs für das jüdische Leben ablesen.[464] Die jüdische Bibel und die in mehreren Ringen darum gelegte Kommentarliteratur (Mischna, Gemara, Talmud), die die Verlagerung von der mündlichen auf die schriftliche Thora sowie die damit einhergehende Stärkung der Schriftkultur zwischen dem 2. und 4. Jahrhundert dokumentiert,[465] wurden zu Ankern einer wissensbasierten Religionskultur. Man kann überlegen, ob die Einführung einer rabbinischen Literatur eine eigene, formelle jüdische Erziehung stärkte, jedenfalls kann man die Erziehungspflicht[466] und die Etablierung eines Schulwesens[467] zu den wichtigsten rabbinischen Neuerungen zählen. Ein Äquivalent zur „Katechese" als Begleitung eines Religionswechsels entwickelte sich allerdings nicht – ihr fehlte auch angesichts fehlender Möglichkeit der Werbung von Proselyten eine lebensweltliche Funktion.

Belege für eine ausgebildete Praxis religiöser Erziehung von Jüngeren sind im Judentum bis zur Neuzeit auffallend spärlich dokumentiert[468] und finden sich erst später, etwa im okzidentalen Mittelalter insbesondere für Italien, das Alte Reich und Spanien.[469] Sie betraf fast ausschließlich Jungen,[470] in Einzelfällen auch Mädchen[471] und zielte vor allem auf die Fähigkeit, die Thora und den Talmud auf Hebräisch lesen zu können; dabei spielte das Auswendig-Lernen eine zentrale Rolle, die reflexive Lektüre blieb nachgeordnet. Im Einzelfall haben sich, so in der Kairoer Genisa, auch Lehrmaterialien erhalten,[472] so dass man von einer strukturierten Unterrichtung ausgehen kann. Allerdings dürfte die Teilnahme am Synagogengottesdienst und an häuslichen Feiern ein wichtiges, vielleicht das zentrale Medium der Wissensgewinnung gebildet haben.[473] Im hochmittelalterlichen okzidentalen Judentum findet sich zwar das Ideal, dass jede Familie zumindest einen Jungen für die Ausbildung zum Gelehrten bereitstellen möge,[474] aber schon angesichts der hohen Bildungs- und Finanzanforderungen blieb die Verbreitung dieses Modells beschränkt; so hat man etwa bei aschkenaischen Juden in Kreisen, die am Talmudstudium interessiert waren, mit hohen Bildungsanstrengungen zu rechnen.[475] Auch in diesem Bereich wird man von engen Interaktionen mit der hegemonialen Kultur ausgehen können, vermutlich haben Riten der christlichen Erstkommunion auf Riten

---

463 Stemberger: Lebenslanges Lernen im rabbinischen Judentum; Schreiner: Wo man Tora lernt, braucht man keinen Tempel.
464 Avemarie: Tora und Leben. Allerdings schätzt Hezser: Jewish Literary in Roman Palestine, 496, die Literarizität im palästinensischen Judentum niedriger ein als durchschnittlich in der römischen Welt.
465 Hirshman: The Stabilization of Rabbinic Culture, 3–10. 97–107.
466 Mendels/Edrei: Zweierlei Diaspora, 143.
467 Stemberger: Einleitung in Talmud und Midrasch (⁹2011), 19.
468 Marcus: Rituals of Childhood, 35, findet den Befund „striking".
469 Roth: Daily Life of the Jews in the Middle Ages, 23–42.
470 Güdemann: Geschichte des Erziehungswesens, Bd. 1, 50–61. 112–122; Bd. 2, 206–208.
471 Roth: Daily Life of the Jews, 26–28.
472 Ebd., 35f.
473 Güdemann: Geschichte des Erziehungswesens, Bd. 1, 54f.; Roth: Daily Life of the Jews, 24.
474 S. die Schulverfassung aus dem 13. Jahrhundert bei Güdemann: Geschichte des Erziehungswesens, Bd. 1, 92–106.
475 Kanarfogel: Jewish Education and Society in the High Middle Ages, 15–32.

zur Einschulung jüdischer Kinder eingewirkt,[476] und möglichweise ist auch die Entstehung der Bar Mitzwa in diesem Übergangsfeld des Erwachsenwerdens und der damit verbundenen Bildungserwartungen zu lesen.[477] Der erste jüdische Katechismus mit Fragen und Antworten, der der christlichen Literaturgattung entsprach, Abraham Yagels „Leqah Tov", der erst in der Frühen Neuzeit gedruckt wurde (Venedig 1595) und in der Auseinandersetzung mit dem Christentum entstanden ist, war innerjüdisch orientiert und basierte auf einem katholischen Vorbild.[478] Per saldo findet sich mithin auch im Judentum eine hohe Bedeutung religiöser Erziehung, allerdings nicht vor dem Hintergrund einer durch Entscheidung und Religionswechsel notwendigen Vermittlung von Bildung, sondern aufgrund des Zwangs, als Minorität überleben zu müssen.

Zurück zur christilichen Antike. Belege für die symbiotische Verbindung von Zugehörigkeit und Wissensvermittlung finden sich schon in sehr frühen Büchern des Neuen Testaments. So setzen die Briefe des Paulus Unterweisungen in seinen Gemeinden voraus, wenn er im Römerbrief (6,3) eine Verbindung von Taufunterweisung und Taufe bietet. Letztlich lassen sich beträchtliche Teile des paulinischen Briefkorpus als eine Art katechetischer Literatur verstehen. Dabei dürften Konzepte antiker Lehrer-Schüler-Beziehungen in die Gemeindekatechese eingeflossen sein.[479] Das Jahre oder wenige Jahrzehnte später entstandene Matthäus-Evangelium dokumentiert im sogenannten Missionsauftrag die feste Verbindung von Taufe und Lehre (Mt 28,19f.), und in der lukanischen Apostelgeschichte gingen Taufe und Unterweisung durchweg eine feste Verbindung ein (z. B. Apg 10). Allerdings dürften Ausmaß und Intensität einer Unterrichtung im frühen Christentum durch zwei Faktoren begrenzt worden sein: Solange sich frühe Christen als Teil Israels betrachteten, war ein Katechument zur Aufnahme in eine eigenständige Gemeinschaft überflüssig, und insofern eine Parusieerwartung bestand, dürfte eine Unterweisung durch die erwartete Vorläufigkeit der Welt beschränkt gewesen sein.[480]

Seit dem 2. und dann im 3. Jahrhundert ist ein ausgesprochen vielgestaltiges und dichtes religiöses Bildungswesen nachweisbar, das, wie schon bei dem Evangelisten Lukas[481] und an den Biographien aller großen Theologen ablesbar ist, in einer osmotischen Beziehung zur paganen Bildungslandschaft stand. Eine Beschreibung dessen, was sich bis ins 4. oder 5. Jahrhundert vollzog, bedürfte einer nach Regionen und sozialen Gruppen (Gemeinden, Lehrer, Bischöfe, Schulen) in unterschiedlichen Zeitfenstern differenzierten Darstellung[482] und folgte jedenfalls keinem Masterplan, vielmehr erscheint die christliche Antike wie ein großes bildungsdidaktisches Experimentierfeld. Dazu gehört auch die Möglichkeit, dass die Katechese bei manchen Christen durch strukturäquivalente Techniken, etwa die philosophische Bildung, sofern man sie als Propädeutik ins Christentum verstand (wie bei Justin dem

---

476 Marcus: Rituals of Childhood, 107f.
477 Ebd., 118–122.
478 Marcus: The Jewish Life Cycle, 113.
479 Vegge: Paulus und das antike Schulwesen, 498f. 519.
480 Metzger u. a.: Katechument, 507.
481 Feldmeier: Before the Teachers of Israel and the Sages of Greece.
482 Pasquato/Brakmann: Katechese (Katechismus); weiterhin Kretschmar: Die Geschichte des Taufgottesdienstes in der alten Kirche.

Märtyrer and Tatian), ersetzt werden konnte.[483] In diese Phase der Ausgestaltung der Unterweisung fällt die Etablierung des Terminus technicus „Katechese" für den Taufunterricht vermutlich durch Clemens von Alexandrien (um 150 – um 215).[484]

Die Situation wird noch komplexer, weil diese Auffächerung zudem hinsichtlich einer Vielzahl von Medien durchgeführt werden müsste. Katechesen waren ursprünglich als Homilien oder im Einzel- und Gruppenunterricht mündliche Unterweisungen,[485] sie konnten aber auch über Bekenntnistexte, Apologien oder mit Hilfe einer Eisagoge erfolgen, wobei die kategoriale Abgrenzung dieser Textgattungen schwierig ist und die Fokussierung auf ein Katechismusbuch ein neuzeitliches Phänomen ist.[486] Eine Katechese erfolgte hauptsächlich vor der Taufe, konnte aber auch als postbaptismale Mystagogie durchgeführt werden[487] und beinhaltete als zentrale Themen die Sakramente und die theologischen und ethischen Lehren.[488] Das Spektrum reichte von der Wissensvermittlung in einer Art privater Hochschule, wie sie Origenes im 3. Jahrhundert leitete, bis zur expliziten und impliziten Theologie in den Gottesdiensten, dem vielleicht wichtigsten Ort der Unterrichtung.[489] Bei Augustinus – aber da befindet man sich bereits im 4. Jahrhundert – findet sich eine komplexe Reflexion auf unterschiedliche Formate für Rezipientengruppen mit unterschiedlichem Bildungsstatus.[490]

Exemplarisch sei die antike christliche Katechese mit drei Vermittlungsformen illustriert. Zu einen gab es christliche Lehrer wie Justin und Tertullian im 2. Jahrhundert, Origenes zu Beginn des dritten oder Paulinus von Nola um 400, die christlichen Unterricht in der Tradition philosophischer Unterweisung betrieben. Dabei griff man auf das Instrumentarium der antiken Bildungsvermittlung zurück, den Grammatik- und Rhetorik-Unterricht.[491] Dies war Teil einer intensiven Rezeption der paganen Bildung, in der man dieses religionsferne Sachwissen rezipieren, aber auch fast das ganze antike Bildungsgut als eine „Propädeutik" des christlichen Glaubens übernehmen konnte.[492] Neben der Integration durch eine christianisierende Interpretation findet sich auch die Distanzierung gegenüber der antiken Bildung, etwa in der Warnung vor der Lektüre paganer Schriften.[493] Dieser Konflikt war unausweichlich, denn das antike Bildungswesen war zuinnerst mit den religiösen Traditionen verknüpft, insofern der Bezug auf Mythen oder die Einbeziehung der Schulen in den religiösen Festkalender konstitutiv zum Schulprogramm gehörten.[494] Gleichwohl formierte sich in diesem

---

483 Georges: The Role of Philosophy and Education in Apologists' Conversion to Christianity.
484 Wyrwa: Religiöses Lernen, 297f.
485 Pasquato/Brakmann: Katechese (Katechismus), 423.
486 Ebd., 489.
487 Ebd., 423; Metzger u. a.: Katechumenat, 508.
488 Daniélou, Jean: La catéchèse aux premiers siècles, Paris 1968.
489 Markschies: Kaiserzeitliche christliche Theologie, 43–213.
490 Daniélou: La catéchèse aux premiers siècles, 229–247.
491 Marrou: Augustinus und das Ende der antiken Bildung.
492 Gemeinhardt: Das lateinische Christentum und die antike pagane Bildung, 481; ders.: Non vitae sed scholae?, 18–24.
493 In der syrischen Didaskalia Apostolorum, wohl aus dem 3. Jahrhundert; Markschies: Kaiserzeitliche christliche Theologie, 70f.; s. auch Paul: Geschichte der christlichen Erziehung, Bd. 1, 15–28.
494 Markschies: Kaiserzeitliche christliche Theologie, 47–50.

Spannungsfeld ein christlicher Bildungskanon unter Einschluss paganer Traditionen,[495] namentlich der philosophischen: In einer Stadt wie Alexandria entstammten viele der freien Lehrer dem Umfeld der Philosophenschulen.[496] Dass im Detail viele Fragen umstritten sind, ob es etwa die berühmte Katechetenschule in Alexandria im Sinn einer von der Gemeinde getrennten Schule gab, wie das Verhältnis von Grammatikunterricht und kirchlicher Katechese war oder ob man das Verhältnis von Bischof und Lehrer (als möglicher „Doppelspitze" vor der Durchsetzung des Monepiskopats) konfliktiv oder kooperativ denken muss,[497] ändert nichts an der Bedeutung dieser Lehrer als einer eigenen Tradition der Einführung ins Christentum.

Zum anderen besaß die Katechese einen festen Platz im Bildungsparcours des Mönchtums. Die Regeln der Lebensführung, die an der Wiege dieser Bewegung Pachomius hinterlassen hat beziehungsweise deren antike Ausformulierungen auf ihn zurückgehen, beinhalten konstitutiv die Unterweisung der Mönche.[498] Ihr Sitz im Leben war die postbaptismale Bildung, nicht zuletzt, weil die Taufe oft mit dem Eintritt ins Kloster erfolgte.[499] Diese Praxis dokumentiert eine wichtige Variante der Katechese, die nachgelagerte Bildung, die in der Christentumsgeschichte im Laufe der Jahrhunderte dominierte.

Drittens besaß die Katechese einen Ort in den Gemeinden, wie sich seit dem 2. Jahrhundert nachweisen lässt. Sie könnte sich aus Tauffragen, die wohl auch die Wurzeln der christlichen Bekenntnisse bildeten, entwickelt haben; solche Fragenkataloge lassen sich möglicherweise bis in die zweite Hälfte des 2. Jahrhunderts zurückverfolgen.[500] Der erste überlieferte Katechismus recte rite war die „Didache" (späteres 1./frühes 2. Jahrhundert), die die vollständige Unterweisung vor der Taufe vorschrieb.[501] Die konkreten Inhalte beziehen sich dabei fast ausschließlich auf Fragen des Lebenswandels, während theologische, später dogmatisch genannte Fragen nicht explizit vorkommen. Doch das könnte mit dem Umstand zusammenhängen, dass Bekenntnistexte, die Symbola (im Übrigen auch eine wohl präzedenzlose Erfindung des frühen Christentums), einen anderen Sitz im Leben, namentlich in der Liturgie, besaßen. Dies würde bedeuten, dass die religiöse Unterweisung auch nach der Taufe fortgesetzt und zumindest intentional zu einer lebenslangen Praxis im Christentum wurde. Im 3. oder 4. Jahrhundert dürfte die „Traditio apostolica" (die „Apostolische Überlieferung") entstanden sein, früher Hippolyt von Rom zugeschrieben.[502] Sie setzt eine organisierte Einführung in das Christentum voraus und macht eine kirchliche Struktur sichtbar, die zwischen Vollmitgliedern und Anwärtern unterschied: Die „Katechumenen" sollten drei Jahre lang „das Wort" (Gottes) hören, das ihnen von gelehrten Gemeindemitgliedern („doc-

---

495 Ebd., 70–75.
496 Fürst: Christentum als Intellektuellen-Religion.
497 Wyrwa: Religiöses Lernen im zweiten Jahrhundert und die Anfänge der alexandrinischen Katechetenschule. Klassisch Scholten: Die alexandrinische Katechetenschule. Zu den Konflikten schon im ersten Jahrhundert s. Zimmermann: Die urchristlichen Lehrer.
498 Bacht: Das Vermächtnis des Ursprungs, etwa 86f. 109. 229 u. ö.
499 Veilleux: La liturgie dans le cénobitisme pachômien au quatrième siècle, 207–212.
500 Kinzig: „... natum et passum etc.", 105.
501 Didache/Doctrina Apostolorum, 7,1.
502 Zur Abschreibung Markschies: Wer schrieb die sogenannte *Traditio Apostolica*?, zur Datierung S. 72f.

tores") vermittelt wurde.⁵⁰³ Darüber sind von einzelnen Autoren monographische Werke zur Unterrichtung überliefert, etwa Tertullians „De baptismo" (200/206) oder Augustinus' „De catechizandis rudibus" (Über die Unterweisung der Anfänger, um 410). All dies brauchte Zeit, wenn man es ernst nahm, weshalb das Konzil von Nicäa (325) vorschrieb, dass niemand unmittelbar nach der Taufe zum Episkopat oder zum Presbyterat zugelassen werden solle.⁵⁰⁴

Wie man sich im Einzelfall eine solche Wissensvermittlung vorstellen kann, dokumentiert ein illustratives, schon den Monepiskopat spiegelndes Beispiel gegen Ende des 4. Jahrhunderts, das die Pilgerin Egeria von ihrer Reise nach Jerusalem mitbrachte:

> Alle, die getauft werden sollen, setzen sich um den Bischof herum, Männer und Frauen. Auch die Väter und Mütter stehen dort, und genau so kommen alle aus dem Volk, die zuhören wollen, herein und setzen sich – aber nur die Gläubigen. Der Katechumene darf aber dort nicht eintreten, wenn der Bischof sie das Gesetz lehrt – und zwar auf folgende Weise: Angefangen von der Genesis geht er in diesen vierzig Tagen alle Schriften durch; zuerst legt er sie wörtlich aus, dann deutet er sie geistlich. Sie werden in diesen Tagen aber auch über die Auferstehung und genauso über alles, was den Glauben betrifft, belehrt; das nennt man Katechese. Und wenn dann fünf Wochen voll sind, seitdem sie unterrichtet werden, empfangen sie das Glaubensbekenntnis [simbolum]. Dessen Bedeutung erklärt er Artikel für Artikel genauso wie die Bedeutung aller Schriften – zunächst wörtlich, dann geistlich, so deutet er auch das Glaubensbekenntnis. Daher kommt es, dass alle Gläubigen an diesem Ort die Schriften verfolgen können, wenn sie in der Kirche vorgelesen werden, weil sie alle in den vierzig Tagen unterrichtet werden, das heißt von der ersten bis zur dritten Stunde [ca. sechs Uhr bis neun Uhr], denn die Katechesen dauern drei Stunden.⁵⁰⁵

Im Fortgang des Berichtes dokumentiert Egeria, dass hier eine vielsprachige, wohl multiethnische Gruppe unterrichtet wurde, denn ein Priester übersetzte die Ansprache des Bischofs aus dem Griechischen ins Syrische, und Laien, Männer wie Frauen, übersetzten ins Lateinische.⁵⁰⁶

Die weitere Geschichte der Katechese ist von einer tiefen Zäsur gekennzeichnet, da sie trotz des theoretisch hohen Stellenwertes in der Praxis seit dem 5. Jahrhundert massiv an Bedeutung verlor. Dafür gibt es drei wichtige Gründe: die Schwächung des antiken Bildungssystems, Taufen mit nur oberflächlicher oder fehlender religiöser Unterweisung, wie sie etwa in der Expansion des Christentums in die nördlichen Gebiete des Imperium Romanum vorkamen, sowie ein entscheidender innerkirchlicher Grund: die Kindertaufe.⁵⁰⁷ Denn die Aufnahme eines Unmündigen verschob die Wissensvermittlung in die Zeit nach der Taufe, was die Forderungen nach einer Kinderkatechese im okzidentalen Mittelalter, insbesondere seit dem 12. und 13. Jahrhundert, auf die Tagesordnung vieler Synoden setzte,⁵⁰⁸ oder Unterrichtungen im Rahmen der Beichtpraxis (etwa bei der „Missionierung" der Prußen im Samland) etablierte.⁵⁰⁹ Von der präbaptismalen Unterweisung finden sich in den nachantiken Jahrhunder-

---

503 Traditio apostolica, 17f.
504 Dekrete der ökumenischen Konzilien, hg. v. G. Alberigo/J. Wohlmuth, Bd. 1, 6 (can. 2).
505 Egeria: Itinerarium, Reisebericht, übers. v. G. Röwekamp, 46,1–3 (übers. v. G. Röwekamp, S. 297/299).
506 Ebd., 47,3–4 (Röwekamp, S. 303).
507 Gavrilyuk: Histoire du catéchuménat dans l'église ancienne, 320–335.
508 In Spanien, England, Frankreich und Deutschland, nicht jedoch in Italien, s. Meuthen: Zur europäischen Klerusbildung vom 14. bis zum 16. Jahrhundert, 271–274.
509 Brauer: Die Entdeckung des „Heidentums" in Preußen, 170–176.

ten nur noch homöopathische Spuren.⁵¹⁰ Die Geschichte der Katechese reproduziert mithin strukturanalog Veränderungen der Geschichte der Taufe, insofern auch sie die Abtrennung von der Entscheidung bearbeiten musste. Im Extremfall wurde in beiden Praktiken die Forderung nach Entscheidung aus dem kommunikativen Gedächtnis ins Speichergedächtnis verschoben.

Eine mögliche Konsequenz war der Wegfall der Katechese und die Teilnahme an Riten ohne (intensivere) Unterweisung. Genau das passierte partiell etwa bei den Übertritten von manchen grossen Ethnien nach der Antike (siehe Kap. 3.3.2a). Bemerkenswert ist aber, dass es nicht dabei blieb und zu einer postbaptismalen Unterweisung von Erwachsenen kam. Die Wurzeln dafür dürften komplex sein und, um heterogene Faktoren zu nennen, von einer auf Schrift basierenden Religionskultur über die monastische Tradition bis zur Intensivierung der Bildung in der hochmittelalterlichen Stadtkultur reichen. Ein weiterer Grund dürfte allerdings gewesen sein, dass das Theologumenon, wonach ein Leben als Christ auf Entscheidung, auf „Bekehrung" beruhen sollte, als Forderung trotz einer gegenläufigen Praxis bewusst blieb, zumindest im kommunikativen Gedächtnis von theologischen Eliten. Ein Indiz dafür sind etwa die Antworten, die unter Karl dem Großen um 812 herum von einigen Metropoliten auf die Frage gegeben wurde, „wie du und deine Suffraganen die Priester Gottes und das Volk, das euch anvertraut ist, über das Sakrament der Taufe belehrt und unterweist".⁵¹¹ In den Antworten griffen die Bischöfe immer wieder auf die antiken Theologumena zurück, wonach alle Christen sich entscheiden müssten. Maxentius von Aquileia etwa forderte am Beginn des 9. Jahrhunderts, dass alle Täuflinge zu unterweisen seien, denn „Katechumenen" nenne man „Unterwiesene oder der Zurechtweisung Unterworfene, da sie sich doch für Christus frei entscheiden müssen". Dass dabei theologische Forderung und kirchliche Praxis – wenn etwa in der Kindertaufe die Paten an Stelle des unmündigen Täuflings die nach einer Katechese erwarteten Antworten geben⁵¹² – in einen Widerspruch zur ursprünglichen Intention der Katechese geraten, ist offenkundlich, aber bemerkenswert ist auch, dass der Anspruch auf Entscheidung selbst in der mittelalterlichen Kindertaufe beibehalten wurde und, aber das ist eine hier nicht weiter zu erzählende Geschichte, in die Unterweisung Erwachsener transferiert wurde. Dabei wurde die religiöse Unterweisung Teil einer allgemeinen Bildung, in der es keinen separaten Religionsunterricht gab.⁵¹³ Man müsste – und das wäre schon in der lateinischen Kirche eine große Geschichte – von den Kathedralschulen für die Elite sprechen und von der Predigtkultur für breite Schichten, insbesondere mit der Entstehung der Predigerorden am Beginn des 13. Jahrhunderts, von den Bruderschaften des Hoch- und Spätmittelalters und von den katechetischen Gesellschaften des 15. Jahrhunderts, von Hauskatechese und Beichte, von Wallfahrten und Mysterienspielen, von Heiligenverehrung und

---

510 Gavrilyuk: Histoire du catéchuménat, 335–343; zu Byzanz s. Pasquato/Brakmann: Katechese (Katechismus), 453f. 484–486.
511 Paul: Geschichte der christlichen Erziehung, Bd. 1, 169–171, Zitate S. 170.
512 Ebd., Bd. 1, 168f.
513 Rupp: Religiöse Bildung und Erziehung im Mittelalter, 23.

Reliquienkult, von Traktaten und Andachtsbüchern, von volkssprachlichen Bibelübersetzungen und illustrierten Bibeln.[514]

Diese Bildungsprozesse wurden durch die spätmittelalterliche Literarisierung im 16. Jahrhundert im Rahmen von Reformation und Konfessionalisierung massiv verstärkt. Die in der neueren Forschung auch als Medienereignis charakterisierte Etablierung protestantischer Christentümer ging mit dem Anspruch auf Umstrukturierung und Intensivierung der Bildung einher, für die Luthers Schrift „An die Ratsherren aller Städte deutschen Landes, dass sie christlichen Schulen aufrichten und halten sollen" von 1524 als Initialzündung gilt. So wurden Klöster und Stifte aufgehoben, um die Mittel in Schulen zu investieren. Allerdings galten Luthers Interessen weniger der Elementarschule als vielmehr der Lateinschule als Propädeutikum für die spätere Theologenausbildung. Doch gerade im niederen Schulwesen entwickelte sich Gegensatz zum höheren im Alten Reich eine Unterrichtung, die zentrale Inhalte des Christentums namentlich unter Nutzung von Katechismen in der Schule implantierte.[515] Seit dem 17. Jahrhundert entstanden dann Schulordnungen, in deren Rahmen sich dann auch ein Religionsunterricht als eigenes Fach entwickelte.[516] Als ein Vorzeigebeispiel für derartige protestantische Bildungsreformen gilt die Bildungspolitik Herzog Ernst des Frommen in Sachsen-Gotha, die auf fromme und gebildete Untertanen abzielte. Lieder, Gebete, Psalmen und Sprüche entstanden für die Praxis pietatis,[517] eine kommentierte „Weymarische Bibel" wurde wegen der Verständnisprobleme, die es mit der Bibel besonders für einfache Leute gebe, auf den Weg gebracht,[518] ab etwa 1650 war die Schulpflicht durchgesetzt,[519] der Katechismus wurde auswendig gelernt, vor allen Dingen der Artikel zur Rechtfertigungslehre.[520] Aber gleichzeitig war eine Vollbibel zu teuer für viele einfache Menschen, sie kam als Lehrbuch in Gotha um 1650 nicht vor.[521] Zudem war diese religiöse Bildung, wie man nicht zuletzt an der Verbindung von Bildung und Strafe ablesen kann, auch Teil eines Disziplinierungsprogramms des neuzeitlichen Staates.[522] Und ohnehin ist dieses Beispiel nicht generalisierbar, es blieb ein persönliches Projekt von Herzog Ernst und endete mit seinem Tod. Für ein fachlich erweitertes, aber für eine Elite gedachtes Bildungsangebot sorgten vielmehr die staatlichen Schulreformen im 17. Jahrhundert, wenn etwa in Stuttgart städtische Gymnasien gegenüber den Klosterschulen im Umland aufgewertet wurden.[523] Dabei blieb die religiöse Unterweisung stärker im Katechismusunterricht und in der Predigt als in der Schule angesiedelt. Diese Bildungsintensivierung war keine protestantische Sonderentwicklung, wenngleich sie in vielen protestantischen Territorien und Stätten besonders stark war. Die Konfessionalisierungsforschung hat vielmehr deutlich gemacht, dass Bildungsprogramme

---

514 Im Überblick Paul: Geschichte der christlichen Erziehung, Bd. 1, 168 ff.
515 Schröder: Von der Reformation bis zum Dreißigjährigen Krieg, 54–57.
516 S. für evangelische Territorien Lachmann: Vom Westfälischen Frieden bis zur Napoleonischen Ära, 81–88.
517 Albrecht-Birkner: Reformation des Lebens, 356–366.
518 Ebd., 464.
519 Ebd., 523.
520 Ebd., 527 f.
521 Ebd., 465.
522 Ebd., 512 f. 528.
523 Holtz: Bildung und Herrschaft, 286–304.

in katholischen Territorien, insbesondere die Jesuitenschulen ähnliche Ziele mit ähnlichen Erfolgen und ähnlichen Disziplinarisierungseffekten verfolgten.[524]

In diesem Kontext entwickelte sich auch, um die Geschichte der Bildung nochmals auf die Katechese engzuführen, „der" Katechismus als Handbuch der religiösen Unterweisung. Das erste gedruckte Buch, das diesen Namen trug, entstand allerdings nicht im sich konfessionell gerade ausdifferenzierenden Mitteleuropa, sondern an dessen südwestlichem Rand in unmittelbarer Nähe zur islamischen Welt. 1504 hatte Diogo Ortiz de Villegas einen „kleinen Katechismus" publiziert.[525] Er war Erzieher portugiesischer Prinzen und zu diesem Zeitpunkt Bischof in der portugiesischen Enklave Ceuta in Marokko, die die Portugiesen 1415 erobert hatten. Er gehörte zu einem Kreis kirchlicher Reformer, die vor allem die Bildung von einfachen Klerikern im Auge hatten.[526] Dazu sollte dieser Katechismus dienen, der zugleich der erste theologische Traktat in portugiesischer Sprache war.[527] Schwer zu beurteilen ist dabei, in welchem Ausmaß die Nähe zur islamischen Welt die Genese dieses Katechismus beeinflusste; nachweisbar ist nur, dass der Katechismus in Ceuta zwischen 1500 und 1503 verfasst wurde.[528] Von Ortiz de Villegas' Katechismus ging eine grosse Wirkung aus, nicht zuletzt im Rahmen der Verbreitung des Christentums in Südamerika, wo er zur Grundlage von Bildkatechismen und für die Unterrichtung von Laien verwandt wurde, aber auch durch Übertragungen ins Tamilische und Japanische.[529]

In den reformatorischen Kirchen wurde der erste Katechismus 1528 durch den lutherischen Theologen Andreas Althamer als „Unterricht im christlichen Glauben, wie man die Jugend lehren und erziehen soll, in Fragen und Antworten gestellt", publiziert,[530] als postbaptismales Lehrbuch unter Voraussetzung der Kindertaufe.[531] Luthers großer und kleiner Katechismus erschienen 1529, im reformierten Protestantismus wurde der Heidelberger Katechismus von 1563 zur Grundlage sowohl des religiösen Unterrichtes als auch des dogmatischen Konsenses; die Katechismen werden bis heute in evangelischen Kirchen benutzt. In der katholischen Kirche entstanden im Alten Reich weitere Katechismen, die aber offenbar nicht (oder weniger?) auf diejenigen des frühen 16. Jahrhunderts zurückgriffen, sondern in Reaktion auf die protestantischen entstanden. Seit 1555 erschienen die Katechismen des Petrus Canisius für Erwachsene und Schüler,[532] elf Jahre später aufgrund eines Dekretes des Trienter Konzils der Catechismus Romanus, der, aus dem Lateinischen in Landessprachen übersetzt, zu einem der prägenden Texte für das katholische Europa bis ins 20. Jahrhundert wurde. Dabei entwickelten sich die konfessionellen Katechismen theologisch in unterschied-

---

[524] Vgl. die Quellensammlung: Katholische Reform und Konfessionalisierung, hg. v. A. P. Luttenberger, Darmstadt 2006.
[525] Ortiz de Villegas: O cathecismo pequeno de D. Diogo Ortiz, Bispo de Viseu. Bellinger: Katechismus Bd. 5, Sp. 1313.
[526] Branco da Silva, in: Ortiz de Villegas: O cathecismo pequeno, 71–74.
[527] Aymoré: Die Jesuiten im kolonialen Brasilien, 64.
[528] Ebd., 63.
[529] Ebd., 66–69.
[530] Althamer: Catechismus.
[531] Ebd., Kap. „Was Cetechismus sey", unpaginiert, S. 2.
[532] Bellinger: Der Catechismus Romanus und die Reformation, 50f.

liche Richtungen, insofern die protestantischen mit dem Dekalog und der Einsicht in die Sündhaftigkeit des Menschen begannen, wohingegen katholische Katechismen Sakramente und Gebete als dessen Ermächtigung an den Beginn setzten, ehe der Dekalog als Handlungsanweisung folgte.[533] Darüber hinaus entstanden in der katholischen Kirche seit dem 19. Jahrhundert Diözesankatechismen, im 20. Jahrhundert Weltkatechismen. Von unterschiedlichen Funktionen wäre dann noch zu sprechen. So handelte es sich in der Frühen Neuzeit eher um Handbücher für Pfarrer, die nicht nur religiöser Bildung, sondern auch, wie die Katechismusexamen deutlich machen, der sozialen Formierung dienten, während die weltkirchlichen Katechismen auch die Aufgabe der Homogenisierung einer durch die Globalisierung vielfältiger werdenden katholischen Kirche übernehmen sollten. Sie stehen am vorläufigen Ende eines schriftlich gespeicherten Wissens, das seit der Antike aufgerufen werden konnte.

Bildungsprozesse waren zwar ein konstitutiver Bestandteil der Genese des Christentums, geboren aus der Notwendigkeit, eine neue Zugehörigkeit inhaltlich zu begründen und abzusichern, aber sie besaßen zugleich soziologisch prekäre Konsequenzen: denn Wissen begründete nicht nur eine Entscheidung, sondern stärkte den Einzelnen gegenüber der Gruppe, in der er Mitglied wurde. Gegenwärtige Entwicklungen in vielen Ländern Europas legen jedenfalls die Vermutung nahe, dass Religion und Bildung im Blick auf die Mitgliedschaft in einer religiösen Vereinigung negativ korrelieren, spätestens in dem Augenblick, an dem Religionsfreiheit real möglich ist und der Wohlfahrtsstaat soziale Funktionen einer Religionsgemeinschaft übernimmt, die eine Mitgliedschaft zuvor attraktiv machten. Überspitzt gesagt: Eine institutionalisierte Religion sägt mit der Vermittlung von Bildung an dem Ast, auf dem sie sitzt.

3.3.1b Islam: Gleichzeitigkeit von natürlicher und entschiedener Zugehörigkeit

Näher als das Judentum steht dem Christentum, wenn man den Blick auf die Möglichkeit einer Zugehörigkeit durch Entscheidung fokussiert, der Islam. Denn in den islamischen Traditionen gibt es die Option einer freien Zuwendung, indem man ein Bekenntnis der Zugehörigkeit zum Islam, die Schahada, spricht, wodurch man im Rahmen weiterer Bedingungen (u. a. Freiwilligkeit, Aussage unter Zeugen) Mitglied der islamischen Gemeinschaft, der Umma, wird. Nur minoritäre Gruppen im Islam, die Drusen etwa, betrachten „die Tür der Bekehrung" nach der historischen Anfangsphase als geschlossen,[534] die Sikh-Religion, die mit „hinduistischen" Wurzeln entstand und vom Islam stark beeinflusst wurde, hat sie nicht geöffnet.[535] Neben dem freiwilligen Beitritt gibt es im Islam auch eine automatische Mitglied-

---

[533] Michael Sievernich: Die franziskanischen Katechismen des 16. Jahrhunderts am Beispiel der Mexiko-Mission; Vortrag in Freiburg i. Üe., 4. April 2012.
[534] Aldeeb Abu-Sahlieh: Le secret entre droit et religion, 51; allerdings kennt man einen Wechsel aus der drusischen Gemeinschaft in eine andere Religion, s. Dana: The Druze in the Middle East, 116ff.
[535] Vor allem Westler wollen Sikhs werden, die dann auch westliche Konversionsvorstellungen in die Sikh-Tradition transportieren (Jakobsh: Conversion in the Sikh tradition). Angesichts offener Grenzen sprechen aber Wissenschaftler nicht von einer Konversion im traditionellen (christlichen) Sinn (Fenech: Conversion and Sikh Tradition).

schaft aufgrund der Geburt, die in der Regel patrilinear, durch einen muslimischen Vater, entsteht, allerdings manchmal auch, so in Spanien unter muslimischer Herrschaft, sowohl von der Mutter als auch vom Vater hergeleitet werden konnte.[536] Mit dieser dualen Konzeption besitzt der Mehrheitsislam Möglichkeiten der Zugehörigkeit, die so weder das Christentum (mit dem Anspruch der allein auf Entscheidung gegründeten Mitgliedschaft) noch – mit Einschränkungen – das Judentum (mit seiner dominant gentil begründeten Zugehörigkeit) kennen. In dieser Vergleichsperspektive schuf der Islam ein eigenes Konzept der Zugehörigkeit durch die „Aufhebung" der Modelle seiner Vorgängerreligionen in einer Verbindung beider Optionen. Diese doppelläufige Zugehörigkeitsoption lag nicht mit dem Tod Mohammeds und auch nicht mit dem Abschluss der Kanonisierung des Koran vor, sondern entstand im Laufe der Reflexionsgeschichte der ersten Jahrhunderte.

Ich wende mich zuerst der geburtsbegründeten Dimension zu, von der aus die Eigenheiten der islamischen Tradition gut sichtbar werden. Diese gentile Zugehörigkeit war die Konsequenz einer ursprünglich programmatischen (und nicht nur vor allem faktischen, wie im Christentum) Bindung an die arabischen Stämme, aus denen Mohammed stammte und die zu seinen Lebzeiten dessen Machtbasis bildeten.[537] Die reale und symbolische Verwurzelung in dieser arabischen Herkunftstradition dokumentiert vielleicht am sichtbarsten die Sakralisierung der arabischen Sprache im „arabischen Koran" (Q 42,7)[538] mit dem Übersetzungsverbot für den liturgischen Gebrauch. Dass für einen Hadithgelehrten wie at-Tabarani (873–971 [260–360 H]) Arabisch als die Sprache des Paradieses feststand,[539] illustriert dieses hochsymbolische Kapital der arabischen Dimension im Islam. Aber auch die Konzeption der (machtpolitisch weitgehend gescheiterten) gentilen Weitergabe des Kalifates, die sakrale Auflage der Stadt Mekka mit den Ritualen um die Kaaba oder die geforderte Pilgerfahrt auf die Arabische Halbinsel dokumentieren augenfällig die Bedeutung der arabischen Herkunft.

Diese gentilen Strukturen (in Anlehnung an die englischsprachige Forschung oft „tribale" genannt) prägten teilweise materialiter, teilweise strukturell die entstehenden islamischen Gesellschaften. Mit dieser binären Perspektive von Ethnie und/versus Staat handelt man sich allerdings das Problem einer Unterscheidung ein, die in der europäischen Historiographie den (neuzeitlichen) Staat über die Unterwerfung oder gar Zerschlagung subsidiärer, nicht zuletzt gentiler Strukturen wahrnimmt.[540] Faktisch erhalten sich jedoch in allen Staaten, auch in den „modernen", klientelistische Strukturen – die islamischen Staaten stehen mithin in dieser „tribalen" Perspektive nicht allein. Einmal mehr lautet die entscheidende Frage nicht, ob, sondern in welchem Ausmaß ethnische Strukturen in Gesellschaften eine Rolle spielen. Verkomplizierend kommt hinzu, dass auch tribale Strukturen unterschiedlich bestimmt werden können (Verwandtschaftsgruppe, erweiterte Familie, Verbindung mehrerer Familien, Umdeutung sozialer als biologische Verwandtschaftsverhältnisse – all

---

536 Zorgati: Pluralism in the Middle Ages, 169. 174f.
537 Nagel: Staat und Glaubensgemeinschaft im Islam, Bd. 1, 63; Ammann: Geburt des Islam, 7–22; Cook: Ancient Religions, Modern Politics, 3–18.
538 Al-Azmeh: The Emergence of Islam in Late Antiquity, 146–148.
539 At-Tabarani, zit. bei Cook: Ancient Religions, 9.
540 Reinhard: Geschichte des modernen Staates, 211–304.

das oft als Gegenkonzepte zu neuzeitlich-westlichen Staatskonzepten).[541] Ein bei allen Differenzierungsmöglichkeiten gleichwohl gemeinsamer und hier interessierender Punkt war die im Prinzip geburtsabhängige Mitgliedschaft,[542] und diese spielte in den islamischen Gesellschaften längerfristig auch konzeptionell eine beträchtliche Rolle. Ein Grund dafür lag in dem als normsetzend verstandenen Handeln Mohammeds, der die unterschiedlichen Stämme zu gemeinsamem Handeln gebracht, nicht aber ihre Strukturen aufgelöst hatte.[543]

Neben der auf Clans beruhenden Kultur fanden Mohammed und seine Anhänger in ihrem Umfeld entstehende staatliche Strukturen vor, etwa im Königreich Himjar an der Südwestspitze der Arabischen Halbinsel, wo sich in den letzten Jahrhunderten vor der Entstehung des Islam ein größeres Herrschaftsgebiet unter Aufnahme monotheistischer jüdischer und christlicher Vorstellungen herausgebildet hatte.[544] Wenn in islamischen Staatsbildungsprozessen tribale Strukturen stark blieben, lag das an deren Leistungsfähigkeit, wie sie in der Soziologie als allgemeine Reziprozität beschrieben werden (siehe Kap. 3.2.3a). Die Besonderheit des Islam lag während der Anfangszeit in seiner Fähigkeit, ein Dach über den verschiedenen arabischen Stämmen zu bilden, später in der Möglichkeit, auch Stammesfremden den Zugang zu eröffnen und damit universalisierend zu wirken. Solche über wechselseitige Verantwortung konstituierten Gruppen ließen sich als segmentäre Einheiten auch in einen Staat integrieren, prägten aber seine Struktur. Auf der einen Seite ermöglichten sie im Islam Egalität für die Gruppenmitglieder,[545] auf der anderen Seite implantierten sie ein polares Oppositionsverhältnis zwischen der Umma und den Nichtmuslimen.[546] Im Rahmen der arabischen Expansion bildeten Stämme die Grundlage des militärischen Vorgehens und schützten zugleich die Identität dieser minoritären Eroberergruppen[547] – blieben aber auch die Basis für innerarabische Machtkämpfe, etwa bei der Entmachtung der Ummajaden durch die Abbasiden.[548] Diese Vorteile wurden in neue Formen der Herrschaftsausübung integriert, in denen eine binäre Scheidung von tribalen und staatlichen Organisationsformen die politische Realität nicht trifft. Vielmehr entwickelten sich staatliche Strukturen, bei denen sowohl tribale als auch loyalitätsgestützte Herrschaftsformen mit einem islamischen Deutungsrahmen versehen wurden.[549]

Diese generalisierenden Beobachtungen zur Persistenz tribaler Strukturen verdecken naturgemäß die in unterschiedlichen islamischen Kulturen und zu unterschiedlichen Zeiten

---

541 Lapidus: Tribes and State Formation in Islamic History.
542 Crone: Tribes and State in the Middle East, 356–359.
543 S. etwa dies.: Roman, Provincial and Islamic Law; Cook: Ancient Religions, 23; Watt: Muhammad at Medina, 78–142.
544 Bowersock: Le trône d'Adoulis, 95–110; Arnason: The Emergence of Islam as a Case of Cultural Crystalliazation.
545 Salzman: Culture and Conflict in the Middle East, 15f. 79 u. ö.
546 Ebd., 14f. Salzman beschreibt dort diesen Gegensatz ohne nähere Begründung als „*balanced* opposition" (Hervorhebung HZ).
547 Etwa in der transformierten Beibehaltung tribaler Sozialstrukturen in neugegründeten Städten, s. Bulliet: Sedentarization of Nomads in the Seventh Century, v. a. 39–43.
548 Marín-Guzmán: Arab Tribes, the Umayyad Dynasty, and the 'Abbasid Revolution.
549 Crone: Tribes and State, 375.

je spezifischen Ausprägungen dieser Merkmale. Dazu zwei differenzierende Beispiele: Städtische und agrarische Kulturen unterschieden sich in der Regel hinsichtlich der Geltungsstärke tribaler Elemente in ihren Sozialstrukturen. Muslimische Historiker etwa realisierten, dass städtische Kulturen höhere Individualisierungspotenziale als agrarische boten.[550] Und selbstverständlich hat sich diese Struktur im Zeitverlauf verändert, insbesondere durch den Bedeutungsrückgang von Stammesstrukturen mit der Machtübernahme der Abbasiden im Jahr 750 (109 H), unter denen die arabisch geprägte Herrschaft kosmopolitische Züge erhielt und sich die Araber als ethnische Führungsgruppe weitgehend auflösten. Zwar hatten zuvor schon die Ummajaden die tribalen Herrschaftsstrukturen der Anfangsjahrzehnte relativiert,[551] doch waren sie mutmaßlich über die Probleme, die rivalisierenden Stämme zu beherrschen, gestürzt.[552] Trotz dieser politischen Umwälzungen und der dauerhaften Ausdehnung über den arabischen Bereich hinaus gibt es viele Hinweise auf die Persistenz familialer und tribaler Strukturen arabischer Tradition auch mit dem Aufstieg der Abbasiden, die sich, so viele Forscher, bis in die Gegenwart durchhielten und sich als „neotribale" Strukturen in den politischen Vorstellungen in islamisch geprägten Kulturen identifizieren ließen.[553]

Dazu einige Illustrationen im Blick auf die hier interessierende Frage nach dem Modus der Zugehörigkeit, wobei die Frage im Hintergrund steht, wieweit in der Umma gentile Strukturen aufgelöst oder (transformiert) beibehalten wurden. Der Eintritt in den Islam wurde anfangs wohl im Modell des Eintritts in eine Klientelbindung geregelt, die auch Dhimmis, also Mitglieder „schutzbefohlener" Religionen (siehe Kap. 3.3.3b), betraf, die diese Verbindung zusätzlich zu den höheren Steuern eingehen mussten.[554] Aber diese Verknüpfung von Clanbindung und religiöser Zugehörigkeit blieb ein Übergangsphänomen.

Länger wirkte sich hingegen die tribale Tradition auf die Verwandtschaftskonzeption und namentlich auf das Familienrecht mit der normativ und faktisch starken Stellung des Mannes aus. In einer kontroversen Debatte wird etwa diskutiert, ob der Islam trotz seiner patriarchalen Strukturen die Stellung der Frau gegenüber den vorislamischen Kulturen auf der Arabischen Halbinsel verbesserte oder verschlechterte. Vertreter der ersten Position verweisen etwa darauf, dass Frauen in einigen Stellen des Koran als prinzipiell gleichberechtigt in ihrer Heilsmöglichkeit betrachtet werden (Q 33,35), sie zu Vertragspartnerinnen wurden, ein Erbrecht erhielten, namentlich ihr Vermögen behalten sollten (Q 2,229), die unbegrenzte Vielehe auf eine Polygamie mit vier Frauen eingeschränkt oder die Tötung von neugeborenen Mädchen untersagt wurde.[555] Sonderrechte der Männer, die im Koran niedergelegt sind[556]

---

550 So Ibn Khaldun (1332–1406 [732–808 H]), s. Spickard: Tribes and Cities, 108–110.
551 Ibrahim: Der Herausbildungsprozeß des arabisch-islamischen Staates.
552 Marín-Guzmán: Arab tribes, the Umayyad Dynasty, and the ʿAbbasid Revolution.
553 So Black: The History of Islamic Political Thought, 350.
554 Krämer: Geschichte des Islam, 61; Daniel: Iran, 72. In der Frühphase bedurfte es einer Assoziation mit einem arabischen Stamm, Bulliet: Conversion to Islam and the Emergence of a Muslim Society in Iran.
555 So durchgängig die islamischen Theologen und Juristen unter Berufung auf Q 81,1–14; s. Gallagher: Infanticide and Abandonment of Female Children, 296.
556 „Die Männer stehen über den Frauen, weil Gott sie (von Natur vor diesem) ausgezeichnet hat und wegen der Ausgaben, die sie von ihrem Vermögen (als Morgengabe für die Frauen?) gemacht haben." (Q 4,34).

und sich in herausgehobenen Besitz- und Herrschaftsrechten niederschlagen,[557] seien vor allem als Ausgleich für erhöhte Fürsorgepflichten des Mannes zu rechtfertigen. In den Hadithen schließlich stößt man auf Frauen, die über religiöses Wissen reflektiert und es transferiert haben und nach späten Quellen als Imame gewirkt haben sollen.[558]

Demgegenüber führen Wissenschaftler, die eine verschlechterte Stellung der Frau im entstehenden Islam sehen, eine Verstärkung der patriarchalen Strukturen gegenüber den vorislamischen Kulturen an.[559] So seien die teilweise bestehenden matrilinearen Traditionen eliminiert worden,[560] die Fixierung der Geschlechterbeziehungen auf die Ehe habe die Rolle des Mannes gestärkt,[561] ob es wirklich eine flächendeckende und in der Anzahl der Frauen unbegrenzte Polygamie in Altarabien gegeben habe, wird infrage gestellt, die vorislamischen Möglichkeiten der Frauen, eine Ehe aufzulösen, habe der Islam abgeschafft,[562] und der Widerstand von Frauen gegen die Einführung dieser patriarchalen Gesellschaftsordnung sei in der islamischen Geschichtsschreibung marginalisiert worden.[563] Schließlich gab es keine Frauen mehr in Leitungsfunktionen, wie es sie in begrenztem Ausmaß in den vorislamischen Gesellschaften gegeben habe. Diese politische Rolle von Frauen war auch im Vergleich zum Westen beschränkt: Herrscherinnen etwa im Rang von Königinnen oder Gräfinnen, die der Okzident kannte, findet man im islamischen Bereich als rechtlich institutionalisierte Form nicht (allerdings auch nicht in Byzanz) – ohne damit zu bezweifeln, dass Frauen einflussreiche politische Positionen (oft im Hintergrund) einnehmen und in Ausnahmefällen (nie aber im arabischen Herrschaftsbereich) auch als Sultaninnen ametieren konnten.[564] Es gibt Forscher, die in dieser Genderkonstruktion einen Grund unter vielen sehen, warum sich die Aufhebung patriarchaler Strukturen in eine verfassungsrechtlich verankerte Gleichberechtigung erst im Rahmen der Rezeption des westlichen Rechts seit dem 19. Jahrhundert entwickelte.[565]

Die unbestrittene Grundlage für die Regelung der Verwandtschafts- und Familienordnung war der Koran, der aber in der Regel schon aufgrund des Interpretationsbedarfs keine selbstevidente Basis bildete und zudem in den Hadithen eine zweite, wenngleich meist nachgeordnete Offenbarungsquelle an seiner Seite hatte. An vielen Stellen sieht der Koran eine auf Geschlechterdifferenzen beruhende Ordnung vor, in der Frauenrollen im Rahmen der Überordnung des Mannes bestimmt sind.[566] Sie beinhaltet generell und ausdrücklich die genannten Aufforderungen an den Mann, mit Frauen gut umzugehen (klassisch Q 4,19),

---

557 Spectorsky: Women in Classical Islamic Law, 53 passim. S. auch Esposito/Natana: Women in Muslim Family Law, 46; Ahmed: Women and the Advent of Islam, 666; dies.: Women and Gender in Islam, 41–63.
558 Decker: Frauen als Trägerinnen religiösen Wissens; Imame s. Ahmed: Women and Gender in Islam, 60f.
559 Ahmed: Women and the Advent of Islam; Mernissi: Geschlecht, Ideologie, Islam, 62–66; klassisch mit der Differenzierung von Mohammeds Äußerungen und Traditionsbildung Stern: Marriage in Early Islam.
560 Ahmed: Women and the Advent of Islam; Mernissi: Geschlecht, Ideologie, Islam, 71–79.
561 Ahmed, ebd., 670.
562 Ebd., 680f.
563 Ebd., 687–689; Mernissi: Geschlecht, Ideologie, Islam, 68–71.
564 So Mernissi: Herrscherinnen unter dem Halbmond, 107–166; zur arabischen Welt S. 136, zur Ausnahmesituation in der Nutzung von Männerkleidern etwa bei Radija bint Shams aus Dehli s. S. 118.
565 Hallaq: Sharī'a, 450–473.
566 Loci classici für die Überordnung des Mannes sind die Verse Q 4,34 und 2,228.

aber auch die mit der Sorgepflicht verbundenen Rechte des Mannes, denen keine entsprechenden symmetrischen Regelungen für Frauen zur Seite stehen: etwa das männliche Recht auf Geschlechtsverkehr mit Frauen,[567] das Recht zur zahlenmäßig begrenzten Polygamie, sofern der Mann seiner Fürsorgepflicht nachkommen kann (Q 4,3), das Züchtigungs- sowie das Scheidungsrecht.[568] Nicht zuletzt das Erbrecht stärkte die patriarchalen Clanstrukturen, insoweit die Testierfreiheit des Erblassers beschränkt[569] und feste Quoten für Angehörige (wobei Frauen geringere Anteile erhielten) eingeführt werden konnten.[570]

Diese koranischen Regelungen wurden von den Rechtsschulen im Prinzip bestätigt, erhielten allerdings durch die Auslegung flexible Regulierungen, die ein je nach Regionen, Schulen und Zeiten hochdifferenzierte Rechtssysteme entstehen ließen.[571] Zudem lassen sich vielfältige Interferenzen zwischen der Rechtstheorie und einer von dieser oft abweichenden Praxis nachweisen, die die Theorie nur als einen (in der Regel der Forschung aber gut zugänglichen und deshalb bevorzugten) Bereich relativiert.[572] Insgesamt wurden in der Verwandtschaftsordnung Elemente festgeschrieben, und nur darum geht es an dieser Stelle, die wichtige Dimensionen der tribalen Konzeption beibehielten – oft mit konkreten Regelungen, oft strukturell. Zudem entwickelte sich mit dem Konzept der Fitra im Verlauf der ersten Jahrhunderte ein Konzept (s. u.), das diese naturale Zugehörigkeit theologisch abstützte und Abstammung und Religionszugehörigkeit verband.

Aber im Prozess der Genese des Islam veränderten sich diese tribalen Strukturen und ihre Bedeutung, vergleichbar den Revisionen der Verwandtschaftsordnung durch das Christentum (siehe Kap. 3.3.1a). Die wichtigste Veränderung erfolgte durch eine universalisierende Theologie, in der neben den auf Blutsverwandtschaft gegründeten Stammesverband mit seiner gruppenbezogenen Loyalität die Umma trat, in der die religiöse, also eine soziale Verwandtschaft das Fundament der gesellschaftlichen Beziehungen bilden sollte. Die damit gegebene Möglichkeit einer Zugehörigkeit durch Entscheidung wurde im Rahmen der Expansion des Islam in außerarabische Gebiete ausgeformt, als die Integration der nicht als Muslime geborenen Bevölkerungsteile, die die weit überwiegende Mehrheit ausmachten, anstand. Genealogisch dürfte es sich bei dieser Zugangsvariante um ein Erbe des Christentums handeln, das im Rahmen seiner Ausbreitungsgeschichte sein Modell der deliberativen Zugehörigkeit verbreitet hatte.

Im Islam geschah dieser Eintritt durch das Sprechen eines kurzen Bekenntnisses, der Schahada, die wie ein Treueeid fungierte. Ihre zentralen Elemente waren die Lehre von der Einzigkeit Gottes (es gebe keinen Gott außer Gott) und von Mohammed als seinem Gesandten.

---

567 „Eure Frauen sind euch ein Saatfeld. Geht zu (diesem) eurem Saatfeld, wo immer ihr wollt!" (Q 2,223).
568 Q 4,34 (Züchtigung); zur abmildernden Interpretation oder Übersetzung s. Heidegger: Hermeneutische Strategien intrareligiöser Kritik, 294–296; mit der gleichen Tendenz unter Verweis auf die androzentrische Basis des Züchtigungsrechtes Seker: Ermahnt sie, meidet sie im Bett und schlagt sie!) und die Verse Q 2,229; 65,1.
569 Powers: Studies in Qur'an and Ḥadīth.
570 Coulson: Succession in the Muslim Family, 1–4.
571 Tucker: Women, Family, and Gender in Islamic Law. Zu den regional sehr unterschiedlichen Entwicklungen s. Women in the Medieval Islamic World, hg. v. G. R. G. Hambly.
572 Spectorsky: Women in Classical Islamic Law, passim.

Der Ursprung dieser Formel könnte im samaritanischen Judentum liegen, wo das Bekenntnis, dass es keinen Gott außer dem Einen gebe, prominent war, welches seinerseits auf das Schema Israel (Dtn 6,4) zurückgriff.[573] Die Geschichte der formalisierten Teile der Schahada ist aber komplex, insofern sich einzelne Teile schon im Koran finden, das schlussendlich formalisierte Bekenntnis aber ein Produkt der nachkoranischen Tradition ist.[574] Erstmalig findet sich wohl um 692–694 (72–74 H) auf Münzen der Teil der Schahada-Formel, dass es nur einen Gott gebe.[575] Im Umgang mit Eintrittswilligen dürfte diese Formulierung dann einen Wandel ihrer sozialen Funktion mitgemacht haben. Aus einer Bestätigungsformel, die möglicherweise ursprünglich als Zeugenaussage fungierte,[576] entstand eine Abgrenzungsformel, die auch die Distanzierung von der Herkunftsreligion, namentlich vom Christentum mit dem von Muslimen in der Trinitätsformel gelesenen Polytheismus, symbolisieren konnte. Möglicherweise wurde bereits Ende des 7. Jahrhunderts ein solches Bekenntnis von „Konvertiten" zum Islam gesprochen, aber Inschriften machen deutlich, dass noch bis weit ins zweite Jahrhundert hinein Bekenntnisformen sehr vielfältig sein konnten und Mohammed erst langsam einbezogen wurde.[577] Über diese Basisformel hinausgehend konnten neue Muslime weitere Dimensionen bekräftigen: den Glauben an den Koran, die Engel, Mohammed als Propheten und an ein Endgericht, zudem wurde eine öffentliche Bekräftigung durch Taten erwartet.[578] Auch diese ritualisierte Verbindung von Übertritt und Bekenntnis dürfte ihre Wurzeln in interkulturellen Kontakten mit dem Christentum besitzen.

Im Zuge der Ausdifferenzierung von schiitischer und sunnitischer Tradition nahmen die Schiiten den Bezug auf ihre zentrale Bezugsperson Ali, den Schwiegersohn und Vetter Mohammeds, als „Freund Gottes" in die Schahada auf. Diese Wertschätzung war in der spirituellen Literatur der Schia schon lange verbreitet, aber die Aufnahme Alis, die mit einem Veränderungsverbot belegt werden konnte, geschah nicht vor dem 11. Jahrhundert (5. Jh. H)[579] und wurde in ihrer dreiteiligen Struktur (Einzigkeit Gottes, Mohammed als sein Gesandter, Ali als Freund Gottes) zu Beginn des 17. Jahrhunderts (12. Jh. H) fest etabliert.[580] Dabei waren keine interreligiösen, sondern intrareligiöse Abgrenzungen leitend, insofern die schiitische Schahada vermutlich ein gewachsenes Selbstbewusstsein gegenüber den Sunniten dokumentiert.[581] In diesem nachkoranischen und interdenominationellen Prozess wurde die Schahada eine der fünf Grundpflichten, der Säulen des Islam. Sie sollte zumindest einmal im Leben mit Überzeugung gesprochen werden, doch wurde sie darüber hinaus durch die Benutzung im täglichen Gebet und in Passageritualen häufig rezitiert.[582]

---

[573] Macuch: Zur Vorgeschichte der Bekenntnisformel lā ilālah illā illāhu, 21f.
[574] Wensinck: The Muslim Creed, 5–16.
[575] Donner: Muhammad and the Believers, 205; Van Ess: Der Eine und das Andere, 1312, Anm. 9.
[576] Lech: Geschichte des islamischen Kultus, 73–100.
[577] Wensinck: The Muslim Creed, 33f.; zu den Inschriften Imbert: L'Islam des pierres.
[578] Dutton: Conversion to Islam, 155.
[579] Elisah: On the Genesis and Development of the Twelver-Shi'i Three-Tenet Shahada, 24f.
[580] Ebd., 26.
[581] Ebd., 30.
[582] Rippin: Witnes to Faith, 488.

In komparativer Perspektive ist entscheidend, dass das Verhältnis zwischen entscheidungsbegründeter Zugehörigkeit, die tribale Strukturen im Prinzip auflöste und im Konzept der Umma eine universal ausgerichtete Organisationsform erhielt, einerseits und gentilen Strukturen andererseits, die die soziale und die religiöse Zugehörigkeit im Prinzip geburtsabhängig festlegten, anders konfiguriert war als in christlichen Traditionen. Auch dort findet sich ja die starke, weitenteils dominierende Rolle gentiler Zugehörigkeitsmuster, aber mit der Zugehörigkeitskonzeption der paulinischen Gemeinden stand eine Theorie zur Verfügung, die tribale Strukturen und gentile Vergemeinschaftungsmuster delegitimierte.

In der theologischen Reflexion der beiden Zugänge zum Islam, des hereditären und des arbiträren, wurde eine religiöse Anthropologie entwickelt, die Fitra, welche die freiwillige Zugehörigkeit zugunsten einer „vererbten" hierarchisierte. Demnach sei jeder Mensch, verkürzt gesagt, von Natur aus Muslim. Die Konzeption hatte nur einen schwachen Anhalt in einer schöpfungstheologischen Aussage des Koran (Q 30,30) und ist vor allem das Ergebnis intellektueller Reflexion.[583] Diese Koranstelle könnte ursprünglich die Existenz von Monotheisten auf der Arabischen Halbinsel außerhalb von Juden- und Christentum, der Hanifen, begründet haben.[584] Jedoch erhielt die Vorstellung später zusätzliche philosophische Wurzeln, namentlich in Überlegungen bei al-Farabi, Avicenna und al-Ghazali, also seit dem 10. Jahrhundert (4. Jh. H), die präkulturelle Fähigkeiten des Menschen annahmen, etwa einen Intellekt postulierten, den alle Menschen besitzen sollten, bevor sie in ihrer Entwicklung religiöse Überzeugungen hätten.[585] Eine andere Wurzel könnte die Debatte um das Schicksal von Kindern gewesen sein, die nicht muslimisch erzogen wurden und denen man gleichwohl eine Erlösung zusprechen wollte, die mit einer naturalen Muslimizität gegeben wäre.[586] Daraus (oder parallel dazu) formierte sich die theologische Überzeugung, wonach der Mensch von Natur aus ein Muslim sei. Der Islam sei, wie es in einer Hadith-Überlieferung heißt, dem Menschen angeboren,[587] und erst durch soziale Verhältnisse, durch Erziehung, werde er zum Anhänger einer anderen Religion. Diese Vorstellung illustriert etwa ein Hadith Mohammeds bei al-Biruni (973–1048 [362–439 H]): „Ein jedes Kind wird nach seiner eigenen Natur geboren, und dann machen seine Eltern aus ihm einen Juden oder einen Christen oder einen Feueranbeter".[588]

Das Fitra-Konzept war nun im Prinzip interpretationsoffen und konnte in gegenläufige Richtungen ausgelegt werden, nämlich entweder universalistisch, dann würden die Unterschiede konkreter Religionen angesichts der naturalen Islamität bedeutungslos, oder partikularistisch, weil dann nichtislamische Religionen als „Abfall" von der „wahren" naturalen Religion gedeutet werden konnten.[589] Im Verlauf der islamischen Geschichte hat sich die

---

583 Zur Traditionsgeschichte Schulze: Der Koran und die Genealogie des Islam, 421–432.
584 So van Ess: Theologie und Gesellschaft, Bd. 4, 326, Anm. 12; ders.: Zwischen Ḥadīṯ und Theologie, 103.
585 Griffel: Al-Ghazālī's Use of „Original Human Disposition" (fitra) and its Background in the Teachings of al-Fārābī and Avicenna.
586 Adang: Islam as the Inborn Religion of Mankind, 396–402; van Ess: Zwischen Ḥadīṯ und Theologie, 101f.
587 Zit. nach dems.: Theologie und Gesellschaft, Bd. 4, 361; s. auch ders.: Zwischen Ḥadīṯ und Theologie, 101–107.
588 Zit. nach Al-Biruni: In den Gärten der Wissenschaft, 134.
589 Gobillot: La fiṭra, 130; van Ess: Theologie und Gesellschaft, Bd. 4, 361.

letztere, die exklusivistische Variante durchgesetzt, die nur Muslimen die Übereinstimmung mit der „wahren" religiösen Natur zuschrieb,[590] so dass es in der politischen Praxis nicht zur Relativierung oder Eliminierung des Dhimmi-Status (siehe Kap. 3.3.3b) aus dem Geist einer spiritualistischen Fitra-Vorstellung kam.[591] In dieser hegemonial gewordenen Fitra-Theologie wurde der Eintritt in den Islam nicht als Hinwendung zu einer neuen Religion gedeutet, sondern als Rückkehr von der sekundären sozialen (jüdischen oder christlichen oder zoroastrischen) zur ursprünglichen, „angeborenen" Religion. Damit lehnte dieses Theologumenon die geburtsbestimmte Zugehörigkeit, die im Lauf der islamischen Geschichte quantitativ dominant wurde, an eine theologische Anthropologie an, die eine islamische „Identität" als quasi naturale Konstante verstand, die durch soziale Faktoren wie Erziehung zu einer defizitären „Identität" (bei den „schutzbefohlenen" Religionen) oder gar zu einer grundsätzlich falschen (bei den Polytheisten) führen könne. Relevant wurde dieses theologische Konzept (mit Abweichungen im Detail in den verschiedenen Rechtsschulen) insbesondere für den Umgang mit Kindern, bei denen die religiöse Erziehung die natürliche Ausrichtung noch nicht überformt habe. Dies betraf etwa Kinder, die ihrer Eltern verlustig gingen. Ein Anwendungsfall war der Krieg; wurden Kinder ohne nichtmuslimische Eltern gefangen oder trat ein Elternteil in den Islam ein, konnten sie als Muslime gelten und zur islamischen Praxis gezwungen werden.[592]

Allerdings eröffnet die Fitra-Konzeption hinsichtlich des Absolutheitsanspruchs keine absolute Differenz zwischen Islam und Christentum, insofern letzteres die Vorstellung einer quasi naturalen Christlichkeit kennt, die sich schon in antiken Anthropologien findet, etwa im Konzept einer „anima naturaliter christiana" am Ende des 2. Jahrhunderts (siehe Kap. 3.2.3a). Doch dieses Theologumenon wurde im Christentum nicht hegemonial, weil dem die Entscheidungsforderung und die Taufpraxis entgegenstanden. Im Judentum bestand aufgrund der ethnischen Dimension des Selbstverständnisses kein Bedarf für ein vergleichbares Konzept, doch gibt es einzelne Philosophen, die über das Fitra-Konzept im Rahmen von Abstammungsvorstellungen reflektierten.[593]

Vor diesem Hintergrund eines anders als im Christentum bestimmten Spannungsverhältnisses von gewählten oder vorgegebenen Zugehörigkeitsmöglichkeiten kann man einige Einzelheiten des Eintritts in den Islam, meist „aslama" (im Sinne von: „sich unterwerfen", siehe Kap. 3.3.2c) genannt, beleuchten. Der Islam verzichtete auf einen elaborierten Ritus, das Sprechen der Schahada konnte ohne große Vorbereitung und ohne eine elaborierte Liturgie, also ausgesprochen niedrigschwellig, vollzogen werden, ein aufwändiger und theologisch hoch gewichteter Eintrittsritus, wie ihn das Christentum mit der Taufe entwickelte, ist im Islam nicht entstanden. Zwar gibt es wohl im Koran eine Anspielung auf Taufvorstellungen (Q 2,138),[594] aber die Semantik dieses singulären Verses ist nicht ganz klar

---

[590] Gobillot: La fiṭra, 141.
[591] Ebd., 4.
[592] Friedmann: Tolerance and Coercion, 110f.
[593] Etwa Maimonides, s. Lévy: La fitra dans l'œuvre philosophique de Maïmonide, 415.
[594] Paret übersetzt: „Das baptisma (?) Gottes! Wer hätte ein besseres baptisma als Gott! Ihm dienen wir."

und bezieht gegenüber einem Taufakt vielleicht kritisch Stellung;[595] jedenfalls ist eine eigenständige Praxis daraus nicht entstanden.

Allerdings entwickelte man in islamischen Traditionen strukturanaloge Passageriten für Kinder, die über ihre Geburt in den Islam hineinwuchsen. Unter Rückgriff auf Hadith-Texte und vorislamische Traditionen entstand eine vom Vater verantwortete Zeremonie der Aufnahme des Kindes in die islamische Gemeinschaft, die oft folgende Elemente umfasste: den Gebetsruf, der zum Moscheegebet einlud, und das Gebet zur Eröffnung des Moscheegottesdienstes, die dem Neugeborenen ins Ohr gesprochen werden konnten, damit es den Islam annehme, Namensgebung, einen ersten Haarschnitt und die Beschneidung.[596] Unter diesen Elementen wurde die Beschneidung zu einem weit verbreiteten, aber nicht zwingenden Merkmal der Zugehörigkeit. Da sie im Koran nicht thematisiert wird, hat sich unter den Rechtsgelehrten eine kontroverse Debatte entwickelt, in der die Beschneidung abgelehnt werden konnte, aber unter Rückgriff auf nichtkoranische Überlieferungen und das Gewohnheitsrecht Beschneidungen wohl in der überwiegenden Mehrzahl der Entscheide gerechtfertigt wurden.[597] Die Beschneidung betraf vor allem Jungen, aber auch Mädchen (bei denen man aufgrund der Zerstörung organischer Funktionen, die bei den Männern nicht eintreten, präziser von Verstümmelung reden müsste). Sie wurde nicht zuletzt unter Akzeptanz vor- oder außerislamischer Traditionen für beide Geschlechter angeraten und konnte in einigen (sehr vielen?) Regionen fast flächendeckend vorgenommen werden.[598]

Mit der Zugehörigkeit zum Islam war ein ambitioniertes Bildungsprogramm verbunden, das sich stark auf Erwachsene bezog und weniger auf Kinder (vielleicht weil sie im Fitra-Konzept schon als Muslime galten?).[599] In den ersten Jahrhunderten ist in den unterschiedlichen Regionalkulturen eine Vielzahl von Orten nachweisbar, wo Kinder und Erwachsene unterrichtet wurden: etwa Schreibschulen, Häuser von Gelehrten und Adeligen, Buchhändler, die Wüste, vor allem aber die Moschee,[600] die seit dem 7./8. Jahrhundert (2./3. Jh. H) immer stärker die anfangs vor allem in privaten Häusern organisierte Bildung dominierte.[601] Insbesondere in Städten dürfte es oft eine dichte Bildungslandschaft gegeben haben. So etwa praktizierten in einer Stadt wie Palermo im 10. Jahrhundert (4. Jh. H) 300 Lehrer.[602] Die Erziehung war auf

---

595 Goddard: Baptism.
596 Gil'adi: Children of Islam, 35f.; Motzki: Das Kind und seine Sozialisation in der islamischen Familie des Mittelalters, 411–417.
597 Aldeeb Abu-Sahlieh: Circoncision masculine, circoncision féminine, 138–189.
598 Mit Verweis auf allerdings meist jüngere Befunde Osten-Sacken/Piecha: Zur Beschneidungsdebatte nach dem Kölner Gerichtsurteil, 334; zu Ägypten im 20. Jahrhundert s. Aldeeb Abu-Sahlieh: Circoncision masculine, circoncision féminine, 412f. Ein Beispiel für die rechtliche Fixierung der „Beschneidung" von Frauen s. Ibn al-Ǧauzī: Das Buch der Weisungen für Frauen, 21–23, der im 12. Jahrhundert (6. Jh. H) meist in Bagdad lehrte.
599 Decker: Frauen als Trägerinnen religiösen Wissens, 141–367.
600 Shalaby: History of Muslim Education, 16–54. Zur Pluralität muslimischer Erziehungswelten s. auch Enfance et jeunesse dans le monde musulman, hg. v. F. Georgeon/K. Kreiser.
601 Hassim: Elementary Education and Motivation in Islam, 38–40; Shalaby: History of Muslim Education, 55.
602 Hassim: Elementary Education and Motivation in Islam, 42.

Jungen und Männer ausgerichtet, wobei aber Mädchen und Frauen nicht grundsätzlich ausgeschlossen waren.[603]

Religiöse Themen spielten auch eine bedeutende Rolle, nicht zuletzt aus Sorge um das religiöse Heil der Kinder,[604] aber auch aufgrund der dominierenden Orientierung am Koran, der die Normen für den religiösen und ethischen Unterricht vorgab.[605] Die Fähigkeit, den Koran rezitieren zu können, und die Forderung, ihn auswendigzulernen,[606] standen dabei im Zentrum, nicht nur wegen des gesprochenen Koranwortes, sondern auch, weil man der Erinnerung mehr traute als der Schrift.[607] Kinder mussten sodann in der Regel, wenn sie sechs Jahre alt waren, die Reinigungsriten und Gebete erlernen und sollten wissen, dass man einige Tage im Ramadan zu fasten habe.[608] Weitere Kenntnisse seien altersangemessen zu vermitteln, etwa indem Kinder zuerst den Gehorsam lernten und erst später ein tieferes Wissen von Gott, Verdienst und Strafe erhielten.[609] Diese Praxis implizierte, dass Kinder das Gelernte verstehen sollten, wenngleich sich auch, etwa angesichts des häufigen Kindstodes, die Entkopplung von Wissensvermittlung und Verstehen findet.[610] Zentrale Unterrichtsgegenstände bildeten darüber hinaus insbesondere in der Elementarschule das Rechnen und Lesen.[611] Aufgrund dieser religiösen Dimensionen der Erziehung existierte kein gemeinsamer Unterricht mit Kindern anderer Religionen.[612]

An dieser Stelle interessiert allerdings nicht die Geschichte der Bildung in islamischen Ländern, sondern nur deren Rolle beim Religionseintritt oder -wechsel. Der Islam ging anders vor als das Christentum, das hier als Vergleichsgegenstand normativ angesetzt ist. Im Islam gab es in der Regel keine Unterrichtung als Voraussetzung oder in der Begleitung eines Religionswechsels, also kein Analogon zur christlichen „Katechese", ebensowenig entstand über Jahrhunderte eine entsprechende „katechetische" Literatur. Die Gründe dürften zumindest teilweise in der Zugehörigkeitskonzeption des Islam gelegen haben. Der Eintritt besaß angesichts der starken Verbindung von Religion und Ethnie in den Entstehungsjahrzehnten des Islam keine theologische Priorität, sofern man in dieser Phase überhaupt auf einen Religionswechsel zielte. Auch dürfte der Eintritt im (frühen) Islam, so jedenfalls einige Quellen, keinen radikalen Bruch, sondern mehr den Beginn einen neuen Weges markiert haben.[613] Religiöse Bildung konnte dann viel stärker als nachgelagerte Praxis verstanden werden und musste nicht, wie im Christentum, vor dem Eintritt erfolgen. Möglicherweise

---

603 Vgl. das nach Regionen und Zeiten wenig differenzierte, aber reichhaltige Material bei Tritton: Materials on Muslim Education, 7f. 141–143; Shalaby: History of Muslim Education, 188–194.
604 Etwa bei al-Ghazali, s. Gil'adi: Children of Islam, 51.
605 Tritton: Materials on Muslim Education, 3. 5. 22; Dodge, Bayard: Muslim Education in Medieval Times, Washington 1962, 50–60; Hassim: Elementary Education and Motivation in Islam, 141f.
606 Gil'adi: Children of Islam, 55; Hassim: Elementary Education and Motivation in Islam, 42.
607 Tritton: Materials on Muslim Education, 4. 18. 149–151.
608 Gil'adi: Children of Islam, 53.
609 Ebd., 53.
610 Ebd., 84.
611 Tritton: Materials on Muslim Education in the Middle Ages, 1–26.
612 Hassim: Elementary Education and Motivation in Islam, 46f.
613 Calasso: Recits de conversion, zèle dévotionnel et instruction religieuse dans les biographes des „gens de Basra", 33.

begrenzte auch das Konzept der Fitra Bildungsprozesse, konnte doch der Eintritt in den Islam nicht als „Konversion" in eine neue Religion, sondern als Rückkehr gedeutet werden – die zumindest in theologischer Perspektive weniger stark einer pädagogischen Unterstützung bedurfte. Schließlich bedeutete der Verzicht auf eine intensive Unterrichtung bei einem Übertritt auch eine pragmatische Erleichterung des Eintritts für die Unterworfenen. Dieser niedrigschwellige Zutritt jedenfalls könnte den Islam gegenüber dem Christentum attraktiver gemacht haben, und auch das schlichte islamische Ritual der Schahada vereinfachte diesen Schritt. Am ehesten hätte man noch für die „Ungläubigen" (Polytheisten) ein Äquivalent zur Katechese erwarten können, doch dazu kam es nicht.

Doch möglicherweise kranken solche Überlegungen zu einer katechismusartigen Unterweisung an einer Wahrnehmung, die den Islam bis zum Ende des 7. Jahrhunderts (1. Jh. H) viel zu institutionell, viel zu gefestigt und viel zu „missionarisch" sieht. Wenn man hingegen realisiert, dass der Islam sich in den ersten Jahrzehnten überhaupt erst als Religion konstituierte, während er sich gleichzeitig in einem erfolgreichen Ausbreitungsprozess befand, in dem Anstrengungen zu Konversion der eroberten Völker keine besondere Rolle spielten (siehe Kap. 3.3.2c) und angesichts der Kopfsteuer auch den ökonomischen Interessen entgegenliefen, ist es nicht auffällig, dass auch pragmatische Motive, eine religiöse Unterweisung zu entwickeln, schwach ausgebildet waren. Jedenfalls entstand im Islam mit der nicht nur praktisch, sondern auch theoretisch vornehmlich nachgelagerten religiösen Erziehung eine eigene Pfadtradition in der eurasischen Religionsgeschichte. In der Praxis war zwar auch im Christentum die grundlegende (und nicht nur die aufbauende) religiöse Unterweisung häufig nachgelagert, insbesondere angesichts der Kindertaufe, doch blieb diese Verlagerung der religiösen Bildung kontraintentional in Anbetracht einer Theorie, die die „Katechese" als Bedingung des Eintritts verstand.

Auch in diesem Feld macht ein Blick auf einzelne Regionen oder Gruppen Praktiken sichtbar, die dieses Panorama von im Allgemeinen geltenden Regelungen differenzieren oder es konterkarieren. So gab es sehr wohl Gruppen, die eine intensivere religiöse Unterweisung im Kontext von Übertritten betrieben, etwa Sufis und andere spiritualistische Vereinigungen. Ihnen wird beispielsweise eine hohe Bedeutung bei der Islamisierung Anatoliens seit dem 11./12. Jahrhundert [5./6. Jh. H] zugewiesen, die in einem komplexen Rahmen zwischen sozialer Fürsorge und religiösem Unterricht[614] und religionspolitisch im Einklang, aber durchaus auch in Konflikten mit der politischen Herrschaft stattfand.[615] In diesen Milieus entstanden Texte, die in der westlichen Forschung „Katechismus" genannt wurden,[616] wobei es sich aber nicht um Literatur für Eintrittswillige handelte.[617] Im 12. (?) Jahrhundert [7. (?) Jh. H] finden sich jedoch Texte, die als Sammlung von Fragen und Antworten einem Katechismus gleichen, etwa die „Doctrina Machumed", die in verschiedenen Rezensionen in Arabisch und Türkisch

---

614 Leiser: The Madrasah and the Islamization of Anatolia before the Ottomans, 189f.
615 Inalcik: The Ottoman Empire, 186–202.
616 Wensinck: The Muslim Creed, 268.
617 Robinson: Education, 518–520. Wensinck: The Muslim Creed, 265–270, nennt etwa dasjenige von Fikh Akbar III.

vorliegt und 1142/43 (536/537 H) auch ins Lateinische übersetzt wurde.[618] Möglicherweise diente sie „apologetischen" oder „missionarischen" Intentionen, als ihr Sitz im Leben wird in islamischen Quellen jedenfalls eine Auseinandersetzung Mohammeds mit einem schließlich zum Islam übergetretenen Juden angegeben.[619] Aber daraus entwickelte sich keine Tradition, offenbar sind in islamischen Kulturen bis in die Neuzeit keine „Katechismen" im christliche Sinn entstanden, vielmehr wurden sie wohl erst im Kontakt mit Christen geschaffen. Ein Beispiel dafür ist die Situation in Polen in der Frühen Neuzeit, wo im relativ liberalen litauischen Teil der polnischen Adelsrepublik Muslime lebten und im 19. Jahrhundert ein erster muslimischer Katechismus nach dem Vorbild christlicher Lehrbücher entstand.[620] Doch diese und andere Formen religiöser Unterweisung wurden nicht verpflichtend mit der Schahada verbunden, vielmehr konnte religiöse Bildung wiederum als nachgelagerte und fakultative Vertiefung hinzukommen – in Polen offenbar, weil man in einer Minderheitssituation das Fehlen einer religiösen Bildung kompensieren wollte.

Ein darüber hinausgehender staatlicher Religionsunterricht, wie er im Okzident als Sonderentwicklung spät, im Alten Reich seit dem 16. Jahrhundert, entstand (siehe Kap. 3.3.1a), entwickelte sich im Islam im Rahmen kolonialer Interaktionen seit dem 19. Jahrhundert; dazu nur zwei illustrative Beispiele, die die Spannbreite möglicher Entwicklungen beleuchten. In Saudi-Arabien wurde religiöse Bildung an staatlichen Schulen in der ersten Hälfte des 20. Jahrhunderts implementiert,[621] zum einen, weil man westliche Bildungskonzepte aufgreifen wollte, zum anderen, um ein Gegengewicht gegen religiöse Schulen zu schaffen.[622] Im subsaharischen Senegal begegnete man hingegen im 19. Jahrhundert Sufi-Gemeinschaften in dieser Vermittlungsfunktion. Sie unterrichteten vornehmlich Mitglieder der religiösen Elite, beschritten aber nach der Etablierung des Erziehungssystems durch die Franzosen und in Konkurrenz zu diesem den Weg zu einer populären, auch religiösen Bildung.[623]

Letztlich dokumentiert der in diesem Kapitel vorherrschende Blick auf die islamischen Traditionen der Zugehörigkeit die Grenzen eines durch die okzidentale Tradition geprägten christlichen Zugangs, der in der Theorie nur einen Weg der Zugehörigkeit, den der Entscheidung, kennt. Diese Perspektivität sei abschließend pars pro toto an einem Detail, dem Konzept und dem Begriff der „Konversion", diesem christlich normierten Terminus (siehe Kap. 3.3.2a), illustriert. Die Anthropologie der Fitra hat in den dominant gewordenen Deutungen ein Zugehörigkeitskonzept kreiert, das eine andere Sprachmetapher als „Bekehrung" oder „Konversion" verlangt: anstelle des Bildes vom Eintritt in eine neue Religion dasjenige der Rückwendung oder der Rückkehr in die religiöse Heimat, weil man in diesem Verständnis immer

---

618 Glei: Religious Dialogues and Trialogues in the Middle Ages, 25.
619 Ders.: Doctrina Machumet. The Question of Abdia the Jew to Muhammed the Prophet in the Christian Tradition, Vortrag im Käte Hamburger-Kolleg „Dynamics of Religion", Bochum 29.11.2010.
620 Schreiner: Zwischen (religiöser) Polemik und (inter-religiösem) Dialog; er nennt folgende Publikation: Darlegung des mohammedanischen oder islamischen Glaubens, aus Teilen des Korans und der Hadith genannten Gebote des Propheten entnommen, zusammengestellt von dem Muslim Josef Sobolewski, Wilna 1830.
621 Vgl. exemplarisch zur Entwicklung in Saudi-Arabien Steinberg: Religion und Staat in Saudi-Arabien, 57–142.
622 Ebd., 289.
623 Ware: The Walking Qur'an, 163–166.

schon dem Islam angehört. Manche Musliminnen und Muslime sehen die Spannung gegenüber Konzepten aus christlichen Lehren heute recht klar und verweigern die Nutzung des Konversionsbegriffs. Sie sprechen stattdessen von Rückkehr, von „Reversion",[624] und weisen damit die christentumsgeprägte Anthropologie der Zugehörigkeit zurück.

3.3.1c Von den brahmanischen Traditionen zum Buddhismus: von der Geburt in eine religiöse Praxis zur Entscheidung für eine Religion?

Im eurasischen Raum existiert mit „dem Buddhismus" eine weitere „Religion", in der eine Entscheidung für eine Zugehörigkeit gefordert und eine hereditäre Mitgliedschaft zumindest in der Regel und im Prinzip abgelehnt wurde. Man trat in den Sangha ein – nun konstruiere ich aus darstellungspragmatischen Gründen, insbesondere die Differenz zwischen Theorie und Praxis vorerst hintanstellend, eine reduktive Matrix – und distanzierte sich damit von der familiär bestimmten Zugehörigkeit zu einer religiösen Tradition, etwa der brahmanischen. Nicht mehr Geburt, sondern Entscheidung, nicht mehr korrekt durchgeführte Riten, sondern selbsterlangte Erkenntnis sollten, so die typologisierte Alternative, im Buddhismus die Bedingungen für die Erlangung von Heil sein. Eine solche Beschreibung der Zugehörigkeit zum Sangha ist in diesem Buch heuristisch hilfreich, weil das Entscheidungsmoment Parallelen zu christlichen Praktiken sichtbar macht, aber aus ebendiesem Grund beträchtliche Probleme aufwirft, weil einmal mehr eine christlich gefärbte Perspektive der Ausgangspunkt des Vergleichs ist. Zudem besteht auch „der Buddhismus" aus einem Komplex religiöser Praktiken, die, unterschieden nach Schulen, Regionen und Zeiten, vielfältige Traditionen hinsichtlich der Regelung der Zugehörigkeit entwickelt haben. Das konnte bedeuten, in den Buddhismus aus pragmatischen Gründen hineingeboren zu werden, ähnlich wie beim Christentum, weil die religiöse Orientierung unhinterfragter Bestandteil der Sozialordnung war, etwa in Tibet oder in anderen Ländern, wo der Buddhismus hegemoniale Religion wurde. Es gibt allerdings auch Fälle, wo die Geburt in den Buddhismus Teil der Lehre war, die Ordinierte wie „Laien" betraf. Dies ist heute etwa bei den nepalesischen Newar der Fall,[625] wo die brahmanische Kastenvorstellung mit ihrer geburtsbestimmten Zugehörigkeit und einschließlich ihrer distinktiven Reinheitsvorstellungen auf der einen und der Buddhismus auf der anderen Seite eine enge Verbindung eingegangen sind. Hier wird die Ordination in den Sangha mit der Aufnahme in eine Kaste verbunden,[626] also gerade keine Aufhebung der Kastenzugehörigkeit angestrebt.

Dazu tritt ein Quellenproblem, insofern wir namentlich über die Frühzeit fast ausschließlich durch präskriptive Dokumente unterrichtet sind, wohingegen die soziale Realität nur sehr beschränkt zugänglich ist, weil deskriptive Quellen weitgehend fehlen. Was die erst

---

[624] Im Internet findet man entsprechende Foren unter dem Begriffen „revert"/„reversion" leicht, etwa: www.islamtomorrow.com/converts/reverts_or_converts.htm (20.04.2015) oder http://revert2islamtoday.blogspot.de/ (20.04.2015).
[625] Lienhard: Diamantmeister und Hausväter, 50.
[626] Ebd., 56.

Generationen nach dem Tod des Buddha verschriftlichten und später überarbeiteten Überlieferungen, die eher auf einen buddhistischen Binnendiskurs zielen als auf eine Auseinandersetzung mit anderen Gruppen,[627] über die frühen Buddhisten aussagen, bleibt für die Forschung ein nur annäherungsweise lösbares Problem.

Die Entstehung dieses buddhistischen Modells wird in der Forschung mehrheitlich vor dem Hintergrund der vedischen Ritualpraxis und ihrer In-Frage-Stellung durch Asketengruppen im 5. vorchristlichen Jahrhundert gesehen. In dieser sehr viel später „Hinduismus" genannten Traditionsfamilie konstituierte Abstammung die Zugehörigkeit. Dies bedeutete die Zugehörigkeit zu einer Kaste, worin der einzelne seine soziale Position und Sicherheit fand, seine Initiationen erhielt und seine Lebenszyklusrituale feierte.[628] Die Kasten waren allerdings keine über Jahrhunderte fixierten Ordnungseinheiten, sondern entstammten einem Veränderungen unterworfenen brahmanischen Kategoriensystem, das durch die Briten als soziales und politisches Ordnungsmodell übernommen und fixierten wurde,[629] obgleich sie am Ende des 19. Jahrhunderts recht genau die Unangemessenheit der traditionellen Vier-Kasten-Ordnung (Brahmanen, Kshatriyas [Krieger, Adel], Vaishyas [Händler, Grundbesitzer], Shudras [Handwerker, kleine Bauern]) realisierten.[630] In diesem Kastensystem wird man idealiter als Brahmane geboren und wächst in die Verantwortung für die Ritualpraxis als Sohn eines Brahmanen hinein, man trifft also keine diesbezügliche Entscheidung. Zwar gab es für Männer einen symbolischen Traditionsbruch, eine nicht biologische, eine zweite Geburt „in den Veda und aus dem Veda"[631] im Rahmen der Initiation des jungen Mannes, aber dieser Akt setzte Verwandtschaft gerade voraus und war zudem auf die drei höheren Stände sowie auf Männer beschränkt; ausgeschlossen von dieser Initiation waren Shudras (Hörige, Handwerker und Frondienstleistende) und Frauen.[632] Die Unterrichtung in den vedischen Ritualtexten blieb ein Privileg der Brahmanen, schon aufgrund der dazu benötigten komplexen memorativen Techniken, die innerfamiliär weitergegeben wurden.[633] Im Rahmen dieser Kastengesellschaft besaßen Brahmanen die mit hohem gesellschaftlichen Ansehen versehene erbliche Funktion, für die korrekte Abhaltung von Opfern zu sorgen.

Axel Michaels hat von dieser Abstammungsordnung aus die Religionsgeschichte auf dem indischen Subkontinent gedeutet. Gegen die Wahrnehmung der „Hindu-Religionen"[634] als einer nicht systematisierbaren Fülle unterschiedlicher Praxen und Konzepte sieht er einen gemeinsamen „identifikatorischen Habitus",[635] den er mit Bourdieu als kulturelle Prägung zwischen Voluntarismus und Determinismus deutet, in der kollektive Handlungsmuster weitgehend festgelegt, zugleich aber gruppenbezogene oder individuelle Handlungsveränderungen und insofern Entscheidungen möglich seien. Im Zentrum

---

627 Widmer: Der Buddha und der „Andere", 342.
628 Malinar: Hinduismus, 186f.
629 Samarendra: Between Number and Knowledge.
630 Banerjee-Dube: Introduction (in: Caste in History), S. XXXIIIf.
631 Michaels: Der Hinduismus, 85; Scharfe, Hartmut: Education in Ancient India, 88.
632 Michaels: Der Hinduismus, 93f.
633 Scharfe: Education in Ancient India, 240–251.
634 Michaels: Der Hinduismus, 19.
635 Ebd., 19–23.

stehe die Verbindung von „Deszendenz und Heilsbezug": Die heute unter „Hinduismus" rubrizierten Religionen besäßen eine Symbiose von „Abstammung" und religiösem Heil und bildeten insofern „ein Gegenmodell zur westlichen Welt, in der vorrangig das Individuum zählt",[636] welches, so könnte man ergänzen, sich in Religionsangelegenheiten über individuelle Entscheidungen definiert. Mit diesem Modell habe der „hinduistische" Kulturraum allen Versuchen des Christentums, seine Zugehörigkeit durchzusetzen, insbesondere durch die „Mission", widerstanden.[637] „Konvertiten" konnte man im 19. Jahrhundert ihre Ermordung androhen,[638] und bis heute kann ein Übertritt zum Christentum bei hinduistischen Tamilen als „Austausch der Eltern", „Verrat an der Familie" oder „Verkauf der Mutter" betrachtet werden, den man gegenüber seiner Familie häufig verschweigt.[639] Zugleich aber suggerieren solche Abgrenzungserzählungen eine Eindeutigkeit religiöser Zugehörigkeit, in der sich Elemente des okzidentalen Religionsbegriffs spiegeln. Exemplarisch dokumentieren zwei Beispiele aus der Gegenwart diese Unangemessenheit: Die nepalesischen Newar nehmen die Dienste sowohl hinduistischer als auch buddhistischer Priester in Anspruch, ohne offenbar die Frage nach der Vereinbarkeit mit einer wie auch immer definierten Zugehörigkeit zu stellen.[640] Mitglieder der nordindischen Meo wiederum praktizieren gleichzeitig hinduistische und muslimische Traditionen, weil, so die Begründung, man sich nicht sicher sei, was nach dem Tod besser helfe – ein Weg werde wohl zum Erfolg führen.[641] Dass sich dogmatische Positionen in beiden Religionen ausschließen könnten, hat viele Meo offenbar nicht irritiert.

Gegenüber dieser Geburtsabhängigkeit sollte im Buddhismus die entschiedene Zugehörigkeit zur Ordensgemeinschaft grundlegend sein, bei der das innere „Erwachen", die „Befreiung" im Rahmen der Versenkung (die es allerdings auch schon in Upanischaden gab[642]), die äußeren Opfer der brahmanischen Heilssorge ersetzen könne. Dahinter steht die schwierige Frage nach dem Verhältnis zwischen frühen Buddhisten und Brahmanen, insbesondere hinsichtlich der vedischen Opfer. Klar ist, dass der Buddha diesen Antagonismus unterschiedlicher Heilswege nicht erfunden hat, die infrage gestellte Relevanz der Opferrituale findet sich schon in vorbuddhistischen Upanischaden-Texten (8.? 6.? Jahrhundert), in denen nicht mehr, wie im Rigveda, Rituale für das korrekte Opfer und die Herbeirufung etwa des Gottes Indra beschrieben werden, sondern wo im Gespräch zwischen Lehrer und Schüler diskursiv Erkenntnis gesucht wird. Als Schlüssel zur Befreiung gilt in solchen Upanischaden-Texten nicht mehr das Opfer, sondern der Austritt aus dem Zyklus Wiedergeburt, der nun allerdings in der Hand der Wissenden, nicht mehr bei den Opferpriestern liegt.[643] Unbeschadet der in der buddhistischen Literatur scharf konstruierten Unterschiede gegenüber brahmanischen Praktiken hat man allerdings mit intensiven Austauschprozessen zu rechnen. Exemplarisch mag

---

[636] Ebd., 20.
[637] Ebd., 19.
[638] Becker: Conversio im Wandel: Basler Missionare zwischen Europa und Südindien, 673–675.
[639] Jaggi: Konversion von Tamilinnen und Tamilen in der Schweiz zum Christentum, 89. 104.
[640] Lienhard: Diamantmeister und Hausväter, 23–26 passim; Michaels: Growing up. Hindu and Buddhist Initiation Rituals Among Newar Children, 33f.
[641] Mayaram: Rethinking Meo Identity, 41.
[642] Olivelle: Saṃnyāsa Upaniṣads, 11–17.
[643] S. etwa Kaushitaki-Upanishad, 1,1–2; Chandogya-Upanishad, 6,13.

dafür das symbolisch hochgewichtete „Erwachen" des Buddha bei Bodhgaya unter einem Kultbaum, einer heute als Bodhi-Baum verehrten Pappelfeige, sehen, die aus vorbuddhistischen Traditionen stammte.[644]

In diesem Feld entstanden wohl seit dem 5. Jahrhundert mehrere Asketengruppen, die eine selbstmächtige Befreiung organisierten. Neben Mahavira, dem Gründer der Jaina, war die langfristig bedeutendste Person Siddhartha Gautama, dem der Sakraltitel „Buddha", der Erwachte, zugelegt wurde und der nach einer Lebenszeit von etwa 80 Jahren wohl um 400 v. Chr. oder erst zu Beginn des 4. Jahrhunderts verstorben ist.[645] Diese neue Erlösungskonzeption entstand im Zusammenhang mit einschneidenden sozialhistorischen Veränderungen in der altindischen Gesellschaft. Eine dürfte die zunehmende Bedeutung städtischer Kulturen gewesen sein, die stark vom Handel lebten und Vermögenswerte akkumulierten, mit denen man nicht arbeitende Menschen (wie Asketen) ernähren konnte. In dieser Perspektive gehörten die Anhänger des Buddha vor allem zu diesen nicht mehr nur ortsfest lebenden, gebildeten städtischen Gruppen, nicht zuletzt zu Kaufleuten, die ihre mobile Lebensform mit einer ebenso mobilen, nämlich nicht an eine Opferstätte gebundenen Praxis verbanden.[646] Eine andere Perspektive sieht den frühen Buddhismus stärker mit der Entstehung staatlicher Herrschaftsformen verknüpft, denen er aufgrund seiner Abhängigkeit von materieller Unterstützung ja auch eng verbunden war. Diesen hätte er mit dem System von Samsara und Karma eine religiöse Legitimation staatlicher Autorität geliefert.[647]

Ein charakteristisches Element, die vom brahmanischen Ritual unabhängige Befreiung, wäre dann als Alternative zur brahmanischen Opferkultur zu deuten. Dies dürfte die Mehrheitsposition in der Buddhismusforschung sein. Alternativ gibt es in einer regionalhistorischen Perspektive die Vermutung, dass die Wurzeln des frühen Buddhismus im Gebiet von Magadha liegen, wo es eine nichtbrahmanische Religionskultur gegeben habe, deren Merkmale (Wiedergeburt mit Vergeltungsdenken, zyklische Kosmologie und „magische" Techniken in der Naturkunde) die Eigenheiten des Buddhismus erklärten; allerdings kann diese Tradition nur auf Grundlage der überlebenden jainistischen und buddhistischen Traditionen rekonstruiert werden.[648]

In organisationssoziologischer Perspektive ist für die entschiedene Zugehörigkeit im Buddhismus der Sangha (im Wortsinn: abgegrenzter Raum, „Versammlung") zentral. Dieser lässt sich als eine ortsübergreifende Struktur verstehen, war aber in der Praxis vor allem eine ortsbezogene Lehrer-Schüler-Gemeinschaft. Gegenüber den brahmanischen Traditionen war die Mitgliedschaft nun nicht mehr an die Herkunft gebunden, sondern oblag der Entscheidung des Schülers und der Wahl des Lehrers. Dieser Bruch mit den familialen Strukturen dürfte im Buddhismus, ähnlich wie im Christentum, Vorbehalte in den gentil organi-

---

[644] Hinweis von Jens Schlieter.
[645] Freiberger/Kleine: Buddhismus, 35, datieren die Lebenszeit auf die zweite Hälfte des 5. Jahrhunderts; vgl. zu den Debatten das Material in: The Dating of the Historical Buddha, hg. v. H. Bechert.
[646] Von Brück: Einführung in den Buddhismus, 184. Zur Kritik an der Monopolisierung dieser Perspektive s. Bailey/Mabbett: The Sociology of Early Buddhism, 13–36.
[647] Ebd., 28.
[648] Bronkhorst: Greater Magadha; ders.: Buddhism in the Shadow of Brahmanism; Schlieter: Did the Buddha Emerge from a Brahmanic Environment?

sierten Gesellschaften hervorgerufen haben. Ein Beispiel dafür ist China, wo als Grundlage der Gesellschaft bis in den Ahnenkult hinein die Familie galt, und genau diese wurde vom Buddhismus infrage gestellt, womit er auf massiven Widerstand der hegemonialen gesellschaftlichen Kräfte, nicht zuletzt des Konfuzianismus, stieß.[649] Zudem wirkten die buddhistische Totenverbrennung und der Reliquienkult in einer Kultur, die physische Unversehrtheit betonte, befremdlich.[650] Letztlich gelang es dem Buddhismus nicht, diese gentile Struktur grundlegend aufzubrechen. Vielmehr nutzten Buddhisten gentile soziale Muster in buddhistischer Interpretation. So verwandte man das hochgeschätzte agnatische (also männliche) Vater-Sohn-Verhältnis[651] für die Konstruktion einer religiösen Familiarität, indem man die Initiation in ein Meister-Schüler-Verhältnis zugleich als „quasiagnatische Beziehung" zwischen dem spirituellen Vater und dem Novizen interpretierte.[652]

Diese Auswanderung aus sozialen Netzen beschrieben Buddhisten als Weg in die „Hauslosigkeit", ein schon in den Upanischaden geprägtes Konzept,[653] das die Abhängigkeit von den Hausbesitzern, also von sozialen Gruppen, die Eigentum besaßen, implizierte.[654] Der darin liegende Bruch mit Familie und gentiler Herkunft wurde schon in der Lebenserzählung des Buddha stilisiert, sei doch seine Erkenntnis der Sinnlosigkeit des geschützten Lebens im elterlichen Palast ein Ausgangspunkt gewesen, seine Familie zu verlassen. Im Sangha wurde diese Distanzierung vom Herkunftskontext mit einer Ersatzstruktur aufgefangen. Dabei fielen ständische, religiös legitimierte und rituell begründete Schranken für den Bhikshu (Bettler/Pilger/Wanderer, in der Regel übersetzt mit „Mönch") oder die Bhikshuni, das weibliche Pendant – möglicherweise hatte schon der Buddha selbst einen weiblichen Zweig gegründet – weg, weil es keine sozialen Bedingungen für den Eintritt in den Sangha gab. Konsequenterweise war dem Bhikshu im Gegensatz zu den Brahmanen der Kontakt mit allen Menschen erlaubt, nicht zuletzt, weil die „Gefahr" ritueller Verunreinigungen im Prinzip nicht mehr bestand.[655] Damit besaß der Sangha theoretisch ähnliche schichten- und gruppensprengende Wirkungen, wie sie die paulinischen Gemeinden im Christentum forderten. Eine mit dieser Zugehörigkeitsregelung verbundene Austrittsbeschränkung, die sonst oft die Rückseite der Eintrittsmöglichkeit bildete (siehe Kap. 3.3.3a-b), kannten zumindest die frühen buddhistischen Schriften im Prinzip nicht: Eine Strafe für das Verlassen des Sangha sehen die Vinayana-Texte nicht vor.[656]

Wie man sich diesen Schritt in die Gemeinschaft des Buddha vorstellte, beschreiben in den Pali-Texten eine Reihe von Erzählungen. Sie beinhalten allerdings eine beträchtliche Spannung zwischen Theorie und Praxis, denn es handelt sich um normative Texte, die eine historische Realität beschreiben können, aber möglicherweise auch das Gegenteil tun, falls sie nämlich ein Ideal vor dem Hintergrund einer ganz anderen Praxis entwerfen. Jedenfalls

---

[649] Ch'en: The Chinese Transformation of Buddhism, 14–19; ders.: Buddhism in China, 179.
[650] Durbridge: Die Weitergabe religiöser Traditionen in China, 8.
[651] Ebd., 29.
[652] Ebd., 31f.
[653] Brihad-Aranyaka-Upanishad, IV, 4,26.
[654] Freiberger: Der Orden in der Lehre, 35–39.
[655] Zürcher: Buddhist Missions, 570.
[656] Hinweis von Sven Wortmann.

sind diese Berichte über den Weg in den Sangha in ihren überlieferten Versionen präskriptive Texte, denen zufolge der Übertritt als Zäsur verstanden werden sollte – so jedenfalls der literarische Skopus. Diese normative Absicht illustrieren Abgrenzungsrhetoriken, die sich sowohl gegen das brahmanische Umfeld als auch gegen andere Asketengruppen richteten. In einer Erzählung etwa, in der brahmanische Opfertraditionen kritisiert werden, kommt der Buddha zu Uruvelâ Kassapa, dem Führer einer 500 Mitglieder zählenden Asketengruppe, den Jatilas, und übernachtet bei ihm in dem Raum, in dem Kassapa ein heiliges Feuer hütet.[657] Der Buddha erweist sich nun durch mehrere Wunder als der überlegene Asket, so dass Kassapa und seine Anhänger entscheiden, sich seiner Lehre anzuschließen. Die Geschichte fährt dann fort mit einer Kritik an der brahmanischen Opferpraxis, die diesen Bruch mit der Vergangenheit unterstreicht: Die Jatilas werfen ihre Haare, die ihnen zur Ordination als Bhikshus abgeschnitten wurden, sowie ihre Flechtbänder und die Ritualgeräte für das Agnihotra-Opfer in den Fluss, wo andere Jatilas diese Gegenstände sehen und realisieren, dass sich eine Gruppe dem Buddha angeschlossen hat.[658] In anderen buddhistischen Texten konnte die Tonlage auch zu einer polemischen Abgrenzungsrhetorik verschärft werden (vielleicht sogar bei Buddhisten heftiger ausfallen als in zeitgleichen Asketengruppen, etwa bei Mahavira und den Jaina,[659]), etwa wenn im Angannata-Sutra die Brahmanen mit Hunden verglichen werden[660] oder wenn anderen Asketengruppen explizit die Erkenntnis der vollen Wahrheit abgesprochen wird, beispielsweise als der Buddha in einer Diskussion mit seinem Schüler Subhadda behauptet, dass ausschließlich der achtfache Pfad zum Erwachen führe.[661]

Im Lauf der Zeit entwickelten sich für den Eintritt in den Sangha Rituale, die diesen Bruch absicherten und in den überlieferten Texten meist eine feste Struktur besitzen: Zuerst seien Kopf- und Barthaare zu scheren, dann habe der angehende Mönch die gelbe Robe anzuziehen, und zwar so, dass das Obergewand eine Schulter bedecke, er soll den anderen Mönchen Ehre erweisen (wohl durch Niederwerfen vor ihnen), sich in die Hocke setzen, die aneinander gelegten Hände erheben und schließlich dreimal die Zufluchtsformel sprechen: „Ich nehme meine Zuflucht zum Buddha, ich nehme meine Zuflucht zur Dharma, ich nehme meine Zuflucht zum Sangha."[662] Später wurden auch Beichte und Namensänderung zu einem konstitutiven Teil des Aufnahmerituals.[663]

Aber solche symbolisch aufgeladenen Eintrittsgeschichten und formalisierten Rituale bilden nur einen Teil einer vieldimensional möglichen Bestimmung der Zugehörigkeit. Einen weiteren, kategorial eigenständigen Bereich bilden Anweisungen zur Lebensführung, die eine Zugehörigkeit ausdrücken konnten. Die vielleicht bekannteste Formel fordert die

---

657 Mahâvagga I,15,1f. (= The Sacred Books of the East. Vinaya Texts, hg. v. T. W. Rhys Davids/H. Oldenberg, 118f.).
658 Mahâvagga I,15,19f. (= ebd., 132f.).
659 Dundas: Conversion to Jainism, 136.
660 Freiberger: Verspottet und vereinnahmt. Zum frühbuddhistischen Umgang mit Brahmanen; Vortrag auf der Jahrestagung der Deutschen Vereinigung für Religionswissenschaft, Bochum 21.9.2009.
661 Digha-Nikaya, Mahaparinibbana-Sutra, 16.5.8.
662 Mahâvagga 1,12, 3f. (= The Sacred Books of the East. Vinaya Texts, hg. v. T. W. Rhys Davids/H. Oldenberg, 115); zur Lehre s. Mahavagga 1,10 (= ebd., 112). Vgl. auch Prebish: Buddhist Monastic Discipline, 2f.
663 Gombrich: Sinn und Aufgabe des Sangha, 80.

Zufluchtnahme zu den „drei Juwelen" (Buddha, Lehre, Sangha), aber daneben gibt es eine Fülle je nach Zeit und Traditionslinien unterschiedlicher Formulare: die Annahme von philosophischen Prinzipien (etwa der „drei Merkmale der Existenz": Einsicht in die Vergänglichkeit, Realität des Leidens, Lehre vom Nicht-Ich) oder von Tugendkatalogen (etwa des achtfachen Pfades) oder ethischen Regeln (etwa der Pancasila).[664]

Zur Stabilisierung respektive Konstituierung der neuen Identität entstanden für den Sangha, wie im Christentum und im Islam, umfangreiche Komplexe der Wissensvermittlung, die mündlich überlieferte Sammlungen der Reden und Anweisungen des Buddha sowie der nachfolgenden Reflexionstraditionen enthielten. Dabei kann eine Mitgliedschaft als Ergebnis einer Belehrung entstehen, aber diesen Prozess beschreibt Caroline Widmer nicht als „Konversion" sondern als Konstruktion eines „Anderen".[665] Den Ausgangspunkt bildete in der Regel nicht die Meditation, vielmehr war es die Memoration von Texten, Regeln und Deutungen; die Ausbildung zielte folglich nicht primär auf Versenkung, sondern auf rituelle Kompetenz.[666] Oft dürfte es sich, ähnlich wie im Islam, um eine nachgelagerte Bildung gehandelt haben, die die Mönche und Nonnen nach ihrer Aufnahme in den Sangha erhielten.[667] Die Verschriftlichung der Reden des Buddha erfolgte allerdings erst Jahrhunderte nach seinem Tod, so dass unsicher bleibt, in welchem Ausmaß sie die Gründungsphase dokumentieren (siehe ausführlich Kap. 4.4.3).

Die buddhistische Gemeinschaftsbildung dürfte sich an einem Punkt von christlichen und islamischen Zugehörigkeitsbedingungen unterschieden haben, denn vermutlich gab es oft und zumindest nicht für alle Gruppen, etwa für die „Laien", einen exklusiven Anspruch auf Heilsvermittlung. In den Pali-Schriften finden sich Berichte aus sehr unterschiedlichen Kontexten, wonach die Unterscheidung vom brahmanischen Milieu nicht notwendigerweise eine exklusive buddhistische Praxis nach sich ziehen musste. So brachten Bhikshus selbstverständlich Überzeugungen ihrer Herkunftstraditionen mit,[668] die die Vorstellung eines abgegrenzten, exklusiven Religionsbereichs infrage stellten, ganz ähnlich, wie es jainistische Berichte über die Verehrung von tradierten Göttinnen und Göttern nahelegen.[669] Hinsichtlich der Brahmanen ist es unwahrscheinlich, dass hier eine klar abgegrenzte Opposition bestand. Sie konnten positiv wie negativ zum Buddha stehen,[670] manche verloren, wenn sie „Laien"anhänger wurden, die Bezeichnung Brahmane nicht,[671] und andere Erzählungen kennen Brahmanen, die das heilige Feuer hüteten und auf einem bevorzugten Weg und ohne Probezeit zu Mönchen ordiniert wurden.[672] Ein besonders illustratives Beispiel erzählt von

---

664 Jens Schlieter: Wer ist Buddhist? Traditionelle Zugehörigkeitskriterien und die Herausforderungen der Diaspora, unveröffentlichter Aufsatz, 19 Seiten (Stand: Mai 2014).
665 Widmer: Der Buddha und der „Andere", 175f.
666 Dreyfus: The Sound of Two Hands Clapping, 55–61.
667 Implizit zu erschließen bei Scharfe: Education in Ancient India, 23f.; auch die dort genannten Bildungsbereiche legen dies nahe.
668 Scharfe: Education in Ancient India, 139.
669 Dundas: Conversion to Jainism, 141f. 143.
670 Widmer: Der Buddha und der „Andere", 137f.
671 Ebd., 114.
672 Ruegg: The Symbiosis of Buddhism with Brahmanism/Hinduism in South Asia and of Buddhism with

einem Brahmanen und Laienanhänger des Buddha namens Sonadanda. Er bittet den Buddha zu akzeptieren, dass er ihn nur verdeckt verehren könne, da ansonsten seine Existenz, nicht zuletzt seine Einkommensmöglichkeit, gefährdet sei.[673] Der Buddha verzichtet darauf, Sonadanda zu widersprechen, fährt mit der Unterrichtung fort und isst sogar mit ihm, was im Rahmen der kulturellen Usancen als Zustimmung gedeutet werden kann.[674] Offenbar bleibt Sonadanda ein Brahmane, nachdem er Anhänger des Buddha geworden ist. Signifikanterweise fehlt die öffentliche Bekräftigung dieses Schritts in der chinesischen Übersetzung, möglicherweise ein Indiz für Probleme dieses Übertritts mit unklaren Loyalitäten in China.[675]

Es gibt zudem Quellen, die den Sangha nicht als Bedingung des Heilsgewinns betrachten. Schon der Buddha habe ihn als ein zwar hilfreiches, nicht aber notwendiges Mittel für das „Erwachen" des Suchers erachtet. Dies illustrieren Geschichten, wonach das Heil auch unabhängig vom Sangha erlangt werden konnte, wie es etwa vom Vater des Buddha berichtet wird.[676] Sodann dokumentieren einige Erzählungen über Eintrittsmotive in den ersten Generationen nach dem Tod des Buddha, dass die Hinwendung zu einem Asketenleben nicht mit dem Eintritt in den Sangha erfolgte, sondern (oft) früher, etwa in der Entscheidung, ein Leben als Sucher und Wanderer zu führen,[677] so dass der Sangha nur additiv zum bereits gewählten Heilsweg hinzukam. Zudem konnte in parallelen Asketengruppen der Eintritt auch von der persönlichen Entscheidung gelöst werden, etwa bei den Jaina, wo die Fähigkeit, Mahaviras Weg zu gehen, diesem zufolge karmisch bestimmt und eben nicht in eigener Erkenntnis begründet sei.[678] Vermutlich standen im frühen Buddhismus ein individueller und ein organisierter Weg zur „Befreiung" (als dezidierte respektive weniger verbindliche Entscheidung) nebeneinander.[679]

In dieser nichtexklusivistischen Perspektive ventilieren Indologen eine Zuordnung von „Hinduismus" und Buddhismus, die das Modell zweier Religionen verabschiedet und stattdessen von Opposition und Komplementarität[680] oder von sich ergänzenden Funktionen spricht und einen möglichen Exklusivismus relativiert oder eliminiert. So hat David S. Ruegg gegen die Vorstellung einer Konfrontation zwischen Brahmanismus und Buddhismus eine Geschichte von Konvergenzen und Verlinkungen beschrieben. Er deutet die buddhistische Transformation der brahmanischen Opfer in eine ethische oder philosophische Praxis als verinnerlichende, psychologische Reinterpretation und somit als Versuch der Integration des „Hinduismus" in den Buddhismus,[681] der damit zu einer höheren Ebene der brahmanischen Tradition würde.[682] Ruegg sieht auf der Grundlage eines „substratum" religiöser Vor-

---

„Local Cults" in Tibet and the Himalayan Region, 6.
673 Widmer: Der Buddha und der „Andere", 217f.
674 Freiberger: Der Orden in der Lehre, 143.
675 Widmer: Buddhistischer Brahmane oder brahmanischer Buddhist?
676 Gombrich: The Theravāda Buddhism, 73.
677 Brekke: Religious Motivation and the Origins of Buddhism, 45f.
678 Dundas: Conversion to Jainism, 127.
679 Freiberger: Der Orden in der Lehre, 140–212.
680 Oberlies: Hinduismus, 7.
681 Ruegg: Symbiosis of Buddhism, 12.
682 Ebd., 11.

stellungen, das der indischen Religionsgeschichte unterliege,[683] Formen von Synkretismus, Inklusivismus, Ausleihe („borrowing") oder, von ihm präferiert, Symbiose.[684] In eine ähnliche Richtung weisen Überlegungen von Michael Carrithers, der, von der religiösen Praxis ausgehend, eine „Polytropie" beschreibt, die sich dadurch auszeichne, dass Menschen religiöse Beziehungen zu Personen pflegen, seien es Götter oder Menschen, die sie hierarchisieren, aber nicht exklusivistisch interpretieren.[685] Solche nichtexklusivistischen Interferenzen finden sich in einer besonderen Weise im Mahayana-Buddhismus, insoweit dort andere Götter integriert wurden. Sie konnten unterworfen, aber auch zu Lehrern des Dharma erhoben werden.[686] In diesem Feld ist der tibetische Buddhismus derart enge Verbindungen mit schamanisierenden Traditionen eingegangen, dass man deshalb so gut von einer besonderen Form des Buddhismus wie von einem eigenen Typus Religion sprechen könnte. Ähnliches gilt für den Mahayana-Buddhismus in Korea, wo man den Buddhismus in Verbindung mit autochthonen Traditionen als eine „better form of Shamanism" sehen kann.[687]

Die Folgen für den Konversionsbegriff mit seiner okzidental-christentumsgeschichtlichen Prägung liegen auf der Hand. Anstelle von „Konversion" hätte man dann eher von der Ausbildung einer unscharfen Grenze zwischen Buddhisten und Nichtbuddhisten zu sprechen,[688] die Lehren des Buddha wären dann erst sekundär fixierte Identitätsmarker und primär der Ort eines boundary work. Caroline Widmer hat diese Konsequenz in aller Schärfe gezogen und von einer „Transformation statt Konversion" gesprochen,[689] für deren Beschreibung die Konzepte von Exklusivität und Bruch unangemessen seien.[690]

Demnach wären nicht nur die Exklusivität, sondern auch die Freiheit der mündigen Entscheidung und der Bruch mit der Familie in der Praxis relativ. Für diese Polyphonie von Zugehörigkeitsmustern lässt sich leicht ein kleines Florilegium mit Belegen aus erneut verschiedenen Regionen und Zeiten zusammenstellen, insbesondere hinsichtlich der Abhängigkeit von familialen Strukturen – man könnte nachgerade eine Geschichte der (Re-)Gentilisierung des Buddhismus schreiben. Da gibt es die Hinweise auf die teilweise notwendige Zustimmung des Vaters zum Eintritt in den Sangha[691] und überhaupt die Bestimmung von Kindern für die monastische Laufbahn. Die Aufnahme von Unmündigen ins Kloster mit dem Ziel einer (oft erst nach langer Zeit vorgenommenen) Ordination dürfte weit verbreitet gewesen sein. Auch dazu ein Beispiel: So wurden in Tibet und in der Mongolei im 19. und 20. Jahrhundert Kinder in der Regel im Alter von sieben bis zehn Jahren dem Kloster über-

---

683 Ebd., 131.
684 Ebd., 95–114; zur Präferenz S. 113f. Ähnlich etwa Bailey: Problems of the Interpretation of the Data Pertaining to Religions Interaction in Ancient India.
685 Carrithers: On Polytropy, 834f.
686 Rambelli: Local Divinities and Buddhism, 466f.
687 Grayson: Early Buddhism and Christianity in Korea, 30.
688 Walters: Buddhist Missions, 6079f.
689 Widmer: Der Buddha und der „Andere", 210.
690 Ebd., 218f.
691 Scharfe: Education in Ancient India, 134; diese Regelung gilt teilweise bis heute, s. Bunnag: Der Weg der Mönche und der Weg der Welt, 200.

geben[692] – und zogen daraus durchaus soziale Vorteile, insofern die Klosterökonomie eine sichere Versorgung, Statusgewinn und Aufstiegschancen oder eine sonst kaum zugängliche Vielfalt von Beschäftigungsmöglichkeiten offerierte.[693]

Ein Kloster bot damit zumindest hinsichtlich der sozialen Absicherung strukturell ähnliche Leistungen wie eine Familie oder ein Clan. Für die Praxis folgte in Tibet daraus, dass kaum eines der idealen Eintrittskriterien zwingend zum Tragen kam: Der Mönch entschied sich oft oder sogar in der Regel nicht freiwillig, sondern wurde in eines der großen Klöster geschickt, die sich auf die Ausbildung von Mönchen spezialisiert hatten. Einen besonders prägnanten Fall der Verfügung über Minderjährige bietet das Tulku-System, in dem Kinder vermutlich seit dem 12. oder 13. Jahrhundert als Reinkarnationen eines verstorbenen Lama betrachtet werden konnten und entsprechend erzogen wurden, woraus eine politische Nachfolgeregelung entstand, die die Entscheidung zum monastischen Leben der Staatsraison unterordnete. In anderen buddhistischen Traditionslinien lassen sich ähnliche Phänomene aufzeigen. So kam, um auf die biographische Ebene und in einen anderen Kulturraum zu wechseln, der berühmte Dogen Zenji (1200–1253), eine der Gründerfiguren des japanischen Zen-Buddhismus, bereits mit 13 Jahren in ein Kloster, und bis heute können Kinder in der japanischen Rinzai-Tradition vornehmlich aus Gründen der sozialen Absicherung für das Klosterleben bestimmt werden.[694]

Die damit verbundene Einbindung des Buddhismus in gentile Netze dokumentiert auch die Heiratspraxis von Mönchen, die in den Vinaya-Texten nicht nur nicht vorgesehen, sondern explizit verboten war. In Indien hingegen standen beispielsweise um 1000 herum viele buddhistische Gemeinschaften unter der Leitung eines verheirateten Klerus, der vermutlich die Einbindung in ethnische Machtstrukturen erleichterte.[695] Gut dokumentiert sind verheiratete Mitglieder des Sangha auch in Japan. Sie lassen sich kontinuierlich seit dem 8. Jahrhundert als pragmatische Praxis nachweisen,[696] bis der Staat 1872 unter der Meiji-Herrschaft die Heirat von Mönchen, die ihnen bis anhin aufgrund staatlicher Gesetze eigentlich verboten war, dekretierte.[697] Dies war die Sanktionierung einer überkommenen Praxis, in der Positionen im Tempel als ökonomische Pfründe oft vererbt wurden, aber dazu traten die Instrumentalisierung des Buddhismus für staatliche Erziehungsziele, Zölibatsprobleme und christliche Kritik am Leben buddhistischer Mönche, denen man diesbezüglich einen Lebenswandel entgegen ihrer Prinzipien vorwarf. Im Ergebnis überwiegen in Japan heute verheiratete buddhistische Mönche. In der Soto-Schule wurden im Jahr 2000 von ca. 14.000 Tempeln nur 31 streng zölibatär geführt.[698] Abgesichert wurde diese faktische Gentilisierung der Zugehörigkeit durch spirituelle Deutungen. Die im Zen-Buddhismus geübte tägliche Rezitation der spirituellen Führer, die von Dogen Zenji bis auf den Buddha zurückgeführt werden

---

[692] Kollmar-Paulenz: Klösterliches Leben in Tibet und der Mongolei, 331.
[693] Ebd., 332–334.
[694] Borup: Japanese Rinzai Zen Buddhism, 176.
[695] Verardi: Hardships and Downfall of Buddhism, 334–342.
[696] Jaffe: Neither Monk nor Layman, 10–14.
[697] Ebd., 4.
[698] Ebd., 1.

konnte, ohne dass man um die Historizität der Glieder der Sukzession sicher wusste, ließ diese Tradition als eine spirituelle Familie, als eine Art sozialer Vererbung erscheinen.[699]

Diese oft der Philologie verdankten und heterogenen Perspektiven seien durch einen ethnologischen Blick auf ein Beispiel, auf Tibet vor allem im 19. und 20. Jahrhundert, ergänzt,[700] das zwar nur sehr begrenzt Rückschlüsse auf ältere Epochen zulässt, dafür aber die Komplexität einer möglichen buddhistischen Praxis hinsichtlich einer entschiedenen Zugehörigkeit zum Sangha dokumentiert. Hier hat man sich zuerst von der Vorstellung zu verabschieden, dass die religiösen Riten in Tibet ein Monopol von Mönchsgemeinschaften gewesen wären. Wieder einmal beginnen die Probleme bei der Semantik. Die tibetischen Termini „chos pa/ma", die üblicherweise mit Mönch respektive Nonne übersetzt werden, wären korrekt mit „männliche und weibliche Lamas und Laien, die der religiösen Praxis kundig sind", wiederzugeben,[701] umfassen also ein viel weiteres Spektrum als die westlichen Begriffe Mönch/Nonne. Diese konnten zölibatär leben, aber auch heiraten und sexuelle Beziehungen eingehen.[702] Dabei musste das zölibatäre Leben nicht einmal als die höchstbewertete Existenzform angesehen werden, weil in der tantrischen Tradition sexuelle Ritualpraktiken oft als wirkungsvoller im Vergleich mit anderen Meditationsformen galten.[703] Unter den „richtigen" Mönchen wiederum, die in klösterlichen Einheiten wohnten, gab es sehr unterschiedliche Gruppen: solche, die sich mit „Bücherwissen" beschäftigten, jene, die als Kriegermönche wirkten, diejenigen, die für die Ausübung von Ritualen zuständig, andere, die für die Klosterökonomie wichtig waren, wieder andere, die für das tägliche Leben wie Nahrungszubereitung, Bauwerke oder ordnungspolizeiliche Aufgaben Verantwortung trugen, schließlich Mönche, die Handel trieben, Geld verliehen oder als Handwerker und Mediziner tätig waren.[704] Die Entscheidung für den Eintritt ins Kloster und damit in den Sangha stellt sich im Licht dieser tibetischen Praxis als komplex dar. Ohne infrage zu stellen, dass es genau diesen freiwilligen Eintritt gab, war die Praxis von anderen Motiven dominiert. Häufig erfolgte der Klostereintritt eines Sohnes als Tributleistung im tibetischen Steuersystem, wo Kinder als geldwerte Sachleistung galten. Sie verbrachten meist ihr gesamtes Leben im Kloster – offenbar nicht unzufrieden mit dem ihnen auferlegten Lebensweg, jedenfalls war die Austrittsrate mit zwei bis drei Prozent relativ klein, weil das Klosterleben viele Tätigkeitsfelder anbot und die Mönche sozial absicherte.[705] Damit erbrachte das Kloster strukturäquivalente Leistungen zur Sippe, deren Preis der Verzicht auf die von der Mönchsregel geforderte Freiwilligkeit war.

Diese Überlegungen zu Zugehörigkeitsoptionen im Buddhismus beinhalten eine implizite Deutungsperspektive auf den Buddhismus als „Religion", die abschließend, in Rückwendung zur eurozentrischen Ausgangsfrage dieses Kapitels, wieder aufgenommen werden soll: Wohinein trat man eigentlich ein, wenn man Buddhist wurde, näherhin: wenn man in einem

---

699 Leighton: Visions of Awakening Space and Time, 111.
700 Kollmar-Paulenz: Klösterliches Leben in Tibet und der Mongolei im 19. Jahrhundert.
701 Ebd., 317.
702 Ebd.
703 Ebd., 319.
704 Ebd., 322–325. 333.
705 Ebd., 332f.

Sangha seine „Zuflucht" nahm? Für eine Antwort ist ein kleiner Umweg in Kauf zu nehmen, auf dem diejenigen Gruppen einzubeziehen sind, die als „Laien" (weiblich Upasika, männlich Upasakas) bezeichnet werden. Grundsätzlich kann man in buddhistischen Kulturen drei Milieus unterscheiden: den (in der Theorie) weltabgewandten Sangha, Mönche, die Seelsorge betreiben und ethische Regeln propagieren, und schließlich einen volksreligiösen Buddhismus, dessen Interessen auf Ritualen (Reliquienverehrung, Heilung, Wahrsagen) liegt.[706]

Mit den Upasika/Upasakas werden meist diejenigen bezeichnet, die sich in eine besondere Rolle zum Sangha begeben, etwa indem sie ihn materiell unterstützten oder indem sie durch die Übernahme von Gelübden (wie den Geboten der Pancasila) eine ebenfalls auf einer Entscheidung beruhende Zugehörigkeit zur buddhistischen Heilsökonomie signalisierten. In der Mittleren Sammlung der Pali-Texte geschieht die Erklärung der Laienanhängerschaft mit einer stereotypen Formel, die derjenigen weitgehend gleicht, die für den Eintritt in den Sangha verwandt wird. Sie impliziert die „Zuflucht zum guten Gotama, der Lehre und dem Mönchsorden",[707] der in dem Gelübde für Mönche und Nonnen die Formulierung angefügt wird, dass man um „die Aufnahme als Novize und Ordensmitglied" bitte,[708] wohingegen der Laienanhänger bittet: „Der gute Gotama möge mich von heute an als Laienanhänger gelten lassen, der für sein Leben lang Zuflucht genommen hat."[709] Auch für diesen Schritt ist die Bezeichnung „Konversion" unangemessen, Widmer spricht stattdessen von einem „Statuswechsel".[710] Darüber hinaus gab es die dritte Gruppe, vermutlich die weit überwiegende Mehrheit der dem Sangha Zugewandten, die keine solche Beziehung zu einem Kloster einging, aber gleichwohl dessen Dienste in Anspruch nahm. Aber: All diese „Laien" spielen in klassischen Theorien keine konstitutive Rolle für den Buddhismus, obwohl sie, wie oben skizziert, auch die Möglichkeit besitzen, sich der Befreiung anzunähern, wenngleich mit geringen Erfolgschancen.[711]

In den Pali-Texten wird der Begriff „Laie" auf Mitglieder mit sehr unterschiedlichen Verhältnissen von Distanz und Nähe zum Sangha angewandt, deren gemeinsames Merkmal aber bleibt, dass sie für die religiöse Konstitution Sangha keine Bedeutung besitzen, aber für dessen soziales Überleben unabdingbar bleiben.[712] Ein Beispiel für diese sekundäre Rolle von „Laien" ist die monastische Tradition in Sri Lanka. Hier galt in dem Augenblick, wo keine Mönche mehr lebten, der Sangha als erloschen, so bei der weiblichen Ordensgemeinschaft seit dem 5. Jahrhundert.[713] Für den männlichen Zweig galt im Prinzip das Gleiche. Die männliche Linie in Sri Lanka bestand im 18. Jahrhundert nicht mehr, insofern es keine ordinierten und in einer anerkannten Sukzession stehenden Mönche mehr gab. Das Klosterleben wurde von den „Ganinnanse" getragen, von Mönchen, die kein Noviziat durchlaufen hatten. Sie versuchten, die monastischen Vorschriften einzuhalten, allerdings mit Einschränkungen, so

---

706 Golzio: Die Ausbreitung des Buddhismus, 11f.
707 Zit. nach Widmer: Der Buddha und der „Andere", 186.
708 Zit. nach ebd., 176.
709 Zit. nach ebd., 86.
710 Widmer: Der Buddha und der „Andere", 184.
711 Bechert: Buddhismus, 3.
712 Tansrisook: Non-Monastic Buddhist in Pāli-Discourse.
713 Bechert: „Das Lieblingsvolk Buddhas", 184.

etwa behielten sie ihren Besitz oder ihren Familiennamen.[714] Die Anstrengungen zur Reform dieses Ordenslebens setzten unter anderem bei Bildungsfragen an. Vermutlich in der Mitte der 1730er Jahre richtete der König ein monastisches Bildungszentrum ein, wo man Grammatik und Rhetorik, Techniken zum Schutz vor Dämonen und Geistern, Meditation, Medizin, Umgang mit Kunstwerken und Kenntnisse des Pali-Dreikorbs und seiner Kommentare erhielt.[715] Doch war es nicht möglich, den Sangha durch die noch vorhandenen monastisch lebenden „Laien" wiederzubeleben, vielmehr musste er 1753 durch „importierte" Bhikshus aus Thailand neu begründet werden, mit denen der Siam Nikaya entstand.[716] Eine traditionelle buddhistische Auffassung besagt jedenfalls, dass der Buddhismus erst und nur dann in einem Land verwurzelt sei, wenn dort ein Sangha existiere,[717] weil „Laien" dafür nicht ausreichten. Noch zu Beginn des 20. Jahrhunderts findet man leicht Belege, dass Buddhisten überzeugt waren, dass „Laien" nicht zum Sangha gehörten[718] und insofern keine „richtigen" Buddhisten waren. Für die „Laien" bedeutete diese sekundäre Position, langfristig keine Partizipation an der Bildung zu besitzen, und genau dies war der Punkt, an dem christliche Schulen seit dem 19. Jahrhundert attraktiv und mitentscheidend für eine Revision der Zuordnung von „Laien" und Ordinierten wurden. Doch bis dahin führte der Regelweg zum endgültigen Erwachen in den Sangha, das dürften Ordinierte wie Nichtordinierte so gesehen haben. Abgekürzt könnte man sagen, dass „Laien" zum Buddhismus gehörten, ohne in der Theorie für sein Verständnis als heilsvermittelnde „Religion" konstitutiv zu sein.

Aber die soziologische Realität sah ganz anders aus und zeigt konstitutive Verbindungen zwischen „Laien" und Ordinierten. Buddhistische Klöster waren schon insofern von den „Laien" abhängig, als sie sich nicht selbst reproduzierten, weil Mönche keine Kinder zeugen (es jedenfalls im Mainstream des Buddhismus nicht sollen) und der Sangha seine Mitglieder meist aus ihm nahestehenden Gruppen rekrutierte. Sodann waren die „Hauslosen" im alltäglichen Leben, insbesondere hinsichtlich ihrer ökonomischen Situation, in der Theorie auf die Hausbesitzenden angewiesen, die den besitzlosen Mitgliedern des Sangha die lebensnotwendigen Ressource zukommen lassen sollten, womit sie an deren karmischem Verdienst partizipieren konnten. Aber oft wurden buddhistische Klöster durch Schenkungen reich, so dass sie ihre Subsistenz selbst sichern konnten. Selbst dann waren sie jedoch häufig ohne die Unterstützung der „Laien" ökonomisch nicht überlebensfähig:[719] „Laien" spendeten den bettelnden Bhikshus nicht nur Nahrung, wie es die Erzählung von der ursprünglichen Jüngergruppe suggeriert, sondern waren in den großen Klosterkomplexen, in denen buddhistische Mönche faktisch zu Eigentümern geworden waren, für die Klosterverwaltung unabdingbar, und oft hing das klösterliche Leben von Patronageverhältnissen ab, in denen Laien die herrschenden Positionen innehatten.

---

714 Blackburn: Buddhist Learning and Textual Practice in Eighteenth-Century Lankan Monastic Culture, 37.
715 Ebd., 49f. 209–212.
716 Ebd., 46–52; s. auch Freiberger/Kleine: Buddhismus, 300–302.
717 Bechert: Vorwort, 10.
718 Bretfeld: Zur Institutionalisierung des Buddhismus und der Suspendierung der ethischen Norm der Gewaltlosigkeit in Sri Lanka, 162.
719 Freiberger/Kleine: Buddhismus, 302–305.

Doch nicht nur auf der sozialökonomischen, sondern auch auf der religiösen Seite ging die scharfe Unterscheidung zwischen Ordinierten und „Laien" oft nicht auf, vielmehr findet man auch hier enge Beziehungen und wechselseitige Abhängigkeiten, die, wenn man ein transkulturelles Florilegium aufblättert, zu guter Letzt einmal mehr die Vielfalt buddhistischer Kulturen in diesen Relationierungen zwischen „Laien" und Ordinierten dokumentiert. Im Japan des 15. Jahrhunderts etwa gab es Eintrittsrituale mit einer Art Ordination von „Laien" in Massenzeremonien, bei denen sie eine Unterweisung für mehrere Tage unterliefen, dabei aber „Laien" blieben; vermutlich nutzte man im Soto-Zen damit eine Möglichkeit, den Orden sozial zu verankern.[720] Im Mahayana-Buddhismus wiederum kennt man „Laien", die für die spirituelle Geschichte eine bedeutende Rolle spielten, etwa den indischen Denker Nagarjuna (2. Jh. n. Chr.?),[721] Marpa (1012–1096), den weitgereisten tibetischen Übersetzer buddhistischer Schriften aus Indien, oder seinen (mutmaßlichen) Schüler Milarepa (1052–1135), der den tantrischen Buddhismus pflegte und als Dichter berühmt wurde.

Dieser Befund verkompliziert eine Antwort auf die Frage, für welche Sozialstruktur der Begriff Religion hinsichtlich des Buddhismus angemessen ist. Hier sei zuerst in Erinnerung gerufen, dass der Begriff „dharma", mit dem in der Regel Religion übersetzt wird, aus dem Wortfeld Lehre/Dogma stammt und nicht primär die institutionelle Ebene religiöser Praxis beschreibt. Der Blick auf Religion als soziale Ordnung ist mithin stark europäischen Fragen geschuldet. Akzeptiert man diese Perspektive gleichwohl, lautet die klassische Antwort in der Theorie, dass man mit dem Eintritt in den Sangha in ein Äquivalent dessen eintrat, was im christlich geprägten Okzident Religion genannt wurde. Diese Deutung wird durch die erlösungsrelevante Praxis derjenigen „Laien", die in ein engeres, teilweise durch Gelübde untermauertes Verhältnis zum Sangha eintraten, nur partiell konterkariert. Denn angesichts der präskriptiven Texte, die eine autonome Heilssorge von „Laien" nur am Rand kannten und den Sangha als eigentliches Rechtssystem[722] begründeten, ist hinsichtlich der Theorie davon auszugehen, dass „Laien" als nicht konstitutiv für den Sangha galten. Die Aufwertung der „Laien" zu einem auch in der Theorie konstitutiven Bestandteil einiger buddhistischer Traditionen mit und ohne Gelübde ist vermutlich das Ergebnis des Zusammentreffens von Buddhismus und Christentum seit dem 18. und 19. Jahrhundert. Buddhistische „Laien" organisierten sich jedenfalls erst im 19. Jahrhundert und dann in Anlehnung an christliche Laienvereinigungen.[723] In dieser Perspektive trat man ursprünglich nicht in den Buddhismus als eine Gemeinschaft von „Laien" und Ordinierten ein, sondern in den Sangha von Mönchen oder Nonnen, der dann ein angemessenes Äquivalent zum neuzeitlich-christlichen Begriff der Religion wäre. Insofern besitzt der Sangha einerseits als Vereinigung einer religiösen Elite eher Ähnlichkeiten mit einem christlichen Kloster als mit einer Gemeinde oder dem Ensemble „des Christentums", aber andererseits wäre damit seine Rolle unterschätzt, da er keine Vergemeinschaftungsform unter vielen, sondern das Herzstück des Buddhismus ist. Historisch hat jedenfalls der Sangha früher als das Christentum eine auf Entscheidung

---

720 Bodiford: Sōtō Zen in Medieval Japan, 180–184.
721 Walser: Nāgārjuna in Context, 61–69.
722 Bechert: Samgha, 37.
723 Gombrich: Theravada-Buddhismus, 191f. 195–198.

beruhende Zugehörigkeit gefordert. Insofern sind Buddhismus und Christentum im Geiste eineiige, hinsichtlich der konkreten Geschichte aber zweieiige Zwillinge.

3.3.2 Ausbreitung und Religionswechsel

Mit der Entscheidung als dem theoretisch geforderten Weg in die Zugehörigkeit war im Christentum die „universale" Ausbreitung im Rahmen einer „Mission" angelegt, die schließlich zur globalen Verbreitung, der „Universalisierung" des Christentum mitentscheidend beitrug. Dieser Begriff hat im Verlauf der Christentumsgeschichte ein breites semantisches Feld monopolisiert, denn noch in der antiken christlichen Literatur stößt man auf Dutzende von Termini, die eine Mitteilung oder Verbreitung christlicher Positionen bezeichneten, unter denen „Mission" nur einer von vielen war,[724] darüber hinaus etwa findet sich: jemanden informieren, andere erziehen, Anerkennung für die eigene Position absichern oder Mitglieder für seine Gemeinschaft werben.[725] Erst im 16. Jahrhundert dürfte er sich als Terminus technicus etabliert haben.[726] Er ist zudem als normativ von der christlichen Theologie wohl in der frühen Neuzeit formierter Begriff für eine komparative Analyse nicht brauchbar. Vielmehr müsste er als objektsprachlicher Begriff eigentlich in Anführungszeichen stehen, worauf ich aus darstellungspragmatischen Gründen verzichte. Religionswissenschaftlich bieten sich eher deskriptive Begriffe wie Ausbreitung, Verbreitung oder Diffusion an. Eine solche Überschreitung regionaler Grenzen gab es auch in anderen Religionen im Umfeld des Christentums und im weiteren eurasischen Religionsraum. Das spezifisch Christliche war dabei, und dies ist im Folgenden zu diskutieren, die Ausbreitung als *intentionaler* Prozess, manchmal gar als strategisches Unternehmen, und nur in diesem Sinn ist im Folgenden von Mission die Rede. In diesem Sinn war die Mission vermutlich eine christliche Erfindung – und das dürfte auch für ihre individualpsychologische Schwester, die „Konversion", gelten. Mission stellt einen Sonderfall der Ausbreitungsgeschichte dar, die wiederum ein spezifischer Fall von Religionskontakten ist. Dies impliziert die für das Christentum, aber auch für andere Religionen wichtige Einsicht, dass nicht jede Ausbreitung einer Religion das Ergebnis einer „Mission" ist – auch wenn das Gegenteil behauptet wird.[727] Vielmehr soll als „Mission" nur eine Verbreitung gelten, die mit der Intention verbunden ist, einen Menschen zum Religionsübertritt zu bewegen. Dabei war die Mission für die Theologie des Christentums mehr als ein Kollateraleffekt der Ausbreitung, denn für seine beanspruchte Universalität war die „Bekehrung" der Nichtchristen ein zentraler Faktor. Die Idee der Gleichheit aller Menschen und ihre Hierarchisierung in „Gläubige" und „Ungläubige" bildeten dabei häufig eine untrennbare Melange.

Die christliche Mission vollzog sich, wie auch andere Ausbreitungsvorgänge, im Rahmen vielfältiger Kontakt- und damit Missionsmöglichkeiten, etwa von Nachbarschaftsbeziehun-

---

[724] Fast hundert Begriffe bei Pesch: Voraussetzungen und Anfänge der christlichen Mission, 14f.
[725] Goodman: Mission and Conversion, 3f.
[726] Padberg: Mission, Missionar, Missionspredigt, 81.
[727] Nur „tote Ideen" existierten in „friedlicher Koexistenz", denn „universalistische Religionen sind ihrem Wesen nach missionarisch", so Spaemann: Das unsterbliche Gerücht, 150.

gen, Migration, Handel oder politischer Expansion. Diese sozialhistorische Dimension war, wie man gegen die immer wieder aufflackernden Versuche einer ideengeschichtlichen Engführung der Ausbreitungsgeschichte des Christentums betonen muss, eine „absolute" conditio der Mission.[728] Als solche allerdings vergleichen sie Globalhistoriker in ihrer Bedeutung allerdings mit der neolithischen und der industriellen Revolution.[729]

Medial konnte sie mündlich, vom persönlichen Gespräch bis zur apologetischen Diskussion, vonstattengehen, durch Schriften erfolgen oder durch die kombinierte Nutzung mündlicher und schriftlicher Medien. Neben Zonen mit einer osmotischen, kaum wahrnehmbaren Verbreitung vollzog sie sich in verdichteten Kontaktregionen, insbesondere in Städten, unbeabsichtigt wie auch intentional. Mission verstärkte ihrerseits die Entstehung von weniger verdichteten Diffusionszonen (etwa als „Diaspora" im Judentum und Christentum oder als „dar al-harb" [dem Gebiete des Krieges] im Islam) und vice versa von (oft sakralisierten) Kernzonen (der jüdische Tempel in Jerusalem oder Erez Israel im Judentum oder Medina und Mekka im Islam, die Patriarchatsstädte im Christentum). Mission zielte im Prinzip auf andere Religionen, konnte aber auch religionsintern (seit dem 19. Jahrhundert: „innere Mission") ausgerichtet sein. Schließlich konnte Mission sehr unterschiedliche Ziele besitzen; der Information dienen, der Apologie, der Erziehung der eigenen Mitglieder, der Gewinnung von Proselyten oder eben von neuen Mitgliedern.

Erst im 19. Jahrhundert hat die Religionswissenschaft mit der Rede von „Welt-" und „Universalreligionen" gegenüber „Stammes-" und „nationalen" Religionen daraus Konzepte kreiert, in denen „Weltreligionen" mit „Missionsreligionen" gleichgesetzt wurden (siehe Kap. 1.2.2). Dies allerdings macht reprojektiv die Ergebnisse der neuzeitlichen Ausbreitungsgeschichte unter Zugrundelegung des Organisationsmodells des okzidentalen Christentums zum Maßstab der globalen Religionshistoriographie. Zudem schätzt man mit dieser Fokussierung auf eine *intentionale* Ausbreitung zwei Dimensionen, von denen im Folgenden immer wieder die Rede sein wird, leicht falsch ein: Zum einen überschätzt man die Bedeutung absichtsvollen Handelns, denn dieses bedarf einer komplexen sowohl mentalen als auch sozialen Infrastruktur, die sich im okzidentalen Christentum, wie zu zeigen ist, erst nach anderthalb Jahrtausenden mit den heute etablierten Strukturen entwickelte. Zum anderen unterschätzt man die Kontingenz von Veränderungen im Prozess von Kulturkontakten. Denn eine Steuerung der Wirkungen von Mission, also die Veränderung der Haltung anderer Menschen (deren „Bekehrung"), funktioniert nicht wie eine Einbahnstraße. Vielmehr wirken soziale Einflussfaktoren wie nichtpersonale Aktanten (Bruno Latour), weil deren Wirkungen auch in absichtsvoll eingeleiteten Prozessen in einem beträchtlichen Maß nicht steuerbar sind. Kontakte sind nicht auf monovektorielle Wirkungen reduzierbar, indem eine neue Religion in ein altes Feld „eingepflanzt" würde, vielmehr verändert jeder Kulturkontakt alle davon betroffe-

---

728 Religions and Trade, hg. v. P. Wick/V. Rubens; Travel and Religion in Antiquity, hg. v. Ph. A. Harland; Tweed: Crossing and Dwelling, alle diese Publikationen aber ohne eine Perspektive auf Missionskonzepte. Exemplarisch für die Antike Auffarth: Mit dem Getreide kamen die Götter, der die Bedeutung des Handels für die Verbreitung des Serapis-Kultes herausarbeitet.
729 König: Aufstieg des Christentums und Niedergang der polytheistischen Antike, 142, mit Verweis auf Roberts: The New Penguin History of the World, 260, wo sich diese Aussage aber nicht findet.

nen Seiten.⁷³⁰ Vor dieser wechselseitigen Verwandlung schützte auch der Sonderfall des Kulturkontaktes, die Absicht der Veränderung nur der anderen im Konzept der Mission, nicht.

3.3.2a Christentum: Erfindung von „Mission" und „Konversion"

Ausbreitung

Die frühe christliche Ausbreitungsgeschichte ist auch die Geschichte der Folgen der Umkodierung von „ererbter" Zugehörigkeit auf eine Mitgliedschaft durch Entscheidung, zumindest in der theologischen Theorie. Dieses Missionskonzept entstammt, wie geschildert, nicht den Lehren Jesu, sondern ist ein Produkt der Zeit unmittelbar nach seinem Tod und eng mit dem antiochenischen Konflikt über die „Heidenmission" (siehe Kap. 3.2.3a) verbunden. Die Geschichte der letztendlich erfolgreichen frühchristlichen Ausbreitung ist von christlichen Autoren, beginnend mit Lukas in der Apostelgeschichte, als Erfolg einer missionarischen Praxis geschrieben worden, die einer sakralhistorischen Perspektive zufolge dazu geführt habe, dass Christen bald bis an die „Enden der Erde" (Apg 1,8), wie es Jesus bei Lukas verheißt, verbreitet waren. So zutreffend dies auch ist – denn Christen fanden sich in der Tat bald in fast allen Grenzgebieten des Römischen Reiches –, so unzutreffend ist doch die Annahme, dass das Christentum bis zum 4. Jahrhundert, als es im Römischen Reich staatlich anerkannt und schließlich Staatsreligion wurde, eine quantitativ dominierende, möglicherweise sogar die Mehrheitsreligion gewesen sei. Zwar ist die Quellenlage zur Verbreitungsgeschichte des Christentums im Römischen Reich ungenügend, aber nach allem, was die wenigen Quellen hergeben, muss man damit rechnen, dass um 312 herum etwa fünf bis zehn Prozent der Einwohner Christen waren.⁷³¹ Das bedeutet nicht nur, die Vorstellung einer insoweit erfolgreichen Mission aufzugeben, dass das Christentum Mehrheitsreligion geworden wäre, sondern auch das Konzept einer strategischen Missionierung infrage zu stellen, da man weniger mit intentionaler Mission als mit Ausbreitungsprozessen in der „familia" und in gentilen Netzen zu rechnen hat.⁷³² Die Taufe von „Häusern", Mikrokommunikation in sozialen Netzen, Nachbarschaftsbeziehungen und Kontakte auf Handelswegen dürften im frühen Christentum die entscheidenden sozialen Faktoren im Rahmen einer „kapillaren Verbreitung" (Michael Sievernich) gewesen sein.⁷³³ Paulus als reisender Missionar hingegen war wahrscheinlich eine Ausnahmeerscheinung. Diese hohe Bedeutung des familialen Nahbereichs (trotz der nach der theologischen Konzeption erwartbaren Abwertung der gentilen „familia") hing mit einer Reihe von sozialen Strukturbedingungen und theologischen Festlegungen des frühen Christentums zusammen: etwa den genannten Problemen der Existenz ohne familiales Netz (siehe Kap. 3.2.3b; 3.3.1a), aber auch mit der Revision der familienkritischen Positionen von

---

730 Bochinger: Mission als Thema vergleichender religionswissenschaftlicher Forschung, 180.
731 Reinbold: Propaganda und Mission im ältesten Christentum, 351.
732 Ders.: Zur Bedeutung der Familie in frühchristlicher Zeit; ders.: Propaganda und Mission, 351f. Insofern ist Zurückhaltung gegenüber einer Position angebracht, die Mission als ein Teil der „media revolution" betrachtet; Mendels: The Media Revolution of Early Christianity, 179.
733 Sievernich: Die christliche Mission, 28.

Jesus und Paulus im frühen Christentum oder mit der Aufwertung der weiblichen Rolle im Haus,[734] die vermutlich dazu führte, dass die Erziehung, auch die religiöse, stärker in die Hände der Frauen kam.

Eine Begrenzung des Missions„auftrags" ergab sich zudem durch theologische Überlegungen. Gegen eine aktive Mission sprach etwa eine Auffassung, die die „Bekehrung" der „Heiden" als Aufgabe Gottes, nicht des Menschen ansah, wenngleich man damit das theologische Problem der Willensfreiheit berührte, die man in einem Akt der Einwilligung oder als Vertiefung einer Zugehörigkeit zum Christentum gewahrt sehen konnte;[735] von einem Konzept autonomer Entscheidung als Grund einer „Konversion" war man jedenfalls weit entfernt. Andere Christen rechneten mit dem baldigen Weltende, welches ebenfalls eine Mission nur begrenzt sinnvoll erscheinen ließ. Schon bald sah man im frühen Christentum mit der bis dato erreichten Ausbreitung den Missionsauftrag im Sinne einer Präsenz der christlichen Botschaft „bis an die Enden der Erde" erfüllt – und diese „Verkündigung" musste überdies nicht mit der „Konversion" aller Bewohner eines Gebietes einhergehen.[736] Vielfach betrachtete man die Mission zudem nicht als Obliegenheit aller Christen, sondern als Aufgabe der Apostel.[737] So war in den wohl vor 241 entstandenen Thomasakten[738] die Welt unter die Apostel aufgeteilt[739] und die Missionsaufgabe im Prinzip erledigt. Nur in der Perspektive einer späteren, professionalisierten Mission kann man von einem „auffälligen Schweigen der frühen nachapostolischen Kirche über die Missionsaufgabe" sprechen.[740]

Mit diesen und trotz dieser Einschränkungen blieb das Konzept einer Mission im Sinne intentionaler Verbreitung in der mediterranen Antike ein Spezifikum des Christentums. Jedenfalls üben Althistoriker fundamental Kritik an der Zuschreibung eines missionarischen Programms etwa an orientalische Religionen und der Deutung ihrer Verbreitung analog zur Mission.[741] Es gibt zwar strukturelle Übereinstimmungen wie eine Kommunikation im Nahbereich oder die Ausbreitung entlang von Verkehrswegen, beispielsweise beim Mithraskult, der sich zeitweilig vermutlich ähnlich schnell wie das Christentum verbreitete, dem aber, wie wohl anderen Mysterienkulten auch, Intentionalität fehlte; eine vergleichbare Fehlstelle gibt es auch für das Judentum (siehe Kap. 3.3.2b). Stattdessen muss es im Christentum beträchtliche Attraktivitätsfaktoren gegeben haben: Das Angebot, alle Lebensbereiche zu regeln? Die – zumindest am Anfang – Einfachheit seiner Dogmatik? Die Konsequenz, mit der viele Christen ethische Ideale lebten? Der Monotheismus? Die sakramentale Vermittlung

---

[734] Gehring: Hausgemeinde und Mission, 359–380.
[735] Piepenbrink: Antike und Christentum, 28–36.
[736] Brox: Zur christlichen Mission in der Spätantike, 207–215.
[737] Ebd., 194–207; Luz: Das Evangelium nach Matthäus, Bd. 4, 444. In dieser Perspektive ist die prinzipielle Erweiterung des Kreises der Akteure von professionellen Missionaren und Missionarinnen auf andere Christen, etwa Kaufleute oder Arbeiter (so Habermas/Hölzl: Mission global, 12, allerdings mit Blick auf die Neuzeit) nicht unproblematisch, weil sie die Unterscheidung zwischen intentionaler Mission und nichtintentionaler Ausbreitung nicht thematisiert.
[738] Bremmer: The Acts of Thomas, 77.
[739] Thomasakten (ed. Klijn), 1.
[740] Brox: Zur christlichen Mission in der Spätantike, 211.
[741] Bonnet: Repenser les religions orientales, 8.

ohne große Kulte? Die Berichte über Wunder und Exorzismen? Die soziale Fürsorge? Die Absage an das Sakralrecht? Handlungsmöglichkeiten für Frauen?[742] Vielleicht auch die Idee einer freien Entscheidung?

Die spät- und nachantike Ausbreitung des Christentums erweist sich, wenn man sich einmal vom Bild einer ausschließlich strategisch-intentionalen Mission mit einem biblisch grundgelegten Masterplan verabschiedet hat, als ein ausgesprochen heterogenes Feld von Verbreitungsweisen, die weder in einer intentionsschwachen kapillaren Diffusion aufgehen noch in einem geplanten Konversionsunternehmen angemessen beschrieben sind. Jedenfalls lassen sich unterschiedlichste Strategien für den Umgang mit den nichtchristlichen Traditionen nachweisen, von der abgrenzenden Missionspredigt bis zur pragmatischen Integration paganer Traditionen. Und natürlich war unter den Motiven für einen Beitritt zum Christentum das religiöse nur eines in einem multifaktoriellen Geflecht von Gründen, die zudem vor und nach der Konstantinischen Wende ganz unterschiedliche Schwerpunkte ausbildeten.[743] Darüber hinaus benötigen wir weitere komparative Forschungen über die Rezipientenseite, etwa über die gesellschaftlichen und politischen Bedingungen wenn etwa eine enge staatliche Kontrolle oder religiöse Monopolisten die Verbreitung des Christentums erschwerten.[744] Zur Verdeutlichung dieser Komplexität von Interessen folgen einige Beispiele, die kein umfassendes Bild der christlichen Missionsaktivitäten zeichnen, sondern in der Ausleuchtung regionaler Aktivitäten vor allem eines deutlich machen, dass nämlich die Ausbreitung des Christentums in ganz verschiedenen Modi erfolgte.

- Ein sehr frühes nachbiblisches Beispiel für eine christliche Mission könnte der *Manichäismus* gewesen sein. Manichäische Texte aus dem 5. Jahrhundert berichten von Reisen Manis unter anderem in den Kaukasus, nach Persien, Babylonien und ins Industal,[745] bei denen er seine christliche Botschaft verkündet habe und deretwegen er 276/277 hingerichtet worden sei. Aufgrund der paränetischen Ausrichtung der Texte ist die Historizität der Ereignisse im Detail aber unklar. Im 4. und 5. Jahrhundert dürften Klöster für die „Electi", die spirituelle Elite der Manichäer, die dort von den einfachen Gläubigen versorgt wurden, Ausgangspunkte für die Diffusion des Manichäismus gewesen sein.[746] Bis ins 13. Jahrhundert finden sich Manichäer in Innerasien,[747] auf die Lateiner, die auf den Seidenstraßen reisten, dort trafen.
- Vertreter der syrischen *Kirche des Ostens* (oft abwertend: „Nestorianer") kamen auf Handels- und Verkehrswegen nach Asien,[748] besonders effektiv, solange das Perserreich existierte.[749] Auch hier dürfte gelten, dass Mission nicht der auslösende oder gar der Hauptzweck ihrer Reisen war. Ausweislich überlieferter Briefe über spätantike Reisen

---

742 Vgl. zu einigen Punkten Markschies: Das antike Christentum, 216f.; zum Sakralrecht Lieu: Neither Jew Nor Greek, 21.
743 MacMullen: Christianizing the Roman Empire.
744 Montgomery: The Lopsided Spread of Christianity.
745 Römer: Manis frühe Missionsreisen nach der Kölner Manibiographie, S. XIII–XVIII.
746 Berg: Biblical Argument in Manichaean Missionary Practice, 45–47.
747 Klein: Das nestorianische Christentum an den Handelswegen durch Kyrgyzstan, 75–77.
748 Lieu: Places of Nestorian Presence, Ways of Dissemination.
749 Hage: Das orientalische Christentum, 290.

in das Gebiet der Stadt Oxyrhinchus (in Ägypten) waren andere, vor allen Dingen wirtschaftliche Interessen leitend.[750] In weiteren Kauffahrten gelangten sie über die Seidenstraßen und den Seeweg bis nach Ostchina,[751] wovon eine Stele aus dem 8. Jahrhundert in Xian, die christliche Theologie im Gewand chinesischer Vorstellungen explizierte, Zeugnis ablegt.[752] Der syrische Patriarch Timotheos I. (727/9–823) sorgte für die Aussendung von Männern zur Verbreitung des Christentums nach Innerasien und organisierte eine kirchliche Verwaltungen in diesen Gebieten,[753] doch gingen die syrischstämmigen Gemeinden in weiten Teilen Asiens seit dem 9. Jahrhundert zurück,[754] unter anderem, weil die Kirche des Ostens teilweise eine von Fremden blieb,[755] die Metropoliten in China etwa kamen wohl noch im 14. Jahrhundert aus Syrien.[756] Ein anderer Grund des Scheiterns war die Haltung der Mongolen, unter denen das Christentum zwar eine weite Verbreitung erlangte, die allerdings seine Forderung nach Exklusivität nicht mittrugen[757] und diese erst im Lauf ihrer Islamisierung langsam übernahmen. Hinweise auf Christen finden sich bis ins 14. Jahrhundert,[758] in Kirgisistan etwa starben sie in diesem Zeitraum in Folge einer Pestepidemie aus.[759] Erst zu Beginn des 17. Jahrhunderts erfuhren Jesuiten über die ausgegrabene Stele von Xian Genaueres von dieser östlichen Ausbreitung des Christentums.[760] Hingegen existieren die in Südindien vielleicht im 4. Jahrhundert begründeten, seit dem 6. Jahrhundert jedenfalls nachweisbaren[761] syrischen Gemeinden („Thomaschristen") bis heute. Dabei unterschlägt der Blick auf derartige Erfolge, dass die Mission innerchristlich umstritten war. So sind im Kontext der indischen Ausbreitung Legenden überliefert, wonach der Apostel Thomas Widerstand gegen die Mission geleistet habe, der nur durch ein massives Eingreifen Gottes – Gott habe Thomas an einen indischen Händler verkauft – gebrochen worden sei.[762]

– In den *nördlichen Regionen des ehemaligen Imperium Romanum* kam es zur Begründung mehrerer christlicher Traditionen. Dass im Hintergrund all dieser Ausbreitungsgeschichten intentionale Momente standen, ist nicht zu bestreiten, aber sie darauf zu reduzieren, dürfte die Heterogenität des Verbreitungsprozesses unterschätzen.[763] Vielmehr

---

750 Blumell: Christians on the Move in Late Antique Oxyrhinchus.
751 Lieu: Places of Nestorian Presence, Ways of Dissemination.
752 Longfei: Die nestorianische Stele in Xi'an.
753 Suermann: Timotheos I. und die Asienmission, 196.
754 Gillman/Klimkeit: Christians in Asia before 1500, 284f.
755 Hage: Das orientalische Christentum, 291.
756 Ebd., 294.
757 Ebd., 292f.
758 Gillman/Klimkeit: Christians in Asia before 1500, 285. 295.
759 Klein: Das nestorianische Christentum, 289.
760 Hansen: The Silk Road, 150.
761 Hage: Das orientalische Christentum, 319.
762 Brox: Zur christlichen Mission in der Spätantike, 195f., mit Bezug auf die Thomasakten, 1–3.
763 Padbert: Die Inszenierung religiöser Konfrontationen, sieht eine „Missionspredigt" mit regulären „Missionaren" und der Vorbereitung „des Missionseinsatzes" (S. 72) sowie „Laien als Missionspredigern" (S. 219), die eine formatierte Missionspraxis postuliert, welche eher einem evangelikalen Missionsprogramm entspricht und die unterschiedlichen Ausbreitungsgeschichten wohl unzureichend berücksichtigt, wenngleich Padberg

hat Daniel König eine große Pluralität von Motiven und Techniken für den Übertritt ins Christentum identifiziert:[764] Bei manchen Übertritten spielte der Utilitarismus des „do ut des" eine Rolle; andere sahen sich aus intellektueller Überzeugung angezogen; wieder andere machten gute Erfahrungen mit Christen, für viele waren attraktive Angebote religiöser Weltdeutung und christlicher Riten ausschlaggebend, wieder andere nutzten das Christentum für die Politik oder die eigene Karriere, oft spielte die Parallelität von Romanisierung und Christianisierung eine Rolle. Unzutreffend ist jedenfalls die Vermutung, der Übertritt ganzer Ethnien zum Christentum sei der Regelfall gewesen. So zog zwar die berühmte Taufe Clodwigs um 500 die breite Christianisierung seiner Franken nach sich,[765] konkret die Verbindung der arianischen respektive teilweise noch heidnischen germanischen Gruppen und der katholischen Franken,[766] wohingegen etwa die Sueben dokumentieren, dass die „Konversion" von Herrschern nicht zwingend diejenige eines Volkes nach sich ziehen musste, denn die Sueben folgten ihren Anführern nicht.[767] Aber die Christianisierung konnte auch umgekehrt, von unten nach oben und gegen den Widerstand von Führungsschichten erfolgen, wie im Fall der Vandalen.[768] Letztlich ist auch hier die Fokussierung auf punktuelle „Konversions"geschichten irreleitend, denn auf der Grundlage von nicht- oder teilchristlichen Überzeugungen hat man mit langdauernden Prozessen des Übertritts zu rechnen. Aber es gab auch die Drohung und die Anwendung von Gewalt gegenüber Mitgliedern der paganen Religionen. Hier finden sich hochsymbolisch aufgeladene Fälle, etwa die Fällung der Donareiche, möglicherweise ein Holzidol der Sachsen, durch Bonifatius,[769] aber dies stellte wohl eine Ausnahme, zumindest aber einen damals umstrittenen Akt dar.[770] Dies gilt auch für die mörderische Gewaltanwendung, die Karl dem Großen als „Sachsenschlächter" im „Blutgericht von Verden" zugeschrieben wird, der an einem Tag 4500 Sachsen habe enthaupten lassen – eine Deutung, die seit dem 18. Jahrhundert in deutschnational-antifranzösischen und kirchenfeindlichen Kreisen erzählt und durch die Nationalsozialisten popularisiert wurde.[771] Es ist in der Geschichtsforschung aber höchst umstritten, ob sich dieser Akt in dieser Größenordnung ereignete oder ob er überhaupt stattgefunden hat. In jedem Fall hätte es sich um eine vor allem politische, kaum aber um eine religiös motivierte Aktion gehandelt – unbeschadet der Tatsache, dass Mission und Politik bei den Sachsenfeldzügen Karls eng miteinander verknüpft waren respektive es im Laufe der Kampfhandlungen

---

auch anfügt, dass ein „weites Verständnis des Begriffs Mission" notwendig sei und eine „Mission ohne Missionare" und eine „Predigt ohne Worte" existiert habe (S. 413). Differenzierter ders.: Das Christentum als missionierende Religion, 134–138; ders.: Mission, Missionar, Missionspredigt.
764 König: Bekehrungsmotive.
765 Ebd., 86f.
766 Emmenegger: Das Handeln Gottes in der Rekonstruktion, 125f.
767 Konig: Bekehrungsmotive, 61.
768 Vössing: Das Königreich der Vandalen, 31–33.
769 Steuer: Archäologische Quellen zu Religion und Kult der Sachsen vor und während der Christianisierung, 86f.
770 Padberg: Grundzüge der Missionstheologie des Bonifatius, 171f.
771 Kuhlmann: Der Streit um Karl den Großen, Widukind und den „Tag von Verden" in der NS-Zeit, 37f. 86ff.

wurden.⁷⁷² Es spricht jedenfalls vieles dafür, dass Karl eine politisch motivierte Eroberung und keinen Religionsfeldzug im Auge hatte. Jedenfalls nahm die Einbeziehung des religiösen Faktors in dem Maße zu, wie das militärisch-politische Vorgehen scheiterte.⁷⁷³ In diese Einbeziehung des Christentums gehören die dann zeitweilig benutzten, aber wohl schon bald wieder zurückgezogen⁷⁷⁴ Absageformeln bei Taufen an die Teufel, den Donar, Wodan, Saxnot und all die „Unholde", die ihre Komplizen seien.⁷⁷⁵ Häufiger sind niederschwellige Transformationsprozesse auf sehr unterschiedlichen Ebenen anzunehmen. So stand neben der Zerstörung von Heiligtümern die Neuinterpretation paganer Traditionen, wie sie Gregor der Große exemplarisch in einer Instruktion formulierte, wonach nicht die heidnischen Heiligtümer, sondern nur deren Götterbilder zu zerstören seien. Durch eine neue Weihe und das Aufstellen von Altären und Reliquien solle man die Tempel christlich ausrichten und auch die Opfer im Prinzip erhalten, sie aber im Rahmen christlicher Theologie neu interpretieren.⁷⁷⁶ Daraus entwickelte sich eine weitverbreitete Praxis der Neudefinition religiöser Orte aus dem Geist des Christentums. Weniger auffällig, aber ebenfalls nachhaltig, verlor die pagane Götterverehrung durch Privatisierung an Bedeutung, während gleichzeitig das Christentum öffentliche Religion wurde.

– Im keltischen Raum entstand im *Irland* des 5. Jahrhunderts durch den nur über eine stark legendarische Überlieferung fassbaren Patrick eine „gentile Mönchskirche",⁷⁷⁷ die mit zu den Wurzeln einer von dieser Region ausgehenden Verbreitung des Christentums gehörte. Iro-schottische Mönche wie Gallus, Kilian, Emmeram oder der jüngere Columban, die auf den Kontinent pilgerten, bildeten den Ausgangspunkt einer Christianisierung im heutigen südwestdeutschen Raum. Es scheint allerdings, dass man das Motiv einer intentionalen Mission bei ihnen nur mit Vorsicht in Anschlag bringen darf, denn sie verstanden ihren Weg oft eher als eine Pilgerschaft und ein monastisches Wanderleben zur Erlangung des ewigen Lebens, bei der das Missionsmotiv nur eine sekundäre Rolle spielte.⁷⁷⁸ Ihre „Mission" führte auf Dauer zur Verdrängung und Transformation der alten Kulte, konnte aber auch, etwa bei Gallus, mit der demonstrativen Zerstörung heidnischer Kultgegenstände einhergehen.⁷⁷⁹ Doch manchmal existierten unterschiedliche christliche und pagane Traditionen zeitweilig auch nebeneinander, etwa im späten 4. Jahrhundert auf dem Hemmaberg bei Globasnitz (heute am Südostrand Kärntens), wo eine arianische und eine katholische Kirche sowie ein paganer Tempel in unmittelbarer Nachbarschaft standen.⁷⁸⁰

---

772 Ehlers: Die Integration Sachsens in das fränkische Reich (751–1024), 273–288; .
773 Becher: Gewaltmission; ders.: Der Prediger mit eiserner Zunge.
774 Becher: Gewaltmission, 324.
775 Monumenta Germaniae Historica. Capitularia Regum Francorum, 222.
776 Beda: Historia Ecclesiastica, I,30.
777 Sievernich: Christliche Mission, 51.
778 Weber: Iren auf dem Kontinent, 232f. 689–691.
779 Schär: Gallus, 215–220.
780 Gschlößl: Im Schmelztiegel der Religionen, 122–124.

- Im *angelsächsischen Raum* hatte sich das Christentum unter römischer Herrschaft weit verbreitet, war aber nach der Eroberung durch Jüten, Angeln und Sachsen marginalisiert worden. Hier kam es unter Aethelberht von Kent (560–616), der sich und anschließend seine Gefolgschaft unter dem Einfluss seiner Frau Bertha und Augustins von Canterbury, den Papst Gregor I. nach England geschickt hatte, taufen ließ, zu einer zweiten Popularisierung des Christentums, in der die südlichen Gebiete der britischen Insel nachhaltig christianisiert wurde. Aber auch hier sind hybride Praktiken dokumentiert, etwa von zwei Altären in einem Tempel, die Raedwald, König von East Anglia, wohl zu Beginn des 7. Jahrhunderts errichtete: einen für den christlichen Gott, einen anderen, kleineren, für die heidnischen Götter.[781]
- An der Christianisierung der „*Germanen*" (so die Fremdzuschreibung für unterschiedliche Ethnien) im Norden des Okzidents ging die Ausbreitung durch die Protektion von Herrschern wie des Norwegers Olaf Tryggvason, Olaf des Heiligen oder des Dänenkönigs Harald Blauzahn Hand in Hand mit der Stabilisierung politischer Macht. Dabei gab es in der Regel keine Zwangsmissionierung, sondern vielmehr einen schleichenden Prozess der Durchsetzung. Die jedoch noch lange fortbestehende Koexistenz oder Synkretisierung paganer und christlicher Vorstellungen dokumentieren narrative Traditionen wie die Edda, die (weitgehend?) von Christen verschriftlicht und dadurch christlich interpretiert wurde, in der man aber zugleich pagane Götter- und Heldengeschichten tradierte. Ein anderes Beispiel für solche Querbeziehungen ist die Nutzung christlicher Vorstellungen durch Vertreter der paganen Kultur, die etwa ihren Göttern nun christlich inspirierte Formen der Heilung oder der Überwindung des Todes zuschrieben, um sich damit der Stärken des Christentums zu bedienen.[782] Auch im alltäglichen Leben wird man von derartigen Verschränkungen, Überlagerungen und Parallelen auszugehen haben. Die lange fortbestehende Osmose unterschiedlicher Religionskulturen dokumentiert anschaulich das Model eines jütländischen Metallhandwerkers aus dem 10. Jahrhundert, der kleine Kreuze und Thor-Hämmer in einer einzigen Gießform zugleich fertigte,[783] oder ein in Island gefundener, in der Regel auf vor 1000 datierter Thorhammer, in den ein Kreuz tief eingeschnitten ist.[784] Aber selbstverständlich gab es nicht nur derartige Synkretismen, sondern auch Traditionsabbrüche, ablesbar etwa im Verbot der Kindesaussetzung (s. gleich folgend, Island).
- Einen sehr eigenen Weg nahm die Annahme des Christentums in *Island*, wo sich partizipative Strukturen mit machtpolitischer Einflussnahme mischten. Die Einwohner der seit ungefähr 870 besiedelten Insel sahen sich am Ende des 10. Jahrhunderts einem zunehmenden Druck des norwegischen Königs Olf Tryggvason zur Abkehr vom Heidentum ausgesetzt. Die sich ohne einen König in regionalen Herrschaftseinheiten selbst regierenden Isländer traten deshalb im Jahr 1000 zum Allthing, der Versammlung aller

---

[781] Beda: Historia Ecclesiastica, II,15; Beda spricht von „Teufeln". Ein weiteres Beispiel aus der Slawenmission bei Angenendt: Mission und Opfer, 73.
[782] Padberg: Reaktionsformen des Polytheismus im Norden auf die Expansion des Christentumsw, 618–627.
[783] S. die Abb. bei Padberg: Christianisierung im Mittelalter, 115.
[784] Abb. in: Credo. Christianisierung Europas im Mittelalter, Bd. 1: Essays, hg. v. Ch. Stiegemann, 297.

freien und männlichen Isländer im Thingvellir, zusammen,[785] wo allerdings die Gefahr drohte, dass die Gemeinschaft in Christen und Heiden auseinanderbrechen und damit möglicherweise ihre Unabhängigkeit an Norwegen verlieren könnte. In dieser Situation erhielt der Gesetzessprecher, ein Mitglied der heidnischen Mehrheit, letztlich die Entscheidungsgewalt. Nachdem er einen Tag und eine Nacht lang unter seinem Mantel auf dem Boden gelegen habe, möglicherweise ein Wahrsageritual mit schamanistischem Hintergrund praktizierend,[786] schlug er eine Kompromisslösung vor. Die Isländer sollten sich taufen lassen, doch erhielten die Anhänger der alten Traditionen Sonderrechte: Sie durften etwa weiterhin privat den Göttern der Ahnen opfern, Kinder (in der Regel waren dies Mädchen) aussetzen und Pferdefleisch verzehren.[787] Diese berühmte Erzählung stilisiert jedoch einen komplexen Christianisierungsprozess zu einer punktuellen Entscheidung.[788] Denn die durch schriftliche und archäologische Quellen schon vor dem Jahr 1000 nachgewiesene längere Anwesenheit von Christen durch Grabungen seit Ende der 1990er Jahre,[789] bei denen die Kirche von Foransstadir, die seit dem frühen 11. Jahrhundert bestand, freigelegt wurde, macht klar, dass dieser Thingbeschluss einen längeren Prozess der Christianisierung voraussetzt.[790]

- Die Ausbreitung des Christentums im Herrschaftsbereich von *Byzanz* erfolgte zumeist in einem engen Zusammenhang mit politischen Interessen. Schon im 7. Jahrhundert hatte Kaiser Heraclius eine Slavenmission zu deren politischer Befriedung konzipiert.[791] Die spätere byzantinische Mission im 9. Jahrhundert, für die die Mönchsbrüder Kyrill und Methodius (getauft als Konstantin und Michael)[792] stehen, war ebenfalls eng mit politischen Interessen und Interessenskonflikten zwischen Byzanz und Rom verbunden.[793] Konstantin versuchte, die Chasaren zu christianisieren, wobei im Hintergrund der Einfluss des Islam und deren schon (teilweise?) vollzogene Hinwendung zum Judentum anzunehmen sind.[794] (siehe auch Kap. 3.3.2b) Während die Christianisierung der Chasaren misslang, war diejenige der Slawen, die er zusammen mit seinem Bruder durchführte, erfolgreich, wobei man in ein Feld komplexer Wechselwirkungen zwischen West- und Ostrom gerät, denn Methodius wirkte in einem Gebiet, in dem schon bayerische Missionare gearbeitet hatten.[795] Die religiösen Bindungen an Byzanz wurden allerdings auf Dauer enger als mit dem lateinischen Westen. Eine wichtige Rolle spielte dabei die Entwicklung der glagolitischen Schrift und die Übersetzung von Texten ins Slawische, wobei für die Messformulare teilweise lateinische Vorgaben dienten. Im Hintergrund

---

785 Vésteinsson: The Christianization of Iceland, 16–19, zur schwierigen Quellenlage.
786 Aðalsteinsson: Under the Cloak.
787 Kaufhold: Europas Norden im Mittelalter, 75–79; Sigurður: Eine kleine Geschichte Islands, 45f.
788 Karlsson: Iceland's 1100 Years, 33–43.
789 Kristjánsdóttir: Island wird christlich, 295–297.
790 Ebd., 297–301.
791 Dvornik: Byzantine Missions among the Slaves, 5f. 105f.
792 Hannick: Konstantin und Method.
793 Lilie: Byzanz. Das zweite Rom, 206–211.
794 Dvornik: Byzantine Missions, 51–53. 67f.
795 Wood: Die Missionierung Europas, 38; Dvornik: Byzantine Missions, 75.

stand ein Quadrant konstantinopolitaner und römischer Interessen auf der kirchlichen Seite und herrschaftlicher Interessen der römisch-deutschen und byzantinischen Kaiser weltlicherseits. Dazu kamen lokale politische Motive: Offenbar suchte der mährische Fürst Ratislav um 855 seine Abhängigkeit von dem ostfränkischen König Ludwig dem Deutschen zu verringern und bat deshalb um eine Alternative zu fränkischen Klerikern und Missionaren. Dazu wandte er sich zuerst an den Papst, dann an den byzantinischen Kaiser Michael III. und seinen Patriarchen Photius.[796] Byzanz entsandte schließlich Konstantin und Michael, aber Ratislav erhielt auch Unterstützung von den römischen Päpsten. Dass Kyrill, der 869 in Rom starb, die Akzeptanz der kirchenslavischen Sprache erreichte,[797] dokumentiert, wie eng die Verflechtungen zwischen den ost- und westkirchlichen Christentümern noch waren. Die strategische Ausbreitung des Moskauer orthodoxen Christentums nach Zentralasien war schließlich sehr viel später das Ergebnis der Beteiligung der Russisch-Orthodoxen Kirche an der Expansion des zaristischen Russland im 19. Jahrhundert.[798]

Versucht man, einige Dimensionen der nachantiken Entwicklung zu saldieren, bleibt als kleinster gemeinsamer Nenner die Tatsache, dass es eine Ausbreitung des Christentums gab, die immer wieder, aber eben nicht notwendigerweise, als intentionale Verbreitung konzipiert war. Michael Sievernich unterscheidet mehrere Varianten, die sich oft nur analytisch trennen lassen und in der Realität häufig miteinander verbunden waren:[799] Es gab die Ausbreitung des Christentums als Nebenprodukt kultureller Austauschprozesse, insbesondere durch Reisen und Migration; es findet sich der „gentilreligiöse" Religionswechsel, bei dem der Übertritt eines Herrschers den Übertritt eines Volkes oder einer Sippe nach sich zog; schließlich existierte die Mission durch professionelle Akteure, insbesondere durch Mönche und Bischöfe, welche oft wiederum durch Päpste initiiert wurde. Mission konnte dabei mit und ohne sozialen Druck, friedlich und als „Schwertmission" (letzteres vor allem im fränkisch-germanischen Bereich) vonstatten gehen – und oft war sie nur ein Faktor in der Neuaushandlung kultureller Identitäten. Noch im 13. und 14. Jahrhundert etwa betrachtete man in Litauen den Übertritt zum Christentum als Teil eines Verhandlungspaketes mit den christlichen Nachbarn, bei dem die Taufe „nur" ein Pfund zum Handeln war.[800]

In vielen auf diese Weise „christlich" gewordenen Gesellschaften der Spätantike war die Christianisierung allerdings nur der Beginn einer langfristigen Tiefenprägungen der Gesellschaften, in denen es zu einer Nachsozialisation der schon „Bekehrten" – in der Terminologie des 19. Jahrhunderts: zur „inneren Mission" – kam. Die christliche Formierung des lateinischen Okzidents im Mittelalter (siehe Kap. 2.3) ist dafür nur ein besonders prägnantes Beispiel. In diesen Prozessen kam es immer wieder zu einer Re-Ethnisierung des Christentums, was angesichts der überlebenswichtigen Bedeutung gentiler Netze auch nicht anders

---

796 Wood: Die Missionierung Europas, S. 31.
797 Die Lehrer der Slawen Kyrill und Method, hg. v. J. Schütz, 77.
798 Gorder: Muslim-Christian Relations in Central Asia, v. a. 56–72.
799 Sievernich: Christliche Mission, 68–70.
800 Mazeika: Bargaining for Baptism.

zu erwarten ist. Das Christentum (wie auch das Judentum) organisierte sich strukturanalog zu Ethnisierungsprozessen, wie sie sich in der Spätantike verbreitet finden, nutzte dabei jedoch zusätzlich theologische Vorstellungen als strukturelle Ethnisierungskennzeichen:[801] Monotheismus und Exklusivität.

Im Hochmittelalter änderte sich die Situation der christlichen Missionen radikal, und dies aus externen wie innerkirchlichen Gründen. Die nicht okzidentalen christlichen Kirchen verloren durch die Expansion des Islam die Möglichkeit einer intentionalen Ausbreitung, weil der Religionsübertritt von Muslimen und Nichtmuslimen zum Christentum islamischerseits verboten wurde, und als Folgeeffekt kam auch die Mission außerhalb des islamischen Herrschaftsbereichs zum Erliegen. Eine gegenläufige Entwicklung ergab sich in der lateinischen Kirche, wo sich die außenpolitischen Rahmenbedingungen mit der beginnenden Expansion zuerst im Mittelmeerraum und schließlich in der Neuzeit weltweit änderten. Dazu traten interne Umwälzungen, Innovationen von extremer Tragweite: Die Herausbildung einer starken päpstlichen Gewalt, durch die die Kirche zu einem politischen Akteur aufstieg und die sich auf neue innerkirchliche Gruppen stützen konnte: insbesondere die ortsübergreifend organisierten Orden wie die Cluniazenser und schließlich die ihre Mitglieder nicht mehr ortsgebunden einsetzenden Mendikantenorden (siehe Kap. 2.3), mit deren Hilfe das Papsttum, namentlich seit Innozenz IV. (reg. 1243–1254), die Mission zu einem systematisch organisierten Unternehmen ausbaute.[802]

Damit läuteten vor allem die Franziskaner eine neue Epoche christlicher Missionspraxis ein. Im Hintergrund stand nicht zuletzt die Ausbreitung des Islam, denn mit dem teilweisen und in einigen Gebieten (Nordafrika) vollständigen Untergangs des Christentums wurde klar, dass mit dem Islam eine Macht aufgetreten war, die militärisch und kulturell eine neue Herausforderung bedeutete. Franziskus selbst war 1219 während des „Kreuzzugs" nach Damiette (im Nildelta) zum Sultan al-Kamil vorgedrungen, um ihm christliche Vorstellungen zu predigen. Damit beschritt er einen anderen Weg als Kreuzfahrer oder Ritterorden, die in der Regel solche Dialoge nicht suchten. Wenngleich schon aufgrund fehlender Sprachkompetenz unklar ist, was sich während dieser Begegnung ereignete, gehört sie zu den symbolisch hoch gewerteten Gründungserzählungen der franziskanischen Missionsgeschichte. Für die folgenden Jahre erzählen franziskanische Texte von Missionsversuchen in islamisch beherrschten Gebieten des Mittelmeerraumes, in Afrika und in Spanien. Auf dem Pfingstkapitel des Jahres 1219 wurde die Welt symbolisch unter den Brüdern aufgeteilt,[803] und schon 1220 habe es deshalb, stark legendarischen Berichten zufolge, in Marokko die ersten Märtyrer gegeben.[804] Diese frühen franziskanischen Missionen und ihre Verbindung mit dem Martyrium sind allerdings ein komplexes Kapitel,[805] ging es doch möglicherweise primär um Bußpredigt statt Mission,[806] vergleichbar den Intentionen der iroschottischen Mönche. Die häufig normativen

---

801 Harland: Dynamics of Identity.
802 Muldoon: Popes, Lawyers, and Infidels.
803 Elm: Franz von Assisi, 157.
804 Vat: Die Anfänge der Franziskanermissionen, 49–59.
805 Für anregende Hinweise danke ich Christopher MacEvitt.
806 Elm: Franz von Assisi. Bußpredigt oder Heidenmission.

Quellentexte sagen in der Regel auch wenig über die faktischen Aktivitäten aus. Strebte man etwa im islamischen Spanien die „Bekehrung" der Nichtchristen an oder möglicherweise doch eher die Wahrung einer christlichen Identität im Umfeld von Muslimen und Juden? In welchem Interesse stand die Bekundung der theoretisch geforderten zur praktisch durchgeführten Mission? Versuchte die Großkirche, die Konjunktion von Mission und Martyrium, die vielen Franziskanern als Zeichen apostolischer, urchristlicher Praxis und manchmal als Anzeichen der Apokalypse galt, zu lösen, um Tote zu vermeiden? Darauf könnte jedenfalls die Tatsache verweisen, dass die in der nichtbullierten franziskanischen Ordensregel (1221) vorhandenen Bezüge auf Märtyrer in der Regula bullata von 1223 fehlten.[807]

Theologisch waren die frühen franziskanischen Missionsvorstellungen jedenfalls stark mit apokalyptischen Erwartungen verbunden.[808] Die islamische Konkurrenz konnte als Vorbotin des Antichristen gedeutet werden und der Erfolg der christlichen Mission als Beginn des Weltendes, das den Sieg des Christentums bringen sollte. Wie stark diese Vorstellung über Jahrhunderte wirkte, dokumentiert noch Kolumbus (um 1451–1506), der wohl Mitglied des Dritten Ordens der Franziskaner war, sich für prophetisch begabt hielt, an die Weisungen Joachims von Fiore glaubte und erwartete, dass von Spanien aus mit der Entdeckung des irdischen Paradieses in Amerika das Weltende anbrechen werde.[809]

Zurück zu den frühen Franziskanern. Seit dem 13. Jahrhundert entwickelten sie eine intensive und auch theoretisch abgestützte Missionspraxis. Ein wichtiges Problem, fehlende Sprachkenntnisse, ging man nun strategisch an (siehe Kap. 4.2.1). Diese Offenheit für Übersetzungen implizierte die These einer prinzipiellen Übersetzbarkeit der eigenen Anschauung, nicht zuletzt der kanonischen Texte, und stärkte das Bewusstsein der zentralen Bedeutung von Sprache für kulturelle und Transferprozesse.[810] Über die Seidenstraße kamen die Franziskaner nach Innerasien, wo sie neben Muslimen, Buddhisten, Manichäern und Schamanen auf ein noch in Resten existierendes syrisches Christentum trafen. 1245 reiste der Franziskaner Johannes de Plano Carpini auf diesem Weg ins Kerngebiet des Mongolenreiches, wo er der Inthronisation des Güyük Khan beiwohnte und mit Würdenträgern in seiner unmittelbaren Umgebung sprach.[811] Sein Mitbruder Wilhelm von Rubruck reiste ebenfalls in deren Herrschaftsgebiet und führte 1254 am Hof des Möngke Khan in Karakorum Religionsgespräche.[812] Diese Reisen machen allerdings einmal mehr deutlich, wie wenig Mission ein alleinstehender Motivationsfaktor war. Im Hintergrund standen nämlich weniger missionarische als vielmehr politische Interessen. Beide Reisen, insbesondere die Wilhelms von Rubruck,

---

807 S. Regula non bullata, 22,1; 23.
808 Daniel: The Franciscan Concept of Mission in the High Middle Ages, 26–36. 76–100. Zur antiapokalyptischen Reaktion von Bonifaz VIII. um 1300 s. Zander: Die Konstruktion der europäischen Zeitökonomie.
809 Bucher: Christoph Kolumbus, 165–188. Zu diesen Beziehungen auch Borgia Steck: Christopher Columbus and the Franciscans.
810 Dürr: Sprachreflexion in der Mission. Vgl. zum Mittelalter exemplarisch den Codex Cumanicus aus dem ausgehenden 13. Jahrhundert (Il Codice cumanico e il suo mondo, hg. v. F. Schmieder/P. Schreiner) oder die Vision einer Universalgrammatik bei Raimund Lull. Zum Einschluss ästhetischer Praktiken s. Mersch/Ritzerfeld: „Lateinisch-griechische" Begegnungen in Apulien.
811 Johannes von Plano Carpini: Historia Mongolarum, Kap. IX. 26ff. (ed. F. Schmieder, 108ff.).
812 Wilhelm von Rubruk: Reisen zum Großkhan der Mongolen, 182–192.

waren nicht zuletzt von politischen Auftraggebern motiviert, die Informationen über die Mongolen zu erhalten suchten, da diese drohten, den Okzident zu erobern. Die damit verbundenen Versuche, die Mongolen zum Eintritt in das Christentum zu bewegen, scheiterten allerdings; seit dem ausgehenden 13. Jahrhundert entschieden sich die mongolischen Herrscher für den Islam.[813] Letztlich waren die Mendikantenorden zwar in der Lage, räumliche Grenzen zu überspringen, aber nur schwer kulturelle,[814] oft schon aufgrund des schlichten Mangels an Wissen über die Menschen, die „bekehrt" werden sollten.[815] Das Scheitern der „Missionierung" der mongolischen Khane oder der Muslime in der Levante, wo sich die Franziskaner (daraufhin?) auf die „Konversion" nicht westlicher Christen anstelle von Muslimen konzentrierten,[816] sind dafür signifikant. Martyrien, die bei den Franziskanern eine größere Rolle als bei den Dominikanern spielten, werden das ihre zur realistischen Einschätzung der Möglichkeiten einer Verbreitung des Christentums beigetragen haben. Im 13. Jahrhundert lässt sich, etwa bei dem Chinareisenden Odorico de Pordenone, eine Tendenz feststellen, die Anleitungen zur strategischen Mission in Erzählungen über eine Mission umzufigurieren,[817] auch dies war eine Bearbeitung des Scheiterns.

Wenig später als die Franziskaner begannen auch die Dominikaner Mission zu betreiben. Sie konzentrierten sich noch zu Lebzeiten des Dominikus (um 1170–1221) auf Bildung und Wissensvermittlung.[818] Daraus entstanden enzyklopädische Ordnungen des christlichen Wissens im Okzident, etwa die „Summa contra gentiles" des Thomas von Aquin („gegen die Heiden", gemeint waren Juden und Muslime), die sich nachgerade als Missionshandbuch für Theologen lesen lässt.

Eine weitere Dynamisierung erfuhr die Mission durch den 1540 begründeten Jesuitenorden. Bei seinen Mitgliedern war nicht nur, wie schon bei den mittelalterlichen Bettelorden, die Stabilitas loci aufgehoben, sondern im Extremfall auch die Bindung an einen Konvent, was die Möglichkeit der Mission im Prinzip nochmals stärker von institutionellen Strukturen und vom Nahbereich christlicher Sozialnetze löste. Bereits 1541 wurde Franz Xaver von Papst Paul III. nach Goa geschickt, da der portugiesische König Johann III. um Missionare für seine ostindischen Besitzungen gebeten hatte. Seine weiteren Aufenthalte auf den Molukken und in Japan begründeten die katholischen Missionen im Fernen Osten, die vor allen Dingen in Japan zeitweilig außerordentlich erfolgreich waren.[819]

Von besonderer Bedeutung für die Missionstheologie wurde das Engagement der Jesuiten in China, weil in dessen Gefolge die Prinzipien der Mission in der katholischen Kirche höchst kontrovers diskutiert wurden. Der aus den Marken stammende Matteo Ricci versuchte, am chinesischen Kaiserhof, wo er seit 1610 lebte, eine Mission für Eliten auf den Weg zu bringen.[820] Dabei setzte er zur Erhöhung der Attraktivität des Christentums natur-

---

813 Ertl: Mission im späten Mittelalter, 62f.
814 Müller: Bettelmönche in islamischer Fremde, 281.
815 Münkler: Erfahrungen des Fremden, 79. 108f.
816 Müller: Bettelmönche in islamischer Fremde, 281.
817 Münkler: Erfahrungen des Fremden, 90–102.
818 Müller: Bettelmönche in islamischer Fremde, 280.
819 Ross: A Vision Betrayed; Ward: Women Religious Leaders in Japan's Christian Century.
820 Fontana: Matteo Ricci; Hsia: A Jesuit in the Forbidden City.

kundliche, insbesondere astronomische und kartographische Kenntnisse ein, die ihm und seinen Mitbrüdern ein hohes Ansehen einbrachten. Theologisch suchte er eine „Akkomodation" des Christentums,[821] in der er gemeinsame Grundlagen von chinesischer und christlicher Kultur im Werk des Konfuzius identifizierte und christliche Vorstellungen in einem chinesischen Deutungsrahmen präsentierte. Er gab sich den chinesischen Namen Li Madou, kleidete sich in chinesische Gelehrtentracht und schrieb ein chinesischsprachiges Werk zur Vermittlung des Christentums, „Die wahre Lehre des Herrn des Himmels". Dabei akzeptierte Ricci fundamentale chinesische Traditionen, insbesondere die Verehrung des Konfuzius und von Ahnen, allerdings als zivilgesellschaftliche Praxis. Darüber kam es zum sogenannten „Ritenstreit", in dem es um die Kompatibilität dieser Vorstellungen mit christlichen Überzeugungen ging. Letztlich entschied Papst Benedikt XIV. 1742, unterstützt von Franziskanern und Dominikanern, wegen der Vermischung chinesischer und christlicher Traditionen, aber auch aufgrund seiner Kritik an dem elitenorientierten Ansatz, gegen die Akkomodationslehre; dadurch brach die frühneuzeitliche Jesuitenmission in China weitgehend zusammen.

Parallel zu diesen Tätigkeiten der Jesuiten etablierte die Kurie eine strategische Organisation der Mission, die 1622 in der Gründung der Kongregation De Propaganda Fide mündete. Sie besaß Vorläufer in den seit dem Mittelalter intensivierten Bemühungen der Päpste um die Ausbreitung des Christentums[822] und sollte ursprünglich sowohl das Vorgehen gegen Protestanten als auch die Mission von Nichtchristen koordinieren.[823] In ihr erhielt die Mission eine Institution, die diese zentral zu lenken beanspruchte. Jetzt erst, seit dem 16. Jahrhundert, taucht der „Missionsbefehl" des Matthäus-Evangeliums vereinzelt als primäre Begründung der Mission auf.[824] Diese strategische Ausrichtung der Mission hat oft deren Wahrnehmung seit der Antike geprägt und den Blick dafür verstellt, in welchem Ausmaß es sich bei diesen Entwicklungen seit dem 13. Jahrhundert um Innovationen handelte. In diesem Rahmen fand die katholischen Missionsarbeit in Asien, Afrika und Amerika statt, in ihm wurden missionstheologische Debatten geführt, etwa um die Frage, ob – so der Franziskaner Bernardin de Sahagún in Amerika – Menschen im Kontext der Tauftheologie „Menschenrechte" zuerkannt werden müssten (siehe Kap. 3.3.3a), hier wurden sozialutopische Siedlungsprojekte realisiert, etwa in den „Reduktionen" der Jesuiten in Paraguay, hier wurde das kirchliche Interesse an einer Mission gegenüber staatlichen Interessen, die zu Beginn der frühneuzeitlichen Missionstätigkeit immer wieder Missionsaktivitäten angestoßen hatten, artikuliert, hier begann ein intensiver Wissensaustausch mit dem Transfer außereuropäischen Wissens in den Okzident und umgekehrt. All dies bedeutete für die Mission eine intensive Verflechtung mit der europäischen Expansion bis in das Zeitalter des Imperialismus hinein, in der die Missionen sowohl von der militärischen Rückendeckung profitierten, denn ohne diese wäre die Verbreitungsgeschichte nicht denkbar gewesen, als auch in massive Konflikte mit den Konquistadoren geriet, wofür exemplarisch Bernardin de Sahagún steht.

---

[821] Harris: The Mission of Matteo Ricci, SJ, 155–162.
[822] S. etwa Maillard: Les papes et le Maghreb aux XIIIème et XIVème siècles; Metzler: Wegbereiter und Vorläufer der Kongregation.
[823] Metzler: Foundation of the Congregation „de propaganda fide" by Gregor XV, 81.
[824] Luz: Das Evangelium nach Matthäus, Bd. 4, 444.

Neben diesen katholischen Missionen entwickelten sich seit dem 18. Jahrhundert parallele protestantische Aktivitäten.[825] 1706 traf der Hallenser Pietist Bartholomäus Ziegenbalg in Südindien ein, seit 1732 begannen die Herrnhuter in der Karibik und in Nordamerika zu missionieren, und seit dem 19. Jahrhundert entwickelte sich eine der katholischen Mission vergleichbare Intensität auf protestantischer Seite.[826] Mit der spätmittelalterlichen und frühneuzeitlichen Mission begann mithin eine Ausbreitung des Christentums, die dieses erstmals global, über Eurasien hinaus verbreitete[827] und Mission zu einer zentralen, lange unterschätzten Agentin einer universalen Vernetzungsgeschichte machte.

Die Entwicklung im 19. und 20. Jahrhundert gab der Mission einen neuen geopolitischen Rahmen vor: Die europäische Hegemonie, verbunden mit den Begriffen Imperialismus, Kolonialismus und nationalstaatlichem Denken, wurden auch zu zentralen Parametern der Ausbreitung des Christentums. Die intensive Forschung zu dieser Epoche dokumentiert eine Vielzahl von Prozessen, Problemen und Konflikten, die nicht neu waren, aber im Rahmen der politisch neu konstellierten Verflechtung veränderte Handlungsformen hervorbrachten.[828] Im parataktischen Stakkato nenne ich exemplarisch einige dieser Dimensionen mit in der Regel uneindeutigen oder antagonistischen Wirkungen: Mission war in politische und ökonomische Ausbreitungsprozesse unter der Fahne des Imperialismus integriert, nicht zuletzt weil auch die Mission oft den Anspruch der europäischen Kultur auf Superiorität transportierte; aber zugleich war die Mission auch ein oft unerwünschter Partner, weil die Kolonialherren Konflikte mit den autochthonen Religionen befürchteten oder weil Missionare sich für die Interessen der Unterworfenen einsetzten. Sodann: Missionare und Missionarinnen stellten kulturelle Kontaktzonen her, sie waren klassische „cultural brokers" und bildeten transnationale Netzwerke aus, die europäisches Wissen in außereuropäische Länder transferierten, aber auch den umgekehrten Prozess beförderten und Europa mit dem Denken und den Praktiken fremder Kulturen konfrontierten: von der Kunst bis zur Medizin und überhaupt in der Etablierung eines transnationalen Bildungsmarktes, all das beruhend auf reichen Publikationen der Missionare, die oft die wichtigste Quelle für die Informationen über fremde Kulturen waren. Damit wurde die Mission eine Agentin kulturellen Wandels, im Westen etwa mit der Relativierung der Zentralität Europas, in den Missionsländern durch die Einführung europäischer Vorstellungen, insbesondere hinsichtlich politischer, wirtschaftlicher und eben religiöser Ordnungsmuster, nicht zuletzt im Blick auf soziale Forderungen (wie der Religionsfreiheit oder der Abschaffung der Sklaverei.) Schließlich: Mission verstärkte mit diesen Austauschprozessen die Bildung hybrider Identitäten, aber zugleich fanden sich in der Missionstheologie auch diejenigen, die Konzepte kultureller „Reinheit" und Abgrenzung vertraten. Die Mission war Partnerin und Widersacherin des Kolonialismus.

In Reaktion auf diese christliche Ausbreitung entwickelten sich seit dem 19. Jahrhundert auch Konzepte einer (strategischen) Mission in anderen Religionen, im Islam, in „Hinduis-

---

825 Lehmann: Punktuelle globale Präsenz.
826 Weltmission und religiöse Organisationen, hg. v. A. Bogner u. a.
827 Clossey: Salvation and Globalization in the Early Jesuit Missions.
828 Habermas: Mission im 19. Jahrhundert; dies.: Wissenstransfer und Mission.

mus" und Buddhismus, die es dort vorher nicht gab[829] und von denen noch die Rede sein wird. Die Mission ist ein Paradebeispiel für die im Rahmen der Globalisierung während des 19. Jahrhunderts beginnende Umgestaltung dieser und anderer Religionen nach der Matrix des okzidentalen Christentums. An diesem Prozess hatte auch die Religionswissenschaft ihren Anteil, indem sie das Modell „missionarischer" „Weltreligionen", die, so Cornelis Petrus Tiele 1886, die Absicht besäßen, „to conquer the world",[830] kreierte, womit Tiele die Definitionsmerkmale von Religion mit universalistischem Anspruch aus europäischer Perspektive heraus veränderte. Zugleich wurden in diesem Globalisierungsprozess auch die Grenzen der christlichen „Missions"bemühungen deutlich. Sie waren dort besonders erfolgreich, wo keine formierten Religionen existierten, vor allem in Afrika und Amerika. Hingegen erwiesen sich die großen (Schrift-)Kulturen in Japan, China und Indien (aktuell mit der Ausnahme Korea) nach zeitweilig recht erfolgreichen „Konversions"bewegungen als so resistent, dass christliche Kirchen dort nicht Mehrheitsreligion werden konnten. Ob sich dies in einem Zeitalter „neoliberaler" religiöser Ordnungen, in denen Wahlfreiheit auch von den ökonomischen Dimensionen einer gesellschaftlichen Ordnung gestützt wird,[831] ändern kann, ist eine offene Frage – aber sicher dürfte sein, dass dies keine Einbahnstraße der Christianisierung der Welt bedeuten wird, weil sich eben die meisten großen Religionen des Instruments der „Mission" bedienen und das Christentum mit ihren Vorstellungen verändern.

Von besonderem Interesse ist im Zusammenhang dieses Kapitels hinsichtlich der entscheidenden Zugehörigkeit schließlich die Frage, was die seit dem 13. Jahrhundert praktizierte Mission für den Eintritt ins Christentum bedeutete: ob er aus Überzeugung oder pragmatisch erfolgte, ob er den europäischen Vorstellungen eines „wahren" Christentums genügte oder neue Mischformen erzeugte, ob die Mission langfristig zu einer Implantierung des Christentums führte oder eine zeitweilige „Konversion" bewirkte. Für all diese möglichen Konsequenzen im Umfeld des Eintritts findet man in der missionshistorischen Literatur Beispiele. Es gab natürlich die Geschichte großer Erfolge, von Gebieten, die nachhaltig mehrheitlich christlich wurden, wie etwa die Philippinen. Aber ebenso findet man auch das weitgehende Scheitern von Missionen wie in Japan und damit verbunden das Scheitern von Missionaren, die aus Frustration über fehlende Erfolge aus der Mission ausschieden.[832] Neben überzeugte Neuchristen traten solche, die das Christentum pragmatisch nutzten, um ihre Stellung in der kolonialen Gesellschaft zu verbessern.[833] Derartige Beobachtungen werfen die Frage auf, wo Freiwilligkeit, die nicht nur eine geforderte, sondern oft auch realisierte Dimension (natürlich in kulturellen Rahmenbedingungen) war, von Zwängen relativiert oder konterkariert wurde. Eine Zwangstaufe, da waren sich Theologen weitgehend einig, dürfe es nicht geben, aber eine Nötigung gab es faktisch gleichwohl, etwa durch Zwangspredigten,

---

[829] Mit gegenteiliger Position im Rahmen eines weiten Missionsbegriffs Feldtkeller: Mission aus der Perspektive der Religionswissenschaft.
[830] Tiele: Religions, 368.
[831] So die Vermutung auf einer schmalen Materialbasis bei Gauthier/Martikainen/Woodhead: Introduction. Religion in the Neoliberal Age (hinsichtlich von Institutionen) und bei dens.: Introduction. Consumerism as the Ethos of Consumer Society, (hinsichtlich des marktförmigen Verhaltens von religiösen Menschen).
[832] Habermas: Mission im 19. Jahrhundert, 676–678.
[833] Meuwese: Language, Literacy, and Christian Education, 123–127.

insbesondere von Bettelorden.[834] Dazu trat ein struktureller Druck, beispielsweise wenn in Kolonialgesellschaften sozialer Aufstieg und Religionszugehörigkeit verknüpft wurden, und besonders schwer ist diese Frage dort zu beantworten, wo sich die ökonomische und soziale Attraktivität des Christentums mit religiösen Fragen überlagerte. Aber überall, wo sich das Christentum langfristig etablierte, muss man damit rechnen, dass sich auch eine freiwillige, überzeugte Mitgliedschaft ausbildete, zusammen mit einer alsbald strukturell „genetischen" Mitgliedschaft im Rahmen einer sich etablierenden christlichen Gruppe.

Schließlich kann man sich in globaler Perspektive fragen, welche Gründe für Erfolge und Misserfolge in der Mission bis ins 19. Jahrhundert verantwortlich waren. Dabei fällt auf, dass in den Regionen, wo es institutionell hoch organisierte und Schrift intensiv nutzende Religionen gab, das Christentum vergleichsweise wenig erfolgreich war, etwa in Indien, Tibet, China und Japan und im arabischen Raum. Grosso modo gilt das Gegenteil für Amerika und das nichtmuslimische Afrika, wo das Christentum zur Gänze oder zumindest in weiten Regionen zur hegemonialen Religion aufstieg. Besonders instruktiv ist die Verbreitung des Christentums in muslimischen Gebieten. Das Christentum konnte sich dort erfolgreich (re-)etablieren, wo die Christianisierung mit der Oberhoheit christlicher Herrscher einherging. Spanien und Sizilien sind dafür lehrreiche Beispiele. Die Ausbreitung des Christentums, und dies ist die banale Konsequenz, die schon in der kapillaren Ausbreitung des frühen Christentums sichtbar wurde, erfolgte praktisch nie aufgrund ausschließlich religiöser Faktoren – aber ohne diese hätte es keine „Mission" gegeben.

Religionswechsel

Eng mit der Mission war die „Konversion" („Bekehrung") als Zwillingsbegriff verbunden, insofern sich die soziale Praxis der Mission auf individueller Ebene als „Konversion" zum Christentum zeigte. Mit dieser Genese ist „Konversion" ein christlich geprägter Begriff. In dem Versuch, seiner normativen Last zu entgehen, kann man auf den Terminus des Religionswechsels ausweichen. Aber auch dieser ist kein neutraler Begriff, weil er Religion im okzidental-neuzeitlichen, und damit erneut christlich imprägnierten Verständnis voraussetzt. Dennoch ist er weniger normativ als „Konversion", die in der Metaphorik der (Hin-)Wendung den Religionswechsel in der Regel mit einem Vektor versehen hat, der im theologischen Verständnis als Hinwendung zur wahren Religion verstanden wurde. Vergleichbare Probleme ergeben sich bei dem Begriff Glaubenswechsel, weil auch der Begriff des „Glaubens" als religiöser Terminus im Christentum entstand, wohingegen die Rede von einem „Überzeugungswechsel" wenig religionsspezifisch ist. Dass bei jeder Bestimmung des Religionswechsels Theorie und Praxis einmal mehr oft weit auseinandergehen, versteht sich von selbst. Ein solcher Wechsel sollte in der Theorie christlicher Mission zu einer eindeutigen Identität führen, doch war dies mehr normative Forderung als historische Realität, gleichviel wie ein autonomes Subjekt angesichts der sozialen Einbindung eines Religionswechsels ein theoretisches Konstrukt ist. Diese geforderte Eindeutigkeit scheiterte nicht zuletzt an der Vielschichtigkeit möglicher „Konversions"prozesse, die einen Wechsel oder zumindest die

---

[834] Ertl: Mission im späten Mittelalter, 63f.

Veränderung wichtiger Koordinaten eines Überzeugungskomplexes oder auch nur einzelner Elemente beinhalten und sich in veränderten Sprachformen, Kleidungusancen, in neuen Sozialkontakten und veränderten Interpretationen der Welt niederschlagen können.

Religionswechsel finden sich beständig in der Christentumsgeschichte, allerdings mit Konjunkturen: häufiger vermutlich in der Antike und Spätantike, im Mittelalter in den Kontaktzonen des Christentums mit anderen Religionen (etwa in Spanien und auf dem Balkan), in der frühen Neuzeit in einer speziellen Variante im Umfeld der Konfessionalisierung sowie schließlich im Rahmen der globalen europäischen Expansion und der rechtlichen Etablierung der Religionsfreiheit im 19. Jahrhundert, wohingegen in religiös und politisch stabilisierten Gebieten „Konversionen" möglicherweise seltener anzutreffen sind. Im 21. Jahrhundert schließlich kam ein neuer Begriff in dieses Feld, derjenige der Dekonversion,[835] der „Konversion" als reversiblen Prozess analysiert und von religionskritischer Seite aus das Recht zur religiösen Prägung eines Menschen infrage stellt.[836] Und natürlich bedeutete ein Religionswechsel keine Einbahnstraße – mehrfache Wechsel der Religionszugehörigkeit lassen sich leicht finden, sind allerdings nicht so gut erforscht wie die einlinigen.[837] Und schließlich dürften Übertritte von sozialen Hierarchien beeinflusst worden sein, Minderheiten und unterlegene Gruppen hatten in der Regel einen Braindrain zu befürchten. Das Judentum hat diese Erfahrung immer gemacht,[838] das Dhimma-Reglement im Islam zeigt diese Ebene für jedwede nicht islamische Religion (siehe Kap. 3.3.3b). All das sind kleine Indizien dafür, wie stark die Möglichkeit einer (individuellen) Entscheidung von sozialen Faktoren geprägt wurde und wird.

Die pagane Antike kenne, so Arthur Darby Nock in seiner grundlegenden Studie aus dem Jahr 1933, nur eine „Konversion" im Gefolge ihrer Etablierung durch das Christentum.[839] Seine Feststellung trifft sehr weitgehend zu, wenn man einen neuzeitlichen Religionsbegriff in die Antike transportiert und „Konversion" als stark individualistischen und emotionalen Akt deutet, wie Nock es im Gefolge von William James tat.[840] Doch damit engt man den Begriff zu stark ein und verfehlt im äußersten Fall die Logik einer polytheistischen Religion. Denn wenn man „Konversion" als Übertritt in ein anderes Deutungssystem begreift, ohne damit die Überschreitung der Grenzen einer institutionellen und dogmatisch verstandenen Religion zu implizieren, findet man auch in der Antike „Konversionen". Einmal sind die Mysterienreligionen nahe Verwandte des Christentums. Hier dürfte die Teilnahme an den Riten mehr als eine nur äußerliche Praxis gewesen sein und für die Initiierten eine emotionale und existenzielle Erfahrung bedeutet haben,[841] wobei aber davon auszugehen ist, dass die

---

835 Deconversion, hg. v. H. Streib u. a.
836 Exemplarisch http://de-conversion.com/ (3.11.2014).
837 S. zum Wechsel zwischen Islam und Christentum im levantinischen Raum zur Zeit der Kreuzfahrer Kedar: Multidirectional Conversion in the Frankish Levant; zur Frühen Neuzeit etwa Mulsow: Mehrfachkonversion.
838 Stroumsa: On Jewish Intellectuals Who Converted in the Middle Ages, 179f.
839 Nock: Conversion, 15.
840 S. die diesbezügliche Relativierung von Nock in: Conversion and Initiation in Antiquity, hg. v. B. Secher Bøgh.
841 S. die Schilderung der Ergriffenheit bei Lucius Apuleius: Metamorphoseon libri XI („Der goldene Esel"), Buch 11, die auch in einem Roman nicht ganz aus der Luft gegriffen sein dürfte, wenn die Ironie beim Publikum verständlich sein sollte.

Hinwendung zu tieferem, „wahrem" Wissen ihre Attraktivität begründeten[842] und Fragen institutioneller Zugehörigkeit, nachgerade der Exklusivität, nicht im Zentrum standen. Wenn man diese Eigenheiten ernst nimmt, wäre es zu überlegen, den Konversionsbegriff nicht zu nutzen und strukturäquivalent stattdessen von einer Initiation zu sprechen.[843]

Jedenfalls hat sich die Einweihung in die Mysterien von einer nur formalistischen Praxis in den Tempelriten, wenn denn diese damit wirklich adäquat beschrieben wäre, signifikant unterschieden (siehe Kap. 3.2.1). Eine Konsequenz dürfte zumindest für einige Mitglieder in exklusiven Zugehörigkeitsbeziehungen bestanden haben, dies jedenfalls lässt sich trotz einer schlechten Quellenlage zumindest für die Dionysos- und die Isis-Mysterien vermuten;[844] allerdings gibt es eben auch Indikatoren, dass Mysterienkulte landsmannschaftliche Interessen bedienten, die eher gentilen Strukturen vergleichbar waren (siehe Kap. 3.2.3b). An einem anderen Beispiel, bei Hinwendungen zu philosophischen Religionsformen im 4. Jahrhundert, hat Ilinca Tanaseanu-Döbler mit einem revidierten Konversionsbegriff gezeigt, wie man diesen außerhalb des Christentums anwenden kann. Sie versteht die genannten Versuche Kaiser Julians nach seiner christlichen Phase, die paganen Traditionen zu revitalisieren, als „Konversion", und der weniger bekannte Synesios von Kyrene (um 370 – nach 412) sei in ein philosophisches Deutungssystem „konvertiert" und gleichwohl christlicher Bischof geblieben;[845] aber natürlich setzen diese beiden Beispiele die christliche Konversionstheologie voraus. Noch weiter gehen Forscher, die eine „Konversion" als eine anthropologische Universalie behaupten, die sich in allen Religionen finde (Alfred Clair Underwood),[846] oder davon ausgehen, dass am Anfang einer jeden religiösen Praxis eine Konversion stehe (Christopher Lamb).[847] Bei Underwood wird dann eine Art Passageritus oder bei Lamb ein innerer Wandlungsprozess zu einem Äquivalent der Entscheidung. Aber dies dürfte einen Schritt zu weit gehen, denn man versteht gerade die hier interessierende Differenz nicht, die Entscheidung mit einem Exklusivitätsanspruch versah. Noch (oder schon) im 3. Jahrhundert lässt sich die Spannung zwischen existenzieller „Konversion" und ritueller Pragmatik greifen, wenn in den christlichen Märtyrerakten des Cyprian zwischen „religio" und „ceremoniae" unterschieden und den Christen nahegelegt wird, man müsse nur die „ceremoniae" der Götterverehrung vollziehen, um der Todesstrafe entgehen zu können, „ohne deshalb aber, wie zu ergänzen ist", so Konrad Vössing, „die ‚religio' wechseln zu müssen".[848] Aber diesen formalen Schritt verweigerten Christen wie Cyprian und stärkten damit einen Pfad, der auf lange Dauer im Okzident mit zu einer institutionellen Form führte, die wir heute Religion nennen.

Vielmehr machte der Begriff mit einer christlichen Aufladung Karriere und etablierte sich in der okzidentalen Religionssemantik, vermutlich weil er die als exklusiv verstandene

---

842 Secher Bøgh: In Life and Death, 38.
843 So im Titel des Bandes Conversion and Initiation, hg. v. B. Secher Bøgh, in dem aber diese Ersetzung nicht systematisch reflektiert wird.
844 Secher Bøgh: In Life and Death, 44.
845 Tanaseanu-Döbler: Konversion zur Philosophie in der Spätantike.
846 Underwood: Conversion.
847 Lamb: Conversion as a Process Leading to Enlightenment, 75.
848 Vössing, Konrad: Das Verhältnis „religio" – „superstitio" und Augustins De ciuitate dei, Manuskript, 4.4.2015, unpaginiert, 45 Seiten, S. 33.

Entscheidung in der antiken Conversio zu einem markanten sozialen Unterscheidungsfaktor verschärfte. „Konversion" wurde zu einem Markenzeichen des antiken Christentums. Ihre Thematisierung zieht sich durch biographische Schriften, „Konvertiten" waren ein Aushängeschild der Apologetik, die antiken Autoren entwickelten eine Psychologie der „Konversion". Dass eine tiefgehende Christianisierung, die für eine „Bekehrung" vorausgesetzt wurde, oft erst ein nachgelagerter Prozess war, die Taufe also nicht die Folge, sondern den Anfangspunkt bildete (und im Islam stößt man darauf als Standardmodell [siehe Kap. 3.3.1b]), blieb im Christentum ein kontraintentionaler Vorgang. Auch die „Grauzone" von Hybridisierungen oder parallelen Mitgliedschaften war zumindest konzeptionell nicht mehr vorgesehen. Mit der rechtlichen Monopolisierung des Christentums im Römischen Reich des 4. Jahrhunderts, von der nur das Judentum ausgenommen war, verlor das Konzept des Religionswechsels seine distinktive Funktion. Konsequenterweise änderte sich auch die Semantik. „Conversio" erhielt eine innerchristliche Bedeutung und meinte als Binnenkonversion eine Vertiefung oder Radikalisierung der christlichen Lebensführung und im Mittelalter auch die Hinwendung zu einem gottgefälligen, namentlich monastischen Leben. So war der Begriff des „Religiosen" in der westlichen Kirche bis in die Neuzeit hinein für Mönche reserviert, und „Konversen" hießen die Laienbrüder bei den Zisterziensern, die in ein Kloster eintraten.

Mit der „Konversion" steht möglicherweise eine bedeutende literarische Transformation in Zusammenhang, diejenige der Autobiographie als Beschreibung eines Prozesses der Selbstfindung respektive der Entwicklung einer Person.[849] Die pagane Antike kannte natürlich auch Lebensbeschreibungen, die aber in der Regel die Stabilität eines Lebens bekundeten. Mit dem Christentum entwickelte sich jedoch eine Reflexion auf die eigene Geschichte, die demgegenüber Veränderungen bis hin zu Brüchen, wie sie sich in der Hinwendung zum Christentum oft ereigneten (und jedenfalls in vielen überlieferten Schriften positiv gewertet wurden), in die Deutung eines „guten" Lebens einbezog und diese Veränderungen positiv und als konstitutive Dimension des menschlichen Lebens wertete. Sie hatte Vorläufer in den Berufungsgeschichten der alttestamentlichen Propheten und besaß einen zentralen Referenzpunkt in den „Konversions"erzählungen des Paulus, die in der Apostelgeschichte des Lukas als „Damaskuserlebnis" überliefert werden. Als Topos taucht die „Konversion" dann in den Märtyrerakten seit dem 2. Jahrhundert auf, in denen der Verlust des Lebens unmittelbar mit der Hinwendung zum Christentum verbunden wird. Die zentrale und in ihrer Bedeutung für die lateinische Tradition kaum überschätzbare Schrift, die eine Konversionsbiographie zum Angelpunkt einer Autobiographie machte, waren dann Augustins „Confessiones" aus den Jahren 397/8. Hier spielt nicht mehr nur der Eingriff Gottes in das Leben eine Rolle, die es in der berühmten, schon genannten Aufforderung des „Nimm und lies!"[850] auch gibt, sondern Augustinus schrieb eine Geschichte der Irrungen und Wirrungen: vom Philosophen über den Manichäer zum Christen, von Frauengeschichten zum Zölibat und von den Unruhen der Suchbewegungen bis zum jenseitigen Frieden, in dem „das Herz Ruhe findet in Dir [Gott, HZ]".[851] Aber offenbar blieb die Autobiographik irritierend, wie ihre Begründungs-

---

849 Entscheidende Anregungen verdanke ich Konrad Vössing.
850 Augustinus: Confessiones, 8,12.
851 Ebd., 1,1.

pflicht der biographischen Selbstreflexion dokumentiert, die noch lange mit dem topischen Hinweis auftaucht, nicht man selbst habe – in eitler Selbstüberschätzung sozusagen – den Entschluss zur Niederschrift gefasst, sondern sei von außen dazu gedrängt worden. Das legte implizit schon Augustinus nahe, wenn er seine Bekenntnisse nicht nur als Lob (Gottes), sondern auch als Confessio seiner Sünden verstanden wissen wollte.[852] Und doch entstand daraus eine autobiographische Tradition, die bis hin zum Entwicklungsroman des „Sturm und Drang" und wohl auch zur Psychoanalyse eine jahrhundertelange Spur durch die okzidentale Geschichte gezogen hat. Wieweit hinsichtlich dieses Typus der Transformationsbiographik Parallelen in anderen Religionen existieren, ist wohl noch zu klären.[853]

Die „Konversion" war nicht nur konzeptionell ein Akt der Freiwilligkeit, sondern auch faktisch, und sie dürfte als Ausdruck der Attraktivität des Christentums (die sicher für unterschiedliche Gruppen je eigens zu bestimmen wäre) mit zum Wachstum der christlichen Gemeinden beigetragen haben. Allerdings führte diese Haltung nicht zwingend zu einer allgemeinen Akzeptierung eines Religionswechsels, davon wird insbesondere für die nachantike Zeit noch die Rede sein (siehe Kap. 3.3.3a). Zudem war diese Freiheit im Rahmen eines gentilisierten Christentums massiv eingeschränkt, und von dieser Spannung ist im Folgenden zu sprechen. Das Prinzip des „Cuius regio, eius religio" führte in der Frühen Neuzeit zu Staatskirchen, in denen eine Mitgliedschaft faktisch durch Geburt entstand, in der Bernischen kantonalen Staatskirche ist dies für Protestanten beispielsweise bis heute der Fall. Sowohl „Konversions"verbote als auch Zwangs„konversionen" zeigen seit dem Mittelalter, dass ein freier Religionswechsel im okzidentalen Christentum mit staatlichen Zwangsmitteln unterbunden wurde. Übertritte aus dem Christentum in das Judentum[854] oder den Islam hat man bestraft, schlimmstenfalls mit dem Tod.

Zwangstaufen bilden dabei eine Praxis, die sich zuerst in größerem Ausmaß gegenüber Juden gezeigt haben dürfte – neben den offenbar weit verbreiteten freiwilligen Übertritten von Juden ins Christentum.[855] Der erzwungene Eintritt widersprach dem kirchlichen Recht, das diesen insbesondere seit dem 7. Jahrhundert verbot, allerdings umgekehrt auch die Rückkehr von Zwangskonvertierten zum alten Glauben.[856] Belegt sind Zwangstaufen im Westen seit dem frühen 5. Jahrhundert durch die Verbote, diese vorzunehmen.[857] Erzwungene Taufen werden auch für Byzanz vom 7. bis ins 9., bei Heraclius Anfang der 630er Jahre vermutet,[858]

---

[852] Ebd., 1,6; 2,1 u. ö.
[853] Vgl. exemplarisch die Abarbeitung am westlichen Modell der Autobiographie im Blick auf Texte in der islamischen Welt bei Reynolds: Interpreting the Self, 17–35, und die kritische Reaktion bei Ouyang: Rez. Reynolds, Interpreting the Self.
[854] Ein frühmittelalterliches Beispiel ist der Übertritt eines Klerikers zum Judentum am Hof Karl des Großen (Synan: The Popes and the Jews in the Middle Ages, 63f.), für die Frühe Neuzeit vgl. Secret Conversion to Judaism, hg. v. M. Mulsow/R. H. Popkins.
[855] Schäfer: Juden und Christen im Hohen Mittelalter, 52–54.
[856] Lotter: „Tod oder Taufe", 115f.
[857] Ders.: Die Zwangsbekehrung der Juden von Menorca.
[858] Dagron/Déroche: Juifs et chrétiens en Orient byzantin, 28–38; Zuckerman: On the Date of the Khazars' Conversion to Judaism and the Chronology of the Kings of the Rus Oleg and Igor, 241.

sie könnten sich auch in den 720er Jahren unter Leo III. ereignet haben,[859] und nochmals in den 860er Jahren unter Kaiser Basileios I.,[860] bei ihm offenbar im Interesse einer politischen Profilierung zu Lasten der Juden. Im okzidentalen Mittelalter waren Zwangstaufen teilweise mit pogromartigen Verfolgungen verbunden, die sich in größerem Ausmaß zuerst im Rahmen des ersten „Kreuzzugs" 1095/96 ereigneten, als es weder der kirchlichen noch der weltlichen Obrigkeit gelang, die Juden effektiv vor den marodierenden Gruppen zu schützen, die dem Ritterheer vorausmarschierten. So wurden die Juden in Regensburg zur Zwangstaufe in die Donau geführt, möglicherweise unter Drängen der Bürger, die sowohl die Juden als auch sich selbst vor den Kreuzfahrern schützen wollten; die Juden erhielten im Jahr darauf ein Privileg Kaiser Heinrichs IV., das ihnen erlaubte, zum Judentum zurückzukehren.[861] Die Bulle „Sicut judaeos", von Papst Calixt II. vermutlich 1123 veröffentlicht, sprach Juden explizit das Recht auf ihre Religionsausübung zu und verbot erneut Zwangskonversionen, bestätigte aber auch ihren minderen Status.[862] Obwohl das Verbot solcher erzwungener Übertritte in der Folgezeit wiederholt wurde, geschahen diese Übergriffe immer wieder, insbesondere auf der Iberischen Halbinsel. Hier wurden Juden Zwangspredigten ausgesetzt, bei denen man den Übertritt als Vernunftfrage betrachtete, weil man davon ausging, dass bei „verständiger" Lektüre der Bibel klar werde, dass Christus der in der jüdischen Bibel angekündigte Messias sei.[863] Dabei scheint der Weltklerus Kastiliens im 15. Jahrhundert eine dauerhafte Präsenz der Juden akzeptiert zu haben, traf aber auf den Wiederstand der international organisierten monastischen Reformorden.[864] Schließlich wurden Juden in Spanien im Rahmen der Rekatholisierung und vor allem infolge des „Alhambra-Ediktes" von 1492 zwangsgetauft, in Portugal geschah fünf Jahre später das Gleiche.[865]

Auch andere Gruppen waren von Zwangstaufen betroffen. Die Einwohner der lateinamerikanischen Kolonien Spaniens und die dorthin verschleppten afrikanischen Sklaven hatten einen solchen Zugriff zu gewärtigen, und selbst christliche Gruppen blieben von Zwangstaufen nicht verschont. In der Frühen Neuzeit konnten Kinder von Täufern von anderen Protestanten auf diese Art „christianisiert" werden,[866] und dies kam noch im 19. Jahrhundert vor,[867] aber auch Täufer konnten ihre schon getauften Gegner nochmals zwangstaufen.[868] Dabei stand nicht nur die Eliminierung von sozialer Differenz im Hintergrund, sondern ein theologisches Motiv, das bei allen Zwangstaufen eine zentrale Rolle spielte; die Sorge um das Heil

---

859 Dagron/Déroche: Juifs et chrétiens, 43–46; Baron: A Social and Religious History of the Jews, 176.
860 Dominguez: The mass Conversion of Jews decreed by Emperor Basil I in 873.
861 Lotter: „Tod oder Taufe", 148.
862 Champagne: Sicut Judaeis.
863 Sabaté: Die Juden in der Krone Aragón, 326; s. auch Castaño: „Flüchtige Schimären der Convivencia", 193 f.
864 Castaño, ebd., 194 f.
865 Kayserling: Geschichte der Juden in Portugal, 133–139; Soyer: The Persecution of the Jews and Muslims of Portugal, 182–240.
866 Hege: Brenz, Johannes, 265 f.
867 Schärli: Seherinnen, Sektierer und Besessene, 124–126.
868 Vollzogen 1534 an Frauen geflüchteter Männer in Münster; Kauder-Steiniger: Täuferinnen – Opfer oder Heldinnnen?, 29 f.

der Nichtgetauften, hier der Kinder von Täufern, die erst als Jugendliche oder Erwachsene getauft werden sollten, weil man fürchtete, sie könnten ohne Taufe des Heils verlustig gehen. Die Freiheitsbeschränkung galt auch für „Rekonversionen", etwa von zum Christentum übergetretenen Juden, die zu ihrer Ursprungsreligion zurückkehren wollten. Häufig betraf dies solche Juden, die im Rahmen der spanischen „Reconquista" übergetreten waren, wie, um ein Beispiel zu nennen, den aus Portugal stammenden Messiasprätendenten Schlomo Molcho (als Christ: Diogo Pires), der 1532 in Mantua wegen seiner Rückwendung zum Judentum auf dem Scheiterhaufen verbrannt wurde.[869] Zugleich muss man mit einer Praxis rechnen, in der ein Religionswechsels nicht geahndet- oder (in Ausnahmen?) eine „Rekonversion" gestattet wurde.[870]

Wie stark sich strukturell ethnische Faktoren in die theologische Konzeption des Christentums reimplantiert haben, wird auch an der Frage deutlich, ob eine Entscheidung revidierbar sei, man ergo aus der Kirche wieder austreten könne. Vor der Zeit der staatskirchlichen Verankerung des Christentums bedeutete eine Abwendung vom Christentum vor allem eine Abwendung von der christlichen Gemeinde. Dies änderte sich aber in dem Augenblick, als das Christentum in hegemoniale Positionen einrückte. Eine Abwendung, bald „Apostasie" genannt, die schon bei der Infragestellung orthodoxer Dogmen beginnen konnte und nicht zwingend den Eintritt in eine andere Religion beinhalten musste, wurde nicht mehr nur als kirchliche Angelegenheit betrachtet, sondern auch als staatlich zu sanktionierende Straftat. Gratian belegte 383 die „Apostasie" mit dem Entzug von bürgerlichen Rechten,[871] von der Hinrichtung Priscillians zwei Jahre später wird noch die Rede sein, ebenfalls von der Verfolgung von „Häretikern" wie den Katharern im 13. und 14. Jahrhundert (siehe Kap. 3.3.3a). In der Praxis waren die Hürden, bei Individuen einen solchen „Abfall" zu entdecken und dann noch zu bestrafen, jedoch beträchtlich, aber in symbolisch hoch aufgeladenen Fällen wurde er bis hin zur Todesstrafe dann doch geahndet. Dies geschah vor allem im Rahmen der Disziplinierung von Religion im neuzeitlichen Staat, wofür die Hinrichtungen von Giordano Bruno (1548–1600) oder Michael Servet (1511–1553) nur zwei von vielen Beispielen sind, die sich im okzidentalen Christentum auflisten ließen. Im Hintergrund stand eine theologische Konstruktion, die das Kirchenrecht bis heute prägt: Ein Austritt war konzeptionell durch die Doppelkonstruktion unmöglich, wonach man mit dem Eintritt in die Kirche Teil des spirituellen Leibes Christi und zugleich Mitglied der soziologischen Organisation Kirche werde.[872] Das katholische Kirchenrecht sieht bis heute keine Möglichkeit vor, die geistliche Kirche zu verlassen,[873] strukturell analog zu einer geburtsbedingten Zugehörigkeit: Der Ausgetretene bleibt auch nach seinem „Abfall", der „Apostasie", dem Kirchenrecht unterworfen, selbst wenn dies heute im wesentlichen eine Rechtsfiktion ist.[874] Formal werden die Kirchenmit-

---

[869] Shochetman: Molcho, Salomon, 423f.
[870] Stemberger: Das klassische Judentum, 34–36.
[871] Gottlieb: Gratianus, 272.
[872] Pahud de Mortanges: Die Erklärung des Austritts aus der römisch-katholischen Kirche, 106–111; Engelhardt: Der Austritt aus der Kirche, 36–50.
[873] Engelhardt, ebd., 36–50; Pahud de Mortanges: Die Erklärung des Austritts aus der römisch-katholischen Kirche, 123.
[874] Löffler: Konversion in der Sicht der katholischen Kirche, 385f. So schon Tertullian: De baptismo, 15,3; zum

glieder von wichtigen Rechten, etwa der aktiven Mitwirkung, suspendiert und verlieren das Recht auf ein kirchliches Begräbnis.[875] In dieser Situation entsteht aufgrund der rechtstheoretischen Annahmen unabhängiger Rechtskreise ein Standardkonflikt, der in Deutschland oder der Schweiz immer wieder vor Gerichten ausgetragen wurde: die Beanspruchung des Rechts, aus der rechtlich verfassten Kirche austreten zu können, ohne die „geistige" Kirche verlassen zu müssen. Derartige Regelungen finden sich auch, wenngleich in geringerem Maß, in den protestantischen Kirchen.

Die vielleicht augenfälligste Reethnisierung in einer christlichen Region ereignete sich im 15. und 16. Jahrhundert in Spanien, wo das Misstrauen gegenüber den vor allem aus dem Judentum stammenden Neuchristen endemisch wurde.[876] Hier reduzierte man mit der Theorie der Reinheit des Blutes („limpieza de sangre") die Zugehörigkeit zum Christentum systematisch auf einen aus der biologischen Semantik stammenden Distinktionsfaktor,[877] bei dem man vermutlich das Prinzip der adligen Abstammung auf die religiöse Reinheit des Blutes übertragen hatte.[878] Dahinter stand das Scheitern des Konzeptes einer auf der Entscheidung zum Christentum beruhenden Religionszugehörigkeit, da die erzwungenen Übertritte von Juden und Muslimen zum Christentum die Zahl der Scheinkonversionen dramatisch ansteigen ließ und sich die Unterschiede zwischen Christen auf der einen Seite und Juden und Muslimen auf der anderen in die innerkirchliche Differenz von geborenen und „konvertierten" Christen verwandelten. Diese „Conversos" oder Marranen (also „Schweine", wie man übergetretene Juden nannte), erzeugten ein Gefühl unkontrollierbarer interner Bedrohung in Teilen der spanischen Führungsschichten, dem man durch den Rekurs auf das gentile Zugehörigkeitskriterium des Blutes glaubte entkommen zu können. Allerdings existierte auch dieser religiöse Faktor nur in einem Verbund weiterer Motive: Die Vorstellung einer „limpieza de sangre" gehört zu einem Prozess der Regentilisierung, die im Spätmittelalter im Okzident einsetzte und mit der Formierung der Territorialstaaten verflochten war.[879] Konkret wurden in Spanien Neuchristen zu Konkurrenten der Altchristen und von staatlichen Ämtern, dem Hochadel und den Ritterorden ausgeschlossen. Allerdings darf man sich die (unterstellte) Praxis des religiösen Mimikry nicht als Standardlösung vorstellen. Die Neuchristen entwickelten teilweise eigene, stabile christliche Haltungen, in denen allerdings die Einbeziehung jüdischer Traditionen eine neue, synkretistische Identität schaffen konnte, die oft selbst nach der Vertreibung aus Spanien, wenn der Druck zum Religionswechsel weitgehend geschwunden war, erhalten blieb.[880]

Letztlich blieb dem okzidentalen Christentum hinsichtlich der erzwungenen Religionszugehörigkeit die Spannung zwischen den ablehnenden Positionen der Mehrzahl der Theologen und kirchlichen Stellungnahmen auf der einen Seite und den dennoch immer wieder

---

Fortbestehen dieser Vorstellung in den Texten des Zweiten Vatikanischen Konzils s. Bloch: Die Stellungnahmen der römisch-katholischen Amtskirche zur Frage der Menschenrechte seit 1215.
875 Listl: Die Erklärung des Kirchenaustritts, 212f. 219.
876 Exemplarisch Mazur: The New Christians of Spanish Naples.
877 Delgado: „Oh Blindheit, oh Bosheit, in ganz Spanien verbreitet".
878 Walz: Die Entwicklung eines religiösen Rassismus in der Frühen Neuzeit.
879 Teuscher: Verwandtschaft in der Vormoderne, 96.
880 Cwik: Neuchristen und Sepharden als cultural broker im karibischen Raum (1500–1700), 163–175.

vorgenommenen Zwangs„konversionen" auf der anderen erhalten und dokumentiert, in welchem Ausmaß ein freier Übertritt in eine andere Glaubensüberzeugung (und das hieß natürlich auch die freie Entscheidung für das Christentum) den Erwartungen auf religiöse Homogenität widersprach.

Doch nun ist erneut zu erzählen, in welchem Ausmaß die Dinge in der Praxis sehr viel komplexer sein konnten. Ein instruktives Beispiels sind die Übertritte großer Gruppen von Juden in Süditalien am Ende des 13. Jahrhunderts. In Trani trat im Jahre 1292 die jüdische Gemeinde ganz oder offenbar zum überwiegenden Teil zum Christentum über, ein außerhalb der spanischen Welt singulärer Vorgang;[881] über die Motive und die Freiwilligkeit dieses Aktes liegen offenbar keine unmittelbaren Zeugnisse der „Konvertiten" vor. Sie wurden als „Neofiti" (Neugetaufte) oder als „novi Christiani" (neue Christen) in die Stadt aufgenommen, blieben aber zugleich mit diesem Begriff als eigene Gruppe erkennbar. Die Kirche von Trani behandelte sie noch 80 Jahre später rechtlich als Juden,[882] doch kam es bis zum 15. Jahrhundert zu einer Integration, bei der sie offenbar ihren religiösen Sonderstatus verloren, dafür aber einen neuen sozialen Status erhielten und die Gruppe der Händler bildeten.[883] Damit blieben sie eine berufsspezifische Gruppe, die ein eigenes Viertel bewohnte[884] und vermutlich endogam heiratete.[885] Zumindest für diesen Zeitraum gibt es Indizien, dass die Zugehörigkeit zum Christentum nicht mehr bloß pragmatisch verstanden wurde, weil sie beim Papst um Hilfe bei ihrer Assimilation ersuchten; jedenfalls gibt es für eine jüdische Kryptoreligiosität keine Hinweise.[886] Vielmehr ist anzunehmen, dass solche Vermutungen auf die Inquisition zurückgehen, die seit dem 14. Jahrhundert die Christlichkeit der „Neuen Christen" infrage stellte. Papst Johannes XXII. hatte zwar 1328 die Immunisierung der Diözese gegenüber der Inquisition erwirkt, eine Regelung, die fast 120 Jahre Bestand hatte,[887] aber in der Mitte des 15. Jahrhunderts konnte die Inquisition dann doch zugreifen. Sie betrachtete die seit über 200 Jahren als Christen lebenden Juden nun als „Häretiker" und nannte sie, wie in Spanien üblich, Marranen.[888] Zu Beginn des 16. Jahrhunderts wurden die Juden endgültig vertrieben.

Dieser Prozess von Inklusion und Exklusion dokumentiert die unterschiedlichen sozialen Interessen und Akteure, die über Jahrhunderte auf den „Neofiti"-Status einwirkten, wo doch in einer ideengeschichtlichen Perspektive nur ein Faktor, die freie Entscheidung, relevant sein sollte. Faktisch waren die Neuchristen unterschiedlichen und widerstreitenden rechtlichen und politischen, kirchlichen und städtischen Faktoren ausgesetzt, wobei die Kirche sowohl als Faktor der Ausgrenzung (so die städtische Kirche in Trani und schließlich die Inquisition) als auch als Schutz- und Integrationsfaktor (so Papst Johannes XXII.) wirken konnte. Selbst- und Fremdzuschreibung dürften in der Kennzeichnung als „neue Christen" Hand in Hand gegangen sein, wohingegen die Fremdzuschreibung als „Kryptojuden" ver-

---

881 Scheller: Fremde in der eigenen Stadt?
882 Ebd., 199.
883 Ebd., 198–203.
884 Ebd., 210–213.
885 Ebd., 204f.
886 Ebd., 213–218.
887 Ebd., 200.
888 Ebd., 219–221.

mutlich eine kontrafaktische Etikettierung darstellte, die die Projektionen von „Häresie" seitens der Inquisition fortschrieb. Vielmehr hatten die „Neofiti" sozial-familiäre Strukturen reproduziert und verhielten sich wie eine städtische Ethnie. Inwieweit der Schritt des Übertritts einer ganzen jüdischen Gemeinde am Ende des 13. Jahrhunderts freiwillig war, lässt sich wohl nicht mehr rekonstruieren, aber es spricht viel dafür, dass es zumindest auf Dauer zu einer überzeugten Anverwandlung des Christentums kam, die nur eine von außen kommende Gruppe von Christen, die Inquisitoren, bestritt, weil ihr Vorurteil aus Spanien dies so vorsah.

Seit der Reformationszeit wurde der Konversionsterminus erneut verstärkt innerchristlich benutzt,[889] indem man die Entscheidung für eine bestimmte Konfession (in damaliger Terminologie oft: Religion), die sich allerdings erst im Laufe des 16. Jahrhunderts als dogmatisch und institutionell konsolidierte Größe herausbildete, als „Konversion" zu einem „wahren" Christentum verstand. Dabei besaßen die Theologen durchaus unterschiedliche Vorstellungen über die Rolle der „Konvertiten" in diesem Prozess: Katholische Theologen tendierten dazu, den Menschen als Akteur der „Konversion" zu sehen, wohingegen evangelische diesen Schritt etwa aufgrund der Vorstellung einer göttlichen Prädestination oder der Ablehnung eines freien Willens eher als Resultat des Wirkens Gottes sahen.[890] Dabei handelte es sich allerdings zu Beginn nicht um eine allgemeine und individuelle Übertrittsmöglichkeit, evangelisch oder katholisch zu werden, sondern um eine enge Öffnung im Rahmen des damaligen Spannungsfeldes von religiöser Disziplinierung und Pluralisierung. Weder in reformierten noch in altgläubigen Gebieten gab es im Prinzip für einfache Gläubige ein Recht der eigenen Entscheidung. Das genannte Reglement des „cuius regio, eius religio" sah Religions- und damit Übertrittfreiheit im wesentlichen nur für regierende Häupter vor, wohingegen die Untertanen der Religionsentscheidung ihrer Herrscher zu folgen hatten. Es gab allerdings auch „Konversionen" von einfachen Bürgern, namentlich mit den Übertritten vom Protestantismus zum Katholizismus in der Zeit um 1550/1650. Bei der Analyse von Motiven für derartige Übertritte tut man einmal mehr gut daran, die Fixierung auf religiöse Faktoren aufzugeben. So konnten Übertritte aus Karrieregründen vorgenommen werden, die dann ein Indikator für Indifferenz und gerade nicht für Entscheidung sind,[891] gesellschaftliche Anpassung und politischer Druck konnten eine „Konversion" in die Wege leiten, biographische Krisen und existenzielle Brüche sie befördern.[892] Und nicht immer führte der Übertritt in eine neue soziale Freiheit, denn das Misstrauen gegenüber „Bekehrten" blieb groß, weil die Ehrlichkeit der Gewissensentscheidung letztlich nicht überprüfbar war und Opportunismus allenthalben unterstellt oder zumindest befürchtet wurde. Und auch in der Neuzeit waren Konfessionen nicht Ausgangspunkt, sondern das Ergebnis des religiösen Differenzierungsprozesses. So konnten Revokationspredigten, die (vermeintlich) Konvertierte zurückholen sollten, einen scharfen konfessionellen Gegensatz erst manifest machen oder gar schaffen,[893]

---

[889] Lotz-Heumann/Mißfelder/Pohlig: Konversion und Konfession in der Frühen Neuzeit.
[890] Mader: Conversion Concepts in Early Modern Germany, 37.
[891] Mulsow: Mehrfachkonversion, politische Religion und Opportunismus im 17. Jahrhundert, 132–150.
[892] Schunka: Transgressionen, 506.
[893] Ebd., 493.

während in irenischen Milieus wie bei den Erasmianern, die sich der konfessionellen Vereindeutigung entzogen, die Notwendigkeit eines Übertritts programmatisch infrage gestellt wurde (siehe Kap. 2.3). Einmal mehr gilt, dass religiöse Faktoren nicht monokratisch wirken. Bei dem Religionswechsel von Herrschern trifft man auf eine komplexe Motivlage zwischen religiösen Überzeugungen und machtpolitischen Interessen, etwa wenn Heinrich IV. 1593 um der französischen Königskrone willen katholisch wurde („Paris ist eine Messe wert" – wie ihm Protestanten in den Mund legten[894]) oder August von Sachsen („der Starke") 1697 insgeheim in die katholische Kirche übertrat, weil dies ihm die polnische Krone versprach. Bei den Untertanen sind in der übergroßen Mehrzahl keine individuellen Entscheidungen auszumachen, sie mussten der religionspolitischen Entscheidung der Obrigkeit folgen. Im Blick auf die frühneuzeitlichen Städte ist die Situation insofern komplizierter, als die abstimmungsberechtigten Bürger direkt für eine Religionsorientierung votieren konnten; eine individuelle Entscheidungsfreiheit gab es allerdings auch hier nicht.[895]

Die Konfessionalisierung zeigt einmal mehr, in welchem Ausmaß Sozialverbände – hier: Territorien oder Städte analog zu gentilen Gruppen in der Antike – religiöse Zugehörigkeit vor dem 19. Jahrhundert bestimmten. Die freie religiöse Entscheidung blieb ein Phänomen von Minderheiten: von christlichen Dissentern, die entweder von Herrschern gedeckt wurden wie die Pietisten in Berleburg, oder sich als klandestine Milieus dem obrigkeitlichen Zugriff des Staates durch Techniken des Verstellens und Verdeckens entzogen, wie viele spiritualistische Gruppen, etwa die Schwenckfeldianer oder Gichtelianer, oder die, wie die Mennoniten oder die englischen Puritaner, das Los der Emigration auf sich nahmen. Ein illustratives Beispiel für die sozialen Folgelasten bietet der Umgang mit „Konvertiten" im reformierten Zürich und im katholischen Luzern in der Frühen Neuzeit.[896] In beiden Städten galten eingewanderte „Konvertiten" im Prinzip als Problemfälle, weil Fremde, die der Unterstützung bedurften, eine potenzielle Last darstellten. Deshalb suchten die Kommunen die „Aufrichtigen" von den Opportunisten zu trennen, um die sozialen Kosten zu begrenzen. Aber selbst wenn die Übergetretenen ökonomischen Erfolg hatten, verblieben sie meist am Rand der hegemonialen Gesellschaft, die den sozialen Aufstieg, etwa durch den Erwerb des Bürgerrechts, begrenzte.[897] Gleichwohl dokumentieren diese Minoritäten, dass im kollektiven Gedächtnis ein Programm religiös begründeter Entscheidungsfreiheit abrufbar war, mit dem man die staatlichen Homogenisierungsforderungen bestreiten konnte.

All dies spielte sich innerhalb des Christentums ab. Übertritte von Christen in eine nichtchristliche Religion waren im Mittelalter und in der Frühen Neuzeit im Prinzip weiterhin nicht vorgesehen. Sie kamen außer in muslimisch besetzten Ländern in seltenen Fällen allenfalls ins Judentum vor, oftmals aus christlichen Milieus, die sich aufgrund der Trinitätskritik in keiner Großkirche zu Hause fühlten.[898] Der Übertritt in eine andere Religion wurde erst im Rahmen der Globalisierung und der langsamen Durchsetzung einer rechtlichen Religions-

---

[894] Hinrichs: Heinrich IV., 153.
[895] Zander: Toleranz: legal oder legitim?, 54–57.
[896] Bock: Konversionen in der frühneuzeitlichen Eidgenossenschaft, 132–194.
[897] Ebd., 258–319.
[898] Secret Conversion to Judaism, hg. v. M. Mulsow/R. H. Popkins.

freiheit zu einer realistischen und verbreiteten Möglichkeit. Als die ersten und jedenfalls öffentlich breit wahrgenommenen „Konversionen" von Europäern und Amerikanern galten solche zum Buddhismus mit der Übernahme der Regeln des Buddhismus durch Theosophen wie Henry Steel Olcott und Helena Petrovna Blavatsky oder durch den anglikanischen Priester Charles Webster Leadbeater in den 1880er Jahren. Aber erst die verfassungsrechtliche Verankerung der Religionsfreiheit seit dem späten 18. Jahrhundert, hinter der nicht zuletzt christliche Dissenter standen (siehe Kap. 3.3.3a), der Rückgang gesellschaftlicher Sanktionen für den dann auch tatsächlich vollzogenen Übertritt (oder den Austritt aus einer Religion), verbunden mit der sozialen Absicherung, die der religionsneutrale Sozialstaat den Aussteigern bot, ermöglichte im 20. Jahrhundert einen Religionswechsel für breite Bevölkerungsgruppen. In Länder außerhalb Nordamerikas und Europas kam diese Form der Religionsfreiheit allerdings erst durch die Übernahme westlicher Vorstellungen im Rahmen der europäischen Expansion.

3.3.2b Nachantikes Judentum: „Diaspora" ohne Machtpolitik

Die Ausbreitung des Judentums vollzog sich seit der Antike, nachweisbar seit dem 5. vorchristlichen Jahrhundert,[899] weder durch eine strategische Lenkung noch durch ein verbreitetes Ideal, Proselyten zu gewinnen (siehe Kap. 3.2.2; 3.3.1a), sondern vor allem durch Reisen und Migration im hellenistischen und römischen Raum, für die vermutlich der Handel eine entscheidende Rolle spielte.[900] Dabei wurde schon im Hellenismus die Vorstellung eines territorial geschlossen siedelnden Volkes zu einem historischen Ideal; de facto entstanden viele „Judentümer".[901] In diesem Verbreitungsprozess gab es zwei Zäsuren. Eine erste war der „jüdische Krieg" (70/71) mit dem nachfolgenden Bar Kochba-Aufstand (132/136), der die Attraktivität des Judentums als monotheistischer, „philosophischer" Religion beschädigte, so dass etwa die Zahl der Proselyten stark zurückging.[902] Seitdem existierte das Judentum dezentral mit allerdings bedeutenden Siedlungen, etwa in Babylon (die schon seit dem Exil bestand) oder im Westen des Römischen Reiches. Zunehmend verstand man diese Situation als „Diaspora". Dies war vom Selbstverständnis her keine Mission, sondern durchaus negativ gemeint, eine, so der Wortsinn, „Zerstreuung". Dieser Begriff findet sich nur in der Septuaginta, also in der Tradition des griechischsprechenden Judentums, und besitzt keine einheitliche Entsprechung in der hebräischen Bibel;[903] er blieb lange ein auf jüdische Texte beschränkter Terminus und wurde erst im 19. Jahrhundert in andere Sprachen verbreitet.[904] Ein zweiter Einschnitt war die Etablierung des Christentums als Staatsreligion im 4. Jahrhundert, wodurch die Übernahme christlicher Ausbreitungspraktiken wie der „Mission" durch

---

[899] Lightstone: Migration and the Emergence of Greco-Roman Diaspora Judaism, 196.
[900] Ebd.
[901] Von „Judaisms" spricht Lightstone: Migration and the Emergence of Greco-Roman Diaspora Judaism, 188.
[902] Der Nachweis von Einzelfällen bei Gilbert: Why Conversion?
[903] Stuiber: Diaspora, 972.
[904] Dufoix: Les diasporas, 18f.

das Judentum für dieses zu einer existenzgefährdenden Praxis wurde. Deshalb gab es eine intentionale Diffusion im Judentum seit der Spätantike noch weniger als im Christentum[905] – unbeschadet der Wahrscheinlichkeit, dass man im Umgang mit Proselyten auch von einem werbenden Zugang auf sie ausgehen kann.

Deshalb sind Stimmen in der Forschung stark, die allenfalls von Einladung, nicht aber von aktiver „Mission" sprechen[906] und diese erst nach dem Entstehen der christlichen „Mission" ansetzen. Hinweise auf „missionarische" Aktivitäten des Judentums beziehen sich jedenfalls auf ganz wenige Stellen, die zudem noch in ihrer Mehrzahl von Nichtjuden stammen;[907] Forscher halten deshalb Aussagen zur aktiven Werbung im 1./2. Jahrhundert für späte Rückprojektionen aus dem 4./5. Jahrhundert.[908]

Neben die Attraktivität des Judentums (siehe Kap. 3.3.2a) waren allerdings schon vor dem Bar Kochba-Aufstand Konflikte getreten, die seine Ausbreitung vermutlich behinderten. Zwangsbekehrungen bei den Makkabäern,[909] frühe Auseinandersetzungen zwischen Juden und Christen,[910] die Ausweisung von Juden aus Rom um 50 n. Chr. unter Kaiser Claudius aufgrund von Streitigkeiten mit den Anhängern eines „Chrestos" (wohl Christen)[911] oder die Debatten um die Anerkennung eines besonderen rechtlichen Status des Judentums (siehe Kap. 3.2.3b) zählen dazu. Ein spezifisches Konfliktfeld des Judentums mit seinen Umfeldgesellschaften waren die immer wiederkehrenden Debatten um eine Körperverletzung durch die Beschneidung. Während sie auf jüdischer Seite als Identitätsmarker galt, konnte sie in der Antike als Verstümmelung verspottet[912] oder verboten werden, wohl erstmals unter dem Seleukidenkönig Antiochus IV. im 2. vorchristlichen Jahrhundert (1 Makk 1,60). Möglicherweise könnte sogar der Bar Kochba-Aufstand auf ein Beschneidungsverbot Kaiser Hadrians zurückgehen.[913] Aber letztlich waren Juden nicht in gleichem Maße wie das Christentum im 2. und 3. Jahrhundert Verfolgungen ausgesetzt, möglicherweise eben auch, weil sie nicht aktiv „Konvertiten" suchten.[914]

---

905 So auch die Tendenz in der aktuellen Forschung. Wander: Gottesfürchtige und Sympathisanten, 218–227, etwa wendet sich gegen den häufigen Schluss von Einzelfällen auf eine breitere Missionsbewegung, klassisch etwa Bamberger: Proselytism in the Talmudic Period, 272. Ähnlich wie Wander argumentieren Dickson: Mission-Commitment in Ancient Judaism and in the Pauline Communities, 11–85; Porton: The Stranger within Your Gates, und die Beiträge in: The Jewish Political Tradition, Bd. 2: Membership, hg. v. M. Walzer u. a. Unter diesen Umständen kann man dezidiert von einer Erfindung der Mission im Christentum reden, so Ware: The Mission of the Church, 55. Eine missionsnahe Praxis hingegen bei North: The Development of Religious Pluralism, 191, und dezidiert bei Goodman: Proselytizing in Rabbinc Judaism, 179–181.
906 Dickson: Mission-Commitment in Ancient Judaism, 19–24.
907 Ware: The Mission of the Church, 47–54.
908 Dickson: Mission-Commitment in Ancient Judaism, 24–31.
909 S. 1 Makk 2,46, und Wander: Gottesfürchtige und Sympathisanten, 212.
910 S. dazu Paulus' Hinweise, dass er mehrfach ausgepeitscht worden sei (2 Kor 11,24 f.) oder die Berichte von Ausschlüssen aus Synagogen (Joh 9,22: 12,42; 16,2).
911 Wander: Gottesfürchtige und Sympathisanten, 151. Der Vorwurf der Verachtung der römischen Gesetze richtete sich anfangs gegen Juden und Christen gleichermaßen (ebd., 207).
912 Schäfer: Judeophobia, 99–102.
913 Bazzana: The Bar Kokhba Revolt and Hadrian's Religious Policy.
914 North: The Development of Religious Pluralism, 191.

Wenn jedoch derartige Übertritte stattfanden, stellte sich die Frage, wie man mit ihnen angesichts eines Selbstverständnisses als „Volk", das die biblischen Texte dominierte und auch in der Außenwahrnehmung stark war, umzugehen habe, insbesondere seitdem die Juden seit dem Jahr 70, nach dem Jüdischen Krieg, als Volk eine Steuer, den fiscus iudaicus, zu zahlen hatten. Langfristig wurden vor allem die Antworten in der rabbinischen Literatur wichtig, vor allem in der seit der im 2. Jahrhundert entstandenen Mischna. Hier lässt sich die Herausbildung einer Konzeption greifen, wonach man nicht in eine religiöse Gemeinschaft namens Judentum eintrete, sondern in eine Ethnie, in das Volk Israel,[915] so dass die „Konversion" in das Judentum als Element einer Art Reethnisierung erschien[916] – während zeitgleich in der Außenperspektive Juden stärker als religiöse Gemeinschaft denn als Ethnie wahrgenommen werden konnten.[917] Eintritte galten dabei offenbar nicht – wie man abweichend von der heutigen Perspektive, aber nahe an Positionen, die sich im frühen Christentum und später im Islam entwickelten, festhalten kann – als revidierbarer Akt einer freien Entscheidung, sondern vielmehr als irreversibler Schritt.[918] Wie sich diese Neujuden selbst verstanden, lässt sich allerdings nur schwer sagen. Wir besitzen aus der Antike keine Selbstzeugnisse jüdischer „Konvertiten",[919] die den Berichten des Paulus oder Augustinus vergleichbar wären. Auch die rabbinische Position lässt sich nur partiell ermitteln. Es dürfte dabei, vermutlich anders als im Christentum, unter den jüdischen Gelehrten einen sehr viel geringeren Konsens über den Status der neuen Mitglieder gegeben haben,[920] bis ins 3. Jahrhundert finden sich höchst kontroverse Positionen.[921] Oft hat man damit zu rechnen, dass übergetretene Proselyten nicht als Juden wahrgenommen wurden,[922] wobei unklar ist, wie sich diese Position in der zweiten und dritten Generation veränderte und ob man sie nicht irgendwann doch als Juden mit vollen Rechten betrachtete. Klar ist immerhin, dass sie mit dem Eintritt den geborenen Juden nicht gleichgestellt waren, sondern als randständig und nicht vollständig assimiliert galten[923] oder mit der Forderung nach Ausschluss konfrontiert werden konnten.[924] Sie blieben in ihren sozialen Handlungsmöglichkeiten und in ihren Rechten beschränkt, etwa insofern sie nicht Priester werden konnten[925] oder im Erb- und Eherecht nicht gleichgestellt waren (sie waren üblicherweise nicht zur Leviratsehe verpflichtet).[926] Deshalb wurde ihnen nach dem Jahr 70 teilweise nur dann eine Aufnahme gewährt, wenn sie

---

915 Porton: The Stranger within Your Gates, 197. 208.
916 Ebd., 166–176.
917 North: The Development of Religious Pluralism, 190f. Die ethnische Identifizierung findet sich auch bei der Erhebung des Fiscus judaicus, obwohl sie an die religiöse Praxis gebunden war (Goodman: Nerva, the Fiscus Judaicus and Jewish Identity, 40f.).
918 Porton: The Stranger within Your Gates, 196.
919 Ebd., 194.
920 Ebd., 193.
921 Goodman: Mission and Conversion, 154–174.
922 Gilbert: Why Conversion?, 24.
923 Porton: The Stranger within Your Gates, 219; Bardy: Conversion, 105–112.
924 Catane: Administrating Conversion – Israel's Conversion Administration, 36.
925 Porton: The Stranger within Your Gates, 68.
926 Bardy: Conversion, 116.

diese Schwierigkeiten einer Existenz im Judentum realisierten.[927] Aber in späterer Zeit dürfte ein Übertritt kein großes Thema im Judentum gewesen sein. In einem zentralen spätantiken Textkorpus wie dem Babylonischen Talmud finden sich gerade zwei Texte, die sich damit befassen und in ihrer Redaktion erst aus der zweiten Hälfte des ersten Jahrtausends stammen dürften.[928] Dabei steht eine Vielzahl von Regeln im Zentrum, darunter die Beschneidung und das Tauchbad,[929] während der Prozess des Übertritts kaum Beachtung findet.[930] Vor diesem Hintergrund haben sich nach der Antike jüdische Positionen, die eine „Mission" ablehnen, nicht nur für den Eintritt ins Judentum, sondern auch für Versuche, Juden zum Eintritt ins Christentum zu bewegen,[931] bis heute erhalten. Letztlich hat sich die Forschungsmeinung, ob man angesichts dieser Situation von einer missionsartigen Werbung für das Judentum und von einem quantitativ großen Erfolg ausgehen kann, in den letzten Jahren verändert. Die ältere Position einer aktiven und erfolgreichen Propaganda[932] steht vermehrt infrage, vor allem weil repräsentative Belege dafür fehlen.[933]

In dieser nachantiken Geschichte des Judentums kam es nur in Ausnahmefällen zur Ausbildung eigener Herrschaften als Konsequenz oder Voraussetzung für eine Ausbreitung der jüdischen Religion. Der bekannteste Fall sind die ursprünglich nomadisch zwischen dem Schwarzen und dem Kaspischen Meer lebenden Chasaren.[934] Ob es eine Siedlungskontinuität jüdischer Gruppen seit der Antike gab, ist unklar,[935] aber seit dem 7. Jahrhundert boten die Chasaren Raum für in Byzanz verfolgte Juden,[936] zudem gab es Christen und Muslime, die einen Monotheismus verbreitet hatten.[937] Ende der 830er Jahre findet sich erstmals ein Jude auf dem Thron der Chasaren, eine Propagierung jüdischer Vorstellungen in der breiten Bevölkerung lässt sich ein Jahrhundert später nachweisen.[938] Dass es hier nicht nur um einen formalen Schnitt ging, sondern damit Überzeugungen verbunden waren, kann man auch daran ablesen, dass die chasarischen Führer auf die Zerstörung einer Synagoge durch Muslime mit der Zerstörung eines Minaretts und der Tötung von Muezzins reagierten.[939]

Weitere politisch abgestützte Ausbreitungsgeschichten lassen sich nur schwer fassen. Die jüdische Berberin Kahina (im 7. Jahrhundert?), die in Nordafrika den Widerstand gegen

---

927 Ebd., 110f.
928 Abate: Observations on Late Antique Rabbinic Sources on Instruction of Would-Be Converts, 258.
929 Ebd., 263–265.
930 Ebd., 269.
931 Der württembergische Landesrabbiner Joel Berger erklärte 1999 auf dem Deutschen Evangelischen Kirchentag mit einer den Versuch der Vernichtung des Judentums durch die Nationalsozialisten reflektierenden Aussage, „die Judenmission ist für mich Fortsetzung des Holocaust mit anderen Mitteln". Wikipedia, Judenmission (http://de.wikipedia.org/wiki/Judenmission [21.7.2014]).
932 So noch Rosenbloom: Conversion to Judaism, 40–46; s. Positionen bei Goodman: Mission and Conversion, 129f.
933 Goodman, ebd., 132f.
934 Brook: The Jews of Khazaria, 87–123; Golden: The Conversion of the Khazars to Judaism, 123–162; Piatigorsky/Sapir: L'empire khazar.
935 Brook: The Jews of Khazaria, 89.
936 Ebd., 90f.
937 Dvornik: Byzantine Missions, 51–53. 67f.
938 Brook: The Jews of Khazaria, 109f.
939 Ebd., 109.

die Muslime angeführt habe, verschwimmt im Dunkel der Geschichte.[940] Über ein jüdisches Reich im südarabischen Himyar (teilweise identisch mit dem heutigen Jemen), das sich im 5./6. Jahrhundert etabliert hatte, gibt es nur wenige Informationen.[941] Eine „missionarische" Werbung hatte diese Verbreitungsprozesse nicht motiviert, dies dürfte ein Phänomen seit dem 19., vor allen Dingen seit dem 20. Jahrhundert sein.[942] Missionsanalog waren allenfalls solche Konzepte, die zumindest die Ausbreitung in der „Diaspora" als Teil eines göttlichen Planes rechtfertigten, etwa bei dem Kabbalisten Isaak Luria, der mit der Verbreitung von Juden unter den Völkern der Welt seine Vorstellung der Seelenwanderung verteidigte.[943]

Per saldo gab es im Judentum keine „Mission" bis ins 19. Jahrhundert, und eine mit Machtpolitik verbundene Durchsetzung seines Glaubens war ihm fast nie möglich. Dies änderte sich vor allem durch die Existenz des heutigen Staates Israel. Hier ergibt sich das Problem, dass die Bestimmung der Zugehörigkeit zum Judentum zwischen halachischen, also religiösen, und staatlichen Autoritäten auseinandergeht, weil die gentile Zugehörigkeit allein kein ausreichendes Kriterium oder weil sie umstritten war. Dies betraf etwa die 1984/85 nach Israel ausgesiedelten äthiopischen Juden oder diejenigen, die seit dem Zusammenbruch der Sowjetunion verstärkt nach Israel migrierten Juden, so dass heute in Israel sich widersprechende Definitionsoptionen existieren[944] und „Konvertiten" zu einem Agens der Kritik an der nationalistisch-ethnischen Theorie des Judentums geworden sind.[945] Bis heute findet man bis ins liberale Judentum hinein die Position, dass das Judentum Interessenten aufnehmen, aber keine „Missionierung" betreiben solle.[946]

3.3.2c Islam: Ausbreitung meist ohne Feuer und Schwert

Eine lange Tradition der Historiographie sah in der kriegerischen Ausbreitung des Islam die Matrix für dessen religiöse Verbreitung: „Mit Feuer und Schwert" habe sich der Islam in Politik und Religion durchgesetzt. Die neuere Forschung hat dieses Bild weitgehend kassiert. So dokumentieren die schriftlichen Quellen zwar die Anwendung von Gewalt, aber diese diente an erster Stelle der ökonomisch oder machtpolitisch motivierten Eroberung fremder Länder und bedeutete keinen flächendeckenden Vernichtungsfeldzug gegen andere Religionen. Auch die archäologischen Quellen stützen die These einer brachialen Zerstörung der vorgefundenen Kulturen im Rahmen der Herrschaftsübernahme nicht. Die Annahme einer schnellen und effektiven Islamisierung[947] der eroberten Gebiete ist schon angesichts der schnellen Expansion in riesige Räume unwahrscheinlich, denn in den ersten Jahrzehnten

---

940 Hannoum: Colonial Histories, Post-Colonial Memories, 1–28.
941 Bowersock: Le trône d'Adoulis, 95–110.
942 Not by Birth Alone, hg. v. W. Homolka,
943 Zander: Geschichte der Seelenwanderung, 186–190.
944 Catane: Administrating Conversion, 36–38.
945 In scharfer Weise Sand: Die Erfindung des jüdischen Volkes, 287–365.
946 Sievers: Religion ohne Mission?, 154f.
947 Konsequent von „Islamisierung" spricht bei einer differenzierten Beschreibung von Verbreitungsformen Levtzion: Toward a Comparative Study of Islamization.

der islamischen Zeitrechnung gelangen weiträumige Eroberungen: 635 fiel Damaskus und damit Syrien und Palästina, 638 Ktesiphon (nahe dem heutigen Bagdad), 642 Ägypten, seit 636 (oder 644[948]) standen muslimische Einheiten in Indien, Zypern wurde 649 erobert, in den 650er Jahren Mesopotamien und Armenien, Nordafrika in den 670er Jahren, 672 belagerten islamische Truppen erstmals Konstantinopel. Zwar wurde nach Mohammeds Tod die Forderung nach Unterwerfung und Tributzahlungen zunehmend mit dem „Ruf" in den Islam, mit der dawa, verbunden.[949] Ob jedoch mit der arabischen Expansion und den faktisch damit einhergehenden Übertritten auch programmatisch die Intention verknüpft war, den Islam zu verbreiten, wird kontrovers diskutiert und heute überwiegend verneint.[950] Ein unmittelbares Äquivalent, mit dem man „Mission" im Arabischen hätte wiedergeben können, existierte nicht, nur Formulierungen mit dem Verb „rufen", wo Mohammed etwa die Menschen auf den „rechten" Weg rufe (etwa Q 23,73; 57,8), aber diese Formulierungen liegen wohl näher bei den schon alttestamentlich zu findenden Umkehrrufen der Propheten als beim christlichen Missionskonzept. In den Unterwerfungsverträgen finden sich sogar explizite Verbote, den Koran zu lehren oder vielleicht sogar zu lernen;[951] die Funktionalisierung der „Rufe" für einen Übertritt in den Islam bildete offenbar eine Ausnahme.[952]

Es gibt jedenfalls gute Gründe, die Ausdehnung des arabischen Herrschaftsraumes nicht von dem Motiv geleitet zu sehen, den Islam zu verbreiten und in diesem Sinne Mission zu betreiben. Das primäre Ziel war wohl die Machtvergrößerung und dabei nicht zuletzt die Aussicht auf Beute. Und auf Dauer bildete der Tribut der Unterworfenen eine zentrale Säule in der Finanzierung der arabischen Herrschaft, die durch die „Konversion" der Tributpflichtigen infrage gestellt worden wäre. Deshalb muss man davon ausgehen, dass der Übertritt von Juden und Christen, die anfangs die weit überwiegende Mehrzahl der Beherrschten bildete, kein prioritäres Ziel bildete und dass der Islam seinen Status als majoritäre Religion in einem längeren Zeitraum durchsetzte.[953] Wie hätte dies auch die homöopathische Minderheit von Muslimen, die sich in Garnisonsstädten verschanzte, um in den eroberten Kulturen nicht aufzugehen, organisieren sollen? In jedem Fall lief die Islamisierung nicht nach einem Masterplan ab, wenngleich sich einige strukturelle Merkmale, auf die ich noch zu sprechen komme, in allen Gebieten finden, in denen Muslime die Herrschaft übernahmen. Dabei verlief die Islamisierung regional recht unterschiedlich,[954] und dies ist angesichts der sich schrittweise vollziehenden Konstituierung des Islam, der grundlegende Merkmale erst im Rahmen dieser Ausbreitung ausbildete, auch nicht anders zu erwarten.

---

948 Wink: Al-Hind, 201.
949 Wrogemann: Missionarischer Islam, 35f.
950 In der älteren Literatur findet sich etwa bei Thomas Walker Arnold im Rückgriff auf Max Müllers Identifizierung von Welt- als Missionsreligionen zwar auch eine Identifizierung des Islam als missionarischer Religion (Arnold: The Preaching of Islam, 1), aber im Folgenden spricht Arnold zu Recht nur mehr von Ausbreitung („spread"). Die revidierte Perspektive exemplarisch bei Kennedy: The Great Arab Conquest.
951 Kallfelz: Nichtmuslimische Untertanen im Islam, 79.
952 Ebd., 153.
953 Donner: Muhammad and the Believers, 107–111.
954 Im Überblick mit länderspezifischen Perspektiven etwa Kennedy: The Great Arab Conquest.

Diese Ausbreitungsgeschichte impliziert eine Asymmetrie im Vergleich mit dem Christentum, weil der Islam von Anfang an eine machtpolitische Präsenz besaß, die eine Ausbreitung „von oben" mit der Rückendeckung oder auf der Grundlage einer hegemonialen politischen Machtstellung ermöglichte, wohingegen das Christentum über mehr als 300 Jahre bis zur Etablierung als Staatsreligion in einigen Nachfolgestaaten des Imperium Romanum über diese Option nicht verfügte. Dahinter stehen unterschiedliche Viten ihrer Inspiratoren. Jesus wird in der „Bergpredigt" eine pazifistisch ausgerichtete Ethik zugeschrieben (Mt 5,38–48); er hat jedenfalls nie Kriege geführt und war mit seiner Hinrichtung gescheitert. Mohammed hingegen lebte als erfolgreicher politischer Führer und Feldherr, der der militärischen Durchsetzung seiner Vorstellungen einen Platz einräumte. Als er starb, befand sich der Islam in einer Phase der erfolgreichen Expansion, jedenfalls war die Verbreitung des Islam von der politischen Expansion kaum zu trennen, während das Christentum in den ersten drei Jahrhunderten sich weitgehend durch kapillare Diffusionsprozesse, bei denen es kaum eine politische Rückendeckung gab, ausbreitete.

Wenn man Ausbreitungsgeschichte und Machtpolitik komparativ zusammendenken wollte, müsste man christliche und muslimische Geschichten parallelisieren, die 300 bis 400 Jahre zeitverschoben stattgefunden haben, etwa die ersten Jahrhunderte des Islam seit Mohammed mit der nachkonstantinischen Geschichte des Christentums. Wollte man die Ausbreitungsgeschichten vom jeweiligen Entstehungszeitpunkt an vergleichen, könnte man von der kapillaren Ausbreitung des Christentums ausgehen und ihr die Islamisierung als langwelligen Prozess kultureller Durchdringung als strukturelles Äquivalent zur Seite stellen. In der islamischen Geschichte finden sich letztlich beide Dimensionen von Anfang an viel enger verbunden als im Christentum, so dass zusammenzudenken ist, was sich für die christliche Frühgeschichte trennen lässt. Im Rahmen dieser komparativen Inkongruenzen ist ein grundsätzliches Problem dieses Kapitels angesiedelt: Eine islamische Mission als ausschließlich religiös begründete Ausbreitung des Islam war ein sekundär angelagertes, durch die Begegnung mit dem Christentum in der Neuzeit formatiertes Programm. Schließlich aber gibt es noch ein Problem hinsichtlich des notwendigen Vorwissens: Die Ausbreitung des Islam versteht man nicht ohne Kenntnis seines Konzeptes zum Umgang mit religiöser Pluralität im „Dhimmi"-Status. Dieses allerdings wird aus darstellungspragmatischen Gründen erst später thematisiert (siehe Kap. 3.3.3b). Dessen zentrale Elemente seien aber schon hier festgehalten: Im Islam gelten als Anhänger der wahren Religion diejenigen, die ihre Überzeugungen auf den Koran gründen, Mohammed als Propheten anerkennen und an der Einheit Gottes festhalten; nur sie besitzen ein vollgültiges Existenzrecht. Die „Ungläubigen", die Polytheisten, müssen hingegen zum Islam übertreten oder den Vollzug der Todesstrafe gewärtigen. Dazwischen liegen Religionen, die gemäß islamischer Auffassung an einen Gott glauben und an der Offenbarung – wenngleich in korrumpierten Varianten – partizipieren: die „Leute der Schrift", vor allem Juden und Christen, denen das Recht zugebilligt wird, im islamischen Machtbereich zu existieren, sofern sie die damit verbundenen Benachteiligungen hinnehmen.

Schließlich besaß auch der Islam (wie das Christentum) universalistische Ansprüche, insofern er Zugehörigkeit nicht von der Geburt abhängig machte. Diese theologische Bedingung der Verbreitung war allerdings stärker als zumindest im paulinischen Christentum mit einer ethnischen Komponente, mit der Arabizität des Islam, verbunden (siehe Kap. 3.3.1b), so dass universale und kulturrelative Komponenten mit starken Bezugsstellen im Koran nebeneinander bestehen blieben.[955]

Nach diesen Vorüberlegungen nähere ich mich der Verbreitungsgeschichte des Islam mit Hilfe des Begriffes des Übertritts und nicht mit demjenigen der „Konversion", anhand dessen in der Literatur dieser Prozess oft diskutiert wird.[956] Denn ein direktes Äquivalent zu „Konversion" gibt es im Arabischen nicht,[957] Muslime sprechen beim Eintritt in den Islam meist von „aslama", wörtlich: sich unterwerfen.[958] Signifikanterweise sind rechtliche Aussagen über den Akt des Übertritts relativ dünn, ebenso wie die narrativen Quellen, und „Konversionsberichte", die den Status der Berichte des Paulus oder Augustinus besäßen, fehlen für die Frühzeit;[959] hingegen sagt das islamische Recht viel zum Status vor und nach einem Übertritt.[960] Eine allgemeingültige Beschreibung dieses Prozesses kann es aufgrund der regionalen und zeitspezifischen Unterschiede nur auf einer relativ abstrakten Ebene geben. Generell gilt, dass in denjenigen Ländern, in denen Muslime die politische Macht besaßen, der Islam Mehrheitsreligion wurde und dies, sofern sich die politischen Machtverhältnisse nicht änderten, auch dauerhaft blieb. Ein Grund war ein sozialer: Der Eintritt in den Islam war mit einer Erhöhung des sozialen Status verbunden. Unabhängig von einer möglichen religiösen Anziehungskraft war der Islam sozial attraktiv. Ein Widerstand gegen die Minorisierung oder Eliminierung der nicht muslimischen Religionen war letztlich erfolglos. Eine Reihe von Beispielen dieses fruchtlosen Aufbegehrens sind in der Erinnerungskultur der Unterlegenen aufbewahrt worden. Für Spanien sind die stark hagiographisch überhöhten Geschichten der „Märtyrer" von Cordoba im 9. Jahrhundert überliefert, die wohl ein Teil des boundary-working der Christen war, die sich gegen eine religiöse Kultur abgrenzten, zu der sie sozial gehörten;[961] ein anderes Beispiel findet sich im Osmanischen Reich seit dem 16. Jahrhundert, wo die Aussicht auf einen sozialen Aufstieg mit struktureller Repression muslimischerseits Hand in Hand ging und die nichtislamischen Gruppen auszehrte.[962] In islamisch beherrschten Gebieten war die „Konversions"bewegung ein sich selbst nährender Prozess: Je höher der Anteil der Muslime stieg, desto größer war bis zur Marginalisierung von Juden und insbesondere Christen die Zahl der Übertritte,[963] die insbesondere mit dem Aufbau sozialer Strukturen in islamischen Ländern anstieg.[964] In der Regel blieben aber Juden und Christen als Minderheiten, die machtpolitisch irrelevant waren, erhalten, in einigen Fällen, etwa in Nordafrika wurden sie allerdings auch ausgelöscht (s. u.). Vergleichbar dokumentieren Entwicklungen unter christlicher Herrschaft, wie eng die Stabilität religiöser „Konversionen" in der Regel mit

---

955 Chittick: The Ambiguity of the Qur'anic Command, 69.
956 Im Überblick García-Arenal: Conversion to Islam.
957 Dutton: Conversion to Islam, 151.
958 Ebd.
959 Reinkowski: Konversion zum Islam, 57–59.
960 Ebd., 59.
961 Tieszen: Christian Identity amid Islam in Medieval Spain.
962 Minkov: Conversion to Islam, 82–89.
963 García-Arenal: Conversion to Islam, 588.
964 Minkov: Conversion to Islam in the Balkans, 25.

politischer Hegemonie verbunden war: Nach dem Machtverlust des Islam im russisch-orthodoxen Einflussbereich kam es dort zu einer Reminorisierung, in Spanien und auf Sizilien zu einer Auslöschung muslimischer Gemeinschaften.

Und natürlich führen Übertritte zu Mitgliedschaften sehr unterschiedlicher Intensität. Eine solche konnte überzeugt oder pragmatisch, tief oder oberflächlich islamisiert erfolgen (Beispiele für hybride Vorstellungen folgen noch), und Indizien für die Dopplung von Identitäten, in der etwa ein Übertritt zum Islam die geheime Teilnahme an christlichen Riten nicht ausschloss, finden sich leicht.[965] Klar ist auch, dass unterschiedliche soziale Gruppen in den Kirchen unterschiedlich reagierten; ein Beispiel sind christliche Kleriker auf dem Balkan, die seltener als Laienchristen übertraten.[966] Wie pragmatisch der Islam nach rund 150 Jahren islamischer Herrschaft gelebt werden konnte, dokumentiert exemplarisch der um 988 (347 H), also zur Blütezeit des islamischen Sizilien, schreibende Historiograph Ibn Hawqal für Palermo. Er betrachtete die Situation mit den Augen eines Kaufmanns und insofern nicht mit dem potenziellen Tunnelblick eines Theologen. Dabei entdeckte er in Palermo nicht nur hunderte von Moscheen, sondern auch verbotene Mischehen und einen gravierenden Mangel an islamischer Praxis: Ritualgebet und Beschneidung, Armensteuer und Pilgerfahrt fand er nicht, die Unterschiede zwischen den Lehrtraditionen seien kaum bekannt, und fasten würden nur wenige.[967] Nach der christlichen Rückeroberung mag es die Technik der „taqiyya", des Verschweigens der wahren Haltung, gegeben haben, die auch im Judentum eine lange Tradition besaß[968] und sich bei ihnen beobachten lässt. Auf Sizilien gab es Juden, die nach einer „Konversion" zum Christentum (natürlich) die gleichen Tätigkeiten ausübten, an den gleichen Orten wohnten wie zuvor und jetzt Neuchristen oder Conversos hießen, ohne dass man sich ihrer Identität sicher war.[969] Relativ intensive Kontakte[970] dürften die Praxis doppelter Loyalitäten nicht einfach gemacht haben, aber die Hoffnung auf spätere Rückkehr zu den alten Überzeugungen war nicht selten.[971]

Zurück zum Islam. Richard W. Bulliet hatte 1979 versucht, mit Hilfe sozialstatistischer Daten präzisere Aussagen zu Übertrittsprozessen am Beispiel Spaniens zu treffen. Demzufolge seien in den ersten beiden Jahrhunderten nur relativ wenige Menschen zum Islam übergetreten, erst im 9./10. Jahrhundert (3./4. Jh. H) sollen sich die Übertritte massiv erhöht haben, und zwar im Rahmen individueller Entscheidungen.[972] Mikel de Epalza hat hingegen postuliert, dass schon bald nach der muslimischen Eroberung im 8. Jahrhundert (2. Jh. H) ein größerer und dann zunehmender Eintritt von Christen in den Islam stattgefunden habe, und zwar

---

965 Nur als Beispiel Bartl: Grundzüge der jugoslawischen Geschichte, 38.
966 Mudry: Historie de la Bosnie-Herzégovine, 270 f.
967 Kaplony: Die fünf Teile Europas der arabischen Geographen, 494.
968 Lewis: The Jews of Islam, 83 f.
969 Zeldes: „The Former Jews of this Kingdom", 293.
970 Ebd., 94–99 (für Sizilien).
971 Cohen: Under Crescent and Cross, 176 f.
972 Bulliet: Conversion to Islam in the Medieval Period. Allerdings ist Bulliets Ansatz stark von einer persischen Perspektive geprägt; vgl. zu den Problemen dieses Ansatzes hinsichtlich Andalusiens Penelas: Some Remarks on Conversion to Islam in Al-Andalus, zur Quellenproblematik generell Maser: Christen im umayyadischen Andalus, 89–91.

als Folge administrativer Akte, die gerade eine individuelle Entscheidung nur sehr begrenzt ermöglicht hätten.[973] Ein Konsens allein am Beispiel Spaniens scheint im Moment nicht in Sicht, doch spricht zumindest gegen Bulliets Methodik, dass seine scharfe Unterscheidung zwischen islamischen und christlichen Namen, mit der er arbeitet, auf der iberischen Halbinsel nicht funktioniert.[974]

In der Diskussion über die Gründe für Übertritte in den Islam ist nicht nur die genannte Vorstellung, dass diese als Teil der militärischen Eroberung und Unterdrückung „mit Feuer und Schwert" erfolgte, ad acta zu legen, es sind auch weitere Annahmen zu revidieren. So steht die Vermutung im Raum, die hohe Steuerlast für Nichtmuslime sei der entscheidende Grund gewesen. Seit den Untersuchungen von Daniel Dennett sind jedoch ökonomische Motive als dominanter Faktor zu relativieren,[975] nicht nur, aber auch, weil mit Massenübertritten eine ökonomische Grundlage des Steuersystems in den eroberten Gebieten weggebrochen wäre. Auch die These eines massiv ausgeübten Zwangs bereitet in sozialhistorischer Perspektive zumindest für die frühe Expansion Probleme, weil die damit verbundene Unruhe bis hin zum Aufruhr die keineswegs stabilisierte muslimische Herrschaft gerade in der Ausbreitungsphase bedroht hätte.[976]

Demgegenüber hat die neuere Forschung eine Vielzahl regionalspezifischer Verlaufsformen für die Majorisierung des Islam herausgearbeitet, die häufig mit der Attraktivität des Islam und der mit ihm verbundenen Herrschaft argumentieren und bei Zwangsmaßnahmen in der Regel eher von der Anwendung struktureller als von offener Gewalt ausgehen. Dazu ein Beispiel, das Osmanische Reich. Byzanz war seit der Schlacht von Manzikert 1071 in Kleinasien entscheidend geschwächt, wie sich im Laufe der nächsten Jahrzehnte herausstellen sollte, und 1453 fiel mit Konstantinopel die letzte Enklave dieses Reiches, ehe die Ausdehnung der Osmanen über den Balkan nach der zweiten Belagerung von Wien im Jahr 1683 zum Stillstand kam. Für Kleinasien und den Balkan sind in diesen 600 Jahren folgende Faktoren für die Islamisierung in Rechnung zu stellen: Migration dürfte eine fundamentale Rolle gespielt haben, sowohl die Auswanderung von Christen als auch die Einwanderung von Nomaden, die Muslime waren oder wurden. Die Nähe von populärchristlichen und nicht orthodox christlichen Vorstellungen (etwa bei den Bogomilen) zu islamischen Vorstellungen[977] dürfte eine niedrige Schwelle für Übertritte gebildet haben. Nicht zu unterschätzen ist die Attraktivität des Islam aufgrund von innerchristlichen Konflikten, bei denen nichtorthodoxe, namentlich nichtchalzedonensische Christen von der byzantinischen Mehrheitskirche unterdrückt worden waren.[978] Überhaupt dürfte die Pluralität der christlichen Kirchen, vulgo „Spaltungen", eher abschreckend als attraktiv gewirkt haben.[979] Sodann spielten soziale Vorteile eine wichtige Rolle, etwa die Besserstellung von Muslimen in Strafverfahren, bei Heiraten

---

973 Epalza: An Emblematic Christian Minority in Islamic al-Andalus, 161f. 158–160.
974 Potthast: Christen und Muslime im Andalus, 35f.
975 Dennett: Conversion and Poll Tax in Early Islam.
976 Kennedy: The Great Arab Conquest, 374.
977 Minkov: Conversion to Islam, 20. 89–101. 102–110.
978 Exemplarisch zur zeitweiligen Unterdrückung der syrischen Kirche von Antiochia s. Benner: Die syrisch-jakobitische Kirche unter byzantinischer Herrschaft.
979 Nur exemplarisch Echevarría: The Fortress of Faith, 188.

und Konkubinaten, oder hinsichtlich der Freilassung von Sklaven, für die der Eintritt in den Islam einen sozialen Aufstieg bedeuten konnte.[980] Hinzu trat die (zunehmende) Beschränkung zentraler gesellschaftliche Positionen auf Muslime, einhergehend mit der Forderung nach einer Beherrschung des Arabischen, das nicht nur die zentrale Religionssprache war, sondern auch Hoch- und Militäridiom wurde.[981] Zu den wichtigen „konversions"fördernden Institutionen gehörten in Anatolien die Madresen, die nicht nur den Einfluss des orthodoxen Islam, sondern auch den Druck auf Juden und Christen zum Übertritt erhöhten.[982] Sie waren Teil eines „islamic package", zu denen Hospize, Einrichtungen für Derwische, Suppenküchen, Karawansereien und Hospitäler gehörten,[983] die die kulturelle und soziale Dominanz des Islam, aber auch die Leistungsfähigkeit seiner Institutionen dokumentierten und ihn attraktiv machten. Eine solche Attraktivitätssteigerung belegen auch die Kisve Bahasi-Briefe, in denen „Konvertiten" vom Sultan Lohn für ihren Übertritt erbaten. Hier finden sich ausschließlich Hinweise auf soziale Motive (Armut, Karriere im osmanischen Verwaltungsapparat, Familienfragen)[984] – offenbar wurden keine religiösen Argumente für einen Übertritt erwartet.[985] Das Osmanischen Reich kannte schließlich das Spezifikum der Devsirme („Knabenlese"), bei der Jungen, in der Regel von christlichen Eltern, für den Militärdienst, nicht zuletzt für die Janitscharen, aber auch für die Verwaltung zwangsrekrutiert und muslimisch erzogen wurden.[986] Bis zu einem Prozent der männlichen Bevölkerung konnte der Knabenlese anheimfallen.[987] Dabei handelte es sich nicht (nur) um eine Möglichkeit, Kindern einen sozialen Aufstieg zu ermöglichen und damit um einen zumindest hingenommenen Religionswechsel, sondern vor allem, wie sich am Widerstand von Eltern bis hin zu tödlichen Konflikten oder an der Flucht von Kindern ablesen lässt, um eine erzwungene „Konversion".[988] Die Devsirme war letztlich ein Ausdruck der sozialen Demütigung von Christen als unterworfener Gruppe und als Mitglieder einer unterlegenen Religion. Schließlich dürfte ein Faktor die theologische Struktur des Islam zumindest auf der Ebene der Gläubigen gewesen sein: von der radikalen Einheit Gottes anstelle der Trinität bis zum Sprechen der Schahada anstelle einer Katechese war der Weg in den Islam einfacher – das haben auch Christen damals so gesehen.[989] Will man diese vielfältigen Entwicklungen auf einen roten Faden reduzieren, kann man sagen, dass der Islam eine attraktive Religion war, nicht zuletzt – und vielleicht vor allem – weil er einen sozialen Aufstieg versprach.

Für andere Regionen müsste man für unterschiedliche Zeiträume jeweils eigene Geschichten über die Durchsetzung des Islam schreiben. Verglichen mit den Vorgängen im

---

980 Minkov: Conversion to Islam, 60f. 77–82.
981 Kennedy: The Great Arab Conquest, 375.
982 Leiser: The Madrasah and the Islamization of Anatolia before the Ottomans, 187.
983 Ebd., 175.
984 Minkov: Conversion to Islam, 181–185.
985 Eine vergleichbare Funktion der Madresen für Ägypten nach Leiser: The Madrasa and the Islamization of the Middle East.
986 Minkov: Conversion to Islam, 67–77.
987 Kreiser: Der osmanische Staat 1300–1922, 148.
988 Vryonis: Seljuk Gulams and the Ottoman Devshirmes.
989 Roggema: The Legend of Sergius Baḥīrā, 205.

Osmanischen Reich zeigen sich zwar oft vergleichbare Muster, aber im Detail gleichen die Prozesse einander nie. Illustrativ werfe ich den Blick auf drei Regionen: auf Asien, Afrika und den westlichen Mittelmeerraum.

1. Für Indien, wo der Islam durch arabische Eroberer seit dem frühen 8. Jahrhundert (2. Jh. H) präsent war und in den Moghulreichen im 16. Jahrhundert (10. Jh. H) auf dem Höhepunkt seiner Macht stand, sind lange Zeit drei Optionen ventiliert worden: Religionswechsel als Folge der Anwendung militärischer Gewalt, als Konsequenz politischer Patronage oder aufgrund der Befreiung von der brahmanischen Sozial- und Kastenordnung. Alle drei Optionen werden aber inzwischen infrage gestellt.[990]

   Hingegen ist es zumindest für viele agrarische Gesellschaften in Indien plausibel, dass der Islam als eine „‚Civilisation-building' ideology" fungierte, die mit der Implantierung neuer, nicht agrarischer Kulturtechniken auch die Formierung neuer sozialer und in diesem Kontext auch religiöser Strukturen durchsetzte.[991] Fraglich ist jedoch, ob es dabei zu einer festen „islamischen Identität" kam.[992] Es gibt jedenfalls Beispiele wie das der ismaelitischen Khojah, die vor allem in Nordost-Indien leben, die schon lange Zeit islamische Praktiken in ihre Tradition integriert hatten, ehe sie im 19. Jahrhundert ihre religiöse Identität zu einer islamischen vereindeutigten.[993] Häufiger dürfte es sie segregierte muslimische Wohngebiete gegeben haben. In Städten hat man mit islamischen Quartieren zu rechnen, aber es gab auch durch Muslime angelegte Städte (wie das 1590 gegründete Hyderabad).

   In Ostasien findet sich ein anderes Muster der Verbreitung des Islam, insofern er sich dort nicht im Windschatten von Eroberungskriegen durchsetzte. In China dürfte er in der Mitte des 8. Jahrhunderts (2. Jh. H) angekommen sein. Signifikanterweise ist die erste Moschee in Xian nachweisbar, einem Handelszentrum der Tang Dynastie[994] (in dem fast gleichzeitig auch die berühmte Stele syrisch-chinesischer Christen entstand [siehe Kap. 3.3.2a]). Dieser Befund dokumentiert eine Ausbreitung entlang von Handelsstraßen und einen Transport durch Händler. Allerdings stützten die starken muslimischen Herrschaften im Westen Chinas die muslimischen Gemeinschaften, die deshalb weitaus schneller wuchsen als etwa die christlichen Gruppen.[995] Mit den mongolischen Eroberungen in China während des 13. Jahrhunderts (7. Jh. H) kamen zusätzlich islamische Verwaltungsfachleute und Wissenschaftler nach China.[996] Diese Muslime gerieten allerdings in der Ming-Dynastie seit dem 14. Jahrhundert (8. Jh. H) unter einen beträchtlichen Sinisierungsdruck, der viele Verbindungen in die arabisch-nahöstliche Herkunftswelt schwächer werden ließ.[997] Möglicherweise blieben die Beziehungen in die hegemoniale (konfuzianische) Kultur aber schwach, denn die Übersetzung islamischer Texte ins Chinesische

---

990 Eaton: Introduction (in: India's Islamic Traditions 711–1750), 14–16.
991 Ebd., 20.
992 Ebd., 17.
993 Asani: Creating Tradition through Devotional Songs and Communal Script, 286.
994 Benite: Follow the White Camel, 412.
995 Ebd., 414.
996 Ebd., 417–421.
997 Ebd., 421 ff.

und die Einbeziehung der chinesischen Klassiker in den islamischen Lektürekanon durch einige Gelehrte fand erst im 16./17. Jahrhundert (10./11. Jh. H) statt.[998]

Auch nach Tibet kamen Muslime vornehmlich durch Handelsbeziehungen,[999] aber auch durch Heiratspolitik, bei der islamische Prinzessinnen an buddhistische Herrscher verheiratet wurden.[1000] Ein ähnliches Muster findet sich für den Bereich des heutigen Indonesien, wo ebenfalls Händler eine entscheidende Rolle spielten. Sie dürften schon zu Beginn der islamischen Geschichte auf Java oder Aceh angelandet sein, wuchsen jedoch erst im 13. Jahrhundert (7. Jh. H) zu größeren Gruppen heran.[1001] Die möglichen Motive für einen Übertritt reichen von Herrschern, die Muslime wurden und ihre Untertanen nachzogen, über die Attraktivität einer egalitären Sozialform bis zur Theologie eines Monotheismus.[1002] Dazu dürfte eine Anverwandlung autochthoner Traditionen auf vielen Inseln dieses Archipels kommen,[1003] die bis heute – um nur ein Beispiel zu nennen – ihren Ausdruck im Wayang-Figurentheater findet, in dem Teile des indischen Epos Mahabharata in muslimischer Deutung gespielt werden.

2. Die Ausbreitung des Islam im subsaharischen und östlichen Afrika gleicht derjenigen in Mittel- und Südostasien insoweit, als er vornehmlich durch muslimische Händler, die bereits im ersten islamischen Jahrhundert auf seit der Antike bekannten Wegen ins Innere Afrikas reisten, verbreitet wurde: zuerst in großen Siedlungen, dann auf dem Land und besonders dynamisch im Rahmen der europäischen Kolonialherrschaft seit dem 19. Jahrhundert.[1004] Seit dem 11. Jahrhundert, als sich die transsaharischen Verkehrswege aufgrund von Wettereinflüssen nach Westafrika verlagerten, dürfte es unter der Almoravidenherrschaft auch eine Ausbreitung gegeben haben, durch die dann auch Gelehrte und Prediger kamen und Schulen entstanden. Aber insgesamt blieb es bei einer langsamen Islamisierung afrikanischer Kulturen und einer damit einhergehenden Afrikanisierung des Islam,[1005] es handelte sich erneut nicht um eine Ausbreitung mit Hilfe strategischer militärischer Operationen. Deren bekanntester Fall, die Eroberung des am Südwestrand der Sahara gelegenen Königreichs Ghana durch die Almoraviden seit den 1050er Jahren,[1006] hat sich inzwischen als eine Fiktion der europäischen Historiographie herausgestellt.[1007] Mit der Verbreitung des Islam dürfte sich auch in diesen Regionen ein Feld unterschiedlicher Zugehörigkeiten entwickelt haben, von graduellen Hybridisierungen bis zu konfessorischen Übertritten.[1008]

---

998 Chittick/Murata: The Implicit Dialogue of Confucian Muslims, 438f.
999 Yoeli-Tlalim: Islam and Tibet, 7.
1000 Halkias: The Muslim Queens of the Himalayas.
1001 Laffan: The Makings of Indonesian Islam, 4f.; Feener: South-East Asian Localisations of Islam and Participation within a Global Umma, c. 1500–1800, 471.
1002 Beck: Les musulmans d'Indonésie, 11–38.
1003 Feener: South-East Asian Localisations of Islam, 475ff.
1004 The History of Islam in Africa, hg. v. N. Levtzion/R. L. Pouwels.
1005 Robinson: Muslim Societies in African History, 25–59.
1006 So noch Trimingham: A History of Islam in West Africa, 23f.
1007 Masonen/Fisher: Not Quite Venus from the Waves.
1008 Trimingham: A History of Islam in West Africa, 33–40.

Eine Besonderheit besitzt die Verbreitung des Islam in diesen Teilen Afrikas, als damit eine umfangreiche Versklavung von Menschen einherging. Diese Praxis ist im Blick auf die Fragestellung dieses Buches insoweit relevant, als sie die Frage der Zugehörigkeit zum Islam in Spannung zu ethnischen Strukturen und im Rahmen der Ökonomie stellt. Bei dem muslimischen Sklavenhandel in Afrika geht man von über 17 Millionen Opfern aus,[1009] die vermutlich unter Einschluss der dabei Gestorbenen oder Geflohenen weit höher liegen dürfte. Sie war eine im Koran nicht prinzipiell infrage gestellte Institution (etwa Q 24,32f.), ging insbesondere in Afrika oft mit einer rassischen Diskriminierung einher[1010] und blieb in islamischen Gesellschaften in der Regel bis ins 19. und 20. Jahrhundert ein fester Bestandteil der gesellschaftlichen Ordnung, die von den Theologen weitenteils legitimiert wurde.[1011] Ein „missionarisches" Interesse spielte auf muslimischer Seite, wenn es denn überhaupt existierte, nur eine untergeordnete Rolle, jedenfalls bedeutete die Versklavung nicht zwingend und oft nur oberflächlich eine intentionale Islamisierung,[1012] war aber von der Ausbreitung des Islam auch nicht zu trennen. Die Sklaverei, verstanden als rechtliches und oft ökonomisch motiviertes Verfügungsrecht über den Körper von Menschen,[1013] das ihnen die Freiheit teilweise oder ganz nahm und dabei sehr unterschiedliche Formen annehmen konnte (von der „Nutzung" als ökonomischem und sexuellem Objekt bis zur abhängigen, aber gesellschaftlich anerkannten Existenz im gentilen Verband), ist in komparativer Perspektive nicht einfach zu bestimmen: Sie lässt sich von anderen Formen der Unfreiheit (Vasallität, Grundherrschaft) oft nur schwer abzugrenzen und konnte in der Theorie eindeutig geregelt sein, während in der Praxis oft Aushandlungsprozesse möglich waren. Die Vorschriften sahen im islamischen Bereich in der Regel genau umschriebene Rechte vor (Besitzerwerb, Erbrecht, Freilassung) und regelten auch die Festlegung der Gruppen, die legitim versklavt werden durften. In Afrika entwickelte sich die Sklaverei besonders intensiv, weil hier die im Prinzip gegebene Einschränkung, dass man Dhimmis nicht versklaven dürfe, sofern sie sich unter dem Kriegsrecht ergeben hatten, wegfiel.

Die Sklaverei war kein Spezifikum islamisch geprägter Kulturen, sondern bildete in der Geschichte der Menschheit wohl eher die Regel als die Ausnahme.[1014] Sie war in der Antike auch in christlichen Gesellschaften präsent und wurde, wie im Koran, im Neuen Testament nicht grundsätzlich infrage gestellt, wo Sklaven zu den christlichen Gemeindemitgliedern gehörten (etwa Apg 2,18; Gal 3,28; 1 Tim 6,2). Sklavenhaltung blieb beispielsweise in Byzanz auch nach der Antike erhalten, wohingegen die Geschichte im Okzident komplexer war. Hier wurde die Sklaverei in der theologischen und juristischen Theorie abgeschafft und verschwand als rechtlich legitimierte Institution, konnte aber

---

1009 Flaig: Weltgeschichte der Sklaverei, 149.
1010 Hall: A History of Race in Muslim West Africa, 1600–1960, 209–240.
1011 Ennaji: Soldats, domestiques et concubines, 91–93; ders.: Le sujet et le mamelouk, 56–70. Mit politischer Kritik N'Diaye: Der verschleierte Völkermord.
1012 Ware: Slavery in Islamic Africa, 1400–1800, 61f.
1013 Zeuske: Handbuch Geschichte der Sklaverei, 100; The Cambridge World History of Slavery, hg. v. K. Bradley u. a.
1014 Zeuske: Handbuch Geschichte der Sklaverei.

in Formen der Leibeigenschaft als ein vergleichbares Abhängigkeitsverhältnis fortbestehen, wohl eher auf dem Land als in den Städten. Eine neue Ära der Sklaverei brach im 12. Jahrhundert im Rahmen der verdichteten Kulturbeziehungen im Mittelmeerraum an, als auch okzidentale Mächte, Genua und Venedig an führender Stelle, in den Sklavenhandel einstiegen[1015] und die Sklavenhaltung erneut zu einem Bestandteil der Kultur in weiten Teilen des mittelalterlichen Okzidents machten.[1016] 1452 kam es zu einer temporären Rechtfertigung der Sklaverei, als Papst Nikolaus V. dem portugiesischen König Alfons V. in der Bulle „Dum diversas" das Recht zusprach, Muslime, Heiden und andere Feinde des Christentums zu versklaven; im Hintergrund stand die Eroberungspolitik Portugals, aber auch die Bedrohung durch den Islam im östlichen Mittelmeerraum. 1537 revidierte Paul III. in der Bulle „Sublimis Deus" diese Position angesichts den Umgangs der Konquistadoren mit den amerikanischen Eingeborenen, die als Menschen anzuerkennen seien und deshalb nicht versklavt werden dürften. Nach dem Rückgang der Sklaverei in der Frühen Neuzeit entstanden nach der Entdeckung Amerikas dort neue Sklavenhaltergesellschaften, in der die Arbeitsgesellschaft auf Sklaverei gegründet war und an deren Genese sich Christen als Importeure von Sklaven aus Afrika, die dort unter Beteiligung lokaler Sklavenhändler „gejagt" worden waren, beteiligten. Die Zahl der Versklavten in diesem christlich-transatlantischen Transfer wird auf 11,5 Millionen Menschen geschätzt.[1017]

Ein komplexes Kapitel ist die Möglichkeit der Freilassung von Sklaven, die sowohl in islamischen wie in christlichen Herrschaftsbereichen möglich war. In der muslimischen Welt konnten sich Sklaven dazu auf den Koran berufen (Q 24,33) und ihre Freilassung konnte als verdienstvoll gelten (für die es allerdings von Mohammed und aus seiem Umkreis offenbar kaum Beispiele gibt), doch war damit keine grundsätzliche Infragestellung der Institution der Sklaverei verbunden. Es gibt bekannte Beispiele für solche Befreiungen, etwa die Mameluken in Ägypten, die Militärsklaven waren und 1249 (647 H) die Herrschaft an sich brachten. Auf dem Gebiet des heutigen Marokko gab es reguläre Verfahren der Befreiung aus der Sklaverei, die aber in der Regel in neuen Abhängigkeitsverhältnissen endeten,[1018] oder Orte, die Freiheit versprachen, etwa die Zaouias, Versammlungsräume meist von Sufi-Gemeinschaften, in die man sich flüchten konnte.[1019] Aus ehemaligen Sklaven entstanden teilweise eigene Gruppen in muslimischen Gesellschaften, viele Trance-Bruderschaften in Marokko etwa aus ehemaligen schwarzen Militärsklaven. Im Neuen Testament war eine prinzipielle Sklavenbefreiung ebensowenig wie im Koran vorgesehen, doch ging der Okzident insofern einen eigenen Weg, als die immer wieder teilrealisierte Beendigung der Sklaverei schließlich zu deren rechtlicher Abschaffung führte. Sie gründete in einer religiös motivierten Kritik; so forderte der Dominikaner Bartolomé de las Casas 1552 (mögli-

---

1015 Haverkamp: Die Erneuerung der Sklaverei im Mittelmeerraum während des Hohen Mittelalters, 139.
1016 Verlinden: L'esclavage dans l'Europe médiévale; Heers: Esclaves et domestiques au Moyen Age dans le monde méditerranéen; Jaspert: Religiöse Minderheiten auf der Iberischen Halbinsel, 26.
1017 Flaig: Weltgeschichte der Sklaverei, 149.
1018 Ennaji: Soldats, domestiques et concubines, 91–110.
1019 Ebd., 80–83.

cherweise erstmals) ein „Menschenrecht" auf ein freies Leben in Abwehr der Sklaverei.[1020] Von entscheidender Bedeutung wurden protestantische Dissenter, vor allem die Quäker, die seit den 1770er Jahren zuerst in Großbritannien und dann in Amerika eine rechtliche Verurteilung der Sklaverei erreichten, welche im 19. Jahrhundert zum Verbot der Sklaverei in den europäischen Staaten und ihren Kolonien führte.[1021] Es liegt nahe, erneut die hinter der entschiedenen Zugehörigkeit stehende Anthropologie als zumindest einen Faktor unter anderen in Rechnung zu stellen, der zur In-Frage-Stellung der Sklaverei beitrug, weil die freie Zuwendung zum Christentum der paulinischen Anthropologie zufolge nicht nur die gentilen, sondern auch die sozialen Determinanten infrage stellte und mit der Relativierung der Sklaverei deren Aufhebung nahelegte. Diese abolitionistische Bewegung war nicht rein religiös motiviert, sondern auch mit aufklärerischen Freiheitsvorstellungen verbunden, aber hätte ohne den religiösen Faktor so nicht existiert.[1022] Dass allerdings die rechtliche Abschaffung oft in neuen, oft sklavenähnlichen politischen und ökonomischen Abhängigkeitsverhältnissen endete, gehört auch zum dornigen Weg der Abschaffung der Sklaverei.

In der islamischen Welt und namentlich in Afrika[1023] verlief die Geschichte anders. Eine grundsätzliche Abschaffung der Sklaverei erfolgte aus innerislamischen Antrieben heraus nicht, trotz der (minoritären) muslimischen Gegner der Sklaverei,[1024] in der sich Anfragen an Elemente, nicht aber an das System der Sklaverei finden.[1025] Vielmehr setzten sich abolitionistische Positionen erst unter westlichem Einfluss oder Druck im 19. Jahrhundert schrittweise durch –[1026] beispielsweise in den subsaharischen, mehrheitlich von Muslimen bevölkerten französischen Kolonien erst nach dem 1848 durch Frankreich erlassenen Sklavereiverbot. Damit verschwand die Sklaverei nicht von einem Tag auf den anderen, weil das neue Recht auch von den Kolonialherren nicht immer eingehalten wurde: ihre Armee hatte Sklaven in Truppenverbänden, die Administration fürchtete Chaos,[1027] islamische Gelehrte oder Geistliche, die vom Sklavenhandel lebten,[1028] waren zu berücksichtigen. Gleichwohl läuteten die kolonialen Regelungen das Ende der Sklavenhaltergesellschaften ein. Im Osmanischen Reich hielt sich die Sklaverei deshalb bis zu dessen Untergang am Ende des Ersten Weltkriegs – sowohl mit den Sklavenfamilien, die in höchste Ämter aufsteigen konnten und von Freien kaum zu unterscheiden waren, als auch mit den Sklaven, die wie eine Ware gehandelt werden konnten.[1029] In vielen afrikanischen Ländern islamischer Tradition, etwa in Marokko und Mauretanien, wurde die

---

1020 Flaig: Weltgeschichte der Sklaverei, 164.
1021 Gestrich: Die Antisklavereibewegung im ausgehenden 18. und 19. Jahrhundert, 238–241.
1022 Ebd., 246f.
1023 Lovejoy: Transformations in Slavery.
1024 Clarence-Smith: Islam and the Abolition of Slavery, 19f. 49–65; Brunschvig: Abd, 36f.; Ware: The Walking Qur'an, 125–145.
1025 Clarence-Smith: Islam and the Abolition of Slavery, 49–65.
1026 Ebd., 98ff.; Lovejoy: Transformations in Slavery, 252–275; Ennaji: Soldats, domestiques et concubines, 191–198.
1027 Klein: Slavery and Colonial Rule in French West Africa, 80–83. 176f.
1028 Klein, ebd., 42, spricht von „clerics".
1029 Toledano: Slavery and Abolition in the Ottoman Middle East.

Sklaverei rechtlich erst in der zweiten Hälfte des 20. Jahrhunderts abgeschafft, die Praxis hingegen veränderte sich auch hier langsamer.[1030]

3. Die Implantierung des Islam im nordwestlichen Mittelmeerraum schließlich ist insofern ein instruktives Beispiel für dessen Verbreitung, als hier die gesellschaftliche Stellung in Abhängigkeit von politischen Faktoren besonders deutlich wird. Im maghrebinischen Nordafrika, einer nachantik weitgehend christianisierten Landschaft, konnte sich der Islam als hegemoniale Tradition etablieren. Auf hinhaltenden Widerstand traf er vor allem unter den Berbern, die schon gegen die römische und byzantinische Besatzung gekämpft hatten. Die Erzählung von Kahina, einer Führerin der Berber im 7. Jahrhundert (siehe Kap. 3.3.2b), die militärische Aktionen gegen die muslimischen Eroberer geleitet haben soll, ist möglicherweise als Indikator dafür zu interpretieren. Dass es gleichwohl zu einer fast vollständigen Islamisierung, die dann auch die verbliebene christliche Minorität zum Verschwinden brachte, kam, dürfte an mehreren Faktoren gelegen haben: In der Mitte des 11. Jahrhunderts kam der Banu Hilal, eine ursprünglich aus Arabien stammende, nach Ägypten umgesiedelte nomadische Ethnie, in den Maghreb. Sie waren ismaelitische Charidschiten, die den Lebensraum der Christen einengten,[1031] ähnlich wie später die Almohaden, und an der Hochschätzung der tribalen Zugehörigkeit gegenüber der sunnitischen Tradition festhielt.[1032] Sodann musste der Islam in der zweiten Hälfte des 11. Jahrhunderts Niederlagen hinnehmen, die seine Expansion im Mittelmeerraum, vom Balkan abgesehen, beendeten: Toledo fiel 1065, und dies bedeutete langfristig die Verdrängung des Islam aus Spanien; sieben Jahre später fiel Palermo, mit den gleichen Folgen für den Islam in Sizilien. Dies schlug auf die maghrebinischen Christen zurück, hielt man sie doch wohl, anders als Juden, für Verbündete der Sieger. Sie könnten dadurch unter Druck geraten sein,[1033] was erklären würde, warum jüdische Gemeinschaften bestehen blieben.[1034] Letztlich schützte das Dhimma-Statut die nordafrikanischen Christen nicht vor dem politischen Druck, der meist mit militärischen Konflikten zwischen islamischen und christlichen Mächten einherging.[1035]

Von 1049 bis 1300 datieren je nach Region die letzten Hinweise auf die Existenz von Christen, die manchmal im Geheimen lebten,[1036] in der Region zwischen Libyen und Marokko,[1037] und eine vergleichbare Entwicklung vollzog sich im almohadisch beherrschten Spanien (siehe Kap. 3.3.3b). Seitdem fanden sich an der nordafrikanischen

---

1030 Vgl. Flaig: Weltgeschichte der Sklaverei, 15.
1031 Courbage/Fargues: Christians and Jews under Islam, 37.
1032 Astren: Islamic Contexts of Medieval Karaism, 158.
1033 Courbage/Fargues: Christians and Jews under Islam, 38f.
1034 Wasserstein: Islamisation and the Conversion of the Jews.
1035 Talbi: Le Christianisme maghrébin, 329f. Mehrheitlich geht die Forschung von stark politisch motivierten Repressionen aus, etwa Molénat: Sur le rôle des almohades dans la fin du christianisme local au Maghreb et en Al-Andalus, 404–409. Isoliert ist die Position von Talbi: Le Christianisme maghrébin de la conquête musulmane à sa disparition, 330, der seit der Spätantike mit einer „Dekadenz" rechnet.
1036 Maillard: Les papes et le Maghreb aux XIIIème et XIVème siècles, 279.
1037 Courbage/Fargues: Christians and Jews under Islam, 39f.; Dufourcq: L'Espagne catalane et le Maghrib, 144f.

Küste nur noch Gefangene und Sklaven, die insbesondere durch Piratenzüge festgesetzt wurden, diplomatische Emissäre im Maghreb, bis ins 15. Jahrhundert Gebetsorte von Christen aus italienischen Seehandelsstädten in Handelsniederlassungen,[1038] sowie christliche Söldner, die immerhin in Rabat am Anfang des 16. Jahrhunderts eine eigene Gemeinde mit einer Kirche besaßen.[1039] Von einzelnen, von Spanien aus betreuten Christen im (heute marokkanischen) Marakesch ist noch im 17. Jahrhundert die Rede.[1040]

Das Christentum war in Nordafrika praktisch ausgestorben, ehe es im 19. Jahrhundert im Rahmen der kolonialen Eroberungen wieder Fuß fassen konnte. Die Juden hingegen überlebten nach der islamischen Eroberung noch über Jahrhunderte, möglicherweise aufgrund einer gemeinsamen Gegnerschaft mit den Muslimen gegen die Christen, vielleicht auch, weil sie kein Teil eines machtpolitisch relevanten Gegners waren. Das Ende der Juden bahnte sich im 19. Jahrhundert an, als sie eine enge Bindung mit der französischen Kolonialmacht eingingen (etwa als sie in Algerien 1870 die französische Staatsbürgerschaft erhielten). Ihr Ende kam schließlich nach der Gründung des Staates Israel, in den sie nach dem Zweiten Weltkrieg ausgesiedelt wurden.[1041]

Viele Faktoren bleiben bei solchen Islamisierungsprozessen unklar. So ist schwer einschätzbar, in welchem Ausmaß man bei Übertritten von Freiwilligkeit und Überzeugung reden kann und inwieweit unterschiedliche Formen des Drucks, von offener Gewaltanwendung bis zum sublimen strukturellen Zwang, wirkten.[1042] Beispiele findet man für jede Variante, von ihnen wird bei den Ausführungen zum Dhimma-Status und zum islamischen Umgang mit Pluralität noch die Rede sein (siehe Kap. 3.3.3b). Eine vergleichbare Unklarheit bleibt hinsichtlich der Bedeutung ideeller, namentlich theologischer Faktoren, weil sich hier ambivalente und potenziell gegenläufige Konzepte finden. So gab es Überzeugungen, die der Förderung eines Übertritts entgegenstanden, etwa Mohammeds Prädestinationsglaube, wonach Gott allein die Annahme des Glaubens bewirke (Q 28,56: „Gott ist es …, der rechtleitet, wen er will", oder Sure 109,6: „Ihr habt eure Religion, und ich die meine.").[1043] Demgegenüber wirkte die Vorstellung, der Islam sei die vollkommene Gestalt seiner monotheistischen Vorgängerreligionen, für eine „Konversions"theologie förderlich, weil ein Übertritt dann mehr als innerreligiöse Reform denn als Religionswechsel erschien.[1044] Zu aporetischen Spannungen konnten sich koranische Vorstellungen über den Umgang mit Nichtmuslimen aufbauen, wenn neben die Vorherbestimmung durch Gott der Kampf, zumindest gegen die „Ungläubigen", also das Konzept einer (gewaltsamen) „Bekehrung" zum Islam, trat.[1045] Diese Spannungen wurden

---

[1038] Maillard: Les papes et le Maghreb, 271–275.
[1039] Courbage/Fargues: Christians and Jews under Islam, 41.
[1040] Maillard: Les papes et le Maghreb, 340.
[1041] Courbage/Fargues: Christians and Jews under Islam, 43.
[1042] So A. Zelyazkova, nach Minkov: Conversion to Islam, 65.
[1043] Friedmann: Tolerance and Coercion, 291.
[1044] Kennedy: The Great Arab Conquest, 376.
[1045] Etwa Sure 9,5: „Und wenn die heiligen Monate abgelaufen sind, dann tötet die Heiden, wo [immer] ihr sie findet, greift sie, umzingelt sie und lauert ihnen überall auf! Wenn sie sich aber bekehren, das Gebet verrichten und die Almosensteuer geben, dann lasst sie ihres Weges ziehen!", oder Sure 9,123: „Ihr Gläubigen! Kämpft

in der islamischen Theologie üblicherweise durch die Abrogation, also durch die Hierarchisierung von Koranstellen vermittels Unterordnung derjenigen Verse, die nicht gelten sollten, entschärft. Eine solche Abrogation konnte in gegenteilige Richtungen wirken, also den Zwang auf einen Übertritt erhöhen oder vermindern.[1046]

Ein eigenes Kapitel wären die in nachkoranischen Texten thematisierten Übertritte, die wiederum nach Ort und Zeit ihrer Entstehung zu differenzieren wären. Pars pro toto führe ich ein Beispiel aus der mongolischen Erzähltradition an, wo im Rahmen der islamischen Historiographie Konversationsnarrative entwickelt wurden, die die Überlegenheit des Islam zeigen sollten. Im 16. Jahrhundert (10. Jh. H) entstanden Geschichten, die retrospektiv den Übertritt der Mongolen zum Islam in der Matrix einer „Conversion" beschreiben.[1047] Dabei steht nicht die Frage im Vordergrund, wieweit die Annahme des Islam zu einer eindeutigen und exklusiven islamischen Identität führte, sondern die diskursive Konstruktion dieser „Konversion", die vermutlich die Aufgabe besaß, die militärischen Niederlagen der islamischen Heere gegen die Mongolen durch deren schlussendlich doch vollzogenen Übertritt zu kompensieren.

Unklar bleibt bei fast allen Übertritten, wie sich der äußerlich dokumentierte respektive zu dokumentierende Wandel sowie ein verändertes Sozialverhalten einerseits und die innere Überzeugung andererseits zueinander verhielten. Berichte über die persönlichen Erwägungen von „Konvertiten" sind offenbar kaum erhalten oder nicht publiziert. Ein Problem, das noch zur Sprache kommen wird (siehe Kap. 3.3.3b), war die Ernsthaftigkeit des Übertritts: Woran erkannte man überzeugte neue Muslime? Wie konnte man ihrer Loyalität sicher sein? Und wo stieß die Akzeptanz der Übergetretenen als „wahre" Muslime an ihre Grenzen? Sie dürften üblicherweise, zumindest auf Dauer, in die muslimische Gesellschaft integriert und gut behandelt worden sein, aber es gibt auch die Gegenbeispiele einer Benachteiligung von Neumuslimen[1048] oder ihrer Separierung,[1049] in Einzelfällen lösten Religionswechsel auch Verfolgungen aus. So kam es in Fez nach dem Übertritt einer Gruppe reicher jüdischer Kaufleute zum Islam in den 680er Jahren (ca. 280 H) zu Auseinandersetzungen, in deren Folge man die Synagoge zerstörte – doch wurde dieses Vorgehen, das möglicherweise nicht nur oder zumindest nicht primär religiös, sondern auch stark ökonomisch motiviert war, unter islamischen Gelehrten kontrovers diskutiert.[1050]

Versucht man, in diesen sehr unterschiedlichen Vorgängen dann doch übergreifende Merkmale zu identifizieren, mag man folgende festhalten: Die Übertritte zum Islam fanden im Rahmen einer Konzeption statt, die „wahre" und „falsche" Religionen einschließlich ihrer Zwischenstufen im „Dhimma"-Konzept unterschied. Vor diesem Hintergrund ist der soziale Druck zum Eintritt in den Islam, der auf Polytheisten ausgeübt wurde, die keine Entscheidungsmöglichkeit besaßen, und auf Juden und Christen, denen immerhin die Möglichkeit

---

gegen diejenigen von den Ungläubigen, die euch nahe sind! Sie sollen merken, dass ihr hart sein könnt. Ihr müsst wissen, dass Gott mit denen ist, die [ihn] fürchten.".
1046 Friedmann: Tolerance and Coercion, 293; Rohe: Das islamische Recht, 149.
1047 DeWeese: Islamization and Native Religion in the Golden Horde.
1048 Lewis: Die Juden in der islamischen Welt, 96.
1049 Garcia-Arenal: Conversion to Islam, 589.
1050 Ebd., 597.

einer Existenz als Mitglieder einer Religion zweiter Klasse gewährt wurde, ideengeschichtlich einzuordnen. In der Praxis führte diese Konstellation zur Minorisierung, in manchen Fällen auch zur Eliminierung der nicht islamischen Schriftreligionen. In sozialhistorischer Perspektive handelte es sich dabei oft nicht um blanke Repression, sondern (auch) um eine Folge der Anziehung des Islam, weil die Zugehörigkeit zur hegemonialen Religion soziale Vorteile (etwa Rechtsstellung, öffentliche Anerkennung, Steuerminderung) mit sich brachte. Attraktivitätsfördernd kam hinzu, dass die islamische Elite keine geschlossene Gesellschaft, sondern im Prinzip offen für neu Eintretende war und sozialen Aufstieg verhieß.[1051] Dabei spricht eine gewisse Wahrscheinlichkeit dafür, dass das theologische Programm, wonach die Überzeugung von der „Wahrheit" der neuen Religion dem formalen Übertritt vorausgehe, in sehr vielen Fällen nicht stimmte: Feste Überzeugungen dürften häufig in einem Prozess nach dem Eintritt gewachsen sein, soziale Strukturen dürften ideell motivierte Entscheidungen vorbereitet haben, rituelle Praktiken dürften innerlichen Überzeugungen vorangegangen sein.[1052]

„Mission" im Islam

Diese Geschichte von Übertritten war im Islam nicht, wie eingangs angedeutet, mit der Entwicklung eines strategischen Missionskonzeptes im christlichen Sinn verknüpft; ein solches kannte der Islam bis ins 19. Jahrhundert nicht. Schon im Koran fehlt ein Pendant zu der programmatischen Aufforderung zur Verbreitung des „Evangeliums", wie sie sich am Ende des Matthäus-Evangeliums findet, und sie wurde in den ersten Jahrhunderten auch in der islamischen Kommentar- und Reflexionsliteratur nicht entwickelt. Zwar gibt es im Islam ein dem Missionskonzept vergleichbares Theologumenon, da'wa, womit die Einladung, der Ruf, die Aufforderung zur Übernahme des Islam gemeint ist.[1053] Doch ursprünglich war damit die Auffassung, dass Allah aufrufe, gemeint, ehe sich die Vorstellung durchsetzte, dass auch die Umma Trägerin der da'wa sei.[1054] Allerdings sind zwischen dem 10. und dem 18. Jahrhundert (4. und 12. Jh. H), also auch im Zeitraum der frühen, erfolgreichen Ausbreitung des Islam, da'wa-Diskurse kaum nachweisbar.[1055]

Möglicherweise hat diese Abwesenheit einer „Missions"theologie mit dem Selbstverständnis des Islam zu tun, die die älteren Offenbarungsreligionen, namentlich Christentum und Judentum, „nur" auf ihren „wahren" Kern zurückführen zu wollen – „Mission" war insofern unnötig. Und von einem weiteren Argument gegen die Unterstellung einer Missionsstrategie war bereits die Rede: von der auf Beute und politische Macht, nicht auf religiöse „Konversion" zielenden Ausbreitung. Allerdings war für die Gruppe der „Ungläubigen" – im Gegensatz zu Juden und Christen – die Annahme des Islam kein Angebot, das sie frei hätten

---

1051 Kennedy: The Great Arab Conquest, 374–376.
1052 García-Arenal: Conversion to Islam, 589.
1053 Wrogemann: Missionarischer Islam und gesellschaftlicher Dialog, 20.
1054 Ebd., 23–26.
1055 Ebd., 6. 51.

annehmen oder ablehnen können, weil für sie als Polytheisten kein Existenzrecht vorgesehen war. Vermutlich spielte bei den Gründen für ein fehlendes Missionskonzept auch die Unterscheidung in das „Haus des Islam" (dar al-Islam) und das „Haus des Krieges" (dar al-harb), also in die islamisch beherrschte und nicht beherrschte Welt eine Rolle,[1056] die von einer historiographischen Teleologie begleitet war, derzufolge sich die islamische Herrschaft auf Dauer ohnehin in allen Gebieten der Welt durchsetzen werde.

Zugleich aber hat sich die Ausbreitung des Islam nicht nur als unbeabsichtigter Kollateraleffekt einer meist kriegerischen Ausbreitung vollzogen. Die Überlegungen zur Attraktivität des Islam haben deutlich gemacht, dass sozialstrukturelle Vorteile, von religionsrechtlich begründeten Steuerprivilegien bis zum „islamic package" sozial-caritativer Praxis, in eine Grauzone zwischen der Absicht, sozial zu integrieren und der Absicht, religiös zu homogenisieren, führten. Dabei kann die Unterscheidung zwischen intentionaler Mission und nichtreflektierter Ausbreitung so weit verschwimmen, dass diese Differenzierung eine analytischwissenschaftliche wird. Jedenfalls könnte man die Islamisierung eroberter Gebiete, insofern sie auf eine Intensivierung einer islamischen Praxis und der zugehörigen Überzeugungen abzielte, strukturell analog zur „Mission" verstehen und sie mit den katechetischen Traditionen nach der staatskirchlichen Etablierung des Christentums in der Spätantike oder mit der tieferen Christianisierung des okzidentalen Christentums seit dem 11./12. Jahrhundert oder auch mit der „inneren Mission" des 19. Jahrhunderts vergleichen. In manchen Gebieten, etwa in Indonesien und China, lässt sich der Ausbreitungsprozess des Islam gut mit der Metapher der kapillaren Verbreitung beschreiben, aber dies ist eben in der hier zugrundegelegten Definition keine primär intentionale Mission, sondern eher eine pragmatische Diffusion. Letztlich finden sich in Islam und Christentum aufgrund des Anspruchs, die eigene Religion weitergeben zu wollen und aufgrund der Option, vermittels einer Entscheidung eintreten zu können, strukturell vergleichbare Merkmale der Verbreitung, die allerdings im Islam (auch) vor dem Hintergrund einer anderen politischen Geschichte nicht zu einem expliziten Missionskonzept geführt haben, obwohl christliche „Missions"praktiken den Muslimen aufgrund von Kulturkontakten oder durch übergetretene Christen bekannt waren.

Man könnte mit der Festlegung, dass es im Islam keine intentionale Mission, sondern nur eine faktische Ausbreitung gegeben habe, dieses Kapitel beschließen, gäbe es nicht zumindest vereinzelt Praktiken, denen eben diese bewusste Missionsabsicht zugeschrieben wird:
- In der Außenwahrnehmung gilt oft der Jihad in der Bedeutung einer kriegerischen und religiös motivierten Ausbreitung des Islam als strukturelles, durch Gewaltanwendung geprägtes Äquivalent zur Mission. Aber dieses Thema interessiert hier nicht hinsichtlich der in der Tat und in allen Religionen zu findenden religiös legitimierten Anwendung von Gewalt (bei unterschiedlichen Begründungen, Praktiken und Konsequenzen)[1057]

1056 Kruse: Islamische Völkerrechtslehre, 57–62.
1057 Heilige Kriege, hg. v. K. Schreiner; Angenendt: Toleranz und Gewalt, 372–459. Zur Zunahme der Gewalt im Christentum im Rahmen der Konflikte mit dem Islam s. Rayborn: The Violent Pilgrimage.

oder potenzieller Einflüsse auf das Christentum[1058] (oder umgekehrt[1059]), sondern nur im Blick auf die mögliche Funktion des Jihad bei der Verbreitung des Islam.[1060] Schon eine kurze Durchsicht auf dessen Deutungsgeschichte in der islamischen Theologie macht aber klar, dass man damit ein Feld unterschiedlicher Interpretationen betritt. Die in älteren Teilen des Koran[1061] semantisch weite Bedeutung von „sich ereifern, sich (einem anderen gegenüber) eifrig einsetzen, (jemandem) heftig zusetzen"[1062] – und das konnte durchaus auf ein spirituelles Leben zielen – wurde schon mit den medinensischen Teilen zunehmend auf eine kriegerische Anstrengung bezogen.[1063] Vermutlich stand dahinter nicht zuletzt die Enttäuschung Mohammeds, dass Juden und Christen seine Offenbarung nicht annahmen; jedenfalls wurde der Jihad erst in Medina aus einer Position der Stärke heraus für Mohammed zu einer militärischen Option.[1064]

In der islamischen Theologie entwickelte sich nach Mohammeds Tod eine detaillierte Kasuistik vom ius ad bellum zum ius in bello,[1065] doch war dies zugleich über Jahrhunderte kein intensiv diskutiertes Thema, das schlecht erforscht ist.[1066] Detaillierte Regelungen betreffen etwa den Status von Kombattanten und Nichtkombattanten,[1067] die Zivilisierung des Krieges, indem die totale Vernichtung des Gegners kritisiert werden konnte,[1068] oder das Beuterecht.[1069] Dabei kam es zu einer weit verbreiteten Legitimation des gewaltsamen Jihad durch die Abrogation konzilianterer koranischer Verse, insbesondere durch die Priorisierung des genannten „Schwertverses" (Q 9,5: „Tötet die Heiden, wo [immer] ihr sie findet")[1070] oder ähnlicher Aussagen (Q 9,29: „Kämpft gegen diejenigen, die nicht an Gott und den Jüngsten Tag glauben"). Körperstrafen bis hin zur Kreuzigung konnten dabei unter Berufung auf den Koran legitimiert werden (Q 5,33). Das Theologumenon, wonach nur Gott rechtleite, wurde dadurch faktisch außer Kraft gesetzt.[1071] In der Folge entwickelte sich eine breite Interpretationsliteratur zum kriegerischen Jihad,[1072] doch blieb diese Verschärfung in den vielstimmigen Theologien zum

---

1058 Noth: Heiliger Krieg und Heiliger Kampf in Islam und Christentum, sieht zumindest eine zeitliche Priorität islamischer Vorstellungen, aber auch nicht mehr. Überlegungen zu möglichen Wurzeln der okzidentalen Kastellburg in Wehrbauten der islamischen Welt bei Schuetz: Castra – ribat – Kastellburg.
1059 Zu untersuchen wäre, wieweit die späte Deutung des Jihad als bellum iustum von christlichen Konzeptionen abhängt; van Ess: Dschihad, 113f.
1060 Nagel: Mohammed, 383–489; zur Geschichte van Ess: Dschihad; im Überblick Bonner: Jihad.
1061 Zu den Koranstellen s. Noth: Heiliger Krieg und Heiliger Kampf, 13–17; Donner: Muhammad and the Believers, 82–89; Bonner: Jihad in Islamic History, 20–35.
1062 Reichmuth: Jihad – Muslime und die Option der Gewalt in Religion und Staat, 188.
1063 Van Ess: Dschihad gestern und heute, 9. 53.
1064 Ebd., 20.
1065 Ebd., 13–15. 85ff.; Morabia: Le Ǧihâd dans l'Islam médiéval, 182–197.
1066 Van Ess: Dschihad, 17. 79f.
1067 Morabia: Le Ǧihâd, 232–236.
1068 Van Ess: Dschihad, 56.
1069 Ebd., 71–74. 80f.
1070 Peters: Jihad in Classical and Modern Islam, 9–17; Reichmuth: Jihad, 191f.
1071 Morabia: Le Ǧihâd, 203f.
1072 S. die Sammlung bei Bostom: The Legacy of Jihad.

Jihad nicht unwidersprochen.[1073] Jedenfalls gab es Kriege, in denen die Verbreitung des Islam zumindest eine wichtige Rolle gespielt haben dürfte. Ein Beispiel ist der Krieg gegen das Königreich Äthiopien (1529–1543 [935–950 H]), der mit einer systematischen Zerstörung von Kirchen und Klöstern einherging[1074] und religionskriegsartige Züge trug, ein anderes die Zerstörungen von Tempeln „hinduistischer" Traditionen in Indien seit dem 12. Jahrhundert (siehe Kap. 3.3.3b). Neben die kriegsrechtlichen Interpretationen trat, vermutlich schon im frühen Islam und parallel zum Kriegsrecht, die Deutung des Jihad als spiritueller, innerer Kampf.[1075] Im 19. Jahrhundert kam es zu einer antagonistischen Ausweitung des Jihad-Konzeptes: Einerseits entstand unter dem Einfluss des westlich-christlichen Rechtsdenkens ein Verständnis des Jihad als bellum iustum und als Verteidigungskrieg, ehe dieses Konzept alsbald im Ersten Weltkrieg in die Krise kam,[1076] andererseits revitalisierte man im 20. Jahrhundert den gewaltsamen Jihad[1077] und konnte ihn neu, aber auf einem schon von Mohammed eingeschlagenen Weg, auch als „nichtprovozierten Kampf gegen die ungläubige Welt" verstehen.[1078]

Letztlich, und dies ist für das folgende entscheidend, fehlen Belege, sowohl hinsichtlich der Legitimation äußerer wie auch spiritueller Gewaltanwendung, dass der Jihad in den ersten Jahrhunderten des Islam als missionsäquivalente Ausbreitungsstrategie benutzt worden wäre.[1079] Allenfalls in Einzelfällen, etwa bei der Ausbreitung in Spanien[1080] oder in einzelnen Stellen der nachkoranischen Literatur, die die Erlangung von Beute gegenüber religiösen Zielen relativieren,[1081] lassen sich solche Motive – und dann allenfalls als untergeordnete – nachweisen.

– Ein besonders interessanter Fall findet sich im fatimidischen Ägypten des 11. Jahrhunderts (5. Jh. H).[1082] Hier sei es unter der Obhut der Kalifen, die der Minderheit der schiitischen, näherhin ismaelitischen Herrscherelite angehörten, zu einer dezidiert als „Mission" bezeichneten Praxis mit eigens ausgebildeten „Missionaren" gekommen, deren Tätigkeit streng hierarchisch organisiert war.[1083] Ihr Tätigkeitsfeld war in zwölf Regionen aufgeteilt,[1084] zu denen auch die schon von Muslimen beherrschten Gebiete zählten. Vermutlich lag in diesen sogar das zentrale Arbeitsfeld, zumindest sind Aktivitäten in nicht vom Islam dominierten Gebieten, etwa des byzantinischen Reiches, schlecht dokumentiert. Die überlieferten Reden und Handbücher zeigen aber, dass die „Missionare" durch polyglotte Sprachkenntnisse und landesspezifisches Wissen darauf

---

1073 Reichmuth: Jihad, 192.
1074 Henze: Histoire de l'Ethiopie, 86f.
1075 Van Ess: Dschihad, 21. 74f. 77; Morabia: Le Ǧihâd, 293ff.
1076 Van Ess: Dschihad, 18f.
1077 Contextualising Jihadi Thought, hg. v. J. Deol; Lohlker: Dschihadismus.
1078 Colpe: Der „Heilige Krieg", 58. Zu aktuellen Entwicklungen s. Lohlker: Dschihadismus.
1079 Van Ess: Dschihad, 15f.
1080 Herbers: Geschichte Spaniens im Mittelalter, 74.
1081 Noth: Heiliger Krieg und heiliger Kampf in Islam und Christentum, 17f.
1082 Oesterle: Missionaries as Cultural Brokers at the Fatimid Court in Cairo.
1083 Klemm: Die Mission des fāṭimidischen Agenten al-Muʾayyad fī d-dīn in Šīrāz, 197–204.
1084 Oesterle: Missionaries as Cultural Brokers, 68.

vorbereitet waren, sich auf ihre Zuhörer einzustellen; sie kannten beispielsweise auch die jüdische und die christliche Bibel.[1085] Mit diesen Eigenheiten kann man von ismaelitischen „Missionaren" sprechen, aber es gibt auch Gründe, die gegen eine nicht weiter reflektierte Übernahme des christlichen Missionsbegriffs sprechen. Die Aktivitäten der „Rufer", wie sie in den Quellen genannt werden,[1086] zielten wohl ausschließlich auf die kulturelle Elite, wobei eine innermuslimische Unterscheidung zwischen einem öffentlichen und einem geheimen Wissen im Hintergrund stand.[1087] Konsequenterweise betrieben sie ihr Projekt im Geheimen (ob man diese Praxis „esoterisch" nennen soll, stelle ich infrage[1088]), vermutlich, weil sie die Erlangung höheren Wissens im Rahmen einer neuplatonischen Epistemologie anstrebten,[1089] möglicherweise auch, um sich vor der sunnitischen Mehrheit zu schützen, auf die ihre „Konversions"anstrengungen hauptsächlich zielten. In diesem Zusammenhang spielten politische Interessen eine wichtige Rolle, denn die ismaelitische Minorität konnte mit den neuen Mitgliedern ihre Machtbasis ausdehnen. Bei alldem wird die Intention einer allgemeinen „Mission" nicht sichtbar, vielmehr erinnert das elitäre Projekt eher an neuplatonische „Einweihungen" in höheres Wissen mit politischem Hintergrund. Per Saldo wäre es wohl ebenso angemessen, die „Rufer" als Reformer und weniger als Missionare zu verstehen, insofern sie vor allem die sunnitischen Muslime im Blick hatten. Nach dem Ende des Fatimidenreiches brachen diese Aktivitäten unter der Herrschaft des Sunniten Saladins zusammen und fanden keine Nachfolge.

- Ein biographisches Exempel für eine möglicherweise missionarische oder missionsanaloge Praxis ist der osmanische Sultan Mehmet IV. (reg. 1648–1687 [1058–1098 H]), der im Rahmen seiner Hinwendung zu einem spirituellen Islam die von ihm geführten Kriege mit einer religiösen Legitimation auflud. Er forderte die „Bekehrung" von Muslimen zu einem intensivierten religiösen Leben, den Übertritt von Dhimmis zum Islam und betrieb die Umwandlung von Kirchen und Synagogen in Moscheen.[1090] So nutzte er den großen Brand Konstantinopels im Jahre 1660, um die Zerstörung von Kirchen und Synagogen und eine weitgehende Enteignung der ehemaligen Besitzer vorzunehmen.[1091] In diesem Fall gab es zwar eine intentionale Ausbreitung des Islam, die allerdings nicht auf Freiwilligkeit, sondern auf strukturellem Zwang beruhte.
- Strukturell sind die Vorgehensweisen einzelner Sufigruppen mit christlichen Missionspraktiken verwandt, insofern ihre Bruderschaften („Tariqas") oft eine wichtige Rolle bei der Islamisierung eroberter Gebiete spielten.[1092] Dabei findet man häufig eine Über-

---

1085 Ebd., 69.
1086 Ebd.
1087 Ebd., 65–67.
1088 Ebd., 65f.
1089 Ebd., 69.
1090 Baer: Honored by the Glory of Islam.
1091 Ebd., 81–104.
1092 Zu weiteren Hinweisen auf interkulturelle, potenziell „missionarische" Praktiken s. Wrogemann: Missionarischer Islam, 49, 51; Bulliet: Conversion to Islam, 50; für das Osmanische Reich unter Mehmet IV. s. Baer: Honored by the Glory of Islam, 248; für Indien s. Eaton: Introduction (in: India's Islamic Traditions), 20.

schneidung der Interessen von staatlichen Stellen und Sufi-Gemeinschaften, wie sie schon hinsichtlich des „islamic package" zur Sprache kamen. Weitere Beispiele lassen sich leicht beibringen, etwa mit den Mawlawiyya im Osmanischen Reich, für die es Indizien gibt, dass ihre Aktivitäten zumindest en passant darauf abzielten, Nichtmuslime in den Islam zu führen. Im Hintergrund stand vermutlich auch das Interesse der politischen Führung, ihre Basis zu verbreiten, indem man Muslime und Nichtmuslime an die Mawlawiyya band.[1093] Eine andere Form der Überschneidung gab es mit muslimischen Kaufleuten, die als Nebeneffekt ihrer Handelsreisen den Islam in der pazifischen Inselwelt sowie ins mittel- und subsaharischen Afrika und nach China brachten (s. o.). In diesen Gebieten findet man immer wieder Sufi-Gemeinschaften, die im Gefolge der Händler den Islam verbreiteten oder festigten. Vielleicht waren sie in diesen Ländern besonders wichtig, weil die Präsenz des Islam außerhalb des Windschattens militärischer Eroberungen erfolgte und die staatliche Bevorzugung des Islam fehlte.

Bei einzelnen Sufi-Traditionen finden sich noch andere und recht spezifische missionsartige Praktiken – dafür nur zwei Beispiele. Eines, das Entwicklungen des 13. Jahrhunderts (7. Jh. H) im Osmanischen Reich illustriert, sind die Bektaschi, die sich auf Haci Bektasch, einen Sufi aus Nischapur in Chorasan (heute der Norden des Iran und Afghanistans) zurückführen, der in Anatolien wirkte. In der Geschichte seiner Bruderschaft finden sich enge Beziehungen zu Christen, was die Frage nach missionarischen Motiven aufwirft. In der stark legendarischen Überlieferung wird berichtet, dass er nicht nur ein Lehrer für seine Schüler gewesen sei, sondern auch Wunder gewirkt und eben Ungläubige bekehrt habe. Da derartige Geschichten an christliche Erzählformulare erinnern, könnten sie davon beeinflusst sein, was allerdings angesichts der dürftigen Überlieferung schwer nachweisbar ist.[1094] Besser ist die Quellenlage für seinen Anhänger Sari Saltuk (1263/64–1309/10 [622–668 H]), auf den vermutlich die erste Gründung einer bektaschischen Tariqa (in der Dobrudscha am Schwarzen Meer) zurückgeht. Er habe die Sprache der Christen beherrscht und ihre Religion gekannt, christliche Städte und Kirchen besucht und das „göttliche Wort" im christlichen Gewand gepredigt.[1095] Seine Motive sind jedoch nicht eindeutig ermittelbar. Man kann dahinter eine philochristliche Haltung sehen, die sich auch in der Gleichsetzung von christlichen Heiligen und verehrten Anhängern des Bektaschi, der gemeinsamen Anerkennung oder Nutzung heiliger Ort (etwa durch Pilger) oder in gemeinsamen Feiertagen spiegelt,[1096] aber auch eine missionarische Strategie. Für Ersteres spricht, dass es bei den Bektaschi Verbindungen von christlichen und muslimischen Vorstellungen gab und später die gemeinsame Erfahrung der Unterdrückung als Minderheit.[1097] Schließlich wurde Sari Saltuk nach seinem Tod als bektaschischer und christlicher Heiliger zugleich verehrt – was allerdings orthodoxe

---

[1093] Küçükhüseyin: Selbst- und Fremdwahrnehmung im Prozess kultureller Transformation, 396–403.
[1094] Kiriakidis: Bektaschitum und griechisches orthodoxes Mönchtum, 21.
[1095] Ebd., 27, Anm. 187. Weitere Beispiele für wechselseitige Einflüsse auf Vorstellungen im Christentum finden sich bei Baldick: Mystical Islam, 86–89, und umgekehrt, unter Einschluss jüdischer und weiterer Traditionen auf den Islam (ebd., 15–24).
[1096] Kiriakidis: Bektaschitum, 31–36.
[1097] Ebd., 27f.

Muslime kritisierten.[1098] Ein letztes Beispiel ist Scheich Beddreddin (1358–1420 [759–823 H]), Sohn eines Muslimen und einer Christin, der im Rahmen eines Aufstandes in Westanatolien und Nordgriechenland gegen Süleyman I., der sich gegen die Privatisierung von kommunalem Eigentum richtete, gehängt wurde. Die in seinem Umfeld vertretene Vorstellung des Christentums als vollwertiger Religion und die Hinrichtung eines Anführers im Jahr 1416 (819 H) durch eine Kreuzigung indizieren zumindest intensive Austauschbeziehungen,[1099] ebenso wie die von ihm wohl sehr beeindruckte Gruppe der Torlak, in der sich christliche und muslimische Zweige entwickelten.[1100] Mission ist nur eine Möglichkeit, derartige Austauschbeziehungen zu erklären.

Ein anderes Beispiel sind die Naqschibandi mit Le Gall Ubaidullah Ahrar (1404–1490 [763–849 H]), einer zentralen Figur dieser im 14. Jahrhundert (8. Jh. H) in Zentralasien entstandenen Tariqa, die sich von Transoxanien bis ins Osmanische Reich ausbreitete. Dazu, und hier wird es für missionsartige Praktiken interessant, sandte Ahrar Anhänger aus. Aber gegen eine enge Verwandtschaft mit der christlichen „Mission" spricht, dass die Motive im Umfeld der Hadj nach Mekka liegen könnten, insofern die Pilgerfahrt unsicher war und alternativ andere Orte gesucht wurden, aber auch, weil zugleich Handelsinteressen, bei denen man familiäre Netzwerke in der Tariqa nutzte, für diese Reisen eine Rolle spielten.[1101] Von einer „Mission" im christlichen Sinn kann man deshalb nicht sprechen,[1102] und ohnehin war Ahrar bei den Naqschibandi eine Ausnahmegestalt.[1103]

Schließlich sind drei generelle Einschränkungen hinsichtlich einer möglichen „missionarischen" Praxis (im christlichen Sinn) von Sufi-Verbänden zu bedenken. Zum einen ist häufig nicht klar, wie sich eine pragmatische Verbreitung des Islam (etwa als nichtintendiertes Nebenprodukt) und eine beabsichtigte Vermittlung zueinander verhalten – ein Problem, das auch die buddhistische und in beträchtlichen Teilen auch die christliche Ausbreitungsgeschichte betrifft. Sodann dürfte es sich oft um eine nachgelagerte Praxis zur Intensivierung des Islam gehandelt haben und nicht um eine proaktive Mitgliederwerbung, wie es die christliche Mission zumindest forderte. Schließlich darf man nicht, wie es bei den gerade genannten Beispielen meist geschah, die häufigen und massiven Konflikte zwischen Sufis und anderen Gruppen in islamischen Gesellschaften unterschlagen: Spannungen mit rationalistischen Theologen, wenn Sufis eine spiritualistische Theologie (etwa die Unerschaffenheit des Koran) vertraten; die befürchtete Unterminierung jeder gesellschaftlichen Autorität, die mit der rigiden Unterwerfung unter die Autorität eines Scheichs verbunden sein konnte; Konflikte mit politischen Führungsschichten, wenn die Macht der Sufis bedrohlich zu werden schien; gar der Vorwurf der „Häresie", wenn die Verehrung von Marabuts oder anderen Heiligen als Infragestellung des Monotheismus gedeutet wurde.[1104] Das aber bedeutet,

---

1098 Ebd., 27.
1099 Ebd., 25.
1100 Beldiceanu-Steinherr: Die Torlak, eine Volksgruppe zwischen Christentum und Islam.
1101 Le Gall: A Culture of Sufism, 18f. 23–28.
1102 Ebd., 18f. 180f.
1103 Ebd., 21.
1104 Zu diesem Konfliktfeld Islamic Mysticism Contested, hg. v. F. de Jong/B. Radtke. Zu diesen vier Beispie-

dass die gesellschaftlichen Rahmenbedingungen häufig die Handlungsmöglichkeiten von Sufis einschränkten, vermutlich auch hinsichtlich des Verhaltens gegenüber Nichtmuslimen.

Per saldo lassen sich im Islam Praktiken finden, die Ähnlichkeiten zum christlichen Missionskonzept aufweisen, aber sie entstanden, ohne dass es im Koran eine Aufforderung zur Verbreitung des Islam, vergleichbar den neutestamentlichen Aufforderungen zur Mission, gab. Diese Entwicklungen scheinen, zumindest in den hier vorgelegten Beispielen, erst einzusetzen, als die Ausbreitung durch Eroberung, die eine selbstlaufende Verbreitung des Islam mit sich brachte, grosso modo an ihre Grenzen gekommen war. Die missionsähnlichen Praktiken hätten dann die militärische Expansion partiell abgelöst oder sie, wie in Südasien, ersetzt. Dass allerdings die Programmatik der aktiven und intentionalen Ausbreitung der Religion im Christentum die wenigen vergleichbaren Entwicklungen im Islam beeinflusste, kann man angesichts der engen Vernetzung beider Religionen schon in den ersten Jahrhunderten des Islam annehmen.

Explizite Missionspraktiken finden sich im Islam erst im 19. Jahrhundert unter dem Einfluss des (bis dahin entwickelten) christlichen Missionsverständnisses. Unter dem Druck der europäischen Expansion, in der das Christentum als Agentur von Fortschritt und Zivilisation erschien, sowie angesichts von weltweit, auch in islamischen Ländern agierenden christlichen Missionsorden und -gesellschaften organisierten auch islamische Gruppen eine Mission. Bezeichnenderweise waren es in starkem Ausmaß kleine, vom hegemonialen Islam oft als „häretisch" betrachtete Gruppen wie die Ahmadija, die „missionarische" Tätigkeiten initiierten,[1105] ehe größere Verbände wie die 1962 gegründete Islamische Weltliga[1106] ein „Missions"programm entwickelten.

3.3.2d Buddhismus: Ausbreitung ohne „Mission"?

Die Ausbreitung des Buddhismus ist in der westlichen Literatur oft als „Mission" beschrieben worden. Die Probleme einer solchen Kategorie, die schon für das Christentum bis in die Frühe Neuzeit und für den Islam bis ins 19. Jahrhundert diskutiert wurden, ergeben sich in ähnlicher Weise auch für den Buddhismus. Dessen Eigenheit wird in einem Blick auf den „Hinduismus" deutlicher, wo die Verbindung von Abstammung und Zugehörigkeit keinen Raum für einen Übertritt ließ (wenn man von einem solchen angesichts nicht-exklusiver, polytroper Praktiken sprechen will). „Weder Proselytentum noch Mission vertrugen sich mit der geburtsabhängigen Zugehörigkeit, obwohl gerade die biologische Herkunft durch

---

len im Einzelnen: Radke: Kritik am Neo-Sufism [sic]; Fierro Bello: Opposition to Sufism in al-Andalus; Filali: Quelques modalités d'opposition entre marabouts mystiques et élites du pouvoir; Böwering: Early Sufism between Persecution and Heresy.
1105 Valentine: Islam and the Ahmadiyya Jama'at.
1106 Zum 20. Jahrhundert s. etwa Schulze: Islamischer Internationalismus im 20. Jahrhundert, 158. 181; zur Weltliga 279–291. 312f.

die rituelle ergänzt wurde",[1107] bringt Axel Michaels dieses Zugehörigkeitskonzept auf den Punkt. Dies gilt insbesondere für die Priesterämter, die im Allgemeinen in der Familie vererbt wurden. Jedenfalls musste der Vater schon initiiert sein, weshalb „die Konversion eines einzelnen zum brahmanischen Sanskrit-Hinduismus nahezu ausgeschlossen" war.[1108] Gleichwohl darf man die Grenzen nicht zu eng ziehen, denn auch in der brahmanischen Tradition gab es in den philosophischen Reflexionen sehr wohl universalistische Konzepte, die eben kein Alleinstellungsmerkmal des Buddhismus in Indien waren.[1109] Aber eine missionsartige Verbreitungspraxis ist daraus nicht entstanden; die Existenz „hinduistischer" Traditionen außerhalb des indischen Subkontinents, in Java und Bali oder Mauritius, blieben deshalb Ausnahmen, die durch Händler und andere Migranten verursacht wurden. Man könnte zwar Prozesse der Sanskritisierung als strukturelles Äquivalent lesen,[1110] weil damit Vorstellungen der „hinduistischen" Traditionen verbreitet wurden, aber dies war wohl weitenteils kein internationaler Vorgang; der „Hinduismus" kannte über Jahrtausende kein Programm einer „Mission".

Erst seit dem 19. Jahrhundert änderte sich dies unter dem Einfluss des Christentums in neuformierten Gruppen.[1111] Im Hintergrund standen nicht nur die Übertritte zum Christentum durch die Aktivität christlicher Missionare und Missionarinnen, sondern auch eine hohe Attraktivität westlicher, mit dem Christentum verbundener gesellschaftlicher Vorstellungen,[1112] etwa von politischer Anerkennung bei den „Unberührbaren" oder von Frauenrechten, wie sie Sozialreformerin Ramabai Dongre Medhavi (1858–1922), die Anglikanerin wurde, in der Universalität des Christentums zu finden hoffte.[1113]

Als Dayananda Saraswati 1875 den Arya Samaj als Gemeinschaft der „Arier" gründete, um die Veden als ursprüngliche Religion Indiens zu propagieren, hatte er die europäischen Kolonisatoren und das mit ihnen nach Indien kommende Christentum im Blick, gegen die er seine Ursprungsmythologie des arischen Indien und uranfänglicher vedischer Quellen in Anschlag brachte. In diesem Kontext propagierte der Arya Samaj den Übertritt in den „Hinduismus" und den „Shuddhi" als „re-conversion of Indians and tribals to Hinduism".[1114] Ein weiteres Beispiel ist die 1897 von Vivekananda ins Leben gerufene „Ramakrishna Mission", die nicht nur die Verbreitung der Lehren des „Hinduismus" als theoretisches Programm verfolgte, sondern damit auch, gleich wie die christlichen Missionen, soziale Anliegen verband.[1115] In beiden Gruppen sind die Beeinflussungen durch die okzidentale Kultur namentlich im indisch-britischen Milieu evident. Diese Neugründungen blieben allerdings quantitativ homöopathische Ausnahmen. Das traditionelle hinduistische Zugehörigkeitsmodell behauptet seine hegemoniale Position letztlich bis heute und dokumentiert seine gesellschaftsprägende Rolle, indem

---

1107 Michaels: Der Hinduismus, 86.
1108 Ebd.
1109 Bailey/Mabbett: The Sociology of Early Buddhism, 26.
1110 So Robinson/Clarke: Introduction (in: Religious Conversion in India), 11.
1111 Ebd., 9.
1112 Ebd. und Viswanathan: Outside the Fold.
1113 Viswanathan, ebd., 118–152.
1114 Dhalla: Contra Conversion, 117.
1115 Beckerlegge: The Ramakrishna Mission, 96–112.

es vice versa die Sozialstruktur christlicher Gruppen in Indien formierte, die sich (ähnlich der auch andernorts im Christentum häufig zu findenden gentilen Ordnung) im Rahmen eines Kastensystems organisierten.[1116] Seit den 1950er Jahren reagierten Hindus aus politischen wie religiösen Motiven auf die Veränderung der Zugehörigkeitsmöglichkeiten durch das christliche Missionskonzept, indem sie mit Hilfe des Rechtssystems versuchten, „Konversionen" ins Christentum zu erschweren oder zu unterbinden. In die Verfassungen mehrerer indischer Bundesstaaten wurden Regelungen mit restriktiven „Konversions"bedingungen implantiert.[1117] Hinter den Verboten, Menschen durch „Verführung", etwa vermittels finanzieller Versprechen, zum Übertritt in eine Religion zu bewegen, steckte letztlich die Befürchtung, christliche (namentlich protestantische) und buddhistische Missionsaktivitäten, denen die etablierten indischen Religionen keine strukturell vergleichbaren Reaktionsmöglichkeiten entgegenzusetzen hatten, könnten den „Hinduismus" bedrohen; gewaltsame Ausschreitungen gegen nicht-„hinduistische" Gemeinschaften gehören in diesem Kontext. In die 1949 bei der Gründung Indiens verabschiedete indische Bundesverfassung hatten derartige Restriktionen nach kontroversen Debatten allerdings noch keinen Eingang gefunden – hier wirkte die Tradition des westlichen Konzepts von Religionsfreiheit nach.[1118]

Eine ganz andere Perspektive lässt sich auf den Buddhismus eröffnen, weil der Eintritt in den Sangha, anders als die Zugehörigkeit zum „Hinduismus", das Moment einer Entscheidung impliziert. Die Ausbreitung des Buddhismus weit über das nordindische Ursprungsgebiet hinaus, mit der er seine sozialen und regionalen Herkunftsmilieus verließ, ist mit der Entscheidung zum Eintritt in den Sangha verbunden, weil damit neue Buddhisten außerhalb der Geburtsmilieus gewonnen wurden. Insoweit ist die Verbreitungsgeschichte des Buddhismus strukturell derjenigen des Christentums ähnlich, aber als Verbindung von Entscheidung und Ausbreitung in der vorchristlichen Religionsgeschichte singulär. In der westlichen Forschung findet sich deshalb eine Vielzahl von Positionen, die die Ausbreitung des Buddhismus im Rahmen des christlichen Missionsparadigma interpretieren: Buddhisten hätten die Gewinnung von „Konvertiten" in anderen „Religionen" angezielt,[1119] auch gegenüber anderen buddhistischen Schulen „Mission" betrieben,[1120] die Verschriftung regionaler Sprachen in China verdanke sich auch dem „strong missionary zeal" des Buddhismus,[1121] und überhaupt sei der Sangha eine „missionarische Organisation" gewesen[1122] und der Buddhismus die erste „Missions"religion,[1123] die damit einen „revolutionären" Schritt vollzogen habe.[1124] Dazu passt eine klassische Perspektive auf den Buddhismus, die diesen als Reaktion auf die brahmanische Ritualpraxis deutete (siehe Kap. 3.3.1c). Im soziologischen Zentrum der daran anschließenden Überlegungen zur Verbreitung stehen Kaufleute als Mitglieder einer

---

1116 Frykenberg: Christianity in India, 35–43. 138. 376–378.
1117 Das: Staat und Religion in Indien, 45–47; Dhalla: Contra Conversion, 117f.
1118 Zander: Toleranz: legal oder legitim?, 58–60.
1119 Dutt: Early History of the Spread of Buddhism and the Buddhist Schools, etwa 26f.
1120 Kleine: Der Buddhismus in Japan, 413.
1121 Mair: Buddhism and the Rise of the Written Vernacular in East Asia, 721.
1122 Gombrich: Der Theravada-Buddhismus, 121.
1123 Brekke: Conversion in Buddhism?, 182; ähnlich Hausberger: Mission, 14.
1124 Brück: Einführung in den Buddhismus, 183.

gebildeten und mobilen Schicht. Für diese habe eine Erlösung durch Meditation die Bindung an den ortsfesten brahmanischen Opferplatz oder Tempel gelöst und damit eine Ausbreitung auch im Sinne einer „Mission" ermöglicht. Der Weg des Buddhismus nach Zentral- und Ostasien, nach China, Tibet, Korea, Japan, Thailand, Laos, Vietnam oder Java erscheint dann als Ergebnis einer „missionarischen",[1125] nämlich absichtsvollen „Verkündigung".

Eine solche intentionale Ausbreitung des Buddhismus wird üblicherweise in Parallele zum sogenannten „Missionsbefehl" Jesu im Matthäus-Evangelium (siehe Kap. 3.3.2a) als Ergebnis einer „Great Commission" oder einer „Missionspredigt"[1126] des Buddha gedeutet. In diesem Sinn interpretierte man Aussagen, in denen er die Mönche aufforderte, zum Wohle der Menschen auf Wanderschaft zu gehen, die Wahrheit zu predigen und vorbildlich ein reines Leben zu führen. Gegenüber einer christentumsgeschichtlich imprägnierten Deutung als „Mission" eröffnet ein alternativer, nämlich philologischer Blick auf diese Aufforderung des Buddha – ich stütze mich hier auf Analysen Jonathan S. Walters – jedoch ganz andere Interpretationsmöglichkeiten, schon weil die Rede des Buddha in drei Versionen existiert.[1127] In der vermutlich ältesten, der Marasamyutta-Version, steht sie im Kontext seiner spirituellen Biographie. Darin wird berichtet, dass der Buddha seine eigene Befreiung im Sieg über Mara, den Dämon des Todes, erkannt habe. Diese Einsicht verkünde er den Mönchen, deren Befreiung mit diesem Bericht anregen wolle. Die Verkündigung richte sich mithin an die Mönche, die durch die Predigt von der Befreiung des Buddha ihre eigene Befreiung erlangen sollen, und nicht an die Außenwelt. In der zweiten Variante der Befreiungserzählung mit Aussendungsanweisung, der jüngeren Mahavagga-Version, ist Mara, die bislang zentrale Figur, kein integraler Bestandteil mehr. Und auch inhaltlich hat die Befreiungserzählung nun einen ganz neuen Fluchtpunkt, denn sie erzählt eine andere Geschichte, diejenige der Entstehung des Sangha. Die „Great Commission" mit der Aussendung der ersten sechzig Arhats (der „vollendeten" Mönche) ist hier der erste Akt des Buddha nach seiner Befreiung, die ihn als Haupt des Ordens zeigt. Allerdings beißt sich diese Aussage mit der inneren Chronologie dieser Lehrerzählung, denn den Sangha mit Ordination, Klöstern und Mönchsregel gab es zu diesem Zeitpunkt in der Mahavagga-Version noch nicht. Es handele sich also nicht um einen Aufruf, „Konvertiten" in der Welt zu suchen, vielmehr ziele der Text, so Walters, auf die Freisetzung der Mönche in ein Leben gerade ohne Ordensregel. Letztlich handle der Bericht von einem fehlgeschlagenen Experiment: Die Asketen hätten versucht, ihre Erlösung ohne Gemeinschaft zu erreichen, seien damit aber gescheitert. So habe dann nach der Zeit der Wanderung die Schaffung eines Ordens, des Sangha, begonnen – dies sei das Ergebnis des „Commandement". In der dritten und jüngsten, der Mahapadana-Sutra-Version, sind die Erzählkontexte erneut verändert. Mara tritt nicht mehr auf, aber es gibt nun einen neuen Akteur, Brahma. Er fordert, die Mönche freizusetzen und ihnen die Wanderschaft zu ermög-

---

1125 So noch die Terminologie bei Zürcher: The Buddhist Conquest of China, Bd. 1, 8. 22f. 25 u. ö., der v. a. von „missionaries" spricht.
1126 Hardy: Buddha, 41.
1127 Zum folgenden Walters: Rethinking Buddhist Missions, 211–237; ein Extrakt der Ergebnisse in ders.: Buddhist Missions. Schon Zürcher: Buddhist Missions, 570, hatte nur eine individuelle Weitergabe von Wissen und keine Missionsstrategie gesehen.

lichen. Aber nach sechs Jahren sollen sie zurückkommen, um die Regel zu rezitieren. Damit ist die Aussendungsforderung nicht mehr ein Teil der spirituellen Biographie des Buddha, sondern ein Schritt auf dem Weg zur Gründung des Sangha. Auch hier ist keine Rede von einem Aufruf, den Buddhismus zu verbreiten. Folgt man Walters in der Interpretation der drei Befreiungserzählungen mit dem „Aussendungsbefehl", lässt sich das Konzept einer intentionalen, strategischen Mission mit diesen Texten nicht begründen. Der entscheidende Terminus technicus „cāricam" bedeute einfach Wanderungen[1128] und beinhalte keine intentional avisierte „Konversion"; in den einschlägigen Texten gehe es um ein nicht weiter definiertes Umherwandern, bei dem etwas wie die „Mission" allenfalls ein Nebeneffekt sei.[1129] Ohnehin sei es in diesen dem Buddha zugeschriebenen Texten nicht allen Mönchen aller Zeiten erlaubt gewesen, zu wandern; vielmehr hätten nur die ersten 60 Arhats das Privileg besessen, unabhängig von der monastischen Disziplin zu leben.[1130]

Diese anti-missiologische Deutung sieht Walters auch in Einklang mit späteren buddhistischen Traditionen, etwa mit der ceylonesischen Interpretation buddhistischer Texte durch Buddhaghosa (5. Jahrhundert) sowie mit den ältesten Chroniken in Sri Lanka, die einen „Aussendungsbefehl" Buddhas überhaupt nicht kennen.[1131] Zudem stehe hinter dieser Leerstelle wohl auch eine fundamentale Differenz im Konzept der Hinwendung zum Buddhismus, die sich buddhistischerseits nicht, so jedenfalls in der Theorie, durch eine externe Ansprache (wie in der christlichen Mission) ereigne, sondern durch ein selbstgesteuertes, inneres Erwachen.[1132] Im buddhistischen Prozess der Erlösung rufe kein Missionar oder letztlich kein Gott den Menschen. Auch deshalb hat in den Augen von Walters der Buddha keine „Mission" im christlichen Sinn angezielt. Vor diesem Hintergrund ist dann auch die vom Buddha verwandte Metapher des „Rades der Lehre/des Dharma" („Dharmachakra"), das in Bewegung gesetzt werden solle, nicht als Missionsaufforderung zu lesen, sondern, wie es das Dharmachakra-Sutra nahelegt, als Weg zur Befreiung vom Rad der Wiedergeburten.

Gleichwohl gab es sehr schnell eine Ausbreitung des Buddhismus, die sich nicht leicht erklären lässt, wenn die Reden des Buddha in der Deutung Walters die nachfolgende Praxis determiniert hätten. Erste Spuren buddhistischer Vorstellungen und Praktiken außerhalb seines Ursprungsgebietes an den Nordhängen des Himalaya zum Ganges hin finden sich in Gandhara (heute in Nordpakistan) ab 200 v. Chr.[1133] In China ist die Verbreitung des Buddhismus, die über die Seidenstraße erfolgte,[1134] seit dem ersten nachchristlichen Jahrhundert belegt.[1135] Von China aus gelangte der Buddhismus nach Korea und Japan sowie vermutlich über den Seeweg nach Südostasien um die Zeitenwende und im 5./6. Jahrhundert in den Malaiischen Archipel.[1136] Auffällig ist, dass diese Ausbreitung (gleich der des frühen

---

1128 Walters: Rethinking Buddhist Missions, 218.
1129 Ebd., 219f.
1130 Ebd., 220.
1131 Ebd., 248f.
1132 Brekke: Religious Motivation and the Origins of Buddhism, 52.
1133 Behrendt: The Buddhist Architecture of Gandhāra, 255–258.
1134 Bumbacher: Early Buddhism in China, 205.
1135 Heirman: Vinaya, 167.
1136 Indrajaya: Early Traces of Hinduism and Buddhism across the Java Sea.

Christentums) meist entlang von Handelsrouten erfolgte.[1137] Die Überbringer waren zuerst Reisende, Flüchtlinge, Geiseln oder Gesandte, darüber hinaus (chinesische) Beamte in militärischen oder administrativen Verwendungen in Indien.[1138] Waren aber Buddhisten einmal in einer Gegend angekommen, hat man mit weiteren Formen der Ausbreitung zu rechnen, mit einer „kapillaren" Verbreitung im Nahbereich.[1139]

In China dokumentieren die sehr bald einsetzenden Übersetzungen die Akzeptanz des Buddhismus in gebildeten Kreisen (siehe Kap. 4.4.3),[1140] während über die Präsenz in weniger gebildeten Schichten kaum etwas bekannt ist. Sicher besaßen Klöster, deren alsbaldige Gründung nachweisbar ist, bei der Weitergabe schnell eine zentrale Funktion. Schon bei der Ausbreitung in Korea seit dem 4. Jahrhundert spielten offenbar nichtmonastische Akteure kaum noch eine Rolle, vielmehr vermittelten Mönche, die wohl in königlichem Auftrag und mit vielen Texten im Gepäck kamen, die Lehre des Buddha.[1141] Für alle diese Aubreitungsprozesse bildete das Wegenetz eine Bedingung, vielleicht auch den auslösenden Faktor für die Ausbreitung. Dieses konnten buddhistische Mönche leicht nutzen, denn anders als etwa die ebenfalls mobilen Jainas kannten Buddhisten keine Reisebeschränkungen, und anders als Brahmanen besaßen sie keine restriktiven Ernährungs- und Reinigungsvorschriften und benötigten im Prinzip auch keine Opferplätze oder feste Tempel. Damit verlief die Ausbreitung des Buddhismus nicht unähnlich der kapillaren Diffusion des frühen Christentums,[1142] wenngleich, wie gesagt, die intentionale Dimension, die sich in der paulinischen Theologie findet, fehlte.[1143]

Ein weiterer Faktor für die Verbreitung des Buddhismus waren seine Verbindungen mit politischen Eliten, die für die Ausbreitung sowohl hinderlich als auch dienlich sein konnten. Häufig, wenngleich nicht immer,[1144] wurde die Verbreitung des Buddhismus von königlichen Familien und reichen Eliten gefördert,[1145] jedenfalls finden sich Geschichten der Verbreitung des Buddhismus mit Hilfe gesellschaftlicher Eliten von dem griechisch-indischen König Menandros bis zur Tang-Dynastie in China immer wieder. So sollen sich bei der Etablierung in Tibet im 7. Jahrhundert der buddhistischen Historiographie zufolge die beiden Frauen des Herrschers Srong-btsan-sgam-po für die Einführung des Buddhismus eingesetzt haben. Es ist unsicher, ob diese Geschichte so stimmt, doch ließ Srong-btsan-sgam-po Texte aus Indien besorgen, um den Buddhismus zu fördern.[1146] Auch in Korea wurde der Buddhismus wohl

---

[1137] Neelis: Early Buddhist Transmission and Trade Networks.
[1138] Zürcher: The Buddhist Conquest of China, Bd. 1, 23f.
[1139] Die Metapher nutzt Neelis: Early Buddhist Transmission, 1. 312, gleichwie Sievernich (siehe Kap. 3.3.2a), doch verwendet Neelis an sehr wenigen und eher unspezifischen Stellen auch den Begriff „missionaries" (Neelis, ebd., 1).
[1140] Zürcher: The Buddhist Conquest of China, Bd. 1, 31.
[1141] Grayson: Early Buddhism, 19f.
[1142] Die gleiche Metapher („capillary" routes) bei Neelis: Early Buddhist Transmission, 1. 257.
[1143] Walters: Buddhist Missions, 6079; so auch Neelis: Early Buddhist Transmission, 315, gegen Zürcher.
[1144] Ruegg: The Symbiosis of Buddhism, 153–158, verweist auf das Fortbestehen des Buddhismus ohne solche politischen Stützstrukturen.
[1145] Walters: Buddhist Missions, 6080; so auch in einem zentralen Argument Neelis: Early Buddhist Transmission.
[1146] Kollmar-Paulenz: The Buddhist Way into Tibet, 311–313.

zuerst als Kult am herrscherlichen Hof zelebriert.[1147] Hinter dieser Elitenorientierung dürften unter anderem sozialstrukturelle Gründe gestanden haben. Der Buddhismus war mit seiner nicht gruppengebundenen Lehre möglicherweise in der Lage, heterogene Religionskulturen zu integrieren oder ihnen einen Überbau zu geben und damit eine überregionale Ausübung von Herrschaft zu ermöglichen oder zumindest zu erleichtern.

Selbstverständlich hätte jede Region das Anrecht auf eine eigene Darstellung der Ausbreitungsgeschichte des Buddhismus. Pars pro toto greife ich die Frühphase in Indien heraus. Hier trifft man auf den Maurya-Herrscher Ashoka (304–232 v. Chr.), der für die indische Geschichte von großer Bedeutung ist, weil er zum einen durch seine Eroberungen eine Herrschaft etablierte, die sich fast über das gesamte heutige Indien erstreckte, und er zum anderen wichtige Dokumente über frühe Schriftlichkeit in Indien schaffen ließ (siehe Kap. 4.4.3), die als Belege für eine von ihm intendierte Förderung des Buddhismus gelten. Er befahl, Inschriften seiner Anordnungen, die sogenannten Felsen- und Säulenedikte, in seinem Herrschaftsbereich einzumeißeln respektive aufzustellen. Philologisch handelt es sich dabei um ein komplexes Ensemble, schon insoweit sich die einzelnen Ausfertigungen unterscheiden und unterschiedlichen Phasen – die Säulenedikte gehören in die Spätphase von Ashokas Regierungszeit – zuzuordnen sind. Nachweisen lässt sich auch, dass die Texte überarbeitet wurden, vermutlich von lokalen Amtsträgern und vermutlich auf der Grundlage schriftlicher Vorlagen. Wörtliche Wiedergaben von Anordnungen Ashokas sind somit nicht zu erwarten. Auszugehen ist schließlich von einer öffentlichen Verlesung der Texte, wobei sich teilweise Zielgruppen, nämlich Beamte und buddhistische Mönche, ausmachen lassen.[1148]

Vor diesem Hintergrund ist die Frage nach den religiösen Intentionen in diesen Texten hinsichtlich der Präsenz des Buddhismus im Allgemeinen und seiner „Mission" als Teil der Herrschaft Ashokas im Besonderen zu stellen. Von hohem Interesse ist dabei der Begriff des Dharma, eines zentralen Terminus für die buddhistische Lehre, der mehrfach in Ashokas Edikten auftaucht (und in seinen griechischsprachigen Inschriften mit „eusebeia" übersetzt wird). Die ältere Forschung hat die These vertreten, Ashoka habe sich dem Buddhismus zugewandt und seine Lehre propagiert. Die neuere Forschung hat diese Überlegung jedoch ad acta gelegt. Der zentrale Grund ist die inhaltliche Umschreibung des Dharma in den Edikten. Gefordert war dort als Inhalt der Gehorsam gegenüber den Eltern und Älteren, Liebenswürdigkeit gegenüber lebenden Wesen, die Ashoka mit einem Tötungsverbot untermauerte, Großzügigkeit gegenüber Freunden, Verwandten und Asketen, Verzicht auf Luxus, anständige Behandlung von Sklaven und Dienern, und schließlich taucht immer wieder die Forderung nach wahrheitsgemäßer Rede auf. Insoweit sich diese Aufforderungen an alle und nicht an einzelne Gruppen richten, besitzen sie Ähnlichkeiten mit dem universal interpretierbaren Anspruch des buddhistischen Dharma, und auch die Forderung nach Wahrheit und das Tötungsverbot lassen sich als Bezüge auf den Buddhismus zu lesen. Andererseits finden sich viele dieser Forderungen auch außerhalb des Buddhismus, während zugleich zentrale Dimensionen des buddhistischen Dharma fehlen: Der Verzicht auf sexuelles Fehlverhalten,

---

1147 Grayson: Early Buddhism, 21f. 30.
1148 Olivelle: Aśoka's Inscriptions as Text and Ideology, 159–165.

Diebstahl und Alkoholverzicht wird beispielsweise nicht erwähnt,[1149] das Nirvana ebensowenig, an dessen Stelle eine Entlohnung oder Strafe im Jenseits in Aussicht gestellt werden.[1150] Schließlich spielt der Sangha, das soziale Kernstück des Buddhismus, keine Rolle. Jüngste Forschungen stellen sogar infrage, ob die den Sangha betreffenden Edikte nicht später von Buddhisten hergestellte Inschriften sind[1151] und ob andere, die Ashoka betreffen, nicht gar Fälschungen des 19. Jahrhunderts sein könnten.[1152] Deshalb ist nicht davon auszugehen, dass es sich bei den Edikten Ashokas um buddhistisch geprägte Texte handelte, die zudem noch der Verbreitung des Buddhismus gedient hätten. Eine solche gruppenspezifische Ausrichtung hätte nicht zuletzt Ashokas Ziel konterkariert, eine allgemein verbindliche Ethik einzuführen, um ein friedliches Zusammenleben in seinem Reich zu fördern, mit einer „Wohnung" für alle Gemeinschaften.[1153] Wenn es eine Ausbreitung des Buddhismus unter Ashoka gab, so eher wegen der verbesserten Verkehrswege als aufgrund einer ideellen Förderung einer „Mission".[1154] Patrick Olivelle hat deshalb vorgeschlagen, Ashokas Edikte eher als eine Variante von Zivilreligion zu lesen denn als buddhistisches (Missions-)Programm.[1155] Vor dem Hintergrund dieser Interpretation können sich spätere Erzählungen von König Ashoka, wonach er ein großes „Konzil" zusammengerufen habe, um Mönche auszusenden und seine Lehre zu verkünden, nicht auf den historischen Ashoka beziehen. Sie stammen vielmehr aus dem ersten Jahrhundert unserer Zeitrechnung und sind von Buddhisten verfasst; in ihnen ist nun auch nicht mehr Ashoka der Hauptakteur, vielmehr sind es jetzt Anhänger des Buddha.[1156] Letztlich stützen die Edikte des Ashoka die These einer „missionarischen" Ausbreitung des Buddhismus nicht.

Zugleich war diese Bindung an herrschaftliche Kreise, wie sie bei Ashoka vorlag, grundsätzlich prekär und könnte erklären, warum der Buddhismus in seinem Ursprungsland Indien bis um 1200 verschwand. Denn der Sangha war, wenngleich mit unterschiedlichen sozialen Kreise respektive Schichten verbunden, auf die Unterstützung durch weltliche Anhänger angewiesen, nicht zuletzt weil buddhistische Mönche (auch hier gilt: zumindest konzeptionell) nicht von ihrer eigenen Hände Arbeit, sondern von fremden Subsidien, idealerweise durch Betteln, leben sollten. Bei den Unterstützern handelte es sich vor allem um Führungsschichten, aber auch um volksreligiöse Anhänger, die durch rituelle Dienstleistungen oder auch die Übertragung von karmischem Verdienst[1157] an den Sangha gebunden wurden. Mit dem Untergang der den Sangha stützenden Sozialstrukturen

---

1149 Ebd., 171f.
1150 Schneider: Einführung in den Buddhismus, 149. In diesem strategischen Einsatz sieht allerdings Seleslachts: Greece, the Final Frontier?, 161, einen Einzelfall in der indischen Geschichte.
1151 Beckwith: Greek Buddha, 239, 241–243.
1152 Ebd., 233–235.
1153 Zit. Edikt VII (= Die großen Felsen-Edikte Aśokas, hg. v. U. Schneider, 111); s. auch Edikt XII [A] (ebd., 115). Die Zielrichtung einer ethisch-politischen Funktionalisierung auch bei Thapar: Aśoka and the Decline of the Mauryas, 181.
1154 Neelis: Early Buddhist Transmission, 314f.
1155 Olivelle: Aśoka's Inscriptions, 173–175.
1156 Walters: Buddhist Missions, 6077.
1157 Neelis: Early Buddhist Transmission, 17–19.

ging dann auch der Buddhismus unter, das wäre seine strukturelle Schwäche gewesen.[1158] Diese Achillesferse lässt sich an mehreren Beispielen aufzeigen. So förderte die indische Gupta-Dynastie seit dem 4. Jahrhundert „hinduistische" Traditionen und damit zugleich den Niedergang des Buddhismus.[1159] Allerdings war der Buddhismus nicht nur durch den Machtverlust seiner Unterstützer, sondern auch – und nicht nur im Fall der Gupta – durch eine Absorption im „hinduistischen" Synkretismus (oder umgekehrt: durch die Aufnahme brahmanischer[1160] oder auch islamischer Elemente[1161]) bedroht.[1162] Ein anderes Beispiel für diese prekäre Mischung aus intellektueller Religionspraxis und politischer Elitenorientierung war die viel spätere Entwicklung in Bengalen, wo die muslimischen Guriden im Rahmen der Eroberung zu Beginn des 13. Jahrhunderts die buddhistischen Klöster zerstören. Damit ging der dortige „Gelehrtenbuddhismus" unter, weil er angesichts schwacher oder fehlender volksreligiöser Komponenten kein zweites Standbein für seine Fortexistenz besaß.[1163] Eine nochmals andere Konstellation wird in der Schwäche von Buddhisten gegenüber den Brahmanen sichtbar, die sich mit der muslimischen Herrschaft arrangierten (nachdem die Muslime den Anspruch auf die Eliminierung des brahmanischen Polytheismus faktisch aufgaben) und im Verein mit Muslimen die Buddhisten verdrängten. Die großen buddhistischen Klöster (Sarnath, Vikramashila, Odantapuri, Nalanda) wurden, so Giovanni Verardi gegen die bisherige Geschichtsschreibung, nicht von Muslimen zerstört, sondern von Brahmanen übernommen und umgewandelt. In solchen Konflikten war der Buddhismus wohl auch durch die Mobilität der buddhistischen Kaufleute geschwächt, weil sie als Händler mobiler waren als die Mönche – und das konnte auch heißen: mobiler waren, um zu fliehen. Darin lag möglicherweise auch ein Grund, warum Buddhisten in Indien verschwanden – und vielleicht überlebten sie umgekehrt im oberen Arghandab (heute in Afghanistan), weil Buddhisten dort gerade keinen Handel betrieben und weniger leicht abwandern konnten.[1164]

Es gibt allerdings sehr wohl Beispiele, dass sich im Buddhismus Formen der Ausbreitung entwickelt haben, in denen Intentionalität und damit ein wichtiger Faktor der strategischen „Mission" eine Rolle spielte. Ein Beispiel dafür ist die Einführung des Buddhismus in Tibet wohl im 7. Jahrhundert und von dort ausgehend in der Mongolei.[1165] Man hat hier einen Prozess vor sich, der wohl zuerst am königlichen Hof und bei Eliten ansetzte und von der intellektuellen Reflexion bis zur Durchdringung der Volksfrömmigkeit reichte, vermutlich mit einer besonderen Bedeutung „charismatischer" Lamas in buddhistischen Klöstern.[1166] In welchem Ausmaß man hier von einer absichtsvollen Verbreitung ausgehen kann, hat Karé-

---

1158 Golzio: Die Ausbreitung des Buddhismus in Süd- und Südostasien; Verardi: Hardships and Downfall of Buddhism in India.
1159 Golzio: Die Ausbreitung des Buddhismus in Süd- und Südostasien, 35.
1160 Dies als die größere „Gefahr" bei Neelis: Early Buddhist Transmission, 312f.
1161 Kaplony: The Conversion of the Turks of Central Asia to Islam.
1162 Golzio: Die Ausbreitung des Buddhismus in Süd- und Südostasien, 10. 106.
1163 Ebd., 51–53. 73. 106.
1164 Verardi: Hardships and Downfall of Buddhism, 357.
1165 Andere Beispiele dürften japanische Vertreter des Buddhismus sein wie Ippen, Shinran, Nichiren, s. Walters: Buddhist Missions, 6079.
1166 Yamamoto: Vision and Violence.

nina Kollmar-Paulenz angesichts der Interferenzen des Buddhismus mit den dortigen Religionen aufgezeigt. Diese Buddhisierung Tibets wird in der buddhistischen Selbstdarstellung als Zivilisierung und Zähmung der autochthonen Götter gedeutet.[1167] In der Außenperspektive handelt es sich hingegen um einen Vorgang der Unterwerfung, bei dem Adel und buddhistische Klöster wichtige Faktoren bildeten,[1168] die entscheidend für den schlussendlichen Aufstieg des Buddhismus zur Staatsreligion waren.[1169] Dabei kam es sowohl zur Integration als auch zur Ausgrenzung alteingesessener Traditionen. So konnten lokale Gottheiten als Wächtergötter inkorporiert[1170] und der König zum Buddha erhoben werden.[1171] Parallel dazu verlief eine kulturelle Assimilation durch die Literarisierung der Kultur, wie Übersetzungen zeigen.[1172] Insofern bedeutete die Einführung des Buddhismus keine scharfe Trennung von den Umfeldreligionen, sondern die Schaffung eines neuen, synkretistischen Religionstyps. Andererseits sind Ausgrenzungskonflikte, die in der okzidentalen Geschichte unter „Häresie" und „Toleranz" verhandelt wurden, auch in Tibet nachweisbar, etwa in der innerbuddhistischen Polemik gegenüber denjenigen, die den „falschen, verkehrten Dharma" besäßen.[1173] Die Bon-Religion, die im 10./11. Jahrhundert aus dem tibeto-burmesischem Kulturbereich eingeführt worden war,[1174] wurde von den Buddhisten marginalisiert.[1175] Auch bei der Einführung des tibetischen Buddhismus in der Mongolei finden sich konfliktreiche Prozesse der Durchsetzung, die eine intentionale Etablierung dokumentieren, wenn etwa tibetische Buddhisten schamanistische Praktiken mit Gewalt zu unterbinden suchten (siehe Kap. 3.3.3c). Aber es gab auch Strategien zur Konfliktvermeidung: Religionsgespräche etwa, die von den Mongolenherrschern zwischen tibetischen Buddhisten und Daoisten organisiert wurden. Hierbei kam es zwar letztlich zur Verbrennung der daoistischen Bücher, doch dürften dabei politische Motive eine wichtige, vielleicht sogar die entscheidende Rolle gespielt haben.[1176]

Es gibt mithin auch in der Geschichte des Buddhismus Elemente intentionaler Verbreitung, die vermutlich oft mit seiner „Funktionalisierung" in Prozessen der politischen Expansion oder des „nation-building" zusammenhängen. Gleichwohl kann man die Zuweisung des Konzeptes der (christlichen) „Mission" mit einem Fragezeichen versehen, weil sowohl bei diesen Ausbreitungsprozessen als auch bei der pragmatischen Verbreitung über Verkehrswege die explizite „Missions"strategie fehlte, die im Christentum zumindest im Speichergedächtnis lag, ehe sie in der Antike punktuell und in der Neuzeit systematisch in das kommunikative Gedächtnis übernommen wurde. Jedenfalls ist die buddhologische Forschung

---

[1167] Kollmar-Paulenz: The Buddhist Way into Tibet, 329; Rambelli: Local Divinities and Buddhism, 466.
[1168] Bretfeld: The Later Spread of Buddhism in Tibet, 371.
[1169] Kollmar-Paulenz: The Buddhist Way into Tibet, 314–325.
[1170] Ebd., 329f.
[1171] Ebd., 331.
[1172] Ebd., 336.
[1173] Kollmar-Paulenz: Zur Ausdifferenzierung eines autonomen Bereichs Religion in asiatischen Gesellschaften, 13.
[1174] Kollmar-Paulenz: The Buddhist Way into Tibet, 327.
[1175] Bretfeld: The Later Spread of Buddhism in Tibet, 369.
[1176] Sagaster: The History of Buddhism among the Mongols, 390.

augenblicklich zurückhaltend, den Begriff der „Mission" auf den frühen Buddhismus zu applizieren und spricht deshalb häufiger von Ausbreitung, Diffusion oder Verbreitung.[1177]

Inzwischen gibt es allerdings auch im Buddhismus Gruppen, die in ihrem Selbstverständnis eine „Mission" (mit den Parametern des christlichen Konzeptes) betreiben. Sie sind, wie im „Hinduismus", Kinder des 19. Jahrhunderts und ein Ergebnis der Begegnung mit dem Christentum. Erst auf diesem west-östlichen Diwan entwickelte sich ein buddhistisches „Missions"konzept, welches die Ausbreitung als intentionale, intrinsisch begründete Praxis verstand. Die Prägung des Begriffs „Buddhist Mission" ist erstmals in den 1830er Jahren nachweisbar, parallel zur Bildung von Begriffen wie „missionarische Religion" oder „Weltreligion",[1178] und auch ein entsprechender Terminus im buddhistischen Schrifttum („dharmaduta") entstand erst nach dem Zusammentreffen mit dem Christentum.[1179] Im Anschluss daran wurde die Ausbreitung des Buddhismus als Missionsgeschichte konzipiert und beispielsweise den Texten Ashokas ein „missionarischer Geist" eingeschrieben.[1180] Im 19. Jahrhundert haben sich nur wenige wissenschaftlich ambitionierte Buddhismusforscher dieser christianisierten Perspektive auf den Buddhismus widersetzt, etwa Thomas William Rhys Davids, der berühmte Herausgeber buddhistischer Schriften in Pali.[1181]

Als Initiator der ersten buddhistischen Mission gilt der Ceylonese Anagarika Dharmapala (1864–1933), geboren als David Hewavitarne, der von den Eltern buddhistisch erzogen und dann auf eine christlich geführte Schule geschickt wurde.[1182] Hier, so berichtet er in autobiographischen Aufzeichnungen, lernte er „Buddhist wisdom and tolerance" gegenüber einem „Christian missionary fanaticism" zu schätzen.[1183] 1891 pilgerte er, wahrscheinlich inspiriert von Edwin Arnolds „The Light of Asia", einem typischen Produkt westlicher Literatur, die den Buddhismus idealisierte, nach Bodh-Gaya, wo der Buddha seine Erleuchtung erlangt haben soll. Im dortigen Mahabodhi-Tempel habe auch er seine Erleuchtung erfahren, obwohl er zu diesem Zeitpunkt noch kein ordinierter Mönch war. Im gleichen Jahr gründete er mit Arnold die Maha Bodhi-Society, die sich für die „Rückgabe" des Mahabodhi-Tempels an die Buddhisten einsetze (was man 1949 auch teilweise erreichte) sowie für die Wiederbelebung des Buddhismus in Indien und seine Ausbreitung unter Gebildeten.[1184] Bis etwa 1897/98 kooperierte Dharmapala mit dem aus den Vereinigten Staaten stammenden Theosophen Henry Steel Olcott,[1185] der sich zusammen mit Helena Petrovna Blavatsky dem Buddhismus zugewandt hatte und sich ebenfalls um die Verbreitung des Buddhismus bemühte. Olcott propagierte einen Buddhismus, der keine Religion, sondern eine Philosophie sei und der im Westen und namentlich Christen zu einer „höheren", theosophischen Religion führen

---

1177 Vgl. The Spread of Buddhism, hg. v. A. Heirman/St. P. Bumbacher, passim.
1178 Walters: Buddhist Missions, 6077. 6081.
1179 Ebd., 6081.
1180 Ebd., 6077.
1181 Walters: Rethinking Buddhist Missions, 115–117.
1182 Trevithick: The Revival of Buddhist Pilgrimage at Bodh Gaya.
1183 Zit. nach Bechert: Buddhismus, Staat und Gesellschaft in den Ländern des Theravada-Buddhismus, Bd. 1, 47.
1184 Ebd., 49.
1185 Ebd., 48.

sollte. Zu diesem Zweck verfasste er in Absprache mit dem Mönch Hikkaduve Sumangala, einem damals herausragenden Kopf des ceylonesischen Buddhismus, ein kleines Buch, das schon im Titel seine Herkunft aus dem klassischen christlichen Instrumentarium der Konversionsbegleitung dokumentierte: einen „Buddhistischen Katechismus". Das 1881 erstmals erschienene Bändchen war mit 42 Auflagen und einer Vielzahl von Übersetzungen (sowie angesichts von Gegen„katechismen") eines der erfolgreichsten Werke der Buddhismusrezeption um 1900.[1186] Olcott gehört mit diesem Buch in die Geschichte westlicher „Konvertiten" zum Buddhismus, die dessen Ausbreitung nach dem Modell der christlichen Mission konzipierten. Karl Seidenstücker, Erforscher und Anhänger des Buddhismus, brachte diese Verbindung von christlichen Konzepten und buddhistischer Praxis 1903 auf den semantischen Punkt, als er in Leipzig den „Buddhistischen Missionsverein" gründete.[1187]

Diese Beispiele zeigen, dass eine fehlende Missionskonzeption im frühen Buddhismus (und im frühen „Hinduismus") nicht das letzte Wort bleiben muss. Die globale Vernetzung im 19. Jahrhundert hat auch hier Missionskonzepte entstehen lassen, in denen die intentionale Verbreitung ein Element des Selbstverständnisses buddhistischer Gruppen geworden ist. Die Vorstellung kam allerdings nicht, wenn die vorgestellte historische Analyse stimmt, aus einem der vielen Räume des buddhistischen Speichergedächtnisses, sondern hatte ihren Ursprung im kommunikativen Gedächtnis des Christentums im 19. Jahrhundert.

3.3.3 Organisation religiöser Pluralität zwischen „Toleranz" und Gewalt

Eine auf Entscheidung plus Exklusivität beruhende Zugehörigkeit zu einer religiösen Gemeinschaft birgt ein hohes Konfliktpotenzial. Dies macht im Okzident die Gewaltgeschichte des Christentums, die im Folgenden punktuell zur Sprache kommen wird, überdeutlich. Zugleich ist klar, dass man inhaltliche Differenzen und dann auch die Verfolgung von „Abweichlern" in vielen Religionen findet.[1188] Diese Gewaltdimension ist, anders als man in Anlehnung an Jan Assmanns Monotheismustheorie vermuten könnte, keine Eigenheit monotheistischer Religionen, sondern eine Konsequenz kultureller Differenz.[1189] Dass allerdings die Exklusivitätsforderung monotheistischer Religionen das Gewaltproblem verschärfen kann,[1190] wird man nicht bezweifeln.

Beispiele, die eine religiös motivierte Gewaltanwendung dokumentieren, von struktureller Gewalt (etwa als Assimilation, intellektueller Ausgrenzung, sozialer Deprivation) bis zu manifester Gewalt, lassen sich auch außerhalb des Christentums leicht auffinden: Polemiken im Zoroastrismus,[1191] die stark machtpolitisch gestützte Durchsetzung religiöser Tra-

---

1186 Sven Bretfeld/Helmut Zander: Henry Steel Olcott: The Buddhist Catechism (im Druck).
1187 Mürmel: Der Beginn des institutionellen Buddhismus in Deutschland.
1188 Religious Polemics in Context, hg. v. T. L. Hettema/A. van der Kooij; Häresien; Orthodoxie, christianisme, histoire, hg. v. S. Elm u. a.
1189 Henderson: The Construction of Orthodoxy and Heresy, 171–177.
1190 Assmann: Die Mosaische Unterscheidung, 32.
1191 De Jong: Zoroastrian Religious Polemics and Their Contexts.

ditionen in China,[1192] die Verdrängung nichtbuddhistischer Praktiken durch den tibetischen Buddhismus und die Rechtfertigung von Kriegen durch Buddhisten im 20. Jahrhundert (siehe Kap. 3.3.3c), die Aufforderung zur Tötung von „Apostaten" im Islam (siehe Kap. 3.3.3b). Auch im Judentum hat man mit Zwangsmitteln zu rechnen, wie die Rechtfertigung kriegerischer Gewalt in der jüdischen Bibel insbesondere im deuteronomistischen Geschichtswerk[1193] oder der Fluch auf die Dissidenten in der zwölften Bitte des Shemone Esre dokumentieren.[1194] Eine staatlich autorisierte Verfolgung gab es fast nicht, aber dies war vermutlich ein Ergebnis fehlender Verstaatlichungsprozesse, wie eines der wenigen Beispiele nachantiker jüdischer Staaten dokumentiert, das südarabische Reich von Himyar, wo Christen unter jüdischer Herrschaft verfolgt wurden.[1195] Auch bei innerreligiösen Auseinandersetzungen findet sich eine strukturelle Einschränkung von Toleranz, etwa bei Auseinandersetzungen zwischen rabbinischem und karäischem Judentum.[1196] All diese Verweise auf vergleichbare Phänomene in nichtchristlichen Religionen beantworten allerdings die komparative Frage nach der Spezifizität des (lateinischen) Christentums nicht.

Ob das Gewaltpotenzial des okzidentalen Christentums höher oder niedriger war als dasjenige anderer Religionen oder ob es in der okzidentalen Geschichte in dramatischer Weise aktualisiert wurde, ist, wie auch die Frage, ob die Pluralität in der europäischen Religionsgeschichte höher ist als in anderen Religionskulturen, ein komplexer Gegenstand und nicht in dieser Studie zu entscheiden, ohne eine Reflektion über die Kriterien einer Identifizierung von Gewalt und einer Messung ihrer Intensität. Das Ziel der folgenden Überlegungen ist weit bescheidener: mögliche Unterschiede zu identifizieren und Überlegungen nachzugehen, ob in solchen Differenzen je eigene Pfadkonsequenzen vorliegen. Der Buddhismus etwa ist zwar nicht die genuin friedliche Religion, als die er im Okzident im 18. und 19. Jahrhundert konstruiert wurde, führt aber in seinen dogmatischen Texten prononciert die Forderungen nach Gewaltverzicht und das Tötungsverbot mit sich, die nicht nur latent vorhanden waren, sondern durch Buddhisten oft ins kommunikative Gedächtnis hinein aktualisiert wurden. Zu fragen wäre in weiteren Forschungen, ob solche Forderungen einen höheren Stellenwert als etwa im „Hinduismus" oder im Islam besaßen und den Einsatz von Gewalt möglicherweise stärker problematisierten.

In diesem Kontext der Anwendung und der Einhegung von Gewalt sind einmal mehr terminologische Festlegungen intrikat. Zum einen betrifft dies die Begriffe „Orthodoxie" und „Häresie", die trotz des normativen (jüdisch-)christlichen Ursprungs in religionshistorischen Arbeiten eine weitverbreitete Anwendung auf andere Religionen gefunden haben.[1197] Dabei ist nicht zu bestreiten, dass auch nichtchristliche Religionen Unterschiede gegenüber konkurrierenden religiösen Traditionen normativ thematisieren, zu fragen aber ist, wieweit das Orthodoxie-Häresie-Schema – etwa mit seiner binären Konstruktion von wahr und falsch,

---

1192 Henderson: The Construction of Orthodoxy and Heresy; Seiwert: Warum religiöse Toleranz kein außereuropäisches Konzept ist, 42f.
1193 S. Dtn 20,16; Num 31,7–20; 1 Sam 15, 3. 8
1194 Herrmann: Shemone Esre, 1279f.; Vouga: Geschichte des frühen Christentums, 168f.
1195 Bowersock: Le trône d'Adoulis, 107–110.
1196 Schreiner: Religiöse Toleranz im Judentum.
1197 Exemplarisch s. Henderson: The Construction of Orthodoxy and Heresy.

die gleichwohl auf einen gemeinsamen Gegenstand bezogen blieb,[1198] oder seiner Exklusivitätsimplikation – in komparativer Perspektive weiterhilft und ob nicht die Gefahr droht, nicht nur eine formale Differenz, sondern auch spezifische Konzepte und Inhalte auf andere Religionen zu übertragen. Deshalb verzichte ich im Folgenden auf diese Begriffe für die Beschreibung der Konstruktion von Differenz als Konsequenz einer auf Entscheidung basierten Religionszugehörigkeit. Eine vergleichbare Problematik betrifft den Begriff der „Toleranz", dessen religionsrechtliche Verwendung ein nachantikes okzidentales Erbe ist und der sowohl hinsichtlich der Anwendung in der Antike als auch auf andere Religionen Probleme aufwirft. Von beiden wird im Folgenden Kapitel noch die Rede sein.

3.3.3a Christentum: Verfolgte und verfolgende Christen – und die Religionsfreiheit

Die Frage, warum das Christentum sich im Rahmen einer „revolutionären" Veränderung des antiken Religionssystems aus „der Religion der Liebe in eine intolerante Religion" verwandelt habe, hielt der jüdische Historiker Guy Stroumsa für überaus irritierend.[1199] Diese Eruption von Gewalt begann allerdings mit dem Gegenteil von christlicher Gewalt, mit Christenverfolgungen, die eine Gewaltanwendung aus religiösen Motiven bedeuteten, wie sie die mediterrane Antike bis dahin nicht gekannt hatte, weil Konflikte mit Religionen fast immer politische Interessen hatten (siehe Kap. 3.2.1). Die Gewaltanwendung im Zusammenhang mit dem Christentum dokumentiert hingegen Konflikte, den dieser neue Typ von Religion mit seinem exklusivistischen Antipolytheismus und der Infragestellung der etablierten Sakralordnung auslöste. Wichtige Wurzeln dieser Entwicklung liegen im älteren Judentum, das eine monotheistische Ausrichtung und Eliminierung „fremder" Kulte gefordert hatte. Weil sich aber diese Forderung nur auf den innerjüdischen Bereich bezog, blieb das Konfliktpotenzial eingehegt. Konflikte mit der römischen Besatzungsmacht im ersten und zweiten nachchristlichen Jahrhundert in Palästina, die schließlich zur Zerstörung des Tempels und zur Dezentrierung des Judentums führten, hatten aus römischer Sicht vor allem machtpolitische Gründe. Eine staatlich gedeckte Judenverfolgung war dies nicht, genuin religiös motivierte Konflikte mit seiner Umwelt löste erst das sich konstituierende (Juden-)Christentum aus, zuerst innerhalb der jüdischen Gemeinden, später auch mit den politischen Behörden der paganen Umwelt. Davon jedenfalls berichtet Paulus in seinen Briefen für die 30er/40er Jahre, aber dies taten auch weitere im letzten Viertel des ersten Jahrhunderts entstandene Schriften des Neuen Testaments.[1200] Die Anhänger Jesu erhielten Körperstrafen, insbesondere im Umfeld der Synagogengemeinden (z. B. Apg 5,40; 21,32; 23,2), und in Einzelfällen, wie in der Erzählung von der Steinigung des Stephanus berichtet wird (Apg 7,55–60), fanden Christen schon in der ersten Generation den Tod. Die vermutlich erste außerchristliche Quelle für der-

---

1198 Berlinerblau: Toward a Sociology of Heresy, Orthodoxy, and Doxa.
1199 Stroumsa: Barbarian Philosophy, 3; die Rede von der „revolutionären" Dimensionen ebd., 1. 27 ff. u. ö.
1200 Paulus: 2 Kor 1,8; 11,24 f.; Phlm 1,13. Markus: Mk 13,9–13. Lukas: Apg 7,55–60; 12; 16,16–24; 23–26.

artige Konflikte ist eine Notiz bei Sueton, wonach zur Zeit des Kaisers Claudius (reg. 41–54) Juden aufgrund von Konflikten um einen „Chrestos" ausgewiesen worden seien.[1201]

Bis in die Zeit der konstantinischen Herrschaft sprechen Quellen immer wieder davon, dass Christen verfolgt würden.[1202] Dazu zählen im ersten Jahrhundert Verfolgungen unter Nero (reg. 64–68), der Christen für den Brand in Rom verantwortlich gemacht und sie deshalb habe kreuzigen und als Fackeln brennen lassen,[1203] sowie unter Domitian (reg. 81–96), dessen repressive Politik, so die Mehrheit der Exegeten, den Hintergrund für die apokalyptischen Theologumena der Johannesoffenbarung bilden. Vom Beginn des 2. Jahrhunderts datiert dann ein wichtiges, weil von staatlicher Seite herstammendes Dokument (siehe Kap. 3.3.1a): eine Anfrage des kaiserlichen Statthalters im kleinasiatischen Bithynien, Plinius des Jüngeren, aus dem Jahr 112, also zur Zeit Trajans (reg. 98–117), in dem er den Kaiser anfragt, ob Christen als Christen (wegen des „nomen ipsum") oder nur konkreter Verbrechen wegen bestraft werden sollen. Konkret teste er die Haltung von Christen, so Plinius, indem er die Verehrung der Götterbilder einfordere und im Rahmen des Kaiserkultes auch die Verehrung des kaiserlichen Bildes,[1204] womit er für Christen das Sacrificium intellectus verschärfte. In der kaiserlichen Antwort las Plinius, dass es kein festliegendes Verfahren gebe. Christen sollten aber ihre Loyalität gegenüber der tradierten Religion „supplicando dis nostris"[1205] (also durch ein Opfer) unter Beweis stellen können, womit eine öffentlich sichtbare Praxis, etwa der Inzens von Weihrauch, verbunden gewesen sein dürfte – von einer Einbeziehung des Kaiserkults war allerdings keine Rede mehr. Eine Religionspolitik antichristlicher Färbung lässt sich aus alledem nicht entnehmen, vermutlich lag Trajans Antwort auf der traditionellen römischen Linie des Umgangs mit religiösen Gruppen: Trajan ging es um die Eliminierung politischer Unsicherheit. Mit dieser Absicht forderte er von den Christen Loyalität ein, nicht, weil er sie als Christen zu verfolgen beabsichtigte.

In den folgenden Jahrzehnten dürfte es immer wieder Konflikte und Verfolgungen gegeben haben, wobei anzunehmen ist, dass diese nicht nur durch staatliche Stellen, sondern auch durch gesellschaftlichen Gruppen, möglicherweise vor allem durch diese, initiiert wurden. Um 200 jedenfalls dokumentiert Tertullian literarisch geschärft eine populäre Schuldprojektion auf Christen, wenn er schreibt, dass die Christen für jegliches Missgeschick verantwortlich gemacht würden: „Wenn der Tiber die Mauern überflutet, wenn der Nil die Felder nicht überflutet, wenn der Himmel sich nicht rührt, wenn die Erde sich bewegt, wenn eine Hungersnot, wenn eine Seuche wütet, gleich schreit man: ‚Die Christen vor die Löwen!'"[1206] Seit Ende des 2. Jahrhunderts, vor allem aber im dritten traten philosophische Auseinandersetzungen mit dem Christentum hinzu, Kritik etwa von Seiten der Philosophen Kelsos und Porphyrios oder durch Kaiser Julian. Die Sorge, die Christen könnten das Heil des politischen Gefüges infrage stellen, spielte wie immer eine Rolle, aber die Philosophen trieb

---

[1201] Sueton: De vita caesarum, Claudius, 25,4.
[1202] Das Quellenkorpus ist immer wieder im Überblick dokumentiert worden, s. aus der neueren Literatur Engberg: Impulsore Chresto.
[1203] Tacitus: Annales, 15,44.
[1204] Plinius: Epistolae, 10,96,6.
[1205] Ebd., 10,97.
[1206] Tertullian: Apologeticum, 40,1 (Übersetzung Carl Becker).

auch der christliche Exklusivismus und die damit verbundene Depotenzierung der Götter zu Dämonen um.[1207]

In diesem Kontext entwickelten Christen spezifische Formen der Auseinandersetzung, die vom lebensweltlichen „Zeugnis" bis zur intellektuellen „Apologetik" reichten. Gerade die „Apologetik" als „Verteidigung" des Christentums war wohl mehr als eine Auseinandersetzung mit nichtchristlichen Positionen und dürfte viel mit der Legitimierung der Differenz zu tun haben, die durch die entscheidungsbegründete Segregation entstand. Von der Antwort auf diese Frage hängt es ab, ob man die „Apologetik" als Spezifikum des Christentums ansieht oder als besondere Form auch andernorts betriebener Debatten. Dass es pagane und jüdische Vorlagen gab, ist nicht zu bezweifeln, aber ob diese Gemeinsamkeiten eine Verrechnung unter die Vorläufer der christlichen Traditionen rechtfertigt, wird inzwischen wieder infrage gestellt.[1208] Insbesondere die Verfolgungssituation dürfte eine Form der Rechtfertigung auf den Weg gebracht haben,[1209] die im Christentum erst diskursiv erprobt und später legalistisch in der rechtlichen Minderstellung anderer Religionen durchgesetzt wurde.[1210]

Eine systematische Verfolgung, die den Beginn einer Eskalation bedeutete, entstand unter der Herrschaft des Decius (reg. 249–251). Er ordnete an, dass alle Bewohner des Reiches den Göttern ein Opfer bringen müssten und darüber eine schriftliche Bestätigung auszustellen sei. Mit welcher Strenge diese Regelung durchgesetzt wurde, welche Umwege es gab, dem Opfer auszuweichen (etwa indem man Sklaven schickte), ist schwer zu sagen. Klar aber ist, dass Christen im Gegensatz zur trajanischen Politik systematisch identifiziert werden sollten. Die „Gefallenen", die „lapsi", die sich vom Christentum wieder abgewandt hatten, konfrontierten die christlichen Gemeinden mit der Frage, wie man mit ihnen umzugehen habe. Üblicherweise wurden sie nach einer Bußleistung wieder in die Gemeinden aufgenommen. Unter Valerian (reg. 253–260) kam es dann wohl zur ersten Verfolgung, die sich ausschließlich gegen Christen richtete, allerdings nur gegen Amtsträger, denen bei der Verweigerung des Opfers die Todesstrafe drohte. Die letzte große Verfolgungswelle fand unter Diokletian (reg. 284–305) und der Tetrarchie statt. Gemäß seiner Anordnungen aus dem Jahr 303 seien christliche Kleriker zum Opfer zu zwingen, Kirchen sowie die heiligen Schriften zu zerstören, außerdem drohte Christen ein Ämterverbot; ob er damit auch eine affirmative innere Einstellung forderte, lässt sich nicht klar sagen, zumindest vermuten kann man, dass damit auch ein politisches Motiv, die Stärkung der traditionellen Herrschaft durch Ausgrenzung der Christen, verbunden war.[1211] Ein Jahr später sollte, wie schon unter Decius, die gesamte Reichsbevölkerung zum Opfer gezwungen werden.

Die Motive der Christenverfolgungen sind bei Divergenzen im Detail in den Grundzügen klar.[1212] Christen wurden lange nicht deshalb verfolgt, weil sie Christen waren, also in diesem

---

1207 So Harges: Against the Christians.
1208 Etwa von Petersen: The Diversity of Apologetics. Zur älteren Deutung der stärkeren Integration des Christentums s. Conzelmann: Heiden – Juden – Christen, v. a. 139ff.
1209 Avemarie: Traces of Apologetics in Rabbinic Literature, 167f. 176.
1210 Rüpke: Von Jupiter zu Christus, 303.
1211 Aubreville: Zur Motivation der tetrarchischen Christenverfolgung.
1212 Aus der umfangreichen neueren Literatur s. The Great Persecution, hg. v. V. Twomey/M. Humphries; Martyrdom and Persecution in Late Antique Christianity, hg. v. J. Leemans; Contextualizing Early Christian

Sinn aus religiösen Gründen, sondern weil sie die Befürchtung weckten, sie könnten die öffentliche Ordnung stören oder in Gefahr bringen. Dass dabei die transregionale Ausbreitung des Christentums ein neuartiges Bedrohungsszenario darstellte, kann man zumindest vermuten. Immer aber ging es um das „Heil" des Staates, also um Ordnungspolitik, denn der „beständigen Geduld der Götter" verdanke, so wohl nicht nur die Überzeugung des Valerius Maximus zu Beginn des ersten Jahrhunderts, das Römische Reich seine Prosperität.[1213] In dieser Perspektive sind die Opferverpflichtungen seit Trajan zu lesen: Christen galten, insofern sie sich von den Göttern des Staates abwandten, als eine Art religiöses Sicherheitsrisiko, namentlich in Krisenzeiten oder wenn das Konzept der imperatorischen Herrschaft in besonderem Maße religiös aufgeladen wurde wie in der Tetrarchie. Erst in diesem Kontext dürfte dann auch der Kaiserkult ein Problem geworden sein – sofern man ihn denn als eine Art Reichsreligion deuten will. Derartige Zugriffe des Staates blieben allerdings bis zu den decischen Maßnahmen lokal begrenzt. Danach wurden sie zu reichsweiten Aktionen ausgedehnt, die sich allerdings erst im 3. Jahrhundert, unter Valerian, speziell gegen Christen richteten. Das bedeutet, dass die (Selbst-)Ausgrenzung der Christen durch ihr Zugehörigkeitsmodell, nicht zuletzt durch ihren Anspruch auf Exklusivität, die Reaktionen des Staates nicht kreierte, wohl aber im Laufe der ersten drei Jahrhunderte verschärfte. Insofern ist die Verfolgungsgeschichte auch eine Konsequenz des christlichen Vergemeinschaftungsmodells.

Diese Überlegungen gelten für das Christentum im Römischen Reich, aber nicht zwingend in gleicher Weise für andere Regionen. Ähnlich und doch in wichtigen Dimensionen anders verlief die Geschichte etwa im Sassanidenreich, wo es auch in einzelnen Perioden zur Verfolgung und Tötung von Christen kam.[1214] Dahinter standen wohl vor allem politische Gründe: Spannungen zwischen Rom und dem Perserreich im 4. Jahrhundert, als die Christen unter Konstantin zur hegemonialen Religion aufstiegen.[1215] Namentlich die Deklarierung zu Schutzbefohlenen durch Rom unter Konstantin ohne die Zustimmung der ortsansässigen Christen[1216] könnte den Eindruck erweckt haben, das diese die fünfte Kolonne Roms seien.[1217] Dazu kamen Sondersteuern für Christen,[1218] vielleicht Kriegssteuern, die sie sich zu zahlen weigerten[1219] und die sowohl Auslöser als auch Ergebnis solcher Auseinandersetzungen sein konnten. Möglicherweise stand auch der Versuch im Hintergrund, den Zoroastrismus zu einer religiösen Klammer für das Perserreich zu machen,[1220] wobei allerdings unklar ist, zu welchen Zeiten der

---

Martyrdom, hg. v. J. Engsberg u. a.
Zu Domitian s. Timpe: Domitian als Christenfeind und die Tradition der Verfolgerkaiser, 213–233. Zur Diokletian s. Schwarte: Diokletians Christengesetz, und Aubreville: Zur Motivation der tetrarchischen Christenverfolgung.

[1213] Valerius Maximus: Factorum et dictorum memorabilium libri, 1,1,8.
[1214] Wiesehöfer: Das antike Persien, 266–277.
[1215] Schippmann: Grundzüge der Geschichte des sasanidischen Reiches, 95.
[1216] Wiesehöfer: Das antike Persien, 269.
[1217] Ebd.
[1218] Rist: Die Verfolgung der Christen im späten Sasanidenreich, 31f.; Wiesehöfer: Das antike Persien, 269f.
[1219] Hauser: „Die Christen vermehrten sich in Persien", 34.
[1220] Wiesehöfer: Das antike Persien, 267, spricht von einer zumindest starken Zoroastrisierung; s. auch Rist: Die Verfolgung der Christen im späten Sasanidenreich, 28. 32–35.

Zoroastrismus die Funktion einer Art Staatsreligion besaß.[1221] Zu einer systematischen Christenverfolgung, wenn es sie gab,[1222] kam es nur punktuell, nicht zuletzt in der Verfolgung der Manichäer, aber ein religionspolitisch „gefährdeter" Faktor blieben Christen offenbar auch im Sassanidenreich. Signifikanterweise endeten die Verfolgungen, als sich die syrische Kirche innerhalb des Sassanidenreichs formierte, mehr noch, sie wurde seitdem vor Belästigungen geschützt und besaß die Möglichkeit einer weitgehend schrankenlosen Missionstätigkeit.[1223]

Die in unterschiedlichen Regionen immer wieder nachweisbare Tötung von Christen aus religiösen Gründen bleibt allerdings ein auffälliges Merkmal der Christentumsgeschichte, nicht nur in der Antike. Daraus entwickelte sich ein eigener theologischer Topos, derjenige des Martyriums von Christen, die den gewaltsamen Tod einem Gehorsam, der ihren Entscheidungen widersprach, vorzogen.[1224] Nun kennt die Antike Menschen, die um ihrer Überzeugungen willen den Tod auf sich nahmen, Sokrates ist vielleicht das berühmteste Beispiel, aber das Ausmaß, in dem Christen aus inneren Motiven für ihren Glauben starben, eröffnete religionsgeschichtlich eine neue Dimension. Diese Hinrichtungen respektive Ermordungen von mutmaßlich besonders aktiven Christen bedeuteten allerdings nicht nur eine Bedrohung und Schwächung des christlichen Modells, vielmehr machten die „Märtyrer" das Christentum auch attraktiv. Denn Menschen, die für Ihre Überzeugungen den Tod in Kauf nahmen, wirkten sich nicht nur negativ auf das Christentum aus, weil sie die Zahl der Gemeindemitglieder verringerten oder das Christentum als Fanatismus erscheinen ließen, sondern sie ließen zugleich das Christentum nach außen wie nach innen als wertvoll erscheinen und stärkten so seine Identität und Attraktivität. „Das Blut [der „Niedergemähten"] ist der Samen der Christen", konnte schon Tertullian behaupten.[1225]

In der Forschung ist die Frage gestellt worden, in welchem Ausmaß in diesen „Märtyrern" eine Innovation durch das Christentum vorliegt. Die ältere Literatur hat die Vorläuferfunktion des Judentums betont, insbesondere im Blick auf die beiden ersten Makkabäerbücher aus dem ersten Jahrhundert vor Christus, in denen berichtet wird, dass sich Juden Hellenisierungsbestrebungen widersetzt und dabei den Tod gefunden hätten. Shmuel Shepkaru legt demgegenüber eine vorsichtigere Lesung hinsichtlich der Anwendung des Begriffs „Märtyrer" nahe. So findet sich die positive Bewertung von Toten als Märtyrern im ersten Makkabäerbuch gerade nicht, das vielmehr von toten „Eiferern" redet, und das gilt in abgeschwächter Form auch für das zweite Buch der Makkabäer.[1226] Die Ausnahmen, die sich dann im ersten Jahrhundert und insbesondere gegen dessen Ende finden (bei Philo, Flavius Josephus und im vierten Makkabäerbuch) sprechen mehr von potentiellen als von realen „Martyrien".[1227] Shepkaru sieht deshalb eine ausgearbeitete Theologie und eine reale Praxis des Martyriums

---

1221 Schippmann: Grundzüge der Geschichte des sasanidischen Reiches, 92f. 97–101.
1222 Herman: The Last Years of Yazgird and the Christians, hält die Verfolgungsnarrative für Produkte christlicher Literatur.
1223 Hauser: „Die Christen vermehrten sich in Persien", 35–37.
1224 So die Definition bei Van Henten: Martyrium II (ideengeschichtlich), S. 301.
1225 Tertullian: Apologeticum, 50,13.
1226 Shepkaru: Jewish Martyrs in the Pagan and Christian Worlds, 17. 24f.
1227 Ebd., 65.

vom Christentum ausgehen, die sich dann das Judentum anverwandelt habe.[1228] Ähnlich vorsichtig dürfte mit Motiven aus dem paganen Bereich, etwa dem „edlen Tod" eines Philosophen wie des Sokrates, umzugehen sein. Wenn diese Perspektive zutrifft, war das „Martyrium" ein identitätsstiftendes Verhaltensmuster, das durch das christliche Entscheidungskonzept von einem Entwurf zu einem realen Verhalten verschärft wurde.

Die hohe Bedeutung dieser „Martyrien" für die (Selbst-)Unterscheidung des Christentums von anderen Religionen dokumentiert zumindest für dessen schreibende Elite die Literaturgattung der „Märtyrerakten", die zu den ältesten Schriftkorpora nach den neutestamentlichen Schriften zählen und schon kurz nach dem Jahr 100 ein beträchtliches Korpus bildeten. Sie dürften im Rahmen der entscheidungsbegründeten Abgrenzung zu anderen Überzeugungen eine alternative „Modellgestalt" der neuen Religion demonstriert haben.[1229]

Das Ende der Christenverfolgungen begann unter Kaiser Galerius (reg. 305–311), der den Christen Religionsfreiheit gewährte. Sie durften sich als Gruppe konstituieren, Versammlungen abhalten und Vereinshäuser errichten. Die Kaiser Licinius und Konstantin beschlossen dann, „dass wir überhaupt niemandem die Möglichkeit [der Religionsausübung] glauben versagen zu dürfen, der entweder der Praxis (observatio) der Christen oder derjenigen Religion seine Aufmerksamkeit schenkt, die er selbst für die geeignetste erachtet."[1230] Das – von dem Intermezzo Kaiser Julians abgesehen – Ende der Christenverfolgungen kam mit Kaiser Konstantin nach seinem Sieg an der Milvischen Brücke im Jahr 312. Damit begann im Okzident die intensive Prägung der politischen Sphäre durch das Christentum und die Geschichte einer engen Verbindung von Religion und Politik. Hinter Konstantins Hinwendung zum Christentum, die viel und kontrovers diskutiert wird, dürften zumindest in beträchtlichem Ausmaß persönliche Motive gestanden haben.[1231] Jedenfalls reichen machtpolitische Interessen kaum aus, denn zu diesem Zeitpunkt war das Christentum nicht nur im Westen, sondern teilweise auch im Osten eine sehr kleine Minderheit. Vielmehr hatte Konstantin in seinen Augen den Sieg dem stärkeren, dem christlichen Gott verdankt. Und so förderte er das Christentum zunehmend und distanzierte sich persönlich immer stärker von der paganen Religion – aber Konstantin privilegierte das Christentum, er monopolisierte es nicht. So fehlte ein allgemeines Verbot der paganen Kulte.[1232] In seiner neuen Hauptstadt Konstantinopel spiegelte sich diese polyvalente Religionspraxis – vermutlich im Rahmen einer asymmetrischen Situation, insofern der Kaiser Christ war, aber die Mehrheit der Bewohner im Reich paganen Traditionen anhingen – wie in einem Brennglas: pagane Tempel entstanden, an denen zumindest eine Minderheit der Einwohner Konstantinopels ihre Riten praktizierte,[1233] Konstantin ließ sich mit den Attributen der

---

1228 Ebd., 2; ähnlich schon Bowersock: Martyrdom and Rome. Eine jüdische Geschichte des Martyriums sieht weiterhin van Henten: Martyrium II. Hingegen ist aus der christlichen Beanspruchung der makkabäischen Märtyrer, wie sie im späten 4. Jahrhundert nachweisbar ist, nach Ziadé: Les martyrs Maccabées, wohl keine Vorläuferfunktion ableitbar.
1229 Van Henten: Martyrium II, 320.
1230 Lactanz: De mortibus persecutorum, 48,3 (Übersetzung in Anlehnung an Alfons Städele); in den Formulierungen abweichende parallele Überlieferung bei Eusebius: Historia ecclesiastica, 10,5.
1231 Mit dieser Position etwa Girardet: Die konstantinische Wende, 57–80.
1232 Noethlichs: Die gesetzgeberischen Maßnahmen der christlichen Kaiser, 19–30.
1233 Dagron: Naissance d'une capitale, 367–377.

paganen Götter verehren,[1234] ihre Statuen wurden aufgerichtet und „heidnische" Dichter zum Herrscherlob eingesetzt.[1235] Auch die Bewohner dürften noch über lange Zeit den paganen Traditionen angehangen haben, die neue Oberschicht blieb jedenfalls noch bis ins 5. Jahrhundert hinein zu beträchtlichen Teilen „heidnisch".[1236] Erstmals wurde das Christentum als Staatsreligion in Armenien etabliert, vermutlich unter König Tiridates (reg. 298–330).[1237] Die Durchsetzung des Christentums als monopolistischer Staatsreligion im Imperium Romanum erfolgte erst mit Kaiser Theodosius (reg. 379–395). Eine 392 erlassene Konstitution dehnte ältere lokale Regelungen auf das ganze Reich aus und zielte auf eine vollständige Eliminierung der paganen Kulte, indem sie sowohl öffentliche als auch private Ritualhandlungen verbot.[1238] Allerdings bildeten die theodosianischen Maßnahmen keine konsistente und systematische Religionspolitik, die Maßnahmen erfolgten fast immer reaktiv und punktuell.[1239]

Eine Sonderstellung behielt in diesem Prozess das Judentum. Entscheidend war die Zubilligung des Existenzrechtes, das ja den polytheistischen Religionen nicht gewährt wurde. Diese Vorzugsstellung gründete in der theologischen Annahme einer gemeinsamen monotheistischen Tradition, die etwa bei Cyprian in der Mitte des 3. Jahrhunderts ihren Ausdruck darin fand, dass Juden ursprünglich nicht auf den Vater, sondern nur auf den Namen Jesu Christi getauft wurden.[1240] Damit kreierte das Christentum eine Matrix – Verbot der polytheistischen Religionen, Privilegierung der Vorgängerreligion – für den Umgang mit anderen Religionen, die durch die strukturelle Übernahme im Islam eine weite Verbreitung im außerchristlichen Raum fand.

Für die nichtjüdischen Religionen hingegen bedeutet die Machtübernahme des Christentums in der Theorie deren Ende, in der Praxis aber auch deren Transformation. Jedenfalls kam es, als das Christentum im 4. Jahrhundert zur Hegemonialmacht aufstieg, zur Umkehrung der Fronten. Aus vom Staat verfolgten Christen wurden Christen zu Verfolgern der alten Religion(en).[1241] Dies war kein punktueller, zufälliger Racheakt. Das Vorgehen gegen die paganen Traditionen ist nicht zu verstehen ohne eine in der Antike vermutlich einmalige Verfolgung einer religiösen Gruppe durch den Staat, weil die Christenverfolger nicht deren politische Unzuverlässigkeit, sondern schließlich deren religiöse Überzeugungen zur Begründung der Disziplinierung gemacht hatten. Natürlich sind beide Dimensionen, die politische und die religiöse, voneinander nicht zu trennen, aber dass sich in dieser Mélange religiöse Argumente zu einem eigenständigen Faktor entwickelten, dürfte eine neue Dimension des staatlichen Zugriffs bedeutet haben. Christen hatten mithin eine historisch neue und denkbar schlechte Erfahrung im Feld der religiösen Pluralität gemacht und zogen daraus die Konsequenz, die ehemaligen Unterdrücker nun selbst zu unterdrücken. Aber das Vorgehen gegen die paganen Religionen besaß auch christentumsinterne Motive, es war auch eine

---

1234 Speck: Urbs, quam Deo donavimus, 149. 171f.; Berger: Konstantinopel, die erste christliche Metropole?, 65.
1235 Cameron: The Mediterranean World in Late Antiquity 395–700 AD, 20f.
1236 S. Schlange-Schöningen: Kaisertum und Bildungswesen im spätantiken Konstantinopel, 148–150.
1237 Hage: Das orientalische Christentum, 229.
1238 Codex Theodosianus, 16.10.12.
1239 Noethlichs: Die gesetzgeberischen Maßnahmen der christlichen Kaiser, 43. 196f.
1240 Cyprian von Karthago: Epistolae, 73,17.
1241 Gottlieb/Rosenberger: Christentum und Kirche im 4. und 5. Jahrhundert, 60–72.

Konsequenz des Postulats der Unvereinbarkeit der paganen mit der christlichen Tradition. Im Christentum ging es theologisch um die Opposition von christlichem Monotheismus und paganem Polytheismus, soziologisch um die Forderung nach exklusiver Mitgliedschaft angesichts einer vordem multilateralen Zugehörigkeitspragmatik.

Jetzt erst, im späten 4. Jahrhundert, wurden religiöse Überzeugungen als kulturelle Macht (und nicht nur als politischer Konfliktfaktor) problematisch.[1242] Schon in den späteren Schriften des Neuen Testaments, die zunehmende Abgrenzungen gegenüber den Umweltreligionen voraussetzen, findet sich die Warnung vor der Apostasie, dem „Abfall" vom „Gesetz des Mose" und vom „Gottessohn", die von Gott „furchtbar" sanktioniert werde (Hebr 10,26–31). Diese Frontstellung wurde durch eine Gotteslehre abgestützt, in der man monotheistische Vorstellungen durch eine dämonologische Interpretation anderer Götter monopolisierte. Götter wurden nicht nur, wie teilweise in der jüdischen Theologie, als Illusionen interpretiert, sondern als Dämonen und Agenten des Teufels. Mit dieser Auffassung musste man die religiöse Wirksamkeit paganer Riten nicht schlankweg bestreiten, sondern konnte beispielsweise Wunder und Heilungen in paganen Praktiken akzeptieren. Zugleich musste man den exklusiven Monotheismus nicht infrage stellen.[1243] So hatte möglicherweise schon Paulus argumentiert, als Mitglieder der korinthischen Gemeinde Monolatrie, also die Verehrung nur eines Gottes in einer Gruppe, als Monotheismus deuteten und in paganen Göttern keine Dämonen, sondern ein allwirksames Eines lassen, um darin den christlich verstandenen Gott zu sehen.[1244]

Schlussendlich wurde die zuvor eingeforderte Freiheit der Religionsausübung den „Heiden" nicht gewährt.[1245] Wieder gilt, dass Christen diese Praktiken nicht ex nihilo erfanden, sondern vorhandene Formen der Reglementierung von Religion ausbauten. Marie Theres Fögen hat dies an einer zentralen Stelle, der Rolle der kaiserlichen Macht bei Verfolgungen, nachgezeichnet und zu zeigen beansprucht, wie die christlichen Herrscher von ihren paganen Vorgängern die Rolle der Richter auch in religiösen Angelegenheiten erbten. Diese Macht gründe, so Fögen, in einer philosophischen Wissenschaftskritik, derzufolge der Wille Gottes nicht erkennbar sei. Dann aber müssten Entscheidungen auf einer nachgeordneten Ebene gefällt werden. Am Ende würden die Herrscher für die Wahrheit zuständig sein, weshalb sowohl pagane als auch christliche Kaiser gegen Vertreter missliebiger Wahrheitsansprüche vorgingen: die einen gegen die heidnischen Mantiker und die anderen gegen Polytheisten und christliche Dissidenten.[1246] Insoweit erbte das Christentum Elemente der paganen Praxis der Religionskontrolle mit dem Ziel der Bestandssicherung des weltlichen Reiches.[1247] Aber die Geschichte der christlichen Gewalt im Namen religiöser Exklusivitätsansprüche, die mit dem Aufstieg des Christentums zu einem hegemonialen Akteur einherging, ist nicht nur als Traditions- und Transformationsgeschichte älterer Gewaltanwendungen zu schreiben,

---

[1242] Rüpke: Aberglaube oder Individualität, 151.
[1243] Schöllgen: Die frühen Christen und die andere Antike, 154–159.
[1244] Woyke: Das Bekenntnis zum einzig allwirksamen Gott und Herrn und die Dämonisierung von Fremdkulten.
[1245] Noethlichs: Heidenverfolgung, 1150.
[1246] Fögen: Die Enteignung der Wahrsager, 320.
[1247] Noethlichs: Heidenverfolgung, 1188; Hahn: Einleitung (in: Spätantiker Staat und religiöser Konflikt), 2.

sondern besaß im Christentum einen spezifischen Faktor der Verschärfung, die einen qualitativ neuen Umgang mit religiöser Pluralität zur Folge hatte. Aber zugleich gab es Grenzen: Aufrufe zur Tötung von Polytheisten hat es in der frühen Christenheit wohl nicht gegeben.

Was dann im Römischen Reich unter den christlichen Kaisern geschah, war ein höchst bemerkenswerter Transformationsprozess in der eurasischen Religionsgeschichte, die gezielte religiöse Neuausrichtung eines riesigen Reiches, bei dem das christliche Religionskonzept politisch durchgesetzt und das Recht auf freie Entscheidung aus dem kommunikativen Gedächtnis ins Speichergedächtnis abgedrängt wurde. Dabei handelte es sich um einen Prozess, der in den verschiedenen Regionen und Zeiten unterschiedlich und in einem Geflecht von Übernahmen und Abgrenzungen, von friedlichen Adaptionen und gewaltförmigen Exklusionen ablief. Bei dessen Interpretation verbieten sich wieder einmal, wie ich vorab festhalten möchte, alle reduktiven Annahmen und namentlich die Beanspruchung einer repräsentativen Geltung von Beispielen (die im Folgenden vor allem aus der Osthälfte des Imperium Romanum stammen) für die Interpretation dieser „Christianisierung" des Römischen Reiches. Insbesondere wäre neben der Interpretation des Rechts das gesamte Repertoire der Deutung von Austauschprozessen zu aktivieren, was hier nicht möglich ist. Schließlich ist es unangemessen, von den kaiserlichen Edikten auf eine unmittelbare oder auch nur baldige Umsetzung zu schließen – dies dürfte die antike Situation fälschlicherweise mit der Brille (gegenwärtiger) rechtsstaatlicher Prozesse lesen.

Hinsichtlich der rechtlichen Regelungen war bedeutsam, dass sich Kaiser Konstantin 312 dem Christentum zuwandte, aber er verfügte noch keine Schließung von Tempeln oder ein Verbot von Götteropfern und ließ in seiner Hauptstadt Konstantinopel ja auch durchaus neue nichtchristliche Tempel errichten (s. o.). Erst sein Nach-Nachfolger, sein Sohn Constantius II., befahl 341 die Abschaffung der Opfer,[1248] was zwar die Schließung oder Zerstörung von Tempeln, aber noch nicht deren flächendeckendes Verschwinden nach sich zog. Die dabei vorgenommene Beschlagnahmung von Tempeln war Teil des antiken Siegerrechts und kam auch in der Regel nicht den christlichen Kirchen, sondern dem Fiskus zu Gute.[1249] Erst 356 fügte Constantius die Androhung der Todesstrafe für die Verehrung der alten Götter hinzu.[1250] Die relative Fragilität des religiösen Wandels dokumentierte Kaiser Julian (reg. 360–363), der Neffe des Constantius, der sich nach einer christlichen Erziehung der alten Religion zugewandt hatte und geschlossene Tempel wieder öffnen ließ. Ein Verbot christlicher Praktiken findet sich unter seiner Herrschaft nicht, gleichwohl aber gab es gewalttätige Aktionen gegen das Christentum, etwa die öffentliche Folter und Ermordung des Bischofs Markus aus dem syrischen Arethousa, der zuvor die Zerstörung paganer Tempel forciert hatte.[1251] Julians Versuch der Revitalisierung der paganen Tradition blieb jedoch ohne nachhaltigen Erfolg, nicht zuletzt, weil er weder die Eliten noch die breite Bevölkerung hinter sich bringen konnte.[1252]

[1248] Codex Theodosianus, 16,10,2.
[1249] Bonamente: Einziehung und Nutzung von Tempelgut durch Staat und Stadt in der Spätantike.
[1250] Codex Theodosianus, 16,10,6.
[1251] Gregor von Nazianz: Oratio, 4,88f.
[1252] Rosen: Julian, 345–350; Bringmann: Kaiser Julian, 190f.

Unter seinen Nachfolgern Gratian und insbesondere unter Theodosius setzte sich die Zurückdrängung der paganen Religionspraxis christlicherseits fort. Dieser Prozess rechtfertigt einige längere Ausführungen, weil in ihm der neue Typus von Entscheidungsreligion zum ersten Mal politisch durchgesetzt wurde – und nicht nur in einzelnen Städten oder Regionen, sondern in dem riesigen Römischen Reich und seinen Nachfolgestaaten. Seit dem 18. Jahrhundert sind diese Veränderungen der Gegenstand einer höchst kontroversen Debatte, als man das traditionelle Bild einer heilsgeschichtlichen Wende durch Christianisierung kritisierte und die Durchsetzung des Christentums als einen Prozess effektiver Gewaltanwendung las. Aber diese Interpretation wird heute durch Deutungen gegengelesen, die den Aufstieg des Christentums als eine eher transformative Kontinuität beschreiben, wie es sie auch andernorts in der Antike im Rahmen von neuen Hegemonien gab.[1253] Die dabei angewandte strukturelle und physische Gewalt mit dem Ziel einer christlichen Homogenisierung der Gesellschaft (die, aber davon ist im Folgenden nicht die Rede, oft auch das Judentum betraf, dessen Synagogen an manchen Orten zerstört und in Kirchen umgewandelt wurden[1254]) ist nicht zu bestreiten, aber eben auch nur ein Teil dieser Geschichte.

Physische Gewalt wurde schon bald nach dem Ende der Herrschaft Julians auch gegen Menschen angewandt, 371/372 kam es in Rom und Antiochia zur Verfolgung und auch zu Tötung von Theurgen, darunter auch von Anhängern Kaiser Julians.[1255] 391 verbot Theodosius den Tempelkult, ein Jahr später jegliche Verehrung der alten Götter.[1256] Im diesem Kontext setzte sich das Christentum in symbolisch hoch aufgeladenen Konflikten als hegemoniale Religionsmacht auch religionspolitisch durch. So konnte der Mailänder Bischof Ambrosius mit Hilfe von Debatten und politischer Einflussnahme verhindern, dass der stadtrömische Aristokrat und Präfekt Symmachus in den achtziger und neunziger Jahren des 4. Jahrhunderts die erneute Aufrichtung des Victoriaaltars, den Gratian hatte niederlegen lassen, erreichte. Monotheistischer Exklusivismus und polytheistischer Pluralismus waren hier aufeinandergetroffen. Während Ambrosius das Monopol der christlichen „Wahrheit" beanspruchte, forderte Symmachus eine Pluralität von Heilswegen, insofern man nicht „auf einem Weg zu einem so großen Geheimnis gelangen kann".[1257]

Aber es gab auch den Konflikttypus der Anwendung brachialer Gewalt, hochsymbolisch derjenige um das Serapeion in Alexandria im Jahr 391. Der dortige Bischof Theophilus hatte pagane Götterfiguren in einem Spottumzug durch die Straßen führen lassen, worauf Anhänger der paganen Kulte gegen Christen vorgingen. Diese wiederum besetzten das Serapeion und zerstörten dessen zentrale Statue, indem sie sie in kleine Stücke zerschlugen und den Kopf als Siegestrophäe durch die Stadt führten. Alexandria war ein Exempel für den Versuch einer systematischen Zerstörung der paganen Kultur[1258] und für deren symbolische Unterwerfung, etwa wenn dabei Götterstatuen als Putten in Kirchen verbracht wurden.[1259] Aber

---

1253 Caseau: Christianisation et violence religieuse, 23–36.
1254 Lanfranchi: Des paroles aux actes. La destruction des synagogues et leur transformation en églises.
1255 Soler: Les victimes des procès de 371–372 à Rome et à Antioche.
1256 Codex Theodosianus 16,10,10; 16,10,12.
1257 Symmachus: Relatio 3, 10.
1258 Hahn: Gewaltanwendung *ad maiorem Dei gloriam*?, 243f.
1259 Ebd., 243.

das christliche Vorgehen hatte ein Gewaltpotenzial entfesselt, dem auch staatliche Instanzen nicht wehren konnten.[1260] Wie grausam die Weltanschauungskämpfe ausgetragen werden konnten, dokumentiert ein weiteres Ereignis in Alexandria. Ein Vierteljahrhundert später ermordeten Christen hier die Philosophin Hypatia, die vermutlich neuplatonischen Vorstellungen anhing. Von einem christlichen Mob wurde sie, wie der christliche Historiograph Sokrates Scholastikos (mit Scham und Abscheu) schrieb, in einer Kirche ihrer Kleider beraubt, gehäutet, in Stücke geschnitten und verbrannt.[1261] Eine Bestrafung der Täter unterblieb, vielleicht um den fragilen städtischen Frieden nicht zu gefährden.[1262] Aber derart spektakuläre Jagdszenen, wie sie in Alexandrien der Umgang mit dem Serapionskult und der Hypatia dokumentierten, waren nicht die Regel, eher – vermutlich krasse – Ausnahmefälle.[1263] Aus Konstantinopel etwa sind keine vergleichbaren Vorgänge berichtet,[1264] und auch in Alexandria darf man sich nicht vorstellen, dass damit die nichtchristliche Welt eliminiert worden wäre. Noch fast hundert Jahre später ist von paganen Kultpraktiken die Rede (s. u.). Die extrem aufgeladenen Konfliktgeschichten der Jahre um 400 passen vielmehr in ein christliches Masternarrativs vom Sieg über das „Heidentum". Deren Faktizität ist nicht infrage zu stellen, deren Repräsentativität allerdings gleichwohl.

Erst 399, also Jahre nach den Tempelzerstörungen unter Theodosius, legitimierten erstmals Gesetze diese Zerstörungsakte, allerdings unter einer Bedingung, die die traditionell politisch orientierte römische Religionspolitik wieder zur Sprache kommen ließ: sofern die öffentliche Ordnung gewährleistet bleibe.[1265] Aber dahinter darf man keine abstrakte Regelung durch allgemeine Gesetze vermuten, sondern hat mit punktuellen Verordnungen, einer Art Case-Law, zu rechnen,[1266] die nicht wie ein absolutistischer Ukas funktionierten, sondern die konkrete Durchführung als ein Ergebnis von Aushandlungsprozessen ausweisen.[1267] Dabei besaßen allerdings die christlichen Bischöfe eine beträchtliche Macht, die unter anderem darauf beruhte, dass die kaiserliche Verwaltung in den Provinzen oft schlecht funktionierte.[1268] Aber selbst dieses abgestimmte Vorgehen gefährdete die öffentliche Ordnung und blieb prekär, nicht nur in Alexandria. Dies lässt sich daran ablesen, dass antipagane Maßnahmen häufig nicht mit den üblichen rechtlichen Mitteln durchgesetzt werden konnten und man mehrfach zu militärischer Gewalt greifen musste.[1269] In vielen Gegenden kam es denn auch nicht zu einer flächendeckenden Zerstörung. In Syrien etwa lässt sich keine systematische Demolierung paganer Tempel nachweisen (im Gegensatz zur Darstellung des Libanios, des gelehrten Verteidigers der paganen Tradition[1270]), vielmehr fand ein Neubau christlicher

---

1260 Ebd.
1261 Sokrates Scholastikos: Historia ecclesiastica, 6,15.
1262 Martínez Maza: Une victime sans importance?
1263 Brown: Authority and the Sacred, 49.
1264 Wallraff: Rabiate Diener Gottes?, 164.
1265 Hahn: Gesetze als Waffe?, 207.
1266 Ebd., 213.
1267 Ebd., 209f.
1268 Ebd., 211f.
1269 Ebd., 213f.
1270 Libanios: Oratio an Kaiser Theodosius für den Erhalt der Tempel, 8–14.

Kirchen im stärker christianisierten Süden und eher eine Fortnutzung der Tempel im Norden Syriens statt.[1271] Von diesen Veränderungsprozessen wird bei den Überlegungen zur christlichen „Mission" noch die Rede sein (siehe Kap. 3.3.2a). Vermutlich hat man die sich über Jahrhunderte hinziehende Geschichte der Transformation in dominant christlich geprägte Räume im Regelfall ganz anders als in Alexandria vorzustellen: Nicht als lodernden Konflikt, sondern als schleichende Verwandlung. Ein gut erforschtes Beispiel ist dafür die Geschichte der Stadt Sagalassos im kleinasiatischen Pisidien (nördlich von Antalya). Hier änderte sich am Stadtbild im Rahmen der Christianisierung wenig: Die Tempel blieben bestehen, aber sie verfielen – und wurden als Baumaterial sekundär verwendet. Erst im 5./6. Jahrhundert lässt sich deren Umwandlung in Kirchen nachweisen, aber nicht zwingend in gewaltsamen Prozessen. Der Haupttempel des Apollon Klarios, der in dieser Zeit noch stand, wurde vor Ort zerlegt und mit neuem Grundriss wieder aufgebaut – wobei der Namen des Klarischen Apoll noch zu lesen gewesen sein muss.[1272] Später gab man auch diesen Bau auf, als sich das Stadtzentrum verlagerte. Tempel gingen hier und vermutlich meist eher durch Vernachlässigung als durch religiös motivierte Zerstörungen unter.

Die staatsreligiöse Formierung des Christentums bedeutete jedenfalls nicht, dass die pagane Religion einfach verschwunden wäre. Zuerst einmal lebte sie schlicht fort, teils explizit, in häuslichen oder auch öffentlichen Kultpraktiken, teils implizit, etwa in philosophischen Vorstellungen von Christen. In der Alltagspraxis ist es irreal anzunehmen, man habe etablierte und funktionierende Praktiken eliminieren wollen oder können. So blieb, um ein Beispiel zu nennen, das syrische Hochzeitsritual in seiner Struktur weitgehend bestehen, wurde aber mit christlichen Deutungen versehen. Der christliche Gott ersetzte das Pantheon, aber noch im 6. Jahrhundert findet man in Syrien Hochzeitsgürtel, auf dem sich neben dem Christusbild die Medaillons paganer Götter befinden.[1273] Auch am Lebensende finden sich vergleichbare Überlagerungen, von der Nutzung eines Dionysosteppichs für ein christliches Begräbnis war schon die Rede (siehe Kap. 3.2.3a).

Sodann wurde das pagane Erbe in beträchtlichem Ausmaß durch Rezeptions- und Transformationsprozesse im Christentum tradiert. Philosophische Schriften wurden gelesen und adaptiert, das ist ein weithin bekannter und gut erforschter Prozess. Christliche Kulte konnten pagane übernehmen oder ersetzen, etwa wenn an die Stelle von paganer Divination die Verehrung christlicher Märtyrer trat wie beim Orakel von Daphne (nahe Antiochia), an dessen Stelle die Verehrung des heiligen Babylas trat.[1274] Schwerer lässt sich der Umgang mit Realien und ästhetischen Dimensionen erfassen, der aber für antike Städte von unmittelbarer Bedeutung gewesen sein dürfte, etwa in der Rezeption von Bildformeln und im Umgang mit Tempeln. Im Jahr 306 kritisierte etwa die Synode im südspanischen Elvira implizit die Zerstörung von Tempeln, wenn sie verfügte, dass Christen, die bei der Zerstörung von Tempeln umkämen, nicht als Märtyrer verehrt werden dürften.[1275] Eine regelrechte Historisierung

---

1271 Freyberger: Zur Nachnutzung heidnischer Heiligtümer aus Nord- und Südsyrien in spätantiker Zeit, 195 f.
1272 Eich: Religiöser Alltag im spätantiken Sagalassos, 158.
1273 Kunst: Christliche Frömmigkeit und heidnische Kultpraxis, 42 f.
1274 Raschle: Mettre les religions en concurrence, 426–429.
1275 Brands: Die spätantike Stadt und ihre Christianisierung, 14 f.

findet man im 4. Jahrhundert unter Rückgriff auf ältere Praktiken der Erhaltung überkommener Architekturen[1276] mit „einer Art von Denkmalschutz",[1277] wenn im Codex Theodosianus vorgeschrieben wurde, Tempel mit berühmten Statuen zur Besichtigung offenzuhalten.[1278] Dahinter standen neben den Interessen von Christen auch diejenigen von Paganen[1279] und oft ästhetische Argumente und Versuche, das Stadtbild als Teil einer kommunalen Identität zu erhalten.[1280] In diesem Kontext kann dann die Umwandlung von Tempeln als Ausdruck einer auch von Christen angezielten Kontinuität von der paganen in die christliche Stadt gelesen werden.[1281] In einem berühmten Beispiel, dem heute noch erhaltenen Athena-Tempel respektive der Kathedrale Santa Maria delle Colonne im sizilianischen Syrakus,[1282] konnte die Kirche regelrecht im Tempel aufgehen, indem der Säulenumgang zugemauert und die Wände der Cella durchbrochen wurden.

Letztlich begann eine neue Verflechtungsgeschichte zwischen christlichen und paganen Traditionen:[1283] zwischen Eliminierung und Anverwandlung, zwischen der Zerstörung von Tempeln und der Adaptation von religiösen Festen, zwischen der Bestrafung von Anhängern der alten Religion und der Rezeption paganer philosophischer Traditionen, zwischen scharfen theologischen Unterscheidungen und sowohl theoretischen als auch pragmatischen Hybridisierungen, zwischen einer christlichen Monopolisierung der öffentlichen Religion und einer faktisch vielfach polytheistischen Praxis vor allem im privaten Raum.

In diesem Prozess spielten unterschiedliche Gruppen (weiterhin: in unterschiedlichen Regionen und zu unterschiedlichen Zeiten) unterschiedliche Rollen: „Einfache" Anhänger des Christentums oder paganer Traditionen hatten vielleicht oft mit diesen Transformationsprozessen weniger Probleme, darauf lassen jedenfalls die hybridisierenden Anverwandlungen religiöser Vorstellungen und Praktiken schließen, für die die Verwendung der Isis lactans für die das Jesuskind stillende Maria nur exemplarisch steht (siehe Kap. 3.2.3a). Mönche hingegen findet man oft in der vordersten Front der Kämpfer gegen das „Heidentum", sie waren religiös Hochengagierte, die Differenzen besonders scharf sehen konnten. Bischöfe begegnen in mehreren Rollen, als Amtsträger, die wie die Mönche christliche Vorstellungen durchsetzen wollten und (wie Theophilus in Alexandria) oft bei Tempelzerstörungen tonangebend waren,[1284] aber auch pagane und christliche Praktiken verbinden konnten (wie Pegasios von Illion [siehe Kap. 3.2.3a]). Nicht zuletzt – und vielleicht war dies eine ihrer wichtigsten Funktionen – bewahrten sie leidlich intakte soziale Strukturen im Untergangsstru-

---

1276 Hartmann: Zwischen Relikt und Reliquie, 166–176.
1277 Gottlieb/Rosenberger: Christentum und Kirche, 69; Brands: Die spätantike Stadt und ihre Christianisierung, 15.
1278 Codex Theodosianus, 16,10,8; dazu Eich: Religiöser Alltag im spätantiken Sagalassos, 164f. Der Codex Theodosianus stand mit dieser Vorschrift nicht allein, s. Lepelley: Le musée des statues divines.
1279 Lepelley, ebd.
1280 Dally: „Pflege" und Umnutzung heidnischer Tempel in der Spätantike, 99.
1281 Brands: Die spätantike Stadt und ihre Christianisierung, 11f.
1282 Ebd., 15.
1283 De Labriolle: La réaction païenne; Brown: Die letzten Heiden; Chuvin: A Chronicle of the Last Pagans; Rosen: Julian.
1284 Wallraff: Rabiate Diener Gottes?, 165.

del des Römerreiches, durch die eine Hinwendung zum Christentum bei vielen Menschen oft wohl kaum von einer sozialen Sicherung unterscheidbar war. Schließlich gibt es viele Indizien, dass pagane Eliten noch lange nach dem rechtlichen Verbot der paganen Praxis ihre Traditionen hochhielten. Die Schließung der platonischen Akademie im Jahr 529 durch Justinian dokumentiert allenfalls symbolisch den christlichen Anspruch auf eine Beendigung dieser Intellektuellentradition. Das letzte Schuloberhaupt Damaskios (gest. nach 538) dachte weiter über das Schicksal des Menschen in neuplatonischer Tradition nach (und eliminierte dabei vermutlich das von Christen oft öffentlichkeitswirksam bestrittene Theorem der Seelenwanderung[1285]) und berichtete von dem neuplatonischen Philosophen Heraiskos, der in Alexandria, also in der Stadt, in der kurz vor 400 die gewalttätigen Übergriffe gegen die pagane Religionskultur stattgefunden hatten, noch in den 480er/490er Jahren Priester des Osiris gewesen war. Er habe sich oft in Heiligtümern und Schreinen aufgehalten, die es also noch gegeben haben muss, habe dort mit seinem Bruder Asklepiades (der als Dichter von Hymnen auf die ägyptischen Götter bekannt war) Feuer entzündet und sei schließlich im „Leichentuch des Osiris" mit einem Totenkult, wie er sich für einen Priester gezieme, begraben worden.[1286] Natürlich schreibt Damaskios pro domo, aber dass die pagane Elitenkultur lange noch im 5. Jahrhundert bestand, ließe sich auch aus anderen Quellen belegen. In Alexandria etwa existierten pagane Philosophenkreise bis ins 7. Jahrhundert fort, ehe die Araber die Stadt eroberten.[1287]

Anders gestaltete sich angesichts seiner skizzierten Sonderstellung das Verhältnis des Christentums zum Judentum, das sich schon im Römischen Reich, insbesondere unter Augustus, Sonderrechte (Transport der Tempelsteuer nach Jerusalem, Schutz jüdischer Feiertage, Versammlungsrecht, Unversehrtheit der Synagogen) gesichert hatte, die man zwar immer wieder durchsetzen musste, was aber aufgrund guter Kenntnis der römischen Verwaltungsstruktur auch gelang.[1288] Das Christentum stieg in diese Tradition von Ausnahmeregelungen ein, doch blieb das christliche Verhältnis zum Judentum von einer strukturellen Ambivalenz gekennzeichnet,[1289] die einerseits einen prinzipiellen Schutz, etwa als staatlich protegierte Religionsgemeinschaft, vorsah,[1290] und es insofern und mit weiteren Regelungen gegenüber den paganen Religionen privilegierte,[1291] jedoch andererseits gegenüber dem Christentum eine diskriminierende Behandlung implizierte. Insofern waren die Regelungen des Codex Theodosianus im 4. Jahrhundert noch kein Ausdruck einer systematischen Religionspolitik, sondern übernahmen schon in der Kaiserzeit getroffene Anordnungen, etwa wonach Juden die Beschneidung verboten war. Unter den christlichen Kaiser verschärften sich derartige Einschränkungen, man untersagte ihnen etwa den Besitz von Sklaven oder den Übertritt von

---

1285 Zander: Geschichte der Seelenwanderung, 116 f.
1286 Haas: Alexandria in Late Antiquity, 129 f.
1287 Vössing: Alexandria und die Suche nach den antiken Universitäten, 248. 251.
1288 Schuol: Augustus und die Juden.
1289 Stemberger: Das klassische Judentum, 34–36.
1290 Noethlichs: Die gesetzgeberischen Maßnahmen der christlichen Kaiser, 192; ders.: Die Juden im christlichen Imperium Romanum, 65.
1291 Ebd., 65.

Christen ins Judentum.[1292] An die religiöse Substanz rührte die Zerstörung von Synagogen, die insbesondere und oft unter Führung von Mönchen in Palästina nachweisbar ist. Allerdings war der innerchristliche Widerstand dagegen beträchtlich, bekannt ist der Streit, den der Mailänder Bischof Ambrosius mit Kaiser Theodosius ausfocht, weil dieser die Verantwortlichen für die Zerstörung der Synagoge von Kallinikon am Euphrat im Jahr 388 nicht zur Verantwortung zog.[1293] Spätestens im 6. Jahrhundert wurde zudem das Verbot des Baus neuer Synagogen ausgesprochen,[1294] in der Praxis jedoch nicht durchgesetzt.[1295]

Fasst man diese Prozesse der Hegemonialisierung des Christentums kurz zusammen, stößt man auf vielfältige Gründe für diesen Schritt von Christen aus der Opfer- in die Täterrolle: Die Rache der Unterlegenen und die Funktionalisierung des Christentums für die Stabilisierung des Römischen Reiches dürften ebenso eine Rolle gespielt haben wie der monopolistische Wahrheitsanspruch des Christentums und die Übernahme von Verantwortung für funktionierende soziale Strukturen. Die Antworten auf diese große Frage können hier nicht erschöpfend erwogen werden, aber es ist wahrscheinlich, dass das Konzept entschiedener Zugehörigkeit nicht zuletzt durch die exklusivistische Konstruktion von Religion auch hierzu seinen Beitrag geleistet hat.

In diesem Aufstieg des Christentums zur oft hegemonialen Religion der Intoleranz in der ausgehenden Antike, in dem letztlich nur das Judentum überlebte, blieb die theologische Einsicht, dass diese Religionspolitik gemessen an den eigenen Maßstäben fragwürdig war, ein Stachel im Fleisch des Christentums.[1296] Theologisch gab es vor allem zwei Ansatzpunkte für eine der machtpolitischen Intoleranz entgegenlaufende Reflexion:

1. Die Entscheidung über wahr und falsch sei Gott zu überlassen. Der locus classicus dafür war das Gleichnis vom Unkraut unter dem Weizen (Mt 13,24–30). Danach hatte ein „Feind" Unkrautsamen (konkret: des toxischen Taumellolch) zwischen den Weizen auf ein Feld ausgebracht. Auf die Frage der Knechte, ob sie das Unkraut ausreißen sollen, antwortet der Bauer, dies bedeute, auch das gute Getreide auszureißen. Deshalb sei bis zur Ernte zu warten, um dann das Unkraut gesondert zu sammeln und zu verbrennen. Dieser Text besaß eine eschatologische Sinnspitze, derzufolge die Wahrheit in letzter Konsequenz ein göttliches Geheimnis sei, weil Gott selbst am Ende der Tage die Trennung von Kraut und Unkraut, im übertragenen Sinn: von wahrer und falscher Religion vornehmen werde. Eine pluralitätsorientierte Lesart des Gleichnisses hieß dann, unter dem Wachsen aller Pflanzen die Koexistenz aller Religionen zu verstehen.
2. Religion und Herrschaft seien zu unterscheiden oder gar zu trennen. Die Pointe liegt in der Annahme, dass bei der Trennung beider Sphären die Religion keine weltlichen Zwangsmittel besitze und die säkulare Herrschaft nicht über Glaubensfragen zu befinden habe. Glauben galt dann als nicht erzwingbar, eine staatlich gestützte Politik der Intoleranz als theologisch sinnlos.

1292 Ebd.
1293 Stemberger: Das klassische Judentum, 34.
1294 Noethlichs: Die Juden im christlichen Imperium Romanum, 65.
1295 Stemberger: Das klassische Judentum, 34.
1296 Mit vielen Beispielen Angenendt: Toleranz und Gewalt.

Doch beide Topoi ließen sich auch zur Legitimation von Gewalt auslegen. Beim Gleichnis vom Unkraut im Weizen überlegte man bald, ob sich nicht doch Pflanzenarten unterscheiden ließen und man das Unkraut ausreißen könne. Diese Tendenz zeigte sich bereits bei Augustinus (354–430), dem wirkungsmächtigsten Kirchenvater zumindest für die lateinische Christenheit. Er hielt an der Unerzwingbarkeit der Gewissensentscheidung fest und sah Toleranz als notwendig an, schon um die Einheit der Kirche zu wahren, glaubte in seinen späten Schriften jedoch auch, dass man der inneren Einsicht durch äußeren Druck aufhelfen könne. Mit dem Aufstieg des Christentums zur Staatsreligion wurde daraus theologisch legitimierte Gewalt gegen Nichtchristen. Und beim zweiten Topos schützte die Trennung von Religion und Herrschaft nicht davor, staatliche Machtmittel für religiöse Zwecke zu instrumentalisieren. Die Praxis, „Ketzer" zur Hinrichtung dem „weltlichen Arm" zu überlassen, gründet in dieser Zuordnung von Religion und Politik. Die christliche Anwendung von Gewalt war kein Problem einer revolutionären Übergangsphase, in der eine verfolgte Minderheit zu einer hegemonialen kulturellen Kraft aufstieg. Vielmehr handelte es sich dabei um ein Strukturproblem des Christentums, wie dessen Geschichte im Westen in den folgenden Jahrhunderten deutlich macht. Sie ist durchzogen von der Verschärfung der religiösen Differenz im Rahmen der Ausgrenzung und der Verfolgung Andersgläubiger. Ob diese Gewaltförmigkeit auch ihren prominenten Platz in einer Christentumsgeschichte einnähme, die die byzantinischen und orientalischen Kirchen prominent einbezöge, kann ich nicht entscheiden. Historisch gibt es gute Gründe anzunehmen, dass das okzidentale Ausmaß an Gewalt gegen Andersdenkende in diesen Kirchen so nicht vorhanden war. Zumindest ebenso interessant wie das Faktum wäre die Frage nach den Gründen: Entwickelten diese Kirchen andere soziale kirchliche Strukturen? Welche Rolle spielte in Byzanz, wo ebenfalls „Ketzer" verfolgt wurden,[1297] die unentwegte äußere Bedrohung für den Umgang mit Andersgläubigen? Wie weit hängt die Anwendung von Gewalt an internen oder an externen Faktoren?

Der Ausgrenzung Andersgläubiger außerhalb der Kirchen trat bald, noch vor der Konstantinischen Wende, eine solche nach innen zur Seite. Dahinter standen zum einen sozialstrukturelle Dimensionen, die wiederum mit der Entscheidungsbegründung des Christentums verbunden waren: Etwa die Förderung der Fixierung unterschiedlicher Positionen durch christliche Lehrer und ihre oft öffentlich geführten Debatten in Schülerkreisen[1298] oder die Katechesen, die analog funktionierten.[1299] In der Konsequenz entstand ein extrem plurales Deutungsfeld, das Außenstehende schon in der Antike als ausgesprochen verwirrende Vielfalt von christlichen Positionen und Gruppen wahrnehmen, so dass, wie Johannes Chrysostomos berichtete, ein Heide, der Christ werden wolle, nicht wisse, wofür er sich entscheiden solle.[1300]

Zum anderen stand hinter dieser Ausgrenzungsgeschichte die Genese eines Begriffspaars, „Orthodoxie" und „Häresie", dessen Konzept im Judentum des Zweiten Tempels ent-

---

1297 Beck: Vom Umgang mit Ketzern.
1298 Perrin: The Limits of the Heresiological Ethos in Late Antiquity.
1299 Ebd., 202f.
1300 Johannes Chrysostomos: In Acta Apost. Hom. 33,4, zit. nach Perrin: The Limits of the Heresiological Ethos, 212.

wickelt und das vom Christentum (und später vom Islam) übernommen wurde.[1301] Schon im Neuen Testament finden sich scharfe Abgrenzungsrhetoriken, etwa bei Paulus, der dämonologische Zuschreibungen nutzte, um die wahre von der falschen Lehre zu unterscheiden (2 Kor 11,14f.).[1302] Aber die Bedeutungsverschiebung des Terminus „hairesis" vom neutralen Begriff der Wahl, wie er sich noch im Neuen Testament findet (z. B. Apg 5,17 für eine Gruppe), zum negativ konnotierten Begriff der (nichtorthodoxen) Position im Sinne von abweichender statt gewählter Meinung dürfte im Rahmen des nachbiblischen, frühchristlichen Begriffsgebrauchs geschehen sein;[1303] ein analoger Prozess findet sich hinsichtlich des Begriffs „min" bei den Rabbinen,[1304] die auf diesem Weg die Judenchristen ausgrenzten.[1305] Christlicherseits lag mit den fünf Bänden „Adversus haereses" des Lyoneser Bischofs Irenäus († 202) ein erstes Kompendium vor, das eine einheitliche Lehre der Kirche postulierte[1306] und abweichende Positionen, die Irenäus primär über Lehrer (und noch nicht über Lehrtexte) identifizierte, als Häresie ausgrenzte;[1307] um 300 dürfte dieser Begriff in christlichen Eliten etabliert gewesen sein.[1308] Derartige Prozesse gehören in die diskursive Herstellung von Differenz in der Spätantike,[1309] in der das Christentum eine zentrale Rolle spielte. Natürlich ist die Fokussierung auf den Antagonismus von Orthodoxie und Häresie einmal mehr viel zu eng, es gab beispielsweise auch eine christliche Debattenkultur, die diese scharfe Opposition nicht kannte.[1310]

Aber hier interessieren mich eben vor allem die konfliktgenerierenden Faktoren. Derartige Auseinandersetzungen um die „rechte" Lehre, etwa zwischen gnostischen Christen, Montanisten (also spiritualistischen Christen) und denjenigen, die später von den Großkirchen als orthodoxe Theologen akzeptiert wurden, traten seit dem 2. Jahrhundert immer stärker auf. Für die theologische Begründung dieser Ausgrenzung war Bischof Cyprian von Karthago ein bezeichnender Vertreter, der in der Mitte des 3. Jahrhunderts forderte, die Taufe von „schismatischen" Christen nicht anzuerkennen. Der dann selbst in einer Christenverfolgung getötete Cyprian bereitete mit seiner Tauflehre der Aussage „salus extra ecclesiam non est" (außerhalb der Kirche – also der in seinem Sinn „wahren" Kirche – kein Heil)[1311] den Weg vor, auf dem man den dogmatischen Exklusivitätsanspruch in einen machtpolitischen Absolutheitsanspruch nach innen wie nach außen überführen konnte – selbst wenn dieser Satz erstmal nur innerchristliche Adressaten besaß. Denn theologisch brisant und historisch wirkungsmächtig wurde diese Position durch die Zuweisung einer biblischen Legitimation aus einem Gleichnis Jesu, in dem dieser von einem Gastmahl berichtet, zu dem der Hausherr

---

1301 Royalty: The Origin of Heresy, 30–52.
1302 Dazu Royalty: The Origin of Heresy, 79–82.
1303 Brox: Häresie, 258–260.
1304 Boyarin: Border Lines, 30.
1305 Mit der wohl zu spitzen These, dass damit das Christentum geschaffen worden sei, Schremer: Brothers Estranged, 87–99.
1306 Irenäus von Lyon: Adversus haereses, 1.10.
1307 Etwa Irenäus von Lyon: Adversus haereses, 1.10.3; 1.11ff.
1308 Demandt: Spätantike, 469.
1309 Iricinschi/Zellentin: Making Selves and Marking Others.
1310 Cameron: Dialog und Streitgespräch in der Spätantike, 42.
1311 Cyprian von Karthago: Epistulae, 73,21,2.

einlädt (Lk 14,15–24). Als aber die geladenen Gäste nicht kommen und die von den „Straßen und Gassen" Hereingeholten den Saal immer noch nicht füllen, weist er seine Diener an, „compelle intrare", so die Übersetzung der Vulgata (Lk 14,23): Zwingt sie, einzutreten.[1312] Dieser Satz wurde wiederum in einer innertheologischen Auseinandersetzung politisiert, nämlich in den 310er Jahren im Streit des Augustinus mit den Donatisten, die die Auffassung vertraten, dass es in der Kirche keinen Platz für „Sünder" geben dürfe und insbesondere die von „sündigen" Priestern gespendeten Sakramente ungültig seien. Die hegemoniale kirchliche Position hielt demgegenüber daran fest, dass es „perfekte" Christen nicht gebe. Von dieser innerkirchlichen Kontroverse aus trat dieser Satz seinen Weg in die christliche „Ketzer"verfolgung an. Aus der eschatologischen Nötigung im jesuanischen Text konnte eine Legitimation der Gewaltanwendung werden, die sich nach der konstantinischen Wende politischer Kräfte bediente.

So konnte sich in den christologischen Streitigkeiten eine „Orthodoxie", die sich 325 im nizäanischen Glaubensbekenntnis niederschlug, kaiserlicher Protektion versichern. Dabei wurde diejenige theologische Position, die anstelle der Wesensgleichheit die Wesensähnlichkeit Jesu mit Gott behauptete und mit dem Namen des Klerikers Arius verbunden war, als „häretisch" ausgegrenzt und die Bedeutung des Begriffs „Häresie" pejorativ verschoben. Hatte er im antiken Umfeld „Wahl" und in diesem Kontext auch Schule bedeutet und noch in der Apostelgeschichte innerjüdische Gruppen bezeichnet (Apg 5,17; 15,5), vermutlich mit einer negativen Konnotation der Wahrnehmung christlicher Gruppen durch Juden (Apg 24,14), so wurde er jetzt zum Ausgrenzungsbegriff als Abweichung von der rechten Lehre. Zwei strukturelle Dimensionen sind in dieser Verbindung von Theologie und Politik bedeutsam. Zum einen verschärfte die Verbindung von weltlichen Interessen und Religion das „Häresie"-Problem, weil die Nutzung weltlicher Machtpotenziale für kirchliche Interessen möglich wurde. Zum anderen wurde mit der hegemonialen Stellung des Christentums „Häresie" immer stärker von einem Außen- zu einem Binnenproblem.

Als erster zumindest symbolisch wichtiger Umschlagspunkt von diskursiver in tödliche Gewalt gilt das Schicksal des christlichen Lehrers Priscillian in Trier, der 385 als das möglicherweise erste innerchristliche Opfer hingerichtet wurde, vermutlich in Auseinandersetzung um das Verständnis und die Durchsetzung eben dieser christlichen „Orthodoxie".[1313] Dass christliche Zeitgenossen wie Martin von Tours darüber hellauf entsetzt waren und Augustinus lebenslang die Todesstrafe ablehnte, macht pars pro toto sichtbar, dass hier extrem kontroverse Positionen aufeinander trafen. Im Rückblick erscheint die Tötung Priscillians jedenfalls als Weichenstellung für die spätere Geschichte der Gewaltanwendung im lateinischen Christentum. Es ist wohl kein Zufall, dass 388 in Syrien ein erster (?) Fall der Zerstörung einer jüdischen Synagoge berichtet ist, der weitere folgten.[1314] Aber die ostkirchliche Geschichte ging auch hier andere Wege. Zwar kannte auch sie Tötungsvorschriften für nicht-

---

1312 Chelius: Compelle intrare, 1184f.
1313 Chadwick: Priscillian of Avila, 111–132; Burrus: Gender, Authority, and the Priscillianist Controversy. Zur heute offen diskutierten Frage nach der „Häresizität" Priscillians s. Conti: Introduction (in: Priscillian of Avila), 5–12.
1314 Hahn: Gewaltanwendung *ad maiorem Dei gloriam*?, 249f.

„orthodoxe" Christen und für Menschen, die sich vom Christentum abwandten. Im „Hexabiblos", einer Gesetzeskompilation des Konstantinos Harmenopoulos, in der er 1344/45 ältere byzantinische Rechtstraditionen zusammenstellte, sind Kapitalstrafen für die Verletzung der religiösen Grenzen vorgesehen: für Juden, die christliche Sklaven beschneiden, für Christen, die das Christentum verlassen („Apostaten"), für alle, die „heidnischen Göttern" opfern.[1315] Aber zu einer Verfolgungstradition innerkirchlicher Gegner, vergleichbar der westlichen im Hochmittelalter, kam es – möglicherweise nicht zuletzt aufgrund der zunehmend engeren politischen Handlungsmöglichkeiten – nicht.

Ein weiterer Schub, ein nachgerade dramatischer und schneller Anstieg der Gewaltanwendung gegenüber von der „Orthodoxie" abweichenden Positionen lässt sich im 11./12. Jahrhundert beobachten, allerdings fast ausschließlich im lateinischen Christentum und hier konzentriert im „karolingischen Kerneuropa".[1316] Für diese spezifische Entwicklung dürfte eine interne Entwicklung entscheidend gewesen sein. Mit der intensivierten Christianisierung breiter Bevölkerungsschichten (siehe Kap. 2.3) wurde auch die Frage nach theologischen Differenzen, die Frage nach „Orthodoxie" und „Häresie", virulenter. Im Hintergrund stand eine zunehmende (religiöse) Bildung, sowohl auf der Ebene der Kleriker und Ordensleute als auch auf der Ebene der Laien. Dazu treten externe Faktoren, vor allem die Begegnung mit dem Islam und den auch durch diesen vermittelten antiken Philosophien, und dualistische Konzepte, die vom Balkan aus nach Mittel- und Westeuropa kamen. Aber letztlich ist die Wirkung der unterschiedlichen Faktoren nur schwer einzuschätzen. Jedenfalls kam es zu einer massiven, innergesellschaftlich orientierten Identifizierung von „Häresien". Der theologischen Auseinandersetzung folgte bald die Anwendung auch physischer Gewalt – und fast immer gleichzeitig, wenn auch politisch oft unterlegen, deren In-Frage-Stellung. Als erste bezeugte Verbrennung von Andersgläubigen gilt diejenige in Orléans im Jahr 1022.[1317]

Im 12. und 13. Jahrhundert findet sich eine Vielzahl christlicher Bewegungen, die diese Dynamik der Christianisierung belegen und die man im Laufe der Zeit in „orthodoxe" und „häretische" unterschied: die Katharer mit einem dualistisch geprägten Weltbild, die den Namen für die „Ketzer" hergaben, die Franziskaner, die zur kirchlich anerkannten Armutsbewegung wurden, die Waldenser als deren „schismatischem" Pendant, oder die Dominikaner, die den Anspruch erhoben, eine intellektuelle und seelsorgliche Antwort auf die „Häresien" zu bieten. Das vierte Laterankonzil von 1215 mit seinen vielfältigen Regelungen zum Umgang mit „Ketzern" dokumentiert in diesem Zusammenhang, dass der Umgang mit religiöser Pluralität ganz oben auf der Agenda der mittelalterlichen Kirche stand. Ein Spezifikum der westlichen Tradition wurde in diesem Umgang mit abweichenden Positionen kreiert: die Inquisition. Dabei wurde der Akkusationsprozess, für den das Prinzip „Ohne Kläger kein Richter" galt, durch den Inquisitionsprozess ersetzt, bei dem Unrecht wie bei anderen Offizi-

---

1315 Harmenopoulos: Hexabiblos, Buch 6, Kap. 11, Art. 2. 4. 6. (= A Manual of Byzantine Law, hg. und übers. von E. H. Freshfield, 40).
1316 Zur überaus dichten Literaturlandschaft vgl. orientierend: Oberste: Ketzerei und Inquisition im Mittelalter; Lambert: Medieval Heresy; Rottenwöhrer: Lexikon der mittelalterlichen Ketzer; Becker: Die Stellung des kanonischen Rechts zu den Andersgläubigen; Beck: Vom Umgang mit Ketzern; Fichtenau: Ketzer und Professoren.
1317 Oberste: Ketzerei und Inquisition, 31.

aldelikten auch ohne Anklage verfolgt werden konnte. Zudem wurden „Gottesurteile" durch eine Beweisfindung auf der Grundlage von Zeugenaussagen und Geständnissen ersetzt, ein Schritt, den spätere Juristen als Fortschritt in der Urteilsfindung einstuften. Diese Reform des Rechts führte in der Anwendung auf „Ketzer" bei den Inquisitiones, den Befragungen, auch zur Anwendung von Gewalt bis hin zur Folter. Dieses Instrument verselbständigte sich im Laufe der Jahre und wurde von kirchlichen Inquisitoren zu Beginn des 14. Jahrhunderts häufiger gegen abweichende innerkirchliche Gruppen, insbesondere Sprituale, eingesetzt als gegen diejenigen, die man, wie die Katharer, für „Ketzer" hielt;[1318] aber auch politische Gegner konnten betroffen sein, wie Friedrich II. in Sizilien demonstrierte.[1319] Letztlich wurde die Inquisition zum Synonym für Gewaltanwendung im Namen der Religion, wenngleich die Wirklichkeit komplexer war: die Folter war natürlich keine Erfindung der Inquisition, und deren Anwendung blieb unter weltlichen wie kirchlichen Juristen immer umstritten. Die Todesstrafe wurde in der Praxis der Inquisitionsverfahren nur bei einer Minderheit von Angeklagten verhängt, manche Inquisitoren haben sie offenbar überhaupt nicht genutzt. Und in vielen Fällen war die Durchführung eines Inquisitionsverfahrens von den seelsorgerlichen und theologischen Bemühungen geleitet, das allerdings in der Regel darauf abzielte, die „Orthodoxie" durchzusetzen. Die in solchen Verfahren gefolterten Menschen und ihre Angehörigen hat das nicht getröstet.

Eine besondere Form der Gewalt gegen Andersdenkende war die seit den 1420er Jahren vom nordwestlichen Alpenrand ausgehende „Hexen"verfolgung. Sie teilte mit der hochmittelalterlichen „Ketzer"verfolgung die Anwendung von Inquisitionsverfahren, unterschied sich aber durch die Erfindung ihres Gegenstandes, den „Hexen". Ihnen wurde eine Teufelsbuhlschaft, der Flug durch die Lüfte und der Besuch des Hexensabbbats oder der Schadenszauber zugeschrieben. Diese Fiktionen brachten bis ins 18. Jahrhundert hinein, mit einem Schwerpunkt im 15. und 16. Jahrhundert, Zehntausenden von Menschen, etwa drei Viertel davon Frauen, den Tod. Kirchliche Befürworter und kirchliche Gegner, weltliche Aktivisten und weltliche Kritiker standen gegeneinander, von unten inszenierte und von oben verhinderte Verfolgungen (und umgekehrt) liefen neben- und gegeneinander ab. Religiöse und politische Motive mischten sich einmal mehr, und ohne die neuzeitliche Staatsbildung mit ihrem Drang nach gesellschaftlicher Kontrolle ist diese Mordserie wohl nicht zu verstehen.[1320] Der Schwerpunkt lag auf dem Territorium des Alten Reiches, hingegen gab es in manchen Gegenden, insbesondere in den östlichen Ländern des Okzidents, keine Hexenverfolgungen. Ein verfolgungsbeschränkender Faktor war auch die Inquisition, die dort, wo sie stark war, die Hexenverfolgung massiv einschränkte oder unterband, indem sie die Begründungslast im Prozessverfahren umkehren konnte: Nicht mehr die „Hexe" hatte ihre Unschuld, sondern die Ankläger deren Schuld zu beweisen. Suggestive Fragen, exzessive Folter und individuelle

---

1318 Burnham: So Great a Light, So Great a Smoke, 187.
1319 Ragg: Ketzer und Recht, 152–159.
1320 Hexenprozess und Staatsbildung, hg. v. J. Dillinger u. a.; Dillinger: Politics, State Building, and Witch-Hunting.

Denunziationen konnten verboten werden, was teilweise die sehr kleinen Verfolgungszahlen im heutigen Spanien und Italien erklärt.[1321]

Aber auch dies war natürlich nur ein Teil der okzidentalen Realität in der Frühen Neuzeit. Einen bemerkenswerten Text zu einem ganz anderen Umgang mit religiösen Unterschieden verfasste vor dem Ausbruch der Konfessionskriege, nach denen die Frage der Pluralität neu buchstabiert werden musste, 1453 Nikolaus von Kues. Er schrieb die Abhandlung „De pace fidei" (Über den Frieden im Glauben/des Glaubens) unter dem Eindruck eines interreligiösen Kontaktes zwischen Christen und Muslimen, der in einem Blutbad geendet hatte, der Eroberung Konstantinopels. In seiner neuplatonisch inspirierten Theologie, mit der er nach einer vernunftgemäßen „coincidentia oppositorum", dem Zusammenfall der Gegensätze in der Einfachheit Gottes, suchte, fand er trotz oder wegen der „schlimmsten Grausamkeiten", die am 29. Mai dieses Jahres und an den Folgetagen zu wohl zehntausenden von Opfern führten, zu einer Konzeption des Religionsfriedens, die er in einer „Schau" („visio") gesehen habe.[1322] „Du weißt jedoch, o Herr", überlegte der Cusaner, „dass eine große Menge nicht ohne viel Verschiedenheit sein kann und dass fast alle ein mühsames und mit Sorgen und Nöten volles Leben führen und in knechtlicher Unterwerfung den Königen, die herrschen, untertan sein müssen."[1323] Wenn Gott sich nun den Menschen zeige, „werden Schwert und blanker Hass und jegliches Unheil aufhören, und alle werden erkennen, wie es nur eine einzige Religion in der Riten-Mannigfaltigkeit [religio una in rituum varietate] gibt".[1324] Dies gelte auch für die Anhänger anderer Religionen, da Gott „dem Menschen seinen freien Willen gegeben und ihn durch diesen Willen zur Gemeinschaft mit Ihm fähig erschaffen [habe]; ... Darum, sagte Er, habe Er mit größter Sorge und Liebe den irrenden Menschen durch mancherlei Propheten, die im Vergleich mit den anderen ‚Sehende' [videntes] waren, zurückgerufen".[1325] Und wenn und weil Gott trotz aller Vielfalt der Verehrungswege *einer* sei, „ist die Wahrheit jedoch eine; und es kann nicht so sein, dass sie durch eine freie Vernunft nicht erfasst wird. Darum wird die ganze Verschiedenheit der Religionen zu dem einen rechten Glauben [in unam fidem orthodoxam] geführt werden."[1326]

Aber die okzidentale Geschichte schrieb erstmal andere Texte. Die Reformation lässt sich als Versuch lesen, einer religiösen Entscheidung wieder zu ihrem Recht zu verhelfen – nicht zwischen Religionen, aber immerhin für ein „wahres" Christentum. Die Religionsgespräche bis in die 1550er Jahre hinein dienten oft einer solchen Entscheidungsfindung,[1327] wenngleich sich die Altgläubigen in den Städten fast nie durchsetzen.[1328] Aber parallel brach sich eine religiös motivierte, innerchristliche Gewalt Bahn, die sich im 15. Jahrhundert angekündigt hatte und sich im 16. Jahrhundert progressiv steigerte: die Verbrennung von Jan Hus im Jahr 1415 auf dem Konstanzer Konzil, die Tötung von Täufern seit den 1520er Jahren,

---

1321 Herzig: Witchcraft Prosecutions in Italy, 255f.
1322 Nikolaus von Kues: De pace fidei, 1.
1323 Ebd., 4.
1324 Ebd., 6.
1325 Ebd., 7.
1326 Ebd., 8.
1327 Maissen: Reformation und christliche Politik, 17–27.
1328 Zander: Toleranz: legal oder legitim?, 54–57.

überhaupt die Unterdrückung dissidenter Christen, die Ermordung von Protestanten in der Bartholomäusnacht von 1572 in Frankreich, schließlich der Dreißigjährige Krieg (1618–1648). Im Hintergrund der Probleme, diese Konflikte zu bändigen, steht auch eine theologische Problematik. Der Anspruch, die wahre Religion durchzusetzen, unter Einmischung militärischer Instrumente, scheiterte. Auch hier wirkte Religion nicht als alleiniger Faktor. Vielmehr schürten die frühneuzeitlichen Staaten im 16. Jahrhundert mit dem neuerfundenen Konzept der Souveränität die Konflikte, weil sie sich hinsichtlich religiöser Vielfalt vielfach intolerant verhielten und in der Regel religiöse Homogenität auch gewaltsam herzustellen versuchten.

Zwei Konzepte wurden im Rahmen dieser Konflikte entwickelt, dasjenige der Religionsfreiheit und dasjenige der Toleranz. Der Ausdruck libertas religionis war um schon um 200 n. Chr. von Tertullian benutzt worden, der die stoische Lehre, dass jede moralische Handlung frei sein müsse, auf religiöses Verhalten anwandte: Niemand könne gezwungenermaßen gut, niemand unter Zwang fromm sein. Religionsfreiheit sei ein Menschenrecht (ius humanum),[1329] und der römische Staat, der Christen zum Opfer zwinge, handle gegen die Freiheit, die Götter zu verehren, die man verehren wolle (libertas religionis)[1330] und damit gegen die Prinzipien von Religion und Recht.

Auch der Toleranzbegriff reicht unter beträchtlichen Transformationen bis in die Antike zurück.[1331] Dort bedeutete Toleranz primär, Leiden zu ertragen und hatte mit dem religionsrechtlichen Toleranzbegriff der Neuzeit noch etwas gemein, denn in der polytheistischen Religionskultur gab es im Prinzip nicht das Problem scharf abgegrenzter, sich ausschließender Religionen und das dahinterstehende Problem von individueller und kollektiver Religionsfreiheit. Der neuzeitliche Toleranzbegriff setzt vielmehr zum einen institutionell formierte religiöse Akteure (wie neuzeitliche Konfessionen oder Religionen) voraus. Zum andern sahen sich die neuzeitlichen Staaten vor die Notwendigkeit gestellt, für exklusive, sich ausschließende Wahrheitsansprüche Lösungen suchen zu müssen, in denen Duldung nicht Respekt oder mehr noch Akzeptanz oder gar wechselseitige Wertschätzung meinte, sondern ein Notregiment, das eine Position, die man lieber zum Verschwinden gebracht hätte, zähneknirschend hinnahm, weil sie sich nicht eliminieren ließ. Eine solche Duldung, die aus der Perspektive einer heutigen pluralen Gesellschaft als Mindestvoraussetzung erscheint und die in der Antike pragmatisch bestand, war für den frühneuzeitlichen Okzident ein Schritt hin zu einer internen Pluralisierung.

Vor diesem Hintergrund ist eine Rückprojektion des neuzeitlichen Toleranzbegriffs in die Antike problematisch. Die rechtliche Ausformung der Toleranz als Religionsfreiheit kam in der ersten Hälfte des 16. Jahrhunderts vor allem im Rahmen der neuen Territorialpolitik zum Tragen. Fürsten besaßen das Recht, in ihren Territorien die Konfession ihrer Wahl durchzusetzen, und strukturell geschah das Gleiche in den Städten, wo die Bürgerschaft mit Mehrheit eine Konfession, meist die protestantische, etablieren konnte. Aber das cuius regio, eius religio, die Entscheidung eines Fürsten über die „Religion" seiner Untertanen, aus der

---

[1329] Tertullian: Ad scapulam, 2.
[1330] Ders.: Apologeticum 24,6.
[1331] Zur Ideengeschichte Forst: Toleranz im Konflikt, dem viele der im Folgenden nicht weiter belegten Informationen entnommen sind. Weiterhin Schreiner: Toleranz.

in einem jahrzehntelangen Prozess die späteren Konfessionen wurden, bedeutete nur die Entscheidungsfreiheit für den Fürsten, für die Untergebenen hingegen Intoleranz, wurden sie doch nicht gefragt. Und wenn religiöse Toleranz dann, davon abweichend, doch gewährt wurde, war dies keine einklagbare Religionsfreiheit, sondern autoritär gewährte Toleranz, die Macht demonstrierte und intern disziplinierte. In der „Fürstenreformation" dominierte eine politische Pragmatik: Zwar begründete man das Festhalten am alten Glauben oder die Förderung der Reformation auch mit religiösen Überzeugungen, doch war das politische Kalkül oft unübersehbar. Im 16. Jahrhundert war für den Protestanten Heinrich IV. die Königsherrschaft über das katholische Frankreich „eine Messe wert", wie man ihm unterstellte (siehe Kap. 3.3.2a), er „konvertierte". In England hatte Heinrich VIII. eine Reihe von Motiven, die Trennung der englischen Kirche von Rom und die Gründung der Anglikanischen Kirche durchzusetzen: Er suchte aus dynastiepolitischen Gründen einen männlichen Thronfolger, er liebte eine Frau, die er erst nach einer Scheidung, die Papst Clemens VII. verweigerte, heiraten konnte – wohingegen ihn die Förderung der religiösen Reformation kaum bewegte. Und im 18. Jahrhundert nahm der sächsische Kurfürst August der Starke die katholische Konfession an, als die polnische Krone winkte – aber die religionspolitischen Folgen blieben, da die Bevölkerung zu diesem Zeitpunkt nicht mehr konvertieren musste, begrenzt. Die Konfession festzulegen, konnte bedeuten, genau die zu nehmen, die politisch günstig war. Das heißt nicht, religiöse Motive zugunsten sozialhistorischer Faktoren zu marginalisieren, denn es gibt genügend Gegenbeispiele dafür, dass persönliche Überzeugungen eine wichtige Rolle spielen konnten, etwa das Engagement eines Philipp von Hessen für die Reformation oder von Wilhelm V. von Jülich-Kleve-Berg für die Erasmianer und Altgläubigen in seinem Herzogtum. Klar ist nur, dass ein emphatischer Begriff subjektiver Entscheidung das frühneuzeitliche Bedingungsgefüge für die Herstellung eines konfessionellen Monopols nicht trifft.

Aber selbst die Toleranz für Fürsten war hoch konfliktträchtig, weil sie mit den machtpolitischen Optionen im Rahmen der Genese souveräner Territorialstaaten verbunden war. Seit dem 15. Jahrhundert, vor allem aber seit den Reformationen des 16. Jahrhunderts wurde mit Waffengewalt die religiöse und politische Neuordnung des Alten Reiches betrieben, die ein lange für unvorstellbar gehaltenes Maß an Gewalt freisetzte.[1332] Der erste Versuch, diesen Konfessionskonflikt zu befrieden und die zerbrochene religiöse Einheit des Alten Reiches – ein für eine pluralistische Gesellschaft vielleicht schwer nachvollziehbarer Wert – wieder herzustellen, bildete der Augsburger Religionsfrieden von 1555. Er sicherte die freie Religionswahl zu, jedoch nur den Fürsten, katholischen und lutherischen; Calvinisten waren davon ausgeschlossen. Individuen wurde lediglich das beneficium emigrandi zugebilligt, das Recht, auszuwandern, was angesichts der sozialen und wirtschaftlichen Abhängigkeit von familiären und gentilen Strukturen oft nicht realistisch war und in jedem Fall große Unsicherheit und beträchtliches Leid für die Betroffenen bedeutete.[1333] Die Reichsstädte behielten den Status quo bei, und das konnte auch eine gemischtkonfessionelle Bevölke-

---

[1332] Zum Ausgangspunkt der okzidentalen Religionsgeschichte reduziert bei Eßbach: Religionssoziologie 1, 37f. 108–119.
[1333] Exemplarisch zur dauernden Unsicherheit durch die Zwangsmigrationen Schlachta: Gefahr oder Segen?, 311–373.

rung bedeuten. Schließlich gab es den „Geistlichen Vorbehalt" gegenüber dem Religionswechsel in den geistlichen Fürstentümern Köln, Mainz und Trier, weil an ihren Bischöfen als Königswählern die religionspolitische Architektur des Alten Reiches hing und damit die ganze Reichskirche, eine der Stützen des Kaisers. Doch der Augsburger Friede war prekär und bewahrte den Okzident nicht vor dem schlimmsten Krieg der Frühen Neuzeit, dem Dreißigjährigen Krieg (1618–1648), der die konfessionelle Landkarte über Jahrhunderte, grosso modo bis zum Ende des Alten Reiches am Anfang des 19. Jahrhunderts, festschrieb. Am Ende dieses Krieges wurde im Westfälischen Frieden nun auch das calvinistische Bekenntnis dem katholischen und lutherischen gleichgestellt und das individuelle Bekenntnis geduldet: aber nur als „exercitium religionis privatum", als nicht öffentliche, eben private Praxis.

In anderen Gegenden verlief die Entwicklung ähnlich komplex, der Okzident war, wie einige Beispiele illustrieren mögen, ein Teppich regionaler Lösungen. In England erhielten mit dem Toleration Act von 1689 vier Dissentergruppen die Freiheit der Religionsausübung – vorausgesetzt, sie deklarierten ihre Loyalität gegenüber dem Staat und akzeptierten eine trinitarische Theologie und die „göttliche Inspiration" des Alten und Neuen Testaments:[1334] Quäker, Methodisten, Baptisten und die puritanisch gesinnten Kongregationalisten – nicht aber Unitarier und auch nicht die Katholiken, obwohl letztere eine große Minderheit bildeten: Denn sie galten als Verbündete des politischen Gegners, Spanien.[1335] In den Niederlanden wiederum wurden die Calvinisten zwar publike kerk, öffentliche Kirche, die die Machtverwaltung und die hegemoniale Religionskultur bestimmten, doch war man seitens der weltlichen Herrschaft weder willens noch in der Lage, die Katholiken als größte Minderheit, die etwa ein Drittel der Bevölkerung umfasste, zu eliminieren. Sie waren deshalb als nicht öffentliche Kirche geduldet und konnten hinter den Fassaden ihrer Häuser regelrechte Kirchen betreiben.[1336] Da auch andere calvinistische Richtungen wie die Remonstranten sowie weitere christliche Gemeinschaften, etwa die Täufer, geduldet wurden, waren die Niederlande im 16. und 17. Jahrhundert eines der offensten Laboratorien der Toleranz. Daran ändert nichts, dass auch in den Niederlanden in einigen Fällen religiöse Motive bei der Verhängung der Todesstrafe eine Rolle spielen konnten, etwa als man den Remonstranten Johan von Oldenbarnevelt hinrichtete, wobei allerdings das ausschlaggebende Motiv seine Gegnerschaft gegen das Haus Oranien war.

Eine eigene Geschichte wäre für die auf Dauer katholischen Länder zu schreiben, die teilweise sehr streng gegen Protestanten vorgingen. In Spanien und Italien verfolgten Inquisitoren die Protestanten, in Frankreich wurde 1572 unter Ludwig XIV. das Edikt von Nantes, das den Hugenotten freie Religionsausübung in bestimmten Städten gestattet hatte, zurückgenommen, worauf Protestanten ermordet und vertrieben wurden. In Polen hingegen sicherte die Pax dissidentium ein Jahr später, 1573, protestantischen und ostkirchlichen Gruppen eine weitgehende Tolerierung zu. Aber auch im Alten Reich wären noch weitere Pluralisierungsgeschichten zu erzählen. Hier „erfanden" Protestanten durch Ausgrenzung eine neue Reli-

---

1334 Toleration Act, 1689, Art. 13.
1335 Edwards: Christian England, Bd. 2, 436 ff.
1336 Ablehnung – Duldung – Anerkennung; Güldner: Das Toleranz-Problem in den Niederlanden im Ausgang des 16. Jahrhunderts.

gion, das hermetische Christentum,[1337] das zu einem Vorläufer der „Esoterik" wurde. „Die" Geschichte „der" Toleranz ist letztlich aufzulösen in ein Kaleidoskop von Toleranzgeschichten, die spezifische Problemlagen mit je eigenen Lösungen beantworteten.

Die Grenzen dieser Toleranzkonzepte lassen sich an zwei Gruppen ablesen. Zum einen gab es den blinden Flecken nichtchristlicher Religionen, schlicht weil diese, vom Judentum abgesehen, im Okzident fast nicht existierten und deshalb keinen Ort im neuen Rechtsgefüge erhielten. Zum anderen dokumentierten die christlichen Dissenter, dass Gruppen, die den Anspruch auf politische und religiöse Einheit zu stören drohten, keine oder nur eine eng reglementierte religiöse Freiheit erhielten.

Bei den Dissentern sind Täufer für die hier verfolgte Fragestellung, die Entscheidung zum Angelpunkt religiöser Zugehörigkeit macht, besonders instruktiv, weil sie genau auf dieses Kriterium fokussierten und die Taufe nur in Verbindung mit der Entscheidung eines erwachsenen Menschen als gültig ansahen. Die Täufer sind also so etwas wie der historiographische Idealfall der auf Entscheidung beruhenden Zugehörigkeit zum Christentum. Sie stellten mit der Erwachsenentaufe die faktisch generative Praxis der christlichen Sozialisation infrage, in der man Christ durch die Geburt in ein christliches Elternhaus wurde und in der keine freie Entscheidung für das Christentum mehr existierte, weil es keine Entscheidung dagegen gab. Die Firmung oder Konfirmation als Ersatz für die bei der Taufe als Kind nicht getroffene Entscheidung akzeptierten die Täufer nicht. Mit dieser Theologie stießen sie bei den großen Kirchen, sowohl in der alten als auch in den reformatorischen, als „Wiedertäufer" (sie selbst bezeichneten sich als Täufer, weil die Kindertaufe in ihren Augen nicht gültig war) auf Ablehnung.[1338] Als Konrad Grebel am 25. Januar 1525 die erste Erwachsenentaufe in Zollikon bei Zürich vornahm, in der Endphase der Zürcher Reformation unter Huldreich Zwingli, war die Reaktion schroff ablehnend. Kaum zwei Jahre später, am 5. Januar 1527, wurde der Täufer Felix Mantz in der Limmat ertränkt.[1339] Sehr schnell waren Täufergruppen im gesamten Alten Reich entstanden, wohl unabhängig voneinander.[1340] Aber sie blieben minoritär, in der Ablehnung der (erneuten) Taufe blieben sich Protestanten und Katholiken einig. Im Speyerer Reichstagsabschied von 1529 wurde das Verbot der „Wiedertaufe" Reichsrecht,[1341] und in der Folge zahlten Täufergemeinschaften einen überproportional hohen Blutzoll unter den verfolgten Protestanten.[1342]

Warum wurden die Täufer so unerbittlich verfolgt? Die Einforderung einer Entscheidung war wohl nicht der Auslöser, vielmehr kam ein Konglomerat von Implikationen ihrer Bibelinterpretation zum Tragen: Theologisch beanspruchten sie, aus Quellen der vorreformatorischen Mystik schöpfend, ein „unmittelbares" Volk Gottes zu sein, indem Christus nicht mehr als Mittler angerufen werden musste.[1343] Deshalb agitierten Täufer gegen den Klerus, verweigerten sie

---

[1337] Hanegraaf: Esotericism and the Academy, 107–114.
[1338] Schriften von evangelischer Seite gegen die Täufer, hg. v. R. Stupperich.
[1339] Snyder: Swiss Anabaptism, 45–81.
[1340] Stayer/Packull/Deppermann: From Monogenesis to Polygenesis, 83–122, s. zur Debatte Snyder: Swiss Anabaptism, 46–48.
[1341] Klötzer: Täuferherrschaft, 13.
[1342] Vgl. für die spanischen Niederlande Güldener: Toleranz-Problem, 175.
[1343] Klötzer: Die Täuferherrschaft von Münster, 17–19.

die Teilnahme an der Messe, organisierten sie selbstbestimmte Zusammenkünfte und forderten von der Obrigkeit Reformen.[1344] Dort, wo sie auch Eide verweigerten, stellten sie eine fundamentale Grundlage der Legitimität frühneuzeitlicher Gesellschaftsstrukturen infrage. Für die reformatorische Theologie wirkte besonders bedrohlich, dass manche Täufergruppen die gnadentheologische Rechtfertigung von der Lebensführung abhängig machten und die Mitwirkung des Menschen lehrten – während doch die Reformation das sola gratia, das Allein aus Gnade, in ihr Zentrum gestellt hatte.[1345] Die Entscheidung im Rahmen der Erwachsenentaufe war mithin keine alleinige und schon gar keine isolierte Dimension der täuferischen Theologie, bildete jedoch im Verein mit weiteren Elementen sozialer und theologischer Kritik eine kritische Masse, die die Befürchtung aufkommen ließ, dass die Grundlagen der Gesellschaft zu Gunsten einer unerprobten und deshalb ungewissen Zukunft zur Disposition gestellt würden.

Allerdings, und hier wird die Geschichte der Täufer für die Ambivalenzen der Toleranzgeschichte relevant, geht die Gleichung, dass die Täufer als Hüter der christlichen Entscheidungsfreiheit zugleich die Hüter der Toleranz waren, nicht auf. Die Verwandlung von Toleranz fordernden Minderheiten in Toleranz verweigernde Mehrheiten lässt sich bei einigen Täufergruppen exemplarisch beobachten. Die Verfolgten legten Toleranz nicht automatisch großzügiger aus als die großen Kirchen – jedenfalls wenn sie an die Macht kamen. Dies dokumentierten die Täufer von Münster. Als sie sich 1534, nachdem an den städtischen Kirchen evangelische Prediger eingesetzt worden waren, in der Ratswahl durchsetzten, errichteten sie ein „Täuferreich", welches sie als die Verwirklichung des Gottesreiches betrachten. Lutheraner und Katholiken mussten die Stadt verlassen, an vielen verbliebenen Gegnern oder widerstrebenden Anhängern wurde, als sich die Täufer radikalisierten, die Todesstrafe vollzogen,[1346] Frauen, die sich der Polygynie widersetzten, ließ man hinrichten,[1347] noch nicht geschlechtsreife Kinder zwang man zum Geschlechtsverkehr.[1348]

Dahinter wird ein grundlegendes Problem im Umgang mit Toleranz im theologischen Denken der Frühen Neuzeit deutlich. Auch für die Dissenter war die Toleranzforderung nicht nur das religionspolitische Vehikel einer Minderheit, um den Anspruch auf Religionsfreiheit durchzusetzen, sondern auch mit dem Anspruch auf Wahrheit gefüllt, die die Tolerierung gegenläufiger Inhalte ausschließen konnte, wenn man einmal die Macht erobert hatte. Diese Ambivalenz galt nicht nur für die Täufer, sondern im Prinzip für alle Dissenter, und auch im Umgang untereinander: So gab es Spiritualisten, die unter Berufung auf ihre geistliche Erfahrung die Strukturen der Kirchen infrage stellten und dann als „Schwärmer" häufig marginalisiert oder verfolgt wurden, aber ihrerseits für die Verfolgung der Täufer plädierten. So forderte einer der bedeutenden Spiritualisten, Sebastian Franck, der von seinen protestantischen Gegnern immer wieder vertrieben wurde und von Ort zu Ort und durch halb Europa

---

[1344] Ebd., 15.
[1345] Ebd., 140. 152.
[1346] Ebd., 73f. 115. 129f.; vgl. zur fehlenden Toleranz gegenüber anderen Konfessionen Lutterbach: Das Täuferreich von Münsterer, 78–81.
[1347] Kauder-Steiniger: Täuferinnen – Opfer oder Heldinnnen, 34.
[1348] Ebd., 33.

ziehen musste, die Münsteraner Wiedertäufer wegen ihrer Gewaltanwendung mit Gewalt zu bekämpfen.[1349] Ähnliches gilt auch für die antitrinitarischen Sozinianer und die vernunfttheoretischen Deisten, denen viele Toleranztheoretiker des 18. Jahrhunderts nahestanden. Sie konnten, weil sie die theologischen Grundlagen des Religionskonsenses, den die Mehrheit als zwingend erachtete, nicht mittrugen, verfolgt, in Einzelfällen aber auch anerkannt werden, etwa in Siebenbürgen, wo man zeitweise das unitarische, also antitrinitarische Bekenntnis akzeptierte – während viele Antitrinitarier an der in ihrer Sicht inakzeptablen „Verfälschung" des Evangeliums durch die großen Konfessionen keinen Zweifel ließen.[1350] Gleichwohl blieben dissentierende Christen mit ihrer gegen die Kirchen Großkirchen gerichteten Forderung gerichteten Brand gerichteten Toleranzforderung ein wichtiger Motor für die Entwicklung hin zur Religionsfreiheit.[1351]

Toleranz als politisches Recht blieb in der Frühen Neuzeit von dem Anspruch auf die Durchsetzung der „Wahrheit" bedroht. Unter Berufung auf die eigene Wahrheit konnte jedes Lager, große Konfessionen wie auch kleine Dissentergruppen, die Toleranz in Grenzen weisen. Der Weg von einer Politik der Duldung zu einer Politik der Anerkennung benötigte Jahrhunderte und war die Gründungsgeschichte des auf Pluralismus verpflichteten Rechtsstaates. In diesem Prozess wurde aus der engbegrenzten Möglichkeit der freien Entscheidung das Recht auf freie Religionsausübung im neuzeitlichen Verständnis.[1352] Aus heutiger Perspektive, in der Religionsfreiheit in den Ländern der Europäischen Union zu einer Selbstverständlichkeit geworden ist, mögen die zähen frühneuzeitlichen Kämpfe um die Freiheit des religiösen Bekenntnisses und der freien Religionsausübung fremd scheinen. Aber wir unterschätzen wohl zu sehr, in welchem Ausmaß die politischen Aspekte religiöser Homogenität als Conditio sine qua non für politische Einheit und Eintracht und damit für Sicherheit und Wohlergehen angesehen wurden. Wenn in der schweizerischen Eidgenossenschaft der Bundeseid nicht mehr geschworen werden konnte, weil die Katholiken dabei die Heiligen anriefen und die Reformierten genau das als dogmatisch unmöglich betrachteten, war den Bundesgenossen nicht mehr zu trauen beziehungsweise alles zuzutrauen.[1353] Damit drohte in frühneuzeitlicher Perspektive die normative Basis des Gemeinwesens zu erodieren. Religionsfreiheit war insofern eine Gefahr – aber im Folgenden geht es um eine andere Geschichte.

In Frankreich konzipierte Jean Bodin (1529/30–1596) angesichts der verheerenden Bilanz der französischen Religionskriege in seiner politischen Philosophie einen über den Religionsparteien stehenden Souverän, um die konfessionellen Konflikte zu befrieden und den Bürgerkrieg als größtmögliches Übel zu verhindern. Eine derartige Herrschaftskonzeption bedeutete den Abschied von dem Wahrheitsanspruch einer Konfession zugunsten der Absolutheit eines Herrschers und mit der Tolerierung von zwei Konfessionen den Abschied vom monokratischen Wahrheitsanspruch einer positiven Religion. Mit dieser Position über den Religionsgruppen

---

[1349] Forst: Toleranz im Konflikt, 165.
[1350] Binder: Grundlagen und Formen der Toleranz in Siebenbürgen bis zur Mitte des 17. Jahrhunderts, 88–98. 143–155.
[1351] So hinsichtlich der Täufer die plausible These bei Schlachta: Gefahr oder Segen?
[1352] Ich greife wiederum auf Forst: Toleranz im Konflikt, zurück.
[1353] Maissen: Geschichte der Schweiz, 90.

konnte der Staat Toleranz aus Gründen der Staatsraison gewähren oder sie eben auch zurückziehen – was Bodin etwa gegenüber „Hexen" 1581 auch explizit forderte. Ganz ähnlich argumentierte Thomas Hobbes (1588–1679) ein knappes Jahrhundert später nach den Erfahrungen des englischen Bürgerkriegs. Er sprach sich zwar gegen Intoleranz aus, sah aber Toleranz nicht als höchstes Gut an. Aus ordnungspolitischen Gründen forderte er ein obligatorisches christliches Minimalbekenntnis, wollte aber im „Leviathan" (1651) nur die Freiheit des (privaten) Glaubens, nicht aber des (öffentlichen) Kultus zugestehen. Ein wieder anderes Modell schlug Baruch de Spinoza (1632–1677), selbst ein Verfolgter, vor. In seinem „Tractatus" (1679) forderte er eine Zentralisierung der religiösen Macht bei der staatlichen Gewalt, propagierte also auch ein autoritäres Konzept der Befriedung. Zusätzlich sah er aber eine staatlich geförderte Reduktion der dogmatischen Gehalte vor, um dem Streit der Konfessionen (etwa in der Abendmahlsfrage) den Boden zu entziehen. Aber mit seiner „vernünftigen", allen gleich einsichtigen Religion, die im Rahmen der Freiheit öffentlichen Philosophierens erörtert werden sollte, reduzierte er in seiner Theorie nicht nur Konfliktfelder, sondern auch Pluralität.

Eine Radikalisierung der Toleranzforderung bedeutete die Forderung des nach Amerika emigrierten Quäkers William Penn, der stellvertretend für die hohe Bedeutung der verfolgten christlicher Dissenter für die Genese der Religionsfreiheit steht.[1354] 1670 reklamierte er angesichts der Restauration der anglikanischen Staatskirche das „birth-right", das Geburtsrecht auf Religionsfreiheit als Naturrecht: keine souverän gewährte, sondern eine indisponible Toleranz, ein qua Geburt definiertes Menschenrecht. Zur Begründung verließ er sich nicht auf politische Argumente, sondern zog eine theologische heran, die Zwei-Reiche-Lehre: Gott allein sei Autor und Gegenstand des Glaubens, weshalb dessen Erzwingung durch eine weltliche Macht – wie er als Erbe einer langen theologischen Tradition forderte – unmöglich sei. Noch radikaler dachte Pierre Bayle, der, ausgehend von einer Begründung der Moral ohne Gottesfurcht, den Geltungsbereich der Duldung erweiterte. Auch Atheisten, denen man die Zerstörung der als zwingend notwendig erachteten religiösen Grundlagen der Gesellschaft vorwarf, sollten in den Genuss der Toleranz kommen. Damit zog sich Bayle umgehend den Vorwurf zu, selbst ein Religionskritiker und Atheist zu sein. Aber die Etikettierung als Atheist war ein Missverständnis, weil Bayle dem Glauben Platz schaffen wollte, indem er Ansprüche der Vernunft destruierte. Diese Glaubensfreiheit schloss auch die Freiheit des irrenden Gewissens ein – jedenfalls beim frühen Bayle. In seinem Spätwerk argumentierte er dann doch wieder gegen die Toleranz für Atheisten, da er das Gewissen von einer religiösen Begründung abhängig sah.[1355]

Von diesen Vorlagen aus schrieben die großen Aufklärer des 18. Jahrhunderts – Voltaire, Locke, Hume, Lessing, Mendelssohn – die Toleranzdebatte des 17. Jahrhunderts fort, vielleicht auf dem Hintergrund einer massiven sakralisierenden Aufwertung der Person,[1356] die diese gegen staatliche Disziplinierungsansprüche stärkte. Von hier aus wurde die Religionsfreiheit in das Recht des späten 18. Jahrhunderts implementiert, in die Virginia Declaration of Rights von 1776, in die seit 1781 erlassenen Toleranzpatente des Habsburgers Joseph II. und

---

[1354] So etwa schon 1895 Jellinek: Die Erklärung der Menschen- und Bürgerrechte, 39–54.
[1355] Zu den changierenden Positionen Bayles s. Forst: Toleranz 323–328. 340f.
[1356] Joas: Die Sakralität der Person, 86.

in die französische Revolutionsverfassung von 1789. Schließlich wurde die Religionsfreiheit, mit Kautelen und Bedingungen, ein Fundamentalrecht in den europäischen Verfassungen des 19. Jahrhunderts, von wo aus sie ihren Weg in die allgemeine Charta der Menschenrechte der Vereinten Nationen aus dem Jahr 1948 antrat, die der Religionsfreiheit einen kulturübergreifenden, universalistischen Geltungsanspruch zuschrieb.

Aber Recht und Philosophie sind nur eine Seite der Toleranzgeschichte. Daneben gibt es eine kulturelle Praxis, die ihre eigene Logik und Dynamik besitzt. Hier geht es nicht zuletzt um eine Dimension, die man rechtlich nicht durchsetzen kann: um Akzeptanz. Denn Akzeptanz beinhaltet eine freiwillige Zustimmung zur Autonomie des Anderen und den Respekt vor seiner Position, womit sie über rechtliche Imperative von Toleranzforderungen hinausgeht. Diese Wendung vollzog sich in einem komplexen Feld normativer Vektoren, die die Toleranzdebatte seit dem 17. Jahrhundert ausmaßen: zwischen Toleranz als geduldeter Existenz und Toleranz als gleichberechtigter Koexistenz, zwischen einer Toleranz, die auf der Souveränität einer Seite beruht und derjenigen Toleranz, die die Reziprozität beider Seiten voraussetzt. Letztlich geht es um die Verschiebung zuungunsten der elitären und zugunsten der egalitären Toleranz in einer „Politik der Anerkennung".[1357] Sie impliziert allerdings keine bedingungslose Toleranz. Die neuzeitlichen Verfassungen sehen eine solche nicht vor, auch nicht im Recht auf Religionsfreiheit, das in Abwägung mit anderen Grundrechten steht, von denen die Religionsfreiheit eingeschränkt werden kann. Letztlich findet jeder Anspruch auf Toleranz seine Grenze an dem Punkt, wo er die Aufhebung der Toleranz fordert.

Gegenüber dieser Deutung der Geschichte von Toleranz und Religionsfreiheit als Erben der Theologiegeschichte muss man fragen, ob hier keine Projektion in theologischer Absicht vorliegt, denn es gab evidenterweise weitere Faktoren bei der Etablierung der rechtlichen Toleranz: etwa die philosophisch begründete Toleranzforderung, wie sie (christliche) Humanisten wie Erasmus von Rotterdam vertraten; die naturrechtliche oder philosophische Begründung einer Ethik, wie sie Pierre Bayle vornahm; das Widerstandsrecht in der neuzeitlichen Staatslehre; nicht zuletzt die politische Sorge um die innere Pazifizierung in den frühneuzeitlichen Staaten, wie sie bei Bodin und Hobbes sichtbar wird und wie sie der neuzeitliche Staat durch Disziplinierung und mit seinem Anspruch auf Souveränität gegenüber allen gesellschaftlichen Kräften, auch den Kirchen, durchzusetzen suchte. Und ebenso evident ist die kritische, teilweise offen feindliche Haltung der Kirchen, aber auch vieler Dissenter gegenüber der Religionsfreiheit – wobei gerade letztere zugleich eine wichtige Rolle für die Etablierung der Religionsfreiheit spielten. Ein instruktives Beispiel für Veränderungen im Umgang mit der Religionsfreiheit bietet die katholische Kirche im 19. Jahrhundert (bei den in der Regel staatskirchlich verfassten protestantischen Kirchen lagen diese Entscheidungen meist bei staatlichen Stellen). Sie bezog 1791 eine scharf ablehnende Position gegenüber der Religionsfreiheit, als die französischen Revolutionäre noch weit radikaler als die gallikanisch gesinnten Könige das religiöse Feld organisierten: von der Säkularisierung des Kirchenguts über die Verehrung der Göttin der Vernunft bis zur Hinrichtung Zehntausender ihrer politischen und religiösen Gegner. Die daraus resultierende Ablehnung eines religiösen Pluralismus traf im 19. Jahrhundert auch innerkirchliche Gegner, ehe die katholische Kirche im ausgehenden 19. Jahrhundert die Religionsfreiheit partiell

---

1357 Taylor: Multikulturalismus und die Politik der Anerkennung.

akzeptierte und bevor Papst Johannes XXIII. mit der Enzyklika „Pacem in terris" (1963) und zwei Jahre später das Zweite Vatikanische Konzil in der Erklärung „Dignitatis humanae" sich die Religionsfreiheit in ihrer neuzeitlich-westlichen Fassung zu eigen machten.[1358]

Diese Perspektive bedeutet, hinsichtlich der Genese der Religionsfreiheit auf monokausale historische Erklärungen zu verzichten. Gleichwohl gibt es Traditionen mit einer hervorgehobenen Bedeutung, eine davon, vermutlich die wichtigste, war die christliche. Die rechtliche Etablierung der Religionsfreiheit ist nicht ohne, aber auch nicht unter Ausklammerung der Christentumsgeschichte zu verstehen. Elemente der christlichen Anthropologie und Theologie waren konstitutive Bedingungen. Sie führten allerdings nicht automatisch zur Religionsfreiheit, sondern generierten sie erst unter bestimmten sozialen Voraussetzungen, wie sie mit der Etatisierung der europäischen Territorien in der Frühen Neuzeit wirksam werden konnten. Eine entscheidende Bedingung war die Möglichkeit, sich einer anderen als der angestammten Konfession (damals noch Religion genannt) ohne schwerwiegende Sanktionen zuwenden und die Herkunftsreligion ablegen zu können. Dies hat die Option, nachgerade den Zwang zur Wahl, zur „Häresie",[1359] eröffnet, aber weil diese Wahl exklusiv zu erfolgen hatte, das Gewaltpotenzial der Theologie der Entscheidung verstärkt. Insofern sind Toleranz und Religionsfreiheit sowohl in ihrer Genese als auch mit ihren Konflikten ein Ergebnis der Christentumsgeschichte – von der „Häretiker"verfolgung bis zu den Konfessionskriegen und von den neuzeitlichen Religionsfriedensschlüssen bis zur Menschenrechtscharta von 1948. Freiheit und Gewalt lagen vielleicht selten so eng nebeneinander. Auch die Bewältigung dieser Eskalation der Gewalt im Namen von theologischem Wahrheitsanspruch und staatlicher Machtentfaltung ist von der Christentumsgeschichte nicht zu trennen. Die Toleranztheoretiker der ersten Generationen waren Christen und hatten, vielfach als Verfolgte, mit biblischen oder naturrechtlichen Argumenten Toleranz eingefordert. Auch wichtige intellektuelle Treibsätze kamen aus dem Christentum: Zum einen das Theologumenon von der Unmöglichkeit des Zugriffs auf die Entscheidung des einzelnen, wie sie das Gleichnis vom Unkraut im Weizenfeld begründet hatte und die man als Geschichte der Gewissensfreiheit oder als Privatisierung der Religionsfrage eigens erzählen könnte, zum anderen die Unterscheidung von geistlicher und weltlicher Sphäre bis hin zur Trennung, die einen Übergriff der einen auf die andere Seite begründungsbedürftig machte. Insoweit war die Grammatik der Toleranz eine in zentralen Dimensionen christliche, ihre Durchsetzung jedoch von christlichen wie nichtchristlichen Faktoren bestimmt: Der neuzeitliche Staat etablierte die Toleranzforderung auch um seines säkularen Überlebens willen, häufig genug gegen die jeweils dominierenden Kirchen. Die amerikanischen Dissenter hingegen trieb die Begrenzung des als übermächtig betrachteten Staates in die auch biblisch begründete Forderung nach religiöser Toleranz. Von diesen innerchristlichen Konflikten her wurde auch die Duldung nichtchristlicher Religionen durchgesetzt. Aber diese Beziehungen waren ein zweites Motiv, die interreligiöse Toleranz entstand als Nebenprodukt innerchristlicher Debatten. Für das lange 19. Jahrhundert wäre eine eigene Geschichte zu schreiben, die zumindest in Stichworten ins Gedächtnis gerufen sei: keine Religionsfreiheit ohne Religionskritik, die seit dem 18. Jahr-

---

[1358] Hilpert: Menschenrechte und Theologie, 138–148.
[1359] Berger: Der Zwang zur Häresie.

hundert den Sinn von Religion infrage stellte und Religiosität zu einer disponiblen Größe machte. Sozialisten und Kommunisten stellten ein Jahrhundert später die religiöse Zugehörigkeit generell zur Disposition. Keine Religionsfreiheit auch ohne den politischen Liberalismus, der vor seiner nationalstaatlichen Aufladung in der zweiten Hälfte des 19. Jahrhunderts half, die individuellen Abwehrrechte gegen einen starken Staat, auch die Religionsfreiheit, in vielen Verfassungen zu implementieren.

Schließlich ist die gesellschaftliche Durchsetzung der Religionsfreiheit nicht ohne eine extrem tiefgreifende Veränderung der Sozialstruktur europäischer Gesellschaften vor allem im späten 19. Jahrhundert zu verstehen, der Einführung wohlfahrtsstaatlicher Strukturen, die die Zerstörung klientelistischer Selbstverwaltung in der Gesellschaft teils zur Bedingung, teils zur Folge hatte. Zur Erinnerung: Die Realisierung einer freien Entscheidung für eine religiöse Praxis im Konflikt mit dem sozialen Umfeld bedeutete seit der Antike, die sozialen Sicherungen infrage zu stellen oder aufzugeben: ohne Familie oder Sippe keine Hilfe in Not, bei Geburten, Unfällen, Krankheiten, im Alter, beim Begräbnis. Auch aus diesem Grund besitzen Armensorge oder Witwenbetreuung oder die Hilfe für Kranke eine so hohe Bedeutung im Christentum seit dessen Anfängen. Mit dem Nationalstaat und seiner Zerstörung subsidiärer Netzwerke, die die Rückseite der Entstehung des Sozialstaats bildeten, änderte sich die Rolle personaler Unterstützungsstrukturen: sie wurden durch die staatlich organisierte Fürsorge in beträchtlichen Teilen überflüssig. In dieser Perspektive kann man die These vertreten, dass die staatliche Übernahme von Fürsorgeleistungen eine notwendige (und wiederum: nicht ausreichende) Bedingung für die theologisch geforderte Entscheidung für eine Religion und die rechtlich gesicherte Religionsfreiheit war. Bis heute dokumentieren die Konflikte um Religionsfreiheit in stark gentil organisierten Gesellschaften die Grenzen einer theoretisch etwa über die UN-Menschenrechtcharta akzeptierten Religionsfreiheit.

Toleranz und Religionsfreiheit waren letztlich latente, keine manifesten Werkstücke des Christentums. Man könnte verkürzt sagen, dass das Christentum mit dem Verständnis von Religion, die auf einer gentilkritischen Entscheidung gründet, das Problem der Religionsfreiheit produzierte, welches die Toleranz löste. Als theoretische Forderungen hielten Theologen sie konzeptionell, als libertas religionis auch als Begriff seit der Antike präsent, aber die Realisierung dieser Optionen gelang nur unter zusätzlichen gesellschaftlichen Rahmenbedingungen. Die Interessen des neuzeitlichen Staates an der Pazifizierung und Disziplinierung der Gesellschaft war für die okzidentale Religionsgeschichte eine wichtige Etappe dieser Aktualisierung religiöser Potenzen. Man kann gar, wie ich meine, die These starkmachen, dass erst die Entwicklungen des 19. Jahrhunderts die Realisierung dieses Entscheidungspotenzials auf breiter Basis ermöglichten: Zum einen die Entstehung des Wohlfahrtsstaates, der gentile Strukturen ersetzte und damit für wichtige Lebensbereiche eine Existenz ohne das Netz der Sippe ermöglichte, zum anderen die Verankerung des demokratischen Rechtsstaates, der Rechtssicherheit hinsichtlich der Religionsfreiheit auch außerhalb von Klientelstrukturen nicht nur dem Anspruch nach, sondern grosso modo auch real durchsetzte. Die damit einhergehende Individualisierung ließ die Freiheit der Entscheidung zu einer heute zentralen, wie selbstverständlichen Erwartung an Religionen werden.[1360]

1360 Bünker: Vom süssen Gift des Zwangs.

3.3.3b Islam: „Toleranz" unter Bedingungen

Überlegungen zur Regelung religiöser Pluralität im Islam haben vor allen Detailüberlegungen im Auge zu behalten, dass die islamische Welt eigene Strukturen der Organisation religiöser Pluralität entwickelt hat. Theologische Fragen wurden von einer Vielzahl von Gelehrten und Rechtsschulen, die je nach Region und Zeit eigene, oft interferierende Deutungstraditionen entwickelten, diskutiert und beantwortet. Der Islam kannte möglicherweise auch aufgrund fortbestehender tribaler Strukturen (siehe Kap. 3.3.1b) keine transregionalen Vergemeinschaftungsstrukturen wie Synoden respektive Konzilien, um theologische Antworten zu erörtern und festzulegen, auch kein lehramtliches Magisterium, wie es die okzidentale Kirche seit dem Hochmittelalter mit dem Papsttum verband. Dies zog andere theologische Freiheiten und andere Formen für Herstellung von religiöser Kohärenz nach sich.

Gleichwohl besaßen islamische Theologen natürlich gemeinsame Grundlagen für den Umgang mit anderen Religionen im Offenbarungskonzept Mohammeds, wonach nur die ihm gegebene Mitteilung Gottes die unverfälschte Version der ehemals auch Juden und Christen und anderen Religionen gegebenen Offenbarung sei. Die Entwicklung des Konzeptes von Muslimen als Monotheisten zu Muslimen als Angehörigen einer Religion und damit des Islam als distinkter Religionsgemeinschaft dürfte zwar in den späten medinensischen Teilen des Koran angelegt sein, war aber in seiner Schärfe ein Produkt theologischer Reflexion nach dem Tod Mohammeds.[1361] Dabei wurden „Schriftbesitzer" als Religionsverwandte, wenngleich mit niederem Status, ausgewiesen, genannt „Schutzbefohlene" oder „Dhimmis" (arab. dhimmiyun). Diese Beziehung wurde zwar formell im Modell eines „Vertrages" (so die Etymologie des Begriffs Dhimma[1362]) formuliert, doch ging es faktisch um weitenteils nicht verhandelbare Auflagen für nicht muslimische „Schriftbesitzer" unter islamischer Herrschaft. In diesem Konzept waren schließlich drei Gruppen unter Einschluss der Muslime definiert worden:[1363]

1. Die Muslime selbst als „Leute des Buches"/„Schriftbesitzer" („ahl al-kitab"): Sie erhoben – wohl erst in spätmekkanischen Suren – mit dem Koran Anspruch auf den Besitz des „wahren" Offenbarungstextes.
2. Eine zweite Gruppe von „Schriftbesitzern": Dabei handelte es sich um Juden und Christen (letztere hießen auch an einer Stelle im Koran „Leute des Evangeliums" [Q 5,47]), aber auch die schwer identifizierbaren Gruppen der Sabäer (Q 2,62; 22,17) sowie die Zoroastrier („Magier", Q 22,17) konnten dazuzählen. Sie partizipierten in dieser Konzeption an der Offenbarung und konnten eine theologische Wertschätzung erfahren, doch betrachtete man ihr Verhältnis zur Offenbarung als korrumpiert, weil sie diese veruntreut hätten (Q 4,46; 5,13.41). Damit galten sie in der Regel als „Ungläubige", besaßen aber meist – manche Rechtsschulen versagten „Apostaten" oder Christen aus Arabien diese Option[1364] ein Existenzrecht, wenngleich nur als Bürger zweiter Klasse. Ihre gesell-

---

[1361] Griffel: Apostasie und Toleranz im Islam, 35–43.
[1362] Cohen: Dhimma, 227.
[1363] Fattal: Le statut légal des non-musulmans; Überblick bei Deimann: Christen, Juden und Muslime, 75–88.
[1364] Friedmann: Tolerance and Coercion, 59–67.

schaftliche Minderstellung drückte sich in einer Reihe von rechtlichen und symbolischen Regelungen aus, über die im Folgenden näher zu sprechen ist. Im Rahmen der Ausbreitung des Islam wuchs diese Gruppe aber ständig an.[1365]

3. Die Polytheisten („mushrikun"): Sie galten in besonderem Maß als „Ungläubige" und hatten dieser Vorstellung zufolge nicht an der „wahren" Offenbarung teil. Sie erhalten eine unabwendbare Strafe (Q 70,2) ohne Aussicht auf Vergebung (Q 4,116). Das Existenzrecht wurde ihnen bestritten, so dass sie in vielen Ländern theoretisch und oft auch praktisch vor der Alternative standen, den Islam oder die Todesstrafe zu gewärtigen. Aufgrund vieler im Koran nicht erwähnter Gruppen, mit denen Muslime in ihrer Expansion zusammentrafen, bestand für die Rechtsgelehrten hier einerseits ein weiter Interpretationsspielraum,[1366] während manchmal auch Juden und Christen zu den Polytheisten gezählt wurden.[1367]

Diese Hierarchie war das Ergebnis einer im Lauf der erfolgreichen Expansion veränderten Konzeption der Beziehungen zwischen den Religionen. Mohammed dürfte anfangs von einer unaufhebbaren religiösen Pluralität ausgegangen sein, wohl auch unter Einschluss von Polytheisten.[1368] Darauf deuten jedenfalls widersprüchliche Surenverse hin, etwa die Sure 109,6 („Ihr habt eure Religion, und ich die meine") im Gegensatz zu dem „Schwertvers" in der Sure 9,5 („Wenn nun die heiligen Monate abgelaufen sind, dann tötet die Heiden, wo [immer] ihr sie findet, ... sofern sie sich nicht „bekehren") oder dem möglicherweise vor dem Hintergrund von Reinheitsvorstellungen erlassenen Gebot, „nicht die Juden und die Christen zu Freunden" zu nehmen (Q 5,51).[1369] Solche spannungsvollen Aussagen können in der islamischen Theologie abrogiert und für oder gegen das Existenzrecht von „Ungläubigen" ausgelegt werden, in der historischen Deutung hingegen lassen sie sich als Aussagen aus unterschiedlichen Phasen gegenüber unterschiedlichen religionspolitischen Herausforderungen lesen. Spätestens nach dem Sieg über die Quraisch, die die Kaaba und das damit verbundene Pilgerwesen in Mekka kontrolliert hatten, in der Schlacht von Badr im Jahr 624 dürfte die Akzeptanz des Polytheismus verschwunden sein. Mohammeds Ziel war es vermutlich nun, eine weitgehende religiöse Uniformität auf der arabischen Halbinsel herzustellen, in der allenfalls Dhimmis einen Platz neben den Muslimen erhielten.[1370] Dabei wurde das Verhältnis der Dhimmis untereinander hierarchisiert und Christen in manchen Suren freundlicher als die Juden behandelt (etwa in der Sure 5,82). Im Hintergrund standen vermutlich Konflikte mit den jüdischen Stämmen, deren Mitglieder Mohammed in den medinensischen Auseinandersetzungen teilweise töten, in die Sklaverei verkaufen oder als Beute verteilen ließ.[1371] In diesen Auseinandersetzungen schlossen

---

[1365] Ebd., 85.
[1366] Ebd., 77.
[1367] Ebd., 70f.
[1368] Friedmann: Tolerance and Coercion, 292; Khoury: Toleranz im Islam, 18. Mit Bezug auf Sure 6,108, s. Zirker: Schmäht nicht die Götter der anderen, 532.
[1369] Kister: Lā yamassuhu illā 'l-muṭahharūn, 309–317.
[1370] Friedmann: Tolerance and Coercion, 292.
[1371] Kister: The Massacre of the Banū Qurayẓa.

sich viele Mohammed an, aber wer diese „Konvertiten" in der Frühphase genau waren, ist angesichts einer dünnen Quellenlage nur schwer zu sagen, insbesondere, da sich der Islam gerade erst herausbildete, „und zwar unter maßgeblicher Beteiligung der gerade erst Bekehrten".[1372]

Von diesen Ausgangspunkten her entwickelten sich in den Jahrhunderten nach Mohammeds Tod die Regelungen (auch Pakt, Schutzbrief oder Statut genannt) zum Status der Dhimmis.[1373] Sie gehörten im Rahmen der Ausbreitungsgeschichte des Islam zu den kriegsrechtlichen Vorschriften, die das Verhältnis zu den Unterworfenen bestimmten und auf Vorlagen beruhen dürften, die gegen Ende von Mohammeds Lebenszeit entwickelt wurden.[1374] Vermutlich dokumentieren sie die Transformation tribaler Gesellschaftsformen in eine stratifizierte Gesellschaft unter aristokratischer, hierarchischer Leitung, deren Vorbilder in griechisch-römischen und sassanidischen Traditionen (und wohl weniger in Byzanz) liegen dürften.[1375]

Grundsätzlich galt, dass Besiegte, die die Vertragsbedingungen akzeptierten, die Möglichkeit erhielten, in bestimmte Rechte einzutreten. Ausgenommen waren davon im Prinzip die „mushrikun", deren Altäre zerstört und deren Tempel dem öffentlichem Gebrauch für einen muslimischen Gottesdienst zugeführt werden sollten.[1376] Nachweislich wurden Bilder und Statuen zerstört, so unter dem zweiten Ummajadenkalif Yazid (reg. 680–683 [39–42 H]).[1377] Aber zwischen der Alternative Tod oder Übertritt gab es eine Grauzone mit einer weniger rigiden Praxis. Denn Polytheisten konnten als Verwaltungsbeamte in muslimischen Diensten stehen,[1378] und die Verbote, Feste zu feiern und Kulte zu praktizieren, implizieren, dass es sie weiterhin gab. Auch die Strafen der Güterkonfiskation oder des Exils setzen voraus, dass die Alternative von Tod oder Übertritt in der Praxis (zumindest in einer frühen Phase) so nicht exekutiert werden musste.[1379] Theologisch wurde ihnen allerdings kein Existenzrecht zugebilligt, ein Überleben wie den Juden oder Christen war ihnen nicht beschieden.

Eine Mehrzahl von Vertragsvarianten, die man in der Anfangszeit benutzte, wurden unter dem zweiten Kalifen Omar (reg. 634–644 [12–23 H]) durch eine standardisierte Vertragsmatrix weitgehend ersetzt.[1380] Vermutlich endete mit dem 7. Jahrhundert (1. Jh. H), als Muslime in größerem Ausmaß begannen, in den eroberten Gebieten zu siedeln, eine Phase, in der die Inhalte der Verträge noch wirklich verhandelbar gewesen waren, weil nun der Schutz der (Neu-) Muslime durch Abgrenzung in den Vordergrund trat. Jetzt gab es – vermutlich im Rückgriff auf die sassanidischen Vorlagen – minutiös festgelegte, demütigende Regelungen für diejenigen

---

1372 Krämer: Geschichte des Islam, 61.
1373 Levy-Rubin: Non-Muslims in the Early Islamic Empire.
1374 Ebd., 8–57.
1375 Ebd., 131–135.
1376 Ebd., 121.
1377 Speck: Was für Bilder eigentlich?
1378 Levy-Rubin: Non-Muslims in the Early Islamic Empire, 94f.
1379 Ebd., 121.
1380 Zu Omars umstrittener Rolle s. Tritton: The Caliphs and their Non-Muslim Subjects, 5–17; Fattal: Statut légal des non musulmans, 97–101; Lewis: Die Juden in der islamischen Welt, 31–33. Einen größeren Spielraum für die Ausfertigung nimmt Levy-Rubin: Non-Muslims in the Early Islamic Empire, an.

Dhimmis, die nicht Muslime werden wollten; aber vollständig hörten die Aushandlungsprozesse nie aus, die Verträge blieben in regional und zeitlich unterschiedlichen Ausfertigungen bestehen.[1381] Wohl unter dem Abbasiden-Kalifen al-Mutawakkil (reg. 847–861 [206–220 H]) kamen minutiöse Ausführungsbestimmungen dazu. In späteren Zeiten gingen islamische Herrscher in der Regel davon aus, dass alle Dhimma-Gruppen solche Verträge besaßen und ließen sie, wenn sie zu Streitigkeiten kam, noch Jahrhunderte später bestätigen.[1382]

Die Konsolidierung des Status der Dhimmis dürfte aus zwei Richtungen erfolgt sein: Die erste war die pragmatische Notwendigkeit, den Umgang mit einer weit überwiegenden Mehrzahl nicht muslimischer Bewohner in den eroberten Gebieten zu regeln. In dieser Perspektive waren die Verträge Ausdruck einer neuen Konstellierung der politischen Macht, in der die Minorität der Sieger ihr Verhältnis zu einer Majorität von Besiegten, die nicht Muslime werden wollten (respektive es zu Beginn möglicherweise nicht sollten, etwa weil sie wichtige Steuerzahler waren), festlegte. Die zweite Richtung bildete die theologische Begründung dieses Status im Rückgriff auf Stellen im Koran. Dies geschah hinsichtlich der Duldung insbesondere über einen Vers der Sure 17, mit der der Zugang von Nichtmuslimen zur göttlichen Offenbarung begründet wurde: „Und wir hätten nie (über ein Volk) eine Strafe verhängt, ohne vorher einen Gesandten (zu ihm) geschickt zu haben" (Q 17,15). Hingegen griffen die restriktiven Bestimmungen gegenüber Dhimmis oft auf die Sure 9, Vers 29 zurück:[1383] „Kämpft gegen diejenigen, die nicht an Gott und den Jüngsten Tag glauben und nicht verbieten [oder: für verboten erklären], was Gott und sein Gesandter verboten haben, und nicht der wahren Religion angehören – von denen, die die Schrift erhalten haben – [kämpft gegen sie], bis sie kleinlaut aus der Hand [?] Tribut entrichten!" Diese Stelle wurde durchweg einschränkend gegenüber Dhimmis ausgelegt,[1384] und in umstrittenen Fällen, etwa gegenüber Kindern und Gefangenen, konnte auch Zwang ausgeübt werden.[1385] Es blieben letztlich Verträge von Siegern.[1386]

Natürlich dokumentierte die Theorie der Verträge nicht die Wirklichkeit des Zusammenlebens. Die Realität konnte für die Unterlegenen sowohl besser als auch schlechter sein und war abhängig von den jeweiligen politischen Verhältnissen.[1387] Sodann dürfte die Bedeutung der einzelnen Regelungsbereiche unterschiedlich gewesen sein; vermutlich etwa war

---

1381 Levy-Rubin: Non-Muslims in the Early Islamic Empire, 167f. Weitere Beispiele etwa bei Fattal: Statut legal des non-musulmans, 77–84, oder bei Hunwick: The Rights of Dhimmis to Maintain a Place of Worship, 152–154. In der Abbasidenzeit hing die Durchsetzung der Restriktionen in hohem Maß von den Entscheidungen einzelner Herrscher und von lokalen Verhältnissen ab, so Kallfelz: Nichtmuslimische Untertanen im Islam, 123–141. Schwer zu bestimmen ist, ob Muster mit dem Anspruch auf allgemeine Geltung vorlagen (so Tritton: The Caliphs) oder im Wesentlichen situationsspezifische Regelungen (Khoury: Toleranz im Islam, 81–86).
1382 Für das 15. Jahrhundert in Kairo s. Cohen: What was the Pact of Umar?, 130f. Die ältesten erhaltenen Verträge dürften ebenfalls Jahrhunderte nach dem Tod Mohammeds ausgestellt worden sein; Khoury: Einleitung (in: Johannes Damaskenos und Theodor Abu Qurra, 16f., sieht in dem von Turtushi (gestorben 1126) überlieferten Text die älteste ausführliche Variante.
1383 Nagel: Das islamische Recht, 97f., zum Kontext ebd., 93–112.
1384 Binswanger: Untersuchungen zum Status der Nichtmuslime, 18–23.
1385 Friedmann: Tolerance and Coercion, 293.
1386 Mit Blick auf die deklassierenden Dimensionen s. Littman (unter dem Pseudonym Bat Ye'or): The Dhimmi; dies.: Les Chrétientés d'Orient entre Jihâd et Dhimmitude.
1387 Edelby: The Legislative Autonomy of Christians in the Islamic World.

die Frage der Steuern, die Dhimmis bezahlten, besonders wichtig.[1388] Nicht zuletzt sind die Forderungen auf dem Papier und die praktischen Umsetzungen nicht leicht in Beziehung zu setzen. So gibt es zwar genaue Beschreibungen der christlichen Selbstverwaltungsorgane, aber fast ausschließlich auf der Ebene der rechtlichen Theorie,[1389] so dass wir über die konkreten Umstände des Zusammenlebens sehr viel weniger wissen als über die formalen Regelungen.[1390] Schon die Überlieferungssituation macht derartige Untersuchungen ausgesprochen schwierig, denn so bedeutende Archive wie das Vatikanische oder die Kronarchive Spaniens sind für die Frühzeit in der islamischen Welt nicht erhalten. Schließlich gehört zur Realität des Zusammenlebens auch ein Faktor, der im Blick auf die aus analytischen Gründen scharf unterschiedenen Gruppen von Muslimen, Dhimmis und Polytheisten zu kurz kommt: deren Gemeinsamkeiten oder Überlappungen. Ein locus classicus dafür waren religionsverschiedene Ehen,[1391] aber derartige Verschränkungen reichten bis hinein in die religiöse Praxis, etwa bei Besuchen von jüdischen, christlichen und muslimischen Pilgern an Gräbern von „Heiligen" oder „Propheten",[1392] bei denen allerdings unklar ist, ob sie auch wirklich miteinander beteten.

Vor dem Hintergrund dieser komplexen und historisch nur annäherungsweise ermittelbaren Praxis seien einige distinktive Regelungen aus solchen Verträgen genannt,[1393] die in unterschiedlichen Rechtsschulen divergierend interpretiert werden konnten.[1394]

Zuvorderst hatten Nichtmuslime eine Kopfsteuer („jizya") zu entrichten, die ihre Hauptpflicht darstellte[1395] und in der Regel unter Rückgriff auf den Koran begründet wurde (etwa Q 9,29); allerdings konnten Christen im Gegenzug (aber nicht in gleicher Höhe) von der Armensteuer („zakat") befreit werden.[1396] In dieser ökonomischen Belastung sah insbesondere die ältere Forschung einen zentralen Grund für den Niedergang der nicht muslimischen Gruppen im „Haus des Islam". Allerdings war die Situation insofern komplexer, als die Schriftbesitzer zugleich eine wichtige Einnahmequelle bildeten,[1397] die religiöse Interessen oft an eine nachrangige Stelle verwies[1398] und muslimische Herrscher dazu animieren konnte, Übertritte zu verhindern.[1399] So ist ein Brief überliefert, den Omar an einen Gouverneur gerichtet haben soll und in dem er das Versklaven von Dhimmis aus pragmatischen Nutzenerwägungen verbot:

[1388] Lewis: Die Juden in der islamischen Welt, 37.
[1389] Noth: Problems of Differentiation between Muslims and Non-Muslims.
[1390] Exemplarisch Fattal: Statut légal des non musulmans, 180–203.
[1391] Friedmann: Tolerance and Coercion, 160–193.
[1392] Bacci: Cult-Images and Religious Ethnology; ders.: „Mixed" Shrines in the Late Byzantine Period; García-Arenal: Conversion to Islam, 589.
[1393] Fattal: Le statut légal des non musulmans; Khoury: Toleranz im Islam, 81–86; Rohe: Das islamische Recht, 154.
[1394] Exemplarisch Kallfelz: Nichtmuslimische Untertanen im Islam, 88. 90.
[1395] Fattal: Statut légal des non musulmans, 264–343.
[1396] Deimann: Christen, Juden und Muslime, 84.
[1397] Khoury: Toleranz im Islam, 171–176.
[1398] Vgl. die Regionalstudie zu Sizilien von Nef: Le statut des ḏimmī-s dans la Sicile aghlabide.
[1399] Etwa wenn, wie zur Zeit der Omajaden, Übertritte die Steuereinnahmen verringerten und damit den Unterhalt der Truppen gefährdeten; Wrogemann: Missionarischer Islam, 39; Griffel: Apostasie und Toleranz im Islam, 75.

> Hast Dir überlegt, was für die Muslime nach uns bleiben wird, wenn wir die Ungläubigen gefangennehmen und als Sklaven zuteilen würden? Bei Allah, die Muslime würden keinen Menschen finden, zu dem sie sprechen und aus dessen Arbeit sie Nutzen ziehen könnten. Die Muslime werden sich Zeit ihres Lebens (von der Arbeit) dieser Leute ernähren, und nach unserem und ihrem Tod wird für unsere Söhne das gleiche getan von ihren Söhnen und so fort, denn sie sind Sklaven des Volkes der Gläubigen, solange die Religion des Islam vorherrschen wird. Deshalb erlege ihnen eine Kopfsteuer auf und versklave sie nicht.[1400]

Die religiöse Praxis von Dhimmis wurde insbesondere hinsichtlich ihrer Öffentlichkeitswirksamkeit eingeschränkt: Der Bau neuer Kirchen und Synagogen war verboten, dies galt ebenso für öffentliche Kulthandlungen[1401] und für das Zeigen von Symbolen (wie des Kreuzes an Kirchen). Es gab keine Fixierung des Status quo, vielmehr kam es vielfach zu einer Zerstörung von Kirchen und Synagogen,[1402] nicht nur nach der Auszehrung der christlicher und jüdischer Gemeinden, sondern auch schon im Vorfeld, um ihre Verdrängung vorzubereiten. An einem diachronen Beispiel, der Architekturgeschichte von Urfa (Edessa/al-Ruha) und ihrem nahöstlichen Umfeld, hat Mattia Guidetti aufgezeigt, dass nach einer Phase des Bestandes christlicher Kirchen und der Nutzung der byzantinischen Bautradition seit dem 11. Jahrhundert (5. Jh. H) mit der Entwicklung einer eigenen islamischen Architektursprache und dem Rückgang der Bedeutung von Christen auch die Zerstörung oder Übernahme christlicher Kirchen massiv zunahm.[1403] Vier Beispiele aus verschiedenen Zeiten und Regionen illustrieren derartige Prozesse: Die Johannes-Basilika in Damaskus musste am Beginn des 8. Jahrhunderts (2. Jh. H) der Hauptmoschee weichen, nachdem 70 Jahre lang eine Moschee unmittelbar neben der Kirche im Bereich des alten Tempelareals, zu dem Christen und Muslimen einen gemeinsamen Eingang benutzten, bestanden hatte.[1404] Man bot den Christen im Tausch für die Basilika Kirchen an, die nicht durch den Kapitulationsvertrag gesichert und somit potenzill gefährdet waren und drohte zugleich, die noch größere Thomas-Kirche zu zerstören, wenn man die Johannes-Basilika nicht erhielte.[1405] In Cordoba zwang man die Christen im gleichen Jahrhundert, die Kirche des heiligen Vinzenz den Muslimen zu verkaufen, verbunden allerdings mit dem Recht, an einem anderen Ort eine neue Kirche zu bauen;[1406] in Konstantinopel kam es im 15. Jahrhundert (9. Jh. H) unter dem Kriegsrecht nicht nur zur Umwandlung der Hagia Sophia in eine Moschee, sondern auch zu einem weitgehenden Verlust der anderen Kirchen für die Christen (s. u.), und in Isfahan wurden die Christen im 17. Jahrhundert (11. Jh. H) gezwungen, in eine neue Vorstadt umzuziehen.[1407]

1400 Zit. nach Lewis: Die Juden in der islamischen Welt, 37.
1401 Einen vergleichbaren Ausschluss religiöser Praktiken von der Öffentlichkeit findet sich im Christentum in der intrareligiösen Regelung des Westfälischen Friedens, wo Calvinisten das exercititum religionis privatum zugebilligt wurde.
1402 Kennedy: Inherited Cities, 99, hält den Moscheebau auf religiösen Arealen für „unüblich", allerdings finden sich viele dem widersprechende Beispiele.
1403 Guidetti: The Byzantine Heritage in the Dar al-Islam.
1404 Degeorge: La Grande mosquée des Omeyyades, 50.
1405 Ebd., 66.
1406 Tieszen: Christian Identity amid Islam, 29.
1407 Windler: Konfessioneller Anspruch und kulturelle Vermittlung, 78.

Dazu trat eine stete Unsicherheit über die Verlässlichkeit des rechtlichen Status, insofern man von der Bereitschaft von Herrschern abhängig war, Verträge auch einzuhalten. Ein Vertrag konnte infrage gestellt, seine Aufkündigung angedroht werden und verunsicherte, die Unterlegenen selbst dann, wenn er bestätigt wurde.[1408] Ein Sonderfall in der islamischen Geschichte, der nicht verallgemeinerbar ist, aber Probleme in zugespitzter Form zeigt und Christen als Exempel für unkalkulierbare Situationen galt, war das Verhalten des fatimidischen Kalifen al-Hakim (985–1021 [374–411 H]), das in seinem Umgang mit der Grabeskirche in Jerusalem gipfelte.[1409] Christen hatten sie mit einer Sicherheitsgarantie als Besitz erhalten (wahrscheinlich 638), doch ordnete al-Hakim ihre Zerstörung 1007 oder 1008 an[1410] und ließ den Befehl 1009 exekutieren. Als Grund wurde ein „magisches" Handeln von Christen angeführt – sie sollen das Osterfeuer wie von Zauberhand zum Leuchten gebracht haben.[1411] Aber al-Hakims Handeln ist ohne ein Blick auf seine Person, in der sich das Selbstverständnis als außergewöhnliche religiöse Autorität möglicherweise mit einer fragilen Psyche paarte,[1412] nicht zu verstehen, möglicherweise war auch der Neid auf den Reichtum der Grabeskirche ein Faktor.[1413] Im gleichen Jahr ließ er zudem Kirchen im griechischen Teil von Kairo und auch in anderen Gebieten zerstören, zum Teil zugunsten von Moscheebauten, aber zugleich wurden zum Ausgleich Kirchenneubauten genehmigt;[1414] ab 1012 folgten die Zerstörung weiterer Kirchen und deren Verwandlung in Moscheen sowie die Einziehung von Kirchengut.[1415] Letztlich sind die genauen Zahlen unklar, aber nach muslimischen Quellen sollen zehntausende Kirchen im Herrschaftsgebiet al-Hakims zerstört worden sein.[1416] 1013 bot er den Dhimmis an, das Land zu verlassen und ihren Besitz mitzunehmen, aber 1020, kurz vor seinem Verschwinden, soll er die Beziehungen zu den Christen wieder aufgenommen und angeboten haben, Kirchen wieder aufzubauen.[1417] Al-Hakim war nicht die Norm, aber auch kein Einzelfall, von den Almohaden ist ebenfalls ein rigides Vorgehen überliefert (s. u.), und überhaupt muss es insbesondere im Rahmen von frühen Eroberungen eine massive Zerstörung von Kirchen gegeben haben.[1418] Auf Dauer dürften die meisten Kirchen in den islamisch dominierten Ländern verschwunden sein, sei es durch den Rückgang der Zahl der Christen oder durch muslimische Maßnahmen gegen sie.

Andere Regelungen – nun wieder in der Theorie der Verträge – legten den Status von nichtmuslimischen „Schriftbesitzern" fest, indem sie zusätzlich oder ausschließlich darauf zielten, sie symbolisch zu demütigen. Das Tragen von Waffen war ihnen untersagt, ebenso das Reiten auf Pferden, auch die Übernahme wichtiger Staatsämter; sie sollten vor den Mus-

---

[1408] Cohen: What was the Pact of 'Umar?, 130f.
[1409] Khoury: Toleranz im Islam, 77–90.
[1410] Walker: Caliph of Cairo, 210.
[1411] Ebd., 210.
[1412] Ebd., 6–9.
[1413] Ebd., 210.
[1414] Ebd.
[1415] Ebd., 211.
[1416] Ebd., 212.
[1417] Ebd., 212f.
[1418] S. etwa Kallfelz: Nichtmuslimische Untertanen im Islam, 88; Bostom: The Legacy of Jihad, 383–674.

limen aufstehen, sie nicht als erste grüßen, ihnen nicht gratulieren oder kondolieren und konnten als Unreine gelten.[1419] In ihrer Kleidung mussten sich Dhimmis kenntlich machen, Regelungen, die die Muslime vermutlich aus dem Sassanidenreich kannten.[1420] Im Jahr 849/50 (207/8 H) habe der Abbasiden-Kalif al-Mutawakkil in Samara angeordnet, dass sie „honigfarbene Kapuzen und Gürtel" zu tragen hätten.[1421] Auch für andere Gebiete und Zeiten wie für das Osmanische Reich sind detaillierte Kleidungsreglementierungen dokumentiert.[1422] Im Westen des dar al-Islam waren hingegen vergleichbare Vorschriften lange unbekannt. Aber 1198 ordnete der im Maghreb regierende Almohade Yaqub al-Mansur an, dass die Juden blaue, wohl unvorteilhaft aussehende Tuniken zu tragen hätten.[1423] Ob derartige Kleidervorschriften einen Impuls für die ähnlichen Kleidungsregeln für Juden auf dem vierten Laterankonzil (1215) bildeten, wird in der Forschung kontrovers diskutiert.[1424] Zur kulturellen Deklassierung gehört auch eine intellektuelle, wenn etwa muslimische Theologen die christliche Bibel in islamischer Deutung in einer Weise kommentierten, die Deutungen, welche unter Christen weitgehend Konsens waren, infrage stellten.[1425]

Bei rechtlichen Regelungen waren Dhimmis erheblich benachteiligt, wobei, wie generell in der Scharia, nur die Mitglieder der Umma Subjekte des islamischen Rechts, die Angehörigen anderer Religionen hingegen dessen Objekte waren.[1426] Eine eigene Strafgerichtsbarkeit fehlte,[1427] im Erb- und Familienrecht (insbesondere bei Heiraten) waren sie beeinträchtigt,[1428] ebenso bei der Sklavenhaltung, da Muslime christliche Sklaven halten konnten, ein umgekehrtes Recht aber nicht galt.[1429] Andere Regelungen wie das Verbot, militärische Dienste zu leisten, blieben unter den Rechtsgelehrten umstritten und konnten je nach politischen Bedürfnissen gehandhabt werden. Zu manchen Gebieten wurde Nichtmuslimen der Zutritt untersagt, für Mekka und Medina gilt dies bis heute.[1430]

Situationsbedingt konnte der Dhimma-Status auch vorenthalten werden. Ein wichtiger Fall war der Krieg, in dem das Überleben nur bei bestimmten Formen der Kapitulation – also sofern die Eroberung nicht durch Waffengewalt erfolgen musste – gewährleistet wurde.[1431] Bei der Eroberung von Städten und Festungen, die nicht übergeben worden waren, durften hingegen die christlichen Soldaten getötet und Frauen und Kinder in die Sklaverei verkauft

---

[1419] Lewis: Die Juden in der islamischen Welt, 39.
[1420] Levy-Rubin: Non-Muslims in the Early Islamic Empire, 88–98.
[1421] Lewis: Die Juden in der islamischen Welt, 51; s. auch Scheiner: Vom Gelben Flicken, 19f.
[1422] Scheiner, ebd., 19–55; Binswanger: Untersuchungen zum Status der Nichtmuslime, 165–193.
[1423] Brunschvig: La berbérie orientale sous les Hafsides, Bd. 1, 404.
[1424] Einen Einfluss sieht Brunschvig, ebd.; von einer südfranzösischen Erfindung spricht Scheiner: Vom Gelben Flicken, 91.
[1425] So beispielsweise der Gelehrte al-Tufi im 14. Jahrhundert (8. Jh. H) in Kairo, s. Demiri: Muslim Exegesis of the Bible, 73; hier exemplairsch zur Auferstehung Jesu im Matthäusevangelium S. 238/241.
[1426] Khadduri: The Islamic Law of Nations, 10.
[1427] Binswanger: Untersuchungen zum Status der Nichtmuslime, 151.
[1428] Lewis: Die Juden in der islamischen Welt, 34.
[1429] Ebd., 34.
[1430] Nagel: Staat und Glaubensgemeinschaft im Islam, Bd. 1, 19. 94.
[1431] Cahen: Dhimma, 227.

werden.¹⁴³² Auch bei Vertragsverletzungen, deren juristische Feststellung der muslimischen Seite oblag, konnten die Dhimma-Rechte eingezogen und Synagogen und Kirchen zerstört werden.¹⁴³³ In einzelnen Regionen, etwa in Spanien oder Nordafrika, konnten Dhimmis vollständig verschwinden (s. u.). Oft war der Dhimma-Status auch von der Protektion durch Muslime abhängig. So etwa sicherten Juden im vorkolonialen Marokko ihre Existenz häufig über die Beziehung zu einem muslimischen „Patron" ab, der über die Dhimma-Regelung hinaus, die etwa den Schutz durch den Sultan beinhaltete, in Konfliktfällen „seine" Juden sichern sollte.¹⁴³⁴

Eine Sonderregelung betraf die nicht muslimischen Besucher (mustamin), etwa Kaufleute oder Gesandte, die für ein muslimisches Gebiet eine Besuchsgenehmigung (aman) erhielten. Sie mussten dann keinen Tribut entrichten und erhielten freies Geleit.¹⁴³⁵ Wenn sie sich niederließen, betrachtete man sie als Dhimmis, doch wurden Besuchsgenehmigungen üblicherweise jährlich verlängert. Diese Sicherheitsgarantien wurden individuell erteilt, allerdings gab es auch kollektive Genehmigungen für die Mitglieder einer Delegation.¹⁴³⁶

Die Regelungen zum Umgang mit Dhimmis erhalten nochmals eine andere Perspektive, wenn man von punktuellen Situationsbeschreibungen auf chronologische Längsschnitte umschaltet. Dann zeigt sich, dass die Dhimmi-Gruppen in allen islamischen Ländern einer zunehmenden Erosion unterlagen, die die (ehemals) hegemonialen Christen fast immer stärker traf als die ohnehin als Minorität lebenden Juden. Für diesen Rückgang gibt es strukturelle Gründe: Die ökonomische Belastung durch die Kopfsteuer spielte eine Rolle, auch wenn sie nicht der einzige Grund war. Kriege zwischen christlichen und muslimischen Mächten dürften die Lage der Christen häufig verschlechtert haben, weil sie als potentielle Kollaborateure des Feindes galten. Die Kreuzzüge etwa waren für das syrische Christentum die Wende von der Mehrheit zu einer Minderheit, auf dem Balkan führten die Kriege ebenfalls zur Reduktion der Christen auf eine Minorität, und auch die muslimischen Niederlagen gegen die Mongolen brachten eine zunehmend restriktive Politik gegenüber den Dhimmis mit sich,¹⁴³⁷ weil man Gründe in der inneren Destabilisierung durch die „Ungläubigen" sah. Nicht zuletzt dürfte der christliche Umgang mit Muslimen in den von ihnen (rück-)eroberten Gebieten (Sizilien, Spanien), wo die Muslime unter christlicher Herrschaft völlig verschwanden, das Verhalten gegenüber Dhimmis und insbesondere gegenüber Christen negativ beeinflusst haben.¹⁴³⁸

Richtet man den Blick von den rechtlichen Regelungen und den chronologischen Schnitten weg auf Regionen, stößt man auf weitere Details, die im Grunde eine Vielzahl von Sonderfällen dokumentieren. In Ägypten beispielsweise hatte die koptische Kirche nach der islamischen Eroberung die Steuererhebung übernommen und besaß dadurch eine starke soziale Position. Erst als sie diese Funktion im 14. Jahrhundert (8. Jh. H) unter den Mameluken auf-

---

1432 Baer: Honored by the Glory of Islam, 177f.
1433 Hunwick: The Rights of Dhimmis.
1434 Meyers: Patronage and Protection, 87–93.
1435 Van Ess: Dschihad, 94–97; Khoury: Toleranz im Islam, 53–68, 134–138.
1436 Lewis: Die Juden in der islamischen Welt, 29.
1437 García-Arenal: Conversion to Islam, 593.
1438 Lewis: Die Juden in der islamischen Welt, 59.

grund innermuslimischer Kritik verlor, kam es zu einer markanten Minderung des sozialen Status. Auch später, etwa für das 18. Jahrhundert (12./13. Jh. H), werden massive Diskriminierungen der Nichtmuslime berichtet.[1439] Es kam jedenfalls zu einer – auf Dauer dramatischen – quantitativen Reduktion der Christen.[1440] Heute wird ihr Anteil auf 6 bis 10 Prozent der ägyptischen Bevölkerung geschätzt.[1441]

In Konstantinopel wurden die Dhimmis nach der Eroberung der Stadt durch die Muslime im Jahr 1453 Zug um Zug verdrängt. Viele Kirchen, darunter die Hagia Sophia, wurden schon unter dem Kriegsrecht in Moscheen umgewandelt, und auch bei der späteren Inbesitznahme von Stadtvierteln durch Muslime, etwa von Galata, wurden Kirchen enteignet.[1442] Probleme begannen für Christen zudem in dem Augenblick, wo in ihrem Stadtviertel eine Moschee gebaut wurde. Da in deren Nähe keine Nichtmuslime wohnen sollten, bedeutete dies in der Regel den Beginn eines Bevölkerungsaustausches.[1443] Diese Umsiedlung der Christen führte oft zum Verlust des kultischen Zentrums, da keine Neubauten von Kirchen nachweisbar sind; bei Rückwanderungen waren die ehemaligen Kirchen oft nicht mehr vorhanden oder zugänglich, da verlassene Kirchen der muslimischen Verfügungsgewalt anheimfielen.[1444] Der große Brand von 1660 schließlich wurde zu einer grundlegenden, islamisierenden Revision der religiösen Landschaft genutzt.[1445] Am Beginn des 18. Jahrhunderts existierten in Konstantinopel nur noch drei Kirchen aus der Zeit vor der Eroberung.[1446] Aber auch in dieses Bild lassen sich, wie so oft, Striche einzeichnen, die nicht in diese Niedergangsgeschichte passen. So stieg die Zahl der christlichen Armenier in Konstantinopel seit dem 15. Jahrhundert stetig an, um Ende des 19. Jahrhunderts 250.000 bis 300.000 Personen zu umfassen.[1447]

Im Osmanischen Reich entwickelte sich eine spezifische Regulierung der Dhimmis im sogenannten Millet-System, in dem rechtlich verankerte Selbstverwaltungskörperschaften für Christen und Juden entstanden. Die dominierende Millet war die griechische, eine ethnisch, sozial und sprachlich heterogene Gruppe,[1448] dazu kam eine jüdische und seit 1461 eine armenische Millet.[1449] Ihre Entstehung wurde in der älteren Forschung in die Ära von Sultan Mehmet II. (1432–1481 [835– 886 H]) datiert, der sie nach der Eroberung Konstantinopels eingerichtet habe.[1450] Allerdings lässt sich der Gebrauch des Begriffs Millet zumindest als politischer Ordnungsbegriff erst im 19. Jahrhundert nachweisen,[1451] so dass man

---

[1439] Motzki: Dimma und Égalité, 66–77.
[1440] García-Arenal: Conversion to Islam, 593; Franz-Murphy: Conversion in Early Islamic Egypt.
[1441] Faragallah: Die koptischen Christen des heutigen Ägyptens, 60.
[1442] Binswanger: Untersuchungen zum Status der Nichtmuslime im Osmanischen Reich des 16. Jahrhunderts, 78.
[1443] Ebd., 50.
[1444] Ebd., 54f.
[1445] Ebd., 144.
[1446] Ebd., 69.
[1447] Barsouimian: The Eastern Question and the Tanzimat Era, 188.
[1448] Clogg: The Greek Millet in the Ottoman Empire, 185–190.
[1449] Karpat: Millets and Nationality, 145.
[1450] Noch heute vertritt diese Position Zaffi: Das millet-System im Osmanischen Reich, 134. Zum Komplex des Millet-Systems: Christians and Jews in the Ottoman Empire, hg. v. B. Braude/B. Lewis.
[1451] Braude: Foundation Myths of the Millet System, 72.

unter Einbeziehung weiterer Faktoren davon ausgehen muss, dass die Millets in derjenigen Form, in der sie am Ende des Osmanischen Reiches existierten, im wesentlichen im 18. und 19. Jahrhundert durch die Veränderung älterer Konzepte der Dhimmi-Tradition ausgebildet worden sind.[1452] In dieser Phase aber war der Formierungskontext kein religiöser mehr, weil die Millet zum Instrument einer politischen Umstrukturierung des Osmanischen Reiches wurden, die seit 1839 als Tansimat-Reformen, mit denen eine „Modernisierung" des Osmanischen Reiches erreicht werden sollte, propagiert wurden. Dabei entstanden, vor allem durch das Aufleben nationalistischer Bewegungen nach dem griechischen Unabhängigkeitskrieg von 1821, weitere, orthodoxe, katholische und protestantische Millets, parallel zu anderen religiösen Abschottungsprozessen.[1453] Die neuen Millets waren Teil eines Reformprogramms, mit dem, unter anderem durch den Gülhane-Erlass aus dem Jahr 1839, die Gleichheit aller Bürger unabhängig von ihrer Religionszugehörigkeit gewährleistet werden sollte, wobei die Millets die Funktion erhielten, die Loyalität ihrer Mitglieder gegenüber dem Sultan zu sichern. De facto führte diese osmanische Funktionalisierung des Dhimma-Systems nicht zu einer Konsolidierung:[1454] Der Sultan erhielt die erwartete Loyalität nicht, Dhimmis, vor allem in den Städten, sahen immer noch zu viel Macht bei den alten Eliten und dem Klerus (auch demjenigen in ihren eigenen Millets), und vielen Gebildeten waren die Millets zu wenig national ausgerichtet. Am Ende des 19. Jahrhunderts rückte man zudem teilweise von diesen Reformen wieder ab, nicht zuletzt, weil die christlichen Minderheiten als Instrument europäischer Mächte wahrgenommen wurden. Aber die Liberalisierung im Rahmen der Tansimat-Regelungen stärkte nicht nur nationalistische Strömungen, sondern unterminierte auch die Stabilität des osmanischen Religionsrechtes: Die mit diesen Reformen verstärkten Religionswechsel, etwa Übertritte in den Islam aus Karrieregründen oder aus Furcht vor Massakern, der jetzt mögliche Austritt aus dem Islam, der als „Apostasie" nicht mehr streng vom osmanischen Staat geahndet wurde und oft schnell nach einem erzwungenen Übertritt erfolgte, oder (krypto-)christliche Gruppen aus „Konvertiten" zum Islam, die mehr oder minder offen ihre Glaubensvorstellungen leben konnten, führten zu einer Situation, in der viele offenbar die Orientierung verloren, Opportunität und Überzeugung nicht mehr unterscheidbar erschienen. All dies bildete mit dem sich ausbreitenden Nationalismus eine Mélange (vermeintlich) unkalkulierbarer Entwicklungen.[1455] Letztlich geriet das Konzept der Millet zu einem Vehikel der nationalstaatlichen Gestaltung politischer Ordnung, mit dem nicht mehr die Frage religiöser Minderheiten, sondern diejenige „abweichender" sozialer Gruppen überhaupt geregelt wurde.[1456] Dadurch boten die Millet gegen den Nationalismus keinen Schutz, im Gegenteil: Viele Forscher sehen heute im Millet-System eine Wurzel der Nationalisierung der bis anhin vor allem religiös verstandenen Ethnien im Osmanischen Reich.[1457]

1452 Ebd.
1453 Zu den seit 1800 zunehmenden monoreligiösen Gilden s. Faroqhi: Artisans of Empire, 147.
1454 Karpat: Millets and Nationality, 163f.; Davison: Reform in the Ottoman Empire 1856–1876, 131–135.
1455 Deringil: Conversion and Apostasy in the Late Ottoman Empire.
1456 Hendrich: Milla – millet – Nation, 217.
1457 Aktürk: Persistence of the Islamic Millet as an Ottoman Legacy; Kürşat: Der Verwestlichungsprozess des Osmanischen Reiches im 18. und 19. Jahrhundert, 293–298, 450–460 u. ö.

Ein anderes Beispiel für die graduelle Marginalisierung und das schlussendliche Verschwinden einer Dhimmi-Gruppe im Kosmos der islamischen Kulturen dokumentiert das Judentum im Jemen. Auch hier fallen die (seit Ende des 18. Jahrhunderts dokumentierten) Benachteiligungen ins Auge, etwa in der Regel, dass sie Latrinen zu säubern und Tierkadaver zu entsorgen hatten oder ihre Waisenkinder vor der Pubertät im Rahmen des Fitra-Konzeptes zwangsweise zu Muslimen wurden.[1458] Zudem ging man gewaltsam gegen messianische jüdische Bewegungen vor, weil sie als politische Bedrohung galten.[1459] Aus dem Jemen ist auch eines der seltenen fotographischen Dokumente zum Dhimma-Status überliefert, das um 1942 herum einen Juden zeigt, der wegen seiner Religionszugehörigkeit im Damensattel reiten muss.[1460] Andererseits konnte für Frauen der Übertritt zum Islam ein Mittel sei, die eigene Lebensführung zu bestimmen und etwa eine Ehescheidung herbeizuführen.[1461] Im 20. Jahrhundert kam es zum Ende des Judentums im Jemen. Nach Pogromen im Jahr 1947 wanderten fast alle Juden nach Israel aus respektive wurden ausgeflogen; die letzten Juden, wenige hundert, verließen nach Anschlägen der al-Qaida im 2009 fast vollständig das Land.

Gegenüber dem Regelfall der Marginalisierung blieb die Situation von Dhimmis in Ausnahmefällen auch stabil, dazu gleichfalls einige Beispiele. In Marokko, wo die Christen ausstarben,[1462] blieb das Judentum trotz immer wieder diskreditierender Maßnahmen zumindest relativ stabil, ehe im Rahmen der Gründung des Staates Israel zuerst Pogrome im Jahr 1947 und dann eine zionistische Propaganda die Auswanderung vorantrieben, bis schließlich von den mehr als 250.000 Juden nach dem Zweiten Weltkrieg heute weniger als ein Prozent in Marokko verblieben. Die christlichen Maroniten im Libanon wiederum überlebten in ursprünglicher Stärke und wuchsen sogar, obwohl sie eng mit den Kreuzfahrern liiert gewesen waren. Der Grund für diese Sonderentwicklung war ihre Rückzugsbasis in den schwer zugänglichen Bergen, aber vermutlich spielte auch eine Rolle, dass sie niemals Führungspositionen im mamelukischen Staat einnahmen und so keinen Grund für sozialen Neid boten.[1463] Ein weiteres Beispiel, das nicht in diese dominante Linie des Niedergangs der Dhimmis passt, sind die Balkangebiete des Osmanischen Reiches im 16. Jahrhundert, als – allerdings nur während einiger Jahrzehnte – Kirchen, vor allem für Klöster, nach der muslimischen Eroberung neu gebaut wurden, obwohl dies nach Dhimma-Statut nicht hätte erlaubt sein dürfen; über die Gründe ist augenblicklich noch kaum etwas bekannt.[1464] Nachvollziehbar ist hingegen der Neubau von Kirchen unter osmanischer Herrschaft im 19. Jahrhundert ebenfalls auf dem Balkan. Beispielsweise wurden zwei orthodoxe Kirchen im herzegowinischen Mostar 1834 und 1873 erbaut, außerdem 1866 die katholische Franziskanerkirche St. Peter und Paul. Dahinter stand die Absicht, nationalistischen Tendenzen durch die Gewährung stärkerer Eigenständigkeit zu begegnen. Diese Politik aber führte, wie das Millet-System

---

1458 Hünefeld: Imām Yaḥyā Ḥamīd ad-Dīn und die Juden in Sana'a (1904–1948), 50–55.
1459 Ebd., 32–35. 48.
1460 Ebd., 91.
1461 Ebd., 55.
1462 García-Arenal: Conversion to Islam, 598.
1463 Ebd., 594f.
1464 Ćurčić: Architecture in the Balkans, 787–797.

insgesamt, nicht zur Befriedung der Lage; 1878 endete die osmanische Geschichte der Herzegowina mit ihrer Annexion durch Österreich-Ungarn.

Einen weiteren Sonderfall bildete die Zuschreibung des Dhimma-Status für Religionen, denen diese Rechte ursprünglich nicht zugedacht waren. Im Laufe der islamischen Expansion konnte man die Option nach kontroversen Debatten beispielsweise auf die Zoroastrier, die wohl mit den „Magiern" im Koran gemeint waren, anwenden. Eine Legitimationsstrategie bestand darin, sie als Sabäer zu identifizieren. Über diese im Koran erwähnte Gemeinschaft existierten bis ins 19. Jahrhundert nur diffuse Kenntnisse,[1465] so dass man Gruppen, die im Koran nicht erwähnt waren, als Sabäer deklarieren und ihnen so einen geschützten Status zuweisen konnte. Eben diesen Weg nutzte man, um die indischen Zoroastrier als Dhimmis anzuerkennen,[1466] zumindest wurden ihre Feuertempel bei der Eroberung Persiens nicht in der ersten Phase zerstört, sondern erst später, als möglicherweise die zoroastrischen Gruppen ausgedünnt waren.[1467]

In Indien besaß diese Frage der Anerkennung schon quantitativ ganz eigene Dimensionen, insofern die Muslime in einem riesigen Land auf eine evident polytheistische Praxis trafen. Nach der Theorie vieler Dhimma-Regelungen hätte man die „Hindus" zum Übertritt in den Islam zwingen oder sie töten müssen – aber genau dies geschah nicht konsequent. Dahinter stand die in vielen Konflikten gewachsene machtpragmatische Einsicht, dass eine Islamisierung der „hinduistischen" Religionen nicht realisierbar war. Denn in den ersten Jahrhunderten islamischer Herrschaft finden sich vielfältige Übergriffe: Die „hinduistischen" Tempel wurden Ziel der Beutezüge, „Hindus" (einem wohl erstmals von Muslimen im Laufe der folgenden Jahrhunderte religiös aufgeladenen Begriff[1468]) wurden im Rahmen von Kriegshandlungen wohl auch aus religiösen Motiven getötet, ihre Heiligtümer vielfach zerstört und Moscheen neugebaut,[1469] illoyale „Hindu"-Offiziere konnten durch die Zerstörung der ihnen zugehörigen Tempel bestraft werden.[1470] Ein Beispiel für eine symbolträchtige Niederlage der „Hindus" ist die 1191 (587 H) erbaute Quwwat-ul-Islam-Moschee in Delhi, die, wie es in einer Inschrift der heißt, unter demonstrativer Nutzung der zerstörten 27 „Götzentempel" gebaut wurde,[1471] wobei die Säulen des Tempels mit weiblichen (Göttinnen?) Gestalten, deren Köpfe abgeschlagen waren,[1472] sichtbar als Stützen verbaut wurden, um den religiösen Sieg der Muslime zu dokumentieren – womit die Moschee gleichwohl und selbstverständlich ein (inzwischen zum Weltkulturerbe zählendes) Dokument kultureller Austauschbeziehungen ist.[1473] Besondere Gewaltakte werden von Mahmud von Ghazni aus dessen Feldzügen zwischen 1000 und 1027 berichtet, der hunderte von Tempeln zerstört, deren Schätze geplündert

---
1465 Zu den Überlieferungsresten der polytheistischen Kultur der Sabäer s. Wissmann: Die Geschichte von Saba', Bd. 2, 50–59; Beeston: Saba.
1466 Friedmann: Tolerance and Coercion in Islam, 72–76.
1467 Finster: Frühe iranische Moscheen vom Beginn des Islam bis zur Zeit salğūqischer Herrschaft, 14–17.
1468 Lorenzen: Who Invented Hinduism?, 33–36; s. auch Kap. 1.2.1.
1469 Wink: Al-Hind, 205f.
1470 Eaton: Temple Desecration and Indo-Muslim States, 266.
1471 Horovitz: The Inscriptions of Muhammad ibn Sam, Zit. 13.
1472 Flood: Objects of Translation, 166.
1473 Ebd., 160–168.

und eigenhändig den Siva-Lingam in Somnath (im Westen Indiens) zerschlagen habe.[1474] Diese Vorgänge sind in Indien momentan Gegenstand einer höchst kontroversen Debatte, in der nicht zuletzt Hindu-Nationalisten die islamische Herrschaft als Zeit der Zerstörung indischer religiöser Traditionen sehen.[1475] Doch derartige Verwüstungen waren keine Erfindungen islamischer Eroberer, sondern gehörten auch zu den Praktiken vormuslimischer Kriegsführung.[1476]

Aber die schlichte Menge der Nichtmuslime und deren fehlende Bereitschaft, in den Islam einzutreten, begrenzte die Möglichkeiten einer Homogenisierung der Bevölkerung unter religiösen Vorzeichen, oft konnte nicht einmal die Kopfsteuer aufgrund administrativer Grenzen effektiv erhoben werden.[1477] Deshalb und möglicherweise auf dem Hintergrund eines stark persisch geprägten offeneren Umgangs mit anderen Religionen gab es auch keine flächendeckende Zerstörung von Tempeln durch Muslime. Wenn sie stattfanden, standen hinter einer Umwidmung oder Niederlegung oft keine genuin religiösen Motive, vielmehr hat man ein politisches Kalkül in Betracht zu ziehen, etwa eine Reaktion auf Widerstand gegen Muslime als politische Machthaber.[1478] Aber wenn die Staatsraison es opportun erscheinen ließ, konnten „hinduistische" Tempel von muslimischen Herrschern auch geschützt werden.[1479] Und deshalb kann man auch die Geschichte anderer Facetten der islamischen Herrschaft in Indien schreiben: Von synkretistischen religiösen Praktiken, in der islamische und „hinduistische" Traditionen verbunden wurden, wie sie sich etwa unter Anhängern der Bhakti-Frömmigkeit nachweisen lassen,[1480] oder von den Versuchen, die „Hindus" doch als Schriftbesitzer zu qualifizieren und sich so der Pflicht zu ihrer Eliminierung zu entziehen. Schon ganz am Beginn des Eindringens nach Indien, etwa unter Muhammad ibn al-Qasim (695–715 [75–96H]), konnte man mit der Behauptung, die vedischen Schriften stammten von einer sakralen Urschrift ab, die „Hindus" ebenfalls unter die schriftbesitzenden Religionen rubrizieren.[1481]

Wie so häufig, bildeten Sufi-Traditionen eine eigene Welt in den islamischen Welten. Ein darin nochmals sehr spezifisches Beispiel dafür ist der indische Mogul Akbar (1542–1605 [902–964 H]), der eine zentrale Prägung seiner Religiosität durch die Spiritualität des Chishtiyya-Ordens erhielt. Er ließ 1564 (971 H) die Kopfsteuer abschaffen[1482] und nach einem Erleuchtungserlebnis, das vermutlich sein Selbstverständnis als über den Rechtsgelehrten stehender Herrscher stärkte, lud er alle Religionen in seinem „Haus des Gottesdienstes" zur Diskussion,[1483] wohinter allerdings nicht nur religiöse, sondern auch politische Motive, etwa der Befriedung seiner Territorien, standen. Darüber hinaus sind an seinem Hof anthropologische Experimente überliefert, die in den weiteren Bereich der Religionszugehörigkeit gehören:

1474 Kulke/Rothermund: Geschichte Indiens, 210.
1475 Goel u. a.: Hindu Temples.
1476 Ebd., 267.
1477 Copland: History of State and Religion in India, 101.
1478 Eaton: Temple Desecration and Indo-Muslim States, 263–265.
1479 Ebd., 268, der auf die Generalverdächtigung bei Goel: Hindu Temples, reagiert.
1480 Copland: History of State and Religion in India, 103.
1481 Verardi: Hardships and Downfall of Buddhism, 353; Wink: Al-Hind, 193f.
1482 Franke: Akbar und Ǧahāngīr, 78.
1483 Hottinger: Akbar der Große, 115–117.

Kinder ließ er ohne Sprache aufziehen, um zu erfahren, welcher Religion sie angehören und welches Glaubensbekenntnis sie sprechen würden.[1484] Dahinter dürfte eine theologische Überlegung stehen, die den Islam nicht auf ein geschlossenes System mit scharfen Grenzen reduzierte.[1485] Zu diesen Theologumena gehörte Akbars Überlegung, dass der Ruf „allahhu akbar" mit der Doppelbedeutung Gott ist der Größte/Gott ist Akbar interpretierbar sei[1486] oder dass sich monotheistische als monistische Vorstellungen deuten ließen. Im Rahmen dieser Neuvermessung des religiösen Feldes förderte er auch „Hindus" und ließ deren Texte übersetzen, weil er sie als Exponenten des „verborgenen Buches", der Mutter aller Bücher, des Urexemplars des Koran, verstehen konnte. Die Einführung eines neuen Glaubensbekenntnisses („Es gibt keinen Gott außer Gott und Akbar ist der Repräsentant Gottes"[1487]) scheiterte jedoch und damit wohl der Versuch, ein einheitliches Bekenntnis zu konstituieren, das alle Religionen im Theorem eines gemeinsamen Ursprungs und Ziels vereinen sollte.[1488]

Die komplexen Konstellationen von Gründen für die Marginalisierung der Dhimmis hat in der Forschung zu einer kontroversen Debatte hinsichtlich einer Frage geführt, die das Verhältnis von Entscheidung und Zugehörigkeit unmittelbar berührt, ob nämlich mit den erniedrigenden und ausgrenzenden Regelungen für die Dhimmis auch deren Islamisierung beabsichtigt war. Der dominierende Strang der Forschung bejaht diese Absicht. Sehr kritische Autoren sehen, bezogen auf das Beispiel Konstantinopel, hinter der ständigen Verunsicherung der Dhimmis durch Drohung mit Vertreibung und überhaupt durch fehlende Rechtssicherheit einen intendierten Erosionsprozess, der auf den Übertritt in den Islam gezielt habe. Das Vertragssystem habe in einer Regulierung von Kriegsfolgen darauf abgezielt, Minderheiten zum Verschwinden zu bringen. Deshalb sei der Dhimma-Status als „Medium zur Konversion" zu deuten.[1489]

Man kann dann die These vertreten, dass nur der Druck der europäischen Mächte (zumindest bezogen auf das Osmanische Reich im 19. Jahrhundert) das weitgehende Aussterben der Christen verhindert habe.[1490] Aber diese Perspektive hat ihre Tücken, zum einen, weil sie die Fortexistenz von Christen in anderen Staaten wie beispielsweise Ägypten nicht erklärt, wo sie bis heute eine Minderheit der Bevölkerung bilden, zum anderen, weil genau diese Protektion für die Dhimmis ambivalent war. Der Einfluss der europäischen Kolonialmächte schützte sie nur solange, wie diesen machtpolitische Eingriffsmöglichkeiten oder zumindest die Drohung damit zur Verfügung standen. In dem Augenblick jedoch, wo sich die islamischen Länder aus der europäischen Bevormundung lösten, galten insbesondere die Christen als Verbündete der imperialistischen Feinde. Dazu kam eine wachsende wirtschaftliche Macht der Christen in muslimischen Ländern, die ihre Position aufgrund ihres Minderhei-

---

1484 Franke: Akbar und Ǧahāngīr, 90f.
1485 Hottinger: Akbar der Große (1542–1605), 111–139, Franke: Akbar und Ǧahāngīr, 86f.
1486 Ebd., 163.
1487 Franke: Akbar und Ǧahāngīr, 247.
1488 Ebd., 246–250.
1489 Diese Überlegungen bezogen auf Konstantinopel bei Binswanger: Untersuchungen zum Status der Nichtmuslime, 57, Zit. 331; vgl. ebd., 62f. Diesen Punkt fokussiert auch Littman (unter dem Pseudonym Bat Ye'or): The Dhimmi.
1490 Binswanger: Untersuchungen zum Status der Nichtmuslime, 367.

tenstatus schwächte, weil sie Neid oder das Gefühl der Ungerechtigkeit förderte.[1491] Hatten die nichtmuslimischen Minderheiten in Ägypten nach der ersten militärischen Besetzung eines osmanischen Territoriums durch Napoleon (1798–1801) die Niederlage der Europäer noch leidlich gut überstanden, weil die osmanische Verwaltung keine Rache zuließ, obwohl die nichtmuslimischen Minderheiten den Dhimma-Vertrag gebrochen hatten und die Schutzrechte aus dem Dhimma-Vertrag damit hinfällig wurden,[1492] änderte sich die Situation im weiteren Verlauf des 19. Jahrhunderts mit der europäischen Hegemonie, mit der machtpolitische Konflikte in das Osmanische Reich getragen wurden. Ohne diese versteht man das Massaker (mit jeweils tausenden von Toten) an Christen in der Gegend von Hakkari (an der Grenze zu Persien) in den 1840er Jahren ebensowenig wie dasjenige zehn Jahre später in Aleppo oder nochmals zehn Jahre später in Damaskus (wo der aus Algerien von den Franzosen exilierte Abd el-Kader Juden und Christen mit seinen Truppen bei pogromartigen Übergriffen schützte[1493]). Christen galten zunehmend automatisch als Unterstützer der Europäer und damit des Gegners. Dieses Problem verschärfte sich, als in islamisch geprägten Ländern mit der Übernahme eines nationalstaatlichen Selbstverständnisses ein Plausibilitätsverlust des Dhimma-Konzeptes einsetzte, wie oben am Übergang des Osmanischen Reiches zur Türkei skizziert. In derartigen Nationalisierungsprozessen, die in der Regel von der pluralitätskritischen Forderung nach kultureller Homogenität verschärft wurden, konnte es dann zur völkermordartigen Eliminierung von religiösen Minderheiten kommen: von Muslimen auf dem Balkan seit den 1820er Jahren und von christlichen Armeniern im Osmanischen Reich 1915 oder rechtlich legalisiert im Rahmen des „Bevölkerungsaustausches" zwischen Griechenland und der Türkei auf der Grundlage des Lausanner Vertrages aus dem Jahr 1923[1494] oder dem Pogrom, das die in Istanbul verbleibenden Christen im Jahr 1955 traf.[1495]

Der Deutung des Dhimma-Status als Instrument der Marginalisierung oder gar Eliminierung hat allerdings Albrecht Noth zumindest im Blick auf die vertraglichen Bedingungen Omars und für die Frühzeit der islamischen Ausbreitung widersprochen.[1496] Für ihn zielten diese Regelungen ursprünglich nicht auf die Erniedrigung der Dhimmis, sondern seien als Versuche der islamischen Minderheit zu interpretieren, die eigene Identität vor allem gegenüber der christlichen Mehrheit zu wahren.[1497] Beispielsweise liest er Kleidungsvorschriften nicht als Faktor der Diskriminierung, sondern der Differenzierung und interpretiert die Pflicht, einen Gürtel zu tragen (dessen arabischer Begriff „zunnar" ein griechisches Lehnwort ist), als Fixierung einer bei den Christen etablierten und bei den Arabern unüblichen Klei-

---

[1491] Lewis: Die Juden in der islamischen Welt, 63. 140–170.
[1492] Motzki: Dimma und Égalité, 312–324.
[1493] Etienne/Pouillon: Abd el-Kader, 74–76.
[1494] Mann: Die dunkle Seite der Demokratie, 166–266.
[1495] Vryonis: The Mechanism of Catastrophe.
[1496] Noth: Abgrenzungsprobleme; ähnlich für die Frühphase Levy-Rubin: Non-Muslims in the Early Islamic Empire, 58–87. Die weiterhin vertretene Gegenposition etwa bei García-Arenal: Conversion to Islam, 593f.
[1497] Diese Probleme der Identifikation von unterschiedlichen religiösen Gruppen bei gleichzeitiger kultureller Ähnlichkeit beschreibt für das Spanien des 8./9. Jahrhunderts auch Tieszen: Christian Identity amid Islam, 24–42.

dungspraxis.[1498] Damit solle Muslimen der Status quo gesichert werden – die Regelungen aus den „Verträgen" des Omar seien insofern Schutzbestimmungen für die muslimische Minderheit.[1499] Vice versa werde den Muslimen aus diesen Gründen untersagt, Bräuche von Nichtmuslimen zu übernehmen.[1500] Noth sieht allerdings, dass im Laufe der Jahrhunderte diese Bestimmungen zu einem Faktor restriktiver Minoritätenpolitik gegenüber den zu einer Minderheit gewordenen Christen und Juden wurden.[1501] Schließlich ist in Erinnerung zu rufen, dass Dhimmis durch die Entrichtung der Kopfsteuer ein wichtiger Finanzierungsfaktor in islamischen Gesellschaften waren, was ihre quantitative Marginalisierung lange begrenzte.

Gleichwohl waren auf Dauer die hierarchisierenden Regelungen, die Nichtmuslime zu Bürgern zweiter Klasse machten,[1502] dafür verantwortlich, dass die als Schriftbesitzer geschützten Religionen zu Minderheiten wurden und teilweise verschwanden. Über Jahrhunderte stimulierte den Übertritt zum Islam letztlich weniger eine explizite Strategie zur „Konversion" als vielmehr ein Prozess sozialer Assimilation, der wesentlich in der Attraktivität des sozialen Aufstiegs gründete. Als ehedem hegemoniale Religion war das Christentum davon in besonderem Maß betroffen. Für die überlebenden Christen war dies ein traumatischer Prozess, der bis heute deren Theologie und Selbstwertgefühl prägt.

Schließlich konnte die Logik des Dhimma-Systems nicht nur die Dhimmis, sondern auch die Muslime in Bedrängnis bringen. Der Grund lag in der kategorialen Unterscheidung zwischen Frontregionen, dem dar al-harb, dem Haus des Krieges, das (noch – so die Erwartung von Muslimen) nicht unter der Herrschaft des Islam stand, und muslimischem Herzland, dem dar al-Islam, dem Haus des Islam, wo der Islam schon hegemoniale Religion war. In den ersten Jahrzehnten einer erfolgreichen Ausbreitung hatte man die Möglichkeit, bereits eroberter Gebiete wieder verlustig gehen zu können, wohl nicht wirklich einkalkuliert. Aber genau dies geschah, etwa in Sizilien oder in Spanien. Im Blick darauf finden sich Rechtsentscheide, die die Auflösung eines muslimischen Minderheitenstatus durch Auswanderung geboten. So lehrten muslimische Rechtsgelehrte im Blick auf die Situation in Andalusien zu Beginn des 14. Jahrhunderts (8. Jh. H), dass es Muslimen verboten sei, unter christlicher Herrschaft zu verbleiben, soweit ihnen eine Ausreise möglich sei, da sie die Gebote des Islam nicht halten könnten und ohnehin den christlichen Vertragspartner nicht zu trauen sei;[1503] und der Rechtsgelehrte Ahmad al-Wansarisi (aus dem heutigen Marokko) dekretierte in einer Fatwa kurz nach der endgültigen Eroberung Spaniens durch die Christen, dass Muslime – Männer, Frauen und auch Kinder – Spanien verlassen müssten. Wenn sich die Regierung, der sie unterstünden, tolerant gebe, sei es umso notwendiger, wegzuziehen, weil die Gefahr der „Abfalls" wachse: „Lieber muslimische Tyrannei als christliche Gerechtigkeit."[1504] Aller-

---

1498 Noth: Abgrenzungsprobleme zwischen Muslimen und Nichtmuslimen, 304.
1499 Ebd., 307.
1500 Ebd., 308.
1501 Ebd., 313–315; auch hier ähnlich Levy-Rubin: Non-Muslims in the Early Islamic Empire, 58–87.
1502 Ein davon zu unterscheidendes Feld sind inhaltliche, etwa antijudaistische Positionen, s. Bostom: The Legacy of Islamic Antisemitism.
1503 Koningsveld/Wiegers: The Islamic Statute of the Mudejars, 33.
1504 Zit. nach Lewis: Die Juden in der islamischen Welt, 31.

dings gab es auch andere Tendenzen der Rechtsprechung, etwa Kairoer Fatwas aus dem frühen 16. Jahrhundert (10. Jh. H), die ein Verbleiben in Spanien rechtfertigen.[1505]

Zum Abschluss dieser Exkursionen in Regelungsfelder der islamischen Dhimma-Praxis sei ein längerer diachroner Blick auf zwei Regionen geworfen: auf Spanien, weil hier die Quellen- und Forschungslage für die komplexen Interferenzen beider Religionen besonders gut ist[1506] und die Abhängigkeit des Überlebens von Machtverhältnissen, Muslime wie Christen betreffend, besonders prägnant sichtbar wird, und auf das Sassanidenreich, weil hier der Umgang mit potenziellen Polytheisten sichtbar wird, deren Entfernung aus der Gesellschaft anders als in Indien eine realistische Möglichkeit war.

Die Austausch- und Unterwerfungsbeziehungen zwischen Christen und Muslimen in Spanien begannen mit der muslimischen Invasion im Jahr 711. Christen lebten in den islamischen Territorien im Prinzip als Dhimmis unter muslimischer Herrschaft, während umgekehrt die Muslime im Rahmen der christlichen Rückeroberung (nur) in einer Übergangsphase geduldet wurden. Dabei majorisierte man in den Eroberungsphasen die jeweils eigene Religion, während die unterlegene – das Christentum unter dem Islam und der Islam unter dem Christentum – unterdrückt wurde und verschwand. Dass es auf der Iberischen Halbinsel im Mittelalter eine „Convivencia", also ein Zusammenleben (gemeint ist: ein weitgehend gewaltloses) der drei Religionen respektive Kulturen von Juden, Christen und Muslimen gegeben habe, ist das Produkt idealisierender Mittelalterromane und späterer Geschichtsschreibung, gleichwie die Idee, dass vor allem religiöse Konflikte, etwa die Rolle der Kirche (oder auch der Muslime) den Ausschlag für das Scheitern einer solchen „Convivencia" gegeben habe.[1507] De facto waren religiöse Marker intrinsisch mit politischen Faktoren verbunden: von finanziellen Interessen, bei denen unterworfene Christen oder Muslime ins Portefeuille der ökonomischen Ressourcen gehörten, bis hin zu Prozessen des „othering", mit denen man den Anderen mit Hilfe einer religiösen „Identität" konstruierte, um das eigene Selbstverständnis auszubilden oder zu stärken.[1508] Hinter dem simplifizierenden Blick auf „die" drei Religionen steht zudem eine fatale Komplexitätsreduktion in der Wahrnehmung der sozialen Akteure:[1509] Die religiös definierten Gemeinschaften waren keinesfalls homogen, sondern bestanden jeweils aus unterschiedlichen ethnischen Gruppen (bei den Christen etwa aus gotisch- und romanischstämmigen), aus verschiedenen religiösen Parteiungen, die oft mit ethnischen Dimensionen verbunden waren (etwa bei den Almoraviden und die Almohaden auf der muslimischen Seite), dazu kamen immer wieder veränderte Grenzziehungen zwischen derartigen Gruppen, etwa durch machtpolitische Entwicklungen oder durch Migration (wenn etwa Juden als alte Minderheit durch Zuzug zusätzlich eine neue Minderheit ausbil-

---

1505 Koningsveld/Wiegers: The Islamic Statute of the Mudejars.
1506 Herbers : Geschichte Spaniens im Mittelalter.
1507 Tietz: Die literarische Erinnerung an das trikulturelle Spanien des Mittelalters; zur Begriffsgeschichte Jaspert: Religiöse Minderheiten auf der Iberischen Halbinsel und im Mittelmeerraum, 16–21. Zur konkreten Kritik etwa Hinojosa Montalvo: Mudejaren im Königreich Aragón, 289f. 291–297.
1508 Jaspert: Religiöse Minderheiten auf der Iberischen Halbinsel, 23f. Exemplarisch Nirenberg: Communities of Violence, 166–199.
1509 Herbers: Die Vielfalt der Minderheiten und Randgruppen auf der Iberischen Halbinsel.

3.3 Konsequenzen entscheidungsbasierter Zugehörigkeit — 321

deten) oder wenn sie als lokale Mehrheitsreligion in einer regionalen Minderheitensituation lebten – oder umgekehrt.

Mit diesen Überlegungen wende ich mich zurück zur muslimischen Invasion Spaniens. Für die Christen bedeutete der Kulturkontakt durch Eroberung den Verlust ihrer hegemonialen Stellung, sie unterlagen seit dem 8. Jahrhundert einem beständigen Assimilations- und Eliminationsprozess.[1510] Diesen nahm man offenbar nicht nur als unvermeidliche Folge der militärischen Niederlage hin, so berichtet der lothringische Benediktiner Johannes von Gorze Mitte der 950er Jahre, sondern deutete ihn auch religiös: Der inferiore Status sei eine Strafe für ihre Sünden, und zudem sei die Unterordnung unter die Obrigkeit von dem Apostel, gemeint ist wohl Paulus (Röm 13), angeordnet.[1511] Bis in die Mitte des 9. Jahrhunderts scheinen den Christen jedenfalls noch höchste Ämter im muslimischen Andalusien offengestanden zu haben, danach wohl nicht mehr.[1512] Viele wanderten aus, andere, die im islamischen Herrschaftsgebiet verblieben, die „Mozaraber", zu denen in sehr kleinem Maß auch christliche Zuwanderer kamen,[1513] passten sich der hegemonialen muslimischen Gesellschaft an. Sie übernahmen etwa das Arabische, was die Nutzung nur der arabischen Schrift, aber auch zusätzlich der arabischen Sprache bedeuten konnte,[1514] wodurch im 9. Jahrhundert die Latinität in Südspanien ausstarb.[1515] Dabei gab es Übertritte in den Islam aus unterschiedlichsten Motiven: aus Überzeugung, etwa bei dem aus Mallorca stammenden Franziskaner Anselmo Turmeda (gest. in Tunis 1224/30), der in Mohammed den Parakleten sah,[1516] oder aus pragmatischen Gründen, etwa der Steuervermeidung wegen.[1517] Oder auch schlicht, weil die islamische Lebensführung als angenehmer empfunden wurde: Als der Kardinal Cisneros kurz vor 1500 versuchte, ein Konkubinenverbot bei den Orden durchzusetzen, sollen 400 Franziskaner nach Afrika geflohen und Muslime geworden sein.[1518] Schließlich wird man oft auch mit einem beschränkten religiösen Wissen zu rechnen haben, da weite Teile der iberischen Bevölkerung wohl nur oberflächlich christianisiert waren,[1519] was die Übertritte für die Betroffenen entproblematisiert haben dürfte.

Eine signifikante Verschlechterung der Situation der Christen trat unter den Almoraviden, die seit den 1080er Jahren aus Nordafrika nach Spanien kamen, ein. An vielen Details ist ablesbar, dass sie sich für eine striktere Einhaltung des Islam und eine Abgrenzung vom Christentum einsetzten, etwa mit der Forderung nach der Beschneidung christlicher Kleriker

---

1510 Zu den Entwicklungen im ersten Überblick Herbers: Geschichte Spaniens im Mittelalter.
1511 Johannes von St. Arnulf in Metz: Vita Iohannis abbatis Gorziensis, hg. v. G. H. Pertz, 372, Z. 20–22; dazu Maser: Christen im umayyadischen Andalus, 83.
1512 Ebd., 98.
1513 Epalza: Mozarabs, 150f.
1514 Koningsveld: Andalusian-Arabic Manuscripts from Christian Spain.
1515 Maser: Christen im umayyadischen Andalus, 105. S. die Klage des Cordobesers Paulus Albarus, zit. bei Strohmaier: Was Europa dem Islam verdankt und was den Byzantinern, 56.
1516 Echevarría: The Fortress of Faith, 191.
1517 Ebd., 187.
1518 Anonym: Cisneros. Die Details konnte ich in der wissenschaftlichen Literatur nicht verifizieren, im Prinzip bestätigt diesen Vorgang García Oro: Cisneros y la reforma del clero español en tiepo de los reyes catolicos, 190.
1519 Epalza: Jesus zwischen Juden, Christen und Muslimen, 223.

(weil auch Jesus beschnitten gewesen sei) oder dem Verbot für islamische Frauen, christliche Kirchen zu besuchen.[1520] Sie stellten sodann nicht nur, wie schon ihre Vorgänger, die Glaubwürdigkeit des Übertritts von Christen in den Islam infrage[1521] – ein Problem, das im Spanien des 15. Jahrhunderts nun unter christlichen Vorzeichen wieder auftauchte –, sondern betrachteten die Christen als Widerständler und damit als Feinde. Vermutlich hatten einige Mozaraber die Dhimma-Vereinbarung gebrochen, indem sie Alfons I. (reg. 1104–1134) von Aragon unterstützten – in der Hoffnung, von dessen (dann nicht eingetretenem) Sieg über die Muslime zu profitieren.[1522] Die Almoraviden entzogen ihnen deshalb, konform mit dem islamischen Kriegsrecht, den Dhimma-Status und ließen Fatwas zur Vertreibung der Mozaraber ausstellen;[1523] viele von ihnen wurden 1125/26 deportiert.[1524] Unter Druck kamen auch die Juden, die immer wieder unter Verfolgungen zu leiden hatten, zuerst in Cordoba 1019, dann mehrfach bis ins frühe 14. Jahrhundert, wobei zumindest teilweise religiöse und ökonomische Gründe ineinanderspielten;[1525] ein Höhepunkt war das erste große nachantike Pogrom im westlichen Mittelmeerraum 1066 in Granada.[1526]

Die den Almoraviden nachfolgenden Almohaden, die seit den 1120er Jahren an die Macht kamen, erklärten schließlich 1147 (542 H) den Dhimma-Vertrag für nichtig. In diesem aufgrund der Quellenlage nicht leicht durchschaubaren Prozess kamen wohl machtpolitische Motive zum Tragen, weil die Muslime zunehmend durch die christlichen Erfolge bei der Eroberung der Iberischen Halbinsel bedrängt wurden, aber auch theologische Begründungen, da die Almohaden im Rahmen eines möglicherweise messianischen Selbstverständnisses Juden wie Christen zur Annahme des Islam zwingen wollten,[1527] vielleicht vertraten sie auch ethnisch begründete Alleinvertretungsansprüche (auch gegenüber anderen Muslimen).[1528] Insgesamt verlief aber auch deren Politik alles andere als eindimensional, weil zumindest für die Juden auf Phasen der Verfolgung solche der Blüte folgten.[1529] Als die Almohaden 1147 Sevilla übernahmen, dürften sie kaum noch auf Christen vor Ort getroffen haben, denn in beträchtlichem Ausmaß waren die Mozaraber im Vorfeld geflohen.[1530] Auch viele Juden wanderten aus Furcht vor den Almohaden aus, in christliche Königreiche auf der Iberischen Halbinsel oder in muslimische Territorien in Ägypten und Syrien.[1531] Damit setzte sich eine spätestens seit dem Ende der Omajadenherrschaft im Jahr 750 (108 H) bestehende Migration von Christen in die noch christlichen oder wieder von Christen eroberten Gebiete fort. Diese Tendenz verstärkte sich mit der christlichen Eroberung Toledos (1065), vor allem

---

[1520] Deimann: Christen, Juden und Muslime, 110f.
[1521] Ebd., 138.
[1522] Ebd., 296.
[1523] Hitchcock: Mozarabs in Medieval and Early Modern Spain, 108.
[1524] Deimann: Christen, Juden und Muslime, 126–143.
[1525] Glick: Islamic and Christian Spain in the Early Middle Ages, 173f.
[1526] Fierro Bello: A Muslim Land without Jews or Christians, 237.
[1527] Zur Zwangskonversion von Juden s. Chérif: Encore sur le statut des ḏimmī-s sous les Almohades, 67–70.
[1528] Ebd., 66.
[1529] Ebd., 84.
[1530] Deimann: Christen, Juden und Muslime, 161.
[1531] García-Arenal: Conversion to Islam, 596.

aber nach den zeitweiligen Erfolgen Alfons I. von Aragon, der 1125 vorübergehend Granada besetzte. Damit ging eine religiöse Aufladung des politischen Konfliktes einher, denn nicht nur die Almohaden legitimierten sich über einen göttlichen Auftrag, auch die Christen interpretierten insbesondere nach dem Fall Toledos ihren Sieg in religiöser Perspektive.[1532] Per saldo schrumpften die Christen durch den sozialen Druck in den muslimischen Gebieten der Iberischen Halbinsel zu einer Minderheit und verschwanden im Laufe des 12. Jahrhunderts (6. Jh. H) vermutlich vollständig[1533] – in der Forschung wird allenfalls diskutiert, ob nicht sehr kleine Gruppen von Christen überlebten.

Mit der „Reconquista", der „Rückeroberung", wie es der christlichen Deutung der Kriegsführung seit dem Mittelalter hieß,[1534] lief in der Verdrängung der Muslime ein spiegelbildlicher Prozess zur islamischen Eroberung ab: Nun unterlagen die Muslime, von den Christen Mudejaren genannt, einer zunehmenden Einschränkung ihrer Lebensführung und einem beständigen Druck zur „Konversion" oder Emigration. Hingegen war das Judentum als akzeptierte Vorgängerreligion davon vorerst nicht betroffen und wurde oft besser als die Muslime behandelt. So wurden die Muslime bei der Eroberung von Lérida und Tortosa in den Jahren 1148/1149 ihrer Führungsschicht beraubt und mussten mehrheitlich in Vorstädte vor den Stadtmauern ziehen, wohingegen Juden dazu nicht gezwungen wurden.[1535] Jüdische Gemeinden konnten sogar durch Zuwanderung wachsen, etwa in Aragon durch vermutlich afrikanische Juden unter Jakob I. (reg. 1213–1276)[1536] oder im ersten Drittel des 13. Jahrhunderts aus dem Westen, insbesondere der Provence (wodurch allerdings beträchtliche Spannungen in den jüdischen Gemeinden aufbrachen, weil die neuen Familien dem Geldverleih mehr Aufmerksamkeit schenkten als die alteingesessenen jüdischen Eliten, deren Reichtum auf Landwirtschaft und Pachtrechten beruhte[1537]). Die Muslime hingegen unterlagen einer fortwährenden Marginalisierung, ihr schlussendliches Verschwinden zog sich bis ins 17. Jahrhundert hin. Ein Teil verließ nach der Eroberung ihrer Gebiete diese sofort, andere verblieben als Gruppe eigener Sprache und religiöser Praxis im christlichen Herrschaftsbereich – obwohl ein muslimischer Gelehrte wie Averroes oder einige Rechtsschulen die Muslime zur Auswanderung aufforderten (s. o.) und manche diejenigen, die blieben, „Abtrünnige" nannten[1538] (vermutlich, weil man Religion und gesellschaftliche Herrschaft eng miteinander verwoben sah).

Die verbleibenden Muslime wurden einem Verhaltenskodex unterworfen, der teilweise dem Dhimma-Regiment für Christen ähnelte: Sie waren unterworfene, tributpflichtige Vasal-

---

1532 Deimann: Christen, Juden und Muslime, 169–172.
1533 García-Arenal: Conversion to Islam, 595; Deimann: Christen, Juden und Muslime, 168; Potthast: Christen und Muslime im Andalus, 31. 33.
1534 Jaspert: Religiöse Minderheiten auf der Iberischen Halbinsel, 16–21; Jaspert zieht noch den Begriff der repoblación hinzu. Datierung der Rede von der „Reconquista" auf die Wende zum 12. Jahrhundert bei Jaspert: „Reconquista", 445f.
1535 Sabaté: Die Juden in der Krone Aragón, 302.
1536 Ebd., 307.
1537 Ebd., 306.
1538 Deimann: Christen, Juden und Muslime, 217; zur Zuschreibung einer solchen Position an Averroes s. Jankrift: Muslime im Königreich Kastilien, 172.

len und als solche ökonomisch „wertvoll", zudem oft für das Fortbestehen wichtiger gesellschaftlicher Dimensionen, etwa der Landwirtschaft, unverzichtbar.[1539] Wieviel Pragmatik in diesem Zusammenleben steckte, zeigt das Faktum, dass Muslime manchmal zusammen mit Christen Ortschaften verteidigten – vermutlich, weil etwa Herrscher dies von ihnen als Loyalitätspflicht erwarteten –[1540] oder wie selbstverständlich Wein tranken.[1541] Bei alldem blieben sie abhängig von ihrem Herrn, der in der Regel der spanische König war.[1542] Im Ausgleich erhielten die Muslime Sonderrechte, vor allem der Praktizierung ihrer Religion, aber auch hinsichtlich weiterer kultureller Eigenheiten. So blieb im Königreich Aragon die Polygynie zulässig, war aber wenig verbreitet; auch die Möglichkeit der Steinigung der Frau bei Ehebruch wurde nicht abgeschafft, aber in der Praxis wohl oft in eine Haftstrafe umgewandelt, wahrscheinlich, da dies hinsichtlich der Frau als Arbeitskraft wirtschaftlich erträglicher war.[1543] Allerdings, und hier unterschied sich die christliche Einstufung der Muslime von der muslimischen Interpretation des Dhimma-Status von Christen, sahen Muslime in ihrem Status ein vertraglich zugesichertes, göttliches Recht, wohingegen Christen diesen als ein Privileg, das jederzeit widerrufbar war, betrachteten.[1544] Neben den Rechten für Muslime standen, nun durchaus vergleichbar mit dem Dhimma-Recht, sozial deklassierende Regelungen. Die öffentliche Religionsausübung wurde eingeschränkt, etwa durch das Verbot der Errichtung neuer Moscheen,[1545] der öffentlichen Anrufung Gottes und Mohammeds sowie der Wallfahrten zu den Gräbern muslimischer Heiliger, wie es 1311 das Konzil von Vienne gefordert hatte.[1546] Besonders konfliktreich war die Schleifung von Minaretten,[1547] weil hier die militärische Niederlage in eine kulturelle Demütigung umgesetzt wurde, und Ähnliches darf man vermuten, wenn man Hauptmoscheen in christliche Gotteshäuser umfunktionierte.[1548] Dazu traten ehrenrührige Pflichten. So mussten Muslime (und Juden) der Monstranz, wenn sie in einer Prozession durch die Straßen getragen wurde, ihre Referenz erweisen, indem sie niederknieten oder sich entfernten.[1549] Vermutlich in den 1270er Jahren und erstmals in Aragon wurden sie gezwungen, das Haar rund zu schneiden und den Bart lang zu tragen, Ende des 14. Jahrhunderts sind zudem in Valencia Bestimmungen belegt, nach denen muslimische Frauen auf dem Kopf ein blaues Tuch tragen und ihr Gesicht mit einem Schleier bedecken sollten; außerdem wurde für beide Geschlechter eine gelbe Binde obligatorisch.[1550] Diese Kleidungsbestimmungen wurden vermutlich vom Vierten Laterankonzil angestoßen

---

[1539] Hinojosa Montalvo: Mudejaren im Königreich Aragón, 261f.
[1540] Ebd., 287; Poutrin: Convertir les musulmans, 87.
[1541] Hinojosa Montalvo: Mudejaren im Königreich Aragón, 295.
[1542] Ebd., 261f.
[1543] Ebd., 272.
[1544] Ebd., 262.
[1545] Ebd., 298.
[1546] Ebd., 299.
[1547] Ebd., 298.
[1548] Jankrift: Muslime im Königreich Kastilien, 173.
[1549] Hinojosa Montalvo: Mudejaren im Königreich Aragón, 295.
[1550] Ebd., 297.

und insbesondere von den Mendikantenorden eingefordert.[1551] Die Realität sah, wie immer, anders aus. Offensichtlich versuchten Muslime, die Kleidungs- und Haartrachtvorschriften nicht umzusetzen, vielleicht weil sie sie als demütigend empfanden, vielleicht auch, um nicht als Opfer von Repressalien leicht identifizierbar zu sein.[1552]

Mit jeder militärischen Niederlage erhöhte sich der Druck auf einen Übertritt ins Christentum. Nach der Eroberung Sevillas durch Christen im Jahr 1247, genau 100 Jahre nach der Einnahme durch die Almohaden, sahen sich die muslimischen Bewohner mit der Forderung konfrontiert, die Stadt zu verlassen, was weitgehend geschehen sein dürfte.[1553] Juden hingegen erhielten drei Moscheen zu ihrem Gebrauch zugewiesen.[1554] Damit schützte Alfons X. die Juden: aus Überzeugung wie aus ökonomischen Interessen,[1555] aber er sprach auch ein Verbot der Zwangskonversion von Muslimen aus.[1556] Zugleich beschränkte er den Handlungsspielraum von Juden und Muslimen, indem er in den 1250er Jahren ein Verbot der Rückkehr zu Judentum und Islam erließ.[1557] Muslimen konnte es aber auch besser gehen als den Juden, wie sich in Aragon dokumentieren dürfte, wo es den Muslimen gegenüber vermutlich keinen Antimudejarismus, vergleichbar dem Antijudaismus, gab, da Muslime keine Macht über Christen besaßen und keine Tätigkeiten ausübten, die Neid hervorrufen konnten, etwa weder als Höflinge noch im Finanzsektor.[1558] Die in Spanien beobachtbare Eliminierung muslimischer Minderheiten vollzog sich im Übrigen in etwa zeitgleich auch in anderen okzidentalen Regionen. Im apulischen Lucera, wohin Friedrich II. (reg. 1222–1245) 15.000 bis 20.000 Muslime aus Sizilien mit dem Recht auf freie Religionsausübung hatte zwangsumsiedeln lassen, beendete Karl II. von Anjou im Jahr 1300 diese Episode und ließ die Muslime wohl eher aus ökonomischen denn aus religiösen Gründen in die Sklaverei verkaufen.[1559]

Die Übertritte ins Christentum vollzogen sich in einem langen Prozess, mit sehr unterschiedlichen Strategien. Hernando de Talavera (ca. 1430–1502), der erste Bischof des von Christen wiedereroberten Granada, suchte pastorale Überredung, wohingegen Gonzalo Jiménez de Cisneros (1436–1517), seit 1495 Primas von Spanien, auch mit Zwang und der Verbrennung muslimischer Bücher arbeitete,[1560] erster zielte auf die breite Bevölkerung, letzterer auf die Eliten.[1561] Gleichzeitig hatten Mozaraber die Bibel ins Arabische übersetzt, um Christen zu helfen und Mauren zu „bekehren",[1562] doch ist unklar, ob sie diese erreichten – oder auch nur die Morisken (den „Mauren", den zum Christentum übergetretenen Muslimen), weil

---

[1551] Sabaté: Die Juden in der Krone Aragón, 312f.
[1552] Hinojosa Montalvo: Mudejaren im Königreich Aragón, 297f.
[1553] Deimann: Christen, Juden und Muslime, 180.
[1554] Ebd., 191–199.
[1555] Ebd., 210–215.
[1556] Poutrin: Convertir les musulmans, 41.
[1557] Echevarría: The Fortress of Faith, 188.
[1558] Hinojosa Montalvo: Mudejaren im Königreich Aragón, 285.
[1559] Scheller: Assimilation und Untergang.
[1560] Poutrin: Convertir les musulmans, 52–54; zur Bücherverbrennung Eisenberg: Cisneros y la quema de los manuscritos granadinos.
[1561] Poutrin: Convertir les musulmans, 58f.
[1562] García-Arenal/Mediano: The Orient in Spain, 182.

ihnen die Nutzung des Arabischen verboten war, um sie vom Islam fernzuhalten.[1563] Zudem waren viele Muslime, wie umgekehrt viele Christen zuvor, von der Wahrheit ihrer Religion überzeugt – und kritisierten das Christentum aufgrund der Vielfalt seiner Richtungen[1564] oder „verachteten" es grundsätzlich.[1565] Letztlich lesen sich die Motive bei den „Morisken" ähnlich wie diejenigen von Christen, die Muslime wurden. Zwang, die Pragmatik der Lebenserleichterung oder Interesse konnten eine Rolle spielen, Beispiele lassen sich für jede Variante beibringen. Dabei änderte sich jedoch nicht zwangsläufig, wie sich für das Königreich Aragon nachweisen lässt, mit der Religion der soziale Status: Zumindest reiche muslimische Familien konnten über lange Zeit nach ihrem Eintritt ins Christentum ihre gesellschaftlichen Positionen wahren.[1566]

Das Problem der Glaubwürdigkeit derartiger „Konversionen" diskutierte man wie zuvor unter Muslimen hinsichtlich übergetretener Christen spätestens seit dem 13. Jahrhundert auch im christlichen Bereich im Blick auf ehemalige Muslime –[1567] und verlor die Furcht nicht, bei den Übertritten könnte es sich um Pro-forma-Akte gehandelt haben. Angesichts des sozialen Drucks war diese Perspektive nicht von der Hand zu weisen und lässt sich historisch belegen. So beanspruchten einige Morisken noch im 16. Jahrhundert, in eigenen Überlieferungen, in den „Bleibüchern von Sacromonte", die Geschichte Jesu im koranischen Sinn unverfälscht zu erzählen, um Mohammed als den „wahren" Propheten zu erweisen und so zum Übertritt in den Islam anzuregen.[1568] Auf solche Entwicklungen reagierten wiederum Christen, etwa Nicolau Eimeric in seinem Inquisitionshandbuch aus dem 14. Jahrhundert, das bis ins 16. Jahrhundert gedruckt wurde und in dem sich die Forderung nach der Todesstrafe für „(Re-)Konvertiten" in den Islam findet.[1569] Aber die Lage muss viel komplexer gewesen sein. So wanderten viele Muslime nicht aus, sondern im Gegenteil erst nach der christlichen Eroberung ein; es muss Gründe gegeben haben, die christliche Herrschaft attraktiver zu finden, vermutlich waren es ökonomische, vielleicht auch politische Motive in Erwartung der Einhaltung attraktiver Rechte.[1570] Ein anderes Beispiel für die nur langsam deckungsgleich werdenden religiösen und politischen Grenzen sind die muslimischen Krieger der Könige von Kastilien im 15. Jahrhundert,[1571] die die Leibwache ihrer christlichen Herrscher nach dem Untergang der islamischen Reiche bildeten, weil sie als verlässliche Kämpfer galten.[1572] Mutmaßlich waren diese Männer in ihrer Isolation in besonderen Maß auf die christlichen Herrscher angewiesen – vergleichbar Christen, die als Leibwachen muslimischer Herrscher gedient hatten.[1573] Die muslimischen Garden gingen schließlich großenteils im Christentum

---

1563 Ebd., 37.
1564 Echevarría: The Fortress of Faith, 188.
1565 Hinojosa Montalvo: Mudejaren im Königreich Aragón, 299.
1566 Ebd., 274.
1567 Echevarría: Knights on the Frontier, 147f.
1568 García-Arenal/Mediano: The Orient in Spain. 188.
1569 Echevarría: The Fortress of Faith, 189.
1570 Deimann: Christen, Juden und Muslime, 189.
1571 Echevarría: Knights on the Frontier.
1572 Dies.: Fortress of Faith, 194.
1573 Tieszen: Christian Identity amid Islam, 31.

auf, teilweise unter dem Druck aus dem Umfeld der Könige, aber auch, weil sich die religiösen Familienbande durch die Verheiratung mit christlichen Frauen lösten.[1574]

Zudem gab es die Möglichkeit, religiös in unterschiedlichen Sphären zu leben, etwa eine öffentliche religiöse Praxis und eine persönlich-private zu unterscheiden.[1575] In Ehen ergab sich ein anderes Phänomen, überlappende oder ineinandergreifende Traditionen. Denn in religionsverschiedenen Beziehungen interferierten nicht nur unterschiedliche rechtliche Regelungen, sondern auch die dahinterstehenden Theologien: Bei Muslimen konnten insbesondere (christliche) Frauen leicht in eine muslimische Familie aufgenommen und in die agnatische (männliche) Verwandtschaft integriert werden,[1576] während Christen zumindest in der Theorie keine muslimischen Frauen in eine Ehe aufnahmen. Dahinter standen unterschiedliche Konzeptionen der Ehe, weil diese christlicherseits nur zwischen Christen als gültig galt, wohingegen bei Muslimen eine nichtmuslimische Frau kein Hindernis darstellte.[1577] In der Praxis wurden allerdings bei Muslimen Ehen mit nichtmuslimischen Frauen abhängig von Sozialmilieus gehandhabt: So heirateten die nach Spanien eingewanderten Muslime endogam und schotteten sich damit nicht nur gegenüber autochthonen Christen, sondern auch gegenüber zum Islam übergetretenen Christen ab, so dass gemischte Ehen offenbar vor allem eine Praxis in Familien „Konversions"hintergrund zum Islam blieben.[1578]

Letztlich bildete die Bestimmung der Religionszugehörigkeit aber nur ein Element der Herrschaftsausübung. Ein primäres Interesse beider Religionskulturen in Spanien zielte auf den Erhalt ihrer jeweiligen Gemeinschaft und ihrer kulturellen Eigenheiten, weshalb beide einen Religionswechsel zu der jeweils anderen Religionsgemeinschaft nicht nur als individuelle Entscheidung, sondern auch als einen Akt gegen Gott und gegen die Umma respektive Gemeinde theologisch und politisch bewerteten.[1579] Hinsichtlich der Übertritte konnten sich die beiden Religionen mithin symmetrisch verhalten, wohingegen es im Blick auf das Existenzrecht als Religion eine Asymmetrie gab, insofern der Islam aus theologischen Gründen dem Christentum ein solches Existenzrecht zugestand, zu dem es in der mittelalterlichen christlichen Lehre kein Pendant gab, weil sie akzeptierte Religionen letztlich auf das Judentum beschränkte.[1580]

Im ausgehenden 15. Jahrhundert dürften zwischen 0,5 Prozent der Bevölkerung in Kastilien Muslime gewesen sein (17.000–25.000 Muslime unter 4 Millionen Christen), 15 Prozent waren es in Aragon (150.000 Muslime unter einer Million Einwohnern).[1581] Der Druck auf einen Eintritt ins Christentum war lange begrenzt, bis zu den „katholischen Königen", Isabella I. von Kastilien (1451–1504) und Ferdinand II. von Aragon (1452–1516), blieben Übertritte

---

1574 Echevarría: Knights on the Frontier, 207 f.
1575 Zorgati: Pluralism in the Middle Ages, 74.
1576 Ebd., 94.
1577 Ebd., 169.
1578 Ebd., 93.
1579 Ebd., 23 f. 174.
1580 Dazu kamen weitere Unterschiede in der sozialen Organisation von Pluralität. So waren etwa die christlichen Privilegien für Juden wohl stärker an einen Herrscher gebunden als die Rechte für Dhimmis in islamischen Ländern; s. Cohen: Unter Kreuz und Halbmond, 83.
1581 Poutrin: Convertir les musulmans, 28.

freiwillig und quantitativ soweit überschaubar, dass sie mit Katechesen verbunden werden konnten, wohingegen die seit 1499 unter hohem Druck beginnenden Massenübertritte in der Regel ohne intensive Unterweisungen vonstattengingen.[1582] Zwangstaufen wurden nun zu einem zeitweilig legitimierten Mittel der „Konversion" in einem hochkomplexen Feld von Debatten.[1583] Das klassische Verbot erzwungener Taufen wurde trotz innerkirchlicher Kritik außer Kraft gesetzt. In dieser Frage setzten sich in der spanischen Scholastik Scotisten, die sich auf Duns Scotus beriefen, gegen Thomisten, die Thomas von Aquin folgten, durch – und mit den Scotisten eine Interpretation der Kapitulationsverträge, die eine Missionierung als legitim ansah – wohingegen sich die Muslime wohl davor geschützt wähnten. Die Existenz von Namenschristen, die in ihrem Herzen Muslime blieben, ließ Theologen nach mehr Zwang, andere nach mehr Überzeugungsarbeit rufen. Schließlich wurden die verbliebenen Muslime 1609 (1018 H) und 1613/14 (ca. 1022 H) ausgewiesen,[1584] wobei möglicherweise gerade das Verbot der Zwangstaufe in der thomistischen Tradition die Vertreibung der „resistenten" Muslime vorbereitete.[1585] Gegen Ende vollzog sich die Ausweisung relativ langsam, nicht nur, weil es immer weniger Muslime gab, sondern auch, weil die Skrupel unter den Akteuren wieder zunahmen und die Zweifel an der Legitimität der Zwangstaufen erneut Oberhand gewannen.[1586] Aber mit dem 17. Jahrhundert lebten keine nominellen Muslime mehr im christlichen Spanien. Deren Vertreibung hatte sich allerdings längst von seinen mittelalterlichen Wurzeln gelöst und war Teil einer neuen Geschichte politischer Vergesellschaftung, der frühneuzeitlichen Konstituierung des spanischen Territorialstaates.[1587]

Szenenwechsel nach Persien. Eine weitere Dimension des muslimischen Umgangs mit Andersgläubigen, die sonst schwer und in Spanien kaum fassbar ist, wird im untergehenden Sassanidenreich (das im Kern den heutigen Iran, aber mit weiten angrenzenden Gebieten, besonders im Nordosten, umfasste) sichtbar: der Umgang mit potenziellen „Polytheisten". Unter den neupersischen Sassaniden waren die schon erwähnten Zoroastrier (siehe Kap. 3.3.3a) die dominierende Religionsgemeinschaft gewesen, als deren Reich Ende der 630er Jahre von den Arabern erobert wurde. Damit trafen die Muslime auf eine Religionsgemeinschaft, die als polytheistisch eingestuft werden konnte[1588] und dann de jure kein Existenzrecht besaß. Die Praxis aber erwies sich, schon vermutlich, weil die Einstufung so einfach nicht war, als viel komplizierter, verglichen mit der nur theoretisch klaren Rechtssystematik, und gestaltete sich in den Gebieten des ehemaligen Sassanidenreichs jeweils regional spezifisch, verkompliziert durch unterschiedliche Entwicklungen in den Städten und auf dem Land.

1582 Echevarría: Knights on the Frontier, 206.
1583 Dazu Poutrin: Convertir les musulmans, 173ff.
1584 Meyerson: The Survival of a Muslim Minority in the Christian Kingdom of Valencia, 365f.; García-Arenal: Conversion to Islam, 600.
1585 Poutrin: Convertir les musulmans, 266.
1586 Ebd., 321–326.
1587 Sabaté: Die Juden in der Krone Aragón, 313–335.
1588 Zit. bei Choksy: Conflict and Cooperation, 42. Ich stütze mich im Weiteren stark auf Choksy, der einer zoroastrischen Familie aus Sri Lanka entstammt (Stausberg: Die Religion Zarathustras, Bd. 1, 269).

Trotz dieser Vielfalt von Entwicklungssträngen trifft man auf Regelungen, die häufiger beobachtbar sind. So gelang es offenbar den (einigen?) Zoroastriern, sich als Dhimmis zu positionieren, indem sie versicherten, keine „niederen Objekte" mehr zu verehren.[1589] Auf dieser Grundlage schlossen die Araber nach der Eroberung Unterwerfungsverträge, die den Schutz der überkommenen zoroastrischen Tradition gegen die Zahlung der Kopfsteuer beinhaltete.[1590] Aber das Besatzungsregime konnte auch, insbesondere wenn sich die Unterlegenen nicht willfährig verhielten, zu erhöhter Gewalt greifen: in der Konfiskation von Land,[1591] der Eliminierung widerständiger Führungsschichten oder der Versklavung der Bevölkerung.[1592] Dazu trat offenbar auch ein struktureller Zwang, wenn etwa die Kopfsteuern so hoch waren, dass Zoroastrier ihre Häuser aufgeben mussten,[1593] oder religiös motivierter Druck, wenn man Zoroastrier nötigte, am Moscheegottesdienst teilzunehmen,[1594] ihre Sakralfeuer löschte und die Priester tötete.[1595] Die Verträge wurden jedenfalls offensichtlich als Ausdruck eines Gewaltfriedens empfunden und riefen jahrzehntelang den Widerstand von Zoroastriern hervor. Die Aufkündigung der Kopfsteuern und ein fortgesetztes militärisches Vorgehen der Muslime, das fast immer mit deren Sieg endete,[1596] dokumentieren die Probleme, die Niederlage der Zoroastrier zu besiegeln.

Erst nachdem diese alle machtpolitischen Ambitionen aufgegeben hatten und zu einer Minderheit in einem muslimisch dominierten Land geworden waren, lassen sich Formen einer friedlichen Koexistenz im Verlauf des 7. Jahrhunderts (1. Jh. H) nachweisen,[1597] darunter sogar eine Art Religionsgespräch unter Intellektuellen[1598] sowie synkretistische Bewegungen, die versuchten, Minimalbestände ihrer zoroastrischen Tradition zu retten, indem sie sie mit islamischen Vorstellungen verknüpften.[1599] Inwiefern diese Entwicklungen mit der Klassifizierung als Dhimmis zusammenhängt, die angesichts des Polytheismusvorwurfs umstritten blieb, ist mit der vorliegenden Literatur schwer zu entscheiden. Klar ist aber, dass die Anerkennung als „Schutzbefohlene" nicht (nur) mit theologischen Entscheidungen zusammenhing, sondern oft ein Ergebnis pragmatischer Praxis war, wenn etwa Steuereintreiber festlegten, ob jemand als vertragsfähig und damit nicht als Polytheist betrachtet wurde und die Kopfsteuer zahlen durfte oder musste.[1600] Derartige Beispiele zeigen eine Alltagspraxis, die in den theoretisch klaren Abgrenzungen zumindest zeitweise gleichwohl feinziselierte Linien wechselseitiger Beeinflussungen kennt. Aber selbst eine derartige Perspektive konstruiert

---

1589 So Stausberg: Die Religion Zarathustras, Bd. 1, 268.
1590 Chosky: Conflict and Cooperation, 15–17.
1591 Ebd., 19.
1592 Ebd., 22.
1593 Ebd., 42.
1594 Ebd., 43.
1595 Stausberg: Die Religion Zarathustras, Bd. 1, 269. 276.
1596 Chosky: Conflict and Cooperation, 17f. 19f. 21. 23. 25. 40ff.
1597 Ebd., 34. 38. 45 u. ö.
1598 Ebd., 31.
1599 Stausberg: Die Religion Zarathustras, Bd. 1, 270f.
1600 Ebd., 271.

noch zu viele klare Verhältnisse, weil sie Überlagerungen oder Hybridisierungen unzureichend berücksichtigt.

Auch im Islam beschränkte sich der Umgang mit Andersgläubigen nicht auf die Mitglieder anderer Religionen, sondern richtete sich gleichermaßen auf abweichende Positionen im Inneren. In der Theorie gab es einerseits die programmatische Akzeptanz einer Lehrvielfalt, wenn es in einem Hadith heißt, dass die Meinungsverschiedenheit eine Gnade, ein Erbarmen Gottes für seine Gemeinde sei;[1601] andererseits aber verfolgte man die internen Gegner oft schärfer als Juden und Christen, sofern sie politische Feinde waren.[1602] Interessanterweise wurde diese Differenz in der theologischen Debatte nicht über einen Begriff wie „Orthodoxie" und ein Antonym wie „Häresie" beschrieben. Vielmehr entstanden in der islamischen Theologie Werke, die unterschiedliche religiöse Richtungen oder Parteiungen oft als „Sekten"[1603] oder „Übertreiber" („Gulat")[1604] qualifizierten, Begriffe, die eher die Metaphorik von mehr oder weniger richtig als von grundsätzlich wahr oder falsch transportieren, strukturanalog zum Konzept der „schismatischen" Kirchen im Christentum. In – beispielsweise – dem umfangreichen Kompendium von al-Scharastani (1086–1153 [479–548 H]) finden sich vor allem muslimische Gruppen, aber auch christliche und jüdische und solche, die man für „Magier" und Manichäer hielt, dazu Sabäer und Philosophen aus Arabien und Indien. Man spricht also in diesem Fall wohl besser weniger von einem Manuale von „Häresien" als von einem Kompendium religiöser und philosophischer Richtungen. Die Einteilung nach Religionsgruppen ist für al-Scharastani dabei nur eine unter mehreren Klassifikationsmöglichkeiten – man könnte die Menschheit auch nach klimatischen Wohnregionen einteilen.[1605] Offenbar hatte er ihre Texte gelesen und mit vielen (?) ihrer Vertreter gesprochen;[1606] in seiner Perspektive waren diese Lehren „eine Erleuchtung für den, der Licht sucht, und ein Licht für den, der Erleuchtung begehrt".[1607] Aber letztlich gebe es nur eine Wahrheit in der Sunna – denn dass zwei Gruppen, die sich widersprechen, die eine Wahrheit beanspruchten könnten, sei „absurd".[1608] Vermutlich stand hinter einer solchen Vereindeutigung des Islam auch die Pluralität von theologischen Deutungen unter Christen und in den christlichen Kirchen, die Muslimen als abschreckend galt.

Dieses berühmte Beispiel einer islamischen Wahrnehmung religiöser Differenz könnte, wenn man Josef van Ess folgt, exemplarische Züge für den spezifischen Umgang mit „devianten" Gruppen im Islam tragen, der vom christlichen Umgang mit „Häretikern" abweicht. Um diese Differenz zu beschreiben, müsste man die Rede von der „Häresie" und ihrem Gegenbild, der „Orthodoxie", abschaffen und etwa von einer „Konfessionskunde" sprechen.[1609]

1601 Zit. etwa bei Chittick: The Ambiguity of the Qur'anic Command, 65.
1602 Van Ess: Dschihad, 90.
1603 Ders.: Der Eine und das Andere, 1249–1268.
1604 Ebd., 1236.
1605 Sahrastani: Religionsparteien und Philosophen-Schulen, 2f.
1606 Ebd., 1.
1607 Ebd., 2.
1608 Ebd., 4.
1609 Van Ess: Der Eine und das Andere, 1348 und S. VII.

Der Begriff der Orthodoxie kam vom Christentum her in den Islam[1610] und ist dort aus einer Reihe von Gründen oft unangemessen: Eine Kirche, die als organisatorisches Rückgrat einer „Orthodoxie" hätte fungieren können, fehlte im Islam; angesichts des Minimalstandards der Schahada besaß die „Orthodoxie" einen geringeren Stellenwert; „Abweichler" seien zwar wegen ihrer „falschen" Lehren ausgegrenzt und auch verfolgt worden, so Josef van Ess, aber man habe sie nicht, wie etwa die Katharer im Christentum, ausgerottet. Ein Äquivalent zum augustinischen compelle intrare, also dem Zwang, Dissidenten zum Eintritt zu bewegen, fehlte in der islamischen Theologie.[1611] Im Hintergrund stand in der Frühzeit eine schwache staatliche Macht, die kaum in die gewaltsame Homogenisierung einer religiösen Landschaft eingebunden werden konnte. Erst mit der frühen Abbasidenherrschaft findet sich zwischen 779 und 786 die Verfolgung von Zindiqs (hinter der die Zuweisung sehr unterschiedlicher Formen von Abweichungen stehen konnten) und möglicherweise der Manichäer.[1612] Signifikanterweise scheiterte in Bagdad der Versuch, unter dem Abbasidenkalif al-Mamun in den 830/840er Jahren (210/230er Jahre H) durch eine Art Inquisition („mihna") eine religiöse Orthodoxie zu erzwingen, indem man ein Treuebekenntnis einklagte, worin die Erschaffenheit des Koran bekannt werden sollte; dies blieb eine Episode.[1613] Die gegenwärtigen Versuche in manchen islamischen Staaten, mit einer solchen „Häretisierung" etwa die Bahai oder die Ahmadija auszugrenzen oder zu verfolgen, betreffen nachkoranische Religionen und sind neueren Datums. Ein differenziertes historisches Gesamtbild lässt sich an dieser Stelle nicht skizzieren, in der Forschung gehen die Positionen weit auseinander. Thomas Bauer hat „dem Islam" eine „Kultur der Ambiguität" zugeschrieben, wenn „gegensätzliche" oder „konkurrierende" Positionen „akzeptiert" würden,[1614] wohingegen „das europäische Mittelalter" eine „weitgehend" „negative" Haltung der Ambiguität gegenüber gezeigt habe;[1615] neuere Traditionen der „Disambiguierung" im Islam seien durch die Aufnahme der „Strukturen westlicher Ideologien" entstanden.[1616] Josef van Ess hingegen sieht es mit der „Toleranz nach innen" im Islam „nicht unbedingt gut bestellt"[1617] und in langen Phasen der Geschichte vielmehr eine konstitutive Spannung hinsichtlich des Umgangs mit Pluralität, die sich gegenläufigen Motiven verdanke: „Der Neugierde gegenüber dem Fremden ebenso wie dem Starrsinn der Ablehnung, der Ratlosigkeit vor dem Eigenen ebenso wie der Selbstgewissheit einer ‚Orthodoxie'".[1618]

Zurück zur Organisation interreligiöser Pluralität. Ein Sonderproblem betrifft die Möglichkeiten des Religionswechsels, denn der Übertritt in den Islam wurde in den hegemonialen Deutungstraditionen als irreversibel betrachtet. Menschen, die den Islam (wieder) verlassen wollten, drohten für den Tatbestand der „Apostasie" (arabisch: irtidâd) schwere Strafen.

[1610] Ebd., 1298.
[1611] Ebd., 1323f.
[1612] Kallfelz: Nichtmuslimische Untertanen im Islam, 108–115.
[1613] Van Ess: Theologie und Gesellschaft, Bd. 4, 446–452; ders.: Der Eine und das Andere, 1322f.
[1614] Bauer: Die Kultur der Ambiguität, 27; ähnlich Chittick: The Ambiguity of the Qur'anic Command.
[1615] Bauer: Die Kultur der Ambiguität, 31.
[1616] Ebd., 52.
[1617] Van Ess: Der Eine und das Andere, 11.
[1618] Ebd., S. VIII.

Diese Vorstellung findet sich strukturanalog, wenngleich nicht in einer vergleichbaren Nachdrücklichkeit, auch in den späteren Schriften des Neuen Testaments und hat möglicherweise muslimische Vorstellungen beeinflusst.[1619] Es gab jedenfalls islamischerseits nur die Option, sich aus freien Stücken für den Eintritt in die muslimische Gemeinschaft zu entscheiden, nicht jedoch die Freiheit, sie wieder zu verlassen. Eine Grundlage für diese Einbahnstraße bildeten Aussagen des Koran:

> Diejenigen von euch, die sich (etwa) von ihrer Religion abbringen lassen und (ohne sich wieder bekehrt zu haben) als Ungläubige sterben, deren Werke sind im Diesseits und im Jenseits hinfällig. Sie werden Insassen des Höllenfeuers sein und (ewig) darin weilen (Q 2,217). Diejenigen (aber), die ungläubig geworden sind, nachdem sie gläubig waren, und hierauf dem Unglauben immer mehr verfallen, ... das sind die, die (endgültig) irregehen. (Q 3,90)

Islamische Theologien haben allerdings die Frage gestellt, warum es trotz der Rechtleitung Gottes zu einer solchen Entfernung vom Islam kommen konnte. Eine Antwort im Koran stärkte die Theologie eines (unerfindlichen) Ratschlusses Gottes, durch den die Zugehörigkeit zur „wahren" „Religion" als Entscheidung Gottes erscheint, die damit einer letzten Verfügungsmacht der Menschen, sowohl der Übertretenden als auch diejenigen, die darüber richten, entzogen war. Der locus classicus dieser Debatte ist die Sure 2, Vers 256:

> In der Religion gibt es keinen Zwang (d. h. man kann niemand zum (rechten) Glauben zwingen). Der rechte Weg (des Glaubens) ist (durch die Verkündigung des Islam) klar geworden, (so dass er sich) vor der Verirrung (des heidnischen Unglaubens deutlich abhebt). Wer nun an die Götzen nicht glaubt, aber an Gott glaubt, der hält sich (damit) an der festesten Handhabe, bei der es kein Reißen gibt. Und Gott hört und weiß (alles).

Kein Mensch könne, so Rudi Parets Interpretation dieser Stelle, einen anderen zum rechten Glauben zwingen, weil Gott den Menschen rechtleite.[1620] Es ginge dann in diesen Versen nicht um Toleranz im neuzeitlichen, okzidentalen Verständnis, sondern um eine theologische Bestimmung des souveränen Handelns Gottes. Allerdings konnte an diese Stellen eine Ethik der religionspolitischen Toleranz angeschlossen werden, so dass diese Stelle bei Muslimen, die Religionsfreiheit unter Berufung auf den Koran begründen, heute zentral ist. Strukturanaloge Nutzungen dieser Stelle gab es allerdings auch schon früher. So präsentierte der syrische-orthodoxe Patriarch Michael im 12. Jahrhundert diesen Koranvers islamischen Gesprächspartnern, als er seine Kirche im Zangengriff zwischen christlichen Kreuzfahrern und muslimischen Machthabern positionieren musste und das Überlebensrecht seiner Kirche gegenüber Muslimen zu belegen beanspruchte.[1621] Vergleichbar handelten viele Nichtmuslime, die mit dieser Koranstelle versuchten, dem Druck auf die Einschränkung ihrer Rechte entgegenzuwirken.[1622]

1619 Schmitz: Paulus und der Koran, 176–180.
1620 Paret: Der Koran, 38; ders.: Sure 2, 256: la ikraha fi d-dini. Toleranz oder Resignation; Nagel: Mohammed, 777.
1621 Weltecke: Jenseits des „Christlichen Abendlandes", 15.
1622 Nagel: Mohammed, 777.

Welcher Tatbestand schlussendlich als „Apostasie" gewertet wurde, unterlag einer wichtigen Interpretationsverschiebung. Das in der Frühzeit dominierende Kriterium einer Abwendung vom Islam hin zu einer nicht islamischen Religion wurde zunehmend zu einer Deutung verschoben, die schon die Abkehr von „orthodoxen" Positionen der islamischen Theologie als strafwürdigen „Abfall" betrachtete[1623] und seit dem 9. Jahrhundert (3. Jh. H) zunehmend das „Apostasieurteil zu einem Mittel der Disziplinierung religiöser Abweichungen" machte.[1624] Eine davon zu trennende Frage betraf das Strafmaß. Im Koran gibt es dazu keine eindeutige Position. Während der genannte Vers 3,90 des Koran zwar ein „Irregehen", aber keine Todesstrafe vorsieht, droht den Heuchlern, die wohl als „Apostaten" betrachtet werden, in Vers 33,61f. ausdrücklich die Todesstrafe.[1625] Dazu trat eine hermeneutische Grundfrage, wie diese Strafen im Licht einer Theologie zu lesen seien, die Gott als „barmherzig" deutet. Die göttliche Barmherzigkeit konnte im Prinzip jedes Handeln der Menschen betreffen, allerdings werden die „Apostaten" in Vers 3,90 von der Barmherzigkeit ausgeschlossen.[1626]

In der Auslegungsgeschichte dieser Verse in den islamischen Rechtsschulen kam es dann offenbar zu der weitgehenden Übereinstimmung, dass die Todesstrafe für den Religionswechsel zu verhängen sei.[1627] Der Ansatzpunkt für diese Verschärfung war ein Ausspruch Mohammeds in den Hadithen: „Wer seine Religion wechselt, den tötet!",[1628] der allerdings nur von einem Gefährten Mohammeds in einer unsicheren Traditionskette überliefert wird und deshalb von einigen islamischen Theologen kritisch und von vielen (westlichen) Islamwissenschaftlern nicht als originaler Wortlaut Mohammeds, sondern als spätere Interpretation betrachtet wird.[1629] Eine andere Tradition der möglichen Eingrenzung waren hohe Hürden, so dass etwa al-Ghazali „Apostasie" nur bei der Verletzung der Inhalte der Schahada oder der Leugnung des Jüngsten Gerichtes gegeben sah.[1630]

Aus der Etablierung der Todesstrafe für „Apostaten" als weitgehend akzeptierter Rechtsnorm folgte in der Praxis häufig,[1631] allerdings nicht automatisch die Hinrichtung von Religionswechslern aufgrund der juristischen Verfahren zur Anerkennung des Tatbestandes der „Apostasie". Man konnte etwa eine Verifikation des „Abfalls" fordern und anschließend genau dokumentierte Versuche, den „Konvertiten" zur Revision seiner Entscheidung zu bewegen;[1632] man konnte nur jenseitige Strafen akzeptieren, also Gott die Entscheidung der Bestrafung überlassen; man konnte nicht nur den Widerruf der Shahada durch den „Konver-

---

1623 So Griffel: Apostasie und Toleranz im Islam, 101–215.
1624 Ebd., 101; Schirrmacher: „Es ist kein Zwang in der Religion", 67–76 (19./20. Jahrhundert).
1625 Dazu Griffel: Apostasie und Toleranz im Islam, 30f.
1626 Ebd., 33f.
1627 Dezidiert Friedemann: Tolerance and Coercion, 293; zurückhaltender Griffel: Apostasie und Toleranz im Islam.
1628 So bei Al Bukhari, Berichte 2794 und 6411; Al-Tirmidhi, Bericht 1378; Al-Nasa'i, Berichte 3991 und 3992; Nachweise bei Aldeeb Abu-Sahlieh: Die Muslime und die Menschenrechte, 206. Zur Spannung einer bis heute als geltend angesehenen, aber oft als nicht mehr plausibel empfundenen Praxis s. Pačić: Islamische Rechtslehre, 245f. und den Kommentar S. 235f.
1629 Griffel: Apostasie und Toleranz im Islam, 52.
1630 Ebd., 311. 314f.
1631 Beispiele etwa ebd., 51. 358 u. ö.
1632 Ebd., 54.

titen" verlangen, sondern auch die Behauptung neuer Prophetie; man sah oft Sonderregelungen für Frauen und mehrfache Religionswechsler vor. Man entwickelte also häufig eine komplexe Kriteriologie,[1633] die eine hohe Hürde für eine (schnelle) Bestrafung bilden konnte. Schließlich gehörten in diese Kasuistik theologische Fragen, vor allem diejenige nach dem Zusammenwirken eines souveränen Gottes mit eigenständigen Menschen (mit der damit verbundenen Problematik der menschlichen Willensfreiheit), die Strafen erschweren konnten, wohingegen die genannte Fitra-Lehre der theologischen Anthropologie, wonach Menschen natürlicherweise Muslime seien, strafverschärfend wirkte, wenn man daraus die Konsequenz zog, dass der Mensch nicht gegen seine gottgegebene Natur handeln dürfe.

Der alltagspraktische Umgang mit „Apostaten" war nochmals ein ganz anderes Kapitel. Wann und unter welchen Bedingungen und mit welchen Konsequenzen wurde der erneute Religionswechsel im täglichen Leben überhaupt auffällig? In welchem Ausmaß derartige Übertritte entdeckt wurden, ist schwer zu beantworten, da man seine innere Überzeugung verbergen konnte.[1634] Und in welchem Ausmaß führten Übertritte dann zu rechtlichen Verfahren und zu Todesurteilen? Klar ist immerhin, dass sich die Theorie manchmal nicht umsetzen ließ, aus politischen Gründen etwa, wenn ehemals muslimische Mitglieder einer fremden diplomatischen Gesandtschaft, die zum Christentum übergetreten waren, in islamische Länder einreisten. Ein anderes Problemfeld sind Renegaten, die aus opportunistischen Gründen zum Islam oder zum Christentum übertraten und diese neue Religion dann wieder verließen. Insbesondere Kriegsgefangene und von Muslimen gekaperte Schiffsbesatzungen, die ein einträgliches Geschäft mit Geiseln darstellten (man schätzt die Zahl der zwischen 1517 und 1750 gefangenen Christen auf wenigstens eine Million), führten zu vielen Pro-forma-Übertritten und dann zu Rekonversionen.[1635]

In der islamischen Lebenswelt konnte der Umgang mit Religionswechslern in beide Extreme, in die Exekution der Todesstrafe und die „Tolerierung" von „Apostaten", ausschlagen. Es gab Ansätze, die Bestrafung des Religionswechsels aufzuheben, wie es etwa der indische Mogul Akbar forderte (s. o.). Auch Freidenker, die philosophisch oder theologisch argumentierten, konnten die Todesstrafe mit der Forderung nach einer „vernünftigen" Argumentation infrage stellen, indem sie die Verbindlichkeit der Offenbarung bestritten[1636] und damit koranbasierten Vorstellungen wie den Dhimma-Status und der Bestrafung der „Apostasie" den Boden entzogen. Es gab allerdings auch die Verschärfung. So konnten schon eine Schmähung unter „Apostasie" gezählt,[1637] der Apostasievorwurf gegen innerislamische Gegner gewandt[1638] und Muslime gegen ihren Willen durch das Instrument des Für-

---

[1633] Friedmann: Tolerance and Coercion, 121–135.
[1634] García-Arenal: Conversion to Islam, 588.
[1635] Ebd., 598.
[1636] Van Ess: Theologie und Gesellschaft, Bd. 6, 453–483. Letztlich ging eine freidenkerische Philosophie zumindest implizit oft mit einer Offenbarungskritik einher, s. Stroumsa: Freethinkers of Medieval Islam; Urvoy: Les penseurs libres dans l'islam classique.
[1637] Rohe: Das islamische Recht, 135.
[1638] S. o. Griffel: Apostasie und Toleranz im Islam.

ungläubig-Erklärens (takfīr)[1639] zu „Apostaten" gemacht werden.[1640] Daraus wurde insbesondere in politischen Konflikten ein scharfes Schwert, um missliebige politische Gegner auszuschalten.[1641] In diesem komplexen Geflecht von antagonistischen Theorien und Praktiken gibt es eine jahrhundertelange Geschichte der Tötung von „Apostaten" in islamischen Ländern. Eine umfassende Untersuchung zur Relevanz dieser Praxis existiert offenbar nicht. Immerhin lassen sich leicht Beispiele für die Anwendung der Todesstrafe in den ersten fünf Jahrhunderten[1642] und bis in die Gegenwart[1643] finden, ohne dass damit verlässliche Aussagen über deren Häufigkeit gemacht werden könnten. Noch heute ist die Todesstrafe für „Apostasie" in einer Reihe von islamischen Ländern staatliches Recht.[1644]

In der jüngeren Vergangenheit ist der Tatbestand der „Apostasie" in den islamischen Gesellschaften allerdings verstärkt infrage gestellt worden. Ein Grund war der Kontakt mit westlichen Rechtssystemen, deren Toleranzforderung den Islam mit der Forderung nach der Bestrafung oder gar Tötung von „Apostaten" als per se intolerante Religion erscheinen ließ. Seit dem 19. Jahrhundert fordern nicht nur klandestine Freidenker, sondern auch zunehmend islamische Theologen und Philosophen, das Gebot, „Apostaten" zu töten, infrage zu stellen.[1645] Deshalb gibt es heute Forderungen liberaler Muslime, die Bestrafung der „Apostasie" zu beenden, wobei sie teilweise Argumente der muslimischen Theologie aufgreifen (Erkenntnis der Wahrheit als Privileg Gottes, Problematik der Erkennbarkeit von Glauben und Unglauben, normative Priorität des Koran gegenüber den Hadithen),[1646] teilweise auf die Rechtsstaatskonzepte der neuzeitlichen Verfassungsdebatte rekurrieren (Religionsfreiheit). Auch islamische Körperschaften haben mit diesem Interesse den Religionswechsel erlaubt, etwa das Amt für religiöse Angelegenheiten in der Türkei (Diyanet), das im April 2008 eine Fatwa veröffentlichte, in der festgestellt wird: „Jeder, der die Freiheit hat, sich eine Religion anzueignen, hat auch die Freiheit, sich von der Religion zu trennen."[1647] In dieser Debatte bleibt (auch) der Islam allerdings polyphon. 1948 verweigerte Saudi-Arabien die Ratifizierung der Allgemeinen Erklärung der Menschenrechte wegen des freien Religionswechsels (und tun dies bis heute),[1648] und ähnliche Probleme dokumentiert die Kairoer Erklärung der Menschenrechte vom 19. September 1981 hinsichtlich dieses Aktes[1649] (aber auch die Erklärung der Russisch-Orthodoxen Kirche aus dem Jahr 2008, die die Menschenrechte theologischen Vorgaben und nationalen Belangen nachordnet[1650]). Islamische Kritiker der westlichen Men-

---

1639 Hunwick: Takfīr, 122.
1640 Badry: Das Instrument der Verketzerung, 117.
1641 Ebd., 108; Tellenbach: Die Apostasie im islamischen Recht.
1642 Fattal: Le statut légal des non-musulmans, 165–168.
1643 Buck: Religious Minority Rights; Tellenbach: Die Apostasie im islamischen Recht, 10f.; Saeed: Freedom of religion, 123–164.
1644 Badry: Das Instrument der Verketzerung, 119.
1645 Saeed: Freedom of Religion, Apostasy and Islam, 88–98.
1646 Badry: Das Instrument der Verketzerung, 125f.
1647 islaMedia. Newsletter zur Medienberichterstattung in türkischen Zeitungen, 11.4.2008.
1648 Morsink: The Universal Declaration of Human Rights, 24–26. 261f.; Schabas: Introductory Essay.
1649 Zander: Religionsfreiheit im Rahmen der Verfassung – ein Assimilationsprojekt?, 127–129.
1650 Russisch-Orthodoxe Kirche, Bischofskonzil: Grundlagen der Lehre der Russischen Orthodoxen Kirche über Würde, Freiheit und Rechte des Menschen. Grundsätzlich gelte: „Die Menschenrechte können nicht über

schenrechtskonzeption etwa aus Saudi-Arabien beanspruchen, dass die islamischen Kulturen einen eigenen Pfad mit eigenen Werten eröffnet haben, der in der Sicht des Historikers schlicht anders ist als derjenige in der Tradition des lateinischen Okzidents.[1651]

Diese Bestrafung von „Abtrünnigen", „Apostaten" oder „Dissidenten" bis hin zur Todesstrafe war allerdings kein spezifisch islamisches Thema, sondern gehört als Exklusionsmechanismus zu den sozialen Konstitutionsfaktoren zumindest der drei „abrahamitischen" monotheistischen Gemeinschaften. So kennt das Judentum in älteren biblischen Texten neben der Aufforderung zur Gastfreundschaft Abgrenzungsmechanismen vom Verbot von Mischehen bis hin zur Tötung von Bewohnern eroberter Gebiete (Dtn 7,1–5.23). Im Christentum dokumentiert der Ausschluss von „Gefallenen", den „lapsi" in der Spätantike, die Tötung von Dissentern in der Spätantike oder die Verfolgung der Katharer des Mittelalters bis zur Verbrennung Giordano Brunos in der römischen Kirche der Renaissance oder Michael Servets im reformierten Genf ein analoges Muster. Einer genaueren Untersuchung bedürfte hingegen der Textbefund auf der Ebene der „heiligen Schriften" (hebräische Bibel, Neues Testament, Koran), weil hier signifikante Unterschiede zu liegen scheinen. In der hebräischen Bibel und im Koran sind Fragen des gewaltsamen Umgangs mit Andersgläubigen ein wichtiges Thema, wohingegen diese Fragen im Neuen Testament nur einen geringen Stellenwert besitzen. Zudem fehlt hier die Androhung von Kapitalstrafen, wie sie sich zumindest im Buch Deuteronomium findet. Mit den Texten einer pointierten pazifistischen Ethik, wie sie sich in der jesuanischen Ethik häufig, etwa in der Bergpredigt, finden (Mt 5,9f. 21–26. 38–48), bildet das Neue Testament im Reigen seiner mediterranen Geschwisterreligionen eine Ausnahme und besitzt am ehesten Bezüge zu buddhistischen Gewaltverboten.

Angesichts dieser deklassierenden Behandlung insbesondere von „Apostaten" und Schriftbesitzern im Islam ist die Frage gestellt worden, ob man bei der Dhimma-Regelung der Sache nach von Toleranz sprechen müsse – obwohl es dafür im Koran keinen unmittelbar entsprechenden Terminus gibt[1652] (ebensowenig wie in der Bibel). Die Antwort hängt entscheidend von der Toleranzdefinition ab: Versteht man darunter die horizontale Egalität verschiedener Gruppen oder die Gleichheit von Religionen unter dem Schirm einer Rechtsordnung außerhalb des Religionsrechtes, dann trifft der Begriff Toleranz auf den Umgang mit den Dhimmis nicht zu. Wenn man darunter hingegen die vertikale „Duldung" von Gruppen minderen Rechts durch die Vertreter einer hegemonialen Kultur versteht, kann man die Schutzverträge mit Dhimmis als Ausdruck einer Toleranzpolitik begreifen.[1653] Eine solche Deutung hat allerdings in heutiger Perspektive einen prinzipiellen Haken im Umgang mit neu gegründeten religiösen Gruppierungen. Im Islam blieben die nach dem „Abschluss" der Offenbarung entstandenen Religionen ohne Existenzrecht – wie auch analog im mittelalterlichen Christentum.

---

den Werten der geistigen Welt stehen" (III.2.). Deshalb sei es „unannehmbar", „alle Glaubensbekenntnisse als relativ oder ‚gleich wahr' anzuerkennen" (IV.3). Konkret: „Die Menschenrechte dürfen der Liebe zum Vaterland ... nicht widersprechen" (III.4).
1651 S. die Überlegungen in systematischer Perspektive bei Bassiouni: Menschenrechte zwischen Universalität und islamischer Legitimität.
1652 Friedmann: Tolerance and Coercion, 290.
1653 So oft in der islamischen Literatur, etwa bei Iqbal: Islamic Toleration and Justice.

Blickt man auf die in der Neuzeit nachträglich sowohl mit dem Islam verbundenen Toleranzvorstellungen des neuzeitlichen Rechtsstaates, trifft man auf ein unterschiedliches Verhältnis von Genese und Geltung in den dominanten christlichen und muslimischen Traditionen. Einerseits findet man in der Genese strukturelle Ähnlichkeiten in beiden Religionen, etwa die Bestreitung des Existenzrechtes von Polytheisten und derjenigen Religionen, die nach dem Abschluss der jeweiligen Offenbarung entstanden sind. Diese Gemeinsamkeit konnte im konkreten Zusammenleben allerdings asymmetrische Geltungsregelungen erzeugen, insofern das Christentum im Islam „Toleranz" erhielt, weil es zu den akzeptierten Vorgängerreligionen gehörte, wohingegen dem Islam dieser Status unter christlicher Herrschaft verweigert wurde, weil er zu den nicht akzeptierten Nachfolgereligionen des Christentums zählte, analog zu einer Regelung im Islam, wo Nachfolgereligionen, etwa die Bahai, verfolgt wurden. Die geltungstheoretisch relevante Frage, ob nicht die Organisation religiöser Pluralität mit Hilfe der Idee der Religionsfreiheit ein Import des Christentums sei, wird in islamischen Kreisen bis heute diskutiert.[1654] Und so stehen neben liberalen Muslimen, die das westliche Menschenrechtskonzept übernehmen wollen, Muslime, die traditionelle Regeln für den Umgang mit Nichtmuslimen auch heute anwenden, etwa indem sie die Kopfsteuer einfordern oder die Todesstrafe bei „Apostasie".[1655] Sie dokumentieren die historische Vielfalt im Umgang mit anderen Religionen, die jeweils weder eine bloße Funktionalisierung des Islam für ihm fremde politische Zwecke noch Ausdruck seines „Wesens" ist.

Wenn trotz vieler „intoleranter" Gemeinsamkeiten zwischen Christentum und Islam die rechtsstaatliche Geltung der Religionsfreiheit im okzidentalen Christentum erfolgte, obwohl (oder weil?) hier der Umgang mit innerreligiöser Differenz weniger Spielräume als die islamische Dhimma-Regelung besaß, dürfte das auch an den im letzten Kapitel diskutierten Entwicklungen im neuzeitlichen Okzident liegen, in denen die Forderung nach Entscheidungsfreiheit, die im Grunde auf paulinische Vorstellungen zurückgeht, ein wichtiger Faktor unter anderen war, aber gegen hegemoniale Kirchen durchgesetzt wurde und schlussendlich zur verfassungsmäßigen Verankerung der Religionsfreiheit führte. Systematisch lässt sich die uneingeschränkte Religionsfreiheit auch aus islamischen Quellen begründen, was heute zunehmend passiert, aber historisch bleiben unterschiedliche Pfade bestehen, die unterschiedliche Perspektiven auf Genese und Geltung implizieren.

Letztlich bedeutet die Benutzung des Begriffs Toleranz einmal mehr, nicht nur einen Begriff aus der europäischen Rechtstradition zu benutzen, sondern auch ein neuzeitliches und christlich konnotiertes Konzept in frühere Zeiträume zu transferieren. Dabei scheint es mir nicht sinnvoll zu sein, einen schließlich aus der religiösen Sphäre gelösten und in einem säkularen Recht verselbstständigten Begriff der „Toleranz" in ein Feld zurückzuprojizieren,

---

1654 Zander: Religionsfreiheit im Rahmen der Verfassung, 127–130. 141–148.
1655 So wurden Christen in Mossul im Juli 2014 aufgefordert, Kopfsteuer zu zahlen oder alternativ zu konvertieren oder umgebracht zu werden (Anonym: Christen fliehen vor Extremisten aus Mossul), möglicherweise in Anwendung von Regeln des islamischen Kriegsrechtes. Ein anderer Konfliktfall war die Sudanesin Mariam Yahia Ibrahim Ishag, die von ihrer Mutter als Christin erzogen worden war. Sie wurde verhaftet und zum Tode verurteilt, weil sie, da ihr Vater Muslim war, als Muslima galt. Sie konnte nach einer internationalen Intervention den Sudan verlassen (Anonym: Mariam Yahia Ibrahim Ishag).

in dem die religiös begründete Hierarchisierung von Religionskulturen dominierte – islamischerseits wie christlicherseits. Die möglichen Missverständnisse eines solchen Ansatzes macht der Umgang mit der genannten Sure 2, 256 deutlich, deren Aussage, dass es „in der Religion keinen Zwang" gebe, nicht als Ausdruck göttlicher Souveränität, sondern eurozentrisch als Beleg für „Toleranz" gedeutet wurde. Derartige Interpretationen gehören zu einem beträchtlichen Teil in die Geschichte globaler Austauschprozesse seit dem 19. Jahrhundert, die die hegemonial agierenden Religionen mit neuen Kriterien und Vorstellungen vor die Forderung eine Revision ihrer etablierten Konzepte der Organisation religiöser Pluralität stellten.

Wenn man, ausgehend von diesen Überlegungen, rückblickend den Umgang mit religiöser Pluralität in Judentum, (lateinischem) Christentum und Islam vergleicht, fallen Ähnlichkeiten in der Organisation von Pluralität ins Auge, die in einer theologischen Grundlegung wurzeln: dem Theologumenon des Abschlusses der Offenbarung. Das Judentum schloss in der rabbinischen Tradition mit der hebräischen Bibel die Schriftgenese ab, das Christentum verstand sich als Abschluss der jüdischen Offenbarungsgeschichte, ein Konzept, das der Islam mit der Vorstellung, Mohammed sei das „Siegel der Propheten", aktualisierte.[1656] Damit war ein Existenzrecht für die Vorgängerreligion(en) innerhalb einer Religionsfamilie (im Christentum: für das Judentum; im Islam: für Judentum und Christentum) begründet – und zugleich folgte daraus nur allzu oft das potenzielle Todesurteil für diejenigen Religionen, die nach dem Abschluss der Offenbarung entstanden waren. Schon im Judentum waren in den biblischen Schriften die polytheistischen Religionen, die sich nicht nach der Offenbarung des israelitischen Gottes richteten, dem Verdikt verfallen, falsche Götter zu verehren. Das Christentum übernahm diese Matrix, erweiterte sie jedoch, indem es das Judentum als monotheistische, aber defizitäre Religion einordnete, eben weil es sich selbst als endgültige Offenbarung einstufte. Das Judentum erhielt ein Existenzrecht zweiter Klasse, den polytheistischen Religionen wurde dieses verweigert. Der Islam wiederum übernahm diese christliche Matrix, indem er seine beiden monotheistischen Vorgängerreligionen als defizitären Monotheismen ein Existenzrecht zubilligte, die Polytheisten jedoch ebenfalls verfolgte. Alle drei Religionen hatten mit denjenigen Traditionen, die nach ihrer Konstitution aus ihnen heraus entstanden, ihre Probleme: Im Judentum konnten die Christen in klandestinen Schriften als Anhänger eines Verführers gelten,[1657] den man im Talmud polemisch kritisierte;[1658] im Christentum gab es eine Tradition, den Islam als christliche, arianisch geprägte Häresie (so Johannes von Damaskus im 8. Jahrhundert) zu deuten[1659] oder als polytheistischen „Unglauben", Blasphemie oder Boten des Antichristen zu lesen (so Ademar von Chabannes im 11. Jahrhundert),[1660] und noch im 15. Jahrhundert hielten viele Humanisten den Islam für eine christliche Sekte, etwa Cusanus, Ficino, Reuchlin, Erasmus

---

[1656] Colpe: Das Siegel der Propheten, 8–27. 200–215; Toepel: Seal and Comforter.
[1657] Toledot Yeshu („The Life Story of Jesus") Revisited.
[1658] Schäfer: Jesus im Talmud.
[1659] Johannes Damascenus: De haeresibus, Kap. 100 (in: Johannes Damaskenos und Theodor Abu Qurra, hg. v. R. Glei/A. Th. Khoury), 75. Zur Debatte um die Verfasserschaft des Johannes s. Khoury: Einleitung (in: Johannes Damaskenos und Theodor Abu Qurra), 38–44; der Text ist unvollendet, ebd., 41.
[1660] Frassetto: The Image of the Saracen as Heretic.

oder Guillaume Postel.¹⁶⁶¹ Im Islam wiederum verfolgt(e) man die aus dem Islam entstandenen Neugründungen wie die Bahai oder die Ahmadiyya als Abfall von der „wahren" Offenbarung.¹⁶⁶² Vermutlich hat das Theologumenon der Entscheidung auch diese Matrix modifiziert, weil die Aufgabe der geburtsabhängigen Zugehörigkeit auf Dauer den Weg in die Revidierbarkeit des Eintritts in eine Religionsgemeinschaft bahnte.

3.3.3c „Hinduismus" und Buddhismus: zwischen Gewaltverzicht und Gewaltanwendung

Im Umgang mit anderen religiösen Traditionen werden „Hinduismus" und Buddhismus im Westen ganz andere Umgangsformen als dem Christentum und Islam zugeschrieben: eine Haltung der Friedfertigkeit und Toleranz. Im Hintergrund steht für den „Hinduismus" eine Deutung des Polytheismus, die diesem eine grundlegende „Toleranz" zuweist, weil die parallele Verehrung unterschiedlicher Götter in unterschiedlichen Gruppen oder auch in einer Gruppe praktiziert und insoweit der monotheistische Exklusivitätsanspruch relativiert werde. Für die Wahrnehmung des „Hinduismus" prägte beispielgebend das Handeln Gandhis die westliche Sicht, da er das Ahimsa-Prinzip, das Verbot, zu verletzen oder zu töten, in seinem Kampf für die indische Unabhängigkeit zum politischen Programm machte. Allerdings ist die Frage, in welchem Ausmaß dabei die Ahimsa-Lehre und europäischer Pazifismus, den er während seines Aufenthaltes in London kennenlernte, ineinanderspielten, damit noch nicht beantwortet. Vor allem aber ist die Existenz von religiöser Pluralität nicht gleichbedeutend mit Toleranz.

Klar ist auch, dass Gandhis Haltung nicht repräsentativ für hinduistische Traditionen war. Quer durch die indische Geschichte findet man Beispiele für die Anwendung von Gewalt, die religiös legitimiert oder von Mitgliedern einer religiösen Tradition angewandt wurde. Herrscher wie die Gupta-Könige führten und rechtfertigten Kriege, die Bhagavadgita (die Gandhi in London über Theosophen kennenlernte) dokumentiert die Pflicht des Kriegers Arjuna, in den Krieg zu ziehen und seine Gegner zu töten (wobei Arjuna diese soziale Norm gesinnungsethisch reflektiert), Tempel konnten, wenn es politisch nützlich schien, demoliert werden,¹⁶⁶³ und die Zerstörung von Büchern der Meiteis (einer Ethnie im heutigen nordostindischen Bundesstaat Manipur) durch Vishnu-Verehrer, der auch Gandhis Familie zugehörte, ist im 18. Jahrhundert dokumentiert.¹⁶⁶⁴ Schließlich haben die Aktivitäten nationalistischer Hindus in den letzten Jahrzehnten gezeigt, wie der Hinduismus politische Gewalt freisetzen kann. Gandhis Mörder kamen möglicherweise aus diesem Milieu, und die Aktivitäten nationalistischer Hindus brachten nach der Unabhängigkeit Indiens Tausenden den Tod. Die vermutlich am stärksten wahrgenommen Anwendung von Gewalt war die Zerstörung der Babri-Moschee in Ayodhya im Dezember 1992, weil radikale Hindus hier den Ort sahen, an dem der Gott Rama vor 900.000 Jahren geboren worden sei und beanspruchten, hier einen

---

1661 Belege bei Stengel: Reformation, Renaissance und Hermetismus, 41.
1662 Buck: Religious Minority Rights.
1663 Eaton: Temple Desecration and Indo-Muslim States.
1664 Robinson/Clarke: Introduction (in: Religious Conversion in India), 9.

Hindu-Tempel zu errichten. Die nachfolgenden Auseinandersetzungen forderten Hunderte oder gar Tausende von Toten.

Wenn man hinduistischen Traditionen allerdings gleichwohl „Toleranz" zuschreibt, hat dies oft mit einer fehlenden Exklusivitätsforderung zu tun (angesichts derer ein Toleranzbegriff nicht entwickelt wurde respektive werden musste).[1665] Bereits 1957 hatte in diesem Kontext der Orientalist Paul Hacker die Rede von Inklusivismus anstelle von Toleranz präferiert und darin ein Spezifikum Indiens gesehen.[1666] Damit rief er wiederum Kritiker auf den Plan, die die Auffassung vertraten, er habe das Konzept des Inklusivismus weniger von Indien aus als von einem europäischen Christentum her gedacht, um dessen inklusivistisches Defizit, also die Weigerung, andere Religionen auf der dogmatischen Ebene zu integrieren, in Indien kompensiert zu sehen.[1667] Überhaupt, so der Indologe Wilhelm Halbfass, sei diese Konzeption von europäischen Anthropologien und ihrer verfassungsrechtlichen Einbindung her, etwa in den Postulaten von Freiheit und Gleichheit, gedacht; wenn man diese Annahme nicht teile, könne man sehr wohl im hinduistischen Inklusivismus „intolerantes Verhalten" identifizieren, insofern es die „Anerkennung" einer (dann auch rechtlich festgelegten) freien Entscheidung nicht gebe.[1668] Strukturell vergleichbare Probleme kann man auch im Blick auf China entdecken, wo, so der Sinologe und Religionswissenschaftler Hubert Seiwert, man zwar bis in die (europäische) Neuzeit eine friedliche Koexistenz der großen religiös-philosophischen Traditionen Konfuzianismus, Daoismus und Buddhismus finde, bei der es aber nicht um die Sicherung religiöser Pluralität, sondern um „politische Opportunität" gegangen sei.[1669]

Ein vergleichbares Wahrnehmungsproblem hinsichtlich einer Identifizierung von Friedfertigkeit und Toleranz stellt sich beim Buddhismus,[1670] der in Europa ebenfalls als „wesensmäßig" friedliche Religion wahrgenommen wurde (und nach wie vor gemeinhin wird), dessen Markenzeichen im Umgang mit anderen Religionen „Toleranz" sei. Schon im frühen 19. Jahrhunderts konnten Buddhisten als weltabgewandt, innerlich ausgerichtet und deshalb pazifistisch gelten. Hegel hielt in den 1820er Jahren buddhistische Klöster für Institutionen, die „in Ruhe des Geistes und in stiller Beschauung des Ewigen leben, ohne an weltlichen Interessen und Geschäften teilzunehmen", und der Buddhismus-Forscher Austine Wadell beschrieb den tibetischen Buddhismus 1895 als „agnostic idealism" und als „tolerant creed of universal benevolence"[1671] – um nur zwei historische Beispiele zu nennen. Bis in die Gegenwart kann dem Buddhismus, etwa wenn es in Deutschland um die

---

1665 Kniffka: Zur Kulturspezifik von Toleranzkonzepten, 245; ebensowenig steht im Chinesischen ein adäquater Begriff zur Verfügung (S. 241).
1666 Hacker: Religiöse Toleranz und Intoleranz im Hinduismus; dazu Kniffka: Zur Kulturspezifik von Toleranzkonzepten, 245–256.
1667 Grünschloss: Der eigene und der fremde Glaube, 144.
1668 Halbfass: Inklusivismus und Toleranz im Kontext der indo-europäischen Begegnung, 46.
1669 Seiwert: Warum religiöse Toleranz kein außereuropäisches Konzept ist, 42.
1670 Eine Sammlung wichtiger Texte mit einem Schwerpunkt auf aktuellen Entwicklungen im Umfeld interreligiöser Dialoge in: Buddhism and Religious Diversity, hg. v. P. Schmidt-Leukel.
1671 Zit. nach Kollmar-Paulenz/Prohl: Einführung: Buddhismus und Gewalt, 144.

gesellschaftspolitische Anerkennung geht, eine „grundsätzlich friedliche Botschaft" zugeschrieben werden.[1672]

Eine Möglichkeit, sich den Ambivalenzen des Umgangs mit religiöser Differenz im Feld der vielfältigen Buddhismen zu nähern, ist eine Rückfrage an den historischen Buddha und seine Bestimmung des Verhältnisses zwischen unterschiedlichen religiösen Gruppen, näherhin ob er inklusivistisch (und damit tendenziell „tolerant") oder exklusivistisch gedacht hat. Dies ist angesichts der schwierigen Überlieferungslage zum historischen Buddha einmal mehr ein Gegenstand philologischer Feinarbeit, bei der ich Überlegungen von J. Abraham Vélez de Cea folge. In seinem Ansatz geht er von der Deutung des Begriffs „Ekayana" als Weg des Buddha zur Befreiung aus, der eine dreifache Bedeutung haben kann:[1673] Als einziger Weg, als einsamer Weg und als Weg des einen (nämlich des Buddha). Für Vélez de Cea ist eine Stelle im Digha Nikaya bezeichnend, wo der Buddha auch andere Wege als heilsmöglich erwähnt, bei denen es letztlich immer dort, wo der achtfache Pfad richtig gegangen werde – man könnte auch sagen: der Geist des Buddhismus richtig gelebt werde – zur Befreiung komme.[1674] Deshalb gebe es beim Buddha keine Verurteilung von anderen Lehren, sondern nur von Lehrern.[1675] Philologisch kompliziert wird die Sache durch eine parallele Stelle im Majjhima Nikaya, wo andere Wege nicht erwähnt werden.[1676] Diese Stelle sei aber nicht zu bevorzugen, da unter anderem die fehlenden Kontexte ein Argument seien, sie später zu datieren.[1677] Aber die Stelle im Digha Nikaya ist für Vélez de Cea nur der Ausgangspunkt einer Kaskade von Argumenten gegen ein exklusivistisches Denken beim historischen Buddha und in frühen Formen des Buddhismus.[1678] Gleichwohl gibt es Strömungen im Buddhismus, die später exklusivistische Vorstellungen etablierten. Einen Ausgangspunkt bildete schon die Kritik des Buddha am Brahmanismus, gegenüber dessen Vorstellung von notwendigen Opfern der Buddha mit dem Weg des Erwachens eine klare Gegenposition bezog. Aber erst lange nach dem Tod des historischen Buddha sei es zu einem dogmatisch begründeten Exklusivismus gekommen, für den Vélez de Cea Buddhaghosa (5. Jahrhundert n. Chr.) als einen der wichtigen Vertreter betrachtet.[1679] Die Gründe für die Genese dieses exklusivistischen Denkens sieht er in einem „Buddhist scholasticism",[1680] letztlich in dem Bedürfnis späterer Buddhisten nach Abgrenzung gegenüber anderen Gruppen. Soziologisch stehe dahinter eine ausdifferenzierte Gesellschaft, in der Differenzen durch Abgrenzungen etabliert oder verstärkt würden.[1681] Die Möglichkeit einer exakten Datierung für den Beginn des exklusivistischen Denkens sieht Vélez de Cea nicht, und vielleicht gibt es ihn auch gar nicht, wenn man nämlich Inklusion und Exklusion in Wechselbeziehungen auflöst, etwa durch die Einbeziehung partieller Inklusio-

---

1672 Zit. nach Kleine: Üble Mönche oder wohltätige Bodhisatvas?, 236.
1673 Vélez de Cea: The Buddha and Religious Diversity, 61–63.
1674 Ebd., 69, vgl. 64.
1675 Ebd., 69.
1676 Majjhima Nikaya I, 55–56.
1677 Vélet de Cea: The Buddha and Religious Diversity, 75.
1678 Ebd., 67–97.
1679 Ebd., 63.
1680 Ebd., 98.
1681 Ebd., 99.

nen oder Exklusionen,[1682] und den scharfen Exklusivismus als Ergebnisses dieses Prozesses von langlaufenden Identitätsbildungsprozessen versteht.

Abgrenzungen findet man im Buddhismus nicht nur gegenüber anderen Religionen, sondern auch als interne Differenzierungen. Die Geschichte der buddhistischen Linien (oft: „Schulen"), die sich in der Interpretation der Lehren des Buddha und in der Organisation des Sangha tiefgreifend unterscheiden konnten, dokumentiert dies.[1683] Dabei ist es nicht leicht zu sagen, wann diese Unterscheidung in Schulen begann, es gibt zumindest keine Hinweise auf deren konfliktreiche Existenz vor dem ersten Jahrhundert unserer Zeitrechnung. Auf lange Sicht jedoch entwickelten sich im Buddhismus teilweise scharfe Auseinandersetzungen über Auslegungsfragen, die nicht leichthin unter das Rubrum inklusivistischer „Toleranz" passen: Auch im Buddhismus wurden Wahrheitsansprüche vertreten, die man nicht einfach egalisierte.[1684] In den Reflexionen konnte man „gute" von „schlechten" Buddhisten unterscheiden[1685] und die Unvereinbarkeit von Positionen bis hin zu Alleinvertretungsansprüchen postulieren, etwa in dem Anspruch auf die alleinige Berufung auf den ursprünglichen Buddha,[1686] und damit entsprechende Konflikte generieren. Ein Beispiel für besonders (?) scharfe innerbuddhistische Angriffe war im Japan des 13. Jahrhunderts die Kritik Nichirens an Mitgliedern des Buddhismus des „Reinen Landes", denen gegenüber er die Berufung auf den Lotos-Sutra als einzigen Weg zum Erwachen gegenüber den anderen „Irrlehren" proklamierte.[1687] Sein Versuch, staatliche Stellen zur Verfolgung seiner als „Häretiker" gebrandmarkten Konkurrenten und für die Durchsetzung seiner eigenen „Orthodoxie" einzuspannen,[1688] scheiterte und führte zu Nichirens eigener Verhaftung – vermutlich um die öffentlich Ordnung zu wahren, aber eben auch mit religiösen Begründungen.[1689] Im Rahmen derartiger Bestimmungen von Differenzen haben sich in buddhistischen Traditionen Konzepte entwickelt, die den Modellen von „Orthodoxie" und „Heterodoxie" verwandt sind und vom Buddhismus auch in andere religiöse Traditionen übergingen, in China etwa in den Taoismus, der eine derartige Unterscheidung ursprünglich nicht kannte.[1690]

Wie intrikat das Verhältnis von Wahrheitsansprüchen und Toleranzmetaphern sein konnte, zeigt in der buddhistischen Tradition die Erzählung von Asketen und Brahmanen, die als Blinde dargestellt werden und unterschiedliche Teile eines Elefanten berühren – den Kopf, ein Ohr, einen Stoßzahn, den Rumpf, einen Fuß, ein Hinterteil, den Schwanz und die Schwanzquaste.[1691] Auf die Frage, was sie wahrgenommen haben, antwortet jeder: einen Elefanten. Derjenige, der das Schwanzende berührt hat, beschreibt den Elefanten wie

---

1682 Ebd., 105–122, 109.
1683 Freiberger/Kleine: Buddhismus, 309–369.
1684 D'Arcy May/Schmidt-Leukel: Introduction. Buddhism and its „Others", 12.
1685 Schlieter: Did the Buddha Emerge from a Brahmanic Environment?
1686 Etwa bei Dogen Kigen, s. Freiberger/Kleine: Buddhismus, 156.
1687 Kleine: Der Buddhismus in Japan, 394–403; Monopolisierung des Lotos-Sutra ebd., 397. 399. 403–405; Inanspruchnahme des Staates ebd., 397.
1688 Terminologie so ebd., 407; zum politischen Kontext Bowring: The Religious Traditions of Japan, 335–337.
1689 Kleine: Der Buddhismus in Japan, 397–400.
1690 Seiwert/Xisha: Popular Religious Movements and Heterodox Sects in Chinese History, 52–54.
1691 Udana, 6.4.

einen Besen, derjenige, der den Rumpf gerührt hat, glaubt ihn mit einem Vorratsspeicher vergleichen zu müssen. Bis hierhin ist die Geschichte als „Toleranz"erzählung interpretierbar, und so ist sie auch in Europa seit dem 19. Jahrhundert oft erzählt worden. Dann jedoch folgt ein Schluss, der eine ganz andere Perspektive weist: Im Streit um den „wahren" Elefanten prügeln die Asketen und Brahmanen aufeinander ein, und der König, der die Szene beobachtet, hat daran seinen Spaß. Denn nur er sieht, wie der Elefant „wirklich" aussieht, nur er hat Zugang zur „Wahrheit", die es in dieser Erzählung sehr wohl gibt und die nicht für eine Pluralität „toleranter" Interpretationen zur Verfügung steht. Dass die Pointe dieser Erzählung aus dem Streit der Religiösen bei einer politischen Figur, dem König, endet, ist vermutlich signifikant, denn „Toleranz" gab es zumindest immer dann und vielleicht vor allem dort, wo expansive Staaten ein Interesse an der Integration partikularer, regionaler religiöser Traditionen hatten.

Der Schritt von der Reflexion über Exklusion, von der bis jetzt die Rede war, hin zur Gewaltanwendung ist im Buddhismus oft getan worden. Dabei stießen Buddhisten allerdings auf ein erratisches Gestein, der Lehrtradition, auf das Tötungsverbot und die Aufforderung zur Gewaltvermeidung in den Regeln des Sangha. Für deren Relativierung gab es unterschiedliche Optionen. Eine lag in der Unterscheidung zwischen Mönchen, denen das Töten streng untersagt war, und („Laien"-)Unterstützern, denen es leichter erlaubt werden konnte, etwa Gruppen, die von Berufs wegen töteten, wie Bauern, Soldaten und Henker. Aber in Ausnahmetexten konnte selbst dem Buddha die Billigung der Tötung von Menschen zugeschrieben werden: In einem Mahayana-Sutra etwa findet sich die Erzählung, dass der Buddha bereit gewesen sei, einen Räuber, der Morde plante, umzubringen, um die Ausführung der Tat zu verhindern. Die Rechtfertigung für den Täter lautete dann, dass, weil er den Mord aus Mitleid und Selbstlosigkeit ausgeführt habe, ihm die Höllenqualen erlassen worden seien.[1692]

Doch im politischen Raum war es immer wieder möglich, das buddhistische Gebot der Gewaltanwendung zu unterlaufen, insbesondere, aber nicht nur, wenn der Buddhismus machtpolitisch funktionalisiert wurde. Dabei gibt es keine Matrix, die auf alle Fälle zuträfe, jeder Fall spielte sich in je eigenen politischen Verhältnissen ab. In diesen Auseinandersetzungen kam es zu Konflikten mit anderen religiösen Traditionen, in denen die Ansprüche auf religiöse und politische Hegemonie oft eine kaum unterscheidbare und jedenfalls nicht trennbare Verschränkung eingingen. Dazu nur einige Beispiele aus ganz unterschiedlichen Zeiten und buddhistischen Traditionen.

Im tibetischen Buddhismus findet sich die Rechtfertigung der Ermordung des Königs Langdarma um 842 durch einen buddhistischen Mönch, die noch über tausend Jahre später, Ende der 1950er Jahre, zur Rechtfertigung des Widerstandes gegen die chinesische Okkupation, bei der auch Mönche als Soldaten kämpften, aktiviert wurde.[1693] Ursprünglich ging es bei der Debatte über den Tod Langdarmas offenbar um die politische Rechtfertigung des realen und nicht nur symbolischen Tyrannenmordes, die aber später auch religiös legitimiert

---

1692 Freiberger/Kleine: Buddhismus, 468.
1693 Schlieter: Tyrannenmord als Konfliktlösungsmodell?, 169.

wurde, indem man sie als Akt des Mitgefühls für leidende Menschen interpretierte.[1694] Auch in der Durchsetzung des Buddhismus in Tibet gehörte Gewaltanwendung zur Machtverwaltung. Das Spektrum reichte von ritueller Gewalt, etwa in Zeremonien zur Zähmung von Dämonen,[1695] bis zur gewaltförmigen Herrschaftsausübung, insoweit buddhistische Mönche Schlüsselfunktionen im Staat innehatten. Kriegermönche in den großen Klöstern waren Teil dieser Herrschaftsausübung. In den fünfziger Jahren des 20. Jahrhunderts waren 10 bis 15 Prozent der Mönche, die in den „Kollegien" der großen Klöster um Lhasa lebten, solche Kriegermönche, die mit eigener Mönchstracht, ungeschorenen Haaren und immer bewaffnet als besondere Gruppe erkennbar waren. Sie hatten polizeiliche Aufgaben und die Rolle von Leibwächtern inne, fungierten aber auch als Regierungstruppen.[1696] In der Gegenwart hat sich die Gewaltanwendung stark in innerbuddhistische Konflikte verlagert. Sie wurde in den 1990er Jahren im Verbot des Kultes vom Dorje Shugden, einer Gottheit, durch den Dalai Lama sichtbar, ein Konflikt, in dem Mönche aus seiner Schule durch Anhänger des Dorje Shugden im Februar 1997 ermordet wurden.[1697]

Auch in der Ausbreitung des tibetischen Buddhismus in der Mongolei im 16. Jahrhundert findet sich die Anwendung von Gewalt gegen Sachen und Personen. So wurden mongolische Schamaninnen und Schamanen von Buddhisten und den sie stützenden politischen Herrschern verfolgt, die Repräsentationen ihrer Ahnen- und Hilfsgeister eingesammelt und als hoch aufgeschichtete Scheiterhaufen verbrannt, um diese konkurrierenden religiösen Praktiken zu unterbinden.[1698] Auch Schafe und Pferde, also überlebenswichtige Güter von hohem Wert, wurden ihnen weggenommen; hingegen honorierte man das Auswendiglernen buddhistischer Texte, verband also manifeste physische mit struktureller Gewalt.[1699] Wiederum kam dabei eine religiöse Begründung zum Zuge, in der das „Mitleid" mit der „falschen" Praxis der nichtbuddhistischen Mongolen und deren Befreiung davon die Gewalt legitimierten.[1700] Aber Gewalt wurde nicht nur zum Zweck der Expansion, sondern auch für die Verteidigung gerechtfertigt. Ein wichtiges Beispiel dafür ist Indien, wo der Buddhismus in einem jahrhundertelangen Prozess aus seiner Ursprungsregion verdrängt wurde. Hier griffen Buddhisten offenbar häufig zu den Waffen, um sich gegen ihre Verdrängung durch die Brahmanen zu wehren.[1701]

In China, wo der Buddhismus in hohem Maß staatlichen Herrschaftsansprüchen unterworfen war, finden sich andere Beispiele einer von Buddhisten legitimierten Gewaltanwendung. So konnten sich Klöster mit Waffengewalt verteidigten, etwa im Jahr 439 unter der Nördlichen Wei-Dynastie. Als man sechs Jahre später ein Waffenlager bei Mönchen entdeckte, löste dies eine der großen Buddhistenverfolgungen der chinesischen Geschichte

---

1694 Ebd., 171. 177–182.
1695 Dalton: The Taming of the Demons.
1696 Kollmar-Paulenz: Der Buddhismus als Garant von „Ruhe und Frieden", 323–329.
1697 Dies./Prohl: Einführung: Buddhismus und Gewalt, 143.
1698 Kollmar-Paulenz: Der Buddhismus als Garant von „Ruhe und Frieden", 186. 191; dies.: Zur Ausdifferenzierung eines autonomen Bereichs Religion, 9; dies.: Lamas und Schamanen, 159f.
1699 Dies.: Zur Ausdifferenzierung eines autonomen Bereichs Religion, 9f.
1700 Dies.: Der Buddhismus als Garant von „Ruhe und Frieden", 192. 195–202.
1701 Verardi: Hardships and Downfall of Buddhism, 265–333.

aus.¹⁷⁰² Ein anderes Beispiel ist die Tradition chinesischer Kampfmönche, etwa der Shaolin-Krieger, deren Klöster sich auf das berühmte gleichnamige Kloster in der zentralchinesischen Provinz Henan zurückführen. Das ebenfalls im Herrschaftsgebiet der Nördlichen Wei-Dynastie gelegene, im 7. Jahrhundert entstandene Kloster hatte staatliche Aufgaben übernommen, unter anderem den Schutz von Straßen, und eine beträchtliche politische und ökonomische Macht erlangt. Die faktische Anerkennung dieser Rolle durch den Staat sicherte die Gewaltausübung durch die Mönche ab. Deren hochspezialisierte Anwendung von Handwaffen kam allerdings durch Entwicklungen der Waffentechnik, insbesondere die Einführung von Feuerwaffen, in die Krise, so dass es seit dem 16. Jahrhundert zur Entwicklung von waffenlosen Kampftechniken kam, die als spiritueller Kampf interpretiert und so in Übereinstimmung mit dem Gebot der Gewaltlosigkeit gedeutet werden konnten.¹⁷⁰³

Die Militarisierung des Sangha findet sich auch im japanischen Mahayana-Buddhismus, wo seit dem 10. Jahrhundert in allen großen Klöstern regelrechte Mönchsarmeen aufgestellt wurden.¹⁷⁰⁴ Dahinter stand die Notwendigkeit, Klöster militärisch verteidigen zu müssen, wenn sie als Machtfaktoren und dadurch als Bedrohung empfunden wurden.¹⁷⁰⁵ Als religiöse Legitimation konnten solche Mönche die Auffassung vertreten, dass ein Regelverstoß folgenlos bleibe, wenn der Mönch weiterhin umfassende Einsicht anstrebe, oder man rekurrierte unter Rückgriff auf dem Buddha selbst zugeschriebene Aussagen auf die Konzeption der „Leerheit" (sunyata), wonach sich letztlich „das moralische Subjekt ebenso verflüchtigte wie das Objekt seiner Handlung und die Tat selbst".¹⁷⁰⁶ Aber es gab auch die weitgehend machtpolitisch motivierte Rechtfertigung der Vorstellung einer verdienstvollen Anwendung von Krieg und Folter.¹⁷⁰⁷ Zudem entwickelte sich im japanischen Buddhismus, aber nicht nur dort, im Laufe der Zeit eine Tradition innerreligiöser Gewalt, in der eine andere Schule als „Häresie" qualifiziert werden konnte,¹⁷⁰⁸ deren Verfolgung man den Herrschenden abverlangte. So wurde im 13. Jahrhundert in der Schule Nichirens, die einen exklusivistischen Anspruch auf Erlösung und die Rettung Japans erhob, die Forderung laut, die konkurrierenden Anhänger der Schule des Reinen Landes unter Einbeziehung der Todesstrafe auszuschalten.¹⁷⁰⁹

Eine derartige Rechtfertigung von Gewalt findet sich in Japan bis in die Zeitgeschichte hinein.¹⁷¹⁰ Dazu gehörten im Rahmen der japanischen Expansion während des Zweiten Welt-

---

1702 Ch'en: Buddhism in China, 149f.
1703 Shahar: The Shaolin Monastery.
1704 Kleine: Waffengewalt als „Weisheit in Anwendung"; Kleine: Der Buddhismus in Japan, 176–178.
1705 Kleine: Üble Mönche oder wohltätige Bodhisatvas?, 243f. Zur religiösen Untermauerung der Tradition chinesischer Kriegermönche s. Dukes (u. d. Pseudonym: Shifu Nagaboshi Tomio): The Bodhisattva Warriors.
1706 Kleine: Üble Mönche oder wohltätige Bodhisatvas?, 246–255, Zit. 250.
1707 Jenkins: Making Merit through Warefare and Torture According to the Ārya-Bodhisattva-gocara-upāyaviṣaya-vikurvaṇa-nirdeśa Sūtra.
1708 Faure: Heresies in East-Asian Buddhism.
1709 Freiberger/Kleine: Buddhismus, 155. Zur Nichiren-Schule s. auch Tamura: Japanese Buddhism, 107. 111f.
1710 Zu Burma und Thailand s. – auch dies nur exemplarisch – Ling: Buddhism, Imperialism and War, 135–147, oder Jerryson: Militarizing Buddhism, 179–209.

krieges der Aufruf zum Töten als Teil einer japanischen buddhistischen „Mission",[1711] die Legitimierung des japanischen Überfalls auf China im Zweiten Weltkrieg und überhaupt die militärischen Aktionen Japans als „heiligen Krieg" durch Vertreter der Nichiren-Schule[1712] und vergleichbare Positionen bei Anhängern des Zen-Buddhismus.[1713] Auch die innerreligiös motivierte Gewalt war nicht verschwunden. Sie zeigte sich in der Zerstörung des zentralen Versammlungshauses der Soka Gakkai-Buddhisten Ende der 1990er Jahre durch Mönche der buddhistischen Nichiren Shoshu-Schule, nachdem sich die Soka Gakkai als Laienorganisation selbstständig gemacht hatte.[1714]

Schließlich kann Sri Lanka als Beispiel für die Verbindung von religiös motivierter Gewalt und Buddhismus dienen. Hier bekämpfte während der gesamten zweiten Hälfte des 20. Jahrhunderts die singhalesische (im wesentlichen buddhistische) Mehrheit über Jahrzehnte die tamilische (weitgehend „hinduistische") Minderheit mit militärischen Mitteln, um die Oberhoheit über Sri Lanka zu erlangen, was mit dem Sieg über die tamilischen Kämpfer 2009 auch gelang.[1715] Einmal mehr wurden buddhistische Strategien zur Legitimation der Gewalt formuliert. Im Zentrum stand das Bild eines „rein" buddhistischen Landes und von „Feinden" des Buddhismus, das zuvor schon gegen die europäische Kolonialherrschaft konstruiert worden war.[1716] Dabei entwickelte sich die Rechtfertigung des Tötens zumindest für Laien auf Grundlage der Vorstellung, dass der Einsatz für das soziale Wohl gegenüber dem individuellen Heil zurückstehen könne, nicht zuletzt weil die Mönche den „sündigen" Laien ihr karmisches Verdienst über den Weg des Transfers bereitstellten.[1717] Bilder buddhistischer Mönche, die Soldaten in ihrem Kampf durch Predigten unterstützten, dokumentierten Ende des 20. Jahrhunderts deren Einsatz an der militärischen Front.[1718]

Eine solche Liste kriegerischer Verwicklungen des Buddhismus verdeutlicht die Differenz zwischen Theorie und Praxis und die Probleme, der Gewaltanwendung auszuweichen, wenn eine Religion an der Politik partizipiert. In dieser Perspektive kann es nicht darum gehen, die pazifistische Ethik in den Reden des Buddha durch eine buddhistische historia negra infrage zu stellen. Die nachdrücklichen Forderungen nach Gewaltverzicht und namentlich das Tötungsverbot verschwinden damit nicht. Ähnlich wie in den Evangelien besitzt der Aufruf zu friedfertigem Handeln einen hohen Stellenwert in den buddhistischen Lehren. Die Frage, wie das Verhältnis von Gewaltverzicht und Gewalt angemessen zu beschreiben ist, ob der Buddhismus eine vergleichsweise friedfertige oder eher gewalttätige Religion war, ist aufgrund der Perspektive dieses Kapitels, in der auf den Schultern der Forschung der letzten Jahre die meist unterschlagene militante Praxis des Buddhismus in den Vordergrund gerückt wurde, gerade nicht beantwortet. In seinem Speichergedächtnis werden jedenfalls Texte ver-

---

1711 Seelmann: Späte Reue.
1712 Fischer: Buddhismus und die Legitimation staatlicher Gewalt.
1713 Victoria: Zen, Nationalismus und Krieg, 92–205.
1714 Dehn: Reine Friedfertigkeit?, 409.
1715 Buddhism, Conflict, and Violence in Modern Sri Lanka, hg. v. M. Deegalle.
1716 Bretfeld: Zur Institutionalisierung des Buddhismus und der Suspendierung der ethischen Norm der Gewaltlosigkeit in Sri Lanka, 155–159. 151.
1717 Ebd., 163.
1718 Kent: Onward Buddhist Soldiers.

wahrt, die gewaltkritisch ausgelegt werden können und wurden; diese Seite stand in diesen letzten Überlegungen eher im Hintergrund. Aber der Buddhismus dokumentiert einmal mehr, dass der Umgang mit Differenz, der Umgang mit anderen Religionen und anderen politischen Auffassungen, nicht nur friedlich verläuft, selbst wenn es starke pazifistische Vorgaben gibt. Auch in diesem Punkt erweist sich der Buddhismus einmal mehr als naher Verwandter des Christentums.

3.4 Zwischenbilanz

Nochmals: Inhaltliche Ergebnisse sind abhängig von methodischen Vorentscheidungen – und davon stecken in diesem zentralen Kapitel ziemlich viele: von der Frage nach der angemessenen Semantik (was machen wir mit christentumsgeprägten Begriffen, die die Religionswissenschaft aus der Objektsprache in ihre Metasprache übernommen hat?) bis zu den Methodiken der Beschreibung und Deutung von Religionskontakten (was bedeutet es, Religionen nicht als monadische Container, sondern als Knoten in Netzen zu betrachten?). Aber eine Deutungsoption steuert meine Interpretationen in besonderem Maß: Die Annahme über die Funktionsweise einer Dimension von Tradition, derzufolge es Pfadabhängigkeiten gebe, in deren Rahmen latente Wissensbestände aktiviert und aus dem Gedächtnisarchiv in das kommunikative Gedächtnis eingespeist werden können.

Eine klassische Frage habe ich dabei in den Überlegungen dieses Kapitels nicht aufgeworfen: Wie verhalten sich dabei Annahme ideen- und sozialgeschichtliche Faktoren? Dass letztlich Ideen oder „der Geist" die Geschichte steuerten, ist für Teile der Theologie und der Religionswissenschaft (etwa die klassische Phänomenologie) und der Philosophie (etwa des Idealismus) fundamental. Aber gegenläufig kann man in sozialhistorischer Perspektive alle Ideen auch als abhängige Variable materieller Prozesse betrachten. Dann stünden „die Gedanken in demselben Verhältniß zu dem Gehirne ... wie die Galle zu der Leber oder der Urin zu den Nieren", so Carl Vogt 1847,[1719] und dann bestimme eben, so Karl Marx 1859, das Sein das Bewusstsein.[1720] Aber diese binäre Komplexitätsreduktion ist ein Kind des 19. Jahrhunderts. Mir scheint es jedenfalls nicht plausibel, die Bedeutung sozialer (und materieller) Faktoren infragezustellen, aber ebensowenig angemessen, anzunehmen, sie würden in einfachen Ursache-Folge-Dyaden determiniert. Vielmehr kann man beobachten, dass eine Idee (hier: die Zugehörigkeit durch Entscheidung) zwar in einem engen umgrenzten Milieu, bei Paulus und seinen Anhängern und in seinen Gemeinden, namentlich in Antiochia, für das Christentum erfunden wird (sicher nicht ohne die Konzeption jüdischer Proselyten im Hintergrund). Insofern ist diese Konzeption die Resultante eines schmalen Fensters der mediterranen Religionsgeschichte. Allerdings hat sich diese Konzeption aus der sozialen Ursprungssituation gelöst und zu einem Eigenleben auf einem Pfad unabhängig von der antiochenischen Situation geführt. Um diese *relative* Unabhängigkeit (wenn man dieses Oxymoron zulassen

---

1719 Vogt: Physiologische Briefe für Gebildete aller Stände, 206.
1720 Marx: Zur Kritik der Politischen Ökonomie, 9.

will) von Ideen auf dem durch soziale Bedingungen ausgesteckten historischen Pfad ging es in diesem Kapitel.

Die Geschichte der Idee einer Zugehörigkeit durch Entscheidung macht allerdings die Dialektik von sozialer Bestimmung und relativer Unabhängigkeit sehr deutlich. Diese Vorstellung konnte, obzwar im Neuen Testament grundgelegt, ihre Wirkkraft fast vollständig verlieren. Man findet leicht Beispiele für eine Tradierung des Christentums, die sich hinsichtlich der Zugehörigkeitspraxis kaum oder nicht von der gentilen Weitergabe unterschied: von der „Konversion" ganzer Häuser schon im Neuen Testament über die „Bekehrung" von Völkern in der Spätantike bis zur volkskirchlichen Reproduktion kirchlicher Milieus in den konfessionalisierten Staaten des neuzeitlichen Europa. Aber, und an dieser Stelle wird die Sache spannend, die paulinische Zugehörigkeitskonzeption wurde so etwas wie ein Stachel im Fleisch des Christentums, die aufgrund ihrer Fixierung in normativen Schriften, kanonischen wie außerkanonischen, immer wieder gegen eine unentschiedene Praxis aufrufbar war. Weniger metaphorisch gesagt: Sie wurde zu einem überarbeiteten Kultur nicht mehr eliminierbaren Teil des latenten Speichergedächtnisses im Christentum, dessen Inhalte immer wieder ins kommunikative Gedächtnis hinein aktiviert werden konnten. Zur Aktualisierung bedurfte es historischer Zusatzbedingungen, die die Applikation des Entscheidungsprogramms ermöglichen. Also: Dessen Entstehung bei Paulus und im Umfeld seiner Gemeinden ist von der antiochenischen Situation und der Offenheit des Judentums gegenüber Proselyten nicht zu trennen; die frühneuzeitliche Toleranzgeschichte ist nicht ohne die Bedrohung des frühneuzeitlichen Staates durch die militärisch ausgetragenen Religionskonflikte zu verstehen; die Geschichte der religiösen Pluralisierung in den Vereinigten Staaten hängt mit der Begrenzung der Eingriffe des Staates in der Tradition von Dissentern zusammen, die antietatistisch eingestellt waren. Ideen und soziale Faktoren mussten zusammentreffen, um aus der Idee der Entscheidung eine soziale Realität werden zu lassen.

Die Geschichte der Durchsetzung von religiöser Zugehörigkeit durch Entscheidung war ein historisch langwieriger, nichtlinearer und zweifelsohne kein evolutiver Prozess. Leicht findet man Beispiele, die nicht nur eine pragmatische soziale Vererbung, sondern sogar Strategien zur Vermeidung einer „richtigen" Entscheidung dokumentieren: von der Bestrafung derjenigen bis zum Tod, die als „Häretiker" ihren eigenen Weg zu gehen beanspruchten, bis zur Durchsetzung von Toleranz in der Neuzeit teilweise gegen den erbitterten Widerstand von Kirchen. Letztlich hat im Christentum eine faktisch generative Weitergabe von Religion über Jahrhunderte quantitativ dominiert: Die meisten Christen seit der Antike wurden ins Christentum hineingeboren und haben sich nicht dafür entschieden.

Ein Beispiel für die antagonistische Komplexität dieses Prozesses waren die („Wieder"-)Täufer, die mit einer revidierten Taufpraxis auch die Frage einer entschiedenen Zugehörigkeit wieder auf die Tagesordnung setzten und diese Praxis, wenn auch als verfolgte Dissenter, als „alternativen" Zugang zum Christentum gegen die Praxis weitgehender sozialer „Vererbung" in den Großkirchen etablieren konnten. Ihr Beispiel dokumentiert einerseits die nur schwer kontrollierbare Wirkung von Ideen, die selbst durch Gewaltmaßnahmen – Hinrichtungen, Zensur, Vernichtung von Schriften – kaum eingehegt werden konnte. Andererseits griffen Täufer etwa in Münster selbst zur Gewalt, als ihre Herrschaft politisch bedroht wurde und andere Christen andere religiöse Entscheidungen fällten. Und noch in einer weiteren Perspektive sind die Täufer indikativ für die antagonistische Komplexität der Durchsetzung einer freien Religionsentscheidung: In täuferischen Gemeinden, die mit der Erwachsenentaufe ja gerade die Freiheit von einem „nur" sozial tradierten Christentum forderten und bereit waren, diesen Schritt mit dem Tod zu bezahlen, wurde das Christentum nach einer kurzen Anfangsphase faktisch dann doch wieder gentil und mit scharfer Sozialkontrolle weitergegeben und so das Fenster der Entscheidung geschlossen, wohingegen Großkirchen, die mit der Kindertaufe die freie Entscheidung für den Eintritt acta gelegt hatten, diese Option durch Einführung der Firmung/Konfirmation wieder zu öffnen versuchten. Die Aktivierung und Deaktivierung gespeicherter Regeln folgt keinem evolutionären Faden. Jedenfalls prägte die Idee freiwilliger Zugehörigkeit, und davon handelten große Teile der Überlegungen zur Christentumsgeschichte, dessen Pfadgeschichte auch dort, wo das Konzept entschiedener Zugehörigkeit stillgestellt worden war, weil der Widerspruch zwischen Theorie und Praxis durch den Verweis auf Entscheidungsforderungen im Neuen Testament immer indiziert und so die Idee der freiwilligen Zugehörigkeit zumindest als Anspruch wieder ins kommunikative Gedächtnis gehoben werden konnte.

Die damit verbundenen Praktiken, vor allem die „Taufe" mit einer „Konversion" als Übergang von einer „Religion" in eine andere, eine darauf bezogene religiöse Unterweisung („Katechese") und einen daraus abgeleiteten Anspruch auf die „Missionierung" anderer Menschen, gab es in anderen Religionen lange nicht. Derartige Praktiken entstanden vermutlich aus keiner anderen Religion heraus, weil, so die Rückseite der These dieses Buches, andere Zugehörigkeitskonzepte diese Praktiken schlicht nicht benötigten. Selbstverständlich kann man in jeder Kultur Elemente religiöser Entscheidung finden. Es gibt sie auch dann, wenn es nicht, wie im Christentum, zu einer programmatischen Ablösung der generativen Religionszugehörigkeit durch Entscheidung kommt. Es gibt im Buddhismus die Entscheidung, den Weg der Erleuchtung den brahmanischen Opfern vorzuziehen, es gibt im Judentum die Tradition der Entscheidung gegen die Baale und die anderen Götter zugunsten des Gottes Israels, es gibt im Islam die Entscheidung zur Unterwerfung unter die Rechtleitung Gottes. Es gibt, mit anderen Worten, in jeder Religion einen systematischen Ort, an dem Entscheidung verortet werden kann.

Allerdings werden mit einer solchen Wahrnehmung alle Katzen grau. Und ich vermute, dass hinter einer Universalisierung oder Anthropologisierung religiöser Ideen ein Stück politischer Correctness steht: Weil Entscheidung, verschärft durch die Forderung nach Exklusivität, in der europäischen Religionskultur positiv bewertet wird und als Religionsfreiheit in einen Verfassungsrang erhoben wurde, gilt eine Position, die in anderen Religionen diesen „Wert" nicht sieht, als potentiell „kolonisierend" und hierarchisierend. Aber eine solche Wertung widerspricht nicht nur dem methodischen Anspruch einer Geschichtswissenschaft, die historische Entwicklungen unabhängig von ihrer gesellschaftspolitischen Akzeptanz zu analysieren beansprucht, mehr noch entsorgt man damit historische Pluralität, gerade derjenigen Positionen, die heute nicht mehr als „akzeptabel" angesehen werden. Vielmehr gilt: Es gibt Unterschiede zwischen den Religionen. Es gibt religiöse Traditionen, die keine Entscheidung zwischen unterschiedlichen oder gar sich wechselseitig ausschließenden Optionen religiöser Zugehörigkeit kennen und benötigen.

Unter welchen Bedingungen man dann eine Entscheidung als Religionswechsel bezeichnen will, ist nicht nur wegen der Fallstricke des Religionsbegriffs intrikat. Im Buddhismus haben sich im Laufe der Geschichte in vielen Traditionen Zugehörigkeitskonzepte entwickelt, die strukturelle Gemeinsamkeiten mit dem christlichen Entscheidungskonzept besitzen, selbst dann, wenn der Sangha einer ganz anderen Logik der Vergemeinschaftung folgte als eine christliche Gemeinde und der Buddha keine Religion hatte gründen wollen. Im Islam wiederum kann man hinsichtlich des Eintritts durch das Sprechen der Schahada von einer solchen entscheidungsbegründeten Zugehörigkeit sprechen, die allerdings neben der islamistischen Identität durch Geburt nur eine Möglichkeit bildete, Muslim oder Muslima zu sein. Unbestreitbar bleibt dabei, dass es darüber hinaus strukturelle Äquivalente ohne die Begegnung mit dem Christentum gab: etwa Formen der Ausbreitung im Buddhismus, die aber oft keine internationale „Mission" waren, oder Techniken religiöser Unterweisung, die jedoch nicht als Bedingung einer entschiedenen Zugehörigkeit zu einer Religion verstanden wurden (wobei fraglich bleibt, ob man in diesen Fällen überhaupt den neuzeitlichen Religionsbegriff anwenden darf).

Im 19. Jahrhundert haben dann nichtchristliche Religionen die Vorstellung einer auf Entscheidung beruhenden Zugehörigkeit und einige der damit verbundenen Praktiken aufgenommen, selbst im „Hinduismus" haben sich Gruppen etabliert, die eine „Mission" betrieben. Dies war eine Folge des Kontaktes mit dem Christentum in seiner lateinischen Form, durch den die Europäer mit Missionaren und Religionswissenschaftlern ein Definitionsmonopol für die „üblichen" Standards von Religionen etablieren konnten. Warum nichtchristliche Religionen diese Praktiken teilweise übernahmen, wäre einer eigenen Untersuchung wert. Vermutlich war ein wichtiger Grund, dass man glaubte, dem als erfolgreich wahrgenommenen Christentum mit dessen Mitteln zu begegnen zu müssen.

Dass diese Fokussierung auf eine Entscheidung das Ergebnis eines eurozentrischen Blicks ist, sei einmal mehr festgehalten. Wir, das heißt wir Europäer, würden uns vermutlich sehr wundern, wenn wir unsere okzidentale Tradition mit uns fremden Perspektiven anderer Religionen analysiert sähen.

In diesem komplexen Feld trifft man auf einen, wie ich finde, bemerkenswerten Befund: Eine realisierte Entscheidung für eine neue Religion, die mit einer Entscheidung gegen die angestammte Ethnie verbunden ist, war ausgesprochen risikoreich und blieb historisch selten. Die Gründe liegen sozialhistorisch auf der Hand: eine Familie sichert in Zeiten ohne Sozialsysteme die Versorgung im Fall der Krankheit, sie mindert das Armutsrisiko, sie kann von Gewaltanwendung schützen, sie ist schlicht das soziale Netz, das das Überleben sichert – nicht nur in Krisensituationen. Und natürlich ist Entscheidung ein Agens der Individualisierung und damit potenziell der Destabilisierung sozialer Strukturen – ein Gegenstand, der als Folgethema noch ein Buch verkraften könnte. Vor diesem Hintergrund ist es nicht bemerkenswert, dass Entscheidung trotz der theologischen Forderung im Christentum so selten realisiert worden ist, trotz – etwa – der Spiritualisten, die die innere Entscheidung gegen die formale äußere Zugehörigkeit setzten, und trotz – etwa – der Täufer, die daran festhielten, dass Erwachsene sich entscheiden sollten. Bemerkenswert ist vielmehr, dass es trotz – etwa – der potentiell destabilisierenden Sozialfolgen doch immer wieder zur Aktualisierung der Option auf Entscheidung kam. Eine Folge trat jedenfalls nicht ein, die historisch nicht unmöglich, sondern eher zu erwarten gewesen wäre: Die Forderung nach einer entschiedenen Zugehörigkeit ging nicht im Speichergedächtnis verloren und wurde auch nicht zu einem Gegenstand verstaubter musealer Pietät. Aber über Jahrhunderte waren die sozialen Bedingungen in der Regel nicht so, dass man das Risiko einer frei gewählten Zugehörigkeit leicht tragen konnte. Man könnte zugespitzt von einer Latenzzeit der Durchsetzung der Entscheidungsfreiheit im Christentum bis zur Einführung des Sozialstaates reden, der durch die relativ weitreichende Realisierung der Eigenständigkeit des Bürgers die religiöse Autonomie breitenwirksam möglich machte. Jetzt erst, mit Sozialversicherungssystemen, die den einzelnen teilweise von gentilen Sicherungsnetz unabhängig machten (und zugleich diese subsidiären Sicherungssysteme zerstörten), hatte die Idee der freien Religionsentscheidung auch eine soziale Basis. Das Recht, schließlich das Menschenrecht auf Religionsfreiheit war das juristische Siegel auf diese Entwicklung. Die große und kontrovers diskutierte Frage, warum diese Entwicklung gerade in Europa und Nordamerika auf den Weg gebracht und verstetigt wurde, ist mit den vorliegenden Überlegungen ganz sicher nicht abschließend beantwortet. Aber es spricht viel dafür, dass die verfassungsrechtliche Absicherung einer entschiedenen Religionszugehörigkeit nur deshalb möglich war, weil der Pfad entschiedener Zugehörigkeit offenblieb und die Forderung nach einem Religionswechsel seit Paulus und seinen Gemeinden nicht mehr zu eliminieren war.

III **Konsequenzen**

Das Konzept entschiedener Zugehörigkeit, das als regulative Idee alle anderen Optionen für eine Vergemeinschaftung in der okzidentalen und später europäischen Religionsgeschichte marginalisiert hat, prägte und prägt als hegemoniales Konzept wie eine Spinne im Netz eine Vielzahl anderer Felder. Denn die Konsequenzen einer auf exklusiver Entscheidung beruhenden Religionszugehörigkeit betreffen nicht nur, wie bislang diskutiert, die Konzeption und die Organisation der religiösen Vergemeinschaftung, also den religiösen Bereich im „eigentlichen" Sinn, sondern auch andere gesellschaftliche Felder, in denen noch stärker als hinsichtlich der Zugehörigkeit durch Entscheidung sichtbar wird, wie in Religion zuinnerst mit nichtreligiösen Dimensionen liiert ist. In den folgenden Kapiteln wird besonders markant sichtbar, dass Religion nicht isoliert von anderen gesellschaftlichen Prozessen, nicht „rein" existiert. Die Ausflüge in scheinbar weit weg vom Thema dieses Buches liegende Welten sind deshalb Programm.

Dies bedeutet für die Kernfrage dieses Buches hinsichtlich der Konsequenzen (und damit implizit auch der Bedingungen) einer Zugehörigkeit durch Entscheidung Religion nicht nur in einem oft ausdrücklich als Religion bestimmten Bereich zu erforschen, sondern Felder einzubeziehen, in denen Religion „nur" implizit vorkommt. Mündlichkeit und Schriftlichkeit, Kanonisierungsprozesse mit ihren Annexfeldern Übersetzung und Textkritik, die im Folgenden teilweise mit einigen Details zur Sprache kommen werden, dokumentieren in ihren sozialen Dimensionen, die scheinbar weit weg vom zentralen Theologumenon der religiösen Entscheidung liegen (etwa wenn von den Konsequenzen unterschiedlicher Trägermedien von Schriften, von Rolle und Kodex die Rede ist), wie auf einmal eingeschlagenen Pfad Wirkungen in Bereichen zu beobachten sind, die üblicherweise nicht dem Kerngeschäft religiöser Praxis zugewiesen werden und Religion gleichwohl als kon-stitutiven, mit-begründenden Faktor gesellschaftlicher Prozesse zeigen.

Von den vielen möglichen Exkursionen, in denen man gesellschaftliche Konsequenzen des Entscheidungspostulats nachvollziehen könnte, greife ich exemplarisch vier heraus: Die Nutzung von Schrift und insbesondere der Entstehung eines geschlossenen Kanon als eine Voraussetzung und Folge der Vergemeinschaftung, gefolgt von drei kürzeren Kapiteln zur Rolle von Selbstorganisationsstrukturen in der okzidentalen Stadt, in der Universität und in der neuzeitlichen Naturforschung. In allen vier Feldern, so die These, spielen Formen nichtgentiler Vergemeinschaftung eine mitentscheidende Rolle: keine Schriftcorpora ohne Menschen, die sich schreibend und lesend als Gemeinschaft konstituieren, keine okzidentale Stadt ohne Stadtrat, keine Universität ohne eine Wissenschaftlergemeinschaft mit dem Recht auf Selbstergänzung, keine neuzeitlichen Naturforschung ohne scientific community. In all diesen Feldern spielt im Okzident das aus dem Schoß der Religion geborene Konzept einer freien Vergemeinschaftung eine wichtige, vielleicht manchmal entscheidende Rolle, aber eben nicht allein, sondern in Verbindung mit anderen Faktoren, als Element eines multifaktoriell disponierten Prozesses (siehe Kap. 1.3.5). Um genau diese relative Bedeutung der religiösen Entscheidungskultur geht es im Folgenden.

4 Schrift

Vergemeinschaftungsprozesse sind in vielen Religionen nicht ohne die Geschichte der Herstellung von Schriftkorpora zu verstehen. Die Entscheidung für das Christentum setzte offenbar sehr schnell Texte voraus, die eine Grundlage für einen Beitritt bildeten und die diesen durch Wissensvermittlung („Katechese") absicherten. Die Entstehung des Islam als religiöser Bewegung und die Genese des Koran vollzogen sich miteinander verschränkt und auch der Buddhismus gehört mit seinen Linien zu den „textual communities",[1] die Textkorpora ausformten und von ihnen geformt wurden. Gemeinschafts- und Textbildung haben sich oft wie ein doppelköpfiges Wesen entwickelt, wenngleich Schrift immer nur ein Aspekt der Identitätsbildung war – und oft in der Praxis nicht der wichtigste.

Natürlich gibt es auch die schriftfreie Einbindung von Menschen in eine Religion – der Eintritt in den buddhistischen Sangha dokumentiert dies über Jahrhunderte, ehe auch der Buddhismus eine partiell schriftbasierte Kultur wurde. Überhaupt ist es in religionssoziologischer Perspektive in der Regel nicht angemessen, Texten eine derart zentrale Rolle zuzuschreiben, wie dies in der okzidentalen Geschichte insbesondere seit der Reformation geschah. Auch für die Vergemeinschaftung des Christentums war der Schriftgebrauch nicht der einzige Faktor, und vermutlich über die längste Zeit nicht einmal der wichtigste. Zusammen mit einem Set neuer Verhaltensformen und ethischer Forderungen dürfte vielmehr die Liturgie ein Zentrum christlicher Praxis gebildet haben, in diesem Rahmen wurden die biblischen Schriften primär gelesen. Für den Islam gilt mit einer anderen Perspektive Ähnliches: Der Koran war als Schrift zwar kanonisiert, präsent aber war er vor allem als gehörter Text, als „Rezitation" (so die etymologische Bedeutung von „Koran"). Diese nur relative Zentralität der Bedeutung von Schriften in Religionen ist eingangs dieses Kapitels zu reflektieren, schon weil die Wahrnehmung von Religion auch in der Religionswissenschaft durch okzidentale Sonderentwicklungen, die mit der Reformation verbunden sind, schriftfixiert ist.[2]

Aus dem weiten Feld der kulturellen Formen des Schriftgebrauchs habe ich einen Aspekt ausgewählt, der durch die neuzeitliche europäische Religionsgeschichte die globale Debatte um das Selbstverständnis von Religionen prägt: die Wahrnehmung von Religionen über einen „Kanon" von Schriften. Dass ein solcher nicht punktuell, sondern in einem langen Prozess entsteht, ist evident, doch sind die entscheidenden Veränderungen, so eine wichtige Nebenthese in diesem Kapitel, anders zu datieren, als es in der Regel und zumindest in der Vergangenheit geschah: Der biblische „Kanon" (zur alles weitere festlegenden Definition gleich mehr, s. u. 4.2.1) ist kein Produkt der Antike, sondern des 16. Jahrhunderts. Solche Kanonisierungsprozesse hängen an einer Vielzahl von Faktoren, von denen ich zwei, Übersetzung und Philologie, näher betrachte, weil sie Bedingungen und Grenzen von Kanonisierungsprozessen im lateinischen Christentum deutlich machen und im interreligiösen Vergleich die christentumsspezifische, eurozentrische Perspektivität illustrieren.

---

1 Blackburn: Buddhist Learning, 9–13.
2 Zur religionswissenschaftlichen Selbstkritik mit Hinweis wiederum auf das problematische Legat Max Webers s. Meyer/Houtman: Material Religion, 9–13.

4.1 Schrift: ein relatives Zentrum von Religion

4.1.1 Ortholexie und Orthopraxie

Europa gilt oft als Kontinent von „Buchreligionen". Judentum, Christentum und Islam hat die Religionswissenschaft als klassisch schriftbasierte Religionen ausgewiesen. Doch die Probleme beginnen schon bei der Kategorienbildung, denn der Terminus „Buchreligion" besitzt eine eurozentrische Begriffsgeschichte. Hinter ihm steht eine lange Tradition der Annäherung an andere Religionen durch die Übersetzung ihrer als zentral definierten Schriften, in der Antike,[3] im Mittelalter mit den Koran-Übersetzungen Roberts von Ketton ins Lateinische (um 1142/1143) und Salomon Schweiggers ins Deutsche (1616) (s. u.). Als man am Ende des 18. Jahrhunderts begann, außereuropäische Religionen systematisch zu erforschen, waren Übersetzungen und Editionen von Texten aus Asien zentrale Brücken, etwa der „Zend-Avesta", ins Französische durch Abraham Hyacinthe Antequil-Duperron übertragen (1771), oder die „Bhagavadgita" in einer englischen Übersetzung von Charles Wilkins (1785). Von epochaler Bedeutung waren die großen Ausgaben des 19. Jahrhunderts: etwa die Übersetzungen des Rigveda durch den französischen Lehrer und Indologen Alexandre Langlois (seit 1848) und durch den deutsch-englischen Sprachwissenschaftler Friedrich Max Müller (seit 1849), der zudem für die „Sacred Books of the East" (50 Bände zwischen 1879 und 1910) verantwortlich zeichnete, die „Sacred Books of the Buddhists" (seit 1895) mit auf den Weg brachte und durch diese Editionstätigkeit zu einem der Gründungsväter der Religionswissenschaft wurde. Es war schließlich auch Müller, der das Konzept der „Buchreligion" popularisierte, als er am 26. Februar 1870 Buchreligionen als „eine Art von Aristokratie gegenüber dem gemeinen Pöbel von buchlosen, unliterarischen Religionen" adelte:[4] Judentum (mit Christentum und Islam) unter den „semitischen" Religionen, drei „arische" Religionen, nämlich „Hinduismus" mit Buddhismus und Zoroastrismus,[5] außerdem in China den Konfuzianismus und den Daoismus.[6]

Die eminente Bedeutung von Schriften scheint für die genannten Religionen auf der Hand zu liegen. Als eines der ältesten Textkorpora der Religionsgeschichte gilt der Rigveda für die brahmanischen, in der Regel auf etwa 1250 vor unserer Zeitrechnung datierten Riten. Im buddhistischen Kloster gehören große Textsammlungen üblicherweise zur Ausstattung, im rabbinischen Judentum wurde nach dem Untergang des Tempels im Jahr 70 unserer Zeitrechnung der Schriftgebrauch zu einer Bedingung seines Überlebens als Minderheit. Im Christentum begann man unmittelbar nach dem Tod Jesu, sein Leben in Schriften zu deuten, und mit der Reformation wurden im 16. Jahrhundert Traditionen hegemonial, die im Prinzip des „sola scriptura" „allein" „die Schrift" als theologische Grundlage anerkennen wollten. Im Islam heißen die Anhänger der Offenbarungen im Koran „ahl al-kitab", „Leute des Buches/der Schrift", einen Status, den die Muslime nicht nur auf sich bezogen, sondern auch Juden,

---

[3] Rüpke: Buchreligionen als Reichsreligionen?, 197–207.
[4] Müller: Einleitung in die vergleichende Religionswissenschaft, 95.
[5] Ebd., 95 f.
[6] Ebd., 98.

Christen und Zoroastriern zuerkannten und sie damit theologisch legitimierten, eben weil auch sie Schriften besaßen und so als Teilhaber an der göttlichen Offenbarung betrachtet wurden. Die Religionswissenschaft, namentlich in ihren stark protestantisch geprägten Varianten,[7] rückte im 19. Jahrhundert dieses zutreffend identifizierte Element von Religionen in den Mittelpunkt von Religionsdefinitionen. Aufgrund dieser Zentralisierung des Schriftgebrauchs blieben für die Religionen ohne Buch oft nur wenig freundliche Einschätzungen übrig. So stellte Robert Ranulph Marett den Buchreligionen die „emotionalen" Religionen gegenüber: „Wilde Religion ist etwas, das nicht so sehr gedacht als getanzt [danced out] wurde",[8] hier regiere sozusagen Gefühl und Körper anstelle von Logik und Geist. Die „Buchreligionen" waren in der evolutionären Logik ihrer europäischen Erfinder die vernünftige Avantgarde in der Welt intellektuell beschränkter Konkurrenten.

Aber trifft der Begriff der „Buchreligion" überhaupt das Selbstverständnis der von Müller in den Adelsstand des Buchbesitzes erhobenen Religionen? Wenn man den Blick von den Texten auf die Praxis wendet, erhält man ein ganz anderes Bild. Selbstverständlich besitzt der „Hinduismus" mit Veden und Upanischaden „heilige" Texte, aber soll man ihn angesichts der zentralen Bedeutung von Riten eine „Buchreligion" oder auch nur eine Schriftreligion nennen? Und natürlich tradiert der Theravada-Buddhismus die Reden und die Ordensregeln des Buddha, aber ist er angesichts seiner dominierenden Ritualpraxis und angesichts des Herzstücks der Meditation eine „Buchreligion"? Gewiss ist im Judentum der Synagogalgottesdienst auf die Schriftlesung zentriert, doch ist das religiöse Leben im Jahreslauf geprägt von Riten, in denen diese Texte nur als Ausgangspunkt dienen. So gehen die familiären Rituale wie das Laubhüttenfest nicht im Konzept der „Buchreligion" auf, wenn man zwar Texte liest, aber auch eine temporäre Architektur baut, den Auszug aus „Ägypten" symbolisch feiert und möglicherweise in dieser „Laubhütte" übernachtet. Auch im Islam ist die Ausrichtung auf die Schrift relativ. Der Freitagsgottesdienst in der Moschee, die nicht ohne Waschung und nur unter Beachtung ritueller Kleidungsvorschriften betreten werden darf, läuft nach einem Ritual ab, in dem Lesen, Hören und Auslegung des Koran mit den körperlichen Bewegungen eine synästhetische Einheit bilden und in der der Koran durch Rezitation und nicht durch Lektüre, durch das Ohr und nicht durch das Auge wirken soll. Hoch dramatisch sind die Bußrituale im schiitischen Islam währende des Aschura-Festes inszeniert, die Tänze der Derwische sind nur eine von vielen extatischen Techniken im sufischen Islam, und wenn Muslime der Pflicht einer Wallfahrt nach Mekka nachkommen, treffen sie auf intensive körperliche Riten: die Einkleidung in Wallfahrtsgewänder, die Umrundung der Kaaba, den Kuss des schwarzen Steins oder die symbolische Steinigung des Teufels.

Hinsichtlich des Christentums ergibt sich ein ähnlicher Befund. An dessen Beginn stand nicht das Neue Testament, sondern die Forderung einer „Nachfolge", die auf die Person Jesus ausgerichtet war. Ein Grund, Schriften zu verfassen, dürfte die Feier von Liturgien gewesen sein, die über Jahrhunderte auch diejenigen Christen erreichten, die nicht lesen konnten oder denen die Bibel nicht zugänglich war. Die Schriftbasierung blieb für das frühe Christentum

---

[7] King: Orientalism and Religion, 62–81.
[8] Marett: The Threshold of Religion (²1914), S. XXXI (nicht in ¹1909).

nur eine Dimension zur Begründung seines Selbstverständnisses.⁹ Auch für den gut ein Jahrtausend später entstandenen Protestantismus, der sich als biblisch-schriftliches Christentum par excellence verstand, hat man eine Geschichte in Rechnung zu stellen, für die die Formierung als „Buchreligion" ein spätes Konzept ist. Die lutherische Messe oder das gemeinschaftliche Schweigen der Quäker sind rituelle Formen, die die Schrift voraussetzen, ohne darin aufzugehen. Das Verhältnis von Schrift und Ritual hat sich jedoch seit dem 16. Jahrhundert sowohl auf der kollektiven Ebene der Gemeinde als auch in der individuellen Praxis langsam verschoben (siehe Kap. 4.2). In der Anfangszeit war die Predigt, nicht die Bibellektüre das zentrale Medium der Vermittlung der Reformation. Und wo die Bibel rezipiert wurde, geschah dies vornehmlich rituell in Gottesdiensten. Die individuelle Bibellektüre dürfte sich erst mit dem Pietismus eingebürgert haben und setzt jedenfalls eine Bildung und eine preisgünstige Zugänglichkeit von Schriften voraus, die erst im 19. Jahrhundert die Bedingungen für eine weitverbreitete „Buchreligion" schuf. Für die Frömmigkeitsgeschichte waren Johann Arndts „Vier Bücher vom wahren Christentum" (1610) oder die evangelischen Kirchenlieder, vor allem aber die Katechismen deshalb über Jahrhunderte von großer, womöglich größerer Bedeutung als die Bibel. Im katholischen Christentum hielt sich die Aufteilung in lesende Theologen und praktizierende Laien länger, wobei bei näherem Hinsehen gilt, dass die Laien sehr wohl viel lasen, allerdings andere religiöse Literatur, etwa häufig (wie aber auch im Protestantismus) Frömmigkeitsschriften anstelle der Bibel. In diesem Umfeld blieb katholischerseits der mit Weihrauch und Musik sinnlich instrumentierte tridentinische Ritus (mit einer oft unverständlichen Sprache, sofern man des Lateinischen nicht mächtig war) für die Teilnehmer eine schriftdistanzierte religiöse Erfahrungswelt sui generis.

Letztlich dementieren solche Beobachtungen die strukturelle Priorität der Schrift gegenüber dem Ritus. „Buch-" oder „Schriftreligion" sind jedenfalls insoweit unangemessene Begriffe, als sie die Komplexität religiöser Phänomene im Interesse einer punktuellen Deutungskategorie reduzieren. Es wäre jeweils zu klären, in welchem Ausmaß Praktiken das Verständnis der Schrift dominierten und/oder umgekehrt Schriften dominant den Zugang zur religiösen Praxis regelten. Es gibt jedenfalls keine Schriftreligion, die nicht zugleich und vorgängig auf Praktiken ruhte (siehe Kap. 1.2.2) und auch Kultreligion wäre. Es wäre ein deshalb Leichtes, die Religionsgeschichte als Geschichte kultischer Praktiken zu schreiben. Der Blick auf die europäische Religionsgeschichte würde ganz anders aussehen, wenn das Ritual anstelle der Schrift und die Praxis statt der Theorie den Fokus der Aufmerksamkeit bildete.¹⁰ Das bedeutet nicht, den Sinn einer schriftzentrierten Analyse von Religionen infrage zu stellen, aber ihr Monopol als Deutungskategorie zu bestreiten.¹¹

Ein Rückblick auf Friedrich Max Müller macht klar, wo der kulturrelative Fluchtpunkt dieses Modells liegt: Es hierarchisierte nicht nur interkulturell, sondern übernahm auch eine innerchristliche, protestantische Normierung, in der Bezug auf „die Schrift" soteriologisch zum „sola scriptura"-Prinzip zugespitzt worden war. Müller war protestantisch sozialisiert,

---

9 Fox: Literacy and Power in Early Christianity.
10 In der Religionswissenschaft realisiert man allerdings inzwischen dieses Defizit. Vgl. Riesebrodt: Cultus und Heilsversprechen; Ritualdynamik, hg. v. D. Harth/G. J. Schenk.
11 Vgl. Riesebrodt: Cultus und Heilsversprechen.

genauer gesagt, in einem neuprotestantischen Umfeld großgeworden, wo religiöse Praxis wohl weitgehend auf individualisierte Lektüre reduziert war. Müllers religionswissenschaftliches Konzept der „Buchreligion" war ein Produkt europäisch-neuprotestantischen Denkens. Die damit verbundene säkulare Verschiebung vom kultischem Verlesen der Bibel zu individueller Lektüre war bei ihm angekommen. In solchen Milieus ging man immer weniger in die Kirche und konnte, wenn man Rituale suchte, diese im Konzertsaal beim Hören von Bachs Matthäuspassion oder auf dem Bayreuther Hügel in der Aufführung von Wagners „Bühnenweihefestspiel" Parsifal finden.[12] In diesem Kontext war Müllers Edition der „Sacred Books of the East" auch ein Ergebnis seiner Biographie: Er reproduzierte die Charakterisierung von Religionen über das Zentrum „heiliger Schriften". Damit relativierte er die christliche Bibel via Vergleich, hielt jedoch an der Höchstgeltung des Christentums fest, mit einer Konzeption, die viele Christen angesichts des Historismus wählten: Sein Christentum war eine spiritualistisches, in dem Mystik das Buch abgelöst hatte.[13]

Die religionswissenschaftliche Priorisierung von Schrift statt Ritual (oder in Reaktion darauf: vice versa von Ritual statt Schrift – aber diese binäre Ordnung ist nicht besser als die erste) ist aber nur eine Möglichkeit, die Komplexität des religiösen Feldes zu reduzieren. Die europäische Religionsgeschichte sähe nochmals anders aus, würde man sie vom Bildgebrauch her deuten.[14] An die Stelle von dogmatisch differenzierten Konfessionen könnte der Unterschied zwischen Ikonoklasten und Bilderverehrern treten,[15] das Christentum würde in Traditionen sichtbar werden, die zwischen Kultbild, Andachtsbild und dem nichtkultisch benutzten Bild unterschieden,[16] in dem man in der rezeptionsästhetischen Wende die transsubjektive Referenz des Bildes marginalisiert[17] und so die heutige mediale Gesellschaft vorbereitet hat.[18] Die Ausflucht, es gebe auch bildlose Religionen, zählte dabei nicht. Denn etwa beim Judentum ist seit einigen Jahrzehnten klar, dass die Theorie der Bilderlosigkeit ein Konstrukt biblischer Theologen ist, welches von der Praxis nicht gedeckt ist.[19] Und auch im Islam spielen selbstverständlich Bilder eine große Rolle: in der Architektur der Moscheen, und im schiitischen Islam auch in der Darstellung Mohammeds. Und beide bildkritischen Religionen sind ohne den intensiven Gebrauch von Sprachbildern in ihren Schriften undenkbar.

Eine wieder andere Perspektive würde sich in einer Religionsgeschichte als schriftkritischer innerer Versenkung ergeben. Die lange Tradition von Anleitungen zur Meditation in den buddhistischen Schulen ist in diesem Ausmaß in Judentum, Christentum und Islam wohl nicht anzutreffen. Selbstverständlich könnte man die mystischen Strömungen in diesen drei Religionen den buddhistischen Traditionen zur Seite stellen, etwa die monas-

---

12 Zander: Aesthetic Reformation.
13 Müller: Theosophy or Psychological Religion, 14.
14 Nur zur Anregung Belting: Das echte Bild, 7–30.
15 Bildersturm, hg. v. C. Dupeux/G. Keck; Macht und Ohnmacht der Bilder, hg. v. P. Blickle; Fricke: Ecce fides; Handbuch der Bildtheologie, Bd. 1, hg. v. R. Hoeps.
16 Belting: Bild und Kult. Diese Differenzen betont ausdrücklich (und gegen Beltings Vorstellung einer „Realpräsenz" des Göttlichen in einem Kultbild) Frese: Aktual- und Realpräsenz.
17 Belting: Das echte Bild, bes. 7–44.
18 Krüger: Die mediale Religion.
19 Etwa Keel/Uehlinger: Göttinnen, Götter und Gottessymbole.

tischen Traditionen im orthodoxen und katholischen Christentum, die Pietisten mit den Techniken der Versenkung, die Sufis im Islam oder die Kabbalisten im Judentum. Vielleicht würden die Grenzen zwischen unterschiedlichen Richtungen, etwa zwischen introvertierter und extrovertierter Mystik, sakraler und profaner, theistischer und monistischer, rationaler und emotionaler Mystik verlaufen, zwischen gnadentheologischen Praktiken und solchen der Selbsterlösung;[20] man könnte die Frage stellen, was es bedeutet, wenn die Orientierung an einer inneren Erfahrung gegenüber der Orientierung an der äußeren Welt dominiere – und letztlich würde man eine ganz andere Kartographie der religiösen Welt erhalten.

Schließlich verdeckt die Orientierung an der Schrift eine für die Theologie wie für die Frömmigkeitspraxis zentrales Faktum: das Fortbestehen oraler Faktoren trotz der Existenz von Schriftkorpora.[21] In der brahmanischen Tradition hat man die Ritualtexte über Jahrhunderte ausschließlich mündlich tradiert, im Buddhismus bleibt die Schrift ein Derivat der mündlichen Tradition, im lateinischen Christentum wurde die mündliche Überlieferung erst in der Neuzeit fundamental delegitimiert, im Islam ist die Rezitation des Koran bis heute die Grundlage seines Textverständnisses. Und wenn man den Blick von derartigen Texten auf ihre Vermittlung wendete, auf Predigt oder auf Unterweisung, dann bildete die Mündlichkeit und nicht eine Schrift deren zentrale Grundlage.

Diese Splitterüberlegungen zur religiösen Praxis jenseits der Schriftfixierung machen klar, dass das Lemma Schrift als Angelpunkt der Religionswissenschaft und einer europäischen Religionsgeschichte eine mögliche, aber letztlich arbiträre Entscheidung ist. Unbeschadet davon war die Verschriftung eine Revolution in der Kulturgeschichte der Religionen und für das Christentum, wie gesagt, ein Konstitutivum seiner Entstehung als entscheidungsbasierter Gemeinschaft. Aber in der Fixierung auf die Schrift reproduziert die Religionsforschung mehr ihre kontingenten Entstehungsbedingungen als die Logik von nichteuropäischen oder vorneuzeitlichen Religionen.

4.1.2 Oralität und Schriftlichkeit

Schriftlichkeit ist nicht nur die Fortsetzung der Rede unter Einbeziehung anderer Mitteln, sondern revolutioniert die soziale Grundlage des Wissens. Mit dieser Erkenntnis eröffneten Anfang der 1960er Jahre Forscher wie Eric A. Havelock, Jack Goody oder Ian Watt den Weg in einen neuen Kontinent der Kulturtheorie.[22] Der Übergang von der Mündlichkeit in die Schriftlichkeit, ausgehend von der schriftlichen Fixierung („Verschriftung") des gesprochenen Wortes, ist die wirkliche Revolution in der Mediengeschichte der Menschheit, die anderen „Revolutionen" sind nur Nachbeben: der Wechsel von der Schriftrolle zum Buch, der den Schriftgebrauch popularisierte (siehe Kap. 4.2.1); die „pragmatische Schriftlichkeit" im westeuropäischen Mittelalter, die, mit angestoßen durch einen religiösen Akteur, die päpstliche

---

[20] Zaehner: Mysticism, Sacred and Profane.
[21] Graham: Beyond the Written Word.
[22] Goody: Die Logik der Schrift und die Organisation von Gesellschaft; Havelock: Als die Muse schreiben lernte; Goody/Watt/Gough: Entstehung und Folgen der Schriftkultur.

Kurie, und verbreitet in den städtischen Kommunen, beginnend im flandrisch-nordfranzösichen Raum und in England,[23] eine breite Literarisierung nach sich zog;[24] oder, natürlich, der Buchdruck, der sich im Okzident seit dem 15. Jahrhundert durchsetzte und durch den die Bücher zu den Menschen kamen, nicht mehr umgekehrt[25] und der die Reformation mit durchsetzte; schließlich: die Digitalisierung im 20. Jahrhundert, die ohne Schriftgebrauch nie möglich geworden wäre.

Die Wurzel all dieser Medialisierungsschübe, die Verschriftung, hat wohl im religiösen Feld begonnen.[26] Die ältesten Schriftzeugnisse, die in Südosteuropa (und nicht, wie man lange glaubte, in Mesopotamien) entstanden, sind Sakralinschriften auf weiblichen Tonfiguren der Vinča-Kultur im heutigen Transsylvanien (Rumänien), die zwischen ca. 5300 und 3500 v. Chr. datiert und als Votivgaben gedeutet werden.[27] Voralphabetische Schriften wurden sehr bald auch in der Verwaltung verwandt, in der sumerischen Tempelbürokratie. Seit diesen Anfängen sind Schriftlichkeitspraktiken durch die Geschichte der Menschheit diffundiert und haben rein orale Kulturen verdrängt. Ohne Schriftgebrauch sind entscheidungsbegründete Religionen fast nicht vorstellbar. Die zugehörige Forschung füllt inzwischen eine prächtige Bibliothek,[28] von deren Ergebnissen ich im Stakkato kommentierter Stichworte sechs Dimensionen festhalte:

1. *Schrift schafft Schriftgelehrte*. Verschriftung kreierte eine neue Elite, die einen ihrer einschlägigen Namen, Schriftgelehrte, von den bibelkundigen Fachleuten des Judentums in der Antike herleiten. Denn die Existenz von Schriften machte die Tradition mündlicher Wissensweitergabe, etwa im Verhältnis von Vater und Sohn oder von Lehrer und Schüler, im Prinzip überflüssig. Damit stiegen neue Schreib- und Leseeliten zu Trägern des Wissens auf, in denen die Jungen gegenüber den Alten begünstigt wurden. Selbst Könige gerieten gegenüber den religiösen Schriftkundigen ins Hintertreffen und mussten Lesen lernen: Der Assyrer Assurbanipal in der Mitte des 7. vorchristlichen Jahrhunderts gilt als der erste des Lesens und Schreibens mächtige Herrscher, lange nachdem die Priesterschaft schriftkundig geworden war.[29] Allerdings war die Macht der neuen Schriftelite nur Herrschaft auf Zeit, denn verschriftetes Wissen ließ sich einfacher verbreiten als persönlich weitergegebenes.[30] Zudem konnte das Erlernen einer Schrift aus persönlichen Abhängigkeiten befreien, aber dies war in seinen Ausmaßen von Schriftsystemen

---

23 Herrmann: Anfänge kommunaler Schriftlichkeit, 5. 352–363.
24 Zur pragmatischen Schriftlichkeit s. Vom Nutzen des Schreibens, hg. v. W. Pohl; Pragmatic Literacy, East and West, hg. v. R. Britnell.
25 Schlaffer: Einleitung (in: Goody/Watt/Gough: Entstehung und Folgen der Schriftkultur), 21.
26 Auch in Europa entstand die Schrift im Kontext von Religionen; Goody: Die Logik der Schrift, 62ff.; Ehlich: Wie alles anfing, 38.
27 Haarmann: Universalgeschichte der Schrift, 70–81.
28 In Deutschland haben insbesondere der 1985 gegründete Sonderforschungsbereich „Übergänge und Spannungsfelder zwischen Mündlichkeit und Schriftlichkeit" in Freiburg i. B. und die Publikationsreihe „ScriptOralia" diese Forschungen beflügelt.
29 Goody/Watt: Konsequenzen der Literalität, 77.
30 Die These, dass die Schrift im interkulturellen Vergleich die Demokratie begünstige, etwa bei Gough: China und Indien, 139.

abhängig: Bilderschriften sind stärker elitär, Buchstabenschriften lassen sich leichter erlernen.[31] Aber dieser potenziell emanzipatorische Prozess dauerte (schon angesichts der lange niedrigeren Alphabetisierungsraten) Jahrhunderte. Selbst ein schriftbezogenes Großereignis wie die Reformation wurde nicht durch Schriftlektüre, sondern, wie gesagt, im wesentlichen durch Predigten der Schriftkundigen verbreitet.

2. *Verschriftung historisiert Wissen.* Geschriebenes ist fixiert und verliert dadurch die Beziehung zur kommunikativen Kultur. Mündliche Kulturen sind in diesem Punkt flexibler, etwa wenn sie in ihren Welterzählungen die mythische mit der historischen Vergangenheit elastisch verbinden: Die Lücke zwischen erzählter Ursprungszeit und erlebter Gegenwart füllen sie mit variablen Inhalten, in dem die ältesten und die jeweils jüngsten Bestände relativ stabil sind, während dazwischen das „floating gap" sich wandelnder Wissensbestände liegt.[32] Die Verschriftung stellte diesen Prozess still, und damit verloren Mythen die Möglichkeit, stillschweigend angepasst zu werden. Der Aufstieg der Schrift war deshalb die Krise des Mythos.[33] Schrift transportierte dabei altes und potenziell veraltetes, im schlimmsten Fall nicht mehr verständliches Wissen. Deshalb bedeutete Verschriftung Historisierung und also den Einstieg in eine neue Dimension der Deutung und in eine hermeneutische Kultur. Dass der Buchstabe töte, der Geist hingegen lebendig mache, so Paulus (2 Kor 3,6), bringt diese Einsicht in die verlorene „Unmittelbarkeit" des Wortes auf den Punkt. Gleichwohl war der historischen Textkritik nicht auszuweichen, die nicht zufällig ihre zentralen Wurzeln in der Bibelkritik besaß.

3. *Verschriftung dynamisiert.* Diese Fixierung war allerdings ein ambivalenter Prozess, denn er bedeutete auch Dynamisierung: Verschriftete Gegenstände können aus kulturellen Ursprungskontexten gelöst, reimplantiert, leichter übersetzt und kommentiert werden. Nur dieser Einstieg in die Kommentierung sichert Texten ein Überleben jenseits der Ursprungskommunikation, deshalb entwickelte sich gerade bei kanonischen religiösen Schriften eine ausgesprochene Kommentarkultur. Dynamisch wirkte auch die Erhöhung des Wortschatzes durch Verschriftung, etwa weil sie die gesellschaftliche Binnendifferenzierung förderte und neue Denkräume eröffnete. Es gibt jedenfalls Überlegungen, ob die Mathematik nicht aus numerologischer Schrift„magie" entstand,[34] ob nicht die musikalische Polyphonie auch ein Derivat der Schriftlichkeit ist oder ob ein intellektuelles Verstehen wie die philosophische Dialektik an Schrift gebunden ist.[35] Und manche Minderheit dürfte durch Verschriftung entstanden sein und jedenfalls die Aussicht auf eine lange Existenz gegen Mehrheitsgesellschaften verbessert haben; jedenfalls korrelieren im Mittelalter die massive Verbreitung von Schriftkompetenz mit „Häresien" und „Häresie"verfahren.[36] Mit der Verschriftung wuchsen ergo die Möglichkeiten kultureller

---

31 Goody: Funktionen der Schrift in traditionalen Gesellschaften, 57f.
32 Vansina: Oral Tradition as History, 23.
33 Schlaffer: Einleitung, 18.
34 Goody: Funktionen der Schrift in traditionalen Gesellschaften, 47.
35 Goody/Watt: Konsequenzen der Literalität, 101.
36 Scharff: Häretikerverfolgung und Schriftlichkeit.

Konflikte. Schließlich lassen sich Texte tradieren und verschicken, sie können Raum und Zeit sprengen, und deshalb sind alle missionierenden Religionen „Buchreligionen".[37]

4. *Schrift individualisiert.* Erziehung bindet Eltern an Kinder, Literatur macht den Nachwuchs selbständig. Das Gleiche gilt für intellektuelle Gruppen. Während Erzählgemeinschaften auf soziale Netzwerke angewiesen sind, lassen sich ein Blatt oder eine Rolle auch alleine lesen. Verschriftung ist in dieser Perspektive ein institutionenkritischer Faktor, der allerdings zugleich Bildungsinstitutionen produziert, die die Beherrschung der Schrift ermöglichen. Das produktive Autor-Ich vom offenbarungsgeleiteten „Schreibknecht Gottes" über den Tagebuchschreiber bis hin zum Genieästheten des Schriftstellers wurde nun möglich. Die Verinnerlichung und die Individualisierung religiöser Praxis, die seit dem Hochmittelalter eine massiv zunehmende Bedeutung in der okzidentalen Religionskultur besaßen, waren auch ein Ergebnisse popularisierter Schriftlichkeit.

5. *Schriften verschärfen den Kampf um das kulturelle Gedächtnis.* Verschriftung öffnet eine Schere zwischen latentem und aktualisiertem Wissen (siehe Kap. 1.4), also zwischen dem kulturellen, verschrifteten Gedächtnis, das altes Wissen speichern kann, und dem kommunikativen Gedächtnis, das lebendig ist, oft von Mündlichkeit getragen wird und rezentes Wissen beinhaltet.[38] Bibliotheken und Internet sind die Fundamente der auf Latenz beruhenden Wissensgesellschaft. Aber damit brechen auch Konflikte um die Herrschaft über das kulturelle Gedächtnis aus: Zensur und Bücherverbrennung, die Politisierung der lesenden Öffentlichkeit oder der Widerstand schreibender Literaten sind Ausdruck der Auseinandersetzung um kulturelle Hegemonie in der Ära der Schrift. Auch hier ist Religion ein dynamisierender Faktor: Pseudepigraphische Texte, die also kontrafaktisch den Namen eines Autors beanspruchen, entstehen, in der Bibel gleich im Dutzend, und Innovationen werden als fingierte Traditionen ausgegeben, etwa im nachexilischen Jahwe-Monotheismus der josianischen Reform.

6. *Schriftkulturen generieren sekundäre Oralität,* denn sie schaffen sich immer wieder eigene Formen von mündlicher Kultur. Mündlichkeit ist keine vergangene Episode kultureller „Evolution", sondern ein bleibendes Kommunikationssegment in Schriftgesellschaften.[39] Die Religionsgeschichte ist voller Beispiele für sekundäre Oralität: Platon kritisierte die Verschriftlichung, weil sie das Vergessen fördere, das Gespräch ausschalte, namentlich die Verschriftung des Rechts, weil die ungeschriebenen Gesetze mehr enthielten als die schriftlich niedergelegten,[40] seit Jesus nutzte man im frühen Christentum die Schriften als autoritatives, aber nicht in unserem Sinn kanonisches Material für die mündlich formulierten Vorstellungen,[41] jüdische Kabbalisten kreierten im Umfeld der reformatorischen Debatten die Fiktion einer mündlichen Überlieferung,[42] und die alte Kirche hielt der Reformation den Mehrwert der tradierten Mündlichkeit als Kritik

---

[37] Goody: Funktionen der Schrift, 27.
[38] Assmann: Das kulturelle Gedächtnis, 48–56.
[39] Ong: Oralität und Literalität.
[40] Kullman: Hintergründe und Motive der platonischen Schriftkritik, 321–323, 328 f.
[41] Becker: Mündliche und schriftliche Autorität im frühen Christentum.
[42] Idel: Revelation and the „Crisis of Tradition" in Kabbalah, 255–291.

an der schriftbasierten Legitimation vor.[43] Oralität blieb in allen Religionskulturen ein zentraler, vielleicht in der Praxis sogar dominierender, auf jeden Fall konstitutiver Teil religiöser Praxis.[44] Doch zurücknehmen ließ sich die Verschriftung nicht.

4.1.3 Kanon und Kanonisierung

Ein Kanon ist eine Schriftensammlung, der die Grenze von zugehörig und nicht zugehörig zu markieren beansprucht und so ein strukturelles Äquivalent zur Zugehörigkeit von Menschen zu einer Religionsgemeinschaft bildet. Doch diese Parallelisierung ist vor ein Problem gestellt, dessen Kern ein begriffstheoretischer Klassiker ist, die Äquivozität des Terminus. Der Begriff Kanon, möglicherweise 1768 von dem Gräzisten und Bibliothekar der Leidener Universitätsbibliothek, David Ruhnken, in der wissenschaftlichen Debatte etabliert,[45] ist von der Umgangssprache bis in den wissenschaftlichen Sprachgebrauch hinein weit verbreitet: Wir kennen einen Literaturkanon und einen Bildungskanon, religiöse Kanones, etwa den biblischen Kanon und den Pali-Kanon, den Kanon im kanonischen Recht oder den Kanon der christlichen Messe, und vom Kanon in der Musik war dann noch nicht die Rede, und auch noch nicht von kanonischen Bildern und kanonischen Praktiken. In allen Bedeutungen geht der Begriff auf einen Terminus im Griechischen zurück, wo Kanon ein semitisches Lehnwort ist und ursprünglich Messrohr, Waagebalken, dann auch Richtlinie bedeutete.[46]

In der Religionswissenschaft herrschte lange ein Verständnis des Kanon vor, das sich auf eine Sammlung von Büchern bezog, bei der ein Prädikat dominierte: die Abgeschlossenheit. Im Hintergrund dieser Konzeption des Kanon als geschlossener Kollektion standen natürlich diejenigen Schriften, die die ersten Generationen der Religionswissenschaftler in ihren Biographien und ihrer Umwelt als dominanten „Kanon" kennengelernt hatten: die Bibel, präziser gesagt: ihre (oft protestantische) Bibel. Dieses Kanon-Verständnis ist in den letzten Jahren massiv kritisiert worden, weil damit ein objektsprachliches Konzept aus dem Christentum unkritisch als analytische Kategorie in der Religionswissenschaft verwandt wurde.[47]

---

43 Schmidt-Biggemann: Spiritualistische Exegese im Streit, 28; Beumer: Die mündliche Überlieferung als Glaubensquelle, 74–88.
44 Graham: Beyond the Written Word.
45 Gorak: The Making of the Modern Canon, 50f.
46 Ohme: Kanon, 2.
47 Exemplarisch Müller: Einleitung in die vergleichende Religionswissenschaft, 95. Zur neueren Kanondiskussion und zu kritischen Reflexionen traditioneller Kanonkonzepte s. Kanon in Konstruktion und Dekonstruktion, hg. v. E.-M. Becker u. a.; Hasselhoff: Einführung: Das Thema „Kanon", 131–136; Normieren, Tradieren, Inszenieren, hg. v. A. Holzem; Canonization and Decanonization, hg. v. A. van der Kooij/K. van der Toorn; Halbertal: People of the Book; Smith: What is scripture?; komparativ Fernhout: Canonical Texts.
Traditionelle religionswissenschaftliche Zugänge setzen meist parataktisch unterschiedliche Traditionen im Umgang mit Schrift nebeneinander, etwa die klassischen Religionsphänomenologien wie Widengren: Religionsphänomenologie, 546–673, oder Heiler: Erscheinungsformen und Wesen der Religion, 339–364, häufig durch die Zugrundelegung des Konzeptes „heiliger" Schriften, etwa: Lanczkowski: Heilige Schriften; Heilige Bücher, hg. v. A. Ohler; Heilige Schriften, hg. v. U. Tworuschka; Sakrale Texte, hg. v. W. Reinhard.

Diese Revision läuft, soviel vorweg, auf eine wichtige Einsicht hinaus: Die Idee des geschlossenen, mithin unveränderlichen, „absoluten" Kanon ist eine seltene Entwicklung in der Religionsgeschichte, die wohl zuerst mit der Fixierung des Koran unter Uthman in der Mitte des 7. Jahrhunderts (siehe Kap. 4.3.2) und in der Christentumsgeschichte erst im 15./16. Jahrhunderts vorgenommen wurde, von wo aus sie allerdings massiv die außereuropäische Religionsgeschichte beeinflusste. Begrifflich ist im Folgenden strenggenommen nur dann von einem Kanon zu sprechen, wenn ein „absoluter" (geschlossener) Kanon gemeint ist. Für andere Schriftsammlungen sind andere Begriffe zu bevorzugen: etwa autoritative Sammlung oder kanonische (oft besser: kanonisierende) Sammlung, kanonischer Prozess, manchmal auch der Begriff der Klassiker. In dieser Rolle besitzen eine autoritative Sammlung und allemal ein Kanon eine außerordentlich wichtige Funktion für die historiographische Konzeption dieses Buches: Er ist ein Speicher eines kulturellen Gedächtnisses par excellence. Was in einem Kanon abgelegt ist, kann die höchste Stufe der Erhaltung beanspruchen, wer sich auf kanonisches Wissen beruft, besitzt eine theoretisch kaum noch hintergehbare Legitimität.

Eine solche Schriftensammlung unterliegt einer Reihe sozialer Entstehungsbedingungen. Sie kommt nicht ungesteuert zu Stande, sondern ist das Produkt gesellschaftlicher Interessen, bei deren Durchsetzung Eliten eine wichtige Rolle spielen,[48] schon weil ein Kanon nicht primär eine Frage der Überlieferung, sondern der Rezeption ist.[49] Texte, denen ein autoritativer Anspruch zugewiesen wird, benötigen soziale Verankerungen, um diese Funktion ausüben zu können – die von einer (oft sakral motivierten) rituellen Performanz[50] bis zu einer (eher administrativ ausgerichteten) referentiellen Verwendung reichen können.[51] Ein solcher Prozess lässt sich im Europa des 19. Jahrhunderts an den literarischen Kanones (die gemäß dem oben vorgelegten Begriffsvorschlag besser autoritative Sammlungen genannt würden) illustrieren. Die Konstruktion von Nationen zog die Konstruktion nationaler Literaturkanones nach sich, an deren Spitze literarische „Genies" gestellt wurden: Petrarca in Italien, Shakespeare in Großbritannien, Vondel in den Niederlanden, Molière in Frankreich, Goethe in Deutschland – die Liste ließe sich fast beliebig verlängern. Hinter solchen Kanonisierungsprozessen standen erbitterte Platzierungsdebatten, in Deutschland etwa: Goethe oder Schiller oder beide? Wie viele Katholiken hatten im protestantisch-deutschen Kanon im Zeitalter der kleindeutschen Ausgrenzung Habsburgs Platz? Welche verlegerischen Interessen konnten sich zwischen Kürschners Vorzeigeprojekt der „Deutschen National-Litteratur" und der billigen Klassikerausgabe bei Reclam durchsetzen? Wie konnten neue Autoren in den Kanon kommen, etwa Nietzsche, der zwar als Enfant terrible im bürgerlichen Bildungsgarten galt, aber gleichwohl einer der sprachmächtigsten Autoren des Deutschen überhaupt war? Am Ende bleibt oft unklar, wo die normative Definition eines Kanon wirklich griff oder

---

Stärker analytisch Smith: What is Scripture?; ders.: Scripture as Form and Concept; komparativ Fernhout: Canonical Texts.
48 Vgl. Kanon Macht Kultur, hg. v. R. v. Heydebrand.
49 Smith: Canons, Catalogues and Classics, 299.
50 Folkert: The „Canons" of Scripture, für den eine nicht an Rituale rückgebundene Schrift wie teilweise die protestantische Bibel die religionshistorische Ausnahme darstellt.
51 Arlinghaus: Rituelle und referentielle Verwendung von Schrift, 411.

bloße Zuschreibung blieb und welche Wege die pragmatische Rezeption jenseits der normativen Vorgaben ging. Klar ist hingegen, dass ein solcher Kanon eine diskursive Größe mit veränderlichen Grenzen ist, der gerade nicht durch eine endgültige Schließung gekennzeichnet ist. Derartige Aushandlungsprozesse gelten im Prinzip auch für religiöse Kanones.

Die Etablierung einer autoritativen Schriftensammlung bedeutet sodann nur kulturelle Herrschaft auf Zeit. Eine dauerhafte Etablierung gelingt in der Regel dann, wenn eine Rezeption jenseits der Gründergruppen geschieht.[52] Die Verstetigung der Überlieferung von Sammlungen in Buddhismus, Judentum, Christentum und Islam ist eine Folge der Akzeptanz solcher Texte in einem Traditionsprozess. Dafür bedarf es der Institutionen zur „Kanon"pflege, die den kanonischen Bestand bestimmen, anpassen (durch Neu- wie Dekanonisierung[53]) und die Einhaltung der Grenzen überwachen. Dies geschah in Judentum und Christentum fast immer durch Diskursgemeinschaften, die bestimmte Texte etwa für liturgische oder dogmatische Zwecke oder zur Herstellung sozialer Kohärenz durchsetzten und vor allem durch deren Deutung verständlich bleiben ließen. Jan und Aleida Assmann haben dabei zwischen „Textpflege", beispielsweise durch Tutorien und Skriptorien, und der „Sinnpflege" unterschieden,[54] die in Auslegungsgemeinschaften mit Kommentartraditionen betrieben wurde.

Derartige „Aktualisierungen" durch Interpretation und Kommentar zogen eine innerkulturelle Pluralisierung nach sich, nicht zuletzt durch die Konstruktion eines primären und eines sekundären „Kanon". Hier ist zum ersten an einen basalen Effekt von Verschriftungsvorgängen zu erinnern: Kanonisierung fixiert einen Textbestand, der sprachhistorische Veränderungen nicht mehr mitvollzieht und deshalb durch Kommentare an aktuelle Verständnishorizonte angepasst wird. Weil dieser Prozess immer wieder stattfinden muss und er aufgrund einer geringeren Verbindlichkeit des Kommentars mehrere Kommentierungen zulässt, bedeutet Kommentierung unvermeidlich Pluralisierung. Diese Kommentare können kurzlebig sein und auf Dauer keinen kanonischen Status erhalten, aber auch ihrerseits als kanonische Schriften betrachtet werden. Solche sekundären Kanonisierungen (oder „Dependenztexte" gegenüber „Referenztexten"[55]) sind etwa die Kommentarwerke zu Buddhas Reden, die Schriften der „Kirchenväter", der Talmud der Rabbinen oder die Hadithe („Berichte", „Neuigkeiten") zu Mohammeds Leben. Dazu treten interne Kriterien, etwa der im Okzident sprichwörtlich gewordene Gegensatz von Geist und Buchstabe, also von Sinn und Zeichen, oder die Differenz zwischen einem faktisch rezipierten und einem formal akzeptierten „Kanon", oder von einem aktuell benutzten und einem potentiell zur Verfügung stehenden sowie zwischen einem rituellen und einem schriftlichen „Kanon".

Innerhalb dieser Vielfalt von Sammlungslogiken ist der geschlossene Kanon ein Sonderfall. Er setzt in der Regel eine Institution voraus, die in der Lage ist, über diese Schließung zu entscheiden und sie durchzusetzen. Dazu treten oft religiöse Qualifizierungen, die

---

52 Smith: Canons, Catalogues and Classics.
53 Canonization and Decanonization, hg. v. A. van der Kooij/K. van der Toorn; Kanon in Konstruktion und Dekonstruktion, hg. v. E.-M. Becker/St. Scholz.
54 Assmann: Kanon und Zensur, 12f.
55 Bertau: Schrift, Macht, Heiligkeit in den Literaturen des jüdisch-christlich-muslimischen Mittelalters, 2.

die Sonderstellung eines Kanon begründen und die Möglichkeiten seiner Veränderung begrenzen. Häufig wurde die Kanonizität durch die Sakralisierung eines Textes abgesichert. Dieser Prozess lässt sich in allen Religionen, deren „heilige" Schriften im Folgenden thematisiert werden, beobachten und ist in der Regel ein Ergebnis später, sekundärer Interpretationen.[56] Vermutlich liegen die Wurzeln dieser Konzeption in Ägypten, von wo die Idee eine „heiligen Buches" in die griechische und jüdische Kultur eingewandert ist.[57] Kanonisierung gilt offenbar als ein begründungsbedürftiger Akt, dessen Legitimität man jenseits eines dezisionistischen Konsenses zu sichern beanspruchte. Dabei wurden Texte in der Regel historisch dekontextualisiert und mit strukturell göttlichen Prädikaten („sacra scriptura") auratisiert. Diese Sakralität wiederum kann als Folge spezifischer Entstehungsbedingungen und medialer Vermittlungen (Offenbarung, Sakralsprache, insbesondere, davon ist noch häufiger zu sprechen, Inspiration) ausgewiesen werden und so die Verabsolutierung eines Textes verstärken. Mit einer Sakralisierung erhöht sich der Anspruch auf Verbindlichkeit, die allerdings in der Regel nur durch Kommentarkulturen mit Seitenkanonisierungen auf Dauer explizit durchgesetzt werden kann. Zugleich begrenzt ein sakralisierter Text im Prinzip die Umgangsformen mit ihm, etwa Übersetzungen und textphilologische Analysen.

Die Fixierung als Kanon wurde in der okzidentalen Tradition mit der Bezugnahme auf die „Kanonformel" des biblischen Buches Deuteronomium, die schon Vorbilder in mesopotamischen Urkunden kennt,[58] verbunden: „Ihr sollt dem Wortlaut dessen, worauf ich euch verpflichte, nichts hinzufügen und nichts davon wegnehmen".[59] Mit dieser in den Überlieferungen des biblischen Textes changierenden Regel[60] war nicht nur ein Additions- und Subtraktionsverbot ausgesprochen, sondern in der Anwendungsgeschichte auch ein Verbot der Veränderung von Schrifttexten impliziert, wenngleich sich der Satz ursprünglich möglicherweise auf mündliche Traditionen bezog.[61] Die damit begründbare Schließung und Schaffung eines „absoluten", unveränderlichen Kanon wurde in der Neuzeit in der lateinischen Kirche, davon gleich mehr, zu einem entscheidenden Merkmal des biblischen Kanon.

Im Rahmen komparatistischer Erwägungen zu einer „europäischen" Religionsgeschichte ist dieser Kanonbegriff allerdings grundsätzlich zu problematisieren. Zu prüfen ist in einem ersten Schritt, in welchem Ausmaß das Konzept eines geschlossenen Kanon überhaupt für die Pluralität von Christentümern gilt (siehe Kap. 4.2), und in einem zweiten Schritt, wie man kanonische Prozesse in anderen Religionen verstehen kann (siehe Kap. 4.3–4): namentlich, ob sie mit Termini beschrieben werden müssen, die prozessuale Aspekte stärker berücksichtigen. In allen Traditionen wird deutlich werden, dass Religionen, die autoritative Schriftcorpora benutzen, diese in enger Verbindung mit mit der Frage konstituieren, was diese Gemeinschaft begründet und wer zu ihr gezählt werden kann.

---

56 Van Ess: Verbal Inspiration?, 193f.
57 Bremmer: From Holy Books to Holy Bible, 333–336.
58 Rüterswörden: Die sogenannte Kanonformel in Dtn 13,1, S. 20.
59 Dtn 4,2; vgl. ebd., 13,1.
60 Rüterswörden: Die sogenannte Kanonformel in Dtn 13,1, S. 19.
61 Ebd.

4.2 Judentum und Christentum

Das Christentum entstand in einem schriftnutzenden Kulturraum und konstituierte sich von Beginn an auch über Schriften: Briefe des Paulus, Evangelien (mit unterschiedlichen theologischen Deutungsinteressen), Gemeindeordnungen; auch Konsenstexte („Bekenntnisse", „Symbola") als Systematisierungen der christlichen Überzeugungen entstanden noch in der ersten Generation von Christen. Schriften und die Forderung nach einer Entscheidung zum Christentum waren fast siamesische Zwillinge. In der mediterranen Antike entstand so mit dem Christentum eine textbasierte Gemeinschaft, deren „graphocentrism"[62] sich markant vom religiösen Schriftgebrauch in ihrem Umfeld unterschied, insoweit er eine Bedeutung erhielt, die er in paganen Kontexten nie besaß.[63]

Texte waren dann auch ein konstitutiver Faktor bei der Entwicklung des Christentums sowohl zu einer Vielzahl von Gemeinschaften als auch hin zu einer Religion, die sich in konfessioneller Pluralität mit manchmal tiefgreifenden theologischen Differenzen gleichwohl auf ein gemeinsames Fundament, die Bibel, gestellt sah. Texte bildeten in diesem Prozess ein grundlegendes Element, mit denen sich das Christentum in zweifacher Hinsicht seiner „Identität" versicherte: Man suchte damit intern, die Grenze von – so die bald ausgebildete Semantik – „Orthodoxie" und „Heterodoxie" (siehe Kap. 3.3.3 [Einleitung]) zu bestimmen und sich extern gegenüber der nichtchristlichen Umwelt abzugrenzen. Die zweite Abschrankung verlief zumindest theoretisch auch an der Grenze von geburtsabhängiger und frei gewählter Zugehörigkeit, insofern Christen sich zunehmend nicht (nur) über eine personale Beziehung (wie etwa die „Nachfolge"), sondern auch über die Bibel definierten. Deshalb lese ich die Sammlung autoritativer Schriften und schlussendlich deren Kanonisierung auch als Folge nichtgentiler, durch Entscheidung organisierter Zugehörigkeit zum Christentum.

Ein gemeinschaftliches Handeln, der Gottesdienst, war lange die zentrale, für viele Mitglieder oft die einzige Stelle der „lectio". Eine darüber hinausgehende individuelle Schriftlektüre war lange auf theologische Eliten beschränkt und etablierte sich als weitverbreitete Praxis im Okzident erst in mehreren Schüben: im Spätmittelalter, im Zeitalter der Reformation, vor allem aber seit dem 19. Jahrhundert. Die Forderung der Reformatoren, die Gläubigen mögen die Bibel selbst lesen, blieb weitgehend Theorie. Luther zeigte an einer verbreiteten Bibellektüre im Gegensatz zum Erlernen des Katechismus wenig Interesse[64] und forderte mit Melanchthon, die Bibel den einfachen Gläubigen nicht unmittelbar, sondern als interpretierten Text zugänglich zu machen.[65] Am Anfang war und auf lange Zeit blieb das Studium des Katechismus bedeutender als die Lektüre als die Bibel.[66] Individuelle Bibellektüre wurde erst später, zuerst seit dem 17. Jahrhundert durch den Pietismus[67] und dann durch die Alphabetisierung und die massenmedialen Veränderungen des 19. Jahrhunderts üblich. Die noch

---

62 Bowman/Woolf: Introduction (in: Literacy and Power in the Ancient World), 15.
63 Ebd., 13.
64 Wallmann: Vom Katechismuschristentum zum Bibelchristentum, 235.
65 Gilmont: Die protestantische Reform und das Lesen, 324 f.
66 Schwarz: Luther als Erzieher des Volkes, 124–127; Gilmont: Die protestantische Reform und das Lesen, 333 f.
67 Wallmann: Vom Katechismuschristentum zum Bibelchristentum, 238–241.

heute von vielen Theologen und Religionswissenschaftlern postulierte Zentralstellung „der Schrift" dürfte weder der Praxis der meisten Mitglieder noch den vielfältigen christlichen Positionen zur Relevanz des Schriftgebrauchs entsprechen. Die Nutzung von Schrift war gleichwohl, wenn man in der Metapher der Pfadabhängigkeit verbleibt, ein Element, das den Pfad einer entschiedenen Mitgliedschaft mitbegründet und auf Dauer geprägt hat und davon zugleich mitgeprägt wurde, etwa in den Augenblicken, als man mit der Festlegung allgemein verbindlicher Schriftsammlungen, später eines Kanon, die potenziell prekäre individuelle Entscheidung sozial absicherte.

In dieser Funktion spielte die Bibel zudem eine zentrale Rolle als Speichermedium für das Theorem einer entschiedenen Religionszugehörigkeit. Auf sie konnte man sich immer berufen, wenn man die soziale Vererbung einer christlichen Identität infrage stellte und das als Potenz schlummernde Entscheidungsrecht aktualisieren wollte. Die freie Entscheidung konnte man, davon war schon die Rede, religionsrechtlich verbieten (siehe Kap. 3.3.3a) und deren biblische Grundlagen zensieren – aus dem Verkehr ziehen ließen sie sich nicht mehr.

Die geforderte „Entscheidung" war evidenterweise nicht der einzige und kein notwendiger Faktor für die Entstehung autoritativer Schriftkorpora. Kanonisierungsprozesse der Bibel etwa wurden in der Antike auch von pragmatischen liturgischen Notwendigkeiten, in der Neuzeit von Alphabetisierungsvorgängen und der Erfindung des Buchdrucks vorangetrieben. Die okzidentalen Formen des Schriftgebrauchs im Christentum und namentlich die Kanonisierung sind das Ergebnis einer multifaktoriellen Geschichte, in der nichts alleine über das Theorem Entscheidung erklärbar ist, aber auch nichts ohne dieses.

4.2.1 Antike und mittelalterliche Sammlung autoritativer Texte

Mit diesen Überlegungen werfe ich einen Blick auf den Prozess der Kanonbildung im jüdisch-christlichen Religionsraum des antiken Mittelmeers sowie danach vor allem auf dem Gebiet der lateinischen Kirche.[68] Hier herrschte lange Zeit ein von den biblischen Schriften selbst geprägtes Modell, das mit punktuellen Kanonisierungsentscheidungen rechnete: Die im Buch Deuteronomium unterstellte Abfassung der fünf Bücher der Thora durch Moses (31,24–29) galt bis in die frühe Neuzeit zumeist (zu Ausnahmen siehe Kap. 4.2.4) als kanonischer Gründungsakt der Thora,[69] ehe eine fiktionale Verfasserschaft des Mose und schließlich überhaupt seine Existenz diskutiert wurde.

---

[68] Zur jüdischen und christlichen Kanonbildung s. The Canon Debate, hg. v. L. M. McDonald/J. A. Sanders; Fabry: Der Text und seine Geschichte; Norelli: Etude critique; Recueils normatifs et canons dans l'antiquité, hg. v. E. Norelli; The Biblical Canons, hg. v. J.-M. Auwers/H. J. de Jonge. Zur Textkritik Barthélemy: Critique textuelle de l'Ancien Testament; Tov: Der Text der Hebräischen Bibel.
Zum Neuen Testament s. Metzger: Der Kanon des Neuen Testaments; Markschies: Kaiserzeitliche christliche Theologie und ihre Institutionen, 215–335; McDonald: The Formation of the Christian Biblical Canon; Markschies: Neue Forschungen zur Kanonisierung des Neuen Testaments, 237–262; Stuhlmacher: Die Ausbildung des zweiteiligen biblischen Kanons. Der vielleicht weiterhin anregendste Band in kulturtheoretischer Perspektive ist: Kanon und Zensur, hg. v. A. und J. Assmann.
[69] Ramonat: Lesarten der Schöpfung.

Lange galt auch ein Bericht im Buch Esra (Esr 7,14.25f) als Anerkennung des jüdischen Gesetzes in der „Reichsautorisation" durch den Perserkönig Artaxerxes I. um die Mitte des 5. Jahrhunderts. In der exegetischen Außenperspektive war die „Reichsautorisation" allerdings nur ein Schritt im nachexilischen Kanonisierungsprozess, bei dem unklar ist, um welche(n) Teil(e) der Thora es sich gehandelt haben könnte, welche Verbindlichkeit mit der „Autorisation" verbunden war und in welchem Ausmaß sie zur Machtausübung der Perser gehörte, die subsidiäre Herrschaften auch religiös eigenständig existieren ließen und dabei Schrifttraditionen legitimierten.[70] Die neuere Forschung hat derartige Geschichtskonstruktionen grundsätzlich kritisiert und gefragt, wie sinnvoll ein Kanonkonzept ist, welches zu diesem Zeitpunkt mit punktueller Kanonisierung rechnet und feste Institutionen unterstellt.

Die entscheidenden Prozesse der jüdischen Schriftsammlung wurden von der Forschung von der vorexilischen Zeit, in die man lange die Entstehung von Thora sowie der älteren Geschichtswerke und Prophetenbücher situierte, in den letzten Jahrzehnten in die nachexilische Zeit verschoben. Dahinter steht eine Neubewertung der Folgen des Exils, in dem die Sammlung von Schriften Identität sicherte. Eine herausragende Rolle wird dabei einer Gruppe der Tempelpriesterschaft des zweiten Tempels[71] bis in die Makkabäerzeit hinein[72] zugewiesen. Hier habe eine schreibende Elite für sich selbst in der persischen und hellenistischen Zeit, zwischen 500 und 200 v. Chr., die Zusammenstellung und Überarbeitung von Schriften betrieben.[73] Man kann annehmen, dass sie kein Ideal individueller Verantwortung kannten, sondern sich als Gruppe hochqualifizierter „Handwerker" verstanden, die gleichwohl Offenbarungsliteratur im Sinne einer von Gott gegebenen Mitteilung kreierten.[74] Sie dürften eine Vielzahl von Kriterien für die Aufwertung von Schriften in diesem kanonischen Prozess benutzt haben, etwa deren Anciennität, den faktischen Gebrauch im Schriftstudium oder die autoritätsbegründende Aufnahme in eine Tempelbibliothek.[75] Dabei könnten um 300/200 v. Chr. Listen für Laien als Vorläufer kanonisierter Festlegungen verfasst worden sein, die allerdings in ihrem Umfang nicht fixiert waren.[76]

Der kanonische Prozess im Judentum während der folgenden Jahrhunderte – präziser gesagt: die Geschichte der pragmatischen Nutzung von Schriften sowie die normative Zuschreibung von Geltung – lässt sich unter anderem an drei miteinander verflochtenen Dimensionen erkennen: (1.) in der Übersetzung hebräischer Schriften ins Griechische, (2.) in der Überlieferung in unterschiedlichen Gruppen und Sprachen und (3.) durch die Textfunde aus der Gemeinschaft in Qumran.

---

70 Persia and Torah, hg. v. J. W. Watts.
71 Zur außerordentlich bedeutenden Geschichte des Zweiten Tempels s. Grabbe: A History of the Jews and Judaism in the Second Temple Period, bes. Bd. 2, 124 ff., zu den schriftkulturellen Prozessen s. Authoritative Scriptures in Ancient Judaism, hg. v. M. Popović.
72 Van der Kooij: The Canonization of Ancient Books Kept in the Temple of Jerusalem.
73 Van der Toorn: Scribal Culture and the Making von the Hebrew Bible, 6. Zu diesem kreativen Prozess auch Brooke: Between Authority and Canon, und Debel: Rewritten Bible, Variant Literary Editions and Original Text(s).
74 Toorn: Scribal Culture, 205–232.
75 Kooij: Authoritative Scripture and Scribal Culture.
76 Toorn: Scribal Culture, 233–264, bes. 243f. 252. 261.

1. Die Ausbreitung des Judentums in der antiken Welt führte zu einer partiellen Assimilation an die Umgebungskulturen, die unter anderem einen Rückgang des Hebräischen und eine zunehmende Bedeutung des Griechischen nach sich zog. In diesem Zusammenhang kam es zu einer Übersetzung der religiösen Grundtexte des Judentums, in deren Rahmen die sogenannte Septuaginta entstand.[77] Deren Genese wird im Aristeasbrief berichtet, einem gegen Ende des 2. Jahrhunderts entstandenen Briefroman. Demnach sollen 72 Übersetzer innerhalb von 72 Tagen im Auftrag von König Ptolemaios eine Übersetzung hergestellt haben, die von den Vertretern des alexandrinischen Judentums als sehr genau approbiert worden sei und die nicht verändert werden dürfe.[78] Die legendarischen Züge dieser Entstehungserzählung sind unverkennbar,[79] wenngleich sie einen real ablaufenden Übersetzungsprozess reflektierten. Dessen Gründe dürften zwar vor allem in der fehlenden hebräischen Sprachkompetenz unter Juden und in ihrer Integration in die griechischsprachige hellenistische Kultur Alexandrias liegen, aber nicht auszuschließen ist, dass es auch eine Aufforderung zur Übersetzung durch Ptolemaios II. Philadelphos (283–246 v. Chr.) und seinen Bibliothekar Demetrios von Phaleron gab.[80] Klar ist jedenfalls, dass die weite Verbreitung der Septuaginta nicht auf äußerem Druck hin erfolgte, sondern auf den Bedürfnissen und Initiativen des griechischsprechenden Judentums in der hellenistischen Diaspora beruhte.[81]

   Die den letzten Jahren forcierte Septuaginta-Forschung dokumentiert, wie bei diesen Übersetzungen unterschiedliche Hermeneutiken und Interessen zum Tragen kamen.[82] Man konnte Anschlüsse an die griechische Philosophie herstellen, etwa in der Nutzung des Begriffs „Psyche" (Seele);[83] oder den Menschen durch die Anlehnung an die Anthropologie des göttlichen Abbildes mit der Vorstellung des Urbildes neu interpretieren;[84] oder die Genesis mit Anklängen an ein archaisches Griechisch übersetzen und dabei die Jahreszählung so modifizieren, dass das erste Jahr des zweiten Tempels exakt auf das Jahr 5000 zu liegen kam.[85] Wichtige Begriffe, die (bis) heute im Judentum und Christentum verwandt werden, wie Holocaust und Jungfrauengeburt, haben ihre Wurzeln in dieser Übersetzung. Wir wissen heute auch, dass die Septuaginta trotz der interpretierenden Übersetzung in vielen Fällen einen älteren Text bietet als die zwischen dem 6. und 8. Jahrhundert fixierte hebräische Version der Masoreten,[86] etwa dort, wo die Überein-

---

[77] S. zur sehr intensiven neueren Forschung: Septuaginta deutsch, hg. v. M. Karrer/W. Kraus; Tov: The Septuagint between Judaism and Christianity; Die Septuaginta, hg. v. M. Karrer; Siegert: Zwischen hebräischer Bibel und Altem Testament; ders.: Register zur „Einführung in die Septuaginta".
[78] Aristeasbrief, 310.
[79] Eine dezidierte Interpretation als Mythos etwa bei Rajak: Translation and Survival, 47–50.
[80] Orth: Ptolemaios und die Septuaginta-Übersetzung, 112. Zurückhaltend Rösel: Übersetzung als Vollendung der Auslegung, 257. Vgl. auch Kreuzer: Entstehung und Publikation der Septuaginta im Horizont frühptolemäischer Bildungs- und Kulturpolitik. Eine herrschaftliche Patronage sieht Rajak: Translation and Survival.
[81] Hanhart: Studien zur Septuaginta und zum hellenistischen Judentum, 3–24.
[82] S. etwa die Aufsätze in: Die Septuaginta und das frühe Christentum/The Septuagint and Christian Origins, hg. v. Th. S. Caulley/H. Lichtenberger.
[83] Rösel: Die Geburt der Seele in der Übersetzung.
[84] Ders.: Der hebräische Mensch im griechischen Gewand, 77.
[85] Ders.: Übersetzung als Vollendung, 248. 252.
[86] Zur Überlieferungsgeschichte Tov: Textual Criticism of the Hebrew Bible.

stimmungen der Septuaginta mit den Qumran-Texten größer sind.[87] Das bedeutet, dass die Septuaginta nicht auf die heutige hebräische Bibel rabbinischer Tradition zurückgeht, sondern vielfach auf ältere Traditionen zurückgriff und mit anderen Anordnungen der Bücher auch andere theologische Aussagen verband.[88] Wichtig aber war für Kanonisierungsprozesse, dass die Übersetzung verstärkte Überlegungen über die Geltung von Texten, über wichtige und weniger wichtige, förderte und damit der Fortschreibung (auch) der hebräisch verfassten Bücher Grenzen setzte.[89]

2. Dokumentiert werden diese mehrgleisigen Kanonisierungsprozesse durch die Existenz unterschiedlicher jüdischer Gruppen, vielfach außerhalb Palästinas, die durch eigene Interpretationen der jüdischen Tradition und eigene Lebensführungspraktiken gekennzeichnet sind, etwa die Pharisäer, die Priester (auch nach der Zerstörung des Tempels)[90] oder philosophische Schulen wie diejenige des Philo von Alexandrien,[91] wobei diese Gruppen teilweise auch eigene Tempel besaßen, wie in Elephantine (Oberägypten), Leontopolis (Unterägypten) und auf dem Berg Garizim (circa 60 km nördlich von Jerusalem). Von besonderem Interesse sind dabei die Samaritaner, die, ausgehend von ihrem Zentrum auf dem Garizim, wo sie in hellenistischer Zeit einen Tempel bauten, der im Jahr 129 oder 109 v. Chr. zerstört wurde.[92] Sie begründeten mit einem eigenen hebräischen Idiom eine selbständige Texttradition,[93] die sich auf die Thora konzentrierte. Dabei griff man unter anderem auf vorsamaritanische Traditionen zurück[94] und erstellte einen Text, der mit ungefähr 6000 Varianten von der späteren masoretischen Version abwich.[95] Die Samaritaner blieben eine Minorität und wurden vom rabbinischen Judentum als „Häretiker" betrachtet. Aber mit ihrer Textüberlieferung waren sie sowohl Produkt als auch Motor der textgestützten Pluralisierung des Judentums.

3. Eine weitere dieser Gruppen war die Gemeinschaft in Qumran am Toten Meer („Essener"), die für unsere Kenntnisse von Kanonisierungsprozessen von zentraler Bedeutung ist, weil deren seit 1947 gefundene Schriftrollen, die zwischen dem 3. Jahrhundert vor Christus und circa 70 nach Christus geschrieben wurden, mit einem Schlag eine Vielzahl von Texttraditionen im nachexilischen Judentum dokumentierten.[96] Hier fanden sich Texte, die der Masora nahestehen, also der seit dem 6./7. Jahrhundert kanonisierten hebräischen Überlieferung, aber auch protomasoretische, präsamaritanische und präseptuagintische Texte, weitere, die aramäischen, syrischen und lateinischen Übersetzungen der Spätantike verwandt sowie solche, die eigenständig sind.[97] Evidenterweise doku-

---

87 Hengel: Die Septuaginta als „christliche Schriftensammlung", 245.
88 Müller: Die Septuaginta als Teil des christlichen Kanons, 714 f.
89 Schmid: Literaturgeschichte des Alten Testaments, 192.
90 Alexander: What happened to the Jewish Priesthood after 70?, 26 f.
91 Baumgarten: The Flourishing of Jewish Sects in the Maccabean Era.
92 Zur vorsichtigen Datierung s. Kartveit: The Origin of the Samaritans, 353, 370.
93 Schattner-Rieser: Prä-, Proto- und Antisamaritanisches in den Qumrantexten.
94 Schenker: Textgeschichtliches zum Samaritanischen Pentateuch und Samareitikon, 105 f.
95 Crown: Samaritan Scribes and Manuscripts, 12.
96 The Hebrew Bible in Light of the Dead Sea Scrolls, hg. v. N. Dávid u. a.
97 Lange: Handbuch der Textfunde vom Toten Meer, 3–16; Fabry: Der Text und seine Geschichte; Qumran und der biblische Kanon, hg. v. J. Frey.

mentieren sie, dass man damals keinen kanonischen Text kannte, sondern Texttraditionen, hinter denen teilweise unterschiedliche soziale Trägergruppen standen, die nebeneinander und sich wechselseitig beeinflussend existierten.

Gleichwohl gab es in diesem Prozess Tendenzen, den Bestand der als verbindlich betrachteten Bücher einzugrenzen. Die Thora (griechisch Pentateuch, „fünf Krüge") dürfte als Bestand von Schriften im Umfeld der Priesterschaft am Zweiten Tempel seit dem 4. Jahrhundert v. Chr. benutzt worden sein, wenngleich die genannten Unterschiede zwischen der samaritanischen und der hebräischen Überlieferung die Probleme der Monopolisierung einer Texttradition indizieren. Die möglicherweise zwischen 300/200 v. Chr. redigierten Chronikbücher setzten jedenfalls Thora und Propheten als autoritative Textensembles voraus oder wirkten bei deren Konstituierung mit.[98] Bei dem um 190/170 verfassten Buch Jesus Sirach ist dann schon eine Einteilung der hebräischen Schriften in „Gesetz, Propheten und die übrigen Schriften" gegeben,[99] wobei der Umfang der „übrigen Schriften" noch am wenigsten fixiert war. Gleichzeitig gingen die Eingriffe in die Texte weiter, bei den Prophetenbücher sind Veränderungen noch im 2./1. vorchristlichen Jahrhundert, etwa Redaktionen am Ezechielbuch durch konkurrierende Fraktionen von Hasmonäern und Zadokiden, nachweisbar.[100]

Katalytisch für diesen kanonischen Prozess war der Untergang der jüdischen Territorialherrschaft in Palästina durch die Zerstörung Jerusalems im Jahr 70 n. Chr. und die Niederlage Bar Kochbas im Jahr 136, insofern dies letztlich zur Herausbildung des rabbinischen Judentums führte, das eine zentrale Rolle bei der Definition eines verbindlichen Schriftkorpus übernahm. Damit tritt man in die komplexe Geschichte der Konstitution des spät- und nachantiken Judentums ein, in dem es überlappende Prozesse der Identitätsbildung gab: vor allem die Herausbildung unterschiedlicher Zentren, etwa in Babylon und in Jerusalem, und die wechselseitige Profilbildung von (Juden-)Christen und nichtchristlichen Juden. Schließlich wird neuerdings eine lange Tradition eines griechischsprachigen und des Lateinischen mächtigen Judentums im Westen des Römischen Reiches diskutiert, die von der hebräischsprachigen Tradition der Rabbinen im Osten zu unterscheiden sei.[101] Im byzantinischen Osten könnte es zudem weitere Parallelübersetzungen zur hebräischen Bibel gegeben haben.[102]

Die These der Festlegung eines „Kanon" durch eine „Synode in Jamnia" (Jabne) „um 90",[103] so der jüdische Historiker Heinrich Graetz 1871, gilt heute als widerlegt und als Teil einer nachträglichen Gründungserzählung des rabbinischen Judentums,[104] wenngleich es eine Diskussion über die Verbindlichkeit der Schriften gegeben haben dürfte.[105] Eine Festlegung könnte am Ende des ersten nachchristlichen Jahrhunderts vorgenommen worden

---

98 Steins: Die Chronik als kanonisches Abschlussphänomen, zur Datierung S. 497.
99 Sir, Vorwort, Verse 10 und 25.
100 Konkel: Das Ezechielbuch zwischen Hasmonäern und Zadokiden.
101 Mendels/Edrei: Zweierlei Diaspora, etwa 99. 115. 143.
102 Da Lange: The Greek Bible Translations of the Byzantine Jews.
103 Graetz: Kohélet, oder Der Salomonische Prediger, 163. 164.
104 Neusner: The Formation of Rabbinic Judaism; Schäfer: Die Flucht Johanan b. Zakkais aus Jerusalem und die Gründung des „Lehrhauses"; Stemberger: La formation et la conception du canon dans la pensée biblique, 116–124.
105 Schäfer: Geschichte der Juden in der Antike, 168.

sein, eher aber nach dem Bar Kochba-Aufstand (Ende 136), vermutlich aber erst, wozu die neuere Literatur tendiert, um 200.[106] Einen Beschluss über einen Kanon hat es dabei nicht gegeben,[107] eher rechnet man mit einer langsamen Verfestigung des Schriftenbestandes, der gleichwohl zu einer Liste geführt hat, die den heutigen Bücherbestand wiedergibt[108] – dies wäre dann der erste fixierte Kanon (als festgelegte Konsonantenfolge in den „kanonischen" Büchern[109]) in der mediterran-nahöstlichen Religionsgeschichte. Einen äquivalenten Begriff für „Kanon" hat man dabei nicht verwandt, sondern die Verbindlichkeit über rituelle Kategorien definiert (etwa über Bücher, die die Hände verunreinigen oder die man in der Genisa, dem rituellen „Grab" für nicht mehr benutzte Schriften, ablegen muss).[110] Allerdings war auch diese Festlegung offenbar erstmal relativ, insofern man Kommentartexten wie der Mischna einen hohen, manchmal gar höheren Stellenwert als den biblischen Schriften zubilligte – vielleicht in Anlehnung an das zweite (Neue) christliche Testament.[111]

Damit kommt man in das komplexe Feld von Bezügen zum christlichen Schriftkorpus, welches sich seit dem ersten Jahrhundert herausbildete und ohne das der rabbinische Kanonisierungsprozess wohl nicht zu verstehen ist. Dabei kam es innerjüdisch zu einer Monopolisierung des hebräischen Textes durch die Rabbinen, und das bedeutete die Ablehnung der Septuaginta, die zunehmend als christliche Büchersammlung betrachtet und ausgegrenzt wurde.[112] Sie unterlag jedoch wegen ihrer fehlenden „Sakralität", aber auch wegen des Niedergangs ihrer jüdischen und christlichen Trägergruppen einer zunehmenden „Dekanonisierung".[113] Allerdings hörten jüdische Gruppen nicht umgehend auf, die Septuaginta als ihre Bibel zu benutzen, wie es christliche Abgrenzungsnarrative erzählten.[114] Vielmehr gibt es Indizien, dass griechische Bibeltexte etwa noch bis in Mittelalter im byzantinischen Judentum benutzt wurden.[115] Eine Vielzahl dieser aus dem Hebräischen ins Griechische übersetzten oder unmittelbar griechisch verfassten Texte wurde von den Rabbinen nicht als kanonisch akzeptiert, etwa die Bücher Judith, Tobit, meist auch Jesus Sirach und die Makkabäerbücher (die allerdings im Mittelalter für die Liturgie ausgesprochen wichtig wurden und fast kanonische Geltung erlangten[116]), ebensowenig griechischsprachige Teile einiger Bücher, etwa des Buches Daniel. Auch in der Zuordnung der Bücher ging man eigene Wege, so etwa wurde das Buch Daniel nicht zu den „Propheten", sondern zu den „Schriften" gezählt. Die Durchsetzung des rabbinischen Schriftenkorpus ist mithin Teil der erfolgreichen Etablierung des rabbinischen Judentums, sowohl gegenüber dem Christentum als auch gegenüber inner-

---

106 Alexander: The Formation of the Biblical Canon in Rabbinic Judaism, 65. 77; Schäfer: Geschichte der Juden in der Antike, 168; Dorival: La formation du canon biblique, 99f.
107 Stemberger: Entstehung und Auffassung des Kanons im rabbinischen Denken, 70.
108 Alexander: The Formation of the Biblical Canon in Rabbinic Judaism, 75.
109 Stemberger: Entstehung und Auffassung des Kanons im rabbinischen Denken, 83.
110 Ebd., 78–81.
111 Alexander: The Formation of the Biblical Canon in Rabbinic Judaism, 77.
112 Hengel: Die Septuaginta als „christliche Schriftensammlung", 205–209.
113 Veltri: Libraries, Translations, and „Canonic" Texts, 6f., 17–22.
114 Rajak: Translation and Survival, 278–313.
115 Boyd-Taylor: Echoes of the Septuagint in Byzantine Judaism.
116 Stemberger: Entstehung und Auffassung des Kanons im rabbinischen Denken, 86.

jüdischen Konkurrenten, etwa den Samaritanern, deren Textsammlung die Rabbinen ablehnten. Allerdings unterschlägt die Fixierung des kanonischen Prozesses auf diese schriftliche Überlieferung ein Doppeltes: dass die Rabbinen zum einen an der Hochschätzung der mündlichen Überlieferung festhielten, an der mündlichen Thora,[117] deren Inhalt sie in den großen, nun wiederum schriftlichen Kommentarwerken des Talmud (Mischna, Gemara, Tosefta) sammelten und die sie wohl kaum rein mündlich weitergaben.[118] Und dass zum anderen die zentrale Referenz für viele Fragen der praktischen Religiosität für das rabbinische Judentum über Jahrhunderte nicht die Thora oder die anderen Schriften der jüdischen Bibel waren, sondern der Talmud, ähnlich wie die Schriften der „Kirchenväter" im Christentum und der Hadithe im Islam.[119] Damit kommt man in ein ganz eigenes Feld von Kanonisierungsprozessen, weil es nicht nur zwei antike Traditionsfamilien gibt, den Babylonischen und den Jerusalemer Talmud in jeweils verschiedenen Zusammenstellungen, sondern weil deren „Kanonisierung" eng mit sehr viel späteren Drucken zu tun hat, unter denen wohl insbesondere die Wilnaer Ausgabe im Verlag Romm von 1886 eine zeitweilig fast „kanonische" Autorität besaß.[120]

Der weitere Kanonisierungsprozess der schriftlichen Thora als rabbinisches Schriftkorpus ist nur schwer greifbar, weil, anders als im Christentum, über Jahrhunderte keine größeren Sammlungen von Schriftrollen und keine Kodizes mit (allen) biblischen Schriften überliefert sind. Die älteste Benutzung von Kodizes lässt sich im 8. Jahrhundert nachweisen[121], aus dem 9. Jahrhundert stammen Reste von Kodizes aus der Kairoer Genisa,[122] aber erst aus den Jahren um 925 unserer Zeitrechnung datiert der lange Zeit vollständig erhaltene Kodex aus der Synagoge von Aleppo, der allerdings 1947 bei einem Pogrom teilweise zerstört wurde. Erst mit diesem großen Kodex, in dessen Tradition ein weiterer, der auf das Jahr 1008 datierte Codex Leningradensis steht, kam es zu einer faktischen Fixierung des Umfangs der hebräischen Bibel.[123] Zuvor gab es zwar auch im rabbinischen Judentum einen autoritativ geltenden Kernbestand, aber zum einen ist eine innere „Kanonisierung" in Rechnung zu stellen, insofern die Thora, die fünf Bücher des Mose, immer einen herausgehobenen Stellenwert besaßen. Zum anderen waren die Ränder immer unscharf geblieben, wie etwa Debatte um das Hohelied und die Bücher Jesus Sirach, Ruth und Esther zeigen.[124] In der Praxis dürfte die pragmatische Festlegung eines zentralen Schriftkorpus ohnehin nicht zu einem „Kanon" auf der Ebene der Manuskripte geführt haben, dies bezeugen während des gesamten Mittelalters fehlende und unterschiedlich angeordnete biblische Bücher.[125]

---

117 Massonnet: Aux sources du christianisme, 127–252; Safrai: Oral Tora; Willi-Plein: Spuren der Unterscheidung von mündlichem und schriftlichem Wort im Alten Testament.
118 Stemberger: Mündliche Tora in schriftlicher Form.
119 Alexander: The Formation of the Biblical Canon in Rabbinic Judaism, 77f.
120 Für entscheidende Hinweise danke ich Elisabeth Hollender; zu den Drucken des babylonischen Talmud s. Stemberger: Einleitung in Talmud und Midrasch, 235.
121 Alexander: The Formation of the Biblical Canon in Rabbinic Judaism, 61.
122 Kahle: The Cairo Geniza, 91–97.
123 Alexander: The Formation of the Biblical Canon in Rabbinic Judaism, 66.
124 Ebd., 59–65; Lim: The Formation of the Jewish Canon, 180. Alexander, ebd. 74, spricht zwar von einem fixierten Kanon, dokumentiert aber gleichzeitig die offenen Ränder.
125 Übersicht bei Beckwith: The Old Testament Canon of the New Testament, 450–468.

Zwei Prozesse im Umgang mit den biblischen Texten lassen sich in diesem nachantiken Überlieferungsprozess erkennen. Zum einen haben die Masoreten, eine Gruppe jüdischer Gelehrter in unterschiedlichen Traditionssträngen, den Text normiert, indem sie den hebräischen Konsonantentext sorgfältig sichteten, Vokale durch Punktierung hinzufügten (wobei es schon vorchristliche Vokalisierungen gegeben haben dürfte[126]) und den Text kommentierten. Dies geschah in einem langen Prozess seit ungefähr 600/750 bis in die Mitte des 10. Jahrhunderts und in Kontakt mit Umfeldkulturen wie dem Islam (etwa in der Ausdifferenzierung in kurze und lange Vokale).[127] Forscher sprechen hier allerdings nicht leichthin von einer Kanonisierung, sondern von einer „standardization, and surely not of stabilization".[128] Diese masoretischen Texttraditionen waren zwar in historischer Perspektive nur eine Textfamilie unter anderen,[129] wurden aber für das rabbinische Judentum zentral und schließlich für den Rückgriff von Christen auf den hebräischen Text der Bibel in der Renaissance maßgebend.[130] Zum anderen spielte die Auseinandersetzung mit den Karäern eine wichtige Rolle. Diese hatten sich in Babylon seit dem 9. Jahrhundert in Auseinandersetzung mit rabbinischen Traditionen gebildet und kritisierten deren Auffassung einer mündlichen Thora neben der schriftlichen. Dies führte zur Herausbildung einer gelehrten grammatikalischen und philologischen Auseinandersetzung mit den biblischen Texten,[131] nicht zuletzt aufgrund der Beziehungen zu Christen und Muslimen, die die Bibel ins Zentrum (auch ihrer religiösen Unterweisung) rückten,[132] doch endete die Blütezeit der Karäer im Rahmen der Eroberung der Levante durch die Kreuzfahrer.

Dieser kanonische Prozess im Judentum umfasste die Sammlung und Exklusion, teilweise das Verbot der Übersetzung sowie die Autorisierung von Schriften, vor allem im Blick auf eine gottesdienstliche Nutzung. Dazu trat die religiöse Aufladung der Schriften, denen man Verbindlichkeit zuschrieb. Der wichtigste Akt war deren Sakralisierung.[133] Sie konnte auf vielen Wegen erfolgen, etwa indem man Schriften als inspiriert oder offenbart betrachtete,[134] wie es etwa der Schreiber des Buches Jesus Sirach vornahm, oder indem man den Umgang mit Texten, der rein und unrein machen könne (etwa durch eine Berührung bestimmter – etwa nicht punktierter und auf einer Rolle geschriebener – Texte[135] oder durch die gottesdienstliche Benutzung), als Indikator für deren Sakralität bestimmte,[136] oder indirekt durch die Hierarchisierung der Verständnisfähigkeit, wie sie (christlicherseits) Origenes vornahm, der einen höheren geistlicher Sinn für die „Vollkommenen" postulierte.[137] Inner-

---

126 Schenker: Anfänge der Textgeschichte des Alten Testaments, 11f.
127 Kelley u. a.: Die Masora der Biblia Hebraica Stuttgartensia, 15–35.
128 Tov: The History and Significance of a Standard Text of the Hebrew Bible, 66.
129 Ulrich: The Evolutionary Production and Transmission of the Scriptural Books, 48.
130 Tov: Text der Hebräischen Bibel, 17–62.
131 Khan: The Contribution of the Karaites to the Study of the Hebrew Language.
132 Goldstein: Karaite Exegesis in Medieval Jerusalem, 4.
133 Markschies: Haupteinleitung (in: Antike christliche Apokryphen), 17.
134 Mangenot: Inspiration de l'écriture.
135 Alexander: The Formation of the Biblical Canon in Rabbinic Judaism, 59f.
136 Stemberger: Jabne und der Kanon, 168–170; Goldberg: Die Zerstörung von Kontext als Voraussetzung für die Kanonisierung religiöser Texte im rabbinischen Judentum, 209; Leiman: The Canonization of Hebrew Scripture, 129–131; s. auch die sakrale Verehrung im Buch Nehemia 8,5–8.
137 Origenes: De principiis, 4,2,4.

halb der Bibel gab es aber nur wenige Passagen, mit denen man eine derartige Sakralisierung begründen konnte.[138] Eine weitere Variante bestand in der Erhebung einer Sprache zur Sakralsprache. Die Theorie des Aramäischen als sakraler Sprache lässt sich schon in der Antike bei den Samaritanern ausmachen,[139] aber konzeptionell ausgefeilt findet sie sich erst in den Ur- und Sakralsprachtheorien der Frühen Neuzeit. Und natürlich tauchte die Frage auf, ob der Buchstabe oder der Sinn eines Textes als sakral zu gelten habe. Philo von Alexandrien zu Beginn des ersten Jahrhunderts etwa betrachtete den Sinn, nicht den Text als inspiriert und damit als sakral, ähnlich argumentierte Flavius Josephus.[140]

Vor diesem Hintergrund entstanden Zusammenstellungen der autoritativen, später kanonischen Texte des Christentums. Anregungen in den paganen Traditionen gab es dazu kaum, hier fehlten wichtige Rahmenbedingungen. So besaß die zentrale Stellung von Texten in den christlichen und jüdischen Gottesdiensten in der römischen Religion keine Parallele,[141] eine vergleichbare Buchfrömmigkeit hat sich nicht entwickelt.[142] Deshalb sind autoritative Textsammlungen wie in Judentum und Christentum nicht entstanden, allenfalls den nicht erhaltenen Sybillinischen Büchern[143] oder Homer kann man einen strukturell vergleichbaren Status zuweisen.[144] Die entscheidende Voraussetzung der christlichen Kanonisierungsgeschichte war die Abfassung judenchristlicher Texte. Eine Legitimationsbasis dafür bildete vermutlich das Selbstverständnis Jesu mit dem Anspruch auf seine eigene Auslegung der Thora, die sich in eigenständigen Texten seiner Anhänger niederschlug.[145] Dazu trat das teilweise spiritualistische Selbstverständnis des Paulus. Um 50/51 ist wohl der Thessalonicherbrief (heute als erster Brief an die Thessalonicher gezählt) entstanden. Noch ältere Traditionen, etwa die Aussprüche Jesu (Logien), dürften in die synoptischen Evangelien (Markus, Matthäus, Lukas) eingegangen sein, deren Redaktion in der Regel nach der Zerstörung des Tempels im Jahr 70 angesetzt wird, doch werden aufgrund der schwachen Indikatoren auch Datierungen einige Jahrzehnte früher oder später vertreten. Kurz vor und nach dem Jahr 100 dürften mit den „katholischen Briefen" (einem Briefkorpus, das seit dem 4. Jahrhundert an die ganze, die allgemeine [„katholikos"] Kirche gerichtet verstanden wurde) die letzten Texte, die heute im Neuen Testament des lateinischen Christentums als kanonisch gelten, geschrieben worden sein. Texte der jüdischen Tradition wurden vor allem in der Version der Septuaginta rezipiert. Schließlich entstand eine christliche Schriftsammlung, in der schon im 2. Jahrhundert Kommentierungen Werke mit hoher Autorität auszeichneten[146] und die den kanonisierenden Begriff „Testament" erhielt,[147] ein „Altes Testament" enthaltend, so

---

[138] Schmid: Schriftgelehrte Traditionsliteratur, 71.
[139] Sawyer: Sacred Languages and Sacred Texts, 29.
[140] Steck: Der Kanon des hebräischen Alten Testaments, 25–31.
[141] Rüpke: Die Religion der Römer, 105.
[142] Irrgang: Von literarischen Kanon zum „heiligen Buch".
[143] Zinser: Texte in der antiken römischen Religion, 160–164.
[144] Finkelberg: The Canonicity of Homer.
[145] Luz: Das Evangelium nach Matthäus, Bd. 4, 455, spricht von einer „Selbstkanonisierung".
[146] Aland: Was heißt „Kanonisierung" des Neuen Testaments?.
[147] Markschies: Haupteinleitung (in: Antike christliche Apokryphen), 21–24.

erstmals Melito von Sardes († um 180),[148] und ein „Neues", so erstmals Clemens von Alexandrien († 215).[149]

Was weiter in den ersten Jahrhunderten der Christentumsgeschichte geschah, wird vor allem seit der Renaissance intensiv diskutiert. Dabei hat sich eine Wahrnehmung in den Vordergrund geschoben, die irgendwo in der Spätantike, meist im 4. Jahrhundert, einen Abschluss der Kanonbildung festlegte und allenfalls in dieser Zeit noch „gewisse Unklarheiten, wann es zu einer definitiven Stellungnahme gekommen ist", sah.[150] Folglich erscheinen die mittelalterlichen Sammlungen weitgehend durch die Übernahme der antiken Festlegungen geprägt, wobei Randunschärfen nicht geleugnet, aber eher beiläufig behandelt werden.[151] Aber man kann die Kanongeschichte auch von einem anderen Punkt her lesen, von der nicht vollzogenen Fixierung und den bis ins 16. Jahrhundert unabgeschlossenen Verhandlungen über die Grenzen der Bibel. Aus diesem Grund heißt handelt dieses Kapitel auch nicht von der antiken Kanonisierung, sondern von der antiken und mittelalterlichen Sammlung autoritativer Texte.

Diese Sammlung von Schriften kann man als Teil der Konstitutionsgeschichte der christlichen Gemeinden begreifen, die sich zunehmend als eigenständige Gruppierungen bis hin zu Fremdkörpern in den antiken Gesellschaften verstanden. Texte bildeten in diesem Prozess ein grundlegendes Element im Prozess ihrer Selbstdefinition und ihrer sozialen Verfassung, nicht zuletzt, wie gesagt, im Blick auf die neu Eintretenden. Selbst wenn klar ist, dass die Fixierung auf „die Schrift" oder gar „den Kanon" viel mit der neuzeitlichen Theologie zu tun hat, bleibt die Zusammenstellung einer spezifisch christlichen Sammlung von Schriften ein wichtiger Faktor der Identitätsbildung der antiken christlichen Gemeinden, eben weil sie nicht über gentile Strukturen der Zusammengehörigkeit verfügten.

Seit der Mitte des 18. Jahrhunderts, als der italienische Jesuit Lodovico Antonio Muratori eine antike Liste von autoritativen Büchern, die wohl um 200 entstanden ist,[152] publizierte, drehte sich die Forschung[153] zumeist um die Frage, was mit welchen Akteuren und mit welchen Absichten oder auch unintendiert zur Zusammenstellung des christlichen Schriftkorpus geführt habe. Klar ist, dass nur eine Minderheit der Christen die Schriften lesen konnte, selbst wenn man Alphabetisierungsquote im jüdisch-christlichen Milieu lange Zeit vielleicht zu gering eingeschätzt hat – doch dürften nicht mehr als 10 bis 15 Prozent der Christen des Lesens fähig gewesen sein.[154] Aus diesem Grund bewegen sich die Thesen zu den Gründen der Kanonbildung alle im Umfeld von Überlegungen einer institutionellen Vergemeinschaftung des Christentums:
- Die liturgische Verwendung von Büchern wird immer wieder und an vorderer Stelle genannt, da das Christentum im Zentrum Ritualreligion und nicht Schriftreligion war,

---

148 Hengel: Die Septuaginta als „christliche Schriftensammlung", 222.
149 Markschies: Das antike Christentum, 96.
150 So exemplarisch mit Blick auf Rom am Ende des 4. Jahrhunderts Lips: Der neutestamentliche Kanon, 122.
151 Ebd., 128.
152 Zurückweisung der in den letzten Jahren zur Diskussion gestellten Datierung ins 4. Jahrhundert bei Verheyden: The Canon Muratori. Text bei Markschies: Haupteinleitung (in: Antike christliche Apokryphen), 118–120.
153 Das am Ende des 19. Jahrhunderts weitgehend erschlossene und bis heute relevante Material bei Zahn: Geschichte des Neutestamentlichen Kanons.
154 Gamble: Books and Readers in the Early Church, 3–10, Datenschätzung S. 10.

wobei die Schriftlesung als zentraler Teil des christlichen Gottesdienstes außer Frage steht.[155] Schon die Liste Muratoris dokumentiert eine Bemessung der Verbindlichkeit an der Unterscheidung von privater Lektüre und kirchlicher, gottesdienstlicher Verlesung. Der Auftrag Kaiser Konstantins im frühen 4. Jahrhundert zur Herstellung von 50 Büchern mit „den göttlichen Schriften" aus Pergament, möglicherweise Vollbibeln, war beispielsweise ausdrücklich für den gottesdienstlichen Gebrauch angesichts einer schnell wachsenden Zahl von Gemeinden bestimmt;[156] der Codex Vaticanus könnte in diesem Kontext entstanden sein.[157] Dabei wird man mit dichten Wechselwirkungen zwischen Gottesdienstpraxis und Schrift zu rechnen haben, bei denen nicht nur die Schriften die Praxis, sondern auch umgekehrt die Praxis die Schriften beeinflusst haben dürften.[158]

- Die Katechese gilt ebenfalls als zentrales Motiv, weil man gerade für die Vergemeinschaftungsprozesse verbindliche Texte benötigte (s. Kap. 3.1.1a); allerdings ist gerade dieses Argument historisch nur schwach gedeckt.[159]
- Immer wieder wird eine konfliktuelle Dimension, die Abgrenzung unterschiedlicher christlicher Gruppen, erwogen, bei denen sich die spätere „Orthodoxie" gegenüber „Häretikern" durch die Bildung eines „Kanon" durchgesetzt habe. Einen Ansatzpunkt bot auch hier Muratori, dessen Bücherliste Hinweise auf Schriften enthält, die man nicht lesen solle, etwa auf gnostische Literatur, die mit vielen Aspekten (Mythologie, Konzentration auf geistige Erkenntnis, Körperdistanz) nicht nur außerhalb der „Orthodoxie" stand, sondern auch schriftkritische Vorstellungen besaß. Insbesondere der in Rom aktive Markion († 160), der (respektive seine Anhänger) im muratorischen Fragment als Verantwortlicher für den Laodizäerbrief und eine eigene Psalmensammlung genannt wird und der die jüdische Bibel zu eliminieren forderte (und auch im Neuen Testament „judaisierende" Passagen eliminiert habe, etwa im Lukas-Evangelium), gilt als Ansatzpunkt für eine Kanonisierung, weil die Abwendung von der jüdischen Tradition in der römischen und anderen lokalen Kirchen auf Ablehnung stieß. Die neuere Forschung stellt mehrheitlich die Frage, ob Markion mit der Zuweisung einer solchen Rolle nicht überschätzt ist,[160] doch liegt neuerdings wieder die Frage auf dem Tisch, ob das Evangelium des Markion nicht das älteste sei, welches durch seine Existenz die Prozesse der Festlegung zumindest eines Kernbestandes von Schriften, namentlich der vier Evangelien, aber auch der Paulusbriefe, ausgelöst habe.[161] Auch die christlichen Spiritualisten

---

155 Markschies: Kaiserzeitliche christliche Theologie, 176–213, 331–334.
156 Eusebius: De vita Constantini, IV,36; das Faktum bestätigt auch Athanasius: Apologia ad Constantium, 4.
157 Aland: Die Bedeutung des Codex Vaticanus für die frühe Kirchengeschichte, 180f.
158 Bradshaw: The Interplay between Sacred Text and Liturgical Rite in Early Christianity.
159 Markschies: Kaiserzeitliche christliche Theologie, 242.
160 So May: In welchem Sinn kann Markion als der Begründer des neutestamentlichen Kanons angesehen werden?; Schmid: Marcion und sein Apostolos. Die hohe Wertschätzung Markions geht auf Harnack und sein antijudaistisches theologisches Programm zurück; Kinzig: Harnack, Markion und das Judentum, 71–73.
161 Klinghardt: Das älteste Evangelium und die Entstehung der kanonischen Evangelien. Seine komplexe Argumentation verdient sicher eine intensive wissenschaftliche Debatte; ich stelle hier nur die Frage, ob nicht das Begriffsfeld Kanon/kanonisch/Kanonisierung bei Klinghardt eine zu weitgehende Formierung des autoritativen Bestandes angesichts der fluiden spätantiken Debatten impliziert.

wie die phrygischen Montanisten, die Geisterfahrung gegen Schriftbegründung ausspielten und neue Offenbarungen beanspruchten, werden unter die Gruppen gezählt, die die Kanonbildung herausgefordert hätten.[162] Auch hier gilt, dass eine gewisse katalytische Funktion für die Herausbildung eines christlichen Schriftkorpus anzunehmen ist, wie die Liste von Muratori belegt, dass aber ihre konkret nachvollziehbaren Wirkungen für den Kanonisierungsprozess im Dunkeln bleiben.[163] Diskutiert wird schließlich, ob Mani, dem Gründer einer gnostisch orientierten christlichen Gruppierung, eine besondere Rolle in dem antiken Kanonisierungsprozess zukommt, weil in den Schriften dieser Gemeinschaft sowohl biblische als auch nichtbiblische Schriften in Abgrenzung zu Sammlungen anderer christlicher Gruppen tradiert wurden.[164]

- Des weiteren erwägt man eine Reihe sozialhistorischer Faktoren: die Sicherung des christlichen Bücherkorpus in Verfolgungen, bei denen Bücher konfisziert oder zerstört wurden, die praktischen Bedürfnisse der Ausbreitung des Christentums („Mission"),[165] die Anlage von Standardsammlungen oder die wechselseitige Bezeugung der Rechtgläubigkeit bei Besuchen durch das Vorweisen einer „orthodoxen" Büchersammlung.

Unmittelbar abhängig von den Motiven sind die Kriterien einer Grenzziehung zwischen verbindlichen oder weniger verbindlichen Büchern.[166] Hier spielte die „Inspiration" eine zentrale Rolle, aber die war natürlich ein weiches und normatives, von daher streitanfälliges Kriterium.[167] Man konnte zwischen der Inspiration des Schreibers oder des Textes differenzieren (die aber häufig als zusammengehörig betrachtet wurden,[168] etwa in 1 Kor 2,11f.), den Buchstaben vom gemeinten Sinn unterscheiden, man konnte eine Entstehungszeit als Grenze für die Kanonizität definieren, wie es die Pharisäer taten, die die Zeit zwischen Moses und persischer Herrschaft zugrunde legten,[169] oder eine bestimmte Sprache zur Grundlage bestimmen, wie die Masoreten gegenüber der Septuaginta entschieden. In radikalen Fällen wie der frühneuzeitlichen protestantischen „Orthodoxie" konnte man den Text „mitsamt seinen Punkten, Buchstaben, Silben und Worten" als inspiriert betrachten[170] und die „unmittelbare" göttliche Offenbarung über Personen ausschließen.[171] Im Neuen Testament kamen weitere Kriterien hinzu, etwa die Apostolizität der Tradenten oder die Rezeption in den Gemeinden.

---

162 Leipoldt: Die Frühgeschichte der Lehre von der göttlichen Eingebung, 135.
163 Hirschmann: Horrenda secta, für die die Bezüge zur Kanondebatte (S. 75f.) nur wissenschaftshistorischen Wert besitzen; schon Paulsen: Die Bedeutung des Montanismus für die Herausbildung des Kanons, sah nur strukturelle Antagonismen.
164 Wurst: L'état de la recherche sur le canon manichéen.
165 Metzger: Der Kanon des Neuen Testaments, 81–115.
166 Inspirierte Autorschaft, Nutzung in einem „katholischen" Sinne einer universalen Verwendung oder die Anerkennung als „orthodoxe" Schriften als Kriterien bei Ludlow: „Criteria of Canonicity" and the Early Church, 73–88, wo aber pragmatische Entwicklungen wenig berücksichtigt sind.
167 Zur theologischen Deutungsgeschichte s. Beumer: Die Inspiration der Heiligen Schrift.
168 So für Paulus Whitlock: Schrift und Inspiration.
169 Dorival: La formation du canon biblique, 110.
170 Hollaz: Examen theologicum acroamaticum (1707), prol. III,13, zit. nach Kositzke: Inspiration, 427.
171 Wels: Unmittelbare göttliche Offenbarung als Gegenstand der Auseinandersetzung in der protestantischen Theologie der Frühen Neuzeit.

Aber normative Definitionen und praktische Anwendung blieben differente Kategorien, die vermutlich nie deckungsgleich waren.

Als Kronzeugen für die dann durchgesetzte Kanonisierung galten schließlich Bücherlisten[172] wie der genannte „Kanon" Muratori. Der allerdings trägt diese Beweislast nicht, denn er beinhaltet längst nicht alle biblischen Bücher; sodann schlägt er andere, die heute nicht in den lateinischen Kanon gehören, zur zumindest eingeschränkten Lektüre vor, und überhaupt ist er keine Kanonliste, sondern eine Leseliste. Als finale Festlegung konnte dann der 39. Osterfestbrief des Athanasius aus dem Jahr 367, der alle 27 in der lateinischen Tradition kanonisierten Bücher des Neuen Testaments enthält, gelten,[173] wobei Athanasius neben den von den „Vätern" beglaubigten Büchern noch diejenigen kannte, die diese Legitimation nicht besaßen und gleichwohl im Gottesdienst vorgelesen wurden, sowie die „Apokryphen", die zu „verwerfen" seien.[174] Athanasius wurde zudem durch seine Begriffsverwendung gestärkt, da er für seine Schriftenliste den Begriff des „Kanon" benutzte, den weder Jesus noch die Evangelisten kennen und den noch Paulus im Sinne einer ethischen Lebensregel verwandt hatte.[175] Als sammlungstechnischer Begriff ist Kanon erstmals in der Mitte des 4. Jahrhunderts im Konzil von Laodizäa nachweisbar.[176] Der entscheidende Punkt ist allerdings, dass Athanasius in dieser Zeit nur *eine* Festlegung der Bücherzahl unter anderen bietet, deren Motive zudem lokal situiert waren: Er befand sich in einer Auseinandersetzung mit freien Lehrern, deren dogmatische Positionen er ablehnte und denen gegenüber er die Autorität seines Bischofsamtes durchsetzen wollte.[177] Dass das Feld auch in der Zeit nach Athanasius hinsichtlich „der" 27 neutestamentlichen Schriften noch offen war, dokumentieren die Listen von Synoden im ausgehenden 4. Jahrhundert, in denen Clemensbriefe aufgenommen wurden oder die Pastoralbriefe, der Hebräerbrief oder die Johannesoffenbarung umstritten waren.[178]

Wie problematisch der Blick auf einzelne normative Entscheidungen, sei es diejenige des Athanasius oder eines Konzils, ist, dokumentieren neuere Untersuchungen über die sozialhistorischen Bedingungen von Schriftsammlungen und die Praxis der Rezeption von Schriften an der Basis der Gemeinden. Hier begrenzte schon der hohe Preis von Büchern die Möglichkeit, einen umfangreichen oder vollständigen Satz verbindlicher Bücher zu erstehen, so dass man in der Regel diejenigen Bücher besaß, die man gerade benötigte.[179] Sieht man sich die Bestände christlicher Bibliotheken genauer an, stellt man fest, dass sich manche Bücher des heutigen Neuen Testaments dort gar nicht finden[180] und eine vollständige Bibel einschließlich der jüdischen Schriften sich in den vorhandenen Bibliothekskatalogen überhaupt nicht nachweisen lässt, obwohl die Christen von Anfang an den billigeren Kodex (s. u.) statt der Rolle benutzten. Hingegen finden sich viele später nicht kanonisierte

---

172 S. Zahn: Geschichte des Neutestamentlichen Kanons, Kap. II.1.
173 Markschies: Haupteinleitung (in: Antike christliche Apokryphen), 160f.
174 Hengel: Die Septuaginta als „christliche Schriftensammlung", 226.
175 Gal 6,16; Phil 3,14; 2 Kor 10,13; vgl. Metzger: Der Kanon des Neuen Testaments, 272–276.
176 Markschies: Das antike Christentum, 95.
177 Ders.: Kaiserzeitliche christliche Theologie und ihre Institutionen, 226–228.
178 Metzger: Der Kanon des Neuen Testaments, 295f.
179 Markschies: Kaiserzeitliche christliche Theologie, 305.
180 Ebd., 315.

Texte,[181] die zudem zusammen mit patristischen Schriften offenbar ohne größere Vorbehalte gemischt wurden.[182] Christoph Markschies vertritt angesichts dieses Befundes die These, dass von unterschiedlichen Kanonisierungsprozessen im antiken Christentum auszugehen sei, weil Institutionen wie Bischöfe und Synoden, freie Lehrer und Gemeinden ganz unterschiedliche Schriftsammlungen mit unterschiedlichen Interessen produzierten.[183] Derartige Sammlungen entstanden in einem diskursiven Raum, der durch die Autorität von Bischöfen und Kirchenversammlungen, Lehrern und Gemeinden natürlich keine machtfreie Zone war, in dem aber schon aufgrund der lokalen Differenzen und aufgrund fehlender zentraler Organisationsstrukturen die Durchsetzung eines monolithischen „Kanon" nicht möglich war. Ein christliches Konzil, einen Amtsträger, eine Gemeinschaft, die einen für alle Kirchen und Schulen und Christen verbindlichen Kanon definiert hätten, ein Abschlussverfahren, um den „absoluten", abgeschlossenen Kanon herzustellen, sucht man folglich vergebens. Es gab Bücher, die zum kaum mehr umstrittenen Bestand der allermeisten christlichen Denominationen, soweit wir über deren Textsammlungen Informationen besitzen, gehörten, wozu namentlich die vier Evangelien (wohl zuerst im 2. Jahrhundert bei Tatian) und viele paulinische Briefe zählten.[184] Zugleich finden wir die Ausgrenzung von Schriften, vielleicht sogar Leseverbote.[185] Aber eine positive Festlegung eines geschlossenen Kanons fehlt. Bücherlisten waren Teil einer sich entwickelnden theologischen Experimentalkultur.[186]

Dabei blieb nicht nur die Zahl der Bücher, sondern auch und damit intrinsisch verknüpft, die Frage nach der Sprachtradition umstritten. Eine Durchsicht der christlichen Autoren griechischer Zunge macht deutlich, dass diese in der Theorie die hebräische Bibel zum Maßstab nahmen, aber, und hier wird die Praxis zum Indikator gegen ein geschlossenes Systemdenken, in der Praxis nach der Septuaginta zitierten und auch deren Bücher, die nicht in der hebräischen Version enthalten sind, benutzten.[187] Bei den lateinischen christlichen Schriftstellern fehlt schon der Problemrahmen, insofern sie fast keine Kanonlisten aufstellten.[188] Im Westen war es dann Augustinus, der in seiner Auseinandersetzung mit Hieronymus zwischen 359 und 420 die Frage nach den verbindlichen Büchern der Bibel aufwarf. Er hielt an der Septuaginta fest, aufgrund ihres Ansehens und der Annahme ihrer Inspiration.[189] Aber in dieser Debatte modifizierte er auch seine Position und anerkannte schließlich der hebräischen Bibel und der Septuaginta „dasselbe Maß an Inspiration" zu.[190] Die Frage der Schließung des Kanons lag offenbar nicht in den Interessen beider.

---

181 Ebd., 315f.
182 Ebd., 323f.
183 Ebd., 331–333.
184 Ders.: Haupteinleitung (in: Antike christliche Apokryphen), 73.
185 Markschies, ebd., 134, sieht über die „apokryphen" Bücher des Decretum Gelasianum ein „Verbot" des Lesens verhängt, in Interpretation der Anweisung des Textes, diese Bücher zu „meiden" (ebd., 136).
186 In Anlehnung an dens.: Kaiserzeitliche christliche Theologie, 261.
187 Hennings: Der Briefwechsel zwischen Augustinus und Hieronymus und ihr Streit um den Kanon des Alten Testaments, 180f.
188 Ebd., 188f.
189 Ebd., 208–216.
190 So Hennings, ebd., 260. Ein generelle „Zweitrangigkeit" der Septuaginta sieht hingegen Hengel: Die Septuaginta als „christliche Schriftensammlung", 228–232.

Bei diesem Kanonisierungsprozess dürfte eine produktionstechnische Entscheidung, die für die religiöse Nutzung wohl vom Christentum ausging und in der Antike die mediterrane Religionsgeschichte veränderte, bis sie schließlich die religiöse Mediengeschichte über den Druck insbesondere mit beweglichen Lettern global revolutionierte, eine Rolle gespielt haben: die Nutzung des Buches anstelle der Textrolle.[191] Sie bildete natürlich auch in den ersten christlichen Generationen das Standardmedium für ihre Schriften. Mit einer Ausnahme allerdings: Die unter den biblischen Schriften die lange umstrittene (s. u.) Johannesapokalypse – auch in anderer Hinsicht ein Ausnahmetext, insofern er eine unmittelbare Offenbarung anstatt erzählter Erfahrung beanspruchte – setzte explizit auf das Buch als Offenbarungsmedium, um den Bestand der flüchtigen pneumatischen Offenbarung zu gewährleisten.[192] Aber die Rolle muss unter den Aufzeichnungsmedien schnell an Bedeutung verloren haben. Sehr früh wurden im Christentum Kodizes bevorzugt, deren Anzahl gegenüber überproportional schnell wuchs und die schon im dritten Jahrhundert dreiviertel der Schriftproduktion ausmachten.[193] Möglicherweise war gerade diese durch den Preis garantierte leichte Verfügbarkeit ein Grund, der dazu beitrug, die mündliche Überlieferung des Christentums in Schrift zu überführen.[194]

Gebundene Bücher wurden ein Kennzeichen der christlichen Texttradierung,[195] der Kodex zu einem abgrenzenden Identitätsmerkmal, während in der Umwelt Rollen dominierten. Die symbolisch hohe Wertschätzung des Buches dokumentiert ein Bild von Christus als Pantokrator in der römischen Katakombe an der Via Latina aus dem frühen 4. Jahrhundert, einer der frühesten Darstellungen dieses Themas, in der Schriftrollen und Kodex mit offenbar unterschiedlicher Gewichtung dargestellt sind: die Rollen liegen zu seinen Füßen, der Kodex ist neben dem Thron aufgeschlagen (und vielleicht legte Christus darauf seine Hand).[196] Aber noch kurz vor 400 konnte Christus auf dem Sarkophag des Stilicho in St. Ambrogio (Mailand) sowohl mit Rollen als auch mit Kodex dargestellt werden. Das Judentum nutzte bis ins 5. Jahrhundert ausschließlich und auch später hauptsächlich Rollen.[197] Zumindest vermuten kann man, dass Heidenchristen sich damit auch vom jüdischen Gesetz abgrenzen wollten.[198] Anfangs wurden im Christentum Bücher (als Kodizes) einzelner Evangelien oder Briefe hergestellt, die man selektiv im Gottesdienst nutzte oder auch als Bücherreihe seinem Gegner in der Schlacht, so im Jahr 422 die Vandalen, wie ein apotropäisches Zeichen entgegenhielt.[199] Im 4. Jahrhundert schließlich entstanden voluminöse Bibeln mit alt- und neutestamentlichen Texten, von denen zwei berühmte Exemplare aus dem 4. Jahrhundert, der Codex Vaticanus und der Codex Sinaiticus, erhalten sind. Diese Einführung von Büchern war ein tiefer Einschnitt, denn Kodizes waren zuvor vornehmlich für den pragmatischen Schriftverkehr benutzt worden und galten

---

191 Wallraff: Kodex und Kanon.
192 Gradl: Buch und Offenbarung; Gamble: Books and Readers in the Early Church, 42–56.
193 Seeliger: Rolle, Kodex, Kanon, 548; Resnick: The Codex in Early Jewish and Christian Communities, 2f.
194 Roberts/Skeat: The Birth of the Codex, 59.
195 Wallraff: Kodex und Kanon, 14f.; Seeliger: Buchrolle, Kodex, Kanon, 548f.
196 Reudenbach: Der Codex als Verkörperung Christi, 229.
197 Seeliger: Rolle, Kodex, Kanon, 554.
198 Resnick: The Codex in Early Jewish and Christian Communities, 12.
199 Vössing: Das Königreich der Vandalen, 31. 157, Anm. 96.

als wenig angemessen für symbolisch hochgewichtete religiöse Texte.[200] Aber sie waren eben billiger, weniger anfällig für Beschädigungen, praktisch für Wandermissionare (wer konnte schon den Pentateuch, wörtlich: die „fünf Krüge" für Rollen, tragen?[201]), boten mehr Platz und verbanden Texte zu einer Einheit.[202] Vielleicht verband sich mit dem Kodex auch eine egalisierende Absicht: Die Rolle war ein elitäreres Format, von dem sich Christen durch das Buch möglicherweise distanzierten.[203] Jedenfalls setzte sich der Kodex, zuerst meist für Teilsammlungen und in selteneren Fällen für Vollbibeln, von denen allenfalls eine Handvoll aus der Spätantike und dem Frühmittelalter erhalten ist[204] (und die anfangs eher einen „experimentellen Charakter" besaßen, weil sie mehr eine Bibliothek als eine einfache Sammelhandschrift waren[205]), als das dominante Trägermedium im Christentum durch, mit beträchtlichen Folgen für die Kanonisierung: Ein Kodex fasst Bücher stärker zusammen als Rollen, die separat bewegt und variabel zusammengestellt werden können. Damit verdichtet ein Kodex die Intertextualität seiner Texte, weil die Bindung unterschiedliche Texte fixiert, die sich stärker wechselseitig erläutern. Ein Buch zwingt zudem zu Entscheidungen über die Reihenfolge von Texten, so dass unterschiedliche Arrangements unterschiedliche Kanonisierungsvorstellungen indizieren. Diese Sozialgeschichte der Buchbindung hatte nachhaltige theologische Folgen, insofern sie eine „biblische Theologie" als Theologie der gesamten Bibel begünstigte oder sogar erzeugte – aber diese blieb bis heute konsequenterweise ein vornehmlich christliches Produkt und weniger ein jüdisches – dabei dürften die bis heute im jüdischen Gottesdienst benutzen Rollen eine mitentscheidend gewesen sein.[206]

Diese produktionstechnische Entscheidung dürfte dazu beigetragen haben, dass sich schnell der genannte engere Kranz allgemein akzeptierter Bücher etablierte. Die Texte jüdischer Tradition zählten weitgehend unangefochten zum allgemeinen Bestand, wenngleich das Christentum die Thora nicht bevorzugte, sondern die anderen Gruppen (Propheten, Schriften) gleichermaßen akzeptierte.[207] Markion blieb in der Ablehnung der jüdischen Schriften eine Ausnahme. Zu den Modi der Autoritätssteigerung gehörte im Christentum wie im Judentum eine pragmatische Nutzung (etwa in Gemeinden und in Gottesdiensten), aber auch die genannte normative Katalogisierung (etwa auf Synoden oder bei Theologen). Dazu kamen kanonisierende Übersetzungsprozesse, zu der in der westlichen Tradition seit dem 2. Jahrhundert die lateinischsprachige Vetus latina zählte, vor allem aber die durch Hieronymus erstellte, ebenfalls lateinische Vulgata (s. u.). Sie folgte der Septuaginta, allerdings blieben einbändige Manuskripte aller Bücher der Vulgata bis zum 13. Jahrhundert selten, und diese Vollbibeln, die beträchtliche buchbinderische Probleme bereiteten,[208] wurden

---

200 Blanck: Das Buch in der Antike, 95f. 100f.; Funke: Buchkunde, 70f.
201 Wallraff: Kodex und Kanon, 9.
202 Roberts/Skeat: The Birth of the Codex, 45–49.
203 Blanck: Das Buch in der Antike, 98–101; Seeliger: Buchrolle, Codex, Kanon, 551–555.
204 Bremmer: From Holy Books to Holy Bible, 354f.
205 Schmid: Diplés und Quellenangaben im Codex Sinaiticus, 83.
206 Levenson: Warum sich Juden nicht für biblische Theologie interessieren; Brandt: Endgestalten des Kanons, 59.
207 Wilckens: Theologie des Neuen Testaments, Bd. I,4, 294.
208 Jongkind: Scribal Habits of Codex Sinaiticus.

gerade nicht zum rituellen Gebrauch zusammengestellt,[209] sondern vielleicht eher als Referenzwerke. Auch im Christentum findet sich die Sakralisierung als Kanonisierungsmodus durch sakralsprachliche Vorstellungen, wie im Judentum und im Neuplatonismus.[210] Die sakrale Aufladung dokumentiert etwa die Rede von der „sacra scriptura", die Applizierung von Inspirations- und Offenbarungskonzepten (möglicherweise zuerst bei Philo[211]) oder die Deutung des biblischen Textes als Repräsentanz Gottes auf Erden.[212] Christen begannen vor diesem Hintergrundd im 4. Jahrhundert, statt von den „heiligen Büchern" des Christentums von seiner „heiligen Schrift" im Singular zu sprechen[213] – durchgesetzt hat sich dieser Sprachgebrauch im Westen dann im 16. Jahrhundert.[214]

In diesem Kontext blieb der kanonische Prozess offen. Unter Christen finden sich in der Frühphase durchaus gegenläufige Formen des Umgangs mit kanonisierenden Festlegungen. Auf der einen Seite zeigte noch die christliche Septuaginta durch Kürzungen und freie Übersetzungen, dass der hebräische Text nicht als sakrosankt betrachtet wurde.[215] Auf der anderen Seit griff die Apokalypse des Johannes, des oft letzten Buches in den christlichen Sammlungen biblischer Bücher, die „Kanonformel" des Buches Deuteronomium auf, die Textveränderungen untersagt (siehe Kap. 4.1), indem sie in den vorletzten Sätzen die folgende Strafbewehrung aussprach: „Wer etwas hinzufügt, dem wird Gott die Plagen zufügen, von denen in diesem Buch geschrieben steht. Und wer etwas wegnimmt von den prophetischen Worten dieses Buches, dem wird Gott seinen Anteil am Baum des Lebens und an der heiligen Stadt wegnehmen, von denen in diesem Buch geschrieben steht." (Apk 22,18f.)

Wie problematisch aber letztendlich die Analyse von Kanonisierungsprozessen durch die Orientierung an „Grenzen" und „Kernbeständen" ist, dokumentiert die Nutzung einer beträchtlichen Zahl von Schriften, die sich durch diese Kriterien in der Antike und in den nachfolgenden Jahrhunderten nicht kanonisch zuordnen lassen.[216] Solche Schriften sind schon deshalb begrifflich schwer zu fassen, weil theologisch normierte Ausgrenzungsbegriffe auch in der Religionswissenschaft eingebürgert wurden. So hat sich der Begriff „apokrypher" Schriften (in der Antike wurde apokryphus oft mit secretus übersetzt[217]) zur Bezeichnung „nichtkanonischer" Schriften etabliert, aber dem liegt eine theologische Normierung von Kanonizität zugrunde. Ebenso problematisch ist die Rede von „deuterokanonischen" (also zweitrangigen kanonischen) Schriften, mit der protestantische Theologen unter Berufung auf die rabbinische Tradition die dort nicht rezipierten Schriften der Septuaginta ausgrenzten. Unbefriedigend ist auch

---

209 Smith: Canons, Catalogues and Classics, 307.
210 Sawyer: Sacred Languages, 90.
211 Leipoldt: Die Frühgeschichte der Lehre von der göttlichen Eingebung, 128–130.
212 Markschies: Kaiserzeitliche christliche Theologie, 216.
213 Bremmer: From Holy Books to Holy Bible, 348–350.
214 Ebd., 346.
215 Hengel: Die Septuaginta als „christliche Schriftsammlung", 247.
216 Zahn: Geschichte des Neutestamentlichen Kanons, Kap. II.2; Kaiser: Die alttestamentlichen Apokryphen; Rösel: Bibelkunde des Alten Testaments; Stuckenbruck: Apocrypha and the Septuagint; Kautzsch: Die Apokryphen und Pseudepigraphen des Alten Testaments; Antike christliche Apokryphen in deutscher Übersetzung, hg. v. Ch. Markschies/J. Schroeter.
217 Berndt: Gehören die Kirchenväter zur Heiligen Schrift?, 196.

die Rede von „zwischentestamentlichen" Schriften für eine Gruppe von um die Zeitenwende herum entstandener Texte, weil sie kontrafaktisch „Testamente" voraussetzt. Zudem enthält diese Definition eurozentrische Normen, weil die christlichen Kirchen außerhalb des Okzidents unterschiedliche „Alte" und „Neue" Testamente mit unterschiedlichen Verbindlichkeitsgraden für die jeweils darin enthaltenen Schriften zu unterschiedlichen Zeiten „kanonisiert" haben. Deshalb implizieren die folgenden Überlegungen zu nicht-„kanonischen" Büchern insoweit eine normative Perspektive, als die theologischen Kanonisierungsentscheidungen in den lateinischen Kirchen die Messlatte für als ausgeschieden betrachtete oder umstrittene Bücher bildet. Angesichts der großen Zahl außer-„kanonischer" Schriften kann es im Folgenden nur um Spots gehen, um dieses Feld auszuleuchten.

Eine Gruppe bilden die nicht in die allgemein verbreiteten Sammlungen der lateinischen Kirchen aufgenommenen Bücher. Das Muratorische Fragment etwa dokumentiert mit der Petrusapokalypse ein solches Buch. Ein großer Teil dieser Schriften besaß vermutlich nie eine reelle Chance, den Grad allgemeiner Verbindlichkeit zu erhalten. So fand die gnostische Literatur, wie sie der Jahrhundertfund der Bibliothek von Nag Hammadi bietet, keinen Ort in der christlichen Bibel. Vermutlich betrachteten nicht einmal diese (vermutlich christlichen, vielleicht monastisch lebenden) Gnostiker selbst ihre Büchersammlung als einen Gegenkanon, sondern akzeptierten den im 3. bis 4. Jahrhundert sich herausbildenden christlichen Bestand an Schriften als normative Referenz.[218]

Sodann gibt es Bücher, die sich in der Antike in den Sammlungen „kanonischer" Schriften finden, aber später ausgeschieden wurden. Dies dokumentieren noch die ältesten erhaltenen Vollbibeln aus dem vierten Jahrhundert. Der Sinaiticus, ursprünglich aus dem Katharinenkloster auf dem Sinai stammend und der alexandrinischen Texttradition, einer von drei oder vier Textfamilien des Neuen Testamentes, zugehörend, enthält den „Brief des Barnabas" und den „Hirten des Hermas", während in dem heute im Vatikan befindlichen Codex Vaticanus aus dem gleichen Zeitraum vermutlich Teile mit den letztgenannten Büchern fehlen. Nicht anders war die Situation im 5. Jahrhundert, wo der Codex Alexandrinus, ebenfalls aus alexandrinischer Tradition, den ersten und zweiten Clemensbrief besitzt.[219] Wie wenig sich die Situation im Grundsätzlichen bis in die Frühe Neuzeit hinein geändert hat, zeigt der Brief an die Laodizäer, überliefert unter dem Namen des Paulus (dessen Original, wenn Paulus ihn je geschrieben haben sollte [Kol 4,16], verloren ist). Der erst in Manuskripten des 6. Jahrhunderts überlieferte Text[220] hat in über einhundert Ausgaben der Vulgata überlebt[221] und findet sich noch in der Regel in spätmittelalterlichen angelsächsischen Bibeln[222] und in den deutschen Bibeln des 15. und frühen 16. Jahrhunderts vor Luther (s. u.). In diesem Kontext wäre es von besonderem Nutzen zu wissen, welche Bücher man nicht las oder deren Lektüre man

---

218 Markschies: Kaiserzeitliche christliche Theologie, 278–298. Zumindest findet man eine offenbar intensive Rezeption der später kanonisierten in den nicht kanonisierten Büchern; Bauer: Schriftrezeption in den neutestamentlichen Apokryphen.
219 Bücherlisten bei Andrist: Le milieu de production du Vaticanus graecus 1209 et son histoire postérieure, 255.
220 Tite: The Apocryphal Epistle to the Laodiceans, 3.
221 Metzger: Der Kanon des Neuen Testaments, 228; Leipoldt: Geschichte des neutestamtentlichen Kanons, Bd. 2, 9f.
222 Lips: Der neutestamentliche Kanon, 128.

verbot; dieser negative Kanon wäre vermutlich angemessener, um die kanonischen Grenzen in der Antike zu bestimmen; aber systematische Forschungen scheinen dazu zu fehlen.

Schließlich sind diejenigen Schriften beizuzählen, die in den später als kanonisch betrachteten Schriften zitiert, aber nicht aufgenommen wurden. In den jüdischen Schriften finden sie sich besonders häufig in den Chronikbüchern, wo unter anderem auf die „Vision des Propheten Jesaja" (2 Chr 32,32) oder die „Geschichte Usijas" (2 Chr 26,22) Bezug genommen wird. Dazu tritt eine Vielzahl von Bezugnahmen und Zitaten ohne ausdrückliche Nennung solcher Schriften. In den christlichen Schriften greift der Judasbrief auf die „Himmelfahrt des Mose" zurück (Jud 9) und verweist zumindest auf die Person des Henoch (Jud 14f.). Paulus hingegen bedient sich des „Lebens Adams und Evas" (auch genannt „Die Apokalypse des Moses") (2 Kor 11,14; 12,2) und verkündet unter Rückgriff auf ein „geschriebenes" Wort, dass Gott denen, die ihn lieben, etwas bereitet habe, was „kein Auge gesehen und kein Ohr gehört hat" (1 Kor 2,9). Dieses in der christlichen Literatur verbreitete Zitat findet sich jedoch in den später kanonisierten jüdischen und christlichen Schriften nicht.[223]

Zu einer weiteren Gruppe kann man Schriften zusammenfassen, die erst nach längerer Zeit im späteren christlichen Kanon Platz fanden. In der jüdischen Bibel gehören dazu viele Bücher der „Schriften", etwa das Hohelied, welches Origenes schätzte, Theodor von Mopsuestia hingegen nicht.[224] Unter den neutestamentlichen Texten war die Johannes-Apokalypse insbesondere in östlichen Christentümern lange umstritten, teilweise bis ins 17. Jahrhundert;[225] schon in der Antike hatte man ihr die prognostische Spekulation vorgehalten.[226] Von diesen Vorbehalten wusste man auch im Westen, wie etwa das Konzil von Toledo (633) und Johannes von Salisbury († 1180) dokumentieren,[227] doch etablierte sich die Johannes-Apokalypse unter westkirchlichem Einfluss schließlich auch in der byzantinischen Tradition.[228] Im Westen hingegen gab es seit der Antike Kritik am Hebräerbrief, dessen Kanonizität man aufgrund der Zweifel an der Verfasserschaft des Paulus infrage stellte,[229] aber auch aus inhaltlichen Gründen, weil dort eine zweite Vergebung verweigert wird.[230]

Eine fehlende oder umstrittene oder verzögerte Aufnahme in den (späteren) Kanon musste allerdings die Wirkung von Texten nicht beschränken,[231] eine solche Erwartung ist letztlich die Folge eines retrospektiv verwandten neuzeitlichen Kanonbegriffs. Das „Protoevangelium des Jakobus" etwa, das dem Bruder Jesu zugeschrieben wurde, aber wohl aus den ersten Jahrzehnten des 3. Jahrhunderts stammt,[232] ist nicht kanonisiert worden. Gleichwohl war es über viele Jahrhunderte ein theologisch bedeutsamer Text, der erst sehr viel

---

[223] Schrage: Der erste Brief an die Korinther, Bd. 1, 246.
[224] Hengel: Die Septuaginta als „christliche Schriftensammlung", 253.
[225] Leipoldt: Geschichte des neutestamentlichen Kanons, Bd. 1, 95–103.
[226] Ebd., Bd. 1, 73.
[227] Ebd., Bd. 2, 5.
[228] Campenhausen: Die Entstehung der christlichen Bibel, 273–275.
[229] Leipoldt: Geschichte des neutestamentlichen Kanons, Bd. 1, 221.
[230] Zahn: Geschichte des Neutestamentlichen Kanons, I/1, 300–302; Leipoldt: Geschichte des neutestamentlichen Kanons, Bd. 1, 225; Bd. 2, 6–9.
[231] Im Überblick für die Antike Markschies: Haupteinleitung (in: Antike christliche Apokryphen), 80–90.
[232] Toepel: Das Protevangelium des Jakobus, 32f.

später immer stärker abgewertet wurde, als offenbar die Kanonizität dieses Textes fraglich wurde.[233] Es diente jedenfalls als Grundlage für drei Marienfeste (Mariä Empfängnis, Mariä Geburt und Mariä Darstellung im Tempel),[234] hat die Ikonographie der Kindheitsgeschichte Jesu in der Ostkirche nachhaltig geprägt[235] und in der orthodoxen Kirche in der Liturgie und Kunst Verwendung gefunden,[236] wohingegen es im Westen mit größerer Reserve rezipiert wurde.[237] Ein anderes Beispiel ist das in recht unterschiedlichen Varianten existierende Nicodemus-Evangelium, dem die Vorstellung vom Abstieg Jesu in die Unterwelt, des Descensus ad inferos, entstammte, die im Mittelalter ausgesprochen populär war.[238]

Wie sehr diese Überlegungen zu den Grenzen von Kanones ein Kind partikularen okzidentalen Denkens sind, zeigt der Blick auf eine orientalische Kirche, die äthiopische. Diese um 330 zur Staatskirche gewordene Regionalkirche, deren Kontakte mit der übrigen Christenheit durch die Eroberung der umliegenden Gebiete durch den Islam im 7. Jahrhundert schwächer wurden, kennt bis heute eine Bibel, deren Umfang (präziser: deren mögliche Umfänge) weit über die bislang vorgestellten Sammlungen hinausgeht.[239] Die Rekonstruktion des antiken Buchbestandes ist aufgrund fehlender Quellen und der fehlenden Festlegungen nicht möglich,[240] und spätere Listen von biblischen Büchern und die real in Kodizes aufgenommenen stimmen nicht überein.[241] Hier stehen im alttestamentlichen Teil das Buch Henoch, das Jubiläenbuch und die Esra-Apokalypse (das 4. Buch Esra der Vulgata), und im neutestamentlichen Teil, der in der lateinischen und byzantinischen Tradition 27 Bücher umfasst, können sich bis zu 35 Bücher befinden, darunter eine vierteilige Kirchenordnung (der Sinodos), die teilweise den Aposteln zugeschrieben wurde, die Didaskalia (unter der in der äthiopischen Tradition ein Rechtsbuch verstanden wird), Petrus zugeschriebene Mitteilungen, ein Bundesbuch (das großenteils Rechtsnormen beinhaltet) oder ein Gespräch Jesu mit seinen Jüngern nach der Auferstehung.[242] Die Behauptung, dass eine ihrer Bibeln vollständig sei, hat die äthiopische Kirche nie aufgestellt,[243] vielmehr kennt man bis heute die Unterscheidung zwischen einer engen und einer weiten Sammlung von Schriften.[244] Die äthiopische Kirche kennt mithin besonders offene Grenzen und besonders viele Schriften, ist aber kein prinzipiell abweichender Fall. Denn auch bei Kirchen ohne diese Randlage, nicht

---

233 Ebd., 266–268.
234 De Fiores: Maria in der Geschichte von Theologie und Frömmigkeit, 106; Kleinheyer: Maria in der Liturgie, 489f.; Pellegrini: Das Protoevangelium des Jakobus, 914.
235 Neutestamentliche Apokryphen in deutscher Übersetzung, Bd. 1, hg. v. E. Hennecke/W. Schneemelcher, 56f.
236 Onasch: Kunst und Liturgie der Ostkirche in Stichworten unter Berücksichtigung der Alten Kirche, 33f.; Pellegrini: Das Protoevangelium des Jakobus, 914.
237 Pellegrini, ebd. 909.
238 Schärtl: Das Nikodemusevangelium, die Pilatusakten und die „Höllenfahrt Christi", 240; The Medieval Gospel of Nicodemus, hg. v. Z. Izydorcszyk.
239 Beckwith: The Canon in the Early Ethiopian Church.
240 Brakmann: To para tois barbarois ergon theion, 146–157; ders.: Axomis (Aksum), 783.
241 Brandt: Bible Canon, 572.
242 Kealy: The Canon, 18f.; Metzger: Der Kanon des Neuen Testaments, 217f.; Stuckenbruck: Apocrypha and the Septuagint, 184f.
243 Kealy: The Canon, 18f.; Metzger: Der Kanon des Neuen Testaments, 217f.
244 Cowley: The Biblical Canon of the Ethiopian Orthodix Church Today.

zuletzt in den syrischen Traditionen, stößt man auf keinen anderen Befund als in den okzidentalen: auf eine im Kern verbindliche, aber an den Rändern nicht geschlossene Schriftsammlung, etwa der syrischen Kirche[245] (s. u.) oder in der armenischen, wo sich exegetische und homiletische Schriften in die heute als kanonisch betrachteten Schriften eingefügt finden, etwa der dritte Korintherbrief oder die „Testamente der zwölf Patriarchen".[246]

Die Frage der Verbindlichkeit hing schließlich im Osten wie im Westen mit der hermeneutischen Entscheidung zusammen, welche Deutungsverfahren legitim sein könnten. Seit der Antike hatte die christliche Exegese zwischen dem Wortsinn und einem übertragenen Sinn unterschieden, zwischen historischer und spiritueller Deutung. Für den hohen Stellenwert der historischen Deutung war ausschlaggebend, dass Judentum und Christentum geschichtlich (und nicht primär über rituelle Praxis oder innere Erfahrung) begründete Religionen waren. Die spirituelle Deutung tendierte demgegenüber dazu, den schriftlichen Sammlungsbestand als sekundär zu betrachten und den „wahren Kanon" in der geistlichen Auslegung zu finden. Diese alternativen, spirituellen Deutungen markierten die Grenzen der historischen Auslegung, denn nicht alle Fragen etwa von Ethik und Frömmigkeit waren aus den biblischen Texten eindeutig zu beantworten, viele Stellen blieben philologisch dunkel, und schließlich forderten einige Bibelstellen selbst die geistliche Exegese. So sah schon Paulus in den Söhnen, die Abraham von unterschiedlichen Frauen hatte, einen „tieferen Sinn" inkorporiert: „Diese Frauen bedeuten die beiden Testamente" (Gal 4,24). Vor allem aber war die typologische Auslegung der beiden Testamente, in der man, gestützt auf neutestamentliche Stellen, das Alte Testament als eine Präfiguration der christlichen Heilsgeschichte deutete, ein Ansatz spiritueller Exegese. Schon in der Antike hatten sich diese Deutungsoptionen in Schulen niedergeschlagen. Die „antiochenische" Schule galt als Exponentin einer stärker historischen, die alexandrinische als Ort einer stärker allegorischen Deutung,[247] für die ein Grund, etwa bei Origenes, gerade die Konsistenzprobleme der historischen Deutung waren.[248] In der Westkirche kam es unter anderem angesichts dieser Probleme zur Ausbildung der Lehre vom vierfachen „Schriftsinn", systematisch durch Johannes Cassian (um 360–430/35),[249] die allerdings eher als Deutungsoptionen, also als Optionen des lesenden Subjekts und weniger des Textes, zu verstehen sind.[250] Ein seit dem 13. Jahrhundert[251] nachweisbares Distichon las die vier Sinnschichten lebenspraktisch: „Littera gesta docet, quid credas allegoria, moralis quid agas, quo tendas anagogia." (Der Buchstabe lehrt das Geschehene, / Was du glauben sollst, die Allegorie, / Der ethische Sinn, wie du handeln sollst, / Was du festhalten sollst [für das spirituelle Wachstum], die Anagogie.) Eine mögliche Konsequenz aus diesen Deutungsoptionen, nämlich die Buchstaben zugunsten des Geistes für überflüssig zu erklären, hat man bis zur Frühen Neuzeit offenbar kaum gezogen. Aber die Denkmöglichkeit war in

---

245 Mali: Le canon du Nouveau Testament chez les auteurs syriaques.
246 Stone: L'étude du canon arménien.
247 Thome: Historia contra Mythos.
248 Strutwolf: Origenes, De prinicipiis, 27.
249 Umfassend de Lubac: Exégèse médiévale.
250 Sawilla: Vom Ding zum Denkmal, 139–145.
251 So Augustinus von Dänemark oder Nikolaus von Lyra; s. de Lubac: Exégèse médiévale, Bd. I/1, 23 f.

diesem Antagonismus zwischen historischer und spiritueller Exegese angelegt und damit die prinzipielle Delegitimation von Schrift.

Das Zwischenergebnis hinsichtlich der Entstehung eines Kanons in der jüdischen und christlichen Antike ist ein doppeltes. Erstens: Im nachexilischen Judentum und im Christentum spielten Identitätsbildungsprozesse durch Verschriftlichung eine zentrale Rolle. Parallel zu diesen Konstituierungs- und Ausbreitungsprozessen, in denen sie im Rahmen einer diasporaartigen Verbreitung zu transregionalen Gemeinschaften wurden, hat man Schriftkorpora angelegt, die für die Zusammengehörigkeit eine wichtige, aber sicher nicht die einzige Grundlage bildeten. Identitätsbildung und Kanonisierung waren zwei Seiten einer Medaille. Zweitens: Einen geschlossenen Kanon hat es in der Antike in keiner der beiden Traditionen gegeben. Dabei zeigen sich teils ähnliche, teils differierende Entwicklungen. Im Judentum finden sich, wie im Christentum, unterschiedliche Sammlungen: die rabbinische, die samaritanische, die Septuaginta. Dabei dürfte sich am Ende des zweiten nachchristlichen Jahrhunderts ein relativ fest umrissener Satz von Büchern im Judentum und Christentum herausgebildet haben. Daneben behielten allerdings die Kommentarliteratur als sekundäre Kanonisierung sowie die mündliche Überlieferung einen hohen Stellenwert, auch im Christentum.[252]

In diesem Prozess blieben die Grenzen des „kanonischen" Schriftkorpus im Christentum wohl länger offen als im Judentum. Christlicherseits gab es zwar eine Gruppe von Büchern, insbesondere die heutigen vier Evangelien und einen Teil der von Paulus verfassten oder ihm zugeschriebenen Briefe, die Geltung in wohl allen Gemeinschaften besessen haben dürften, aber einen geschlossenen Kanon gab es nicht.[253] An den „Grenzen" war das christliche Schriftkorpus über Jahrhunderte durchlässig, die heute präzise abgemarkten Scheidelinien zwischen „orthodoxen" und „häretischen", „apokrpyhen" oder „deuterokanonischen" Schriften blieben unscharf. Die antiken Kirchen gründen jedenfalls nicht auf den heute kanonisierten biblischen Schriften, weil sie sowohl mehr als auch weniger Bücher rezipieren konnten. Auch die Anordnung der Schriften blieb offen und dokumentierte theologische Differenzen.[254] Vermutungen, es habe in dieser Phase eine abschließende Kanonisierung oder, vice versa, eine organisierte Zensur gegeben, entbehren jeder Grundlage.

Nach der Antike änderte sich diese Situation über Jahrhunderte nicht. Auch im okzidentalen Mittelalter blieben die spannungsvollen Koordinaten einer pragmatischen Kanonizität erhalten: einerseits ein tradierter Kernbestand von Schriften, andererseits unscharfe Ränder und eine fehlende autoritative Schließung des Kanon: eine Zäsur zwischen Antike und Mittelalter gibt es nicht. Für beide Pole lassen sich in der lateinischen Kirche leicht Anhaltspunkte beibringen. Indikatoren für die zunehmende Festigung sind die Nummerierung der biblischen Bücher und die Einteilung in Kapitel im Jahr 1206 durch Stephan Langton,[255] den Erzbischof von Canterbury (die Versnummerierung erfolgte durch den französischen Drucker Robert Estienne in den Jahren 1551/53).

---

[252] Becker: Mündliche und schriftliche Autorität im frühen Christentum.
[253] Von einer konkreten Endredaktion, wie sie Trobisch: Die Endredaktion des Neuen Testaments, 11, annimmt, kann keine Rede sein.
[254] Brandt: Endgestalten des Kanons.
[255] Ernst: Stephan Langton.

Indikatoren für die andere Seite, die Spielräume, finden sich gleichermaßen. In der irischen Kirche wurden seit der Spätantike Bücher verwandt, die man später zu den Apokryphen rechnete.[256] Abaelard (1079–1142) hatte prophetische Texte zur Leitkategorie erhoben; das war zwar keine Veränderung des Schriftenbestandes, wohl aber eine innere Kanonisierung.[257] Anselm von Havelberg (um 1099–1158) nahm eine progressive Offenbarung an[258] – dies stellte zumindest die Frage, wie dann die vorliegenden Offenbarungsschriften zu werten seien. Konkretere Veränderungsoptionen brachte Hugo von St. Victor (um 1097–1141) ins Spiel, der einige „Kirchenväter" als inspiriert betrachtete und überlegte, sie ins Neue Testament aufzunehmen, möglicherweise um dessen Aufbau mit demjenigen des Alten Testaments auch quantitativ zu parallelisieren und den neutestamentlichen Teil der Bibel so aufzuwerten.[259] Ivo von Chartres (ca. 1140–1216) hingegen hatte aufgrund des philologischen Argumentes, dass es hebräische Vorlagen gebe, einige Bücher der Septuagintatradition sowie den Hirten des Hermas nicht zum Kanon gezählt.[260] Im 13. Jahrhundert finden sich Debatten über die Kanonizität des Buches Kohelet, an der sich Thomas von Aquin und Petrus Venerabilis beteiligten[261] und in denen man einen differenzierten Kriterienkatalog entwickelte, ob man etwa dieses Buch für dogmatische Zwecke oder nicht vielmehr – so Hugo von St. Cher (um 1200–1263) – für die ethische Unterweisung wertschätzen solle.[262] Offenbarungsansprüche von mittelalterlichen Mystikern und Mystikerinnen stellten ganz grundsätzlich die ausreichende Geltung der Schriften infrage, etwa wenn Mechthild von Magdeburg (um 1207–1282) in ihrem Buch über „Das fließende Licht der Gottheit" mit großer Nähe zur neuplatonischen Emanationsidee den Anspruch erhebt, ihr Buch unmittelbar aus Gott zu haben: „Disú Schrift, die in diesem buoche stat, die ist gevlossen us von der lebenden gotheit in swester Mehtilden herze".[263]

Auch die Nutzung von Texten, die nie in den später geschlossenen Kanon fanden, lässt sich kontinuierlich belegen. Verweise etwa auf das Hebräer- und das Nazöräer-Evangelium finden sich während des ganzen Mittelalters im Westen:[264] vom Protoevangelium des Jakobus war bereits die Rede (s. o.), in den Ostkirchen gab es eine vergleichbare Offenheit.[265] Die Evangelien konnte man im 13. und 14. Jahrhundert immer wieder für unvollständig halten, nicht zuletzt unter Berufung auf einen Vers im Johannesevangelium (21,25), wonach nicht alles in diesem Evangelium notiert sei, um den Zugriff auf Texte mit geringerer Verbindlichkeit zu rechtfertigen.[266] Eine radikale Variante des Eingriffs nahmen die Katharer vor, die im 12./13. Jahrhundert teilweise die Schriften des Alten Testaments eliminierten, weil sie diese vom

---

256 McNamara: The Apocrypha in the Irish Church, 1–10.
257 Lutterbach: Peter Abaelards Lebensregeln für Klosterfrauen, 129.
258 Schmidt: Einleitung: Ist das Neue das Bessere?, 16f.
259 Berndt: Gehören die Kirchenväter zur Heiligen Schrift?, 196f.
260 Dahan: L'exégèse chrétienne de la Bible en Occident médiéval, 58.
261 Spicq: Le canon des Livres saints au XIIIe siècle; vgl. auch Dahan: L'exégèse chrétienne de la Bible, 61.
262 Zit. nach Spicq: Le canon des Livres saints, 428.
263 Mechthild von Magdeburg: Das fließende Licht der Gottheit, hg. v. G. Vollmann-Profe, 516, Z. 11f.
264 Lührmann: Die apokryph gewordenen Evangelien, 250–253.
265 The Old Testament Apocrypha in the Slavonic Tradition, hg. v. L. DiTommaso/Ch. Böttrich.
266 Kemper: Die Kreuzigung Christi, 39–44.

Geist des Satans durchdrungen hielten; diejenigen des Neuen Testament hingegen erweiterten sie durch Texte, die die Großkirche nicht zum Kern der Bibel zählte, wie die „Visio Isaiae" oder das „Geheime Abendmahl" des Johannes (die Interrogatio Johannis).[267] Zu Beginn des 14. Jahrhunderts dokumentierten die Franziskaner-Spiritualen, dass die Konkurrenz von mündlicher und schriftlicher Tradition weiterhin virulent war. Die Kanonregel, man dürfe an einem Evangelium nichts ändern, hinzufügen oder wegnehmen, sei – so die „Beginen" nach dem Bericht des Inquisitors Bernard Gui – auch auf die Regel des Franziskus anzuwenden. Ein Papst könne ebensowenig an ihr wie an einem Evangelium etwas verändern, insbesondere hinsichtlich des Armutsgebotes,[268] welches „das Evangelium Christi oder ein und dasselbe wie das Evangelium Christi" sei.[269]

Derartige Debatten fanden weitgehend unter Eliten statt, insofern die Verbreitung der Lesefähigkeit begrenzt war. In Städten mag sie im Spätmittelalter ein Viertel oder ein Drittel der Bewohner erreicht haben,[270] aber angesichts der Tatsache, dass weit über 90 Prozent der Menschen damals auf dem Land lebten und eine weit geringere Alphabetisierungsrate aufwiesen, blieb der Zugang zu diesen Debatten auf eine kleine Gruppe beschränkt.

Eine vermutlich größere Offenheit für Eingriffe in die Textsammlungen zeigt sich nach der Antike in der syrischen Tradition, wo die aus dem 7. bis ins 12. Jahrhundert stammenden Manuskripte mit den alttestamentlichen Büchern massive Unterschiede in der Reihenfolge dokumentieren, sie stimmen nur am Beginn mit dem Pentateuch überein. Auch in der Anzahl differieren die Sammlungen beträchtlich, sie konnten 22 bis 32 Bücher enthalten. Darunter findet sich eine Vielzahl von Büchern, die in der westlichen Tradition nicht aufgenommen wurden: das (aus Daniel ausgekoppelte) Buch Susanna, das Buch Baruch, der Brief des Baruch, das Buch Bel, die Apokalypse des Baruch, die Oden Salomos, das Gebet des Manasse, das dritte und vierte Makkabäerbuch, der separat überlieferten Brief des Jeremia,[271] und bei den Psalmen weichen die Einleitungen von hebräischen Tradition ab.[272] Die verschlungenen Wege zur Anerkennung von Schriften (die keine allgemeine und endgültige Aufnahme in den Kanon bedeuten musste) dokumentiert einmal mehr die Apokalypse des Johannes, die noch Theodor von Mopsuestia im 5. Jahrhundert als nicht kanonisch ablehnte (und der auch die katholischen Briefe nicht akzeptierte). Icho'dad von Merv kommentierte dann aber im 11. Jahrhundert die Johannesoffenbarung, ohne sie jedoch als inspiriert zu betrachteten; im 13. Jahrhundert finden sich dann Autoren, die ihr eine weitgehende Anerkennung zusprechen, etwa Abdisho von Ninive.[273]

In der syrischen Kirche war man auch mit dem Fall konfrontiert, der jede Tendenz zur abschließenden Kanonisierung bedroht, mit der Frage nämlich, was zu tun sei, wenn man Texte findet, die „eigentlich" in den verbindlichen Bestand gehörten, sich dort aber nicht finden.

---

267 Borst: Die Katharer, 119–123; zur Interrogatio Johannis s. Stoodt: Katharismus im Untergrund, 215–224.
268 Bernard Gui: Practica officii inquisitionis haereticae pravitatis, hg. v. P. Seifert, 165 (= Kap. 4.5).
269 Ebd., 164 (= Kap. 4.5).
270 Prozentzahlen sind kaum verlässlich zu ermitteln, selbst lokal nicht. Fees: Eine Stadt lernt schreiben, 195, verweigert für Venedig jegliche Prozentangaben, geht aber von einer Explosion der Alphabetisierungsrate im 12. und 13. Jahrhundert und einer weitverbreiteten Lesefähigkeit auch unter Laien aus.
271 Brock: The Bible in the Syriac Tradition, 116.
272 Ebd., 140.
273 Mali: Le canon du Nouveau Testament chez les auteurs syriaques.

Dieses Problem hatte der ostsyrische Patriarch Timotheos I. um 800 zu lösen, als sich folgendes ereignet habe:[274] Von Juden, die zum Christentum konvertiert seien, habe man gehört, dass in einer Wohnhöhle nahe Jericho (also nahe der Stelle, wo man nach dem Zweiten Weltkrieg die Qumran-Rollen fand) wohl im Jahr 785[275] Texte gefunden worden seien: Bücher des Alten Testamentes und andere Bücher auf Hebräisch. Timotheus erkundigte sich nach Versen im Neuen Testament, die aus dem Alten Testament stammen sollen und weder in der jüdischen noch in der christlichen Tradition belegt seien und die man dann in der Tat auch fand.[276] Zudem tauchte ein Psalter mit mehr als 200 Psalmen auf.[277] Diesen aber nahm man nicht in die syrische Bibel auf, in der sich allerdings ein zusätzlicher, nicht durch Teilung entstandener 151. Psalm findet (für den inzwischen eine hebräische Vorlage aus Qumran aufgetaucht ist).

Die Nachzeichnung einiger nachantiker Entwicklungen ergibt keinen anderen Befund als derjenige, der für die Antike ermittelt wurde: Eine autoritative Schließung der Sammlungen biblischer Schriften, die es erlauben würde, von einem geschlossenen, „absoluten" Kanon zu sprechen, gab es nicht, weder im ost- noch im westkirchlichen Christentum. Wohl existierte ein Kernbestand an Schriften, der faktisch nicht infrage gestellt wurde und im Okzident quantitativ weitgehend dem heutigen neutestamentlichen Bestand der lateinischen Bibel entspricht, und in geringerem Maß gilt dies auch für das Alte Testament. Aber die Grenze zwischen „kanonischen" und „nichtkanonischen" Schriften blieb fließend. Die Debatten um den Hebräerbrief, die Johannes-Apokalypse oder den Laodizäerbrief (s. u.) dokumentieren dies ebenso wie der nie genau definierte Status von Texten, die heute als „nichtkanonisch" gelten, aber früher von großer Bedeutung sein konnten, wie das Protoevangelium des Jakobus. Schließlich macht ein Blick auf eine Kirche wie die äthiopische deutlich, dass selbst die pragmatische Kanonisierung im Okzident keineswegs „das Christentum" repräsentiert, sondern nur ein Beispiel der Sammlung autoritativer Schriften.

4.2.2 Die Kanonisierung der Bibel in der Frühen Neuzeit

Eine Schließung des christlichen Kanon und in diesem Sinn eine „absolute" Kanonisierung fand erst in der Frühen Neuzeit und nur in der lateinischen Kirche statt. Es war, jedenfalls in der Perspektive dieses Buches, kein Zufall, dass dieser Kanonisierungsprozess mit einer grundlegenden organisatorischen Neuformung des okzidentalen Christentums einherging. Denn die Reformation lässt sich soziologisch als Pluralisierung des lateinischen Christentums lesen, in dem neue Konfessionen entstanden, die statt interner Differenzierung auf externe Segmentierung durch eigenständige Gemeinschaften setzte. In diesem Prozess kam es zumindest in kurzen Phasen der Reformation erneut zu einer Verbindung von Gruppenbildung und der Forderung nach Mitgliedschaft durch Entscheidung für eine „Religion", wie

---

274 Brock: The Bible in the Syriac Tradition, 142–153.
275 Stemberger: Das klassische Judentum, 248.
276 Brock: The Bible in the Syriac Tradition, 143.
277 Ebd.

man damals die Konfessionen nannte.[278] Dabei wurde der Schriftbezug protestantischerseits zu einem zentralen Identitätsmerkmal erhoben. Erst jetzt erstellte man eine Liste von Büchern, allerdings katholischerseits, in der Minimal- und Maximalbestand identisch waren und die man erst implizit, dann explizit als Kanon definierte.

Als erste abschließende Festlegung der Anzahl der biblischen Bücher im Sinne eines absoluten, unveränderlichen Kanon gilt oft ein Beschluss des Tridentinischen Konzils (1545–1563) aus dem Jahr 1546. Hier wurde abschließend eine Liste biblischer Bücher, die bis heute den Kanon der katholischen Tradition bildet, fixiert. Allerdings war auch dies schon Traditionsgeschichte, denn die erste Liste mit genau diesen Büchern findet sich schon früher, als Ergebnis der Verhandlungen über eine Union zwischen der lateinischen und der koptischen Kirche, zu der auch die äthiopische damals gehörte, besiegelt 1439 auf dem Konzil von Florenz, womit wohl erstmals nach der Antike eine Synode eine verbindliche Liste der biblischen Bücher vorlag. Deren Grundlagen finden sich lateinischerseits 1442 in der Bulle „Cantate Domino",[279] ausgefertigt in einer lateinischen Version sowie in einer arabischen,[280] die allerdings Fehler und unbekannte Wörter besitzt und vom klassischen Arabisch abweicht.[281] Hier ist der biblische Kanon in demjenigen Umfang definiert, der im Alten Testament weitgehend und im Neuen Testament zur Gänze dem heutigen Kanon der Kirchen lateinischer Tradition entspricht. Diese Festlegung wurde auf dem Konzil von Trient wieder aufgenommen, nun in Abgrenzung zu protestantischen Kanonisierungsdiskussionen.

In interkultureller Perspektive sind die Unionsverhandlungen des 15. Jahrhunderts mit der koptischen Kirche insofern von besonderem Interesse, als in keiner anderen christlichen Kirche die Sammlung der als autoritativ betrachtbaren Schriften so umfangreich war wie in der äthiopischen. Leider lässt sich die Debatte, die zur Festlegung des Jahres 1442 führte, nur begrenzt rekonstruieren. Klar ist, dass die Äthiopier nicht unterschrieben, da deren Gesandter, Peter von Jerusalem, nichts ohne die Zustimmung seines Königs tun wollte. Als der Versuch, den Negus zu kontaktieren, aufgrund der mehrfachen Verhaftung des lateinischen Emissärs, Fra Tommaso di Firenze, scheiterte, suchten die Lateiner zumindest den Kontakt mit den äthiopischen Mönchen in Jerusalem.[282] Letztlich erachtete man den Glauben der Kopten (und damit der Äthiopier) als orthodox und befand nur einige Riten (etwa die notwendige Beschneidung von Jungen) und ethische Regeln (Eherecht) als zu streng.[283] Am 4. Februar 1442, dem Tag, an dem die lateinische Kirche auf dem Konzil von Florenz die Unionsbulla annahm, stimmen auch die Kopten, nachdem der Text auch auf Arabisch verlesen worden war, den Vereinbarungen im Namen des Patriarchen und ihrer Kirche zu.[284] Dabei legte man einen Bücherumfang fest, der auf die Septuaginta und die Vulgata zurückging und vom „Heiligen Geist" inspiriert sei.[285]

---

278 Zander: Toleranz: legal oder legitim?, 54–57.
279 Enchiridion symbolorum, hg. v. H. Denzinger/P. Hünermann, 1442 (Nr. 1335).
280 Documenta Concilii Florentini de unione orientalium. Bd. 3, hg. v. G. Hofmann, 29.
281 Dekrete der ökumenischen Konzilien, hg. v. G. Alberigo/J. Wohlmuth, Bd. 2, 454a.
282 Gill: The Council of Florence, 326f.
283 Ebd., 325.
284 Ebd., 325f.
285 Enchiridion symbolorum, hg. v. H. Denzinger/P. Hünermann, 1441 (Nr. 1334).

Fünf [Bücher] des Mose, nämlich Genesis, Exodus, Levitikus, Numeri, Deuteronomium; Josua, Richter, Rut, vier [Bücher] der Könige [heute: zwei Bücher Samuel, zwei Bücher der Könige], zwei Paralipomena [heute zwei Chronik-Bücher], Esra, Nehemia, Tobias, Judit, Ester, Ijob, Psalmen Davids, Sprüche, Ecclesiastes [heute: Kohelet], das Hohelied, Weisheit, Ecclesiasticus [heute: Jesus Sirach], Jesaja, Jeremia, Baruch, Ezechiel, Daniel, die zwölf kleineren Propheten, nämlich Hosea, Joël, Amos, Obadja, Jona, Micha, Nahum, Habakuk, Zefanja, Haggaj, Sacharja, Maleachi; zwei [Bücher] der Makkabäer, vier Evangelien: des Matthäus, Markus, Lukas, Johannes; vierzehn Briefe des Paulus, an die Römer, zwei an die Korinther, an die Galater, an die Epheser, an die Philipper, zwei an die Thessalonicher, an die Kolosser, zwei an Timotheus, an Titus, an Philemon, an die Hebräer; zwei [Briefe] des Petrus; drei des Johannes; einer des Jakobus; einer des Judas; die Apostelgeschichte und die Offenbarung des Johannes.[286]

Leider sind die mir zugänglichen Quellen über das hier interessierende Problem, ob die Festlegung des lateinischen Kanon in Abgrenzung zu dem größeren Umfang und der offenen Konzeption der äthiopischen Schriftsammlung erfolgte, relativ dünn. Aber es gab nachweislich in diesen Jahrzehnten dichte Austauschprozesse, in denen man sich trotz der Sprachprobleme miteinander verständigen konnte.[287] Dabei stießen die Lateiner auch auf die Differenz, die hier von entscheidendem Interesse ist, auf die von der okzidentalen Tradition abweichende Schriftsammlung in der koptischen und der äthiopischen Kirche, dies jedenfalls berichtete der Humanist Flavio Biondio,[288] der seit 1432 Sekretär der päpstlichen Kanzlei unter vier Päpsten war. Auch in Äthiopien diskutierte man im 15. Jahrhundert über Kanonizitätsfragen, unter anderem hinsichtlich der Rechtstexte,[289] und bei den Unionsverhandlungen war dann auch die Kanonfrage definitiv ein Gegenstand der Debatten.[290]

Auf die okzidentale Bibelproduktion scheint die Festlegung in „Cantate Domino" allerdings vorerst keine Auswirkungen gehabt zu haben. Beispielsweise enthalten die deutschen Bibeln vor Luther unter dem Namen des Paulus, wie angedeutet, einen Brief an die Laodizäer,[291] der sich auch noch in Drucken des 16. Jahrhunderts, etwa bei Lefèvre d'Étaples,[292] und noch 1742 in der von Spiritualisten herausgegebenen Berleburger Bibel (s. u.) findet. Ein Druck auf die Festlegung der Grenzen des Kanons entwickelte sich vielmehr von anderer Seite, die

---

286 Dekrete der ökumenischen Konzilien, hg. v. G. Alberigo/J. Wohlmuth, Bd. 2, 572.
287 Baum: Äthiopien und der Westen im Mittelalter, 175–187.
288 Den Beleg für diesen wichtigen Einfluss der äthiopischen Sammlung findet man bei Bondio, der in seiner „Historia ab inclinatione Romanorum" darüber schreibt, nach Baum: Äthiopien und der Westen im Mittelalter, 182.
Zudem debattierten später Jesuiten mit Vertretern der äthiopischen Kirche über Deutungen der biblischen Texte, aber über Kanondiskussionen berichtet Cohen: The Missionary Strategies of the Jesuits in Ethiopia, 113–140, dabei nicht. Für die Deutung der Entscheidung von 1442 als „Abwehr fortlebender gnostisch-manichäistischer Tendenzen" (Wenz: Die Kanonfrage als Problem ökumenischer Theologie, 232) sehe ich keine Indizien.
289 Wendt: Der Kampf um den Kanon heiliger Schriften in der äthiopischen Kirche der Reformen des XV. Jahrhunderts.
290 Coulbeaux: Éthiopie, 944 (Punkt 10).
291 Der kleine, zwei bis drei Spalten lange Text findet sich etwa in der Bibel Anton Kobergers, Nürnberg 1483 (Universitäts- und Landesbibliothek Bonn, Inc 235), nach dem Galaterbrief, an der gleichen Stelle in der Bibel Johann Schönspergers, Augsburg 1490 (Universitäts- und Landesbibliothek Bonn, Inc 4'237). Nach Metzger: Der Kanon des Neuen Testaments, 228, findet er sich in allen 18 Bibelübersetzungen ins Deutsche, die vor Luther erschienen.
292 Backus: Historical Method and Confessional Identity in the Era of the Reformation, 276–286.

ihrerseits wieder mit der Frage nach der Grundlage angemessener Übersetzungen zusammenhing: der Intensivierung der Philologie (siehe Kap. 4.2.4). Ein Ergebnis halte ich an dieser Stelle schon fest: Mit der philologischen Forschung war der Frage, welche Texte textkritisch untersucht werden sollten, insofern sie einen „Urtext" konstituierten, nicht auszuweichen.

Diese Frage wurde zu einem Angelpunkt der humanistischen Debatte. Hatte Erasmus von Rotterdam (um 1469–1536) seine Kriterien der Kanonizität inhaltlich noch von den Kirchenvätern, vor allem von Hieronymus, bezogen, später auch von Origenes, Eusebius und Augustinus, so wandte er im Laufe der Jahre zusätzlich philologische, namentlich stilistische Kriterien an.[293] Luther folgte ihm teilweise, ging aber auch eigene Wege. Er verknüpfte seine Bibelübersetzung mit ebendieser philologischen Debatte und wirkte durch die ausgesprochen weite Verbreitung seiner Bibel faktisch kanonisierend. Aufgrund eines fehlenden Konzils legte er in die Schrift den Grund der Theologie.[294] Dabei schuf er im Alten Testament einen Kanon im Kanon, weil er ausschließlich solche Bücher vollgültig akzeptierte, für die zu diesem Zeitpunkt eine hebräische Vorlage angenommen und denen deshalb eine „hebraica veritas" zugeschrieben wurde. Diese Vorstellung findet sich teilweise schon in der Antike bei Hieronymus und war aufgrund der Kontakte mit Rabbinen auch im okzidentalen Mittelalter gegenwärtig.[295] Aber mit der humanistischen Textarbeit erhielt die Orientierung am hebräischen Text eine neue Bedeutung. Luthers Rückgriff auf diese Konzeption war eine letztlich philologische und nur in Grenzen theologische Entscheidung.[296] Diese Reduktion des Bücherbestandes bedeutete eine Abkehr von der Septuaginta der Alten Kirche zu Gunsten der hebräischen Bibel rabbinischer Tradition und einen „Bruch mit einer bis dahin wohl universalen kirchlichen Praxis".[297] Er verschob die Bücher Tobit und Judith, das Buch der Weisheit, Jesus Sirach, Baruch, die Makkabäerbücher und die griechisch überlieferten Teile aus Esther und Daniel in einen Anhang und nannte sie „Apokrypha";[298] erst seit dem 20. Jahrhundert wissen wir wieder, dass hier doch teilweise hebräische Vorlagen existierten, wie beim Buch Jesus Sirach, dessen hebräische Grundlage erst durch die Entdeckung der Qumran-Texte wieder bekannt ist. Zudem normierte Luther den inneren Kanon des Neuen Testaments, indem er seine Interpretation der paulinischen Rechtfertigungstheologie zum Deutungsschlüssel erhob. Deshalb hielt er den Jakobusbrief, wie er in seiner Übersetzung des Neuen Testaments von 1522, dem „Septembertestament" schrieb, für eine „stroern Epistel",[299] also einen strohartigen Text, eine Bewertung, die er allerdings in den späteren Bibelausgaben nicht wiederholte.[300] Aber er blieb auch 1534 eine „unnötige Epistel",[301] „der papisten epistel",[302] die man im Ofen verbrennen[303] und „aus der Bibel stoßen"

---

[293] Walter: Erasmus von Rotterdam und die Kanonfrage, 157.
[294] Leppin: Martin Luther, 150.
[295] Hebraica veritas?, hg. v. A. P. Coudert/J. S. Shoulson; Klepper: The Insight of the Unbelievers, 43–47.
[296] Markschies: Hieronymus und die „Hebraica Veritas", 181.
[297] Müller: Die Septuaginta als Teil des christlichen Kanons, 712.
[298] Luther: Biblia (1534), Bd. 2, Vorsatzplatt zu den „Apokrypha" nach den Prophetenbüchern.
[299] Ders.: Das Newe Testament Deutzsch, unpaginiertes Vorsatzblatt [S. 6].
[300] Bornkamm: Luthers Vorreden zur Bibel, 173.
[301] Luther: Biblia (1534), Bd. 2, S. CLXXVI^v.
[302] Ders. (undatiert), in: ders.: Werke (Weimarer Ausgabe), Tischreden, Bd. 5, 414, Z. 7; 382, Z. 14f.
[303] Ebd., Bd. 5, 382, Z. 18.

solle.³⁰⁴ Die in diesem Jahr noch vorgenommene interne Kanonisierung durch die Heraushebung „rechter und edelster" Bücher hat er nun wieder nicht mehr in seine späteren Bibelausgaben übernommen.³⁰⁵ Aber der Jakobusbrief blieb für Luthers Theologie ein anstößiger Text. Zusammen mit dem Hebräerbrief, dem Judasbrief und der Johannes-Apokalypse, deren Weissagungen im Rahmen der Auslegung durch andere Schriften er akzeptierte,³⁰⁶ stellte er ihn ans Ende des Neuen Testamentes,³⁰⁷ womit er zwischen praktischer Nutzbarkeit und dogmatischer Wertschätzung unterschied.³⁰⁸ Eine abschließende Festlegung, die Formierung eines „absoluten" Kanon, unterließ er allerdings, so dass die spiritualistischen lutherischen Theologumena der „Suffizienz" „der Schrift" und ihrer „perspicuitas" (ihrer „[Selbst-]Durchsichtigkeit") den theologischen Boden eines pragmatisch durch Luther geschaffenen Kanon bildeten. Die Problematik dieses spiritualistischen Theologumenons hat er allerdings am Ende seines Lebens auch gesehen, in einer Notiz, die er zwei Tage vor seinem Tod, am 16. Februar 1642, geschrieben habe: Nur wenn man hundert Jahre mit großen Propheten und letztlich mit Christus und den Aposteln selbst die Gemeinden geleitet habe, könne man die „heiligen Schriften" verstehen.³⁰⁹ Das berühmte Wort „Wir sein pettler" folgte unmittelbar auf diese Feststellung.³¹⁰

In der Luther folgenden Praxis blieben Protestanten schon angesichts der offenkundlichen Beteiligung der Kirche an der Aufstellung des Kanon hinsichtlich dessen Anerkennung zurückhaltend.³¹¹ Luther hatte damit eine Debatte um die schriftlichen Grundlagen des Christentums verstärkt, in deren Folge das Konzil von Trient für die sich formierende neuzeitliche katholische Kirche eine Fixierung des Kanon vornahm. Der Prozess der Entscheidungsfindung war hoch umstritten, weil ganz grundsätzlich das Verhältnis von Tradition und Offenbarung zu klären war und es in der Kanonfrage unterschiedliche Fraktionen gab. Eine Gruppe wollte die Tradition ohne weitere Debatten fortschreiben, die zweite strebte die Festlegung einer Hierarchie der biblischen Bücher nach inhaltlichen Kriterien an, was mutmaßlich die Bestimmung „absoluter" Grenzen erschwert oder unmöglich gemacht hätte. Eine dritte Fraktion forderte, die historisch-kritische Untersuchung einzubeziehen und setzte sich schließlich durch.³¹² Von Beginn an spielte „Cantate Domino" als Vorlage eine herausragende Rolle,³¹³ weshalb man versuchte, diesem Dokument einen konziliaren Status zuzuweisen.³¹⁴ Aber selbst eine solche Festlegung beantwortete viele Fragen nicht, insbesondere blieben eine Reihe philologischer Fragen offen, ob etwa der zweite Markusschluss (Mk 16,9–20) oder die Geschichte von der Ehebrecherin im Johannes-Evangelium (Joh 8,1–11), die

---

304 Ebd., Bd. 5, 414, Z. 2.
305 Rothen: Die Klarheit der Schrift, Bd. 1, 47.
306 Luther (Übersetzung): Biblia, das ist die gantze Heilige Schrift Deudsch, Bd. 2, S. CLXXVIII^v.
307 Ders.: Das Newe Testament Deutzsch, unpaginiertes Vorsatzblatt [S. 5].
308 Rothen: Die Klarheit der Schrift, Bd. 1, 50.
309 Luther: Tischreden, in: ders.: Werke (Weimarer Ausgabe), Tischreden, Bd. 5, 168, Z. 30–32; ähnlich ebd., 317, Z. 16f.
310 Ebd., 318, Z. 2; ähnlich ebd., 168, Z. 35.
311 Ratschow: Lutherische Dogmatik zwischen Reformation und Aufklärung, Bd. 1, 136.
312 Maichle: Der Kanon der biblischen Bücher und das Konzil von Trient, 17f.
313 Ebd., 16. 19. 22–25. Kursorisch Jedin: Geschichte des Konzils von Trient, Bd. 2, 44–47.
314 Jedin, ebd., 457.

beide erst in relativ späten Handschriften dokumentiert sind, ausgeschlossen werden sollten (wogegen sich das Tridentiner Konzil entschied) oder wie mit sogenannten „Apokryphen" umzugehen sei.[315] Zudem waren verschiedene Bücher sowohl des Alten als auch des Neuen Testamentes als Ganze umstritten, etwa das 3. Buch Esra und das 3. Buch der Makkabäer (die beide nicht aufgenommen wurden). Im Neuen Testament stritt man unter anderem über den Hebräerbrief,[316] allerdings offenbar nicht wegen der zweiten verweigerten Vergebung, sondern vor allem wegen historischer Fragen, etwa ob es eine hebräische Urfassung gegeben habe[317] und ob alle Inhalte mit einer paulinischen Verfasserschaft in Einklang gebracht werden könnten.

Am Ende wurde vom Tridentinum eine Bücherliste kanonisiert, die mit derjenigen von „Cantate Domino" identisch war und die die Septuaginta-Tradition der frühen Christenheit gegen Luthers Übernahme der rabbinischen Vorlage bekräftigte. Der Blick in die Debatten in Trient macht jedoch deutlich, dass damit keine einfache Fortschreibung der Tradition vorgenommen wurde, sondern man eine vorliegende Liste unter Einbeziehung historisch-kritischer Argumente neu begründete. Die Kanonisierung der gleichen Bücher wie im Jahr 1442 überdeckt die Kontroversen in der Begründung und hinsichtlich der in Trient diskutierten alternativen Positionen. Vor allem aber verdeckt der Blick auf die Kontinuitäten die religionsgeschichtlich tiefgreifende Innovation von Trient, denn mit dem Konzilsbeschluss lag nun nicht nur eine Auflistung der im Gottesdienst benutzten oder als verbindlich betrachteten Bücher vor, wie in der Antike, sondern eine abschließende Fixierung, wohl zusammen mit „Cantate Domino" zum ersten Mal in der Christentumsgeschichte. Der „absolute" Kanon steht mithin nicht am Ende der Antike, sondern am Anfang der Neuzeit. Von Trient aus wirkte dieses Kanonkonzept in die christliche Ökumene, wo es im protestantischen Bereich zu einer ähnlichen Festlegung (etwa im Calvinismus) oder zu einer Verfestigung der pragmatischen Schließung (etwa in der lutherischen Tradition) kam.

In den folgenden Jahrzehnten und Jahrhunderten bildeten die beiden Optionen der hebräisch-rabbinischen Tradition und der griechischsprachigen Traditionen der Septuaginta die Orientierungslinien für weitere Kanonentscheidungen. Calvin realisierte das Problem einer fehlenden Festlegung seit der Antike[318] und enthielt sich, wie auch Luther, einer dogmatischen Fixierung. Stattdessen nahm er eine spiritualistisch gefärbte inhaltliche Begründung vor, indem auch er eine „Autopistie" und Selbstauslegung der Schrift postulierte.[319] Faktisch jedoch übernahm er wie Luther die rabbinische Tradition, die er allerdings gegen weitere Reduktionen verteidigte, etwa gegen das Ansinnen des Humanisten Sebastian Castellio (1515–1563), der das Hohelied seiner Erotik wegen auszuschließen forderte.[320] Auch Heinrich Bullinger übernahm die rabbinische Tradition, wusste aber von der Septuagintatradition, dass einige ihrer Bücher zwar „in der Kirchen gelesen", doch den seiner Meinung nach kano-

---

315 Maichle: Der Kanon der biblischen Bücher, 53f. 83f.
316 Ebd., 81f. 92–99.
317 Ebd., 93.
318 Calvin: Institutio christianae religionis (1559), IV,9,14.
319 Neuser: Calvins Stellung zu den Apokryphen des Alten Testaments, 319; Wenz: Die Kanonfrage, 243.
320 Staehelin: Johannes Calvin, 378.

nischen Schriften „nicht gleich geachtet" würden.[321] Die Festlegungen im reformatorischen Christentum waren lange pragmatischer Natur und nicht synodal fixiert. Gleichwohl gab es zumindest im reformierten Christentum dann doch eine synodale Festlegung des biblischen Bücherbestandes, erstmals in der hugenottischen „Confession de Foy", der Confessio Gallicana von 1559, in der man explizit auf Trient reagierte.[322] In der lutherischen Tradition kam es dazu nicht, die „Bekenntnisschriften" enthalten keine Festlegung eines Kanon, vermutlich weil die hohe Autorität von Luthers Bibelübersetzung weitergehende Debatten überflüssig erscheinen ließ. Die Aussonderung der nicht mehr als kanonisch betrachteten Schriften benötigte in der Praxis allerdings Jahrhunderte. So ging etwa in Sachsen-Gotha die Verwendung von Jesus Sirach erst unter Herzog Ernst in der Mitte des 17. Jahrhunderts zurück.[323] Katholischerseits wiederum reagierte man auf die protestantischen Festlegungen mit Affirmationen des Tridentinischen Beschlusses, die man teilweise mit reichem historischem Material unterfütterte.[324]

Die okzidentale Debatte zog auch in den orthodoxen Kirchen Kanonfestlegungen nach sich, insbesondere hinsichtlich der alttestamentlichen Schriften. Unter dem Einfluss der protestantischen Reduktion der Schriften der Septuaginta gab es Bestrebungen, die „deuterokanonischen" Schriften zu dekanonisieren, doch Konstantinopolitaner Synoden akzeptierten im 17. Jahrhundert diese Schriften,[325] während im 18. Jahrhundert unter protestantischem Einfluss teilweise der Ausschluss dieser Schriften in der Orthodoxie dominierte. Die Ostkirchen konnten allerdings auch den Textbestand über die Septuaginta-Vorlage hinaus erweitern, indem sie etwa das 3. Makkabäerbuch, das 3. Esrabuch und den 151. Psalm anerkannten.[326]

Diese teilweise pragmatischen, teilweise konziliaren Schließungen des Kanon bedeuteten nun das Gegenteil einer Schließung der damit verbundenen Debatte, nämlich die Eröffnung einer Diskussion. Es gibt Indizien, dass die „absoluten" Kanones und die dahinterliegenden Begründungen die Kanonfrage erst so richtig zum Problem werden ließen, aber dazu sind mir keine detaillierten Forschungen bekannt. In politischer Perspektive etwa griff Thomas Hobbes die kulturelle Deutungsmacht auf, die mit der Festlegung des Kanon verbunden war, und forderte 1651, dass der Souverän den Kanon festlege, um das Konfliktpotenzial von Religion zu entschärfen und die absolute Macht dem Souverän zu reservieren.[327] Produktiv wirkte die Schließung des Kanon auch insofern, als sie nun definitiv die ausgeschlossenen

---

321 Bullinger: Summa Christenlicher Religion (¹1556), 4; er nennt „das 3. unnd 4. Buch Esdra / das ander Buch Ester / das Buch Tobias / die Judith / Susanna / auch Bel und die Bücher der Machabeer. Item das Buch Baruch / das Buch der Weisheit / unnd der Weisen Sprüch".
322 Neuser: Calvins Stellung zu den Apokryphen des Alten Testaments, 320.
323 Albrecht-Birkner: Reformation des Lebens, 382.
324 Ein zentrales Beispiel dafür ist Bellarmin: Disputationes de controversiis christianae fidei, adversus huius temporis haereticos, Bd. 1, der eine weitläufige Kenntnis der Traditionsgeschichte und der historisch-kritischen Debatten seit der Antike bis in die damalige Gegenwart dokumentiert, endend bei Luther, Bd. I.I.5 (Sp. 15) und Calvin, Bd. I.XV.16 (Sp. 58).
325 Jugie: Histoire du Canon de l'Ancien Testament dans l'Eglise Grecque et l'Eglise Russe, 41–49.
326 Heiler: Die Ostkirchen, 96f.
327 Hobbes: Leviathan (hg. v. I. Fetscher), 290.

Texte als eigene Gruppe(n) konstituierte. Die große Zeit der Erforschung nichtkanonisierter Texte begann im 16. Jahrhundert. Guillaume Postel etwa übersetzte das Proto-Evangelium des Jakobus (publiziert 1552) und ermöglichte im Gegensatz zur weitgehend fragmentarischen Rezeption im Mittelalter, den gesamten Text als Alternative zu etablierten Büchern des Kanon wahrzunehmen.[328]

Die Spiritualisten wiederum konnten zugunsten der Erfahrung die Bibel partiell dekanonisieren oder jedwede Bedeutung eines Schriftkanon infrage stellen. Ihnen waren im Hintergrund quellenkritische Überlegungen, wie sie etwa Agrippa von Nettesheim schon in den 1520er Jahren angestellt hatte und wonach sich das Neue Testament auf Schriften bezog, die in der Bibel nicht vorhanden waren,[329] durchaus gegenwärtig. So sah Andreas Rudolf Bodenstein, den man Karlstadt nannte (um 1486–1541), die alleinige Leitfunktion der Schrift kritisch,[330] und für den spiritualistischen Protestanten Sebastian Franck (1499–1542) war die historische Kritik ein Ansatzpunkt, die Autorität der Bibel überhaupt infrage zu stellen.[331] Er hielt sie für einen „papiernen" „Papst"[332] und den Buchstaben für „des Teufels Sitz, Sieg und Schwert".[333] Caspar Schwenckfeldt (1490–1561) und seine Anhänger ersetzten die Bindung an Wort und Sakrament durch das Wirken des Geistes, die Quäker erwarteten in der Ekstase die Ankunft des Heiligen Geistes jenseits der Schrift, und der katholisch gewordene Angelus Silesius beendete 1675 seinen „Cherubinischen Wandersmann" mit dem textkritischen Vers: „Im fall du mehr wilt lesen / So geh und werde selbst die Schrifft und selbst das Wesen."[334] Pietisten, die eine Spur weniger radikal dachten als Franck, hielten zwar an der protestantischen Bibel fest, öffneten sie jedoch erneut auf diejenigen Bücher hin, welche im Laufe der Christentumsgeschichte zumindest in einigen Kreisen autoritative Geltung genossen hatten. Das spannendste dieser Projekte war die Berleburger Bibel, kommentiert und verlegt von Siegerländischen Spiritualisten. Sie waren Apokalyptiker,[335] die die Auffassung vertraten, dass, gut paulinisch, jeder die „Gabe der Weissagung" besitze[336] und insoweit Offenbarungsträger sei. Sie integrierten in ihre Bibel einen eigenen Band als „Anhang weiser Sprüche aus den Zeiten des N. T."[337] und befanden unter der Losung des Paulus – „Prüfet alles, und das Gute behaltet [1 Thess 5,21]" –,[338] dass das, was die „Kirche canonisirt" hat, ein historisch kontingentes Produkt sei:

---

328 Backus: Guillaume Postel, Théodore Bibliander et le „Protévangile de Jacques", 7–65.
329 Agrippa von Nettesheim: De g et vanitate scientiarum declamatio invectiva (Ausgabe 1540), Kap. 99 (= 10 unpaginierte Seiten, hier S. 9f.).
330 Leppin: Martin Luther, 216.
331 Weigelt: Sebastian Franck, 50.
332 Die oft zitierte Formulierung etwa bei Weigelt: Sebastian Franck und die lutherische Reformation, 47, der allerdings (auch) keine Fundstelle, sondern nur sinngemäße Äußerungen Francks angibt.
333 Franck Paradoxa, 10.
334 Scheffler (u. d. Pseudonym Angelus Silesius): Cherubinischer Wandersmann oder Geist-Reiche Sinn- und Schluß-Reime zur Göttlichen beschauligkeit anleitende [sic] (1675), 274 (falsch paginiert: 254).
335 Die Heilige Schrift Alten und Neuen Testaments (Berleburger Bibel), Bd. 1, 2.
336 Ebd., Bd. 1, 4.
337 Ebd., Bd. 7, 569.
338 Ebd., Bd. 7, 570.

> Diß kann aber auch nicht weiter gültig seyn, als ein menschlicher Ausspruch reicht, weil man gar nicht unbetrüglich und unfehlbar ist, wenn man sich auch gleich wollte dazu machen. Und einmal ist auch das gewiß: Was aus der wesendlichen Wahrheit geredet wird, das bedarff keines Beweises aus der Schrifft, weil die Wahrheit ihr selbst eigener Beweisthum ist ... Soviel muß also ein Christ schon vor sich selber lernen können, was gut oder nicht gut ist ...[339]

Und so finden sich in der Berleburger Bibel die Septuaginta-Teile, die Luther inkriminiert hatte, aber noch viel mehr: das 3. und 4. Buch Esra, das 3. Makkabäerbuch, Texte aus Henoch, das Testament der 12 Patriarchen, die Psalmen Salomons, Flavius Josephus mit Auszügen aus der „Jüdischen Geschichte" (und Erläuterung von Ludovico Capello), das Hypomnesticon des Joseph Christianus, ein wohl erst 1723 erstmals gedruckter Text des 4. Jahrhunderts,[340] dazu „zweifelhafte Reden und Schriften":[341] eine „Epistel Christi an Abgarum" (ein fiktiver Briefwechsel des Königs Abgar von Edessa mit Jesus[342]), „apokryphe" Sprüche Jesu, das Jakobus- und das Nicodemus-Evangelium, den Laodizäerbrief und weitere Texte, „die, ob sie gleich bey uns zimlich in Abgang gekommen, doch in der ersten Gemeinde der Glaubigen N. T. so hoch geachtet worden, daß man solche zu der Evangelisten und Apostel ihren gefüget, und in den heiligen Versammlungen öffentlich mit vorgelesen, also daß sie zu den heiligen Büchern/ das ist, der Bibel/ mitgezählet worden":[343] den Barnabasbrief, die beiden Clemensbriefe, Polycarps Brief an die Philipper, Briefe des Ignatius sowie drei Schriften des Hermas.

Auch die Welle neuer Offenbarungen, die seit Emanuel Swedenborg (1688–1772) und mit zunehmender Verve seit dem 19. Jahrhundert beansprucht wurden, gehört in diese Debatte, weil sie den fixierten Kanon wieder aufsprengten. Gotthold Ephraim Lessing hatte 1780 in seiner „Erziehung des Menschengeschlechts" die Vorlage für eine evolutionäre Offenbarungsgeschichte geliefert, die das Alte und das Neue Testament zu historischen Etappen herunterstufte. So mancher Romantiker setzte sich auf dieses Pferd: „Wer hat die Bibel für geschlossen erklärt? Sollte die Bibel nicht noch im Wachsen begriffen seyn?", meinte Novalis 1799 in einem Aphorismus,[344] derweil Friedrich Schlegel einen absoluten Kanon suchte, wo „in einem ... ewig werdenden Buche ... das Evangelium der Menschheit und der Bildung offenbart" werde.[345] Friedrich Schleiermacher hingegen nahm 1831 eine innere Hierarchisierung der christlichen Bibel vor, da die Schriften des Alten Testaments „nicht die normale Digität und die Eingebung der neutestamentlichen theilen".[346] Im Verlauf des 19. Jahrhunderts machten dann Autoren wie Jakob Lorber, Joseph Smith oder Rudolf Steiner damit ernst, letzterer verkündete als Konsequenz aus den philologischen Debatten um den Bibeltext 1913

---

339 Ebd., Bd. 8, Einleitung, unpaginiert, S. 2.
340 Anonym: Joseph (auteur chrétien ancien).
341 Die Heilige Schrift Alten und Neuen Testaments (Berleburger Bibel), Bd. 8, 413.
342 Drijvers: Abgarsage.
343 Die Heilige Schrift Alten und Neuen Testaments (Berleburger Bibel), Bd. 8, 440.
344 Hardenberg (u. d. Pseudonym Novalis): Schriften, hg. v. P. Kluckhohn/R. Samuel, Bd. 1, 569.
345 Schlegel: Ideen, 21. Dahinter steht eine spannungsvolle Transformation des Verhältnisses von Spiritualismus und Philologie in Divination und Diplomatik um 1800, s. Weidner: Bibel und Literatur um 1800, 63–95.
346 Schleiermacher: Der christliche Glaube nach den Grundsäzen [sic] der evangelischen Kirche im Zusammenhange dargestellt, hg. v. R. Schäfer, 337 (= § 132).

sein „Fünftes Evangelium", das schon Ernest Renan vor Augen gestanden hatte, als spirituelle Offenbarung, die den Bibeltext überflüssig mache und ihn durch eine geistige „Schau" ersetze.[347] Katholischerseits ging man andere Wege, weil man den in Trient definierten Kanon festhielt und zugleich „Privatoffenbarungen" neben der Bibel akzeptierte.[348]

Im Hintergrund standen die Folgen der historisch-kritischen Exegese, die in Theodor von Zahns großer „Geschichte des Neutestamentlichen Kanons"[349] schon am Ende des 19. Jahrhunderts den Blick für die normativen Dimensionen der kirchlichen Festlegung geschärft hatte.[350] Ein prominentes Beispiel für nicht zuletzt daraus resultierenden Reflexionsspielräumen trotz des im Prinzip kanonisierten Bücherbestandes war 1921 Adolf von Harnack, der die marginale Tradition wieder aufgriff, das Alte Testament aus dem christlichen Kanon zu entfernen. „Das AT im 2. Jahrhundert zu verwerfen, war ein Fehler, den die große Kirche mit Recht abgelehnt hat; es im 16. Jahrhunderts beizubehalten, war ein Schicksal, dem sich die Reformation noch nicht zu entziehen vermochte; es aber seit dem 19. Jahrhundert als kanonische Urkunde im Protestantismus noch zu conservieren, ist die Folge einer religiösen und kirchlichen Lähmung."[351] Aber die historische Kritik wirkte auch jenseits solcher Radikalpositionen kanonkritisch. Sie frug, wie schon das Tridentinum, nach der Kanonizität später hinzugefügter Passagen, unterschiedlicher Überlieferungsschichten oder weiterhin nach der Kanonizität ganzer Bücher. Als ein Beispiele mag dafür Ernst Käsemann dienen, für den 1967 die Kanonisierung des Johannes-Evangeliums „errore hominum et providentia Dei" erfolgt sei, weil damit Vorstellungen, die im antiken Christentum nur kurze Zeit nach der Abfassung dieses Evangeliums als häretisch ausgeschieden wurden, kanonisiert worden seien,[352] oder auch Notger Slenzka, der 2013 mit der soziologisch nicht besonders aufregenden Feststellung, dass „wir [Protestanten] den Texten des AT in unserer Frömmigkeitspraxis einen minderen Rang im Vergleich zu den Texten des NT zuerkennen",[353] einigen Wirbel auslöste, weil man dahinter im Gefolge Schleiermachers und Harnacks eine grundsätzliche Aufhebung der Einheit von Neuem und Altem Testament ansah. Die Gegenreaktion auf derartigen Infragestellungen auf den Schultern der historischen Kritik lautete seit dem ausgehenden 20. Jahrhundert „kanonische Exegese" (Brevard S. Childs, James A. Sanders), die das kirchlich festgelegte Endstadium einer Textgeschichte für wichtiger als den Anfang hielt und dieses als den Referenzpunkt der Exegese definierte.

Aber die Kanonisierung brachte auch über die nun ausgeschiedenen Bücher hinaus Verluste mit sich. Deren dramatischster war vielleicht der Abschied von der Dignität der mündlichen Tradition. Für das rabbinische Judentum stand die mündliche neben der schriftlichen Thora, und Judentum wie Christentum verstanden sich ja nicht als Religionen, die auf schriftlichen Offenbarungen ruhten, sondern als Überlieferer einer Tradition, die darüber weit hin-

---

[347] Zander: Anthroposophie in Deutschland, 822f.
[348] Pahud de Mortanges: „Wie halten Sie es mit Privatoffenbarungen?"
[349] Zahn: Geschichte des neutestamentlichen Kanons.
[350] Zu den im liberalen Protestantismus bis heute anhaltenden Diskussionsfolgen vgl. Lauster: Religion als Lebensdeutung.
[351] Harnack: Marcion, ¹1921, 248f./²1924, 217, hier zit. nach Kinzig: Harnack, Marcion und das Judentum, 86.
[352] Käsemann: Jesu letzter Wille nach Johannes 17, 132.
[353] Slenzka: Die Kirche und das Alte Testament, 119.

ausging. Christen konnten sich als Nachfolger Jesu verstehen, der, wie die meisten alttestamentlichen Propheten, seinen Jüngern kein Buch an die Hand gegeben, sondern mündlich seine Botschaft verkündet hatte. Dieser Konsens, den das rabbinischen Judentum und das antike Christentum teilten,[354] war noch im Umfeld der Reformation virulent, wo katholische Theologen ihren protestantischen Kollegen vorhielten, in der Schrift stehe nirgendwo, dass die Bibel vom Heiligen Geist stamme; vielmehr sei sie ein Produkt der Tradition der Apostel und deshalb ein Derivat der mündlichen Tradition.[355] Die protestantische Theorie der Suffizienz der Schrift und die katholische Auffassung ihrer Insuffizienz gerieten zu programmatischen Gegensätzen.[356]

4.2.3 Übersetzung

Übersetzen ist eine der komplexesten Formen des Kulturkontaktes:[357] zwischen alten (zu übersetzenden) und neuen Kulturen, zwischen fremden (zu übersetzenden) und bekannten Welten. Komplex ist das Übersetzen unter anderem, weil übersetzen interpretieren heißt, weil man zwischen buchstaben- und sinnorientierter Übersetzung wählen muss, weil es text- und leserorientierte Übersetzungen gibt. Sodann ist Übersetzen ein eminent historischer Faktor, weil es Tradition konstituiert, indem es eine Differenz zwischen „Ursprung" und „Gegenwart" eröffnet. Schließlich ist das Übersetzen ein höchst ambivalentes Unternehmen im Rahmen von Kanonisierungsprozessen: Auf der einen Seite fördert es sie, weil Entscheidungen über den zu übersetzenden Text und damit über den Umfang von Textkorpora gefällt werden müssen. Wenn aber ein Text einmal kanonisch geworden ist, ist die Tendenz unübersehbar, den Kanon zu sakralisieren – und damit setzt ein gegenläufiger Prozess ein, der Übersetzungen eher verhindert. Doch vorerst geht es um die Rolle des Übersetzens für die neue Sozialstruktur des Christentums. Es stabilisierte lokale Gruppen, für die die Verschriftlichung teilweise die gentile Ordnung des Zusammenhalts ersetzte und gleichzeitig die Existenz in unterschiedlichen Sprachkulturen sicherte. Anders als im Judentum, wo sich das Hebräische als religionssprachliche Klammer durchsetzte, breitete sich das Christentum in einer durch Übersetzungen geförderten und konsolidierten kulturellen Vielfalt aus. Entscheidung, „Mission" und Übersetzung waren so etwas wie siamesische Drillinge.

Übersetzen wurde zu einem Charakteristikum des Christentums. Nun sind Übersetzungen in religionskomparativer Perspektive kein christliches Alleinstellungsmerkmal, es gibt in vielen Religionen derartige Traditionen. Insbesondere im Buddhismus kam es zu einer vielsprachigen Übersetzung der Reden und Vorschriften, die dem Buddha zugeschrieben wurden (siehe Kap. 4.4). Und doch ist dieser Prozess weniger selbstverständlich, als es scheint, insbesondere wenn man den Blick von der Übersetzungstätigkeit im Allgemeinen löst und ihn auf

---

354 Stroumsa: Hidden Wisdom.
355 Schmidt-Biggemann: Spiritualistische Exegese im Streit, S. 28 f.
356 Schreiner: „Die wahrheit wirt uns menschen verkündt durch Gottes Wort mündlich und schriftlich", 197 f. 203.
357 Eco: Quasi dasselbe mit anderen Worten; Steiner: Nach Babel.

religiöse Grundschriften richtet, wie es im Folgenden passiert. Bei dieser Engführung ergeben sich andere Perspektiven. Das Judentum etwa hielt in seiner rabbinischen Tradition an der hebräischen Sprache für Bibel und Liturgie fest und nutzte in der Regel eine weitere Sprache für die Alltagskommunikation; die griechischsprachige Übersetzung der Bibel blieb jedenfalls eine zeitlich begrenzte Ausnahme. Im Islam kam es zu einer vergleichbaren Entwicklung, als man das Arabische nicht nur als Liturgiesprache etablierte, sondern über Jahrhunderte keine Übersetzung des Koran vornahm, von wenigen Ausnahmen abgesehen (siehe Kap. 4.3.3). Zugleich wurde, anders als in Judentum, die Differenz zwischen Sakral- und Alltagssprache aufgehoben, indem man zumindest in der arabischen Welt die heilige Sprache als hegemoniale auch im Alltag (wenngleich in unterschiedlichen Idiomen) durchsetzte. Immer dann, wenn die Sprache eines Textes von der Alltagswelt abgesondert, zur „heiligen" Sprache erhoben wurde – und diese Tendenz findet sich in allen drei gerade genannten Religionen (im Christentum etwa hinsichtlich der Vulgata oder der Luther-Bibel), erhöht sich die Hürde zur Übersetzung. Vor diesem Hintergrund ist die vergleichsweise hohe Zahl von Übersetzungen der Bibel im Christentum eine spezifische Pfadentscheidung,[358] deren nächste Parallelen, wie gesagt, im Buddhismus liegen dürften.

Man kann überlegen, ob Gründe für die christliche Übersetzungsoffenheit schon in einer gewissen Mehrsprachigkeit Jesu lagen, dessen Muttersprache ein galiläisches Aramäisch war und der vielleicht auch Hebräisch und in geringem Ausmaß Griechisch sprach.[359] Sicher ist jedenfalls, dass die frühen Christen der Muttersprache Jesu kaum mehr als eine symbolische Pietät entgegenbrachten. Wie erratische Blöcke ragen im ältesten Evangelium nach Markus aramäische Sprachreste in den griechischen Text: etwa als Jesus einem totgeglaubten Kind „Talita kum!", Mädchen, stehe auf!, zuruft (Mk 5,41), als er einen Tauben auffordert, „Effata!", Öffne dich! (Mk 7,34), als er vor seiner Verhaftung Gott familiär als „Abba", Vater, anredet (Mk 14,36), oder als er am Kreuz ausruft: „Eloï, Eloï, lema sabachtani?", Mein Gott, mein Gott, warum hast du mich verlassen? (Mk 15,34) Aber schon Markus musste jeder dieser Formulierungen eine griechische Übersetzung beigeben, und bei Matthäus und Lukas, die wohl eine Version des Markusevangeliums vorliegen hatten, sind die aramäischen Reste verschwunden. Die Aussagen des Spiritus rector des Christentums liegen fast nur noch in griechischen Übersetzungen vor.

Das Griechische als Lingua Franca der Levantine wurde die wichtigste Verständigungssprache des frühen Christentums und die Sprache des Neuen Testaments. Mit dem Griechischen, nicht mit dem Aramäischen oder Hebräischen, expandierte das Christentum in die pagane Welt. Aber selbst das Griechische wurde sehr bald zugunsten von Übersetzungen relativiert. Dabei dürfte die schwache Sakralisierung und späte Kanonisierung der christlichen Bibel eine wichtige Rolle gespielt haben, denn ein sakraler Kanon stellt eine zwar überwindbare, aber hohe Schranke für Übersetzungen dar.

---

358 Vom Christentum als Ausnahme spricht Sawyer: Sacred Languages, 76f., während Sloterdijk: Im Weltinnenraum des Kapitals, 212f., in der „Selbstübersetzung des neuzeitlichen Christentums in die Unzahl der Einzelkulturen" fast ein Alleinstellungsmerkmal sieht. Dies ist aber mit Blick auf den Buddhismus und hinsichtlich der Übersetzung nichtsakraler Schriften zu relativieren.
359 Dies könnten die Gespräche mit Pilatus nahelegen; Sawyer: Sacred Languages, 83f.

Das Christentum rezipierte auch das Alte Testament in einer griechischen Übersetzung. Damit stand es in der Übersetzungstradition von jüdischen Gruppen, die schon Teile des Pentateuch ins Aramäische („Targume"), vor allem aber in Ägypten die hebräische Bibel ins Griechische übersetzt hatten (die genannte „Septuaginta"). Ein Grund für diese Übersetzung bildete die Entfremdung vom Hebräischen, namentlich im Diasporajudentum, vermutlich sind auch Übersetzungsbedürfnisse etwa im Gottesdienst oder in der Rechtsprechung in Rechnung zu stellen.[360] Gleichwohl wurde die Septuaginta vom rabbinischen Judentum nicht als legitime Textgrundlage tradiert. Vermutlich spielte dabei keine Rolle, dass die Septuaginta das Umschreiben kanonischer Texte dokumentiert,[361] vielmehr dürfte ein wichtiger Grund gewesen sein, dass die griechischsprachigen Gruppen, von denen sich Texte aus dem 2. Jahrhundert noch in der Kairoer Genisa erhalten haben,[362] nicht zuletzt das alexandrinische Judentum, als wichtige Trägergruppe untergingen. Das außerpalästinensische rabbinische Judentum suchte stattdessen Identität über den hebräischen Text herzustellen, wodurch parallele griechischsprachige Traditionen untergingen.[363] Dazu kam die Auseinandersetzung mit den Christen, die die Septuaginta zu ihrem „Altem Testament" machten, so dass die Septuaginta fast ausschließlich als Bibel des konkurrierenden Christentums überliefert ist. In diesem Spannungsfeld wurde die Septuaginta zum religionspolitischen Vehikel von christlicher Seite instrumentalisiert.[364] Kaiser Justinian I. forderte 553 unter Androhung von Strafen, in der synagogalen Lesung neben den hebräischen auch griechische und lateinische Versionen zuzulassen, da er darin den auf Christus zu beziehenden Sinn deutlicher ausgesprochen sah.[365] Im Talmud wiederum reagierten rabbinische Juden, die im 8. Jahrhundert festlegten, dass „eine Übersetzung der Thora in der ihr angemessenen Weise" „unmöglich" sei und die liturgische Verwendung von Übersetzungen verboten.[366] Die Sakralisierung des hebräischen Textes war insofern auch eine identitätssichernde Maßnahme in der Auseinandersetzung mit dem Christentum.

Das Christentum hingegen stellte die polyglotte Konstitution seiner Textbasis nicht mehr infrage und kultivierte Übersetzungen, die einen sich selbst nährenden Prozess freisetzten. Wer einmal in eine Übersetzung einwilligt, akzeptiert einen potentiell unabschließbaren Prozess von Übersetzungen, weil das damit transportierte Textverstehen immer wieder neu hergestellt werden muss. Um 180 entstanden die ersten lateinischen Übersetzungen der biblischen Texte, und schon in der Spätantike auch syrische, koptische, armenische, georgische und äthiopische Versionen.[367] In der Regel waren Christen selbst die treibenden Kräfte, etwa zur Nutzung einer

---

360 Tilly: Einführung in die Septuaginta, 45–48.
361 De Troyer: Die Septuaginta und die Endgestalt des Alten Testaments.
362 Kahle: The Cairo Geniza, 218–226.
363 Zur nichthebräischen Überlieferung s. o. und Mendels/Edrei: Zweierlei Diaspora. Allerdings lässt die Tatsache, dass auch jüdische Konvertiten bis zum 13. und 14. Jahrhundert die Bibel falsch zitierten, darauf schließen, dass sie den biblischen Text nicht im Original lasen; Lazarus-Yafeh: Intertwined Worlds, 125.
364 Tilly: Einführung in die Septuaginta, 113.
365 Ebd., 114. Neben der Interpretationsoption gab es christlicherseits aber auch Veränderungen des Septuaginta-Textes (ebd., 115).
366 Talmud, Traktat Soferim I, 6f., zit. nach ebd., 113.
367 S. Bibelübersetzungen I (in: Theologische Realenzyklopädie).

Landessprache in der Liturgie oder der Lektüre, aber der Impuls zur Übersetzung konnte auch von außen kommen, etwa in der islamischen Welt, wo das Leben in der hegemonialen Kultur Übersetzungen ins Arabische nach sich zog.[368] Heute gilt die christliche Bibel als das meistübersetzte Buch der Welt. Zu überlegen wäre, ob der Okzident einen nochmals übersetzungsoffeneren Weg als andere Christentümer ging, denn in Byzanz konnte man die griechische Bibel natürlich immer ohne Übersetzung lesen, von daher war keine Übersetzung wie im lateinischen Westen nötig. Zudem wurde in den lateinischen Eliten der Spätantike das Griechische lange weiter gepflegt, länger als etwa in Byzanz das Lateinische,[369] ehe mit den Übersetzungen griechischer Literatur seit dem Hochmittelalter und verstärkt seit der Renaissance erneut eine massive Auseinandersetzungen mit „fremden" Denkwelten stattfand.

Von zentraler Bedeutung wurden für den Okzident lateinische Übersetzungen. Seit dem 2. Jahrhundert waren im Westen eine Vielzahl lateinischer Bibeltexte („Vetus latina") im Umlauf, denen Hieronymus (347–419) im ausgehenden 4. Jahrhundert seine lateinische Übersetzung der gesamten Bibel („Vulgata") zur Seite stellte. Er war des Lateinischen, Griechischen und möglicherweise auch des Hebräischen mächtig[370] und wusste von den unterschiedlichen Traditionssträngen der rabbinischen Tradition trotz des Anspruchs auf eine „Hebraica Veritas".[371] Diese „Vulgata" setzte sich bis zum Mittelalter durch und wurde zum Basistext des westlichen Christentums. Mit der Entstehung neuer, des Lesens fähiger Schichten ging die Bedeutung der Vulgata-Übersetzung allerdings zurück, volkssprachliche Übersetzungen nahmen zu. Übersetzungsreglementierungen, die oft Verboten nahekamen, also eine Art struktureller Sakralisierung bedeuteten, die seit dem Hochmittelalter zunahmen und an denen die Kirche teilweise federführend beteiligt war, ließen sich allerdings nicht durchsetzen; selbst die Einführung der Vorzensur für die Bibel im späten 15. Jahrhundert scheiterte in der Praxis.[372]

Eine massive Erhöhung der Übersetzungsaktivitäten löste die „Mission" im Hochmittelalter aus, weil sie das Verstehen der jeweils anderen einforderte. Unter Kaufleuten hatte es immer schon pragmatische Fremdsprachenkenntnisse, wohl auch des Arabischen, gegeben,[373] aber in der Regel klagte man sowohl im diplomatischen Verkehr als auch in der „Mission" bis zum Ende des 13. Jahrhunderts über fehlende Sprachkompetenzen.[374] Ein wichtiger Ausgangspunkt für intensivere Studien waren die Auseinandersetzungen mit Muslimen in Spanien und in Nordafrika. Hier organisierten seit den 1240er Jahren Dominikaner

---

[368] Zu der Kritik an vorislamischen arabischen Übersetzungen s. Demiri: Muslim Exegesis of the Bible in Medieval Cairo, 62f.
[369] Bardy: La question des langues dans l'église ancienne, Bd. 1, 149f. (Osten). 239f. (Westen).
[370] Kritische Einschätzung der Hebräischkenntnisse bei Nautin: Hieronymus, 309f., der eine „hexaplarische Septuaginta" als Vorlage postuliert (S. 310); eine höhere Kompetenz vermutet Newman: How Should We Measure Jerome's Hebrew Competence?
[371] Miletto: Die „Hebraica veritas".
[372] Doumit: Deutscher Bibeldruck von 1466–1522, 13–15.
[373] Schulz: Masaccios San Giovenale-Triptychon und die künstlerische Rezeption arabischer Schrift in Florenz, 200.
[374] Altaner: Sprachkenntnisse und Dolmetscherwesen im missionarischen und diplomatischen Verkehr.

(und in geringem Ausmaß Franziskaner) das Erlernen des Hebräischen und Arabischen[375] unter dem Einschluss von Koranstudien.[376] 1250 etwa etablierten die Dominikaner für einige Jahre ein Studium arabicum in Tunis,[377] das fast 20 Jahre lang bestand und erst durch einen (gescheiterten) „Kreuzzug" unterging.[378]

Der Franziskaner Raimundus Lullus, der 1276 in Palma di Mallorca das Kloster Miramar gründete und Sprachstudien implementierte,[379] war entscheidend dafür verantwortlich, dass das Konzil von Vienne (1311/12) Sprachstudien in hebräisch, arabisch und aramäisch anordnete, die an den Universitäten Paris, Oxford, Bologna und Salamanca eingeführt werden sollten,[380] allerdings nur kurzzeitig etabliert wurden.[381] Diese systematische Organisation religiös begründeter Übersetzungspraxis war im Christentum bis dahin unbekannt und bildete vermutlich auch im interreligiösen Vergleich eine Ausnahme. Die Bedeutung der „Mission" für die Analyse und Verschriftlichung von Sprachen dürfte in der Frühen Neuzeit ausgesprochen hoch anzusetzen sein.[382] Dabei blieb eine Vermittlung des Hebräischen noch bis ins frühe 16. Jahrhundert kaum ohne Juden oder Christen jüdischer Herkunft möglich,[383] für das Arabische dürfte die Situation noch schlechter gewesen sein.

Der Beginn einer neuen Übersetzungsära brach in der Frührenaissance an. Der Florentiner Humanist Giannozzo Manetti (1396–1459), der Hebräisch bei einem Juden und Griechisch bei einem Kamaldulensermönch gelernt hatte, begab sich an eine Übersetzung des Alten Testaments ins Neulateinische mit Hilfe rabbinischer Kommentare.[384] Der Römer Lorenzo Valla (1405/07–1457) ging bei seiner Revision der Vulgata einen Schritt weiter, indem er, nachdem sich deren Verbesserungen als problematisch erwiesen hatten, die Frage der Übersetzung programmatisch mit der Frage nach dem Ausgangstext einer Übersetzung und so mit der Textkritik verband.[385] Zwar betrachtete er das Lateinische, wie auch einige andere christliche Autoren vor ihm, als göttliche Sprache,[386] schuf aber gleichwohl die Vorlage für die humanistische Textkritik, die über Erasmus von Rotterdam in die Reformation führte. Aber der Übergang von der Verbesserung einer Übersetzung in die Textkritik bedeutete mehr: keinen graduellen Schritt, sondern einen kategorialen Schnitt. Denn die Emendation stellte die Textgrundlage nicht infrage, während die Textkritik am Ende eben das tat. Und weil sie damit die Erforschung der Umfeldgeschichte verband, wurde die Philologie zum Ausgangs-

---

375 Tischler: Grenzen und Grenzüberschreitung in der christlich-muslimischen Begegnung, 66–73.
376 Ders.: Die älteste lateinische Koranübersetzung, 53–55.
377 Dufourcq: L'Espagne catalane et le Maghrib aux XIIIe et XIVe siècles, 108–110.
378 Nagel: Die islamische Welt bis 1500, 91.
379 Ertl: Mission im späten Mittelalter. Kontinuitäten und Neuansätze zwischen Spanien und China, 67.
380 Dekrete der ökumenischen Konzilien, hg. v. G. Alberigo/J. Wohlmuth, Bd. 2, 379 (can. 24).
381 Tischler: Grenzen und Grenzüberschreitung in der christlich-muslimischen Begegnung, 74; Schneider: Vom Dolmetschen im Mittelalter, 91–95.
382 Sievernich: Recht und Mission in der frühen Neuzeit.
383 Burnett: Jüdische Vermittler des Hebräischen und ihre christlichen Schüler im Spätmittelalter.
384 Dröge: Giannozzo Manetti als Denker und Hebraist; Reventlow: Epochen der Bibelauslegung, Bd. 3, 7.
385 Reventlow, ebd., 20.
386 Gerl: Rhetorik als Philosophie, 29.

punkt der historisch-kritischen Forschung als einer Grundlagenwissenschaft der Theologie (siehe Kap. 4.2.4).

Als im 15. Jahrhundert eine neue Übersetzungswelle der Bibel in Volkssprachen anbrach, wurde insbesondere in den Reformationen des 16. Jahrhunderts deutlich, welche revolutionären Konsequenzen die übersetzungsbegründete direkte Zugänglichkeit der Bibel mit sich brachte. In den Ländern der Reformation setzten sich im 16. Jahrhundert neue Übersetzungen durch, während die katholische Kirche im Tridentinum am lateinischen Text festhielt[387] und die Kontrolle über laikale Bibellektüre (wie auch die Reformatoren) in der Hand behalten wollte. Dabei dachte man nicht nur an die Sakralität des Textes, sondern fürchtete auch, dass die Texte ohne Kommentierung unverständlich bleiben oder falsch ausgelegt würden. In den protestantischen Gebieten entstanden hingegen faktisch normative, quasi kanonische Übersetzungen wie diejenige Luthers aus dem frühen 16. Jahrhundert in Deutschland oder die King-James-Bibel von 1611 in England, die regionale Sprachtraditionen prägten und nur noch in „Revisionen" fortgeschrieben wurden, die in der Bezugnahme auf einen „Urtext" strukturell sakralen Texten vergleichbar sind. Damit bedeuteten die Übersetzungen der Reformation nicht nur die Ablösung der Vulgata, sondern auch eine erneute Fixierung des Textbestandes, die zumindest regelmäßige Bearbeitungen notwendig machte. Heutzutage erscheinen lutherische Bibelrevisionen im Abstand von Jahrzehnten. Einen ähnlichen Weg gingen die byzantinischen und orientalischen Kirchen, in denen die Ausbildung einer kulturellen Identität, insbesondere nach der Unterwerfung unter islamische Kulturen, mit der Bindung an regionale Kirchen- und Bibelsprachen, die oft auch Volkssprachen waren, zusammenfiel. Dadurch wurden Neuübersetzungen oder Revisionen prekär und kamen zumindest für den liturgischen Gebrauch oft zum Erliegen. Die auf diesen Übersetzungen beruhende Prägung der „Hoch"sprachen ist in den meisten europäischen Ländern unübersehbar. So ist die heutige deutsche Standardsprache von Luthers mitteldeutschem Dialekt, den er in seiner Bibelübersetzung benutzte, geprägt, und viele Wortinnovationen, von „Selbstverleugnung" über „Machtwort", „kleingläubig", „Feuereifer", und „Lückenbüßer" bis zu den „Gewissensbissen" dürften auf seine Bibelübersetzung zurückgehen.

Mit seiner Affinität zu Übersetzungen stabilisierte das Christentum nicht nur lokale Gemeinden, es verlor auch den archimedischen Punkt einer unbefragten materialen Textgrundlage, denn wer eine Übersetzung zur theologischen Grundlage macht, kann wissen, dass er von einer sekundären Basis lebt.[388] Übersetzungen transportieren in diesem Sinn das Bewusstsein der Relativität, nachgerade der Abhängigkeit kulturellen Wissens. Sie setzen der autopoietischen, „absoluten" Selbstbegründung einer schriftbegründeten Religionskultur Grenzen und fördern, zumindest als regulative Idee, eine Kultur des Deutens und Lernens. Dieser Effekt der Formulierung von Wissensbeständen in einer neuen Sprache lässt sich in allen Kulturen beobachten, für islamische Traditionen wird davon noch im Blick auf die Übersetzungen naturkundlicher Literatur die Rede sein (siehe Kap. 6.2). Aber die Übersetzung von („kanonischen") Grundschriften ist besonders prekär. Denn wer übersetzt, muss

---

[387] Dekrete der ökumenischen Konzilien, hg. v. G. Alberigo/J. Wohlmuth, Bd. 3, 664f.
[388] Brague: Europa, 96, spricht in diesem Zusammenhang von einer Förderung des Bewusstseins einer theologischen „Zweitrangigkeit".

wissen, dass es Fachleute gibt, die einen fremden Text besser verstehen als er selbst. Übersetzer müssen gewärtigen, dass eine Übersetzung einen Ursprungstext verfälscht, und damit rechnen, dass Leser ihre Übersetzungsdeutung im Ausgangstext kontrollieren. Wer übersetzt, kann jedenfalls wissen, dass er keinen unmittelbaren Zugang zum Ursprung besitzt, sondern sich asymptotisch dem Verstehen eines Textes annähert. Der Übersetzer ist ein Verräter, il traduttore e un traditore, wie ein italienisches Wortspiel dieses Grundproblem einer jeden Übersetzung auf den Punkt bringt, unabhängig davon, ob er sich dieser Folgen bewusst ist. Übersetzung ist letztlich ein unwiderruflicher Einstieg in eine Interpretationskultur, und das heißt: in eine diskursive Begründung von Religion. An diesem Punkt dürfte die gravierendste Folge von Übersetzungen liegen.

Natürlich wurde immer wieder versucht, diesem Deutungsprozess seine Spitze zu nehmen, wie die Versuche der Stillstellung durch die Sakralisierung von Übersetzungen im Christentum zeigen. Man hat, wie die katholische Kirche, die Vulgata zur definitiven Grundlage erklärt;[389] oder, wie die protestantische Orthodoxie, den kirchlich benutzten Text als inspiriert betrachtet; oder, wie das Luthertum, die Übersetzung Luthers nurmehr hinsichtlich neuen philologischen Wissens und neuer Sprachpraxen „revidiert", aber gleichzeitig versucht, lexikalische und semantische Eigenheiten seiner Sprache festzuhalten.[390] Doch der „garstige Graben" (Lessing) zwischen Ursprung und Gegenwart blieb. Vermutlich hat das seit der Antike feststellbare periodische Auftreten des Spiritualismus, also des Versprechens auf unmittelbare Erfahrung statt vermittelter Deutung, von Geist statt Schrift, nicht nur mit Verschriftung, sondern auch mit diesem Übersetzungsprozess zu tun. Aber die Versuche der Spiritualisten, die Folgen der Verschriftung und ihrer Speerspitze, der Übersetzung, aufzuheben oder zumindest abzumildern, waren vergebens. Getragen durch die theologischen Eliten kam es vielmehr zum Einstieg sowohl in die Grundlagen als auch in die Konsequenzen der Übersetzung und zur Verschärfung ihrer Wirkungen durch Philologie.

4.2.4 Textkritik

Die Suche nach dem korrekten Text ist ein Strukturproblem jeder schriftbasierten religiösen Vergemeinschaftung. Insofern gibt es in diesem Punkt keine absolute Differenz zwischen christlichen und anderen religiösen Schrifttraditionen, jede hat ihre eigene Textkritik entwickelt. Im lateinischen Christentum hat sie insbesondere seit der Neuzeit dessen Interpretation nachhaltig bestimmt. Ob sie im interreligiösen Vergleich besonders intensiv war, müssen andere Untersuchungen zeigen; dass auch der Okzident dabei spezifische Wege ging, ist hingegen so klar wie banal. Es scheint, aber davon wird im Kommenden nicht mehr die Rede sein, dass die philologische Kritik in einer gewissen Distanz zu Religion als politischem Machtfaktor stand; man trifft jedenfalls oft auf Lehrer, die immer wieder, wie etwa Erasmus von Rotterdam oder Richard Simon, in Konflikt mit kirchlichen und staatlichen Autoritäten kamen. Denn Textkritik ist brisant, weil sie jede Kanonisierung im Prinzip delegitimiert,

---

[389] Dekrete der ökumenischen Konzilien, hg. v. G. Alberigo/J. Wohlmuth, Bd. 3, 664f.
[390] „Was Dolmetschen für Kunst und Arbeit sei", hg. v. M. Lange.

zumindest aber kanonische Festlegungen als kulturelle Konstrukte sichtbar macht. Insofern sind Kanonisierung und philologische Kritik antagonistische Zwillinge. Zugleich war diese Textkritik ein eminenter Faktor für die Gruppenbildung im Christentum; insbesondere mit der Reformation wurde unübersehbar, dass Philologie zur sozialen Differenzierung beitrug.

In der Antike war möglicherweise die Übersetzung einer der Auslöser, der die Philologie in die Deutung der Bibel hineinholte. Dies dokumentiert der erste große Versuch, sich über die Grundlagen der Übersetzung Rechenschaft abzulegen, die Hexapla des Origenes aus der Mitte des 3. Jahrhunderts, ein in sechs Spalten kollationierter Text der Bibel in zwei Sprachen (hebräisch, hebräisch in griechischer Umschrift und mit vier griechischen Versionen), die vermutlich 50 Bände umfasste. Damit begründete und systematisierte er den Textvergleich und verabschiedete sich zugleich von der Sakralität des hebräischen Textes, weil es die Bibel nurmehr in unterschiedlichen Varianten gab.[391] Origenes hatte im antiken Grammatikunterricht die Textkritik und die Einbeziehung historisch-sachlicher Erläuterungen kennengelernt und setzte dieses Wissen auf der Suche nach einer verlässlichen Grundlage angesichts konkurrierender Texttraditionen der entstehenden Bibel ein.[392] Die tabellarische Zusammenstellung war möglicherweise eine Erfindung des Origenes, die Schule machte, später hat sie auch Eusebius von Caesarea in seiner synchronistischen Geschichtsdarstellung sowie in seinen Kanontafeln genutzt.[393] Mit der Tabelle, die Parallelen und Unterschiede leicht sichtbar machte,[394] verband Origenes gleichwie Eusebius eine pragmatische Innovation, die Nutzung des Kodex anstelle der Textrolle, die eine derartige historisch-kritische Arbeit sehr viel mühsamer gemacht hätte.[395]

Die Entstehung einer textkritischen Philologie vollzog sich in Abgrenzung von allegorischen Auslegungsmethoden, die den Text als Verweissystem auf einen dahinterliegenden Sinn nutzten. Die Ausbildung einer Philologie, die sich demgegenüber um Echtheits- und Verfasserfragen, Lesarten und Kommentartraditionen kümmerte, wird dem intellektuellen Milieu Alexandrias im 3./4. Jahrhundert n. Chr. zugeschrieben.[396] Diese buchhalterische Feststellung kastriert die wie immer spannende Frage, warum man überhaupt die hochkomplexen Techniken philologischer Exegese entwickelte. Eine Antwort dürfte die Ideengeschichte liefern: Das Christentum verstand sich als geschichtliche Religion, die sich gerade nicht (nur) auf innere Erkenntnis oder (ausschließlich) auf rituelle Vergewisserung stützte, sondern zentral auf historische Personen und Ereignisse, die schriftlich festgehalten wurden. Damit beerbte es das Judentum und hinsichtlich der exegetischen Kritik namentlich die Schriftgelehrten des zweiten Tempels. Aber zu den Möglichkeitsbedingungen der Philologie gehörte auch eine negative Conditio: Die Sakralisierung des christlichen Schriftkorpus blieb immer begrenzt (s. o. Kap. 4.2.3), es war vermutlich gerade diese Begrenzung der ansonsten Sicher-

---

[391] Grafton/Williams: Christianity and the Transformation of the Book, 22–85.
[392] Neuschäfer: Origenes als Philologe, Bd. 1, 287f.
[393] Grafton/Williams: Christianity and the Transformation of the Book, 17. 135–137.
[394] Ebd., 234.
[395] Ebd.
[396] Pfeiffer: Geschichte der Klassischen Philologie, 114–134.

heit verheißenden Sakralisierung der Bibel als „heiliges" Buch, die dessen philologische Kritik ermöglichte.[397]

Diese Philologie war natürlich kein intellektuelles Glasperlenspiel, sondern oft genug auch eine religionspolitische Auseinandersetzung. So reagierte im Osten des Römischen Reiches Theodor, Bischof des kleinasiatischen Mopsuestia (heute Adana) möglicherweise auf Kaiser Julian und Salustios, die ja mit dem Gegenmodell, mit Mythosbildung und allegorischer Exegese, die pagane Tradition wider das Christentum zu revitalisieren versuchten (siehe Kap. 3.3.1a).[398] Im Westen gehörte Markion, den man eher über seinen Versuch kennt, die christliche Bibel auf das Neue Testament zu beschränken, zu diesen Philologen; er verband seinen Versuch zur Herstellung eines verbindlichen Schriftkorpus mit dem philologischen Anliegen der Emendation des Textes.[399] Ein anderer Grund dürften religiöse Auseinandersetzungen um den „wahren" Text gewesen sein. Diese dokumentierte etwa Justin der Märtyrer, der dem Juden Tryphon vorwarf, das Judentum habe die auf Jesus verweisenden Stellen in der hebräischen Bibel getilgt.[400]

Diese Philologisierung begründete einerseits eine fortdauernde Beschäftigung mit dem Text der Bibel, die nach der Antike als Bemühung um den „historischen Schriftsinn" fortbestand. Zugleich aber konnte das Niveau der antiken Textkritik nicht gehalten werden – im Westen zumindest im Mittelalter schon deshalb nicht, weil die Kenntnisse des Hebräischen und Griechischen weitgehend verschwanden. Aber auch im Osten des Römischen Reiches ging die Nutzung der historischen Exegese zurück, das Ende ihrer Blütezeit wird in der Regel bei Theodor von Mopsuestia, der um 428 oder 429 starb, gesehen.

Die Beschäftigung der Philologie setzte sich nach der Antike in allen schriftorientierten Religionen des Mittelmeerraumes fort. Im Judentum spielten die genannten Karäer seit dem 8./9. Jahrhundert eine wichtige Rolle für die Herausbildung einer kritischen Exegese, weil sie die Geltung der mündlichen Thora als eine zentrale Dimension der rabbinischen Exegese bestritten. Stattdessen monopolisierten sie den biblischen Text, zu dessen Verständnis sie ambitionierte exegetische Verfahren entwickelten. Ein anderes Beispiel sind die ebenfalls schon genannten Masoreten, die mit der erneuten Punktierung (siehe Kap. 4.2.1) des Konsonantentextes Deutungsentscheidungen zu treffen hatten und fast unausweichlich zu einer kritischen Textlektüre kamen. Sie reflektierten beispielsweise, dass Moses das Buch Deuteronomium so nicht geschrieben haben konnte, insoweit er als „Verfasser" seinen eigenen Tod berichtet hätte (Dtn 34,5).[401] Später finden sich ähnliche Überlegungen bei Abraham ibn Esra (um 1092–1167), der allerdings nicht die Verfasserschaft Moses' bestritt (wie Spinoza im 17. Jahrhundert, der sich auf Ibn Esra stützte), sondern nur mit späteren Zusätzen rechnete[402] und etwa infrage stellte, dass einzelne historische Angaben von Moses stammen könnten.[403]

---

[397] Mitterauer: Warum Europa?, 238f.
[398] Thome: Studien zum Johanneskommentar des Theodor von Mopsuestia, 401.
[399] Markschies: Kaiserzeitliche christliche Theologie, 253f.
[400] Justin der Märtyrer: Dialogus cum Tryphone, 71–73.
[401] Lazarus-Yafeh: Intertwined Worlds, 10, mit Bezug auf Dtn 34,5 und den talmudischen Traktat Menahoth 30a.
[402] Reiser: Bibelkritik, 23.
[403] Mutius: Bibel im Judentum, 74.

Aber dies sind nur wenige Beispiele in einer ausgedehnten exegetischen Reflexionskultur im Judentum, für die exemplarisch wegen seiner intensiven Rezeption im lateinischen Westen das Werk von Maimonides (1135/38–1204) steht.[404]

In der islamischen Welt beschränkte sich die philologische Beschäftigung nicht nur auf den Koran und die Hadithe (siehe Kap. 4.3.3), sondern erfasste auch die biblischen Bücher des Judentums und des Christentums, deren philologische Probleme man offenbar gut kannte. In Spanien ist eine intensive Kritik am Alten und Neuen Testament nachweisbar, meist in der Absicht, diese Schriften aus islamischer Sicht zu widerlegen.[405] So wusste der Cordobeser Gelehrte Ibn Hazm (994–1064 [384–465 H]) von drei Bibelversionen: einer jüdischen, der christlichen Septuaginta und dem samaritanischen Pentateuch[406] und zog aufgrund inhaltlicher Unstimmigkeiten den Schluss auf Textveränderungen.[407] Bei der notwendigen Detailkenntnis des biblischen Textes spielten vermutlich jüdische Konvertiten in den Islam eine entscheidende Rolle, die neben dem hebräischen Text auch pagane und christlich-vorislamische Traditionen kannten.[408]

Im lateinischen Westen finden sich in Glossen, Kommentaren und Vorworten zur Bibel eine Vielzahl von Informationen einer historisch orientierten Exegese. So versuchten Alkuin und seine Nachfolger seit dem 8. Jahrhundert, in der Tradition des Hieronymus einen gesicherten Bibeltext zu überliefern; andere antike Traditionen finden sich in Irland, wo Mönche die Kommentare Theodors von Mopsuestia kannten.[409] Im Hochmittelalter wurde die historische Kritik durch die scholastische Reflexion auf die Differenz zwischen historischem Wortsinn und zugewiesener Bedeutung verschärft. So finden sich Zweifel an der mosaischen Verfasserschaft des Pentateuch seit den ersten nachchristlichen Jahrhunderten (insbesondere in später als „häretisch" betrachteten Gruppen[410]) oder die Annahme von Interpolationen aus literarkritischen Gründen, namentlich aufgrund einer schlechten Überlieferung, aber auch aus dogmatischen Motiven (etwa wenn man Gott nicht als Verfasser dieser Schriften ansah[411]). Auch apokalyptisch ausgerichtete Gruppen dürften im Interesse einer genaueren Berechnung des Weltendes philologische Verfahren befördert haben.[412] Doch weitergehende textkritische Arbeiten waren aufgrund des bis ins 12. Jahrhundert zumeist wegen des fehlenden Zugangs zum Hebräischen[413] und der schlechten Griechischkenntnisse in der Regel nicht möglich.

Diese Textkritik in unterschiedlichen Religionskulturen muss man sich vermutlich eingebunden in ein Netz interreligiöser Beziehungen vorstellen, denn es ist unwahrscheinlich, dass die ungefähr gleichzeitigen Vokalisierungen des Konsonantentextes in Judentum und

---

404 Hasselhoff: Dicit Rabbi Moyses, 66–81.
405 Potthast: Christen und Muslime im Andalus, 387–394.
406 Lazarus-Yafeh: Intertwined Worlds, 137.
407 Houtman: Der Pentateuch, 21f.; Behloul: The Testimony of Reason and Historical Reality, 461–466.
408 Lazarus-Yafeh: Intertwined Worlds, 131. 137.
409 Bischoff: Mittelalterliche Studien, Bd. 1, 206. 222.
410 Houtman: Der Pentateuch, 14–27.
411 Ebd., 14f.
412 Fried: Aufstieg aus dem Untergang, 47–58.
413 Thiel: Grundlagen und Gestalt der Hebräischkenntnisse des frühen Mittelalters.

Islam gänzlich unabhängig voneinander vonstattengegangen sein sollten – schon die engen Verflechtungen durch „Konvertiten" sprechen dagegen. Einen solchen Prozess interreligiös vorangetriebener Zuschärfung philologischer Kritik hat Hava Lazarus-Yafeh hinsichtlich der Interaktion zwischen Juden und Muslimen auf der Iberischen Halbinsel erforscht. Muslime entwickelten dort eine intensive Bibelkritik, die von dem theologischen Interesse gesteuert war, die Vorbildhaftigkeit, „wunderbare" Schönheit und zeitliche Priorität des Koran gegenüber der Bibel zu beweisen und dabei auch Voraussagen auf Mohammed durch biblische Texte zu dokumentieren. Dazu suchte man eine Verfälschung der Bibel zu belegen, indem man dem jüdischen Text falsche Zitate, chronologische und geographische Ungenauigkeiten oder theologische „Unmöglichkeiten", insbesondere das anthropomorphe Gottesbild, vorhielt.[414] Auf eine prinzipielle Delegitimation zielte darüber hinaus die Kritik am Fehlen einer verlässlichen Überlieferungskette der biblischen Bücher, womit man ein muslimisches Verlässlichkeitskriterium, das es in der jüdischen Tradition in der Tat nicht gab, auf den biblischen Text anwandte. Denn gerade im Islam war die Dokumentation der Weitergabe von Zeuge zu Zeuge, der Isnad, seit dem Ende des 7. Jahrhunderts (1. Jh. H)[415] zu einer prominenten Methode des Nachweises einer verbürgten Tradierung von Texten und Inhalten entwickelt worden,[416] die sich in den Auseinandersetzungen mit anderen Religionen zu einem Markenzeichen des Islam verselbständigte.[417] Jahrhunderte später, im 16. Jahrhundert, wurden Entwicklungen auf der Iberischen Halbinsel erneut zu einem Einfallstor für philologische Praktiken. Die grenadinischen „Bleibücher" von Sacromonte, in denen Morisken, (ehemalige) Muslime, beanspruchten, die in ihrer Sicht „wahre" Geschichte Jesu zu erzählen (siehe Kap. 3.3.3b), führten zur Einrichtung von Institutionen zur Erforschung der arabischen Sprache in Rom, insbesondere dem 1584 gegründeten maronitischen Kolleg.[418]

Horizonterweiterungen durch interreligiöse Vernetzungen gab es auch in der lateinischen Kirche seit dem Mittelalter. So nahm der römische Zisterzienser Nicolaus Maniacoria in der ersten Hälfte des 12. Jahrhunderts rabbinische Midraschim in seine Kommentare zum Alten Testament auf,[419] und in Frankreich und England entwickelte sich im 13. Jahrhundert eine rege Debatte um einen verlässlichen lateinischen Bibeltext, der Hebräischkenntnisse der an den Korrekturen beteiligten Exegeten voraussetzte, weil man hebräische Texte einbezog.[420] Allerdings blieb die Zahl derjenigen, die nachweislich des Hebräischen mächtig waren, gering, nur einige Dutzend Christen sind nachweisbar.[421] Auch das Neue Testament und sein Umfeld waren Gegenstand historischer Kritik, etwa wenn Abaelard die In-Frage-Stellung der Identifizierung des Dionysius Areopagita mit dem Paulusschüler der Apostelge-

---

414 Lazarus-Yafeh: Intertwined Worlds, 20–33.
415 Tillschneider: Rezension von Nicolai Sinai: Fortschreibung und Auslegung, 16.
416 Lazarus-Yafeh: Intertwined Worlds, 41–47.
417 Schoeler: The Genesis of Literature in Islam, 124.
418 García-Arenal/Mediano: The Orient in Spain.
419 Lotter: Das Prinzip der „Hebraica Veritas", 495.
420 Smalley: The Study of the Bible in the Middle Ages, 329–355; zu den Texten S. 347.
421 Altaner: Zur Kenntnis des Hebräischen im Mittelalter, weist für die Zeit vom 7. bis zum 14. Jahrhundert 47 Namen nach.

schichte durch Beda Venerabilis aus dem 8. Jahrhundert oder die Kritik an der Gründungslegende von St. Denis aufgriff.[422]

Schwer einzuordnen sind in ihrer Bedeutung für die Philologie die interreligiösen Dispute, die mit Juden, aber auch mit Muslimen geführt wurden. Sie betrafen wohl an erster Stelle inhaltliche Fragen, dürften aber auch, wie in den Debatten auf der Iberischen Halbinsel, die Frage nach den Textgrundlagen nicht unbetroffen gelassen haben. So ist im Hintergrund der Reflexionen Anselms von Canterbury (um 1033–1109) in „Cur deus homo" eine reale und nicht nur imaginierte Disputation mit einem Juden zu vermuten.[423] Dabei wurden wohl unterschiedliche Auslegungstechniken diskutiert, unter denen christliche Autoren die Interpretation „ad litteram" als jüdische Technik kritisierten, weil nur in einer allegorischen Auslegung die hebräische Bibel (etwa in der Deutung der „Erfüllung" alttestamentlicher Themen im Neuen Testament) integrierbar erschien.[424] Auch bei Hugo von St. Victor (um 1097–1141), der die Beschäftigung mit dem historischen Schriftsinn verstärkte und vermutlich Heräischkennnisse besaß,[425] bestanden Kontakte mit Juden im Hintergrund,[426] gleichwie bei Franziskanern und Dominikanern im 14. Jahrhundert, von denen vor allem die Franziskaner exegetische, die Dominikaner hingegen apologetische und „missionarische" Interessen mit den Hebräischkenntnissen verbanden.[427] In diesem Kontext wuchs auch das Interesse an postbiblischen jüdischen Texten – allerdings mit dem Ziel, Juden zu missionieren.[428]

Diese lange Geschichte der kritischen Philologie stieß in der Frühen Neuzeit in neue Dimensionen vor. Bei aller Kontinuität durch Transformation stellt das, was in der Mitte des 15. Jahrhunderts an historischer (Bibel-)Kritik vorlag, eine neue Qualität des philologischen Umgangs mit der Bibel dar. Natürlich war auch dieses Niveau das Ergebnis eines langen Traditionsprozesses. Er begann, als unbekannte antike Texte über Byzanz und den islamischen Raum vor allem in Spanien und Sizilien an den Westen kamen und die Suche nach weiteren Texten freisetzten, so dass man im Mittelalter systematisch begann, nach antiken Texten zu suchen, etwa in Verona am Ende des 13. Jahrhunderts.[429] Insbesondere seit der Eroberung Konstantinopels durch die Lateiner im Jahr 1204 und durch den zunehmenden Druck der islamischen Herrschaft, der Konstantinopel bis zum Fall im Jahr 1453 zu einer christlichen Insel werden ließ, kamen immer mehr Byzantiner und mit ihnen hunderte von Handschriften in den Okzident.[430] Seit 1397 las beispielsweise der byzantinische Emigrant Manuel Chrysoloras in Florenz mit seinen Schülern Platon im griechischen Original, jetzt entstanden in größerem Ausmaß Übersetzungen aus dem Griechischen, namentlich durch Leonardo Bruni

---

422 Miethke: Abaelards Stellung zur Kirchenreform, 162.
423 Awerbuch: Christlich-jüdische Begegnung im Zeitalter der Frühscholastik, 92.
424 Ebd., 197–206.
425 Moore: Jews and Christians, 79f.
426 Awerbuch: Christlich-jüdische Begegnung im Zeitalter der Frühscholastik, 206–230; Halbertal: People of the Book, 215–230.
427 Klepper: Nicholas of Lyra and Franciscan Interest in Hebrew Scholarschip, 289–311.
428 Dies.: The Insight of the Unbelievers, 13–31.
429 Rüdiger: Die Wiederentdeckung der antiken Literatur, 522f.
430 Mondrian: Der Transfer griechischer Handschriften nach der Eroberung Konstantinopels, 118f.

(1370?–1444),⁴³¹ 1428 kamen alle überlieferten Dialoge Platons durch Giovanni Aurispa von Konstantinopel nach Venedig.⁴³² Bessarion (1403–1472), byzantinischer Theologe und später Kardinal (und Papabile) der lateinischen Kirche, hatte bei seiner Übersiedlung in den Westen die Handschriften von Neuplatonikern im Gepäck, die er San Marco in Venedig vermachte und die die Textgrundlage der westlichen Überlieferung bilden.⁴³³ Diese „Renaissance" der Antike, wie sie seit Giorgio Vasari (1511–1574), vor allem aber seit dem 19. Jahrhundert hieß, war im Mittelmeerraum in der Massivität ihres Textbezugs wohl vor allem im Okzident zu finden. Weder in Byzanz noch im islamischen Raum hatte es zuvor vergleichbare Entwicklungen gegeben. In Byzanz gab es keine „Wiedergeburt", schon weil man die griechische Literatur immer besessen hatte und durch keine Sprachbarriere an ihrer Lektüre gehindert gewesen war; in der islamischen Welt hatte man zwar die philosophischen und naturkundlichen Texte der Antike viel früher als im Westen zur Verfügung und las sie intensiv, begrenzte aber ihren Einfluss aus theologischen Gründen (siehe Kap. 6.2 und 7.4) und schätzte manche Textgattungen, etwa die Belletristik, weniger als der Westen.

Diese Antikenrezeption veränderte nachhaltig und tiefgreifend den Umgang mit Texten: Weil sie das vorhandene Textkorpus massiv erweiterte, relativierte sie zwangsläufig die Stellung der bis dato diskutierten Texte, sowohl der Bibel und der Kirchenväter als auch der bis dahin bekannten paganen Werke der Antike. Und sie warf Fragen auf: Wie solide waren welche Überlieferungstraditionen? Wie hingen die Texte miteinander zusammen? Vor welchem Hintergrund waren die Texte zu interpretieren? Natürlich hatte man diese Fragen schon in früheren Jahrhunderten gestellt, aber die Menge des neuen Materials generierte im Verbund mit veränderten sozialen Verhältnissen (etwa der spätmittelalterlichen Stadtkultur, der Entstehung von Territorialstaaten, von transkulturellen Kontakten) eine umwälzende Dynamik. Davor war kein Text geschützt, auch die Bibel und ihre Sakralisierung nicht, jedenfalls etablierten sich auf Dauer keine Sperren für die Anwendung historisch-kritischer Methoden. Möglicherweise bewirkten sakrale Formatierungen im Okzident an manchen Stellen auch das Gegenteil, etwa durch die Suche nach einem nicht durch die Tradition korrumpierten Text, nach einer ursprachlichen „lingua adamitica", die dann die Probleme der Textgeschichte deutlich machte. Jedenfalls brach die auf Hieronymus zurückgreifende sakralisierte Vulgata-Tradition, die noch hinter Johann Gutenbergs Bibeldruck von 1452/54 stand, mit dem neuen Zugang zu hebräischen und griechischen Bibeltexten im Laufe der folgenden Jahrhunderte im Okzident ab.

Diese Entwicklung der Textkritik betraf selbstverständlich nicht nur die Bibel und zeitigte ihre ersten großen Erfolge ohnehin an säkularen Objekten. Eine der berühmtesten Anwendungen war Nikolaus von Kues und wenig später, um 1440, Lorenzo Valla mit dem Nachweis gelungen, dass die „Konstantinische Schenkung", die die rechtliche Existenz des Kirchenstaates begründete, ein Fälschung war,⁴³⁴ verfasst von papsttreuen Kurialen oder von kaiserkriti-

---

431 Pfeiffer: Die Klassische Philologie von Petrarca bis Mommsen, 44f.; Grafton: The Availability of Ancient Works, 786.
432 Grafton, ebd.
433 Sicherl: Platonismus und Textüberlieferung, 217–223.
434 Setz: Lorenzo Vallas Schrift gegen die Konstantinische Schenkung.

schen Klerikern aus dem nordöstlichen Frankenreich, die die Unabhängigkeit der Reichskirche sichern wollten.[435] Ein anderer Erfolg der historischen Kritik betraf die hermetische Tradition, die das Corpus hermeticum als Text urältester Philosophie aus der Zeit des Mose betrachtete. Diesem Text nahm 1614 Isaac Casaubon ihre Dignität einer Philosophia perennis, weil er seine spätantike Kompilation nachweisen konnte.[436]

Die nachhaltigsten Folgen betrafen jedoch die Bibel, weil die klassische Inspirationslehre durch die Einsicht in die Textgeschichte und später aufgrund des Wissens über die Umfeldkulturen der Bibel zusammenbrach. Die Grundlagen dafür lieferte die humanistische Textkritik. Zu den neuen Griechischkenntnissen kam der Zugang zum Hebräischen, der im Gegensatz zu Byzanz, wo die Übersetzungen aus dem Hebräischen ins Griechische wohl nie abgebrochen waren,[437] weitgehend verschwunden war. Johannes Reuchlins „Rudimenta linguae Hebraicae", die er 1506 vorlegte, machten die bis dahin übliche mündliche Unterweisung durch Juden weitgehend überflüssig. Es dauerte aber noch genau 400 Jahre, bis die heute maßgebende kritische Ausgabe des Alten Testamentes in einer ersten Auflage, die „Biblia Hebraica" Rudolf Kittels, erschien. Den Markstein für das Neue Testament bildete dessen kritische Edition in griechischer Sprache, die Erasmus von Rotterdam 1516 vorlegte und die er lebenslang in immer neuen Ausgaben überarbeitete. Methodisch neutrale Ansätze aus Rhetorik und Grammatik einerseits und die theologische Überzeugung von der Inspiriertheit der Bibel[438] gingen bei ihm allerdings weiterhin Hand in Hand, die Schrift blieb für ihn „ein Produkt gott-menschlicher Rhetorik".[439] Die neutestamentliche Schwesterausgabe zum „Kittel" war das erstmals 1898 von Eberhard Nestle (und später von Kurt Aland) herausgegebene „Novum Testamentum Graece", das allerdings auch normative (inzwischen computergestützte) und deshalb umstrittene Entscheidungen enthält.

Erasmus, um zu ihm zurückzukehren, war zugleich ein Beispiel für die Spannungen zwischen theologischen und philologischen Zugängen. Sie brachen bei ihm beispielsweise an einem dogmatisch sensiblen Theologumenon, der Trinitätslehre, auf. Er hatte den eindeutigen Hinweis darauf im ersten Johannesbrief (1 Joh 5,7–8, das „Comma Johanneum") ursprünglich nicht in seine Ausgabe des griechischen Testamentes aufgenommen (zu Recht, wie die Exegeten heute fast einmütig meinen), weil diese Stelle in den älteren griechischen Handschriften meist fehlte, aber 1522 das Comma Johanneum aufgrund von Anfeindungen doch integriert. Die Brisanz des Trinitätsdogmas dokumentierte auch das Leben des in Spanien geborenen Michael Servet, der öffentlichkeitswirksam die Auffassung vertrat, der Trinitätslehre fehle ein biblisches Fundament. Er geriet darüber in Konflikte mit katholischen wie protestantischen Theologen und wurde 1553 unter Calvin als erster „Ketzer" unter protestantischer Ägide in Genf hingerichtet. Zwei Jahrzehnte später schuf dann der Sieneser Fausto Sozini das Manifest des Antitrinitarismus und deutete in seiner Auslegung des Johannesevangeliums (1562) Christus nicht als ungeschaffenen Sohn Gottes, sondern als dessen

---

435 Fried: Donation of Constantine and Constitutum Constantini.
436 Das Ende des Hermetismus, hg. v. M. Mulsow.
437 Brock: Die Übersetzungen des Alten Testaments ins Griechische, 170.
438 Kraus: Geschichte der historisch-kritischen Erforschung des Alten Testaments, 25f.
439 Walter: Theologie aus dem Geist der Rhetorik, 252.

Geschöpf, so dass die Trinitätslehre zum Traditionsprodukt wurde; er starb, in Verfolgungen mehrfach dem Tode nah, im polnischen Lusêawice.

Die Reformatoren nahmen die textkritischen Traditionen des Humanismus zur Grundlage für die neuen Übersetzungen in die Landessprachen. Solche hatte es seit dem Spätmittelalter verstärkt gegeben, aber in der Reformation erhielten sie eine kirchenpolitische Schärfe: zum einen aufgrund der Verbindung mit dem Programm einer grundsätzlichen Reformation der Kirche, wobei die Forderung nach der allgemeinen Zugänglichkeit der Bibel eine entscheidende Rolle spielte, die sich angesichts geringer Alphabetisierungsquoten und schwerpunktmäßig gottesdienstlicher Lektüre in der Praxis allerdings erst langsam durchsetzte. Zum anderen legitimierte sich die reformatorische Theologie mit dem Rückgriff auf den originalsprachlichen Bibeltext, während die römische Kirche an der Vulgata als Grundlage festhielt. Erasmus' Edition wurde so für Protestanten nach den Übersetzungen des 15. Jahrhunderts zum Ausgangspunkt für erneute Übersetzungen des Neuen Testaments, etwa von Luther ins Deutsche im Jahr 1521 oder von William Tyndall ins Englische fünf Jahre später. Im Verbund mit dieser philologischen Grundlage und den darauf beruhenden normativen Ansprüchen erhielt die Kritik der Reformation an praktischen Missständen der alten Kirche ihre Dynamik.

Die Übersetzungen der Reformatoren zogen jedoch keine Dynamisierung der historischen Kritik nach sich, da sie häufig ein distanziertes Verhältnis zu den Humanisten und ihren Methoden besaßen – Melanchthon konnte seine Kollegen „Spötter und Heiden" nennen,[440] Luther von der Vernunft als der „hochsten hur, die der Teuffel hat" sprechen.[441] Eine weitere Hürde bildeten protestantische Hermeneutiken der Bibelauslegung. Sie gründeten in der Lehre von der alleinigen Autorität der Schrift, dem sola scriptura-Prinzip. Dieses verband Luther mit einer spiritualistischen Interpretation, dem Theologumenon der „perspicuitas" der Schrift, die sich letztlich selbst deute.[442] Diese Theorie konnte in der protestantischen Orthodoxie mit der Lehre der Verbalinspiration verbunden werden,[443] in der einige Vertreter selbst die Punktierung des hebräischen Textes für inspiriert erklärten, so der Basler Hebraist Johann Buxtorf d. J. (1599–1664). Er traf damit zwar auf eine vereinzelt auch in protestantischen Kreisen geäußerte historische Kritik, etwa von dem reformierten französischen Theologen Louis Cappel, der damit aber bei den Protestanten aller Länder auf Ablehnung stieß.[444] Diese Konzepte von Selbstinterpretation und Inspiration behinderten protestantischerseits im Verbund mit der Ablehnung der Lehre vom mehrfachen Schriftsinn (s. u.) die Pluralität von Auslegungsoptionen unter Einschluss der historischen Kritik.[445]

---

440 Zit. nach Kraus: Geschichte der historisch-kritischen Erforschung des Alten Testaments, 27.
441 Luther, Predigt am 2. Sonntag nach Epiphaniä, in: ders.: Werke (Weimarer Ausgabe), Bd. 51, 126, Z. 9f. Zum breiten Kontext des Gebrauchs dieser Metapher s. Kaufmann: Der Anfang der Reformation, 436–452.
442 Rothen: Die Klarheit der Schrift, Bd. 1, 83–95. Zur frühneuzeitlichen Kritik daran Laplanche: L'écriture, le sacré et l'histoire, 642f., und Rothen, ebd., Bd. 1, 8f.
443 Zu den Reformatoren s. Barth: Kirchliche Dogmatik, Bd. I/2⁵, 577–585.
444 Laplanche: L'écriture, le sacré et l'histoire, 220–224; zur Ablehnung 299–307. Zu Vorläuferpositionen in der Antike, etwa bei Clemens von Alexandrien, s. Barth: Kirchliche Dogmatik, Bd. I/2⁵, 574; zu Augustinus und Gregor dem Großen, die von einem Diktat Gottes in die Federn der biblischen Autoren reden, s. Barth, ebd., 575.
445 Laplanche: L'écriture, le sacré et l'histoire, 84–100.

Schon in unmittelbaren Umfeld der Reformation wurde die Belastbarkeit dieser Hermeneutiken bestritten: Etwa von der alten, später katholischen Kirche, die die Historizität der Auslegung im Traditionsprinzip verankert sah, das Theologien der „perspicuitas" infrage stellte, oder angesichts von dunklen und erklärungsbedürftigen Stellen der Bibel, deretwegen einige Theologen zur alten Kirche (re-)„konvertierten".[446] Auch philologische Entscheidungen der Reformatoren wie die Annahme einer verlässlichen „Hebraica Veritas" (s. o.) hinsichtlich des Alten Testamentes erwiesen sich als wenig belastbar, weil diese rabbinisch-hebräischsprachige Tradition bei alttestamentlichen Zitaten im Neuen Testament versagte, hatten doch deren Autoren auf die griechische Septuaginta zurückgegriffen.[447] Schließlich dokumentierten Auslegungen, wie sie etwa Luther in seinen Glossen vornahm, die Unvermeidlichkeit der Interpretation trotz der unterstellten perspicuitas. Dieses Auslegungsproblem illustrierten viele innerprotestantische Kontroversen wie diejenige um das Bibelverständnis der Spiritualisten oder um die Trinitätslehre, wo in teilweise heftigen Konflikten die fehlende Eindeutigkeit der Schriftauslegung kontraintentional zur Formulierung eines protestantischen Traditionsprinzips führte.

Diese Auslegungsdebatte war aber nur ein Teil der Auseinandersetzungen über die Frage, welche Deutungsoptionen überhaupt zur Verfügung stünden. Protestantische Theologen entschieden sich jedenfalls mehrheitlich gegen eine Pluralität von Auslegungsoptionen („Schriftsinnen"), namentlich gegen eine allegorische und für die historische Schriftinterpretation.[448] Auch diese Konzeption verlegte den Zugang zu einer historischen Kritik, weil sie theologisch normiert wurde. Zwar glaubte etwa Luther, dass der „heilig Geist" nur einen „einfältigen" (eindeutigen) Sinn haben könne, „welchen wir den schriftlichen oder buchstabischen Zungensinn nennen", aber in Verbindung mit einer theologischen Hoheit über die Auslegung kam eine historische Kritik hier nicht zum Zug.[449] Es gab jedenfalls ein Bündel von Traditionsentscheidungen, die dazu führten, dass die protestantischen Exegeten der Reformationszeit keinen Weg zur historisch-kritischen Exegese gebahnt haben.[450]

Die katholische Exegese ging andere Wege. Cajetan (Jakob Thomas de Vio, 1469–1534) etwa stellte für einige Briefe die im Neuen Testament angegebenen Autoren infrage: Paulus für den Hebräerbrief, Jakobus und Judas für die gleichnamigen Briefe und den Apostel Johannes für den zweiten und dritten Johannesbrief; und Erasmus von Rotterdam zog die Zuschreibung des zweiten Petrusbriefes an diesen Apostel in Zweifel.[451] Hingegen stellte ein katholischer Theologe wie der Jesuit Robert Bellarmin (1542–1621) den historischen Sinn zwar in den Mittelpunkt der Exegese, relativierte ihn jedoch zugleich. So sah er zumindest bei unklaren Stellen auch die Notwendigkeit eines zusätzlichen sensus spiritualis.[452] Darüber hinaus beschränkte er die Geltung des historischen Schriftsinns unter Hinweis auf die Plu-

---

[446] Ebd., 211 ff. Exemplarisch Friedrich Staphylus, s. dazu Mennecke-Haustein: Conversio ad Ecclesiam, 283.
[447] Reiser: Bibelkritik, 232.
[448] Zur Eliminierung der Funktion klassischer Bezugsstellen auf die allegorische Exegese wie Gal 4,24 s. Ebeling: Evangelische Evangelienauslegung, 283–287.
[449] Zit nach Kraus: Geschichte der historisch-kritischen Erforschung des Alten Testaments, 10.
[450] So explizit Reiser: Bibelkritik, 233.
[451] Metzger: Der Kanon des Neuen Testaments, 229.
[452] Schmidt-Biggemann: Die katholische Tradition, 67.

ralität der Gattungen biblischen Bücher, die kein Interpretationsmonopol des sensus historicus zulasse. Vor allem aber unterminierte Bellarmin die Deutungshoheit des historischen Sinns mit dem Argument, dass die Bibel selbst ein Produkt der christlichen Tradition sei. Wenn dem so sei, seien der historische Sinn wie auch die Selbstinterpretation der Bibel von der kirchlichen Tradition abhängig, die Bellarmin denn auch als Legitimationsinstanz der Bibelinterpretation betrachtete.[453] Dann aber war der historische Schriftsinn leichter mit kritischen Methoden zu erforschen. Eine für die Leitidee dieses Buches zentrale Konsequenz ist jedenfalls klar: Die Entwicklung hin zu unterschiedlichen Kirchen, zwischen denen man sich (erstmal nur in der Theorie) entscheiden konnte, hatte tiefe Wurzeln in der Begründungsgrammatik der Schriftdeutung.

Die Wege zur historischen Kritik der Frühen Neuzeit sind längst nicht ausreichend erforscht, doch dürften sie im Netz der humanistischen Philologie und der damit verbundenen Exegese ihren Ausgang nehmen. Einer der Wege führt möglicherweise wieder nach Spanien, wo man schon früh über konvertierte Juden Hebräischkenntnisse besaß; ein spanischer Spätscholastiker wie der Jesuit Juan Maldonado (1533–1583), integrierte historisch-kritische Fragen von der Hinzuziehung von „Kirchenvätern" bis zum Abgleich mit griechischen und hebräischen Texten in seine Exegese.[454] Von Maldonado dürfte auch ein Weg in die protestantische Exegese führen, etwa zu Hugo Grotius. Dieser war arminianischer Calvinist, der von den orthodoxen Calvinisten als „deviant" (weil prädestinationskritisch) betrachtet wurde und in seinen „Anmerkungen" zu den Evangelien und zum Alten Testament (1641/44) die biblischen Schriften als historische Quelle und nicht mehr als theologisch unmittelbar normativen Text deutete.[455] Im Großen und Ganzen blieben die protestantischen Traditionen jedoch der historischen Kritik noch lange verschlossen.[456] Konsequenterweise enthielten die protestantischen Studienordnungen des 17. Jahrhunderts kein Lehrfach für das Schriftstudium,[457] und es war kein Zufall, dass ein calvinistischer Exeget mit textkritischen Ansätzen wie Louis Cappel, der in der hugenottischen Akademie in Saumur lehrte (und korrekterweise die Punktation des hebräischen Textes erst bei den Masoreten und nicht bei Moses oder Esra beginnen sah), seine Schriften zur alttestamentlichen Textkritik 1650 nur in einer katholischen Offizin publizieren konnte.[458]

Vergleichbare Debatten wurden auch im Judentum und auch hier mit nach Spanien weisenden Wurzeln geführt. Uriel da Costa (1583/84–1640), ehemals gläubiger Katholik aus einer zwangskonvertierten jüdischen Familie, hatte nach seinem Übertritt ins Judentum die biblische Grundlage talmudischer Gebote infrage gestellt und war zu der Überzeugung gekommen, das mosaische Gesetz sei eine menschliche Erfindung.[459] Er musste deshalb seine jüdische Gemeinde verlassen. Ähnlich erging es Baruch de Spinoza (1632–1677), der die Forderung nach

---

[453] Ebd., 71–78.
[454] Reiser: Bibelkritik, 222f.
[455] Kraus: Geschichte der historisch-kritischen Erforschung des Alten Testaments, 50–53.
[456] Reiser: Bibelkritik, 229–237. Dieses Manko ist in der Fokussierung auf die Probleme der dogmatischen Theologie auch deutlich bei Scholder: Ursprünge und Probleme der Bibelkritik im 17. Jahrhundert.
[457] Reiser: Bibelkritik, 237.
[458] Ebd., 230.
[459] Houtman: Der Pentateuch, 34.

freier Religionsausübung in seinem 1670 in Amsterdam anonym gedruckten Tractatus theologico-politicus auf eine historisch-kritische Lektüre der Bibel stützte.[460] Er hatte beispielsweise Moses' Verfasserschaft für die Bücher des Pentateuch angezweifelt[461] und war unter anderem deshalb 1656 aus seiner jüdischen Amsterdamer Gemeinde ausgeschlossen worden.

Im 17. Jahrhundert gehört in dieses Netz kritisch-exegetischer Reflexionen auch das Werk des katholischen Oratorianers Richard Simon, der 1678 seine epochemachende „Histoire critique du Vieux Testament" vorlegte.[462] Er versuchte, den verschärften textkritischen Anfragen an den biblischen Text Rechnung zu tragen, indem er die „heiligen Bücher" in der „Republik der Hebräer" von professionellen Schriftkundigen verfasst sah und ebenfalls Moses als Verfasser des Pentateuch ausfallen ließ.[463] Simon machte damit die Tradition einschließlich der Oralität zum Angelpunkt seiner Exegese.[464] Aber letztlich untergrub er das damalige Schriftverständnis von Protestanten wie Katholiken. Der Pariser Bischof Jacques Benigne Bossuet befahl deshalb, die gedruckte, aber noch nicht ausgelieferte Ausgabe auf den Scheiterhaufen zu werfen, doch überlebten einige Exemplare, die den Grundstock für den dann verbreiteten Druck von 1685 bildeten.

Diese biblische Philologie war schon seit de Valla untrennbar mit der kirchen- und allgemeinhistorischen Textkritik verbunden. Der Calvinist Abraham Scultetus hatte in seinen Büchern über das „Mark der Vätertheologie" (1603/13) das Traditionsprinzip infrage gestellt, indem er hervorhob, dass die „Kirchenväter" als zentrale Referenz der altkirchlichen Tradition widersprüchlich waren und dogmatische Positionen vertraten, die der orthodoxen Auslegung widersprachen.[465] Die Legitimität der Konzilien als einem weiteren Pfeiler der Tradition riss Jean Daillé, ebenfalls Calvinist, 1631 ein, als er deren Widersprüche und die päpstliche Revision von Konzilsbeschlüssen aufblätterte.[466] Der Jesuit Denis Pétau wiederum, dessen Dogmatik von 1627 viele Freunde wie Feinde als die beste historische Dogmatik des 17. Jahrhunderts betrachteten, legte den Platonismus der „Kirchenväter" offen, etwa in der Trinitätstheologie, die er aber nicht als unchristlich eliminierte, sondern sie theologisch, als Wirken des göttlichen Geistes, deutete.[467] Dass damit nichts entschärft war, im Gegenteil, dokumentierte im Jahr 1700 der reformierte Theologe Jacques Souverain, der in seinem „Platonisme dévoilé" auf die platonischen Einflüsse in der Bibel selbst, namentlich im Johannesprolog (Joh 1,1–18), hinwies. Nun stand nicht nur die Auslegung der Bibel zur Debatte,

---

460 Malet: Le traité théologico-politique de Spinoza et la pensée biblique.
461 Rogerson: Bibelwissenschaft I/2, 349.
462 Auvray: Richard Simon 1638–1712; Müller: Richard Simon; Reventlow: Richard Simon und seine Bedeutung für die kritische Erforschung der Bibel. Die ältere, vor allem protestantische Forschung ordnet allerdings Simon ohne Einbeziehung älterer, etwa spätscholastischer Traditionen in einen Kreis protestantischer Exegeten ein, so Kraus: Geschichte der historisch-kritischen Erforschung des Alten Testaments. Ein klassischer Autor wie Kümmel: Das Neue Testament. Geschichte der Erforschung seiner Probleme, übergeht weitgehend die formativen Traditionen vor dem 18. Jahrhundert.
463 Simon: Histoire critique du Vieux Testament, 15 (= Buch I, Kap. 2). Dazu: Historische Kritik und biblischer Kanon in der deutschen Aufklärung, hg. v. H. Graf Reventnlow; Müller: Richard Simon.
464 Kraus: Geschichte der historisch-kritischen Erforschung des Alten Testaments, 67f.
465 Schmidt-Biggemann: Die Entstehung der unitarischen Exegese, 92–94.
466 Ebd., 94–96.
467 Ebd., 96–110.

sondern die Bibel selbst und mit ihr erneut die Trinitätslehre, die sich als ein Produkt des platonischen Denkens ausweisen ließ.[468] Diese Einsicht in die Spannung zwischen den Normen der Tradition und den philologischen Befunden bahnte den Weg zu der neuzeitlichen Auffassung, dass theologische Dogmatik und philologische Exegese kategorial different seien.

Fast parallel wurde die historische Kritik auch in der allgemeinen Geschichtsschreibung etabliert. So begann Matthias Flacius protestantischerseits in den „Magdeburger Centurien", deren erster Band 1559 erschien (und in denen erstmals Geschichte nach Jahrhunderten gegliedert wurde"[469]), die Kirchengeschichte aus reformatorischer Perspektive zu revidieren. Der Anspruch, textkritisch die Unzuverlässigkeit der historischen Fundamente der Papstkirche bis hin zu Quellenfälschungen nachzuweisen, gelang an vielen Stellen, beispielsweise entschlüsselte er die unter dem Namen Isidor verbreiteten Canones, die unmittelbar in das Decretum Gratiani eingeflossen waren, als pseudepigraphische Werke.[470] Katholischerseits begründeten Benediktiner der Kongregation von Saint-Maur seit dem Beginn des 17. Jahrhunderts systematisch eine methodisch gestützte historische Forschung, ausgehend von der Patristik. Unter diesen Maurinern begründete Jean Mabillon (1632–1707) die wissenschaftliche Diplomatik, indem der Urkunden kritisch analysierte und durch halb Europa reiste, um in Archiven Handschriften einzusehen oder sie zu erwerben. Die „Bollandisten" wiederum, meist Mitglieder des Jesuitenordens, begannen 1607 auf der Grundlage von Quellen die „Acta Sanctorum", Heiligenviten, herauszugeben, womit sie zu den Begründern einer kritischen Historiographie in der Kirchengeschichte im Allgemeinen und in der Spiritualität im Besonderen wurden.[471]

Dazu trat die Kontextualisierung des Bibeltextes in die Umfeldkulturen. Isaac La Peyrère hatte 1655, wenngleich nur spekulativ, eine vorbiblische Kultur, die „Präadamiten", postuliert, indem er aus dem Gesetz für Adam auf eine gesetzlose Zeit vor Adam, in der bereits Menschen gelebt hätten, geschlossen hatte – und stellte damit die Verlässlichkeit der biblischen Zeitrechnung infrage. John Marsham präsentierte 1672 dazu harte Fakten, als er die Chronologie der ägyptischen Könige publizierte.[472] Da die ägyptischen Listen längere Zeiträume als die biblischen Geschlechtertafeln abdeckten, konnte die biblische Weltgeschichte mit ihrer Zählung so nicht stimmen.

Im 18. Jahrhundert kam die historische (Bibel-)Kritik in die räsonierende Öffentlichkeit, wobei die späte Aufklärung nicht nur die Fortführung, sondern vor allem die Breitenwirkung der intellektuellen Vorarbeiten sah. Als Lessing zwischen 1774 und 1778 im berühmten „Fragmentenstreit" die historisch-kritischen Überlegungen zur Bibel von Hermann Samuel Reimarus publizierte, der etwa die Differenzen zwischen den Evangelien selbst hinsichtlich der Auferstehung Jesu aufwies, lag ein wichtiges Moment ihres Erfolges mehr in der öffentlichen Debatte als in der Neuheit der Argumente. Das 19. Jahrhundert wurde zum Zeitalter einer breiten Durchsetzung und hochkomplexen Operationalisierung der historischen Kritik,

---

468 Mulsow: Moderne aus dem Untergrund; Schmidt-Biggemann: Die Entstehung der unitarischen Exegese, 112–121.
469 Burkhardt: Die Entstehung der modernen Jahrhundertrechnung.
470 Hartmann: Humanismus und Kirchenkritik.
471 Emmenegger: Die Kongregation von Saint-Maur; Weitlauff: Die Mauriner und ihr historisch-kritisches Werk; Hausberger: Das kritische hagiographische Werk der Bollandisten.
472 Marsham: Chronicus canon aegyptiacus ebraicus graecus.

ausgehend vom liberalprotestantischen Deutschland. Die massiven Widerstände in praktisch allen Kirchen, unter Theologen und in der populären Rezeption, wurden im Verlauf des 20. Jahrhunderts zumindest im akademischen Raum Westeuropas marginalisiert. Eine herausragende Rolle in diesem Prozess spielte der Orientalist Johann Gottfried Eichhorn, der in seiner „Historisch-kritischen Einleitung in das Alte Testament" (zuerst 1780/83) und in seiner „Einleitung in das Neue Testament" (zuerst 1804/14) die Ergebnisse der historischen Kritik systematisch auf die Bibel applizierte.[473]

Für eine unerwartete Dynamisierung sorgten neue archäologischen Funde und damit verbundene philologische Erweiterungen. Die Entzifferung bislang verschlossener Sprachen, des Akkadischen, Sumerischen oder Ägyptischen, knüpfte die Bibel immer stärker in das Netz der altorientalischen Kulturen ein. Die „religionsgeschichtliche Schule" vor allem liberaler Protestanten wurde zum Angelpunkt dieser Kontextualisierung.[474] Konnte der Monotheismus Israels von Ägypten herrühren? Kam die Paradieserzählung im Buch Genesis aus dem Zweistromland? War der erste Schöpfungsbericht eine Gegenerzählung zu babylonischen Schöpfungsmythen? Die Frage, wo die Eigenheiten der biblischen Tradition blieben, drohte, so die Wahrnehmung vieler Zeitgenossen, die Antwort zu fordern, dass die Bibel eine abhängige Marginalie der großen Kulturen des Nahen Ostens sei. Diese Zangenbewegung von Verschärfung und Popularisierung erhielt im 19. Jahrhundert ungeahnte Dimensionen, die in Teilen des historischen Gedächtnisses die Vorstellung hinterließ, diese Kritik sei damals im Wesentlichen erfunden worden.

Das 19. Jahrhundert ist voll von wilden Kontroversen, die von der Universität bis weit in bildungsbürgerliche Milieus reichten. Die Kritik der Belastbarkeit der biblischen Schriften hinsichtlich der ermittelbaren historischen Fakten zum Leben Jesu artikulierte im Anschluss an Reimarus der evangelische Theologe und Philosoph David Friedrich Strauss 1835/36 in seinem „Leben Jesu, kritisch bearbeitet" – seit 1864 in einer von ihm besorgten Ausgabe „für das deutsche Volk". Anfang der vierziger Jahre folgte der ebenfalls protestantische Linkshegelianer Bruno Bauer mit seiner Kritik der Evangelien (einschließlich antisemitischer Töne). Am Ende des 19. Jahrhunderts verbreiteten sich solche Debatten aufgrund der „volkstümlichen" Popularisierung der Ergebnisse der religionsgeschichtlichen Schule in weite Bevölkerungskreise.[475] Exemplarisch für die kulturelle Erregung durch diese Debatten mag der Bibel-Babel-Streit stehen. Als der Assyriologe Friedrich Delitzsch am 13. Januar 1903 in einem Vortrag Parallelen zwischen biblischen und babylonischen Schriften erörterte und dabei an einigen Stellen auch von der Überlegenheit der babylonischen Religion sprach, geriet der Vortrag zum Eklat. Nicht weil andere Forscher widersprachen, sondern weil Kaiser Wilhelm II., der dem Vortrag beigewohnt hatte, in einem an Tageszeitungen lancierten, konfessorischen Brief kaum verhohlen die Angst vor den relativistischen Konsequenzen der historischen Bibelkritik artikulierte und Delitzsch „dringend" riet, „seine Thesen nur in theologischen Schriften und im Kreise seiner Kollegen zu ventilieren, uns Laien aber ... damit

---

[473] Kraus: Geschichte der historisch-kritischen Erforschung des Alten Testaments, 133–151.
[474] Auwärter: Spiritualität um 1900; Die „religionsgeschichtliche Schule", hg. v. G. Lüdemann; Murrmann-Kahl: Die entzauberte Heilsgeschichte; Lüdemann/Schröder: Die Religionsgeschichtliche Schule.
[475] Janssen: Theologie fürs Volk.

zu verschonen".⁴⁷⁶ Delitzsch zog die Konsequenz, statt des Alten Testamentes den Christen völkische Lektüren wie Wilhelm Schwaners „Germanen-Bibel" anzuempfehlen.⁴⁷⁷

In diesem Verbund von philologischer Kritik und religionsgeschichtlicher Kontextualisierung wurde die historisch-kritische Methode zum ersten Pfeiler des Historismus; dessen zweiter Pfeiler, die Rezeption außereuropäischer Literatur seit dem ausgehenden 18. Jahrhundert, insbesondere „hinduistischer", buddhistischer, zoroastristischer und islamischer Texte, war ähnlich bedeutsam, gehört aber nur am Rande in die Geschichte der Philologie. Die Rezeptionsgeschichte solcher Schriften zeitigte aber in einem Punkt die gleichen Folgen wie die historische Kritik: Sie schürte das Bewusstsein des Relativismus und stellte traditionelle Konzepte der besonderen Bedeutung der eigenen Religion infrage; in Europa war das Christentum betroffen, aber strukturell wurde jede Religion relativiert. Zugleich unterminierte diese historische Komparatistik im Verbund mit der historischen Kritik die traditionellen Konzepte der Sakralität von Schriften. Der Historismus ließ die Vorstellung einer Unmittelbarkeit zum Ursprung zur poetischen Fiktion werden und entfremdete die Gegenwart ihren Anfängen. Nicht wenigen Zeitgenossen erschien das historische Denken deshalb als eine Form der Religionskritik, als Atheismus, weil die „heilige" Schrift als (ausschließlich) kulturelles und kulturrelatives Produkt betrachtet werden konnte, deren menschliche Konstruktionslogik offen zu Tage liege. Dieser von Lessing 1777 diagnostizierten „garstige breite Graben, über den ich nicht kommen kann, so oft und ernstlich ich auch den Sprung versucht habe",⁴⁷⁸ erschien vielen Zeitgenossen des 19. Jahrhunderts als epochaler Bruch. Es könnte sein, dass die Folgen des Historismus für die okzidentale Religionsgeschichte besonders dramatisch waren, weil hier die Schriftbezogenheit von Religion in der Frühen Neuzeit derart ins Zentrum religiöser Praxis gedrungen war. Es scheint jedenfalls, dass das okzidentale Christentum damit zumindest in der Frühen Neuzeit im Vergleich mit anderen Religionen einen besonderen Weg ging.⁴⁷⁹ Die Konsequenzen zogen sich bis in die institutionellen Grundlagen der Erforschung von Religion. Die Entstehung einer universitären Religionswissenschaft, die sich im Laufe des 20. Jahrhunderts von vielen normativen Vorgaben theologischer Religionsforschung löste, ist letztlich auch ein Produkt der im Historismus verschärften Philologisierung in der Interpretation der Bibel.

---

476 Wilhelm II: Brief an Friedrich Hollmann, 113.
477 Kraus: Geschichte der historisch-kritischen Erforschung des Alten Testaments, 313.
478 Lessing: Über den Beweis des Geistes und der Kraft, 443.
479 Eine religions- respektive konfessionsvergleichende Analyse von Historisierungsfolgen wäre spannend, aber ein eigenes Kapitel. Im europäischen Judentum des 19. und 20. Jahrhunderts waren die Folgen vielleicht schon deshalb weniger dramatisch, weil es eine kulturelle Minorität war. Allerdings partizipierten liberale Juden an dieser historistischen Reflexionstradition, etwa im „Verein für Cultur und Wissenschaft der Juden" und später in der „Hochschule für die Wissenschaft des Judentums"; exemplarisch mögen für diese oft liberalprotestantisch eingefärbte Prägung die Biographien Gershom Scholems (Hamacher: Gershom Scholem und die allgemeine Religionsgeschichte) oder Sigmund Freuds stehen (thetisch Schäfer: Der Triumph der reinen Geistigkeit, 37f.). Hinsichtlich des Buddhismus kann man überlegen, dass die Konsequenzen deshalb schwächer ausfielen, weil der Prozess der Erkenntnis wohl oft wichtiger war als sakrale Schriften. Im Islam wiederum, der das Schriftprinzip verschärfte, sind die Ergebnisse der historisch-kritischen Debatte der frühen Neuzeit erst durch jüdische und christliche Gelehrte (Ignaz Goldziher, Theodor Nöldeke) auf den Koran angewandt worden und werden in wichtigen Teilen bis heute in der westlichen Welt durchgeführt, etwa im Berliner Projekt „Corpus Coranicum" (http://www.bbaw.de/forschung/Coran/uebersicht [16.5.2015]).

4.3 Islam

4.3.1 Mohammed, die Gemeinde und der Koran

Als der Islam im 7. Jahrhundert christlicher Zeitrechnung entstand, traf er mit Judentum und Christentum auf zwei Religionen, für die im Rahmen ihrer Ausbreitungsgeschichte – der „Diaspora" im Judentum sowie der kapillaren Verbreitung und der „Mission" im Christentum – der Gebrauch von autoritativen Schriftkorpora zu einer wichtigen Identitätsgröße geworden war. Die Herausbildung des Islam war dabei ebenso wie diejenige der beiden Vorgängerreligionen konstitutiv mit der Herausbildung eines autoritativ geltenden Schriftkorpus verbunden. Allerdings verdankt die Religionsgeschichte dem Islam die emphatischste Berufung auf die Schrift. Das, was die europäische Religionskunde heute „Buchreligion" nennt, besitzt konzeptionell seinen nächsten Verwandten in der islamischen Tradition. Hier entstand ein theologisches Programm, welches die Religionsgeschichte nach „Leuten der Schrift" und denjenigen, die keine Schrift empfangen hätten, hierarchisierte.

Doch auch für den Islam gilt, dass Schrift dabei nur ein relatives Zentrum blieb. Das gottesdienstliche Hören war der eigentliche Ort frommer Erfahrung. Darüber hinaus war der Koran in der Anfangsphase über lange Zeit nicht die zentrale Bezugsgröße, jedenfalls lässt sich eine Rezeption des Koran in theologischen Debatte erst relativ spät nachweisen.[480] Und angesichts von begrenzten Alphabetisierungszahlen und oft fehlenden Kenntnissen des Arabischen bildeten auch im Islam andere Praktiken das Zentrum von Identitätsbildungsprozessen: der gemeinsame Moscheegottesdienst und insbesondere die sich im ersten Jahrhundert islamischer Geschichte etablierende Forderung, die „fünf Säulen" (das Sprechen des Bekenntnisses, das tägliche Gebet, Almosen, Fasten und die Pilgerfahrt nach Mekka) zum Fundament einer islamischen Lebensführung zu machen. Schriftlektüre kommt darunter nicht vor. In dem gleichwohl etablierten Schriftgebrauch kam es im Islam zu einem religionshistorisch bemerkenswerten Schritt, als der heute tradierte Konsonantentext des Koran nach Mohammeds Tod zusammengestellt wurde: Zur Konzeption eines kanonischen Textes im Sinne eines unveränderlichen Skriptes, vielleicht zum zweiten Mal nach der Festlegung der hebräischen Bibel durch die Rabbinen (siehe Kap. 4.2.1), vielleicht muss man angesichts der Radikalität dieses Programms auch von dem ersten „absoluten" Kanon der mediterranen Religionsgeschichte sprechen. Man versah diese Schriftsammlung mit den Veränderungsverboten, die später in der okzidentalen Geschichte ebenfalls für den Kanonbegriff galten. Man kann sich deshalb fragen, ob die Vorstellung von der Bibel als eines perfekten Textes auch unter muslimischem Einfluss erfolgte,[481] aber die Belege dafür sind schwach. Bei dieser Kanonisierung des Koran tauchten konsequenterweise im islamischen Raum, nicht zuletzt im Rahmen der Sicherung der Autorität des Koran durch Sakralisierung, all die Spannungen zwischen Übersetzung und Philologie wieder auf, die schon in der christlichen Kanonisierungsgeschichte Thema waren.

---

480 Van Ess: Der Eine und das Andere, 1310; s. auch Motzki: The Collection of the Qur'an, 20f. 31.
481 Lazarus-Jafeh: Intertwined Worlds, 12, Anm. 13.

Ähnlich wie im Christentum waren Schrift und (entschiedene) Zugehörigkeit auch im Islam konstitutiv aufeinander verwiesen, der Koran und die islamische Gemeinschaft, die Umma, entstanden parallel. Im Rahmen dieses Prozesses hat Angelika Neuwirth den Koran als das „Dokument einer Gemeindebildung" interpretiert,[482] dessen Schichten die Genese der Umma spiegeln.[483] Kanonisierung und Gruppenbildung sind auch in der Entstehungsgeschichte des Islam zwei Seiten derselben Medaille. Ein fixierter Korantext war natürlich für die neu hinzukommenden Mitglieder wichtig, vermutlich, weil die Expansion des Islam mit dem Zustrom von neuen Mitgliedern, die ein Vielfaches der Zahl der alten darstellte, Maßnahmen der Identitätsbildung wichtig machte – und eben dafür eignete sich ein verbindliches Schriftkorpus –, aber auch für die schließlich dominierende Gruppe derjenigen, die aufgrund ihrer Geburt Muslime waren, dürfte ein einheitlicher Korantext einen wichtigen Faktor für die Gemeinschaftsbildung dargestellt haben. Allerdings darf man für eine lange Zeit nur begrenzt den Koran als einzige Grundlage dieses Schriftbezugs sehen, die Hadithe zu Mohammeds Leben waren schon aufgrund ihres Umfangs und ihrer detaillierten Regelungen oft der zentrale, wenngleich vom Koran abhängige,[484] Referenztext in der muslimischen Welt. Seit dem 7. Jahrhundert (1. Jh. H) finden sich jedenfalls berühmte Theologen, darunter al-Shafi (gest. 820 [204 H]), der Gründer der schafitischen Rechtsschule, die zwei Quellen der islamischen Theologie postulierten.[485] Daraus entwickelte sich eine jahrhundertelange Debatte über die Alleinstellung des Korans, die im 19. und 20. Jahrhundert auch das Kind einer christlich-protestantischen Sola-scriptura-Fixierung auf einen Grundlagentext war. Aber im Folgenden beziehe ich die Hadithe nicht mit ein und beschränke ich mich – einmal mehr aus schlicht darstellungspragmatischen Gründen – auf die Geschichte des Korans.

Er entstand im Rahmen komplexer Interferenzen mit den jüdischen und christlichen Schriftkulturen.[486] Juden und Christen waren auf der arabischen Halbinsel zu Lebzeiten Mohammeds präsent, insbesondere in Medina gab es jüdische Stämme, mit denen sich Mohammed konfliktreich auseinandersetzte. Hingegen siedelten Christen in Mohammeds engerer Heimat wohl nicht. Aber sie regierten in Äthiopien, wohin Mohammed, wie angedeutet, nach den Auseinandersetzungen in Mekka einen Teil seiner Gemeinde ins Exil geschickt hatte.[487] Hier existierte ein Christentum mit einem sehr offenen Bestand an verbindlichen Schriften (siehe Kap. 4.2.1). Auch im weiteren Umfeld der arabischen Halbinsel war das Christentum als Machtfaktor präsent, im Norden kämpfte das christliche Byzanz um die regionale Vorherrschaft mit den Sassaniden, bei denen neben den Zoroastriern assyrische Christen eine wichtige Rolle spielten.

Judentum und Christentum besaßen, dies ist für dieses Kapitel relevant, kanonische Textkorpora, die an den Rändern unscharf, in ihrem Kernbestand aber relativ fest waren. Mohammed wusste von diesen Schriftsammlungen (s. u.) – das ist so sicher, wie opak bleibt,

---

[482] Neuwirth: Der Koran als Text der Spätantike, 394.
[483] Ebd., 394–560.
[484] Fernhout: Canonical Texts, 3f.
[485] Musa: Hadith As Scripture.
[486] Hämeen-Antilla: Christians and Christianity in the Qur'an; Goddard: The History of Christian-Muslim Relations, 5–33.
[487] Nagel: Mohammed, 208–221.

welche Kenntnisse er im Detail besaß. Die Festlegung, dass Mohammed Analphabet gewesen sei (Q 28,48), wurde dabei zum Schlüsselargument, die Beziehungen des Koran zu den jüdischen und christlichen Texten, die ihm schon zu Lebzeiten als Abhängigkeit vorgeworfen wurden (Q 16,103; 28,48), zu marginalisieren oder abzustreiten. Doch legen Indizien, die auch von einigen Auslegern der älteren islamischen Tradition geteilt werden, nahe, dass Mohammed durchaus Schriftkenntnisse besaß:[488] Die Koranstelle, auf die man sich vor allem bezieht (Q 7,157f.), in der vermutlich von Mohammed als volkstümlichem Propheten die Rede ist, kann nicht nur einen illiteraten, sondern auch einen ungelehrten Menschen meinen; und der Hinweis, dass Mohammed in einem göttlichen Buch las (Q 96,4), ist wohl nicht nur metaphorisch zu verstehen. Wahrscheinlich ist, dass Mohammed als Kaufmann lesen und schreiben konnte und wohl für die Verschriftung seiner Texte Sorge getragen hat.[489] Letztendlich kann man vermuten, dass hinter der Vorstellung des Analphabeten Mohammed eine Theologie steht, die Oralität (auch) als Ausdruck des Anspruchs auf einen gottesunmittelbaren Empfang der Offenbarungen las.[490]

Der um 569/570 christlicher Zeitrechnung geborene Mohammed beanspruchte wohl seit etwa 610, Offenbarungen zu erhalten.[491] Gemäß dem koranischen Berufungsbericht mit der Erzählung einer Gottesbegegnung (Q 53,1–18)[492] verstand er sich als Gesandter und Prophet Gottes und teilte seiner Gemeinde an den Stationen seines Wirkens, sowohl in Mekka als auch in Medina, bis zu seinem Tod im Jahr 632 „Offenbarungen" mit. Sie dokumentieren, dass Mohammed nicht nur das vermutlich keineswegs „niedergehende", sondern stabile polytheistische Religionssystem seiner Heimat kannte,[493] sondern auch einen monotheistisch ausgerichteten Hochgottglauben.[494] Nicht zuletzt aber, und dies ist für die Perspektive dieses Buches von besonderer Bedeutung, waren ihm jüdische und christliche Traditionen und ihre Texte geläufig.[495] In den islamischen Nachrichten über Mohammeds Lebensweg finden sich sodann viele Hinweise auf Begegnungen mit Vertretern dieser Religionen. Juden lernte er intensiv im Rahmen seines Wirkens in Medina kennen, wohin er nach Konflikten in seiner Heimatstadt Mekka geflohen war. Zeitweilig dürfte Mohammed sogar damit gerechnet haben, dass die Juden ihn als Propheten anerkennen würden. Er hatte sich ihnen soweit angenähert, dass er wohl anfangs die Gebetsrichtung nach Jerusalem ausrichtete (vgl. Q

---

488 Günther: Muḥammad, the Illiterate Prophet.
489 Neuwirth: Koran, 102.
490 Van Ess: Theologie und Gesellschaft, Bd. 4, 611; Günther: Muḥammad, the Illiterate Prophet, 16.
491 Zum Überblick Nagel: Mohammed. Leben und Legende; ders.: Mohammed. Allahs Liebling; Bobzin: Mohammed. Zur sehr kontroversen Debatte hinsichtlich Nagels Einbeziehung von wissenschaftlicher Literatur und von (zu) späten muslimischen Texten s. Schoeler: Tilman Nagels „‚Authentizität' in der Leben-Mohammed-Forschung"; Nagel: „Authentizität" in der Leben-Mohammed-Forschung; Schoeler: Tilman Nagels „‚Authentizität' in der Leben-Mohammed-Forschung". Eine Antwort. Die Hadithe werden hinsichtlich ihrer historischen Verlässlichkeit für Mohammeds Biographie von der Forschung kontrovers beurteilt; sehr kritisch etwa Berg: The Development of Exegesis in Early Islam. Positionen, die Mohammed für eine fiktionale Person halten (etwa Jansen: Mohammed), sind in der Islamwissenschaft nicht mehrheitsfähig.
492 Bobzin: Mohammed, 74 f.
493 So die These bei Ammann: Die Geburt des Islam, 65–69.
494 Ebd., 41–43. 69.
495 Eindrücklich Neuwirth: Der Koran als Text der Spätantike.

2,142.144). Aber schlussendlich kam es zu blutigen Konflikten, als deren Ergebnis er die Juden aus Medina teilweise vertreiben und teilweise töten ließ.[496] Das Zusammentreffen mit Christen war weniger konfliktreich. Beispielsweise wird in den Hadithen, den islamischen Berichten über das Leben Mohammeds, von friedlichen Begegnungen berichtet. So sei er mit seiner Familie dem christlichen Einsiedler Bahira begegnet, der, das Christentum relativierend, Mohammed als das „Siegel der Propheten", als den in der Bibel vorhergesagten endgültigen Propheten, bezeichnet habe.[497] Zudem dürfte Mohammed im näheren Umfeld der arabischen Halbinsel Christen getroffen haben, die allerdings von den großen Traditionen als „häretisch" oder „schismatisch" betrachtet wurden.[498]

Die Folgen für den Koran und seine Intertextualität mit biblischen Texten sind offen sichtbar und seit den Forschungen des 19. Jahrhunderts ein Thema intensiver und kontroverser Debatten. Mohammed konnte sich explizit auf Thora und Evangelium beziehen (Q 7,157) oder auf einzelne Erzählungen, etwa diejenige von der Arche Noah, anspielen (wobei die in der Flut Ertrunkenen zu „Ungläubigen" wurden) (Q 71,26), er kannte wichtige Propheten der jüdischen Tradition und den Stammvater Abraham. Dabei nutzte er sowohl „kanonisches" wie nicht-„kanonisches" Material,[499] was auch ein Indikator für unscharfe „kanonische" Grenzen in Judentum und Christentum sein könnte. Die Erzählung der Siebenschläfer in Sure 18 etwa greift auf die Erzählung von christlichen Märtyrern in Ephesus zurück, in deren Hintergrund wiederum die jüdische Geschichte der makkabäischen Märtyrer und die nicht kanonisch gewordene „Himmelfahrt des Mose" steht.[500] Auch neutestamentliche Texte waren Mohammed in großer Zahl bekannt. Jesus wird als Sohn der Maria mehrfach erwähnt und als Prophet geehrt,[501] doch lehnte Mohammed die Kreuzigung ab und postulierte stattdessen die Aufnahme Jesu in den Himmel (Q 4,157f.).

Im Laufe seines Lebens sah Mohammed die beiden monotheistischen Religionen wegen ihrer Nähe zu seinen Vorstellungen zunehmend als Konkurrenten an und konnte sie im Koran polemisch kritisieren. So warf er ihnen wohl während der Auseinandersetzungen in Medina vor, die anvertraute Offenbarung wissentlich verfälscht, geheimgehalten oder partiell eliminiert zu haben (Q 2,75–79.159; 4,46; 5,13)[502] und begründete in diesem Kontext die Überlegenheit des Islam, der demgegenüber mit dem Koran auf den präexistenten himmlischen Urtext zurückgreife.[503] Diese Kanonisierungsfigur kannten Judentum und Christentum in der

---

496 Kister: The Massacre of the Banū Qurayẓa; Watt: Mohammed at Medina, 208–220.
497 Bobzin: Mohammed, 70f. Dazu Roggema: The Legend of Sergius Baḥīrā.
498 Slade: Arabia haeresius ferax (Arabia Bearer of Heresies).
499 Speyer: Die biblischen Erzählungen im Qoran; Thyen: Bibel und Koran; Bauschke: Jesus im Koran. Exemplarisch für die neuere Forschung die Deutung des Vogelwunders aus dem Kindheitsevangelium Jesu bei Marx: Ein Koran-Forschungsprojekt in der Tradition der Wissenschaft des Judentums, 49f., und überhaupt die vielen Beispiele bei Neuwirth: Der Koran als spätantiker Text.
500 Whitters: The Source for the Qur'anic Story of the Companions of the Cave.
501 Robinson: Jesus.
502 Vgl. auch Sure 2,59.79.173; 3,71.78 u. a. In Sure 9,30 könnte Mohammed auf die Reorganisation durch Esra anspielen, dem in der islamischen Tradition in diesem Komplex eine Schlüsselrolle zugewiesen wurde (s. Lazarus-Yavneh: Intertwined worlds, 50–74).
503 Sure 56,77–80; wohl auch Sure 85,21f.

Bibel so nicht, wenngleich mit den Ideen der präexistenten Thora jüdischerseits und des präexistenten Logos christlicherseits verwandte Vorstellungen existierten.[504] Aufgrund des Anspruchs auf Ursprünglichkeit und Wahrheit des Koran erlangte die jüdische und christliche Bibel nie die Bedeutung für die Muslime, wie sie das Alte Testament für die Christen besaß; als Ganze kommt sie im Koran als Referenz nicht vor, im Koran wird nur auf einzelne Bücher (etwa auf Thora, Evangelium oder Psalmen) verwiesen.[505] Inhaltlich beschränkte sich das muslimische Interesse an der Bibel häufig auf die Vorhersage des Wirkens Mohammeds und der Heraufkunft des Islam.[506]

Auch die dogmatischen Debatten unter Christen kannte Mohammed teilweise. So war ihm, um einige Beispiele zu nennen, eine Variante der Trinitätslehre geläufig, bei der die marianische Teilhabe an der Dreieinigkeit gelehrt wurde,[507] er kommentierte den Prolog des Johannes-Evangeliums in einer die Einheit Gottes betonenden Interpretation (Q 55,1–4),[508] und vermutlich lässt sich die ganze zweite Sure „die Kuh" – ein Titel, welcher sich auf einen biblischen Text, das Opfer einer roten Kuh, bezieht (Num 19) – als Auseinandersetzung mit dem Christentum, mit seiner Bibel und seiner Dogmatik in den antiken Bekenntnistexten lesen.[509] Man kann nachgerade überlegen, ob der Koran nicht als ein Pendant zum Zentrum der christlichen Dogmatik, der Inkarnation Gottes in Jesus, ebenfalls als eine Art „Inkarnation" Gottes gedeutet werden kann.[510] Aber während im Christentum die Person Jesu im Zentrum steht, war es im Islam gerade nicht Mohammed, sondern das (zu hörende) Buch des Koran.[511] Wenn in dieser Bezugnahme auf die jüdisch-christliche Tradition Aussagen in Bibel und Koran konkurrierten, nutzten muslimische Exegeten das Mittel der Abrogation, bei der der Koran den Deutungsschlüssel für die Bibel bot,[512] strukturanalog zur christlichen Überordnung des Neuen Testaments im Topos der erfüllten Verheißung. In der Folge haben sich in der Grammatik von Mohammeds Theologie viele Vorstellungen, die auch für die biblische Theologie grundlegend sind, niedergeschlagen, etwa der Monotheismus und das Konzept einer Offenbarung – und nicht zuletzt die Vorstellung eines kanonischen Textes als Basis einer schriftgestützten Religion.

Bei zahlreichen Suren ist darüber hinaus anzunehmen, dass Mohammed damit rechnete, dass viele Hörer biblische Texte kannten. So forderte er sie auf, der Maria, des Abraham, des Mose, des Ismael und des Idris (Henoch?[513]) zu gedenken (Q 19, 16. 41. 51. 54. 56). Angesichts der oft andeutenden Formulierungen im Koran ist es auch nicht überraschend, dass sich

---

[504] Van Ess: Theologie und Gesellschaft, Bd. 4, 626.
[505] McAuliffe: Bible.
[506] Lazarus-Yavneh: Intertwined worlds, 75–110.
[507] Busse: Die theologischen Beziehungen des Islams zu Judentum und Christentum, 57f.
[508] Neuwirth: Der Koran als spätantiker Text, 160–163.
[509] Schmitz: Der Koran. Sure 2 „Die Kuh", z. B. 168–172; ders.: Das Spannungsverhältnis zwischen Judentum und Christentum als Grundlage des Entstehungsprozesses des Islams.
[510] Neuwirth: Der Koran als Text der Spätantike, 157–168; Super/Turley: Religion in World History, 41.
[511] Al-Azmeh: The Muslim Canon From Late Antiquity to the Era of Modernism, 200, präferiert an Stelle des „canonical text" die Terminologie „canonical speech".
[512] Lazarus-Yavneh: Intertwined worlds, 37.
[513] Erder: Idris, 484.

Aufforderungen finden, die Schriftbesitzer, also namentlich Juden und Christen, bei Unklarheiten über die Offenbarung zu befragen (Q 10,94; 17,101). Für diese war es wiederum oft nicht leicht, angesichts von Ähnlichkeiten und Übereinstimmungen den entstehenden Islam als eigene Religion zu identifizieren. So betrachtete der erste christliche Theologe, der den Islam theologisch umfassend deutete, Johannes von Damaskus (ca. 650–ca. 750), ihn als christliche „Häresie", weil er das Alte und Neue Testament zwar anerkenne, aber diesen Texten nicht folge.[514]

Die Debatte um die Intertextualität des Koran und der daran hängenden philologischen Probleme seiner Genese sowie seiner Beziehungen zu den religiösen Umfeldkulturen, die im Gefolge der historisch-kritischen Forschung in Europa aufkam, ist in den letzten Jahren zu einem großen, nachgerade aufregenden Forschungsfeld geworden. Theologische Innen- und historisch-kritische Außenperspektive können dabei weit auseinandertreten, etwa im theologischen Anspruch auf die göttliche Genese des Koran einerseits und in der sozialhistorischen Perspektive seiner kulturellen Konstruktion andererseits oder in der Frage, ob das Verhältnis zwischen Koran und insbesondere jüdischen und christlichen Texten als die Restitution einer „wahren" Gestalt (so in islamischen Theologien) oder als Produkt der Auseinandersetzung mit diesen (so die historische Koranforschung mit ihrerseits kontroversen Positionen) zu beschreiben ist.[515]

4.3.2 Redaktion und Kanonisierung

Zurück zu Mohammed und der Geschichte des Koran.[516] Er hat keine eigene Schrift als eine Art „Gegenbibel" präsentiert, schon gar keinen abgeschlossenen Kanon, sondern seine Eingebungen mündlich weitergegeben, die zuerst wiederum mündlich tradiert und komponiert wurden;[517] das Konzept eines Buches dürfte sich erst im Laufe von Mohammeds Offenbarungsgeschichte entwickelt haben.[518] Die Fixierung erfolgte offenbar konsequent im Medium des Kodex, nicht mehr in dem der Schriftrolle.[519] Die neuere Forschung realisiert allerdings,

---

514 Johannes Damascenus: De haeresibus, Kap. 100.
515 Den Beginn dieser historisch-kritischen Forschung markiert Nöldeke: Geschichte des Qorans (Diss. ¹1860), überarbeitet von Friedrich Schwally und Gotthelf Bergsträsser/Otto Pretzl (1909–1938); zur aktuellen Debatte s. Neuwirth: Der Koran als Text der Spätantike; The Qur'an in Context, hg. v. A. Neuwirth u. a.
Theorien, die einzelne Traditionen für die Genese des Koran ins Zentrum rücken oder monopolisieren, haben erregte Diskussionen hervorgebracht, etwa Lüling: Über den Urkoran (These von christlichen Hymnen als Grundlage von Teilen des Koran); Wansbrough: Quaranic Studies, 119ff. (Adaption jüdischer Exegese im Islam); Crone/Cook: Hagarism (Islam als messianische Bewegung judenchristlicher Provenienz); Luxenberg (Pseudonym): Die syro-aramäische Lesart des Koran (Entschlüsselung schwer lesbarer oder unverständlicher Stellen des Koran aus der syro-christlichen Tradition); Die dunklen Anfänge, hg. v. K.-H. Ohlig; Streit um den Koran, hg. v. Ch. Burgmer (frühe Geschichte des Islam als Ergebnis der Christentumsgeschichte).
516 Neuwirth: Koran; Nagel: Der Koran; Bobzin: Der Koran; Seidensticker: Koran; Krawulsky: Eine Einführung in die Koranwissenschaften; Saeed: The Qur'an.
517 Neuwirth: Vom Rezitationstext über die Liturgie zum Kanon, 75f.
518 Nagel: Mohammed. Leben und Legende, 94f.
519 Déroche: Qur'ans of the Umayyads.

dass die Vorstellung eines Offenbarungsbuches zu sehr an den Vorstellungen kodifizierter Texte hängt. Man kommt jedenfalls zu neuen Einsichten, wenn man den Koran weniger als Sammlung von Texten unterschiedlicher Provenienz in unterschiedlichen Redaktionsverhältnissen liest (wie es die historisch-kritische Forschung zur Bibel nahelegt), sondern vielmehr als Dokumentation von Disputen zwischen Juden, Christen und (den späteren) Muslimen, als Ergebnis eines kommunikativen Prozesses, dessen unterschiedliche Stadien in Distanzen und Nähe sich in den Schichten des Koran widerspiegeln.[520] Die Verschiebung von Begründungsmustern, etwa von den extatischen zu den argumentativen Legitimationen der koranischen Botschaft, die Mohammed im Laufe seines Lebens – von Mekka nach Medina – vollzogen hat, sind dafür Indikatoren.[521] Dabei war Mohammed wohl auch kein isolierter Offenbarungsempfänger, sondern ist im Kontext weiterer Menschen zu sehen, die mit dem Anspruch auf Offenbarungen auftraten.[522]

Mit dem Tod Mohammeds lag der Koran vermutlich in Suren gegliedert,[523] aber nur pragmatisch abgeschlossen vor, und dies entsprach wahrscheinlich Mohammeds Selbstverständnis, denn es gibt Stellen im Koran, die eine unabschließbare Offenbarung unterstellen,[524] vielleicht in Opposition zu den (zumindest in der Außenperspektive) fixierten Schriftbeständen von Juden und Christen:[525] „Und wenn (alles), was es auf der Erde an Bäumen gibt, Schreibrohre wären, und das Meer (Tinte und), nachdem es erschöpft ist, (w. nach ihm) sieben (weitere) Meere als Nachschub erhielte, (damit die Worte Gottes alle niedergeschrieben werden können), würden die Worte Gottes nicht zu Ende gehen." (Q 31,27) Aber diese Idee geriet wohl in Spannung zu Mohammeds Absicht, zumindest gegen Ende seines Lebens gleich den anderen Schriftbesitzern auch ein „Buch" der Offenbarungen zu bieten.[526] In diesem Prozess entstand noch zu Mohammeds Lebzeiten im Arabischen der Begriff des Buches, indem sich die Bedeutung des zentralen Begriffs „kitab" von der „lenkenden Maßnahme Gottes" hin zu „Offenbarungsschrift" verschob[527] und die Bedeutung der gesetzlichen Funktion des Textes gegenüber der Dokumentation von extatischen Erfahrungen in der Frühzeit stärker wurde.[528] Es waren aber Mohammeds Erben und Nachfolger, die diese Texte abschließend sammelten, sicherten und systematisierten.

Auch dieser Teil der Geschichte des Koran ist wie die religionshistorische Kontextualisierung innerislamisch umstritten, weil wiederum historische Kritik und das Verständnis des Koran als heiliger Schrift aufeinanderprallen. In der Außenperspektive war der primäre historische Ort dieser Sammlung von Texten mit Offenbarungsanspruch vermutlich die gottesdienstliche Verlesung,[529] wohl nach dem Vorbild der Feiern der anderen schriftnutzenden

---

[520] Neuwirth: Zur Archäologie einer Heiligen Schrift.
[521] Nagel: Der Koran, 55.
[522] Gilliot: Muhammad, le Coran et les „constraintes de l'histoire".
[523] Neuwirth: Koran, 98f.
[524] Nach Nagel: Medinensische Einschübe in mekkanischen Suren (Arbeitsbericht), 65.
[525] Ebd., 65.
[526] Neuwirth: Koran, 102.
[527] Nagel: Medinensische Einschübe in mekkanischen Suren (Arbeitsbericht), 61.
[528] Nagel: Vom „Qur'ān" zur „Schrift".
[529] Neuwirth: Vom Rezitationstext über die Liturgie zum Kanon.

Religionen.[530] Bis heute bedeutet das Wort „Koran" in einer wichtigen Bedeutungsschicht „Rezitation". Der dann begangene Weg von der liturgischen Präsentation zum abgeschlossenen Buch und so zu einer schriftzentrierten Religion[531] ist in wichtigen Schritten, allerdings nicht immer im Detail, rekonstruierbar. Die Berichte, wonach die Überlieferung zuerst auf Palmstengeln, Tonscherben und Schulterknochen, also transitorischen Materialen, erfolgte, ist wohl eine Zuspitzung in theologischer Absicht, um der mündlichen Unmittelbarkeit einen herausgehobenen Stellenwert zuzuweisen, weil neben den verschrifteten Traditionen die Überlieferung in den „Herzen der Männer", also die memorierten Texte, einen hohen, vermutlich sogar den höheren Stellenwert besaß.[532] Wie komplex das Verhältnis von mündlicher und schriftlicher Tradierung zu Lebzeiten Mohammeds gewesen sein muss, dokumentiert der als Mohammeds „Sekretär" bezeichnete Zaid ibn Tabit, der die „Offenbarungen" Mohammeds aufzeichnete, weil die Schrift ihm als Stütze der Mündlichkeit diente.[533]

Doch letztlich führte der Prozess der Verschriftung[534] zu einem regulären „Buch", dessen Existenz als Schrift im Gegensatz zu seiner mündlichen Überlieferung auch im Islam, wie im rabbinischen Judentum und in Teilen der alten Kirche, umstritten blieb.[535] Jedes der im Folgenden genannten Motive für die Kanonisierung hat auch mit der Ausbreitung des Islam und den Problemen, in diesem Prozess die Zugehörigkeit zu bestimmen und so die „Identität" der entstehenden Religionsgemeinschaft zu wahren, zu tun. Ein wichtiger Kanonisierungsgrund dürfte das Interesse an einer einheitlichen Leseversion im Gottesdienst gewesen sei, gerade angesichts der Ausbreitung in unterschiedlichen Kulturen. Sicher spielte auch die Sorge um den Erhalt der primär mündlich überlieferten Texte eine Rolle. Die muslimische Geschichtsschreibung berichtet jedenfalls, dass in einer Schlacht viele „Koranleser" gefallen seien und man deshalb um den Fortbestand der koranischen Überlieferung gefürchtet habe.[536] Schon unter Mohammeds ersten Nachfolgern, den Kalifen Abu Bakr (Kalif von 632 bis 634 [10–12 H]) und Omar (reg. 634–644 [12–23 H]), muss es Bemühungen gegeben haben, die Texte zu sammeln und Varianten zu vereinheitlichen. Denn im Rahmen der militärischen Expansion entstanden in den großen Militärstädten des Islam, namentlich in Kufa, Basra und Damaskus sowie in Medina und Mekka, autoritative Sammlungen.[537] Dabei hatten die frühen Vertreter der islamischen Tradition eine Vielzahl von Entscheidungen zu treffen. So waren die gottesdienstlichen Lesetexte für die Kodifizierung neu zu organisieren; die vielen Wiederholungen besitzen wohl in diesen liturgischen Motiven einen Grund.[538] Dabei war man sich anfangs über die Reihenfolge nicht einig, in frühen Koranausgaben gab es unterschiedliche Ordnungen der Suren.[539] Zentrales Gliederungsprinzip wurde die Länge der Suren, so dass noch

---

530 Dies.: Koran, 102.
531 Leemhuis: The Coran and the Exegesis, 91.
532 Nagel: Der Koran, 18.
533 Neuwirth: Koran, 101, 103.
534 Schoeler: The Genesis of Literature in Islam.
535 Reiche Sammlung von Beispielen bei Cook: The Opponents of the Writing of Tradition in Early Islam.
536 Nagel: Koran, 18; Neuwirth: Koran, 102; Bobzin: Der Koran, 109.
537 Neuwirth: Koran, 103f. 108.
538 Bobzin: Der Koran, 101.
539 Neuwirth: Koran, 104f.

heute bis auf Ausnahmen – etwa in der Einleitung oder bei zusammengehörigen Suren[540] – die längsten Suren am Beginn und die kürzesten am Ende des Koran stehen. Schließlich setzte sich die Zahl von 114 Suren durch.

Die entscheidende Redaktion erfolgte unter dem dritten Kalifen Uthman (reg. 644–656 [23–35 H]). Möglicherweise sah man unterschiedliche Text- und Lesetraditionen als Bedrohung für die Einheit der noch jungen Gemeinde, der Umma, an.[541] Uthman ließ jedenfalls in einem sorgfältigen Verfahren, bei dem einige, aber wohl keine größeren Textteile verlorengingen,[542] die Überlieferung sammeln, prüfen und einen Text zusammenstellen, der dann kanonisch wurde. Davon schickte Uthman Ausfertigungen nach Mekka, Medina, Kufa, Basra und Damaskus,[543] verbunden mit der Auflage, die älteren Sammlungen zu vernichten. Diese Eliminierung älterer Textvarianten dürfte sich über einen längeren Zeitraum hingezogen haben.[544] Die Gliederung des Textes durch eine Verszählung dürfte in das Ende des 7. Jahrhunderts (1. Jh. H) zurückreichen. Vermutlich gab es um 703/704 (84/85 H) noch einen weiteren Revisionsgang des uthmanschen Textes, um dessen Lesedifferenzen zu vereinheitlichen. Dabei wurden weiterhin vorhandene Überlieferungen neben dem uthmanschen Text hinzugezogen und danach vernichtet; anschließend hat die neue Rezension die uthmansche wohl fast vollständig ersetzt.[545] Jüngste Textfunde wie die 2015 entdeckten Blätter einer Koranhandschrift, die sich heute in ihren Resten in Birmingham und Paris befindet und deren Pergament auf die Zeit zwischen 568 und 645 datiert wird, dürften eine hohe Stabilität des Textes zu einem frühen, momentan noch nicht genauer bestimmten Zeitpunkt indizieren,[546] wohingegen das ins siebte Jahrhundert (1. Jh. H) datierte Palimpsest eines Korantextes aus der Moschee im jemenitischen Sana, das in den 1970er Jahren entdeckt wurde, eine Reihe von Varianten aufweist.[547] Der Vorwurf schiitischer Theologen jedoch, dass in diesen Überarbeitungen der Koran zusätzlich gefälscht worden sei, indem man die Bezüge auf Ali, den Schwiegersohn Mohammeds, den die Schiiten an Stelle des ersten Kalifen als legitimen Nachfolger Mohammeds betrachteten, eliminiert habe, ist historisch nicht belegbar und strukturell den Vorwürfen Mohammeds gegen Juden und Christen hinsichtlich einer Verfälschung des Offenbarungstextes vergleichbar.[548]

Allerdings gibt es offenbar Passagen, die nicht aufgenommen wurden,[549] wobei die diesbezüglichen Debatten nicht zuletzt aus weltanschaulichen Gründen sehr kontrovers sind.

---

540 Ebd., 105.
541 Ebd., 104.
542 Ebd., 100.
543 Unterschiedliche Städte bei Neuwirth, ebd., 104, und Bobzin: Der Koran, 102.
544 Neuwirth: Koran, 111.
545 Hamdan: Studien zur Kanonisierung des Korantextes, Datierung 141; ders.: The Second Masahif Project, 829–835.
546 Anonym: Birmingham Quran manuscript; https://en.wikipedia.org/wiki/Birmingham_Quran_manuscript (3.9.2015).
547 Sadeghi, Behnam/Goudarzi, Mohsen: Ṣanʿāʾ 1 and the Origins of the Qurʾān, in: Der Islam 87/2012, 1–129.
548 Brunner: Die Schia und die Koranfälschung. Später suchte man weniger konfliktträchtige Erklärungen, etwa dass Alis Exemplar des Koran Zusätze besessen habe (S. 8).
549 Schon bei Nöldeke: Geschichte des Qorâns, 174–188; bei Nöldeke (Schwally/Bergsträsser): Geschichte des Qorans, Teil 1, 234–261.

Dazu gehören die in der islamischen Tradition „Kranichverse" genannten Sätze (im Westen seit dem 19. Jahrhundert „Satanische Verse" genannt), die der Historiograph al-Tabari um 900 in seiner Korankommentierung anführte. Demzufolge habe Gott Mohammed die Zulassung einer Fürbitte bei drei in Mekka verehrten Göttinnen, Allat, al-Uzza and Manat, die ihm der Satan auf die Zunge gelegt habe, revidiert, also die Verehrung noch zu seinen Lebzeiten abrogiert.[550] Jedenfalls finden sich diese Verse heute in Sure 53 nicht (mehr), nur die ihrer Göttlichkeit depotenzierten Namen (Q 53,19.23);[551] die orthodoxe islamische Theologie hat deshalb auch deren Historizität grundsätzlich bestritten.[552] Ein anderes Beispiel sind Verse zur Steinigung von Menschen, die Unzucht betrieben haben sollen, die (nur noch) in den Hadithen überliefert sind,[553] oder diejenigen, die Johannes Damascenus, der erwähnte erste große christliche Interpret des entstehenden Islam, im 8. Jahrhundert kannte, etwa die Passage oder die Sure über eine „Kamelstute"[554] und eine (weitere?) über „Die Frau", die es heute (so?) nicht (mehr) im Koran gibt[555] oder vielleicht nie dort stand, falls Johannes nicht präzise zwischen Koran und Kommentartexten zu unterscheiden wusste.[556]

Der schlussendlich kanonisch gewordene Text bedeutete jedoch nicht das Ende einer Pluralität von Lesarten. Diese Vielfalt hat ihre Wurzel in mehrdeutigen Konsonantenzeichen und in fehlenden Zeichen für Vokale, so dass erst im Lesen oder später mit der Vokale anzeigenden Punktierung ein eindeutiger Text hergestellt wurde. Die Konsonantenzeichen hat bereits Uthman vereindeutigen lassen, aber die Vokalisierung erfolgte erst im 9. Jahrhundert (3. Jh. H),[557] etwas später als die Punktierung der hebräischen Bibel durch die Masoreten und möglicherweise nicht unabhängig von ihrem Einfluss. Bei schwierigen Stellen, von denen es viele gab, weil der Koran der erste große Prosatext des sich gerade aus dem Nabatäischen entwickelnden Arabischen war,[558] wurden zudem Varianten tradiert, wohl auch um den uthmanschen Text zu verstehen.[559] Die bedeutendste vorutmanische Sammlung koranischer Texte, diejenige des Abdallah Ibn Masud aus Kufa, die als Ganze – wie alle anderen älteren Sammlungen – verloren ist, hatte stärker paraphrasierenden Charakter, so dass man dem uthmanschen Text gerade wegen der Tradierung von unklaren Stellen eine hohe Authentizität zubilligte.[560] Sieben Lesarten des Textes blieben bestehen, die sich auf Traditionen in Medina, Mekka, Basra und Damaskus sowie auf drei Überlieferungen in Kufa zurückführen.[561]

---

550 Hawting: The Idea of Idolatry and the Emergence of Islam, 131f.
551 Ebd., 130–149.
552 Shahab: Satanic Verses. 531.
553 Nöldeke (Schwally/Bergsträsser): Geschichte des Qorans, Teil 1, 248–252.
554 Ohlig: Hinweise auf eine neue Religion in der christlichen Literatur „unter islamischer Herrschaft"?, 304.
555 Johannes Damascenus: De haeresibus, Kap. 100 (in: Johannes Damaskenos und Theodor Abu Qurra, hg. v. R. F. Glei/A. Th. Khoury), 81; zur Debatte um die Verfasserschaft des Johannes s. Khoury: Einleitung (in: ebd.), 38–44.
556 Hipp: Die Kamele Gottes zwischen Passion und Himmelfahrt, 246f.
557 Neuwirth: Koran, 106.
558 Nagel: Der Koran, 19.
559 Bobzin: Der Koran, 102f.
560 Ebd., 103.
561 Neuwirth: Koran, 108.

Ursprünglich waren professionelle Koranleser für die korrekte Vokalisation zuständig,[562] und bis heute wird die genaue Textgestalt über Lesegremien legitimiert.[563] Wenn es einen philologisch greifbaren Urtext des Koran gibt, dann den in sieben Lesarten. Die heute verbreiteten Koranausgaben, die auf die 1923 in Kairo gedruckte Ausgabe zurückgreifen, sind also nur eine Variante der Lesetradition[564] und beruhen auf der kufischen Version des Hafs (gestorben 796 [155 H]).[565] Die Kairiner Edition zog eine pragmatische Kanonisierung nach sich, die die islamische Welt bis dato nicht kannte.[566] Zuvor hatte eine korrekte Interpretation die Kenntnis des in der Lesung durch Vokalisierung gedeuteten Textes vorausgesetzt. Insofern gab es im frühen Islam eine Pluralität von Deutungen auf der Grundlage einer mündlich hergestellten Plausibilität, in der man Einheit (im Konsonantentext) und Pluralität (in der Leseversion und in der Textinterpretation) miteinander verband.

Die hinter dieser Ordnung des Offenbarungsmaterials stehenden redaktionellen Eingriffe sind kaum mehr im Detail rekonstruierbar, grundlegende Tendenzen der Überarbeitung aber sichtbar. Suren aus unterschiedlichen Entstehungskontexten wurden untereinander verbunden, wobei schon die frühe islamische Tradition zwischen medinensischen und mekkanischen Suren unterschied; die westliche Forschung geht inzwischen davon aus, dass darüber hinaus in einzelnen Suren unterschiedliche dieser Traditionsschichten verwoben sind.[567] Dass die Entstehungsfolge der heutigen Anordnung nicht entspricht, ist angesichts dieses Befundes eine zwingende Einsicht. Klar ist auch, dass viele Suren in der heute überlieferten Form stilistisch und theologisch komponiert sind. So ist die große Sure 2, mit der nach der Eröffungssure der Koran eigentlich beginnt, am Beginn und am Ende sorgsam gestaltet, wohingegen die Prinzipien der Gliederung des restlichen Textes offenbar schwer zu erkennen sind.[568]

Parallel mit der Schaffung eines kanonischen Textes ging eine Sakralisierung des Koran einher, die stärker ausfiel als in Judentum und Christentum, wo es im Mainstream beispielsweise keine Vorstellung eines himmlischen Urtextes gab. Diese sakralisierende Interpretation hatte sich an mehreren Problemen abzuarbeiten. Der Anspruch auf Universalität der Geltung einerseits und das Faktum der Regionalität der Sprache andererseits waren in Deckung zu bringen. Dies geschah durch die Sakralisierung des Arabischen, die die Muttersprache Mohammeds war und als himmlische Sprache galt, aber auch in der Konkurrenz zwischen persischem und arabischem Islam letzteren priviligierte.[569] In der sakralen Konzeptionen des Koran galt das Arabische als die Sprache Gottes, und in der Theorie der Unvergleichlichkeit (ijas) des Koran (s. Sure 2,23f.) wurde die Schönheit des rezitierten Textes zum Kriterium seiner göttlichen Qualität.[570] Sakralisierung war zudem über die Theorie der Ungeschaffenheit oder der Ewigkeit des Koran konzipierbar, wobei die Frage, ob der Inhalt

---

562 Ebd., 106.
563 Bobzin: Der Koran, 104.
564 Ebd., 105.
565 Ebd.
566 Ebd., 109.
567 Nagel: Medinensische Einschübe in mekkanischen Suren.
568 Bobzin: Der Koran, 98f.
569 Ebd., 119.
570 Neuwirth, Angelika: Das islamische Dogma der „Unnachahmlichkeit des Korans" in literaturwissenschaftlicher Sicht; Lazarus-Yavneh: Intertwined Worlds, 14–17.

oder die Schrift als ungeschaffen gelten sollten, in diesen theologischen Diskussionen das systematische Zentralproblem bildete.[571] Extreme Positionen konnten auch materiale Texte in diese Ungeschaffenheit einbeziehen,[572] während viele Mutaziliten die Geschaffenheit des Koran betonten. Beide Positionen wurden jedenfalls in der islamischen Theologie vertreten, möglicherweise unter Rückgriff auf Präexistenzlehren der jüdischen und christlichen Tradition in Gestalt der präexistenten Thora oder des präexistenten Logos.[573] Im zweiten Jahrhundert islamischer Zeitrechnung setzt sich in dieser Debatte die Lehre vom ungeschaffenen Koran auf breiter Front durch.[574] Seit dem 9. Jahrhundert (3. Jh. H) trat dazu eine Theorie der Widerspruchsfreiheit des Koran.[575] In der Praxis zeigte sich eine sakrale Verehrung in einer Vielfalt von Praktiken: Man konnte den Koran zum Segen erheben, einzelne Verse zur Heilung rezitieren oder sie als Talismane und Amulette tragen und ihn zum Schwören benutzen, wenngleich seltener als im Judentum und Christentum.[576]

Die im Rahmen der Sakralisierung des Koran wichtig gewordene Vorstellung einer Verbalinspiration gab es in der frühen Zeit, letztlich bis ins 19. Jahrhundert (13. Jh. H), nicht explizit, ein entsprechender arabischer Begriff fehlte.[577] Dies lag an einer Reihe von Problemen. Manche der frühen islamischen Theologen hatten mit dieser Vorstellung schon angesichts der Pluralität der Sprachen in Judentum, Christentum und Islam ihre Schwierigkeit,[578] und strukturanaloge Probleme ergaben sich für den Koran angesichts der inneren Inkohärenz der sekundär arrangierten Suren.[579] Zudem musste aufgrund mehrerer approbierter Vokalisierungen der gesprochene Urtext unsicher bleiben.[580] Schließlich hatte sich die Theologie einer Verbalinspiration mit unterschiedlichen Offenbarungsverständnissen in unterschiedlichen Schichten des Koran auseinanderzusetzen. Während nach den frühen, mekkanischen Suren mit ihrem stark extatischen Habitus Gott selbst Mohammed die „Schrift" respektive die „Urschrift" ins Herz gelegt habe (Q 3,7; 43,4), trat in jüngeren Stellen Gabriel zwischen Gott und Menschen (Q 2,97); dieser Engel hatte schon im biblischen Danielbuch (Dan 8,17) Vermittlerdienste übernommen und im Neuen Testament Maria die Geburt eines göttlichen Kindes verkündigt (Lk 1,19). Nur ausnahmsweise wird der unmittelbare Empfang des Wortes Gottes einem Menschen neben Mohammed, Moses etwa, zugesprochen (Q 4,164). Aber im Laufe der Jahrhunderte stieg die Theorie der Verbalinspiration, möglicherweise beeinflusst von christlichen Vorstellungen,[581] zu einem verbreiteten Deutungsmuster auf. Zugleich aber führte eine fortdauernde Kommentartradition dazu, dass die Ausdeutung des Koran eine hohe Pluralität behielt und die mit der Sachrealität intendierte Eindeutigkeit nicht zum Zug kam.

---

571 Van Ess: Theologie und Gesellschaft, Bd. 4, 615.
572 Hildebrandt: Neo-Mu'tazilismus?, 144.
573 Van Ess: Theologie und Gesellschaft, Bd. 4, 626 f.
574 Ebd., 629.
575 Ebd., 608.
576 Meri: Ritual and the Qur'an.
577 Van Ess: Verbal Inspiration?, 189–194; ders.: Theologie und Gesellschaft, Bd. 4, 612–622; ders.: Der Eine und das Andere, 1299.
578 So Ibn Kullab (gest. Ende des 9. Jahrhundert [3. Jh. H]), s. van Ess: Theologie und Gesellschaft, Bd. 4, 615.
579 Ebd., 608.
580 Ebd., 614.
581 Ders.: Dschihad, 114.

4.3.3 Übersetzung und Philologie

Die Sakralisierung des Koran prägte dessen kulturelle Nutzung, von der ich nur zwei auch hinsichtlich der Bibel thematisierte Bereiche herausgreife, die Übersetzung und die Philologie. Übersetzungen wurden in der Regel aus prinzipiellen Gründen abgelehnt und blieben über anderthalb Jahrtausende sehr selten. Schon im Koran selbst finden sich Stellen, die sich in der Betonung des Arabischen und des fixierten Textes (Q 12,1–3; 16,105; 41,41f.) übersetzungskritisch deuten lassen, darüber hinaus stärkte die Theorie der sprachlichen Unnachahmlichkeit und der damit verbundenen Notwendigkeit der Rezitation in arabischer Sprache diese Vorbehalte.[582] Zwar übersetzten Sufis aus dem Arabischen recht intensiv, zumindest in einzelnen Perioden (und in der Regel unter Beibehaltung des Arabischen als Verkehrssprache), vor allem im Mittleren Osten ins Persischen, in Indien in Hindi und in der Türkei ins Türkische – allerdings in der Regel nicht den Koran.[583] Anders als im Christentum erhielt die Lektüre des Koran aber keine zentrale Bedeutung für die Verbreitung des Islam.[584] In dieser Perspektive wurde die Übersetzung der christlichen Bibel zu einem Argument, sie als inferior zu betrachten, da sie sich vom ursprünglichen Text entfernt habe.[585] Gleichwohl entstanden einige frühe Übersetzungen des Koran in Persien, aber sie dienten im wesentlichen als pädagogische Hilfestellungen zum Verständnis des arabischen Textes[586] und blieben vergleichsweise selten. Drei weitere Übersetzungen von Muslimen werden im 9. Jahrhundert (3. Jh. H) aus dem Sindh in Sindhi, im 17. Jahrhundert (11. Jh. H) aus dem Sultanat Aceh auf Sumatra ins Malaiische und erneut im 18. Jahrhundert in Sindhi verzeichnet. Möglicherweise gab es in außerarabischen muslimischen Kulturen Asiens weitere Übersetzungen, aber auffällig bleibt, wie viele Koranübersetzungen Nichtmuslime vornahmen – beim momentanen Kenntnisstand waren es bis ins 19. Jahrhundert mehr als in der islamischen Welt:[587] Außerhalb der islamischen Gemeinschaft haben Nichtmuslime im arabischen Machtbereich, insbesondere Griechen und Syrer, Übersetzungen vorgenommen.[588] Auch im Okzident wurden Übersetzungen des Koran von Nichtmuslimen angestoßen; die Existenz einer frühen byzantinischen Übersetzung gilt inzwischen als gesichert.[589] Die erste ins Lateinische ließ Petrus Venerabilis, der Abt von Cluny, um 1142/43 von Robert Ketton in Spanien anfertigen,[590] eine zweite folgte dort 1209/10,[591] weitere

---

582 Bobzin: Der Koran, 121.
583 Green: Sufism, 110–112.
584 Bobzin: Der Koran, 119f.; ders.: Translations of the Qur'an, 341.
585 Adang: Torah, 308f.
586 Bobzin: Der Koran, 120.
587 Anonym: List of Translations of the Quran. S. auch Bobzin: Den Koran übersetzen, aber wie?, 143. Damit korrespondierte zumindest in weiten Teilen der arabisch-muslimischen Welt eine fehlende Fremdsprachenkompetenz und eine Irritation über die Sprachenvielfalt im Okzident. Im Osmanischen Reich beherrschte die Verwaltungselite im 18. Jahrhundert offenbar kaum europäische Sprachen; Lewis: The Muslim Discovery of Europe, 81–83.
588 Ders.: Translations of the Qur'an, 344f.
589 Glei: Der Mistkäfer und andere Missverständnisse.
590 Tischler: Die älteste lateinische Koranübersetzung als (inter)religiöser Begegnungsraum, 45; ders.: Übersetzen als desintegrativer Akt, 186.
591 Cecini: Faithful to the „Infidels" Word.

entstanden in späteren Jahrhunderten, wobei diejenige von Ludovico Marraci (1612–1700) von besonderer Bedeutung war, da er die arabischen Manuskripte und Korankommentare in der Bibliotheca Vaticana nutzen konnte.[592] Die erste Übersetzung ins Deutsche verfasste 1616 der Nürnberger evangelische Theologe Salomon Schweigger,[593] allerdings als Übersetzung einer italienischen Übersetzung aus dem Osmanischen Reich, die wiederum auf Kettons Text beruhte.[594] Friedrich Rückerts berühmte Übersetzung in gebundener Sprache erschien 1834. Erst 1938 erschien die erste Übersetzung ins Deutsche durch einen Muslim, Maulana Sadr-du-Din, der Mitglied der reformislamischen Ahmadija war.[595]

Auch der Druck des Koran in arabischer Sprache erfolgte zuerst im Okzident, 1537/38 in Venedig,[596] nachdem jegliche Verwendung des Buchdrucks 1515 in Istanbul von Sultan Selim I. unter Androhung der Todesstrafe verboten worden war.[597] Die erste Druckerei mit arabischen Lettern im islamischen Raum entstand erst 1726 in Istanbul – allerdings mit der Auflage, keine religiösen Bücher zu drucken.[598]

Die Konsequenzen dieser Distanz gegenüber schriftlichen Übersetzungen des Koran (pragmatische Übersetzungen in Gottesdiensten wären ein anderes Kapitel) waren weitreichend: für die Homogenisierung der islamisierten Ethnien wirkte dies fördernd,[599] hingegen blieb die Wahrnehmung fremder Kulturen aufgrund der geringen Übersetzungsrate des Koran, der eine vergleichsweise geringe Übersetzungstätigkeit ins Arabische zur Seite stand, in der arabischen Welt bis heute eingeschränkt.[600] Dass dieser religiös motivierte Übersetzungsvorbehalt sich nicht zwingend auf alle gesellschaftlichen Bereiche auswirken musste, dokumentiert die zumindest zeitweilig sehr intensive Übersetzung naturwissenschaftlicher und philosophischer Schriften für eine intellektuelle Elite aus dem Griechischen (siehe Kap. 6.2). Die sakrale Hochschätzung des Koran dürfte auch einer der Gründe gewesen sein, warum es in islamischen Kulturen vermutlich eher selten zu Übersetzungen der jüdischen oder christlichen Bibel ins Arabische gekommen ist. Diese wurden in der Regel offenbar von Juden oder Christen für ihre Religionsgenossen angefertigt, christlicherseits jedenfalls häufig in Klöstern verwahrt. Datierte Übersetzungen aus dem Pentateuch existieren erst aus dem 13. Jahrhundert, Übersetzungen der Evangelien sind älter.[601] Wenn man eine intensivere Beschäftigung von Muslimen mit der Bibel nachweisen kann, dann eher nicht aus spirituellen Motiven, sondern als historische Textkritik, um die im Koran unterstellte Fälschung der Offenbarung durch Juden und Christen nachzuweisen.[602]

---

592 Bobzin: Translations of the Qur'an, 345.
593 Schweigger: Alcoranus Mahometicus.
594 Ebneth: Schweigger, Salomo.
595 Bobzin: Der Koran, 121.
596 Ebd., 105.
597 Mansel: Constantinople, 59; dazu mit spitzer Feder Diner: Versiegelte Zeit, 107–144.
598 Mitterauer: Warum Europa?, 267.
599 Watt: Der Einfluß des Islam auf das europäische Mittelalter, 24.
600 Arab Human Development Report. Building a Knowledge Society, hg. v. United Nations Development Programme/Arab Fund for Economic and Social Development, 43. 67f.
601 Lazarus-Yafeh: Intertwined Worlds, 115.
602 Ebd., 19–49.

Die Sakralisierung dürfte im Verbund mit der Erlebniskultur des Hörbuchs[603] auch ein Grund für die begrenzte philologische Beschäftigung mit dem Koran im Verlauf der islamischen Geschichte gewesen sein. Eigentlich war der Islam angesichts der Lesarten und der sich nicht zuletzt über den Koran entwickelnden arabischen Hochsprache für eine philologische Analyse prädestiniert, und eben dies geschah auch in einem hohen Ausmaß, vermutlich seit dem ausgehenden 7. Jahrhundert (1. Jh. H) im Zweistromland.[604] Man unterschied die überlieferungsgeschichtlichen, philologischen und rechtlichen Bedeutungen vom spirituellen Sinn, lotete die semantischen Schattierungen äquivoker Begriffe aus,[605] betrieb intensiv Grammatikforschung,[606] sicherte die Textgrundlagen durch Dokumentation verlässlicher Tradentenketten[607] und kommentierte Vers für Vers.[608] Aber möglicherweise brachen sich weitergehende philologische Ambitionen an dem uthmanschen Text, dessen Problempotential angesichts der sorgfältigen Dokumentation seiner Konstruktion vielleicht nicht groß genug war, um den Ansporn zu einer noch kritischeren Philologie zu bieten. Darüber hinaus hatte man in wichtigen Traditionen mit den Topoi von Verbalinspiration und Präexistenz den Text zeitlich vor die Geschichte Mohammeds gestellt und so unantastbar gemacht. Anders als im Okzident entwickelte sich keine historische Textforschung, wie sie in Ansätzen in der Antike und dann in der Neuzeit existierte. Deshalb waren es westliche, zuerst vor allem jüdische,[609] an der Biblistik geschulte Wissenschafter, die seit dem 19. Jahrhundert den Koran textkritisch analysierten. Sie unterzogen auch die Hadithe[610] der historischen Kritik und gingen dabei über die islamische Tradition hinaus, die schon zwischen mehr oder weniger verlässlichen, „starken" und „schwachen" Hadithen unterschieden hatte. Auch der jüngste Versuch, die Textgeschichte des Koran philologisch zu erforschen und ihn durch Kontextualisierung in die Umfeldkulturen zu verstehen, das Forschungsprojekt „Corpus Coranicum",[611] gehört in diesen Strang der Wissenschaftsgeschichte, wobei dieses von Angelika Neuwirth geleitete Projekt versucht, auch die islamische Tradition der Exegese einzubeziehen. Aber aufgrund der andersgearteten Interessen der Textanalyse in der islamischen Welt gibt es „einen den Bibelkommentaren vergleichbaren historisch-kritischen Kommentar zum gesamten Koran ... bis heute nicht",[612] vielmehr kann die philogische Beschäftigung mit dem Koran und die ihn in seine Umfeldkulturen kontextualisierende Analyse von Muslimen als eine Variante postkolonialer „Enteignung" durch die westliche Wissenschaft verstanden werden.[613]

---

603 Kermani: Gott ist schön.
604 Schoeler: The Genesis of Literature in Islam, 85–98.
605 Bobzin: Der Koran, 110f.
606 Van Ess: Theologie und Gesellschaft, Bd. 4, 607.
607 Bobzin: Der Koran, 113; Chamberlain: The Production of Knowledge, 41.
608 Vgl. Bobzin: Der Koran, 114.
609 Neuwirth: „Im vollen Lichte der Geschichte".
610 Sehr kritisch hinsichtlich der Verlässlichkeit der Überlieferungskette Berg: The Development of Exegesis in Early Islam.
611 Marx: Ein Koran-Forschungsprojekt in der Tradition der Wissenschaft des Judentums: Zur Programmatik des Akademievorhabens Corpus Coranicum; s. auch www.corpuscoranicum.de/.
612 Ebd., 117.
613 Vgl. Neuwirth: Koranforschung – eine politische Philologie?, 11.

4.4 Buddhismus

4.4.1 Europäische Suche nach indischen „Kanones"

Auch im Buddhismus findet man eine reiche Schrifttradition, die aufgrund der lange oralen Kultur allerdings erst Jahrhunderte nach der Gründungsphase entstand, dann aber für die Identität von „Schulen" (auch „Linien" genannt) konstitutiv wurde. Die Herausbildung eines autoritativen Textkorpus ist aber nicht zuletzt im Rahmen von Kulturkontakten erfolgt. Sie kommen in diesem Kapitel insbesondere an zwei Stellen zur Sprache, dort, wo die Ausbreitung des Buddhismus die Notwendigkeit einer schriftlichen Grundlage mit sich brachte, vor allem aber an der Stelle, wo die Konstruktion eines buddhistischen „Kanon" angesichts europäischer Kanonisierungsvorstellungen erfolgte. Denn als die Europäer seit der Frühen Neuzeit die Literatur von „Hinduismus" und Buddhismus erschlossen, fanden sie, was sie von Haus aus kannten: einen „Kanon" „heiliger Schriften". Okzidentale Missionare waren in der Erkundung einer buddhistischen Schrifttradition, wie so oft, die Vorreiter, ehe seit dem ausgehenden 18. Jahrhundert philologisch und literaturwissenschaftlich interessierte Europäer begannen, systematisch Literatur in Indien zu suchen und zu übersetzen und schließlich Sammlungen zu erschließen. Im 19. Jahrhundert bürgerte sich die Rede von einem buddhistischen „Kanon" ein und war um 1900 ein populärer Topos. 1892 hatte der Wiener Karl Eugen Neumann, der erste große Übersetzer buddhistischer Schriften ins Deutsche, in seiner „Buddhistischen Anthologie" „Texte aus dem Pāli-Kanon" übersetzt, 1895 nannte er den Tipitaka, den „Dreikorb" der Sammlung buddhistischer Schriften, „die buddhistische Biblia Sacra", und dessen dritten Teil, den Abhidammapitaka, den „Kanon der Scholastik".[614] Im gleichen Jahr publizierte der Deutschamerikaner Paul Carus, der große Popularisator asiatischen Denkens in Nordamerika, das „Evangelium nach Buddha", zwei Jahre später meinte Paul Deussen, der in der Nachfolge Arthur Schopenhauers die indische Philosophie der europäischen gleichstellte, „die Upanishad's sind für den Veda, was für die Bibel das Neue Testament ist", und für Karl Seidenstücker war 1922 „Ittivutaka. Das Buch der Herrenworte" schlicht eine „kanonische Schrift des Pāli-Buddhismus".[615] Der Wiener Orientalist Moriz Winternitz schließlich, um ein letztes Beispiel zu nennen, hatte 1908, ähnlich wie Deussen, die christliche Hierarchie der biblischen Schriften aufgegriffen und die Veden zum „Alten Testament" des Buddhismus erklärt.[616] Parallel, aber das wäre eine eigene Geschichte, wurden auch die vedischen und brahmanischen Schriften einem europäischen Kanon-Verständnis unterworfen. Ein bekanntes Beispiel ist dafür die Bhagavadgita, die bis ins 19. Jahrhundert nur für einzelne Traditionen ein herausragendes Werk bildete, ehe sie durch die Übersetzungen von Westlern und nicht zuletzt durch die Anstrengungen von Theo-

---

[614] Neumann: Buddhistische Anthologie; ders.: Die Reden Gotamo Buddhos aus der Mittleren Sammlung Majjhimanikāyo des Pali-Kanons, Bd. 1, S. XXIII (Vorwort von 1895).
[615] Seidenstücker: Das Buch der Herrenworte.
[616] Carus: The Gospel of Buddha according to Old Records; Deussen: Sechzig Upanishad's des Veda, S. VII (Vorwort zur ersten Auflage); Winternitz: Geschichte der indischen Literatur, Bd. 1, 47. Zur Publikationsgeschichte des frühen 19. Jahrhunderts vgl. Lopez: Buddhist Scriptures, S. XIV-XVI.

sophen in die Rolle eines kanonischen Oeuvres „des Hinduismus" aufstieg.[617] In der Deutung der buddhistischen Schriften nutzte man mithin mit leichter Hand die christliche Semantik und christliche Konzepte, um die Welt der religiösen indischen Literatur zu ordnen.

Eine christliche Begrifflichkeit dominierte nicht nur hinsichtlich eines „Kanon" von quasi-biblischen Schriften. Henry Steel Olcott, einer der Gründer der Theosophischen Gesellschaft, hatte 1881 einen „Katechismus", den „Buddhist Catechism According to the Canon of the Southern Church"[618] – und mit dieser „Kirche" meinte er den ceylonesischen Buddhismus – publiziert, Karl Seidenstücker hatte 1903 – nach seiner Kindheit im protestantischen Pfarrhaus und vor seiner „Konversion" in die katholische Kirche – mit dem christlichen Missionskonzept im Hinterkopf den „Buddhistischen Missionsverein für Deutschland" gegründet.[619] Derartige semantische Christianisierungen waren – selbstverständlich – härtester Orientalismus, aber abgesehen davon, dass andere Wahrnehmungsmuster als eurozentrische kaum zur Verfügung standen, war dies durchaus positiv und als Inversion klassischer Hierarchien gemeint: Die gerade vom europäischen Kolonialismus eroberten asiatischen Länder wurden mit der heiligen Schrift Europas und ihrer Umfeldliteratur auf die gleiche Ebene gestellt. Die Wahrnehmung im europäischen Blick war mithin auch als Ehrenbezeugung gedacht und konnte von Asiaten als solche empfunden werden. So war Olcotts „Katechismus" mit der Anmerkung „Approved, and recommended for use in Buddhist schools by H. Sumangala", einer der Führungsfiguren des damaligen ceylonesischen Buddhismus, erschienen. Zwar gab es Kontroversen über die Angemessenheit dieses „Katechismus",[620] denn Olcott hatte seine protestantische Prägung nie abgelegt,[621] und Seidenstücker hatte mit Olcott den Okkultismus über den Buddhismus triumphieren sehen,[622] aber die Anwendung europäischer Kategorien wurde damals nicht notwendig als kultureller Kolonialismus verstanden. Natürlich gab es auch vorsichtigere Wissenschaftler. Schon Paul Deussen, der große Übersetzer der Upanischaden, hatte 1897 die leichtfüßige Rede über Kanonizität infrage gestellt. „Eine ‚vollständige' Sammlung der Upanishad's ist bekanntermaßen nicht möglich und wird nie möglich sein, da dieselben nicht ein abgeschlossenes Corpus von Schriften, sondern eine Schriftgattung bezeichnen"[623] – aber der dominante Zeitgeist war unter den Verehrern der indischen Traditionen auf Kanon à la bible gestimmt.

In dieser Perspektive knüpften westliche Rezipienten auch hinsichtlich des Buddhismus Dignität an Sakralität, die indischen Texte galten als heilige Literatur. Eine erste Publikationswelle derartiger „heiliger Schriften" erreichte Europa und Amerika am Ende des 19. Jahr-

---

617 Bergunder: Die Bhagavadgita im 19. Jahrhundert.
618 Olcott: A Buddhist catechism according to the canon of the Southern Church; s. dazu Bretfeld, Sven/ Zander, Helmut: Olcotts Buddhistischer Katechismus [Aufsatz], im Druck.
619 Zu Seidenstücker und anderen „Konvertiten" mit uneindeutigen Wegen zwischen Buddhismus und (namentlich katholischem) Christentum s. Zotz: Auf den glückseligen Inseln, 153–155; zum Umfeld Baumann: Deutsche Buddhisten.
620 Bretfeld/Zander: Olcotts Buddhistischer Katechismus (s. o.).
621 Prothero: The White Buddhist. In der zugrundeliegenden Dissertation lautete der Titel noch „Henry Steel Olcott (1832–1907) and the Construction of Protestant Buddhism".
622 Mürmel: Der Beginn des institutionellen Buddhismus in Deutschland, S. 5f.
623 Deussen: Sechzig Upanishad's, S. XV.

hunderts. Der deutsch-englische, in Oxford lehrende Orientalist Friedrich Max Müller (1823–1900) brachte ein gigantisches Übersetzungsprojekt auf den Weg, „The Sacred Books of the East", die in 50 Bänden zwischen 1879 und 1910 erschienen und unter anderem vedische Hymnen, Teile aus dem Mahabharata, den Upanischaden, dem Zend-Avesta, dem Vedanta, Brahmanas, buddhistische Sutren, den Koran sowie jainistische, taoistische und konfuzianische Texte zugänglich machten. Das Alte und das Neue Testament, die Müller hinzufügen wollte, fehlten nur aufgrund des Widerstandes von anglikanischen Theologen, die eine Relativierung des Christentums befürchteten.[624] Seit 1895 trat diesem Projekt ein weiteres zur Seite, als die Pali-Text-Society die „Sacred Books of the Buddhists" zu publizieren begann.

4.4.2 Vedische Texte

Die Heterogenität der buddhistischen Textwelt und damit die Unzulänglichkeit der westlichen Kategorienbildung wurden erst langsam deutlich. Die Probleme begannen, als man die Komplexität der Umfeldliteratur des Buddhismus, namentlich der vedischen Texte, realisierte, deren Konzeption hinsichtlich ihrer Verbindlichkeit kaum mit einem biblischen Kanonbegriff zu beschreiben war. Schon die Unterteilung in „göttliche" von Sehern „erschaute" respektive von der Weltseele „ausgehauchte" „Shruti"-Texte einerseits und die menschlichen Autoren zugeordneten „Smriti"-Texte andererseits stellten die Frage, wie weit sich diese Unterscheidung auf die okzidentale Unterscheidung von offenbarten und menschlichen Schriften abbilden ließ. Eine andere Differenzierung, die verbreitete Unterteilung in drei Großgruppen (Rigveda, Samaveda, Yajurveda), erwies sich als begrenzt tauglich, denn weitere Korpora konnten hinzutreten, etwa der Atharveda oder die tantrische Literatur. Zu den ältesten Texten, den Ritualtexten des Rigveda, traten später weitere, ebenfalls ritualorientiere Texte wie die Brahmanas und philosophische Reflexionen wie die Upanischaden.[625] Und immer stellte sich die Frage der Verbindlichkeit, die jedoch in Indien nicht die Schärfe der Unterscheidung zwischen „kanonischer" und nichtkanonischer Literatur besaß.[626]

Wenn man nicht nur auf den heute vorliegenden Textbestand von indischen „Kanones" schaut, sondern auch deren Geschichte einbezieht, verkompliziert sich die Frage der Verbindlichkeit, weil eine Rückprojektion des heute schriftlich vorliegenden Bestandes auf frühere Perioden (natürlich) die historische Dynamik unterschlägt. Die Probleme gründen nicht nur in der langen mündlichen Tradition dieser Texte in Indien vor ihrer Verschriftung, sondern auch am schwachen Interesse an historisch datierbaren Fakten; die chronologische Differenzierung alter Texte in den Veden ist jedenfalls nur mit großen Unsicherheiten möglich. Die Textgruppen (Samhitas, Brahmanas, Upanischaden, Sutren) dürften immerhin in dieser Ordnung auch eine zeitliche Reihenfolge dokumentieren. Als belastbar gilt in der Indologie, dass der Samhita des Rigveda die ältesten Texte birgt, deren Redaktion auf die Zeit zwischen 1200 und 1000 v. Chr. datiert wird und die zwischen dem südlichen Himalaja und

---

[624] Smith: Canons, Catalogues and Classics, 297.
[625] Mylius: Geschichte der altindischen Literatur, 15 ff.
[626] Wilke: Der Veda als Kanon des Hinduismus?, 48.

der Indusebene entstanden sein dürften.⁶²⁷ Die Entwicklungen hin zu späteren Texten wie den Upanshaden, die etwa ein halbes Jahrtausend später datiert werden, liegen allerdings noch teilweise im Dunkeln.⁶²⁸ Die Ritualtexte wurden jahrhundertelang mündlich von Priesterfamilien und in unterschiedlichen Zweigen („Schulen") überliefert, die ein dominantes Interesse an einer Nutzung für Rituale besaßen.⁶²⁹ Die Deutung und Auslegung der Texte gegenüber Dritten stand demgegenüber im Hintergrund. Diese familiäre Tradierung bewirkte eine Pluralisierung der Textgeschichte, regionale und gentile Überlieferungstraditionen entstanden.⁶³⁰ Eine schriftliche Fassung einzelner Texte wird ab dem 5. nachchristlichen Jahrhundert angenommen, abhängig von einzelnen Gattungen⁶³¹ (manche Forscher rechnen aber auch mit einer Jahrhunderte späteren Verschriftlichung), wobei die Brahmanen bis ins 19. und 20. Jahrhundert skeptisch gegenüber dem Buchdruck blieben.⁶³² Das älteste erhaltene Manuskript dürfte aus der Zeit um 1040 stammen.⁶³³ Verkomplizierend kommt hinzu, dass die Texte schon in einem frühen Stadium zumindest dann, wenn die Tradentengruppen klein und die Kontrolle gering war, schlecht überliefert wurden. Möglicherweise hat man auch damit zu rechnen, dass die Interessen stark auf einer rituellen Praxis und weniger auf einem genauen Text lagen. Weitere Forschungen stellen zudem infrage, dass die Fixierung auf den Veda hinsichtlich einer kanonischen Textsammlung überhaupt Sinn macht, denn es gibt bis heute hinduistische Gruppen, die den Veda ablehnen.⁶³⁴ Schließlich existieren die vedischen Ritualtexte als kanonische nur in einer Interaktion mit den Riten, so dass man, wenn man von einem „Kanon des Hinduismus" sprechen will, diese Riten nicht nur als Grundlage einer kanonischen Praxis einbeziehen, sondern von ihnen ausgehen müsste.⁶³⁵

4.4.3 Kanonische Schriften im Buddhismus?

Auf diese Welt vedischer Ritual- (und im Folgenden vor allem:) Texttraditionen trafen in der Mitte des ersten Jahrtausends Kritiker des ritualorientierten Brahmanismus, etwa Mahavira, der Gründer des Jainismus, vor allem aber der Buddha wohl in der zweiten Hälfte des 5. Jahrhunderts. Sein Programm einer Erlösung durch Meditation, einer „Befreiung" durch die Einsicht in die Wirklichkeit als Schein und durch die Konzeption eines Ich, welches mit dem Eintritt ins Nirwana verlösche, stand der brahmanischen Konzeption des Heiles durch Rituale

---

627 Mylius: Geschichte der altindischen Literatur, 18f.
628 Witzel: Early Sanskritization; zur Datierung ders.: Early Sanskritization. Origins and development of the Kuru State, 30.
629 Gonda: Vedic Literature, 43–45.
630 Ebd., 43f.
631 Witzel: The Vedic Canon and its Schools, 259.
632 Michaels: Der Hinduismus, 68f.
633 Witzel: The Vedic Canon, 259, Anm. 8.
634 Wilke: Der Veda als Kanon des Hinduismus?, 41. Zu den Thesen eines nicht nur durch die Veden, sondern auch durch die tantrischen Agama entstandenen „Hinduismus" s. Bhatt: La religion de Śiva, 26–28.
635 Sound and Communication. An Aesthetic Cultural History of Sanskrit Hinduism, hg. v. A. Wilke/O. Moebus.

gegenüber: nicht nur, weil die Befreiung durch Techniken der Versenkung realisiert werden sollte, sondern mehr noch weil sie autonom, idealiter ohne die Vermittlung von Priestern und Ritualen, konzipiert war. Diese Vorstellungen wurden vermutlich von städtischen und kaufmännischen Schichten getragen und führten zu einer neuen Sozialstruktur: An die Stelle der in Kasten gegliederten Gesellschaft sollte im Sangha, dem von Buddha gegründeten Orden, eine im Prinzip egalitäre, auf Einsicht und nicht auf Herkunft gegründete Ordnung treten.

Erneut waren Textnutzung und Gemeinschaftsbildung eng verbunden. Die Grundlagen der buddhistischen Überlieferung bildeten die Reden des Buddha, die oral tradiert wurden, da er in einer mündlichen Gesellschaft lebte. Der Sangha organisierte sich dabei in unterschiedliche Tradentengruppen,[636] die die Predigten und Lehrreden des Buddha und die Texte buddhistischer Tradition mit je eigenen Interessen weitergaben. Der Streit über die inhaltlichen Grundlagen und deren Deutung war, so die buddhistische Überlieferung, bereits mit dem Tod des Buddha ausgebrochen. Um die rechte Lehre und die rechten Texte zu sichern, traf man sich auf mehreren „Konzilien" (so in christlicher, auch in der Religionswissenschaft etablierter Semantik). Ob und wann und in welcher Art die ersten Konzilien stattgefunden haben, ist unter Buddhismusforschern umstritten – und damit überhaupt die frühe Geschichte buddhistischer Linien (siehe Kap. 3.3.3c). Nach den Erzählungen buddhistischer Tradition sollen auf einem ersten Konzil in Rajagriha kurz nach dem Tod des Buddhas die Texte durch zwei Mönche, Upali und Ananda, rezitiert und anschließend durch gemeinsame Rezitation angenommen worden sein.[637] Doch bereits hier sei es zur Spaltung gekommen, weil der Mönch Purana, der zu spät gekommen sei, das beschlossene orale Textkorpus nicht akzeptiert habe – unter Berufung auf einen anderen Wortlaut, den er von dem Buddha vernommen habe.[638] Ein zweites Konzil in Vaisali habe gleichwenig zur erwünschten Befriedung geführt und, wie so oft bei Einigungsversuchen, die Schismen verstärkt. Für die buddhistische Tradition gilt ein drittes Konzil, das sich um 250 v. Chr., in der Regierungszeit König Ashokas, in Pataliputra versammelt habe, für die Tradierung von Texten als zentral.[639] Da diese Versammlung aber nur in Pali-Texten dokumentiert ist, gehen viele Forscher davon aus, dass es sich ausschließlich um die Zusammenkunft einer buddhistischen Fraktion, der Theravadins, handelte.[640] Auch nach dieser Zusammenkunft dürften konkurrierende Gruppen – und wohl nicht nur die berühmten 18 Linien – je eigene Textkollektionen zusammengestellt und bestehende Unterschiede vertieft haben.[641] Dass es sich dabei um die Sammlung der heute kanonisierten Schriften gehandelt haben könnte, ist angesichts von Hinweisen, dass man zu Beginn nur zwei „Körbe" von Schriften (anstelle der heutigen drei) kannte und überhaupt angesichts der riesigen Textmengen unwahrscheinlich.[642]

Mit der Sammlung von Texten in der Zeit des König Ashoka erreicht man die Schriftnutzung in Indien, das bis zu diesem Zeitpunkt, von Ausnahmen wie dem Achämenidenreich

---

636 Zur Vielfalt der Hinayana-Gruppen vgl. Bareau: Les sectes bouddhiques du Petit Véhicule, 309–369.
637 Hinüber: A Handbook of Pāli Literature, 5.
638 Hinüber: Handbook, 6.
639 Mylius: Geschichte der altindischen Literatur, 265.
640 Prebish: Councils, Buddhist, 188.
641 Bareau: Les premiers conciles bouddhiques, 107 f.; Skilling: Redaction, Recitation, and Writing, 60–63.
642 Hinüber: Der Kanon der Buddhisten, 27.

abgesehen, ein schriftloser Kontinent war.[643] Das bedeutendste Dokument dieser Verschriftung sind Ashokas Felsen- und Säulenedikte, die er in seinem Reich an Felswänden und auf Stelen hatte anbringen lassen (siehe Kap. 3.3.2d). Darin verwies er, insbesondere in den letzten Edikten, auf den Dharma (dessen Bedeutung zwischen Lehre, Anordnung und Religion changiert) als eine Dimension seiner politischen Ethik.[644] Die Anordnungen setzten vielleicht eine verschriftete Form von (kleinen?) Teilen des Dharma voraus, vielleicht aber auch nur unter einem Titel überlieferte mündliche Texte.[645] Vermutlich war es im ersten Jahrhundert v. Chr. zu einer Verschriftung buddhistischer Texte auf Palmblättern und Birkenrinde gekommen,[646] die ältesten überlieferten Manuskripte dürften aus Gandhara stammen und aus der zweiten Hälfte des ersten nachchristlichen Jahrhunderts datieren.[647] Dieser Verschriftungsprozess generierte weitreichende Folgen: Form und Inhalt veränderten sich, da Redundanz und Wiederholung, die eine mündliche Überlieferung prägen, zurückgingen und sich komplexe Reflexionen von der gesprochenen Tradition lösten.[648] Im heutigen Textbestand des Tripitaka, dem „Dreikorb" theravada-buddhistischer Texte, zeigen formalisierte Wendungen, dass es Schichten gibt, die bis in die mündliche Überlieferung hineinreichen – mehr ist aktuell nur schwer zu sagen.[649] Redaktionell greifbare Stufen der später als kanonisch betrachteten buddhistischen Texte werden in die Zeit zwischen dem 1. vorchristlichen und dem Ende des 4. nachchristlichen Jahrhunderts datiert,[650] die heute vorliegende Redaktion vieler buddhistischer Texte stammt möglicherweise erst aus dem 4. oder 5. Jahrhundert.[651] Die ältesten überlieferten Manuskripte der Überlieferung in Pali datieren aus dem 8. oder 9. Jahrhundert und finden sich in Nepal,[652] gedruckte Sutren der Mahayana-Tradition aus Korea stammen aus den Jahren 704/751.[653] Dies aber bedeutete keine Schließung, sondern, davon ist noch zu sprechen, nur eine Festlegung von regionalen und unabgeschlossenen Traditionssträngen,[654] von denen zudem Texte verloren gingen, über die wir heute nur noch über Verweise in anderen Pali-Schriften Kenntnis haben.[655] Dabei zog die sich etablierende Verschriftung kein Ende der Oralität nach sich. Die mündliche Tradition bestand weiter,[656]

---

643 Ders.: Der Beginn der Schrift und frühe Schriftlichkeit in Indien, 10. 22.
644 Schneider: Die großen Felsen-Edikte Asokas, 111–119 (Edikte VIII-XIII).
645 Ebd., 115f. (Edikt XII). Darauf deutet auch der Befund, dass mit Ashoka sofort zwei Schriften benutzt wurden; Hinüber: Der Beginn der Schrift, 55.
646 Harrison: Canon, 112.
647 Falk/Karashima: A first-century Prajñāpāramitā manuscript from Gandhāra, 19.
648 Harrison: Canon, 112; Hinüber: Der Kanon der Buddhisten, 35.
649 Ebd., 32f.
650 Freiberger: Was ist das Kanonische am Pāli-Kanon?, 217, vermutet für Ceylon eine Verschriftung im ersten vorchristlichen Jahrhundert und erschließt eine gewisse Fixierung im 5. Jahrhundert aus Kommentarwerken (S. 218); Schopen: Bones, Stones, and Buddhist Monks, 23–25, setzt eine sehr viel spätere Datierung an.
651 Schopen, ebd.
652 Hinüber: Handbook, 4.
653 Schmidt-Glinzer: Buddhismus, 49.
654 Freiberger: Was ist das Kanonische am Pāli-Kanon?
655 Hinüber: Handbook, 206f.; zu den Verlusten in der Mahayana-Tradition s. Freiberger/Kleine: Buddhismus, 183.
656 Ders.: Der Kanon der Buddhisten, 27.

mehr noch lassen sich im Laufe der Jahrhunderte immer wieder Reoralisierungsschübe feststellen. Das Bewusstsein blieb wach, dass der verschriftete Text nur ein Derivat mündlicher Unmittelbarkeit war – strukturell vergleichbar der hohen Wertschätzung von Mündlichkeit in den vedischen Traditionen, im rabbinischen Judentum, dem okzidentalen Christentum bis zur Reformation oder in der Rezitation des Koran.

Aber die Textbasis der buddhistischen Überlieferung verschlechterte sich, zum einen, weil in Schreiberschulen in Indien (etwa im Gegensatz zu China) die soziale Stellung niedrig und die Ausbildung schlecht war, so dass nichtintendierte Fehler aufgrund von verständnislosem Kopieren häufig vorkamen.[657] Zum anderen wurden die brahmanischen Familien als Trägerschicht durch die Wahlgemeinschaft der Mönche ersetzt – ein prekärer Vorgang für eine verlässliche Textweitergabe, der ebenfalls zur Verminderung der Qualität der buddhistischen Textüberlieferung beitrug, die letztlich schlechter als bei den wohl viel später verschriftlichten vedischen Texten war.[658] Sodann lehrte die Erfahrung, dass angesichts eines der schriftlichen Überlieferung feindlichen Klimas die mündliche Tradierung dann doch die sicherere sein konnte.[659] Denn Handschriften aus Pflanzenfasern müssen im feuchtwarmen indischen Klima ständig reproduziert werden, aber mit dem Verschwinden des Buddhismus fehlten die Trägerschichten, die die Texte kopierten.[660] In manchen Fällen konnten ganze Traditionen aussterben, so wie in Indien, wo der Buddhismus vermutlich nicht zuletzt durch seine häufig vorliegende Abhängigkeit von herrschaftlichen Strukturen mit diesen, wenn sie zusammenbrachen, unterging. So verschwand er um 1200 aus seinem Ursprungsgebiet, als im Rahmen der muslimischen Eroberung seine letzten Klöster an den Südhängen des Himalaya untergingen, so dass der Buddhismus im indischen Raum nur auf Ceylon überlebte. Aus all diesen Gründen ist die Entfernung von den ursprünglichen Texten im Buddhismus heute für Fachleute unübersehbar.[661]

Die Sammlungen, die dann im Buddhismus entstanden und überliefert wurden, galten nur – und hier verbindet sich die Textgeschichte wieder mit der Organisationsgeschichte des Buddhismus – für bestimmte Schulen und Gruppen. Dies ist der Situation im älteren Judentum oder dem frühen Christentum ähnlich, auch im Buddhismus gab es keine zentrale Autorität, die diese Sammlungen im Laufe der Jahrhunderte hätte vereinheitlichen können.[662] Die Listen von Schriften unterscheiden sich deshalb nach Sprachen, inhaltlicher Ausrichtung und regionaler Verteilung – mit großen Übereinstimmungen, aber eben auch mit beträchtlichen Unterschieden.[663]

Als wichtigste Sammlung gilt heute diejenige in Pali, einer Literatursprache, die vermutlich nie gesprochen wurde und sicher nicht die Sprache Buddhas war.[664] Sie wurde von

---

657 Lancaster: Buddhist Literature, 224. 226; Durbridge: Die Weitergabe religiöser Traditionen in China, 41.
658 Hinüber: Der Beginn der Schrift, 67f. 71.
659 Salomon: An Unwieldy Canon, 177.
660 Lancaster: Buddhist Literature, 218f.; Lanczkowski: Heilige Schriften, 117.
661 Hinüber: Der Kanon der Buddhisten, 30.
662 Harrison: Canon, 111.
663 Lancaster: Buddhist Literature, 219–221.
664 Buddhas Sprache ist unbekannt, wahrscheinlich war es Magadhav; Hinüber: Handbook, 5. Schon deshalb dürfte der Pali-Text nicht in die Lebenszeit Buddhas zurückreichen; ders.: Der Kanon der Buddhisten, 17.

ceylonesischen Buddhisten tradiert und beinhaltet heute üblicherweise im „Dreikorb", dem Tipitaka (Sanskrit: Tripitaka), drei Teile: den Suttapitaka (Sanskrit: Suttra Pitaka) mit den Lehrreden, den Vinayapitaka (so auch im Sanskrit) mit den Ordensregeln sowie die auf die Lehre des Buddha bezogenen Texte, und den Abhidhamma- (Sanskrit: Abhidharma-) Pitaka.[665] Diese zeitweilig fast monokratische Herrschaft der Pali-Tradition im 18. und 20. Jahrhundert in Europa verdankte sich allerdings weniger der buddhistischen Textgeschichte als vielmehr politischen Kontingenzen. Die Pali-Texte, die auf Sri Lanka überlebten, entdeckten und publizierten Engländer im 19. Jahrhundert, namentlich in der Pali Text Society unter der Ägide von Thomas William Rhys Davids (1843–1922). Zwar gab es auch bei Buddhisten Tendenzen, autoritative Sammlungen anzulegen,[666] doch der Weg zu einem als „Kanon" begriffenen Textkorpus war eng an den Publikationsprozess durch die Europäer geknüpft. Weil diese Pali-Texte auf lange Zeit für den Westen die wichtigsten, zeitweise die einzigen zugänglichen Texte in indischen Sprachen waren, abgesehen von Sanskrit-Texten der Newar in Nepal, die allerdings einem stark mit tantrischen Traditionen verknüpften Buddhismus entstammten und in den 1830er Jahren in den Westen gekommen waren, stiegen sie zu hegemonialer Bedeutung auf. Erst die Kenntnis chinesisch-buddhistischer Texte sowie die sensationellen Funde früher buddhistischer Texte seit den 1990er Jahren in Afghanistan und Pakistan veränderten die Textbasis grundlegend.[667] Im 19. Jahrhundert aber verband man noch mit den ceylonesischen Pali-Texten die Erwartung, es handele sich um die ältesten und verlässlichsten Texttraditionen. Es waren letztlich die Briten, die die entscheidenden Anstöße für die Konstruktion „des" buddhistischen Kanon auf der Grundlage der ceylonesischen Pali-Überlieferung gaben. Sie hatten Religion als Faktor zur Ordnung und Administration der eroberten Gebiete genutzt und dabei Religionen nach europäischem Muster kreiert: mit Institutionen und Dogmen und eben auch mit einem „Kanon" „heiliger Schriften". Dies mag teilweise durchaus mit der Absicht geschehen sein, die asiatischen Religionen auf Augenhöhe mit den europäischen zu stellen, faktisch aber war es ein „Orientalismus" reinsten Wassers, weil etwa der Pali-„Kanon" mit ihm fremden Kriterien konstruiert wurde. Heute ist aber nicht nur klar, dass die Interpretation der Pali-Texte aus Sri Lanka als „Kanon" ein Produkt europäischer Zuschreibung ist, sondern auch, dass die unterstellte Anciennität der Texte, ihre Nähe zur Ursprung, nicht zutrifft. So sind die birmanischen Übersetzungen in Pali verlässlicher als die ceylonesischen und die Übersetzungen buddhistischer Texte aus dem Sanskrit ins Chinesische stehen den älteren mündlichen Überlieferungen oft näher als die Pali-Schriften aus Ceylon.

Versucht man, die Genese der Pali-Tradition jenseits der kolonialen Perspektive zu verstehen, kommt man in ein Forschungsfeld, das gerade erst en détail erkundet wird. Ich verlasse mich hier auf Überlegungen Sven Bretfelds, demzufolge die Textgeschichte folgendermaßen ausgesehen haben könnte:[668] Die heutige Theravada-Tradition, auf die die Pali-Texte

---

[665] Ders.: Handbook, 8.
[666] Norman: Pāli Literature, 1f.
[667] Harrison/Hartmann: Introduction (in: From Birch Bark to Digital Data), S. VII-XXII.
[668] Im Folgenden stütze ich mich bis in einzelne Formulierungen hinein auf schriftliche Mitteilungen Sven Bretfelds vom 25. November 2014, für die ich herzlich danke, auf die auch alle nicht weiter nachgewiesenen Informationen zurückgehen.

zurückgehen, war eine monastische Linie, die zunächst in Sri Lanka beheimatet war und später in Südostasien Wurzeln fasste. Ihr Textkorpus ist allerdings das Ergebnis komplexer Entwicklungen, nicht zuletzt in Auseinandersetzung mit anderen Linien. In den Chroniken wird deren Entstehung in die unmittelbare Zeit nach dem Tod des Buddha datiert, doch konterkarieren die epigraphischen Quellen, von denen zumindest ältere Versionen als die Manuskripte überliefert sind, die Chroniken, weil diese erst am Ende des ersten nachchristlichen Jahrhunderts von Spaltungen berichten.[669] Dabei spielte der Anspruch, ein Textkorpus zu besitzen, das mit demjenigen des ersten „Konzils" identisch sei – und genau dies behaupteten die ceylonesischen Buddhisten – eine entscheidende Rolle. De facto jedoch waren die monastischen Linien auf Sri Lanka Nachzügler, die mit einer Abgrenzung gegenüber den festland-indischen Traditionen erst im 4. Jahrhundert in Erscheinung traten – vielleicht weil sie in dieser Zeit Ableger auf dem Festland gründeten, wo sie sich mit anderen Schulen zu arrangieren hatten. In den Genealogien der buddhistischen Linien wurden alle Schulen auf zwei Prototypen reduziert: Sthavira (Pali: Theriya, daraus wurde Theravada) und Mahasamghika (später: Mahayana). In dieser Zeit begannen die Linien auf Sri-Lanka, sich als *die* Sthaviras und die Tradition des ursprünglichen Buddhismus zu bezeichnen, was keine andere Schule in dieser Weise tat. Im Dipavamsa, der Chronik Sri Lankas aus diesem 4. Jahrhundert, wurde diese Perspektive festgeschrieben – aber andere buddhistische Linien, die erst seit dem 8./9. Jahrhundert die Ceyloneser Buddhisten als eigenständige Richtung zur Kenntnis nahmen, beanspruchten auf Dauer die gleiche Authentizität.

Mit der Geschichte der buddhistischen Schriftsammlungen, nicht zuletzt in der Unterscheidung von Theravada- und Mahayana-Tradition, hatte diese Entwicklung nur begrenzt zu tun, weil sich die Linien nicht über dogmatische Texte, sondern über die Ordensregeln unterschieden. Die heutige Unterscheidung zwischen Theravada und Mahayana ist eine spätere, weil es lange in allen Linien Mahayana-Anhänger und Mahayana-Gegner gab, auch unter den Theravadin in Sri Lanka, wie Inschriften und kunsthistorische Belege bezeugen. Eine der ceylonesischen Gruppen, die Mönche des berühmten Klosters Mahavihara in Anuradhapura, hat sich dann gegen ihre lokalen Konkurrenten durchgesetzt, durchaus mit Hilfe der politischen Führung. Sie warfen anderen Klöstern vor, nicht nur abweichende Ordensregeln, sondern auch falsche Lehren zu vertreten. Ihre eigene Position untermauerten sie durch die Produktion von Texten. Ab dem 5. Jahrhundert wurden die zuvor in Alt-Singhalesisch verfassten exegetischen Traditionen des Mahavihara-Klosters von Buddhaghosa und weiteren Kommentatoren in der Pali-Sprache neu verfasst, offenbar um sie der buddhistischen Welt außerhalb Sri Lankas leichter zugänglich zu machen. Mit dieser systematischen Kommentierung wurde auch die Gestalt des zugrundeliegenden Materials weitgehend gegen Veränderungen immunisiert. Selbstverständlich akzeptierten andere Linien auch innerhalb Sri Lankas nicht einfachhin diese Festlegungen, aber mit deren Aussterben wurde die Überlieferung des Mahavihara hegemonial und prägt bis heute unser Bild des Theravada-Buddhismus. Im Dipavamsa – und schärfer noch in der im 5. Jahrhundert niedergeschriebenen Chronik des Mahavamsa – wurden die „eingeschleppten" Texte, wahrscheinlich solche der Mahayana-Tradition, verworfen, und in die gleiche Richtung zielte auch die Kommentierung

---

669 Golzio: Die Ausbreitung des Buddhismus in Süd- und Südostasien, 9.

der Texte durch Buddhaghosa und andere. Ein oder zwei Jahrhunderte später, also im 6. oder 7. Jahrhundert, war der komplette Bestand in der Perspektive von Mahavihara-Mönchen systematisch kommentiert: Lücken waren gefüllt, kein Text doppelt kommentiert, keiner ohne Kommentar gelassen. Erst jetzt konnte man sicher wissen, was diese Tradition für „kanonisch" hielt. Eine solche systematische Vorgehensweise ist möglichweise von keiner anderen Linie vorgenommen worden, so dass der Mahavihara-Tradition von der Vorstellung von Geschlossenheit des Schriftkorpus vermutlich über lange Zeit nichts Vergleichbares zur Seite zu stellen ist. Ob allerdings dieser geschlossene Textbestand mit dem Pali-Kanon, wie wir ihn heute kennen, identisch ist, ist damit noch längst nicht gesagt. Dessen älteste überlieferte Textfragmente stammen erst aus dem 8. oder 9. nachchristlichen Jahrhundert, eine vollständige Manuskripttradition existiert seit dem späten 15. Jahrhundert,[670] der erste komplette Druck entstand 1893 in Thailand,[671] eine verbindliche Festlegung zielte das Konzil von Rangoon 1954/56 an.[672] Dass in diesem jahrhundertelangen Tradierungsprozess mit beträchtlichen Bearbeitungen zu rechnen ist, zeigen die überlieferten Sammelmanuskripte: die Texte wurden exzerpiert oder neu zusammengestellt oder durch Abschreibefehler oder schlichte Verluste verändert.[673]

Ein ganz neues Licht auf die Genese buddhistischer Schriftensammlungen warf die chinesische Tradition des Buddhismus, die im 20. Jahrhundert, lange nach der Kenntnisnahme der Pali-Texte, in den Wahrnehmungshorizont der Europäer trat. Sie begegneten hier einem Textkorpus, das den indischen Textbestand quantitativ weit übertraf und in einer englischen Übersetzung etwa eine halbe Million Seiten umfassen würde.[674] Es war damit die umfangreichste buddhistische Schriftensammlung, die darüber hinaus in mehreren Überlieferungssträngen vorlag. Die Rezeptionsgeschichte und die Zusammenstellung der buddhistischen Texte waren seit dem 2. vorchristlichen Jahrhundert in ganz eigenen Bahnen verlaufen und illustrierten in eminenter Weise die Probleme des europäischen Kanonbegriffs. Denn der Buddhismus traf in China auf eine Schriftkultur mit bereits existierenden Sammlungen autoritativer Schriften.[675]

Dieser chinesische Kosmos sei als Hintergrund für die Rezeption und Geschichte der buddhistischen Texte zumindest kurz umrissen. China war kein homogenes Ganzes, sondern über Jahrhunderte ein Gebiet konkurrierender Reiche mit dichten Austauschbeziehungen in die Nachbarschaft (Mongolei, Korea, Japan). Hier fanden sich unterschiedliche religiöse Traditionen, namentlich der Konfuzianismus und der Taoismus, mit je eigenen Kanonisierungsgeschichten, die jeweils unterschiedliche Rezeptionsbedingungen für die buddhistischen Texte bereitstellten. Im Konfuzianismus – wenn man diese oft stark auf Ethik ausgerichtete

---

670 Hinüber: Handbook, 4; ders: The Oldest Pāli Manuscript.
671 Gombrich/Obeyesekere: Buddhism Transformed, 210. In Sri Lanka gibt es solche Traditionen offenbar erst seit dem 18. Jahrhundert, s. Berkwitz: Materiality and Merit in Sri Lankan Buddhist Manuscripts, 38.
672 Schmidt-Glintzer: Der Buddhismus, 42.
673 Berkwitz: Materiality and Merit in Sri Lankan Buddhist Manuscripts, 48.
674 Lancaster: Buddhist Literature, 215.
675 Zum folgenden Di Giacinto: The Early History of the Confucian Canon. Unklar ist, ob syrisch-christliche Schriftsammlungen – was in der Perspektive von kulturellen Verknüpfungen interessant wäre – Einfluss auf die Kanonisierungsgeschichte in China hatten.

Tradition zu den religiösen Praktiken rechnen will – machte sich der Umgang mit Texten nicht an Eintrittsverfahren fest, schon weil eine solche am Buddhismus oder Christentum orientierte Frage im Blick auf den Konfuzianismus wenig Sinn macht. Zumindest in der Sung-Zeit (10.–13. Jahrhundert) wurden Heranwachsende religiös pragmatisch durch die Teilnahme an heimischen Ritualen sozialisiert.[676] Aber „kanonische" Schriftkorpora besaßen einen anderen Sitz im Leben. In der späten Westlichen Han-Zeit, also um die Zeitenwende herum, hatte sich ein Korpus von Schriften als Grundlage für die Prüfung zur Beamtenlaufbahn etabliert, das bis zum Beginn des 20. Jahrhunderts die Grundlage dieses Zulassungsverfahrens bildete,[677] dessen Fixierung durch Schließung aber nicht vorgenommen wurde.[678] Im Laufe der Kaiserzeit, also sehr viel später, als die hier interessierende Phase des Eintritts des Buddhismus nach China, traten zu den „Fünf Klassikern" in der Song-Dynastie im 12. Jahrhundert die „Vier Bücher" und im 18. Jahrhundert die Schriftsammlung der „Dreizehn Klassiker" sowie die „Vollständige Bibliothek der Vier Schätze". Die Ausarbeitung dieser Listen, die mit dem Versuch einer intertextuellen Systematisierung verbunden war,[679] wurde mit einem ausgesprochen politischen Interesse betrieben, in dem kaiserliche Dekrete und die Entscheidungen der konfuzianischen Gelehrten den Umfang der Sammlungen festlegten. Selbst wenn man diese Corpora nicht als religiöse qualifiziert, stellten sie eine Matrix für die Zusammenstellung von Texten bereit. Allerdings kam es schon im Rahmen der Beziehungen konfuzianischer Gelehrter zum entstehenden Taoismus seit dem zweiten nachchristlichen Jahrhundert zu einer religiösen Aufladung des Konfuzianismus, bei der sich mit neuen Schriften die Pluralität der autoritativen Texte des Konfuzianismus erhöhte[680] und Gruppenbildungsprozesse verstärkte.[681]

Vergleichbare Prozesse lassen sich für den Taoismus nachweisen, bei dem es historisch wahrscheinlich ist, dass seit dem 5. Jahrhundert Interferenzen mit buddhistischen Traditionen eine Rolle bei den Kanonisierungsprozessen spielten,[682] wobei man mit komplexen Austauschprozessen, etwa in der je spezifischen Kommentierung des gleichen Textes in buddhistischen und taoistischen Kreisen zu rechnen hat.[683] Auch im Taoismus trifft man auf eine staatliche Kontrolle von Textkorpora sowie auf gruppenspezifische Sammlungen von Schriften und sogar auf personalisierte Korpora, wenn etwa bei Priestern, die sich in ihrer Ausbildung individuelle Sammlungen je nach Ausbildung und Rang schufen.[684] Angesichts dieser Befunde finden sich sehr kritische Haltungen in der wissenschaftlichen Literatur, konfuzianische Schriftsammlungen etwa für Unterrichtszwecke oder religiöse Sammlungen im

---

676 Ebrey: Education Through Ritual.
677 Lewis: Writing and Authority in Early China, 337–362; er spricht explizit von einem „canon" (S. 339).
678 Di Giacinto: The Early History of the Confucian Canon; Ng/Chow: Introduction. Fluidity of the Confucian Canon; Henderson: Scripture, Canon, and Commentary, 38–61.
679 Henderson, ebd., 41–50.
680 Di Giacinto: The Early History of the Confucian Canon; Schmidt-Glintzer: Der Buddhismus, 48.
681 Chow/Ng: Introduction. Fluidity of Confucian Canon.
682 Bokenkamp: Lu Xiujing, Buddhism and the First Daoist Canon.
683 Mollier: Buddhism and Taoism Face to Face.
684 Reiter: Die Kanonisierung der taoistischen Schriften in China, 475.

Taoismus umstandslos als Kanon(es) zu identifizieren,[685] mit einer Tendenz, Begriffen wie „Klassiker" oder „foundational texts" den Vorrang zu geben. Nur im Sinn einer veränderbaren Sammlung verbindlicher Texte wird man dann von einem Kanon sprechen dürfen.

Der kurze Blick auf die konfuzianischen und taoistischen Traditionen macht klar, dass der stark mündlich überlieferte Buddhismus in eine formatierte chinesische Literaturwelt eintrat. Die ältesten überlieferten, in der Mitte des 2. Jahrhunderts unserer Zeitrechnung übersetzten buddhistischen Texte ins Chinesische umfassen in Prakrit verfasste Schriften aus dem Mahayana-Buddhismus und aus anderen buddhistischen Traditionen, mit Ausnahme der Vinaya-Texte, die erst im 5. Jahrhundert rezipiert wurden.[686] Der Transfer dieser Texte bildet, wie Jan Nattier gezeigt hat, ein lehrreiches Beispiel für die Einschätzung von Texten in der chinesischen Welt im Blick auf die aus heutiger Perspektive gestellten Kanonisierungsfragen. Die Chinesen, schriftgewohnt und offenbar enttäuscht über das hohe Maß an Oralität in der indischen Tradition,[687] brachten ein großes Verschriftungs- und Übersetzungswerk auf den Weg. Dieser Prozess hat sich in der kulturellen Erinnerung in der fast mythischen Figur des Bodhidharma verdichtet, einem südindischen Mönch, der im 5. oder 6. Jahrhundert nach China gekommen sei und den Chan-Buddhismus gegründet habe – obwohl eine legendarische Tradition die Legitimität von Schriften mit der Erzählung infrage stellte, dass sich der Bodhidharma ganz auf Meditation gestützt und jede schriftliche Tradition abgelehnt habe.[688] In dieser Rezeption des Buddhismus kam es zu einer hohen Wertschätzung des Buches, die geradezu in einen „Buchkult" führen konnte.[689] Dabei wurden Bücher nicht nur als Medium zur Sammlung der Grundlagentexte genutzt, sondern auch zur Unterrichtung im Sangha und von Laien durch Mitglieder des Sangha, aber ein Äquivalent zu einer katechetischen Unterweisung im Zusammenhang mit einem Eintritt lässt sich nicht nachweisen, vielmehr handelte es sich wohl um eine nachgelagerte Vermittlung.[690]

Aber zur Lebenszeit des Bodhidharma existierten eben längst schriftliche Texte des Buddhismus in China, als man sich an die Übersetzung begab. Die indischen Texte wurden in den frühen Übersetzungen von einer Person, häufig auch einer Gruppe, ins Chinesische übertragen, wobei der Überbringer oft als Helfer bei der Übersetzung beteiligt war.[691] Gravierende Folgen für die Deutung besaß die piktographische Schrift des Chinesischen, die eine von der (späteren) indischen Buchstabenschrift massiv abweichende Logik der Organisation von Inhalten besaß; die Übernahme der metrisierten Textstruktur war hier schlicht nicht mög-

---

685 Nylan: Classics without Canonization. Hingegen nutzt Schipper: General Introduction (in: The Taoist Canon), trotz der Geschichte pluraler Sammlungstraditionen den Begriff „Canon" für Textsammlungen seit der Ming-Zeit – und auch an anderer Stelle christentumsgeprägte Begriffe (etwa in der Rede von der „Ecclesia" [S. 9] für frühe taoistische Gruppen).
686 Nattier: A Guide to the Earliest Chinese Buddhist Translations, 3. Zum Übersetzungsprozess vor allem im Folgenden Nattier, außerdem Hureau: Translations, Apocrypha, and the Emergence of the Buddhist Canon, 750–756, und Park: How Buddhism Acquired a Soul, 5–36.
687 Storch: Chinese Buddhist Historiography and Orality.
688 Schmidt-Glinzer: Buddhismus, 98.
689 Freiberger/Kleine: Buddhismus, 125; Kleine: Der Buddhismus in Japan, 404.
690 Zürcher: Buddhism and Education in T'ang Times.
691 Nattier: A Guide to the Earliest Chinese Buddhist Translations, 19–20.

lich.⁶⁹² Dazu kamen Verständnisprobleme und Auslegungsspielräume bei der Übersetzung, dazu nur ein Beispiel: Die Eröffnung von Texten mit „So habe ich gehört" konnte im Chinesischen wie „Das folgende kennen wir vom Hörensagen", also die Verlässlichkeit des Gehörten abwertend, geklungen haben und so gerade nicht die erwartete Verlässlichkeit eines Meister-Schülerverhältnisses dokumentieren.⁶⁹³ Letztlich nahm man sich bei der Übersetzung häufig – in westlicher Perspektive – große Freiheiten. Texte konnten zusammengefasst werden,⁶⁹⁴ doppelte Passagen ließ man oft aus (wobei man sich auf Vorbilder in den Vorlagen berufen konnte, in denen es einen Terminus technicus für offene Formulare gab⁶⁹⁵), man benutzte einmal etablierte Begriffe in neuen, oft ganz anderen Kontexten⁶⁹⁶ oder integrierte interpretierende, intermittierende Glossen in den „kanonischen" Bestand,⁶⁹⁷ zudem waren die Texte vielfach anders arrangiert als in den drei „Körben" der Pali-Tradition, in China etwa häufig in „Wandlungen, Königliche Mahnworte, Hymnen und Lieder, die Riten und die Geschichtsschreibung". Versuche, die chinesischen Sammlungen nach der Vorlage des Tripitaka zu organisieren, stammen erst aus dem 19. Jahrhundert.⁶⁹⁸ Weitere Veränderungen der indischen Texte ergaben sich aufgrund handschriftentechnischer Probleme. So nahm mit den chinesischen Übersetzungen durch die Lose-Blatt-Sammlungen die Zahl der Fehlermöglichkeiten durch Verluste oder Vertauschungen exponentiell zu.⁶⁹⁹ Dazu traten religionsexterne, staatliche Einflussnahmen auf die Zusammenstellung von Schriften,⁷⁰⁰ etwa wenn monastische Listen von staatlicher Seite zu einem offiziellen Kanon erklärt wurden.⁷⁰¹ Aus all diesen Gründen weicht der chinesische Textbestand oft beträchtlich von dem ceylonesischen ab⁷⁰² und macht eine Identifizierung einer „originalen" indischen Vorlage schwierig.⁷⁰³

Auch der spätere Umgang mit diesem Texten dokumentiert chinesische Eigenheiten. So konnten die Kommentare als alte „kanonische" Textteile tradiert werden, vermutlich, weil Anknüpfungspunkte für neue Überlegungen als ebenso wichtig galten wie der überlieferte Text. Die Aufnahme unterschiedlicher Übersetzungen desselben Textes wiederum dokumentiert, dass Authentizität nicht an die Einmaligkeit geknüpft wurde.⁷⁰⁴ Gleichwohl dürften die chinesischen Übersetzungen ursprüngliche buddhistische Texttraditionen oft authentischer bewahrt haben und können den Sinn von Pali-Traditionen erhellen.⁷⁰⁵ Im übrigen entstanden im 8. Jahrhundert mit der Verbreitung der buddhistischen Texte die ältesten Drucke der

---

692 Park: How Buddhism Acquired a Soul on the Way to China, 19f.
693 Nattier: A Guide to the Earliest Chinese Buddhist Translations, 23.
694 Ebd., 21.
695 Ebd., 23f.
696 Ebd., 24f.
697 Ebd., 26.
698 Deeg: Der Einsatz der Stimmen, 333f.
699 Nattier: A Guide to the Earliest Chinese Buddhist Translations, 26.
700 Durbridge: Die Weitergabe religiöser Traditionen in China, 24f. passim.
701 Hureau: Translations, Apocrypha, and the Emergence of the Buddhist canon, 758.
702 Nattier: A Guide to the Earliest Chinese Buddhist Translations, 22.
703 Ebd., 24.
704 Harrison: Canon, 114.
705 Anālayo: Some Pali Discourses in the Light of their Chinese Parallels.

Menschheit, zuerst als Blockdrucke, dann mit beweglichen Metalllettern,[706] wenngleich das privilegierte Medium der Weitergabe die Handschrift blieb.[707]

Dieser Ausflug in die chinesische Rezeption buddhistischer Texte dokumentiert nur exemplarisch, wie sich mit Schriftsammlungen die Ausbildung unterschiedlich ausgerichteter Gruppen in unterschiedlichen Regionen verband. Der ostasiatische Raum kennt darüber hinaus eine große Zahl weiterer Gruppen, die jeweils eigene Traditionen autoritativer Schriftensammlungen besitzen. Der folgende Blick auf diese kulturelle Vielfalt kann nicht mehr als ein Florilegium von sozial, lokal und zeitlich sehr unterschiedlich situierten Beispielen aufblättern, aber dies immerhin.

Dazu gehört noch im Umfeld des historischen Buddha der Jainismus, dessen bereits kurz genannter Gründer Mahavira ebenfalls eine (bis heute existierende) Asketengemeinschaft begründete. Hier sind mehrere Sammlungen entstanden, die je nach Redaktion 45 bis 50 Texte enthalten konnten,[708] wobei sich die überlieferten Listen „kanonischer Werke" nur bis ins 13./14. Jahrhundert zurückverfolgen lassen.[709] Bei den Jaina sind die Erzählungen über die Entstehung unterschiedlicher Schriftsammlungen Teil einer Geschichte von Sakralisierungen[710] und internen Abgrenzungen, die personenbezogene, gruppenspezifische oder regionale Hintergründe besitzen[711] oder aufgrund westlicher Einflüsse vorgenommen werden konnten.[712] Und auch bei ihnen gilt, wie in den brahmanischen Traditionen, dass wichtige Texte nicht ohne die Bindung an Ritual und Performanz verständlich sind.

Ähnlich komplex liegt die Sache bei den zoroastrischen Texten. Auch hier gilt der Gründer, Zarathustra (oder Zoroaster), heute nicht mehr als der Schöpfer der großen Textsammlung des Avesta, in der ältere Texte rezipiert sind.[713] Vielmehr kam es nach der Verbrennung des Avesta unter Alexander dem Großen im 3. Jahrhundert v. Chr. (die, wenn sie wirklich stattgefunden hat, einen ganz außergewöhnlichen Akt in der Antike dokumentieren würde) zu einer erneuten Sammlung der Texte, die nach den rituellen Erfordernissen unterschiedlicher Gruppen vorgenommen wurde und deren ältestes erhaltenes Manuskript aus dem Jahr 1288 stammt.[714] Diese Texte wurden im 19. Jahrhundert einem Rearrangement unterzogen, bei der die Zusammenstellung durch westliche Gelehrte ein entscheidender Faktor war.[715]

---

706 Schmidt-Glintzer: Der Buddhismus, 49; Harrison: Canon, 114.
707 Durbridge: Die Weitergabe religiöser Traditionen in China, 42.
708 Emmrich: Śvetāmbaras, Digambaras und die Geschichte ihres Kanons; Mylius: Geschichte der altindischen Literatur, 343.
709 Bruhn: Das Kanonproblem bei den Jainas, 101.
710 Lanczkowski: Heilige Schriften, 104.
711 Emmrich: Śvetāmbaras, Digambaras und die Geschichte ihres Kanons; Mylius: Geschichte der altindischen Literatur, 342.
712 Smith: Canons, Catalogues and Classics, 301.
713 Stausberg: The Invention of a Canon, 267–270; ders.: Zarathustra und seine Religion, 23.
714 Ders.: The Invention of a Canon, 261.
715 Ebd., 270–275; ders.: Zarathustra und seine Religion, 23.

Die Sammlung buddhistischer Texte in der Tamil-Sprache wiederum bietet ein Beispiel, wie sprachpolitische Entscheidungen über eine Zusammenstellung entscheiden konnten. Buddhaghosa, der im 4. Jahrhundert in Sri Lanka den Buddhismus systematisierte, erkannte das Tamilische als angemessene Sprache nicht an und begründete vermutlich mit dieser Weigerung den Misserfolg in der Konstituierung einer tamilischen Theravada-Sammlung mit autoritativem Anspruch.[716] Demgegenüber gingen die mahayana-buddhistischen Traditionen insoweit generell eigene Wege, als in diesen nicht nur die Textsammlungen sehr umfangreich wurden,[717] sondern auch unterschiedliche Gruppen entstanden, etwa von Mönchen oder Laien, die sich über die Verehrung einzelner Texte zusammenschlossen und damit die Textrezipienten über den Sangha hinaus ausweiteten.[718] Wie immer, ist auch hier der Blick auf die Details in regionalen Traditionen aufschlussreich. Die Identifikation eines „Kanon" von Schriften etwa im tibetischen Buddhismus, des Kanjur und des Tanjur, erweist sich bei näherem Hinsehen wieder als europäische Perspektive. Die Textkonvolute unterscheiden sich nach Schulen und regionalen Traditionen,[719] die dazu nötigen, die Zuschreibung des Kanon-Begriffs zu revidieren.[720] In – beispielsweise – dessen mongolischer Version konnte der Kanjur zwischen 760 und 1200 Texte umfassen, eine festgelegte Abfolge fehlte, Dubletten als voneinander abweichende Übersetzungen wurden aufgenommen, und all das „nach bisher unbekannten Kriterien immer neu bearbeitet".[721]

Ein jüngeres Beispiel vom indischen Subkontinent für die Bildung einer autoritativen Schriftsammlung bildet schließlich die im 15. Jahrhundert entstandene Sikh-Gemeinschaft, die auf den Guru Nanak Dev (1469–1539) zurückgeht. Sikhs gehören allerdings nicht zu den buddhistischen Traditionen, weil hier „hinduistische" und muslimische Sufi-Traditionen zusammenkamen. Bei ihnen verliefen Gruppenbildung und die Genese eines „kanonischen" Schriftkorpus seit dem 19. Jahrhundert fast modellhaft parallel. Sie besaßen lange Zeit vor allem gemeinsame Praktiken, nicht zuletzt in der Pilgerschaft zum Goldenen Tempel in Amritsar, aber die Grenzen dieser Gemeinschaft waren fluide, denn es gab auch Anhänger, die Pilgerfahrten an den Ganges oder zu muslimischen Heiligen unternahmen. Erst im 19. transformierte sich die Sikh-Gemeinschaft in eine Religion mit eindeutigen Außengrenzen. Die Gründe lagen einerseits in dem Versuch der Briten, die indische Bevölkerungen in abgegrenzte religiösen Kategorien zu erfassen und die zu diesem Zweck diejenigen der Sikhs und der „Hindus" schufen, aber auch in internen Profilierungsprozessen.[722] Nun erst wurde das Buch Adi-Granth zu der zentralen heiligen Schrift, die heute als kanonischer Grundtext der Sikh-Tradition gilt und vermutlich die früher übliche Ausrichtung auf einen Guru ablöste.[723]

Nach diesem allzu kurzen Blick in die Vielfalt indischer Traditionen kehre ich nochmals zum Buddhismus mit einer sehr grundsätzlichen Überlegung zur Angemessenheit

---

716 Schalk: Canon Rejected.
717 Lancaster: Buddhist Literature, 217.
718 Lopez: Buddhist scriptures, S. XIII.
719 S. das Material in: The Many Canons of Tibetan Buddhism, hg. v. H. Eimer/D. Germano.
720 Eimer: Kanjur and Tanjur Studies, 8.
721 Kollmar-Paulenz: Kanon und Kanonisierung in der buddhistischen Mongolei, 384. 394f.; Zit. 394.
722 Oberoi: The Construction of Religious Boundaries, 419–425.
723 Robinson: Conversions to Jainism, Sikhism, and Buddhism, 122.

„Kanon"konzeptes zurück, die versucht, eine zentrale Eigenheit gegenüber einer schriftfixierten Interpretation von Religionskulturen im Auge zu behalten: Das zentrale Anliegen der buddhistischen Tradition war weder die Person des Buddha noch die Wortwörtlichkeit seiner Äußerungen. Deshalb unterschieden sich die Memotechniken in der vedischen Tradition und Buddhismus grundlegend: Brahmanen legten Wert auf den exakten Wortlaut, um die rituelle Wirksamkeit von Texten zu erhalten – im Gegensatz zum Buddhismus, wo einige Vinaya-Texte die brahmanischen Memotechniken verdammten.[724] Auch von daher erklärt sich der flexible Umgang mit den – im Vergleich zur jüdischen oder christlichen Bibel oder zum Koran – riesigen buddhistischen Textkorpora.[725] Vielmehr ging es um die Erhaltung des „Dharma"[726] als Bedingung des spirituellen „Erwachens", womit psychologische Motive den Vorrang vor literarischen erhalten konnten. Dies bedeutete eine Konzentration auf den Inhalt des Dharma anstelle der Schrift,[727] auf, verkürzt gesagt, den Sinn, nicht auf den Buchstaben. Auch deshalb richteten sich Übersetzungen nicht (immer) am literalen Wortbestand aus.[728] Damit ist klar, dass der europäische Tunnelblick auf „unveränderliche" Texte sowohl Eigenheiten der oralen Tradition im Buddhismus also auch die Funktion ihrer verschrifteten Derivate verfehlt.[729] Denn im Zentrum buddhistischer Traditionen stand in der Regel keine göttliche „Offenbarung" und keine Dokumentation von „heiliger" Geschichte, sondern der Weg zum „Erwachen". Dadurch konnte der Text leicht eine didaktische Relevanz erhalten.[730] Denn wenn Texte auf einer Einsicht beruhten, die durch Meditation jedem zugänglich sein sollte, gab es keinen Grund, ihre historische Einzigartigkeit oder Sakralität – wenngleich es auch die gab[731] – zu betonen.[732] Diese textkritische Haltung, die strukturell mit der spiritualistischen Schriftlektüre jüdischer, christlicher und islamischer Provenienz eng verwandt ist und ähnliche relativierende Auswirkungen zeigt, dürfte in den buddhistischen Traditionen eine bedeutendere Stellung besessen haben. So finden sich in der „Längeren Sammlung" der Texte Buddhas immer wieder Aussagen, die sich etwa in der Warnung vor der Zuflucht bei den „äußeren" Dingen kritisch auf die Legitimation durch schriftliche Grundlagen beziehen lassen.[733] Damit konnte der Sinn des Textes gegen das verschriftete Wort gewandt werden:

---

[724] Salomon: An Unwieldy Canon, 175f.
[725] Ebd., 177–201.
[726] Ebd., 173f.
[727] Swanson: Apocryphal Texts in Chinese Buddhism.
[728] Nattier: A Guide to the Earliest Chinese Buddhist Translations, 24.
[729] Zentral für die folgenden Überlegungen: Kanonisierung und Kanonbildung in der asiatischen Religionsgeschichte, hg. v. M. Deeg.
[730] Ray: Buddhism, 148f. 152f.
[731] Etwa wenn Bücher in mythologischen Erzählungen vom Himmel fallen, s. Kollmar-Paulenz: The Buddhist Way into Tibet, 303.
[732] Lancaster: Buddhist Literature, 216.
[733] Vgl. Belege, die sich auf Texte beziehen lassen, bei D'Arcy May, John: The Buddhist Reading of Scripture (Manuskript): „Decay is inherent in all component things! Work out your salvation with diligence!" (Dīgha-Nikāya XVI, 7). „And whosoever, Ānanda, either now or after I am dead, shall be a lamp unto themselves, and a refuge unto themselves, shall betake themselves to no external refuge, but holding fast to the truth as their lamp, and holding fast as their refuge to the truth, shall look not for refuge to any one besides themselves it is they, Ānanda, among my bhikkhus, who shall reach the very topmost Height!" (Dīgha-Nikāya XVI, 2:26).

die Überlieferung, auch die schriftliche, erschien nurmehr als äußerliche Dimension des Erwachens.[734] Selbstredend lassen sich bei einer so pluralen Religionsfamilie wie „dem Buddhismus" auch Beispiele finden, die beim Textgebrauch in eine gegenläufige Richtung weisen, etwa wenn das verschriftete Textkorpus gegen die mündliche Tradition instrumentalisiert wird. So konnte man die mündliche Überlieferung verdrängen und Schriftlichkeit auf den Buddha selbst projizieren,[735] wie es Nagarjuna, einer der großen Lehrer des Mahajana-Buddhismus im 2. nachchristlichen Jahrhundert mit seiner Sammlung von Sutren beabsichtigte, die die Schriftbegründung des Buddhismus als authentisch erweisen sollten.[736] Doch blieb die Bedeutung der verschrifteten Texte im Prinzip, vielleicht sogar in der Mehrzahl der buddhistischen Traditionen gegenüber ihrer Funktion, das Erwachen zu ermöglichen, von nachrangiger Bedeutung.[737]

Diese Relativierung bewirkte ein geringeres Interesse an einem philologischen Zugriff auf Schriften. Die Differenz zu okzidentalen Traditionen ist aber auch hier eine relative. So gab es in Indien Versuche, die Verlässlichkeit einer Überlieferung, namentlich das „Wort des Buddha" (Buddhavacana), sicherzustellen.[738] Als Kriterien galten soziale Faktoren wie die Verlässlichkeit der überliefernden Personen oder die Zugehörigkeit zu anerkannten Tradierungsgemeinschaften, aber auch inhaltliche Dimensionen wie die Klarheit der Inhalte oder die Übereinstimmung mit anerkannten Überlieferungen des Dharma.[739] Gleichwohl hat sich eine historische Kritik der schriftlichen Überlieferung in Indien nicht entwickelt, im Gegensatz zu China, wo im Rahmen der Verschriftung textkritische Überlegungen angestellt wurden oder, um ein spätes Beispiel anzuführen, wo im 18. und 19. Jahrhundert philologische Methoden zur Identifikation von Fälschungen entstanden.[740] In Indien hingegen wurden die Methoden philologischer Kritik wohl zuerst von methodistischen Missionaren eingeführt, und die dazu notwendige archivalische Sammlung von Schriften wurde am Ende des 19. Jahrhunderts eine Domäne der aus dem angelsächsischen Bereich nach Indien kommenden Theosophen.

Auch im praktischen Umgang mit Texten zeigen sich die Konsequenzen der geringeren Bedeutung verschrifteter Texte im Buddhismus im Vergleich zu okzidentalen Traditionen. Kaum ein Buddhist kannte die ganze Sammlung, so wie einzelne Juden, Christen oder Muslime ihre Texte lasen oder sie in Einzelfällen gar auswendig kannten.[741] Dies war ein Problem des weit größeren Umfangs der buddhistischen Sammlungen, aber auch ein Indiz für die geringere Relevanz von verschrifteten Texten. Dafür ist vermutlich auch die Verbreitung ein Indikator: Es gab keine zehntausendfachen Kopien wie von der Bibel.[742] Die Aus-

---

734 Harrison: Canon, 112.
735 Hinüber: Der Beginn der Schrift, 71f.
736 Lopez: Buddhist scriptures, XIV.
737 Lancaster: Buddhist Literature; Harrison: Canon; John D'Arcy May: The Buddhist Reading of Scripture (Manuskript, s. o.).
738 Harrison: Canon, 111.
739 Hinüber: Handbook, 6; Harrison: Canon, 111; Lamotte: La critique d'authenticité dans le bouddhisme.
740 Grimm: Der chinesische Kanon, 113.
741 Harrison: Canon, 113.
742 Lancaster: Buddhist Literature, 218.

breitung des Buddhismus erfolgte denn auch weniger über Texte als über die praktische Lehre,[743] aber in diesem Punkt dürfte der Unterschied zu anderen Religionen mit konstitutivem Schriftbezug nicht so groß sein.

Wenn nun aber insgesamt die Unterschiede im Vergleich zu biblischen Schriften so markant sind, muss man die Frage stellen, wie angemessen das europäische Wahrnehmungsraster vermittels des Kanonkonzeptes ist, insbesondere in seinem neuzeitlichen Verständnis eines „absoluten", geschlossenen Kanon. Schon auf der lexikalischen Ebene beginnen die Probleme, denn für diesen Begriff gibt es in den buddhistischen Traditionen keine gut passenden Äquivalente. Meist ist dort die Rede vom genannten Tripitaka, dem Dreikorb. Aber schon dies ist sicher ein jüngerer Begriff, ältere Texte unterscheiden „Buddhas Wort" in Lehre und Ordensregeln, noch ältere summieren „Glieder", also einzelne Texte.[744] Schon deshalb ist der in der europäischen Literatur des 19. Jahrhunderts eingeführte Begriff der „Sammlung" angemessener als derjenige des „Kanon".[745] Ein geschlossenes Textensemble gab es im Buddhismus nicht, vielmehr blieb der Bestand über Jahrhunderte eine flüssige Menge von Texten.[746] Eine Instanz, die Bemühungen entwickelt hätte, einen geschlossenen Kanon zu schaffen, ist vor dem 19./20. Jahrhundert nicht erkennbar.[747] Eine Ausnahme bildete China, wo der Kaiser das Recht besaß, zu entscheiden, welche Texte als authentisch und autoritativ gelten sollten;[748] allerdings dienten Kataloge und Sammlungen, die in China (und in Korea und Japan) entstanden, eher archivarischen Zwecken.[749] Versuche, scharfe Ränder und Hierarchisierungen von Texttraditionen zu definieren, stammen nicht zuletzt von westlichen Wissenschaftlern, etwa durch die Einführung des christlichen Begriffs der „Apokryphen", den Robert E. Buswell für Schriften mit einer niedrigeren Verbindlichkeit benutzte. Damit importierte er zwar die normative Konnotation von „Häresie" und „Orthodoxie",[750] trug allerdings auch den teilweise scharfen Abgrenzungsstrategien im Buddhismus, etwa in der Selbstzuschreibung von Reinheit gegenüber indigenen Texttraditionen, Rechnung.[751]

In den indischen Traditionen gab es letztlich keine Kanonbildung im europäischen Sinn. Während die Sammlung der Theravadins in Pali noch leidlich abgrenzbar war, verfügte der Mahayana-Buddhismus über kein vergleichbar definiertes Korpus. Aber auch in der Pali-Tradition blieben die Ränder durchlässig, weil es keine scharfe Unterscheidung zwischen Grundtext und Kommentarliteratur gab[752] und keine maßgebliche Hierarchisierung der unterschiedlichen Autorität autoritativer Schriften. So stehen in den thailändischen Klöstern

---

743 Ebd.
744 Hinüber: Handbook, 7.
745 Smith: What is scripture?, 147.
746 Lancaster: Buddhist Literature, 228.
747 Ebd., 218.
748 Kleine: Kann es eine buddhistische Bibel geben?
749 Ebd.
750 So Buswell: Introduction (in: Prolegomenon to the Study of Buddhist Apocryphal Scriptures), 3–7, durchaus im Bewusstsein der normativen Probleme.
751 Trokuno: The Evaluation of Indigenous Scriptures in Chinese Buddhist Bibliographical Catalogues.
752 Mylius: Geschichte der altindischen Literatur, 298.

bis heute kanonische neben nichtkanonischen Schriften, „vollständige" Sammlungen existieren nur in den königlichen Ausgaben aus Bangkok.[753]

Letztlich sind Konzepte enzyklopädischer oder geschlossener Kanones von Buddhisten erst im 19. Jahrhundert entwickelt worden, der Druck entsprechender Sammlungen folgte im 20. Jahrhundert.[754] Kaum etwas illustriert diesen Prozess augenfälliger als die dabei eingeführte Rede von einer „buddhistischen Bibel" durch Buddhisten.[755] Diese übernahmen in diesem Prozess allerdings nicht nur das Konzept einer geschlossenen Sammlung, sondern auch, so die japanische Bukkyo Dendo Kyokai, inhaltliche Kriterien der christlichen Theologie: man pflegte eine „monotheistische Orientierung", lehnte sich für die Interpretation des Buddha an das Konzept eines „allmächtigen, omnipräsenten, barmherzigen und mitleidigen Vatergottes an",[756] man sakralisierte das Schriftverständnis[757] und verstand sich selbst als „Buddhistische Missionsgesellschaft" (wie der Name von Bukkyo Dendo Kyokai zu übersetzen ist).[758]

Das Ergebnis dieses kursorischer Überblicks über Kanonisierungsprozesse macht eines ganz klar: Einen buddhistischen „Kanon" gab es nicht, jedenfalls dann nicht, wenn man den Kanonbegriff anwendet, der im 15./16. Jahrhundert in der alten respektive später katholischen Kirche des Okzidents geprägt und im 19. Jahrhundert von Religionswissenschaftlern als Fundamentalkategorie einer jeden Religion übernommen wurde, die man dann auf nichtchristliche, außereuropäische Religionen übertrug: Kanon als abgeschlossene Sammlung von möglicherweise gar „heiligen" Schriften. Das bedeutet nicht, dass es außerhalb des okzidentalen Raumes überhaupt keine Kanones gegeben habe, aber es gab eben keine unveränderlichen, abgeschlossenen Sammlungen. Falls sich dafür Beispiele im asiatischen Raum finden lassen, würden sie seltene Ausnahmen bleiben. Vielmehr, so machen neuere Forschungen fast unisono deutlich,[759] sind Kanones im asiatischen Raum offen, ihr Inhalt ist abhängig von religiösen und politischen Interessen, von unterschiedlichen Gruppen und Traditionswegen, mit sich im Zeitverlauf ändernden Geltungsansprüchen. Schließlich und immer wieder bildeten Texte nur eine Dimension einer „kanonischen" Praxis, die Schrifttexte als Teil einer rituellen, meditativen oder liturgischen Performance nutzte.

Die jüngere Forschung ist deshalb von Versuchen durchsetzt, alternative Termini für den Begriff des „Kanon" zu kreieren. Man spricht vom „Kanon-Fundus" und vom „variab-

---

753 Hinüber: Der Kanon der Buddhisten, 26.
754 Kleine: Kanonisierungsansätze im ostasiatischen Buddhismus, 287–309; s. auch Deeg: Der Einsatz der Stimmen, 337.
755 Kleine: Kanonisierungsansätze im ostasiatischen Buddhismus, 259.
756 Ebd., 302f.
757 Ebd., 291. 302.
758 Ebd., 299.
759 So alle Beiträge des grundlegenden Bandes: Kanonisierung und Kanonbildung in der asiatischen Religionsgeschichte, hg. v. M. Deeg u. a. Die Rede von einem buddhistischen Kanon kann deshalb, wenn man ihn offen konzipiert und eine Semantik der Schließung benutzt, eine contradictio in adiecto sein (Harrison: Canon 112).

len" Kanon,⁷⁶⁰ von der „Kanon-Bibliothek",⁷⁶¹ dem „offenen Kanon",⁷⁶² vom Katalog und der Liste⁷⁶³ oder zumindest von Kanones.⁷⁶⁴ Alle diese Vorschläge konvergieren in der Einsicht, dass es zwar keinen geschlossenen Kanon gibt, wohl aber Kanonisierungsprozesse und Sammlungen verbindlicher Schriften. Hingegen erweist sich die Deutung des buddhistischen Textkorpus als „Kanon" im Sinn einer geschlossenen Sammlung als europäische, christliche Konstruktion, nicht zuletzt eines protestantischen Schriftverständnisses. Mit der Genese der auf Vollständigkeit angelegten oder gar geschlossenen buddhistischen Kanones sowie der Relativierung der Bedeutung von rituellen Praktiken kann man deshalb einen „protestantischen Buddhismus" entstehen sehen, so Gananath Obeyesekere und Richard Gombrich.⁷⁶⁵ Dieser Prozess dürfte einhergegangen sein mit einer Transformation des Buddhismus (und auch des „Hinduismus"), in der zentrale Elemente des europäischen Religionsbegriffs des 19. Jahrhunderts übernommen werden. Dazu zählt eine Identitätsbildung, die nicht nur Modelle der Kanonisierung westlicher Provenienz übernahm, sondern auch Anleihen von der Mitgliedschaft durch Entscheidung über die Ausdifferenzierung in Laien und Kleriker/Mönche bis hin zu kirchenähnlichen administrativen Strukturen machte. In diesem Ensemble von Merkmalen gehört auch die Idee eines hoch verbindlichen, im Extremfall geschlossenen Kanon zu den Elementen eines für diese Traditionen neuen, europäischen Religionskonzeptes.

4.5 Kanonisierung: Bedingungen und Folgen in komparativer Perspektive

Eine Gemeinschaft, die sich, wie das Christentum, neu konstituiert und sich als „tertium genus", als dritte Art zwischen oder jenseits etablierter Sozialstrukturen verstehen konnte, brauchte Elemente zur Sicherung ihrer Gruppenidentität. Ein solches war, so die Leitthese dieses Kapitels, das biblische Schriftkorpus. Es eröffnete nach einer Entscheidung, die (idealiter) zum Bruch mit der religiösen Herkunftspraxis führte, die Möglichkeit, Außengrenzen mit dem symbolischen Kapital eines Schriftkorpus festzulegen und zu festigen. Insofern gehören Zugehörigkeit durch Entscheidung und Identitätskonstruktion durch die Bildung eines verbindlichen Korpus von Schriften zusammen.

Diese skripturale Identitätsbildung war natürlich keine Eigenheit des Christentums, sondern in der Antike verbreitet, etwa (und insbesondere) im Judentum oder in Philosophenschulen. Insoweit handelt es sich nicht um eine absolute, sondern um eine modale Differenz. Auch im Blick auf andere schriftnutzende Religionen im eurasischen Raum kann man nur von einem relativen Unterschied sprechen. Islam und Buddhismus, die beiden hier vor

---

760 Malinar: Vom „Kanon-Fundus" zum „variablen" Kanon.
761 Kleine: Kanonisierungsansätze im ostasiatischen Buddhismus.
762 Kollmar-Paulenz: Kanon und Kanonisierung in der buddhistischen Mongolei, 399.
763 Hureau: Translations, Apocrypha, and the Emergence of the Buddhist canon, 758f. u. ö.
764 Lancaster: Buddhist Literature, 220f.
765 Gombrich/Obeyesekere: Buddhism Transformed, 202–239, durchaus kritisch gegenüber Becherts „modernem Buddhismus" (ebd., 6). Vergleichbar Freiberger: Was ist das Kanonische am Pali-Kanon?

allem herangezogenen Vergleichskulturen, nutzten verbindliche Schriftbestände ebenfalls zur Identitätsgewinnung und zur Abgrenzung. Hinsichtlich des Weges hin zu einem absoluten Kanon ist allerdings vor allem der Koran interessant. Er wurde spätestens mit der uthmanschen Redaktion nicht mehr als eine Sammlung von Texten, sondern als ein einziges Buch verstanden. Anders als in Judentum und Christentum sollte der Koran dabei keine über Generationen verlaufende, von unterschiedlichen Autoren beleuchtete Geschichte religiös gedeuteter Erfahrungen dokumentieren, sondern die gottesunmittelbaren Auditionen eines einzigen Menschen, Mohammed. Deshalb war der Koran von Anfang an als Aufzeichnung göttlicher Rede konzipiert, während Juden und Christen erst später (und oft nur zeitweilig) die Mischung aus historischer Literatur, poetischen Reflexionen, Rechtsregeln und prophetischen Verkündigungen zu einer „inspirierten" Gottesrede sakralisierten, die nur ausnahmsweise, in der Johannes-Offenbarung, als unmittelbare Mitteilung Gottes galt. In allen drei Religionsgemeinschaften wurden die Schriftcorpora zu einem zentralen Faktor der Identitätsbildung, wobei im Koran zusätzlich eine einzige Sprache, das Arabische, kanonisiert wurde. Dabei war der Islam wohl die erste Religion, die einen Kanon im Sinne eines unveränderbaren Schriftbestandes definierte und nicht nur pragmatisch etablierte (und wenn man annimmt, dass das rabbinische Korpus der hebräischen Bibel vor dem 10. Jahrhundert keine absolute Schließung erfahren hat). Der Konsonantentext des Koran stand nach den Redaktionen des 8. Jahrhunderts nicht mehr zur Disposition, er war insofern ein absoluter Kanon. Positionen, die demgegenüber eine absolute Kanonisierung der Bibel schon im antiken Christentum sehen, ignorieren die fehlende abschließende Textfestlegung und die faktischen Randunschärfen, die in vielen orientalischen Kirchen bis heute nicht scharfgestellt wurden, wohingegen das okzidentale Christentum im 15. und 16. Jahrhundert in der alten (später katholischen) Kirche einen absoluten Kanon definierte. Welche Rolle bei der Kanonisierung der Schriftsammlungen in Christentum, Judentum und Islam interreligiöse Kontakte spielten, harrt weiterer Klärung.

Bei den Schriftsammlungen in Asien liegt die Sache anders. Der Pali-„Kanon" ist als absoluter Kanon ein Produkt des Okzidentalismus, bei der man eine Konstruktionsmechanismen jüdisch-christlicher Provenienz übertrug. Es war der europäische Versuch, Asien durch die Brille der eigenen Kultur zu verstehen – mit allen Konsequenzen zwischen Aufwertung durch intellektuelle Wertschätzung und Unterwerfung durch wissenschaftliche Einordnung. Darüber hinaus war die soziale Funktion des Schriftgebrauchs im Buddhismus nicht prinzipiell anders. Der Sangha erhielt mit den Reden und Anweisungen, die als Aussagen des Buddha oder zumindest in seiner Tradition stehend verstanden wurden, autoritative Texte, nicht zuletzt im Rahmen der Ausbreitung des Buddhismus.

Die weiteren modalen Differenzierungen der Formen des Umgangs mit einem verbindlichen Text bestimmen religiöse Schriftkulturen im Rahmen der jeweiligen kulturellen Rahmenbedingungen. Die Übersetzung scheint dabei als eine fast proportionale Variable des Sakralisierungsmaßes lesbar zu sein: Wo der Text sekundär gegenüber dem „Erwachen" (Buddhismus), der „Geschichte" und dem Kult (Judentum) oder der „Nachfolge" (Christentum) ist, bleibt die Sakralisierung begrenzt und ist der Weg in die Übersetzung relativ offen. Die Konzeption eines „heiligen" Textes hingegen limitiert Übersetzungsprozesse. Am weitesten ging dabei der Islam, zumindest soweit Muslime einen himmlischen Urkoran postulierten; konsequenterweise wurde das Arabische zur Sakralsprache erklärt und die Übersetzungsarbeit nach der frühen Phase marginal. Im Christentum blieb die Immunisierung des Textes durch Sakralisierung hingegen prekär. Im Okzident etwa wurde mit der Vulgata eine Übersetzung faktisch sakralisiert, und konsequenterweise suchte man weitere Übersetzungen in Volkssprachen zu unterbinden – immer vergeblich. Dieses Übersetzungsverbot scheiterte zunächst in der Praxis, mit den vernakularen Übersetzungen der Reformation dann auch in der Theorie, bis im 19. Jahrhundert allenfalls Restbestände struktureller Sakralität übrig blieben: mit der Latinität in der katholischen Kirche, die vor allem in der Liturgie praktiziert wurde, oder mit der Fixierung von Übersetzungen in protestantischen Kirchen, wo man, wie im lutherischen Deutschland, Übersetzungen der Ursprungszeit nicht grundsätzlich antastete, sondern nur „revidierte". Am nächsten steht dem Christentum der Buddhismus, der im Rahmen seiner Ausbreitung letztlich keine Schranken für eine Übersetzung kannte.

Auch hinsichtlich der Philologie kann man die Religionsgeschichte als Geschichte modaler Differenzen schreiben, findet sich eine Textkritik doch in allen drei hier behandelten Religionen. Der chinesische Buddhismus etwa hat Philologie im Rahmen seiner Übersetzungsarbeit betrieben, wobei möglicherweise die buddhistische Wertschätzung des „Erwachens" gegenüber der Schriftbegründung das Interesse am Text und damit an der Philologie begrenzte. Die masoretischen Theologen im Judentum trieben Philologie etwa im Rahmen der Festlegung und der Vokalisierung des Bibeltextes, aber die kulturelle Minderheitensituation dürfte eine intensivere Textkritik schwer gemacht haben, weil diese immer auch eine Unsicherheit hinsichtlich der Grundlagen einer Gemeinschaft mit sich bringt, und das ist für eine Minderheit gefährlicher als für eine Mehrheitsreligion. Der Islam hat mit seiner Offenheit gegenüber verschiedenen Lesarten die Tradierungsprobleme seines Textes realisiert, aber wohl angesichts der hohen Sakralisierung des Koran keine weitergehende historische Kritik etabliert. Allerdings hat man sich im Islam intensiv mit der historischen Kritik der Überlieferungsgeschichte beschäftigt und versucht, die Entstehung des Koran in der nur wenige Jahrzehnte umfassenden Phase zwischen den Auditionen Mohammeds und der Fixierung des uthmanschen Textes durch die kritische Sichtung der „Kette der Zeugen" auf eine solide Basis zu stellen, eine Technik, die weder im Judentum noch im Christentum unmittelbare Parallelen besitzt.

Im interreligiösen Vergleich dürfte die philologische Beschäftigung mit der Bibel eine interkulturell vielleicht schon in der Antike, spätestens mit der Neuzeit eine spezifische Dynamik entwickelt haben, die die europäische Kultur aus vergleichbaren religiösen Traditionen hinauskatapultierte. Beginnend im altkirchlichen und katholischen Christentum im 16. Jahrhundert und vielleicht angestoßen durch Begegnungen mit dem Islam in Spanien kam es nach ersten Ansätzen in der Antike in der Neuzeit zu einer radikalen methodischen Trennung von historischer Empirie und kultureller Deutung, von wertneutraler Methodik und dogmatischer Interpretation, die protestantische Theologen im 19. Jahrhundert insbesondere in Deutschland auf ein bis dato unerreichtes Niveau brachten und auch popularisierten. Die Theologie wurde damit von einer Leitwissenschaft, die die Regeln der Interpretation der Bibel vorgab, zu einem Objekt philologischer Wissenschaft. Theologie in der Doppelexistenz als Wissenschaft und spiritueller Reflexion ist nicht nur, aber auch ein Kind dieser Tradition.

Diese philologische Tradition war vermutlich ein Produkt heterogener Faktoren. Eine Bedingung war natürlich, dass sich das Christentum zu einer Schriftreligion entwickelte, die es in seinen Anfängen nicht war. Dazu gehörten auch die Entsakralisierung der zeitweilig sakralisierten Bibel, philologische Praktiken außer- wie innerhalb der Theologie oder die radikalisierte Trennung von der mündlichen Tradition, die man spätestens mit der Reformation marginalisierte und das Christentum in manchen Traditionen auf Schrift zentrierte oder gar reduzierte. Dabei war die Philologie intrikat mit der Kanonisierung verbunden. Möglicherweise wurde die Philologie dadurch befördert, dass es eine verbindliche Sammlung von Schriften, eine Art Kernkanon gab (alttestamentliche Schriften, Evangelien, Paulusbriefe), der im Prinzip keine austauschbare Sammlung von Lehrschriften und Deutungen beinhaltete und soweit konstitutiv war, dass er die Philologie zur Textabsicherung und Deutung auf sich zog. Diese Kanonisierung überschritt allerdings eine Grenze auf Dauer nicht, die der irreversiblen Fixierung durch Sakralisierung. Natürlich hat man diesen Schritt immer wieder angezielt: in der performativen Sakralisierung des Buches im Mittelalter, in der genannten Dogmatisierung der Vulgata, im Prinzip der Sola scriptura oder in der Theologie der Verbalinspiration, aber derartige Sakralisierungen erlangten keine dauerhaft hegemoniale Geltung. Überspritzt gesagt: Es gab zwar eine pragmatische Sakralisierung und damit auch die Bedeutung der „heiligen" Schrift für den potentiell hohen Bedarf an Identitätsbildung im Christentum, aber keine unwiderrufliche Enthistorisierung.

Mehr noch, es gab im Christentum auch die Gegenfraktion, die den Schriftbezug grundsätzlich infrage stellte: die Spiritualisten, von der alexandrinischen Theologie über die Franziskanerfratizellen und die radikale Reformation und den Pietismus bis in die charismatische Bewegung (und in den „Spiritualismus von Religionswissenschaftlern"[766]). Aber die spiritualistische Unmittelbarkeit erlangte keine beherrschende Stellung im Ensemble der christlichen Traditionen. Dort jedoch, wo spiritualistische Positionen relevant wurden, erhielt der Schriftbezug einen neuen Platz zugewiesen: Der Kanon wurde dezentriert, die Philologie dadurch weiter relativiert, eine Übersetzung wurde noch weniger problematisch.

Es wäre verlockend, auf der Grundlage dieser okzidentalen Religionstradition versuchsweise einige große Linien auszuziehen. Mir scheint es wahrscheinlich, dass die Philologie eine notwendige Grundlage für zwei epochale Transformationsprozesse der europäischen (Religions-)Geschichte ist: zum einen für den Historismus, der Kanon und Sakralität trennte und letztlich jede geschichtstranszendente Begründung von Religion verabschiedete, weil er die Schrift kontextualisiert und damit historisiert hat. Zum anderen dürfte die Säkularisierung von Religion (in ihren sehr unterschiedlichen Konzepten) nicht ohne den „unheiligen" Umgang mit der „heiligen" Schrift zu verstehen sein: von der totalen Delegitimierung der Religion in der Religionskritik über ihre Reduktion auf ein funktionales Element im Rahmen sozialer Differenzierung bis hin zu ihrer Historisierung und Ästhetisierung in Museen.

Interkulturell bleibt signifikant, dass die Kanonisierungs-, Philologisierungs- und Übersetzungsprozesse in anderen Religionen mehrfach von Europäern, die an der historischen Bibelkritik geschult waren, angestoßen wurden: etwa die Konzeption des Pali-Kanon und heutige Kanonisierungen im Buddhismus oder die Übersetzungen des Koran und die verstärkte historisch-kritische Erforschung seiner intertextuellen Beziehungen. Aber die hohe

---

[766] Auwärter: Spiritualität um 1900. Exemplarisch für Religionswissenschaftler s. zu Scholem s. Hamacher: Gershom Scholem und die allgemeine Religionsgeschichte, und Wasserstrom: Religion after Religion; zu Eliade s. Turcanu: Mircea Eliade.

Bedeutung der okzidentalen Tradition für die Anwendung der historischen Kritik gilt nicht nur in interkultureller, sondern auch in innerreligiöser Perspektive. In Byzanz und in den orientalischen Kirchen wurde keine vergleichbar ambitionierte historische Kritik entwickelt, sondern diese im 19. und 20. Jahrhundert importiert.[767]

Während mithin Identitätsbildung und Kanonisierungsprozesse in allen hier verglichenen Religionen ein (wenngleich unterschiedlich stark ausgeprägtes) Movens für Vergemeinschaftungsprozesse darstellten, haben Übersetzungs- und namentlich Philologisierungstraditionen recht unterschiedliche Ausprägungen erfahren. Der Umgang mit Schrift in den drei verglichenen Religionen besitzt modale Differenzen, deren Auswirkungen jedoch zeitweilig absolute Differenzen in Bereichen wie der historisch-kritischen Philologie und ihren Säkularisierungseffekten im Okzident nach sich gezogen haben. Die Korrelation zwischen Vergemeinschaftung und der Herausbildung eines autoritativ geltenden Schriftkorpus lässt sich letztlich nicht mit eindeutig wirkenden Vektoren beschreiben. Die Stabilisierung und die Destabilisierung einer Gruppenidentität durch Schriftgebrauch sind nicht zwei Seiten einer Medaille, bei der man sich die Ansichtsseite wünschen könnte, sondern wie Salz in der Suppe, das, einmal eingestreut, wirkt: Manchmal würzt es, etwa bei geringer Dosierung, manchmal wirkt es wie ein Bitterstoff, wenn statt der Prise ein Schöpflöffel Salz in den Kessel geraten ist. Ganz besonders deutlich sind diese Wirkungen in der Geschichte der Philologie im Christentum: Sie half, eine verlässliche Textbasis für die christlichen Gemeinden zu schaffen. Aber zugleich eröffnete sie einen bis heute unabschließbaren Prozess der Textrevision und damit der Verunsicherung über die „wahre" Schrift. Die Philologisierung des Umgangs mit der Bibel wirkte wie erhofft und zugleich kontraintentional, weil sie die Grundlagen infrage stellte, die sie sichern wollte. Dies gehört zu den nichtintendierten Nebenfolgen der schriftgestützten Identitätssicherung.

---

[767] Moschos: Kirchengeschichte aus dem Blickwinkel der Orthodoxie, 90f.

5 Stadt

Die im Feld religiöser Gruppenbildung entwickelte Konzeption einer Vergemeinschaftung durch Entscheidung impliziert die Frage nach den Konsequenzen für das politische Gemeinwesen. Exemplarisch analysiere ich dieses Thema an der Geschichte der Stadt. Gibt es im Okzident eine Geschichte politischer Partizipation aus dem assoziationspolitischen Geist des Christentums? Vorsichtiger gefragt: Muss man nicht zumindest die christliche Tradition als einen – mutmaßlich konstitutiven – Faktor unter anderen in Betracht ziehen? Jedenfalls diskutiere ich im Zentrum dieses Kapitels die These, dass sich die Stadt im Okzident anders entwickelt hätte, wenn es nicht die Option einer Organisation jenseits gentiler Gruppen, als Stadtrat mit einem Rathaus, gegeben hätte. Hinter diesen Entwicklungen stehen die bislang analysierten Möglichkeitsbedingungen, die seit der Antike entwickelt wurden und von denen nicht mehr en détail die Rede sein wird: von vereinsartigen Organisationsformen bis zur Veränderung der Familienstruktur. Vorausgesetzt aber ist, dass diese Entwicklungen einen Teil des Geflechtes bilden, das die okzidentale Stadt ermöglicht hat.

5.1 Städtische Selbstverwaltung im Okzident

Die okzidentale Stadt ist ein welthistorisches Unikat – wie die orientalische auch. Wie bei jedem Vergleich hängt die Bestimmung einer Eigenheit davon ab, wie eng man den Ausschnitt wählt. Fokussiert man auf Selbstverwaltungsstrukturen, steht für die okzidentale Stadt die Behauptung im Raum, sie sei als Typus der politischen Selbstregierung einmalig und habe damit die politische Ordnung Europas, ihre Traditionen von Partizipation und Selbstbestimmung, den Umgang mit Pluralität und das Verhältnis von Religion und Staat, entscheidend geprägt. Damit gehöre sie, und das erklärt teilweise die Intensität der stadthistorischen Forschung, unmittelbar in die Geschichte der Demokratie und damit des einzig konsensfähigen Modells politischer Ordnung im heutigen Europa.

Diese Entwicklung sei, so wird weiter argumentiert, nicht möglich gewesen ohne den Faktor Religion. Der darin gründenden These, dass die politische Partizipation religiöse, näherhin christliche Wurzeln besitze und in der Stadt die Matrix einer republikanischen Staatsform und der Nukleus der europäischen Demokratie vorliege,[1] werde ich im Folgenden nachgehen. Genauer gesagt geht es um die Frage, ob oder in welchem Ausmaß entschiedene Zugehörigkeit auch die Matrix für städtische Selbstverwaltungsstrukturen bildete. Doch wiederum gilt: Eindimensionale Rückführungen zählen nicht, die okzidentale Stadt als politische Kommune hat viele Väter und Mütter. Damit gerät man mitten in den Streit um die Elternrechte, welcher vermutlich nicht zuletzt der politischen Ansprüche wegen vehement ausgetragen wird: Steht, sofern man doch monofaktoriell argumentieren will, am Anfang (1.)

---

[1] Vgl. Dilcher: Historiographische Traditionen, Sachprobleme und Fragestellungen der Erforschung der mittelalterlichen Stadt, 95; Blickle: Kommunalismus, bes. Bd. 2, 349ff.; Maier: Demokratischer Verfassungsstaat ohne Christentum – was wäre anders?; Stein: Himmlische Quellen und irdisches Recht, 62ff.; Reinhard: Geschichte der Staatsgewalt, 38ff. passim.

die antike Stadt, (2.) das germanische Genossenschaftsrecht oder (3.) das christliche Assoziationswesen?

1. Klar ist, dass wichtige kulturelle Sedimente der okzidentalen Stadt in ihrer antiken Vorgängerin liegen.² Viele der bedeutenden Metropolen Europas, allemal im „karolingischen Kerneuropa", besitzen römische Wurzeln: Mailand, Zürich, Köln, Paris. Eine weit größere Zahl antiker Städte ging allerdings unter, viele mittelalterliche Städte waren nachantike Neugründungen. Aber selbst wenn Siedlungskontinuitäten existieren, ist damit noch wenig über ein kulturelles Erbe antiker Städte in den mittelalterlichen Stadtkulturen gesagt. Wenn man sich zudem vor Augen hält, dass der Raum städtischer Siedlungen im Römischen Imperium von Vorderasien bis Germanien reichte, wird klar, welche Abstraktionen ein Singular namens „die" antike Stadt ist, die für die Wurzeln der mittelalterlichen Stadt beansprucht wird.

In diesem Feld ist in den letzten Jahren die Frage intensiv debattiert worden, ob es sich bei dem Übergang von der Antike ins Mittelalter um einen Niedergang oder weniger negativ um eine Transformation handelte. Der Ausgangspunkt war die magistrale Arbeit von John H. W. G. Liebeschuetz, der eine dezidierte Degenerationsthese für die Zeit nach den Soldatenkaisern im 3. Jahrhundert vertrat. Namentlich das Verschwinden von Selbstverwaltungsstrukturen, etwa der freiwilligen Finanzierung öffentlicher Aufgaben, oder der Übergang der Regierung durch Dekurionen zur Regierung durch Notable oder der Verlust rechtlich organisierter Verantwortung zugunsten der Herrschaft selbsternannter Eliten waren für ihn Indikatoren eines Niedergangs.³ Kritiker haben in dieser Deutung den langen Schatten einer Orientierung an einer idealisierten Antike gesehen und demgegenüber diese Veränderungen als Transformationen gedeutet, etwa weil Städte ihre Funktion als regionale Orientierungszentren behielten oder sich als solche neu etablierten.⁴

Parallel zu diesem Prozess verlief seit dem 4. Jahrhundert die staatskirchliche Etablierung des Christentums, das diese stadthistorischen Veränderungen nicht initiiert, ihr aber mit seiner zunehmenden Bedeutung einen eigenen Stempel aufgedrückt hat. Als Religion, die in Städten ihren formativen Prozess durchlaufen⁵ und sich in ihrem spirituellen und organisatorischen Selbstverständnis mit Organisationsstrukturen und Metaphern des städtischen Lebens alimentiert hatte,⁶ besaß das Christentum eine Art natürlicher Nähe zur Stadtkultur. Es dauerte zwar noch Generationen nach der konstantinischen Wende, bis weit ins 6. Jahrhundert hinein, ehe das Christentum die Städte in ihren Verwaltungsstrukturen und im architektonischen Stadtbild prägte, aber schon während dieses Prozesses stiegen Stadtbischöfe in eine neue Leitungsfunktion auf, wohl nicht zuletzt angesichts der Krise der Verwaltung durch die Kurialen, die zwischen

---

2 Davon wäre die mit der Polis verbundene Geschichte politischer Freiheiten nochmals zu unterscheiden, die man in der antiken Polis situieren kann (etwa Meier: Kultur, um der Freiheit willen). Mögliche respektive möglicherweise fehlende Kontinuitäten bilden hier allerdings ein Problem (s. ebd., 24).
3 Liebeschuetz: The Decline and Fall of the Roman City, 400–416.
4 Die Stadt in der Spätantike – Niedergang oder Wandel?, hg. v. J. U. Krause/Ch. Witschel. Exemplarisch für die Revitalisierung von Städten im spätantiken Italien s. Broglio: Ideas of the Town in Italy, 105–108.
5 Meeks: Urchristentum und Stadtkultur.
6 Rapp: City and Citizenship as Christian Concepts of Community in Late Antiquity.

imperialen und lokalen Ansprüchen aufgerieben wurden und ihre Rolle als Sachwalter städtischer Interessen verloren. Dabei kam es zu einer „desecularisation" der alten Verwaltungsstruktur,[7] wobei die neue politische Rolle weder von den Bischöfen noch von der weltlichen Verwaltung intendiert war, sondern vermutlich an der Fähigkeit der christlichen Administration hing, funktionierende Verwaltungsstrukturen bereitzustellen. In diesen Christianisierungsprozess gehört auch der partielle Ersatz säkularer Schulen durch christliche Erziehung oder die Organisation sozialer Pflichten weniger über politische als über ethische Kategorien (wie Nächstenliebe).[8] Liebeschuetz sieht in diesem Zusammenhang eine geringe Rolle des Christentums für die Herausbildung eines „secular citizenship",[9] aber gerade hier gibt es auch entgegengesetzte Positionen. Man kann zumindest vermuten, dass etwa Selbstverwaltungsstrukturen durch spätantike Handwerkervereinigungen über Byzanz in den Okzident kamen, sie vor allem aber vermutlich Wurzeln in den christlichen Bruderschaften besitzen.[10] Oder: Johan Haldon hat die These vertreten, dass durch die Vermittlung von Byzanz die Idee der Polis erhalten geblieben und die Rolle städtischer Vergemeinschaftungsformen durch andere zivilgesellschaftliche Akteure, durch Kirchen, Klöster, christliche Gemeinschaften oder auch Individuen übernommen worden sei[11] – wenngleich man in Byzanz nicht den Weg zu städtischen Selbstverwaltungskörperschaften ging, wie er sich in Teilen des Westreiches findet. Konstantinopel etwa erhielt einen Eparchen als kaiserlichen Beamten für die städtischen Leitungsaufgaben und keine bürgerliche Verwaltung. Letztlich verlief die Entwicklung im Westreich eben doch anders.
2. Otto Gierke, Nestor der Geschichte der Entwicklung von Genossenschaften, sah 1868 in seinem Opus magnum „Das deutsche Genossenschaftsrecht" schon bei den Germanen den Übergang von den auf „Blutsverwandtschaft" beruhenden „Familienverbindungen" zur „persönlichen Genossenschaft",[12] die bei ihm auch „Volksgenossenschaft" heißen kann.[13] Die „Grundlage" der städtischen Freiheit lag seiner Meinung nach in „der altgermanischen freien Genossenschaft",[14] die er kritisch gegenüber der als individualistisch wahrgenommenen römisch-rechtlichen Vertragstheorie in Stellung brachte und so die mittelalterliche Stadt als Ideal bürgerlicher Partizipation gegen einen starken Staat konzipierte.[15] Seine These hätte zur Konsequenz, die Genese städtischer Vergemeinschaftungsformen zumindest teilweise von den christlichen Wurzeln zu lösen. Allerdings ist die namentlich in Deutschland lange populäre Herleitung von Zünften aus dem germani-

---

7 Liebeschuetz: The Decline and Fall of the Roman City, 137.
8 Ebd., 319. 406.
9 Ebd., 247f.
10 Kluge: Die Zünfte, 35–57.
11 Haldon: The Idea of the Town in the Byzantine Empire, 21.
12 Gierke: Das deutsche Genossenschaftsrecht, Bd. 1, 12f.
13 Ebd., 28.
14 Ebd., 250.
15 Boldt: Otto von Gierke.

schen Rechtskreis inzwischen als Projektion nationalstaatlicher Traditionserfindung zu den Akten gelegt worden.[16]

3. Eine dritte Gruppe von Forschern, die oft den Spuren, die Gierke gelegt und denen Max Weber in seinen unvollendeten Überlegungen zur Geschichte der okzidentalen Stadt weiter nachgegangen ist,[17] gefolgt sind, hat insbesondere im Bereich der hochmittelalterlichen Stadtgeschichte des 11. und 12. Jahrhunderts die entscheidenden Weichenstellungen, gar einen „‚revolutionären Bruch' um 1100" in der Entstehung der Kommune gesehen.[18] Diese kann man kennzeichnen durch selbstverwaltete Administration und Gerichtsbarkeit, selbstorganisierten Handel und eine eigenständige Organisation des Verhältnisses von Religion und Kultur.[19] Sie fand ihren städtebaulichen Ausdruck in dem Ensemble von Markt, Kirche und dem Zentrum bürgerlicher Selbstverwaltung, dem Rathaus. Letzteres dürfte im deutschsprachigen Raum des ehemaligen „karolingischen Kerneuropa" entstanden sein, wohl zuerst Mitte des 12. Jahrhunderts in Köln.[20] In Rathäusern tagte der Rat, hier wurde Recht gesprochen und die Verwaltung organisiert, aber hier konnten auch die Weine gelagert, Waren feilgeboten und Waffen verwahrt werden. All diese Tätigkeiten hätte man auch an anderen Orten vollziehen können, und genau das ist in vielen Teilen des Okzidents auch geschehen. Doch konnte das Rathaus über alle konkreten Aufgaben hinaus dem „repräsentativen Willen zur Selbstdarstellung des Rates"[21] dienen und war in dieser Funktion vermutlich ein welthistorisches Unikat. Die religionsgeschichtliche Pointe dieser mittelalterlichen Selbstverwaltung liegt in der These, diese habe entscheidend mit christlichen Vergesellschaftungsformen zu tun, nicht zuletzt mit dem Konzept der von gentilizischen Bindungen freien Vereinigung, wie es im antiken Christentum entwickelt wurde. Vermittels christlicher Vorstellungen wurden jedenfalls im Mittelalter „Gruppen und Gesellschaften durch gemeinsame Wertüberzeugungen" integriert, die nicht zwingend mit gentilen Bindungen arbeiteten (wenngleich diese präsent blieben)[22] und bei denen hochsymbolisch heilige Patrone statt der gentilen „patres" die religiöse Fundierung dieser Bildungsprozesse von Gemeinschaften oder auch Städten bildeten.[23] Insbesondere die Schwureinung kann man in die Tradition einer spirituell, durch Taufe und vor dem Gericht begründeten Gemeinschaft zählen.[24] Ein Blick auf die Vernetzung von Gilden und Zünften, Bruderschaften und Dritten Orden (mit

---

16 Oexle: Conjuratio und Gilde im frühen Mittelalter, 151f.; Kluge: Die Zünfte, 40–42.
17 Weber: Die Stadt.
18 Dilcher: Historiographische Traditionen, 87. S. auch Stoob: Über den Aufbruch zur Städtebildung in Mitteleuropa; Frühgeschichte der europäischen Stadt, hg. v. H. Brachmann.
19 Vgl. etwa zu den Kennzeichnungen Siebel: Einleitung (in: Die europäische Stadt), 12–18; zum Dispositiv städtischer Strukturen s. Isenmann: Die deutsche Stadt im Mittelalter.
20 Dilcher: Stadtherrschaft oder kommunale Freiheit, 40; Albrecht: Mittelalterliche Rathäuser in Deutschland, 282.
21 Albrecht, ebd., 25.
22 Exemplarisch Kluge: Die Zünfte, 242–245; Schreiner: Soziale, visuelle und körperliche Dimensionen mittelalterlicher Frömmigkeit, 12.
23 S. die Beiträge in: Städtische Kulte im Mittelalter, hg. v. S. Ehrich/J. Oberste, 125ff.; Beier: Maria Patrona; Graf: Maria als Stadtpatronin.
24 Oexle: Dauer und Wandel religiöser Denkformen, 179.

jeweils permiablen Grenzen) mit den sozialen und religiösen Strukturen einer solchen Stadt macht jedenfalls deutlich, dass hier ein immens dichtes Netz vorhanden war, in dem Religion, soziales Handeln und namentlich politische Herrschaftsausübung ein untrennbares Gewebe bildeten, in dem einzelne Strukturelemente allenfalls analytisch unterscheidbar waren.[25]

Diese Selbstverwaltungsstrukturen haben sich aber nicht in einer Art evolutionärem Prozess seit der Antike mit der Christianisierung des Mittelmeerraumes herausgebildet, sondern sie materialisierten sich erst am Beginn des zweiten Jahrtausends, und dann auch nicht in der gesamten christlichen Ökumene, sondern zunächst im oberitalienischen Raum. Gerhard Dilcher hat 1967 in einer bahnbrechenden Studie zur Entstehung lombardischer Stadtkommunen[26] spezifische Bedingungen dieser Veränderung benannt: Die Kontinuität von Städten seit der Antike, auch unter der Herrschaft der eingewanderten Völker, die fortbestehenden Stadtversammlungen und das Genossenschaftsrecht. Eine spezifisch religiöse Dimension kommt durch die Bischofsherrschaft hinzu, insofern sie die Kontinuität städtischer Herrschaft seit der Antike sicherte. Die bischöfliche Immunität wurde zum Ausgangspunkt einer Entwicklung, in deren Verlauf Privilegien für den Bischof und später auch für seine Mitbürger, die „concives", festgeschrieben wurden. Ein weiteres religiöses Moment wurde im 11. Jahrhundert in oberitalienischen Städten wirksam, in Mailand vor allem, aber auch in Cremona, Florenz oder Piacenza. Die Pataria, die als kirchliche Reformbewegung antrat und mit ihrer Kritik an Priesterehe und Ämterkauf Themen des Investiturstreits aufgriff, förderte damit zugleich die städtische Selbstorganisation zu Lasten der alten Eliten. Hinsichtlich der Gesamtheit städtischer Selbstverwaltungsstrukturen war dieser Sieg jedoch ambivalent, weil er die kirchlichen Anteile an der städtischen Selbstverwaltung zugunsten des päpstlichen Einflusses schwächte und so das Auseinanderfallen von bürgerlicher und kirchlicher Gemeinde im Investiturstreit begünstigte.

Die in diesem Prozess entstehenden Stadtverfassungen waren ein Novum in der okzidentalen Geschichte. In den 1070er Jahren finden sich derartige Entwicklungen außerhalb Italiens auch in rheinischen Städten, namentlich in Köln, sowie in nordostfranzösischen und flandrischen Kommunen. Treibende Kräfte waren vermutlich Kaufleute.[27] Gegen 1100 sprang diese Entwicklung auf die Toskana über, Anfang des 12. Jahrhunderts auf englische Städte, um im 12. und 13. Jahrhundert zu einer breiten Bewegung zu werden, weithin mit dem Schwerpunkt in Norditalien und Nordwesteuropa. In anderen Regionen entstand diese Form kommunaler Selbständigkeit erst später und nach dem Vorbild dieser Städte.[28]

---

25 Exemplarisch Oberste: Gibt es eine urbane Religiosität des Mittelalters?, und Jakobs: Bruderschaft und Gemeinde. Von der Fülle des Materials beeindruckend Meersseman: Ordo Fraternitatis, der allerdings solche systematischen Fragen nur ganz am Rande berührt.
26 Dilcher: Die Entstehung der lombardischen Stadtkommune.
27 Vgl. zu dieser weitgespannten Debatte etwa Happ: Stadtwerdung am Mittelrhein; gegen eine üblicherweise sehr hohe Einschätzung der Bedeutung von Ministerialen hingegen argumentiert Schulz: Untersuchungen zur rechtlichen und sozialen Gliederung der Trierer Bürgerschaft.
28 Städte im östlichen Europa, hg. v. C. Goehrke.

In solchen Kommunen konnte man eine Vielzahl von Vergemeinschaftungsformen, die in der Neuzeit den Sammelbegriff „Assoziationen" erhielten, finden:[29] Gilden, Zünfte, Bruderschaften, Vasallenverbände, monastische Gemeinschaften, Häuser, Verwandtschaftsnetze, Nachbarschaften. Dazu zählt auch die Pfarrei, die in der Geschichte des Christentums ein bemerkenswertes Phänomen war, weil sie sich als innerkirchliche Territorialorganisation, als Kirche in der Kirche, seit dem Mittelalter nur im okzidentalen Christentum, nicht aber in den ostkirchlichen und orientalischen Traditionen entwickelte.[30]

Die gesamtstädtische Kommune mit ihren Selbstverwaltungsorganen bildete eine „Gruppe der Gruppen".[31] In dieser Perspektive sieht Peter Blickle in der „Conjuratio", der Eidgenossenschaft,[32] das Herzstück der Selbstorganisation, in der der Eid eine auf Freiwilligkeit gegründete Gemeinschaft konstituiere, die damit ein Gegenmodell zu einer gentilizischen Sozialordnung darstelle. Das sei eine tiefgreifende Innovation gewesen, deren Brisanz man nicht zuletzt an dem Bewusstsein ablesen könne, dass genau dieser Akt illegitim gewesen sei. Für eine solche Conjuratio identifiziert er folgende Eigenschaften: Statuten würden durch gemeinen Nutzen legitimiert, die Conjuratio werde regelmäßig, in der Regel jährlich, erneuert, Ämter müssten übernommen und Übertretungen angezeigt werden, wobei dann eine Schlichtung zwingend sei.[33] Für Gerhard Oexle stehen „freier Eintritt und Kooptation; Selbstverwaltung; selbst gesetzte Gerichtsbarkeit; Wahl der Funktionsträger auf Zeit ..., Entwicklung eines gruppengebundenen, vereinbarten, positiven Sonderrechts; Mehrheitsprinzip; Repräsentation und Delegation" im Mittelpunkt.[34] Soziale Strukturen würden darin nicht als Ausdruck göttlichen Willens betrachtet, sondern Wahlen „allein als Ausdruck der Willensbildung und des sozialen Handelns der Mitglieder der Gruppe" gelten,[35] die allerdings mit dem Eid wiederum auf ein religiös bestimmtes Element der Konstitution sozialer Verhältnisse zurückgegriffen hätten.[36] In dieser Deutung der geschworenen Einung verantworteten Bürger das bonum commune, indem sie neue Verfahren des genossenschaftlichen Interessenausgleichs schufen, ständische Schranken durchbrachen, unfreie Statusverhältnisse aufhoben und so „Legitimation durch Verfahren" (Niklas Luhmann) herstellten.[37] Derartige Conjurationes hätten sich zu einem prägenden Modell entwickelt, so dass der Okzident um 1500 zumindest in theoretischen Entwürfen möglicherweise zum ersten Mal vor der Alternative zur Monarchie gestanden habe.[38] Gegenüber dieser Erhöhung der Conjuratio zum zentralen Kennzeichen der okzidentalen Stadt, die einen in der Schweiz lehrenden Forscher

---

[29] Vgl. Oexle: Konsens – Vertrag – Individuum, 15–17. Oexles Überlegungen sind wiederum von Max Weber angeregt; die Grenzen und Chancen von Webers Ansatz werden im folgenden noch mehrfach zur Sprache kommen.
[30] Bünz: Die mittelalterliche Pfarrei in Deutschland.
[31] Oexle: Konsens – Vertrag – Individuum, 31.
[32] Blickle: „Conjuratio"; ders.: Kommunalismus.
[33] Ders.: „Conjuratio", 347.
[34] Oexle: Konsens – Vertrag – Individuum, 19.
[35] Ebd.
[36] Prodi: Das Sakrament der Herrschaft.
[37] Luhmann: Legitimation durch Verfahren.
[38] Blickle: „Conjuratio", 354.

wie Blickle wohl nicht zuletzt hinsichtlich der Grundlagen der heutigen Schweiz interessiert haben, gibt es allerdings auch kritische Einschätzungen der *herausragenden* Bedeutung der Schwurgemeinschaft. Denn diese sei nur in einigen Dutzend der über viertausend Städte im mitteleuropäischen Raum vorhanden gewesen, und die zeitliche Befristung ihrer Grundlegungen nicht nur ein Indiz für eine Begrenzung von Macht, sondern auch für die Schwäche eidgenössischer Vergemeinschaftungen.[39] In Köln beispielsweise kann man im 12. Jahrhundert zwar die Genese einer gesamtstädtischen Gemeinschaft nachweisen, doch ist gerade die Bedeutung einer Conjuratio unsicher.[40]

Alternativ lässt sich, wenn man den Begriff der Schwurgemeinschaft für zu eng hält, die Stadt, so Rudolf Schlögl, als „Vergesellschaftung unter Anwesenden" begreifen. Hier ist das zentrale partizipative Moment enthalten, insofern mit den „Anwesenden" die nicht durch Geburt Privilegierten gemeint sind, die durch Performanz, Kommunikation und in der Frühen Neuzeit verstärkt durch das Druckwesen Öffentlichkeit herstellten. In jedem Fall blieben Vergemeinschaftungsformen, die auf prinzipieller Freiwilligkeit beruhten, ein Merkmal für weite Teile alteuropäischer Gesellschaften bis zu deren Dekorporierung in Absolutismus und Nationalstaat im 18. und 19. Jahrhundert.[41]

Die entscheidende Frage lautet in der Perspektive dieses Buches, ob oder in welchem Ausmaß diese Teilhabestrukturen in der Christentumsgeschichte mitbegründet sind, insofern diese assoziative Vergesellschaftung auf der strukturellen Möglichkeit beruht, sich qua Entscheidung einer Gruppe zuzuordnen. Solche christentumsgeschichtlichen Wurzeln hat in den letzten Jahren Gerhard Oexle pointiert behauptet. Der religionshistorische Angelpunkt ist seine These der Genese einer auf Vertragshandeln gegründeten, binnendifferenzierten Stadtgesellschaft, deren Wurzeln im Christentum als „gruppenfreundlicher Religion" lägen.[42] Dahinter steht die Vorstellung, dass assoziative Strukturen, die das Christentum in der Antike entwickelt habe, zur politischen Vergemeinschaftung in der mittelalterlichen Stadt geführt hätten. Dabei habe die Übernahme eines vertragstheoretischen Motivs aus dem Judentum eine zentrale Rolle gespielt, des Bundes, der ursprünglich auf das Verhältnis des Volkes Israel zu seinem Gott bezogen war, dann aber zur Grundlage für ein religiös begründetes Assoziationsverhalten geworden sei. Im Gegensatz zu Religionen, die ihre Sozialform auf Mythen gründeten, habe im Christentum von Anfang an ein Modell für die Aushandlung politischer Ordnungsformen gegeben. Zwar konzediert Oexle, dass es strukturell ähnliche Gruppen auch in der nichtchristlichen Antike gegeben habe, etwa die Collegien mit ihrer Einbeziehung von Frauen, die Formen der vita communis oder eine Conjuratio, jedoch habe man in der Antike keine „‚Dialogik' über gesellschaftliche Grundwerte" gekannt.[43] Auch wenn man Oexles vergleichende Perspektive nicht in allen Details teilt, kann man mit Hilfe solcher Überlegungen die These zur Debatte stellen, dass das Konzept der nichtgentilen Ver-

---

39 Isenmann: Die deutsche Stadt im Mittelalter, 210–214.
40 Erkens: Sozialstruktur und Verfassungsentwicklung in der Stadt Köln, 186f.
41 Schlögl: Vergesellschaftung unter Anwesenden; ders.: Kommunikation und Vergesellschaftung unter Anwesenden; ders.: Vergesellschaftung unter Anwesenden in der frühneuzeitlichen Stadt.
42 Oexle: Soziale Gruppen in der Ständegesellschaft, 36. Oexle hat diese These in mehreren weiteren Aufsätzen vertreten, pointiert auch in ders.: Dauer und Wandel religiöser Denkformen, 174–181.
43 Ders.: Stände und Gruppen, 47.

gemeinschaftung im Christentum die Grundlage für die Selbstorganisation von Gruppen in der mittelalterlichen Stadt, nicht zuletzt der Schwurgemeinschaft, gebildet habe.

Eine solche These hat den Charme, klare Schneisen in ein Dickicht komplexer historischer Wechselwirkungen zu schlagen, und das macht sie heuristisch hilfreich. Aber genau hier liegt auch ihre Schwachstelle, denn die Forschung zeichnet ein immer komplexeres Bild der Städte und der Genese ihrer Gruppen.[44] Dies sei im Folgenden mit einem Florilegium von Überlegungen illustriert. An erster Stelle steht erneut die Frage, ob es „die" okzidentale Stadt aus einer überregionalen Vogelperspektive überhaupt gibt, selbst wenn man sich auf das „karolingische Kerneuropa" beschränkte. Muss man nicht schon Bürgerstädte, Bischofsstädte und Herrscherstädte differenzieren? Zeigt nicht die frühmittelalterliche Geschichte, dass das Triumvirat von Antike, „germanischer" Genossenschaft und Christentum unterkomplex ist? Wie hat man die „Einheit" einer Stadt zu deuten, wenn in ihren Vierteln unterschiedliche Rechtstraditionen galten (in Itzehoe etwa gab es vier Rechtsbezirke mit unterschiedlich privilegierten Gerichtsrechten – Kloster, Burg, Stadt und der zugehörige Ort Breitenburg)?[45] Ist die Stadt als Raum von Aushandlungsprozessen nicht sehr viel komplexer, als es die Fokussierung auf Wahlprozesse nahelegt? Wie stark wirkte die Möglichkeit, Grundherrschaft durch Bannherrschaft abzulösen, also Grundrechte durch vertragliche Vereinbarungen auszuüben? Welche Rolle spielten nichtreligiöse Faktoren, die das Assoziationswesen begünstigen konnten: Immunitätsverleihung und Entvogtung oder die Territorialisierung der Städte, der Dualismus von Stadt und Burg in Nachfolgestaaten des karolingischen Imperium, ein schwaches Königtum, das, anders als in Byzanz, keine Truppen in Städten stationiert hatte? Waren Prozesse der Verschriftlichung, hier des Rechts, möglicherweise von größerer Bedeutung als das Vereinigungswesen mit der „Sicherung der Rechtsschöpfung" städtischer Verfassungen und der „Fixierung kontrafaktischer, zukunftsorientierter Normen"?[46] Namentlich ohne die Ausbildung des kanonischen Rechts hält Dilcher die Entstehung der selbstverwalteten Kommune für unvorstellbar.[47]

Und natürlich gibt es auch relativierende Anfragen an die zentrale Bedeutung der freien Vergesellschaftung, die nicht nur deren Umfeld, sondern die These selbst betreffen: Werden in einer assoziationstheoretischen Perspektive nicht allzu leicht gentile Faktoren und klientelistische Netzwerke unterschätzt oder gar ignoriert? War etwa der Rat wirklich das Selbstverwaltungszentrum einer Stadt oder waren es die dahinterstehenden großen Familien, die faktisch oft über die Ratsämter verfügten? Jedenfalls konnten die Patrizier, die städtische Selbstverwaltungsorgane für ihre Gruppeninteressen nutzten, oft erst spät, in Köln etwa erst im 14. Jahrhundert und nach blutigen Auseinandersetzungen, (teilweise) entmachtet werden. Wirkten lehnsrechtliche Strukturen mit ihrer wechselseitigen Machtbegründung nicht stärker als freies Vertragshandeln? Wird nicht die Gemeindeautonomie oft überbewertet und die starke Rolle von Stadtherrn unterschätzt? Wieweit schränkte etwa der Bischof die

---

[44] Für anregende Hinweise und Gespräche danke ich Thomas Lau, Universität Freiburg i. Üe.
[45] Schedlitz: Itzehoe während des Ständestaates, 73.
[46] Dilcher: Oralität, Verschriftlichung und Wandlungen der Normstruktur in den Stadtrechten des 12. und 13. Jahrhunderts.
[47] Ders.: Historiographische Traditionen, 92.

Gemeindeautonomie ein,⁴⁸ der möglicherweise in den meisten Städten Stadtherr blieb, gegen den aber zumeist die städtischen Freiheiten erstritten werden mussten, wie in Köln, wo man 1288 den Bischof militärisch besiegte und zwang, extra muros zu residieren? Dennoch gehört die These eines generellen Antagonismus zwischen Kirche und Stadt heute der Vergangenheit an; vielmehr geraten interne Differenzierungen in den Blick, etwa die Unterschiede zwischen den transregional agierenden Bettelorden und dem städtisch orientierten Weltklerus. Häufig bildete die Bischofsherrschaft eine Vorstufe für die kommunale Autonomie,⁴⁹ und oft findet sich, wie in Pisa, die Kooperation mit dem Bischof, mit dessen Hilfe man die bürgerlichen Rechte gegen die königlichen Markgrafen am Ende des 11. Jahrhunderts durchsetzte.

Und selbst wenn man im Rahmen einer Vielzahl von Faktoren in der Genese der Kommune an der (freien) Vergemeinschaftung und der Schwurgemeinschaft als zentralen Elementen festhält, so war deren Etablierung kein linearer und schon gar kein zwangsläufiger Prozess. Der Widerstand gegen Vergemeinschaftungen wäre eigens zu erzählen. So trafen Klerikervereinigungen im 6. und 7. Jahrhundert auf den Widerstand der Bischöfe und setzten sich erst im 9. Jahrhundert durch, vergleichbaren Gegenwind gab es im weltlichen Bereich bei der Etablierung der Gilden.⁵⁰ Derartige Spannungen zwischen den unterschiedlichen Akteuren, zwischen Gilde und Kommune, kirchlichen und nichtkirchlichen Vereinigungen über das Verhältnis von Gruppen und gesamtgesellschaftlichem Verband, also über „partikulare und universale Normen", haben diese Debatten über Jahrhunderte begleitet.⁵¹ Neuere Forschungen legen nahe, dass eine gruppenübergreifende „Identität" der Stadt denn auch kein Ergebnis der hochmittelalterlichen Stadtgeschichte war, sondern ein viel späteres Produkt darstellt, für Nürnberg etwa in der Zeit um 1480/1500 zu datieren ist und in Verbindung mit dem Sieg des Bürgertums über adelige Gruppen in der Stadt steht.⁵²

Schließlich gibt es ein starkes Argument gegen eine generell hohe Gewichtung des christlichen Faktors: Diese spezifische Form der partizipativen Selbstorganisation hat sich nur in einem kleinen Teil christlich geprägter Regionen, in den lateinischen, entwickelt. Die Genese dieser Kommunen vollzog sich ja nicht einmal im gesamten Okzident, sondern nur in einem kleinen Teil zwischen Oberitalien, Flandern und dem Niederrhein, und selbst die Ausbreitung dieser Organisationsform erreichte längst nicht alle Städte des lateinischen Christentums. Offenbar haben sich in den Städten des byzantinischen Reiches oder in denjenigen der orientalischen Kirchen keine vergleichbaren Kommunen entwickelt (siehe Kap. 5.3). Zwar gab es im byzantinischen Raum Gilden, die denjenigen im Okzident ähnelten und durchaus politische Macht besaßen,⁵³ aber Selbstverwaltungskörperschaften und selbstverwaltete Kommunen sind daraus nicht entstanden. Die Gründe für die okzidentale Sonderentwicklung kann man unter zweierlei Rücksichten suchen: Zum einen gab es im säkularen Umfeld Faktoren, die die Entwicklung eigenständiger Städte ermöglichen, unter vielen anderen, oben

---

48 Ders.: Die Bischofsstadt; Bischof und Bürger, hg. v. U. Grieme u. a.
49 Mitterauer: Warum Europa?, 145.
50 Oexle: Conjuratio und Gilde, 185f.
51 Ders.: Konsens – Vertrag – Individuum, 31.
52 Meyer: Die Stadt als Thema.
53 Vryonis: Byzantine demokratia and the Guilds in the Eleventh Century, 289f., 294–302.

kurz genannten, etwa die relativ schwache Zentralgewalt. Zum anderen gilt hinsichtlich des religiösen Faktors, dass historische Prozesse nicht determiniert ablaufen (siehe Kap. 1.3.5). Es benötigte offensichtlich Zusatzbedingungen, um das partizipative Potenzial einer nichtgentilen Vergemeinschaftung im Christentum in politische Strukturen hinein zu aktualisieren. Schließlich und endlich blieb die herausragende Bedeutung selbstverwalteter Städte im Hochmittelalter in der Neuzeit nicht erhalten. Zwar gehört die Erzählung vom Ende dieser Stadtkultur im Rahmen der entstehenden Territorialstaaten heute der Wissenschaftsgeschichte an,[54] aber nicht zu bestreiten ist, dass der Handlungsraum der Städte zurückging. Gleichwohl bleibt ihre Bedeutung bei der Etablierung partizipatorischer Strukturen, von den innerstädtischen Assoziationen über Städtebünde und später die Städtetage, unbestritten.[55]

Einmal mehr gilt die historiographische Grundregel, dass monokratische Wirkungen einzelner Faktoren unwahrscheinlich sind, wenn es sie denn überhaupt gab. Die christentumsinduzierte Vergemeinschaftung war, dies hat der kursorische Blick in die Vielfalt von Faktoren der okzidentalen Stadtgeschichte deutlich gemacht, nur eine Dimension unter anderen. Es spricht allerdings, und dies macht der gleich folgende Blick auf die Geschichte der Stadt in der islamischen Welt deutlich, einiges dafür, dass ohne die strukturelle Idee, wonach eine freie, auf Entscheidung beruhende Vergemeinschaftung ein legitimer Weg der Selbstorganisation sei, derartige Partizipationsformen in Städten des Okzidents nicht entstanden wären. Dies wird im übernächsten Kapitel detailliert begründet. Aber die Entwicklungen in den östlichen Christentümern legen zugleich die Konsequenz nahe, in dieser Entwicklung keinen Selbstläufer zu sehen, sondern zusätzliche auslösende Faktoren zu benötigen. Insofern ist die okzidentale Stadt ein Paradebeispiel für potenzielle, erst durch Aktualisierung (siehe Kap. 1.4) wirksam werdende Faktoren in der Religionsgeschichte.

5.2 Selbstverwaltung und die orientalischen Stadt

Die okzidentale Stadt besitzt eine Schwester mit den gleichen antiken Wurzeln, aber in einem anderen religiösen Umfeld: die Stadt im Bereich des Islam, der ebenfalls, wie das Christentum, eine teilweise eminent städtische Kultur war. Mit dieser Perspektive lässt sich die Frage, was „christlich" an der okzidentalen Stadt des Mittelalters ist, schärfer einstellen. Doch beginnen die Probleme dieses Vergleichs schon bei der Kategorienbildung: Soll man von einer „islamischen", einer „orientalischen" oder einer „arabischen" Stadt sprechen? Oder von der Stadt in der „islamischen Welt"?[56] Sind die Eigenheiten dieser Städte von religiösen, von (gentilen) Sozialstrukturen oder von außerkulturellen Faktoren, etwa vom Klima, bedingt? Für welche Zeiten gelten welche Aussagen? Und (wie) prägen innerhalb der islamischen Welt regionale Kulturzonen diese Städte, etwa die maghrebinische, persische oder osmanische

---

[54] Mauersberg: Wirtschafts- und Sozialgeschichte zentraleuropäischer Städte in neuerer Zeit; Schilling: Die Stadt in der Frühen Neuzeit; Distler: Städtebünde im deutschen Spätmittelalter.
[55] Kreutz: Städtebünde und Städtenetz am Mittelrhein im 13. und 14. Jahrhundert; Distler: Städtebünde im deutschen Spätmittelalter.
[56] So die monumentale Aufsatzsammlung The City in the Islamic World, hg. v. S. K. Jayyusi.

Welt? Klar ist, dass die ersten Stadtgründungen in eroberten Gebieten, die Garnisonsstädte, in der Gründungsphase keine spezifisch islamischen Kennzeichen besaßen: Sie waren ausgesprochen unterschiedlich und auf militärische und soziale Funktionen ausgerichtet.[57] Klar ist weiterhin, dass der Kollektivsingular „islamische" oder „orientalische" wie derjenige der „okzidentalen" Stadt ein typologisierendes Konstrukt ist, das heuristische Funktionen besitzt und heterogene Faktoren zu einem Bündel schnürt, welches bei jedem Blick auf die historische Realität wieder aufzuknüpfen ist – so wie hinsichtlich der okzidentalen Stadt auch.

Im Rahmen derartiger typologisierender Zugänge galten älteren arabischen und persischen Autoren Freitagsmoschee, Basar, Hamam und Gerichtshof als unabdingbare Elemente einer Stadt im islamischen Kulturraum,[58] während neuere Konzepte sozialhistorische Merkmale in den Vordergrund rücken: auch hier die große Moschee, aber zudem der unmittelbar angrenzende zentrale Markt, der Palast des Herrschers oder Gouverneurs, oft der Antagonismus von Zitadelle und Wohnstadt, sodann Stadtmauer, Handwerkerviertel, Wochenmarkt und die dichtbebauten Wohnbereiche.[59] In der europäischen Wahrnehmung prägte häufig diejenige Bauaufgabe, die die okzidentale Stadt nicht kannte, die Wahrnehmung: wiederum die Moschee mit den möglichen Annexgebäuden Gerichtshof, Versammlungsraum, Ruheplatz, Lehrstätte und Krankenhaus.[60] Die große Moschee war als strukturelles Äquivalent zum okzidentalen „Platz" der eigentliche öffentliche Raum in islamischen Städten. In dieser Funktion ersetzte sie oft die Agora antiker Städte (wie in Aleppo)[61] und bildete das Zentrum bei der Neugründung von Städten unter islamischer Herrschaft.[62] Sie war ein Ort ritueller Reinheit, wie ihn die okzidentale Stadt so nicht kannte,[63] wenngleich der geweihte Kirchenraum mit für Laien nur beschränkt zugänglichen Bereichen wie dem Chor ebensolche Elemente besaß. Daneben bestaunten die Fremden die Hallen des Basars,[64] hermetisch von der Stadt abgeschiedene Paläste oder Bäder in einer Zahl und Ausstattung, die Europäer die Geschichten von Tausendundeiner Nacht assoziieren ließ – und all das in regionalen und im Zeitlauf veränderten Varianten. Historisch kannte man sowohl Kontinuitäten in den seit der Antike bestehenden Städten wie Damaskus oder neu entworfene Siedlungen wie das 762 (145 H) gegründete Bagdad. Hier gilt wie in der okzidentalen Stadt, dass sich der Faktor Religion nicht eliminieren lässt, schon angesichts der Bedeutung der Moschee. Eugen Wirth hat deshalb, um auf das terminologische Problem zurückzukommen, in seinem Werk über die „orientalische Stadt" in Vorderasien und Nordafrika den Terminus „islamzeitliche"

---

57 Kennedy: How to Found an Islamic City.
58 Wirth: Die orientalische Stadt, 515.
59 Hourani: The Islamic City in the Light of Recent Research, 21f.
60 Bianca: Städtebau in islamischen Ländern, 26.
61 Ders.: Hofhaus und Paradiesgarten, 135.
62 Ders.: Städtebau in islamischen Ländern, 57f.
63 Ebd., 34.
64 Wirth: Die orientalische Stadt im islamischen Vorderasien und Nordafrika, 520, der sie als eigenständige Kulturleistung wertet.

Stadt geprägt,[65] um die Interferenz religiöser mit anderen Faktoren zu erfassen, doch hat sich dieser Terminus nicht durchgesetzt.

Weitere Unterschiede – immer mit dem komparativen Blick auf hochmittelalterliche und frühneuzeitliche okzidentale Städte – wurden von europäischen Forschern hinsichtlich der politischen Struktur beschrieben. So gelten orientalische Städte politisch häufig von den überregionalen Herrschern und wirtschaftlich stark von ihrem Hinterland abhängig, eine Situation, die okzidentale Städte auch kennen konnten und der sie durch Bünde und Handelsbeziehungen gegenzusteuern suchten.[66] Häufig wurde im orientalischen Raum die Herrschaftsausübung durch einen Vertrag zwischen Herrscher und Stadt geregelt, der wöchentlich durch die Nennung des Herrschers im Freitagsgebet bestätigt wurde. Demnach hatte der Herrscher für den militärischen Schutz zu sorgen und konnte im Gegenzug den Gouverneur und die obersten Verwaltungsbeamten ernennen. Die Regeln der städtischen Ordnung gab die Scharia vor. Sie wurde durch die Ulamas ausgelegt, aus deren Reihen der Kadi (Richter) und der Muhtasib (Marktaufseher) gewählt wurden. Diese Abhängigkeit von Machtfaktoren spiegelte sich stadtinnenpolitisch in einer mächtigen Stellung externer Regimente: Die Regierungsgewalt lag durchweg in den Händen von Herrschern oder ihren Gouverneuren. Am Beispiel Alexandrias lässt sich exemplarisch zeigen, wie sich in der mamelukischen Ära die Bedeutung älterer innerstädtischer Eliten abschwächte,[67] aber wie diese externe Herrschaft auch eine gesamtstädtische Verantwortung beinhaltete, insoweit die mamelukischen Herrscher für die Infrastruktur – Plätze, Straßen, Wasser – sorgten.[68]

In diesem Rahmen war die innerstädtische Ordnung – weiterhin in einer typisierenden Beschreibung – von der zentralen Rolle familiärer Gruppen und durch Patronageaufgaben bestimmter Sozialverbände gekennzeichnet. Eine kommunale Instanz für die Bauplanung und dementsprechend eine Baugesetzgebung fehlten.[69] Die starke Stellung gentiler Verbände dürfte schon in Vorläufern der gekammerten Viertel angelegt sein, in den Wohntürmen (in Marokko etwa den Kasbahs[70]), die es auch in okzidentalen Städten gab (heute noch prägend etwa im Stadtbild von San Geminiano), aber dort die Stadtstruktur nicht dauerhaft prägten. In der orientalischen Stadt spielte sich die fortbestehende gentile Organisation in der städtischen Architektur wieder, deren zentrale Wohneinheiten, die Quartiere, weit stärker als in okzidentalen Städten die Stellung von Clans dokumentieren. Quartiere waren abgeschlossene, oft nur durch Sackgassen zugängliche Wohnbereiche, welche europäische Beobachter als „Staat im Staate", als „Raumgefäß"[71] oder als „gekammerte" Viertel[72] beschreiben. Sie

---

[65] Ebd., 536. Vgl. zur kontroversen Debatte über die fundamentalen Koordinaten einer Deutung ebd., 515f. 529–536.
[66] Lapidus: Muslim Cities in the Later Middle Ages, 188.
[67] Müller-Wiener: Eine Stadtgeschichte Alexandrias von 564/1169 bis in die Mitte des 9./15. Jahrhunderts, 277f., 283f. Möglicherweise aber beschränkten sich die herrschaftlichen Eingriffe manchmal auch auf derartige fundamentale Machtregelungen; Bianca: Architektur und Lebensform im islamischen Stadtwesen, 65.
[68] Lapidus: Muslim Cities, 189.
[69] Bianca: Architektur und Lebensform im islamischen Stadtwesen, 90. 93.
[70] Ebd., 93–99.
[71] Ders.: Städtebau in islamischen Ländern, 39; ders.: Architektur und Lebensform, 63.
[72] Wirth: Die orientalische Stadt, 338.

waren nach außen abgeschirmt, die Sackgassen etwa wurden häufig durch Tore verschlossen, und die Wohnhäuser nahmen diese Binnenorientierung mit ihrem abweisenden Äußeren auf.[73] Einen „halböffentlichen Zwischenbereich" mit Fluren, Treppenhäusern, Sitzterrassen oder Eingangsloggien suchte man vergebens.[74] In den Quartieren wohnten gentilizische oder familiale Verbände, die zugleich religiöse Minderheiten wie Juden und Christen sein konnten.[75] In antiken Gründungen wie Damaskus oder Aleppo kann man die Transformation der vorislamischen Stadt in ein Ensemble von Quartieren mit einer neuen Logik der Verkehrswege nachvollziehen: Das ehemals geometrische Straßennetz wurde zum Palimpsest unter den Quartierwegen der gekammerten Viertel.[76]

Derartige Quartiere waren Ausdruck spezifischer Vergemeinschaftungsformen. Der Kulturgeograph Eugen Wirth hält die „Solidarität der Großfamilie" und den „Zusammenhalt der Bluts- und Schicksalsgemeinschaft"[77] für einen zentralen sozialen Hintergrund der architektonischen Struktur der orientalischen Stadt. Aber ein solches Quartier band einen ethnischen Verband nicht nur städtebaulich zusammen und sicherte ihn gegen innerstädtische Feinde,[78] sondern konstituierte auch eine „eigengeartete Rechtsqualität",[79] insofern es eine „Privatsphäre" markierte.[80] Wirth spricht vom „absoluten Vorrang der Privatheit" im Vergleich mit der okzidentalen Stadt.[81] Dieser Raum umfasste nicht nur die Wohnquartiere, sondern „zumindest halbprivat sind sogar die Einrichtungen der Quartiersuqs wie die Hammams, Brunnen, Mühlen, Bäckereien und Kaffeehäuser der Wohnviertel. Nur die ökonomischen Standorte des Stadtzentrums stehen allen offen"; letztlich waren es nach Wirth „nur die *Sachzwänge des innerstädtischen Verkehrs und der wirtschaftlichen Interaktion*, welche die privaten Areale aufbrechen".[82] Dieser private Raum (möglicherweise würde man besser von einem gentilen Raum sprechen) wurde auch religiös geschützt. Man kann etwa zeigen, dass aus Koran und Hadithen minutiöse Maßnahmen zur Sicherung dieser geschützten Sphäre abgeleitet wurden. Regelungen etwa zum Sichtschutz von bewohnten Dachterrassen oder des Zugangs von Sackgassen wurden mit islamischem Recht begründet und fortentwickelt.[83] In der Konsequenz dieser gentilen Orientierung besaß der öffentliche Raum einen reduzierten Stellenwert. Ein privates Engagement, „in öffentliche Bauten zu investieren", lasse sich,

---

73 Ebd., 518.
74 Ebd., 331.
75 Die Entwicklung dieser Separierung dürfte aber regional und unterschiedlich und epochenspezifisch verlaufen sein. Wirth: Die orientalische Stadt, 353, vermutet eine Zunahme der Trennung der Gruppen.
76 Bianca: Hofhaus und Paradiesgarten, 134 f.
77 Wirth: Die orientalische Stadt, 526.
78 Ebd., 520.
79 Ebd., 348.
80 Ebd., 518.
81 Ebd., 524. Das Wechselverhältnis von eingeengten individuellen Freiheitsrechten und der dafür garantierten erhöhten Sicherheit konzediert auch die Forschung zur okzidentalen Stadt; Rothmann: Stadtkommunen, 229. Das Verhältnis von Freiheitsgraden in den unterschiedlichen Stadtkulturen ist aber ein offenes Kapitel.
82 Wirth: Die orientalische Stadt, 326 (Hervorhebung Wirth).
83 Hakim: Arabic-Islamic Cities, etwa 26 f. 37–40.

so Wirth, kaum feststellen, aber zugleich fehlten auch prunkvolle Bauten von Herrschern oder der städtischen Oberschicht.[84]

Diese Perspektive führt in die kontrovers geführte Debatte, ob es in der orientalischen Stadt selbstverwaltete Gruppen, analog zu den Zünften und Gilden der okzidentalen Stadt, gegeben habe – und ob daraus kommunale Körperschaften und Formen autonomer (gesamt-)städtischer Partizipation entstanden seien. Gegen ältere Positionen, in denen subsidiäre Verwaltungsstrukturen grundsätzlich bestritten wurden, betonen neuere Forschungen die wichtige Rolle von Herrschern oder Richtern für kommunale Anliegen,[85] nicht zuletzt für die Gewährleistung von Sicherheit,[86] wenngleich gesamtstädtische Institutionen wohl nicht existierten.[87] Detaillierte Aussagen lassen sich aber bislang nur für einzelne Städte treffen; inwieweit beim Fortgang der Forschung generalisierbare Ergebnisse, zumindest für Regionen, möglich werden, ist offen. Sodann ist klar, dass eine absolute Differenz zur okzidentalen Geschichte auch hier nicht existiert, denn es lässt sich in orientalischen Städten eine Vielzahl an Vergemeinschaftungsformen, die auf Freiwilligkeit beruhten, nachweisen. Die Waqf etwa, die islamischen Stiftungen, stellten eine Form der Selbstverwaltung dar, denen die neuere Forschung eine Schlüsselstellung für die Stadtentwicklung im osmanischen Reich zuweist, denn sie finanzierten oft Moscheen, Schulen, Krankenhäuser und andere gesellschaftliche Aufgaben und waren in neueroberten Gebieten ein zentrales Medium der Islamisierung.[88] Auch die Tariqas der Sufi-Gemeinschaften kann man als eine Form der Selbstorganisation verstehen, und selbst die gekammerten Wohnquartiere lassen sich nicht nur als gentile Siedlungseinheiten, sondern auch als (wenn auch familiär begründete) Selbstverwaltungsgemeinschaften deuten, wie dies Jean Sauvaget in seiner großen Arbeit über Aleppo getan hat.[89]

In diesem Rahmen haben die zunft- oder gildenartigen Vereinigungen in den letzten Jahrzehnten ein besonderes Interesse erfahren. Bei der Kartierung derartiger Zusammenschlüsse hat sich herausgestellt, dass es sie nur in Städten des osmanischen Reiches – offenbar nicht in anderen Regionen – gegeben hat. Auch dort sind sie allerdings erst seit dem 15. Jahrhundert (9. Jh. H) und nur im westlichen Raum (Istanbul, Bursa, Edirne) nachweisbar,[90] was vermutlich bedeutet, dass es sie vorher nicht gab.[91] Suraiya Faroqhi hat deutlich gemacht, dass man auch in osmanischen Städten zwischen Händlern und Handwerkern und ihren unterschiedlichen Interessen unterscheiden muss. Bei beiden Gruppen ist nicht nur, wie die ältere Forschung in den Vordergrund stellte, die staatliche Kontrolle und Nutzung für staatliche

---

84 Wirth: Die orientalische Stadt, 327.
85 Raymond: The Management of the City, 776–781.
86 Ebd., 793.
87 Ebd., 781.
88 Deguilhem: The Waqf in the City; Behrens-Abouseif: Egypt's Adjustment to Ottoman Rule, 158.
89 Sauvaget: Alep.
90 Faroqhi: Artisans of Empire, 25; diese Entwicklung ist schon gesehen bei Stern: The Constitution of the Islamic City, 47.
91 Faroqhi: Artisans of Empire, 26f.; so tendenziell auch Feldbauer/Liedl: Die islamische Welt bis 1517, 103, Anm. 72. Eine möglicherweise (noch) nicht ausreichende Sichtung der Quellen erwägt Hanna: Guilds in Recent Historical Scholarship, 897f.

Aufgaben evident; vielmehr lassen sie sich als zivilgesellschaftliche Interessenvertretungen deuten, insbesondere für ökonomische Belange, etwa hinsichtlich der Steuerfestsetzung.[92] In diesem Kontext gesellschaftspolitischer Aktivitäten kann man zwar nachweisen, dass Gilden in Kairo und Istanbul im 18. Jahrhundert in den Kampf um die städtische Macht eingriffen,[93] aber auch vermuten, dass sich ihre politischen Aktivitäten eher gegen übergeordnete Herrschaftsstrukturen richteten;[94] weitergehende Aussagen hinsichtlich gesamtstädtischer Funktionen findet man in den Quellen in der Regel nicht.[95] So ließen sich für Konstantinopel im Jahr 1648 (1058 H) 735 Gilden nachweisen, ohne dass es aber Hinweise auf mögliche Funktionen in der Stadtpolitik gäbe.[96] Und wie immer zeigt der Blick auf Details, wie spezifisch solche Vereinigungen arbeiten konnten. Futuwwas, zunftartige Assoziationen im Osmanischen Reich,[97] deren Wurzeln in sufinahen religiösen Bünden mit caritativen Zielen liegen,[98] dokumentieren exemplarisch, wenn auch nicht repräsentativ, eine stark religiös beeinflusste Variante und wurden besonders in der religionsinteressierten Wissenschaft erforscht.[99] Sie entstanden in Anatolien als Vereinigungen unverheirateter junger Männer, meist Handwerker, denen ein „Achi" vorstand, ein Bevollmächtigter des Sultan oder Emir. Regeln sind in der „Großen Fütürvvetnāme" des Ala du-Din aus dem Jahr 1524 (902 H) dokumentiert. Ökonomische Fragen, die man hier erwarten könnte, waren kein Gegenstand, vielmehr stand ein von Franz Taeschner „Initiation"[100] genannter Prozess der Mitgliederaufnahme im Mittelpunkt, der im Blick auf okzidentale Schwurgemeinschaften politisch ein besonderes Interesse beanspruchen könnte, aber die männerbündische Gruppenbildung erweist sich nicht zuletzt als ein Medium sozialer Kontrolle: Sie diente mit ihren Mitgliederlisten auch als Ersatz für die nicht existierenden Personenregister, um Steuern eintreiben zu können und einen Überblick über die wehrfähigen Männer zu erhalten.

Zumindest ein Fall einer politischen Selbstverwaltung war Damaskus unter seldschukischer Herrschaft im 12. Jahrhundert.[101] Hier etablierte sich ein Rais, der seit 1096 ein erbliches Leitungsamt bekleidete und als Wesir die Ausübung der Herrschaft, insbesondere im Bereich der Finanzverwaltung, von den seldschukischen Herrschern übernahm. Dies konnte je nach politischer Lage in Konkurrenz, aber auch in enger Kooperation mit ihnen erfolgen. Seine Rolle blieb allerdings immer in ein fragiles und kompliziertes Machtverhältnis verwoben, in dem der Wesir in konkurrierende Interessen eingebunden war, als „Symbol" der

---

92 Hanna: Guilds in Recent Historical Scholarship, 899–905.
93 Ebd., 911f.
94 Southall: The City in Time and Space, 228.
95 Faroqhi: Artisans of Empire, 148–151.
96 Goffman: The Ottoman Empire and Early Modern Europe, 89f.
97 Vgl. im Detail Cahen: Mouvements populaires et autonomisme urbain dans l'Asie musulmane au moyen âge, 30. Ders.: Mouvements et organisations populaires dans les villes de l'Asie musulmane au moyen âge, 275, sieht zwar „bravoure, générosité, comme attidue personelle, indépandante de l'organisation sociale et de la croyance religieuse", aber auch eine im Laufe der Zeit abnehmende Bedeutung.
98 Taeschner: Zünfte und Bruderschaften im Islam. Daneben ders.: Futuwwa, eine gemeinschaftsbildende Idee im mittelalterlichen Orient, 133–135. 139f.
99 Faroqhi: Artisans of Empire, 1–6.
100 Taeschner: Zünfte und Bruderschaften im Islam, 17.
101 Havemann: The Vizier and the Ra'is in Saljuq Syria.

städtischen „self-representation" einerseits und als Instrument der „central ruling power" andererseits.¹⁰² Schon in der Mitte des 12. Jahrhunderts, als die zentralisierenden Kräfte im Seldschukenreich wieder stärker wurden, gibt es von dieser Institution keine Nachrichten mehr, sie war nicht nur kurzlebig, sondern auch ein „höchst seltenes" Beispiel.¹⁰³ Damaskus dokumentiert damit die Realisierung einer gewissen Selbstverwaltung, allerdings ohne Institutionen einer kollektiven und an Wahl gebundenen Herrschaftsausübung. Ältere Forschungen wie diejenigen von Louis Massignon, der in Damaskus generell eine „Initation" in eigenständige Gemeinschaften und dahinter gar manichäische Wurzeln sah,¹⁰⁴ gehören heute nurmehr zur Forschungsgeschichte.

Mit solchen Momentaufnahmen von städtischen Vereinigungen erscheint der plakative Gegensatz zwischen orientalischer Despotie und okzidentaler Demokratie, der in der europäischen Historiographie seit dem 18. Jahrhundert manchmal entwickelt wurde, als Hierarchisierungsszenario. Sowohl die orientalische wie auch die okzidentale Stadt dürften soziale Strukturprobleme wie die Spannung zwischen Selbst- und Fremdverwaltung oder Konkurrenz von inner- und außerstädtischen Machtansprüchen bearbeitet haben. Aber letztlich trifft man in der Forschung auf recht unterschiedliche Positionen hinsichtlich ihrer Einschätzung als Selbstverwaltungsstrukturen.¹⁰⁵ Dazu treten sehr unterschiedliche Möglichkeiten der Bewertung. Man kann fehlende kommunale Institutionen positiv als Freiheit von übergreifenden Machtstrukturen und administrativer Disziplinierung lesen, aber auch negativ als Herrschaft eines Klientelismus.¹⁰⁶ Die Existenz von Gruppen in einer Stadt führte jedenfalls nicht notwendig zur Herausbildung eines schichten- und gruppenübergreifenden kommunalen Selbstbewusstseins mit Selbstverwaltungsorganen. Es gab, so Faroqhi, anders als in der okzidentalen Stadt seitens der Handwerker keine Revolutionen gegen die Macht des Establishments, hier der Händler;¹⁰⁷ städtische Autonomie und repräsentative Vertretungsorgane sind nicht entstanden.¹⁰⁸ Es gab Kräfte, die eine Selbstverwaltung oder partizipatorische Stadtverfassungen auf den Weg hätten bringen können, aber das ist nicht geschehen.¹⁰⁹ Insofern gingen orientalische Städte in der Organisation ihrer Verwaltung eigene Wege. Deshalb kennt die orientalische Stadt kein Rathaus (ein Begriff dafür wurde erst im 19. Jahrhundert ins Arabische eingeführt) und keine bürgerliche Verwaltung – von der kommunalen Planung von Straßen bis zur Festlegungen von Traufhöhen. So waren es, um nur ein Beispiel

---

102 Ebd., 239.
103 „Rarest kind of politics" (ebd., 240).
104 Massignon: Le corps de métiers et la cité islamique, 484f.
105 Hanna: Guilds in Recent Historical Scholarship, ist sehr zurückhaltend mit allgemeinen Aussagen aufgrund der Quellen- und Forschungsdefizite. Die Unterschiede relativieren Cahen: Y-a-t-il des corporations professionnelles dans le monde musulman classique?, und Feldbauer/Liedl: Die islamische Welt bis 1517. Übergreifende Strukturen hingegen betont Nagel: Die islamische Welt bis 1500, 208f.
106 Vgl. Bianca: Architektur und Lebensform, 90. 93.
107 Faroqhi: Guildsmen and Handicraft Producers, 355.
108 Lapidus: Muslim Cities, 187. So auch die Position in: Die vormoderne Stadt. Asien und Europa im Vergleich, hg. v. P. Feldbauer u. a.; Abdel-Rahim: Legal Institutions, 43; Bianca: Hofhaus und Paradiesgarten, 124; Hourani/Stern: The Islamic City, Einleitung.
109 Nagel: Die islamische Welt bis 1500, 208.

zu nennen, in Fes in den 1920er Jahren die Franzosen, die außerhalb der Medina ein neues Verwaltungszentrum mit einer Mairie errichten.[110]

In der Ausbildung dieser Charakteristika dürfte Religion zumindest als ein Faktor eine bestimmende Rolle gespielt haben. Das Ideal einer kultur- und gruppenübergreifenden Umma könnte eine weitere Ausdifferenzierung in selbstständige Sozialverbände wie religiös begründete Gilden oder Zünfte, beschränkt haben. Es habe auch keine freien politischen Rollen[111] und kein ziviles Recht, das ein eigenständiges Gegenlager wider das religiöse Recht gebildet hätte, und auch keine Verselbständigung der religiösen Führungsschicht gegenüber der staatlichen Gewalt gegeben.[112] Politik sei nicht definiert gewesen „in terms of institutions or structures" oder als „coordination of different purposes", sondern in „overlapping and crisscrossing relationships".[113] Patronage mit ihren traditionellen Normen und Beziehungsnetzen regelte das gesellschaftliche Leben,[114] nicht die Ratsversammlung der Stimmbürger. Wirth hat diese Entwicklung prononciert folgendermaßen charakterisiert:

> Es habe „keine wehrhafte, autonome Vereinigung von Bürgern, sie hat keine Selbstverwaltung und Selbstregierung" gegeben.[115] Den Regierenden stehe man „skeptisch bis ablehnend oder gar feindlich gegenüber, man entwickelt Abwehrstrategien und man ist froh, wenn man möglichst ungeschoren davonkommt. Es gibt kein gesamtstädtisches Zusammengehörigkeitsgefühl und keine Solidarität der Stadtbewohner über die Quartiere, die Schichten und die Segmente der städtischen Gesellschaft hinweg. Das steht – wenn wir einmal stark vereinfachen und pauschal zusammenfassen wollen – in klarem Gegensatz zum ‚Bürger' in der abendländischen Stadt."[116]

Dieses scharfgezeichnete Bild unterschiedlicher Entwicklungen in der orientalischen und in der okzidentalen Stadt ist ein typisiertes, denn bei genauerem Hinsehen entdeckt man viele Grautöne und Ähnlichkeiten mit okzidentalen Entwicklungen. Patronagenetze waren auch in der okzidentalen Kultur weitverbreitet und manchmal für das soziale Überleben unverzichtbar, städtische Selbstverwaltungsorgane kamen häufig unter die Herrschaft der städtischen Notablen oder wurden von territorialen Machtstrukturen in der Frühen Neuzeit eliminiert, mit der Reformation wurden Differenzierungen der christlichen Gemeinde zugunsten der einen Ekklesia in der einen Gemeindekirche – wie in der islamischen Welt mit dem Ideal der Umma und einer einzigen zentralen Moschee[117] – zurückgenommen. Aber damit sind die signifikanten Unterschiede hinsichtlich des Ideals und auch der Praxis bürgerlicher Selbstverwaltung, die in der okzidentalen Stadt selbst dort, wo sie nicht realisiert oder wieder zurückgenommen wurden, als regulative Idee einer differenzierten Gesellschaft präsent blieb, nicht eliminiert.

---

110 Jelidi: La fabrication d'une ville nouvelle sous le Protectorat français au Maroc, 177f.
111 Lapidus: Muslim Cities in the Later Middle Ages, 187;
112 Ebd., 186f.; Bianca: Architektur und Lebensform, 47. Vgl. allerdings zum ausdifferenzierten Rechtssystem Abdel-Rahim: Legal Institutions, 44–50.
113 Lapidus: Muslim Cities, 187.
114 Ebd., 185–187.
115 Wirth: Die orientalische Stadt, 516.
116 Ebd., 523. Ähnlich Bianca: Architektur und Lebensform, 47.
117 Zur *einen* Moschee als Ziel in der Planung der islamischen Stadt vgl. Wirth: Die orientalische Stadt, 245.

Demgegenüber kann man die orientalische Stadt nicht nur negativ lesen, als einen Raum, in dem kein gruppendifferenzierter Pluralismus entstand, sondern positiv als einen Raum, der eine egalitäre Sozialordnung ausbildete.[118] Viele Forscher haben dies in der Einheit oder zumindest dem Konzept der Einheit der muslimischen Gemeinde, der Umma, gesehen.[119] Man kann sie als eine universalistische Vergemeinschaftung verstehen, als egalitäre Community mit geringer Binnendifferenzierung, die insofern andere Leistungen als die differenzierte okzidentale Stadtgesellschaft bereitstellte. Auch in dieser orientalischen Stadt (und in ihrem Umfeld[120]) habe es die „citadinité" (als Interaktion der Einwohner im Interesse der Stadt) als eine „nicht institutionalisierte Willensbildung" gegeben, so jedenfalls Mohamed Naciri.[121] Dieser Stadttypus habe die Freiheit des Ortswechsels gekannt und mit der alle Mitglieder umfassenden Scharia eine weltbürgerliche Existenz, so Stefano Bianca, „über Nation und Sippe hinaus" ermöglicht,[122] möglicherweise in geringerem Maß nach dem Sozialstatus getrennt,[123] sich allerdings stärker an „gewachsenen" als an „geplanten" Strukturen orientiert.[124] Hingegen habe im Okzident der Vorrang der „öffentlichen Hand" gegenüber der privaten zu einem „Fiat iustitia, pereat humanitas" geführt.[125] Letztlich habe die europäische Stadt, so Wirth, Naciri zustimmend, einen hohen Preis für ihre kommunale Struktur bezahlt: Organisierte Öffentlichkeit im Okzident bedeute auch Dirigismus und Anspruch auf die Kontrolle des privaten Raums,[126] letztlich sei vieles „im islamischen Orient menschlicher, toleranter, flexibler und nachsichtiger" geregelt worden. Aber derartige Wertungen sind nicht das Geschäft des Historikers. Für ihn ist die orientalische gegenüber der okzidentalen Stadt schlicht anders strukturiert.

---

118 Hier setzt auch die Kritik an den großen Vorarbeiten Max Webers an, der ein okzidentales Ideal der Selbstverwaltung im Auge hatte, aber die anders gearteten Leistungen der orientalischen Stadt weniger wahrnahm.
119 Hourani: The Islamic City in the Light of Recent Research; aus der Perspektive der europäischen Historiographie Oexle: Stände und Gruppen, 47. Wie einheitlich diese Welt in stadthistorischer Sicht war und wieweit städtische Traditionen, gerade in den großen Metropolen, diese Einheit in den Hintergrund gedrängt haben, ist damit noch nicht beantwortetet. Vgl. zu einer differenzierten Konzeption auch Hakim: Arabic-Islamic Cities.
120 Zu Schwurgemeinschaften etwa in Georgien oder Japan s. Okinaschwili: Gab es eine Eidgenossenschaft im Hohen Kaukasus?; Gerber: Gemeinde und Stand der Gottesleute von Ôyamazaki.
121 Zit. nach Wirth: Die orientalische Stadt, 524.
122 Zit. Bianca: Architektur und Lebensform, 1975, 47; Lapidus: Muslim Cities, 185.
123 Wirth: Die orientalische Stadt, 527f.
124 Bianca: Städtebau in islamischen Ländern, 30.
125 Wirth: Die orientalische Stadt, 525. Es gibt Überlegungen, ob mit der vertikalen Differenzierung größere soziale Unterschiede in orientalischen Städten einhergingen. Dabei wären ebenfalls freiheitsermöglichende und freiheitsbeschränkende Folgen analog zur Situation in der okzidentalen Stadt zu untersuchen. Wirth etwa weiß, um nur ein Beispiel zu nennen, um die positiven Wirkungen, wenn Privatleute für öffentliche Bauaufgaben einspringen und so analog zu Vereinen in differenzierten Gesellschaftsstrukturen wirken, sieht allerdings auch, dass der Verzweckung öffentlicher Bauten für private Zwecke dann die Tore geöffnet sind; Wirth: Die orientalische Stadt, 525.
126 Ebd., 330.

5.3 Städtische Selbstverwaltung: ein lateinisch-christlicher Sonderweg?

Die beiden letzten Kapitel vermitteln teilweise den Eindruck, als handele es sich bei der okzidentalen und der orientalischen Stadt um weitgehend separate Entwicklungen – was natürlich schon mit Blick auf die gemeinsamen antiken Wurzeln nicht zutrifft. Andererseits sind unterschiedliche Pfadabhängigkeiten deutlich, namentlich hinsichtlich der hier in den Mittelpunkt gerückten Frage nach den religiösen Quellen der kommunalen Partizipation und damit der Regelung religiöser Vielfalt. Diese beiden Pfade dürften ohne größere Wechselwirkungen begangen worden sein.

Gleichwohl gibt es auch Interferenzen. Eine solche Dimension wird hinsichtlich der städtischen und städtebaulichen Platzanweisung für kulturelle Minderheiten diskutiert. Es gab Wohngebiete für religiöse Minderheiten (und für Fremde) sowohl in okzidentalen als auch in orientalischen Städten, für Juden in der okzidentalen, für Juden und Christen in der orientalischen Stadt, mit jeweils eigenen architektonischen Charakteristika.[127] Unterschiede gab es allerdings vermutlich in ihrer Baustruktur, denn solche Wohngebiete waren in orientalischen Städten durch ihre Kammerung deutlicher als abgegrenzte Bereiche erkennbar. Aber vielleicht beeinflussten diese Strukturen die Gestaltung separierter Wohnviertel von religiösen Minderheiten wie das jüdische Getto in okzidentalen Städten, und vielleicht übernahmen die Italiener aus orientalischen Städten das Konzept der Fondacchi, den ethnisch oder von Sprachgruppen bestimmten Umschlagplätzen für Handelswaren.[128]

Doch vermutlich war die Entwicklung zur Kommune, auf die die Überlegungen dieses Kapitels zentriert waren, entscheidend von Faktoren gesteuert, die nur im Okzident eine starke Stellung bekamen. Denn die Fokussierung auf die gruppengestützte Partizipation in der Kommune erzwingt den eurozentrischen Blick und erschwert die Wahrnehmung der Eigenlogik einer orientalischen Stadt. Natürlich würde die Problematik auch umgekehrt bestehen: Die Anwendung des Konzeptes einer „nicht institutionalisierten Willensbildung" (Naciri) oder gekammerte Stadtviertel als eine Grundlage ihrer Sozialordnung würden der okzidentalen Stadt partiell fremde Fragestellungen aufnötigen. Vor diesem Hintergrund bleibt der vorliegende Vergleich in seiner perspektivischen Limitierung in jeder Hinsicht asymmetrisch.

Ein Weg, diesem Dilemma zu entkommen, wäre die Identifizierung eines Gegenstandes, der größere Gemeinsamkeiten verspricht. Dies könnte beispielsweise die Geschichte des Rechts sein, das für beide Pfade der Stadtgeschichte trotz signifikanter Unterschiede konstitutiv ist. Während die Fortexistenz des römischen Rechts im christlich geprägten Okzident zwei Rechtskreise konstituierte, das kanonische und das weltliche Recht, ging man

---

[127] Sie lassen sich zumindest für Damaskus und das 19. Jahrhundert zeigen. Christliche und jüdische Häuser hatten dort Fenster zur Straße, nicht jedoch muslimische (Sack: Damaskus, 74) oder öffneten den privaten Bereich zum öffentlichen hin, indem sie die Hauseingänge ohne Abwinkelung zum Hof führten (ebd., 75). In jüdischen Häusern fehlte „der Repräsentations- und Männerhof meist ganz", der „Familienhof" hingegen war großzügig gestaltet (ebd., 74).
[128] Schmieder: Die mittelalterliche Stadt, 11f.

im islamischen Raum von einem einheitlichen Recht in der Scharia aus. Dabei mussten in beiden Kulturkreisen universalistische und partikulare Tendenzen gegeneinander abgewogen werden. Wenn man nun die Stadt über die Selbstverwaltungsorgane definierte, käme der okzidentalen Rechtsdifferenzierung ein zentraler Stellenwert zu, lenkte man den Blick auf die Umma, erhielte die rechtsvereinheitlichende Funktion den höheren Stellenwert.

Ein anderer Weg aus diesem Dilemma wäre die Erhöhung des Abstraktionsniveaus. In den neueren Forschungen finden sich deshalb Tendenzen, die Kategorienbildung auf der Grundlage der Kommunalismusdebatte grundsätzlich infrage zu stellen. So hat Peter Schöller vorgeschlagen, die Funktion von Städten nicht von der Selbstverwaltung, sondern von ihrer Zentralität her zu beschreiben.[129] Städte seien als Zentren zu begreifen, in denen sich Herrschaft, Ökonomie und geistiges Leben – darunter zählt er auch die Religion – verdichteten. Aber damit würde es schwerer werden, die hier interessierenden Unterschiede zwischen verschiedenen Kulturen zu analysieren.

Schließlich gibt es die Möglichkeit, den binären Vergleich durch die Einbeziehung weiterer Vergleichsgegenstände aufzubrechen. Er könnte beispielsweise von einem Blick auf die byzantinische Stadt profitieren. Denn hier gab es Entwicklungen, die oft entweder als spezifisch orientalisch („islamisch") oder als spezifisch okzidental („christlich") gelten. So findet sich im byzantinischen Raum einerseits seit dem 6. Jahrhundert die Entwicklung irregulärer Stadtgrundrisse und gekammerter Stadtviertel, andererseits aber gab es eine dominante christliche Theologie. Von dieser Hegemonie der christlichen Vorstellungen hätte ein Weg zu partizipativen Kommunalstrukturen führen können – was aber nicht geschah. Zwar entstanden seit dem 11. Jahrhundert, also parallel zur Entstehung von Kommunen im Westen, Strukturen, die Selbstverwaltungsorganen im Okzident vergleichbar waren, wobei auch hier Händler und Kaufleute eine herausragende Rolle spielten.[130] Aber es gab (wie im islamischen Raum) nie ein Rathaus, keine Tradition führt vom Bouleuterion zum Rat einer Stadt und zur Bürgergemeinde,[131] der byzantinische Raum kannte keine Pfarrorganisation und keine Kirchen als Bauten eines Kollektivs wie in der Gotik.[132] Eine selbstverwaltete Kommune ist im byzantinischen Herrschaftsgebiet nicht entstanden.

Die Form der Stadt fehlte auch in Russland, wo die byzantinische Tradition auch in der Neuzeit dominierte. Zwar gibt es Gegenbeispiele, vor allem Nowgorod. Hier entwickelten sich Herrschaftsinstrumente, mit denen man etwa über die Wahl und Absetzung von Fürsten, Amtsträgern und Bischöfen verfügte, über Krieg und Frieden entschied, Verhandlungen mit dem Ausland führte und Verträge abschloss.[133] Aber diese Entwicklung geschah unter dem Einfluss des okzidentalen Stadtrechtes. Nowgorods Sonderweg endete 1478 nach der Niederlage gegen Moskau, die Stadtverfassung wurde eliminiert, Nowgorod blieb eine zeitweilig

---

129 Zentralitätsforschung, hg. v. P. Schöller, Darmstadt 1972.
130 Matschke: Grundzüge des byzantinischen Städtewesens vom 11. bis 15. Jahrhundert. Auch im 6. Jahrhundert gab es Ansätze selbstverwalteter Strukturen, meist im Umfeld bischöflicher Herrschaft, die jedoch nicht zu autonomen Städten führten; vgl. Claude: Die byzantinische Stadt im 6. Jahrhundert, 130f., 156f.
131 Matschke: Grundzüge des byzantinischen Städtewesens, 46; Mitterauer: Städte als Zentren im mittelalterlichen Europa, 67.
132 Schreiner: Konstantinopel, 104.
133 Kappeler: Stadtluft macht nicht frei!

vom Westen beeinflusste Ausnahme. Für fast alle anderen russischen Städte fehlen Kennzeichen der mitteleuropäischen Stadt, von den Austauschplätzen für den Warenhandel, der Stadt und Umland verband, bis zur Selbstorganisationen freier Bürger.[134] Eidgenossenschaften und Kommunen westeuropäischen Zuschnitts sucht man im russischen Einflussbereich vergebens, obwohl es sich auch hier um einen christlich geprägten Raum handelte.

Letztlich hat diese Fixierung auf Selbstverwaltungsstrukturen auch einen wissenschaftsgeschichtlichen Hintergrund. Die Ausrichtung der Stadtgeschichtsforschung auf die städtische Autonomie ist nicht zuletzt das Kind eines großen Vaters: Max Webers. Er hat materialreich und systematisch ambitioniert der Eigenheit der okzidentalen Stadt nachgeforscht – und sie in den autonomen Strukturen gefunden.[135] Wir erkennen heute, dass es seine Historiographie des europäischen, protestantisch gefärbten Liberalismus war, die die Stadtgeschichtsforschung über Jahrzehnte geprägt hat. Die autonome Stadt ist bei ihm das Pendant zum selbstverantwortlichen Individuum,[136] die Conjuratio des Mittelalters korrespondiert mit dem Liberalismus des 19. Jahrhunderts in der bürgerlichen Historiographie. Zudem interessierte Weber vor allen Dingen der okzidentale Sonderweg; die okzidentale Stadt – und die orientalische allemal – war dabei nur eine Funktion seines Interesses.[137] Und selbstverständlich werden seine systematischen Thesen durch das ihm zur Verfügung stehende Material relativiert, denn – das kann nach rund 100 Jahren kaum anders sein – dies entspricht heute weitgehend nicht mehr dem aktuellen Stand des Wissens.[138]

Abschließend komme ich auf die Ausgangsfrage dieses Kapitels zurück: Gibt es in der okzidentalen Stadt eine Partizipation aus dem Geist des Christentums? Die Antwort leitet zu der eingangs aufgeworfenen methodischen Überlegung zur Konkurrenz zwischen religiösen und anderen kulturellen Faktoren zurück (siehe auch Kap. 1.3.5): Religiöse Faktoren können wichtige, vielleicht sogar zentrale Ursachen für kulturelle Prägungen sein, sind aber in der Regel nicht die einzigen. Auch im Fall der Stadtgeschichte erweist sich Religion nicht als monokratischer, sondern als synergetischer Faktor, der in Verbindung mit anderen Faktoren Wirkungen zeigen kann, wie die unterschiedlichen Entwicklungen von Städten in Byzanz und im lateinischen Okzident zeigen. Aber selbst diese vorsichtige Perspektive kann in die Irre führen. Wollte man die Anlage der Verkehrswege von städtischen Quartieren in der orientalischen Stadt, die Verkammerung, mit religiösen Faktoren erklären, etwa mit der im Islam programmatisch stärkeren und religiös begründeten Rolle gentilizischer Beziehungen, wie sie etwa in der Zugehörigkeitsmöglichkeit durch Geburt zum Ausdruck kommt

---

134 Hildermeier: Max Weber und die russische Stadt, 153f., 159f.
135 Zu den Anregungen durch Max Weber s. Max Weber und die Stadt im Kulturvergleich, hg. v. H. Bruhns/W. Nippel; Oexle: Max Weber und die okzidentale Stadt.
136 Dilcher: Die städtische Kommune als Instanz des europäischen Individualisierungsprozesses.
137 Ders.: Historiographische Traditionen, Sachprobleme und Fragestellungen der Erforschung der mittelalterlichen Stadt, 85; eine „negative" „Ontologisierung" des Islam durch Weber sieht Paul: Max Weber und die „islamische Stadt", 115. Weber habe, so Paul, Korporationen in islamischen Städten schon deshalb nicht gesehen, weil man nicht danach gesucht habe (S. 127).
138 Vgl. die Kritik in den Beiträgen in: Die vormoderne Stadt, hg. v. P. Feldbauer u.a., exemplarisch 96. 115–117. 154f. 263. Die Tendenz, den systematischen Überlegungen Webers von seinen historischen Annahmen unabhängig zu sehen und ihn so zu „retten", ist dabei nicht zwingend.

(siehe Kap. 3.3.1b), so stieße man auf relativierende historische Argumente. Denn die Verkammerung entwickelte sich eben schon in vorislamischer Zeit in byzantinischen Städten, sie war deshalb wohl nicht primär Ausdruck eines religiösen Vektors, selbst wenn sie, wie Besim Selim Hakim für die orientalische Stadt zeigt (siehe Kap. 5.2), in islamischer Zeit religiös gedeutet und weiterentwickelt werden konnte.

Jedenfalls reichen paulinische Gemeindetheologie und die Geschichte der antiken christlichen Assoziationen (siehe Kap. 3.2.3b) nicht aus, die Entwicklung hin zur städtischen Kommune zu erklären. Die mittelalterliche Stadt ist ohne die politischen und sozialstrukturellen Entwicklungen, die im Korridor zwischen Oberitalien und Flandern identifizierbar sind, nicht zu verstehen. Erst die Kombination von Potenzialen der religiösen mit denen der säkularen Kultur hat die Entwicklung der charakteristischen Form partizipativer Kultur ermöglicht. Insofern und nur insofern kann man eine Antwort auf die Eingangsfrage nach einer Partizipationsgeschichte aus dem Geist des Christentums geben: Die Tradition der gruppenorientierten Vergemeinschaftung spielt, soweit historische Daten reichen, eine Rolle, vermutlich, doch hier nimmt die Verlässlichkeit schon ab, eine gewichtige. Doch ohne den Fundus einer Theologie, die gentile Netze infrage stellen konnte, ist die Geschichte von Selbstverwaltungsstrukturen in der okzidentalen Stadt eben auch nicht zu verstehen. Allerdings, und dies ist entscheidend, sie reicht alleine nicht aus, um die Entstehung der okzidentalen Kommune zu erklären, wie das Beispiel Byzanz deutlich macht. Hingegen indiziert die hochmittelalterliche Entwicklung in einer Region des lateinischen Okzident, dass bestimmte Faktoren hinzukommen mussten oder diese Entwicklung zumindest beförderten. Der religiöse Faktor war dabei eine Potenz, welcher auf diesem Pfad aktualisiert werden konnte; insofern gibt es Dispositionen, aber keine Determination.

Aber das Problem der meines Erachtens plausiblen These, dass die christliche Tradition einen wesentlichen Baustein für die Entwicklung einer gruppenorientierten Partizipation und damit schlussendlich auch der Demokratie lieferte, liegt nicht nur in dem Anspruch auf Wahrscheinlichkeit, sondern noch an einer anderen Stelle. Wir verbinden damit oft Wertungen, etwa dergestalt, dass „das" Christentum „modernitätskompatibel" sei, „der" Islam hingegen „modernisierungsfeindlich". Doch dies ist eine normative Festlegung, die zudem die Vergangenheit auf die Gegenwart und die Zukunft hin festlegt. Demgegenüber hat die historische Analyse zwischen historischer Genese und aktueller respektive künftiger Geltung zu unterscheiden. Und der historische Blick belegt, dass Religionen, namentlich große Religionsfamilien wie „das" Christentum und „der" Islam, flexibel mit ihrem religiösen Erbe umgehen. Die Geschichtswissenschaft kann nur feststellen, dass sie dabei unterschiedliche Wege gegangen sind. Auf diesem Pfad ist auf dem Gebiet des lateinischen Christentums die okzidentale Stadt mit der kommunalen Partizipation entstanden.

6 Universität

In der okzidentalen Stadt sind um 1200 die Universitäten entstanden. Derartige gelehrte Schulen und die intellektuelle Auseinandersetzungen über „Gott und die Welt" sind in interkultureller Perspektive keine Eigenheit der okzidentalen Tradition – natürlich nicht. Bildung – und selbstverständlich auch „höhere" – gibt es in vielen Kulturen, namentlich wenn es sich um schriftbasierte handelt. Hinsichtlich einer Bildungseinrichtung im Okzident, der Universität, kann man jedoch überlegen, ob sie mit einem Merkmal ein welthistorischer Sonderfall ist, nämlich hinsichtlich der Selbstorganisation des Lehrbetriebs, die einen eigenständigen Personenverband in einem rechtlichen Sonderraum konstituierte. Darin wiederum steckt die Überlegung, dass diese Entwicklung mit Traditionen der Selbstorganisation im Christentum zusammenhängen dürfte, die ihrerseits Wurzeln in der Konstituierung des Christentums als Entscheidungsgemeinschaft besitzt. Dahinter steht natürlich eine normative Entscheidung in der Auswahl des Vergleichsgegenstandes, weil die Vielfalt von Organisationsformen höherer Bildungsanstalten mit dieser Perspektive eurozentrisch fokussiert wird. So werden die Eigenheiten unterschiedlicher kultureller Entwicklungen scharf sichtbar, Gemeinsamkeiten hingegen abgeblendet. Ob in der Selbstorganisation der okzidentalen Universität eine differentia specifica vorliegt, muss sich im interkulturellen Vergleich erweisen. Als nächstverwandte Schwester bietet sich die Madrese in der islamischen Welt an, weil man sie auch als Institution gemeinschaftlicher Gelehrsamkeit lesen kann, wie unten zu diskutieren ist.

In anderen Religionsgemeinschaften hingegen drängt sich, wenn man bei einem derart spezifisch gewählten tertium comparationis bleibt, keine vergleichbare Institution auf – so jedenfalls das Resultat des kursorischen Vergleichs. Im indischen Buddhismus sind die strukturellen Ähnlichkeiten mit dem Christentum insofern hoch, als man auch den Sangha als selbstorganisierte Gemeinschaft verstehen kann, dessen regional und intellektuell vielgestaltigen Ordensschulen für die gelehrte Reflexionskultur eine wichtige Rolle spielten.[1] Sie bildeten allerdings keine gegenüber dem Sangha selbständigen Rechtsräume. An einem Beispiel, der berühmten „Klosteruniversität" Vikramashila im östlichen Himalayagebiet Indiens, die um 1200 unterging (siehe Kap. 3.3.2d), lassen sich einige Gemeinsamkeiten und Differenzen illustrieren. Hier spielten religiöse Zeremonien eine zentrale Rolle, mit einer hohen Bedeutung tantrischer Rituale,[2] aber auch der Kopie von Manuskripten.[3] Ein weiteres Tätigkeitsfeld bildeten religiöse und philosophische Reflexionen, darunter Auseinandersetzung mit „hinduistischen" Gelehrten.[4] Hier liegen im Prinzip der okzidentalen Universität verwandte Strukturen, mit einer hohen Autorität des Lehrers in einem Meister-Schüler-Verhältnis.[5] Diese Klostergemeinschaft besaß in dem vom Abt präsidierten, sechsköpfigen Rat[6] auch Selbstverwaltungsstrukturen, die aber offenbar wenige Ähnlichkeiten mit einer kommunitären Verfassung besaßen. Auch die Vergabe von Titeln in Vikramashila dürfte die Grenzen

---

1 Freiberger/Kleine: Buddhismus, 309–369.
2 Ebd., 63–67.
3 Ebd., 34–36.
4 Ebd.
5 Choudhary: The University of Vikramaśīla, 33–35.
6 Ebd., 52.

einer Vergleichbarkeit dokumentieren, denn diese vergab nicht das Kloster, sondern ein Herrscher,[7] dessen Einflüsse weit darüber hinaus reichten, von der Finanzierung der Bibliothek bis zur Stellenbesetzung.[8] Man kann diese Einrichtung eine Universität nennen – wenn man im Auge behält, dass im Rahmen der Definitionsentscheidung dieses Buches nicht nur mit der rechtlich verankerten Selbstverwaltung ein entscheidendes Merkmal fehlt.

Auch in China etwa findet man bedeutende Einrichtungen der Elitenbildung. Beispielsweise entstand in der Han-Zeit im 2. vorchristlichen Jahrhundert eine Schule zur Unterrichtung in den „Fünf Klassikern", die der Ausbildung von Beamten für das Kaiserhaus dienten und einen Schwerpunkt auf der Auslegung der klassischen Texte besaßen.[9] Diese Einrichtung wird zwar in der Literatur heute „kaiserliche Universität" genannt, doch bedeutet der Begriff „T'ai-hsüeh" wörtlich „große Schule",[10] die in der schulartigen Organisation ihrer Wissensvermittlung keine der okzidentalen Universität des Mittelalters vergleichbare Ausbildungsanstalt war. In der südlichen Song-Dynastie existierten im 12./13. Jahrhundert, also anderthalb Jahrtausende später und zeitlich parallel zu den Universitätsgründungen im lateinischen Mittelalter, „Akademien" als Stätten einer höheren Ausbildung, deren zentrale Aufgabe ebenfalls die Vorbereitung der Probanden auf die Prüfungen für den Staatsdienst war. Dabei handelte es sich in der Regel um private Gründungen, deren familiäre Grenzen mit der Zeit aufbrachen. Hier organisierte sich zwar eine Elite als intellektuelles Netz mit eigenen Riten[11] und transnationalen Verbindungen, aber ein juristisch eigenständiger Körper wie das Universitätskollegium entstand dabei nicht,[12] und eine Einbeziehung Studierender im Sinne einer Gemeinschaft von Lehrenden und Lernenden scheint es auch nicht gegeben zu haben. Das Vorlesungsprogramm jedenfalls lässt solche Beziehungen nicht erkennen[13] und auf eine klassische Meister-Schüler-Relation schließen.

Sieht man sich, wenn man den asiatischen Raum verlässt, im näheren Umfeld des entstehenden Christentums um, gibt es in der Antike nur wenige vergleichbare Institutionen, insbesondere wenn man die Perspektive auf eine selbstorganisierte Gemeinschaft von Lehrenden und Lernenden engführt. In der Antike finden sich immerhin Einrichtungen, die eine „kollegiale Klammer" besaßen, jedoch keine, die einen eigenständigen Bereich unter Einschluss der Studierenden bildete.[14] Erst um 425 trifft man in Konstantinopel unter Kaiser Theodosius II. auf eine im weiten Sinn vergleichbare Einrichtung. Hier reglementierte der Kaiser den Zugang zur Lehre auf dem Platz auf dem Platz des Kapitols und damit den öffentlichen Unterricht für privilegierte Lehrer, wohingegen alle anderen in private Häuser verwie-

---

7 Ebd., 52f.
8 Ebd., 53. 55.
9 Lee: Education in Traditional China, 47–49; für die Zeit nach dem 14. Jahrhundert westlicher Zeitrechnung s. Elman: A Cultural History of Civil Examinations in Late Imperial China, passim. Die späteren Veränderungen betrafen vor allem die Erweiterung des Fächerkanons (Lee, ebd., 515);
10 Lee, ebd., 48.
11 Ebd., 121–149.
12 Walton: Academies and Society in Southern Sung China, 121–140 und 150–164.
13 Ebd., 173–198.
14 Vössing: Alexandria und die Suche nach den antiken Universitäten, S. 224 (Zit.), 231.

sen wurden.[15] Damit konkurrierten die Lehrenden, und dies war eine signifikante Neuerung, nicht mehr miteinander, sondern mit solchen anderer Städte, und die davon erhoffte Steigerung des Ansehens von Konstantinopel war denn auch ein zentrales Motiv von Theodosius.[16]

Inzwischen kennen wir aufgrund von Ausgrabungen ein zweites Zentrum mit ähnlichen Strukturen, das Museion in Alexandria. Hier entstand – möglicherweise im 5. Jahrhundert und in Reaktion auf die Konstantinopolitaner Einrichtung – ein architektonischer Komplex, hinter dem die städtische Elite stand. Aus der Gleichheit der Räume, die durch Pulte und ansteigende Sitzreihen als Lehrsäle deutbar sind, kann man auf eine egalitäre Gruppe von Fächern und auf Kollegialität schließen,[17] doch aufgrund des Quellenmangels bleiben die Rekrutierungswege oder gar die Existenz von Selbstergänzungsrechten im Dunkeln. Der belegbare Austausch mit der (privaten) Akademie in Athen legt aber nahe, hier nicht allzu feste Strukturen zu vermuten und in dieser Gemeinschaft keine Kult-Vereinigung zu sehen.[18] Klar ist, dass das Museion frei von christlichen Interessen war.[19] Es bestand bis ins 7. Jahrhundert, sicher bis zur arabischen Eroberung Alexandrias im Jahr 642.[20] Eine nachweisbare Wirkung ins Mittelalter gab es allerdings nicht.

In denjenigen Gebieten von Byzanz, die noch längere Zeit nicht von den Arabern unterworfen wurden, findet man auch in späteren Jahrhunderten keine universitätsähnlichen Einrichtungen, was indiziert, dass eine christliche Prägung keine zwangsläufigen Entwicklungen, hier: hin zur Universität, generierte. Theologie und andere Wissensbereiche lernte man in Byzanz durch Gespräch und Lektüre,[21] nicht an einer universitätsartigen Einrichtung. Bei den (höheren) Schulen gab es Lehrer-Schüler-Verhältnisse, die meist privat organisiert waren und wo die Lehrer mäzenatisch finanziert wurden. Dieses Modell lag etwa in der Förderung Leons des Philosophen (um die 840er Jahre herum) durch Kaiser Theophilos vor, die in Reaktion auf die Herausforderung durch die Bildungslandschaft im arabischen Raum erfolgte.[22] Eine „staatliche Universität" in Konstantinopel mit einer Selbstverwaltung, von der manchmal gesprochen wird, hat in dieser Zeit trotz der rechtlichen und finanziellen Unterstützung kaiserlicherseits nicht existiert.[23] Jüngere Lehranstalten in Konstantinopel, die eine ambitionierte Wissensvermittlung betreiben, wie die 1045 von Kaiser Konstantin IX. für den Juristen Johannes Xiphilinos und für den Philosophen Michael Psellos gegründeten Lehrschulen, waren ad personam geschaffen und bestanden nur kurz.[24] Nach der Katastrophe der Eroberung Konstantinopels durch die lateinischen Christen im Jahr 1204 finden sich

---

[15] Ebd., 234.
[16] Ebd., 235–238.
[17] Ebd., 239–241. 244f.
[18] Ebd., 244f.
[19] Ebd., 247f.
[20] Ebd., 241.
[21] Speck: Die kaiserliche Universität von Konstantinopel, 82.
[22] Ebd., 2.
[23] Gegen anderslautende Positionen Speck, ebd., 49f., der trotz des Titels seiner Arbeit skeptisch gegenüber der Anwendung des Begriffs Universität ist; auch Schreiner: Konstantinopel, 115, lehnt eine Parallelisierung ab.
[24] Schreiner, ebd., 115–117.

erneut Anstrengungen, eine höhere Bildung zu ermöglichen, aber sie diente der Ausbildung der Verwaltungselite in Staat und Kirche.[25]

Ebensowenig besaß das Judentum mit seiner reichen Bildungstradition (siehe Kap. 3.3.1a) Institutionen mit einer Vorläuferfunktion. Universitätsähnliche Einrichtungen oder Hochschulen zur Ausbildung einer gesellschaftlichen Elite finden sich bei okzidentalen Juden schon aufgrund der Minderheitssituation nicht. Eher muss man damit rechnen, dass sie sich an der hegemonialen christlichen Kultur orientierten. Ein kleines Beispiel dafür ist der Titel des Rabbiners, den man seit der Spätantike kaum mehr benutzte, aber seit dem 14. Jahrhundert analog zum universitären Magister aufgewertete und professionalisierte,[26] wobei die universitären Titel als Vorbilder gedient haben dürften. Damit übernahm man ein symbolisch hoch gewichtetes Element der Universität, aber nicht deren Strukturen.

6.1 Die Universität im lateinischen Christentum

Plötzlich, in den Jahren vor und nach 1200, entstanden in Bologna und Paris zwei Universitäten, die ein verändertes, vielleicht darf man hier auch ohne gedachte Anführungszeichen sagen: revolutionäres Modell der Wissenssuche und Wissensvermittlung präsentierten: eine sich selbst konstituierende Gemeinschaft, die sich Regeln für die Form der Wissensvermittlung und für die Rekrutierung von Lehrern und Scholaren gab und so eine freie Reflexion über Wissensgegenstände ermöglichte. Plötzlich darf man die Entstehung auch dann nennen, wenn man, wie immer, im Kopf behält, dass diese Institutionen nicht vom Himmel fielen: Kathedralschulen, städtische Schulen und freie Scholaren hatten das Feld bereitet, auf dem die Universität entstand. Und frei war eine solche Reflexion natürlich nur unter den zeitgenössischen Bedingungen, aber der neue Rahmen war kategorial weiter gesteckt als derjenige ihrer Vorgängereinrichtungen. Präziser gesagt: Nicht die freie Wissenssuche an sich war revolutionär, sondern deren Absicherung im Rahmen eines Rechtsverbandes. Damit betritt man das Feld einer auf Gemeinschaftsbildung mit freier Entscheidung beruhenden Selbstorganisation, die sich im lateinischen Christentum in dieser Bildungsinstitution materialisierte. Darin auch die Adaption der auf Mitgliedschaft beruhenden Konstitution des Christentums zu sehen, steht in diesem Abschnitt zur Debatte. In eine Religionsgeschichte gehört die Universität zudem, weil ihre Entstehung eng mit der mittelalterlichen Kirche verknüpft war. Zum einen war die Theologie ein entscheidendes, allerdings nicht das einzige Fach, mit dem die Universität begründet wurde, aber mehr noch ermöglichte die päpstliche Unterstützung vieler Universitäten das Überleben in der Gründungsphase. Aus der Perspektive des 21. Jahrhunderts eröffnete die Universität eine Tradition zivilgesellschaftlicher Selbstorganisation im Rahmen einer zu Beginn religiös begründeten und abgesicherten Autonomie gegenüber konkurrierenden Ansprüchen auf die Gewinnung und Deutung von Wissen.

---

25 Constantinidis: Higher Education in Byzantium.
26 Haeberli: Vom Judenpriester zum Judendoktor. Die dahinterstehende Geschichte des Rabbinats bei Schwarzfuchs: A Concise History of the Rabbinate, 9–26, der aber nicht wesentlich über das Material bei Güdemann: Geschichte des Erziehungswesens und der Cultur der abendländischen Juden, hinausgeht.

In den Universitätsgründungen liefen im 12. Jahrhundert zwei bildungshistorische Prozesse zusammen. In einem ersten Entwicklungsstrang beerbten die Universitäten die gelehrten Studien. Dazu zählen vor allem Domschulen, in denen seit der Antike der Diözesanklerus an einer Kathedrale ausgebildet wurde, etwa an den frühmittelalterlichen Schulen in Toledo (mit Isidor von Sevilla) oder in York (mit Alkuin) oder im Hochmittelalter in Laon, Lüttich, Melun, Köln, Orleans, Paris, Reims oder Tours. Die Domschulen hatten im 11./12. Jahrhundert mit der Bedeutungszunahme der Bischofssitze und dem Wachstum der Städte ihre Konkurrenten, die Klosterschulen, überflügelt, die Stadt hatte das Land als Ort gelehrter Bildung abgelöst, die stabilitas loci der Mönche wurde durch die intellektuelle und physische Beweglichkeit der neuen Scholasten eingeholt.[27] Berühmte Domschulen entwickelten eine überregionale Attraktivität und zogen im 11. Jahrhundert eine internationale Studentenschaft an. Darüber hinaus gehören in diese Tradition die juristischen Schulen, die insbesondere in Oberitalien, namentlich in Modena und Bologna, florierten. In diesen „hohen" Schulen entstanden Charakteristika, die später die Universitäten prägten: Lehrgegenstände wurden Theologie, Jurisprudenz und Medizin, dazu trat das Propädeutikum der artes liberales, die im Frühmittelalter kanonisiert und zunehmend zum Ort philosophischer Reflexion aufstiegen.[28] All diese Fächer wurden unter Einbeziehung nichtchristlicher antiker Texte gelehrt, seit dem 12. Jahrhundert verstärkt durch deren Transfer über den islamischen und byzantinischen Raum. Seit dem 11. Jahrhundert waren zudem neue Diskursformen, quaestio und disputatio, hinzugekommen, im Hochmittelalter sprengte die Entwicklung der Logik den Rahmen der artes liberales. Mit diesem Programm gingen die „höheren" Studien im 13. Jahrhundert in die Universitäten ein, während die Domschulen ihre beherrschende Stellung im intellektuellen Lehrbetrieb verloren.

Der zweite bildungshistorische Strang waren die Magister, die seit dem 12. Jahrhundert auftraten. Sie scharten Schüler um sich und lehrten manchmal an wechselnden Orten. Ihre Studenten zogen durch den Okzident und benannten sich häufig nicht nach den Studien, die sie betrieben, sondern nach dem Lehrer, dem sie folgten: Ein „Meluner" etwa war ein Schüler Roberts von Melun (in der Île-de-France), der in Paris lehrte.[29] In der Außenperspektive hießen sie darum Sekten (von lat. sequi: folgen), weil sie einzelnen Lehrern folgten.[30] In diesem Milieu intellektueller Migranten, die weder von kirchlichen noch von staatlichen Institutionen ausgesandt waren, entwickelte sich ein radikales Denken bei einer Vielzahl bedeutender Gelehrter.[31] Zumindest im Stakkato von Namen und Themen sei der intellektuelle Hintergrund dieser Selbstorganisation aufgerufen: Die große Gestalt der Frühscholastik war Anselm (um 1033–1109), gebürtig aus dem Aostatal an der Südseite der Alpen, der in dem normannischen Kloster Bec von Lanfranc aus dem oberitalienischen Pavia unterrichtet wurde und nach seinem Sterbeort in England, wo er Erzbischof war, Anselm von Canterbury

---

[27] Ehlers: Monastische Theologie, historischer Sinn und Dialektik.
[28] Englisch: Die Artes liberales im frühen Mittelalter.
[29] Fichtenau: Ketzer und Professoren, 251.
[30] Ebd., 248.
[31] Honnefelder: Woher kommen wir?

heißt. Er forderte eine „fides quaerens intellectum",[32] einen Glauben, der sich des Verstandes bediene, und suchte in seiner christologischen Schrift „Cur deus homo" die Christologie interreligiös, in Auseinandersetzungen mit „Ungläubigen",[33] mutmaßlich Juden, vielleicht auch Muslimen, zu plausibilisieren. Seit dem 11. Jahrhundert findet sich dann eine Vielzahl weiterer wirkungsgeschichtlich bedeutender Magister, von denen ich nur einige nenne: Berengar von Tours (Anfang des 11. Jahrhundert – 1088), der Leiter der Tourneser Domschule, der die dialektische Methode in der Theologie anwandte, indem er das Abendmahl mit einer Zeichentheorie interpretierte, und Manegold von Lautenbach († nach 1103), der zum frühscholastischen Kritiker der „heidnischen" Philosophie und Anhänger der Gregorianischen Reform wurde. Roscelin von Compiègne (um 1050–1120/25) hielt man die Begründung des Nominalismus vor, Gilbert von Poitiers (um 1080–1154) versuchte die Einheit und Trinität Gottes mit Hilfe der scholastisch-aristotelischen Sprachlogik zu denken. Hugo von St. Victor (um 1097–1141) rezipierte die platonisierende Mystik des Dionysius Areopagita, Alain von Lille (Alanus ab Insulis, um 1117/28–1210) reflektierte neben seinen theologischen Themen eine von nichtchristlichen antiken Autoren eingefärbte Naturphilosophie. Amalrich von Bene († 1206/07) unterstellte man gnostische Tendenzen, vermutlich weil er aus der Teilhabe am sündlosen Christus auf sündlose Christen schloss, während sich der Aristoteliker Siger von Brabant (um 1235/1240–1284) in der Reflexion über die Einheit des Intellektes und die Vielfalt der Menschen den Vorwurf zuzog, das christlichen Gottesbild pantheisierend (wie man seit dem 18. Jahrhundert sagte) aufzulösen. Der vielleicht bekannteste dieser Magister war Abaelard (1079–1142), der unter anderem in Melun, in Corbeil und auf dem Hügel von St. Geneviève vor den Toren von Paris lehrte und als Mönch in St. Denis (bei Paris) und in St. Gildas-en-Rhuys (in der Bretagne) lebte. Seine Infragestellung der Tradition mit den Mitteln der Logik, sein „sic et non" gegenüber absoluten Aussagen über die Wahrheit gehörte mit zu den Überlegungen, die ihm glühende Verehrer und hasserfüllte Gegner bescherten. Unsterblichen Nachruhm außerhalb der intellektuellen Welt hat ihm jedoch seine Liebe zu Héloïse eingetragen, deretwegen er von seinen Gegnern kastriert wurde.

Last but not least gab es die großen Systematiker: Den Novareser Petrus Lombardus (um 1095/1100–1160) etwa, den Leiter der Kathedralschule von Paris, der schließlich dort Erzbischof wurde. Seine „Sentenzen", eine christliche Dogmatik auf der Grundlage von Bibel und „Kirchenvätern", bildeten, indem man sie diskutierte und kommentierte, eine Grundlage der scholastischen Debatten. Mitten in diese Diskussionen hinein wurden neue Schriften des Aristoteles präsent, dazu die Kommentare von arabischen und jüdischen Denkern, in der Mitte der 1220er Jahre lag das aristotelische Oeuvre fast komplett vor. Diese Konfrontation mit einer neuen Wissenschaftskultur führte zu einer Revolution der okzidentalen Wissenschaftstheorie, für die der weitgehend in Köln lehrende Dominikaner Albertus Magnus (um 1200–1280) steht, der die unaufhebbaren Differenzen zwischen einigen christlichen und aristotelischen Positionen realisierte. Aus dem geschlossenen Wissenssystem wurde eine „Vielfalt" von „Wissenswelten", in der einheitliche Erklärungsansprüche zugunsten perspektivi-

---

[32] Anselm von Canterbury: Proslogion (Prooemium).
[33] Ders.: Cur deus homo, Praefatio.

scher und damit konkurrierender Deutungsansprüche aufgehoben wurden.³⁴ Sein Schüler Thomas von Aquin (um 1225–1274), geboren in Roccasecca in Latium, Student in Köln und dann Lehrer in Rom, Viterbo, Oriveto und Neapel, suchte in umfangreichen „Summen" die Auseinandersetzung mit Aristoteles – teilweise in Gegensatz zu dem Franziskaner Bonaventura (1221–1274), der, distanziert gegenüber der aristotelischen Philosophie, eine christliche „Weisheit" unter Rückgriff auf neuplatonische Vorstellungen entwickelte. In diesem Kontext veränderte man den Gegenstand der Denkmöglichkeiten in der Lehre von den Modalitäten, in der das Mögliche als Realisierung eines Vermögens zugunsten des Möglichen als eines kategorial Anderen konzipiert wurde.³⁵

Letztlich setzte sich im intellektuellen Diskurs eine Dialektik als rationale Argumentationsstruktur gegenüber der Begründung von Legitimität durch Tradition durch. Die Denker des 12. und 13. Jahrhunderts begaben sich weitgehend auf Neuland, als sie die theologische Reflexion auf die Sprachphilosophie ausdehnten und die Theologie damit analysierten.³⁶ Diese Anwendung von Logik und die Dialektik als Schlüsselmethode für die Theologie, sei, so Alain de Libera, „ein Spezifikum des mittelalterlichen Okzidents".³⁷ Anders als in Byzanz, wo im 11. Jahrhundert bei Johannes Italos und Eustratius von Nizäa die Versuche einer „Dialektisierung der Theologie" fehlschlugen,³⁸ etablierte sich im Westen auf breiter Ebene ein Denken, das unterschiedliche Logiken kannte, die Unterscheidung zwischen Sinn und Bedeutung nominalistisch verschärfte und das fiktionale Denken legitimierte. All dies geschah vor allem in der Theologie, weil dort Spannungen zu Standardlogiken (wie des Nichtwiderspruchsprinzips binärer Logiken) zu lösen waren, etwa in der Inkarnations- und Trinitätstheologie. Dazu traten theologische Theorien, die ihrerseits neue Denkräume eröffneten, etwa mit der Konzeptualisierung der göttlichen Allmacht, in der keine Denkgrenzen mehr denkbar waren.³⁹

Auf eine intellektuelle Dimension ist noch näher einzugehen, auf die Welle von Übersetzungen antiker Schriften, namentlich der Werke des Aristoteles. Dies ist in vergleichender Perspektive von besonderem Interessen, da ein solcher Prozess in der muslimischen Welt schon Jahrhunderte früher stattgefunden hatte (siehe Kap. 6.2), der die Gemeinsamkeiten, aber auch die Unterschiede zwischen der östlichen und westlichen Rezeptionsgeschichte und damit zugleich die Differenzen der jeweiligen Bildungseinrichtungen deutlich macht. Im Okzident erfolgte die Aristotelesrezeption vor allem über die Gebiete, mit denen der lateinische Okzident an den griechisch- und arabischsprachigen Raum stieß, also in Sizilien im Umfeld der normannischen Grafen (Roger I. und II.) und der deutschen Kaiser (Friedrich Barbarossa, Friedrich II.), oder in Süditalien in der Ärzteschule in Salerno. Sodann war Spanien ein zentrales Brückenland, hier namentlich mit der berühmten Übersetzungsschule von Toledo, zudem kam man über Venedig (siehe Kap. 7.2), in Südfrankreich und im Heiligen

---

34 Honnefelder: Woher kommen wir?, 63.
35 Ebd., 171–187.
36 De Libera: Die Logik im Rationalisierungsprozeß des Mittelalters, S. 113f.
37 Ebd., 115.
38 Ebd.
39 Ebd., 116–122.

Land mit diesen Schriften in Kontakt. Es waren hauptsächlich Übersetzungen aus dem Griechischen ins Arabische, weitgehend angefertigt durch syrische Christen (siehe Kap. 6.2), die die okzidentalen Theologien vor die Herausforderung des Umgangs mit neuen Philosophien stellte. Im Okzident hatte man vor dem 13. Jahrhundert nur über die Kategorienschrift des Aristoteles verfügt, von Platon über Teile des Timaios und, wie auch im islamischen Bereich, über neuplatonisches Material, das man fälschlich Aristoteles zuschrieb (etwa Proklos' „Liber de causis"). Erst durch Übersetzungen aus dem Arabischen und später aus dem Griechischen erhielt der Okzident Kenntnis des gesamten aristotelischen Oeuvres sowie der arabischen Auslegungstradition, namentlich derjenigen von Ibn Ruschd, genannt Averroes (1126–1198 [520–594 H]). Er blieb auch im lateinischen Okzident meist schlicht und ehrfurchtheischend „der Kommentator", an dem sich die lateinische Welt jahrhundertelang abarbeitete. Was diese Aristoteles-Rezeption brisant machte, war eine Einsicht, die mit den Kommentierungen des Averroes in schneidender Deutlichkeit klar wurde: Die philosophischen Schriften des Aristoteles waren nicht nur eine Methode (wie dessen logische Schriften, die man seit der Antike kannte, suggerierten), sondern eine Philosophie mit universalem Erklärungsansatz, die in vielen Punkten im Widerspruch zur christlichen Theologie stand. Aristoteles' Überzeugung von der Ewigkeit der Welt war nur eine der prominenten philosophischen Positionen, die zu den mit der Schöpfungstheologie christlicher, aber auch jüdischer und muslimischer Provenienz unvereinbaren Theologumena zählte.

Diese „Renaissance" der antiken Kultur erfolgte durchaus kontrovers, wie etwa zwischen dem Aristoteles-Kritiker Bonaventura und dessen kritischem Verteidiger Thomas von Aquin sichtbar wurde. Aber vermutlich war die Offenheit dieses philosophisch-theologischen Diskurses das entscheidende Agens für die verschärfte Unterscheidung zwischen Theologie und Philosophie im 12. Jahrhundert, mithin für die Einsicht, dass die vernünftige Begründung mit Aristoteles nicht mit der christlichen Theologie identisch war. Die Erkenntnis, dass es regionale Formen der Vernunft gab, war langfristig entscheidend für eine Kultur wissenschaftlicher Rationalität und schlussendlich für die Entwicklung des Anspruchs auf eine „apodiktische Wissenschaft, die ihre Wahrheiten aus ersten und durch sich bekannten Axiomen bzw. Prinzipien abzuleiten vermag".[40]

Kirchliche Verurteilungen von Teilen der Aristoteles-Rezeption erfolgten seit einem Entscheid der Pariser Synode von 1210 immer wieder, aber gleichzeitig kam es zu einer christlichen Interpretation der naturphilosophischen Schriften und zu einer Integration der logischen Traktate im universitären Unterrichtskanon. So dekretierte die Pariser Artistenfakultät 1255, dass Vorlesungen über alle Schriften des Aristoteles zu halten seien. Der Pariser Bischof Étienne Tempier verurteilte zwar 1270 und nochmals 1277 Thesen aus dessen Werk, vermutlich im Kontext des Versuchs, seine Position gegenüber der Universität zu stärken,[41] vielleicht auch nicht unabhängig von den Verurteilungen des Aristoteles im Islam knapp 200 Jahre zuvor.[42] Dabei ging es um klassische Kontroverspositionen wie die Ewigkeit der Welt[43] und

---

[40] Honnefelder: Die Anfänge der Aristoteles-Rezeption, 13; vgl. seine Überlegungen ebd., 11–14.
[41] Hille: Die Pariser Verurteilung vom 10. Dezember 1270, 56.
[42] So die Überlegung bei Griffel: Apostasie und Toleranz im Islam, 7.
[43] Hille: Die Pariser Verurteilung vom 10. Dezember 1270, 57–65.

überhaupt um, so Tempiers Anhänger, das „heidnische Wertesystem".⁴⁴ Gleichwohl wurde Aristoteles zu einer Grundlage der Scholastik, etwa im Oeuvre des Albertus Magnus oder in den Summen des Aquinaten. Denn Tempier gab mit seinen Ausgrenzungen einen Maßstab für den Umgang mit dem aristotelischen Werk vor, der jahrhundertelang galt.⁴⁵ Dabei wird in der Forschung diskutiert, ob nicht erst Tempiers Verbote eine freiere Wissenschaft ermöglichten, denn zu verbieten war in seinen Augen auch eine Erkenntnis, die die geistige Erkenntnis gegenüber der materiellen Welt bis hin zur Körper- und Frauenfeindschaft idealisierte, nicht zulässig waren für ihn auch Zauberei und Totenbeschwörung, und schließlich verwarf er Teile der aristotelischen Physik, womit er möglicherweise der universitären Reflexion über die Kosmologie einen Freiraum öffnete, weil dies die Entwicklung einer Theorie der Bewegung freisetzte, die keine intrinsischen Kräfte der bewegten Körper mehr annehmen musste und es ermöglichte, einen unendlichen, leeren Raum um das Universum herum anzunehmen.⁴⁶

Die Mitglieder der Elite, die an den Universitäten oder in ihrem Umfeld lehrten, wussten natürlich, dass der Kontakt mit der antiken Literatur im Verlauf des 13. Jahrhunderts die intellektuellen Revolutionen der Frühscholastik verschärfte. Bernhard von Chartres, der berühmte Kanzler der Chartreser Domschule, hat dieses Selbstbewusstsein in einem geflügelten Wort zu Beginn des 12. Jahrhunderts formuliert: Wenn man als Zwerge auf den Schultern von Riesen, nämlich der antiken Literatur, sitze, könnten wir dadurch mehr und weiter sehen als diese.⁴⁷ Allerdings setzt die Forschung hinter die interkulturelle Dimension dieses Prozesses inzwischen ein großes Fragezeichen, jedenfalls sofern man sie als Auslöser der Scholastik betrachtet. Es besteht zwar kein Zweifel, dass über den Islam die antike Philosophie und der ganze Aristoteles in das okzidentale Mittelalter kamen, aber die scholastische Transformation von Theologie und Philosophie wurde davon nicht ausgelöst. Denn sowohl Abaelards „Sic et non" (1120er Jahre), in dem er die Widersprüche zum Ausgangspunkt dialektischen Argumentierens machte und damit auf ältere Scholastiker, insbesondere Bernold von Konstanz und Ivo von Chartres, zurückgriff,⁴⁸ als auch der Sentenzenkommentar des Petrus Lombardus (um 1150), der die Widersprüchlichkeiten der Tradition in ein systematisches Ganzes aufzuheben versuchte, wurden vor der neuen Rezeption der antiken Literatur geschrieben. Die Scholastik hat ohne Zweifel durch die griechische und arabische Literatur einen furiosen Aufschwung genommen, aber das dialektische Denken „verdankt dieser

---

44 Bianchi: Der Bischof und die Philosophen, 79; Text s. Chartularium universitatis parisiensis, Nr. 473 (S. 543–558). Bei Bianchi auch die weiteren Überlegungen zur Einordnung der Thesen von Tempier.
45 S. den Band: Nach der Verurteilung von 1277, hg. v. J. A. Aertsen.
46 Vgl. Lindberg: The Beginnings of Western Science, 365; ähnlich hatte schon Pierre Duhem im 19. Jahrhundert argumentiert. Lindberg sieht in der Rezeption der antiken Literatur und der damit verbundenen Pluralisierung der naturphilosophischen Debatten sowie der institutionellen Eigenständigkeit der naturwissenschaftlichen Forschung in Schulen und Universitäten zentrale Rahmenbedingungen der mittelalterlichen Entwicklung, ohne aber die Überschätzung der nominalistischen Tradition, die auf den Forschungen Pierre Duhems aus dem 19. Jahrhundert beruhen, zu übernehmen.
47 Johannes von Salisbury: Metalogicon 900c (= hg. v. C. Ch. J. Webb, 136, Z. 23–27).
48 Grabmann: Die Geschichte der scholastischen Methode, 235, 242f.

Bewegung ... nichts", so Alain de Libera.⁴⁹ Damit muss man nach anderen Faktoren für die Radikalisierung der Scholastik suchen, und die macht de Libera an innertheologischen Innovationen, insbesondere an der sprachtheoretischen Wende, fest.

Die in diesem Feld entstehende „universitas" als Gemeinschaft der Lehrenden und Lernenden entwickelte sich nicht durch revolutionäre Gründungsakte, sondern, wie nach dem eingangs Erwähnten zu erwarten steht, durch den Umbau bestehender Schulen.⁵⁰ An der Spitze dieses Transformationsprozesses, in dem es zur Vereinigung dieser heterogenen Personenverbände kam,⁵¹ standen um 1200 Bologna und Paris. In Bologna lag der Schwerpunkt auf der Jurisprudenz, da sich hier im 11. Jahrhundert juristisches Fachwissen in den Auseinandersetzungen zwischen Kaiser, Papst und Kommune akkumuliert hatte. Im Rahmen der Möglichkeiten städtischer Freiheiten hatten sich die Scholaren bis in die 1190er Jahre statuarisch verankerte Selbstverwaltungsrechte gegen die Kommune erkämpft, namentlich das Selbstergänzungsrecht und das Recht auf Einbeziehung der nicht ortsansässigen Studierenden. Rechtssicherheit erhielt die entstehende Universität durch kaiserliche und päpstliche Privilegierungen, die aber beim Bologneser Typ im Gegensatz zu Paris offenbar nicht am Ende, sondern am Anfang stand.⁵²

In Paris war die Situation schon insofern anders, als der Schwerpunkt auf der Theologie lag. Auch in der Organisation des Lehrbetriebs ging Paris andere Wege. Die Zusammenfassung des Studienbetriebs führte am Anfang des 13. Jahrhunderts zur Gründung einer magisterorientierten Universität. Dabei spielte die päpstliche Rückendeckung eine entscheidende Rolle, insbesondere durch die päpstlichen Statuten von 1215, die das Studium regelten, sowie – entscheidend – die Bulle „Parens scientiarum" von 1231, in der Papst Gregor IX. der Universität das Recht zusprach, sich selbst die rechtlichen Regelungen für die universitären Belange zu geben und die zum Verfassungsmodell für die weiteren Universitätsgründungen nördlich der Alpen wurde.⁵³ Diese kirchliche Protektion war ambivalent: Auf der einen Seite setzte sich die kirchliche Lehraufsicht durch den Universitätskanzler durch, die aber zugleich die Universität vor dem Zugriff der weltlichen Behörden schützte.

In der Vergangenheit hat die Debatte um die urallererste Universität zwischen Bologna und Paris eine prominente Rolle gespielt – durchaus mit nationalistischen Untertönen. Aber die Frage nach der Priorität ist eine akademische. Wenn man in diesem Prozess das Augenmerk auf die Existenz korporativer Strukturen richtet, stößt man zuerst auf Bologna, blickt man auf den Zusammenschluss von Lehrern und Scholaren, liegt der Primat in Paris. Beide Universitäten waren ohnehin nur exemplarische Varietäten in einem Prozess der Gründung von Universitäten und universitätsähnlichen Institutionen seit dem 13. Jahrhundert.

---

49 De Libera: Die Logik im Rationalisierungsprozeß, 113.
50 Im Überblick Rüegg: Themen, Probleme, Erkenntnisse; außerdem Verger: Grundlagen; Nardi: Die Hochschulträger.
51 Schwinges: Genossenschaft und Herrschaft in der Universität der Vormoderne, 29f.; ders.: Karrieremuster, 521.
52 Ders.: Genossenschaft und Herrschaft in der Universität, 25.
53 Chartularium universitatis parisiensis, Bd. 1, hg. v. H. Denifle, 136–138; dazu d'Irsay: Histoire des universités françaises et étrangères, Bd. 1, 69–73; Boehm: Paris I, S. 3f.; Walther: Die Grundlagen der Universitäten, 78f.

Im Kontext meiner Überlegungen ist das Moment der Selbstorganisation von eminenter Bedeutung. Dieses wird in seiner ganzen irritierenden Neuheit in einer Predigt, die Philipp, der Kanzler des Pariser Domkapitels von Notre-Dame, um 1220 hielt, sichtbar. Er kritisierte die noch junge Lehranstalt und ist gerade dadurch wohl vertrauenswürdiger als deren Verteidiger:

> Einst, als jeder Magister für sich selbst lehrte und der Begriff einer universitas noch unbekannt war, hielt man häufiger Vorlesungen, disputierte auch häufige und man betrieb die Studien eifriger. Jetzt habt ihr euch zusammengeschlossen und eine universitas gebildet – nicht jedoch zu einer am Tisch des Herrn. Da wird weniger gelesen, weniger disputiert, alles wird ausgeweitet, aber wenig gelernt, weil die Zeit für Vorlesungen und Disputationen verkürzt wird, da sie für häufige Zusammenkünfte und Sitzungen benötigt wird. Während die Älteren zu Sitzungen zusammentreten, um zu verhandeln und Beschlüsse zu fassen, werden die Jüngeren mit der Autorität der Älteren ausgestattet und beschließen diese überaus schlechten wechselseitigen Vereinbarungen, verschwören sich und treffen nächtlich zusammen.[54]

Häufige Zusammenkünfte und Sitzungen verdrängen das „ordentliche" Lernen, die Hierarchie der Älteren wird durch die Wissensautorität der Jüngeren ausgehebelt – so Philipp. Er sieht keine verheißungsvolle Neuorganisation der Wissenssuche, sondern nächtliche Verschwörung. Aber ganz so anarchisch war die entstehende Universität nicht. Hinsichtlich des Zugangs etwa gab es im Prinzip zwar keine Beschränkungen, wenngleich die Ausschlusskriterien aus heutiger Perspektive massiv waren. Die Zulassung von Laien erfolgte seit dem 14. und zunehmend im 15. Jahrhundert, für Frauen und für Juden öffnete sich die Universität erst im 19. und 20. Jahrhundert. Signifikant aber war das Recht auf interne Organisation. Im Kernbereich, dem Zusammenschluss von Magistern und Scholaren, konstituierte sich ein Verband von neuer Qualität, ermöglicht durch das juristisch abgesicherte Recht auf Selbstergänzung mit Wahl- und Kooptationsverfahren, durch eine eigene Gerichtsbarkeit und durch die Lehrfreiheit. Hier finden sich auch zentrale Elemente der in der Stadt entwickelten Selbstverwaltung wieder, Formen, wie sie in der Bruderschaft oder Genossenschaft entwickelt worden waren,[55] um 1200 lässt sich auch eine Adaption der Conjuratio, der Schwureinigung auf den Bildungsbereich nachweisen.[56] In diesem Organisationsrahmen wurden das „ius ubique docendi", das „studium generale" und das Promotionsrecht zu Merkmalen einer veränderten Form der Gewinnung und Organisation des Wissens, relativ geschützt vor herrschaftlichen oder kirchlichen Zugriffen.

Dazu traten eine Vielzahl weiterer Elemente dieser Selbstorganisation: etwa die Unterstellung unter einen geistlichen Schutzpatron, die die Universität als eigenes religiöses Korpus auswies; die Passagenriten, die die Graduierungen des akademischen Lebens analog zu Sakramenten begleiteten; die Nutzung gentiler Metaphern, wenn die (männlichen) Professoren als Vater oder Mutter angeredet wurden;[57] schließlich die Organisation von Scholaren aus fremden Regionen in Sprachgruppen, die als Gliederung in „nationes" in Bologna seit dem 12. Jahrhundert und in Paris seit 1222 nachweisbar sind. Die im 13. Jahrhundert

---

54 Ungedruckte Predigt, zit. nach Walther, ebd., 77f. (Rechtschreibung stillschweigend korrigiert).
55 Schwinges: Genossenschaft und Herrschaft in der Universität, 21f; Borgolte: Christen, Juden, Muselmanen, 579.
56 Schwinges: Genossenschaft und Herrschaft in der Universität, 23.
57 Christiani: Teachers and Learners in Scholastic Medicine, 81.

etablierte Organisationsform der Universität gehört damit in die Geschichte von Selbstverwaltungsstrukturen, wie sie sich zeitgleich auch in der politischen Verwaltung der Städte entwickelten (siehe Kap. 5.1). Diese Universität war eine Erfolgsgeschichte, für die pars pro toto ihre Titel stehen. Bald galt, dass „der Doktorgrad einem Adelstitel gleichkam".[58]

In der religionshistorischen Perspektive dieses Buches ist das Verhältnis von geistlichen und weltlichen Faktoren von besonderem Interesse. Diese Thematik wurde in der Forschung lange kontrovers diskutiert, weil kirchlich orientierte Forscher die Rolle der religiösen Akteure hoch veranschlagten, kirchenkritische hingegen die dominierenden Antriebskräfte bei den weltlichen Herrschern sahen.[59] Heute dominiert die Wahrnehmung, dass die Kirche als entscheidender Faktor der Universität das Überleben ermöglichte, aber mit vielen Akteuren kooperativ und konfliktreich gleichermaßen interagierte: mit den Magistern und Scholaren, mit den Kommunen, den Kaisern und anderen weltlichen Herrschern. Dabei war die kirchliche Seite ein Akteur, der die Grenze zwischen „Kirche" und „Welt" überbrückte, denn neben Päpsten, Bischöfen und Klöstern besaßen die „weltlichen" Akteure Doppelrollen, weil die Mitglieder von Universitäten oder Kommunen oder die Herrscher zugleich auch Mitglieder der Kirche waren; ohnehin waren die ersten Studenten Kleriker, und Versammlungen und Prüfungen fanden meist in Kirchen und Klöstern statt.

In diesem Interferenzfeld kirchlich-weltlicher Beziehungen sind die leitenden Interessen der Universitätsgründungen zu bestimmen. Werner Rüegg hat drei Dimensionen identifiziert:[60]

– Die Interessen der Lehrenden und der Studenten lassen sich weder auf Wissen um des Wissens willen, auf den „amor sciendi" in einer idealistisch-theologischen Perspektive reduzieren, noch auf die pragmatische („weltliche") Berufsausbildung. Die Universität bediente von Beginn an beide Dimensionen. Die Lehrenden entstammten in den folgenden Zeiten oft „Magisterfamilien", die nicht nur nach Wissen strebten, sondern auch als „Bildungs-Unternehmer" agierten.[61]
– Die Städte fürchteten auf der einen Seite Nachteile, weil sich mit den Universitäten eigene Rechtsräume ausbildeten und häufig Steuerverluste drohten. Auf der anderen Seite schätzten sie im Laufe des 13. und 14. Jahrhunderts zunehmend die Universitäten: Der Zuzug von Studenten war ökonomisch attraktiv, und die Ausbildung stellte das Personal bereit, das man für die städtische Verwaltung und die Politik benötigte.

---

58 Rüegg: Themen, Probleme, Erkenntnisse, 38; Cobban: The Medieval Universities, 23.
59 Im Überblick bei Rüegg: Themen, Probleme, Erkenntnisse, 24–27. Die klassischen Kontroverspositionen wurden schon im 19. Jahrhundert formuliert. Heinrich Denifle etwa hob die Rolle der Kirche hervor, Georg Kaufmann sah die Rolle des staatlichen Rechts dominieren, Friedrich Pauli nahm eine vermittelnde Position ein. In diesen Kontext gehört auch die Frage, inwieweit die Päpste reaktiv oder eigeninitiativ die Universitätsgründungen begleiteten oder in welchem Ausmaß man die Landesherren, die auch Privilegien zu vergeben hatten, als Gründer oder als Stifter anzusprechen habe. In vielen Fällen durchdrangen sich geistliche und weltliche Sphäre. Dazu nur ein Beispiel: Alfons VIII. (1155–1214) gründete das Generalstudium in Salamanca ohne päpstliche Zustimmung, aber Alexander IV. bestätigte 1255 das alfonsinische Privileg.
60 Rüegg: Themen, Probleme, Erkenntnisse, 32–39.
61 Ebd., 21.

- Die Territorialherren unterstützten vereinzelt schon früh die fahrenden Scholaren. So hatte ihnen Kaiser Friedrich Barbarossa in seinem Scholarenprivileg von 1155,[62] das vermutlich die Handschrift Bologneser Doktoren trägt, Sicherheit auf der Reise und während ihres Aufenthaltes an Studienorten sowie die freie Richterwahl zugesagt. Wenngleich die kaiserliche Macht nicht ausreichte, diese Rechte vollständig durchzusetzen, wirkte das Privileg nachhaltig, weil damit Ansprüche legitimiert waren, für deren Realisierung man sich einsetzen konnte. Als Universitätsgründer traten weltliche Herrscher erst im Laufe des 13. Jahrhunderts auf. Berühmt ist die Universitätspolitik Kaiser Friedrich II. (reg. 1220–1250), der nach seiner Kaiserkrönung den Standort Neapel als Konkurrenz zu Bologna aufzubauen versuchte, ohne aber vorerst die Päpste aus ihrer zentralen Rolle für den Schutz und die Förderung der Universitäten zu verdrängen. In den folgenden Jahrhunderten wurde das landesherrliche Interesse zu einem zentralen Motiv für viele Universitätsgründungen, mit durchaus pragmatischen Aspekten, etwa der Personalrekrutierung oder der Absicherung von Rechtspositionen durch die „eigenen" Magister.
- Dem überregional handelnden Papsttum kam in diesem Faktorengeflecht eine herausgehobene Rolle zu, mit komplexen eigenen Motiven.[63] Zum ersten gab es ein Interesse an der Begründung einer rational einsichtigen theologischen Doktrin, die zwei Schwerpunkte besitzen sollte: das Verhältnis von Glaube und Vernunft sowie die Auseinandersetzung mit den „Häresien". Denn das 12. Jahrhundert war nicht nur die Zeit der freien Lehrer, sondern auch die Ära der Katharer und Waldenser, der Franziskanerspiritualen und der Begegnung mit dem Islam. Zum anderen nutzten die Päpste die Universitäten zur Rekrutierung der Elite des kirchlichen Personals, so dass die Kirche zu einem der wichtigsten Arbeitsfelder der graduierten Studenten wurde.[64] Insbesondere das Reformpapsttum, dem viele freie Lehrer als Anhänger kirchlicher Reformbewegungen nahestanden,[65] förderte diese Bildungsinstitutionen – wie etwa Gregor VII. (reg. 1073–1085), der die Domkanoniker zur Unterhaltung von Schulen verpflichtete.[66] Dahinter standen päpstlicherseits oft biographische Prägungen in den neuen Bildungseinrichtungen, denn viele Päpste des 12. Jahrhunderts waren durch präuniversitäre Schulen gegangen. Cölestin II. (reg. 1143–1144) und Cölestin III. (reg. 1191–1198) etwa waren Schüler Abaelards. Wichtig wurde, dass sich Alexander III. (reg. 1159–1181), der erste „Juristenpapst", für die Freiheit der licentia docendi (der Lehrbefähigung) von Gebühren einsetzte, damit Wissen nicht ökonomisch gebunden sei und auch ärmeren Studenten offenstehe.[67] Im 13. Jahrhundert hatten die Päpste dann zumeist eine Universität besucht. Der „Papst" der Logiktheorie etwa, Petrus Hispanus, saß als Johannes XXI. 1276/77 auf der päpstlichen Kathedra.

Zu diesem intellektuellen Kontext trat die sozioökonomische Unterstützung durch kirchliche Subsidien für nichtkirchliche Einrichtungen. Denn nur selten kam es zur

---

62 Stelzer: Zum Scholarenprivileg Friedrich Barbarossas.
63 Hierzu weiterhin Rüegg: Themen, Probleme, Erkenntnisse, 32–39.
64 Miethke: Die Kirche und die Universitäten im 13. Jahrhundert.
65 Zu Abaelard s. Miethke: Abaelards Stellung zur Kirchenreform. Zu den Wurzeln bei Wilhelm von Champeaux, dem Lehrer Abaelards, s. Walther: St. Victor und die Schulen in Paris, 339–343.
66 Ehlers: Monastische Theologie, historischer Sinn und Dialektik, 72.
67 Nardi: Die Hochschulträger, 85f.

Gründung eigener kirchlicher Universitäten (wie in Albi, Rom oder Toulouse), der Normalfall wurde die Unterstützung mit kirchlichen Pfründen und Privilegien, ohne die den Universitäten die ökonomische Basis gefehlt hätte. Innozenz III. (reg. 1198–1216) etwa beförderte, indem er den Genuss von Pfründen auch außerhalb des bepfründeten Ortes erlaubte, ein wichtiges Instrument für die Internationalisierung der Universität. Andere Päpste wandten einzelnen Universitäten direkte Zahlungen zu, wie Papst Eugen IV. (reg. 1431–1447), der die römischen Zolleinnahmen der Sapienzia in Rom übereignete. Dazu kamen die rechtlichen Absicherungen der Universitäten. Die 1233 erteilte „licentia ubique docendi" wurde ein Meilenstein für die Unabhängigkeit der Magister. Sie galt zwar nicht durchgehend für die Lehrbefugnis, transportierte aber den Anspruch auf die Lehrbefähigung. Diese licentia brachte der Universität die „päpstlich legitimierte Universalität ihrer Abschlüsse"[68] und half, den universitären Lehrkörper zu einer lokale und fachwissenschaftliche Grenzen sprengenden Gruppe zu machen. Schließlich spielten die Päpste eine wichtige Rolle in der Moderation von Konflikten. Bei Auseinandersetzungen mit der weltlichen Herrschaft war der Papst oft die einzige Instanz, an die die Universitäten appellieren konnten. In internen Konflikten waren die Päpste respektive ihre Kardinallegaten zentrale Anlaufstellen. Die Regelung von Rechtsstreitigkeiten in Bologna und Paris ist dafür ebenso ein Beispiel wie die Durchsetzung von universitären Freiheiten 1216 in Oxford gegen die Stadt. Aus dieser komplexen Konstellation von theologischen Interessen, intellektueller Neugier und machtpolitischer Nutzung erklärt sich das päpstliche Interesse, die universitären Studien sowohl zu fördern als auch zu lenken und zu kontrollieren.

Die Entstehung der Universität war, wie schon dieser Blick auf wichtige Schritte ihrer Organisationsgeschichte deutlich macht, von konkurrierenden Interessen gekennzeichnet. Dass dabei ein religiöser Akteur im engeren Sinn, das Papsttum, eine wichtige und vielleicht entscheidende Rolle spielte, ist im Kontext der Überlegungen dieses Buches weniger wichtig als das Faktum, dass alle Interessenten im Rahmen eines gesellschaftlichen Rahmens agierten, in dem selbstverwaltete Gemeinschaften Teil einer weit verbreiteten und akzeptierten Form der Organisation gesellschaftlicher Pluralität waren, aus der der Faktor Religion in Gestalt des Christentums und seiner Vergemeinschaftungsvorstellungen nicht wegzudenken ist.

Diese intellektuell brisante Phase bis zum 13. Jahrhundert produzierte natürlich keine Bauanleitung für diejenige Universität, die seit dem 19. Jahrhundert zu einem globalen Exportschlager des europäischen Bildungssystems wurde. Die Geschichte der Universität war keine geradlinige Entwicklung von den frühen Formen, die allein Thema der Überlegungen dieses Kapitels waren, hin zu den heutigen Einrichtungen gleichen Namens. Viele Veränderungen überlagerten Ursprünge, die oft nur noch ein Palimpsest waren. Schon Philipe de Grève, Kanzler der Pariser Universität von 1218 bis 1236, rügte den Rückgang der Vorlesungen und Disputationen, also spezifisch universitärer Veranstaltungen, durch den Bedeutungsverlust der freien Magister im Rahmen der Institutionalisierung der Universität.[69] Zunehmend

---

68 Rüegg: Themen, Probleme, Erkenntnisse, 34.
69 Ebd., 33.

lagen schon im Spätmittelalter die innovativen Orte der Theologie und Philosophie außerhalb der Universität, wie in Köln und überhaupt im Rheintal, wo die Bettelordenskonvente die geistigen Zentren bildeten. Eine weitere intellektuelle Machtverschiebung vollzog sich in der Frühen Neuzeit, als die Staaten zunehmend Akademien gründeten, die häufig mehr auf praktische Beamtenausbildung als auf den „amor sciendi" zielten. Daneben entwickelten sich seit dem 15. und vor allem 16. Jahrhundert gelehrte Sozietäten (siehe Kap. 7.3), in denen sich vielfach die Avantgarde der an Kultur- und Naturforschung Interessierten traf und die die Universitäten an Kreativität überflügelten. Es gab also keine „Evolution" von den frühen Universitätsgründungen in Bologna und Paris zu der Konzeption einer Humboldtschen Universität mit dem Anspruch auf die Freiheit von Lehre und Forschung und mit der Gleichzeitigkeit von Persönlichkeitsbildung und praktischer Relevanz. Insbesondere, und dieser Aspekt ist im Hinblick auf das Erkenntnisinteresse dieses Kapitels von besonderer Bedeutung, dürfte die Realität von Partizipation und Selbstverwaltung hinter dem Ideal, welches man anhand der Auseinandersetzungen seit dem 12. Jahrhundert (re-)konstruieren kann, weit hinterhergehinkt haben, nicht zuletzt als in den Akademien der Frühen Neuzeit pragmatische Interessen der herrschaftlichen Gründer die wissenschaftlichen Interessen der Professoren überlagerten. Die Freiheit der Lehre und des Rechtes auf Selbstergänzung waren oft dem politischen Kalkül der Machthaber nachgeordnet. Aber, und dieser Aspekt ist entscheidend, mit der mittelalterlichen Universität entwickelte sich die regulative Idee einer selbstorganisierten Gemeinschaft für die freie Wissenssuche, und dieser Mehrwert einer freien „universitas", in der der „amor sciendi" über die pragmatische Wissensvermittlung hinausgehen sollte, blieb der Universität als Leitidee im kulturellen Gedächtnis des Okzidents erhalten.

6.2 Die Madrese im Islam

Eine lange Geschichte hochgelehrter Bildung findet sich auch in der islamischen Welt. Einer ihrer zentralen Orte war die Madrese, die immer wieder im Zusammenhang mit der Universität genannt und manchmal als deren Pendant in der islamischen Welt betrachtet wird. Man findet sie in den meisten Regionen (aber etwa nicht auf den Iberischen Halbinsel[70]). Sie ist im Kern eine Lehrstätte, in der Regel mit Bibliothek und Versammlungsräumen.[71] Meist war sie an eine Moschee angeschlossen, besaß oft eine Unterbringungsmöglichkeit für die Schüler, konnte auch mit einer Bethalle und nicht selten mit Grabkapellen verbunden sein,[72] manchmal auch mit einem Krankenhaus und naturkundlichen, etwa astronomischen Einrichtungen. In jahrhundertelangen Entwicklungen hat sie eine große Pluralität von Arrangements entwickelt.

Das organisatorische Herzstück des Lehrbetriebs bildete in der Regel ein persönliches Lehrer-Schüler-Verhältnis,[73] fast immer mit männlichen Lehrern, sehr selten auch mit

---

[70] Makdisi: Madrasa, 66.
[71] Ders.: The Rise of Humanism, 54–59.
[72] Brandenburg: Die Madrasa; im Überblick Pedersen/Makdisi: Madrasa I.
[73] Berkey: Transmission of Knowledge, 21–43.

Lehrerinnen,[74] aber manchmal waren Madresen auch öffentliche Lehranstalten für eine bildungsinteressierte Öffentlichkeit.[75] Unterrichtsgegenstände konnten Theologie und Philosophie, auch Medizin und naturkundliche Fächer sein,[76] doch als Kernfach galt das Recht, in unterschiedliche Schultraditionen differenziert;[77] möglicherweise war das Curriculum der Madrese offener als dasjenige einer okzidentalen Universität.[78] Aufgrund ihrer großen Zahl und einer eigenen, oft auffälligen Architektur[79] konnten Madresen das Bild einer Stadt in der islamischen Welt stärker prägen als Bildungseinrichtungen in mittelalterlichen Städten des Okzidents. Auch in ihrer schlichten Zahl übertraf die Madrese vergleichbare okzidentale Institutionen, große Städte konnten ihrer Dutzende besitzen.[80] So sind, um zwei zeitlich weit auseinanderliegende Beispiele zu nennen, für Damaskus vom 7. bis zum 13. Jahrhundert (1. bis 7. Jh. H) 66 Madresen nachweisbar,[81] in Konstantinopel fanden sich 1869 (1286 H) 166 Madresen mit 5370 Studierenden.[82]

In dieser Fülle von Madresen erinnert die islamische Geschichtsschreibung hochberühmte Einrichtungen:

- In Bagdad hatte der abbasidische Kalif al-Mamun, der Sohn Harun al Raschids, im Jahr 825 (209 H) das „Haus der Weisheit" gegründet,[83] das nicht zuletzt durch seine Bibliothek berühmt wurde, für die al-Mamun eine Vielzahl von Übersetzungen und aus dem ganzen Reich Bücher besorgte (s. u.), und an das naturkundliche Einrichtungen wie ein Observatorium angebunden waren.
- Abu Ali al-Mansur, meist al-Hakim genannt, der sechste fatimidische Kalif in Ägypten, gründete 1005 (395 H) gleichfalls ein „Haus der Weisheit". Er ließ es in einem Flügel seines Palastes in Kairo unterbringen und mit einer umfangreichen Bibliothek von der Theologie bis zur Naturkunde ausstatten, wo sich zweimal wöchentlich Gelehrte zum Austausch trafen.[84] Die Nähe zur Schia wurde dieser Einrichtung allerdings zum Verhängnis, die sunnitischen Nachfolger al-Hakims vernichteten die Bibliothek.[85]
- Nizam al-Mulk, 1063 (455 H) von dem seldschukischen Sultan Alp Arslan zum Wesir berufen, verfolgte ein Programm zur Errichtung von Madresen. Die beiden berühmtesten lagen in Persien, die eine in Nishapur im Nordosten, die zweite, vielleicht noch berühmtere, Nizamiyya, in Bagdad, in der Abu Ishaq al-Shirazi und al-Ghazali lehrten und wo religiöse Themen im Umfeld des Koran im Mittelpunkt standen, aber auch Mathema-

---

74 Schoeler: Gesprochenes Wort und Schrift, 273. Hingegen sieht einen Ausschluss der Frau für das mamelukische Ägypten Berkey: Women and Islamic Education, 145.
75 So in Kairo im 14. Jahrhundert (6. Jh. H), Berkey: Transmission of Knowledge, 201–208.
76 So in Damaskus, s. Pouzet: Damas au VIIe/XIIIe siècle, 149–171.
77 Leiser: The Madrasah and the Islamization of Anatolia before the Ottomans, 174. 182; Berkey: Transmission of Knowledge, 7; Hallaq, Wael B.: An Introduction to Islamic Law, 53.
78 Makdisi: Madrasa and University, 262.
79 Brandenburg: Die Madrasa.
80 Ebd., passim. Vgl. für das osmanische Reich Inalcik: The Ottoman Empire, 167–171.
81 Pouzet: Damas au VIIe/XIIIe siècle, anhängende Tafel 2.
82 Hallaq: An Introduction to Islamic Law, 48.
83 Balty-Guesdon: Le Bayt al-Hikma.
84 Sourdel: Dār al-Hikma.
85 Brandenburg: Die Madrasa, 18.

tik unterrichtet wurde.[86] Der Unterricht wird für das Jahr 1184 (580 H) so beschrieben, dass Schüler um einen Lehrer sitzen, der eine Koranpassage rezitiert und auslegt und zur Erläuterung Hadithe beizieht. Einige Schüler stellen ihm Fragen, während andere schriftliche Ausarbeitungen präsentieren, zu denen der Lehrer Stellung nimmt.[87] Über die Gründungsmotive al-Mulks besteht in der Forschung kein Konsens. Möglicherweise beabsichtigte er, ein Netzwerk von ihm persönlich ergebenen Institutionen zu schaffen, vielleicht wollte er auch das intellektuelle Niveau des sunnitischen Islams und der schafiitischen Rechtsschule, der er nahestand, heben.[88]

– In Nordafrika stieg die 859 (218 H) gegründete al-Qarawiyyin in (dem heute marokkanischen) Fes zu einer berühmten Madrese auf. Sie bildete vor allem Prediger und Imame aus. Dabei lernte der Student (zumindest in der Frühzeit) die Texte, die der Lehrer rezitierte, auswendig, bis er nach fünf oder sechs Jahren mit einer Bescheinigung über die gelesenen Bücher das Recht erworben hatte, selbst zu unterrichten.[89]

Madresen finden sich um einiges früher als die Universität. Fasst man darunter Einrichtungen wie das „Haus der Weisheit" in Bagdad, kommt man ins 9. Jahrhundert (3. Jh. H). Versteht man hingegen darunter eine Institution, die im Kontext der Entstehung der Rechtsschulen und der Systematisierung des Rechts entstand, gibt es Gründe, die ersten Madresen in Khurasan zu lokalisieren und eine zumindest weite Verbreitung erst im 11. Jahrhundert (5. Jh. H) unter Nizam al-Mulk anzunehmen, dessen Nizamiyya zum Vorbild für ähnliche Einrichtungen wurde; diese konnten allerdings auf Vorbilder im persischen Raum und in anderen westlichen Provinzen zurückgreifen, wo seit dem 10. Jahrhundert (4. Jh. H) Gasthäuser (Khans) in der Nähe von Moscheen entstanden, in denen zuerst Lehrer und Schüler, die in den Moscheen lehrten beziehungsweise unterrichtet wurden, wohnten, ehe im 10. und 11. Jahrhundert (4. und 5. Jh. H) Moschee und Khan zur Madrese verschmolzen.[90] Die große Zeit der Madresen brach mit der Ausbreitung der Seldschuken im 11. Jahrhundert (5. Jh. H) an,[91] also zeitlich in etwa parallel zum Aufstieg der Universitäten im Okzident. Aber sie blieben nicht die einzigen Bildungseinrichtungen in der islamischen Welt. Sie konkurrierten oft mit weniger ambitionierten Lehrhäusern,[92] Moscheen, den Konventen der Sufi-Bruderschaften oder freien Lehrern,[93] Medizin konnte auch in Hospitälern gelehrt werden und Recht an einer Schule („Madhab"), die um eine Person oder einen geographischen Schwerpunkt zentriert war.[94]

---

86 Talas: La madrasa Nizamiyya et son histoire, 39f. Zur Landschaft der Lehranstalten in Bagdad Makdisi: Muslim Institutions of Learning in Eleventh-Century Baghdad.
87 Talas: La madrasa Nizamiyya et son histoire, 39.
88 Bosworth: The Political and Dynastic History of the Iranian World (A. D. 1000–1217), 71f. Vgl. auch Brandenburg: Die Madrasa, 15–18.
89 Ronart: Lexikon der Arabischen Welt, 865.
90 Berkey: Transmission of Knowledge, 8; vgl. zur Geschichte Makdisi: Madrasa I., 1123f.
91 Brandenburg: Die Madrasa, 16. 23–31.
92 In Abgrenzung dazu heißen Madresen für „höhere" Studien im Englischen dann meist „colleges", etwa bei Makdisi: Madrasa; ders.: The Rise of Colleges.
93 Berkey: Transmission of Knowledge, 50–60. 85–94.
94 Makdisi: The Rise of Colleges, 1.

In der Regel wurde eine Madrese durch eine Stiftung (Waqf), die als Modell im levantinischen Raum seit der Spätantike zur Verfügung stand,[95] gegründet und finanziell abgesichert, üblicherweise durch solche, die eigenständig neben der Moscheestiftung existierten.[96] Allerdings findet man auch für die ökonomische Absicherung eine Vielzahl unterschiedlicher Regelungen. So sind im frühen 16. Jahrhundert (10. Jh. H) in Ägypten Stiftungen für Madresen nachweisbar, in denen zwar Gelder für den Imam, den Prediger, den Koran-Leser und den Muezzin vorgesehen waren, nicht aber für den Lehrer, weil, so die Begründung, das Lehrer-Schüler-Verhältnis ein persönliches sei.[97] In der Regel jedoch waren die Lehrenden über den Fundus der Waqf gut besoldet.[98] Die Subsidien konnten aus dem Vermögen, oft aus dem Erbe privater, häufig herrschaftlicher Stifter stammen, aber auch im Rahmen von Eroberungen in muslimische Hände geraten sein und nicht selten aus ehemals christlichem Besitz herrühren.[99] Diese Finanzierung, und dies ist im vergleichenden Blick auf die okzidentale Universität von Bedeutung, konnte für die Madresen die Basis ihrer Eigenständigkeit bilden, aber auch die Freiheit zur Reflektion und Lehre einschränken, wenn einem Stifter weitgehende Rechte in der Organisation zugebilligt wurden,[100] die oft dessen Zugriff auf die Rekrutierung des Lehrpersonals beinhalteten.

Zwar galt vor allen Dingen eine herausragende Qualifikation der Lehrenden als Einstellungsbedingung, und diese konnte in dem intellektuellen Netzwerk, welches die Madresen miteinander verband, kompetitiv ermittelt werden.[101] Aber es gab eine Reihe weiterer Zugangsmöglichkeiten, namentlich über Abstammung, durch persönliche Protektion oder durch den Verkauf von Stellen.[102] Am Beispiel Kairos im 14./15. Jahrhundert (8./9. Jh. H) lässt sich dokumentieren, dass Madresen zum Patronagesystem gehörten,[103] in dem die Nachfolgeregelung häufig einer Familie vorbehalten war, die gewohnheitsrechtlich oder auch aufgrund fixierter Regelungen eine Stellenbesetzung vornehmen konnte. Für Damaskus lassen sich ähnliche Strukturen nachweisen, insofern Erziehung hier Teil einer sozialen Strategie war, die für Familien der Führungsschicht die Möglichkeit bot, Netzwerke zu pflegen. Damit betonte man oft eine elitäre Abstammung, die auch den Anspruch auf die Kontinuität in der Leitung einer Madrese beinhalten konnte.[104] Deshalb legten Damaszener Familien Wert darauf, ein Glied in einer Kette der Überlieferer (eine Konstruktion, die auch die Verlässlichkeit der Tradierung von Korantexten und Hadithen sichern sollte [siehe Kap. 4.2.4]) zu sein

---

95 Pahlitzsch: Christliche Stiftungen in Syrien und im Irak, 39–54.
96 Ritter: Moscheen und Madrasbauten in Iran, 70.
97 Berkey: The Transmission of Knowledge in Medieval Cairo, 18.
98 Ebd., 98–107.
99 Leiser: The Madrasah and the Islamization of Anatolia, 187; Inalcik: The Ottoman Empire, 166. Mehmet II. etwa ließ nach der Eroberung von Konstantinopel acht Kirchen zu Madresen umbauen; Veinstein: Le modèle ottoman, 73f.
100 Makdisi: The Rise of Colleges, 35–38.
101 Pouzet Damas au VIIe/XIIIe siècle, 149–171; Makdisi: The Rise of Colleges, 170f.
102 Makdisi: The Rise of Colleges, 170f.
103 Berkey: Transmission of Knowledge, 95–127.
104 Chamberlain: The Production of Knowledge and the Reproduction of the A'yān in Medieval Damascus.

und engagierten sich in der Tradierung von Texten und Wissen im Rahmen der Madresen;[105] ihre Aktivitäten allerdings auf höhere Bildung zu reduzieren, ist eine europäische Perspektive.[106] Ein weiteres Modell findet man im osmanischen Reich. Hier entstanden im Rahmen staatlich organisierter Ausbildung weitreichende Zugriffsrechte auf die Madresen, die hierarchisch geordnet und der staatlichen Kontrolle unterworfen wurden,[107] wobei die Sanktionsmöglichkeiten gegenüber Stelleninhabern bis hin zur Möglichkeit der Konfiskation des Einkommens und der Hinrichtung gehen konnten.[108] Der gentile, vor allem aber der herrschaftliche Zugriff auf die Madrese erinnert an ähnliche Funktionalisierungen der Akademien im frühneuzeitlichen Europa. Bildung war eben immer auch ein politischer Faktor.

Vergleicht man, um kurz innezuhalten, die Madrese hinsichtlich ihrer Organisationsstrukturen mit der okzidentalen Universität, stößt man auf signifikante Unterschiede.[109] In der Madrese bildeten die Lehrenden üblicherweise kein Kollegium oder eine Gemeinschaft. Dies dürfte wiederum mit der hohen Bedeutung des Lehrer-Schüler-Verhältnisses zu tun haben, in dessen Rahmen man an der Madrese kaum unpersönliche Tradierungstechniken entwickelte.[110] Dahinter stand aber auch der genannte herrschaftliche Zugriff auf das Lehrpersonal, dem kein Schutz, wie er für die Magister an okzidentalen Universitäten bestand oder zumindest gefordert wurde,[111] gegenüberstand. Allenfalls islamische Geistliche, Ulemas, konnten (im osmanischen Reich) als Mitglieder des Sakralbereichs einen vergleichbaren Schutz besitzen.[112] Zugleich war die Bindung vieler Lehrender an eine Madrese begrenzt, weil sie nur ein Ort unter anderen war, an denen sie unterrichteten;[113] ohnehin lief ihre Karriere häufig außerhalb einer Madrese ab. Ein Lehrkörper mit einer autonomen Rekrutierung des Lehrpersonals durch Selbstergänzungsverfahren entwickelte sich jedenfalls in den Madresen nicht. Aus diesen Gründen fällt das Urteil von Forschern über die Eigenständigkeit von Madresen und ihrer wissenschaftlichen Tätigkeit teilweise überaus kritisch aus.[114]

Diese Wahrnehmung der Madrese vermittels eines durch die Universität formatierten Blickes besitzt allerdings einen klassischen (und unvermeidlichen) Nachteil des Vergleichs, den der reduktiven Selektivität, und unterschlägt die – wiederum nach Zeit und Regionen unterschiedlichen – Funktionen der Madrese, die über die Vermittlung von Wissen hinausgingen und sich nur teilweise oder gar nicht bei der Universität finden. So war die Madrese wohl viel stärker auch ein Ort des Gebetes und der Rechtsprechung.[115] Weitere Aufgaben

---

105 Ebd., 41.
106 Ders.: Knowledge and Social Practice, 90.
107 Veinstein: Le modèle ottoman, 78–81.
108 Ebd., 82f.
109 Dazu Chamberlain: Knowledge and Social Practice in Medieval Damascus, 69–90.
110 Berkey: Transmission of Knowledge, 18; Chamberlain: The Production of Knowledge, 45.
111 Chamberlain, ebd., 28f. (mit Blick auf Damaskus).
112 Veinstein: Le modèle ottoman, 83.
113 Beispiel bei Berkey: Transmission of Knowledge, 114.
114 Für Wirth: Die orientalische Stadt, 252, war die Madrese eine „religiöse Kaderschmiede". Abdel-Rahim: Legal institutions, 73, deutet sie als Teil der „systematic control of the ruling authority over education". Chamberlain: Knowledge and Social Practice, 90, beschreibt sie für das mittelalterliche Damaskus als ein Instrument der Eliten zur sozialen Kontrolle.
115 Berkey: Transmission of Knowledge, 188–201.

erwuchsen ihr hinsichtlich der sozialen Rolle von Religion. Im sunnitischen Islam waren Madresen oft ein zentraler Faktor bei der Herausbildung einer traditionalistischen Identität; so spielten sie in Kleinasien eine wichtige Rolle für die Genese eines orthodoxen Islam und die Islamisierung des eroberten Territoriums, indem sie die Attraktivität des Islam insbesondere für Christen, aber auch den Druck auf einen Übertritt erhöhten.[116]

Zu den Pfaddifferenzen in der intellektuellen Debatte, die seit dem 13. Jahrhundert (7. Jh. H) in der arabischen[117] gegenüber der lateinischen Welt entstanden, trat eine unterschiedliche Wertschätzung von Wissensfeldern. In der islamischen Welt wurden diejenigen Wissenschaften, die dem Koran und dem Recht dienten, privilegiert und hießen „islamische" oder „nützliche", die übrigen hingegen „fremde" Wissenschaften.[118] Wenn „fremde" Wissenschaften in hoher Blüte standen, dann, wie etwa die Astronomie aus pragmatischen Gründen, insofern sie für die Berechnung von Seefahrtsrouten diente, oder aufgrund religiöser Motive, weil man sie für die Kalenderberechnung und die Ausrichtung des Gebets nach Mekka benötigte. Der Stiftungszweck für Madresen konnte diese Unterscheidung verstärken, insofern sie religiösen Zwecken gewidmet sein mussten, die deren Stifter durchsetzen konnten, so dass „fremde Wissenschaften" aus dem Curriculum ausgeschlossen[119] oder in die Privatsphäre verlagert wurden.[120] Unbenommen davon gab es einzelne bedeutende Madresen, die für „fremde" Wissenschaften offen waren.[121] Gleichwohl erhielten sie auf Dauer einen geringen Stellenwert gegenüber den „nützlichen" Disziplinen; manche Forscher sehen darin einen entscheidenden Grund für die fehlenden Parallelen zur Entwicklung der neuzeitlichen Naturwissenschaften im Okzident.[122]

Damit waren auch folgenreiche Differenzen in der Rezeption der antiken Literatur verbunden, als sie aus syrischen und byzantinischen Quellen an muslimische Leser kam. Abbasidische Herrscher ließen diese Texte sammeln und übersetzen, wie al-Mansur, der 762 (144 H) Bagdad gegründet hatte, oder Harun al-Raschid, den man im Westen aus den Erzählungen von Tausendundeiner Nacht kennt (und den man in der islamischen Welt unter anderem wegen des machtpolitisch motivierten Mordes an seinem Bruder kritischer sieht). Vor allem aber engagierte sich sein Sohn al-Mamun (um 786–833 [um 169–218 H]), der in seiner Herrschaftszeit, die 813 (197 H) begann, systematisch nach Manuskripten suchen ließ. Die meisten fand er wohl in den eroberten Gebieten, namentlich in Syrien, aber die islamische Geschichtsschreibung legte auch Wert darauf, dass man viele Werke von Byzanz erhalten habe, vielleicht weil man sich als dessen kulturellen Erben verstand. So etwa machte al-Mamun die Übergabe griechischer Werke zum Teil des Friedensvertrags, den er mit dem

---

116 Leiser: The Madrasah and the Islamization of Anatolia, 187. 189.
117 Zum Plädoyer für die Rede von einer „arabischen" anstelle einer „islamischen" Philosophie s. Adamson/Taylor: Introduction (in: The Cambridge Companion to Arabic Philosophy), 3.
118 Borgolte: Christen, Juden, Muselmanen, 550.
119 Makdisi: The Rise of Colleges, 283.
120 Borgolte: Christen, Juden, Muselmanen, 552.
121 Etwa die Madrese des al-Latif (gest. 1231 [609 H]) in Damaskus oder diejenigen des aus dem Judentum in den Islam konvertierten Raschiduddin zu Beginn des 14. Jahrhunderts (8. Jh. H); Borgolte: Christen, Juden, Muselmanen, 553f.
122 Cohen: Scientific Revolution, 398–405.

byzantinischen Gouverneur von Zypern abschloss.[123] In dem damit verbundenen Übersetzungsprozess, in dem man auf sassanidische Traditionen zurückgriff[124] und in mehreren Wellen griechische Texte übersetzte,[125] nutzte man Kenntnisse vor allem syrischer Christen, da die arabischen Muslime Griechisch und andere fremde Sprachen wohl nur ausnahmsweise aus Gründen des wissenschaftlichen Interesses gelernt haben.[126] Unter diesen Christen ragte Hunain ibn Ishaq (808–873 [192–259 H]) heraus,[127] der mit weiteren Mitgliedern seiner Familie Werke von Platon und Aristoteles, aber auch andere naturphilosophische Schriften sowie Bibeltexte im Arabischen zugänglich machte. Dazu reiste er auf den Suche Manuskripten durch den Vorderen Orient und übersetzte sie wohl erst ins Syrische und dann ins Arabische.[128] Für die christlichen Übersetzer bedeutete dies allerdings nicht, muttersprachliche Kenntnisse zu nutzen, vielmehr beruhten die Übersetzungen auf dem Erlernen einer auch ihnen fremden Sprache, womit sie sich eine lukrative Einkommensquelle erschlossen.[129] Nachdem im 10. Jahrhundert (4. Jh. H) in Bagdad ebenfalls Christen weitere Werke des Aristoteles übersetzt hatten,[130] lag um 1000 (um 390 H) herum der größte Teil der überlieferten naturkundlichen Schriften aus dem Griechischen in einer arabischen Übersetzung vor.[131]

Durch diesen Rezeptionsprozess hatte die arabisch-muslimische Welt früher als die westlich-christliche Kenntnis von großen Teilen der Schriften von Aristoteles, Platon und von neuplatonischen Autoren. Dabei verliefen die Unterschiede in der Rezeption offenbar entlang einer ost-westlichen Linie. So konzentrierte man sich in der islamischen Welt, ebenso wie in Syrien und in Byzanz, in der philosophischen Logik fast ausschließlich auf semantische Fragen und grundlegende Syllogismen, wohingegen im Westen die Aristoteles-Rezeption zur Entwicklung komplexerer Logiken und zu dialektischen Methoden geführt habe.[132] Andere Teile der griechischen Tradition wurden in islamischen Kulturen im Gegensatz zum Okzident teilweise nicht, teilweise nur schwach rezipiert, etwa die griechischen Dramen und Tragödien, wenngleich auch islamische Autoren die Überlegenheit der antiken Dichter feiern konnten.[133] Auch in der Rezeption des antiken Rechts gab es unterschiedliche Wege. Eine derart intensive Rezeption, wie sie in Bologna am Anfang des 12. Jahrhunderts geschah, und

---

123 Balty-Guesdon: Le Bayt al-Hikma de Baghdad, 134–136; Rührdanz: Das alte Bagdad, 89f.
124 Gutas: Greek Thought, Arabic Culture, 40–45.
125 Hugonnard-Roche: Les traducteurs syriaques et la transmission des savoirs grecs dans l'espace culturel arabo-muselman.
126 Vgl. Perkams: Die Übersetzung philosophischer Texte aus dem Griechischen ins Arabische und ihr geistesgeschichtlicher Hintergrund, 130.
127 Strohmaier: Hunayn b. Ishak al-Ibadi; Perkams: Die Übersetzung philosophischer Texte aus dem Griechischen ins Arabische, 127–129.
128 Perkams: Die Übersetzung philosophischer Texte aus dem Griechischen ins Arabische, 128.
129 Gutas: Greek Thought, Arabic Culture, 138f.; Strohmaier: Hunayn, 578f.
130 Perkams: Ein historischer Überblick über die islamische Philosophie bis Averroes, 36–39.
131 Lindberg: Von Babylon bis Bestiarium, 177–179; Graf: Geschichte der christlichen arabischen Literatur, 122–132. Gutas: Greek Thought, Arabic Culture. Zum Neuplatonismus s. van Ess: Arabischer Neuplatonismus und islamische Theologie; zu Aristoteles s. Aristoteles, in: Lexikon des Mittelalters; Peters: Aristotle and the Arabs.
132 De Libera: Die Logik im Rationalisierungsprozeß, 115.
133 Hinweis von Aziz Al-Ahmeh.

eine Differenzierung in zwei Rechtskreise (wie sie im Okzident im kanonischen und weltlichen Recht vorlag) fand im islamischen Kulturraum nicht statt.

Angesichts dieser Unterschiede zwischen Madrese und Universität ist ein Feld von Gemeinsamkeiten präsent zu halten: Beide gehörten in ein Feld intensiver intellektueller Debatten, in beiden ging es immer wieder um die Bestimmung des Verhältnisses von Vernunft und Offenbarung, die im Islam in weiten Teilen eine Auseinandersetzung um die Interpretation des Koran war. Hier standen sich mehrfach Gruppen gegenüber, die die Offenbarung der Vernunft überordneten oder eine umgekehrte Hierarchie postulierten. Eine klassische Strömung „rationalistischer" Theologien waren die Mutaziliten,[134] die die Geltung von Offenbarungstexten zugunsten „vernünftiger" Argumentationen relativierten oder zumindest die Kongruenz von Vernunft und Offenbarung behaupteten.[135] Sie reagierten damit auf eine hohe Pluralität theologischer und philosophischer Positionen, die in der islamischen Welt während der ersten Jahrhunderte aufgrund der Kontakte mit Kulturen, auf die man in den neueroberten Ländern traf, präsent waren. In dieser Situation propagierten die Mutaziliten, verkürzt gesagt, eine „rationale" Theologie als Metaebene, die es ermöglichen sollte, unterschiedliche Deutungen in eine gemeinsame Perspektive aufzuheben. Damit aber setzten sie sich gegen die internen theologischen Konkurrenten nicht durch. In diese Traditionalisierung der islamischen Theologie spielten allerdings auch religionsexterne Faktoren hinein, da der Mittlere Osten durch die Mongoleneinfälle politisch und kulturell destabilisiert war. In diesem Umfeld suchte man eine stabile Orientierung stärker an Offenbarungsschriften und einer hermeneutisch daran eng angeschlossenen Auslegung, die eine Verlässlichkeit jenseits kultureller Relativismen versprach, als an einer rationalistischen Auslegung. In diesem Kontext entstanden zumindest parallel (aber nicht unbedingt damit kausal verbunden) die Rechtsschulen, deren Institutionalisierung eine Stärkung traditionaler Positionen bedeutete.[136] Im Rahmen dieser Auseinandersetzungen wurden die Vertreter einer rationalistischen Theologie zensiert[137] und letztendlich in der gelehrten Debatte aus der zeitweilig hegemonialen Position verdrängt.

Die Konsequenzen dieser Entwicklung sind als Wegscheide zwischen östlich-islamischen und westlich-christlichen Kulturen gelesen worden. Im Hintergrund steht eine Periodisierung der intellektuellen Geschichte des Islam, die nach einem „Goldenen Zeitalter" der Philosophie bis zur Mitte des 14. Jahrhunderts (8. Jh. H)[138] nunmehr von ihrer „Nachblüte", etwa im Iran des 15. und 16. Jahrhundert (9./10. Jh. H), spricht.[139] Was in diesem komplexen Prozess „wirklich" geschah, ist weniger klar als die Geschichte seiner Deutung, in dem oft

---

[134] Zu den „orientalistischen" Projektionen in derartigen Zuschreibungen seit dem 19. Jahrhundert s. Martin/Woodward: Defenders of Reason in Islam.
[135] Hildebrandt: Neo-Mu'tazilismus?, 120–151. Vice versa konnte man das Vernunftwissen als die Offenbarung widersprechend ausgrenzen; Musall: Vom „Schlüssel der Wissenschaften" zum „Schlüssel des Gesetzes", 213.
[136] Makdisi: Authority in the Islamic Community; ders.: The Rise of Colleges, 282.
[137] Ders.: The Rise of Humanism, 5. 378, und ders.: Authority in the Islamic Community, 121, bezeichnet die „Mihna" als „Great Inquisition".
[138] Etwa Gutas: Avicennas Erbe.
[139] Eichner: Die Avicenna-Rezeption, 63.

einseitige Werturteile an die Stelle der Analyse komplexer Entwicklungen trat. So hat man in der westlichen Islamwissenschaft die Beschränkungen, denen die rationalistische Theologie unterworfen wurde, als „Schließung des Tores der eigenen Urteilsfindung", des „Ijtihad", bezeichnet.[140] Dabei sei, so jedenfalls eine Deutungstradition, eine wichtige Methode zur Bildung eines juristischen Urteils, in dem eine philosophische oder theologische Position auf der Bildung einer eigenen Meinung und der freien Konsensfindung in der Gelehrtengemeinschaft beruht hatte, nicht mehr angewandt respektive ausgeschlossen worden. Es habe in der islamischen Welt eine andere Dynamik im Umgang mit theologischen und philosophischen Fragen gegeben, die auch als ein weiterer Grund für die unterschiedliche Entwicklung von Madresen und Universitäten angeführt werden. So lehnte beispielsweise Ibn Aqil (gest. 1073 [465 H]), der in Bagdad an der Al-Mansur-Moschee lehrte, als Anhänger des Mystikers al-Hallaj die Benutzung von Vernunft und Logik als letzte Interpretationsinstanz für die Theologie ab.[141] Im Hintergrund spielten schwierige politische Verhältnisse in Bagdad eine Rolle und die Präsenz einer Fülle von theologischen Meinungen und Richtungen hinsichtlich „Orthodoxie" und „Häresie", in denen sich al-Hallaj partiell vernunftkritisch positionierte. Auch der in Persien lebende Theologe al-Guwaini (gest. 1085 [444 H]) erklärte an seinem Lebensende die rationale Theologie und die „selbständige Suche" in den Grundlagen des Glaubens für unzulässig,[142] letztlich weil sie keine Gewissheit vermittle. Der Philosoph und Theologe al-Ghazali (1058–1111 [450–505 H]) wiederum kritisierte nach einer philosophischen Frühphase die (aristotelische) Philosophie, insofern sie grundlegenden Überzeugungen des Islam widerspreche.[143] Hinter solchen Positionen standen unter anderem innertheologische Probleme, etwa die mutazilitische Annahme einer historischen Konstitution des Koran, die die Frage des Verhältnisses zwischen seiner Genese und dem Theologumenon seiner nichthistorischen Transzendenz aufwarf, oder die Voraussetzung der Willensfreiheit, die die Frage nach deren Vereinbarkeit mit deterministischen Aussagen im Koran stellte. In diesem Zusammenhang wurde, vergleichbar der Situation in der okzidentalen Scholastik, auch die Rezeption des Aristoteles zunehmend kritisch diskutiert. Schon seit dem 10. Jahrhundert (4. Jh. H) sei die peripatetische Philosophie mehr und mehr als Unglaube betrachtet worden und deshalb oft unter den Vorwurf der Apostasie gefallen, was ihre Rezeption entscheidend eingeschränkt habe.[144]

Andere Indikatoren für eine stärkere Abschließung gegenüber kritischen philosophischen Denkoperationen werden von Forschern in den methodologischen Reflexionen ausgemacht, die sich in den Madresen und den mit ihnen in einem intellektuellen Netz verbundenen Rechtsschulen finden. Bei den Hanafiten etwa sei im Laufe der Zeit die normsetzende Überlieferung vor rationale Erwägungen gestellt worden,[145] und die hanbalitische Schule habe in der Scharia Regeln, die nicht rational einsichtig seien, fixiert, weshalb die „Knechtung" der Urteilsfindung durch die Scharia zu akzeptieren sei.[146] Jedenfalls habe bereits im

---

140 Schacht: An Introduction to Islamic Law, 69–75; Nagel: Die Festung des Glaubens, 7.
141 Makdisi: Ibn Aqil.
142 Nagel: Festung des Glaubens, 331.
143 Griffel: Apostasie und Toleranz im Islam, 260 ff.
144 Ebd., 217 ff.
145 Nagel: Festung des Glaubens, 364.
146 Ebd., 192.

10. Jahrhundert (4. Jh. H) die Mehrheit der islamischen Rechtsgelehrten die Meinung vertreten, dass die grundlegenden Fragen in der islamischen Theologie abschließend geklärt seien.[147] Averroes (gest. 1198 [594 H]) etwa wollte nur Fragen grundsätzlicher Bedeutung diskutieren, denn „die meisten Fälle seien ... längst gelöst worden seit den Tagen der Prophetengefährten bis in die Zeit, in der sich die ‚Nachahmung' ausbreitete".[148] Jahrhunderte später beklagte der Gelehrte Muhammad aš-Šaukānī (gest. 1839 [1255 H]) ein statisches Wissenschaftsverständnis in der islamischen Welt: „Wer sich nicht zur ‚Nachahmung' bekenne, werde von allen Gelehrten gemieden. ... Vielmehr sind sich alle Menschen der islamischen Länder in der Nachahmung einig."[149]

Allerdings gibt es in der Islamwissenschaft zunehmend Kritik zumindest an der These der Schließung des „Tores der eigenen Urteilsfindung". So hat der Islamwissenschaftler Wael B. Hallaq dieser Deutung insoweit widersprochen, als diese Methode in der islamischen Jurisprudenz und auch in den Rechtsschulen nie aufgegeben wurde.[150] Letztlich verschwand die juristische Reflexionstradition als Kern des Ijtihad-Konzeptes nie,[151] und in der Praxis gab es ohnehin immer neue und nicht schon gelöste Fragen, die „neue" Antworten forderten.[152] Diese Offenheit gelte auch in anderen Feldern. Frank Griffel dokumentiert am Beispiel von al-Ghazali, der, wie angedeutet, in seinem im Spätwerk die aristotelische Philosophie ablehnte, dass er dies aus theologischen Gründen tat, weil er Positionen, die er mit der islamischen „Orthodoxie" für unvereinbar hielt (etwa Aristoteles' Auffassung der Ewigkeit der Welt oder das Fehlen des Jüngsten Gerichtes) ablehnte,[153] damit aber zugleich den Freiraum geschaffen habe, Positionen jenseits dieser Grundannahmen zu tolerieren.[154] Dimitri Gutas wiederum hat am Beispiel naturkundlicher Schriften aus dem Griechischen gezeigt, dass deren Übersetzung nicht wegen des Niedergangs naturkundlicher Forschung endete, sondern weil man alle Schriften übersetzt hatte, die man für wichtig hielt.[155] Und George Saliba sieht gerade in der Zeit bis zum 15. Jahrhundert (9. Jh. H), wo man üblicherweise von Niedergang spricht, das Goldene Zeitalter der astronomischen Forschungen in der islamischen Welt.[156] Auch die populäre Wissensvermittlung, um ein letztes Beispiel zu nennen, bestätigt nicht einfachhin eine Abkehr von vernunftgeleiteten Methoden, vielmehr changierte sie zwischen Bestätigung von „orthodoxen" Positionen und „häretischen" Anfragen[157] und dokumentierte damit, dass sich viele Fragen nicht schließen ließen.

---

147 Ebd., 10.
148 Zit. nach ebd., 366. S. auch ebd., 326, und Lindberg: Von Babylon bis Bestiarium, 181–189.
149 Zit. nach Nagel: Festung des Glaubens, 366.
150 Hallaq: Was the Gate of Ijtihad Closed? Zur Spannung zwischen Begriff und der Sache s. Makdisi: The Rise of Colleges, 290. Vgl. auch die Beiträge zur Diskussion dieser These in Studies in the Islam and Science Nexus, hg. v. M. Iqbal, Bd. 1, 3–115.
151 Lohlker: Islamisches Recht, 187–190.
152 Gerber: Islamic Law and Culture, 72–91.
153 Griffel: Apostasie und Toleranz im Islam, 311. 314f.
154 Ebd., 304–335. 456–467.
155 Gutas: Greek Thought, Arabic Culture, 152.
156 Saliba: A History of Arabic Astronomy.
157 Berkey: Popular Preaching and Religious Authority in the Medieval Islamic Near East.

Es ist in dieser Debatte zur Geltung unterschiedlicher wissenschaftstheoretischer Standards schwer zu entscheiden – allemal für einen Nichtfachmann – wie diese Entwicklungen an weit auseinanderliegenden Orten und zu unterschiedlichen Zeiten unter je spezifischen sozialen Bedingungen ineinandergriffen. Gut sichtbar ist nur ein Ergebnis, differierende Entwicklungen im Orient und im Okzident. Hallaq ist der Auffassung, dass man in der islamischen Welt seit dem 12. Jahrhundert (6. Jh. H) eine verstärkte Orientierung an der Tradition beobachten und seit dem 15. Jahrhundert (9. Jh. H) auch eine explizite Kritik an den Vertretern einer selbständigen Urteilsfindung nachweisen könne;[158] Griffel spricht von einem „Zusammenbruch" und dem „Untergang der peripatetischen Tradition im Islam"[159] und verweist auf deren Verfolgung und Hinrichtung als „Apostaten";[160] Makdisi geht davon aus, dass der Stellenwert vernunftdominierter Deutungstechniken den islamischen Traditionen seit diesen Jahrhunderten geringer zu veranschlagen sei als in vielen christlich-okzidentalen.[161] Für diesen Prozess dürfte es eine ganze Reihe von Gründen geben: Die Eroberungen islamischer Territorien durch die Seldschuken im 11. Jahrhundert (5. Jh. H) und durch die Mongolen im 13. Jahrhundert (7. Jh. H), die starke Stellung einer philosophiekritischen sunnitischen „Orthodoxie" wohl auch die Tradition, die griechische Philosophie als „fremde Wissenschaft" (s. o.) zu relativieren. Jedenfalls scheint die Erwägung legitim, dass die unterschiedlichen Dynamiken in der Wissensverarbeitung in den islamischen und den okzidental-christlichen Kulturen auch damit zu erklären sind, dass in der islamischen Welt eine stärkere Reglementierung rationalistischer Methoden gegriffen hat. Die Folgen waren vermutlich weitreichend, weil derartige Verfahren nicht in einer dem lateinischen Okzident vergleichbaren Weise im Bildungssystem etabliert wurden.[162] Aber erneut und nicht zum letzten Mal: Hinter diesem Satz stecken westliche Perspektiven, ohne dass die Absicht bestünde, an der Geschichte dieser okzidentalen Wissenskultur Maß zu nehmen.

6.3 Wechselbeziehungen zwischen islamischen und christlichen Bildungseinrichtungen

Angesichts teilweise großer Gemeinsamkeiten zwischen Madrese und Universität und vor dem Hintergrund zeitweilig paralleler Entwicklungen zwischen dem 11. und dem 13. Jahrhundert hat sich eine Debatte über die Beziehungen zwischen den beiden Institutionen entwickelt, die nach historischen Abhängigkeiten fragt, was aufgrund des zeitlichen Vorlaufs in der islamischen Welt bedeutet, die Frage zu stellen, was die Universität der Madrese verdankt. Ob Ähnlichkeiten homologe Phänomene sind, also auf eine gemeinsame Geschichte zurückgehen, oder als analoge Phänomene betrachtet werden müssen, die strukturelle

---

158 Hallaq: Was the Gate of Ijtihad Closed?, 27.
159 Griffel: Apostasie und Toleranz im Islam, S. 474.
160 Ebd., 357f.
161 Makdisi: The Rise of Colleges, 290.
162 Borgolte: Christen, Juden, Muselmanen, 583f. Er sieht darin einen „weltgeschichtlich entscheidenden" Unterschied (ebd., 583).

Gemeinsamkeiten anzeigen, ist dabei zu prüfen. Dass eine solche Beeinflussung möglich war, steht angesichts der mittelalterlichen Kontaktzonen, vor allem in Spanien, auf Sizilien und in der Levante, außer Frage.

Für die unmittelbare Beeinflussung der okzidentalen Universität durch muslimische Bildungseinrichtungen hat sich vor allem der Islamwissenschaftler George Abraham Makdisi ausgesprochen.[163] Sein Ausgangspunkt sind Ähnlichkeiten in den Institutionen des Lernens, in der Organisation des Wissens, in den humanistischen Studien, im Kult des Buches und der Rhetorik und in der Methodologie der Unterweisung, per saldo in den Parallelen zwischen „the two scholasticisms of classical Islam and the Christian West"[164] sowie „in individualism generally".[165] Insbesondere in der Entwicklung dessen, was er scholastische Methoden nennt, findet er Übereinstimmungen in Islam und Christentum. So sieht er philosophische Vorstellungen in der islamischen Welt als „missing link" für das Herleiten von Abaelards Konzept des „sic et non" zwischen der antiken und der scholastischen Philosophie[166] (wofür er allerdings von islamwissenschaftlicher Seite dezidiert kritisiert wurde); und Ibn Aqils „Wadih", eine aus dem 11. Jahrhundert (5. Jh. H) stammende Einführung in das islamische Recht, die eine Prinzipienlehre und zwei Abhandlungen zur Dialektik und die Erörterung konkreter Rechtsprobleme enthält,[167] betrachtete er als eine ältere Parallele zu den Summen des Thomas von Aquin;[168] beide Männer seien „kindred spirits" gewesen.[169]

Sodann hat Makdisi die okzidentalen Kollegien auf arabische Ursprünge zurückgeführt und konkret überlegt, ob sich die Konzeption der universitären Abschlüsse auch dem islamischen Bereich verdanken könnten. Er hat dazu den Blick auf den seit dem 9. Jahrhundert (3. Jh. H) nach mündlichen Prüfungen (deren Existenz von anderen Autoren bestritten wird[170]) verliehenen Doktortitel gerichtet, der nur im Bereich des religiösen Rechtes vergeben wurde.[171] Sehr kontrovers wird auch der arabische Ursprung des Titels Baccalaureus diskutiert, aber hier fehlen über morphologische Ähnlichkeiten des Begriffs hinaus Nachweise für genetische Beziehungen.[172] Makdisi hält es für auch für möglich, dass die „'iğāzah", die Lehrerlaubnis an der Madrese, die ursprünglich zur Sicherung der theologischen „Orthodoxie" gedacht war,

---

163 Zusammenfassend Makdisi: The Rise of Colleges, 287–291.
164 Ders.: The Rise of Humanism, 348.
165 Ebd., 349. Kritik an dem Verzicht auf die Erörterung genetischer Beziehungen angesichts gemeinsamer Merkmale, aber ohne konkrete Beispiele, bei Pryds: Studia as Royal Offices, 97.
166 Makdisi: The Rise of Colleges, 253; vgl. aber die Kritik bei Daniel: Rez. Makdisi, The Rise of Colleges, 586.
167 Makdisi: Introduction (in: Al-Aqil, al-wāḍiḥ fī uṣūl al-fiqh), 10.
168 Ders.: The Rise of Humanism, S. XV.
169 Ebd., S. XVI.
170 In der Madrese habe es keine Abschlussexamina, sondern nur Lernnachweise gegeben; Schoeler: Gesprochenes Wort und Schrift, 273.
171 Makdisi: Scholasticism and Humanism, 176.
172 Olga Weijers, die die Begriffsgeschichte aufgearbeitet hat (Terminologie des universités au XIIIe siècle, 178–180), hat sich angesichts der fehlenden Brücken gegen eine Herkunft aus dem islamischen Bereich ausgesprochen (ebd., 179. 271; dies.: La spécificité du vocabulaire universitaire du XIIIe siècle, 44). Abhängigkeiten der okzidentalen Terminologie postuliert Ebied/Young: New Light on the Origin of the Term „Baccalaureate", 1–7, mit Verweis auf terminologische Übereinstimmungen.

als Vorbild für die universitäre „licentia docendi" diente[173] und dass das gesamte System der Graduierung von Magister, Professor und Doktor islamischen Ursprungs sein könnte.[174] Um den höchsten Abschluss mit der „'iğāzah" zu erreichen, benötigte der Student in der Regel vier Jahre, dann zehn oder mehr Jahre bis zu einem Abschluss, der als Äquivalent zum Doktorat betrachtet werden kann. Mit dieser Qualifikation galt er als Gelehrter der Jurisprudenz, der Lehrer sein und Fatwas ausstellen durfte.[175] In anderen Veröffentlichungen betonte Makdisi allerdings auch einen „fundamentalen Unterschied", weil die „'iğāzah" individuell von einem Lehrer an einen Schüler gegeben werde, wohingegen der Doktortitel in der okzidentalen Universität von der Gemeinschaft der Lehrenden, der Fakultät, verliehen wurde.[176] Weitere Vermutungen hat Makdisi hinsichtlich eines islamischen Vorbildes für die Kollegien angestellt, die er auf arabische Ursprünge zurückführt,[177] aber auch hier fehlen Nachweise.

Die Überlegungen Makdisis besitzen zwei Schwachstellen, weil sich viele dieser potenziellen Verbindungen nicht nachweisen lassen und er häufig von strukturellen Parallelen auf genetische Beziehungen schließt.[178] Letztlich ist Makdisi mit seiner These von unmittelbaren Abhängigkeiten der okzidentalen Universität von islamischen Vorläufern isoliert geblieben,[179] weil Parallelen oder Ähnlichkeiten noch keine historischen Genealogien begründen und weil die strukturellen Argumente zwar stark, die genealogischen hingegen schwach sind.

Gegen Makdisis These sprechen letztlich zwei markante Unterschiede in der Sozialstruktur von Madrese und Universität. Die Madrese war nicht als Gemeinschaft der Lehrenden (und Studenten) verfasst, sondern durch ein Lehrer-Schüler-Verhältnis strukturiert.[180] Sie war auch keine Rechtsperson, da das muslimische Recht diese Figur nicht kannte, während diese im lateinischen Okzident, aus dem römischen Recht kommend, auf die Universität übertragen worden war.[181] Jedenfalls bildete die Madrese keinen der okzidentalen Universität vergleichbaren sozialen Körper,[182] womit ihr, so auch Makdisi, diese Stütze einer dauerhaften Existenz gefehlt habe.[183] Und letztlich bildete die Madrese kein autonomes Selbstergänzungsrecht aus, das sie als Gemeinschaft abgesichert hätte. Damit dürften Positionen, die die strukturellen Übereinstimmungen zwischen Madrese und Universität sehr stark machen[184]

---

173 Makdisi: The Rise of Humanism, 348 („license to teach").
174 Ders.: Scholasticism and Humanism in Classical Islam and the Christian West, 176.
175 Ebd.
176 Ders.: Madrasa and University in the Middle Ages, 260.
177 Ders.: The Rise of Colleges, 287.
178 Vgl. bei dems.: Rise of Humanism, 309–317, die Hinweise auf „Parallelen" unter Rückgriff auf Sekundärliteratur; vgl. auch seine Argumentation S. 348ff.
179 Vgl. Rüegg: Themen, Probleme, Erkenntnisse, 27; Borgolte: Christen, Juden, Muslemanen, 584; Cobban, Alan Balfour: The Medieval Universities. Their Development and Organization, London 1975, 21f.
180 Makdisi: Madrasa and University, 258. 260. Gleichwohl sieht er (in: Madrasa, 66) eine der „Gilde" vergleichbare Struktur.
181 Ders.: Madrasa and University, 264.
182 Daniel: Review Makdisi, The Rise of Colleges, 588; Cohen: Scientific Revolution, 417.
183 Makdisi: Madrasa, 66.
184 Green: The History of Libraries in the Arab World, 459.

und hier ein „university system"[185] oder eine „veritable *university* revolution in the twelfth century" im islamischen Kulturbereich sehen,[186] die Komplexität des Vergleichs zu niedrig ansetzen. Vielmehr veränderte man islamische Bildungseinrichtungen unter dem Einfluss des Universitätsmodells erst mit der europäischen Kolonialpolitik.[187]

Rückblickend gilt einmal mehr, dass die Auswahl des Vergleichsgegenstandes namens Universität normativ gesteuert ist. Wählt man ein hohes Abstraktionsniveau, kann man beträchtliche interreligiöse Gemeinsamkeiten in vielen Kulturen feststellen: Jede Verschriftlichung religiöser Traditionen verstärkt die Notwendigkeit von Wissenstransfer und Reflexion, so dass sich in Madresen oder okzidentalen Universitäten (und auch in buddhistischen Schulen) ähnliche Debatten und organisatorische Strukturen finden. Wählt man hingegen einen engen Fokus, der etwa Universität als Communitas begreift, in der ein rechtlicher Rahmen für die Eigenständigkeit einer Fakultät, die in Selbstergänzung oder gemeinsamem Curriculum sichtbar wird, zentral ist, wird die Universität zu einer spezifisch okzidentalen Einrichtung, die es weder in Byzanz noch im orientalischen Christentum noch in der islamischen Welt gab und die im Blick auf diese Eigenheiten auch keine Wurzeln im islamischen Kulturraum besitzt.

Vermutlich lag, und damit komme ich zu dem roten Faden dieses Buches zurück, ein Grund für die Genese der okzidentalen Universität in den vereinsartigen Vergemeinschaftungsoptionen, die im paulinischen Christentum entwickelt worden waren. Natürlich hatte die Universität mehrere Väter und Mütter, aber die Legitimation von Gruppenbildung war einer der Pfade, der in die Universität des okzidentalen Mittelalters einmündete. Was sich im interreligiösen Vergleich mit dem Islam als Eigenheit christlicher Tradition im Allgemeinen darstellt, erweist sich im innerreligiösen Blick auf byzantinische und orientalische Christentümer als lateinische Sonderentwicklung, bei der zudem eine regionale Konzentration, nämlich in Städten des „karolingischen Kerneuropa", unübersehbar ist. Insofern ist die Entwicklung der Universität ein Beispiel für die Entwicklung von modalen Differenzen, die sich nur dann einstellten, wo zusätzliche Rahmenbedingungen, wie sie sich im Okzident entwickelten, gegeben waren. Religion war auch hinsichtlich der Universität kein determinierender, sondern ein disponierender Faktor, oder, in einer aristotelischen Metapher, eine Potenz, die aktualisiert werden muss, um wirksam zu werden.

---

185 Nasr: Traditional Islam in the Modern World, 125.
186 Elisséeff: Physical Lay-out, 96; Hervorhebung HZ.
187 Vgl. exemplarisch für die Reform der Qarawiyyin in Fes durch die französische Verwaltung Elger: Zentralismus und Autonomie, 198–216.

7 Neuzeitliche Naturforschung

Ein Exportschlager Europas heißt „wissenschaftliche Revolution". Das naturwissenschaftliche Begreifen, welches sich in der Frühen Neuzeit entwickelte, durchdringt inzwischen wie ein Fluidum alle Kulturen der Welt. Dieses Denken, gepflegt von einer scientific community, geprägt von empirischen Methoden und zentriert um eine Kultur von Experimenten, ist eine Großmacht geworden, doch mehr noch sind es seine Ergebnisse. Wenn Studierende nach Europa kommen, interessieren sie sich oft nicht in erster Linie für die kulturellen Deutungsdisziplinen, gar die religiösen, sondern vor allem für die naturwissenschaftlich-technischen Fächer. Denn die technischen Anwendungen der neuzeitlichen Naturwissenschaft stehen heute in keiner Kultur dieser Erde zur Disposition. Handys, Autos, Drohnen, Computertomographen, Solarzellen, Internet: es geht nur noch um die Frage des kulturellen Umgangs mit diesen Techniken, nicht mehr darum, ob eine Kultur sie haben will oder ob sie sich dagegen wehren kann.

Mit Religion hat all das vorderhand nichts zu tun. Technik gilt als „säkulare" Praxis, technische Fertigkeiten kann man lernen und muss sie nicht erfahren. Aber sobald man aber in die Fundamente der technischen Zivilisation hinabsteigt, stößt man auf ausgesprochen theologisches Gestein. Wie etwa muss eine Welt gedacht werden, damit nicht jedes Experiment als frevelhafte Verletzung eines heiligen Kosmos erscheint? Welche Konzeption des Göttlichen erlaubt oder fördert wissenschaftliche Neugier? Gibt es theologische Dispositive, um Naturgesetze zu postulieren? Sobald man sich diesen Fragen nähert, verlieren die „reine" Naturwissenschaft und die pragmatische Technik ihre säkulare Unschuld. Diese religiöse Grundierung ist den Wissenschaftshistorikern, die die „scientific revolution" seit etwa 100 Jahren erforschen, schon in den ersten historischen Minuten ihrer Forschung klargeworden und hat zu der Frage geführt, die hinter diesem Buch steht: Warum hat es diese Entwicklung nur im Rahmen der lateinischen Kultur gegeben, warum etwa nicht im Judentum,[1] in Indien oder, einmal mehr, warum nicht in China, wo über Jahrhunderte eine Naturforschung mit ausgefeilteren Kenntnissen als im Okzident, auf hohem Niveau und nicht durch bruchartige Veränderungen wie in Griechenland gekennzeichnet war?[2] Schließlich, und diesen Kul-

---

[1] Freudenthal: Judaism, History of Science and Religion, argumentiert, dass Juden Naturforschung nie öffentlich betrieben hätten und deshalb sowohl von der arabischen als auch von der lateinischen Kultur weitgehend ausgeschlossen geblieben seien. Zudem dürfte die Minoritätssituation derartige Aktivitäten beschränkt haben.
[2] Diese Debatte ist insbesondere mit Blick auf China geführt worden, weil hier, ähnlich wie im Islam, ein hohes Niveau in der Naturforschung und in einigen Feldern der technischen Anwendung lange erreicht war, ehe vergleichbare Entwicklungen im Okzident stattfanden. Vor allem der britische Wissenschaftshistoriker Joseph Needham und Forscher in seinem Umfeld haben die Frage nach den Gründen der divergenten Entwicklung im Blick auf China gestellt. Needham glaubte in klassischen Antworten, die allerdings die neuere Forschung wesentlich erweitert hat, die Entwicklung der neuzeitlichen Naturwissenschaft in Europa sei durch vier Zusammenbrüche (auf den amerikanischen Sozialhistoriker Immanuel Wallerstein zurückgreifend) möglich geworden: des Feudalismus, der Staaten, der Kirche und des mongolischen Reiches (Needham: Science and Civilisation in China, 229f., 208). Zudem habe die chinesische Kultur keinen „post-Renaissance ‚scientism'" besessen und nie den Monopolanspruch der Naturwissenschaften gekannt, sich „as the sole vehicle of human understanding" zu betrachten (ebd., 78). Letztlich seien „the collapse of feudalism and the rise of the bourgeoisie" die ausschlaggebenden Frakturen im Okzident gewesen (ebd., S. XLV).

turraum greife ich im Folgenden in komparativer Perspektive heraus, warum nicht in der arabischen Welt?

Eine eindimensionale Antwort kann es darauf nicht geben, jedenfalls keine, die monofaktoriell argumentierte, und deshalb ganz sicher keine, die eine ausschließlich religionshistorische Begründung lieferte. Die „wissenschaftliche Revolution" ist ein hochkomplexer Prozess, dem viele Väter und Mütter zugeschrieben werden, und weil dem so ist, sind die Theorien zu ihrer Genese eine bunte Landschaft von sich ergänzenden und widersprechenden Deutungen.[3] Und natürlich handelt es sich wieder um einen eurozentrischen Maßstab, mit dem danach gefragt wird, warum andere Kulturen nicht so sind wie wir. Religion ist dabei, soviel vorweg, nur ein Faktor, vermutlich ein wichtiger, vielleicht gar ein zentraler, aber dessen präzises Gewicht werde auch ich nicht bestimmen können. Zudem findet sich im Folgenden eine Fokussierung, die dem Erkenntnisinteresse dieses Buches geschuldet ist. Auch bei der Entstehung der neuzeitlichen Naturwissenschaft spielten im Rahmen der Entstehung von Forschungsgemeinschaften sowie der Akademie- und Sozietätsbewegung Vergemeinschaftungsprozesse eine zentrale Rolle, die dem Anspruch nach freie Entscheidungen und eine Gruppenbildung jenseits von Clan- oder Familienstrukturen voraussetzten. Diese Perspektive liegt damit auf dem Pfad, der durch die spätantike Form christlicher Vereinigungen ausgesteckt worden war. Es geht mithin um die Frage, ob die okzidentale Naturforschung in dieser Perspektive auch in einer Pfadabhängigkeit von religiös geprägten Konzepten der Gruppenbildung steht.

Schließlich eine wissenschaftshistorische Bemerkung: Die Europäer haben die Geschichte der neuzeitlichen Naturwissenschaft und der darauf beruhenden technischen

---

Bei Needham und in seinem Umfeld finden sich weitere religionshistorische Überlegungen, etwa bezüglich der römischen Kirche, die eine unvergleichbare Institution und ohne Parallele in China sei und eine für die Wissenschaftsentwicklung entscheidende soziale Mobilität ermöglicht habe (Elvin: Vale atque Ave, bes. S. XXIV-XLIII, hier S. XL). Ein besonderes Augenmerk haben in diesem Zusammenhang die Jesuiten erfahren. Needham verweist darauf, dass durch sie die „moderne Wissenschaft" ohne Zeitverzug in China angekommen sei, ohne aber eine entsprechende „Revolution" auszulösen (Needham, ebd., 25). Elman: A Cultural History of Modern Science in China, 17f., sieht wichtige Gründe für die auseinanderlaufende Entwicklung in der pragmatischen Rezeption. Man habe in China entschieden, die Kenntnisse der Jesuiten am Ende des 16. Jahrhunderts zwar für die religiös motivierte Frage der Kalenderberechnung zu benutzen, ohne aber eine Experimentalkultur zu entwickeln.

Neuere Ansätze argumentieren stärker sozialhistorisch, etwa Pomeranz: The Great Divergence, der die wissenschaftlich-technische Revolution auf die leichte Zugänglichkeit von Kohle und die Existenz von Kolonien zurückführt. Kritiker sehen Kohlevorkommen auch in China und bezweifeln die Nachweisbarkeit der Rückwirkungen der Kolonialisierung, die zumindest mit der Eroberungspolitik Chinas zudem ein strukturelles Äquivalent besaß.

3 Einen Überblick über die Deutungsgeschichte bietet Cohen: The Scientific Revolution; Cohens neue Forschungsansätze auch in: Reappraisals of the Scientific Revolution. Bibliographische Übersichten bei Jayawardene: The Scientific Revolution, und bei Krafft: Renaissance der Naturwissenschaften, 111–183. Einen anregenden Überblick mit einer Kritik der Fortschritts- und Revolutionserzählungen (und einem kommentierten bibliographischen Anhang) bei Shapin: Die wissenschaftliche Revolution. Zu den Erklärungsleistungen der Konzeptes der „new science" vgl.: Wissensideale und Wissenskulturen in der frühen Neuzeit, hg. v. W. Detel/C. Zittel. Inzwischen ist die konstitutive Rolle von Religion für diesen Prozess bis in die Lexika anerkannt, vgl. etwa The History of Science and Religion in the Western Tradition, hg. v. G. B. Ferngren.

Anwendungen als evolutionäre Fortschrittsgeschichte geschrieben. Ein bis heute fortwirkendes Resultat ist die Rede von einer „scientific revolution", wie man mit einer Begriffserfindung diese Transformation seit dem 19. Jahrhundert stolz etikettierte.[4] Aber im Sinn eines bruchartigen Neubeginns hat es eine solche (natürlich) nicht gegeben. Sie ist vielmehr das Ergebnis einer Reihe wissenschaftlicher, auch religiös eingefärbter Erzählungen, etwa in der protestantischen Variante von den neuen Möglichkeiten des Wissensgewinns durch die (calvinistische) Reformation, von der im Folgenden vornehmlich die Rede sein wird, wohingegen die Deutung von Erkenntnis als Traditionsprodukt, als Umordnung von Wissensbeständen und Wanderung von Problemstellungen, die Perspektive auf Innovation als Transformation, wie es Wissenschaftshistoriker, die in katholischen Kontexten arbeiteten, etwa Pierre Duhem, postulierten, an den Rand gedrängt wurde. Und einmal mehr ist die Rede von der „wissenschaftlichen Revolution" auch Teil der Erzählung von der Einzigartigkeit Europas, bei der der „Bruch" in der okzidentalen Geschichte als kategoriale Differenz gegenüber nichteuropäischen Geschichten der Wissensproduktion gelesen werden konnte – worum es in der Perspektive dieses Kapitels ausdrücklich nicht geht. Von der Idee einer „scientific revolution" bleibt am Ende zumindest das Bewusstsein, dass die Naturforschung im Okzident Verfahren und Ergebnisse verstetigt hat, die in anderen Kulturen zuvor temporär geblieben waren – und die These, dass dieser Prozess nicht ohne religiös geprägte Gruppenbildungsprozesse zu verstehen ist.

7.1 Religion und die „wissenschaftliche Revolution"

Die Faszination an der „wissenschaftlichen Revolution" erschließt sich leicht, wenn man der Meistererzählung folgt, die seit dem 18. Jahrhundert ihren Siegeszug ins historische Gedächtnis angetreten hat und bis ins frühe 20. Jahrhundert dominierte. Darin galt „die" Wissenschaft als die Kraft, die über Magie und Aberglauben triumphiere, indem die mit Empirie arbeitende Vernunft die Dogmatik der Klerisei als vormoderne Naivität entlarve. Dieses kleine Welttheater kann man in fünf Akten schreiben:

Erster Akt, anno 1543. Der erste Heilige der neuzeitlichen Wissenschaft, Nikolaus Kopernikus (1453–1543), Domherr in Thorn (Thoruń), stürzt das geozentrische Weltbild, in dem die Erde den Mittelpunkt des Kosmos bildet und die Sonne samt den übrigen Planeten unseres Sonnensystems um die Erde kreisen. Stattdessen stellt er in seinem Buch „De revolutionibus orbium coelestium" (Über die Drehungen der himmlischen Sphären) die Sonne in den Mittelpunkt. Damit zerstört Kopernikus die geozentrische Dogmatik der Theologie und fügt der Menschheit die erste der großen neuzeitlichen Kränkungen zu, nämlich nicht mehr das Zentrum der Schöpfung zu sein.

Zweiter Akt: Galileo Galilei (1564–1642) tritt auf, der, so 1899 Ernst Haeckel, unerbittliche Kämpfer für rationale Wissenschaft:

---

[4] Osler: Religion and the Changing Historiography of Scientific Revolution.

> Während der langen Geistesnacht des christlichen Mittelalters wagte begreiflicher Weise nur selten ein kühner Freidenker seine abweichende Ueberzeugung zu äußern; die Beispiele von *Galilei*, von *Giordano Bruno* und anderen unabhängigen Philosophen, welche von den ‚Nachfolgern Christi' der Tortur und dem Scheiterhaufen überliefert wurden, schreckten genügend jedes freie Bekenntniß ab. Dieses wurde erst wieder möglich, nachdem die Reformation und die Renaissance die Allmacht des Papismus gebrochen hatten.[5]

Galilei gilt als der Forscher, der das Fernrohr erfindet und zu einer Waffe gegen religiöse Vorurteile macht: Er liefert die ersten realistischen Bilder vom Mond, er entdeckt neue Sterne, und er ermöglicht die Beobachtungen, die Kopernikus' Heliozentrik bewahrheiten. Endlich ersetzt das Experiment die theologische Tradition als Basis der Wissensbegründung. Dafür muss Galilei bitter büßen: Die Inquisition, blind für Galileis Leistungen und angstvoll um die Wahrung ihrer Dogmatik bedacht, verurteilt Galileis Heliozentrik und nimmt ihm die Bewegungsfreiheit. Dabei ist er noch glimpflich davongekommen. Als „richtiger" Märtyrer gilt vielmehr Giordano Bruno, der wegen seiner Theorie der Unendlichkeit des Weltalls von der Inquisition im Jahr 1600 auf den Scheiterhaufen geschickt und als Märtyrer verbrannt wird.

Im dritten Akt betritt der große Theoretiker einer scientia nova, Francis Bacon (1561–1621), die Bühne der Wissenschaftsgeschichte. Er liefert mit seinem „Novum organum" die Theorie der neuen Wissenschaft, in der wissenschaftliche Rationalität über dogmatische Meinungen obsiegt, indem er mit induktiver Erkenntnisfindung die empirischen Daten zu einer Theorie verdichtet, statt mit deduktiven Methoden den Naturwissenschaften ihre Ergebnisse „von oben" zu verordnen.

Johannes Kepler (1571–1630) – vierter Akt – erhält in dieser säkularen Heiligengeschichte die Rolle, die genialischen Anfänge in eine Fortschrittsgeschichte zu überführen. Sein Forscherleben gilt als Beleg für die evolutionäre Aufwärtsbewegung in der Naturwissenschaft. Mit der Revision der idealistisch begründeten Kreisförmigkeit und Gleichförmigkeit der Planetenbewegungen, die noch Galilei annahm, bietet er ein Paradebeispiel für den Fortschritt der Theoriebildung. Aber mehr noch: Die physikalische Beschäftigung mit den Himmelkörpern entkleidet sie aller metaphysischen Deutungen. Die mit Kepler beginnende Himmelsphysik ist die Entmythologisierung des Kosmos im großen Stil und Säkularisierung der Religion par excellence.

Als letzten „Kirchenvater" der frühen „Moderne" lässt man im fünften Akt gerne Sir Isaac Newton (1663–1727) als genialen Mathematiker und Physiker auftreten: Er entwickelt zeitgleich mit Gottfried Wilhelm Leibniz die Infinitesimalrechnung, nutzt das Prisma zur Analyse des Lichtes, präsentiert dabei die Korpuskeltheorie und entwickelt die Gravitationslehre. Der Gipfel seines Schaffens sind die „Philosophiae Naturalis Principia Mathematica" (die „Mathematischen Prinzipien der Naturphilosophie"), die das Lehrgebäude der klassischen Mechanik und damit einen Gesamtentwurf der Physik bieten, unter anderem mit der Postulierung des Trägheitsprinzips und der Theorie vom absoluten Raum. In Newtons opus magnum spielt Gott keine tragende Rolle mehr, er repräsentiert sozusagen metaphysikfreie Wissenschaft. Diese „klassische" Mechanik galt Generationen von Wissenschaftlern und Historikern als Gipfel der rationalen Begründung von Naturgesetzen, bis Albert Einsteins

---

[5] Haeckel: Die Welträthsel, 224.

Relativitätstheorie und Werner Heisenbergs Unschärferelation vom Anfang des 20. Jahrhunderts Newtons Theorie als Segment weit umfassenderer physikalischer Theorien auf dem Weg zur Weltformel aufheben.

Damit – so weiterhin die Meistererzählung – ist die neue Wissenschaft, die „new science", geschaffen. Wissenschaft wird aus einer privaten oder nichtöffentlichen Angelegenheit zu einer öffentlichen, aus einer lehrerbezogenen Wissensvermittlung entsteht die scientific community, die reproduktive Naturphilosophie bringt eine experimentelle Naturwissenschaft hervor, in der Experimente nicht mehr nur der Bestätigung von Wissen, sondern auch dessen Entdeckung dienen und in der Wissen weniger traditional und deduktiv als vielmehr durch thetische, induktive Verfahren generiert wird.

Das Postludium spielt im 19. Jahrhundert. Die Wissenschaften expandieren, differenzieren sich in Fächer und professionalisieren den Prozess wissenschaftlicher Neugier. Und die Welt erntet endlich die Früchte des jahrhundertelangen Erkenntnisfortschritts: Die Biologie schleift in der Evolutionslehre die Grenzen zwischen Mensch und Tier, die Physik ersetzt Gott durch schwarze Löcher, die Medizin befreit die Menschen von den Geißeln der Infektionskrankheiten, und in der technischen Anwendung all dieser Fortschritte macht die Wissenschaft den Menschen zum Herrn über die Erde.

Zugegeben: Diese Rekonstruktion einer großen Erzählung ist ein Holzschnitt mit teilweise mythischen Zügen, der selbst vielen Popularisatoren des 19. Jahrhunderts Unrecht tut.[6] Aber zwei Narrative dieser Geschichte, die für dieses Kapitel zentral sind, dürften weit verbreitet gewesen sein: Diese Fortschrittsgeschichte entmachtet die religiösen Traditionen, sie schreibt eine Geschichte des – so das Humboldt'sche Ideal – in Einsamkeit und Freiheit forschenden (natürlich männlichen) Wissenschaftlers[7] und einer Wissenschaftlergemeinschaft als neuer Deutungselite.

Aber die wissenschaftshistorische Forschung der letzten Jahrzehnte hat von diesem großen Theater nur wenig übriggelassen.[8] Bei einer genaueren Betrachtung lösen sich die Sicherheiten der alten Großtheorien in Glaubenssätze auf. Gehen wir die Akte zumindest kursorisch und mit einem Fokus auf das Verhältnis von Religion und Wissenschaft nochmals durch:

Akt I: Kopernikus, der Protagonist im ersten Akt, passt nicht in den feindlichen Antagonismus von Wissenschaft und Kirche. Der Domherr ist vielmehr ein typischer Vertreter einer kirchlich situierten Gelehrtenkultur, die die Frage des 19. Jahrhunderts, wie man Religion und Wissenschaft trennen könne, nicht kennt. Vielmehr stellt sich bei ihm wie bei allen genannten Vertretern dieses Fortschrittsspektakels heraus, dass sie persönlich religiöse Menschen waren und Religion und Wissenschaft weder auf dieser Ebene noch in ihrer Community auseinanderfallen, aber sehr wohl unterschieden werden. Bei Kopernikus wird man

---

6 Daum: Wissenschaftspopularisierung im 19. Jahrhundert.
7 Bruch: A Slow Farewell to Humboldt?, 3–27.
8 Es gibt heute fast keine Darstellungen der neuzeitlichen Naturwissenschaftsgeschichte ohne Berücksichtigung der konstitutiven Rolle des Faktors Religion; vgl. Shapin: Die wissenschaftliche Revolution, 157–186. 224–229. Es gibt inzwischen allenfalls Warnungen, den religiösen Faktor zum Generalschlüssel für die Veränderungen im 17. Jahrhundert zu machen (exemplarisch Hatfield: Metaphysics and the New Science) oder die Hervorhebung weiterer weltanschaulicher Akteure, etwa der Skeptizisten (Hunter: Science and Heterodoxy).

zudem den Streit um die Zentralstellung der Sonne aus der Innovationsperspektive teilweise herausnehmen. Heliozentrische Reflexionen werden schon antiken (Aristarch von Samos, Seleukos von Seleukia) und mittelalterlichen Gelehrten (Bonaventura, Nicolaus von Oresme) zugeschrieben – aber es ist unklar, ob oder was Kopernikus von ihnen gekannt hat.[9] Ein springender Punkt bei der lateinischen Konfliktgeschichte um die Heliozentrik waren nicht nur bibeltheologische Vorbehalte,[10] sondern auch fehlende empirische Nachweise. Die Frage etwa, weshalb bei einer rasenden Bewegung der Erde um die Sonne Gegenstände, die von einem hohen Kirchturm fallen, nicht weit im Westen aufschlagen und den Menschen nicht die Hüte vom Kopf flogen, ließ sich erst mit einer Trägheitstheorie erklären, die zwar Johannes Buridan im 14. Jahrhundert reflektierte, aber erst Newton formulierte. Die Kritik an der Heliozentrik im 16. und 17. Jahrhundert mit der Forderung, von Hypothesen statt von Wahrheiten zu sprechen, haben in solchen Erklärungsdefiziten ihren Grund. Einer der großen Astronomen nach Kopernikus, Tycho Brahe (1546–1601), konzipierte deshalb ein System, in dem der (theologische) Anspruch auf Geozentrik und die neuen Beobachtungsergebnisse in eine für uns heute vielleicht krause, aber für den damaligen Wissensstand plausible Konjunktion gebracht wurden: Die Sonne soll sich um die Erde und alle anderen Planeten um die Sonne drehen. Klar ist jedenfalls, dass sich manches Kopfschütteln über frühneuzeitliche Überlegungen aus dem Mehrwissen der häufig klügeren Nachgeboren speist.

Galilei, der Protagonist des zweiten Aktes, ist in den letzten Jahren besonders hart auf dem Boden der wissenschaftlichen Deutungen aufgeschlagen, nachdem er lange der höchstverehrte Säulenheilige der Wissenschaftsgeschichte war. Wir wissen heute, dass er die Heliozentrik noch nicht beweisen konnte und die Zweifler, die forderten, dies zuerst als Hypothese zu diskutieren, ergo auf der wissenschaftstheoretisch sicheren Seite standen. Wir wissen auch, dass die Mondbeobachtungen ihn zwar zu Recht unter die Empiriker einreihen, die ersten Fernrohre aber technisch noch vorsintflutlich waren und überdies eine immense Seherfahrung benötigten, so dass man nicht empiriefeindlich sein brauchte, um Galileis Beobachtungen zu bezweifeln. Man musste jedenfalls mehr Künstler als Wissenschaftler sein, um etwas durch Galileis Fernrohr hindurch zu erkennen.[11] Und natürlich hat sich der kämpferische Galileo immer wieder geirrt, etwa wenn er für die Gezeiten des Meeres nicht die Kräfte des Mondes, sondern fälschlicherweise die periodische Bewegung der Erde verantwortlich machte.

Aber entscheidend war die Revision des kulturellen Kontextes, den Mario Biagioli erforscht hat.[12] Er machte ein Faktum zum Ausgangspunkt seines Denkmalsturzes, das in der Erzählung von den beiden getrennten Welten Wissenschaft und Religion extrem sperrig geblieben war: Galilei war ausgesprochen gut in kirchliche Milieus integriert, etwa bestens bekannt mit dem Kardinal Maffeo Barberini, dem er 1623 sein Buch „Il Saggiatore" (Die

---

9 Goldstein: Copernicus and the Origin of His Heliocentric System, 232f.
10 Der locus classicus ist die Schöpfungserzählung, in der die Erde von Gott geschaffen und die Sonne wie andere Sterne danach an das Himmelsgewölbe gesetzt werden (Gen 1,14–17). Noch Luther entnahm der Bibelstelle, „dass Josua die Sonne und nicht die Erde bat, still zu stehen" (Jos 10,12) eine Begründung für das geozentrische Weltbild.
11 Vgl. Bredekamp: Galilei der Künstler, 103f.
12 Biagioli: Galilei, der Höfling. Entdeckungen und Etikette.

Goldwaage) widmete. Diese Widmung war kein freundlicher Hinweis, sondern ein hochpolitischer Schachzug, insbesondere da der Kardinal seit 1623 als Urban VIII. Papst war. 1624 reiste Galilei nach Rom und wurde sechs Mal vom Papst, der wohl selbst Anhänger der heliozentrischen Position war, empfangen – und der ermutigte Galilei, über das Kopernikanische System zu publizieren, solange er dieses als Hypothese behandle. 1632 erschien Galileis Dialog über die zwei wichtigsten Weltsysteme („Dialogo sopra i due massimi sistemi"), über das ptolemäische und das kopernikanische, dessen Titel vermutlich auf einen Vorschlag Urban VIII. zurückging. Hier beging Galilei einen kardinalen Fehler: Nicht, weil er als starkes Argument für das kopernikanische Weltbild seine Theorie der Gezeiten präsentierte, auch nicht, weil er das alternative Konzept Tycho Brahes gar nicht erst erwähnte, weil er also wissenschaftlich durchaus bestreitbar gewesen wäre, sondern weil er seine beziehungspolitische Lage völlig falsch einschätzte. Im „Saggiatore" wird nämlich die Verteidigung der ptolemäischen Geozentrik einem Dialogpartner namens Simplicio, also dem Einfältigen, in den Mund gelegt, der relativ leicht als Urban VIII. identifizierbar war. Galilei verspottete mithin seinen Gönner, der zugleich ein Zentrum der Patronagegesellschaft im damaligen Rom war, er karikierte den Mann, der Briefe an Galileo mit Grüßen „come fratello", wie ein Bruder, unterschreiben konnte, einen Papst, der ihm auch wissenschaftlich nahestand und weitere Forschung durch die hypothetische Vertretung der Heliozentrik ermöglichen wollte – diesen Mann nannte Galilei am Ende des Dialogs einen Dummbeutel.

Biagioli macht die Defizite in Galileis sozialer Kompetenz deutlich. Denn die Musik der freien Forschung spielte damals nicht an den Universitäten, sondern eher im höfischen Bereich und seinem Patronagesystem. Aber genau hier zeigte sich Galilei als schwacher Akteur. Offenbar realisierte er nicht, dass seine Position im Spiel der Loyalitäten um 1623 herum ihren Höhepunkt überschritten hatte, er verkalkulierte sich wohl im Versteckspiel der fiktiven Personennamen des Dialogs, vielleicht unterschätzte er auch die theologischen Differenzen zu Urban, der glaubte, dass Mathematik und Philosophie nur hypothetische Aussagen machen könnten, jedenfalls hatte sich Galileo verspekuliert. Er gehörte, wie viele andere auch, zu den Verlierern des höfischen Spiels. Galileo stürzte nicht über seine kosmologischen Theorien, sondern über Patronagekonjunkturen und die zyklische Veränderung der Machtstruktur – und über seine eigene Unfähigkeit, dabei virtuos mitzuspielen. Biagioli geht noch weiter: Das Patrononagesystem ließ Raum für ein virtuoses Spiel mit Hypothesen. Indem Galilei dogmatisch (und wie wir heute wissen: zu Recht) auf den Kopernikanismus setzte, beendete er die Freiheit dieses Denkens und verstieß gegen die Konventionen dieses intellektuellen Spiels am Hof. Eine Opposition von Religion und Wissenschaft, wie sie das 19. Jahrhundert konstruierte, geht jedenfalls meilenweit an den sozialen Bedingungen der Wissensgewinnung im frühen 17. Jahrhundert vorbei.

In dieser Weise könnte man die Heiligenlitanei der älteren Wissenschaftsgeschichte durchgehen – ich fasse mich bei den anderen Akten kürzer: Giordano Bruno etwa wurde im Jahr 1600 verbrecherisch verbrannt, aber nicht wegen seiner pantheistischen kosmologischen Ansichten, sondern wegen seiner Christologie, und auch, weil sein Gastgeber in Venedig, Zuane Mocenigo, ihn bei der Inquisition denunzierte. Auch Johannes Kepler passt nicht in die Eindeutigkeit binärer Alternativen von Wissenschaft oder Religion. Der bekennende Lutheraner, der für drei katholische Kaiser am Wiener Hof arbeitete, der die Mathematisierung der Kosmologie weit vorantrieb und zugleich die Erstellung von Horoskopen als wichtige Aufgabe betrachtete, der mit der Erwägung magnetischer Kräfte die Himmelsphysik mitbegründete und dennoch bis zu seinem Tod an eine Seele in der Sonne glaubte und an einer göttlichen Himmelharmonik festhielt, dieser Kepler war nur gewaltsam aus einem Netz zu lösen, in dem Religion und Wissenschaft die Kett- und Schussfäden bildeten. Die daran anknüpfende Mechanisierung des Weltbildes der Physik, die für den religiös durchaus musikalischen Wissenschaftshistoriker Edward Jan Dijksterhuis in den 1950er Jahren noch die „Mathematisierung der Wissenschaft" bedeutete,[13] lässt sich auch ganz anders lesen: Als Möglichkeit, die göttliche Schöpfung noch besser zu verstehen, und, so etwa Newton, die geheimnisvollen Stellen des Unerklärbaren noch genauer zu identifizieren.[14]

Bei ebendiesem Isaak Newton wird die Verschränkung von Wissenschaft und Religion noch dramatischer.[15] Dass dieser Heroe des wissenschaftlichen Fortschritts nicht in die Opposition von Wissenschaft versus Religion passte, hatte man im 19. Jahrhundert so gründlich verdrängt, dass die Universitätsbibliothek von Cambridge, die den „wissenschaftlichen" Nachlass Newtons beherbergte, den größten Fehler ihrer Geschichte beging. 1880 vermachte nämlich der fünfte Earl of Portsmouth, Nachkomme der Nichte Newtons und Erbe der „persönlichen" Papiere von Newtons, dieses „nichtwissenschaftliche" Konvolut der Bibliothek. Mit einer Einschränkung: Seien die Papiere wissenschaftlich wertlos, sollten sie an die Familie zurückfallen. Bald waren die allermeisten Papiere zurück, denn sie gehörten zu drei Themenblöcken: Theologie, Alchemie, Chronologie (Überlegungen Newtons zur biblischen Weltgeschichte und zur Berechnung des Weltendes). 1936 warf Lord Lymington, der neunte Earl of Portsmouth, diese Papiere auf den Auktionsmarkt und zerstreute sie über die Welt. Gleichwohl fanden viele Papiere dann doch in die Cambridger Universitätsbibliothek zurück, allerdings nur, weil John Maynard Keynes (1883–1946), den wir meist nur als Ökonomen und Theoretiker des Deficit spending (also öffentlicher Schulden zur Belebung der Wirtschaft) kennen, Interesse an der Alchemie hatte und erwarb, was er von Newtons Schriften kaufen konnte – um die Bestände teilweise nach Cambridge in King's College und ins Trinity College zurückzuführen. Diese Geschichte macht deutlich, wie vernagelt die wissenschaftshistorische Wahrnehmung in der Hochphase der positivistischen Wissenschaftsgläubigkeit gegenüber dem Faktor Religion sein konnte.

Auch bei Newton lebten religiöse Praxis und wissenschaftliche Biographie wie ein siamesischer Zwilling. Newton war Puritaner, also Protestant in der Tradition Calvins, der die religiöse Aufladung des Professorenberufs im Trinity College, nämlich den Zölibat, im Gegensatz zu vielen seiner Kollegen ernstnahm, der die Nähe zu den Cambridger Platonikern um Henry More und Ralph Cudworth, die den Antimaterialismus zu einem Angelpunkt ihrer theologischen Philosophie gemacht hatten, suchte und der in theologischen Fragen Position bezog. Seit den 1670er Jahren leugnete er die Trinität, an der Berechnung des Weltendes arbeitete er ein Leben lang, und mit seinem Index Chemicus, in den er seit dem Ende der 1660er Jahren hunderte von alchemistischen Werken eintrug, begleitete er seine nächtelang

---

[13] Dijksterhuis: Die Mechanisierung des Weltbildes, 557.
[14] Shapin: Die wissenschaftliche Revolution, 179–186.
[15] In aktuellen Biographien wird dies nicht mehr verdrängt, s. Christianson: In the Presence of the Creator; Westfall: The Life of Isaac Newton; Dobbs: The Janus Faces of Genius.

vorangetriebenen Experimente, mit denen er die mikroskopische Natur zu erkennen hoffte, um so auch die makroskopischen Vorgänge zu verstehen.

Mit dieser Perspektive könnte man die wissenschaftshistorische Perspektive umdrehen und die Schnittstellen, an denen religiöse Positionen in die naturphilosophische Theoriebildung einflossen, zum Angelpunkt der Wissenschaftsgeschichte machen. Ein Beispiel wäre dafür Newtons Gravitationslehre, die das Problem der Kräfte, die die Planetensysteme in Bewegung hielten, erklärte. Solche Fernwirkungen haben immer eine Nähe zu hermetischen Prinzipien, in der Materie nur eine andere Form des Geistes ist, weil man dann belebte Körper assoziieren, nachgerade eine Lebenskraft in ihnen sehen kann.[16] Newton griff, zur Irritation vieler zeitgenössischer Kollegen, auf diese Vorstellung „okkulter" Kräfte aus hermetischen Traditionen zurück[17] und machte auch aus diesem Grund parallel zur Abfassung der „Principia Mathematica", alchemistische Experimente.[18] Diesem Feld entnahm er das Konzept der Gravitation und bot damit eine Antwort, die an struktureller Metaphysik nichts zu wünschen übrigließ: Eine unsichtbare, nicht fühlbare Kraft sollte die Grundlage der Himmelsphysik bilden. Dazu benötigte Newton einen langen Weg, den er mit den Cambridger Platonikern im Gepäck gegen die Naturphilosophie von Descartes ging, dessen Trennung in eine res cogitans und eine res extensa, in eine intelligible Natur und in die Materie, er ablehnte, weil sie Gott aus der Welt zu eliminieren drohe. Anfangs noch hatte er die Gravitationskraft mechanisch konzipiert, sie sollte ein ätherischer Stoff sein, der durch die Poren der Erde fließe, sich in Kammern sammle und so Schwere und Bewegung bewirke. In den 1670er Jahren hingegen wurde die Gravitation von einem passiv-mechanischen zu einem aktiven, strukturell spirituellen Prinzip, zu einer Dimension des göttlichen Willens. Newton benötigte damit die Teleologie von Naturkörpern aus der aristotelischen Tradition nicht mehr, zudem konnte er das Problem der Kohäsion des Planetensystems lösen, an dem sich die Atomisten die Zähne ausgebissen hatten. Und so installierte der Vollender der klassischen Mechanik im Kern seines Denkens eine qualitas occulta, eine okkulte Kraft. Eine der folgenreichsten Innovationen der neuzeitlichen Naturwissenschaft ist ohne die hermetisch imprägnierte Theologie Newtons nicht zu verstehen.

Dieser kritische Ausflug in die „heroische" Phase der europäischen Wissenschaftsgeschichte läuft auf einen Fluchtpunkt zu: Die Erzählung der Trennung von Wissenschaft und Religion oder zumindest der zunehmenden Emanzipation der Wissenschaft aus den Fängen der Theologie, wie sie die Wissenschaftsgeschichte des 19. Jahrhunderts erzählte, erklärt viel über Sehnsucht nach einer metaphysikfreien Wissenschaft, jedoch wenig über die Dynamik in der Frühen Neuzeit. Die wissenschaftshistorische Forschung hat dem Tatbestand, dass Religion ein integraler Faktor der neuzeitlichen Naturwissenschaftsgeschichte ist, seit den zwanziger Jahren des letzten Jahrhunderts, vielleicht beginnend mit Alfred North White-

---

16 Dobbs: The Janus Faces of Genius, 118; McMullin: Newton on Matter and Activity, 76 f.
17 Dobbs: The Janus Faces of Genius; Copenhaver: The Occultist Tradition and its Critics, 494–496. Allerdings blieb der Status der Gravitation zwischen einer grundlegenden Naturkraft und einer mechanischen Kraft in Newtons Werk ambivalent; Garber: Physics and Foundations, 67.
18 McMullin: Newton on Matter and Activity, 78.

heads Studie über die Naturwissenschaft und die moderne Welt von 1926,[19] Rechnung getragen und die These einer antireligiösen Autonomie der Naturwissenschaften, die das 19. Jahrhundert so geliebt hatte, verabschiedet.

7.2 Sonderwege in der okzidentalen Naturforschung

Die Antwort auf die Frage, wie Religion und Naturwissenschaft in der Frühen Neuzeit zusammenwirkten, wenn die Geschichte jedenfalls nicht so feindlich verlief, wie man sie im 19. Jahrhundert konstruierte, ist wissenschaftshistorisch in eine andere Frage eingewickelt: Warum entstand die „moderne" Naturwissenschaft im lateinischen Okzident? Sie ist oft als *die* Frage nach der „Modernität" und „Säkularität" des Westens überhaupt verstanden worden, und möglicherweise erklärt diese ideologische Aufladung die Berge von Literatur, die seit knapp 100 Jahren zu diesem Thema erscheinen.

Der Autor, der sich augenblicklich vielleicht am intensivsten mit der Frage „Warum in Europa?" auseinandergesetzt hat, ist der niederländische Wissenschaftshistoriker Floris Hendrik Cohen.[20] Sein Ausgangspunkt ist die griechische Antike. Hier postuliert er zwei grundlegend verschiedene „Formen der Naturerkenntnis":[21] Eine in Athen, in vier Schulen aufgeteilt, die, von der Philosophie ausgehend, den Realitätsbezug der philosophischen Reflektion gesucht und die Welt als Ganzes zu erklären beansprucht habe. Die andere Naturerkenntnis in Alexandria hingegen sei von der Mathematik ausgegangen und habe in hoher Abstraktion und konzentriert auf punktuelle Fragen die Welt zu begreifen versucht. Ohne diesen Vorlauf sei die Wissenschaftsgeschichte weder im christlichen Okzident noch in der islamischen Welt zu verstehen. Zugleich aber habe es, und dies ist für die okzidentale Geschichte wichtig, keine kontinuierliche Überlieferung des Wissens in Schulen gegeben.[22] Das antike Wissen, etwa des Aristoteles, wurde zwar in den Übersetzungen des Boethius im frühen 6. Jahrhundert zumindest mit einigen wissenschaftstheoretischen Schriften wieder zugänglich, aber in der islamischen Welt stand es seit dem 7. Jahrhundert, vermittelt vor allem durch die syrische Kultur, unter Einschluss der naturkundlichen Schriften des Aristoteles fast vollständig zur Verfügung (siehe Kap. 6.2). Im 12. Jahrhundert kamen die Aristoteles-Übersetzungen Jakobs von Venedig im Okzident dazu, ehe eine breite Rezeption über die Kontaktzonen mit der islamischen Welt in Süditalien und Sizilien sowie in Spanien einsetzte. In welchem Verhältnis die Rezeption der antiken Traditionen im Okzident dem Islam verdankt wird, deren fundamentaler Bedeutung in der Forschung nicht zur Debatte steht, ist allerdings im Detail umstritten und ein Gegenstand kulturpolitisch aufgeladener Debatten.[23]

---

19 Whitehead: Science and the Modern World.
20 Cohen: The Scientific Revolution; ders.: The Onset of the Scientific Revolution; ders.: Die zweite Erschaffung der Welt; ders.: How Modern Science Came Into the World.
21 Ders.: Die zweite Erschaffung der Welt, 26.
22 Ders.: How Modern Science Came Into the World, 31.
23 Schon 1960 hatte Sigrid Hunke, Nationalsozialistin und nach dem Zweiten Weltkrieg in der antichristlich-neopaganen Szene aktiv (Junginger: Sigrid Hunke), in ihrem weit verbreiteten Buch „Allahs Sonne über dem Abendland" zentrale kulturelle Entwicklungen im Okzident auf arabische Einflüsse zurückgeführt,

Das Mittelalter spielt bei Cohen im übrigen keine herausgehoben Rolle – aber da widersprechen ihm andere Forscher vehement,[24] wie er überhaupt die christlichen Anteile an dieser Geschichte eher zurückhaltend beurteilt und der Verbindung von Religion und Naturforschung nur in dieser Phase einen herausgehobenen Stellenwert zuschreibt.[25]

Ein weiterer Schub der Rezeption antiker Literatur setzte mit der Eroberung Konstantinopels durch die Lateiner (1204) und dem folgenden Niedergang von Byzanz bis zu dem Fall der Hauptstadt im Jahr 1453 ein. Erst danach sei es – so weiterhin Cohen – um 1600 zu einer Entwicklung gekommen, in der der Westen durch „revolutionäre Transformationen"[26] eine Eigenentwicklung genommen habe: durch die Anwendung der mathematischen („alexandrinischen") Erkenntnis auf die reale Welt, durch die Zirkulation des Wissens im Buchdruck und durch die Aufwertung der „Schnittstelle" zwischen genauer Beobachtung und technischer Anwendung unter Einbeziehung des auf Entdeckung ausgerichteten Experiments.[27] Cohen sieht in der Kontinuität dieser Entwicklung vom 17. Jahrhundert bis heute eine Dimension, die keine andere Kultur besitzt. Religiöse Traditionen spielen für Cohen in den älteren Veröffentlichungen für die Neuzeit eine nur geringe Rolle, finden sich aber insbesondere in jüngeren Veröffentlichungen auch bei ihm: etwa die Vorstellung, dass die Mönchsorden mit der Veräußerlichung der Askese eine hohe Bedeutung besessen[28] oder dass die Jesuiten mit der Verbindung von Philosophie und Mathematisierung die Theoriebildung beförderten hätten.[29]

Integriert man hingegen konstitutiv, wie die Mehrheit der Forscherinnen und Forscher, religionsbezogene Perspektiven, kommt man zu anderen Ergebnissen. Sie bleiben komplex, kreisen aber um die Rolle des hegemonialen Christentums. Dann kann man, so eine Deutungspartei, postulieren, dass es eine negative Rolle für die Genese der neuzeitlichen Naturwissenschaft spielte. Denn zumindest das antike Christentum habe, wo es im Konzept des Glaubens jegliche Möglichkeit des Wissens bestritt, so etwa Tertullian im Anschluss an Skep-

---

unter scharfer Kritik an Kirche und okzidentaler Kultur (s. etwa Hunke: Allahs Sonne über dem Abendland, 347–349). Mit umgekehrten Vorzeichen vertrat der Lyoneser Mediävist Sylvain Gouguenheim 2008 erneut die schon ältere These, dass die Aristoteles-Rezeption durch den Benediktiner Jakob von Venedig auf dem Mont Saint-Michel zu Beginn des 12. Jahrhunderts unabhängig von arabischen Vorlagen erfolgt sei und ein eigenständiges Interesse Europas an der griechischen Tradition dokumentiert habe. Letztlich habe es der islamischen Einflüsse nicht bedurft, sie seien kontingent (Gouguenheim: Aristote au Mont-Saint-Michel, 187). Dagegen hat sich breiter wissenschaftlicher Widerspruch erhoben. Es gibt zwar im 12. Jahrhundert in der Tat eine Übersetzung bis dato unbekannter Schriften des Aristoteles durch Jakob von Venedig, vielleicht vermittelt über Byzanz, wo Jakob nachweislich war (Ebbesen: Jacques de Venise, 118), aber eine Schreibschule auf dem Mont Saint Michel ist nicht nachweisbar (ebd., 127). Lewis: God's Crucible, hat mit begrenzter Tiefenschärfe eine geschichtspolitische Gegenthese aufgebaut, wonach der Okzident zentrale Entwicklungen Jahrhunderte früher gemacht hätten, wenn sie früher in den Einflussbereich des Islam gekommen wären.

24 V. a. Lindberg: The Beginnings of Western Science.
25 Cohen: How Modern Science Came into the World, 94.
26 Ders.: Die zweite Erschaffung der Welt, 105.
27 Ebd., 120f. 139f., Zitat S. 140. In welchem Ausmaß dabei technische Objekte und ihre Anwendung den Initialpunkt bildeten, etwa hinsichtlich des Pendels (Büttner: The Pendulum) oder der Chronometer (Landes: Les horloges), ist in der Forschung ein Gegenstand kontroverser Debatten.
28 Cohen: Die zweite Erschaffung der Welt, 140.
29 Ders.: The Onset of the Scientific Revolution, 26.

tiker wie Sextus Empiricus, die Möglichkeit einer empirischen Naturwissenschaft grundsätzlich storniert.[30] Aber natürlich reduziert diese Perspektive ein Feld heterogener Theologien auf eine, sicher in der paulinisch-augustinischen Tradition wichtige Variante, die durch den revitalisierten Augustinismus des Spätmittelalters und insbesondere durch die reformatorischen Theologien in der Frühen Neuzeit eine neue Virulenz erhalten habe. Aber eben dieser Negation kann man produktive Folgen zuschreiben, wenn man die „scientific revolution" als Kompensation einer negativen christlichen Anthropologie, der Theorie des gefallenen Menschen, der durch den Sündenfall nur noch eingeschränkte Erkenntnisfähigkeiten besitze, deutet.[31] Die epistemologische Skepsis habe die Suche nach Verfahren freigesetzt, um die Erkenntnisgrenzen zu überwinden: Experimente und probabilistische und fallibilistische Verfahren, die gerade bei den Jesuiten, klassischen Kritikern des Augustinismus, besonders verbreitet waren. Eine damit verwandte Interpretation versteht die neuzeitliche Naturwissenschaft als Kompensation einer anderen Version von Weltkritik, der mittelalterlichen Erwartung des Weltendes: Es seien die Versuche seiner Berechnung gewesen, die die naturwissenschaftliche Forschung auf den Weg gebracht habe.[32] Oder war es in der Frühen Neuzeit eine andere apokalyptische Tradition, der Milleniarismus des calvinistischen Puritanismus, der im 17. Jahrhundert Konjunktur hatte und ein baldiges Ende der Geschichte prophezeite, der die Forschung beförderte, weil man eine Wiederherstellung des adamitischen Wissens, also desjenigen vor dem Sündenfall, erwartete?[33]

Aber eine andere Interpretationsfraktion argumentiert genau gegenläufig. Sie sieht in der neuzeitlichen Naturwissenschaft nicht nur einen kompensatorischen Akt gegen die Theologie, sondern als deren konsequentes Ergebnis. Die Inkarnationstheologie habe eine positive Wertung der Natur nach sich ziehen und diese, etwa im Gegensatz zum starken Strömungen im Buddhismus oder Neuplatonismus, zu einem theologisch qualifizierten Ort der Naturerkenntnis machen können. Von hier würde ein Weg zur Metapher der Natur als Buch, zur Natur als zweiter Erkenntnisquelle neben der Bibel und dann zur Physikotheologie des 18. Jahrhunderts führen, in der man Gott in den Spuren der Natur erkennen wollte,[34] oder zum „Tempel der Natur", den Erasmus Darwin zwei Generationen vor seinem Enkel Charles besang.[35] In diesem Zusammenhang könnte gerade die Zerstörung des heiligen Kosmos durch die jüdisch-christliche Schöpfungstheologie die Naturforschung befördert haben, weil man mit der Natur eben nicht mehr am Göttlichen selbst laboriere. Oder ist doch die Zerstörung dieser christlichen Konzeption wichtig geworden, als man im 16. Jahrhundert die Vorstellung einer überschaubaren, harmonischen Schöpfung zugunsten eines unendlichen Weltalls destruierte, das man zur Erforschung freigeben konnte?[36] In diesem Zusammenhang spielte wohl die veränderte Wertschätzung des Neuen und die „Erfindung" der Erfinder im 13./14. Jahrhundert eine Rolle, die die Neugier an Naturphänomenen schöpfungstheolo-

---

30 So Hogrebe: Metaphysik und Mantik, 157, oder Fögen: Die Enteignung der Wahrsager, 297f.
31 Harrison: The Fall of Man and the Foundations of Science.
32 Fried: Aufstieg aus dem Untergang.
33 Harrison: The Fall of Man, 13; s. auch Webster: The Great Instauration, 27f. 509f.
34 Harrison: Physico-Theology and the Mixed Sciences; Trepp: Von der Glückseligkeit, alles zu wissen.
35 Darwin: The Temple of Nature.
36 Koyré: Von der geschlossenen Welt zum unendlichen Universum, 8.

gisch rechtfertigen konnte. Sie musste sich zwar gegen das Theorem der Abgeschlossenheit der Schöpfung durchsetzen, tat dies aber im Rahmen theologisch konnotierter Debatten;[37] gleichwohl benötigte es Jahrhunderte, ehe diese Wertschätzung des Neuen hegemonial wurde.[38] Und geschah all vielleicht mit dem Rückenwind des Ikonoklasmus, der mit der Bestreitung der Abbildbarkeit Gottes in der Natur den sezierenden Blick auf ebendiese Natur erleichterte?[39] Oder liegen wichtige Weichenstellungen in der Kritik an der aristotelischen Physik, die keinen produktiven Konflikt zwischen theologischen und naturphilosophischen Positionen kannte, die sich damit nicht wechselseitig infrage stellten?[40]

Schließlich gab es den Versuch, die Genese der neuzeitlichen okzidentalen Naturwissenschaft aus religiösen, aber nichtchristlichen Quellen zu verstehen. Frances Yates behauptete, der Ursprung der neuzeitlichen Naturwissenschaft liege in der Hermetik der Frühen Neuzeit, deren Vertreter sie als eine Art homines fabri deutete, die vermittels einer gereinigten „Magie" die Herrschaft über die Natur anzielten, Einblick in ihre innere Struktur beanspruchten und so die neuzeitliche Naturwissenschaft angestoßen hätten.[41] Aber dagegen artikulierte sich scharfer Widerspruch: Die hermetische Rede mit Hilfe von Metaphern, die Nutzung verdinglichter Begriffe oder das Lehrer-Schüler-Verhältnis anstelle von Forschungsgemeinschaften sprechen dagegen,[42] und überhaupt stellt sich Reduktion der frühneuzeitlichen Naturforschung auf hermetisch-religiöse Fragen als ein Tunnelblick heraus, der ein Kind des 19. Jahrhunderts ist.[43] Allenfalls für einzelne Aspekte dürften die „okkulten Wissenschaften" dann doch eine wichtige Rolle gespielt haben, etwa in der Suche nach unsichtbaren Wirkungen, wofür die Nutzung der Gravitationsidee bei Newton ein Beispiel ist, verbanden sie sich mit der neuzeitlichen Wissenschaftskultur. Aber eine generelle und grundlegende Rolle gemäß den Thesen von Yates wird ihnen heute nicht mehr zugesprochen.

Was bleibt am Ende dieser Exkursionen in die Deutungsgeschichte der „wissenschaftlichen Revolution"? Ein einfaches, angesichts der Forschungsgeschichte nur scheinbar banales Ergebnis: Es spricht alles dafür, dass die Entwicklung der neuzeitlichen Naturwissenschaft nicht ohne den Beitrag der Religion zu verstehen ist – alles andere wäre angesichts Polysemie historischer Prozesse auch eine kleine Sensation – und dass okzidentale Theologumena diesen Debatten ihr spezifisches Profil gegeben haben. Auf dieser Basis kann man jedenfalls weiterfragen, wie es um die Achse dieses Buches, um die Rolle nichtgentiler Gruppen, in diesem Prozess bestellt ist.

---

37 Dohrn-van Rossum: Novitates – Inventores.
38 Karl Ernst von Baer, Professor für Zoologie und Anatomie, monierte 1835, dass es in der Universität Königsberg den Dekanen immer noch vorgeschrieben sei, dafür zu sorgen, dass in den Dissertationen nichts Neues enthalten sei; Baer: Reden, 3 Bde., 1864, S. 151, ohne Bandangabe zit. bei Lepenies: Das Ende der Naturgeschichte, 9.
39 Harrison: Reinterpreting Nature in Early Modern Europe, 31.
40 Gaukroger: The Emergence of a Scientific Culture, 248. 507 u. ö.
41 Yates: Giordano Bruno and the Hermetic Tradition, 159.
42 Copenhaver: Natural Magic, Hermetism, and Occultism in Early Modern Science, 261–266; Vickers: Analogy versus Identity; ders.: Okkulte Wissenschaften; ders.: On the Function of Analogy in the Occult.
43 Principe: The Aspiring Adept, 8–10.

7.3 Sozietäten und Wissenschaft

Zu dieser Vielfalt von Erklärungsansätzen für die sogenannte „wissenschaftliche Revolution" tritt noch ein weiterer, der die Veränderungen in der Naturforschung mit der thematischen Achse dieses Buchs verfugt: die freie Vergemeinschaftung als Handlungsbedingung. Diese Dimension, die bei Cohen nur eine marginale Rolle spielt,[44] ist in den letzten Jahrzehnten intensiver erforscht worden. Sie mündet in die These, dass eine zentrale Bedingung der neuzeitlichen Entwicklungen der Naturwissenschaft die scientific community war, die wiederum ohne die Vorgeschichte christlicher Vergemeinschaftungsformen nicht denkbar ist.

Natürlich gehört zu dieser Geschichte intellektueller Denkgemeinschaften die Universität (siehe Kap. 6), doch lösten andere Sozietäten, die Akademien und Hochschulen, die sich seit dem 15. Jahrhundert zuerst in Italien bildeten, die Universitäten für lange Zeit als think-tanks ab. Ihre Wurzeln besaßen sie in älteren Institutionen neben der Universität, vor allem an Höfen und in Klöstern.[45] In den 1440er Jahren entstand die Academia Pontaniana in Neapel, 1470 die Platonische Akademie in Florenz, 1498 die Academia Antiquaria in Rom, 1560 die Academia Secretorum Naturae in Neapel, 1583 die Academia della Crusca als Sprachgesellschaft in Florenz, 1603 die Academia dei Lincei zur Naturforschung in Rom. Diese Vereinigungen waren privatrechtlich organisiert und im Prinzip egalitär verfasst, oft verbunden mit einer Kritik an der konfessionellen Differenzierung des Christentums. Allerdings spielte, und diese Komponente wurde lange unterschätzt, meist die Privilegierung des Adels und überhaupt familiärer Beziehungen eine wichtige Rolle, darüber hinaus wurde zunehmend die fürstliche Protektion wichtig,[46] insbesondere wenn es um konkurrierende Interessen regionaler Gruppen ging.[47] Gleichwohl entstand damit ein Netz von Forschergruppen, das schon im 16. Jahrhundert in Italien sehr dicht war und bis zum Ende des 18. Jahrhunderts in Europa zu einer eigenen intellektuellen Welt heranwuchs.[48] Exemplarisch dokumentieren die in den letzten Jahren vorgelegten Briefeditionen etwa der 1617 begründeten literarischen Fruchtbringenden Gesellschaft[49] oder der 1652 gegründeten, von Kaiser Leopold I. 1677 privilegierten Leopoldina,[50] welch dichter Kommunikationskosmos mit derartigen Vereinigungen entstand.

Von besonderer Bedeutung waren die 1635 mit der Protektion Ludwig XIII. und Kardinal Richelieus in Paris gegründete Académie française, die einen Schwerpunkt in der Sprachpflege besaß,[51] die 1660 in London gegründete Royal Society, die ein „College for the promo-

---

44 Vgl. Cohen: The Scientific Revolution, 338f. 368f.; ders.: Die zweite Erschaffung der Welt, 121.
45 Neumeister: Von der arkadischen zur humanistischen *res publica litteraria*, 172–174.
46 Garber: Sozietät und Geistes-Adel, 27–29.
47 Exemplarisch Joos: Gelehrsamkeit und Machtanspruch um 1700.
48 Europäische Sozietätsbewegung und demokratische Tradition, hg. v. K. Garber/H. Wismann; Gelehrte Gesellschaften im mitteldeutschen Raum, hg. v. D. Döring/K. Nowak. Zu den intellektuellen Diskursen s. Diskurse der Gelehrtenkultur in der Frühen Neuzeit, hg. v. H. Jaumann.
49 Fruchtbringende Gesellschaft, hg. v. K. Conermann.
50 Mücke/Schnalke: Briefnetz Leopoldina.
51 Frey: Die Académie Française und ihre Stellung zu anderen Sprachpflegeinstitutionen, 45ff.

ting of Physico-Mathematicall Experimentall Learning" sein sollte,[52] und die von Leibniz 1700 inaugurierte Berliner Akademie der Wissenschaften. Entscheidend ist, dass trotz und innerhalb aller gentilen Interessen und aller staatlichen Funktionalisierung selbstorganisierte intellektuelle Netzwerke entstanden. Eine Verbindung dieser assoziationssoziologischen Dimension mit einer religiösen Perspektive hat schon 1938 Robert King Merton hergestellt. Er analysierte die religiöse Zugehörigkeit der Royal Society und realisierte, dass viele ihrer Mitglieder Puritaner waren,[53] darunter auch und nicht zuletzt Newton. Sie hätten grundlegenden Merkmale der neuzeitlichen Wissenschaft religiös begründet, Wissenschaft nachgerade sanktifiziert: „Empiricism and rationalism were canonized, beatified, so to speak".[54] In Aufnahme von Max Webers Theorie einer protestantischen Ethik als Fundament der „Moderne" entwickelte Merton die These von der Geburt neuzeitlicher Naturwissenschaft aus dem gleichen, dem puritanischen Geist. An dieser Stelle kann offenbleiben, ob es diese einheitliche puritanische Tradition in England gab[55] und ob man nicht Merton als Lieferanten einer Theorie missverstanden hat, die nur für England galt und dann in eine Generalerklärung der Entstehung neuzeitlicher Naturwissenschaft umgemünzt wurde –[56] ohne dass man dabei religiöse Motive bei der Vereinigung von Wissenschaftlern in der Royal Society infrage stellen müsste. Eine andere Verbindung von Religion und Assoziation hat Peter Harrison zur Diskussion gestellt, der mit seiner schon genannten These zur erkenntniskritischen Anthropologie als Ausgangspunkt der kompensatorischen Genese der neuzeitlichen Naturwissenschaft auch die Entstehung von wissenschaftlichen Gesellschaften erklärt. Die Beschränkungen der individuellen Erkenntnisfähigkeit, namentlich in den freiheitskritischen Dimensionen der calvinistischen Anthropologie, hätten es nahegelegt, diese Grenzen gemeinschaftlich, in einer scientific community, zu kompensieren.[57]

Natürlich darf man sich solche Vereinigungen nicht allzu idealistisch als Formen freier Vergemeinschaftung vorstellen. Einmal mehr vollzog sich die Genese einer durch freie Zugehörigkeit konstituierten scientific community in Verbindung mit gentilen Strukturen, womit ich zu einem Ausgangspunkt dieses Buches zurückkehre. Für die Naturforschung in England ließ sich nachweisen, dass die Mitglieder der Royal Academy aus der Gruppe der Gentlemen kamen, die sich nicht nur mit ihrem Gattungsbegriff von „gens" herleiten, sondern auch de facto eine stark geburtsbestimmte Schicht bildeten.[58] Für sie war in der Forschung Vertrauen wohl ein höheres Gut als ein Objektivität, die ohnehin in ihrem Absolutheitsanspruch ein

---

[52] Zit. nach Hall: Promoting Experimental Learning, 9. Fast identisch formulierte die Leopoldina zwei Jahre später ihre Ziele als „Collegium" für „Experimente", zit. nach Müller: Die Leopoldina unter den Präsidenten Bausch, Fehr und Volckamer, 58.
[53] Merton: Science, Technology & Society, 55–80; kritischer hinsichtlich einer durchgehenden Bedeutung von Puritanern Webster: The Great Instauration, 93f.
[54] Merton: Science, Technology & Society, 94.
[55] Forshaw/Killeen: Introduction (in: The Word and the World), 10.
[56] Vgl. Cohen: The Scientific Revolution, 314–321; Puritanism and the Rise of Modern Science, hg. v. I. B. Cohen.
[57] Harrison: The Fall of Man, 198–216.
[58] Shapin/Schaffer: Leviathan and the Air-Pump, 106 passim.

Kind des 19. Jahrhunderts ist.[59] Diese Gentlemen bildeten seit dem 17. Jahrhundert eine frei organisierte Gruppe, jedoch nur innerhalb ihrer sozial-hereditären Schicht; erst im 19. Jahrhundert entstand daraus eine scientific community, in der zumindest dem Anspruch nach ausschließlich die Qualifikation und nicht mehr die Herkunft zählen sollte.[60] Diese Verwandlung der Gelehrtenzirkel in eine scientific community – mit der Verlagerung von einer autorzentrierten zu einer objektzentrierten Rhetorik und dem Umschlag von einer wissenschaftlichen Kultur des Vertrauens in eine Kultur des Misstrauens und in diesem Sinn der Kritik (wie Wissenschaftshistoriker pointiert postulieren) – war eine langsame Metamorphose, die an einzelnen Stellen um 1800 begann,[61] aber erst in der zweiten Hälfte des 19. Jahrhunderts zu derjenigen Forschungsgemeinschaft führte, die wir heute kennen.[62] Natürlich kann man hier wiederum die Frage stellen, ob sich die Entwicklung der neuzeitlichen Naturwissenschaft überhaupt über Inhalte, seien sie religiöser oder nichtreligiöser Provenienz, erklären lasse oder ob man sie auf einen derartigen Wandel von Kommunikationsstrukturen zurückführen könne[63] – aber auch das wäre wohl erneut die Verabsolutierung eines nur relativen Faktors.

Das Ergebnis dieser Überlegungen bleibt historisch unscharf: Es spricht viel dafür, dass die Bildung von Sozietäten nicht unabhängig von einer christlichen Tradition gelesen werden kann, die auf Entscheidung begründete und insofern nichtgentile Organisationsformen legitimierte. Allerdings beansprucht diese Argumentation Plausibilität und unterstellt keine Kausalität. Es bleibt, wie bei vielen historischen Überlegungen, bei der Behauptung der Wahrscheinlichkeit dieses Zusammenhangs.

7.4 Naturforschung in der arabisch-islamischen Welt

Für den vergleichenden Blick sind Kulturen von besonderem Interesse, in denen unterschiedliche Entwicklungen bei besonderer Nähe vorliegen. Eben dies ist in den vom Islam dominant geprägten Kulturen der Fall, in denen es parallel zur okzidentalen Neuzeit keine wissenschaftlich-technische „Revolution" gab,[64] obwohl sie größtenteils die gleichen naturkundlichen und naturphilosophischen Quellen durch die Rezeption der griechischen Texte besaßen und, davon später mehr, ähnliche oder teilweise gar die gleichen theologischen Grundannahmen teilten. Einmal mehr war die Beschäftigung mit der islamischen Welt im Westen kein wissenschaftshistorisches Glasperlenspiel. Man konnte „den Islam" wissenschaftsfeindlich konstruieren, wenn die Superiorität Europas herausgestellt werden sollte,

---

59 Daston/Galison: Objektivität, v. a. 121 ff. Zu den vermeintlichen früheren Objektivitätsempiristen s. Daston: Baconian Facts, 337–364.
60 Atkinson: Scientific Discourse in Sociohistorical Context, 141–161; Vierhaus: „Theoriam cum praxi zu vereinigen ...", 18; Shapin: A Social History of Truth, 69 u. ö.
61 Ziche: Die Jenaer Naturforschende Gesellschaft.
62 Atkinson: Scientific Discourse in Sociohistorical Context, 153–160.
63 Etwa Shapin: A Social History of Truth.
64 Exemplarisch Kürşat: Der Verwestlichungsprozess des Osmanischen Reiches, 341–360. Dezidert der allerdings hinsichtlich seiner islamwissenschaftlichen Kompetenz kritisierte Huff: The Rise of Early Modern Science, 47–90.

oder aber die Geschichte gegenläufig lesen, wenn etwa im 19. Jahrhundert William Draper und Andrew Dickson White den Islam als wissenschaftsfreundliche Kultur deuteten, um den Konflikt zwischen Kirche und Wissenschaft als spezifisches Problem des Okzidents, nicht zuletzt mit einer Kritik am katholischen Christentum, darzustellen.[65]

Man hatte in der arabisch-islamischen Welt – und schon diese Fokussierung auf die „islamische" im Rahmen der „arabischen" Welt ist natürlich eine Engführung, die nur insofern gerechtfertigt ist, als in diesem Buch religionshistorische Überlegungen im Zentrum stehen[66] – gezielt nach den naturkundlichen Texten des antiken Griechenland suchen und sie ins Arabische übertragen lassen, bis man um das Jahr 1000 herum (ca. 350 H) die Übersetzungstätigkeit einstellte, weil man alle Texte besaß, an denen man Interesse hatte – und nicht, weil die naturkundliche Forschung sich im Niedergang befunden hätte, wie man in der westlichen Forschung lange dachte.[67] Der in dieser Rezeptionsgeschichte entwickelte Stand naturkundlicher Forschung war ausgesprochen hoch.[68] Ein kursorischer Überblick mag die Qualität dieser Wissensbestände, ihren enzyklopädischen Umfang und die Reichweite ihrer Anwendung kursorisch illustrieren. In der Astronomie etwa wurden Astrolabien (zur Bestimmung der Position von Himmelskörpern und damit der eigenen Position auf See), die in der Spätantike erfunden worden waren, zu höchster Präzision entwickelt, in einer Qualität, die bis ins 16. Jahrhundert (10. Jh. H) derjenigen ihrer okzidentalen Pendants weit überlegen war.[69] Oder: Für die Beobachtungen der Gestirne errichtete man astronomische Observatorien, die sowohl hinsichtlich ihrer technischen Ausstattung als auch hinsichtlich der Zahl und der Qualität der hier arbeitenden Naturforscher einen Quantensprung gegenüber der griechischen Tradition bedeuteten. Dasjenige, welches al-Mamun im 9. Jahrhundert (3. Jh. H) in Bagdad errichtete, war nur eines der vielen Vorzeigebeispiele von großen Anlagen, die bis ins 18. Jahrhundert gebaut wurden, wie dasjenige von Jaipur in Indien. Derartige Observatorien waren jedenfalls denjenigen im Okzident bis in die Frühe Neuzeit hinein himmelweit überlegen. Es ist insoweit nicht überraschend, dass viel dafür spricht, in der islamische Welt wichtige, vielleicht sogar entscheidende Anregungen für die Entwicklung von Observatorien in Europa zu sehen, wenngleich die Transferwege nur schwer nachvollziehbar sind[70] und damit die These einer realen Vermittlung hypothetisch bleibt. Oder: Auch in der Zeitmessung war die islamische Welt der christlichen im okzidentalen Mittealter weit voraus.[71] Hier sind die Vermittlungswege gleichfalls unklar, aber die frühesten erhaltenen Chronographen im Okzident, hergestellt wohl im 10. Jahrhundert in Katalonien, zeigen islamische Einflüsse.[72] In der Renaissance allerdings fehlen, etwa bei dem Astronomen Hans Müller („Regiomontanus", 1436–1476), Hinweise, dass das hochentwickelte islamische Wissen

---

65 Dixon: Introduction (in: Science and Religion. New Historical Perspectives), 11.
66 Zur Terminologie vgl. Kap. 5.2.
67 Gutas: Greek Thought, Arabic Culture, 152.
68 Kursorisch Lindberg: The Beginnings, 175–180; im Überblick Nasr: Science and Civilisation in Islam.
69 Stautz: Untersuchungen von mathematisch-astronomischen Darstellungen auf mittelalterlichen Astrolabien.
70 Sayılı: The Observatory in Islam and its Place in the General History of the Observatory.
71 King: In Synchrony with the Heavens, 866.
72 Ebd., 865.

bekannt war[73] – doch angesichts der dürftigen Kenntnisse über damalige okzidentale Systeme der Zeitmessung[74] sind dies vorläufige Resultate. Oder: In der Optik widerlegte al-Haitham, der in Europa Alhazen hieß (ca. 965–1039/40 [312–430/31 H]), die Theorie der vom Auge ausgehenden Sehstrahlen und begründete so die moderne Optik. Er war vermutlich an der Entwicklung von Linsen beteiligt, die in Europa die Erfindung der Brille ermöglichten, und schließlich soll er die Grundlage für die Entwicklung der Perspektive in Florenz im 15. Jahrhundert, auch dies eine der Meistererzählungen der europäischen Fortschrittsgeschichte, geliefert haben.[75] Oder: Die Kartographie erlebte einen Aufschwung mit Himmelsatlanten, See- und Landkarten,[76] gefördert durch die Nutzung von Papier, das, aus China kommend, in islamischen Ländern seit dem 9./10. Jahrhundert (3./4. Jh. H) in Gebrauch genommen wurde[77] und von dort aus im Okzident seit dem 11. Jahrhundert langsam das Pergament ersetzte. Oder: In der Mathematik erhielt der Okzident aus der arabischen Welt die „arabischen" Zahlen, deren älteste Benutzung 976 (335 H) auf der iberischen Halbinsel nachweisbar ist,[78] darunter die Null und auch den Algorithmus, die in den islamischen Kulturkreis nicht aus Griechenland, sondern aus Indien gekommen waren. Oder: In der Chemie erhielt nicht nur die Disziplin ihren Namen von der arabischen „Alchemie" und der Geist des Weines den Namen „Alkohol", sondern man übernahm auch Klassifizierungen, Handbücher, die Weiterentwicklung chemischer Verfahren und überhaupt das Erbe der Alchemie, welches der berühmte, aber hinsichtlich seiner historischen Existenz umstrittene Ibn Hayyan (8. Jh./2. Jh. H), der in der lateinischen Welt Geber hieß, dem Okzident vermittelt habe.[79]

Die Komplexität dieser asymmetrischen Austauschverhältnisse dokumentiert exemplarisch die Medizin,[80] wo das Gefälle zur antiken und mittelalterlichen Welt besonders hoch war, wie es Heinrich Schipperges, ein Gegenbild scharf zeichnend, beschrieben hat: „Während das alte Hellas kein Spital kannte und Rom nur seine Valetudinarien zur Rehabilitation siecher Legionäre, und während das frühe christliche Mittelalter sich mit Motiven der ‚misericordia' begnügte, erwächst hier [in der arabischen Medizin] die Formation einer kompletten Krankenhausanlage, differenziert auf Spezialfächer, versehen mit Chefärzten und administrativem Management, mit reichhaltigen Bibliotheken und einem ausgesprochenen Bed-side-teaching."[81] In Bagdad nahm Sinan ibn Thabit (gest. 943 [331 H]) Prüfungen für Ärzte ab, während im dortigen Hospital 24 berühmte Ärzte unter der Leitung seines Sohnes Abu'l-Hasan Thabit ibn Sinan arbeiteten.[82] Dabei handelte es sich allerdings nur

---

73 Ebd., 190.
74 Ebd., 864.
75 Belting: Florenz und Bagdad, 107. Vgl. aber die Problematisierungen von Korn: Rezension von Belting: Florenz und Bagdad, und Schwanitz: Rezension von Belting: Florenz und Bagdad.
76 The History of Cartography, hg. v. J. B. Harley/D. Woodward, Bd. 2,1.
77 Bloom: Paper Before Print, 203.
78 Jankrift: Europa und der Orient, 100.
79 Hill: Islamic Science and Engeneering, 76–91; Kopp: Geschichte der Chemie, 51–59.
80 Zur Medizingeschichte in der islamischen Welt kann man zwischen voluminösen Sammlungen (etwa: Beiträge zur Geschichte der arabisch-islamischen Medizin, hg. v. F. Sezgin, 8 Bde., Frankfurt a. M. 1987–1991) und kompakten Monographien (etwa: Ullmann: Die Medizin im Islam, 106–122) wählen.
81 Schipperges: Arabische Medizin im lateinischen Mittelalter, Berlin 1976, 69.
82 Rührdanz: Das alte Bagdad, 89–91.

begrenzt um empirische Medizin im heutigen Sinn, charakteristisch war vielmehr der Übergang des naturkundlichen ins naturphilosophische, naturtheologische Wissen, das nicht in einem offenen Vermittlungsprozess, also wie (idealiter) in einer wissenschaftlichen Sozietät, sondern personalisiert weitergegeben wurde (so wie es auch im Okzident bis zum Ende der Frühen Neuzeit dominierte).[83] Im Hintergrund stand auch hier die griechische Bildung, die man lange in christlichen Medizinschulen, insbesondere in der Akademie der syrischen Christen im sassanidischen Gondeshapur, tradiert sah. Allerdings hat die Forschung inzwischen einiges Wasser in den Wein dieser Geschichte gegossen, insofern die Überlieferung stark legendarisch ist und die frühen Hospitaltraditionen nicht in den Anfangsjahren des Islam, sondern eher im 9. Jahrhundert (3. Jh. H) – oder auch erst ein Jahrhundert später in Khoransan (heute: Turkmenistan/Afghanistan) – anzusiedeln sind.[84]

In den Okzident kamen medizinische Wissensbestände aus der islamischen Welt über die Kontaktzonen des Mittelalters,[85] insbesondere über die schon vor 1000 existierende Medizinschule im süditalienischen Salerno,[86] die durch interkulturelle Kontakte entstanden war und durch die muslimische Eroberung Siziliens und diejenige des Heiligen Landes durch die Christen einen beträchtlichen Aufschwung genommen hatte. Erfahrungsmedizin und experimenteller Wissenserwerb schlugen sich in einer reichen medizinischen Literatur nieder, seit dem 11. Jahrhundert sind Übersetzungen griechischer und arabischer Werke, nicht zuletzt von Christen arabischer Herkunft, in der lateinischen Welt nachweisbar.[87] Insbesondere unter den Normannen, die über lateinische, byzantinische und muslimische Untertanen herrschten, blühte die Salernitaner Schule, bis sie durch die aufkommenden Universitäten im 12. Jahrhundert ihre herausragende Stellung verlor. Auch andernorts sind im östlichen Mittelmeerraum Austauschprozesse nachweisbar. Die Medizinalgesetzgebung Rogers II. von Sizilien orientierte sich an islamischen Vorbildern,[88] das christliche Spitalwesen blühte in den Kreuzfahrerstaaten auf, insbesondere im berühmten Johanniterspital in Jerusalem, das von islamischen und byzantinischen Vorbildern beeinflusst war. Und wie dicht die Beziehungen auf der Ebene des alltäglichen Lebens waren, dokumentieren die meist vergeblichen Verbote in den Kreuzfahrerstaaten, sich von Muslimen behandeln zu lassen.[89]

Der zeitliche und inhaltliche Vorsprung der islamischen Welt im Bereich der Naturkunde vom 9. bis ins 12. Jahrhundert, als auch im Westen die griechische Literatur rezipiert wurde, dürfte sowohl hinsichtlich ihrer theoretischen Reflexion als auch der praktischen Anwendung unbestritten sein.[90] Allenfalls bei wissenschaftshistorischen Marginalien wie dem Magnetis-

---

83 Ullmann: Die Natur- und Geheimwissenschaften im Islam.
84 Dols: The Origins of the Islamic Hospital. Ein Jahrhundert später datiert diese Einflüsse Watt: Der Einfluß des Islam auf das europäische Mittelalter, 26.
85 Gastgeber: Literatur und Wissenschaft im Spiegel der handschriftlichen Überlieferung, 207–233.
86 Jankrift: Krankheit und Heilkunde im Mittelalter, 41–45; Cobban: The Medieval Universities, 37–47.
87 Kristeller: The School of Salerno, 508f.; Schipperges: Die Assimilation der arabischen Medizin durch das lateinische Mittelalter, 17f.; Jacquart: Die scholastische Medizin, 224–228.
88 Jankrift: Europa und der Orient, 108f.
89 Ebd., 113; Strohmaier: Die Rezeption und die Vermittlung,151.
90 Im Überblick: Wissenschaft und Technik im Islam, hg. v. Institut für Geschichte der Arabisch-Islamischen Wissenschaften; Jankrift: Europa und der Orient im Mittelalter, 94–122; Watt: Der Einfluß des Islam auf das

mus und seiner seefahrtstechnischen Applikation hat man im Okzident im 12. Jahrhundert diese Entdeckung wohl unabhängig gemacht.[91] Aber gerade dieser Vorsprung der arabisch-islamischen Welt wirft aus westlicher Perspektive die Frage auf, weshalb es dort nicht zu einer analogen „wissenschaftlichen Revolution" und ihren Folgen im Bereich der technischen Anwendung gekommen ist,[92] so dass auch Autoren, die die Bedeutung der islamischen Naturforschung für den Westen hoch einschätzen, von einem „Niedergang" sprechen.[93]

In der Reduktion auf eine religionswissenschaftliche Perspektive wird diese Frage nochmals spannender, weil man in der christlich-okzidentalen und der islamisch-arabischen Welt auf beträchtliche Gemeinsamkeiten trifft, namentlich in den theologischen Grundlagen der kosmologischen Vorstellungen, die für die Naturforschung von besonderer Bedeutung sind. So ruht auch die Theologie des Islam in ihrem Mainstream auf einer Schöpfungstheologie, in der Gott und Welt unterschieden werden und in der, mutmaßlich anders als in identitätsphilosophischen Systemen,[94] die Schöpfung als nichtgöttlicher Gegenstand eher einer analytischen Naturforschung zugänglich gewesen sein könnte. Allerdings findet sich in den theologischen Debatten des Islam dann doch eine Dimension, die einen Unterschied zum Christentum markiert und der eine hohe Bedeutung unterstellt wird. Es gibt im Mainstream der islamischen Theologie andere Antworten auf die Frage, wie Gott auf die Schöpfung einwirke, näherhin ob respektive wie er „allmächtig" gedacht werde. Wenn Gott Allmacht zugeschrieben wird, kann dies zu der Konsequenz führen, dass man alles, was geschieht, auf seine Wirkung zurückführt, wodurch eine kosmologische Prädestination und ein deterministisches Interaktionsverständnis zwischen Gott und Welt entstünden. Es gäbe dann keine unbedingt wirkenden Gesetze der Natur mehr und könnte keine Naturwissenschaft betreiben, die auf Naturkonstanten beruhte. Gott wäre in diesem Konzept ein Schöpfer, der willkürliche Macht auch gegenüber Naturprozessen besäße. Naturgesetze, die unabhängig vom Willen Gottes existierten, gäbe es dann nicht mehr. Dies könnte eine beträchtliche Hürde für eine wissenschaftliche „Revolution" sein, insofern diese Naturgesetze, die nicht der Willkür Gottes unterliegen, voraussetzt.

Eine Antwort findet sich in der islamischen Theologie in der Tradition, Gott in seiner Rechtleitung als deterministisch Handelnden zu verstehen (eine Interpretation, die auch christliche Autoren immer wieder vorgelegt haben, man denke nur hinsichtlich der Soteriologie an den späten Augustin oder an Calvin). Diese islamischen Theologen griffen auf Stellen im Koran zurück, die weitreichende Handlungsmöglichkeiten Gottes postulieren.

---

europäische Mittelalter; Borgolte: Universität und Intellektueller. Erfindungen des Mittelalters unter dem Einfluss des Islam?
91 Cohen: The Scientific Revolution, 432f.
92 S. dazu mit scharfem Blick Diner: Versiegelte Zeit.
93 Saliba: Islamic Science and the Making of European Renaissance, 233–255.
94 Pantheistische Systeme haben offenbar keine experimentelle Naturwissenschaft entwickelt (s. auch oben 4.5.2 *). Wenn sich diese Beobachtung bestätigt, kann man die Frage stellen, wieweit solche identitätstheologischen Systeme keine oder unzureichend Denkmöglichkeiten bereitstellten, die Welt als externen Gegenstand zu untersuchen, weil die Differenzierung zwischen beobachtendem Subjekt und beobachtetem Objekt zu gering wird. Vgl. Nagel: Festung des Glaubens, 12f. Ähnlich argumentiert White: Machina ex deo, 86, der das westliche Christentum für das Gegenteil einer identitätsphilosophischen Religion, für „the most anthropocentric religion" der Welt hält, „in absolute contrast to ancient paganisms and Asia's religions".

Dies bedeutet nicht, „den Islam" als deterministische Religion zu lesen, derartige Vereindeutigungen scheitern an dem Befund, dass er ein flexibles Deutungssystem ist und eine Welt unterschiedlicher, manchmal widersprüchlicher Theologien. In diesem Problemfeld hat man sich vor zwei Tücken zu hüten. Zum einen arbeitet man mit Begriffen (etwa mit demjenigen des Determinismus), die keine unmittelbare Entsprechung im Koran besitzen und Ergebnisse einer philosophischen Theologiegeschichte sind.[95] Man transportiert also immer eine spätere Deutungsgeschichte in seine Quellen. Zum anderen besitzt die neuzeitliche europäische Philosophie mit ihrer Emphase der Aufklärungstradition die Tendenz, Theologien und Anthropologien umso positiver zu werten, je höher sie die Freiheitsgrade des Menschen ansetzen. Aber genau an diesem Punkt ist der Religionshistoriker aufgefordert, historische Sachverhalte zu ermitteln, ohne die Schere einer ideenpolitisch korrekten Antwort im Kopf zu haben.

Wenn man nun allerdings im Koran nach Stellen sucht, in denen man ein „allmächtiges" oder „determinierendes" Wirken Gottes finden kann, seien sie auf Gottes Einwirken auf das Handeln des Menschen oder auf sein kosmisches Handeln bezogen, seien sie also determinierend oder als Möglichkeit willkürlichen Eingreifens gedacht, wird man leicht fündig:

> „Gott ... führt, wen er will, auf einen geraden Weg" (Q 2,142). „Kein Unglück trifft ein, weder (irgendwo) auf der Erde noch bei euch selber, ohne dass es in einer Schrift (verzeichnet) wäre, noch ehe wir es erschaffen. Dies (alles zu wissen) ist Gott ein leichtes." (Q 57,22) „Dies ist eine Erinnerung. Wer nun will, (nimmt sie sich zu Herzen und) schlägt einen Weg zu seinem Herrn ein. Aber ihr wollt nicht, es sei denn, Gott will es." (Q 76,29f.) „Und wenn dein Herr wollte, würden die, die auf der Erde sind, alle zusammen gläubig werden [oder: wenn der Herr wollte, wären alle die, die auf der Erde sind, alle zusammen gläubig geworden]. Willst nun du die Menschen (dazu) zwingen, dass sie glauben?" (Q 10,99f.)

Daneben aber stehen Stellen, die die Freiheit des Menschen voraussetzen, etwa die Aussagen zum Gericht, das nur Sinn macht, wenn Gott nicht schon alle Taten des Menschen vorherbestimmt hat und wenn der Mensch die Freiheit zum Handeln besitzt:

> „Und macht euch darauf gefasst, (dereinst) einen Tag zu erleben, an dem niemand etwas anstelle eines anderen übernehmen kann, und (an dem) von niemand Fürbitte (die er für sich vorzuweisen hätte) oder Lösegeld (für seine Person) angenommen wird (– einen Tag) an die sie [d. h. die Menschen, die vor dem Richter stehen] keine Hilfe finden werden!" (Q 2,48) „Aber wie (wird es sein), wenn wir sie (dereinst alle) auf einen Tag versammeln, an dem nicht zu zweifeln ist, und wenn) jedem voll heimgezahlt wird, war er (im Erdenleben) begangen hat? Ihnen wird (dabei) nicht Unrecht getan." (Q 3,25) „Wer (dann aufgrund seiner guten Werke) schwere Waagschalen hat, hat ein angenehmes Leben (im Paradies). Wer (dann) leichte Waagschalen hat, um den ist es geschehen (?; wörtlich: dessen Mutter ist Hāwija, d. h. eigentlich: geht zugrunde)."[96] (Q 101,6f.)

---

[95] So geht der Begriff „Allmacht" über das lateinische omnipotentia auf den griechischen Begriff Pantokrator zurück, der als Gottesname das hebräische Jahwe Zebaoth übersetzt und Herr der Heerscharen / alleiniger Herrscher bedeutet. Die philosophischen Debatten kreisen dann um die Frage, ob Gott auch das, was er nicht will, kann und wieweit er seine Freiheit zurücknimmt, indem er sich an seine Entscheidungen bindet. Vgl. die Artikel zu Ursache/Wirkung in: Historisches Wörterbuch der Philosophie, 377–412.
[96] Khoury übersetzt: „Und wer leichte Waagschalen hat, der wird zur Mutter einen Abgrund haben"; Khoury: Der Koran, 789.

Der Koran stellt mithin unterschiedliche Perspektiven bereit. In historisch-kritischer Perspektive stehen dahinter auch Veränderungen in Mohammeds Deutung des göttlichen Willens. Nach der Erfahrung, dass sich Juden und Christen und „Heiden" nicht leichthin der (neuen) Offenbarung im Koran zuwandten, verschärfte er vermutlich die Elemente von Allmacht und willkürlicher Entscheidung im Handeln Gottes, so dass in späten Suren schon die fehlende Anerkennung des Koran durch Nichtmuslime als Ausdruck des souveränen Handelns Gottes deutbar wurde.[97] Diese späte Theologie schränkte die Freiheit des menschlichen Handelns am weitesten ein und stärkte die Souveränität des göttlichen Eingreifens. Muslimische Theologen konnten solche Aussagen zugunsten der Souveränität Gottes abrogieren, also ein determinierendes Handeln Gottes unterstellen, aber auch die gegenläufige Schwerpunktsetzung vornehmen oder beide Positionen zu komplexen Hybriden von göttlicher Vorbestimmung und menschlicher Freiheit verbinden.

Josef van Ess hat gezeigt, wie islamische Theologen mit diesen antagonistischen Optionen gerungen haben. So haben qadaritische Theologen überlegt, ob nicht die guten Taten des Menschen vorherbestimmt, die schlechten hingegen selbstentschieden seien[98] und damit Freiräume für menschliches Handeln konzipiert. Bei den Mutaziliten, die als die Avantgarde einer rationalistischen Theologie galten, finden sich Überlegungen, ob man Gott nicht absolute Handlungsmöglichkeiten zuweisen könne, die er aber nie realisieren würde.[99] Van Ess dokumentiert eine offene Deutungsdebatte in der islamischen Theologie in ihren ersten drei Jahrhunderten mit einer Pluralität von Interpretationsmöglichkeiten. Wenn sich aber „ausgesprochen deterministische" (Rudi Paret) Theologumena des Koran durchsetzten,[100] waren, und um diesen Fluchtpunkt geht es im Rahmen von Überlegungen zur Naturforschung, die Möglichkeiten, Naturgesetze zu denken, eingeschränkt.

Als Gründe für die in der islamischen Theologie über weite Strecken offenbar starke Stellung der Wirkmöglichkeiten Gottes werden unterschiedliche Entwicklungen diskutiert: Die vielen Ansatzpunkte für eine deterministische Theologie im Koran, der die Souveränität Gottes möglicherweise stärker zeichnet als das Neue Testament;[101] das Fortwirken vorislamischer Prädestinationsvorstellungen;[102] politische Gründe, insofern Herrscher das politische Schicksal von Untergebenen als prädestiniert festschreiben konnten – aber dies konnte auch ins Gegenteil ausschlagen, wenn diese auf ihre eigene Vorherbestimmung gegen die politischen Gegebenheiten pochten;[103] wissenssoziologische Gründe: Vertreter von Prädestinationsvorstellungen hätten der Koranexegese nahegestanden, während ihre Gegner eher aus der philosophischen Theologie[104] oder aus der Volksfrömmigkeit gekommen seien,[105] die

---

97 Frolow: Freedom and Predestination, 268; vgl. etwa Q 5,51.
98 Van Ess: Theologie und Gesellschaft im 2. und 3. Jahrhundert, Bd. 4, 492.
99 Ebd., 476.
100 Paret: Der Koran und die Prädestination, Sp. 120; Nagel: Koran, 263–281; zur Deutung des göttlichen Willens in der ascharitischen Tradition als Festlegung der Produktion von Dingen s. Gardet: Kada'wa 'l-Kadar, 365.
101 So etwa Frolow: Freedom and Predestination, 267.
102 Van Ess: Zwischen Ḥadīṯ und Theologie, 184.
103 Ebd., 191; Nagel: Geschichte der islamischen Theologie, 46.
104 Van Ess: Zwischen Ḥadīṯ und Theologie, 179.
105 Schoen: Determination und Freiheit im arabischen Denken heute, 195f. Schoen sieht diesen Prozess, der

ein geringeres Ansehen besessen habe; epistemologisch-theologische Gründe, falls islamische Gelehrte die Empirisierung der Naturforschung verweigerten, weil dies Wissen ohne Weisheit bedeutet hätte;[106] vielleicht fehlten zumindest in der Neuzeit auch die finanziellen Mittel, die der Okzident durch die koloniale Expansion erwirtschaftet und den Akademien sowie der freien Forschung zugeführt habe.[107] Auf eine sehr komplexe Debatte trifft man in diesem Zusammenhang hinsichtlich des Gewissensbegriffs in der islamischen Tradition, für den es im Arabischen kein Äquivalent gab (siehe Kap. 3.2.3a). Ob das Fehlen dieses Begriffs zur Hochschätzung eines souveränen Handelns Gottes beigetragen haben könnte (wobei die Reflexion über Handlungsfreiheit vermittels anderer Konzepte zu berücksichtigen wäre), kann man überlegen.

Jedenfalls stieg im Laufe der Geschichte des Islam die Vorstellung der starken göttlichen „Rechtleitung" zu einem zentralen Theologumenon auf, und in diesem Kontext sei es zur Krise der rationalistischen, die Willensfreiheit der Menschen hervorkehrenden und das naturbezogene Handeln Gottes begrenzenden Theologie gekommen,[108] anders als in der westlichen Christentumsgeschichte. Bezogen auf die Anthropologie bedeutete dies, dass das Konzept von Willensfreiheit im 8. Jahrhundert (2. Jh. H) kaum vorkam; und an einigen Stellen, wo der Begriff aus dem syrischen Christentum in den Islam kam, „machten selbst die Mu'taziliten nicht mehr mit".[109] Aus derartigen Überlegungen speisen sich die Argumente, dass im Islam der Souveränität Gottes und seiner „Rechtleitung" ein weitaus höherer Stellenwert zugewiesen wurde als in Judentum und Christentum.[110]

An dieser These einer durchgesetzten Theologie der Souveränität Gottes macht sich, und damit erreicht man naturphilosophische Debatten, eine „Okkasionalismus" genannte Position fest, die auf einen in Europa geprägten Begriff des 17. Jahrhunderts zurückgeht und ein fallweises Eingreifen Gottes in den Naturprozess postuliert.[111] Auch diese Position war mithin kein Spezifikum der islamischen Theologie, vergleichbare Positionen finden sich immer wieder im Christentum, etwa bei Nicolas Malebranche im 17. Jahrhundert, mit dem sich der Begriff des Okkasionalismus prominent verbindet. Eine solche Theorie hat auch der mutazilitische Theologe Abu l'Hasan al-Ašari (?–935 [?–313 H]) entwickelt:

> Wir erklären, ... daß es nichts Gutes und nichts Schlechtes auf der Erde gibt, das Gott nicht will; daß die Dinge (ohne Ausnahme) durch Gottes Willen (bi-maši'ati llahi) existieren; daß niemand imstande ist, etwas zu tun, bevor Er ihn handeln läßt; daß niemand von Gott unabhängig ist und niemand Seinem Wissen entgehen kann; daß es keinen Schöpfer gibt außer Gott; daß die Handlungen der Menschen von Ihm geschaffen und bestimmt sind ... und daß die Menschen nichts erschaffen können, da sie selbst geschaffen sind. ... Stößt jemand von uns einen Stein an, so ist die (nachfolgende) Fortbewegung (dahab)

---

historisch im Christentum abgelaufen ist, heute ähnlich im Islam ablaufen.
106 So Nasr: Man and Nature, 97 f., ein Physiker und Philosoph, der dem Sufismus verbunden ist; vgl. Cohen: The Scientific Revolution, 485 f.
107 Saliba: Islamic Science and the Making of European Renaissance, 252 f.
108 Vgl. van Ess: Theologie und Gesellschaft, Bd. 4, 346–349.
109 Vgl. ebd., 489 f., Zit. S. 491.
110 Ebd.; Nagel: Geschichte der islamischen Theologie, 110; Frolov: Freedom and Predestination, 267.
111 Van Ess: Theologie und Gesellschaft, Bd. 4, 459. 642; zur diesbezüglichen ascharitischen Theologie Antes: Prophetenwunder in der Aš'ariya bis al-Gazālī, 51–60, 69 f., 85 f.

des Steines kein Akt (fi'l), der auf den Stoßenden zurückgeht, sondern eine Neuschöpfung (ihtira') Gottes. Es ist (nämlich genauso) möglich, daß ein Mensch den Stein anstößt, ohne daß er sich bewegt, weil Gott seine Fortbewegung nicht bewirkt. Und es ist möglich, daß niemand von uns ihn anstößt und er sich trotzdem fortbewegt, weil Gott eine Bewegung in ihm neu erschafft.[112]

Derartige okkasionalistische Positionen hätten sich im sunnitischen Islam zum Mainstream entwickelt,[113] während im lateinischen Christentum die Reflexionsfigur der göttlichen Wirkung durch Zweitursachen dominant geworden sei. Mit einer okkasionalistischen Position aber wird es, wie oben überlegt, schwieriger, Naturgesetze zu konzipieren, die unabhängig vom willkürlichen Eingreifen Gottes existieren. Zudem kann in einer okkasionalistischen Theologie eine Naturforschung, die auf die Erkenntnis solcher Gesetzmäßigkeiten ausgerichtet ist, schnell als theologisch illegitim gelten, weil sie ein Gott reserviertes Feld des Wirkens betritt.

Aber so attraktiv diese Theorie auch für die Erklärung des arabisch-islamischen Weges in der Naturforschung ist, sie besitzt den üblichen Nachteil: Ihre Repräsentativität ist unklar, ihre Wirkungsgeschichte gleichfalls, und sicher war die intellektuelle islamische Welt komplexer, als eine ideengeschichtliche Wahrnehmung zulässt, so dass die okkasionalistische These eine mögliche, wohl aber keine hinreichende Erklärung sein kann. De facto jedenfalls betrieb man im Islam Naturforschung, die, in neuzeitlicher westlicher Terminologie, mit Naturkonstanten rechnete.

Um zu verstehen, warum es dann doch nicht zu einer Empirisierung westlichen Zuschnitts kam, wären viele weitere Fragen zu beantworten: Hat man die Unterscheidung von „islamischen" und „fremden Wissenschaften", die zur besonderen Wertschätzung der koranbezogenen, literarischen Wissenschaften führte und die naturforschenden, „fremden" Disziplinen hintanstellte, doch stärker in Rechnung zu stellen? Welche Rolle für den Weg, der nicht zu einer „scientific revolution" führte, spielte der Aufstieg der Theologie zur hegemonialen Deutungsdisziplin (nicht zuletzt gegenüber der Philosophie) im 12. und 13. Jahrhundert (6./7. Jh. H) (siehe Kap. 6.2)? War das hohe Niveau technischer Anwendung in der islamischen Welt dann doch eine Sackgasse, weil ihre vornehmsten Ziele religiös definiert waren (etwa in der Astronomie durch die Ausrichtung des Gebetes nach Mekka), so dass sich kein Weg zu einer Experimentalkultur öffnete?[114] Stimmt es, dass oft Nichtmuslime (wie bei den Übersetzungen aus dem Griechischen) oder Konvertiten wie der Mathematiker Raschiduddin (1309/16), der aus dem Judentum in den Islam übertrat,[115] wichtige Rollen spielten, dass also Anstöße „von außen" kamen, die dann im Inneren der islamischen Theologie nicht aufgegriffen wurden – oder ist dies auch eine selektive Wahrnehmung?

Aber auch damit wären die möglichen Wirkfaktoren nicht abschließend bestimmt. Hendrik Floris Cohen hat neuerdings das Argument der destruktiven Folgen der mongolischen Invasion im 13. Jahrhundert wieder stark gemacht und es in einen größeren Kontext gestellt. Für ihn gehören Aufstiegs- und Niedergangsprozesse zur Normalität der Geschichte, und

---

112 Zit. nach Perler/Rudolph: Occasionalismus, 52f.
113 Ebd., 51.
114 Vgl. Cohen: The Scientific Revolution, 396; Lindberg: Von Babylon bis Bestiarium, 188.
115 Borgolte: Christen, Juden, Muselmanen, 553.

sowohl das antike Griechenland als auch die islamische Kultur sind für ihn dafür Beispiele.[116] Es wären dann die Folgen militärischer Niederlagen gewesen, die die weiteren Entwicklungsmöglichkeiten der Naturforschung in der arabisch-islamischen Welt begrenzt hätten. Er geht in diesem Kontext davon aus, dass naturwissenschaftliche Entdeckungen, die von ihrer Brisanz her den Entwicklungen im frühneuzeitlichen Westeuropa gleichen, überall gemacht werden können. In dieser Perspektive wird nicht die einmalige Erfindung, sondern die nachhaltige Implementierung naturkundlicher Ergebnisse zum Fundament für die Sonderentwicklung Europas. Für die anders gelagerte Entwicklung im arabisch-islamischen Raum macht Cohen vor allem sozialwissenschaftliche Faktoren verantwortlich, etwa die fehlende Umsetzung der Theorie in die technische Praxis, die nicht vollzogene Erfindung des Buchdrucks oder die nicht institutionalisierten wissenschaftlichen Gesellschaften.

7.5 Zum letzten Mal: Entscheidung und Vergemeinschaftung

Mit dem letzten Teil von Cohens Antwort landet man wieder bei der Rolle, die Universitäten und vor allem wissenschaftlichen Sozietäten für die „wissenschaftliche Revolution" gespielt haben könnten und, damit zusammenhängend, ob sich dabei unterschiedliche religiöse Vergemeinschaftungstraditionen ausgewirkt haben. Wissenschaftliche Gesellschaften, wie sie sich im Okzident in der Frühen Neuzeit entwickelt haben, dürften ohne die vereinsartigen Gruppenbildungsprozesse, wie sie im Christentum entstanden, nicht zu verstehen sein – aber damit allein kann man sie, einmal mehr, auch nicht erklären. Umgekehrt dürfte es viele Gründe geben, warum vergleichbare wissenschaftliche Gruppen in den islamisch geprägten Kulturen nicht entstanden – und auch hier dürfte der religiöse Faktor nur einer unter anderen sein.

Sicher aber ist, dass es in der Neuzeit zu großen Wissens- und Praxisdifferenzen zwischen der lateinischen und der arabischen Welt kam. Doch die Antwort auf die Frage, welche Rolle Religion im Prozess naturkundlicher Forschung im westlichen Christentum und in Teilen der islamischen Welt gespielt hat, markiert angesichts dieser modalen Differenzen keine scharfe Opposition. Der möglichen Faktoren sind zu viele und ihre Effekte nicht deutlich genug, als dass man zu vergleichbaren Plausibilitätspostulaten über die Rolle von Religion wie in den vorherigen Kapiteln kommen könnte. Es spricht etwa viel dafür, dass eine dominant gewordene theologische Vorstellung im Islam, die Gott ein okkasionalistisches Handeln zuschrieb, eine wichtige Rolle für die Limitierung der Naturforschung spielte. Aber es ist auch wahrscheinlich, dass assoziative Vergemeinschaftungsprozesse im Okzident, die es so in der islamischen Welt nicht gab, einen wichtigen Denkraum für die Entwicklungen hin zur neuzeitlichen Naturwissenschaft boten.

Die Geschichte der neuzeitlichen Naturwissenschaften ist damit ein Beispiel für eine nicht auflösbare Interferenz von Religion mit anderen Faktoren. Um ein letztes Mal die Metapher der Pfadabhängigkeit zu bemühen: Der okzidentale Weg entscheidungsbasierter, freier Vergemeinschaftung besitzt für die Entwicklung der neuzeitlichen Naturwissenschaf-

---

116 Cohen: The Scientific Revolution, 410.

ten zu viele Kreuzungen mit anderen Pfaden, als dass man eine so relativ klare Antwort geben könnte, wie sie mir hinsichtlich der Folgen der Veränderung eines Religionssystems (siehe Kap. 3) durch entschiedene Zugehörigkeit möglich scheint: Sie verändert das Religionssystem, weil sie einen neuen Typus der Mitgliedschaft kreiert und in diesem Kontext zu einer Reihe von Innovationen nötig: etwa in Eintrittsritualen, in der Wissensvermittlung oder in der Ausbreitung. Im Blick auf die Geschichte neuzeitlicher Naturforschung bleibt es bei einer Deutung, die sich schon in den Kapiteln zur Stadt und zur Universität anbot: Die Gruppenbildung über eine frei gewählte Mitgliedschaft spielte eine wichtige, vielleicht auch eine entscheidende Rolle, war aber sicher nicht der einzige Faktor.[117] Aber bei der neuzeitlichen Naturforschung kann man meines Erachtens die gut begründete These vertreten, dass im lateinischen Okzident die Existenz frei gebildeter Assoziationen eine unabdingbare – aber nicht ausreichende – Bedingung für die Entwicklung der neuzeitlichen Naturwissenschaft bildete.

---

[117] Die zentralen Thesen dieses Buches finden sich im Kap. 1.5.

Relativismus – ein biographisches Nachwort

Man könnte in dieser Arbeit das Ergebnis eines großen Raubzugs sehen, auf dem die Überlegungen vieler Wissenschaftlerinnen und Wissenschaftler sequestriert wurden. Das klingt nicht nett, ist aber zutreffend und in der Wissenschaft erlaubter Standard – und vor allem unumgänglich. Lustvoller gesagt: Diese Art, Historiographie zu betreiben, bedeutet, wie der vor vielen Seiten zitierte Bernhard von Chartres vor knapp tausend Jahren meinte, als Zwerg auf den Schultern von Riesen zu sitzen und entspannt ein kleines neues Gebäude zu erdenken.

Neben den zitierten Autorinnen und Autoren haben eine ungleich höhere Bedeutung all die Menschen, die mich korrigiert, beraten, mir zugehört oder mit mir gestritten haben. In der Regel sind sie im Text nicht eigens genannt, so dass es um so wichtiger ist, hier klarzustellen, dass eine solche Arbeit nicht nur das Ergebnis von „Einsamkeit und Freiheit" ist, sondern mehr noch das Resultat ungezählter Kaffeetassen und Weinflaschen und Spaziergänge und Minuten, die sich zu Stunden auswuchsen. Wohlwissend, dass ich nicht alle nennen kann, möchte ich einige herausheben.

Begonnen hat dieses Projekt 2007 an der Humboldt-Universität in Berlin, wo in Gesprächen mit Rüdiger vom Bruch und Hans-Christoph Ließ über die europäische Wissenschaftsgeschichte die Keime des jetzt letzten Kapitels gelegt wurden. Wilhelm Schmidt-Biggemann hat, davon hörend, mich in seinen privaten Diskussionszirkel eingeladen, dem dieses Buch den Blick auf die Brisanz der Philologie verdankt. Im Sommer 2011 haben mich die Kollegen vom Forschungskolleg Collegium Helveticum in Basel (im Zentrum für Religion, Wirtschaft und Politik), Alexander Heit, Otto Kallscheuer, Thomas Maissen, Georg Pfleiderer und Arnulf von Scheliha gezwungen, Rechenschaft darüber abzulegen, wie aus dem Flohsack voller Gedanken ein stringentes Ganzes werden könne – was Thomas Maissen glücklicherweise nicht daran gehindert hat, meine mentale Unordnung durch unerbittliches In-Frage-Stellen meines Verständnisses der Reformation erstmal zu vergrößern. Der entscheidende Katalysator aber war das Käte Hamburger-Kolleg in Bochum, wo ich mit meinem Projekt seit Ende 2010 ein Jahr lang war: mit einem großen Konzept im Kopf und dem festen Vorsatz, das Buch nun endlich fertigzustellen. Glücklicherweise kam alles anders. „Bochum" war der große, zerstörerische Glücksfall und ein Vorzeigebeispiel für das, was Wissenschaft leisten kann. Finanziert vom deutschen Bundesministerium für Bildung und Forschung, konnte ich mit zehn Kolleginnen und Kollegen aus der ganzen Welt und den vor Ort tätigen Wissenschaftlerinnen und Wissenschaftlern auf dem allerkürzesten Weg höchstspezialisierte Fragen besprechen: Kanonisierung im Taoismus? Entscheidungsstrukturen in den antiken „Mysterien"religionen? Die Bedeutung der Bibliothek von Dunhuang für die buddhistische Kanonisierungsgeschichte? Übersetzung des Koran im okzidentalen Mittelalter? Wenn man komparative Religionswissenschaft betreiben will, braucht es Orte wie diesen. Und ich wünsche mir, dass die Gesellschaft noch häufiger dieses und derartige Forschungszentren finanziert: weil wir Grundlagenforschung brauchen, weil global vernetzte Migrationsgesellschaften wie die europäischen mehr wissen müssen als das, was auf der Oberfläche der Religionen im Tagesgeschäft zu regeln ist – und weil die Kosten für derartige Projekte überschaubar sind, verglichen mit den Kosten von gesellschaftlichen Konflikten, wenn man den Religionen als Konflikt- und Friedensfaktoren unterschätzt (und allemal überschaubar angesichts der Mittel, die die Kollegen und Kolleginnen in den Naturwissenschaften benötigen und zu Recht erhalten).

Aber Bochum war mehr, nämlich ein Ort, in der die chaotische Welt der religionshistorischen Details unter den Zwang der strengen methodischen Reflexion geriet: Objektsprachliche Determinanten religionswissenschaftlicher Metasprache? Konstruktion von Vergleichsebenen? Globalhistorische Historiographie? Im Säurebad historischer Mikroanalyse und theoriegesteuerter Koagulation starb mein Projekt, um in einem jahrelangen Prozess wiederaufzuerstehen. Vor allem – und wieder stellvertretend für die all anderen KollegInnen – danke ich Aziz al-Azmeh, Nadia al-Bagdadi, Christian Frevel, Licia di Giacinto, Elisabeth Hollender, Lucian Hölscher, Nikolas Jaspert, Jason Ānanda Josephson, Isomae Jun'ichi, Sebastian Kolditz, Gesche Linde, Carmen Meinert, Jenny Oesterle, Knut Martin Stünkel und Sven Wortmann – und wenn die letzten die ersten sein sollten: besonders Andreas Bendlin für seine „antiken" Aufklärungen, etwa zur antiken Vereinsgeschichte, mit denen er mich meist besser verstand als ich mich selbst, Sven Bretfeld, der mir bis in die letzten Manuskriptminuten mit seinen Deutungen der Buddhismusgeschichte unter die Arme gegriffen hat, und Christoph Auffarth, der meine Überlegungen auch dann noch selbstlos und konstruktiv begleitet hat, als ich einige seiner Position sehr kritisch gesehen habe.

Als weiterer Glücksfall erwies sich, dass ich an meiner Heimatuniversität im Schweizerischen Freiburg Kollegen fand, die mit mir allwöchentlich die Leidenschaft am Tiefbohren teilten und mich mit den Beständen aus ihren Schatzkisten versorgt haben, ich denke vor allem an Thomas Johannes Bauer, Gregor Emmenegger, Markus Lau und Hans Ulrich Steymans. Darüber hinaus danke ich Georg Schöllgen (Universität Bonn) für seine Hinweise auf das „unorthodoxe" antike Christentum, Maurus Reinkowski (Universität Basel), der die Fron des Lesens vieler Textpassagen zum Islam auf sich genommen hat, ebenso wie Nina Kollmar-Paulenz (Universität Bern), die beherzt Tintenblut über einige Fragen zum Buddhismus hat fließen lassen, Jens Schlieter (ebenfalls Bern) für die Anregungen und den kritischen Hinweise zu buddhistische Zugehörigkeitskonzepten sowie Jean-Claude Wolf (Universität Freiburg i. Üe.) für den Gegenblick auf Passagen zur Toleranzdebatte in der Neuzeit.

Reiner Bleil schließlich verdanke ich schweißtreibende Grundsatzfragen, wenn mit guten Konzepten doch schon alles klar schien.

Die Mitarbeiter und Doktorandinnen am Lehrstuhl, Rebecca Loder-Neuhold, Julia Marzoner und Philipp Valentini, haben das getan, was wir in der Wissenschaft dringend benötigen: Fragen stellen, kritisieren, neue Überlegungen auslösen – und sie haben bei den praktischen Dingen geholfen: Bücher aus der Bibliothek auf meinem Schreibtisch erscheinen lassen und unleserliche Manuskripte verwandelt. Und nicht zu vergessen Frau Elise Wintz vom Verlag de Gruyter, der immer hilfsbereiten Fee aus München mit dem milden Ruf, dem Buch doch nun endlich sein verdientes Ende zu bereiten.

Den Kampf gegen meine Betriebsblindheit haben meine KorrekturleserInnen geführt, Philipp Karschuck, Mirjam Kromer, Julia Marzoner und Lorenz Trein, vor allem aber unbestechlich und unerschrocken Dorothee Klein und Leo Vössing. Ganz besonders danke ich Maren Sziede, die den Löwenanteil gelesen und mich mit ihrer scharfen wie philanthropischen Intellektualität auf so mancher Flucht ins Ungefähre gestellt hat.

Einigen Menschen bin ich im besonderem Maß verpflichtet: Erhard Schüttpelz, dessen Suchbewegungen nach den Gemeinsamkeiten in der Menschheitsgeschichte in etwa das Gegenteil meiner kleinteiligen Differenzierungswut sind, danke ich für schmerzhafte Fragen nach den verdrängten (?) anthropologischen Implikaten meiner Konstruktionen und für entscheidende Hilfe, all die Kapitel zu streichen, deren Fehlen dem Buch zumindest eine scheinbare Stringenz geben. Konrad Vössing war meine Versicherung in allen Fragen, die vor allem, aber eben längst nicht nur die Antike betrafen, ein unausschöpfbares Reservoir von (in der Regel nicht weiter nachgewiesenen) Anregungen und ein kritischer Lektor vieler Teile zur Antike; er hat mir nicht zuletzt den Rücken gestärkt, die Hoffnung auf ein vollkommenes Werk als die eines Rheinländers unwürdige Pathologie zu betrachten. Was hätte ich ohne Martin Rethmeier gemacht? Ein Lektor, der offenbar nach Jahrzehnten der Verlagsleitung kein intellektuelles Burn-out-Syndrom kennt und der, anders als manche seiner Kollegen, bereit war, nach – gefühlt – weniger als einer Schrecksekunde das Risiko dieses Buchs mitzutragen. Und dann denke ich, wie immer, an Verena Kessel, die mit Engelsgeduld die oft unfertigen Gedanken gegengehört hat, unzählige Versuche ertrug, ein dickes Buch auf den Punkt zu bringen – und mir über die intellektuellen Anregungen hinaus noch schlicht und mit großem Aufwand den Rücken freigehalten hat. Unsere Kinder, Gesche und Vinzenz, wissen vielleicht gar nicht, wie wichtig sie waren: diese lebenden Ausrufezeichen, dass es ein Leben vor dem Tod und Wichtigeres als die Produktion von künftigem Altpapier gibt. ☺

Die Verantwortung für das, was nach allen Kritiken stehenblieb, liegt bei mir.

Gewidmet ist das Buch Volkhard Krech, dem, wie man doch wohl ohne allzugroße Übertreibung sagen darf, Spiritus rector des Bochumer Käte Hamburger-Kollegs. Ich bewundere seine Fähigkeit, neben dem ganzen administrativen und machttechnischen Jedöns, das er irgendwie lustvoll erledigt, noch ein nimmer müder, immer anregender, leidenschaftlicher Wissenschaftler zu sein, von dem ich viel gelernt habe.

Freiburg i. Üe., 28. April 2015

Literaturverzeichnis

Aasgaard, Reidar: Ambrose and Augustine. Two Bishops on Baptism and Christian Identity, in: Ablution, Initiation, and Baptism. Waschungen, Initiation und Taufe. Late Antiquity, Early Judaism, and Early Christianity. Spätantike, Frühes Judentum und Frühes Christentum, hg. v. D. Hellholm u. a., 3 Bde., Berlin/Boston 2011, Bd. 2, 1253–1276

Abate, Elisabetta: Observations on Late Antique Rabbinic Sources on Instruction of Would-Be Converts, in: Conversion and Initiation in Antiquity. Shifting Identities – Creating Change, hg. v. B. Secher Bøgh, Frankfurt a. M. u. a. 2014, 257–269

Abdel-Rahim, Muddathir: Legal Institutions, in: The Islamic City, hg. v. R. B. Serjant, Paris 1980, 42–51

Ablehnung – Duldung – Anerkennung. Toleranz in den Niederlanden und in Deutschland. Ein historischer und aktueller Vergleich, hg. v. H. Lademacher, Münster u. a. 2004

Abu-Lughod, Janet L.: Before European Hegemony. The World System, A. D. 1250–1350, New York/Oxford 1989

Achten, Gerard: Das christliche Gebetbuch im Mittelalter, Berlin 1980

Aðalsteinsson, Jón Hnefill: Under the Cloak. The Acceptance of Christianity in Iceland with Particular Reference to the Religious Attitudes Prevailing at the Time, Uppsala 1978

Adamson, Peter/Taylor, Richard C.: Introduction, in: The Cambridge Companion to Arabic Philosophy, hg. v. dens., Cambridge 2005, 1–9

Adang, Camilla P.: Islam as the Inborn Religion of Mankind. The Concept of Fitra in the Works of Ibn Hazm, in: Al-Qantara, 21/2000, 391–410

——. Torah, in: Encyclopedia of the Qur'an, hg. v. J. D. McAuliffe, Bd. 6, Leiden/Boston 2006, 300–311

Agrippa von Nettesheim, Heinrich Cornelius: De incertitudine et vanitate scientiarum declamatio invectiva, denuo ab auctore recognita et marginalibus annotationibus aucta (¹1527), s. l., ca. 1540

Ahmed, Leila: Women and Gender in Islam. Historical Roots of a Modern Debate, New Haven/London 1992

——. Women and the Advent of Islam, in: Journal of Women in Culture and Society, 11/1986, 665–691

Akenson, Donald H.: Surpassing Wonder. The Invention of the Bible and the Talmuds, Chicago/Montreal 2001

Akturk, Sener: Persistence of the Islamic Millet as an Ottoman Legacy: Mono-Religious and Anti-Ethnic Definition of Turkish Nationhood, in: Middle Eastern Studies, 45/2009, 893–909

Aland, Barbara: Die Bedeutung des Codex Vaticanus für die frühe Kirchengeschichte, in: Le manuscrit B de la Bible (Vaticanus Graecus 1209). Introduction au fac-similé. Actes du colloque de Genève (11 juin 2001). Contributions supplémentaires, hg. v. P. Andrist, Lausanne 2009, 177–191

——. Was heißt „Kanonisierung" des Neuen Testaments?, in: Kanon in Konstruktion und Dekonstruktion. Kanonisierungsprozesse religiöser Texte von der Antike bis zur Gegenwart. Ein Handbuch, hg. v. E.-M. Becker u. a., Berlin u. a. 2012, 519–545

Al-Azmeh, Aziz: The Emergence of Islam in Late Antiquity. Allāh and his People, Cambridge 2014

——. The Muslim Canon from Late Antiquity to the Era of Modernism, in: Canonization and Decanonization, hg. v. A. van der Kooij/K. van der Toorn, Leiden u. a. 1998, 191–228

Albrecht, Stephan: Mittelalterliche Rathäuser in Deutschland. Architektur und Funktion, Darmstadt 2004

Albrecht-Birkner, Veronika: Reformation des Lebens. Die Reformen Herzog Ernsts des Frommen von Sachsen-Gotha und ihre Auswirkungen auf Frömmigkeit, Schule und Alltag im ländlichen Raum (1640–1675), Leipzig 2002

Aldeeb Abu-Sahlieh, Sami A.: Circoncision masculine, circoncision féminine. Débat religieux, médical, social et juridique, Paris 2001, 138–189

——. Die Muslime und die Menschenrechte. Herausforderungen und Perspektiven in den islamischen Ländern und im Westen, in: Der Islam in Europa. Zwischen Weltpolitik und Alltag, hg. v. U. Altermatt u. a., Stuttgart 2006, 201–229

——. Le secret entre droit et religion. La dissimulation (taqiyyah) chez les Chi'ites et les Druzes, in: Les secrets et le droit, hg. v. P. Zen-Ruffinen, Zürich 2004, 27–60

Alexander, Philip S.: The Formation of the Biblical Canon in Rabbinic Judaism, in: The Canon of Scripture in Jewish and Christian tradition/Le canon des Écritures dans les traditions juive et chrétienne, hg. v. Ph. S. Alexander/J.-D. Kaestli, Lausanne 2007, 57–80

——. What happened to the Jewish Priesthood after 70?, in: A Wandering Galilean, hg. v. Z. Rodgers u.a., Leiden 2009, 5–53

Almond, Philip C.: The British Discovery of Buddhism, Cambridge u. a. 1988

Altaner, Berthold: Sprachkenntnisse und Dolmetscherwesen im missionarischen und diplomatischen Verkehr zwischen Abendland (Päpstliche Kurie) und Orient im 13. u. 14. Jahrh., in: Zeitschrift für Kirchengeschichte, 55/1936, 83–126

——. Zur Kenntnis des Hebräischen im Mittelalter, in: Biblische Zeitschrift, 21/1933, 288–308

Althamer, Andreas: Catechismus. Das ist Vnterricht zum Christlichen Glauben/wie man die jugent leren vnd ziehen sol/in frag weyß vnd antwort gestelt, Nürnberg 1528

Alvarez Cineira, David: Die Religionspolitik des Kaisers Claudius und die paulinische Mission, Freiburg i. Br. u. a. 1999

Amann, Émile: Malabares (Rites), in: Dictionnaire de la théologie catholique, Bd. 9,2, Paris 1927, 1704–1745

Ammann, Ludwig: Die Geburt des Islam. Historische Innovation durch Offenbarung ([1]2001), Göttingen [2]2001

Amougou-Atangana, Jean: Ein Sakrament des Geistempfangs? Zum Verhältnis von Taufe und Firmung, Freiburg i. B. u. a. 1974

Anālayo [Ordensname]: Some Pali Discourses in the Light of their Chinese Parallels, in: Buddhist Studies Review, 22/2005, 1–14

Anderson, Benedict Richard O'Gorman: Imagined Communities. Reflections on the Origin and Spread of Nationalism ([1]1983, rev. [2]1996), London u. a. 2006

Anderson, Robert T.: Changing Kinship in Europe, in: Kroeber Anthropological Society, 28/1963, 1–48

Ando, Clifford: Interpretatio Romana, in: Classical Philology, 100/2005, 41–51

Andrist, Patrick: Le milieu de production du Vaticanus graecus 1209 et son histoire postérieure: le canon d'Eusèbe, les listes du IVe siècle des livres canoniques, les distigmai et les manuscrits connexes, in: Le manuscrit B de la Bible (Vaticanus Graecus 1209). Introduction au fac-similé. Actes du colloque de Genève (11 juin 2001). Contributions supplémentaires, hg. v. dems., Lausanne 2009, 227–256

Angenendt, Arnold: Mission und Opfer, in: Credo. Christianisierung Europas im Mittelalter, Bd. 1: Essays, hg. v. Ch. Stiegemann, Petersberg 2013

——. Offertorium. Das mittelalterliche Messopfer, Münster 2013

——. Toleranz und Gewalt. Das Christentum zwischen Bibel und Schwert ([1]2007), Münster [5]2009

Anonym: Birmingham Quran manuscript; https://en.wikipedia.org/wiki/Birmingham_Quran_manuscript (3.9.2015)

Anonym: Christen fliehen vor Extremisten aus Mossul; www.sueddeutsche.de/news/politik/konflikte-christen-fliehen-vor-extremisten-aus-mossul-dpa.urn-newsml-dpa-com-20090101-140720-99-01818 (2.8.2014)

Anonym: Cisneros [= Wikipedia (englisch), Abschnitt Reform, revolt, and crusade]; www.en.wikipedia.org/wiki/Francisco_Jim%C3%A9nez_de_Cisneros#Reform.2C_revolt.2C_and_crusade (4.10.2014).

Anonym: List of Translations of the Quran; https://en.wikipedia.org/wiki/List_of_translations_of_the_Quran#600s.E2.80.93900s (10.6.2015)

Anonym: Joseph (auteur chrétien ancien), in: Wikipedia (französisch); (www.fr.wikipedia.org/wiki/Joseph_(auteur_chr%C3%A9tien_ancien)#cite_note-8 [1.9.2014])

Anonym: Mariam Yahia Ibrahim Ishag (www.en.wikipedia.org/wiki/Mariam_Yahia_Ibrahim_Ishag [2.8.2014]).

Antequil-Duperron, Abraham-Hyacinthe: Législation Orientale. Ouvrage dans lequel, en montrant quels sont en Turquie, en Perse et dans l'Indoustan, les Principes fondamentaux du Gouvernement, on prouve: I. Que la manière dont jusqu'ici on a représenté le Despotisme, qui passe pour être absolu dans ces trois Etats, ne peut qu'en donner une idée absolument fausse. II. Qu'en Turquie, en Perse & dans l'Indoustan, il y a une Code de Loix écrites, qui obligent le Prince ainsi que les sujets. III. Que dans ces trois Etats, les particuliers ont des Propriétés en biens meubles & immeubles dont, ils jouissent librement, Amsterdam 1778.

Antes, Peter: Prophetenwunder in der Aš'ariya bis al-Gazālī (Algazel), Diss. Freiburg i. B. 1970
Antike christliche Apokryphen in deutscher Übersetzung, hg. v. Ch. Markschies/J. Schroeter, ein Bd. in 2 Teilen, Tübingen 2012
Antike Religionsgeschichte in räumlicher Perspektive. Abschlussbericht zum Schwerpunktprogramm 1080 der Deutschen Forschungsgemeinschaft „Römische Reichsreligion und Provinzialreligion", hg. v. J. Rüpke/F. Fabricius, Tübingen 2007
Antiquarianism and Intellectual Life in Europe and China, hg. v. P. N. Miller/L. François, Ann Arbor 2012
Antweiler, Christoph: Was ist den Menschen gemeinsam? Über Kultur und Kulturen, Darmstadt 2007
Arab Human Development Report. Building a Knowledge Society, hg. v. United Nations Development Programme/Arab Fund for Economic and Social Development, New York 2003
Aristoteles, in: Lexikon des Mittelalters, Bd. 1, München u. a. 1980, 934–949
Arlinghaus, Franz-Josef: Rituelle und referentielle Verwendung von Schrift. Textgebrauch im spätmittelalterlichen Köln, in: Frühmittelalterliche Studien, 38/2004, 393–413
Armstrong, Karen: Die Achsenzeit. Vom Ursprung der Weltreligionen, München 2006
Arnason, Johann P.: The Emergence of Islam as a Case of Cultural Crystallization. Historical and Comparative Reflections, in: Yearbook of the Sociology of Islam, 7/2006, 95–122
Arnold, Thomas Walker: The Preaching of Islam. A History of the Propagation of the Muslim Faith ([1]1896), London 1913
Asani, Ali S.: Creating Tradition Through Devotional Songs and Communal Script. The Khoja Isma'ilis of South Asia, in: India's Islamic Traditions 711–1750, hg. v. R. M. Eaton, Oxford 2003, 284–310
Ascough, Richard S.: Paul's Macedonian Associations. The Social Context of Philippians and 1 Thessalonians, Tübingen 2003
——. Voluntary Associations and the Formation of Pauline Christian Communities. Overcoming the Objections, in: Vereine, Synagogen und Gemeinden im kaiserzeitlichen Kleinasien, hg. v. A. Gutsfeld/D.-A. Koch, Tübingen 2006, 149–183
Assmann, Aleida: Erinnerungsräume. Formen und Wandlungen des kulturellen Gedächtnisses ([1]1999), München [5]2010
——. Der lange Schatten der Vergangenheit. Erinnerungskultur und Geschichtspolitik, München 2006
——. Zeit und Tradition. Kulturelle Strategien der Dauer, Köln u. a. 1999
Assmann, Jan: Gottesbilder – Menschenbilder: anthropologische Konsequenzen des Monotheismus, in: Götterbilder – Gottesbilder – Weltbilder. Polytheismus und Monotheismus in der Welt der Antike, hg. v. R. G. Kratz/H. Spieckermann, Bd. 2, Tübingen 2006
——. Das kulturelle Gedächtnis. Schrift, Erinnerung und politische Identität in frühen Hochkulturen, München 1997
——. Die Mosaische Unterscheidung oder der Preis des Monotheismus, München 2003
Assmann, Jan und Aleida: Kanon und Zensur, in: Kanon und Zensur. Beiträge zur Archäologie der literarischen Kommunikation, hg. v. dens., München 1987, 7–27
Astren, Fred: Islamic Contexts of Medieval Karaism, in: Karaite Judaism. A Guide to its History and Literary Sources, hg. v. M. Polliack, Leiden/Boston 2003, 145–177
Athanassiadi, Polymnia/Frede, Michael: Introduction, in: Pagan Monotheism in Late Antiquitiy (1999), hg. v. dens., Oxford 2002, 1–20
Atkinson, Dwight: Scientific Discourse in Sociohistorical Context. The Philosophical Transactions of the Royal Society of London, 1675–1975 ([1]1999), New York/Abdington 2010
Aubreville, Philipp: Zur Motivation der tetrarchischen Christenverfolgung, in: Zeitschrift für antikes Christentum, 13/2009, 415–429
Aubrun, Michel: La paroisse en France des origines au XVe siècle ([1]1986), Paris [2]2008
Auffarth, Christoph: Europäische Religionsgeschichte, in: Metzler Lexikon Religion, hg. v. dems. u. a., Bd. 1, Stuttgart/Weimer 1999, 330–336
——. Europäische Religionsgeschichte – ein kulturwissenschaftliches Projekt, in: Aspekte der Religionswissenschaft, hg. v. R. Faber/S. Lanwerd, Würzburg 2009, 29–48
——. Europäische Religionsgeschichte – ein kulturwissenschaftliches Projekt, in: Theologische Literaturzeitschrift, 135/2010, 755–768

——. Irdische Wege und himmlischer Lohn. Kreuzzug, Jerusalem und Fegefeuer in religionswissenschaftlicher Perspektive, Göttingen 2002
——. Mittelalterliche Modelle der Eingrenzung und Ausgrenzung religiöser Verschiedenheit, in: Europäische Religionsgeschichte. Ein mehrfacher Pluralismus, 2 Bde., hg. v. H. G. Kippenberg u. a., Göttingen 2009, Bd. 1, 193–218
——. Die Ketzer. Katharer, Waldenser und andere religiöse Bewegungen, München 2005
——. Mit dem Getreide kamen die Götter vom Osten in den Westen. Systematische Überlegungen zu Religion und Handel am Beispiel des Serapis, in: Zeitschrift für Religionswissenschaft, 20/2012, 7–34
——. Mittelalterliche Modelle der Eingrenzung und Ausgrenzung religiöser Verschiedenheit, in: Europäische Religionsgeschichte. Ein mehrfacher Pluralismus, 2 Bde., hg. v. H. G. Kippenberg u. a., Göttingen 2009, Bd. 1, 193–218
——. Mysterien (Mysterienkulte), in: Reallexikon für Antike und Christentum, Bd. 25, Stuttgart 2013, 422–471
——. Reichsreligion und Weltreligion, in: Die Religion des Imperium Romanum. Koine und Konfrontationen, hg. v. H. Cancik u. a., Tübingen 2009, 37–54
——. Religio migrans. Die „Orientalischen Religionen" im Kontext antiker Religionen. Ein theoretisches Modell, in: Religioni in contatto nel mondo antico. Modalità di diffusione e processi di interferenza, hg. v. C. Bonnet u. a., Rom 2008, 333–363
——. Religiöser Pluralismus im Mittelalter, Berlin u. a. 2007
——. Religious Education in Classical Greece, in: Religious Education in Pre-modern Europe, hg. v. I. Tanaseanu-Döbler/M. Döbler, Leiden/Boston 2012, 39–61
Auffarth, Christoph/Rüpke, Jörg: Einleitung, in: Burkhard Gladigow: Religionswissenschaft als Kulturwissenschaft, Stuttgart 2005, 7–15
Authoritative Scriptures in Ancient Judaism, hg. v. M. Popović, Leiden/Boston 2010
Auvray, Paul: Richard Simon 1638–1712. Etude bio-bibliographique avec des textes inédits, Paris 1974
Auwärter, Thomas: Spiritualität um 1900. Historisch-epistemologische Untersuchungen der protestantischen Pneumatologie der Religionsgeschichtlichen Schule, Diss. Bremen 2007
Avemarie, Friedrich: Die Tauferzählungen der Apostelgeschichte. Theologie und Geschichte, Tübingen 2002
——. Tora und Leben. Untersuchungen zur Heilsbedeutung der Tora in der frühen rabbinischen Literatur, Tübingen 1996
——. Traces of Apologetics in Rabbinic Literature, in: Critique and Apologetics. Jews, Christians and Pagans in Antiquity, hg. v. A.-Ch. Jacobsen u. a., Frankfurt a. M. 2009, 155–176
Awerbuch, Marianne: Christlich-jüdische Begegnung im Zeitalter der Frühscholastik, München 1980
Aymoré, Fernando Amado: Die Jesuiten im kolonialen Brasilien. Katechese als Kulturpolitik und Gesellschaftsphänomen (1549–1760), Frankfurt a. M. u. a. 2009
Bacci, Michele: Cult-Images and Religious Ethnology. The European Exploration of Medieval Asia and the Discovery of New Iconic Religions, in: Viator, 36/2005, 337–372
——. "Mixed" Shrines in the Late Byzantine Period, in: Archeologica abrahamica, 2009, 433–444 und die Tafeln XXIX-XXXII
Bachmann, Michael: Zur Rezeptions- und Traditionsgeschichte des Paulinischen Ausdrucks erga nomou. Notizen im Blick auf Verhaltensregeln im frühen Christentum als einer „Gruppenreligion", in: Gruppenreligionen im römischen Reich. Sozialformen, Grenzziehungen und Leistungen, hg. v. J. Rüpke, Tübingen 2007, S. 69–86
Bacht, Heinrich: Das Vermächtnis des Ursprungs. Studien zum frühen Mönchtum II. Pachomius. Der Mann und sein Werk, Würzburg 1972
Backus, Irena Dorota: Historical Method and Confessional Identity in the Era of the Reformation (1378–1615), Leiden u. a. 2003
——. Guillaume Postel, Théodore Bibliander et le «Protévangile de Jacques». Introduction historique, édition et traduction française du MS. Londres, British Library, Sloane 1411, 260r–267r, in: Apocrypha, 6/1995, 7–65
Badry, Roswitha: Das Instrument der Verketzerung, seine Politisierung und der Bedarf nach einer neuen Beurteilung der „Scharia" und der Apostasiefrage im Islam, in: Islamverherrlichung. Wenn die Kritik zum Tabu wird, hg. v. Th. G. Schneiders, Wiesbaden 2010, 117–129
Baer, Marc David: Honored by the Glory of Islam. Conversion and Conquest in Ottoman Empire, Oxford 2008

Bailey, Greg: Problems of the Interpretation of the Data Pertaining to Religions Interaction in Ancient India. The Conversion Stories in the Sutta Nipāta, in: Religious Traditions in South Asia. Interaction and Change, hg. v. G. A. Oddie, Richmond 1998, 9–28

Bailey, Greg/Mabbett, Ian: The Sociology of Early Buddhism, Cambridge 2003

Baldick, Julian: Mystical Islam. An Introduction to Sufism, New York/London 1989

Balty-Guesdon, Marie-Geneviève: Le Bayt al-Hikma de Baghdad, in: Arabica. Revue d'études Arabes, 39/1992, 131–150

Bamberger, Bernard J.: Proselytism in the Talmudic Period (¹1939), New York 1968

Bammé, Arno: Homo occidentalis. Von der Anschauung zur Bemächtigung der Welt. Zäsuren abendländischer Epistemologie, Weilerswist 2011

Bammel, Ernst: Jakobus als „Nachfolger" Jesu im Neuen Testament, im Judenchristentum und in der Großkirche, in: ders.: Jesu Nachfolger. Nachfolgeüberlieferungen in der Zeit des frühen Christentums, Heidelberg 1988, 31–51

Banerjee-Dube, Ishita: Introduction, in: Caste in History, hg. v. ders., New Delhi u. a. 2008, XV-LXIV

Barceló, Pedro/Sauer, Vera/Stepper, Ruth: Der römische Kaiser als Mittelpunkt der Reichsreligion, in: Römische Reichsreligion und Provinzialreligion. Globalisierungs- und Regionalisierungsprozesse in der antiken Religionsgeschichte, hg. v. H. Cancik u. a., Erfurt 2003, 61–67

Barclay: John M. G.: The Family as the Bearer of Religion, in: Constructing Early Christian Families. Family as Social Reality, in: Constructing Early Christian Families. Family as Social Reality and Metaphor, hg. v. H. Moxnes, London/New York 1997, 66–80

Bardy, Gustave: La conversion au christianisme durant les premiers siècles, Paris 1949

——. Menschen werden Christen. Das Drama der Bekehrung in den ersten Jahrhunderten (¹1949), Freiburg i. B. u. a. 1988

——. La question des langues dans l'église ancienne, Bd. 1, Paris 1948

Bareau, André: Les sectes bouddhiques du Petit Véhicule, Saigon 1955

Barnard, Leslie William: Apologetik I, in: Theologische Realenzyklopädie, Bd. 27, Berlin/New York 1978, 371–411

Baron, Salo Wittmayer: A Social and Religious History of the Jews, Bd. 3, New York u. a. 1957

Barsouimian, Hagop: The Eastern Question and the Tanzimat Era, in: The Armenian People from Ancient to Modern Times, Bd. 2, hg. v. R. G. Hovannisian, Houndmill/London 1997, 175–201

Barth, Gerhard: Die Taufe in frühchristlicher Zeit, Neukirchen-Vluyn ²2002

Barth, Karl: Kirchliche Dogmatik, Bd. I/2, Zollikon-Zürich ⁵1960

——. Reformation als Entscheidung, München 1933

Barthélemy, Dominique: Critique textuelle de l'Ancien Testament, Freiburg i. Üe. 1982

Bartl, Peter: Grundzüge der jugoslawischen Geschichte, Darmstadt 1985

Barton, Stephen C./Horsley, G. H. R.: A Hellenistic Cult Group and the New Testament Churches, in: Jahrbuch für Antike und Christentum, 24/1981, 7–41

Basanoff, Vsevolod: Evocatio. Etude d'un rituel militaire romain, Paris 1947

Bassiouni, M. Cherif: Menschenrechte zwischen Universalität und islamischer Legitimität, Berlin 2014

Bauer, Johannes B.: Schriftrezeption in den neutestamentlichen Apokryphen, in: Stimuli. Exegese und ihre Hermeneutik in Antike und Christentum, hg. v. G. Schöllgen/C. Scholten, Münster 1996, 43–48

Baum, Wilhelm: Äthiopien und der Westen im Mittelalter. Die Selbstbehauptung der christlichen Kultur am oberen Nil zwischen dem islamischen Orient und dem europäischen Kolonialismus, Klagenfurt 2001

Baumann, Martin: Deutsche Buddhisten. Geschichte und Gemeinschaften (¹1993), Marburg 1995

Baumgarten, Albert I.: The Flourishing of Jewish Sects in the Maccabean Era. An Interpretation, Leiden u. a. 1997

Baumgarten, Elisheva: Mothers and children. Jewish Family Life in Medieval Europe, Princeton/Oxford 2004

Bauschke, Martin: Jesus im Koran, Köln u. a. 2001

Bayly, Christopher Alan: Die Geburt der modernen Welt. Eine Globalgeschichte 1780–1914 (¹2004), Frankfurt a. M./New York 2006

Bazzana, Giovanni Battista: The Bar Kokhba Revolt and Hadrian's Religious Policy, in: Hadrian and the Christians, hg. v. M. Rizzi, 85–109

Becher, Matthias: Gewaltmission. Karl der Große und die Sachsen, in: Credo. Christianisierung Europas im Mittelalter, Bd. 1: Essays, hg. v. Ch. Stiegemann, Petersberg 2013, 321–329
—. Der Prediger mit eiserner Zunge. Die Unterwerfung und Christianisierung der Sachen durch Karl den Großen, in: Schwertmission. Gewalt und Christianisierung im Mittelalter, hg. v. H. Kamp/M. Kroker, Paderborn u. a. 2013, 23–52
Bechert, Heinz: Buddhismus, Staat und Gesellschaft in den Ländern des Theravada-Buddhismus, Bd. 1, Frankfurt a. M. 1966
—. „Das Lieblingsvolk Buddhas". Buddhisten in Birma (¹1984), in: Der Buddhismus. Geschichte und Gegenwart, hg. v. dems./R. Gombrich, München 2002, 169–189
—. Samgha. An Overview, in: Encyclopedia of Religion, hg. v. M. Eliade, Bd. 13, New York/London 1987, 36–40
—. Vorwort, in: Der Buddhismus. Geschichte und Gegenwart, hg. v. dems./R. Gombrich, München 2002, 9–13
Beck, Hans-Georg: Vom Umgang mit Ketzern. Der Glaube der kleinen Leute und die Macht der Theologen, München 1993
Beck, Herman L.: Les musulmans d'Indonésie, Turnhout 2003
Beck, Roger: Educating a Mithraist, in: Conversion and Initiation in Antiquity. Shifting Identities – Creating Change, hg. v. B. Secher Bøgh, Frankfurt a. M. u. a. 2014, 247–255
Beck, Ulrich: Was ist Globalisierung? Irrtümer des Globalismus – Antworten auf Globalisierung, Frankfurt a. M. 2007
Becker, Hans-Jürgen: Die Stellung des kanonischen Rechts zu den Andersgläubigen: Heiden, Juden und Ketzer, in: Wechselseitige Wahrnehmung der Religionen im Spätmittelalter und in der Frühen Neuzeit, hg. v. L. Grenzmann u. a., Berlin/New York 2009, 101–123
Becker, Judith: Conversio im Wandel: Basler Missionare zwischen Europa und Südindien und die Ausbildung einer Kontaktreligiosität, 1834–1860, Göttingen/Bristol (CT) 2015
Becker, Jürgen: Mündliche und schriftliche Autorität im frühen Christentum, Tübingen 2012
Beckerlegge, Gwilym: The Ramakrishna Mission. The making of a Modern Hindu Movement 2000
Beckwith, Christopher I.: Greek Buddha. Pyrrho's Encounter with Early Buddhism, Princeton/Oxford 2015
—. Empires of the Silk Road. A History of Central Eurasia from the Bronze Age to the Present, Princeton/London 2009
Beckwith, Roger Thomas: The Canon in the Early Ethiopian Church, in: The Old Testament Canon of the New Testament Church and its Background in Early Judaism, London 1987, 478–505
Beeston, Alfred Felix Landon: Saba, in: The Encylopedia of Islam, Bd. 8, Leiden ²1993, 663–665
Begriffsgeschichte, Diskursgeschichte, Metapherngeschichte, hg. v. H. E. Bödeker, Göttingen 2002
Behloul, Samuel M.: The Testimony of Reason and Historical Reality. Ibn Hazm's Refutation of Christianity, in: Ibn Ḥazm of Cordoba. The Life and Works of a Controversial Thinker, hg. C. Adang, Leiden/Boston 2013, 457–483
Behrendt, Kurt A.: The Buddhist Architecture of Gandhāra, Leiden/Boston 2004, 255–258
Behrens-Abouseif, Doris: Egypt's Adjustment to Ottoman Rule. Institutions, Waqf and Architecture in Cairo (16th and 17th Centuries), Leiden u. a. 1994
Beier, Kerstin: Maria Patrona. Rituelle Praktiken als Mittel stadtbürgerlicher Krisen- und Konfliktbewältigung, Siena 1447–1456, in: Frömmigkeit im Mittelalter. Politisch-soziale Kontexte, visuelle Praxis, körperliche Ausdrucksformen, hg. v. K. Schreiner/M. Müntz, München 2002, 97–124
Beiträge zur Geschichte der arabisch-islamischen Medizin, hg. v. F. Sezgin, 8 Bde., Frankfurt a. M. 1987–1991
Beldiceanu-Steinherr, Irene: Die Torlak, eine Volksgruppe zwischen Christentum und Islam, in: Osmanen und Islam in Südosteuropa, hg. v. R. Lauer/H. G. Majer, Berlin/Boston 2014, 229–241
Bellah, Robert N./Joas, Hans: Introduction, in: The Axial Age and its Consequences, hg. v. dens., Cambridge (Mass.) 2012, 1–6
Bellarmin, Robert: Disputationes de controversiis christianae fidei, adversus huius temporis haereticos, Bd. 1, Ingolstadt 1586
Bellinger, Gerhard J.: Der Catechismus Romanus und die Reformation. Die katechetische Antwort des Trienter Konzils auf die Haupt-Katechismen der Reformatoren, Paderborn 1970

——. Katechismus, in: Lexikon für Theologie und Kirche, Bd. 5, Freiburg u. a. ³1990, 1311–1315
Belting, Hans: Bild und Kult. Eine Geschichte des Bildes vor dem Zeitalter der Kunst, München 1990
——. Das echte Bild. Bildfragen als Glaubensfragen, München 2005
——. Florenz und Bagdad. Eine westöstliche Geschichte des Blicks, München 2008
Bendlin, Andreas: Associations, Sociality, and Roman Law: A New Interpretation of the cultores Dianae et Antinoi in Lanuvium, in: Aposteldekret und antikes Vereinswesen. Gemeinschaft und ihre Ordnung, hg. v. M. Öhler, Tübingen 2011, 207–296
——. „Eine Zusammenkunft um der religio willen ist erlaubt …?". Zu den politischen und rechtlichen Konstruktionen von (religiöser) Vergemeinschaftung in der römischen Kaiserzeit, in: Die verrechtlichte Religion. Der Öffentlichkeitsstatus von Religionsgemeinschaften, hg. v. H. G. Kippenberg/G. F. Schuppert, Tübingen 2005, 65–107
——. Nicht der Eine, nicht die Vielen. Zur Pragmatik religiösen Verhaltens in einer polytheistischen Gesellschaft am Beispiel Roms, in: Götterbilder – Gottesbilder – Weltbilder. Polytheismus und Monotheismus in der Welt der Antike, hg. v. R. G. Kratz/H. Spieckermann, Bd. 2, Tübingen 2006, 279–311
Benite, Zvi Ben-Dor: Follow the White Camel. Islam in China to 1800, in: The New Cambridge History of Islam, Bd. 3, hg. v. D. O. Morgan/A. Reid, Cambridge 2010, 409–426
Benner, Thomas Hartmut: Die syrisch-jakobitische Kirche unter byzantinischer Herrschaft im 10. und 11. Jahrhundert, Diss. Marburg 1989
Benoît, André/Munier, Charles: Die Taufe in der Alten Kirche (1. – 3. Jahrhundert), Bern u. a. 1994
Berend, Nora: The Concept of Christendom. A Rhetoric of Integration or Disintegration?, in: Hybride Kulturen im mittelalterlichen Europa, hg. v. M. Borgolte/B. Schneidmüller, Berlin 2010, 51–61
Berg, Herbert: The Development of Exegesis in Early Islam. The Authenticity of Muslim Literature from the Formative Period, Richmond 2000
Berg, Jacob Albert van den: Biblical Argument in Manichaean Missionary Practice. The Case of Adimantus and Augustine, Leiden 2010
Berger, Albrecht: Konstantinopel, die erste christliche Metropole?, in: Die spätantike Stadt und ihre Christianisierung, hg. v. G. Brands/H.-G. Stein, Wiesbaden 2003, 63–71
Berger, Klaus: Volksversammlung und Gemeinde Gottes. Zu den Anfängen der christlichen Verwendung von „ekklesia", in: Zeitschrift für Theologie und Kirche, 73/1976, 167–207
Berger, Peter L.: Der Zwang zur Häresie. Religion in der pluralistischen Gesellschaft (¹1979), Frankfurt a. M. 1980
Bergunder, Michael: Die Bhagavadgita im 19. Jahrhundert. Hinduismus, Esoterik und Kolonialismus, in: Westliche Formen des Hinduismus in Deutschland. Eine Übersicht, hg. v. M. Bergunder, Halle 2006, 187–216
——. Was ist Religion? Kulturwissenschaftliche Überlegungen zum Gegenstand der Religionswissenschaft, in: Zeitschrift für Religionswissenschaft, 19/2011, 3–55
Berkey, Jonathan Porter: Popular Preaching and Religious Authority in the Medieval Islamic Near East, Seattle/London 2001
——. The Transmission of Knowledge in Medieval Cairo. A Social history of Islamic Education, Princeton 1992
——. Women and Islamic Education in the Mamluk Period, in: Women in Middle Eastern History. Shifting Boundaries in Sex and Gender, New Haven/London 1991, 143–157
Berkwitz, Stephen C.: Materiality and Merit in Sri Lankan Buddhist Manuscripts, in: Buddhist Manuscript Cultures. Knowledge, Ritual, and Art, hg. v. dems. u. a., London/New York 2009, 35–49
Berliner, Rudolf: Die Weihnachtskrippe, München 1955
Berlinerblau, Jacques: Toward a Sociology of Heresy, Orthodoxy, and Doxa, in: History of Religions, 40/2001, 327–351
Berman, Harold J.: Recht und Revolution. Die Bildung der westlichen Rechtstradition (¹1983), Frankfurt a. M. 1991
Bernard Gui: Practica officii inquisitionis haereticae pravitatis, in: Bernard Gui: Das Buch der Inquisition. Das Originalhandbuch des Inquisitors Bernard Bui, hg. v. P. Seifert, Augsburg 1999

Bernard, Jean-Frédéric [Text]/Picart, Bernard [Stiche]: Cérémonies Et Coutumes Religieuses De Tous Les Peuples Du Monde. Représentées par des Figures, dessinées & gravées par Bernard Picard, & autres habiles artistes. Ouvrage qui comprend l'histoire philosophique de la Religion des Nations des deux hémispheres; telles que celle des Brames, des Peguans, des Chinois, des Japonois, des Thibetins, & celle des différens Peuples qui habitent l'Asie & les Isles de l'Archipélague Indien; celle des Mexicains, des Péruviens des Brésiliens, des Groënlandois, des Lapons, des Caffres, de tous les peuples de la Nigritie, de l'Ethiopie & du Monomotapa; celle des juifs, tant anciens que modernes, celle des musulmans & des différentes Sectes qui la composent; enfin celle des Chrétiens & de cette multitude de branches dans lesquelles elle est subdivisée par une société de gens de lettres. - Nouvelle Édition, Enrichie de toutes les Figures comprises dans l'ancienne Édition en sept Volumes, & dans les quatre publiés par forme de Supplément, 12 Bde., Amsterdam 1727–1743

Berndt, Rainer: Gehören die Kirchenväter zur Heiligen Schrift? Zur Kanontheorie des Hugo von St. Victor, in: Zum Problem des biblischen Kanons, hg. v. I. Baldermann u. a., Neukirchen-Vluyn 1988, 191–199

Berner, Ulrich: Moderner und antiker Religionsbegriff, in: Neues Testament und Antike Kultur, hg. v. K. Erlemann/K. L. Noethlichs, Bd. 1, Neukirchen-Vluyn ²2004, 13–22

——. Untersuchungen zur Verwendung des Synkretismus-Begriffes, Wiesbaden 1982

Bernett, Monika: Der Kaiserkult in Judäa unter den Herodiern und Römern. Untersuchungen zur politischen und religiösen Geschichte Judäas von 30 v. bis 66 n. Chr., Tübingen 2007

——. Der Kaiserkult in Judäa unter herodischer und römischer Herrschaft. Zu Herausbildung und Herausforderung neuer Konzepte jüdischer Herrschaftslegitimation, in: Jewish Identity in the Greco-Roman World/Jüdische Identität in der griechisch-römischen Welt, hg. v. J. Frey u. a. 2007, 205–251

Bernhardt, Reinhold: „Synkretismus" als Deutekategorie für multireligiöse Identitätsbildungen, in: multiple religiöse Identität. Aus verschiedenen religiösen Traditionen schöpfen, hg. v. R. Bernhardt/P. Schmidt-Leukel, Zürich 2008, 267–290

Bertau, Karl: Schrift, Macht, Heiligkeit in den Literaturen des jüdisch-christlich-muslimischen Mittelalters, Berlin u. a. 2005

Betz, Hans Dieter: Jesus' Baptism and the Origins of the Christian Ritual, in: Ablution, Initiation, and Baptism. Waschungen, Initiation und Taufe. Late Antiquity, Early Judaism, and Early Christianity. Spätantike, Frühes Judentum und Frühes Christentum, hg. v. D. Hellholm u. a., 3 Bde., Berlin/Boston 2011, Bd. 1, 157–219

Beumer, Johannes: Die Inspiration der Heiligen Schrift, Freiburg i. B. u. a. 1968

——. Die mündliche Überlieferung als Glaubensquelle, Freiburg i. B. u. a. 1962

Bhatt, Niddodi Ramacandra: La religion de Śiva d'après les sources sanskrites, Palaiseau 2000

Biagioli, Mario: Galilei, der Höfling. Entdeckungen und Etikette. Vom Aufstieg der neuen Wissenschaft (¹1993), Frankfurt a. M. 1999

Bianca, Stefano: Architektur und Lebensform im islamischen Stadtwesen. Baugestalt und Lebensordnung in der islamischen Kultur, dargestellt unter besonderer Verarbeitung marokkanischer Quellen und Beispiele, Zürich 1975

——. Städtebau in islamischen Ländern. Analysen und Konzepte unter Berücksichtigung gegenwärtiger Entwicklungstendenzen und künftiger Planungsaufgaben, Zürich 1980

Bianchi, Luca: Der Bischof und die Philosophen: die Pariser Verurteilung vom 7. März 1277, in: Das Licht der Vernunft. Die Anfänge der Aufklärung im Mittelalter, hg. v. K. Flasch/U. R. Jeck, München 1997, 70–83

Bibelübersetzungen I, in: Theologische Realenzyklopädie, Bd. 6, Berlin/New York 1980, 160–209

The Biblical Canons, hg. v. J.-M. Auwers H. J. de Jonge, Löwen 2003

Das Bild der Erscheinung. Die Gregorsmesse im Mittelalter, hg. v. A. Gormans/Th. Lentes, Berlin 2007

Bilde, Per: The Role of Religious Education in Six of the Pagan Religions of the Hellenistic-Roman Period, in: Conversion and Initiation in Antiquity. Shifting Identities – Creating Change, hg. v. B. Secher Bøgh, Frankfurt a. M. u. a. 2014, 225–245

Bildersturm. Wahnsinn oder Gottes Wille?, hg. v. C. Dupeux G. Keck, München 2000

Binder, Ludwig: Grundlagen und Formen der Toleranz in Siebenbürgen bis zur Mitte des 17. Jahrhunderts, Köln/Wien 1976

Binswanger, Karl: Untersuchungen zum Status der Nichtmuslime im Osmanischen Reich des 16. Jahrhunderts. Mit einer Neudefinition des Begriffs „Dimma", München 1977

Bird, Michael F.: Jesus and the Origins of the Gentile Mission, New York 2006
al-Biruni: In den Gärten der Wissenschaft. Ausgewählte Texte aus den Werken des muslimischen Universalgelehrten, hg. v. G. Strohmaier, Leipzig 1991
Bischof und Bürger. Herrschaftsbeziehungen in den Kathedralstädten des Hoch- und Spätmittelalters, hg. v. U. Grieme u. a., Göttingen 2004
Bischoff, Bernhard: Mittelalterliche Studien. Ausgewählte Aufsätze zur Schriftkunde und Literaturgeschichte, Bd. 1, Stuttgart 1966
Bitterli, Urs: Alte Welt – Neue Welt. Formen des europäisch-überseeischen Kulturkontakts vom 15. bis zum 18. Jahrhundert, München 1986
Black, Antony: The History of Islamic Political Thought. From the Prophet to the Present, Edinburgh 2001
Blackburn, Anne M.: Buddhist Learning and Textual Practice in Eighteenth-Century Lankan Monastic Culture, Princeton/Oxford 2001
Blanck, Horst: Das Buch in der Antike, München 1992
Blaschke, Andreas: Beschneidung. Zeugnisse der Bibel und verwandter Texte, Tübingen/Basel 1998
Blaschke, Olaf: Das 19. Jahrhundert: Ein Zweites Konfessionelles Zeitalter?, in: Geschichte und Gesellschaft, 25/2000, 38–75
Blickle, Peter: „Conjuratio". Die politische Karriere einer lokalen Gesellschaftsformation, in: Stadt – Gemeinde – Genossenschaft. Festschrift für Gerhard Dilcher zum 70. Geburtstag, hg. v. A. Cordes u. a., Berlin 2003, 341–360
———. Kommunalismus. Skizzen einer gesellschaftlichen Lebensform, 2 Bde., München 2000
Blinzler, Josef: Die Brüder und Schwestern Jesu, Stuttgart 1967
Bloch, Tamara: Die Stellungnahmen der römisch-katholischen Amtskirche zur Frage der Menschenrechte seit 1215. Eine historische Untersuchung unter besonderer Berücksichtigung der Gewährleistungen im CIC/1983, Frankfurt a. M. 2008
Bloom, Jonathan: Paper Before Print. The History and Impact of Paper in the Islamic World, New Haven/London 2001
Blume, Dieter: Wandmalerei als Ordenspropaganda. Bildprogramme im Chorbereich franziskanischer Konvente Italiens bis zur Mitte des 14. Jahrhunderts, Worms 1983
Blumell, Lincoln H.: Christians on the Move in Late Antique Oxyrhinchus, in: Travel and Religion in Antiquity, hg. v. Ph. A. Harland, Waterloo (Ontario) 2011, 235–254
Blumenberg, Hans: Die Genesis der kopernikanischen Welt, Frankfurt a. M. 1975
Bobzin, Hartmut: Der Koran. Eine Einführung ([1]1999), München [5]2004
———. Den Koran übersetzen, aber wie?, in: Der Islam in Europa. Zwischen Weltpolitik und Alltag, hg. v. U. Altermatt u. a.,Stuttgart 2006,143–151
———. Mohammed ([1]2000), München [3]2006
———. Translations of the Qur'an, in: Encyclopedia of the Qur'an, hg. v. J. D. McAuliffe, Bd. 5, Leiden/Boston 2004, 340–358
Bochinger, Christoph: Mission als Thema vergleichender religionswissenschaftlicher Forschung, in: Vergleichen und Verstehen in der Religionswissenschaft, hg. v. H.-J. Klimkeit, Wiesbaden 1997, 171–184
Bock, Heike: Konversionen in der frühneuzeitlichen Eidgenossenschaft. Zürich und Luzern im konfessionellen Vergleich, Epfendorf 2009
Bodiford, William M.: Sōtō Zen in Medieval Japan, Honolulu 1993
Boehm, Laetitia: Paris I, in: Theologische Realenzyklopädie, Bd. 26, Berlin 1996, 1–12
Böhme, Gernot: Bewusstseinsformen, München 2014
Bokenkamp, Stephen: Lu Xiujing, Buddhism and the First Daoist Canon, in: Culture and Power in the Reconstitution of the Chinese Realm, 200–600, hg. v. S. Pearce, Cambridge (Mass.) u. a. 2001, 181–199
Boldt, Hans: Otto von Gierke, in: Deutsche Historiker, hg. v. H.-U. Wehler, Bd. 8, Göttingen 1982, 7–23
Bollmann, Beate: Römische Vereinshäuser. Untersuchungen zu den Scholae der römischen Berufs-, Kult- und Augustalen-Kollegien in Italien, Mainz 1998
Bonamente, Giorgio: Einziehung und Nutzung von Tempelgut durch Staat und Stadt in der Spätantike, in: : rtiker Staat und religiöser Konflikt. Imperiale und lokale Verwaltung und die Gewalt gegen Heiligtümer, hg. v. J. Hahn, Berlin 2011, 55–92
Bonner, Michael: Jihad in Islamic History. Doctrines and Practice ([1]2006), Princeton (NJ) u. a. 2008

Bonnet, Corinne: Repenser les religions orientales. Un chantier interdisciplinaire et international, in: Religions orientales – culti mistici. Neue Perspektiven – nouvelles perspectives – prospettive nuove, hg. v. ders. u. a., Stuttgart 2006, 7–10
Borgia Steck, Francis: Christopher Columbus and the Franciscans, in: The Americas, 3/1947, 319–341
Borgolte, Michael: Christen, Juden, Muselmanen. Die Erben der Antike und der Aufstieg des Abendlandes 300 bis 1400 n. Chr., München 2006
——. Die Geburt Europas aus dem Geist der Achsenzeit, in: Europa – geeint durch Werte? Die europäische Wertedebatte auf dem Prüfstand der Geschichte, Bielefeld 2007, 45–60
——. Perspektiven europäischer Mittelalterhistorie an der Schwelle zum 21. Jahrhundert, in: Das europäische Mittelalter im Spannungsbogen des Vergleichs, Berlin 2001, 13–27
——. Universität und Intellektueller. Erfindungen des Mittelalters unter dem Einfluss des Islam?, in: ders.: Mittelalter in der größeren Welt, Mittelalter in der größeren Welt. Essays zur Geschichtsschreibung und Beiträge zur Forschung, Berlin 2014, 261–282
Borst, Arno: Die Katharer (¹1953), Freiburg u. a. 1992
Borup, Jørn: Japanese Rinzai Zen Buddhism. Myōshinji, a Living Religion, Leiden/Boston 2008
Bosl, Karl: Die Grundlagen der modernen Gesellschaft im Mittelalter, Bd. 1, Stuttgart 1972
Bostom, Andrew G.: The Legacy of Islamic Antisemitism. From Sacred Texts to Solemn History, Amherst (NY) 2008
——. The Legacy of Jihad. Islamic Holy War and the Fate of Non-Muslims, Amherst (NY) 2005
Bosworth, C. E.: The Political and Dynastic History of the Iranian World (A. D. 1000–1217), in: The Cambridge History of Iran, Bd. 5, hg. v. J. A. Boyle, Cambridge 1968, 1–202
Bourdieu, Pierre: Entwurf einer Theorie der Praxis. Auf der ethnologischen Grundlage der kabylischen Gesellschaft (1972), Frankfurt a. M. 1976
——. Zur Soziologie der symbolischen Formen, Frankfurt a. M. 1970
Bourdua, Louise: The Franciscans and Art Patronage in Late Medieval Italy, Cambridge 2003
Böwering, Gerhard: Early Sufism between Persecution and Heresy, in: Islamic Mysticism Contested. Thirteen Centuries of Controversies and Polemics, hg. v. F. de Jong/B. Radtke, Leiden u. a. 1999, 46–67
Bowersock, Glen Warren: Martyrdom and Rome. A Concise Examination of the Historical Context of the Earliest Christian Martyrs in the Roman Empire, Cambridge 1995
——. Le trône d'Adoulis. Les guerres de la Mer Rouge à la veille de l'Islam (2012), Paris 2014
Bowman Alan Keir/Woolf, Greg: Introduction, in: Literacy and Power in the Ancient World, hg. v. dens., Cambridge u. a. 1994, 1–16
Bowring, Richard John: The Religious Traditions of Japan, 500–1600, Cambridge u. a., 2005
Boyarin, Daniel: Border Lines. The Partition of Judaeo-Christianity, Philadelphia 2004
——. Semantic Differences; or, "Judaism"/"Christianity", in: The Ways that Never Parted. Jews and Christians in Late Antiquity and the Early Middle Ages, hg. v. A. H. Becker/A. Y. Reed, Tübingen 2003, 65–85
Boyd-Taylor, Cameron: Echoes of the Septuagint in Byzantine Judaism, in: Die Septuaginta. Texte, Theologien, Einflüsse, hg. v. W. Kraus M. Karrer, Tübingen 2010, 272–288
Brabant, Dominique: Persönliche Gotteserfahrung und religiöse Gruppe – die Therapeutai des Asklepios in Pergamon, in: Vereine, Synagogen und Gemeinden im kaiserzeitlichen Kleinasien, hg. v. A. Gutsfeld/D.-A. Koch, Tübingen 2006, 61–75
Bradshaw, Paul F.: The Interplay between Sacred Text and Liturgical Rite in Early Christianity, in: "For it is written". Essays on the Function of Scripture in Early Judaism and Christianity, hg. v. J. Dochhorn, Frankfurt a. M. u. a. 2011, 49–61
Brague, Rémi: Die Geschichte der europäischen Kultur als Selbsteuropäisierung, in: Tumult. Schriften zur Verkehrswissenschaft, 22, 1996, 94–100
——. Europa. Eine exzentrische Identität (¹1992), Frankfurt a. M./New York 1993
——. Europas Fundamente. Das Christentum als Formprinzip der europäischen Kultur, in: Christentum und Kultur in Europa. Gedächtnis – Bewusstsein – Aufgabe, Bonn 1993, 27–38
——. Orient und Okzident. Modelle „römischer" Christenheit, in: Das Europa der Religionen. Ein Kontinent zwischen Säkularisierung und Fundamentalismus, hg. v. O. Kallscheuer, Frankfurt a. M. 1996, 45–65

—. Sohnland Europa, in: ders./Peter Koslowski: Vaterland Europa. Europäische und nationale Identität im Konflikt, Wien 1997, 19–40
Brakmann, Heinzgerd: Axomis (Aksum), in: Reallexikon für Antike und Christentum. Supplement-Bd. 1, Stuttgart 2001, 718–810
—. To para tois barbarois ergon theion. Die Einwurzelung der Kirche im spätantiken Reich von Aksum, Bonn 1994
Brandenburg, Dietrich: Die Madrasa. Ursprung, Entwicklung, Ausbreitung und künstlerische Gestaltung der islamischen Moschee-Hochschule, Graz 1978
Brändle, Rudolf: Einleitung, in: Johannes Chrysostomos, Acht Reden gegen Juden, eingel. und erl. v. dems., übers. v. V. Jegher-Bucher, Stuttgart 1995, 1–79
Brands, Gunnar: Die spätantike Stadt und ihre Christianisierung, in: Die spätantike Stadt und ihre Christianisierung, hg. v. G. Brands/H.-G. Stein, Wiesbaden 2003, 1–26
Brandt, Peter: Bible Canon, in: Encyclopaedia aethiopica, Bd. 1, Wiesbaden 2003, 571–573
—. Endgestalten des Kanons. Das Arrangement der Schriften Israels in der jüdischen und christlichen Bibel, Berlin u. a. 2001
Braude, Benjamin: Foundation Myths of the Millet System, in: Christians and Jews in the Ottoman Empire. The Functioning of a Plural Society, hg. v. dems./B. Lewis, 2 Bde., New York/London 1982, 69–88
Braudel, Fernand: Geschichte und Sozialwissenschaften. Die longue durée (^{1}1972), in: Schrift und Materie der Geschichte. Vorschläge zur systematischen Aneignung historischer Prozesse, hg. v. C. Honegger, Frankfurt a. M. 1977, 47–85
—. La Méditerranée et le monde méditerranéen à l'époque de Philippe II, Paris 1949
Brauer, Michael: Die Entdeckung des „Heidentums" in Preußen. Die Preußen in den Reformdiskursen des Spätmittelalters und der Reformation, Berlin 2011
Bredekamp, Horst: Galilei der Künstler. Der Mond, die Sonne, die Hand, Berlin 2007
Brekke, Torkel: Conversion in Buddhism?, in: Religious Conversion in India. Modes, Motivations, and Meanings, Oxford 2003, 181–191
—. Religious Motivation and the Origins of Buddhism. A Social-Psychological Exploration of the Origins of a World Religion, London 2002
Bremmer, Jan N.: The Acts of Thomas. Place, Date and Women, in: The Apocryphal Acts of Thomas, hg. v. dems., Löwen 2001, 74–90
—. The Family and Other Centres of Religious Learning in Antiquity, in: Centres of Learning and Location in Pre-modern Europe and the Near East, hg. v. J. W. Drijvers/A. A. Mac Donald, Leiden u. a. 1995, 29–38
—. From Holy Books to Holy Bible. An Itinery from Ancient Greece to Modern Islam via Second Temple Judaism and Early Christianity, in: Authoritative Scriptures in Ancient Judaism, hg. v. M. Popović, Leiden/Boston 2010, 327–360
Bretfeld, Sven: Resonant Paradigms in the Study of Religion and the Emergence of Theravada Buddhism, in: Religion, 42/2012, 273–297
—. Zur Institutionalisierung des Buddhismus und der Suspendierung der ethischen Norm der Gewaltlosigkeit in Sri Lanka, in: Zeitschrift für Religionswissenschaft, 11/2003, 149–165
—. The Later Spread of Buddhism in Tibet, in: The Spread of Buddhism, hg. v. A. Heirman/St. P. Bumbacher, Leiden 2007, 341–378
Bringmann, Klaus: Kaiser Julian, Darmstadt 2004
Brock, Sebastian P.: Die Übersetzungen des Alten Testaments ins Griechische, in: Theologische Realenzyklopädie, Bd. 6, Berlin/New York 1980, 177–172
—. The Bible in the Syriac Tradition, Piscataway (NJ) ^{2}2006
Broglio, Gian Pietro: Ideas of the Town in Italy during the Transition from Antiquity to the Middle Ages, in: The Idea and Ideal of the Town Between late Antiquity and the Early Middle Ages, hg. v. dems./B. Ward-Perkins, Leiden u. a. 1999, 99–126
Bronkhorst, Johannes: Buddhism in the Shadow of Brahmanism, Leiden/Boston 2011
—. Greater Magadha. Studies in the Culture of Early India, Leiden/Boston 2007
Brook, Kevin Alan: The Jews of Khazaria (^{1}1999), Lanham u. a. ^{2}2010

Brooke, George J.: Between Authority and Canon. The Significance of Reworking the Bible for Understanding the Canonical Process, in: Reworking the Bible. Apocryphal and Related Texts at Qumran, hg. v. E. G. Chazon, Leiden/Boston 2005, 85–104

Brown, Peter: Authority and the Sacred. Aspects of the Christianisation of the Roman World, Cambridge 1996

——. Die letzten Heiden. Eine kleine Geschichte der Spätantike ([1]1978), Berlin 1986

Brox, Nobert: Häresie, in: Reallexikon für Antike und Christentum, Bd. 13, Stuttgart 1986, 248–297

——. "Non ulla gens non christiana" (zu Tertullian, ad. nat. 1, 8, 9 f.), in: Vigiliae Christianae, 27/1973, 46–49

——. Zur christlichen Mission in der Spätantike, in: Mission im Neuen Testament, hg. v. K. Kertelge, Freiburg i. B. u. a. 1982, 190–237

Bruch, Rüdiger vom: A Slow Farewell to Humboldt? Stages in the History of German Universities, 1810–1945, in: German Universities. Past and Future. Crisis or Renewal?, hg. v. M. G. Ash, Oxford u. a. 1997, 3–27

Bruhn, Klaus: Das Kanonproblem bei den Jainas, in: Kanon und Zensur. Beiträge zur Archäologie der literarischen Kommunikation, hg. v. A. und J. Assmann, München 1987, 100–112

Brunner, Rainer: Die Schia und die Koranfälschung, Würzburg 2001

Brunschvig, Robert: Abd, in: The Encyclopaedia of Islam, Bd. 1, Leiden/London [2]1960, 24–40

——. La berbérie orientale sous les Hafsides. Des origines à la fin du XVe siècle, Bd. 1, Paris 1940

Bucer, Martin: Die ander verteydigung vnd erklerung der Christlichen Lehr in etlichen fürnemen hauptstucken die dieser zeyt zu Bon vnd etlichen anderen Stetten vnnd orten im Stifft … Cöllen geprediget würdt. Mit bestendigem widerlegen des lester vrtheyls welches etliche die sich nennen Deputaten der Vniuersitet … zu Cöllen hieuor haben außgehen laßen, Bonn 1544

Bucher, Corina: Christoph Kolumbus. Korsar und Kreuzfahrer, Darmstadt 2006

Buck, Christopher: Religious Minority Rights, in: The Islamic World, hg. v. A. Rippin, Abingdon/New York 2010, 638–653

Buddhism and Religious Diversity. Critical Concepts in Religious Studies, hg. v. P. Schmidt-Leukel, 4 Bde., London/New York 2013

Buddhism, Conflict, and Violence in Modern Sri Lanka, hg. v. M. Deegalle, Abingdon 2006

Bühler, Johannes: Die Kultur der Antike und die Grundlegung der abendländischen Kultur, Bd. 2, Stuttgart 1948

Bulliet, Richard W.: Conversion to Islam and the Emergence of a Muslim Society in Iran, in: Conversion to Islam, hg. v. N. Levtzion, New York u. a. 1979, 30–51

——. Conversion to Islam in the Medieval Period. An Essay in Quantitative History, Cambridge (Mass.) 1979

——. Sedentarization of Nomads in the Seventh Century. The Arabs in Basra and Kufa, in: When Nomads Settle. Processes of Sedentarization As Adaption and Response, hg. v. C. Ph. Salzman, New York 1980, 35–47

Bullinger, Heinrich: Summa Christenlicher Religion. Darinn auß Gottes Wort richtig uund kurtz angezeigt wirt, was einem jeglichen Christen nothwendig sey zu glauben, zu thun und zu lassen: Auch wie er dultiglich leiden unnd seliglich absterben sölle ([1]1556), Heidelberg 1598

Bultmann, Rudolf: Das Christentum als orientalische und abendländische Religion, Bremen 1949

Bumbacher, Stephan Peter: Early Buddhism in China. Daoist Reactions, in: The Spread of Buddhism, hg. v. A. Heirman/St. P. Bumbacher, Leiden 2007, 201–246

Bünker, Arnd: Vom süssen Gift des Zwangs. Religionssoziologische Beobachtungen zu Zwanglosigkeit und Zwang im Bereich der Religionen, in: Glaubwürdigkeit der Kirche. Würde der Glaubenden, hg. v. M. Felder/J. Schwaratzki, Freiburg i. B. u. a. 2012, 248–259

Bunnag, Jane: Der Weg der Mönche und der Weg der Welt. Der Buddhismus in Thailand, Laos und Kambodscha, in: Der Buddhismus. Geschichte und Gegenwart, hg. v. H. Bechert/R. Gombrich, München 2002, 190–214

Bünz, Enno: Die mittelalterliche Pfarrei in Deutschland. Neue Forschungstendenzen und -ergebnisse, in: Pfarreien im Mittelalter. Deutschland, Polen, Tschechien und Ungarn im Vergleich, hg. v. N. Kruppa/L. Zygner, Göttingen 2008, 27–66

Bünz, Enno/Lorenzen-Schmidt, Klaus-Joachim: Zu den geistlichen Lebenswelten in Holstein, Lauenburg und Lübeck zwischen 1450 und 1540, in: Geistliche Lebenswelten. Zur Sozial- und Mentalitätsgeschichte der Geistlichen in Spätmittelalter und Früher Neuzeit, hg. v. M. Jakubowski-Tiessen, Neumünster 2005, 11–57

Burgdorf, Wolfgang: „Chimäre Europa". Antieuropäische Diskurse in Deutschland (1648–1999), Bochum 1999

Burkert, Walter: Antike Mysterien. Funktionen und Gehalt ([1]1990), München [5]2012

Burkhardt, Johannes: Die Entstehung der modernen Jahrhundertrechnung. Ursprung und Ausbildung einer historiographischen Technik von Flacius bis Ranke, Göppingen 1971

Burnett, Stephen G.: Jüdische Vermittler des Hebräischen und ihre christlichen Schüler im Spätmittelalter, in: Wechselseitige Wahrnehmung der Religionen im Spätmittelalter und in der Frühen Neuzeit, Bd. 1, hg. v. L. Grenzmann u. a., Berlin/New York 2009, 173–188

Burnham, Louisa A.: So Great a Light, So Great a Smoke. The Beguin Heretics of Languedoc, Ithaca/London 2008

Burrus, Virginia: Gender, Authority, and the Priscillianist Controversy, Berkeley u. a. 1995

Busse, Heribert: Die theologischen Beziehungen des Islams zu Judentum und Christentum. Grundlagen des Dialogs im Koran und die gegenwärtige Situation, Darmstadt 1988

Büttner, Jochen: The Pendulum as a Challenging Object in Early Modern Mechanics, in: Mechanics and Natural Philosophy before the Scientific Revolution, hg. v. W. R. Laird/S. Roux, Dordrecht 2008, 225–239

Cahen, Claude: Dhimma, in: The Encylopedia of Islam, Bd. 2, Leiden/London [2]1965, 227–231

——. Mouvements et organisations populaires dans les villes de l'Asie musulmane au moyen âge. Milices et associations de Foutouwwa, in: Recueils de la société Jean Bodin, 7/1955, 273–288

——. Mouvements populaires et autonomisme urbain dans l'Asie musulmane au moyen âge, in: Arabica, 5/1958, 225–250; 6/1959, 25–56. 233–265

——. Y-a-t-il des corporations professionnelles dans le monde musulman classique?, in: The Islamic City. A Colloquium, hg. v. A. Hourani/S. Stern, Oxford 1970, 51–63

Calasso, Giovanna: Recits de conversion, zèle dévotionnel et instruction religieuse dans les biographes des «gens de Basra» du Kitab al-Tabaqat d'Ibn Sa'd, in: Islamic conversions, hg. v. M. García-Arenal, Paris 2001, 19–47

The Cambridge History of Christianity, Bd. 4: Christianity in Western Europe c. 1100 – c. 1500, hg. v. M. Rubin/W. Simons, Cambridge 2009

The Cambridge World History of Slavery, [bislang] 2 Bde., hg. v. K. Bradley u. a. Cambridge 2011

Cameron, Averil: Dialog und Streitgespräch in der Spätantike, Stuttgart 2014

——. The Mediterranean World in Late Antiquity 395–700 AD ([1]1993), London/New York [2]2012

Cancik, Hubert: Haus, Schule, Gemeinde. Zur Organisation von ‚fremder Religion' in Rom (1. - 3.Jh. n. Chr.), in: Gruppenreligionen im römischen Reich. Sozialformen, Grenzziehungen und Leistungen, hg. v. J. Rüpke, Tübingen 2007, 31–48

——. Römischer Religionsunterricht in apostolischer Zeit. Ein pastoralgeschichtlicher Versuch zu Statius, Silvae V 3, 176–184, in: Wort Gottes in der Zeit, hg. v. H. Feld/J. Nolte, Düsseldorf 1973, 181–197

Cancik, Hubert/Rüpke, Jörg: Einleitung, in: Römische Reichsreligion und Provinzialreligion. Globalisierungs- und Regionalisierungsprozesse in der antiken Religionsgeschichte, hg. v. H. Cancik u. a., Erfurt 2003, 7–15

Cancik-Lindemann, Hildegard: Der Diskurs Religion im Senatsbeschluss über die Bacchanalia von 186 v. Chr. und bei Livius (B. XXXIX), in: Geschichte – Tradition – Reflexion, Bd. 2, hg. v. H. Cancik u. a., Tübingen 1996, 77–96

The Canon Debate, hg. v. L. M. McDonald/J. A. Sanders, Peabody (Mass.) 2002

Canonization and Decanonization, hg. v. A. van der Kooij/K. van der Toorn, Leiden u. a. 1998

Carrithers, Michael: On Polytropy. Or the Natural Condition of Spiritual Cosmopolitism in India: The Digambar Jain Case, in: Modern Asian Studies, 34/2000, 831–861

Carus, Carl Gustav: Psyche. Zur Entwicklungsgeschichte der Seele, Pforzheim 1846

Carus, Paul: The Gospel of Buddha according to Old Records, London 1895

Caseau, Béatrice: Christianisation et violence religieuse. Le Débat historique, in: Chrétiens persécuteurs. Destructions, exclusions, violences religieuses au IVe siècle, hg. v. M.-F. Baslez, Paris 2014, 11–36, S. 23–36

Castaño, Javier: „Flüchtige Schimären der Convivencia". Die Juden in Kastilien und ihre Eliten (1418–1454), in: Integration – Segregation – Vertreibung. Religiöse Minderheiten und Randgruppen auf der Iberischen Halbinsel (7. - 17. Jahrhundert), hg. v. K. Herbers/N. Jaspert, Berlin 2011, 179–212

Catane, Yaron: Administrating Conversion – Israel's Conversion Administration, in: Conversion. Claremont Studies in the Philosophy of Religion, Conference 2011, hg. v. I. Dalferth/M. Ch. Rodgers, Tübingen 2013, 35–46

Cecini, Ulisse: Faithful to the "Infidels'" Word. Mark of Toledo's Latin Translation of the Qur'an (1209–10), in: Frühe Koranübersetzungen. Europäische und außereuropäische Fallstudien, hg. v. R. F. Glei, Trier 2012, 83–98

Ch'en, Kenneth Kuan Shêng: Buddhism in China. A Historical Survey, Princeton 1964
——. The Chinese Transformation of Buddhism, Princeton 1973

Chabod, Federico: Der Europagedanke. Von Alexander dem Großen bis Zar Alexander I. (^{1}1961), Stuttgart 1963

Chadwick, Henry: Augustinus über Heiden und Christen. Überlegungen zur Wandlungsprozessen in Religion und Gesellschaft, in: Christen und Nichtchristen in Spätantike, Neuzeit und Gegenwart. Beginn und Ende des Konstantinischen Zeitalters, hg. v. A. Dörfler-Dierken u. a., Mandelbachtal/Cambridge 2001, 81–102

——. Gewissen, in: Reallexikon für Antike und Christentum, Bd. 10, Stuttgart 1978, 1025–1107
——. Priscillian of Avila. The Occult and the Charismatic in the Early Church, Oxford 1976, 111–132

Chamberlain, Michael: Knowledge and Social Practice in Medieval Damascus, 1190–1350 (^{1}1990), Cambridge u. a. ^{2}2002

——. The Production of Knowledge and the Reproduction of the A'yān in Medieval Damascus, in: Madrasa. La transmission du savoir dans le monde musulman, hg. v. N. Grandin/M. Gaborieau, Paris 1997, 28–62

Champagne, Marie Therese: Sicut Judaeis. The Relationship between the Papacy and the Jews in Twelfth-Century Rome: Papal Attitudes toward Biblical Judaism and Contemporary European Jewry, Diss. Louisiana 2005

Chaniotis, Angelos: Der Kaiserkult im Osten des Römischen Reiches in Kontext der zeitgenössischen Ritualpraxis, in: Die Praxis der Herrscherverehrung in Rom und seinen Provinzen, hg. v. H. Cancik/K. Hitzl, Tübingen 2003, 3–28

Chaniotis, Angelos: Konkurrenz und Profilierung von Kultgemeinden im Fest, in: Festrituale in der römischen Kaiserzeit, hg. v. J. Rüpke, Tübingen 2008, 67–87

——. Zwischen Konfrontation und Interaktion. Christen, Juden und Heiden im spätantiken Aphrodisias, in: Patchwork. Dimensionen multikultureller Gesellschaften, hg. v. A. Ackermann/K. E. Müller, Bielefeld 2002, 83–128

Chantepie de la Saussaye, Pierre Daniel: Lehrbuch der Religionsgeschichte, Freiburg i. B. 1887

Chartularium universitatis parisiensis, Bd. 1, hg. v. H. Denifle, Paris 1889

Chazan, Robert: Reassessing Jewish life in Medieval Europe, New York 2010

Chelius, Karl Heinz: Compelle intrare, in: Augustinus-Lexikon, Bd. 1, Basel 1986–1994, 1184

Chenu, Marie-Dominique: L'éveil de la conscience dans la civilisation médiévale, Montréal/Paris 1969

Chérif, Mohamed : Encore sur le statut des ḍimmī-s sous les Almohades, in: The legal status of ḍimmī-s in the Islamic West (second/eighth-ninth/fifteenth centuries), hg. v. M. Fierro Bello/J. Tolan, Turnhout 2013, 65–87

Childhood and Youth in the Muslim world, hg. v. F. Georgeon/K. Kreiser, Paris 2007

Chittick, William C.: The Ambiguity of the Qur'anic Command, in: Between Heaven and Hell. Islam, Salvation, and the Fate of Others, hg. v. M. H. Khalil, New York 2013, 65–86

Chittick, William C./Murata, Sachiko: The Implicit Dialogue of Confucian Muslims, in: The Wiley-Blackwell Companion to Inter-Religious Dialogue, hg. v. C. Cornille, Malden 2013, 438–449

Choksy, Jamsheed K.: Conflict and Cooperation. Zoroastrian Subalterns and Muslim Elites in Medieval Iranian Society, New York 1997

Choudhary, Radhakrishna: The University of Vikramaśīla, Patna 1975

Chow, Kai-wing/Ng, On-cho/Henderson, John B.: Introduction. Fluidity of Confucian Canon and Discursive Strategie, in: Imagining Boundaries. Changing Confucian Doctrines, Texts, and Hermeneutics, hg. v. K. Chow u. a., Albany 1999, 1–15

Christiani, Chiara: Teachers and Learners in Scholastic Medicine. Some Images and Metaphors, in: History of Universities, 15/1997–1999, 75–101
Christian-Muslim Relations. A Bibliographical History, hg. v. D. Thomas/B. Roggema, Leiden u. a. 2009
Christians and Jews in the Ottoman Empire. The Functioning of a Plural Society, hg. v. B. Braude/B. Lewis, 2 Bde., New York/London 1982
Christianson, Gale E.: In the Presence of the Creator. Isaac Newton and His Times, New York/London 1984
Chuvin, Pierre: A Chronicle of the Last Pagans, Cambridge (Mass.) u. a. 1990
Clarence-Smith, William Gervase: Islam and the Abolition of Slavery, London 2006
Claude, Dietrich: Die byzantinische Stadt im 6. Jahrhundert, München 1969
Clauss, Manfred: Mithras. Kult und Mysterium, Darmstadt 2012
Claußen, Carsten: Versammlung, Gemeinde, Synagoge. Das hellenistisch-jüdische Umfeld der frühchristlichen Gemeinden, Göttingen 2002
Clemen, Carl: Religionsgeschichte Europas, 2 Bde., Heidelberg 1926/1931
Clogg, Richard: The Greek Millet in the Ottoman Empire, in: Christians and Jews in the Ottoman Empire. The Functioning of a Plural Society, hg. v. B. Braude/B. Lewis, 2 Bde., New York/London 1982, 185–207
Clossey, Luke: Salvation and Globalization in the Early Jesuit Missions, Cambridge 2008
Il Codice cumanico e il suo mondo, hg. v. F. Schmieder/P. Schreiner, Rom 2005
Cohen, Cl.: Dhimma, in: The Encyclopaedia of Islam, Bd. 2, Leiden/London ²1965, 227–231
Cohen, Hendrik Floris: How Modern Science Came Into the World. Four Civilizations, One 17th Century Breakthrough, Amsterdam 2010
——. The Onset of the Scientific Revolution. Three Near-Simultaneous Transformations, in: The Science of Nature in the Seventeenth Century. Patterns of Change in Early Modern Natural Philosophy, hg. v. P. R. Anstey/J. A. Schuster, Heidelberg 2005, 9–33
——. The Scientific Revolution. A Historiographical Inquiry, Chicago 1994
——. Die zweite Erschaffung der Welt. Wie die moderne Naturwissenschaft entstand (¹2007), Frankfurt a. M./New York 2010
Cohen, Leonardo: The Missionary Strategies of the Jesuits in Ethiopia (1555–1632), Wiesbaden 2009
Cohen, Marc R.: Under Crescent and Cross. The Jews in the Middle Ages, Princeton 1994
——. Unter Kreuz und Halbmond. Die Juden im Mittelalter (¹1994), München 2005
——. What was the Pact of 'Umar? A Literary-Historical Study, in: Jerusalem Studies in Arabic and Islam, 23/1999, 100–157
Cohen, Shaye J. D.: The Beginnings of Jewishness. Boundaries, Varieties, Uncertainties, Berkeley (Calif.) u. a. 1999
——. The Origins of the Matrilineal Principle in Rabbinic Law, in: Association for Jewish Studies Review, 10/1985 (Spring), 19–53
Colpe, Carsten: Der „Heilige Krieg". Benennung und Wirklichkeit, Begründung und Widerstreit, Bodenheim 1994
——. Das Siegel der Propheten. Historische Beziehungen zwischen Judentum, Judenchristentum, Heidentum und frühem Islam (¹1990), Berlin ²2007
Comparing Religions. Possibilities and Perils?, hg. v. Th. Idinopulos, Leiden u. a. 2006
Congar, Yves: Ecclesia ab Abel, in: Abhandlungen über Theologie und Kirche (FS Karl Adam), hg. v. M. Reding, Düsseldorf 1952, 79–108
Constantinidis, Costas N.: Higher Education in Byzantium in the Thirteenth and Early Fourteenth Centuries (1204 - ca. 1310), Nikosia 1982
Contextualising Jihadi Thought, hg. v. J. Deol, London 2012
Contextualizing Early Christian Martyrdom, hg. v. J. Engsberg u. a., Frankfurt a. M. 2011
Conti, Marco: Introduction, in: Priscillian of Avila. The complete Works, hg. v. dems., Oxford 2010, 1–29
Conversion and Initiation in Antiquity. Shifting Identities – Creating Change, hg. v. B. Secher Bøgh, Frankfurt a. M. u. a. 2014
Conzelmann, Hans: Heiden – Juden – Christen. Auseinandersetzungen in der Literatur der hellenistisch-römischen Zeit, Tübingen 1981
Cook, Michael: Ancient Religions, Modern Politics. The Islam Case in Comparative Perspective, Princeton/Oxford 2014

—. The Opponents of the Writing of Tradition in Early Islam, in: Arabica, 44/1997, 437–530
Copenhaver, Brian P.: Natural Magic, Hermetism, and Occultism in Early Modern Science, in: Reappraisals of the Scientific Revolution, hg. v. D. Ch. Lindberg/R. S. Westman, Cambridge 1990, 261–301
—. The Occultist Tradition and its Critics, in: The Cambridge History of Seventeenth-Century Philosophy, Bd. 1, hg. v. D. Garber/M. Ayers, Cambridge 1998, 454–512
Cornelius, Izak: The Many Faces of the Goddess. The Iconography of the Syro-Palestinian Goddesses Anat, Astarte, Qedeshet, and Asherah c. 1500–1000 BCE (^{1}2004), Freiburg i. Üe. ^{2}2008
Cotter, Wendy: The Collegia and Roman Law. State Restrictions on Voluntary Associations, in: Voluntary Associations in the Graeco-Roman World, hg. v. J. S. Kloppenborg/St. G. Wilson, London/New York 2005, 74–89
Coulbeaux, E.: Éthiopie (Église d'), in: Dictionnaire de théologie Catholique, Bd. 5,1, Paris 1924, 922–969
Coulson, Noel J.: Succession in the Muslim Family, Cambridge u. a. 1971
Courbage, Youssef/Fargues, Philippe: Christians and Jews under Islam (^{1}1992), London/New York 1997
Cowley, Roger W.: The Biblical Canon of the Ethiopian Orthodix Church Today, in: Ostkirchliche Studien, 23/1974, 318–323
Credo. Christianisierung Europas im Mittelalter, Bd. 1: Essays, hg. v. Ch. Stiegemann, Petersberg 2013
Crenshaw, James L.: Education in Ancient Israel. Across the Deadening Silence, New York u. a. 1998
Crone, Patricia: Roman, Provincial and Islamic Law. The Origins of the Islamic Patronate, Cambridge u. a. 1987
—. Tribes and State in the Middle East (^{1}1993), in: dies.: From Arabian Tribes to Islamic Empire. Army, State and Society in the Near East c. 600 – 850 (^{1}1993), Aldershot 2008, II, 353–376
Crone, Patricia/Cook, Michael: Hagarism. The Making of the Islamic World, Cambridge 1977
Crown, Alan David: Samaritan Scribes and Manuscripts, Tübingen 2001
Cuchet, Guillaume: Le crépuscule du purgatoire, Paris 2005
Cultural Exchange in Early Modern Europe, 4 Bde., hg. v. R. Muchembled, Cambridge 2006–2007
Ćurčić, Slobodan: Architecture in the Balkans. From Diocletian to Süleyman the Magnificent, New Haven (Conn.) u. a. 2010
Cwik, Christian: Neuchristen und Sepharden als cultural broker im karibischen Raum (1500–1700), in: Zeitschrift für Weltgeschichte, 8/2007, H. 1, 153–175
D'Arcy May, John/Schmidt-Leukel, Perry: Introduction. Buddhism and its "Others", in: Buddhist Attitudes to Other Religions, hg. v. P. Schmidt-Leukel, St. Ottilien 2008, 9–23
D'Irsay, Stephan: Histoire des universités françaises et étrangères. Des origines à nos jours, Bd. 1, Paris 1933
Da Gama, Vasco: The Journal of the First Voyage 1497–1499, hg. v. E. G. Ravenstein, London 1848
Da Lange, Nicholas: The Greek Bible Translations of the Byzantine Jews, in: The Old Testament in Byzantium, hg., v. P. Magdalino/R. Nelson, Washington (D. C.) 2010, 39–54
Dagron, Gilbert: Naissance d'une capitale. Constantinople et ses institutions de 330 à 451, Paris 1974
Dagron, Gilbert/Déroche, Vincent: Juifs et chrétiens en Orient byzantin, Paris 2010
Dahan, Gilbert: L'exégèse chrétienne de la Bible en Occident médiéval. XIIe - XIVe siècle, Paris 1999
Dally, Ortwin: „Pflege" und Umnutzung heidnischer Tempel in der Spätantike, in: Die spätantike Stadt und ihre Christianisierung, hg. v. G. Brands/H.-G. Stein, Wiesbaden 2003, 97–114
Dalton, Jacob Paul: The Taming of the Demons. Violence and Liberation in Tibetan Buddhism, New Haven/London, 2011
Dana, Nissim: The Druze in the Middle East. Their Faith, Leadership, Identity and Status, Brighton 2003
Daniel, Elton L.: Iran, in: The Islamic World, hg. v. A. Rippin, Abingdon/New York 2010, 70–84
Daniel, Emmett Randolph: The Franciscan Concept of Mission in the High Middle Ages (^{1}1975), New York 1992
Daniel, Norman: Rez. Makdisi, The Rise of Colleges, in: Journal of the American Oriental Society, 104/1984, 586–588
Daniélou, Jean: La catéchèse aux premiers siècles, Paris 1968
—. Les saints «päiens» de l'Ancien Testament, Paris 1956
Darwin, Erasmus: The Temple of Nature. Or, the Origin of Society. A poem, with philosophical notes, London 1803
Darwin, John: After Tamerlane. The Global History of Empire Since 1415, New York 2008

——. Der imperiale Traum. Die Globalgeschichte großer Reiche 1400–2000 (¹2008), Frankfurt a. M./New York 2010
Das, Ira: Staat und Religion in Indien. Eine rechtswissenschaftliche Untersuchung, Tübingen 2004
Dasen, Véronique: Healing images. Gems and Medicine, in: Oxford Journal of Archaeology, 33/2014, 177–191
Daston, Lorraine: Baconian Facts. Academic Civility, and the Prehistory of Objectivity, in: Annals of Scholarship, 8/1991, 337–364
Daston, Lorraine/Galison, Peter: Objektivität, Frankfurt a. M. 2007
The Dating of the Historical Buddha/Die Datierung des historischen Buddha, hg. v. H. Bechert, 3 Bde., Göttingen 1991–1997
Daum, Andreas W.: Wissenschaftspopularisierung im 19. Jahrhundert. Bürgerliche Kultur, naturwissenschaftliche Bildung und die deutsche Öffentlichkeit, 1848–1914, München 1998
David, Paul Arthur: Clio and the Economics of QWERTY, in: The American Economic Review, 75/1985, 332–337
Davison, Roderic: Reform in the Ottoman Empire 1856–1876, Princeton 1963
Dawson, Christopher: Progress and Religion. An Historical Enquiry, London 1929
——. Die wahre Einheit der europäischen Kultur. Eine geschichtliche Untersuchung, Regensburg 1935
De Fiores, Stefano: Maria in der Geschichte von Theologie und Frömmigkeit, in: Handbuch der Marienkunde, Bd. 1, hg. v. W. Beinert/H. Petri, Regensburg ²1996, 99–266
De Jong, Albert F.: Zoroastrian Religious Polemics and Their Contexts. Interconfessional Relations in the Sasanian Empire, in: Religious Polemics in Context, hg. v. T. L. Hettema/A. van der Kooij, Assen 2004, 48–63
De Labriolle, Pierre: La réaction païenne. Etude sur la polémique antichrétienne du Ier au VIe siècle, Paris 1934
De Libera, Alain: Die Logik im Rationalisierungsprozeß des Mittelalters, in: Das Licht der Vernunft. Die Anfänge der Aufklärung im Mittelalter, hg. v. K. Flasch/U. R. Jeck, München 1997, 110–122
——. Der Universalienstreit. Von Platon bis zum Ende des Mittelalters (¹1996), München 2005
De Lubac, Henri: Exégèse médiévale. Les quatre sens de l'écriture, Paris 1959–1964
De Troyer, Kristin: Die Septuaginta und die Endgestalt des Alten Testaments. Untersuchungen zur Entstehungsgeschichte alttestamentlicher Texte, Göttingen 2005
Debel, Hans: Rewritten Bible, Variant Literary Editions and Original Text(s). Exploring the Implications of a Pluriform Outlook on the Scriptural Tradition, in: Changes in Scripture. Rewriting and Interpreting Authoritative Traditions in the Second Temple Period, hg. v. H. v. Weissenberg u. a., Berlin/New York 2011, 65–91
Decker, Doris: Frauen als Trägerinnen religiösen Wissens. Konzeptionen von Frauenbildern in frühislamischen Überlieferungen bis zum 9. Jahrhundert. Stuttgart 2012
Decker, Rainer: Die Päpste und die Hexen. Aus den geheimen Akten der Inquisition, Darmstadt 2003
Deconversion. Qualitative and Quantitative Results from Cross-Cultural Research in Germany and the United States of America, hg. v. H. Streib u. a., Göttingen 2009
Deeg, Max: Der Einsatz der Stimmen. Formation und Erschaffung des chinesischen buddhistischen Kanons. Vom doppelten Kriterium der Authentizität, in: Kanonisierung und Kanonbildung in der asiatischen Religionsgeschichte, hg. v. M. Deeg u. a., Wien 2011, 321–343
Defining Hinduism. A Reader, hg. v. J. E. Llewellyn, New York/London 2005
Degeorge, Gérard : La Grande mosquée des Omeyyades. Damas, Paris 2010
Deguilhem, Randi: The Waqf in the City, in: The City in the Islamic World, Bd. 2, hg. v. S. K. Jayyusi, Leiden/Boston 2008, 923–950
Dehn, Ulrich: Reine Friedfertigkeit? Zu den Gewaltpotenzialen in Hinduismus und Buddhismus, in: Herder-Korrespondenz, 66/2012, 408–412
Deimann, Wiebke: Christen, Juden und Muslime im mittelalterlichen Sevilla. Religiöse Minderheiten unter muslimischer und christlicher Dominanz (12. bis 14. Jahrhundert), Berlin u. a. 2012
Deißmann-Merten, Marieluise: Zur Sozialgeschichte des Kindes im antiken Griechenland, in: Zur Sozialgeschichte der Kindheit, Bd. 4, hg. v. J. Martin/A. Nitschke, Freiburg i. B. /München 1986, 267–316
Dekrete der ökumenischen Konzilien/Conciliorum oecumenicorum decreta, hg. v. G. Alberigo/J. Wohlmuth, 3 Bde., Paderborn u. a. 1998–2002
Delgado, Mariano: „Oh Blindheit, oh Bosheit, in ganz Spanien verbreitet". Die Kontroverse um die limpieza de sangre im frühneuzeitlichen Spanien, in: Reinheit, hg. v. P. Burschel/Ch. Marx, Wien u. a. 2011, 389–420

Delumeau, Jean: Le péché et la peur. La culpabilisation en Occident XIIIe-XVIIIe siècles, Paris 1983
——. La peur en Occident (XIVe-XVIIIe siècles). Une cité assiégée, Paris 1978
Demiri, Lejla: Muslim Exegesis of the Bible in Medieval Cairo. Najm al-Din al-Tufi's (d. 716/1316) Commentary on the Christian Scriptures, Leiden/Boston 2013
Dennett, Daniel Clement: Conversion and Poll Tax in Early Islam, Cambridge (Mass.) 1950
Deringil, Selim: Conversion and Apostasy in the Late Ottoman Empire, Cambridge u. a. 2012
Déroche, François: Qur'ans of the Umayyads. A First Overview, Leiden/Boston 2014
Deussen, Paul: Sechzig Upanishad's des Veda. Aus dem Sanskrit übersetzt und mit Einleitungen und Anmerkungen versehen (¹1897), Leipzig ²1905
DeWeese, Devin: Islamization and Native Religion in the Goldenen Horde. Baba Tükles and Conversion to Islam in Historical and Epic Tradition, Pennsylvania 1994
Dhalla, Homi B.: Contra Conversion. The Case of the Zoroastriens of India, in: Religious Conversion. Contemporary Practices and Controversies, hg. v. Ch. Lamb/M. D. Bryant, London/New York 1999, 115–135
Di Giacinto, Licia: The Early History of the Confucian Canon. Success and Failures of the First Closure, in: Zeitschrift für Religionswissenschaft, 18/2010, 136–161
Dickson, John P.: Mission-Commitment in Ancient Judaism and in the Pauline Communities. The Shape, Extend and Background of Early Christian Mission, Tübingen 2003
Dignas, Beate: A Day in the Life of a Greek Sanctuary, in: A Companion to Greek Religion, hg. v. D. Ogden, Malden (MA) u. a. 2007, 163–189
Dijksterhuis, Edward Jan: Die Mechanisierung des Weltbildes, Berlin u. a. 1956
Dilcher, Gerhard: Die Bischofsstadt. Zur Kulturbedeutung eines Rechts- und Verfassungstypus, in: Das Mittelalter. Perspektiven mediävistischer Forschung, 7/2002, 13–38
——. Die Entstehung der lombardischen Stadtkommune. Eine rechtsgeschichtliche Untersuchung, Aalen 1967
——. Historiographische Traditionen, Sachprobleme und Fragestellungen der Erforschung der mittelalterlichen Stadt, in: Stadt und Recht im Mittelalter/ La ville et le droit au Moyen Âge, hg. v. P. Monnet, Göttingen 2003, 73–95
——. Oralität, Verschriftlichung und Wandlungen der Normstruktur in den Stadtrechten des 12. und 13. Jahrhunderts (1992), in: ders.: Bürgerrechte und Stadtverfassung im europäischen Mittelalter, Köln u. a. 1996, 281–300
——. Stadtherrschaft oder kommunale Freiheit – das 11. Jahrhundert ein Kreuzweg?, in: Die Frühgeschichte der europäischen Stadt im 11. Jahrhundert, hg. v. J. Jarnut, Köln u. a. 1998, 31–44
——. Die städtische Kommune als Instanz des europäischen Individualisierungsprozesses (¹1996), in: ders.: Bürgerrechte und Stadtverfassung im europäischen Mittelalter, Köln u. a. 1996, 301–334
Dillinger, Johannes: Politics, State Building, and Witch-Hunting, in: The Oxford Handbook of Witchcraft in Early Modern Europe and Colonial America, hg. v. B. P. Levack, Oxford 2013, 528–547
Diner, Dan: Versiegelte Zeit. Über den Stillstand in der islamischen Welt, München 2005
Dinzelbacher, Peter: Hoch- und Spätmittelalter, mit einem Beitrag von D. Krochmalnik (= Handbuch der Religionsgeschichte im deutschsprachigen Raum, Bd. 2), Paderborn u. a. 2000
Diskurse der Gelehrtenkultur in der Frühen Neuzeit. Ein Handbuch, hg. v. H. Jaumann, Berlin/New York 2011
Distler, Eva-Marie: Städtebünde im deutschen Spätmittelalter. Eine rechtshistorische Untersuchung zu Begriff, Verfassung und Funktion, Frankfurt a. M. 2006
Dixon, Thomas: Introduction, in: Science and Religion. New Historical Perspectives, hg. v. dems. u. a., Cambridge 2010, 1–19
Dizionario dei concili, hg. v. P. Palazzini, Bd. 6, Rom 1968
Dobbs, Betty Jo Teeter: The Janus Faces of Genius. The Role of Alchemy in Newton's Thought, Cambridge u. a. 1991
Documenta Concilii Florentini de unione orientalium. Bd. 3: De unione Coptorum, Syrorum, Chaldaeorum Maronitarumque Cypri, hg. v. G. Hofmann, Rom 1951
Dodge, Bayard: Muslim Education in Medieval Times, Washington 1962

Dohrn-van Rossum, Gerhard: Novitates – Inventores. Die „Erfindung der Erfinder" im Spätmittelalter, in: Tradition, Innovation, Invention. Fortschrittsverweigerung und Fortschrittsbewusstsein im Mittelalter, hg. v. H.-J. Schmidt, Berlin/New York 2005, 27–49

Dölger, Franz Joseph: Amor und Christus nach Arnobius dem Jüngeren, in: ders.: Antike und Christentum. Kultur- und religionsgeschichtliche Studien, Bd. 3, Münster 1932, 225–230

——. Das Sakrament der Firmung. Historisch-dogmatisch dargestellt, Wien 1906

Dols, Michael W.: The Origins of the Islamic Hospital. Myth and Reality, in: Bulletin of the History of Medicine, 61/1987, 367–390

Dominguez, Oscar Prieto: The Mass Conversion of Jews Decreed by Emperor Basil I in 873. Its Reflection in Contemporary Legal Codes and Its Underlying Reasons, in: Jews in Early Christian Law. Byzantium and the Latin West, 6th–11th Centuries, hg. v. J. V. Tolan u. a., Turnhout 2014, 283–310

Donner, Fred McGraw: Muhammad and the Believers. At the Origins of Islam (¹2010), Cambridge/London 2012

Dorival, Gilles: La formation du canon biblique, in: Recueils normatifs et canons dans l'antiquité. Perspectives nouvelles sur la formation des canons juif et chrétien dans leur contexte culturel, hg. v. E. Norelli, Lausanne 2004, 83–112

Doumit, Amin: Deutscher Bibeldruck von 1466–1522, St. Katharinen 1997

Dreyfus, Georges B. J.: The Sound of Two Hands Clapping. The Education of a Tibetan Buddhist Monk, Berkeley 2003

Drijvers, Han J. W.: Abgarsage, in: Neutestamentliche Apokryphen in deutscher Übersetzung, hg. v. W. Schneemelcher, Bd. 1.Tübingen ⁵1987, 389–395

Dröge, Christoph: Giannozzo Manetti als Denker und Hebraist, Frankfurt a. M. u. a. 1987

Droit, Roger-Pol: The Cult of Nothingness. The Philosophers and the Buddha, Chapel Hill 2003

Duchhardt, Heinz: Europa am Vorabend der Moderne. 1650–1800, Stuttgart 2003

Dufoix, Stéphane: Les diasporas, Paris 2003

Dufourcq, Charles-Emmanuel: L'Espagne catalane et le Maghrib aux XIIIᵉ et XIVᵉ siècles. De la bataille de Las Navas de Tolosa (1212) à l'avènement du sultan sérinide Abou-l-Hasan (1331), Paris 1965

Dukes, Terence (u. d. Pseudonym Shifu Nagaboshi Tomio): The Bodhisattva Warriors. The Origin, Inner Philosophy, History and Symbolism of the Buddhist Martial Art within India and China (¹1994), Dehli 2000

Dundas, Paul: Conversion to Jainism. Historical Perspectives, in: Religious Conversion in India. Modes, Motivations, and Meanings, Oxford 2003, 125–148

Die dunklen Anfänge. Neue Forschungen zur Entstehung und frühen Geschichte des Islam (¹2005), hg. v. K.-H. Ohlig, Berlin ²2006

Dunn, James D. G.: Boundary Markers in Early Christianity, in: Gruppenreligionen im römischen Reich. Sozialformen, Grenzziehungen und Leistungen, hg. v. J. Rüpke, Tübingen 2007, 49–68

Durbridge, Glen: Die Weitergabe religiöser Traditionen in China, München 2004

Dürr, Renate: Sprachreflexion in der Mission. Die Bedeutung der Kommunikation in den sprachtheoretischen Überlegungen von José de Acosta S. J. und Antonio Ruiz de Montoya S. J., in: Geschichte und Gesellschaft, 36/2010, 161–196

Dutt, Nalinaksha: Early History of the Spread of Buddhism and the Buddhist Schools, Neu Dehli/Allahabad 1980

Dutton, Yasin: Conversion to Islam. The Qur'anic Paradigm, in: Religious Conversion. Contemporary Practices and Controversies, hg. v. Ch. Lamb/M. D. Bryant, London/New York 1999, 151–165

Dvornik, Francis: Byzantine Missions among the Slaves. SS. Constantine-Cyril and Methodius, New Brunswick/New Jersey 1970

Early Christian Baptism and the Catechumenate, Bd. 1: West and East Syria; Bd. 2: Italy, North Africa, and Egypt, hg. v. Th. M. Finn, Collegeville (Minn.) 1992

Eaton, Richard M.: Introduction, in: India's Islamic Traditions 711–1750, Oxford 2003, 1–34

——. Temple Desecration and Indo-Muslim States, in: Beyond Turk and Hindu. Rethinking Religious Identities in Islamicate South Asia, hg. v. D. Gilmartin, Gainesville u. a. 2000, 246–281

Ebbesen, Sten: Jacques de Venise, in: L'islam médiéval en terres chrétiennes. Science et idéologie, hg. v. M. Lejbowicz, Villeneuve-d'Ascq 2009, 115–132

Ebel, Eva: Die Attraktivität früher christlicher Gemeinden. Die Gemeinde von Korinth im Spiegel griechisch-römischer Vereine, Tübingen 2004
Ebied, Rifaat Y./Young, M. J. L.: New Light on the Origin of the Term "Baccalaureate", in: The Islamic Quarterly, 18/1972, 1–7
Ebneth, Bernhard: Schweigger, Salomo, in: Neue Deutsche Biographie, Bd. 24, Berlin 2010, 45f.
Ebrey, Patircia: Education Through Ritual. Efforts to Formulate Family Rituals During the Sung Perios, in: Neo-Confucian Education. The Formative Stage, hg. v. W. Th. de Bary/J. W. Chaffee, Berkeley u. a. 1989, 277–306
Echevarría, Ana: The Fortress of Faith. The Attitude towards Muslims in Fifteenth Century Spain, Leiden u. a. 1999
——. Knights on the Frontier. The Moorish Guard of the Kings of Castile (1410–1467), Leiden/Boston 2009
Eck, Werner: Der Bar Kochba-Aufstand der Jahre 132–136 und seine Folgen für die Provinz Judaea/Syria Palaestina, in: Iudaea socia – Iudaea capta, hg. v. U. Gianpaolo, Pisa 2012, 249–265
——. Rom und Judaea. Fünf Vorträge zur römischen Herrschaft in Palaestina, Tübingen 2007
Eco, Umberto: Quasi dasselbe mit anderen Worten. Über das Übersetzen (^{1}2003) München u. a. 2006
Edelby, Néophyte: The Legislative Autonomy of Christians in the Islamic World (^{1}1950/51), in: Muslims and Others in Early Islamic Society, hg. v. R. Hoyland, Trowbridge 2004, 37–82
Edwards, David L.: Christian England, Bd. 2, London 1983
Egeria: Itinerarium/Reisebericht, übers. v. G. Röwekamp, Freiburg i. B. 1995
Ego, Beate: „In der Schriftrolle ist für mich geschrieben" (Ps 40,8). „Mündlichkeit" und „Schriftlichkeit" im Kontext religiösen Lernens in der alttestamentlichen Überlieferung, in: Die Textualisierung der Religion, hg. v. J. Schaper, Tübingen 2009, 82–104
Ehlers, Caspar: Die Integration Sachsens in: Das fränkische Reich (751–1024), Göttingen 2007, 273–288
Ehlers, Joachim: Monastische Theologie, historischer Sinn und Dialektik. Tradition und Erfahrung in der Wissenschaft des 12. Jahrhunderts, in: Antiqui und Moderni. Traditionsbewußtsein und Fortschrittsbewußtsein im späten Mittelalter, hg. v. A. Zimmermann, Berlin/New York 1974, 58–79
Ehlich, Konrad: Wie alles anfing. Überlegungen zur Systematik und Kontingenz der Schriftentwicklung, in: Über den Umgang mit der Schrift, hg. v. W. W. Wende, Würzburg 2002, 31–65
Eich, Armin: Religiöser Alltag im spätantiken Sagalassos, in: Religiöser Alltag in der Spätantike, hg. v. P. Eich/E. Faber, Stuttgart 2013, 145–168
Eichner, Heidrun: Die Avicenna-Rezeption. Das Phänomen der enzyklopädischen Darstellungen, in: Islamische Philosophie im Mittelalter. Ein Handbuch, hg. v. ders. u. a., Darmstadt 2013, 50–66
Eimer, Helmut: Kanjur and Tanjur Studies. Present State and Future Tasks. Introductory Remarks, in: The Many Canons of Tibetan Buddhism, hg. v. dems./D. Germano, Leiden u. a. 2002, 1–11
Der Einfluss der Kanonistik auf die europäische Rechtskultur, hg. v. O. Condorelli u. a., 3 Bde., Köln u. a. 2009–2012
Eisenberg, Daniel: Cisneros y la quema de los manuscritos granadinos, in: Journal of Hispanic Philology, 16/1992, 107–124
Eisenstadt, Shmuel N.: Allgemeine Einleitung. Die Bedingungen für die Entstehung und Institutionalisierung der Kulturen der Achsenzeit, in: Kulturen der Achsenzeit. Bd. 1: Ihre Ursprünge und ihre Vielfalt, hg. v. dems., Frankfurt a. M. 1987, 10–40
Elger, Ralf: Zentralismus und Autonomie. Gelehrte und Staat in Marokko. 1900–1931, Berlin 1994
Elisah, Joseph: On the Genesis and Development of the Twelver-Shi'i Three-Tenet Shahada (^{1}1971), in: The Development of Islamic Ritual, hg. v. I. Conrad, Aldershot 2006, 23–30
Elisséeff, Nikita: Physical Lay-out, in: The Islamic City, hg. v. R. B. Serjant, Paris 1980, 90–103
Elm, Kaspar: Franz von Assisi. Bußpredigt oder Heidenmission, in: ders.: Vitasfratrum. Beiträge zur Geschichte der Eremiten- und Mendikantenorden des zwölften und dreizehnten Jahrhunderts, Werl 1994, 155–173
Elm, Susanna: Inscriptions and Conversions. Gregory of Nazianzus on Baptism (Or. 38–40), in: Conversion in Late Antiquity and the Early Middle Ages. Seeing and Believing, hg. v. K. Mills/A. Grafton, Rochester 2003, 1–35
Elman, Benjamin A.: A Cultural History of Civil Examinations in Late Imperial China, Berkeley 2000
——. A Cultural History of Modern Science in China, Cambridge (Mass.)/London 2006

Elsas, Christoph: Religionsgeschichte Europas. Religiöses Leben von der Vorgeschichte bis zur Gegenwart, Darmstadt, 2002
Elvin, Mark: Vale atque Ave, in: Needham, Joseph: Science and Civilisation in China, Bd. 7,2: General Conclusions and Reflections, Cambridge 2004, S. XXIV-XLIII
Emmenegger, Gregor: Das Handeln Gottes in der Rekonstruktion. Die Taufe Chlodwigs, in: Gott in der Geschichte. Zum Ringen um das Verständnis von Heil und Unheil in der Geschichte des Christentums, hg. v. M. Delgado/V. Leppin, Freiburg i. Üe. 2013, 117–127
——. Die Kongregation von Saint-Maur (Mauriner) und ihre Kirchenvätereditionen, in: Europäische Geschichte Online (EGO), hg. vom Institut für Europäische Geschichte (IEG), Mainz 2010-12-03 (www.ieg-ego.eu/emmeneggerg-2010-de [22.1.2015])
Emmrich, Christoph: Śvetāmbaras, Digambaras und die Geschichte ihres Kanons als Besitz, Verlust und Erfindung, in: Kanonisierung und Kanonbildung in der asiatischen Religionsgeschichte, hg. v. M. Deeg u. a., Wien 2011
Enchiridion symbolorum definitionum et declarationum de rebus fidei et morum/Kompendium der Glaubensbekenntnisse und kirchlichen Lehrentscheidungen, hg. v. H. Denzinger/P. Hünermann, Freiburg i. B. u. a. ^{37}1991
Das Ende des Hermetismus. Historische Kritik und neue Naturphilosophie in der Spätrenaissance. Dokumentation und Analyse der Debatte um die Datierung der hermetischen Schriften von Genebrard bis Casaubon (1567–1614), hg. v. M. Mulsow, Tübingen 2002
Enea Silvio Piccolomini: Epistola ad Mahumetem. Einleitung, kritische Edition, Übersetzung, hg. v. R. F. Glei/M. Köhler, Trier 2001
Engberg, Jakob: Impulsore Chresto. Opposition to Christianity in the Roman Empire c. 50–205 AD, Frankfurt a. M. u. a. 2007
Engelhardt, Hanns: Der Austritt aus der Kirche, Frankfurt a. M. 1972
Englisch, Brigitte: Die Artes liberales im frühen Mittelalter (5. - 9. Jh.), Stuttgart 1994
Engster, Dorit: Konkurrenz oder Nebeneinander. Mysterienkulte in der hohen römischen Kaiserzeit, München 2002
Ennaji, Mohammed: Soldats, domestiques et concubines. L'esclavage au Maroc au XIXe siècle, Paris 1994
——. Le sujet et le mamelouk. Esclavage, pouvoir et religion dans le monde arabe, Paris 2007
——. Jesus zwischen Juden, Christen und Muslimen. Interreligiöses Zusammenleben auf der iberischen Halbinsel (6. - 17. Jahrhundert) (^{1}1999), Frankfurt a. M. 2002
Epalza, Míkel de: Mozarabs. An Emblematic Christian Minority in Islam in Islamic al-Andalus, in: The Legacy of Muslim Spain, hg. v. S. K. Jayyusi, Leiden u. a. 1992, 149–170
Erder, Yoram: Idris, in: Encyclopedia of the Qur'an, hg. v. J. D. McAuliffe, Bd. 2, Leiden/Boston 2002, 484–486
Erdö, Péter: Geschichte der Wissenschaft vom kanonischen Recht. Eine Einführung, Berlin 2006
Erkens, Franz-Reiner: Sozialstruktur und Verfassungsentwicklung in der Stadt Köln während des 11. und frühen 12. Jahrhunderts, in: Die Frühgeschichte der europäischen Stadt im 11. Jahrhundert, hg. v. J. Jarnut, Köln u. a. 1998, 169–192
Erker, Darja Šterbenc: Religiöse Universalität und lokale Tradition. Rom und das Römische Reich, in: Die Religion des Imperium Romanum. Koine und Konfrontationen, hg. v. H. Cancik u. a., Tübingen 2009, 75–97
Ernst, Stephan: Stephan Langton, in: Lexikon für Theologie und Kirche, Bd. 9, Freiburg i. B. u. a. ^{3}2000, 965f.
Ertl, Thomas: Mission im späten Mittelalter. Kontinuitäten und Neuansätze zwischen Spanien und China, in: Im Zeichen des Kreuzes. Mission, Macht und Kulturtransfer seit dem Mittelalter, hg. v. B. Hausberger, Wien 2004, 51–78
Esposito, John L./Natana J. DelLong-Bas: Women in Muslim Family Law, Syracuse (NY) ^{2}2001
Eßbach, Wolfgang: Religionssoziologie 1. Glaubenskrieg und Revolution als Wiege neuer Religionen, Paderborn 2014
Etienne, Bruno/Pouillon, François: Abd el-Kader. Le magnanime, Paris 2003

Europa im 17. Jahrhundert. Ein politischer Mythos und seine Bilder, hg. v. K. Bußmann/E. A. Werner, Wiesbaden 2004
Europa: ein christliches Projekt? Beiträge zum Verhältnis von Religion und europäischer Identität, hg. v. U. Altermatt u. a., Stuttgart 2008
Europäische Religionsgeschichte. Ein mehrfacher Pluralismus, 2 Bde., hg. v. H. G. Kippenberg u. a., Göttingen 2009
Europäische Sozietätsbewegung und demokratische Tradition. Die europäischen Akademien der Frühen Neuzeit zwischen Frührenaissance und Spätaufklärung, 2 Bde., hg. v. K. Garber/H. Wismann, Tübingen 1996
Faber, Richard: Abendland. Ein politischer Kampfbegriff ([1]1979), Berlin/Wien 2002
Fabry, Heinz-Josef: Der Text und seine Geschichte, in: Erich Zenger u. a.: Einleitung in das Alte Testament, Stuttgart [6]2006, 34–59
Falk, Harry/Karashima, Seishi: A first-century Prajñāpāramitā manuscript from Gandhāra – parivarta 1, in: Aririab, 15/2012, 19–61
Falk, Ze'ev W.: Law and Relgion. The Jewish Experience, Jerusalem 1981
Faragallah, William Hakim: Die koptischen Christen des heutigen Ägyptens. Eine Dokumentation, Sulzbach 2012
Farmer, Steve/Henderson, John B./Robinson, Peter: Commentary Traditions and the Evolution of Premodern Religious and Philosophical Systems: A Cross-Cultural Model. Last Version 8/2002 (www.safarmer.com/model.pdf [16.9.2014])
Farmer, Steve/Henderson, John B./Witzel, Michael: Neurobiology, Layered Texts, and Correlative Cosmologies. A Cross-Cultural Framework for Pre-Modern History, in: Bulletin of the Museum of Far Eastern Antiquities, 72/2000, 48–90
Faroqhi, Suraiya N.: Artisans of Empire. Crafts and Craftspeople under the Ottomans (2009), London/New York (Repr.) 2012
——. Guildsmen and Handicraft Producers, in: The Cambridge History of Turkey, Bd. 3: The Later Ottoman Empire, 1603–1839, hg. v. ders., Cambridge 2006, 336–355
Fäßler, Peter E.: Globalisierung. Ein historisches Kompendium, Köln u. a. 2007
Fattal, Antoine: Le statut légal des non-musulmans en pays d'Islam, Beirut 1958
Faure, Bernard: Heresies in East-Asian Buddhism, in: Häresien. Religionshermeneutische Studien zur Konstruktion von Norm und Abweichung, hg. v. I. Pieper u. a., München 2003, 53–65
Feener, R. Michael: South-East Asian Localisations of Islam and Participation within a Global Umma, c. 1500–1800, in: The New Cambridge History of Islam, Bd. 3, hg. v. D. O. Morgan/A. Reid, Cambridge 2010, 470–503
Fees, Irmgard: Eine Stadt lernt schreiben. Venedig vom 10. bis 12. Jahrhundert, Tübingen 2002
Feil, Ernst: Religio, 4 Bde., Göttingen 1986–2007
Feine, Hans Erich: Kirchliche Rechtsgeschichte. Die katholische Kirche, Köln/Graz [4]1964
Feld, Helmut: Franziskus von Assisi und seine Bewegung ([1]1997), Darmstadt [2]2007
Feldbauer, Peter/Liedl, Gottfried: Die islamische Welt bis 1517. Wirtschaft. Gesellschaft. Staat, Wien 2008
Feldmeier, Reinhard: Before the Teachers of Israel and the Sages of Greece. Luke-Acts as a Precursor of the Conjunction of Biblical Faith and Hellenistic Education, in: Religious Education in Pre-modern Europe, hg. v. I. Tanaseanu-Döbler/M. Döbler, Leiden/Boston 2012, 77–95
——. Christen als Fremde. Die Metapher der Fremde in der antiken Welt, im Urchristentum und im 1. Petrusbrief, Tübingen 1992
Feldtkeller, Andreas: Identitätssuche des syrischen Urchristentums. Mission, Inkulturation und Pluralität im ältesten Heidenchristentum, Freiburg i. Üe. 1993
——. Mission aus der Perspektive der Religionswissenschaft, in: Zeitschrift für Missionswissenschaft und Religionswissenschaft, 85/2001, 99–115
Fenech, Louis E.: Conversion and Sikh Tradition, in: Religious Conversion in India. Modes, Motivations, and Meanings, Oxford 2003, 149–180
Ferguson, Everett: Baptism in the Early Church. History, Theology, and Liturgy in the First Five Centuries, Grand Rapids/Cambridge (U. K.) 2009

Ferguson, Niall: Der Westen und der Rest der Welt. Die Geschichte vom Wettstreit der Kulturen, Berlin 2011

Fernhout, Rein: Canonical Texts. Bearers of Absolute Authority. Bible, Koran, Veda, Tipitaka. A Phenomenological Study, Amsterdam/Atlanta 1994

Feuchter, Jörg: Ketzer, Konsuln und Büßer. Die städtischen Eliten von Montauban vor dem Inquisitor Petrus Cellani (1236/1241), Tübingen 2007

Fichtenau, Heinrich: Ketzer und Professoren. Häresie und Vernunftglaube im Hochmittelalter, München 1992

Fiedrowicz, Michael: Apologie im frühen Christentum. Die Kontroverse um den christlichen Wahrheitsanspruch in den ersten Jahrhunderten, Paderborn u. a. 2000

Fierro Bello, Maribel: A Muslim Land without Jews or Christians. Almohad Policies regarding the "Protected People", in: Christlicher Norden – Muslimischer Süden. Ansprüche und Wirklichkeiten von Christen, Juden und Muslimen auf der Iberischen Halbinsel im Hoch- und Spätmittelalter, hg. v. M. Tischler/A. Fidora, Münster 2011, 231–247

——. Opposition to Sufism in al-Andalus, in: Islamic Mysticism Contested. Thirteen Centuries of Controversies and Polemics, hg. v. F. de Jong/B. Radtke, Leiden u. a. 1999, 174–206

Filali, Kamel: Quelques modalités d'opposition entre marabouts mystiques et élites du pouvoir, en Algérie à l'époque ottoman, in: Islamic Mysticism Contested. Thirteen Centuries of Controversies and Polemics, hg. v. F. de Jong/B. Radtke, Leiden u. a. 1999, 248–266

Finkelberg, Margalit: The Canonicity of Homer, in: Kanon in Konstruktion und Dekonstruktion. Kanonisierungsprozesse religiöser Texte von der Antike bis zur Gegenwart. Ein Handbuch, hg. v. E.-M. Becker/St. Scholz, Berlin/Boston 2012, 137–151

Finster, Barbara: Frühe iranische Moscheen vom Beginn des Islam bis zur Zeit salǧūqischer Herrschaft, Berlin 1994

Fischer, Jürgen: Oriens – Occidens – Europa. Begriff und Gedanke „Europa" in der späten Antike und im frühen Mittelalter, Wiesbaden 1957

Fischer, Peter: Buddhismus und die Legitimation staatlicher Gewalt. Die Haltung des Oberhauptes der Nichiren-Sekte zum Chinesisch-Japanischen und Pazifischen Krieg, in: Zen, Reiki, Karate. Japanische Religiosität in Europa, hg. v. I. Prohl/H. Zinser, Münster u. a. 2002, 125–142

Fisher, John Douglas Close: Christian Initiation. The Reformation Period. Some Early Reformed Rites of Baptisms and Confirmation and other Contemporary Documents, London 1970

Flaig, Egon: Weltgeschichte der Sklaverei, München 2009

Fleckenstein, Josef: Miles und clericus am Königs- und Fürstenhof. Bemerkungen zu den Voraussetzungen, zur Entstehung und zur Trägerschaft der höfisch-ritterlichen Kultur, in: Curialitas. Studien zu Grundfragen der höfisch-ritterlichen Kultur, hg. v. dems., Göttingen 1990, 302–325

Flemmig, Stephan: Hagiografie und Kulturtransfer. Birgitta von Schweden und Hedwig von Polen, Berlin 2011

Flood, Finbarr Barry: Objects of Translation. Material Culture and Medieval "Hindu-Muslim" Encounter, Princeton 2009

Flüchter, Antje: Zölibat zwischen Devianz und Norm. Kirchenpolitik und Gemeindealltag in den Herzogtümern Jülich und Berg im 16. und 17. Jahrhundert, Köln u. a. 2006

Fögen, Marie Therese: Die Enteignung der Wahrsager. Studien zum kaiserlichen Wissensmonopol in der Spätantike ([1]1993), Frankfurt a. M. 1997

Folkert, Kendall W.: The "Canons" of Scripture, in: Scripture and Community. Collected Essays on the Jains, Atlanta 1993, 69–76

Fontana, Michela: Matteo Ricci. A Jesuit in the Ming Court, Lanham u. a. 2011

Forshaw, Peter J./Killeen, Kevin: Introduction, in: The Word and the World. Biblical Exegesis and Early Modern Science, hg. v. dens., London 2007, 1–22

Forst, Rainer: Toleranz im Konflikt. Geschichte, Gehalt und Gegenwart eines umstrittenen Begriffs, Frankfurt a. M. 2003

Fox, Robin Lane: Literacy and Power in Early Christianity, in: Literacy and Power in the Ancient World, hg. v. A. K. Bowman/G. Woolf, Cambridge u. a. 1994, 126–148

——. Pagans and Christians ([1]1986), New York [3]1987

Franck, Sebastian: Paradoxa, hg. v. S. Wollgast, Berlin 1966

Frank, Isnard W.: Predigt VI: Mittelalter, in: Theologische Realenzyklopädie, Bd. 27, Berlin/New York 1997, 248–262

Franke, Heike: Akbar und Ǧahāngīr. Untersuchungen zur politischen und religiösen Legitimation in Text und Bild, Schenefeld 2005
Franz, Adolf: Die Messe im deutschen Mittelalter. Beiträge zur Geschichte der Liturgie und des religiösen Volkslebens, Freiburg i. B. 1902
Franz-Murphy, Gladys: Conversion in Early Islamic Egypt. The Economic Factor ([1]1991), in: Muslims and Others in Early Islamic Society, hg. v. R. Hoyland, Trowbridge 2004, 323–329
Frassetto, Michael: The Image of the Saracen as Heretic in the Sermons of Ademar of Chabannes, in: Western Views of Islam in Medieval and Early Modern Europe. Perception of Other, hg. v. D. R. Blanks/dems., Basingstoke 1999, 83–96
Freiberger, Oliver: Laien, I: Religionsgeschichtlich, in: Die Religion in Geschichte und Gegenwart, Bd. 5, Tübingen [4]2002, 17–18
——. Der Orden in der Lehre. Zur religiösen Deutung des Sangha im frühen Buddhismus, Wiesbaden 2000
——. Der Vergleich als Methode und konstitutiver Ansatz der Religionswissenschaft, in: Religionen erforschen. Kulturwissenschaftliche Methoden in der Religionswissenschaft, hg. v. St. Kurth/K. Lehmann, Wiesbaden 2011, 199–218
——. Was ist das Kanonische am Pāli-Kanon?, in: Kanonisierung und Kanonbildung in der asiatischen Religionsgeschichte, hg. v. M. Deeg u. a., Wien 2011, 209–232
Freiberger, Oliver/Kleine, Christoph: Buddhismus. Handbuch und kritische Einführung, Göttingen 2011
Freudenthal, Gad: Judaism, History of Science and Religion, Medieval Period, in: Encyclopedia of Science and Religion, 2003 (www.encyclopedia.com/doc/1G2-3404200297.html [25.7.2012])
Frevel, Christian: Du sollst dir kein Bildnis machen! – Und wenn doch? Überlegungen zur Kultbildlosigkeit der Religion Israels, in: Die Sichtbarkeit des Unsichtbaren. Zur Korrelation von Text und Bild im Wirkungskreis der Bibel, hg. v. B. Janowski/N. Zschomelidse, Stuttgart 2003, 23–48. 243–246
Frevel, Christian/Conczorowski, Benedikt: Deepening the Water. First Steps to a Diachronic Approach on Intermarriage in the Hebrew Bible, in: Mixed Marriages. Intermarriage and Group Identity in the Second Temple Period, hg. v. Ch. Frevel, London 2011, 15–45
Frey, Brigitte: Die Académie Française und ihre Stellung zu anderen Sprachpflegeinstitutionen, Bonn 2000
Freyberger, Klaus Stefan: Zur Nachnutzung heidnischer Heiligtümer aus Nord- und Südsyrien in spätantiker Zeit, in: Für Religionsfreiheit, Recht und Toleranz. Libanios' Rede für den Erhalt der heidnischen Tempel, hg. v. H.-G. Nesselrath u. a., Tübingen 2011, 179–226
Freyne, Seán: Jewish Immersion and Christian Baptism. Continuity on the Margins?, in: Ablution, Initiation, and Baptism. Waschungen, Initiation und Taufe. Late Antiquity, Early Judaism, and Early Christianity. Spätantike, Frühes Judentum und Frühes Christentum, hg. v. D. Hellholm u. a., 3 Bde., Berlin/Boston 2011, Bd. 1, 221–253
Fricke, Beate: Ecce fides. Die Statue von Conques, Götzendienst und Bildkultur im Westen, München 2007
Fried, Johannes: Aufstieg aus dem Untergang. Apokalyptisches Denken und die Entstehung der modernen Naturwissenschaft im Mittelalter, München 2001
——. Donation of Constantine and Constitutum Constantini. The Misinterpretation of a Fiction and its original Meaning, Berlin u. a. 2007
——. Gedanken und Perspektiven zur Globalisierung im Mittelalter, in: Europa in der Welt des Mittelalters. Ein Kolloquium für und mit Michael Borgolte, hg. v. T. Lohse/B. Scheller, Berlin/Boston 2014, 211–239
Friedmann, Yohanan: Tolerance and Coercion, in: Encyclopedia of the Qur'an, hg. v. J. D. McAuliffe, Bd. 5, Leiden/Boston 2006, 290–294
——. Tolerance and Coercion in Islam. Interfaith Relations in Muslim Tradition, Cambridge 2003
Frolow, Dmitry V.: Freedom and Predestination, in: Encyclopedia of the Qur'an, hg. v. J. D. McAuliffe, Bd. 2, Leiden/Boston 2002, 267–271
Fruchtbringende Gesellschaft. Briefe der Fruchtbringenden Gesellschaft und Beilagen, hg. v. K. Conermann, bislang 12 Bde., Tübingen [jetzt Berlin] 1992
Frykenberg, Robert Eric: Christianity in India. From the Beginnings to the Present, Oxford u. a. 2008
Funke, Fritz: Buchkunde. Ein Überblick über die Geschichte des Buches, München u. a. [5]1992
Funke, Hermann: Götterbild, in: Reallexikon für Antike und Christentum, Bd. 11, Stuttgart 1981, 659–828
Fürst, Alfons: Christentum als Intellektuellen-Religion. Die Anfänge des Christentums in Alexandria, Stuttgart 2007

Gadamer, Hans-Georg: Wahrheit und Methode. Grundzüge einer philosophischen Hermeneutik (¹1960), Tübingen ³1972

Gall, Dorothee: Aspekte römischer Religiosität. Iuppiter optimus maximus, in: Götterbilder – Gottesbilder – Weltbilder. Polytheismus und Monotheismus in der Welt der Antike, hg. v. R. G. Kratz/H. Spieckermann, Bd. 2, Tübingen 2006, 69–92

Gallagher, Nancy: Infanticide and Abandonment of Female Children, in: Encyclopedia of Women and Islamic Cultures, hg. v. S. Joseph, Bd. 2, Leiden/Boston 2005, 296–298

Gamble, Harry Y.: Books and Readers in the Early Church. A History of Early Christian Texts, New Haven/London 1995

Gandhara. Das buddhistische Erbe Pakistans. Legenden, Klöster und Paradiese, hg. v. Ch. Luczanits, Bonn 2008

Garber, Daniel: Physics and Foundations, in: The Cambridge History of Science, Bd. 3, hg. v. K. Park/L. Daston, Cambridge 2006, 21–69

Garber, Klaus: Sozietät und Geistes-Adel: Von Dante zum Jakobiner-Club. Der frühneuzeitliche Diskurs *de vera nobilitate* und seine institutionelle Ausformung in der gelehrten Akademie, in: Europäische Sozietätsbewegung und demokratische Tradition. Die europäischen Akademien der Frühen Neuzeit zwischen Frührenaissance und Spätaufklärung, 2 Bde., hg. v. dems./H. Wismann, Tübingen 1996, 1–39

García Oro, José: Cisneros y la reforma del clero español en tiepo de los reyes catolicos, Madrid 1971

García-Arenal, Mercedes: Conversion to Islam. From the "Age of Conversions" to the Millet System, in: The New Cambridge History of Islam, Bd. 2, hg. v. M. Fierro Bello, Cambridge 2010, 586–606

García-Arenal, Mercedes/Mediano, Fernando Rodríguez: The Orient in Spain. Converted Muslims, the Forged Lead Books of Granada, and the Rise of Orientalism, Leiden u. a. 2013

Gardet, Louis: Kada'wa 'l-Kadar, in: The Encylopedia of Islam, Bd. 4, Leiden ²1978, 365–367

Garland, R: Introducing New Gods. The Politics of Athenian Religion, London 1992

Garnsey, Peter: Religious Toleration in Classical Antiquity, in: Persecution and Toleration, hg. v. W. J. Sheils, Oxford 1984, 1–27

Gärtner, Michael: Die Familienerziehung in der alten Kirche. Eine Untersuchung über die ersten vier Jahrhunderte des Christentums mit einer Übersetzung und einem Kommentar zu der Schrift des Johannes Chrysostomus über Geltungssucht und Kindererziehung, Köln 1985

Gastgeber, Christian: Literatur und Wissenschaft im Spiegel der handschriftlichen Überlieferung, in: Geschichte der Buchkultur, Bd. 4.1: Romanik, hg. v. A. Fingernagel, Graz 2007, 145–288

Gaukroger, Stephen: The Emergence of a Scientific Culture. Science and the Shaping of Modernity, 1210–1685, Oxford u. a. 2006

Gauthier, François/Martikainen, Tuomas/Woodhead, Linda: Introduction. Religion in the Neoliberal Age, in: Religion in the Neoliberal Age. Political Economy and Modes of Governance, hg. v. T. Martikainen/F. Gauthier, Farnham/Burlington 2013, 1–20

Gauthier, François/Woodhead, Linda/Martikainen, Tuomas: Introduction. Consumerism as the Ethos of Consumer Society, in: Religion in Consumer Society. Brands, Consumers and Markets, hg. v. F. Gauthier/T. Martikainen, Farnham/Burlington 2013, 1–24

Gavrilyuk, Paul L.: Histoire du catéchuménat dans l'église ancienne (¹2001), Paris 2007

Gehlen, Arnold: Der Mensch. Seine Natur und seine Stellung in der Welt. Textkritische Edition unter Einbeziehung des gesamten Textes der 1. Auflage von 1940, Frankfurt a. M. 1993

Gehring, Roger W.: Hausgemeinde und Mission. Die Bedeutung antiker Häuser und Hausgemeinschaften – von Jesus bis Paulus, Gießen/Basel 2000

Gelehrte Gesellschaften im mitteldeutschen Raum (1650–1820), 1 Bd. in 3 Teilen, hg. v. D. Döring/K. Nowak, Stuttgart/Leipzig 2000/2002

Gemeinhardt, Peter: Heilige, Halbchristen, Heiden. Virtuelle und reale Grenzen im spätantiken Christentum, in: Kommunikation über Grenzen, hg. v. F. Schweitzer, Gütersloh 2009, 454–474

——. Das lateinische Christentum und die antike pagane Bildung, Tübingen 2007

——. Non vitae sed scholae? Pagane und christliche Ansichten über Schule, Lehrer und das Leben, in: Von Rom nach Bagdad. Bildung und Religion von der römischen Kaiserzeit bis zum klassischen Islam, hg. v. dems./S. Günther, Tübingen 2013

Gensichen, Hans-Werner: Bekehrung V: religionsgeschichtlich, in: Theologische Realenzyklopädie, Bd. 5, Berlin/New York 1979, 483–486

Georges, Tobias: The Role of Philosophy and Education in Apologists' Conversion to Christianity. The Case of Justin and Tatian, in: Conversion and Initiation in Antiquity. Shifting Identities – Creating Change, hg. v. B. Secher Bøgh, Frankfurt a. M. u. a. 2014, 271–285

——. Tertullian [sic] „Apologeticum", Freiburg u. a. 2011

Gerber, Adrian S.: Gemeinde und Stand der Gottesleute von Ôyamazaki. Annäherung an die spätmittelalterliche Geschichte reiner zentraljapanischen Ortschaft aus ausserkultureller Perspektive, Bern 2002

Gerber, Haim: Islamic Law and Culture, 1600–1840, Leiden u. a. 1999

Gerl, Hanna-Barbara: Rhetorik als Philosophie, München 1974

Geschichte der christlichen Spiritualität, hg. v. B. McGinn, Bd. 2, Würzburg 1995

Geschichtsdiskurs, Bd. 3: Die Epoche der Historisierung, hg. v. W. Küttler u. a., Frankfurt a. M. 1997

Gestrich, Andreas: Die Antisklavereibewegung im ausgehenden 18. und 19. Jahrhundert. Forschungsstand und Forschungsperspektiven, in: Unfreie Arbeits- und Lebensverhältnisse von der Antike bis in die Gegenwart. Eine Einführung, hg. v. E. Herrmann-Otto, Hildesheim 2005, 237–257

——. Geschichte der Familie im 19. und 20. Jahrhundert, München ³2013

——. Neuzeit, in: Geschichte der Familie, hg. v. dems. u. a., Stuttgart 2003, 364–652

Die Gewalt des einen Gottes. Die Monotheismusdebatte zwischen Jan Assmann, Micha Brumlik, Rolf Schieder, Peter Sloterdijk und anderen, hg. v. R. Schieder, Darmstadt 2014

Gierke, Otto: Das deutsche Genossenschaftsrecht, 4 Bde., Berlin 1868–1913

Gil'adi, Avner: Children of Islam. Concepts of Childhood in Medieval Muslim Society, Oxford 1999

Gilbert, Gary: Why Conversion? The Blurring and Building of Boundaries in Ancient Judaism, in: Conversion. Claremont Studies in the Philosophy of Religion, Conference 2011, hg. v. I. Dalferth/M. Ch. Rodgers, Tübingen 2013, 13–27

Gill, Joseph: The Council of Florence, Cambridge 1959

Gilli-Elewy, Hend: Bagdad nach dem Sturz des Kalifats. Die Geschichte einer Provinz unter ilhânischer Herrschaft (656–735, 1258- 335), Berlin 2000

Gilliot, Claude: Muhammad, le Coran et les "constraintes de l'histoire", in: The Qur'an as Text, hg. v. St. Wild, Leiden u. a. 1996, 3–26

Gillman, Ian/Klimkeit, Hans-Joachim: Christians in Asia before 1500

Gilmont, Jean-François: Die protestantische Reform und das Lesen, in: Die Welt des Lesens (¹1997), hg. v. R. Chartier/G. Cavallo, Frankfurt a. M. u. a. 1999, 313–349

Girardet, Klaus Martin: Die konstantinische Wende. Voraussetzungen und geistige Grundlagen der Religionspolitik Konstantins des Großen, Darmstadt 2006

Gladigow, Burkhard: Europäische Religionsgeschichte (¹1995), in: ders.: Religionswissenschaft als Kulturwissenschaft, Stuttgart 2005, 287–301

——. Europäische Religionsgeschichte der Neuzeit, in: Europäische Religionsgeschichte. Ein mehrfacher Pluralismus, 2 Bde., hg. v. H. G. Kippenberg u. a., Göttingen 2009, Bd. 1, 15–37

——. Polytheismus und Monotheismus, in: Polytheismus und Monotheismus in den Religionen des Vorderen Orients, hg. v. M. Krebertnik/J. v. Oorschot, Münster 2002, 3–20

——. Strukturprobleme polytheistischer Religionen, in: Saeculum, 34/1983, 292–304

——. Wieviel Götter braucht der Mensch? Erwartungen an Götter in der Religionsgeschichte, in: Gott oder Götter? God or Gods, hg. v. T. Schabert/M. Riedl, Würzburg 2009, 125–144

Glei, Reinhold F.: Der Mistkäfer und andere Missverständnisse. Zur frühbyzantinischen Koranübersetzung, in: Frühe Koranübersetzungen. Europäische und außereuropäische Fallstudien, hg. v. dems., Trier 2012, 9–24

——. Religious Dialogues and Trialogues in the Middle Ages. A Preliminary Essay, in: Medievalia et Humanistica, 38/2012, 21–36

Glei, Reinhold F./Köhler, Markus: Pius II. Papa. Epistola ad Mahumentem. Einleitung, kritische Edition, Übersetzung, Trier 2001

Glei, Reinhold F./Reichmuth, Stefan: Religion between Last Judgement, Law and Faith: Koranic dīn and its Rendering in Latin Translations of the Koran, in: Religion, 42/2012, 247–271

Glick, Thomas F.: Islamic and Christian Spain in the Early Middle Ages, Princeton 1979
Gobillot, Geneviève: La fiṭra. La conception originelle, ses interprétations et fonctions chez les penseurs musulmans, Kairo 2000
Goddard, Hugh: Baptism, in: Encyclopedia of the Qur'an, hg. v. J. D. McAuliffe, Bd. 1, Leiden/Boston 2001, 200–201
——. The History of Christian-Muslim Relations, Chicago (Ill.) 2001
Goel, Sita Ram u. a.: Hindu Temples. What Happened to Them, 2 Bde., New Delhi 1990/1991
Goffman, Daniel: The Ottoman Empire and Early Modern Europe, Cambridge 2002
Goldberg, Arnold: Die Zerstörung von Kontext als Voraussetzung für die Kanonisierung religiöser Texte im rabbinischen Judentum, in: Kanon und Zensur. Beiträge zur Archäologie der literarischen Kommunikation, hg. v. A. und J. Assmann, München 1987, 201–211
Golden, Peter B.: The Conversion of the Khazars to Judaism, in: The World of the Khazars, hg. v. dems. u. a., Leiden/Boston 2007, 123–162
Goldenberg, Robert: Proselyten/Proselytentaufe, in: Theologische Realenzyklopädie, Bd. 27, Berlin/New York 1997, 521–525
Goldstein, Bernard R.: Copernicus and the Origin of His Heliocentric System, in: Journal for the History of Astronomy, 33/2002, 219–235
Goldstein, Miriam: Karaite Exegesis in Medieval Jerusalem. The Judeo-Arabic Pentateuch Commentary of Yūsuf ibn Nūḥ and Abū al-Faraj Hārūn, Tübingen 2011
Gollwitzer, Heinz: Europabild und Europagedanke. Beiträge zur deutschen Geistesgeschichte des 18. und 19. Jahrhunderts, München 1964
Golzio, Karl-Heinz: Die Ausbreitung des Buddhismus in Süd- und Südostasien. Eine quantitative Untersuchung auf der Basis epigraphischer Quellen, Frankfurt a. M. 2010
Gombrich, Richard Francis: Sinn und Aufgabe des Sangha, in: Der Buddhismus. Geschichte und Gegenwart, hg. v. H. Bechert/dems., München 2002, 71–93
——. The Theravāda Buddhism. A Social History from Ancient Benares to Modern Colombo, London u. a. 1988
——. Der Theravada-Buddhismus. Vom alten Indien bis zum modernen Sri Lanka, Stuttgart 1997
Gombrich, Richard Francis/Obeyesekere, Gananath: Buddhism Transformed. Religious Chage in Sri Lanka, Princeton 1988, 202–239
Goodman, Martin D.: Jewish Proselytizing in the First Century, in: The Jews Among Pagans and Christians in the Roman Empire, hg. v. J. Lieu u. a., London/New York 1992, 53–78
——. Mission and Conversion. Proselytizing in the Religious History of the Roman Empire, Oxford 1994
——. Nerva, the Fiscus Judaicus and Jewish Identity, in: Journal of Roman Studies, 79/1989, 40–44
——. Proselytizing in Rabbinic Judaism, in: Journal of Jewish Studies, 38/1989, 175–185
Goody, Jack: Against "Ritual". Loosely Structured Thoughts on a Loosely Defined Topic, in: Secular Ritual, hg. v. S. F. Moore/B. G. Myerhoff, Assen u. a., 25–35
——. Die Entwicklung von Ehe und Familie in Europa (¹1983), Berlin 1986
——. Geschichte der Familie (¹2000), München 2002
——. Die Logik der Schrift und die Organisation von Gesellschaft (¹1986), Frankfurt a. M. 1990
Goody, Jack:/Watt, Ian: Konsequenzen der Literalität, in: dies./Gough, Kathleen: Entstehung und Folgen der Schriftkultur (¹1968), Frankfurt a. M. 1986, 63–122
Goody, Jack/Watt, Ian/Gough, Kathleen: Entstehung und Folgen der Schriftkultur (¹1968), Frankfurt a. M. 1986
Gorak, Jan: The Making of the Modern Canon. Genesis and Crisis of a Literary Idea (¹1991), London/New York 2013
Gorder, A. Christian van: Muslim-Christian Relations in Central Asia, London/New York 2008
Gottlieb, Gunther: Gratianus, in: Reallexikon für Antike und Christentum, Bd. 12, Stuttgart 1983, 718–732
Gottlieb, Gunther/Rosenberger, Veit: Christentum und Kirche im 4. und 5. Jahrhundert, Heidelberg 2003
Gottschalk, Peter: Religion, Science, and Empire. Classifying Hinduism and Islam in British India, Oxford u. a. 2013
Gouguenheim, Sylvain: Aristote au Mont-Saint-Michel. Les racines grecques de l'Europe chrétienne, Paris 2008

Grabbe, Lester L.: A History of the Jews and Judaism in the Second Temple Period, 2 Bde., London/New York 2004/2008

Grabmann, Martin: Die Geschichte der scholastischen Methode. Nach den gedruckten und ungedruckten Quellen, 2 Bde., Freiburg i. B. 1909/1911

Gradl, Hans-Georg: Buch und Offenbarung. Medien und Medialität der Johannesapokalypse, Freiburg i. B. 2014

Graetz, Heinrich: Kohélet, oder Der Salomonische Prediger. Nebst Anhang über Kohélet's Stellung im Kanon, über die griechische Uebersetzung desselben und über Graecismen darin und einem Glossar, Leipzig 1871

Graf, Fritz: Baptism and Graeco-Roman Mystery-Cults, in: Ablution, Initiation, and Baptism. Waschungen, Initiation und Taufe. Late Antiquity, Early Judaism, and Early Christianity. Spätantike, Frühes Judentum und Frühes Christentum, hg. v. D. Hellholm u. a., 3 Bde., Berlin/Boston 2011, Bd. 1, 101–118

Graf, Klaus: Maria als Stadtpatronin in deutschen Städten des Mittelalters und der frühen Neuzeit, in: Frömmigkeit im Mittelalter. Politisch-soziale Kontexte, visuelle Praxis, körperliche Ausdrucksformen, hg. v. K. Schreiner/M. Müntz, München 2002, 125–154

Grafton, Anthony: The Availability of Ancient Works, in: The Cambridge History of Renaissance Philosophy, hg. v. Ch. B. Schmitt u. a., Cambridge u. a. 1988, 767–791

Grafton, Anthony/Williams, Megan: Christianity and the Transformation of the Book. Origen, Eusebius, and the Library of Caesarea, Cambridge (Mass.) u. a. 2006

Graham, William A.: Beyond the Written Word. Oral Aspects of Scripture in the History of Religion, Cambridge u. a. 1987

Grayson, James Huntley: Early Buddhism and Christianity in Korea. A Study in the Emplantation of Religion, Leiden 1985

Grayzel, Solomon: The Jews and Roman Law, in: Jewish Quarterly Review, 59/1968, 93–117

The Great Persecution. Proceedings of the Fifth Patristic Conference, Maynooth 2003, hg. v. V. Twomey/M. Humphries, Dublin 2009

Green, Arnold H.: The History of Libraries in the Arab World. A Diffusionist Model, in: Libraries and the Cultural Record, 23/1988, 454–473

Grieve, Gregory P./Weiss, R.: Illuminating the Half-Life of Tradition. Legitimation, Agency and Counter-Hegemonies, in: Historicising "Tradition" in the Study of Religion, hg. v. St. Engler/G. P. Grieve, Berlin/New York 2005, 1–15

Griffel, Frank: Al-Ghazali's Use of "Original Human Disposition" (fitra) and its Background in the Teachings of al-Farabi and Avicenna, in: The Muslim World, 102/2012, 1–32

——. Apostasie und Toleranz im Islam. Die Entwicklung zu al-Gazālīs Urteil gegen die Philosophie und die Reaktion der Philosophen, Leiden u. a. 2000

Griffith, Sidney Harrison: The Church in the Shadow of the Mosque. Christians and Muslims in the World of Islam, Oxford 2008

Gril, Denis: Les débuts du soufisme, in: Les voies d'Allah. Les ordres mystiques dans l'islam des origines à aujourd'hui, hg. v. A. Popovic/G. Veinstein, Paris 1996, 27–43

Die großen Felsen-Edikte Aśokas. Kritische Ausgabe, Übersetzung und Analyse der Texte, hg. v. U. Schneider, Wiesbaden 1978

Grundmann, Herbert: Religiöse Bewegungen im Mittelalter. Untersuchungen über die geschichtlichen Zusammenhänge zwischen der Ketzerei, den Bettelorden und der religiösen Frauenbewegung im 12. und 13. Jahrhundert und über die geschichtlichen Grundlagen der Deutschen Mystik, Berlin, 1935

Grünschloss, Andreas: Der eigene und der fremde Glaube. Studien zur interreligiösen Fremdwahrnehmung in Islam, Hinduismus, Buddhismus und Christentum, Tübingen 1999

Gschlößl, Roland: Im Schmelztiegel der Religionen. Göttertausch bei Kelten, Römern und Germanen, Mainz 2006

Güdemann, Moritz: Geschichte des Erziehungswesens und der Cultur der abendländischen Juden, 3 Bde., Wien 1880–1888

Guidetti, Mattia: The Byzantine Heritage in the Dar al-Islam. Churches and Mosques in al-Ruha between the Sixth and Twelfth Centuries, in: Muqarnas. An Annual on the Visual Culture of the Islamic World, 26/2009, 1–36

Guittard, Charles: Etrusca Disciplina. How Was It Possible to Learn about Etruscan Religion in Ancient Rome?, in: Religious Education in Pre-modern Europe, hg. v. I. Tanaseanu-Döbler/M. Döbler, Leiden/Boston 2012, 63–75

Güldner, Gerhard: Das Toleranz-Problem in den Niederlanden im Ausgang des 16. Jahrhunderts, Lübeck/Hamburg 1968

Günther; Matthias: Frühgeschichte in Ephesus. Günther, Matthias: Die Frühgeschichte des Christentums in Ephesus, Frankfurt a. M. ²1998

Günther, Sebastian: Muḥammad, the Illiterate Prophet. An Islamic Creed in the Qur'an and Qur'anic Exegesis, in: Journal of Qur'anic Studies, 4/2002, 1–26

Gutas, Dimitri: Avicennas Erbe. Das „Goldene Zeitalter" der arabischen Philosophie (1000 – ca. 1350), in: Islamische Philosophie im Mittelalter. Ein Handbuch, hg. v. H. Eichner u. a., Darmstadt 2013, 96–112

——. Greek Thought, Arabic Culture. The Graeco-Arabic Translation Movement in Baghdad and Early Abbasid Society (2nd – 4th/8th – 10th Centuries), London/New York 1998

Gwynn, David M.: Religious Diversity in Late Antiquity. A Bibliographical Essay, in: Religious Diversity in Late Antiquity, hg. v. D. M. Gwynn/S. Bangert, Leiden/Boston 2010, 15–132

Ha, Kein Nghi: Hype um Hybridität. Kultureller Differenzkonsum und postmoderne Verwertungstechniken im Spätkapitalismus, Bielefeld 2005

Haarmann, Harald: Universalgeschichte der Schrift (¹1990), Frankfurt/New York ²1992

Haarmann, Ulrich: Der arabische Osten im späten Mittelalter 1250–1517, in: Geschichte der arabischen Welt (¹1987), hg. v. H. Halm, München ⁵2004, 217–263

Haarmann, Volker: JHWH-Verehrer der Völker. Die Hinwendung von Nichtisraeliten zum Gott Israels in alttestamentlichen Überlieferungen, Zürich 2008

Haas, Christopher: Alexandria in Late Antiquity. Topography and Social Conflict, Baltimore u. a. 1997

Habermas, Rebekka: Mission im 19. Jahrhundert – Globale Netze des Religiösen, in: Historische Zeitschrift, Bd. 287, München 2008, 629–679

——. Wissenstransfer und Mission. Sklavenhändler, Missionare und Religionswissenschaftler, in: Geschichte und Gesellschaft, 36/2010, 257–284

Habermas, Rebekka/Hölzl, Richard: Mission global – Religiöse Akteure und globale Verflechtung seit dem 19. Jahrhundert. Einleitung, in: Mission Global. Eine Verpflichtungsgeschichte seit dem 19. Jahrhundert, Köln u. a. 2014, 9–28

Hacker, Paul: Religiöse Toleranz und Intoleranz im Hinduismus, in: Saeculum 8/1957, 167–179

Hadot, Ilsetraut: Philosophischer Unterricht, in: Der Neue Pauly, Bd. 9, Stuttgart/Weimar 2000, 877–882

Haeberli, Simone: Vom Judenpriester zum Judendoktor. Zur veränderten Wahrnehmung des „Rabbi" durch die Entwicklung der Universitäten, in: Universität, Religion und Kirchen, hg. v. R. Schwinges, Basel 2011, 175–204

Haeckel Ernst: Die Welträthsel. Gemeinverstaendliche Studien ueber monistische Philosophie, Bonn 1899

Hage, Wolfgang: Das orientalische Christentum, Stuttgart 2007

Hahn, Johannes: Einleitung, in: Spätantiker Staat und religiöser Konflikt. Imperiale und lokale Verwaltung und die Gewalt gegen Heiligtümer, hg. v. J. Hahn, Berlin 2011, 1–5

——. Gesetze als Waffe? Die kaiserliche Religionspolitik und die Zerstörung der Tempel, in: Spätantiker Staat und religiöser Konflikt. Imperiale und lokale Verwaltung und die Gewalt gegen Heiligtümer, hg. v. dems., Berlin 2011, 201–220

——. Gewaltanwendung *ad maiorem Dei gloriam*? Religiöse Intoleranz in der Spätantike, in: Für Religionsfreiheit, Recht und Toleranz. Libanios' Rede für den Erhalt der heidnischen Tempel, hg. v. H.-G. Nesselrath u. a., Tübingen 2011, 227–251

Hakim, Besim Selim: Arabic-Islamic Cities, London 1986

Halbertal, Moshe: People of the Book. Canon, Meaning, and Authority, Cambridge (Mass.)/London 1997

Halbfass, Wilhelm: Inklusivismus und Toleranz im Kontext der indo-europäischen Begegnung, in: Inklusivismus. Eine indische Denkform, hg. v. G. Oberhammer, Wien 1983, 29–61

Haldon, John: The Idea of the Town in the Byzantine Empire, in: The Idea and Ideal of the Town Between late Antiquity and the Early Middle Age hg. v. G. P. Brogiolo/B. Ward-Perkins, Leiden u. a. 1999, 1–23

Halkias, Georgios T.: The Muslim Queens of the Himalayas. Princess Exchanges in Baltistan and Ladakh, in: Islam and Tibet. Interactions along the Musk Routes, hg. v. A. Akasoy u. a., Farnham 2011

Hall, Bruce S.: A History of Race in Muslim West Africa, 1600–1960. Cambridge 2011, 209–240
Hall, Marie Boas: Promoting Experimental Learning. Experiment and the Royal Society 1660–1727, Cambridge u. a. 1991
Hallaq, Wael B.: Sharī'a. Theory, Practice, Transformations, Cambridge u. a. 2009
——. Was the Gate of Ijtihad Closed?, in: International Journal of Middle East Studies, 16/1984, 3–41
Hällström, Gunnar af: More Than Initiation? Baptism According to Origen of Alexandria, in: Ablution, Initiation, and Baptism. Waschungen, Initiation und Taufe. Late Antiquity, Early Judaism, and Early Christianity. Spätantike, Frühes Judentum und Frühes Christentum, hg. v. D. Hellholm u. a., 3 Bde., Berlin/Boston 2011, Bd. 2, 989–1009
Hamacher, Elisabeth: Gershom Scholem und die allgemeine Religionsgeschichte, Berlin 1999
Hamdan, Omar: The Second Masahif Project. A Step Towards the Canonization of the Qur'anic Text, in: The Qur'an in Context. Historical and Literary Investigations into the Qur'anic Milieu, hg. v. A. Neuwirth u. a., Leiden/Boston 2010, 795–835
——. Studien zur Kanonisierung des Korantextes. Al-Ḥasan al-Baṣrīs Beiträge zur Geschichte des Korans, Wiesbaden 2006
Hämeen-Antilla, Jaako: Christians and Christianity in the Qur'an, in: Christian-Muslim Relations. A Bibliographical History, 4 Bde. Leiden u. a. 2009–2012, Bd. 1, 21–30
Hamm, Bernd: „Gott berühren". Mystische Erfahrung im ausgehenden Mittelalter. Zugleich ein Beitrag zur Klärung des Mystikbegriffs, in: Religiosität im Späten Mittelalter. Spannungspole, Neuaufbrüche, Normierungen, Tübingen 2011, 449–473
Hammerich, Holger: Taufe und Askese. Der Taufaufschub in vorkonstantinischer Zeit, Diss. Hamburg 1994
Handbuch der Bildtheologie, Bd. 1: Bild-Konflikte, hg. v. R. Hoeps, Paderborn 2006
Handbuch der Religionsgeschichte im deutschsprachigen Raum, 5 Bde. [bislang], hg. v. P. Dinzelbacher, Paderborn u. a. 2000 ff
Handbuch religionswissenschaftlicher Grundbegriffe, 5 Bde., hg. v. H. Cancik u. a., Stuttgart u. a. 1988–2001
Hanegraaff, Wouter Jacobus: Esotericism and the Academy. Rejected Knowledge in Western Culture, Cambridge 2012
Hanhart, Robert: Studien zur Septuaginta und zum hellenistischen Judentum, Tübingen 1999, 3–24
Hanna, Nelly: Guilds in Recent Historical Scholarship, in: The City in the Islamic World, Bd. 2, hg. v. S. K. Jayyusi, Leiden/Boston 2008, 895–921
Hannick, Christian: Konstantin und Method, in: Lexikon des Mittelalters, Bd. 5, München/Zürich 1991
Hannoum, Abdelmajid: Colonial Histories, Post-Colonial Memories. The Legend of Kahina, a North African Heroine, Porthmouth (NH) 2001
Hansen, Günther Christian: Einleitung, in: Sozomenos, Historia ecclesiastica/Kirchengeschichte, hg. v. dems., Turnhout 2004, 9–84
Hansen, Valerie: The Silk Road. A New History, Oxford u. a. 2012
Happ, Sabine: Stadtwerdung am Mittelrhein. Die Führungsgruppen von Speyer, Worms und Koblenz bis zum Ende des 13. Jahrhunderts, Köln u. a. 2002
Harbsmeier, Christoph: Language and Logic (= Joseph Needham: Science and Civilisation in China, Bd. 7), Cambridge 1998
Hardenberg, Georg Philipp Friedrich von (u. d. Pseudonym Novalis): Die Christenheit oder Europa. Ein Fragment. (Geschrieben im Jahre 1799.), in: Novalis. Schriften, hg. v. L. Tieck/F. v. Schlegel, Bd. 1, Berlin 1826, 187–208
——. Schriften, Bd. 1, hg. v. P. Kluckhohn/R. Samuel, Stuttgart 1960
Hardy, Edmund: Buddha, Leipzig 1903
Häresien. Religionshermeneutische Studien zur Konstruktion von Norm und Abweichung, hg. v. I. Pieper u. a., München 2003
Harges, Jeffrey W.: Against the Christians. The Rise of Early Anti-Christian Polemic, New York u. a. 1999
Harland, Philip A.: Associations, Synagogues, and Congregations. Claiming a Place in Ancient Mediterranean Society, Minneapolis 2003
——. Dynamics of Identity in the World of the Early Christians. Associations, Judeans, and Cultural Minorities, New York 2009

Harnack, Adolf: Die Aufgabe der theologischen Facultäten und die allgemeine Religionsgeschichte, Gießen 1901
——. Die Mission und Ausbreitung des Christentums in den ersten drei Jahrhunderten (¹1902), 2 Bde., Leipzig ⁴1924
Harnoncourt, Philipp: Gesamtkirchliche und teilkirchliche Liturgie. Studien zum liturgischen Heiligenkalender und zum Gesang im Gottesdienst unter besonderer Berücksichtigung des deutschen Sprachgebiets, Freiburg i. B. 1974
Harris, George Lawrence: The Mission of Matteo Ricci, SJ, in: Monumenta Serica, 25/1966, 1–168.
Harrison, Paul: Canon, in: Encyclopedia of Buddhism, hg. v. R. E. Buswell, Bd. 1, New York u. a. 2004, 111–115
Harrison, Paul/Hartmann, Uwe-Jens: Introduction, in: From Birch Bark to Digital Data. Recent Advances in Buddhist Manuscript Research, hg. v. dens., Wien 2014, S. VII-XXII
Harrison, Peter: The Fall of Man and the Foundations of Science, Cambridge u. a. 2007
——. Physico-Theology and the Mixed Sciences. The Role of Theology in Early Modern Natural Philosophy, in: The Science of Nature in the Seventeenth Century. Patterns of Change in Early Modern Natural Philosophy, hg. v. P. R. Anstey/J. A. Schuster, Heidelberg 2005, 165–183
——. Reinterpreting Nature in Early Modern Europe. Natural Philosophy, Biblical Exegesis and the Contemplative Life, in: The Word and the World. Biblical Exegesis and Early Modern Science, hg. v. K. Killeen/P. J. Forshaw, London 2007, 25–44
Hartmann, Andreas: Zwischen Relikt und Reliquie. Objektbezogene Erinnerungspraktiken in antiken Gesellschaften, Berlin 2010
Hartmann, Martina: Humanismus und Kirchenkritik. Matthias Flacius Illyricus als Erforscher des Mittelalters, Stuttgart 2001
Hasselhoff, Görge K.: Dicit Rabbi Moyses. Studien zum Bild von Moses Maimonides im lateinischen Westen vom 13. bis zum 15.Jahrhundert (¹2004), Würzburg ²2005
——.: Einführung: Das Thema „Kanon", in: Zeitschrift für Religionswissenschaft, 18/2010, 131–136
Hassim, Eeqbal: Elementary Education and Motivation in Islam. Perspectives of Medieval Muslim Scholars 750–1400 CE, Amherst/New York 2010
Hatfield, Gary: Metaphysics and the New Science, in: Reappraisals of the Scientific Revolution, hg. v. D. C. Lindberg/R. S. Westman, Robert S., Cambridge 1990, 93–166
Hausberger, Karl: Das kritische hagiographische Werk der Bollandisten, in: Historische Kritik in der Theologie. Beiträge zu ihrer Geschichte, hg. v. G. Schwaiger, Göttingen 1980, 210–244
——. Mission: Kontinuität und Grenzen eines universalen Anspruchs, in: Im Zeichen des Kreuzes. Mission, Macht und Kulturtransfer seit dem Mittelalter, hg. v. dems., Wien 2004, 9–25
Hauser, Stefan R.: „Die Christen vermehrten sich in Persien und bauten Kirchen und Klöster". Eine Archäologie des Christentums im Sassanidenreich, in: Grenzgänge im östlichen Mittelmeerraum. Byzanz und die islamische Welt vom 9. bis 13. Jahrhundert, hg. v. U. Koenen/M. Müller-Wiener, Wiesbaden 2008, 29–64
Havelock, Eric A.: Als die Muse schreiben lernte (¹1986), Frankfurt a. M. 1992
Havemann, Axel: The Vizier and the Ra'is in Saljuq Syria. The Struggle for Urban Self-Representation, in: International Journal of Middle East Studies, 21/1989, 233–242
Haverkamp Alfred: Die Erneuerung der Sklaverei im Mittelmeerraum während des Hohen Mittelalters. Fremdheit, Herkunft und Funktion, in: Unfreie Arbeits- und Lebensverhältnisse von der Antike bis in die Gegenwart. Eine Einführung, hg. v. E. Herrmann-Otto, Hildesheim 2005, 130–166
Hawting, Gerald R.: The Idea of Idolatry and Emergence of Islam. From Polemic to History, Cambridge u. a. 1999, 130–149
Hebraica veritas? Christian Hebraists and the Study of Judaism in Early Modern Europe, hg. v. A. P. Coudert/J. S. Shoulson, Philadelphia 2004
The Hebrew Bible in Light of the Dead Sea Scrolls, hg. v. N. Dávid u. a., Göttingen 2012
Heemstra, Marius: The "Fiscus Judaicus" and the Parting of the Ways, Tübingen 2010
Heer, Friedrich: Das Experiment Europas. Tausend Jahre Christenheit, Einsiedeln 1952
Heers, Jacques: Esclaves et domestiques au Moyen Age dans le monde méditerranéen, Paris 1981
Heftrich, Eckhard: Universalismus, in: Historisches Wörterbuch der Philosophie, Bd. 11, Basel 2001, 204–208

Hege, Christian: Brenz, Johannes, in: Mennonitisches Lexikon, hg. v. dems./Ch. Neff, Frankfurt a. M./ Weierhof 1913, 264–266
Heid, Stefan: Der gebetsabschließende Bruderkuss im frühen Christentum, in: Volksglaube im antiken Christentum, hg. v. H. Grieser/A. Merkt, Darmstadt 2009, 249–259
Heidegger, Simone: Hermeneutische Strategien intrareligiöser Kritik: Teil 2 – ein vergleichender Blick auf Christentum und Islam, in: Zeitschrift für Religionswissenschaft, 22/2014, 290–329
Heidmann, Ute: Epistémologie et pratique de la comparaison différentielle. L'exemple des (ré)écritures du mythe de Médée, in: Comparer les comparatismes. Perspectives sur l'histoire et les sciences des religions, hg. v. M. Burger/C. Calame, Lausanne 2006, 141–157
Heiler, Friedrich: Erscheinungsformen und Wesen der Religion, Stuttgart 1961
——. Die Ostkirchen, München/Basel 1971
Heilige Bücher. Text und Überlieferung, hg. v. A. Ohler, Freiburg i. B. 1995
Heilige Kriege. Religiöse Begründungen militärischer Gewaltanwendung. Judentum, Christentum und Islam im Vergleich, hg. v. K. Schreiner, München 2008
Die Heilige Schrift Alten und Neuen Testaments [wechselnde Titel], 8 Bde., Berleburg 1726–1742
Heilige Schriften. Eine Einführung, hg. v. U. Tworuschka, Darmstadt 2000
Heirman, Ann: Vinaya. From India to China, in: The Spread of Buddhism, hg. v. ders./St. P. Bumbacher, Leiden 2007, 167–202
Helmrath, Johannes: Enea Silvio Piccolomini (Pius II.) – ein Humanist als Vater des Europagedankens?, in: Europa und die Europäer. Quelle und Essays zur modernen europäischen Geschichte, hg. v. R. Hohls u. a., Wiesbaden 2005, 361–369
Henderson, John B.: The Construction of Orthodoxy and Heresy. Neo-Confucian, Islamic, Jewish and Early Christian Patterns, Albany (NY) 1998
——. Scripture, Canon, and Commentary. A Comparison of Confucian and Western Exegesis, Princeton (NJ) 1991, 38–61.
Hendrich, Béatrice: Milla – millet – Nation. Von der Religionsgemeinschaft zur Nation? Über die Veränderung eines Wortes und die Wandlung eines Staates, Frankfurt a. M. u. a. 2003
Hengel, Martin: Die Septuaginta als „christliche Schriftensammlung". Ihre Vorgeschichte und das Problem ihres Kanons, in: Die Septuaginta zwischen Judentum und Christentum, hg. v. dems./A. M. Schwemer, Tübingen 1994, 182–284
Hengel, Martin/Schwemer, Anna Maria: Paulus zwischen Damaskus und Antiochia. Die unbekannten Jahre des Apostels, Tübingen 1998
Henkel, Mathias [sic]: Deutsche Messübersetzungen des Spätmittelalters. Untersuchungen auf der Grundlage ausgewählter Handschriften und vorreformatorischer Drucke, Wiesbaden 2010
Hennings, Ralph: Der Briefwechsel zwischen Augustinus und Hieronymus und ihr Streit um den Kanon des Alten Testaments und die Auslegung von Gal. 2,11–14, Leiden u. a. 1994
Henze, Paul B.: Histoire de l'Ethiopie. L'oeuvre du temps (^{1}2000), Paris 2004
Hepperle, Ursula: Hellenismos bei Flavius Claudius Iulianus und der Konsolidierungsprozess des Christentums im Osten des Römischen Reiches, Diss. Tübingen 2010
Herbers, Klaus: Geschichte des Papsttums im Mittelalter, Darmstadt 2012
——. Geschichte Spaniens im Mittelalter. Vom Westgotenreich bis zum Ende des 15. Jahrhunderts, Stuttgart 2006
——. Konkurrenz und Gegnerschaft. „Gegenpäpste" im 8. und 9. Jahrhundert, in: Gegenpäpste. Ein unerwünschtes mittelalterliches Phänomen, hg. v. H. Müller/B. Hotz, Wien u. a. 2012, 55–70
——. Die Vielfalt der Minderheiten und Randgruppen auf der Iberischen Halbinsel, in: Integration – Segregation – Vertreibung. Religiöse Minderheiten und Randgruppen auf der Iberischen Halbinsel (7. – 17. Jahrhundert), hg. v. K. Herbers/N. Jaspert, Berlin 2011, 45–63
Herman, Geoffrey: The Last Years of Yazgird and the Christians, in: Jews, Christians and Zoroastrians. Religious Dynamics in a Sasanian Contxt, hg. v. dems., Piscataway 2014, 67–90
Herrmann, Klaus: Shemone Esre, in: Religion in Geschichte und Gegenwart, hg. v. H. D. Betz u.a, Bd. 7, Tübingen ^{4}2004, 1279f.

Herrmann, Randolf: Die Gemeinderegel von Qumran und das antike Vereinswesen, in: Jewish Identity in the Greco-Roman World/Jüdische Identität in der griechisch-römischen Welt, hg. v. J. Frey u. a., Leiden/Boston 2007, 161–203

Herrmann, Tobias: Anfänge kommunaler Schriftlichkeit. Aachen im europäischen Kontext, Siegburg 2006

Hersche, Peter: Muße und Verschwendung. Europäische Gesellschaft und Kultur im Barockzeitalter, 2 Bde., Freiburg i. B. 2006

Herzig, Tamer: Witchcraft Prosecutions in Italy, in: The Oxford Handbook of Witchcraft in Early Modern Europe and Colonial America, hg. v. B. P. Levack, Oxford 2013, 249–267

Hexenprozess und Staatsbildung. Witch Trials and State Building, hg. v. J. Dillinger u. a., Bielefeld 2008

Hezser, Catherine: Jewish Literary in Roman Palestine, Tübingen 2001

Hildebrandt, Thomas: Neo-Mu'tazilismus? Intention und Kontext im modernen arabischen Umgang mit dem rationalistischen Erbe des Islam, Leiden u. a. 2007

Hildermeier, Manfred: Max Weber und die russische Stadt, in: Max Weber und die Stadt im Kulturvergleich, hg. v. H. Bruhns/W. Nippel, Göttingen 2000, 144–165

Hill, Donald R.: Islamic Science and Engineering, Edinburgh 1993

Hille, Markus: Die Pariser Verurteilung vom 10. Dezember 1270 im Spannungsfeld von Universitätsgeschichte, Theologie und Philosophie, Leipzig 2005

Hilpert, Konrad: Menschenrechte und Theologie. Forschungsbeiträge zur ethischen Dimension der Menschenrechte, Freiburg i. Üe. u. a. 2001

Hindsley, Leonard P.: Monastic Conversion. The Case of Margaret Ebner, in: Varieties of Religious Conversion in the Middle Ages, hg. v. J. Muldoon, Gainesville u. a. 1997

Hinojosa Montalvo, José Ramon: Mudejaren im Königreich Aragón. Integration und Segregation, in: Integration – Segregation – Vertreibung. Religiöse Minderheiten und Randgruppen auf der Iberischen Halbinsel (7. – 17. Jahrhundert), hg. v. K. Herbers/N. Jaspert, Berlin 2011, 261–299

Hinrichs, Ernst: Heinrich IV. 1589–1610, in: Französische Könige und Kaiser der Neuzeit. Von Ludwig XII. bis Napoleon III., 1498–1870, hg. v. P. C. Hartmann, München 1994, 143–170

Hinüber, Oskar von: Der Beginn der Schrift und frühe Schriftlichkeit in Indien, Stuttgart 1990

———. A Handbook of Pāli Literature, Berlin u. a. 1996

———. Der Kanon der Buddhisten, in: Heilige Bücher. Text und Überlieferung, hg. v. A. Ohler, Freiburg i. B. 1995, 13–40

———. The Oldest Pāli Manuscript. Four folios of the Vinaya-piṭaka from the National Archives, Kathmandu, Mainz 1991

Hirschmann, Vera-Elisabeth: Horrenda secta. Untersuchungen zum frühchristlichen Montanismus und seinen Verbindungen zur paganen Religion Phrygiens, Stuttgart 2005

———. Macht durch Integration? Aspekte einer gesellschaftlichen Wechselwirkung zwischen Verein und Stadt am Beispiel der Maysten und Techniten des Dionysos von Smyrna, in: Vereine, Synagogen und Gemeinden im kaiserzeitlichen Kleinasien, hg. v. A. Gutsfeld/D.-A. Koch, Tübingen 2006, 41–59

Hirshman, Marc G.: The Stabilization of Rabbinic Culture, 100 C. E. - 350 C. E. Texts on Education and Their Late Antique Context, Oxford u. a. 2009

Historia Augusta, hg. v. E. Merten/A. Rösger, 2 Bde., Zürich/München 1976/1985

Historische Kritik und biblischer Kanon in der deutschen Aufklärung, hg. v. H. Graf Reventlow u. a., Wiesbaden 1988

Historismus in den Kulturwissenschaften. Geschichtskonzepte, historische Einschätzungen, Grundlagenprobleme, hg. v. O. G. Oexle/J. Rüsen, Köln u. a. 1996

The History of Cartography, hg. v. J. B. Harley/D. Woodward, Bd. 2,1: Cartography in the Traditional Islamic and South Asian societies, Chicago/London 1992

The History of Islam in Africa, hg. v. N. Levtzion/R. L. Pouwels, Athens (Ohio) 2000

The History of Science and Religion in the Western Tradition, hg. v. G. B. Ferngren, New York/London 2000

Hitchcock, Richard: Mozarabs in Medieval and Early Modern Spain. Identities and Influences, Aldershot 2008

Hobbes, Thomas: Leviathan oder Stoff, Form und Gewalt eines kirchlichen und bürgerlichen Staates, hg. v. I. Fetscher, Neuwied/Berlin 1966

Hobsbawm, Eric: Introduction: Invention of Traditions, in: The Invention of Tradition, hg. v. dems./T. O. Ranger, Cambridge u. a. 1983, 1–14

Hock, Klaus: Einführung in die Religionswissenschaft (¹2002), Darmstadt ²2006

Höfert, Almut: Anmerkungen zum Konzept einer „transkulturellen" Geschichte in der deutschsprachigen Forschung, in: Comparativ, 18/2008, 15–26

Hoffmann, Godehard: Das Gabelkreuz in St. Maria im Kapitol zu Köln und das Phänomen der Crucifixi dolorosi in Europa, Worms 2006

Hofheinz, Albrecht: Der Scheich im Über-Ich oder Haben Muslime ein Gewissen? Zum Prozeß der Verinnerlichung schriftislamischer Normen in Suakin im frühen 19. Jahrhundert, in: Wuqûf, 7–8/1992–93, 461–481, hier nach der Postpublikationsfassung 1993: www.academia.edu/5478872/ Der_Scheich_im_Uber-Ich_oder_Haben_ Muslime_ein_Gewissen_Zum_Prozess_der_Verinnerlichung_ schriftislamischer_Normen_in_Suakin_im_fruhen_19._Jahrhundert (21.10.2014)

Hogrebe, Wolfram: Metaphysik und Mantik. Die Deutungsnatur des Menschen (Système orphique de Iéna), Frankfurt a. M. 1992

Hollstein, Betina: Reziprozität in familialen Generationenbeziehungen, in: Vom Geben und Nehmen. Zur Soziologie der Reziprozität, hg. v. F. Adloff/St. Mau, Frankfurt a. M. 2005, 187–209

Holtmann, Jan Philip: Pfadabhängigkeit strategischer Entscheidungen. Eine Fallstudie am Beispiel des Bertelsmann Buchclubs Deutschland, Köln 2008

Holtz, Sabine: Bildung und Herrschaft. Zur Verwissenschaftlichung politischer Führungsschichten im 17. Jahrhundert, Stuttgart 2002

Honnefelder, Ludger: Die Anfänge der Aristoteles-Rezeption im lateinischen Mittelalter: Zur Einführung in die Thematik, in: Albertus Magnus und die Anfänge der Aristoteles-Rezeption im lateinischen Mittelalter. Von Richardus Rufus bis zur Franciscus de Mayronis, hg. v. dems. u. a., Münster 2005, 11–24

——. Woher kommen wir? Ursprünge der Moderne im Denken des Mittelalters, Darmstadt 2008

Horden, Peregrine/Purcell, Nicholas: The Corrupting Sea. A Study of Mediterranean History, Oxford u. a. 2000

Hornung, Erik: Der Eine und die Vielen. Ägyptische Gottesvorstellungen, Darmstadt 1971

Horovitz, J.: The Inscriptions of Muhammad ibn Sam, Qutbuddin Aibeg and Iltutmish, in: Epigraphia Indo-Moslemica, hg. v. E. Denison Ross, Delhi 1911–1912, 12–34 und 31 Tafeln

Hottinger, Arnold: Akbar der Große (1542–1605). Herrscher über Indien durch Versöhnung der Religionen, München 1998

Hourani, Albert Habib: The Islamic City in the Light of Recent Research, in: The Islamic City. A Colloquium, hg. v. dems./S. Stern, Oxford 1970, 9–24

Household and Family Religion in Antiquity, hg. v. J. Bodel/S. M. Olyan, Malden (MA) 2008

Houtman, Cees: Der Pentateuch. Die Geschichte seiner Erforschung neben einer Auswertung (¹1980), Kampen 1994

Hoyland, Robert G.: Seeing Islam as Others Saw it. A Survey and Evaluation of Christian, Jewish and Zoroastrian Writings on Early Islam, Princeton (NJ) 1997

Hsia, Ronnie Po-chia: A Jesuit in the Forbidden City. Matteo Ricci 1552–1610, Oxford u. a. 2010

Huber, Wolfgang: Auf dem Weg zu einer Kirche der offenen Grenzen, in: Taufe und Zugehörigkeit. Studien zur Bedeutung der Taufe für Verkündigung, Gestalt und Ordnung der Kirche, hg. v. Ch. Lienemann-Perrin, München 1983

Huff, Toby E.: The Rise of Early Modern Science. Islam, China, and the West, Cambridge u. a. 1993

Hugonnard-Roche, Henri: Les traducteurs syriaques et la transmission des savoirs grecs dans l'espace culturel arabo-muselman, in: Orient Occident. Racines spirituelles de l'Europe, hg. v. M. Delgado u. a., Paris 2014, 471–487

Hülsewiesche, Reinhold: Monotheismus, in: Historisches Wörterbuch der Philosophie, Bd. 6, Basel 1984, 142–146

Hünefeld, Kerstin: Imām Yaḥyā Ḥamīd ad-Dīn und die Juden in Sana'a (1904–1948). Die Dimension von Schutz (Dhimma) in den Dokumenten der Sammlung des Rabbi Sālim b. Sa'īd al-Ǧamals, Berlin 2010

Hunger, Herbert u. a.: Die Textüberlieferung der antiken Literatur und der Bibel (¹1961), München 1988

Hunke, Sigrid: Allahs Sonne über dem Abendland – Unser arabisches Erbe, Stuttgart 1960
—. Europas andere Religion. Die Überwindung der Krise, Düsseldorf u. a. 1969
—. Europas eigene Religion. Der Glaube der Ketzer, Bergisch-Gladbach 1981
Hunt, Lynn/Jacob, Margaret C./Mijnhardt, Wijnand: The Book that Changed Europe. Picart and Bernard's Religious Ceremonies of the World, Cambridge (Mass.)/London 2010
Hunter, Michael: Science and Heterodoxy. An Early Modern Problem Reconsidered, in: Reappraisals of the Scientific Revolution, hg. v. D. C. Lindberg/R. S. Westman, Robert S., Cambridge 1990, 437–460
Huntington, Samuel P.: The Clash of Civilizations?, in: Foreign Affairs, 72/1993, H. 3, 22–49
Hunwick, John Owen: The Rights of Dhimmis to Maintain a Place of Worship. A 15th Century Fatwa from Tlemcen, in: Al-Qantara, 12/1991, 133–155
—. Takfīr, in: The Encylopedia of Islam, Bd. 10, Leiden ²1998, 122
Hureau, Sylvie: Translations, Apocrypha, and the Emergence of the Buddhist Canon, in: Early Chinese Religion. Teil 2: The Period of Division (220–589 AD), Bd. 2, hg. v. J. Lagerwey/L. Pengzhi, Leiden/Boston 2010, 741–774
Hürten, Heinz: Der Topos vom christlichen Abendland in Literatur und Publizistik nach den beiden Weltkriegen, in: Katholizismus, nationaler Gedanke und Europa seit 1800, hg. v. A. Langner, Paderborn u. a. 1985, 131–154
Hüttenmeister, Frowald G.: Die Synagoge und ihre Entwicklung von einer multifunktionalen Einrichtung zum reinen Kult, in: Gemeinde ohne Tempel. Community without Temple. Zu Substituierung und Transformation des Jerusalemer Tempels und seines Kults in Alten Testament, antiken Judentum und frühen Christentum, hg. v. B. Ego u. a., Tübingen 1999, 357–370
Ibn-al-Ǧauzī, 'Abd-ar-Raḥmān Ibn-'Alī: Das Buch der Weisungen für Frauen/Kitāb aḥkām al-nisā', Frankfurt a. M./Leipzig 2009
Ibrahim, Aiman: Der Herausbildungsprozeß des arabisch-islamischen Staates. Eine quellenkritische Untersuchung des Zusammenhangs zwischen den staatlichen Zentralisierungstendenzen und der Stammesorganisation in der frühislamischen Geschichte 1–60 H./622–680, Berlin 1994
Die Idee Europa 1300–1946, hg. v. R. H. Foerster, München 1963
Idel, Moshe: Revelation and the "Crisis of Tradition" in Kabbalah, 1475–1575, in: Constructing Tradition. Means and Myths of Transmission in Western Esotericism, hg. v. A. B. Kilcher, Leiden/Boston 2010, 255–291
Imbert, Frédéric: L'Islam des pierres. L'expression de la foi dans les graffiti arabes des premiers siècles, in: Revue des mondes musulmans et de la Méditerranée, 94/2011; https://remmm.revues.org/706nun7
Inalcik, Halil: The Ottoman Empire. The Classical Age, 1300–1600, New York/Washington 1973
Indrajaya, Agustijanto: Early Traces of Hinduism and Buddhism across the Java Sea, in: Lost Kingdoms. Hindu-Buddhist Sculpture of Early Southeast Asia, hg. v. J. Guy, New Haven/London 2014, 110–121
Interkonfessionalität – Transkonfessionalität – binnenkonfessionelle Pluralität. Neue Forschungen zur Konfessionalisierungsthese, hg. v. K. von Greyerz u. a., Gütersloh 2003
Iqbal, Mohammad: Islamic Toleration and Justice. Non-Muslims under Muslim Rule, New Delhi 2007
Iriarte, Lázaro: Histoire du franciscanisme (¹1979), Paris 2004
Iricinschi, Eduard/Zellentin, Holger M.: Making Selves and Marking Others. Identity and Late Antique Heresiologies, in: Heresy and Identity in Late Antiquity, hg. v. E. Iricinschi/H. M. Zellentin, Tübingen 2008, 1–27
Irrgang, Nina: Von literarischen Kanon zum „heiligen Buch". Einführende Bemerkungen zu den autoritativen Textsammlungen der griechisch-römischen Welt, in: Kanon in Konstruktion und Dekonstruktion. Kanonisierungsprozesse religiöser Texte von der Antike bis zur Gegenwart. Ein Handbuch, hg. v. E.-M. Becker/St. Scholz, Berlin/Boston 2012, 130–135
Isenmann, Eberhard: Die deutsche Stadt im Mittelalter. 1150–1550. Stadtgestalt, Recht, Verfassung, Stadtregiment, Kirche, Gesellschaft, Wirtschaft (¹1988), Wien u. a. 2012
islaMedia. Newsletter zur Medienberichterstattung in türkischen Zeitungen. Hürriyet, 11.4.2008 (http://www.ezire.uni-erlangen.de/islamedia/Newsletter%20Archiv/islamedia-87.pdf (5.1.2015)
Islamic Mysticism Contested. Thirteen Centuries of Controversies and Polemics, hg. v. F. de Jong/B. Radtke, Leiden u. a. 1999

Ivánka, Endre von: Plato Christianus. Übernahme und Umgestaltung des Platonismus durch die Väter, Einsiedeln 1964
Jaccottet, Anne-Françoise: Choisir Dionysos. Les associations dionysiaques ou la face cachée du dionysisme, 2. Bde., Lausanne u. a. 2003
Jacoby, Adolf: Die antiken Mysterienreligionen und das Christentum, Tübingen 1910
Jacquart, Danielle: Die scholastische Medizin, in: Die Geschichte des medizinischen Denkens. Antike und Mittelalter, hg. v. M. D. Grmek, München 1999, 216–259. 437–444
Jaffe, Richard M.: Neither Monk nor Layman. Clerical Marriage in Modern Japanese Buddhism, Princeton 2000
Jaggi, Sabine: Konversion von Tamilinnen und Tamilen in der Schweiz zum Christentum. Einblicke in sich verändernde Beziehungen, in: Religiöse Grenzüberschreitungen. Studien zur Bekehrung, Konfession- und Religionswechsel/Crossing Religious Borders. Studies on Conversion and Religious Belonging, hg. v. Ch. Lienemann-Perrin/W. Lienemann, Wiesbaden 2000, 89–140
Jakobs, Hermann: Bruderschaft und Gemeinde. Köln im 12. Jahrhundert, in: Gilden und Zünfte. Kaufmännische und gewerbliche Genossenschaften im frühen und hohen Mittelalter, hg. v. B. Swineköper, Sigmaringen 1985, 281–310
Jakobsh, Doris R.: Conversion in the Sikh tradition, in: Religious Conversion. Contemporary Practices and Controversies, hg. v. Ch. Lamb/M. D. Bryant, London/New York 1999, 166–174
Jankrift, Kay Peter: Europa und der Orient im Mittelalter, Darmstadt 2007
——. Krankheit und Heilkunde im Mittelalter, Darmstadt 2003
——. Muslime im Königreich Kastilien. Von der herrschenden Mehrheit zur beherrschten Minderheit, in: Integration – Segregation – Vertreibung. Religiöse Minderheiten und Randgruppen auf der Iberischen Halbinsel (7. – 17. Jahrhundert), hg. v. K. Herbers/N. Jaspert, Berlin 2011, 171–178
Jansen, Hans: Mohammed. Eine Biographie, München 2008
Janssen, Nittert: Theologie fürs Volk. Eine Untersuchung über den Einfluß der Religionsgeschichtlichen Schule auf die Popularisierung der theologischen Forschung vor dem Ersten Weltkrieg unter besonderer Berücksichtigung des kirchlichen Liberalismus in der lutherischen Landeskirche Hannover, Göttingen 1993
Jaspers, Karl: Vom Ursprung und Ziel der Geschichte (Vorträge 1947), München 1949
Jaspert, Nikolas: Die Kreuzzüge, Darmstadt ⁴2008
——. „Reconquista". Interdependenzen und Tragfähigkeit eines wertekategorialen Deutungsmusters, in: Christlicher Norden – muslimischer Süden. Ansprüche und Wirklichkeiten von Christen, Juden und Muslimen auf der Iberischen Halbinsel im Hoch- und Spätmittelalter, hg. v. M. M. Tischler/A. Fidora, Münster 2011, 445–465
——. Religiöse Minderheiten auf der Iberischen Halbinsel und im Mittelmeerraum. Eine Skizze, in: Integration – Segregation – Vertreibung. Religiöse Minderheiten und Randgruppen auf der Iberischen Halbinsel (7. – 17. Jahrhundert), hg. v. K. Herbers/Berlin 2011, 15–44
Jayawardene, S. A.: The Scientific Revolution. An Annotated Bibliography, West Cornwall 1996
Jedin, Hubert: Geschichte des Konzils von Trient, 4 Bde., Freiburg i. B. 1949–1975,
Jelidi, Charlotte: La fabrication d'une ville nouvelle sous le Protectorat français au Maroc (1912–1956). Fès-nouvelle, Diss. Toulouse 2007
Jellinek, Georg: Die Erklärung der Menschen- und Bürgerrechte (¹1895), in: Zur Geschichte der Erklärung der Menschenrechte, hg. v. R. Schnur, Darmstadt 1964, 1–77
Jenkins, Stephen: Making Merit through Warefare and Torture According to the Ārya-Bodhisattva-gocara-upāyaviṣaya-vikurvaṇa-nirdeśa Sūtra, in: Buddhist Warfare, hg. v. M. K. Jerryson/M. Juergensmeyer, Oxford 2010, 59–75
Jerryson, Michael: Militarizing Buddhism. Violence in Southern Thailand, in: Buddhist Warfare, hg. v. M. K. Jerryson/M. Juergensmeyer, Oxford 2010, 179–209
The Jewish Political Tradition, Bd. 2: Membership, hg. v. M. Walzer u. a., New Haven/London 2003
Joas, Hans: Die Sakralität der Person. Eine neue Genealogie der Menschenrechte, Berlin 2011
Johannes Chrysostomos: Acht Reden gegen Juden, eingel. und erl. v. R. Brändle, übers. v. V. Jegher-Bucher, Stuttgart 1995

Johannes Damascenus: De haeresibus, Kap. 100, in: Johannes Damaskenos und Theodor Abu Qurra. Schriften zum Islam, hg. v. R. F.Glei/A. Th. Khoury, Würzburg/Altenberge 1995, 74–83
Johannes von Plano Carpini: Historia Mongolarum, hg. v. F. Schmieder, Sigmaringen 1997
Johannes von Salisbury: Metalogicon libri IIII, hg. C. Ch. J. Webb, 2 Bde., Oxford 1929
Johannes von St. Arnulf in Metz: Vita Iohannis abbatis Gorziensis, in: Monumenta Germaniae Historica. Scriptores (in folio), Bd. 4, hg. v. G. H. Pertz, Hannover 1841, 335–377 (www.geschichtsquellen.de/repOpus_03024.html, 2014-11-04 [30.12.14])
Jones, Christopher P.: Between Pagan and Christian, Cambridge (Mass.) 2014
Jones, Nicholas F.: The Associations of Classical Athens. The Response to Democracy, New York/Oxford 1999
Jongkind, Dirk: Scribal Habits of Codex Sinaiticus. Texts and Studies, Piscataway 2007
Joos, Katrin: Gelehrsamkeit und Machtanspruch um 1700. Die Gründung der Berliner Akademie der Wissenschaften im Spannungsfeld dynastischer, städtischer und wissenschaftlicher Interessen, Köln u. a. 2012
Josephson, Jason Ānanda: The Invention of Religion in Japan, Chicago 2012
Jugie, Martin: Histoire du Canon de l'Ancien Testament dans l'Eglise Grecque et l'Eglise Russe, Paris 1909
Junginger, Horst: Sigrid Hunke. Europe's New Religion and its Old Stereotypes, in: Antisemitismus, Paganismus, Völkische Religion. Anti-semitism, Paganism, Voelkish Religion, hg. v. H. Cancik/U. Puschner, München 2004, 151–163
Jussen, Bernhard: Die Franken. Geschichte, Gesellschaft, Kultur, München 2014
——. Patenschaft und Adoption im frühen Mittelalter. Künstliche Verwandtschaft als soziale Praxis, Göttingen 1991
Jussen, Bernhard/Koslofsky, Craig: „Kulturelle Reformation" und der Blick auf die Sinnformationen. Einleitung, in: Kulturelle Reformation. Sinnformationen im Umbruch 1400–1600, hg. v. dens., Göttingen 1999, 13–27
Kaelble, Hartmut: Europäer über Europa. Die Entstehung des europäischen Selbstverständnisses im 19. und 20. Jahrhundert, Frankfurt a. M./New York 2001
Kahle, Paul: The Cairo Geniza (¹1947), Oxford 1959
Kaiser, Otto: Die alttestamentlichen Apokryphen. Eine Einleitung in Grundzügen, Gütersloh 2000
Kallfelz, Wolfgang: Nichtmuslimische Untertanen im Islam. Grundlage, Ideologie und Praxis der Politik frühislamischer Herrscher gegenüber ihren nichtmuslimischen Untertanen mit besonderem Blick auf die Dynastie der Abbasiden, 749–1248, Wiesbaden 1995
Kampling, Rainer/Leonhard, Clemens: Gegenwärtige Ansätze der Rekonstruktion der frühen Geschichte von Judentum und Christentum, in: Theologische Revue, 106/2010, 267–286
Kanarfogel, Ephraim: Jewish Education and Society in the High Middle Ages, Detroit 1992
Kanon in Konstruktion und Dekonstruktion. Kanonisierungsprozesse religiöser Texte von der Antike bis zur Gegenwart. Ein Handbuch, hg. v. E.-M. Becker St. Scholz, Berlin 2012
Kanon Macht Kultur. Theoretische, historische und soziale Aspekte ästhetischer Kanonbildungen, hg. v. R. v. Heydebrand, Stuttgart/Weimar 1998.
Kanon und Zensur. Beiträge zur Archäologie der literarischen Kommunikation, hg. v. A. und J. Assmann, München 1987
Kanonisierung und Kanonbildung in der asiatischen Religionsgeschichte, hg. v. M. Deeg u. a., Wien 2011
Kaplony, Andreas: The Conversion of the Turks of Central Asia to Islam as Seen by Arabic and Persian Geography. A Comparative Perspective, in: Islamisation de l'Asie centrale. Processus locaux d'acculturation du VIIe au XIe siècle, Paris 2008, 204–224
——. Die fünf Teile Europas der arabischen Geographen. Die Berichte von Ibn Rusta, Ibn Hawqal und Abu Hamid al-Garnati, in: Archiv Orientální, 71/2003, 485–498
Kappeler, Andreas: Stadtluft macht nicht frei! Die russische Stadt in der Vormoderne, in: Die vormoderne Stadt. Asien und Europa im Vergleich, hg. v. P. Feldbauer u. a., Wien/München 2002, 194–212
Karl Leo: Die Juden im christlichen Imperium Romanum (4. bis 6. Jahrhundert), Berlin 2001
Karlsson, Gunnar: Iceland's 1100 Years. The History of a Marginal Society, London 2000
Karpat, Kemal H.: Millets and Nationality. The Roots of the Incongruity of Nation and State in the Post-Ottoman-Era, in: Christians and Jews in the Ottoman Empire. The Functioning of a Plural Society, hg. v. B. Braude/B. Lewis, 2 Bde., New York/London 1982, 141–169

Karttunen, Klaus: India and the Hellenistic World, Helsinki 1997
Kartveit, Magnar: The Origin of the Samaritans, Leiden/Boston 2009
Käsemann, Ernst: Jesu letzter Wille nach Johannes 17 (¹1966), Tübingen 1967
Kaser, Max: Das römische Privatrecht, 2 Bde., München 1971/1975
Katholische Reform und Konfessionalisierung, hg. v. A. P. Luttenberger, Darmstadt 2006
Kauder-Steiniger, Rita: Täuferinnen – Opfer oder Heldinnnen? Spurensuche nach den Frauen in Münster während der Reformation und der Täuferherrschaft, in: Das Königreich der Täufer – neue Perspektiven, hg. v. B. Rommé, Münster 2000, 13–40
Kaufhold, Martin: Europas Norden im Mittelalter. Die Integration Skandinaviens in das christliche Europa (9.– 13. Jh.), Darmstadt 2001
Kaufmann, Thomas: Der Anfang der Reformation. Studien zur Kontextualität der Theologie, Publizistik und Inszenierung Luthers und er reformatorischen Bewegung, Tübingen 2012
——. „Türckenbüchlein". Zur christlichen Wahrnehmung „türkischer Religion" in Spätmittelalter und Reformation, Göttingen 2008
——. Konfessionalisierung, in: Enzyklopädie der Neuzeit, Bd. 6, Darmstadt 2007, 1053–1070
Kautzsch, Emil: Die Apokryphen und Pseudepigraphen des Alten Testaments, 2 Bände, Tübingen 1900
Kayserling, Meyer: Geschichte der Juden in Portugal, Berlin 1867
Kealy, Sean P.: The Canon. An African Contribution, in: Biblical Theology Bulletin, 1979, H. 1, 13–26
Kedar, Benjamin Z.: Multidirectional Conversion in the Frankish Levant, in: Varieties of Religious Conversion in the Middle Ages, hg. v. J. Muldoon, Gainesville u. a. 1997, 190–199
Keel, Othmar: Die Geschichte Jerusalems und die Entstehung des Monotheismus, 2 Bde., Göttingen 2007
Keel, Othmar/Uehlinger, Christoph: Göttinnen, Götter und Gottessymbole. Neue Erkenntnisse zur Religionsgeschichte Kanaans und Israels aufgrund bislang unerschlossener ikonographischer Quellen (¹1992), Freiburg i. Üe. ⁶2010
Kelley, Page H. u. a.: Die Masora der Biblia Hebraica Stuttgartensia. Einführung und kommentiertes Glossar (¹1998), Stuttgart 2003, 15–35
Kemper, Tobias A.: Die Kreuzigung Christi. Motivgeschichtliche Studien zu lateinischen und deutschen Passionstraktaten des Spätmittelalters, Tübingen 2006
Kennedy, Hugh: The Great Arab Conquest. How the Spread of Islam Changed the World We Live in, Philadelphia (PA) 2007
——. How to Found an Islamic City, in: Cities, Texts and Social Networks, 400–1500. Experiences and Perceptions of Medieval Urban Space, hg. v. C. Goodson u. a., Farnham/Burlington 2010, 45–63.
——. Inherited Cities, in: The City in the Islamic World, Bd. 1, hg. v. S. K. Jayyusi, Jayyusi, Leiden/Boston 2008, 93–113
Kent, Daniel W.: Onward Buddhist Soldiers. Preaching to the Sri Lankan Army, in: Buddhist Warfare, hg. v. M. K. Jerryson/M. Juergensmeyer, Oxford 2010, 157–177
Kermani, Navid: Gott ist schön. Das ästhetische Erleben des Koran, München 1999
Kessel, Verena: Erzbischof Balduin von Trier (1285–1354). Kunst, Herrschaft und Spiritualität im Mittelalter, Trier 2012
——. Weltgericht und Seelenwaage. Große Kunst in kleinen Kirchen. Die Bunten Kirchen im Bergischen Land, Bensberg 2010
Khadduri, Majid: The Islamic Law of Nations, Baltimore 1966
Khan, Geoffrey: The Contribution of the Karaites to the Study of the Hebrew Language, in: Karaite Judaism. A Guide to its History and Literary Sources, hg. v. M. Polliack, Leiden/Boston 2003, 291–318
Khoury, Adel Theodor: Der Koran. Arabisch – Deutsch, Gütersloh 2004
——. Einleitung, in: Johannes Damaskenos und Theodor Abu Qurra. Schriften zum Islam, hg. v. R. F. Glei/A. Th. Khoury, Würzburg/Altenberge 1995, 11–63
——. Toleranz im Islam, München/Mainz 1980
King, David A.: In Synchrony with the Heavens. Studies in Astronomical Timekeeping and Instrumentation in Medieval Islamic Civilization, Leiden/Boston 2004
King, Richard: Orientalism and Religion. Postcolonial Theory, India and "the Mystic East", London/New York 1999

Kinzig, Wolfram: Harnack, Marcion und das Judentum. Nebst einer kommentierten Edition des Briefwechsels Adolf von Harnacks mit Houston Stewart Chamberlain, Leipzig 2004

———. „... natum et passum etc." Zur Geschichte der Tauffragen in der lateinischen Kirche bis zu Luther, in: Tauffragen und Bekenntnis. Studien zur sogenannten „Traditio Apostolica", zu den „Interrogationes de fide" und zum „Römischen Glaubensbekenntnis", hg. v. dems. u. a., Berlin/New York 1999

Kinzig, Wolfram/Wallraff, Martin: Das Christentum des 3. Jahrhunderts zwischen Anspruch und Wirklichkeit, in: Christentum I. Von den Anfängen bis zur Konstantinischen Wende, hg. v. D. Zeller, Stuttgart 2002, 331–388

Kippenberg, Hans Gerhard: Christliche Gemeinden im Römischen Reich: Collegium licitum oder illicitum?, in: Hairesis, hg. v. M. Hutte, Münster 2002, 172–183

———. Die Entdeckung der Religionsgeschichte. Religionswissenschaft und Moderne, München 1997

Kippenberg, Hans Gerhard/von Stuckrad, Kocku: Einführung in die Religionswissenschaft. Gegenstände und Begriffe, München 2003

Kiriakidis, Andreas: Bektaschitum und griechisches orthodoxes Mönchtum. Religionskontakt und Vergleich zweier mystischer Traditionen, Berlin 2010

Kister, Meir Jacob: Lā yamassuhu illā 'l-muṭahharūn, in: Jerusalem Studies in Arabic and Islam, 34/2008, 309–334

———. The Massacre of the Banū Qurayẓa: A Re-Examination of a Tradition, in: Jerusalem Studies in Arabic and Islam, 8/1986, 61–96

Kittsteiner, Heinz D.: Die Entstehung des modernen Gewissens, Frankfurt a. M. 1995

Klauck, Hans-Josef: Hausgemeinde und Hauskirche im frühen Christentum, Stuttgart 1981

Klein, Martin A.: Slavery and Colonial Rule in French West Africa, Cambridge 1998

Klein, Richard: Der Streit um den Victoriaaltar. Die dritte Relatio des Symmachus und die Briefe 17, 18 und 57 des Mailänder Bischofs Ambrosius, Darmstadt 1972

Klein, Wassilios: Das nestorianische Christentum an den Handelswegen durch Kyrgyzstan bis zum 14. Jahrhundert, Turnhout 2000

Kleine, Christoph: Der Buddhismus in Japan. Geschichte, Lehre, Praxis, Tübingen 2011

———. Üble Mönche oder wohltätige Bodhisatvas? Über Formen, Gründe und Begründungen organisierter Gewalt im japanischen Buddhismus, in: Zeitschrift für Religionswissenschaft, 11/2003, 235–258

———. Waffengewalt als „Weisheit in Anwendung". Anmerkungen zur Institution der Mönchskrieger im japanischen Buddhismus, in: Zen, Reiki, Karate. Japanische Religiosität in Europa, hg. v. I. Prohl/H. Zinser, Münster u. a. 2002, 155–186

———. Wozu außereuropäische Religionsgeschichte? Überlegungen zu ihrem Nutzen für die religionswissenschaftliche Theorie- und Identitätsbildung, in: Zeitschrift für Religionswissenschaft, 18/2010, 3–38

Kleinheyer, Bruno: Maria in der Liturgie, in: Handbuch der Marienkunde, Bd. 1, hg. v. W. Beinert H. Petri, Regensburg ²1996, 469–504

———. Sakramentliche Feiern I. Die Feiern der Eingliederung in die Kirche, Regensburg 1989

Klemm, Verena: Die Mission des fāṭimidischen Agenten al-Mu'ayyad fī d-dīn in Šīrāz, Frankfurt a. M. u. a. 1989

Klepper, Deena Copeland: The Insight of the Unbelievers. Nicholas of Lyra and Christian Reading of Jewish Text in the Later Middle Ages, Philadelphia 2007

———. Nicholas of Lyra and Franciscan Interest in Hebrew Scholarschip, in: Nicholas of Lyra. The Senses of Scripture, hg. v. Ph. D. W. Krey/L. Smith, Leiden u. a. 2000, 289–311

Klinghardt, Matthias: Das älteste Evangelium und die Entstehung der kanonischen Evangelien, 2 Bde., Tübingen 2015

Klötzer, Ralf: Die Täuferherrschaft von Münster. Stadtreformation und Welterneuerung, Münster 1992

Klueting, Harm: „Zweite Reformation" – Konfessionsbildung – Konfessionalisierung. Zwanzig Jahre Kontroversen und Ergebnisse nach zwanzig Jahren, in: Historische Zeitschrift, 277/2003, 309–341

Kluge, Arnold: Die Zünfte, Stuttgart 2007

Kniffka, Hannes: Zur Kulturspezifik von Toleranzkonzepten. Linguistische Perspektiven, in: Kulturthema Toleranz. Zur Grundlegung einer interdisziplinären und interkulturellen Toleranzforschung, hg. v. A. Wierlacher, München 1996, 205–260

Köhler, Oskar: Abendland, in: Theologische Realenzyklopädie, Bd. 1, Berlin/New York 1977, 17–42
Kollmar-Paulenz, Karénina: Zur Ausdifferenzierung eines autonomen Bereichs Religion in asiatischen Gesellschaften des 17. und 18. Jahrhunderts. Das Beispiel der Mongolen, Bern 2007
——. Der Buddhismus als Garant von „Ruhe und Frieden". Zu religiösen Legitimationsstrategien von Gewalt am Beispiel der tibetisch-buddhistischen Missionierung der Mongolei im späten 16. Jahrhundert, in: Zeitschrift für Religionswissenschaft, 11/2003, 185–207
——. The Buddhist Way into Tibet, in: The Spread of Buddhism, hg. v. A. Heirman/St. P. Bumbacher, Leiden 2007, 303–340
——. Kanon und Kanonisierung in der buddhistischen Mongolei. Zur Notwendigkeit einer Neubestimmung des Kanonbegriffs in der Religionswissenschaft, in: Kanonisierung und Kanonbildung in der asiatischen Religionsgeschichte, hg. v. M. Deeg u. a., Wien 2011, 379–420
——. Klösterliches Leben in Tibet und der Mongolei im 19. Jahrhundert. Zwischen sozialer Anpassung und religiöser Norm, in: Im Dickicht der Gebote. Studien zur Dialektik von Norm und Praxis in der Buddhismusgeschichte Asiens, hg. v. P. Schalk, Uppsala 2005, 309–351
——. Lamas und Schamanen. Mongolische Wissensordnungen vom frühen 17. bis zum 21. Jahrhundert. Ein Beitrag zur Debatte um aussereuropäische Religionsbegriffe, in: Religion in Asien? Studien zur Anwendbarkeit des Religionsbegriffs, Uppsala 2013, 151–200
Kollmar-Paulenz, Karénina/Prohl, Inken: Einführung: Buddhismus und Gewalt, in: Zeitschrift für Religionswissenschaft, 11/2003, 143–147
Konfessionen im Konflikt. Deutschland zwischen 1800 und 1970. Ein zweites konfessionelles Zeitalter, hg. v. O. Blaschke, Göttingen 2002
König, Daniel K.: Aufstieg des Christentums und Niedergang der polytheistischen Antike, in: Credo. Christianisierung Europas im Mittelalter, Bd. 1: Essays, hg. v. Ch. Stiegemann, Petersberg 2013, 142–149
——.: Bekehrungsmotive. Untersuchungen zum Christianisierungsprozess im römischen Westreich und seinen romanisch-germanischen Nachfolgern (4. – 8. Jahrhundert), Husum 2008
Koningsveld, Pieter Sjoerd van: Andalusian-Arabic Manuscripts from Christian Spain. A Comparative intercultural Approach, in: Israel Oriental Studies, 12/1992, 75–110
Koningsveld, Pieter Sjoerd van/Wiegers, Gerard Albers: The Islamic Statute of the Mudejars in the Light of a New Source, in: Al-Qantara 17/1996, 19–58
Konkel, Michael: Das Ezechielbuch zwischen Hasmonäern und Zadokiden, in: Juda und Jerusalem in der Seleukidenzeit. Herrschaft Widerstand Identität, hg. v. U. Dahmen/J. Schnocks, Bonn 2010, 59–78
Konradt, Matthias: Israel, Kirche und die Völker im Matthäusevangelium, Tübingen 2007
Kooij, Arie van der: Authoritative Scripture and Scribal Culture, in: Authoritative Scriptures in Ancient Judaism, hg. v. M. Popović, Leiden/Boston 2010, 55–71
——. The Canonization of Ancient Books Kept in the Temple of Jerusalem, in: Canonization and Decanonization, hg. v. dems./K. van der Toorn, Leiden u. a. 1998, 17–40
Kopp, Hermann: Geschichte der Chemie, Bd. 1, Braunschweig 1843
Der Koran, übers. von R. Paret, Stuttgart u. a. 1979
Korn, Lorenz: Rezension von Belting: Florenz und Bagdad, in: Sehepunkte, 10/2010, Nr. 11 (www.sehepunkte.de/2010/11/17750.html [30.7.2012])
Koselleck, Reinhart: Standortbildung und Zeitlichkeit. Ein Beitrag zur historiographischen Erschließung der geschichtlichen Welt, in: Objektivität und Parteilichkeit in der Geschichtswissenschaft, hg. v. dems. u. a., München 1977, 17–46
Kositzke, Boris: Inspiration, in: Historisches Wörterbuch der Rhetorik, hg. v. G. Ueding, Bd. 4, Tübingen 1998, 423–433
Köstlbauer, Josef: Europa und die Osmanen – der identitätsstiftende „Andere", in: Studien zur europäischen Identität im 17. Jahrhundert, hg. v. W. Schmale u. a., Buchung 2004, 45–71
Kötter, Robert: Weiße Beschützerinnen aus Porzellan. Bilder der buddhistischen Heilsfigur Guanyin und der christlichen Gottesmutter, in: Faszination des Fremden. China, Japan, Europa, hg. v. D. Antonin/D. Suebsman, Düsseldorf 2009, 264–270
Koyré, Alexandre: Von der geschlossenen Welt zum unendlichen Universum (¹1957), Frankfurt a. M. 1969

Krafft, Fritz: Renaissance der Naturwissenschaften – Naturwissenschaften der Renaissance. Ein Überblick über die Nachkriegsliteratur, in: Humanismusforschung seit 1945. Ein Bericht aus interdisziplinärer Sicht, hg. v. der Deutschen Forschungsgemeinschaft. Kommission für Humanismusforschung, Bonn 1975, 111–183

Krämer, Gudrun: Geschichte des Islam, München 2005

Kratz, Reinhard Gregor/Spieckermann, Hermann: Einleitung, in: Götterbilder – Gottesbilder – Weltbilder. Polytheismus und Monotheismus in der Welt der Antike, hg. v. dens., Bd. 1, Tübingen 2006, IX-XIX

Kraus, Hans-Joachim: Geschichte der historisch-kritischen Erforschung des Alten Testaments (^{1}1956), Neukirchen-Vluyn ^{3}1982

Krauter, Stefan: Die Beteiligung von Nichtjuden am Tempelkult, in: Jewish Identity in the Greco-Roman World/Jüdische Identität in der griechisch-römischen Welt, hg. v. J. Frey u. a. 2007, 55–74

Krawulsky, Dorothea: Eine Einführung in die Koranwissenschaften. 'Ulūm al-Qur'ān, Bern u. a. 2006

Krech, Volkhard: Dynamics in the History of Religions – Preliminary Considerations on Aspects of a Research Program, in: Dynamics in the History of Religions between Asia and Europe. Encounters, Notions, and Comparative Perspectives, hg. v. dems./M. Steinicke, Leiden/Boston 2010, 15–70

Kreiser, Klaus: Der osmanische Staat 1300–1922, München ^{2}2008

Kretschmar, Georg: Die Geschichte des Taufgottesdienstes in der alten Kirche, in: Leiturgia. Handbuch des evangelischen Gottesdienstes, hg. v. K. F. Müller und W. Blankenburg, Bd. 5, Kassel 1970, 1–346

———. Katechumenenat/Katechumenen: Alte Kirche, in: Theologische Realenzyklopädie, Bd. 18, Berlin 1980, 1–5

Kreutz, Bernhard: Städtebünde und Städtenetz am Mittelrhein im 13. und 14. Jahrhundert, Trier 2005

Kreuzer, Siegfried: Entstehung und Publikation der Septuaginta im Horizont frühptolemäischer Bildungs- und Kulturpolitik, in: Im Brennpunkt: die Septuaginta, Bd. 2, hg. v. dems./J. P. Lesch, 61–75

Kristeller, Paul: The School of Salerno. Its Development and its Contribution to the History of Learning, in: Studies in Renaissance Thought and Letters, Bd. 1, Rom 1956

Kristjánsdóttir, Steinunn: Island wird christlich. Die Christianisierung Islands und die frühchristliche Kirchenanlage von Porarinsstadir im ostisläbndischen Seydisfjödur, in: Credo. Christianisierung Europas im Mittelalter, Bd. 1: Essays, hg. v. Ch. Stiegemann, Petersberg 2013, 295–301

Krüger, Klaus: Der frühe Bildkult des Franziskus in Italien. Gestalt- und Funktionswandel des Tafelbildes im 13. und 14. Jahrhundert, Berlin 1992

Krüger, Oliver: Die mediale Religion. Probleme und Perspektiven der religionswissenschaftlichen und wissenssoziologischen Medienforschung, Bielefeld 2012

Kruse, Hans: Islamische Völkerrechtslehre (^{1}1953), Bochum ^{2}1979

Kuchenbuch, Ludolf: Kontrastierter Okzident. Bemerkungen zu Michael Mitterauers Buch „Warum Europa? Mittelalterliche Grundlagen eines Sonderwegs", in: Historische Anthropologie, 14/2006, 410–429

Küçükhüseyin, Şevket: Selbst- und Fremdwahrnehmung im Prozess kultureller Transformation. Anatolische Quellen über Muslime, Christen und Türken (13.-15. Jahrhundert), Wien 2011

Kuhlmann, Sabine: Der Streit um Karl den Großen, Widukind und den „Tag von Verden" in der NS-Zeit. Eine Kontroverse im Spannungsfeld zwischen wissenschaftlicher Forschung und ideologischer Instrumentalisierung, Stade 2010

Kulke, Hermann/Rothermund, Dietmar: Geschichte Indiens. Von der Induskultur bis heute (^{1}1998), München 2006

Kullman, Wolfgang: Hintergründe und Motive der platonischen Schriftkritik, in: Der Übergang von der Mündlichkeit zur Literatur bei den Griechen, hg. v. dems., Tübingen 1990, 317–334

Kulturelle Konsequenzen der „Kleinen Eiszeit"/Cultural Consequences of the „Little Ice Age", hg. v. W. Behringer u. a., Göttingen 2005

Die kulturellen Werte Europas, hg. v. H. Joas/K. Wiegandt, Frankfurt a. M. 2005.

Kümmel, Werner Georg: Das Neue Testament. Geschichte der Erforschung seiner Probleme (^{1}1958), München ^{2}1970

Kürşat, Elçin: Der Verwestlichungsprozess des Osmanischen Reiches im 18. und 19. Jahrhundert. Zur Komplementarität von Staatenbildungs- und Intellektualisierungsprozessen, 2 Bde., Frankfurt a. M./London 2003

Labahn, Antje: Aus dem Wasser kommt das Leben. Waschungen und Reinigungsriten in frühjüdischen Texten, in: Ablution, Initiation, and Baptism. Waschungen, Initiation und Taufe. Late Antiquity, Early Judaism, and Early Christianity. Spätantike, Frühes Judentum und Frühes Christentum, hg. v. D. Hellholm u. a., 3 Bde., Berlin/Boston 2011, Bd. 1, 157–219

Labahn, Michael: Kreative Erinnerung als nachösterliche Nachschöpfung. Der Ursprung der christlichen Taufe, in: Ablution, Initiation, and Baptism. Waschungen, Initiation und Taufe. Late Antiquity, Early Judaism, and Early Christianity. Spätantike, Frühes Judentum und Frühes Christentum, hg. v. D. Hellholm u. a., 3 Bde., Berlin/Boston 2011, Bd. 1, 337–376

Lach, Donald F.: Asia in the Making of Europe, 3 Teile in 9 Bänden, Chicago/London 1965–1993

Lachmann, Rainer: Vom Westfälischen Frieden bis zur Napoleonischen Ära, in: Geschichte des evangelischen Religionsunterrichts in Deutschland. Ein Studienbuch, hg. v. dems./B. Schröder, Neukirchen-Vluyn 2007, 78–127

Laffan, Michael: The Makings [sic] of Indonesian Islam. Orientalism and the Narration of a Sufi Past, Princeton u. a. 2011

Lamb, Christopher: Conversion as a Process Leading to Enlightenment. The Buddhist Perspective, in: Religious Conversion. Contemporary Practices and Controversies, hg. v. Ch. Lamb/M. D. Bryant, London/New York 1999, 75–88

Lambert, Malcolm David: Geschichte der Katharer. Aufstieg und Fall der großen Ketzerbewegung, Darmstadt 2001

——. Medieval Heresy. Popular Movements from the Gregorian Reform to the Reformation (^{1}1977), Oxford u. a. ^{3}2002

Lampe, Peter: Die stadtrömischen Christen in den ersten beiden Jahrhunderten. Untersuchungen zur Sozialgeschichte, Tübingen 1987

Lancaster, Lewis: Buddhist Literature. Its Canons, Scribes, and Editors, in: The Critical Study of Sacred Texts, hg. v. W. D. O'Flaherty, Berkeley 1979, 215–229

Lanczkowski, Günter: Heilige Schriften. Inhalt, Textgestalt und Überlieferung, Stuttgart 1956

——. Polytheismus, in: Historisches Wörterbuch der Philosophie, Bd. 7, Basel 1989, 1087–1093

——. Religionsgeschichte Europas, Freiburg i. B. 1971

Landau, Peter: Der Einfluss des kanonischen Rechts auf die europäische Rechtskultur, in: Europäische Rechts- und Verfassungsgeschichte, hg. v. R. Schulze, Berlin 1991, 39–57

Landes, David Saul: Les horloges, la mesure du temps et la formation du monde moderne (^{1}1983), Paris 1987

Lanfranchi, Pierluigi: Des paroles aux actes. La destruction des synagogues et leur transformation en églises, in: Chrétiens persécuteurs. Destructions, exclusions, violences religieuses au IVe siècle, hg. v. M.-F. Baslez, Paris 2014, 311–335

Lange, Armin: Handbuch der Textfunde vom Toten Meer, Bd. 1, Tübingen 2009

Lange, Christian: Gestalt und Deutung der christlichen Initiation in der Alten Kirche, in: Die Taufe. Einführung in Geschichte und Praxis, hg. v. dems. u. a., Darmstadt 2008, 1–28

Langener, Lucia: Isis lactans – Maria lactans. Untersuchungen zur koptischen Ikonographie, Altenberge 1996

Lapidus, Ira Marvin: Tribes and State Formation in Islamic History, in: State Tribes and Formation in the Middle East. Hg. v. Ph. S. Khoury/J. Kostiner, Berkeley 1990, 25–47

——. Muslim Cities in the Later Middle Ages, Cambridge (Mass.) 1967

Laplanche, François: L'écriture, le sacré et l'histoire. Érudits et politiques protestants devant la Bible en France au XVIIe siècle, Amsterdam/Maarssen 1986

Lasker, Daniel J.: Jewish Philosophical Polemics Against Christianity in the Middle Ages, New York 1977

Latour, Bruno: Nous n'avons jamais été modernes. Essai d'anthropologie symétrique, Paris 1991

Latte, Kurt: Römische Religionsgeschichte, München 1960

Lau, Markus: „Wenn einer hinter mir nachfolgen will …". Konturen markinischer Jesusnachfolge, in: Theologie der Gegenwart, 58/2015, 2–15

Lauster, Jörg: Religion als Lebensdeutung. Theologische Hermeneutik heute, Darmstadt 2005

Lazarus-Yafeh, Hava: Intertwined Worlds. Medieval Islam and Bible Criticism, Princeton 1992

Le Gall, Dina: A Culture of Sufism. Naqshbandis in the Ottoman World, 1450–1700, New York 2005

Le Goff, Jacques: La Naissance du Purgatoire, Paris 1981

Lech, Klaus: Geschichte des islamischen Kultus. Rechtshistorische und hadit-kritische Untersuchungen zur Entwicklung und Systematik der Ibadat, Wiesbaden 1979
Lee, Thomas H. C.: Education in Traditional China. A History, Leiden u. a. 2000
Leemhuis, Fred: The Coran and the Exegesis. From Memorising to Learning, in: Centres of Learning. Learning and Location in Pre-Modern Europe and the Near East, hg. v. J. W. Drijvers/A. A. MacDonald, Leiden u. a. 1995, 90–102
Lehmann, Hartmut: Ein europäischer Sonderweg in Sachen Religion, in: Europäische Religionsgeschichte. Ein mehrfacher Pluralismus, 2 Bde., hg. v. H. G. Kippenberg u. a., Göttingen 2009, Bd. 1, 39–59
——. Max Webers „Protestantische Ethik". Beiträge aus Sicht eines Historikers, Göttingen 1996
——. Punktuelle globale Präsenz. Die Missionsaktivitäten von Halle und Hernnhut im Vergleich/Selectively Present in the Global World: The Eighteenth Century Mission Activities of Halle and Herrnhut in Comparative Perspective in: Etappen der Globalisierung in christentumsgeschichtlicher Perspektive/Phases of Globalization in the History of Christianity, hg. v. K. Koschorke, Wiesbaden 2012, 183–195
——. Säkularisierung. Der europäische Sonderweg in Sachen Religion, Göttingen 2004
Die Lehrer der Slawen Kyrill und Method. Die Lebensbeschreibungen zweier Missionare, hg. v. J. Schütz, St. Ottilien 1985
Leibniz, Gottfried Wilhelm: Der Briefwechsel mit den Jesuiten in China (1689–1714), hg. v. R. Widmaier, Hamburg 2006
Leighton, Taigen Dan: Visions of Awakening Space and Time. Dogen and the Lotus Sutra, Oxford/New York, 2007
Leiman, Sid Zalman: The Canonization of Hebrew Scripture. The Talmudic and Midrashic Evidence, Hamden 1976
Leipoldt, Johannes: Die Frühgeschichte der Lehre von der göttlichen Eingebung, in: Zeitschrift für neutestamentliche Wissenschaft, 44/1952–53, 118–145
Leiser, Gary: The Madrasa and the Islamization of the Middle East. The Case of Egypt, in: Journal of the American Research Center in Egypt, 22/1985, 29–47
——. The Madrasah and the Islamization of Anatolia before the Ottomans, in: Law and Education in Medieval Islam. Studies in Memory of Professor George Makdisi, hg. v. J. E. Lowry u. a., o. O. (Cambridge) 2004, 174–191
Lepelley, Claude: Le musée des statues divines. La volonté de sauvegarder le patrimoine artistique païen à l'époque théodosienne, in: Cahiers Archéologiques fin de l'antiquité et moyen âge, 42/1994, 5–15
Lepenies, Wolf: Das Ende der Naturgeschichte. Wandel kultureller Selbstverständlichkeiten in den Wissenschaften des 18. und 19. Jahrhunderts ([1]1976), Frankfurt a. M. 1978
Leppin, Volker: Geschichte des mittelalterlichen Christentums, Tübingen 2012
——. Martin Luther, Darmstadt 2006
Lessenich, Stephan/Mau, Steffen: Reziprozität und Wohlfahrtsstaat, in: Vom Geben und Nehmen. Zur Soziologie der Reziprozität, hg. v. F. Adloff/St. Mau, Frankfurt a. M. 2005, 257–276
Lessing, Gotthold Ephraim: Über den Beweis des Geistes und der Kraft, in: ders., Werke, hg. v. W. Barner u. a., Bd. 8, Frankfurt a. M. 1989, 439–445
Lettres édifiantes et curieuses des Missions étrangères de la compagnie de Jésus, 34 Bde., Paris 1702–1776
Leuninger, Ernst: Die Entwicklung der Gemeindeleitung. Von den biblischen Ursprüngen bis zum Ausgang des Mittelalters mit Perspektiven für heute, St. Ottilien 1996
Levenson, Jon D.: Warum sich Juden nicht für biblische Theologie interessieren ([1]1987), in: Evangelische Theologie, 51/1991, 402–432
Lévi-Strauss, Claude: Les Structures élémentaires de la parenté, Paris 1949
Levita, David Joel de: Der Begriff der Identität ([1]1965), Frankfurt a. M. 1971
Levtzion, Nehemia: Toward a Comparative Study of Islamization, in: Conversion to Islam, hg. v. dems., New York u. a. 1979, 1–25
Lévy, René: La fitra dans l'œuvre philosophique de Maïmonide, in: Revue des études juives, 159/2000, 405–425
Levy-Rubin, Milka: Non-Muslims in the Early Islamic Empire. From Surrender to Coexistence, Cambridge u. a. 2011

Lewis, Bernard: Die islamische Sicht auf und die moslemische Erfahrung mit Europa, in: Das Europa der Religionen. Ein Kontinent zwischen Säkularisierung und Fundamentalismus, hg. v. O. Kallscheuer, Frankfurt a. M. 1996, 67–95
——. The Jews of Islam, Princeton 1984
——. Die Juden in der islamischen Welt. Vom frühen Mittelalter bis ins 20. Jahrhundert (¹1984), München 1987, 31–33
——. The Muslim Discovery of Europe (¹1982), New York u. a. 2001
Lewis, David Levering: God's Crucible: Islam and the Making of Europe, 570–1215, New York/London 1990
Lewis, Mark Edward: Writing and Authority in Early China, Albany 1999
Lichtenberger, Achim: Artemis and Zeus Olympios in Roman Gerasa and Seleucid Religious Policy, in: The Variety of Local Religious Life in Near East in the Hellenistic and Roman Period, hg. v. T. Kaizer, Leiden/Boston 2008, 133–153
Lichtenberger, Hermann: Synkretistische Züge in jüdischen und judenchristlichen Taufbewegungen, in: Jews and Christians. The parting of the ways A. D. 70 to 135, hg. v. J. D. G. Dunn, Tübingen 1992, 85–97
Liebeschuetz, John Hugo Wolfgang Gideon: The Decline and Fall of the Roman City, Oxford 2001
Lienhard, Siegfried: Diamantmeister und Hausväter. Buddhistisches Gemeindeleben in Nepal, Wien 1999
Lieu, Judith: Christian Identity in the Jewish and Graeco Roman World, Oxford 2004
——. Neither Jew Nor Greek. Constructing Early Christianity, London 2002
Lieu, Samuel N. C.: Places of Nestorian Presence, Ways of Dissemination. Continental and Maritime "Silk roads" in China, in: Etappen der Globalisierung in christentumsgeschichtlicher Perspektive/Phases of Globalization in the History of Christianity, hg. v. K. Koschorke, Wiesbaden 2012, 39–58
Lightfoot, Jane L.: The Sibylline Oracles. With Introduction, Translation, and Commentary on the First and Second Books, Oxford 2007
Lightstone, Jack N.: Migration and the Emergence of Greco-Roman Diaspora Judaism, in: Travel and Religion in Antiquity, hg. v. Ph. A. Harland, Waterloo (Ontario) 2011, 187–211
Lilie, Ralph-Johannes: Byzanz. Das zweite Rom, Berlin 2003
Lindberg, David Charles: The Beginnings of Western Science. The European Scientific Tradition in Philosophical, Religious, and Institutional Context, 600 B. C. to A. D. 1450, Chicago/London 1992
——. Von Babylon bis Bestiarium. Die Anfänge des abendländischen Wissens (¹1992), Stuttgart/Weimar 1994
Ling, Trevor: Buddhism, Imperialism and War. Burma and Thailand in Modern History, London 1979
Link, Christoph: Kirchliche Rechtsgeschichte. Kirche, Staat und Recht in der europäischen Geschichte von den Anfängen bis ins 21. Jahrhundert. Ein Studienbuch, München 2009
Lips, Hermann von: Der neutestamentliche Kanon. Seine Geschichte und Bedeutung, Zürich 2004
Littman, Gisèle (unter dem Pseudonym Bat Ye'or): Les Chrétientés d'Orient entre Jihâd et Dhimmitude. VIIe-XXe siècle, Paris 1991
——. The Dhimmi. Jews and Christians under Islam (¹1980), London/Toronto 1985
Löffler, René: Konversion in der Sicht der katholischen Kirche, in: Religiöse Grenzüberschreitungen. Studien zur Bekehrung, Konfession- und Religionswechsel/Crossing Religious Borders. Studies on Conversion and Religious Belonging, hg. v. Ch. Lienemann-Perrin/W. Lienemann, Wiesbaden 2000, 371–414
Lohlker, Rüdiger: Dschihadismus. Materialien, Wien 2009
Long, Shelley L.: Who Determines Conversion? A Response to Gary Gilbert, in: Conversion. Claremont Studies in the Philosophy of Religion, Conference 2011, hg. v. I. Dalferth/M. Ch. Rodgers, Tübingen 2013, 29–34
Longfei, Xu: Die nestorianische Stele in Xi'an. Begegnung von Christentum und chinesischer Kultur, Bonn 2004
Lopez, Donald S. Jr.: Buddhist Scriptures, London 2004
Lorenzen, David N.: Who Invented Hinduism?, in: Comparative Studies in Society and History, 41/1999, 630–659
Lotter, Friedrich: Das Prinzip der „Hebraica Veritas" und die heilsgeschichtliche Rolle Israels bei den frühen Zisterziensern, in: Bibel in jüdischer und christlicher Tradition, hg. v. H. Merklein, Frankfurt a. M. 1993, 479–517

——. „Tod oder Taufe". Das Problem der Zwangstaufen während des Ersten Kreuzzugs, in: Juden und Christen zur Zeit der Kreuzzüge, hg. v. A. Haverkamp, Sigmaringen 1999, 107–152
——. Die Zwangsbekehrung der Juden von Menorca um 418 im Rahmen der Entwicklung des Judenrechts der Spätantike, in: Historische Zeitschrift, 1986, Bd. 242, 291–326
Lotz-Heumann, Ute/Mißfelder, Jan-Friedrich/Pohlig, Matthias: Konversion und Konfession in der Frühen Neuzeit. Systematische Fragestellungen, in: Konversion und Konfession in der Frühen Neuzeit, hg. v. dens., Gütersloh 2007, 11–32
Lovejoy, Paul E.: Transformations in Slavery. A History of Slavery in Africa, Cambridge u. a. 2000
Lüdemann, Gerd/Schröder, Martin: Die Religionsgeschichtliche Schule. Eine Dokumentation, Göttingen 1987
Ludlow, Morwenna: „Criteria of Canonicity" and the Early Church, in: Die Einheit der Schrift und die Vielfalt des Kanons, hg. v. J. Barton/M. Wolter, Berlin/New York, 2003, 69–93
Luhmann, Niklas: Legitimation durch Verfahren, Neuwied u. a. 1969
Lührmann, Dieter: Die apokryph gewordenen Evangelien. Studien zu neuen Texten und zu neuen Fragen, Leiden/Boston 2004
Lüling, Günter: *Über den Urkoran. Ansätze zur Rekonstruktion der vorislamisch-christlichen Strophenlieder im Koran* (¹1974), Erlangen ³2004
Luther, Martin (Übersetzung): Biblia, das ist die gantze Heilige Schrift Deudsch, Wittenberg 1534
——. D. Martin Luthers Werke (Weimarer Ausgabe), 109 Bde. in 126 Teilen, Weimar 1883–2009
——. Das Newe Testament Deutzsch, Wittenberg 1522
Lutterbach, Hubertus: Peter Abaelards Lebensregeln für Klosterfrauen. Zum korrigierenden Umgang mit dem fundierenden Text, in: Normieren, Tradieren, Inszenieren. Das Christentum als Buchreligion, hg. v. A. Holzem, Darmstadt 2004, 127–139
——. Das Täuferreich von Münster. Wurzeln und Eigenarten eines religiösen Aufbruchs, Münster 2008
Luxenberg, Christoph (Pseudonym): Die syro-aramäische Lesart des Koran. Ein Beitrag zur Entschlüsselung der Koransprache (¹2000), Berlin ³2007
Luz, Ulrich: Das Evangelium nach Matthäus, 4 Bde., Düsseldorf u. a. 1985–2002
Lynch, Joseph H.: Godparents and Kinship in Early Medieval Europe, Princeton 1986
Macht und Ohnmacht der Bilder. Reformatorischer Bildersturm im Kontext der europäischen Geschichte, hg. v. P. Blickle, München 2002
Die Machtfülle des Papsttums (1054–1274), hg. v. A. Vauchez (¹1993) (=Die Geschichte des Christentums, hg. v. J.-M. Mayeur, Bd. 5), Freiburg i. B. u. a. 1994
MacMullen, Ramsay: Christianizing the Roman Empire (A. D. 100–400), New Haven/London 1984
Macuch, Rudolf: Zur Vorgeschichte der Bekenntnisformel lā ilālah illā illāhu, in: Zeitschrift der Deutschen Morgenländischen Gesellschaft, 128/1978, 20–38
Mader, Eric-Oliver: Conversion Concepts in Early Modern Germany. Protestant and Catholic, in: Conversion and the Politics of Religion in Early Modern Germany, hg. v. D. M. Luebke, New York/Oxford 2012, 31–48
Mahoney, James: Path Dependence in Historical Sociology, in: Theory and Society, 29/2000, 507–548
Maichle, Albert: Der Kanon der biblischen Bücher und das Konzil von Trient. Eine quellenmäßige Darstellung, Freiburg i. Br. 1929
Maier, Bernhard: Die Kelten. Ihre Geschichte von den Anfängen bis zur Gegenwart (¹2000), München ²2003
Maier, Hans: Demokratischer Verfassungsstaat ohne Christentum – was wäre anders? Essay, basierend auf einem Vortrag im Bildungszentrum Schloss Eichholz, Wesseling, 21. Januar 2005, Sankt Augustin/Berlin 2006
——. Die Gemeinde in der Theologie des Christentums, in: Theorien kommunaler Ordnung in Europa, hg. v. P. Blickle, 19–34
Maillard, Clara: Les papes et le Maghreb aux XIIIème et XIVème siècles. Étude des lettres pontificales de 1199 à 1419, Turnhout 2014
Mair, Victor H.: Buddhism and the Rise of the Written Vernacular in East Asia. The Making of National Languages, in: The Journal of Asian Studies, 53/1994, 707–751
Maissen, Thomas: Die Bedeutung der christlichen Bildsprache für die Legitimation frühneuzeitlicher Staatlichkeit, in: Religions-Politik I. Zur historischen Semantik europäischer Legitimationsdiskurse, hg. v. G. Pfleiderer/A. Heit, Zürich/Baden-Baden 2013, 72–192

———. Geschichte der Schweiz, Baden 2010
———. Reformation und christliche Politik. Europäische Beispiele und Entwicklungen, in: Reformation und Politik. Europäische Wege von der Vormoderne bis heute, hg. v. M. Reichel u. a., Halle 2015, 15–32
Makdisi, George Abraham: Authority in the Islamic Community (¹1982), in: ders.: History and Politic in Eleventh-Century Baghdad, Aldershot 1990
———. Introduction, in: Al-Aqil, al-wāḍiḥ fī uṣūl al-fiqh, Bd. 1, Beirut 1996, 10–16
———. Madrasa, in: Lexikon des Mittelalters, Bd. 6, München/Zürich 1993, 66–67
———. Madrasa and University in the Middle Ages, in: Studia Islamica, 32/1970, 255–264
———. Muslim Institutions of Learning in Eleventh-Century Baghdad (¹1961), in: ders.: Religion, Law and Learning in Classical Islam, Hampshire 1991
———. The Rise of Humanism in Classical Islam and the Christian West. With Special Reference to Scholasticism, Edinburg 1990
———. The Rise of the Colleges. Institutions of Learning in Islam and in the West, Edinburg 1981
———. Scholasticism and Humanism in Classical Islam and the Christian West, in: Journal of the American Oriental Society 109/1989, 175–182
Malet, André: Le traité théologico-politique de Spinoza et la pensée biblique, Paris 1966
Mali, Franz: Le canon du Nouveau Testament chez les auteurs syriaques, in: Le canon du Nouveau Testament. Regards nouveaux sur l'histoire de sa formation, hg. v. G. Aragione u. a., Genf 2005, 269–281
Malinar, Angelika: Vom „Kanon-Fundus" zum „variablen" Kanon. Über den Status religiöser Texte im Hinduismus, in: Kanonisierung und Kanonbildung in der asiatischen Religionsgeschichte, hg. v. M. Deeg u. a., Wien 2011, 57–79
Malinowski, Bronislaw: Argonauten des Westlichen Pazifik. Ein Bericht über Unternehmungen und Abenteuer der Eingeborenen in den Inselwelten von Melanesisch-Neuguinea (¹1922), Frankfurt a. M. 1979
Mangenot, Eugène: Inspiration de l'écriture, in: Dictionnaire de Théologie Catholique, Bd. 7.2, Paris 1927, 2068–2266
Mann, Michael: Die dunkle Seite der Demokratie. Eine Theorie der ethnischen Säuberung (¹2005), Hamburg 2007
Manning, Patrick/Trimmer, Tiffany: Migration in World History (¹2004), London/New York ²2013
Mansel, Philip: Constantinople. La ville que désirait le monde, 1453–1924 (¹1995), Paris 1997
A Manual of Byzantine Law, Compiled in the Fourteenth Century by George Harmenopoulos, hg. und übers. von E. H. Freshfield, Cambridge 1930
The Many Canons of Tibetan Buddhism, hg. v. H. Eimer/D. Germano, Leiden u. a. 2002
Marcus, Ivan G.: The Jewish Life Cycle. Rites of Passage from Biblical to Modern Times, Seattle/London 2004
———. Rituals of Childhood. Jewish Acculturation in Medieval Europe, New Haven/London 1996
Marett, Robert, Ranulph: The Threshold of Religion, London ²1914
Marín-Guzmán, Roberto: Arab tribes, the Umayyad Dynasty, and the ʿAbbasid Revolution, in: American Journal of Islamic Social Sciences, 21/2004, H. 4, 57–96
Marks, Robert: Die Ursprünge der modernen Welt. Eine globale Weltgeschichte (¹2002), Darmstadt 2006
Markschies, Christoph: Das antike Christentum. Frömmigkeit, Lebensformen, Institutionen, München 2006
———. Einführung, in: Ablution, Initiation, and Baptism. Waschungen, Initiation und Taufe. Late Antiquity, Early Judaism, and Early Christianity. Spätantike, Frühes Judentum und Frühes Christentum, hg. v. D. Hellholm u. a., 3 Bde., Berlin/Boston 2011, Bd. 1, S. IL-LXIII
———. Haupteinleitung, in: Antike christliche Apokryphen in deutscher Übersetzung, hg. v. dems./J. Schroeter, Bd. 1.1, Tübingen 2012
———. Hieronymus und die „Hebraica Veritas". Ein Beitrag zur Archäologie des protestantischen Schriftverständnisses?, in: Die Septuaginta zwischen Judentum und Christentum, hg. v. dems./A. M. Schwemer, Tübingen 1994, 131–181
———. Kaiserzeitliche christliche Theologie und ihre Institutionen. Prolegomena zu einer Geschichte der antikenchristlichen Theologie, Tübingen 2007
———. Mitgliedschaft in der Geschichte der Kirche – drei Erkundungsgänge in einem weiten Feld, in: epd-dokumentation 46/2007, 9–18
———. Neue Forschungen zur Kanonisierung des Neuen Testaments, in: Apocrypha 12/2001, 237–262

—. Wer schrieb die sogenannte *Traditio Apostolica*? Neue Beobachtungen und Hypothesen zu einer kaum lösbaren Frage aus der altkirchlichen Liturgiegeschichte, in: Kinzig, Wolfram u. a.: Tauffragen und Bekenntnis. Studien zur sogenannten „Traditio Apostolica", zu den „Interrogationes de fide" und zum „Römischen Glaubensbekenntnis", Berlin/New York 1999, 1–74
Marrou, Henri-Irénée: Augustinus und das Ende der antiken Bildung ([1]1938, [4]1958), Paderborn u. a. 1981
Marshall, Peter J.: The British Discovery of Hinduism in the Eighteenth Century, Cambridge 1970
Marsham, John: Chronicus canon aegyptiacus ebraicus graecus et disquisitiones, London 1672
Martin, Luther H.: "The Devil is in the Details". Hellenistic Mystery Initiation Rites. Bridge-Burning or Bridge-Building?, in: Conversion and Initiation in Antiquity. Shifting Identities – Creating Change, hg. v. B. Secher Bøgh, Frankfurt a. M. u. a. 2014, 153–168
Martin, Richard C./Woodward, Mark R.: Defenders of Reason in Islam. Mu'tazilism from Medieval School to Modern Symbol, Oxford 1997
Martínez Maza, Clelia: Une victime sans importance? La mort de la philosophe Hypathie, in: Chrétiens persécuteurs. Destructions, exclusions, violences religieuses au IVe siècle, hg. v. M.-F. Baslez, Paris 2014, 286–310
Martyrdom and Persecution in Late Antique Christianity, hg. v. J. Leemans, Löwen u. a. 2010
Marx, Karl: Zur Kritik der Politischen Ökonomie (1859), in: Marx-Engels-Werke, hg. v. Institut für Marxismus-Leninismus beim ZK der SED, Bd. 13, Berlin 1961
Marx, Michael J.: Ein Koran-Forschungsprojekt in der Tradition der Wissenschaft des Judentums. Zur Programmatik des Akademievorhabens Corpus Coranicum, in: „Im vollen Lichte der Geschichte". Die Wissenschaft des Judentums und die Anfänge der kritischen Koranforschung, hg. v. D. Hartwig u. a., Würzburg 2008, 41–53
Maser, Matthias: Christen im umayyadischen Andalus. Zwischen diskriminierender Beschränkung und kultureller Profilierung, in: Integration – Segregation – Vertreibung. Religiöse Minderheiten und Randgruppen auf der Iberischen Halbinsel (7. - 17. Jahrhundert), hg. v. K. Herbers/N. Jaspert, Berlin 2011, 83–108
Masonen, Pekka/Fisher, Humphrey John: Not Quite Venus from the Waves. The Almoravid Conquest of Ghana in the Modern Historiography of Western Africa, in: History in Africa, 23/1996, 197–232
Massignon, Louis: Le corps de métiers et la cité islamique, in: Revue Internationale de Sociologie, 28/1920, 473–489
Massonnet, Jean: Aux sources du christianisme. La notion pharisienne de révélation, Brüssel 2013
Matschke, Klaus-Peter: Grundzüge des byzantinischen Städtewesens vom 11. bis 15. Jahrhundert, in: Die byzantinische Stadt im Rahmen der allgemeinen Stadtentwicklung, hg. v. dems., Leipzig 1995, 27–73
Matthias, Markus: Bekehrung und Wiedergeburt, in: Geschichte des Pietismus, Bd. 4, hg. v. M. Brecht u. a., Göttingen 2004, 49–79
Mauersberg, Hans: Wirtschafts- und Sozialgeschichte zentraleuropäischer Städte in neuerer Zeit. Dargestellt an den Beispielen von Basel, Frankfurt a. M., Hamburg, Hannover und München, Göttingen 1960
Mauss Marcel: Essai sur le don. Forme et raison de l'échange dans les sociétés archaïques (= l'Année Sociologique, seconde série, 1923–1924)
Max Weber und die Stadt im Kulturvergleich, hg. v. H. Bruhns/W. Nippel, Göttingen 2000
Max Webers Religionssoziologie in interkultureller Perspektive, hg. v. H. Lehmann/J. M. Ouédraogo, Göttingen 2003
May, Gerhard: In welchem Sinn kann Markion als der Begründer des neutestamentlichen Kanons angesehen werden?, in: ders.: Markion. Gesammelte Aufsätze, Mainz 2005, 85–91
—. Das Konzept Antike und Christentum in der Patristik von 1870 bis 1930, in: Patristique et Antiquité tardive en Allemagne et en France de 1870 à 1930. Influences et échanges, hg. J. Fontaine u. a., Paris 1993, 3–19
Mayaram, Shail: Rethinking Meo Identity. Cultural Faultline, Syncretism, Hybridity or Liminality?, in: Comparative Studies of South Asia, Africa and Middle East, 17/1997, Nr. 2, 35–44
Mazeika, Rasa: Bargaining for Baptism. Lithuanian Negotiations for Conversion, 1250–1358, in: Varieties of Religious Conversion in the Middle Ages, hg. v. J. Muldoon, Gainesville u. a. 1997, 131–145
Mazur, Peter: The New Christians of Spanish Naples, 1528–1671. A Fragile Elite, Basingstoke/New York 2013

Mazusawa, Tomoko: The Invention of World Religions. Or, How European Universalism was Preserved in the Language of Pluralism, Chicago/London 2005
McAuliffe, Jane Dammen: Bible, in: Encyclopedia of the Qur'an, hg. v. ders., Bd. 1, Leiden/Boston 2001, 228
McDonald, Lee Martin: The Formation of the Christian Biblical Canon, Peabody 1995
McEvilley, Thomas: The Shape of Ancient Thought: Comparative Studies in Greek and Indian Philosophies, Delhi 2008
McLean, B. Hudson: The Place of Cult in Voluntary Associations and Christian Churches on Delos, in: Voluntary Associations in the Graeco-Roman World, hg. v. J. S. Kloppenborg/St. G. Wilson, London/New York 2005, 176–225
McMullin, Ernan: Newton on Matter and Activity, Notre Dame 1978
McNamara, Martin: The Apocrypha in the Irish Church, Dublin 1975
Mechthild von Magdeburg: Das fließende Licht der Gottheit, hg. v. G. Vollmann-Profe, Berlin 2010
The Medieval Gospel of Nicodemus. Texts, Intertexts, and Contexts in Western Europe, hg. v. Z. Izydorcszyk, Tempe 1997
Meeks, Wayne A.: The Moral World of the First Christians, Philadelphia 1986
——. Urchristentum und Stadtkultur. Die soziale Welt der paulinischen Gemeinden (^{1}1983), Gütersloh 1993
Meersseman, Gilles Gérard: Ordo Fraternitatis. Confraternite e pieta dei laici nel medioevo, 3 Bde., Rom 1977
Meier, Christian: Kultur, um der Freiheit willen. Griechische Anfänge – Anfang Europas?, München 2009
Meier, Esther: Die Gregorsmesse. Funktionen eines spätmittelalterlichen Bildtypus, Köln u. a. 2006
Meinhold, Peter: Die Begegnung der Religionen und die Geistesgeschichte Europas, Wiesbaden 1981
Mell, Ulrich: Christliche Hauskirche und Neues Testament. Die Ikonologie des Baptisteriums von Dura Europos und das Diatessaron Tatians, Göttingen 2010
Mendels, Doron: The Media Revolution of Early Christianity. An Essay of Eusebius's Ecclesiastical History, Grand Rapids/Cambridge 1999
Mennecke-Haustein, Ute: Conversio ad Ecclesiam. Der Weg des Friedrich Staphylus zurück zur vortridentinischen katholischen Kirche, Gütersloh 2003
Mensching, Gustav: Die Religionen. Erscheinungsformen, Strukturtypen und Lebensgesetze, Stuttgart 1959
——. Vergleichende Religionswissenschaft, Leipzig ^{1}1938/^{2}1949
Meri, Josef W.: Ritual and the Qur'an, in: Encyclopedia of the Qur'an, hg. v. J. D. McAuliffe, Bd. 5, Leiden/Boston 2004, 492–496
Merkt, Andreas: Das Fegefeuer. Entstehung und Funktion einer Idee, Darmstadt 2005
Merlo, Grado Giovanni: Au nom de saint François. Histoire des Frères mineurs et du franciscanisme jusqu'au début du XVIe siècle (^{1}2003), Paris 2006
Mernissi, Fatima: Geschlecht, Ideologie, Islam, München 1987
——. Herrscherinnen unter dem Halbmond. Die verdrängte Macht der Frauen im Islam, Freiburg i. B. 2004
Mersch, Margit/Ritzerfeld, Ulrike: „Lateinisch-griechische" Begegnungen in Apulien. Zur Kunstpraxis der Mendikanten im Kontaktbereich zum orthodoxen Christentum, in: Lateinisch-griechisch-arabische Begegnungen. Kulturelle Diversität im Mittelmeerraum des Spätmittelalters, hg. v. M. Mersch/dems., Berlin 2009, 219–184
Merton, Robert King: Science, Technology & Society in Seventeenth Century England (^{1}1938), New York 1993
Metzger, Bruce Manning: Der Kanon des Neuen Testaments. Entstehung, Entwicklung, Bedeutung (^{1}1987), Düsseldorf 1993
Metzger, Marcel/Drews, Wolfram/Brakmann, Heinzgerd: Katechumenat, in: Reallexikon für Antike und Christentum, Bd. 20, Stuttgart 2002, 497–574
Metzler, Josef: Foundation of the Congregation "de propaganda fide" by Gregor XV, in: Sacrae Congregationis de Propaganda Fide memoria rerum. 350 anni a servizio delle missioni, Bd. 1, hg. v. dems., Rom u. a. 1971, 79–111
——. Wegbereiter und Vorläufer der Kongregation. Vorschläge und erste Gründungsversuche einer römischen Missionszentrale, in: Sacrae Congregationis de Propaganda Fide memoria rerum. 350 anni a servizio delle missioni, Bd. 1, hg. v. dems., Rom u. a. 1971, 38–78
Meuthen, Erich: Zur europäischen Klerusbildung vom 14. bis zum 16. Jahrhundert, in: Mediävistische Komparatistik, hg. v. W. Harms u. a., Stuttgart u. a. 1997

Meuwese, Mark: Language, Literacy, and Christian Education. Indigenous Peoples and Dutch Protestant Missions in Southwestern Taiwan and Northeastern Brazil, 1624–1662, in: Sprachgrenzen – Sprachkontakte – kulturelle Vermittler. Kommunikation zwischen Europäern und Außereuropäern (16.–20. Jahrhundert), hg. v. M. Häberlein/A. Keese, Stuttgart 2010, 107–128

Meyer, Birgit: Mediation and the Genesis of Presence. Toward a Material Approach to Religion, Utrecht 2012

Meyer, Birgit/Houtman, Dick: Material Religion. How Things Matter, in: Things. Religion and the Question of Materiality, hg. v. dens., New York 2012, 1–23

Meyer, Carla: Die Stadt als Thema. Nürnbergs Entdeckung in Texten um 1500, Sigmaringen 2009

Meyers, Allen R.: Patronage and Protection. The Status of Jews in Precolonial Morocco, in: Jews Among Muslims. Communities in the Precolonial Middle East, hg. v. Sh. Deshen/P. Zenner, London u. a. 1996, 83–97

Meyerson, Mark D.: The Survival of a Muslim Minority in the Christian Kingdom of Valencia (Fifteenth-Sixteenth Centuries), in: Conversion and Continuity: Indigenous Christian Communities in Islamic Lands, Eighth to Eighteenth Centuries, hg. v. M. Gervers/R. J. Bikhazi, Toronto 1990, 365–380

Michaels, Axel: Growing up. Hindu and Buddhist Initiation Rituals among Newar Children in Bhaktapur, Nepal, Wiesbaden 2008

——. Der Hinduismus. Geschichte und Gegenwart, München 1998

Miethke, Jürgen: Abaelards Stellung zur Kirchenreform. Eine biographische Studie, in: Francia, 1/1973, 158–192

——. Die Kirche und die Universitäten im 13. Jahrhundert, in: Schulen und Studium im sozialen Wandel des hohen und späten Mittelalters, hg. v. J. Fried, Sigmaringen 1986, 285–320

Mileta, Christian: Die offenen Arme der Provinz. Überlegungen zur Funktion und Entwicklung der prorömischen Kultfeste der Provinz Asia (erstes Jahrhundert v. Chr.), in: Festrituale in der römischen Kaiserzeit, hg. v. J. Rüpke, Tübingen 2008, 89–114

Miletto, Gianfranco: Die „Hebraica veritas" in S. Hieronymus, in: Bibel in jüdischer und christlicher Tradition, hg. v. H. Merklein, Frankfurt a. M. 1993, 56–65

Miller, Peter N./Louis, François: Introduction. Antiquarianism and Intellectual Life in Europe and China, in: Antiquarianism and Intellectual Life in Europe and China, 1500–1800, hg. v. dens., Ann Arbor 2012, 1–24

Minkov, Anton: Conversion to Islam in the Balkans. Kisve Bahasi Petitions and Ottoman Social Life, 1670–1730, Leiden/Boston 2004

Mitchell, Stephen: A History of the Later Roman Empire AD 284–641, the Transformation of the Ancient World, Malden u. a. 2007

Mittelalter im Labor. Die Mediävistik testet Wege zu einer transkulturellen Europawissenschaft, hg. v. M. Borgolte, Berlin 2008

Mitterauer, Michael: Geistliche Verwandtschaft im Kontext mittelalterlicher Verwandtschaftssysteme, in: Die Familie in der Gesellschaft des Mittelalters, hg. v. K.-H. Spieß, Ostfildern 2009, 171–194

——. Mittelalter, in: Geschichte der Familie, hg. v. Andreas Gestrich u. a., Stuttgart 2003, 160–363

——. Städte als Zentren im mittelalterlichen Europa, in: Die vormoderne Stadt. Asien und Europa im Vergleich, hg. v. P. Feldbauer u. a., Wien/München 2002, 60–78

——. Die Toten und die Lebenden. Zu religiösen Bedingungen von Verwandtschaft ([1]1991), in: ders.: Historische Verwandtschaftsforschung, Wien u. a. 2013, 15–25.

——. Warum Europa? Mittelalterliche Grundlagen eines Sonderweges ([1]2003), München [4]2004

Molénat, Jean-Pierre: Sur le rôle des almohades dans la fin du christianisme local au Maghreb et en Al-Andalus, in: Al-Qantara, 18/1997, 389–414

Molendijk, Arie L.: The Emergence of the Science of Religion in the Netherlands, Leiden/Boston 2005

Mollier, Christine: Buddhism and Taoism Face to Face. Scripture, Ritual, and Iconograpic Exchange in Medieval China, Honolulu 2008

Mondrian, Brigitte: Der Transfer griechischer Handschriften nach der Eroberung Konstantinopels, in: Osmanische Expansion und europäischer Humanismus, hg. v. F. Fuchs, Wiesbaden 2005, 109–122

Monotheism between Pagans and Christians in Late Antiquity, hg. v. St. Mitchell/P. van Nuffelen, Löwen 2010

Montgomery, Robert L.: The Lopsided Spread of Christianity. Toward an Understanding of the Diffusion of Religions, Westport (Conn.) 2002
Monumenta Germaniae Historica. Capitularia Regum Francorum, hg. v. A. Boretus, Bd. 1, Hannover 1883
Moore, Rebecca: Jews and Christians in the Life and Thought of Hugh of St. Victor, Atlanta 1998
Moore, Robert Ian: The Formation of a Persecuting Society. Authority and Deviance in Western Europe 950–1250 (¹1987), Oxford ²2007
Morabia, Alfred: Le Ǧihâd dans l'Islam médiéval. Le «combat sacré» des origines au XIIe siècle, Paris 2013
Morris, Colin: The Discovery of the Individual 1050–1200, New York 1972
Morsink, Johannes: The Universal Declaration of Human Rights. Origins, Drafting, and Intent, Philadelphia 1999
Moschos, Dimitrios: Kirchengeschichte aus dem Blickwinkel der Orthodoxie, in: Historiographie und Theologie. Kirchen- und Theologiegeschichte im Spannungsfeld von geschichtswissenschaftlicher Methode und theologischem Anspruch, hg. v. W. Kinzig u. a., Leipzig 2004, 87–101
Motzki, Harald: Die Anfänge der islamischen Jurisprudenz. Ihre Entwicklung in Mekka bis zur Mitte des 2./8. Jahrhunderts, Stuttgart 1991
——. The Collection of the Qur'an. A Reconsideration of Western Views in the Light of Recent Methodological Developments, in: Der Islam, 78/2001, 1–34
——. Dimma und Égalité. Die nichtmuslimischen Minderheiten Ägyptens in der zweiten Hälfte des 18. Jahrhunderts und die Expedition Bonapartes (1798–1801), Bonn 1979
——. Das Kind und seine Sozialisation in der der islamischen Familie des Mittelalters, in: Zur Sozialgeschichte der Kindheit, Bd. 4, hg. v. J. Martin/A. Nitschke, Freiburg i. B./München 1986, 391–441
Mücke, Marion/Schnalke, Thomas: Briefnetz Leopoldina. Die Korrespondenz der Deutschen Akademie der Naturforscher um 1750, Berlin/New York 2009
Mudry, Thierry: Historie de la Bosnie-Herzégovine. Faits et controverses, Paris 1999
Mühlenkamp, Christine: „Nicht wie die Heiden". Studien zur Grenze zwischen christlicher Gemeinde und paganer Gesellschaft konstantinische Zeit, Münster 2008
Muldoon, James: Popes, Lawyers, and Infidels. The Church and the Non-Christian World 1250–1550, Liverpool 1979
Müller, Andreas: Tauftheologie und Taufpraxis vom 2. bis zum 19. Jahrhundert, Einheit und Vielfalt. Die Taufe in neutestamentlicher Perspektive, in: Die Taufe, hg. v. M. Öhler, Tübingen 2012, 83–135
Müller, Anne: Bettelmönche in islamischer Fremde. Institutionelle Rahmenbedingungen franziskanischer und dominikanischer Mission in muslimischen Räumen des 13. Jahrhunderts, Münster u. a. 2002
Müller, Friedrich Max: Einleitung in die vergleichende Religionswissenschaft. Vier Vorlesungen im Jahre 1870 an der Royal Institution in London gehalten. Nebst zwei Essays „Über falsche Analogien" und „Über Philosophie der Mythologie", Straßburg 1874
——. Introduction to the Science of Religion. Four Lectures delivered at the Royal Institution on February and May 1870, London 1873
——. Theosophy or Psychological Religion. The Gifford Lectures delivered before the University of Glasgow in 1892, London 1893
Müller, Mogens: Die Septuaginta als Teil des christlichen Kanons, in: Die Septuaginta. Texte, Kontexte, Lebenswelten, hg. v. M. Karrer/W. Kraus, Tübingen 2008, 708–727
Müller, Sascha: Richard Simon (1638–1712). Exeget, Theologe, Philosoph und Historiker. Eine Biographie, Würzburg 2005
Müller, Uwe: Die Leopoldina unter den Präsidenten Bausch, Fehr und Volckamer (1652–1693), in: 350 Jahre Leopoldina. Anspruch und Wirklichkeit. Festschrift der Deutschen Akademie der Naturforscher Leopoldina, 1652–2002, hg. v. B. Parthier/D. v. Engelhardt, Halle 2002, 45–93
Müller-Wiener, Martina: Eine Stadtgeschichte Alexandrias von 564/1169 bis in die Mitte des 9./15. Jahrhunderts. Verwaltung und innerstädtische Organisationsformen, Berlin 1992
Mulsow, Martin: Mehrfachkonversion, politische Religion und Opportunismus im 17. Jahrhundert. Ein Plädoyer für die Indifferentismusforschung, in: Interkonfessionalität – Transkonfessionalität – binnenkonfessionelle Pluralität. Neue Forschungen zur Konfessionalisierungsthese, hg. v. K. von Greyerz, Heidelberg 2003, 132–150

—. Netzwerke gegen Netzwerke. Polemik und Wissensproduktion im politischen Antiquarianismus um 1600, in: ders.: Die unanständige Gelehrtenrepublik. Wissen, Libertinage und Kommunikation in der Frühen Neuzeit, Stuttgart/Weimar 2007, 143–190

Münkler, Marina: Erfahrungen des Fremden. Die Beschreibung Ostasiens in den Augenzeugenberichten des 13. und 14. Jahrhunderts, Berlin 2000, 90–102

Mürmel, Heinz: Der Beginn des institutionellen Buddhismus in Deutschland. Der Buddhistische Missionverein in Deutschland (Sitz Leipzig) (www.buddhismuskunde.uni-hamburg.de/fileadmin/pdf/digitale_texte/Bd11-K10Muermel.pdf [12.6.2009])

Murrmann-Kahl, Michael: Die entzauberte Heilsgeschichte. Der Historismus erobert die Theologie, 1880–1920, Gütersloh 1992

Musa, Aisha Y.: Hadith as Scripture. Discussions on the Authority of Prophetic Traditions in Islam, New York 2008

Musall, Frederek: Vom „Schlüssel der Wissenschaften" zum „Schlüssel des Gesetzes". Wissenskultur und Wissenstransfer im europäischen Mittelalter am Beispiel Moshe ben Maimons, in: Mittelalter im Labor. Die Mediävistik testet neue Wege zu einer transkulturellen Europawissenschaft, hg. v. M. Borgolte u. a., Berlin 2008, 210–228

Muth, Robert: Einführung in die griechische und römische Religion ([1]1988), Darmstadt [2]1998

Mutius, Hans-Georg von: Bibel im Judentum. V: Bibelkritik, in: Lexikon des Mittelalters, Bd. 2, Stuttgart u. a. 1983

Mutschler, Bernhard: Glaube in den Pastoralbriefen. Pistis als Mitte christlicher Existenz, Tübingen 2010

Mylius, Klaus: Geschichte der altindischen Literatur. Die 3000jährige Entwicklung der religiös-philosophischen, belletristischen und wissenschaftlichen Literatur Indiens von den Veden bis zur Etablierung des Islam ([1]1983), Wiesbaden [2]2003

N'Diaye, Tidiane: Der verschleierte Völkermord. Die Geschichte des muslimischen Sklavenhandels in Afrika, Reinbek 2010

Nagel, Eduard: Kindertaufe und Taufaufschub. Die Praxis vom 3.–5. Jahrhundert in Nordafrika und ihre theologische Einordnung bei Tertullian, Cyprian und Augustinus, Frankfurt a. M. u. a. 1980

Nagel, Tilman: „Authentizität" in der Leben-Mohammed-Forschung, in: Arabica, 60/2013, 516–568

—. Das islamische Recht. Eine Einführung, Wiesbaden 2001

—. Die islamische Welt bis 1500, München 1998

—. Der Koran. Einführung – Texte – Erläuterungen ([1]1983), München [4]2002

—. Medinensische Einschübe in mekkanischen Suren, Göttingen 1995

—. Medinensische Einschübe in mekkanischen Suren. Ein Arbeitsbericht, in: The Qur'an as Text, hg. v. St. Wild, Leiden u. a. 1996, 59–68

—. Mohammed. Allahs Liebling. Ursprung und Erscheinungsformen des Mohammedglaubens, München 2008

—. Mohammed. Leben und Legende, München 2008

—. Staat und Glaubensgemeinschaft im Islam. Geschichte der politischen Ordnungsvorstellungen der Muslime, Bd. 1: Von den Anfängen bis ins 13. Jahrhundert, Zürich/München 1981

—. Timur der Eroberer und die islamische Welt des Mittelalters, München 1993

—. Vom „Qur'ān" zur „Schrift" – Bells Hypothese aus religionsgeschichtlicher Sicht, in: Der Islam, 60/1983, 143–165

Nardi, Paolo: Die Hochschulträger, in: Geschichte der Universität in Europa, hg. v. W. Rüegg, Bd. 1, München 1993, 83–108

Nasr, Seyyed Hossein: Man and Nature. The Spiritual Crisis of Modern Man, Cambridge (Mass.) 1968

—. Science and Civilisation in Islam ([1]1968), Cambridge 1987

—. Traditional Islam in the Modern World (1987), London/New York 1990

Nattier, Jan: A Guide to the Earliest Chinese Buddhist Translations. Texts form Eastern Han and Three Kingdom Periods, Tokyo 2008

Nautin, Pierre: Hieronymus, in: Theologische Realenzyklopädie, Bd. 15, Berlin/New York 1986, 304–315

Needham, Joseph: Science and Civilisation in China, Bd. 7,2: General Conclusions and Reflections, Cambridge 2004

Neelis, Jason Emmanuel: Early Buddhist Transmission and Trade Networks. Mobility and Exchange within and beyond the Northwestern Borderlands of South Asia, Leiden/Boston 2011

Nef, Anneliese: Le statut des ḏimmī-s dans la Sicile aghlabide (212/827–297/910), in: The Legal Status of Dimmī-s in the Islamic West (second/eighth-ninth/fifteenth centuries), hg. v. M. Fierro Bello/J. Tolan, Turnhout 2013, 111–129.

Nehring, Andreas: Zwischen Monismus und Monotheismus. Hinduismus und indische Aneignungen des Religionsbegriffes. Ein poststrukturalistischer Versuch, in: Gott – Götter – Götzen, hg. v. Ch. Schöbel, Leipzig 2012, 792–821

Nemo, Philippe: Was ist der Westen? Die Genese der abendländischen Zivilisation, Tübingen 2005

Nesselrath, Theresa: Kaiser Julian und die Repaganisierung des Reiches. Konzept und Vorbilder, Münster 2013

Die „Neue Frömmigkeit" in Europa im Spätmittelalter, hg. v. M. Derwich/M. Staub, Göttingen 2004

Neumann, Karl Eugen: Buddhistische Anthologie. Texte aus dem Pāli-Kanon, Leiden 1892

Neumeister, Sebastian: Von der arkadischen zur humanistischen res publica litteraria, in: Europäische Sozietätsbewegung und demokratische Tradition. Die europäischen Akademien der Frühen Neuzeit zwischen Frührenaissance und Spätaufklärung, 2 Bde., hg. v. K. Garber/H. Wismann, Tübingen 1996, 171–189

Neunheuser, Burkhard: Taufe und Firmung, Freiburg i. B. u. a. 1983

Neuschäfer, Bernhard: Origenes als Philologe (Diss. 1984/85), 2 Bde., Basel 1987

Neuser, Wilhelm: Calvins Stellung zu den Apokryphen des Alten Testaments, in: Text – Wort – Glaube. Studien zur Überlieferung, Interpretation und Autorisierung biblischer Texte, hg. v. M. Brecht, Berlin 1980, 298–323

Neusner, Jacob: The Conversion of Adiabene to Judaism. A New Perspective, in: Journal of Biblical Literature 83/1964, 60–66

——. The Formation of Rabbinic Judaism: Yavneh (Jamnia) form A. D. 70 to 100, in: Aufstieg und Niedergang der römischen Welt, Bd. II/19.2, hg. v. W. Haase, Berlin New York 1979, 3–42

——. The Judaic Law of Baptism. Tractate Miqvaot in the Mishnah and the Tosefta. A Form-Analytical Translation and Commentary and a Legal and Religious History, Atlanta (Ga.) 1995

——. Un rabbin parle avec Jésus (¹2001), Paris 2008

Neutestamentliche Apokryphen in deutscher Übersetzung, Bd. 1, hg. v. E. Hennecke/W. Schneemelcher, Tübingen ⁵1987

Neuwirth, Angelika: „Im vollen Lichte der Geschichte". Die Wissenschaft des Judentums und die Anfänge der kritischen Koranforschung, in: „Im vollen Lichte der Geschichte". Die Wissenschaft des Judentums und die Anfänge der kritischen Koranforschung, hg. v. D. Hartwig u. a., Würzburg 2008, 25–39

——. Das islamische Dogma der „Unnachahmlichkeit des Korans" in literaturwissenschaftlicher Sicht, in: Der Islam, 60/1983, 166–183

——. Koran, in: Grundriß der Arabischen Philologie, Bd. 2, hg. v. H. Gätje, Wiesbaden 1987, 96–135

——. Der Koran als Text der Spätantike. Ein europäischer Zugang, Berlin 2010

——. Koranforschung – eine politische Philologie? Bibel, Koran und Islamentstehung im Spiegel spätantiker Textpolitik und moderner Philologie, Berlin/Boston 2014

——. Vom Rezitationstext über die Liturgie zum Kanon. Zu Entstehung und Wiederauflösung der Surenkomposition im Verlauf der Entwicklung eines islamischen Kultus, in: The Qur'an as Text, hg. v. St. Wild, Leiden u. a. 1996, 69–105

——. Zur Archäologie einer Heiligen Schrift. Überlegungen zum Koran vor seiner Kompilation, in: Streit um den Koran. Die Luxenberg-Debatte: Standpunkte und Hintergründe (¹2004), hg. v. Ch. Burgmer, Berlin ³2007, 130–145

Newman, Hillel I.: How Should We Measure Jerome's Hebrew Competence?, in: Jerome of Stridon. His Life, Writings and Legacy, hg. v. A. Cain/J. Lössl, Farnham 2009, 131–140

Ng, On-Cho/Chow, Kai-Wing: Introduction. Fluidity of the Confucian Canon and Discursive Strategies, in: Imagining Boundaries. Changing Confucian Doctrines, Texts, and Hermeneutics, hg. v. O.-O. Ng u. a., New York 1999, 1–15

Nicklas, Tobias: Jews and Christians? Second-century „Christian" perspectives on the „Parting of the Ways", Tübingen 2014

Nikolaus von Kues: De pace fidei (www.urts99.uni-trier.de/cusanus/content/fw.php?werk=15&ln=de_pf&nvk_fw=1 [15.1.2015])
Nirenberg, David: Communities of Violence. Persecution of Minorities in the Middle Ages, Princeton 1996
Noch eine Chance für die Religionsphänomenologie?, hg. v. A. Michaels, Bern u. a. 2001
Nock, Arthur Darby: Bekehrung, in: Reallexikon für Antike und Christentum, Bd. 2, Stuttgart 1954, 105–118
——. Conversion. The Old and the New in Religion from Alexander the Great to Augustine of Hippo, Oxford 1933
Noethlichs, Karl-Leo: Die gesetzgeberischen Maßnahmen der christlichen Kaiser des vierten Jahrhunderts gegen Häretiker, Heiden und Juden, Diss. Köln 1971
——. Heidenverfolgung, in: Realenzyklopädie für Antike und Christentum, Bd. 13, Stuttgart 1984, 1149–1190
——. Das Judentum und der römische Staat. Minderheitenpolitik im antiken Rom, Darmstadt 1996
Nöldeke, Theodor: Geschichte des Qorâns, Göttingen 1860
——. Geschichte des Qorans (Diss. ¹1860), überarbeitet von Friedrich Schwally und Gotthelf Bergsträsser/Otto Pretzl, 3 Bde., Leipzig ²1909–1938
Norelli, Enrico: Etude critique. Le canon biblique: Nouvelles perspectives, in: Apocrypha, 16/2005, 253–262
Norman, Kenneth Roy: Pāli Literature. Including the canonical literature in Prakrit and Sanskrit of all the Hīnayāna schools of Buddhism, Wiesbaden 1983
Normieren, Tradieren, Inszenieren. Das Christentum als Buchreligion, hg. v. A. Holzem, Darmstadt 2004
North, John: The Development of Religious Pluralism, in: The Jews Among Pagans and Christians in the Roman Empire, hg. v. J. Lieu u. a., London/New York 1992, 174–193
Not by Birth Alone. Conversion to Judaism, hg. v. W. Homolka, London u. a. 1997
Noth, Albrecht: Abgrenzungsprobleme zwischen Muslimen und Nicht-Muslimen. Die „Bedingungen 'Umars (aš-šurut al-'umariyya)" unter einem anderen Aspekt gelesen, in: Journal of the Royal Society of Antiquaries of Ireland, 9/1987, 291–315
——. Heiliger Krieg und heiliger Kampf in Islam und Christentum. Beiträge zur Vorgeschichte und Geschichte der Kreuzzüge, Bonn 1966
——. Problems of Differentiation between Muslims and Non-Muslims: Re-Reading the "Ordinances of 'Umar" (¹1987), in: Muslims and Others in Early Islamic Society, hg. v. R. Hoyland, Trowbridge 2004, 103–124
Nylan, Michael: Classics without Canonization. Learning and Authority in Qin and Han, in: Early Chinese Religion, Part one: Shang through Han (1250 BC – 220 AD), hg. v. J. Lagerwey/M. Kalinowski, Leiden/Boston 2009, 721–776
Oberlinner, Lorenz: Historische Überlieferung und christologische Aussage. Zur Frage der "Brüder Jesu" in der Synopse, Stuttgart 1975
Oberoi, Harjot: The Construction of Religious Boundaries. Culture, Identity, and Diversity in the Sikh Tradition, Chicago 1994
Oberste, Jörg: Gibt es eine urbane Religiosität des Mittelalters?, in: Städtische Kulte im Mittelalter, hg. v. dems./S. Ehrich, Regensburg 2010, 15–36
——. Ketzerei und Inquisition im Mittelalter, Darmstadt 2007
——. Der Kreuzzug gegen die Albigenser. Ketzerei und Machtpolitik im Mittelalter, Darmstadt 2003
——. Zwischen Heiligkeit und Häresie. Religiosität und sozialer Aufstieg in der Stadt des hohen Mittelalters, 1 und 2 Bd., Köln, 2003
Oediger, Friedrich Wilhelm: Über die Bildung der Geistlichen im späten Mittelalter, Leiden/Köln 1953
Oesterdiekhoff, Georg W.: Der europäische Rationalismus und die Entstehung der Moderne, Stuttgart 2001
Oesterle, Jenny: Missionaries as Cultural Brokers at the Fatimid Court in Cairo, in: Cultural Brokers at Mediterranean Courts in the Middle Ages, hg. v. M. von der Höh u. a., Paderborn 2013, 63–72
Oexle, Otto Gerhard: Conjuratio und Gilde im frühen Mittelalter. Ein Beitrag zum Problem der sozialgeschichtlichen Kontinuität zwischen Antike und Mittelalter, in: Gilden und Zünfte. Kaufmännische und gewerbliche Genossenschaften im frühen und hohen Mittelalter, hg. v. B. Swineköper, Sigmaringen 1985, 151–214
——. Dauer und Wandel religiöser Denkformen, Praktiken und Sozialformen im mittelalterlichen Europa, in: Europäische Religionsgeschichte. Ein mehrfacher Pluralismus, 2 Bde., hg. v. H. G. Kippenberg u. a., Göttingen 2009, Bd. 1, 155–192

———. Geschichtswissenschaft im Zeichen des Historismus. Studien zu Problemgeschichten der Moderne, Göttingen 1996

———. Konsens – Vertrag – Individuum. Über Formen des Vertragshandelns im Mittelalter, in: Das Individuum und die Seinen. Individualität in der okzidentalen und in der russischen Kultur in Mittelalter und früher Neuzeit, Göttingen 2001, 15–37

———. Max Weber und die okzidentale Stadt, in: Stadt – Gemeinde – Genossenschaft. Festschrift für Gerhard Dilcher zum 70. Geburtstag, hg. v. A. Cordes u. a., Berlin 2003, 375–388

———. Soziale Gruppen in der Ständegesellschaft: Lebensformen des Mittelalters und ihre historischen Wirkungen, in: Die Repräsentation der Gruppen. Texte – Bilder – Objekte, hg. v. dems./A. v. Hülsen-Esch, Göttingen 1998, 9–44

———. Stände und Gruppen. Über das Europäische in der europäischen Geschichte, in: Das europäische Mittelalter im Spannungsbogen des Vergleichs. Zwanzig internationale Beiträge zu Praxis, Problemen und Perspektiven der historischen Komparatistik, hg. v. M. Borgolte, Berlin 2001, 39–48

Ogilvie, Robert Maxwell: A Commentary on Livy. Books 1–5, Oxford 1965

Öhler, Markus: Das Aposteldekret als Dokument ethnischer Identität im Spiegel antiker Vereinigungen, in: Aposteldekret und antikes Vereinswesen. Gemeinschaft und ihre Ordnung, hg. v. dems., Tübingen 2011, 341–382

———. Einheit und Vielfalt. Die Taufe in neutestamentlicher Perspektive, in: Die Taufe, hg. v. dems., Tübingen 2012, 39–81

———. Ethnos und Identität. Landsmannschaftliche Vereinigungen, Synagogen und christliche Gemeinden, in: Kult und Macht. Religion und Herrschaft im syro-palästinensischen Raum. Studien zu ihrer Wechselbeziehung in hellenistisch-römischer Zeit, Tübingen 2011, 221–248

Ohlig, Karl-Heinz: Hinweise auf eine neue Religion in der christlichen Literatur „unter islamischer Herrschaft"?, in: Der frühe Islam. Eine historisch-kritische Rekonstruktion anhand zeitgenössischer Quellen, hg. v. dems., Berlin 2007, 223–325

Ohme, Heinz: Kanon I (Begriff), in: Reallexikon für Antike und Christentum, Bd. 20, Stuttgart 2004, 2–28

Okinaschwili, Nino: Gab es eine Eidgenossenschaft im Hohen Kaukasus? Untersuchungen zur Schwureinung anhand svanischer Gedenkaufzeichnungen, in: Das Individuum und die Seinen. Individualität in der okzidentalen und in der russischen Kultur in Mittelalter und früher Neuzeit, Göttingen 2001, 127–151

Olcott, Henry Steel: A Buddhist Catechism According to the Canon of the Southern Church, Colombo 1881

The Old Testament Apocrypha in the Slavonic Tradition. Continuity and Diversity, hg. v. L. DiTommaso/Ch. Böttrich, Tübingen 2011

Olivelle, Patrick: Aśoka's Inscriptions as Text and Ideology, in: Reimagining Aśoka. Memory and History, hg. v. dems. u. a., Oxford 2012, 157–183

———. Saṃnyāsa Upaniṣads. Hindu Scriptures on Asceticism and Renunciation, New York/Oxford 1992

Omerzu, Heike: Rezension zu Claußen, Carsten: Versammlung, Gemeinde, Synagoge. Das hellenistisch-jüdische Umfeld der frühchristlichen Gemeinden. Göttingen 2002, in: H-Soz-u-Kult, 29.04.2003 (www.hsozkult.geschichte.hu-berlin.de/rezensionen/2003-2-058 [2.4.1015])

Onasch, Konrad: Kunst und Liturgie der Ostkirche in Stichworten unter Berücksichtigung der Alten Kirche, Wien u. a. 1981

One God. Pagan Monotheism in the Roman Empire, hg. v. St. Mitchell/P. van Nuffelen, New York 2010

Ong, Walter J.: Oralität und Literalität. Die Technologisierung des Wortes (¹1982), Opladen 1987

Orth, Wolfgang: Ptolemaios und die Septuaginta-Übersetzung, in: Im Brennpunkt: die Septuaginta, Bd. 1, hg. v. H.-J. Fabry u. Offerhaus, Stuttgart u. a. 2001, 97–114

Orthodoxie, christianisme, histoire. Orthodoxy, Christianity, History, hg. v. S. Elm u. a., Rom 2000

Ortiz de Villegas, Diogo: O cathecismo pequeno de D. Diogo Ortiz, Bispo de Viseu, hg. v. E. M. Branco da Silva, Lissabon 2001

Oschema, Klaus: Der Europabegriff im Hoch- und Spätmittelalter. Zwischen geographischem Weltbild und kultureller Konnotation, in: Jahrbuch für Europäische Geschichte, 2/2001, 191–235

Osler, Margaret J.: Religion and the Changing Historiography of Scientific Revolution, in: Science and Religion. New Historical Perspectives, hg. v. Th. Dixon u. a., Cambridge 2010, 71–86

Osten-Sacken, Thomas von der/Piecha, Oliver M.: Zur Beschneidungsdebatte nach dem Kölner Gerichtsurteil, in: Materialdienst. Zeitschrift für Religions- und Weltanschauungsfragen, 75/2012, 332–337

Osterhammel, Jürgen: Die Entzauberung Asiens. Europa und die asiatischen Reiche im 18. Jahrhundert, München 1998

——. Die Verwandlung der Welt. Eine Geschichte des 19. Jahrhunderts ([1]2009), München [4]2009

——. Vielfalt und Einheit im neuzeitlichen Asien, in: Asien in der Neuzeit 1500–1950. Sieben historische Stationen, hg. v. dems., Frankfurt a. M. 1994, 9–25

Osterhammel, Jürgen/Petersson, Niels P.: Geschichte der Globalisierung. Dimensionen, Prozesse, Epochen ([1]2003), München [3]2006

Otto, Rudolf: Das Heilige. Über das Irrationale in der Idee des Göttlichen und sein Verhältnis zum Rationalen ([1]1917), Marburg 1947

Ouyang, Wen-chin: Rez. Reynolds, Interpreting the Self, in: Bulletin of the School of Oriental and African Studies, 65/2002, 574–576

Pačić, Harun: Islamische Rechtslehre, Wien 2014

Padberg, Lutz E. von: Das Christentum als missionierende Religion. Missionskonzepte von Bonifatius bis ins späte Mittelalter, in: Credo. Christianisierung Europas im Mittelalter, Bd. 1: Essays, hg. v. Ch. Stiegemann, Petersberg 2013, 130–139

——. Christianisierung im Mittelalter, Darmstadt 2006, 115

——. Grundzüge der Missionstheologie des Bonifatius, in: Bonifatius – Leben und Nachwirken. Die Gestaltung des christlichen Europa im Frühmittelalter, hg. v. F. J. Felten u. a., Mainz 2007, 161–191

——. Die Inszenierung religiöser Konfrontationen. Theorie und Praxis der Missionspredigt im frühen Mittelalter, Stuttgart 2003

——. Mission, Missionar, Missionspredigt, in: Reallexikon der Germanischen Altertumskunde, Bd. 20, Berlin/New York 2002, 81–94

——. Reaktionsformen des Polytheismus im Norden auf die Expansion des Christentums im Spiegel der Goldbrakteaten, in: Die Goldbrakteaten der Völkerwanderungszeit. Auswertung und Neufunde, Berlin/New York 2011, 603–634

Pagan Monotheism in Late Antiquitiy ([1]1999), hg. v. P. Athanassiadi/M. Frede, Oxford 2002

Pahlitzsch, Johannes: Christliche Stiftungen in Syrien und im Irak im 7. und 8. Jahrhundert als ein Element der Kontinuität zwischen Spätantike und Frühislam, in: Islamische Stiftungen zwischen juristischer Norm und sozialer Praxis, hg. v. A. Meier u. a., Berlin 2009, 39–54

Pahud de Mortanges, Elke: „Wie halten Sie es mit Privatoffenbarungen?" Vermessungen im Geviert der theologischen Erkenntnislehre, in: „Wahre" und „falsche" Heiligkeit. Mystik, Macht und Geschlechterrollen im Katholizismus des 19. Jahrhunderts, hg. v. H. Wolf, München 2013, 127–148

Pahud de Mortanges, René: Die Erklärung des Austritts aus der römisch-katholischen Kirche. Kirchenrechtliche und staatskirchenrechtliche Konsequenzen, in: Schweizerisches Jahrbuch für Kirchenrecht/Annuaire suisse de droit ecclésial, 8/2003, 103–143

Pakkanen, Petra: Interpreting Early Hellenistic Religion. A Study Based on the Mystery Cult of Demeter and the Cult of Isis, Helsinki 1996

Palsetia, Jesse S.: Parsi and Hindu Traditional and Nontraditional Responses to Christian Conversion in Bombay, 1839–45, in: Journal of the American Academy of Religion, 74/2006, 615–645

——. The Parsis of India. Preservation of Identity in Bombay City, Leiden 2001

Paret, Rudi: Der Koran. Übersetzung, Stuttgart u. a. 1979

——. Der Koran und die Prädestination, in: Orientalistische Literaturzeitung, 58/1963, 117–121

——. Sure 2, 256: la ikraha fi d-dini. Toleranz oder Resignation, in: Der Islam, 45/1969, 299–300

Parker, Robert: Athenian Religion. A History, Oxford 1996

Pasche Guignard, Florence: De quelques représentations de figures féminines en transaction avec des dieux. Exercice d'exploration thématique différentielle en histoire comparée des religions, Diss. Lausanne 2012

Pasquato, Ottorino/Brakmann, Heinzgerd: Katechese (Katechismus), in: Reallexikon für Antike und Christentum, Bd. 20, Stuttgart 2002, 422–496

Patton, Kimberly C./Ray, Benjamin C.: Introduction, in: A Magic still Dwells. Comparative Religion in the Postmodern Age, Berkeley (Calif.) 2000, 1–19

Paul, Eugen: Geschichte der christlichen Erziehung, 2 Bde., Freiburg i. B. 1993/1995

Paul, Jürgen: Max Weber und die „islamische Stadt", in: Max Webers Religionssoziologie in interkultureller Perspektive, hg. v. H. Lehmann/J. M. Ouédraogo, Göttingen 2003, 109–137

Paulsen, Henning: Die Bedeutung des Montanismus für die Herausbildung des Kanons, in: Vigiliae christianae, 32/1978, 19–52

Payer, Pierre J.: Sex and the New Medieval Literature of Confession. 1150–1300, Toronto 2009

Pedersen, Johannes/Makdisi, George Abraham: Madrasa I. The Institution in the Arabic, Persian and Turkish Lands, in: The Encyclopedia of Islam, Bd. 5, Leiden ²1986, 1123–1134

Pellegrini, Silvia: Das Protoevangelium des Jakobus, in: Antike christliche Apokryphen in deutscher Übersetzung, hg. v. Ch. Markschies/J. Schroeter, Bd. 1.2, Tübingen 2012, 902–929

Penelas, Mayte: Some Remarks on Conversion to Islam in Al-Andalus, in: Al-Qantara, 23/2002, 193–200

Peng-Keller, Simon: Zur Herkunft des Spiritualitätsbegriffs. Begriffs- und spiritualitätsgeschichtliche Erkundungen mit Blick auf das Selbstverständnis von Spiritual Care, in: Spiritual Care, 3/2014, H. 1, 36–47

Perkams, Matthias: Ein historischer Überblick über die islamische Philosophie bis Averroes, in: Islamische Philosophie im Mittelalter. Ein Handbuch, hg. v. H. Eichner u. a., Darmstadt 2013, 32–49

——. Die Übersetzung philosophischer Texte aus dem Griechischen ins Arabische und ihr geistesgeschichtlicher Hintergrund, in: Islamische Philosophie im Mittelalter. Ein Handbuch, hg. v. H. Eichner u. a., Darmstadt 2013, 115–142

Perler, Dominik/Rudolph, Ulrich: Occasionalismus. Theorien der Kausalität im arabisch-islamischen und im europäischen Denken, Göttingen 2000

Perrin, Michel-Yves: The Limits of the Heresiological Ethos in Late Antiquity, in: Religious Diversity in Late Antiquity, hg. v. D. M. Gwynn/S. Bangert, Leiden/Boston 2010, 199–228

Persia and Torah. The Theory of Imperial Authorization of the Pentateuch, hg. v. J. W. Watts, Atlanta (Ga.) 2001

Pesch, Rudolf: Voraussetzungen und Anfänge der christlichen Mission, in: Mission im Neuen Testament, hg. v. K. Kertelge, Freiburg i. B. u. a. 1982, 11–70

Peters, Francis Edwards: Aristotle and the Arabs. The Aristotelian Tradition in Islam, New York 1968

Peters, Rudolph: Jihad in Classical and Modern Islam, Princeton 1996

Petersen, Anders Klostergaard: The Diversity of Apologetics. From Genre to a Mode of Thinking, in: Critique and Apologetics. Jews, Christians and Pagans in Antiquity, hg. v. A.-Ch. Jacobsen u. a., Frankfurt a. M. 2009, 15–41

——. Rituals of Purification, Rituals of Initiation. Phenomenological, Taxonomical and Culturally Evolutionary Reflections, in: Ablution, Initiation, and Baptism. Waschungen, Initiation und Taufe. Late Antiquity, Early Judaism, and Early Christianity. Spätantike, Frühes Judentum und Frühes Christentum, hg. v. D. Hellholm u. a., 3 Bde., Berlin/Boston 2011, Bd. 1, 3–40

Pfeiffer, Rudolf: Geschichte der Klassischen Philologie. Von den Anfängen bis zum Ende des Hellenismus (¹1968), München 1978

——. Die Klassische Philologie von Petrarca bis Mommsen (¹1976), München 1982

Pfeiffer, Stefan: Der römische Kaiser und das Land am Nil. Kaiserverehrung und Kaiserkult in Alexandria und Ägypten von Augustus bis Caracalla (30 v. Chr. – 217 n. Chr.), Stuttgart 2010

Philosophie und Theologie an der Universität von Paris im letzten Viertel des 13. Jahrhunderts. Studien und Texte, hg. v. J. A. Aertsen, Berlin/New York 2001

Piatigorsky, Jacques/Sapir, Jacques: L'empire khazar. VIIe - XIe siècle, l'énigme d'un peuple cavalier, Paris 2005

Pietsch, Michael: Die Kultreform Josias. Studien zur Religionsgeschichte Israels in der späten Königszeit, Tübingen 2013

Pitt-Rivers, Julian: Kinship III. Pseudo-Kinship, in: International Encyclopedia of the Social Sciences, Bd. 8, New York 1968, 408–413

Pixton, Paul B.: The German Episcopacy and the Implementation of the Decrees of the Fourth Lateran Council 1216–1245, Leiden u. a. 1995

Poland, Franz: Geschichte des griechischen Vereinswesens, Leipzig 1909

Polenz, Peter von: Deutsche Sprachgeschichte vom Spätmittelalter bis zur Gegenwart, Bd. 1, Berlin/New York ²2000

Pomeranz, Kenneth: The Great Divergence. China, Europe, and the Making of the Modern World Economy, Princeton u. a. 2000

Pöpping, Dagmar: Abendland. Christliche Akademiker und die Utopie der Antimoderne 1900–1945, Berlin 2002

Porton, Gary G.: The Stranger within Your Gates. Converts and Conversion in Rabbinic Literature, Chicago/London 1994

Potthast, Daniel: Christen und Muslime im Andalus. Andalusische Christen und ihre Literatur nach religionspolemischen Texten des zehnten bis zwölften Jahrhunderts, Wiesbaden 2013

Poutrin, Isabelle: Convertir les musulmans. Espagne, 1491–1609, Paris 2012

Pouzet, Louis: Damas au VIIe/XIIIe siècle. Vie et structures religieuses d'une métropole islamique (¹1988), Beirut ²1991

Powers, David Stephan: Studies in Qur'an and Ḥadīth. The formation of the Islamic Law of Inheritance, Berkeley u. a. 1986

Pragmatic Literacy, East and West. 1200–1330, hg. v. R. Britnell, Woodbridge 1997

Prebish, Charles S.: Buddhist Monastic Discipline. The Sanskrit Prātimokṣa Sūtras of the Mahāsāṃghikas and Mūlasarvāstivādins (¹1996), Delhi 2002

——. Councils, Buddhist, in: Encyclopedia of Buddhism, hg. v. R. E. Buswell, Bd. 1, New York u. a. 2004, 187–189

Principe, Lawrence M.: The Aspiring Adept. Robert Boyle and His Alchemical Quest. Including Boyle's "Lost" Dialogue on the Transmutation of Metals, Princeton (NJ) 1998

Prodi, Paolo: Das Sakrament der Herrschaft. Die politische Arbeit in der Verfassungsgeschichte des Okzidents (¹1992), Berlin 1997

Prothero, Stephen: Henry Steel Olcott (1832–1907) and the Construction of Protestant Buddhism, Diss. Harvard 1990

——. The White Buddhist. The Asian Odyssey of Henry Steel Olcott, Bloomington/Indianapolis o. J. (ca. 1996)

Pryds, Darleen: Studia as Royal Offices. Mediterranean Universities of Medieval Europe, in: Universities and Schooling in Medieval Society, hg. v. W. J. Courteny/J. Miethke, Leiden u. a. 2000, 83–99

Puritanism and the Rise of Modern Science. The Merton Thesis, hg. v. I. B. Cohen, New Brunswick/London 1990

Puza, Richard: Pfarrei, Pfarrorganisation, in: Lexikon des Mittelalters, Bd. 6, München 1993, 2021–2026

Qumran und der biblische Kanon, hg. v. J. Frey, Neukirchen-Vluyn 2007

The Qur'an in Context. Historical and Literary Investigations into the Qur'anic Milieu, hg. v. A. Neuwirth u. a., Leiden/Boston 2010

Radkau, Joachim: Max Weber. Die Leidenschaft des Denkens, München/Wien 2005

Radke, Bernd: Kritik am Neo-Sufism [sic], in: Islamic Mysticism Contested. Thirteen Centuries of Controversies and Polemics, hg. v. F. de Jong/dems., Leiden u. a. 1999, 68–92

Radziminski, Andrzeij: Christianisierung, Umstände und Verlauf der Evangelisierung der Prußen im Deutschordensstaat Preußen, in: Credo. Christianisierung Europas im Mittelalter, Bd. 1: Essays, hg. v. Ch. Stiegemann, Petersberg 2013, 424–433

Ragg, Sascha: Ketzer und Recht. Die weltliche Ketzergesetzgebung des Hochmittelalters unter Einfluss des römischen und kanonischen Rechts, Hannover 2006

Rajak, Tessa: Translation and Survival. The Greek Bible of the Ancient Jewish Diaspora, Oxford u. a. 2009

——. Was There a Roman Charter for the Jews?, in: Journal of Roman Studies, 74/1984, 107–123

Ramonat, Oliver: Lesarten der Schöpfung. Moses als Autor der Genesis im Mittelalter, Berlin 2010

Rapp, Claudia: City and Citizenship as Christian Concepts of Community in Late Antiquity, in: The City in the Classical and Post-Classical World. Changing Contexts of Power and Identity, hg. v. ders./H. A. Drake, New York u. a. 2014, 153–166

Raschle, Christian R.: Mettre les religions en concurrence. La fin des oracles, in: Chrétiens persécuteurs. Destructions, exclusions, violences religieuses au IVe siècle, hg. v. M.-F. Baslez, Paris 2014, 403–437

Raspe, Lucia: Jüdische Heiligenverehrung in mittelalterlichen deutschen Städten, in: Städtische Kulte im Mittelalter, hg. v. S. Ehrich/J. Oberste, Regensburg 2010, 79–95
Ratschow, Carl Heinz: Lutherische Dogmatik zwischen Reformation und Aufklärung, Bd. 1, Gütersloh 1964
Ray, Reginald A.: Buddhism: Sacred Text Written and Realized, in: The Holy Book in Comparative Perspective, hg. v. F. M. Denny/R. L. Taylor, Columbia (S. C.) 1985 148–180
Rayborn, Tim: The Violent Pilgrimage. Christians, Muslims and Holy Conflicts, 850–1150, Jefferson/London 2013
Raymond, André: The Management of the City, in: The City in the Islamic World, Bd. 2, hg. v. S. K. Jayyusi, Leiden/Boston 2008, 775–793
Reappraisals of the Scientific Revolution, hg. v. Lindberg, David C./Westman, Robert S., Cambridge 1990
Rebillard, Éric: Christians and Many Identities in Late Antiquity, North Africa, 200–450 CE, Ithaca/London 2012
Die Reden Gotamo Buddhos aus der Mittleren Sammlung Majjhimanikāyo des Pali-Kanons, Bd. 1, München 1922
Reed, Annette Yoshiko/Becker, Adam H.: Traditional Models and New Directions, in: The Ways that Never Parted. Jews and Christians in Late Antiquity and the Early Middle Ages, hg. v. dems./A. Y. Reed, Tübingen 2003, 1–33
Reichmuth, Stefan: Jihad – Muslime und die Option der Gewalt in Religion und Staat, in: Islamverherrlichung. Wenn die Kritik zum Tabu wird, hg. v. Th. G. Schneiders, Wiesbaden 2010, 184–197
Reinbold, Wolfgang: Propaganda und Mission im ältesten Christentum. Eine Untersuchung zu den Modalitäten der Ausbreitung der frühen Kirche, Göttingen 2000
——. Zur Bedeutung der Familie in frühchristlicher Zeit, in: Generationenfragen. Theologische Perspektiven zur Gesellschaft des 21. Jahrhunderts, hg. v. Ch. Burbach/F. Heckmann, Göttingen 2007
Reiner, Hans: Gewissen, in: Historisches Wörterbuch der Philosophie, Bd. 5, Basel/Stuttgart 1974, 574–592
Reinhard, Wolfgang: Gegenreformation als Modernisierung? Prolegomena zu einer Theorie des konfessionellen Zeitalters, in: Archiv für Reformationsgeschichte, 68/1977, 226–252
——. Geschichte der Staatsgewalt. Eine vergleichende Verfassungsgeschichte Europas von den Anfängen bis zur Gegenwart (^{1}1999), München ^{3}2002
——. Geschichte des modernen Staates. Von den Anfängen bis zur Gegenwart, München 2007
Reiprich, Torsten: Das Mariageheimnis. Maria von Nazareth und die Bedeutung familiärer Beziehungen im Markusevangelium, Göttingen 2008
Reiter, Florina C.: Die Kanonisierung der taoistischen Schriften in China. Vom religiösen Element zum öffentlichen Monument, in: Kanonisierung und Kanonbildung in der asiatischen Religionsgeschichte, hg. v. M. Deeg u. a., Wien 2011, 465–489
Religion im Spiegelkabinett. Asiatische Religionsgeschichte im Spannungsfeld zwischen Orientalismus und Okzidentalismus, hg. v. P. Schalk, Uppsala 2003
Religion in Asien? Studien zur Anwendbarkeit des Religionsbegriffs, hg. v. P. Schalk, Uppsala 2013
Religions and Trade. Religious Formation, Transformation, and Cross-Cultural Exchange between East and West, hg. v. P. Wick/V. Rubens, Leiden/Boston 2014
Religions of Rome. A Sourcebook, hg. v. M. Beard u. a., Bd. 2, Cambridge 1998
Die „religionsgeschichtliche Schule". Facetten eines theologischen Umbruchs, hg. v. G. Lüdemann, Frankfurt a. M. u. a. 1996
Religiöse Vereine in der römischen Antike. Untersuchungen zu Organisation, Ritual und Raumordnung, hg. v. U. Egelhaaf-Gaiser/A. Schäfer, Tübingen 2002
Religiöses Lernen in der biblischen, frühjüdischen und frühchristlichen Überlieferung, hg. v. B. Ego/H. Merkel, Tübingen 2005
Religious Polemics in Context, hg. v. T. L. Hettema/A. van der Kooij, Assen 2004
Resnick, Irven Michael: The Codex in Early Jewish and Christian Communities, in: The Journal of Religious History, 17/1992, 1–17
Reudenbach, Bruno: Der Codex als Verkörperung Christi. Mediengeschichtliche, theologische und ikonographische Aspekte einer Leitidee früher Evangelienbücher, in: Erscheinungsformen und Handhabungen Heiliger Schriften, hg. v. J. F. Quack/D. C. Luft, Berlin u. a. 2014, 229–244

Reventlow, Henning Graf: Epochen der Bibelauslegung, 4 Bde., München 1990–2001
—. Richard Simon und seine Bedeutung für die kritische Erforschung der Bibel, in: Historische Kritik in der Theologie. Beiträge zu ihrer Geschichte, hg. v. G. Schwaiger, Göttingen 1980, 11–36
Reynolds, Dwight Fletcher: Interpreting the Self. Autobiography in the Arabic Literary Tradition, Berkeley u. a. 2001
Richardson, Peter: Early Synagogues as Collegia in the Diaspora and Palestine, in: Voluntary Associations in the Graeco-Roman World, hg. v. J. S. Kloppenborg/St. G. Wilson, London/New York 2005, 90–109
Riecker, Siegbert: Mission im Alten Testament? Ein Forschungsüberblick mit Auswertung, Frankfurt a. M. 2008
Riesebrodt, Martin: Cultus und Heilsversprechen. Eine Theorie der Religionen, München 2007
Riesner, Rainer: A Pre-Christian Jewish Mission?, in: The Mission of the Early Church to Jews and Gentiles, hg. v. J. Ådna/H. Kvalbein, Tübingen 2000, 211–250
Rippin, Adrew: Witnes to Faith, in: The Qur'an, hg. v. J. D. McAuliffe, Bd. 5, Leiden/Boston 2006, 488–491
Rist, Josef: Die Verfolgung der Christen im späten Sasanidenreich. Ursachen, Verlauf und Folgen, in: Oriens Christianus, 80/1996, 17–42
Ritter, Markus: Moscheen und Madrasbauten in Iran, 1785–1848. Architektur zwischen Rückgriff und Neuerung, Leiden/Boston 2006
Ritualdynamik. Kulturübergreifende Studien zur Theorie und Geschichte rituellen Handelns, hg. v. D. Harth G./J. Schenk, Heidelberg 2004
Rizzi, Marco: Conclusion: Multiple Identities in Second Century Christianity, in: Hadrian and the Christians, hg. v. dems., Berlin/New York 2010, 141–150
Roberts, Colin H./Skeat, Theodore Cressy: The Birth of the Codex, London u. a. 1983
Roberts, John M.: The New Penguin History of the World, überarbeitet von O. A. Westad, London u. a. ⁵2007
Robinson, David: Muslim Societies in African History, Cambridge 2004
Robinson, Francis: Education, in: The New Cambridge History of Islam, Bd. 4, hg. v. R. Irwin, Cambridge 2010, 497–531
—. Introduction, in: The New Cambridge History of Islam, Bd. 5: The Islamic World in the Age of Western Dominance, hg. v. dems., Cambridge 2010, 1–28
Robinson, Neal: Jesus, in: Encyclopedia of the Qur'an, hg. v. J. D. McAuliffe, Bd. 3, Leiden/Boston 2003, 7–21
Robinson, Rowena: Conversions to Jainism, Sikhism, and Buddhism. Past and Present, in: Religious Conversion in India. Modes, Motivations, and Meanings, Oxford 2003, 119–124
Robinson, Rowena/Clarke, Sathianathan: Introduction. The Many Meanings of Religious Conversion on the Indian Subcontinent, in: Religious Conversion in India. Modes, Motivations, and Meanings, Oxford 2003, 1–21
Rogerson, John William: Bibelwissenschaft I/2: Geschichte und Methoden, in: Theologische Realenzyklopädie, Bd. 6, Berlin/New York 1980, 346–361
Roggema, Barbara: The Legend of Sergius Baḥīrā. Eastern Christian Apologetics and Apocalyptic in Response to Islam, Leiden 2009
Roh, Teaseong: Die „familia dei" in den synoptischen Evangelien. Eine redaktions- und sozialgeschichtliche Untersuchung zu einem urchristlichen Bildfeld, Göttingen 2001
Römer, Cornelia E.: Manis frühe Missionsreisen nach der Kölner Manibiographie. Text kritischer Kommentar und Erläuterungen zu den p. 121 – p. 192 des Kölner Mani-Kodex, Opladen 1994
Rom-Shiloni, Dalit: Exclusive Inclusivity. Identity Conflicts Between the Exiles and the People who Remained (6th-5th centurIes BCE), New York 2013
Ronart, Stephan und Nandy: Lexikon der Arabischen Welt. Ein historisch-politisches Nachschlagewerk, München 1972
Rösel, Martin: Bibelkunde des Alten Testaments. Die kanonischen und apokryphen Schriften. Mit Lernübersichten, Neukirchen-Vluyn ⁵2006
—. Die Geburt der Seele in der Übersetzung. Von der hebräischen näfäsch über die psyche der LXX zur deutschen Seele, in: Anthropologische Aufbrüche. Alttestamentliche und interdisziplinäre Zugänge zu historischen Anthropologie, Göttingen 2009, 151–170

——. Der hebräische Mensch im griechischen Gewand. Anthropologische Akzentsetzungen in der Septuaginta, in: Der Mensch im alten Israel. Neue Forschungen zur alttestamentlichen Anthropologie, Freiburg 2009, 69–92
——. Übersetzung als Vollendung der Auslegung. Studien zur Genesis-Septuaginta, Berlin u. a. 1994
Rosen, Klaus: Julian. Kaiser, Gott und Christenhasser, Stuttgart 2006
Rosenbloom, Joseph R: Conversion to Judaism. From the Biblical Period to the Present, Cincinnati 1978
Rosenfeldt, Gerhardt: Die Fahrten des Kolumbus und ihre Hintergründe, 2003, 80. 113ff. (www.mikrohamburg.de/Columbus/Kolumbus_gesamt_web.pdf [4.7.2014])
Ross, Andrew C.: A Vision Betrayed. The Jesuits in Japan and China, 1542–1742, Maryknoll/New York 1994
Roth, Norman: Daily Life of the Jews in the Middle Ages, Westport (Conn.) u. a. 2005
Rothen, Bernhard: Die Klarheit der Schrift. Bd. 1: Martin Luther. Die wiederentdeckten Grundlagen, Göttingen 1990
Rothmann, Michael: Stadtkommunen, in: Mittelalter, hg. v. M. Meinhardt u. a., München 2007, 229–237
Rottenwöhrer, Gerhard: Der Katharismus, 6 Bde., Bad Honnef 1982–2007
——. Lexikon der mittelalterlichen Ketzer, Bad Honnef 2009
Rouwhorst, Gerard: A Remarkable Case of Religious Interaction. Water Baptisms in Judaism and Christianity, in: Interaction between Judaism and Christianity in History, Religion, Art and Literature, hg. v. M. Poorthuis u. a., Leiden 2009, 103–127
Roy, Kaushik: Hinduism and the Ethics of Warfare in South Asia. From Antiquity to the Present, Cambridge 2012
Royalty, Robert M.: The Origin of Heresy. A History of Discourse in Second Temple Judaism and Early Christianity, London 2013
Rubenson, Samuel: Mönchtum I (Idee und Geschichte), in: Reallexikon für Antike und Christentum, Bd. 24, Stuttgart 2012, 1009–1064
Rubin, Miri: Corpus Christi. The Eucharist in Late Medieval Culture, Cambridge u. a. 1991
Rüdiger, Horst: Die Wiederentdeckung der antiken Literatur im Zeitalter der Renaissance, in: Geschichte der Textüberlieferung, Bd. 1, hg. v. M. Bodmer, Zürich 1961, 511–580
Ruegg, David Seyfort: The Symbiosis of Buddhism with Brahmanism/Hinduism in South Asia and of Buddhism with "Local Cults" in Tibet and the Himalayan Region, Wien 2008
Rüegg, Walter: Themen, Probleme, Erkenntnisse, in: Geschichte der Universität in Europa, hg. dems., Bd. 2, München 1996, 21–52
Rührdanz, Karin: Das alte Bagdad. Hauptstadt der Kalifen (^{1}1979), Leipzig ^{2}1991
Rüpke, Jörg: Aberglauben oder Individualität? Religiöse Abweichung im römischen [sic] Reich, Tübingen 2011
——. Buchreligionen als Reichsreligionen? Lokale Grenzen überregionaler religiöser Kommunikation, in: Mittellateinisches Jahrbuch, 40/2005, 197–207
——. Collegia Sacerdotum. Religiöse Vereine in der Oberschicht, in: Religiöse Vereine in der römischen Antike. Untersuchungen zu Organisation, Ritual und Raumordnung, hg. v. U. Egelhaaf-Gaiser/A. Schäfer, Tübingen 2002, 41–67
——. Einleitung, in: Gruppenreligionen im römischen Reich. Sozialformen, Grenzziehungen und Leistungen, hg. v. J. Rüpke, Tübingen 2007, 1–6
——. Europa und die Europäische Religionsgeschichte, in: Europäische Religionsgeschichte. Ein mehrfacher Pluralismus, 2 Bde., hg. v. H. G. Kippenberg u. a., Göttingen 2009, Bd. 1, 3–14
——. Historische Religionswissenschaft. Eine Einführung, Stuttgart 2007
——. Polytheismus und Monotheismus als Perspektiven auf die antike Religionsgeschichte, in: Gott – Götter – Götzen, hg. v. Ch. Schöbel, Leipzig 2012, 56–68
——. Die Religion der Römer. Eine Einführung, München 2001
——. Von Jupiter zu Christus. Religionsgeschichte in römischer Zeit, Darmstadt 2011
——. Wie verändert ein Reich Religion – und wie die Religion ein Reich? Bilanz und Perspektiven der Frage nach der „Reichsreligion", in: Die Religion des Imperium Romanum. Koine und Konfrontation, hg. v. H. Cancik/dems., Tübingen 2009, 5–18
Rupp, Horst F.: Religiöse Bildung und Erziehung im Mittelalter, in: Geschichte des evangelischen Religionsunterrichts in Deutschland. Ein Studienbuch, hg. v. R. Lachmann/B. Schröder, Neukirchen-Vluyn 2007, 17–34

Russisch-Orthodoxe Kirche, Bischofskonzil: Grundlagen der Lehre der Russischen Orthodoxen Kirche über Würde, Freiheit und Rechte des Menschen, 29.6. [greg.] 2008 (www.bogoslov.ru/text/410686.html [2.1.2015])
Rüterswörden, Udo: Die sogenannte Kanonformel in Dtn 13,1, in: Juda und Jerusalem in der Seleukidenzeit, hg. v. U. Dahmen J. Schnocks, Bonn 2010, 19–29
Sabaté, Flocel: Die Juden in der Krone Aragón. Der Zusammenbruch der Koexistenz, in: Integration – Segregation – Vertreibung. Religiöse Minderheiten und Randgruppen auf der Iberischen Halbinsel (7. – 17. Jahrhundert), hg. v. K. Herbers/N. Jaspert, Berlin 2011, 301–335
Sack, Dorothée: Damaskus. Entwicklung und Struktur einer orientalisch-islamischen Stadt, Mainz 1989
The Sacred Books of the East. Vinaya Texts: The Pâtimokkha, hg. v. T. W. Rhys Davids/H. Oldenberg, Oxford 1881
Sadeghi, Behnam/Goudarzi, Mohsen: Ṣanʿāʾ 1 and the Origins of the Qurʾān, in: Der Islam 87/2012, 1–129
Saeed, Abdullah: Freedom of Religion, Apostasy and Islam, Aldershot u. a. 2004
——. The Qur'an. An Introduction, London/New York 2008
Safrai, Shmuel: Oral Tora, in: The Literature of the Sages, Bd. 1, hg. v. Sh. Safrai, Assen u. a. 1987, 35–119
Sagaster, Klaus: The History of Buddhism among the Mongols, in: The Spread of Buddhism, hg. v. A. Heirman/St. P. Bumbacher, Leiden 2007, 379–432
Sahrastani, Abu-l-fath Muhammad al: Abu-'l-Fath' Muhammad asch-Schahrastâni's Religionsparteien und Philosophen-Schulen. Zum ersten Male vollständig aus dem Arabischen übersetzt und mit erklärenden Anmerkungen versehen, 2 Bde., übers. v. Th. Haarbrücker, Halle 1850–1851
Said, Edward: Orientalism, London u. a. 1978
Sakrale Texte. Hermeneutik und Lebenspraxis in den Schriftkulturen, hg. v. W. Reinhard, München 2009
Salamon, Maciej: Der Begriff Europa in der Spätantike und in Byzanz, in: Die Idee Europa in Geschichte, Politik und Wirtschaft, hg. v. H. Zimmermann, Berlin 1998, 19–23
Saliba, George: A History of Arabic Astronomy. Planetary Theories during the Golden Age of Islam, New York 1994
——. Islamic Science and the Making of European Renaissance ([1]2007), Massachusetts 2011
Salomon, Richard: An Unwieldy Canon. Observations on Some Distinctive Features of Canon Formation in Buddhism, in: Kanonisierung und Kanonbildung in der asiatischen Religionsgeschichte, hg. v. M. Deeg u. a., Wien 2011, 161–207
Salzman, Philip Carl: Culture and Conflict in the Middle East, Amherst (NY) 2008
Samarendra, Padmanabh: Between Number and Knowledge. Career of Caste in Colonial Census, in: Caste in History, hg. v. I. Banerjee-Dube, New Delhi u. a. 2008, 46–66
Sand, Shlomo: Die Erfindung des jüdischen Volkes. Israels Gründungsmythos auf dem Prüfstand ([1]2008), Berlin 2010
Sandwell, Isabella: Religious Identity in Late Antiquity. Greeks, Jews and Christians in Antioch, Cambridge 2007
Sänger, Dieter: „Ist er heraufgestiegen, gilt der in jeder Hinsicht als ein Israelit" (bYev 47b). Das Proselytentauschbad im frühen Judentum, in: Ablution, Initiation, and Baptism. Waschungen, Initiation und Taufe. Late Antiquity, Early Judaism, and Early Christianity. Spätantike, Frühes Judentum und Frühes Christentum, hg. v. D. Hellholm u. a., 3 Bde., Berlin/Boston 2011, Bd. 1, 291–334
Sarasin, Philipp: Geschichtswissenschaft und Diskursanalyse, Frankfurt a. M. 2003
Sauvaget, Jean: Alep, 2 Bde., Paris 1941
Sawilla, Jan Marco: Antiquarianismus, Hagiographie und Historie im 17. Jahrhundert. Zum Werk der Bolandisten. Ein wissenschaftshistorischer Versuch, Tübingen 2009
——. Vom Ding zum Denkmal. Überlegungen zur Entfaltung des frühneuzeitlichen Antiquarianismus, in: Europäische Geschichtskulturen und 1700 zwischen Gelehrsamkeit, Politik und Konfession, hg.v. Th. Wallnig u. a., Berlin u. a. 2012, 405–446
Sawyer, John F. A.: Sacred Languages and Sacred Texts, London New York 1999
Sayılı, Aydın: The Observatory in Islam and its Place in the General History of the Observatory ([1]1960), Ankara 1988

Schabas, William A.: Introductory Essay. The Drafting and Significance of the Universal Declaration of Human Rights, in: The Universal Declaration of Human Rights. Travaux Préparatoires, Bd. 1, hg. v. dems., Cambridge u. a. 2013, S. LXXI-CXXV

Schäcke, Mirco: Pfadabhängigkeit in Organisationen. Ursache für Widerstände bei Reorganisationsprojekten, Berlin 2006

Schäfer, Alfred: Dionysische Gruppen als ein städtisches Phänomen der römischen Kaiserzeit, in: Gruppenreligionen im römischen Reich. Sozialformen, Grenzziehungen und Leistungen, hg. v. J. Rüpke, Tübingen 2007, 161–180

——. Raumnutzung und Raumwahrnehmung im Vereinslokal der Iobakchen in Athen, in: Religiöse Vereine in der römischen Antike, hg. v. U. Egelhaaf-Wagner/dems., Tübingen 2002, 173–220

Schäfer, Peter: Die Flucht Johanan b. Zakkais aus Jerusalem und die Gründung des „Lehrhauses" in Jabne, in: Aufstieg und Niedergang der römischen Welt, Bd. II/19.2, hg. v. W. Haase, Berlin New York 1979, 43–101

——. Die Geburt des Judentums aus dem Geist des Christentums. Fünf Vorlesungen zur Entstehung des rabbinischen Judentums, Tübingen 2010

——. Geschichte der Juden in der Antike, Tübingen ²2010

——. Jesus im Talmud, Tübingen 2007.

——. Juden und Christen im Hohen Mittelalter. Das Buch der Frommen, in: Europas Juden im Mittelalter, hg. v. Ch. Cluse, Trier 2004

——. Judeophobia. Attitudes Toward the Jews in the Ancient World, Cambridge (Mass.) u. a. 1997

——. Der Triumph der reinen Geistigkeit. Sigmund Freuds „Der Mann Moses und die monotheistische Religion", Berlin/Wien 2003

Schalk, Peter: Canon Rejected. The Case of Pauttam among Tamils in Pre-Colonial Tamilakam and Īlam, in: Kanonisierung und Kanonbildung in der asiatischen Religionsgeschichte, hg. v. M. Deeg u. a., Wien 2011, 233–257

Schär, Max: Gallus. Der Heilige in seiner Zeit, Basel 2011

Scharfe, Hartmut: Education in Ancient India, Leiden u. a. 2002

Scharff, Thomas: Häretikerverfolgung und Schriftlichkeit. Die Wirkung der Ketzergesetze auf die oberitalienischen Kommunalstatuten im 13. Jahrhundert, Frankfurt a. M. u. a. 1996

Schärli, Jolanda Cécile: Seherinnen, Sektierer und Besessene. Auffällige Religiosität in der ersten Hälfte des 19. Jahrhunderts in den Kantonen Luzern, Zürich und St. Gallen, Norderstedt 2012

Schärtl, Monika: Das Nikodemusevangelium, die Pilatusakten und die „Höllenfahrt Christi", in: Antike christliche Apokryphen in deutscher Übersetzung, hg. v. Ch. Markschies/J. Schroeter, Bd. 1.1, Tübingen 2012, 231–261

Schattner-Rieser, Ursula: Prä-, Proto- und Antisamaritanisches in den Qumrantexten, in: Qumran aktuell. Texte und Themen der Schriften vom Toten Meer, hg. v. St. Beyerle J. Frey, Neukirchen-Vluyn 2011, 67–109

Schedlitz, Bernd: Itzehoe während des Ständestaates und unter dem Frühabsolutismus (1524–1660), in: Itzehoe. Geschichte einer Stadt in Schlewig-Holstein, Bd. 1: Von der Frühgeschichte bis 1814, hg. v. d. Stadt Itzehoe, Itzehoe 1988, 62–80

Scheffler, Johannes (u. d. Pseudonym Angelus Silesius): Cherubinischer Wandersmann oder Geist-Reiche Sinn- und Schluß-Reime zur Göttlichen beschauligkeit anleitende [sic]. Von dem Urheber aufs neue übersehn/ und mit dem Sechsten Buche vermehrt/ den Liebhabern der geheimen Theologie und beschaulichen Lebens zur Geistlichen Ergötzligkeit zum andernmahl herauß gegeben, Glatz 1675

Scheid, John: Les dieux, l'Etat et l'individu. Réflexions sur la religion civique à Rome, Paris 2013

——. Quand faire, c'est croire. Les rites sacrificiels des Romains, Paris 2011

——. La religion des Romains, Paris 1998

Scheiner, Jens J.: Vom Gelben Flicken zum Judenstern? Genese und Applikation von Judenabzeichen im Islam und christlichen Europa (849–1941), Frankfurt a. M. u. a. 2004

Scheller, Benjamin: Assimilation und Untergang. Das muslimische Lucera in Apulien und sein gewaltsames Ende im Jahr 1300 als Problem der Globalgeschichte, in: Europa in der Welt des Mittelalters. Ein Kolloquium für und mit Michael Borgolte, hg. v. T. Lohse/dems., Berlin/Boston 2014, 140–162

——. Fremde in der eigenen Stadt? Konvertierte Juden und ihre Nachkommen im spätmittelalterlichen Trani zwischen Inklusion und Exklusion, in: Fremde in der Stadt. Ordnungen, Repräsentationen und soziale Praktiken (13.–15. Jahrhundert), hg. v. P. Bell u. a., Frankfurt a. M. 2010, 195–224

Schenker, Adrian: Anfänge der Textgeschichte des Alten Testaments. Studien zu Entstehung und Verhältnis der frühesten Textformen, Stuttgart 2011

——. Textgeschichtliches zum Samaritanischen Pentateuch und Samareitikon. Zur Textgeschichte des Pentateuchs im 2. Jh. v.Chr., in: Samaritans. Past and Present, Current Studies, hg. v. M. Mor u. a., Berlin/New York 2010, 105–121

Scherer, Hildegard: Geistreiche Argumente. Das Pneuma-Konzept des Paulus im Kontext seiner Briefe, Münster 2011

Scherzberg, Lucia: Katholische Abendland-Ideologie der 20er und 30er Jahre. Die Zeitschriften „Europäische Revue" und „Abendland", in: Christliches Europa? Studien zu einem umstrittenen Konzept, hg. v. M. Hüttenhoff, Leipzig 2014, 11–28

Schieffer, Rudolf: Motu proprio. Über die papstgeschichtliche Wende im 11. Jahrhundert, in: Historisches Jahrbuch, 122/2002, 27–41

——. Das Reformpapsttum und seine Gegenpäpste, in: Gegenpäpste. Ein unerwünschtes mittelalterliches Phänomen, hg. v. H. Müller/B. Hotz, Wien u. a. 2012

Schiewer, Regina D.: Die deutsche Predigt um 1200. Ein Handbuch, Berlin/New York, 2008.

Schiewer, Regina D./ Williams-Krapp, Werner: Das geistliche Schrifttum des Spätmittelalters vom Anfang des 14. Bis zum Ende des 15. Jahrhunderts, in: Deutsches Literatur-Lexikon. Das Mittelalter, hg. v. W. Achnitz, Bd. 2, Berlin/Boston 2011, S. V-XX

Schilling, Heinz: Konfessionskonflikt und Staatsbildung. Eine Fallstudie über das Verhältnis von religiösem und sozialem Wandel in der Frühneuzeit am Beispiel der Grafschaft Lippe, Gütersloh 1981

——. Die Stadt in der Frühen Neuzeit, München 1993

Schipper, Kristofer: General Introduction, in: The Taoist Canon. A Historical Companion to the Doazang, 3 Bde., Chicago/London 2004, Bd. 1, 1–52

Schipperges, Heinrich: Arabische Medizin im lateinischen Mittelalter, Berlin 1976

——. Die Assimilation der arabischen Medizin durch das lateinische Mittelalter, Wiesbaden 1964

Schippmann, Klaus: Grundzüge der Geschichte des sasanidischen Reiches, Darmstadt 1990

Schirrmacher, Christine: „Es ist kein Zwang in der Religion" (Sure 2, 256). Der Abfall vom Islam im Urteil zeitgenössischer islamischer Theologen. Diskurse zu Apostasie, Religionsfreiheit und Menschenrechten, Würzburg 2015

Schlachta, Astrid von: Gefahr oder Segen? Die Täufer in der politischen Kommunikation, Göttingen 2009

Schlaffer, Heinz: Einleitung, in: Goody, Jack/Watt, Ian/Gough, Kathleen: Entstehung und Folgen der Schriftkultur (¹1968), 7–21, Frankfurt a. M. 1986

Schlange-Schöningen, Heinrich: Kaisertum und Bildungswesen im spätantiken Konstantinopel, Stuttgart 1995

Schlegel, Friedrich: Ideen, in: Äthenäum. Eine Zeitschrift, Bd. 3, Berlin 1800, 4–33

Schleiermacher, Friedrich Daniel Ernst: Der christliche Glaube nach den Grundsäzen der evangelischen Kirche im Zusammenhange dargestellt, Bd. 2 (¹1831), hg. v. R. Schäfer, Berlin/New York 2003

Schlieter, Jens: Did the Buddha Emerge from a Brahmanic Environment? The Early Buddhist Evaluation of "Noble Brahmins" and the "Ideological System" of Brahmanism, in: Dynamics in the History of Religions between Asia and Europe. Encounters, Notions, and Comparative Perspectives, hg. v. V. Krech/M. Steinicke, Leiden/Boston 2010, 137–148

——. Paradigm lost? „Europäische Religionsgeschichte", die Grundlagenkrise der „systematischen Religionswissenschaft" und ein Vorschlag zur Neubestimmung", in: VSH [Vereinigung der Schweizer Hochschuldozierenden] – Bulletin, 36/2010, H. 1, 42–51

——. Tyrannenmord als Konfliktlösungsmodell? Zur Rechtfertigung der Ermordung des „antibuddhistischen" Königs Langdarma im tibetisch-buddhistischen Quellen, in: Zeitschrift für Religionswissenschaft, 11/2003, 167–183

——. Wer ist Buddhist? Traditionelle Zugehörigkeitskriterien und die Herausforderungen der Diaspora, unveröffentlichter Aufsatz, 19 Seiten (Stand: Mai 2014)

Schlögl, Rudolf: Kommunikation und Vergesellschaftung unter Anwesenden. Formen des Sozialen und ihre Transformation in der Frühen Neuzeit, in: Geschichte und Gesellschaft, 34/2008, 155–224
——. Vergesellschaftung unter Anwesenden. Zur kommunikativen Form des Politischen in der vormodernen Stadt, in: Interaktion und Herrschaft. Die Politik der frühneuzeitlichen Stadt, hg. v. dems., Konstanz 2004, 9–60
——. Vergesellschaftung unter Anwesenden in der frühneuzeitlichen Stadt und ihre (politische) Öffentlichkeit, in: Stadt und Öffentlichkeit in der Frühen Neuzeit, hg. v. G. Schwerhoff, Köln u. a. 2011, 29–37
Schmale, Wolfgang: Europäische Identität und Europaikonografie im 17. Jahrhundert, in: ders. u. a.: Studien zur europäischen Identität im 17. Jahrhundert, Bochum 2004, 73–116
——. Geschichte Europas, Wien u. a. 2000
Schmeller, Thomas: Hierarchie und Egalität. Eine sozialgeschichtliche Untersuchung paulinischer Gemeinden und griechisch-römischer Vereine, Stuttgart 1995
——. Neutestamentliches Gruppenethos, in: Der neue Mensch in Christus. Hellenistische Anthropologie im Neuen Testament, hg. v. J. Beutler, Freiburg u. a. 2001, 125–130
Schmid, Konrad: Literaturgeschichte des Alten Testaments. Eine Einführung, Darmstadt 2008
——. Schriftgelehrte Traditionsliteratur. Fallstudien zur innerbiblischen Schriftauslegung im Alten Testament, Tübingen 2011
Schmid, Ulrich: Diplés und Quellenangaben im Codex Sinalticus, in: Von der Septuaginta zum Neuen Testament. Textgeschichtliche Erörterungen, hg. v. M. Karrer u. a., Berlin u. a. 2010, 83–97
——. Marcion und sein Apostolos. Rekonstruktion und historische Einordnung der marcionitischen Paulusbriefausgabe, Berlin 1995
Schmidt, Brent James: Utopian Communities of the Ancient World. Idealistic Experiments of Pythagoras, the Essenes, Pachomus, and Proclus, Lewiston (NY) 2009
Schmidt, Hans-Joachim: Einleitung: Ist das Neue das Bessere? Überlegungen zu Denkfiguren und Denkblocken im Mittelalter, in: Tradition, Innovation, Invention. Fortschrittsverweigerung und Fortschrittsbewusstsein im Mittelalter, hg. v. H.-J. Schmidt, Berlin/New York 2005, 7–24
Schmidt-Biggemann, Wilhelm: Die Entstehung der unitarischen Exegese und die philologisch Destruktion des Trinitätsdogmas, in: ders.: Apokalypse und Philologie. Wissensgeschichte und Weltentwürfe der Frühen Neuzeit, Göttingen 2007, 79–121
——. Die katholische Tradition. Bellarmins biblische Hermeneutik, in: ders.: Apokalypse und Philologie. Wissensgeschichte und Weltentwürfe der Frühen Neuzeit, Göttingen 2007, 53–78
——. Spiritualistische Exegese im Streit. Brenz, Soto, Schwenckfeld, Flaccius (^{1}2002), in: ders., Apokalypse und Philologie. Wissensgeschichte und Weltentwürfe der Frühen Neuzeit, Göttingen 2007, 23–51
Schmidt-Glintzer, Helwig: Der Buddhismus, München 2005
Schmitz, Bertram: Der Koran. Sure 2 „Die Kuh". Ein religionshistorischer Kommentar, Stuttgart 2009
——. Paulus und der Koran, Göttingen 2010
——. Das Spannungsverhältnis zwischen Judentum und Christentum als Grundlage des Entstehungsprozesses des Islams in der Interpretation von Vers 124 bis 141 der zweiten Sure, in: Der Koran und sein religiöses und kulturelles Umfeld, hg. v. dems., München 2010, 217–238
Schmitz, Heribert: Taufe, Firmung, Eucharistie. Die Sakramente der Initiation und ihre Rechtsfolgen in der Sicht des CIC von 1983, in: Archiv für katholisches Kirchenrecht, 152/1983, 369–407
Schmitz, Winfried: Haus und Familie im antiken Griechenland, München 2007
Schneider, Reinhold: Vom Dolmetschen im Mittelalter. Sprachliche Vermittlung in weltlichen und kirchlichen Zusammenhängen, Köln/Weimar 2012
Schneider, Steven: Identity Theory, in: Internet Encyclopedia of Philosophy (www.iep.utm.edu/identity/#H1 [23.7.2013]), Kap. 1: Early Versions of the Theory
Schneider, Ulrich: Einführung in den Buddhismus, Darmstadt ^{3}1992
——. Die großen Felsen-Edikte Asokas. Kritische Ausgabe, Übersetzung und Analyse der Texte, Wiesbaden 1978
Schneidmüller, Bernd: Grenzerfahrung und monarchische Ordnung. Europa 1200–1500, München 2011
——. Die mittelalterlichen Konstruktionen Europas. Konvergenz und Differenzierung, in: „Europäische Geschichte" als historiographisches Problem, hg. v. H. Duchhardt/A. Kunz, Mainz 1997, 5–24

Schoeler, Gregor: The Genesis of Literature in Islam. From the Aural to the Read (¹2002), Edinburgh 2009
—. Gesprochenes Wort und Schrift. Mündlichkeit und Schriftlichkeit im frühislamischen Lehrbetrieb, in: Von Rom nach Bagdad. Bildung und Religion von der römischen Kaiserzeit bis zum klassischen Islam, hg. v. P. Gemeinhardt/S. Günther, Tübingen 2013, 269–289
—. Grundsätzliches zu Tilman Nagels Monographie Mohammed. Leben und Legende, in: Asiatische Studien, 68/2014, 193–209
—. Tilman Nagels „,Authentizität' in der Leben-Mohammed-Forschung". Eine Antwort, in: Asiatische Studien, 68/2014, 469–496
Schoen, Ulrich: Determination und Freiheit Im arabischen Denken heute. Eine christliche Reflexion im Gespräch mit Naturwissenschaften und Islam, Göttingen 1976
Scholder, Klaus: Ursprünge und Probleme der Bibelkritik im 17. Jahrhundert. Ein Beitrag zur Entstehung der historisch-kritischen Theologie, München 1966
Schöllgen, Georg: Die Anfänge der Professionalisierung des Klerus und das kirchliche Amt in der syrischen Didaskalie, Münster 1998
—. Franz Joseph Dölger und die Entstehung seines Forschungsprogramms „Antike und Christentum", in: Jahrbuch für Antike und Christentum, 36/1993, 7–23
—. Die frühen Christen und die andere Antike. Zur Dämonologie als Abgrenzungskriterium, in: Bilder der Antike, hg. v. A. Steiner-Weber u. a., Bonn 2007, 145–159
—. Integration und Abgrenzung: Die Christen in der städtischen Gesellschaft, in: Christentum I. Von den Anfängen bis zur Konstantinischen Wende, hg. v. D. Zeller, Stuttgart u. a. 2002, 389–408
—. Pegasios Apostata. Zum Verständnis von „Apostasie" in der zweiten Hälfte des vierten Jahrhunderts, in: Jahrbuch für Antike und Christentum, 47/2004, 58–80.
—. Probleme der frühchristlichen Sozialgeschichte. Einwände gegen Peter Lampes Buch über „Die stadtrömischen Christen in den ersten beiden Jahrhunderten", in: Jahrbuch für Antike und Christentum, 32/1989, 23–40
—. Die Teilnahme der Christen am öffentlichen Leben in vorkonstantinischer Zeit, in: Christentum und antike Gesellschaft, hg. v. J. Martin, Darmstadt 1990, 319–357
Scholten, Clemens: Die alexandrinische Katechetenschule, in: Jahrbuch für Antike und Christentum, 38/1995, 16–37
Schopen, Gregory: Bones, Stones, and Buddhist Monks. Collected Papers on the Archaeology, Epigraphy, and Texts of Monastic Buddhism in India, Honolulu 1997
Schörner, Günter: Votive im römischen Griechenland. Untersuchungen zur späthellenistischen und kaiserzeitlichen Kunst- und Religionsgeschichte, Stuttgart 2003
Schreiner, Klaus: Laienfrömmigkeit – Frömmigkeit von Eliten oder Frömmigkeit des Volkes? Zur sozialen Verfasstheit laikaler Frömmigkeitspraxis im späten Mittelalter, in: Laienfrömmigkeit im späten Mittelalter. Formen, Funktionen, politisch-soziale Zusammenhänge, hg. v. dems./E. Müller-Luckner, München 1992, 1–78
—. Soziale, visuelle und körperliche Dimensionen mittelalterlicher Frömmigkeit. Fragen, Themen, Erträge einer Tagung, in: Frömmigkeit im Mittelalter. Politisch-soziale Kontexte, visuelle Praxis, körperliche Ausdrucksformen, hg. v. dems./M. Müntz, München 2002, 9–38
—. Toleranz, in: Geschichtliche Grundbegriffe, Bd. 6, hg. v. R. Koselleck, Stuttgart 1990, 445–605
—. „Die wahrheit wirt uns menschen verkündt durch Gottes Wort mündlich und schriftlich". Debatten über das geschriebene und ungeschriebene Wort Gottes in volkssprachlichen deutschen Theologien der frühen Neuzeit, in: Normieren, tradieren, inszenieren. Das Christentum als Buchreligion, hg. v. A. Holzem, Darmstadt 2004, 177–223
Schreiner, Peter: Konstantinopel. Geschichte und Archäologie, München 2007
Schreiner, Stefan: Religiöse Toleranz im Judentum. Die Karäer als halachischer Prüfstein, in: Reden und Schweigen über religiöse Differenz. Tolerieren in epochenübergreifender Perspektive, hg. v. D. Hüchtker u. a., Göttingen 2013, 109–133
—. Zwischen (religiöser) Polemik und (inter-religiösem) Dialog: Polnische christliche und muslimische Katechismen aus dem 17. bis 19. Jahrhundert, Vortrag in Fribourg/Schweiz 30.9.2014

——. Wo man Tora lernt, braucht man keinen Tempel. Einige Anmerkungen zum Problem der Tempelsubstitution im rabbinischen Judentum, in: Gemeinde ohne Tempel. Community without Temple. Zu Substituierung und Transformation des Jerusalemer Tempels und seines Kults in Alten Testament, antiken Judentum und frühen Christentum, hg. v. B. Ego u. a., Tübingen 1999, 371–392

Schremer, Adiel: Brothers Estranged. Heresy, Christianity, and Jewish Identity in Late Antiquity, Oxford u. a. 2010

Schrenk, Sabine (Gewebeanalysen: Regina Knaller): Textilien des Mittelmeerraumes aus spätantiker bis frühislamischer Zeit, Riggisberg 2004

Schriften von evangelischer Seite gegen die Täufer, hg. v. R. Stupperich, Münster 1983

Schrör, Matthias: Metropolitangewalt und papstgeschichtliche Wende, Husum 2009

Schuetz, Thomas: Castra – ribat – Kastellburg. Gab es eine Vermittlung antiken Wissens über den islamischen Kulturraum?, in: Der umkämpfte Ort – von der Antike bis zum Mittelalter, hg. v. O. Wagener, Frankfurt a. M. u. a. 2008, 61–75

Schulz, Vera-Simone: Masaccios San Giovenale-Triptychon und die künstlerische Rezeption arabischer Schrift in Florenz, in: Florenz! (Ausstellungskatalog Kunst- und Ausstellungshalle der Bundesrepublik Deutschland), München 2013, 200

Schulze, Reinhard: Der Koran und die Genealogie des Islam, Basel 2015

——. Das Große Land der fränkischen Romanen, oder Wie Europa zu einer arabischen Bedeutung gelangte, in: Europa: ein christliches Projekt? Beiträge zum Verhältnis von Religion und europäischer Identität, hg. v. U. Altermatt u. a., Stuttgart 2008, 217–233

——. Islamischer Internationalismus im 20. Jahrhundert. Untersuchungen zur Geschichte der Islamischen Weltliga, Leiden 1990

——. Die sechste Gestaltung. Koranische Gottesrede im Kontext, in: Orakel und Offenbarung. Formen göttlicher Willensbekundung, hg. v. dems./H. Strohm, München 2013, 209–245

Schulze, Winfried: Europa in der Frühen Neuzeit – begriffsgeschichtliche Befunde, in: „Europäische Geschichte" als historiographisches Problem, hg. v. H. Duchhardt/A. Kunz, Mainz 1997, 35–65

Schumacher, Thomas: Zur Entstehung christlicher Sprache. Eine Untersuchung der paulinischen Idiomatik und der Verwendung des Begriffes „πίστις", Göttingen 2012

Schunka, Alexander: Transgressionen. Revokationspredigten von Konvertiten im mitteldeutschen Raum im 17. Jahrhundert, in: Konversion und Konfession in der Frühen Neuzeit, hg. v. U. Lotz-Heumann u. a., Gütersloh 2007, 491–516

Schuol, Monika: Augustus und die Juden. Rechtsstellung und Interessenpolitik der kleinasiatischen Diaspora, Frankfurt a. M. 2007

Schüppel, Katharina Christa: Silberne und goldene Monumentalkruzifixe. Ein Beitrag zur mittelalterlichen Liturgie-und Kulturgeschichte, Weimar 2005

Schwalbach, Ulrich: Firmung und religiöse Sozialisation, Innsbruck u. a. 1979

Schwanitz, Wolfgang G.: Rezension von Belting: Florenz und Bagdad, in: Kunstform 10/2009, Nr. 2 (www.arthistoricum.net/index.php?id=276&ausgabe=2009_02&review_id=14408 [30.7.2012])

Schwarte, Karl Heinz: Diokletians Christengesetz, in: E fontibus haurire. Beiträge zur römischen Geschichte und zu ihren Hilfswissenschaften, hg. v. R. Günther/St. Rebenich, Paderborn u. a. 1994, 203–240

Schwarz, Reinhard: Luther als Erzieher des Volkes. Die Institutionalisierung der Verkündigung, in: Lutherjahrbuch, 13/1990, 114–127

Schwarzer, Holger: Vereinslokale im hellenistischen und römischen Pergamon, in: Religiöse Vereine in der römischen Antike. Untersuchungen zu Organisation, Ritual und Raumordnung, hg. v. U. Egelhaaf-Gaiser/A. Schäfer, Tübingen 2002, 221–260

Schwarzfuchs, Simon: A Concise History of the Rabbinate, Oxford u. a. 1993

Schweigger, Salomon: Alcoranus Mahometicus, Das ist: der Türcken Alcoran, Religion und Aberglauben, auß welchem zu vernemen, wann und woher ihr falscher Prophet Machomet seinen Ursprung oder Anfang genommen, mit was Gelegenheit derselbdiß sein Fabelwerk, lächerliche und närrische Lehr gedichtet und erfunden, Nürnberg 1616

Schwinges, Rainer Christoph: Genossenschaft und Herrschaft in der Universität der Vormoderne vom 12. bis 15. Jahrhundert, in: ders.: Studenten und Gelehrte. Studien zur Sozial- und Kulturgeschichte deutscher Universitäten im Mittelalter, Leiden/Boston 2008, 19–33

———. Karrieremuster. Zur sozialen Rolle der Gelehrten im Reich des 14. bis 16. Jahrhunderts. Eine Einführung, in: ders.: Studenten und Gelehrte. Studien zur Sozial- und Kulturgeschichte deutscher Universitäten im Mittelalter, Leiden/Boston 2008, 515–528
Secher Bøgh, Birgitte: In Life and Death. Choice and Conversion in the Cult of Dionysos, in: Conversion and Initiation in Antiquity. Shifting Identities – Creating Change, hg. v. ders., Frankfurt a. M. u. a. 2014, 25–46
Secret Conversion to Judaism in Early Modern Europe, hg. v. M. Mulsow/R. H. Popkins, Leiden/Boston 2004
Sedlar, Jean W.: India and the Greek World. A Study in the Transmission of Culture, Totowa (NJ) 1980
Seeliger, Hans Reinhard: Buchrolle, Codex, Kanon. Sachshistorische und ikonographische Aspekte und Zusammenhänge, in: Kanon in Konstruktion und Dekonstruktion. Kanonisierungsprozesse religiöser Texte von der Antike bis zur Gegenwart. EinHandbuch, hg. v. E.-M. Becker u. a., Berlin u. a. 2012, 547–576
Seelmann, Hoo Nam: Späte Reue. Japans Kriegsbuddhismus – eine noch nicht aufgearbeitete Epoche, in: Neue Zürcher Zeitung, 12.11.2012, S. 32
Seidensticker, Tilman: Koran, in: Heilige Schriften. Eine Einführung, hg. v. U. Tworuschka, Darmstadt 2000, 111–130
Seidenstücker, Karl: Ittivutaka. Das Buch der Herrenworte. Eine kanonische Schrift des Pāli-Buddhismus, Leipzig 1922
Seiwert, Hubert: Warum religiöse Toleranz kein außereuropäisches Konzept ist oder: Die Harmonie der „drei Lehren" im vormodernen China, in: Reden und Schweigen über religiöse Differenz. Tolerieren in epochenübergreifender Perspektive, hg. v. D. Hüchtker u. a., Göttingen 2013, 35–58
Seiwert, Hubert/Xisha, Ma: Popular Religious Movements and Heterodox Sects in Chinese History, Leiden/Boston 2003
Seker, Nimet: Ermahnt sie, meidet sie im Bett und schlagt sie! Zur Frage der Geschlechtergewalt in Q 4:34, in: Gewalt in den Heiligen Schriften von Islam und Christentum, hg. v. H. Mohagheghi/K. von Stosch, Paderborn 2014, 117–144
Seledeslachts, Erik: Greece, the Final Frontier? The Westward Spread of Buddhism, in: The Spread of Buddhism, hg. v. E. Heirman/St. P. Bumbacher, Leiden 2007, 131–166
Die Septuaginta. Texte, Kontexte, Lebenswelten, hg. v. M. Karrer, Tübingen 2008
Septuaginta deutsch. Erläuterungen und Kommentare, hg. v. M. Karrer/W. Kraus, 2 Bde., Stuttgart 2011
Die Septuaginta und das frühe Christentum/The Septuagint and Christian Origins, hg. v. Th. S. Caulley/H. Lichtenberger, Tübingen 2011
Setz, Wolfram: Lorenzo Vallas Schrift gegen die Konstantinische Schenkung. De falso credita et ementita Constantini donatione. Zur Interpretation und Wirkungsgeschichte, Tübingen 1975
Shahab, Ahmed: Satanic Verses, in: Encyclopedia of the Qur'an, hg. v. J. D. McAuliffe, Bd. 4, Leiden/Boston 2004, 531–535
Shahar, Meir: The Shaolin Monastery. History, Religion, and the Chinese Martial Arts, Honolulu 2008
Shalaby, Ahmad: History of Muslim Education, Beirut 1954
Shapin, Steven: A Social History of Truth. Civility and Science in Seventeenth-Century England, Chicago u. a. 1994
———. Die wissenschaftliche Revolution ([1]1996), Frankfurt a. M. 1998
Shapin, Steven/Schaffer, Simon: Leviathan and the Air-Pump. Hobbes, Boyle, and the Experimental Life, Princeton 1989
Sharafi, Mitra: Judging Conversion to Zoroastrianism. Behind the Scenes of the Parsi Panchayat case (1908), in: Parsis in India and the Diaspora, hg. v. J. R. Hinnels/A. Williams, London 2007, 159–180
Shepkaru, Shmuel: Jewish Martyrs in the Pagan and Christian Worlds, Cambridge u. a. 2006
Shochetman, Joseph: Molcho, Salomon, in: Encyclopaedia Judaica, Bd. 14, Detroit u. a. [2]2007, 423f.
Sicherl, Martin: Platonismus und Textüberlieferung, in: Jahrbuch der österreichischen byzantinischen Gesellschaft, 15/1966, 201–229
Siebel, Walter: Einleitung: Die europäische Stadt, in: Die europäische Stadt, hg. v. dems., Frankfurt a. M. 2004, 11–50
Sieferle, Rolf Peter: Europe's Special Course. Outline of a Research Program (Der Europäische Sonderweg, Bd. 1), Stuttgart 2001

Siegert, Folker: Register zur „Einführung in die Septuaginta. Mit einem Kapitel zur Wirkungsgeschichte, Münster u. a. 2003
——. Zwischen hebräischer Bibel und Altem Testament. Eine Einführung in die Septuaginta, Münster u. a. 2001
Sievernich, Michael: Die christliche Mission. Geschichte und Gegenwart, Darmstadt 2009
——. Die franziskanischen Katechismen des 16. Jahrhunderts am Beispiel der Mexiko-Mission; Vortrag in Freiburg i. Üe., 4. April 2012
——. Recht und Mission in der frühen Neuzeit. Normative Texte im kirchlichen Leben der Neuen Welt, in: Zeitschrift des Max-Planck-Instituts für europäische Rechtsgeschichte, 20/2012 (www.rg.rg.mpg.de/de/article_id/783 [22.1.2015])
Sievers, Jonah: Religion ohne Mission? Eine jüdische Perspektive, in: Religionen und Religionsfreiheit. Menschenrechtliche Perspektiven im Spannungsfeld von Mission und Konversion, hg. v. M. Heimbach-Steins u. a., Würzburg 2010, 151–155
Sigurður, Líndal: Eine kleine Geschichte Islands, Berlin 2011
Simon, Richard: Histoire critique du Vieux Testament, Rotterdam 1685
Sirks, A. J. Boudewijn: Die Vereine in der kaiserlichen Gesetzgebung, in: Vereine, Synagogen und Gemeinden im kaiserzeitlichen Kleinasien, hg. v. A. Gutsfeld/D.-A. Koch, Tübingen 2006, 21–40
Skilling, Peter: Redaction, Recitation, and Writing. Transmission of the Buddha's Teachings in India in the Early Period, in: Buddhist Manuscript Cultures. Knowledge, Ritual, and Art, hg. v. St. C. Berkwitz u. a., Abingdon 2010, 53–75
Slade, Darren M.: Arabia haeresium ferax (Arabia Bearer of Heresies). Schismatic Christianity's Potential Influence on Muhammad and the Qur'an, in: American Theological Inquiry, 7/2014, 43–53
Slenzka, Notger: Die Kirche und das Alte Testament, in: Marburger Jahrbuch, 25/2013, 83–119
Sloterdijk, Peter: Im Weltinnenraum des Kapitals. Für eine philosophische Theorie der Globalisierung, Frankfurt 2005
——. Interview, in: Zeit-Interview: „Religion ist nicht cool", in: Zivilreligion verträgt der Staat? Aktuelle Herausforderungen und grundsätzliche Überlegungen, hg. v. W. Kretschmann/V. Wodke-Werner, Ostfildern 2014, 103–113
Smalley, Beryl: The Study of the Bible in the Middle Ages ([1]1952), Oxford 1982
Smith, Jonathan Zittel: Canons, Catalogues and Classics, in: Canonization and Decanonization, hg. v. A. van der Kooij/K. van der Toorn, Leiden u. a. 1998, 295–311
Smith, Wilfred Cantwell: Scripture as Form and Concept. Their Emergence for the Western World, in: Rethinking Scripture. Essays from a Comparative Perspective, hg. v. M. Levering, New York 1989
——. What is scripture? A Comparative Approach, Minneapolis 1993
Snyder, C. Arnold: Swiss Anabaptism. The Beginnings, 1523–1525, in: A Companion to Anabaptism and Spiritualism, 1521–1700, hg. v. J. D. Roth/J. M. Stayer, Leiden/Boston 2007, 45–81.
Soler, Emmanuel: Les victimes des procès de 371–372 à Rome et à Antioche. Comment furent liquidés les réseaux de théurges, in: Chrétiens persécuteurs. Destructions, exclusions, violences religieuses au IVe siècle, hg. v. M.-F. Baslez, Paris 2014, 221–254
Sound and Communication. An Aesthetic Cultural History of Sanskrit Hinduism, hg. v. A. Wilke/O. Moebus, Berlin /New York 2011
Sourdel, Dominique: Dār al-Hikma, in: The Encyclopedia of Islam, Bd. 2, Leiden/London [2]1965, 126–127
Southall, Aidan William: The City in Time and Space, Cambridge 1998
Southwood, Katherine E.: Ethnicity and the Mixed Marriage Crisis in Ezra 9–10. An Anthropological Approach, Oxford 2012
Soyer, François: The Persecution of the Jews and Muslims of Portugal: King Manuel I and the End of Religious Tolerance (1496–7), Leiden/Boston 2007
Spaemann, Robert: Das unsterbliche Gerücht. Die Frage nach Gott und die Täuschung der Moderne, Stuttgart 2007
Sparn, Walter: Synkretismus, VI: Dogmatisch, in: Theologische Realenzyklopädie, Bd. 32, Berlin/New York 2001, 552–556

Speck, Paul: Die kaiserliche Universität von Konstantinopel. Präzisierungen zur Frage des höheren Schulwesens in Byzanz im 9. und 10. Jahrhundert, München 1974
—. Urbs, quam Deo donavimus. Konstantins des Großen Konzept für Konstantinopel, in: Boreas, 18/1995, 143–173
—. Was für Bilder eigentlich? Neue Überlegungen zu dem Bilderedikt des Kalifen Yazid, in: Le muséon, 109/1996, 267–278
Spectorsky, Susan Ann: Women in Classical Islamic Law. A Survey of the Sources, Leiden u. a. 2010
Spengler, Oswald: Der Untergang des Abendlandes. Umrisse einer Morphologie der Weltgeschichte, Bd. 1: Gestalt und Wirklichkeit, Wien 1918; Bd. 2: Welthistorische Perspektiven, München 1922
Speyer, Heinrich: Die biblischen Erzählungen im Qoran (^{1}1931), Hildesheim ^{2}1961
Spickard, James V.: Tribes and Cities. Towards an Islamic Sociology of Religion, in: Social Compass, 48/2001, 103–116
Spicq, Ceslas: Le canon des Livres saints au XIIIe siècle, in: Revue des sciences philosophiques et theologiques, 2/1941-42, 424–431
Die Stadt in der Spätantike – Niedergang oder Wandel?, hg. v. J. U. Krause/Ch. Witschel, Stuttgart 2006
Städte im östlichen Europa. Zur Problematik von Modernisierung und Raum vom Spätmittelalter bis zum 20. Jahrhundert, hg. v. C. Goehrke, Zürich 2006
Städtische Kulte im Mittelalter, hg. v. S. Ehrich/J. Oberste, Regensburg 2010
Staehelin, Ernst: Johannes Calvin. Leben und ausgewählte Schriften, Elberfeld 1863
Stambaugh, John E.: The Functions of Roman Temples, in: Aufstieg und Niedergang der römischen Welt, Bd. II.16.1, hg. v. W. Haase, Berlin/New York 1978, 576–588
Stark, Isolde: Religiöse Konflikte durch Kultimport und Kultinvasion von der Entstehung des Imperium Romanum bis in die Kaiserzeit, in: Römische Reichsreligion und Provinzialreligion. Globalisierungs- und Regionalisierungsprozesse in der antiken Religionsgeschichte, hg. v. H. Cancik u. a., Erfurt 2003, 24–33
Stausberg, Michael: Faszination Zarathushtra. Zoroaster und die Europäische Religionsgeschichte der Frühen Neuzeit, 2 Bde., Berlin/New York 1998
—. The Invention of a Canon. The Case of Zoroastrism, in: Canonization and Decanonization, hg. v. A. van der Kooij/K. van der Toorn, Leiden u. a. 1998, 257–277
—. Die Religion Zarathustras. Geschichte – Gegenwart – Rituale, 3 Bde., Stuttgart 2002–2004
—. Zarathustra und seine Religion (^{1}2005), München ^{2}2011
Stautz, Burkhard: Untersuchungen von mathematisch-astronomischen Darstellungen auf mittelalterlichen Astrolabien islamischer und europäischer Herkunft, Bassum 1997
Stayer, James M./Packull, Werner O./Deppermann, Klaus: From Monogenesis to Polygenesis. The Historical Discussion of Anabaptist Origins, in: The Mennonite Quaterly Review, 49/1975, 83–122
Steck, Odil Hannes: Der Kanon des hebräischen Alten Testaments. Historische Materialien für eine ökumenische Perspektive, in: Verbindliches Zeugnis I, hg. v. W. Pannenberg Th. Schneider, Freiburg i. B./Göttingen 1992, 11–33
Steimle, Christopher: Religion im römischen Thessaloniki. Sakraltopographie, Kult und Gesellschaft 168 v. Chr. – 324 n. Chr., Tübingen 2008
Stein, Tine: Himmlische Quellen und irdisches Recht. Religiöse Voraussetzungen des freiheitlichen Verfassungsstaates, Frankfurt a. M./New York 2007
Steinberg, Guido: Religion und Staat in Saudi-Arabien. Die wahhabitischen Gelehrten 1902–1953, Würzburg 2002
Steiner, George: Nach Babel. Aspekte der Sprache und des Übersetzens (^{1}1975), Frankfurt a. M. 1994
Steins, Georg: Die Chronik als kanonisches Abschlussphänomen. Studien zur Entstehung und Theologie von 1/2 Chronik, Weinheim 1995
Stelzer, Winfried: Zum Scholarenprivileg Friedrich Barbarossas (Authentica „Habita"), in: Deutsches Archiv für die Erforschung der Mittelalters, 34/1978, 123–165
Stemberger, Günter: Einleitung in Talmud und Midrasch, München ^{9}2011
—. Entstehung und Auffassung des Kanons im rabbinischen Denken, in: ders.: Judaica Minora I, Tübingen 2010, 69–87

—. La formation et la conception du canon dans la pensée biblique, in: Recueils normatifs et canons dans l'antiquité. Perspectives nouvelles sur la formation des canons juif et chrétien dans leur contexte culturel, hg. v. E. Norelli, Lausanne 2004, 113–131
—. Jabne und der Kanon, in: Jahrbuch biblische Theologie, 3/1988, 163–174
—. Das klassische Judentum. Kultur und Geschichte der rabbinischen Zeit (¹1979), München 2009
—. Lebenslanges Lernen im rabbinischen Judentum, in: Von Rom nach Bagdad. Bildung und Religion von der römischen Kaiserzeit bis zum klassischen Islam, hg. v. P. Gemeinhardt/S. Günther, Tübingen 2013, 111–126
—. Mündliche Tora in schriftlicher Form. Zur Redaktion und Wiedergabe früher rabbinischer Texte, in: Die Textualisierung der Religion, hg. v. J. Schaper, Tübingen 2009, 222–237
Stengel, Friedemann: Reformation, Renaissance und Hermetismus. Kontexte und Schnittstellen der frühen reformatorischen Bewegung, in: Archiv für Reformationsgeschichte, 104/2013, 35–81
Stenzel, Alois: Die Taufe. Eine genetische Erklärung der Taufliturgie, Innsbruck 1958
Stepper, Ruth: Der Kaiser als Priester. Schwerpunkt und Reichweite seines oberpontifikalen Handelns, in: Die Praxis der Herrscherverehrung in Rom und seinen Provinzen, hg. v. H. Cancik/K. Hitzl, Tübingen 2003, 157–187
Stepun, Fedor: Der Bolschewismus und die Abwehrkräfte Europas, in: Europa und das Christentum, hg. v. W. v. Loewenich u. a., Wiesbaden 1959, 33–70
Stern, Gertrude H.: Marriage in Early Islam, London 1939
Stern, Samuel Miklos: The Constitution of the Islamic City, in: The Islamic City. A Colloquium, hg. v. A. Hourani/S. Stern, Oxford 1970, 25–50
Steuer, Heiko: Archäologische Quellen zu Religion und Kult der Sachsen vor und während der Christianisierung, in: Bonifatius – Leben und Nachwirken. Die Gestaltung des christlichen Europa im Frühmittelalter, hg. v. F. J. Felten u. a., Mainz 2007, 83–110
Steuernagel, Dirk: Kult und Alltag in römischen Hafenstädten. Soziale Prozesse in archäologischer Perspektive, Stuttgart 2004
—. Wozu brauchen Griechen Tempel? Fragen und Perspektiven, in: Die Religion des Imperium Romanum. Koine und Konfrontationen, hg. v. H. Cancik u. a., Tübingen 2009, 115–138
Stöcklin-Kaldewey, Sara: Kaiser Julians Gottesverehrung im Kontext der Spätantike, Tübingen 2014
Stökl Ben Ezra, Daniel: The Impact of Yom Kippur on Early Christianity. The Day of Atonement from Second Temple Judaism to the Fifth Century, Tübingen 2003
—. Templisierung. Die Rückkehr des Tempels jüdische und christliche Spätantike, in: Rites et croyances dans les religions du monde romain, hg. v. J. Scheid, Genf 2007, 231–278
Stone, Michael E.: L'étude du canon arménien, in: Le canon du Nouveau Testament. Regards nouveaux sur l'histoire de sa formation, hg. v. G. Aragione u. a., Genf 2005, 283–295
Stoob, Heinrich: Über den Aufbruch zur Städtebildung in Mitteleuropa, in: Die Frühgeschichte der europäischen Stadt im 11. Jahrhundert, hg. v. J. Jarnut, Köln u. a. 1998, 1–20
Stoodt, Hans Christoph: Katharismus im Untergrund. Die Reorganisation durch Petrus Auterii 1300–1310, Tübingen 1996
Stråth, Bo: Path Dependence versus Path-Breaking Crisis. An Alternative View, in: The Evolution of Path Dependence, hg. v. L. Magnusson/J. Ottosson, Cheltenham/Northampton (Mass.) 2009, 19–42
Streit um den Koran. Die Luxenberg-Debatte. Standpunkte und Hintergründe (¹2004), hg. v. Ch. Burgmer, Berlin ³2007
Strohmaier, Gotthard: Hellas im Islam. Interdisziplinäre Studien zur Ikonographie, Wissenschaft und Religionsgeschichte, Wiesbaden 2003
—. Hunayn b. Ishak al-Ibadi, in: The Encyclopedia of Islam, Bd. 3, Leiden/London ²1971, 578–581
—. Die Rezeption und die Vermittlung: die Medizin in der byzantinischen und in der arabischen Welt, in: Die Geschichte des medizinischen Denkens. Antike und Mittelalter, hg. v. M. D. Grmek, München 1999
—. Was Europa dem Islam verdankt und was den Byzantinern, in: Klassiker des europäischen Denkens. Friedens- und Europavorstellungen aus 700 Jahren europäischer Kulturgeschichte, hg. v. W. Böttcher, Baden-Baden 2014, 52–58
Stroumsa, Guy G.: Barbarian Philosophy. The Religious Revolution of Early Christianity, Tübingen 1999

——. Hidden Wisdom. Esoteric Traditions and the Roots of Christian Mysticism, Leiden u. a. 1996
——. Purification and its Discontents. Mani's Rejection of Baptism, in: The Religious History of the Roman Empire. Pagans, Jews, and Christians, hg. v. J. A. North/S. R. F. Price, Oxford 2011, 460–478
Stroumsa, Sarah: Freethinkers of Medieval Islam. Ibn al-Rāwandī, Abū Bakr al-Rāzī and Their Impact on Islamic Thought, Leiden u. a. 1999
——. On Jewish Intellectuals Who Converted in the Middle Ages, in: The Jews of Medieval Islam. Community, Society, and Identity, hg. v. D. Frank, Leiden u. a. 1995, 179–197
Strutwolf, Holger: Origenes, De priniclpiis, in: Kanon der Theologie. 45 Schlüsseltexte im Portrait, hg. v. Ch. Danz, Darmstadt 2009, 22–29
Stuckenbruck, Loren T.: Apocrypha and the Septuagint. Exploring the Christian Canon, in: Die Septuaginta und das frühe Christentum/The Septuagint and Christian Origins, hg. v. Th. S. Caulley/H. Lichtenberger, Tübingen 2011, 177–201
Stuckrad, Kocku von: Locations of Knowledge in Medieval and Early Modern Europe. Esoteric Discourse and Western Identities, Leiden/Boston 2010
Stuhlmacher, Peter: Die Ausbildung des zweiteiligen biblischen Kanons, in: Biblische Theologie des Neuen Testaments, Bd. 2, Göttingen 1999, 288–304
Stuiber, Alfred: Diaspora, in: Realenexikon für Antike und Christentum, Bd. 3, Stuttgart 1957, 972–982
Suermann, Harald: Timotheos I. und die Asienmission, in: Syriaca II. Beiträge zum 3. deutschen Syrologen-Symposium in Vierzehnheiligen 2002, hg. v. M. Tamcke, Münster 2004, 193–202
Super, John C./Turley, Briane K.: Religion in World History. The Persistance of Imperial Communion, New York 2006
Süss, Jürgen: Kaiserkult und Urbanistik. Kultbezirke für römische Kaiser in kleinasiatischen Städten, in: Die Praxis der Herrscherverehrung in Rom und seinen Provinzen, hg. v. H. Cancik/K. Hitzl, Tübingen 2003, 249–281
Swanson, Paul L.: Apocryphal Texts in Chinese Buddhism. T'ien-t'ai Chih's Use of Apocryphal Scriptures, in: Canonization and Decanonization, hg. v. A. van der Kooij/K. van der Toorn, Leiden u. a. 1998, 245–255
Synan, Edward A.: The Popes and the Jews in the Middle Ages, New York/London 1965
Taeschner, Franz: Futuwwa, eine gemeinschaftsbildende Idee im mittelalterlichen Orient und ihre verschiedenen Erscheinungsformen, in: Schweizerisches Archiv für Volkskunde/Archives suisses des traditions populaires, 51/1955, 122–158
——. Zünfte und Bruderschaften im Islam. Texte zur Geschichte der Futuwwa, Zürich u. a. 1979
Talas, Asad: La madrasa Nizamiyya et son histoire, Paris 1939
Talbi, Mohamed: Le Christianisme maghrébin de la conquête musulmane à sa disparition. Une tentative d'explication, in: Conversion and Continuity. Indigenous Christian Communities in Islamic Lands, Eighth to Eighteenth Centuries, hg. v. M. Gervers/R. J. Bikhazi, Toronto 1990, 313–351
Tamcke, Martin: Wie der Islam die christliche Bildung beflügelte, in: Von Rom nach Bagdad. Bildung und Religion von der römischen Kaiserzeit bis zum klassischen Islam, hg. v. P. Gemeinhardt/S. Günther, Mohr Siebeck, Tübingen 2013, 243–267
Tamura, Yoshiro: Japanese Buddhism. A Cultural History ([1]1967), Tokio 2005
Tanaseanu-Döbler, Ilinca: Konversion zur Philosophie in der Spätantike. Kaiser Julian und Synesios von Kyrene, Stuttgart 2008
——. Religious Education in Late Antique Paganism, in: Religious Education in Pre-modern Europe, hg. v. ders./M. Döbler, Leiden/Boston 2012, 97–146
Tanaseanu-Döbler, Ilinca/Döbler, Marvin: Towards a Theoretical Frame for the Study of Religious Education. An Introduction, in: Religious Education in Pre-modern Europe, hg. v. dens., Leiden/Boston 2012, 1–37
Tansrisook, Sompornnuch: Non-Monastic Buddhist in Pāli-Discourse. Religious Experience and Religiosity in Relation to the Monastic Order, Frankfurt a. M. u. a. 2014
Taylor, Charles: Multikulturalismus und die Politik der Anerkennung ([1]1992), Frankfurt a. M. 1993
Taylor, Claire: Heresy in Medieval France. Dualism in Aquitaine and the Angenais, 1000–1249, London 2005
Tellenbach, Gerd: Die westliche Kirche vom 10. bis zum frühen 12. Jahrhundert, Göttingen 1988
Tellenbach, Silvia: Die Apostasie im islamischen Recht (www.gair.de/tellenbach_apostasie.pdf [22. 4. 2011])

Temme, Willi: Krise der Leiblichkeit. Die Sozietät der Mutter Eva (Buttlarsche Rotte) und der radikale Pietismus um 1700, Göttingen 1998
Teuscher, Simon: Verwandtschaft in der Vormoderne. Zur politischen Karriere eines Beziehungskonzepts, in: Die Ahnenprobe in der Vormoderne. Selektion – Initiation – Repräsentation, hg. v. E. Harding/M. Hecht, Münster 2011, 96
Die Texte aus Qumran, hg. v. E. Lohse, München 1964
Thapar, Romila: Aśoka and the Decline of the Mauryas (¹1963, ²1973), Dehli u. a. 1992
Theißen, Gerd: Erleben und Verhalten der ersten Christen. Eine Psychologie des Urchristentums, Gütersloh 2007
——. Studien zur Soziologie des Urchristentums, Tübingen 1979
Thiede, Werner: Wer ist der kosmische Christus? Karriere und Bedeutungswandel einer modernen Metapher, Göttingen 2001
Thiel, Michael: Grundlagen und Gestalt der Hebräischkenntnisse des frühen Mittelalters, Spoleto 1973
Thode, Henry: Franz von Assisi und die Anfänge der Kunst der Renaissance in Italien, Berlin ²1904
Thome, Felix: Historia contra Mythos. Die Schriftauslegung Diodors von Tarsus und Theodors von Mopsuestia im Widerstreit zu Kaiser Julians und Salustius' allegorischem Mythenverständnis, Bonn 2004
——. Studien zum Johanneskommentar des Theodor von Mopsuestia, Bonn 2008
Thraede, Klaus: Ursprünge und Formen des „Heiligen Kusses" im frühen Christentum, in: Jahrbuch für Antike und Christentum, 10–11/1968–1969, 124–180
Thyen, Johann Dietrich: Bibel und Koran. Eine Synopse gemeinsamer Überlieferungen, Köln u. a. 1989
Tiele, Cornelis Petrus: Religions, in: Encyclopaedia Britannica, Bd. 20, Edinburg ⁹1886, 358–371
Tieszen, Charles Lowell: Christian Identity amid Islam in Medieval Spain, Leiden/Boston 2013
Tietz, Manfred: Die literarische Erinnerung an das trikulturelle Spanien des Mittelalters in deutschen und spanischen historischen Romanen der Gegenwart, in: Integration – Segregation – Vertreibung. Religiöse Minderheiten und Randgruppen auf der Iberischen Halbinsel (7. – 17. Jahrhundert), hg. v. K. Herbers/N. Jaspert, Berlin 2011, 363–383
Tillschneider, Hans-Thomas: Rezension von Nicolai Sinai: Fortschreibung und Auslegung. Studien zur frühen Koraninterpretation, Wiesbaden 2009, in: Sehepunkte, 11/2011, Nr. 10, 19 S. (www.sehepunkte.de/2011/10/19477.html [17.4.2014])
Tilly, Michael: Einführung in die Septuaginta, Darmstadt 2005
Timpe, Dieter: Domitian als Christenfeind und die Tradition der Verfolgerkaiser, in: Heil und Geschichte. Die Geschichtsbezogenheit des Heils und das Problem der Heilsgeschichte in der biblischen Tradition und in der theologischen Deutung, hg. v. J. Frey u. a., Tübingen 2009, 213–242
Tischler, Matthias Martin: Die älteste lateinische Koranübersetzung als (inter)religiöser Begegnungsraum, in: Frühe Koranübersetzungen. Europäische und außereuropäische Fallstudien, hg. v. R. F. Glei, Trier 2012, 25–82
——. Grenzen und Grenzüberschreitung in der christlich-muslimischen Begegnung. Bemerkungen zum Stellenwert der Arabischkenntnisse in der abendländischen Missionsgeschichte, in: Zeitschrift für Religionswissenschaft und Missionswissenschaft, 93/2009, 58–75
——. Übersetzen als des/integrativer Akt. Die lateinischen Übertragungen arabischer muslimischer Literatur auf der Iberischen Halbinsel im 12. und 13. Jahrhundert, in: Christlicher Norden muslimischer Süden. Ansprüche undWirklichkeiten von Christen, Juden und Muslimen auf der Iberischen Halbinsel im Hoch- und Spätmittelalter, hg. von dems./A. Fidora, Münster 2011, 167–186
Tite, Philip L.: The Apocryphal Epistle to the Laodiceans. An Epistolary and Rhetorical Analysis, Leiden/Boston 2012
Tiwald, Markus: Wanderradikalismus. Jesu erste Jünger – ein Anfang und was davon bleibt, Frankfurt a. M. u. a. 2002
Toepel, Alexander: Das Protevangelium des Jakobus. Ein Beitrag zur neueren Diskussion um Herkunft, Auslegung und theologische Einordnung, Münster 2014
——. Seal and Comforter. On the Apocalyptic Prophethood of Elkasai, Mani, and Muhammad, in: The Bible, the Qur'ān, and Their Interpretation. Syriac Perspectives, hg. v. C. B. Horn, Warwick 2013, 157–166.
Toledano, Ehud R.: Slavery and Abolition in the Ottoman Middle East, Seattle/London 1998

Toledot Yeshu ("The Life Story of Jesus") Revisited. A Princeton Conference, hg. v . P. Schäfer u. a., Tübingen 2011
Tomasello, Michael: Die kulturelle Entwicklung des menschlichen Denkens. Zur Evolution der Kognition, Frankfurt a. M. 2002
Tongeren, Louis van: Ein heilsames Zeichen. Die Liturgie des Kreuzes im Mittelalter, in: Das Kreuz. Darstellung und Verehrung in der Frühen Neuzeit, Regensburg 2013, 10–31
—. The Cult of the Cross in Late Antiquity and the Middle Ages. A Concise Survey of Its Origins and Development, in: Römisches Jahrbuch der Bibliotheca Hertziana, 38/2007–08, 59–75.
Toorn, Karel van der: Scribal Culture and the Making von the Hebrew Bible, Cambridge (Mass.) London 2007
Tov, Immanuel: The History and Significance of a Standard Text of the Hebrew Bible, in: Hebrew Bible/Old Testament. The History of its Interpretation, Bd. 1, hg. v. M. Sæbø, Göttingen 1996, 49–66
—. The Septuagint between Judaism and Christianity, in: Die Septuaginta und das frühe Christentum/The Septuagint and Christian Origins, hg. v. Th. S. Caulley/H. Lichtenberger, Tübingen 2011, 3–25
—. Der Text der Hebräischen Bibel. Handbuch der Textkritik (^{1}1989), Stuttgart u. a. 1997
—. Textual Criticism of the Hebrew Bible (^{1}1992), Leiden ^{3}2012
Travel and Religion in Antiquity, hg. v. Ph. A. Harland, Waterloo (Ont.) 2011
Trepp, Anne-Charlott: Von der Glückseligkeit, alles zu wissen. Die Erforschung der Natur als religiöse Praxis in der frühen Neuzeit, Frankfurt a. M./New York 2009
Trevithick, Alan: The Revival of Buddhist Pilgrimage at Bodh Gaya (1811–1949). Anagarika Dharmapala and the Mahabodhi Temple, Dehli 2001
Trexler, Richard C.: The Stigmatized Body of Francis of Assisi. Conceived, Processed, Disappeared, in: Frömmigkeit im Mittelalter. Politisch-soziale Kontexte, visuelle Praxis, körperliche Ausdrucksformen, hg. v. K. Schreiner/M. Müntz, München 2002, 463–497
Trimingham, John Spencer: A History of Islam in West Africa (^{1}1962), London u. a. 1970
Tritton, Arthur Stanley: The Caliphs and their Non-Muslim Subjects. A Critical Study of the Covenant of 'Umar, London 1970
—. Materials on Muslim Education in the Middle Ages, London 1957, 1–26
Trobisch, David: Die Endredaktion des Neuen Testaments. Eine Untersuchung zur Entstehung der christlichen Bibel, Freiburg i. Üe. 1996
Trokuno, Kyoko: The Evaluation of Indigenous Scriptures in Chinese Buddhist Bibliographical Catalogues, in: Chinese Buddhist Apocrypha, hg. v. R. E. Buswell Jr., Honolulu 1990, 31–74
Tucker, Judith E.: Women, Family, and Gender in Islamic Law, Cambridge 2008
Turcanu, Florin: Mircea Eliade, der Philosoph des Heiligen oder: Im Gefängnis der Geschichte, Schnellroda 2006
Tweed, Thomas A.: Crossing and Dwelling. A Theory of Religion, Cambridge (Mass.)/London 2006
Ullmann, Manfred: Die Medizin im Islam, Leiden/Köln 1970
—. Die Natur- und Geheimwissenschaften im Islam, Leiden/Köln 1972
Ulrich, Eugene Charles: The Evolutionary Production and Transmission of the Scriptural Books, in: Changes in Scripture. Rewriting and Interpreting Authoritative Traditions in the Second Temple Period, hg. v. H. v. Weissenberg u. a., Berlin/New York 2011, 47–64
Underwood, Alfred Clair: Conversion: Christian and Non-Christian. A Comparative Study, London 1925
Unger, Stefanie: Generali concilio inhaerentes statuimus. Die Rezeption des Vierten Lateranum (1215) und des Zweiten Lugdunense (1274) in den Statuten der Erzbischöfe von Köln und Mainz bis zum Jahr 1310, Mainz 2004
Urvoy, Dominique: Les penseurs libres dans l'islam classique. L'interrogation sur la religion chez les penseurs arabes indépendants, Paris 1996
Valentine, Simon Ross: Islam and the Ahmadiyya Jama'at. History, Belief, Practice, New York 2008
Van der Leeuw, Gerardus: Phänomenologie der Religion, Tübingen 1933
Van Ess, Josef: Die Anfänge des Islam. Ein Gespräch mit dem deutschen Islamforscher (www.goethe.de/ges/phi/prj/ffs/the/a96/de8626506.html [24.4.2014])
—. Arabischer Neuplatonismus und islamische Theologie – eine Skizze, in: Platonismus in Orient und Okzident. Neuplatonische Denkstrukturen im Judentum, Christentum und Islam, hg. v. R. G. Khoury u. a., Heidelberg 2005, 103–117

―. Dschihad gestern und heute, Berlin/Boston 2012
―. Der Eine und das Andere. Beobachtungen an islamischen häresiographischen Texten, 2 Bde., Berlin 2011
―. Muhammad und der Koran. Prophetie und Offenbarung. Islamische Perspektiven, in: Küng, Hans u. a.: Christentum und Weltreligionen. Hinführung zum Dialog mit Islam, Hinduismus und Buddhismus, München/Zürich 1984, 31–48
―. Theologie und Gesellschaft im 2. und 3. Jahrhundert Hidschra. Eine Geschichte des religiösen Denkens im frühen Islam, 6 Bde., Berlin/New York 1991–1997
―. Verbal Inspiration? Language and Revelation in Classical Islamic Theology, in: The Qur'an as Text, hg. v. St. Wild, Leiden u. a. 1996, 177–194
―. Zwischen Ḥadīṯ und Theologie. Studien zum Entstehen prädestinatianischer Überlieferung, Berlin/New York 1975
Van Henten, Jan W.: Martyrium II (ideengeschichtlich), in: Reallexikon für Antike und Christentum, Bd. 24, Stuttgart 2012, 300–325
Vansina, Jan: Oral Tradition as History, London/Nairobi 1985
Vat, Odulphus van der: Die Anfänge der Franziskanermissionen und ihre Weiterentwicklung im nahen Orient und in den mohammedanischen Ländern während des 13. Jahrhunderts, Werl 1934
Vauchez, André: Gottes vergessenes Volk. Laien im Mittelalter ([1]1987), Freiburg i. B. u. a. 1993
―. Kirche und Bildung: Veränderungen und Spannungen, in: Die Geschichte des Christentums, hg. v. dems. ([1]1993), Freiburg i. B. u. a. 1994
―. Les laïcs au Moyen Age. Pratiques et expériences religieuses, Paris 1987
―. Die pastorale Erneuerung in der lateinischen Kirche, in: Die Geschichte des Christentums, Bd. 5, hg. v. dems. ([1]1993), Freiburg i. B. u. a. 1994
―. La sainteté en occident aux derniers siècles du Moyen Age. D'après les procès de canonisation et les documents hagiographiques, Rom 1981
―. Le «trafiquant céleste». Saint Homebon de Crémone († 1197), marchand et «père des pauvres», in: Horizons marins, itinéraires spirituels (Ve-XVIIIe siècles), hg. v. H. Dubois u. a., Bd. 1, Paris 1987, 115–122
Vegge, Tor: Paulus und das antike Schulwesen. Schule und Bildung des Paulus, Berlin 2006
Veilleux, Armand: La liturgie dans le cénobitisme pachômien au quatrième siècle, Rom 1968
Veinstein, Gilles: Le modèle ottoman, in: Madrasa. La transmission du savoir dans le monde musulman, hg. v. N. Grandin/M. Gaborieau, Paris 1997, 73–83
Vélez de Cea, J. Abraham: The Buddha and Religious Diversity, London 2013, 61–63.
Veltri, Giuseppe: Libraries, Translations, and "Canonic" Texts. The Septuagint, Aquila and Ben Sira in the Jewish and Christian Traditions, Leiden/Boston 2006
Verardi, Giovanni: Hardships and Downfall of Buddhism in India, Neu Dehli 2011
Verger, Jacques: Grundlagen, in: Geschichte der Universität in Europa, hg. v. W. Rüegg, Bd. 1, München 1993, 49–80
Verheyden, Joseph: The Canon Muratori. A Matter of Dispute, in: The Biblical Canons, hg. v. J.-M. Auwers H. J. de Jonge, Löwen 2003, 487–556
Verlinden, Charles: L'esclavage dans l'Europe médiévale, 2 Bde., Brügge 1955/Gent 1977
Vésteinsson, Orri: The Christianization of Iceland. Priests, Power, and Social Change 1000–1300, Oxford u. a. 2000
Vickers, Brian: Analogy versus Identity. The Rejection of Occult Symbolism, 1580–1680, in: Occult and Scientific Mentalities in the Renaissance, hg. v. dems., Cambridge 1984, 95–163
―. Okkulte Wissenschaften, in: Wissenschaftskolleg zu Berlin. Jahrbuch 1986/87, Berlin 1988, 124–129
―. On the Function of Analogy in the Occult, in: Hermeticism and the Renaissance. Intellectual History and the Occult in Early Modern Europe, hg. v. I. Merkel/A. G. Debus, London 1988, 265–292
Victoria, Brian (Daizen) A.: Zen, Nationalismus und Krieg. Eine unheimliche Allianz ([1]1997), Berlin 1999
Vierhaus, Rudolf: „Theoriam cum praxi zu vereinigen …" Idee, Gestalt und Wirkung wissenschaftlicher Sozietäten im 18. Jahrhundert, in: Gelehrte Gesellschaften im mitteldeutschen Raum (1650–1820), 1 Bd. in 3 Teilen, hg. v. D. Döring/K. Nowak, Stuttgart/Leipzig 2000/2002, T. 1, 7–18
Vietta, Silvio: Rationalität – eine Weltgeschichte. Europäische. Kulturgeschichte und Globalisierung, München u. a. 2012

Viswanathan, Gauri: Outside the Fold. Conversion, Modernity, and Belief, Princeton 1998
Vogt, Carl: Physiologische Briefe für Gebildete aller Stände, Stuttgart/Tübingen 1847
Voigt, Jörg: Beginen im Spätmittelalter. Frauenfrömmigkeit in Thüringen und im Reich, Köln 2012
Vollmer, Ulrich: Carl Clemen (1865–1940) als Emeritus, in: Zeitschrift für Religionswissenschaft, 9/2001, 185–203
Voluntary associations in the Graeco-Roman World, hg. v. J. S. Kloppenborg/St. G. Wilson, London/New York 1996
Vom Nutzen des Schreibens. Soziales Gedächtnis, Herrschaft und Besitz im Mittelalter, hg. v. W. Pohl, Wien 2002
Vorgrimler, Herbert: Buße und Krankensalbung, Freiburg i. B. 1978
Die vormoderne Stadt. Asien und Europa im Vergleich, hg. v. P. Feldbauer u. a., Wien/München 2002
Vössing, Konrad: Alexandria und die Suche nach den antiken Universitäten, in: Aspetti della scuola nel mondo romano, hg. v. F. Bellandi/R. Ferri, Amsterdam 2008, 221–251
——. Das „Herrenmahl" und 1 Cor. 11 im Kontext antiker Gemeinschaftsmähler, in: Jahrbuch für Antike und Christentum, 54/2011, 41–72 und Tafel 1
——. Das Königreich der Vandalen. Geiserichs Herrschaft und das Imperium Romanum, Darmstadt 2014
——. Das Verhältnis „religio" – „superstitio" und Augustins *De ciuitate dei*, Manuskript, 4.4.2015, unpaginiert, 45 Seiten (Stand: Juli 2015)
Vouga, François: Geschichte des frühen Christentums, Tübingen u. a. 1994
Vryonis, Speros: Byzantine demokratia and the Guilds in the Eleventh Century (1963), in: ders.: Byzantium: Its Internal History and Relations with the Muslim World (Aufsatz III), London 1971, 294–302
——. The Mechanism of Catastrophe. The Turkish Pogrom of September 6–7, 1955 and the Destruction of the Greek Community of Istanbul, New York 2005
——. Seljuk Gulams and the Ottoman Devshirmes, in: ders.: Byzantium: Its Internal History and Relations with the Muslim World, Aufsatz XII, London 1971, 244–251
Wagner, Falk: Möglichkeiten und Grenzen des Synkretismusbegriffs für die Religionstheorie, in: Im Schmelztiegel der Religionen. Konturen des modernen Synkretismus, hg. v. V. Drehsen/W. Sparn, Gütersloh 1996, 72–117
Walker, Paul E.: Caliph of Cairo. Al-Hakim bi-Amr Allah, 996–1021, Kairo/New York 2009
Wallmann, Johannes: Vom Katechismuschristentum zum Bibelchristentum, in: ders: Pietismus-Studien. Gesammelte Aufsätze II, Tübingen 2008, 228–257
Wallraff, Martin: Kodex und Kanon. Das Buch im frühen Christentum, Berlin 2013
——. Rabiate Diener Gottes? Das spätantike Mönchtum und seine Rolle bei der Zurückdrängung paganer Kulte, in: Für Religionsfreiheit, Recht und Toleranz. Libanios' Rede für den Erhalt der heidnischen Tempel, hg. v. H.-G. Nesselrath u. a., Tübingen 2011, 159–177
Walser, Joseph: Nāgārjuna in Context. Mahāyāna Buddhism and Early Indian Culture, Delhi 2008
Walter, Peter: Erasmus von Rotterdam und die Kanonfrage, in: Der Kanon des hebräischen Alten Testaments. Historische Materialien für eine ökumenische Perspektive, in: Verbindliches Zeugnis I, hg. v. W. Pannenberg/Th. Schneider, Freiburg i. B./Göttingen 1992, 156–168
——. Theologie aus dem Geist der Rhetorik. Zur Schriftauslegung des Erasmus von Rotterdam, Mainz 1991
Walters, Jonathan S.: Buddhist Missions, in: Encyclopedia of Religion, hg. v. L. Jones, Bd. 9, Detroit u. a. 2005, 6077–6082
——. Rethinking Buddhist Missions, Diss. Chicago 1992
Walther, Helmut G.: Die Grundlagen der Universitäten im europäischen Mittelalter, in: Zeitschrift für Thüringische Geschichte, 63/ 2009, 75–98
——. St. Victor und die Schulen in Paris vor der Entstehung der Universität, in: ders.: Von der Veränderbarkeit der Welt, Frankfurt a. M. 2004, 339–359
Walthert, Rafael: Reflexive Gemeinschaft. Religion, Tradition und Konflikt bei den Parsi Zoroastriern [sic] in Indien, Würzburg 2010
Walton, Linda A.: Academies and Society in Southern Sung China, Honolulu 1999
Walz, Rainer: Die Entwicklung eines religiösen Rassismus in der Frühen Neuzeit. Die Exklusion der Conversos, in: Integration – Segregation – Vertreibung. Religiöse Minderheiten und Randgruppen auf der Iberischen Halbinsel (7. – 17. Jahrhundert), hg. v. K. Herbers/N. Jaspert, Berlin 2011, 337–362

Wander, Bernd: Gottesfürchtige und Sympathisanten. Studien zum heidnischen Umfeld von Diasporasynagogen, Tübingen 1998
Wansbrough, John Edward: Quaranic Studies. Sources and Methods of Scriptural Interpretation, London u. a. 1977
Ward, Haruko Nawata: Women Religious Leaders in Japan's Christian Century, 1549–1650, Aldershot 2009
Ware, James P.: The Mission of the Church in Paul's Letter to the Philippians in the Context of Ancient Judaism, Leiden/Boston 2005
Ware, Rudolph T. III: Slavery in Islamic Africa, 1400–1800, in: The Cambridge World History of Slavery, Bd. 3: AD 1420 - AD 1804, Cambridge 2011, 47–80
——. The Walking Qur'an. Islamic Education, Embodied Knowledge, and History in West Africa, Chapel Hill 2014
„Was Dolmetschen für Kunst und Arbeit sei". Die Lutherbibel und andere deutsche Bibelübersetzungen, hg. v. M. Lange, Leipzig 2014
Wasserstein, David J.: Islamisation and the Conversion of the Jews, in: Conversions islamiques. Identités religieuses en Islam méditerranéen/Islamic Conversions. Religious Identities in Mediterranean Islam, hg. v. M. García-Arenal, Paris 2002, 49–60.
Wasserstrom, Steven: Religion after Religion. Gershom Scholem, Mircea Eliade, and Henry Corbin at Eranos, Princeton 1999
Watt, William Montgomery: Der Einfluß des Islam auf das europäische Mittelalter ([1]1972), Berlin 1993
——. Muhammad at Medina, Oxford 1956
The Ways that Never Parted. Jews and Christians in Late Antiquity and the Early Middle Ages, hg. v. dems./A. Y. Reed, Tübingen 2003
Weber, Max: Die Stadt, hg. v. W. Nippel (= Max Weber-Gesamtausgabe I, 22/5 [Wirtschaft und Gesellschaft: Die Wirtschaft und die gesellschaftlichen Ordnungen und Mächte]), Tübingen 1999
——. Die Wirtschaftsethik der Weltreligionen (Max Weber Gesamtausgabe, Abtlg. 1, Bde.19–21), Tübingen 1989/1996/2005
Weber, Stefan: Iren auf dem Kontinent. Das Leben des Marianus Scottus von Regensburg und die Anfänge der irischen „Schottenklöster", Heidelberg 2010
Webster, Charles: The Great Instauration. Science, Medicine, and Reform, 1626–1660 ([1]1975), Bern [2]2002
Weckwerth, Andreas: Ablauf, Organisation und Selbstverständnis westlicher antiker Synoden im Spiegel ihrer Akten, Münster 2010
Weidner, Daniel: Bibel und Literatur um 1800, München 2011
Weigelt, Horst: Sebastian Franck und die lutherische Reformation, Gütersloh 1972
Weijers, Olga: La spécificité du vocabulaire universitaire du XIIIe siècle, in: Actes du colloque Terminologie de la vie intellectuelle au moyen âge, hg. v. ders., Turnhout 1988, 41–46
——. Terminologie des universités au XIIIe siècle, Rom 1987
——. Terminologie des universités naissantes. Etudes sur le vocabulaire utilisé par l'institution nouvelle, in: Soziale Ordnungen im Selbstverständnis des Mittelalters, hg. v. A. Zimmermann, Berlin/New York 1979, 258–280
Weisweiler, Heinrich: Das Sakrament der Firmung in den systematischen Werken der ersten Frühscholastik, in: Scholastik, 7/1933, 480–523
Weitlauff, Manfred: Die Mauriner und ihr historisch-kritisches Werk, in: Historische Kritik in der Theologie. Beiträge zu ihrer Geschichte, hg. v. G. Schwaiger, Göttingen 1980, 153–209
Wels, Volkhard: Unmittelbare göttliche Offenbarung als Gegenstand der Auseinandersetzung in der protestantischen Theologie der Frühen Neuzeit, in: Diskurse der Gelehrtenkultur in der Frühen Neuzeit. Ein Handbuch, hg. v. H. Jaumann, Berlin/New York 2011, 747–808
Weltecke, Dorothea: Jenseits des „Christlichen Abendlandes". Grenzgänger in der Geschichte der Religionen des Mittelalters, Konstanz 2010
Weltmission und religiöse Organisationen. Protestantische Missionsgesellschaften im 19. und 20. Jahrhundert, hg. v. A. Bogner u. a., Würzburg 2004
Wendt, Kurt: Der Kampf um den Kanon heiliger Schriften in der äthiopischen Kirche der Reformen des XV. Jahrhunderts, in: Journal of Semitic Studies, 9/1964, 107–113

Wensinck, Jan Arent: The Muslim Creed. Its Genesis and Historical Development, Cambridge 1932

Wenz, Gunther: Die Kanonfrage als Problem ökumenischer Theologie, in: Der Kanon des hebräischen Alten Testaments. Historische Materialien für eine ökumenische Perspektive, in: Verbindliches Zeugnis I, hg. v. W. Pannenberg Th. Schneider, Freiburg i.B. Göttingen 1992, 232–288

Wesoly, Kurt: Katholisch, lutherisch, reformiert, evangelisch? Zu den Anfängen der Reformation im Bergischen Land, in: Drei Konfessionen in einer Region. Beiträge zur Geschichte der Konfessionalisierung im Herzogtum Berg vom 16. bis zum 18. Jahrhundert, hg. v. B. Dietz/St. Ehrenpreis, Bonn 1999, 291–306

Westfall, Richard S.: The Life of Isaac Newton, Cambridge u. a. 1993

White, Lynn: Machina ex deo. Essays in the Dynamism of Western Culture, Massachusetts 1968

Whitehead, Alfred North: Science and the Modern World, Cambridge 1926

Whitlock, Jonathan M.: Schrift und Inspiration. Studien zur Vorstellung von inspirierter Schrift und inspirierter Schriftauslegung im antiken Judentum und in den paulinischen Briefen, Neukirchen-Vluyn 2002

Whitters, Mark Francis: The Source for the Qur'anic Story of the Companions of the Cave (surat al-Kahf 18), in: The Bible, the Qur'ān, and their Interpretation. Syriac Perspectives, hg. v. C. B. Horn, Warwick (R. I.) 2013, 167–187

Whorf, Benjamin Lee: Sprache, Denken, Wirklichkeit. Beiträge zur Metalinguistik und Sprachphilosophie (erste Aufl. vor 1941), Reinbek 1991

Widengren, Geo: Religionsphänomenologie, Berlin 1969

Widmer, Caroline: Der Buddha und der „Andere". Zur religiösen Differenzreflexion und narrativen Darstellung des „Anderen" im Majjhima-Nikāya, Göttingen 2015

——. Buddhistischer Brahmane oder brahmanischer Buddhist? Religiöse Abgrenzung und Zugehörigkeit im frühen Buddhismus am Beispiel des Sonadanda-Suttas; Vortrag auf der Jahrestagung der Deutschen Vereinigung für Religionswissenschaft, Bochum 21.9.2009

Wiedenhofer, Siegfried: Tradition, Traditionalismus, in: Geschichtliche Grundbegriffe, hg. v. O. Brunner u. a., Bd. 6, Stuttgart 1990, 607–649

Wiesehöfer, Josef: Das antike Persien. Von 550 v. Chr. bis 650 n. Chr. (¹1993), Düsseldorf/Zürich 1998

Wilckens, Ulrich: Theologie des Neuen Testaments, Bd. I,4, Neukirchen-Vluyn 2005

Wilhelm II: Brief an Friedrich Hollmann, in: Chronik der Christlichen Welt, 13/1903, 113–116

Wilhelm von Rubruk: Reisen zum Großkhan der Mongolen. Von Konstantinopel nach Karakorum 1253–1255, hg. v. H. D. Leicht, Stuttgart 1984

Wilke, Annette: Der Veda als Kanon des Hinduismus? Neue Aspekte zur Kanondebatte, in: Kanonisierung und Kanonbildung in der asiatischen Religionsgeschichte, hg. v. M. Deeg u. a., Wien 2011, 1–56

Wilken, Robert L.: Kollegien, Philosophenschulen und Theologie, in: Zur Soziologie des Urchristentums, hg. v. W. A. Meeks, München 1979, 165–193

Willi-Plein, Ina: Spuren der Unterscheidung von mündlichem und schriftlichem Wort im Alten Testament, in: Logos und Buchstabe. Mündlichkeit und Schriftlichkeit im Judentum und Christentum der Antike, Hgg. G. Sellin F. Vouga, Tübingen Basel 1997, 77–89

Windler, Christian: Konfessioneller Anspruch und kulturelle Vermittlung. Katholishe Missionare im Safawidenreich, in: Sprachgrenzen – Sprachkontakte – kulturelle Vermittler. Kommunikation zwischen Europäern und Außereuropäern (16.–20. Jahrhundert), hg. v. M. Häberlein/A. Keese, Stuttgart 2010, 75–93

Wink, André: Al-Hind. The Making of the Indo-Islamic World, Bd. 1, Leiden u. a. 1991

Winkler, Heinrich August: Geschichte des Westens. Von den Anfängen in der Antike bis zum 20. Jahrhundert, Bd. 1, München 2009

Winroth, Anders: The Making of Gratian's Decretum, Cambridge 2000

Winter, Franz: Das frühchristliche Mönchtum und der Buddhismus. Religionsgeschichtliche Studien, Frankfurt a. M. 2008.

——. Indische Philosophie und Religion als Vollendung der abendländischen Weisheit im Oupnek'hat des Abraham H. Anquetil-Duperron, in: Aufklärung und Esoterik. Wege in die Moderne, hg. v. M. Neugebauer-Wölk u. a., Berlin/Boston 2013, 259–277

Winternitz, Moriz: Geschichte der indischen Literatur, Bd. 1, Leipzig 1908
Wirth, Eugen: Die orientalische Stadt im islamischen Vorderasien und Nordafrika. Städtische Bausubstanz und räumliche Ordnung, Wirtschaftsleben und soziale Organisation, 2 Bde., Mainz 2001/2002
Wissenschaft und Technik im Islam, hg. v. Institut für Geschichte der Arabisch-Islamischen Wissenschaften, 5 Bde., Frankfurt a. M. 2003
Wissensideale und Wissenskulturen in der frühen Neuzeit. Ideals and Cultures of Knowledge in Early Modern Europe, hgg. v. W. Detel/C. Zittel, Berlin 2002
Wissmann, Hermann von: Die Geschichte von Saba' II. Das Großreich der Sabäer bis zu seinem Ende im frühen 4. Jh. v. Chr., Wien 1982
Wittkau, Annette: Historismus. Zur Geschichte des Begriffs und des Problems ([1]1992), Göttingen [2]1994
Witulski, Thomas: Kaiserkult in Kleinasien. Die Entwicklung der kultisch-religiösen Kaiserverehrung in der römischen Provinz Asia von Augustus bis Antoninus Pius, Freiburg i. Üe. 2007
Witzel, Michael: Early Sanskritization, in: Electronic Journal of Vedic Studies, Bd. 1, Heft 4, Dez. 1995 (www.ejvs.laurasianacademy.com/ejvs0104/ejvs0104article.pdf [8.1.2015])
——. Early Sanskritization. Origins and development of the Kuru State, in: Recht, Staat und Verwaltung im klassischen Indien. The State, the Law, and Administration in Classical India, hg. v. B. Kölver, München 1997, 27–52
——. The Vedic Canon and its Schools. The Social and Political Milieu, in: Inside the Texts, Beyond the Texts, hg. v. dems., Cambridge 1997, 257–348
Wölber, Hans-Otto: Religion ohne Entscheidung. Volkskirche am Beispiel der jungen Generation, Göttingen 1959
Wolf, Robert H. W.: Mysterium Wasser. Eine Religionsgeschichte zum Wasser in Antike und Christentum, Göttingen 2004
Wolter, Michael: Ein neues Geschlecht? Das frühe Christentum auf der Suche nach seiner Identität, in: Ein neues Geschlecht? Entwicklung des frühchristlichen Selbstbewusstseins, hg.v. M. Lang, Göttingen 2013, 282–298
Women in the Medieval Islamic World. Power, Patronage, and Piety, hg. v. G. R. G. Hambly, New York 1999
Wood, Ivo: Die Missionierung Europas im frühen Mittelalter, in: Im Zeichen des Kreuzes. Mission, Macht und Kulturtransfer seit dem Mittelalter, hg. v. B. Hausberger, Wien 2004, 28–49
Woyke, Johannes: Das Bekenntnis zum einzig allwirksamen Gott und Herrn und die Dämonisierung von Fremdkulten: Monolatrischer und polylatrischer Monotheismus in 1. Korinther 8 und 10, in: Gruppenreligionen im römischen Reich. Sozialformen, Grenzziehungen und Leistungen, hg. v. J. Rüpke, Tübingen 2007, 87–112
Wrogemann, Henning: Missionarischer Islam und gesellschaftlicher Dialog. Eine Studie zur Begründung und Praxis des Aufrufes zum Islam (da'wa) im internationalen sunnitischen Diskurs, Frankfurt a. M. 2006
Wurst, Gregor: L'état de la recherche sur le canon manichéen, in: Le canon du Nouveau Testament. Regards nouveaux sur l'histoire de sa formation, hg. v. G. Aragione u. a., Genf 2005, 237–267
Wyrwa, Dietmar: Religiöses Lernen im zweiten Jahrhundert und die Anfänge der alexandrinischen Katechetenschule, in: Religiöses Lernen in der biblischen, frühjüdischen und frühchristlichen Überlieferung, hg. v. B. Ego, Tübingen 2005, 271–305
Yamamoto, Carl Shigeo: Vision and Violence. Lama Zhang and the Dialectics of Political Authority and Religious Charisma in Twelfth-Century Central Tibet, Diss. Ann Arbor (Mich.) 2009
Yates, Frances Amelia: Giordano Bruno and the Hermetic Tradition ([1]1964), London/New York 2002
Yelle, Robert A.: The Language of Disenchantment. Protestant Literalism and Colonial Discourse in British India, Oxford 2013
Yoeli-Tlalim, Ronit: Islam and Tibet. Cultural Interactions – an Introduction, in: Islam and Tibet. Interactions along the Musk Routes, hg. v. A. Akasoy u. a., Farnham 2011, 1–16
Yuval, Israel: Zwei Völker in deinem Leib. Gegenseitige Wahrnehmung von Juden und Christen, Göttingen 2007
Zaehner, Robert Charles: Mysticism, Sacred and Profane. An Inquiry into some Varieties of Praeternatural Experience, Oxford 1957
Zaffi, Davide: Das millet-System im Osmanischen Reich, in: Zur Entstehung des modernen Minderheitenschutzes in Europa, hg. v. Ch. Pan/B. S. Pfeil, Wien/New York 2006, 132–155

Zahn, Theodor von: Geschichte des Neutestamentlichen Kanons, 2 Bde. in 4 Teilen, Erlangen [später Leipzig] 1888–1892

Zander, Helmut: Aesthetic Reformation. Wagner the Lutheran, in: Wagner [London], 20/1999, Heft 1, 17–37

——. Anthroposophie in Deutschland. Theosophische Milieus und gesellschaftliche Praxis, 1884 bis 1945 (¹2007), Göttingen ³2008

——. Geschichte der Seelenwanderung in Europa. Alternative religiöse Traditionen von der Antike bis heute, Darmstadt 1999

——. Geschichtswissenschaft und Religionsgeschichte. Systematische Überlegungen zur Deutungskonkurrenz zwischen allgemeiner Geschichte, Kirchengeschichte und Religionswissenschaft, in: Die ethnologische Konstruktion des Christentums. Fremdperspektiven auf eine bekannte Religion, hg. v. G. M. Hoff/H. Waldenfels, Stuttgart 2008, 23–43

——. Die Konstruktion der europäischen Zeitökonomie aus dem Kampf gegen die Apokalyptik. Die Entstehung der Periodisierung in Jahrhunderten anno 1300, in: Apokalyptik versus Chiliasmus? Die kulturwissenschaftliche Herausforderung des neuen Milleniums, hg. v. W. Sparn, Erlangen 2002, 53–83

——. Das Konzept der ‚Esoterik' im Bermudadreieck von Gegenstandsorientierung, Diskurstheorie und Wissenschaftspolitik. Mit Überlegungen zur konstitutiven Bedeutung des identitätsphilosophischen Denkens, in: Aufklärung und Esoterik. Wege in die Moderne, hg. v. M. Neugebauer-Wölk u. a., Berlin/Boston 2013, 113–135

——. Religionsfreiheit im Rahmen der Verfassung – ein Assimilationsprojekt?, in: Religions-Politik II. Zur pluralistischen Religionskultur in Europa, hg. v. G. Pfleiderer/A. Heit, Zürich/Baden-Baden 2012, 127–152

——. Toleranz: legal oder legitim? Über die historische Tiefengrammatik der religiösen Legitimation von Pluralisierungsprozessen, in: Religions-Politik I. Zur historischen Semantik europäischer Legitimationsdiskurse, hg. v. G. Pfleiderer/A. Heit, Zürich/Baden-Baden 2013, 41–71

Zehnder, Markus: Umgang mit Fremden in Israel und Assyrien. Ein Beitrag zur Anthropologie des „Fremden" im Licht antiker Quellen, Stuttgart 2005

Zeldes, Nadia: "The Former Jews of this Kingdom". Sicilian Converts after the Expulsion, 1492–1516, Leiden/Boston 2003

Zeller, Dieter: Die Taufe für die Toten (1 Kor 15,29) – ein Fall von „Volksfrömmigkeit"?, in: Volksglaube im antiken Christentum, hg. v. H. Grieser/A. Merkt, Darmstadt 2009, 393–406

Zerfaß, Rolf: Der Streit um die Laienpredigt. Eine pastoralgeschichtliche Untersuchung zum Verständnis des Predigtamtes und zu seiner Entwicklung im 12. und 13 Jahrhundert, Freiburg i. B. 1974

Zerndl, Josef: Firmung, in: Lexikon für Theologie und Kirche, Bd. 3, Freiburg i. B. ⁴1995, 1298–1301

Zeuske, Michael: Handbuch Geschichte der Sklaverei. Eine Globalgeschichte von den Anfängen bis zur Gegenwart, Berlin 2013

Zhmud, Leonid: Pythagoras and the Early Pythagoreans, Oxford 2012

Ziadé, Raphaëlle: Les martyrs Maccabées. De l'histoire juive au culte chrétien. Les homélies de Grégoire de Nazianze et de Jean Chrysostome, Leiden/Boston 2007

Ziche, Paul: Die Jenaer Naturforschende Gesellschaft und ihre Bedeutung für die Naturforschung in Jena, in: Gelehrte Gesellschaften im mitteldeutschen Raum (1650–1820), 2 Teile, hg. v. D. Döring/K. Nowak, Stuttgart/Leipzig 2000/2002, 108–131

Zimmermann, Alfred F.: Die urchristlichen Lehrer. Studien zum Tradentenkreis der didaskaloi im frühen Urchristentum, Tübingen 1984

Zin, Monika: Buddhist Narrative Depictions in Andhra, Gandhara and Kucha – Similarities and Differences that Favour a Theory About a Lost "Gandharan School of Paintings", in: Gandhara, Kucha no Bukkyo to Bijutsu, Bd. 1, hg. v. A. Miyaji, Kyoto 2013, 35–66

Zinser, Hartmut: Texte in der antiken römischen Religion, in: Kanon in Konstruktion und Dekonstruktion. Kanonisierungsprozesse religiöser Texte von der Antike bis zur Gegenwart. Ein Handbuch, hg. v. E.-M. Becker/St. Scholz, Berlin/Boston 2012, 153–169

Zirker, Hans: Schmäht nicht die Götter der anderen. Zwei bemerkenswerte Forderungen in Bibel und Koran, in: Stimmen der Zeit, Bd. 229, 2011, 531–541

Zorgati, Ragnhild Johnsrud: Pluralism in the Middle Ages. Hybrid Identities, Conversion, and Mixed Marriages in Medieval Iberia, London 2012

Zotz, Volker: Auf den glückseligen Inseln. Buddhismus in der deutschen Kultur, Berlin 2000, 153–155

Zuckerman, Constantine: On the Date of the Khazars' Conversion to Judaism and the Chronology of the Kings of the Rus Oleg and Igor. A Study of the Anonymus Khazar Letter from the Genizah in the Kairo, in: Revue des études byzantines, 53/1995, 237–270

Zürcher, Erik: Buddhism and Education in T'ang Times, in: Neo-Confucian Education. The Formative Stage, hg. v. W. Th. de Bary/J. W. Chaffee, Berkeley u. a. 1989, 19–56

——. The Buddhist Conquest of China (¹1959), 2 Bde., Leiden 1972

——. Buddhist Missions, in: Encyclopedia of Religion, hg. v. M. Eliade, Bd. 9, New York/London 1987, 570–573

Register

A

Abaelard 391, 490, 493
Abbasiden 181
Abd el-Kader 318
Abdisho von Ninive 392
Abendland, christliches 8f., 24–26, 28
Abraham ibn Esra 411
Abrogation 251, 254, 304, 428
absolute Differenz s. modale Differenz
Abu Bakr 431
Abu Ishaq al-Shirazi 500
Abu l'Hasan al-Ašari 535
Abu'l-Hasan Thabit ibn Sinan 530
Aceh 245
Achsenzeit 36f., 87f.
Adi-Granth 453
Aethelberht von Kent 213
Agrippa von Nettesheim 400
Ägypten 255, 311, 318
Ahimsa 339
Ahmad al-Wansarisi 319
Ahmadija 259, 331, 339, 437
Ahnenverehrung 129, 134, 195
Akademie 526f., 535
Akbar 316f.
Aland, Kurt 416
Alanus ab Insulis 490
Albertus Magnus 490, 493
Alexander III. (Papst) 497
Alexander Severus 100
Alexander VI. (Papst) 88
Alexandria 173, 281f., 285
al-Farabi 185
Alfons I. (Aragon) 322f.
Alfons V. (Portugal) 247
Alfons X. (Spanien) 325
Ali (Schwiegersohn Mohammeds) 184
Alkuin 412
Almohaden 249, 309, 322
Almoraviden 245, 321f.
Alp Arslan 500
Amalrich von Bene 490
Ambiguität 331
Ambrosiaster 131, 151
Ambrosius von Mailand 100, 281, 286
Anagarika Dharmapala 269
Angeln 213

Angelus Silesius 400
anima naturaliter christiana 137, 186
Anselm von Canterbury 64, 414, 489
Anselm von Havelberg 391
Anselmo Turmeda 321
antiochenischer Konflikt 125f.
Antiochia 62, 125f.
Antiochus IV. 234
Antiquarianismus 90f.
Antitrinitarier 298, 416
Apokalypse des Baruch 392
Apokalypse des Mose 387
Apokryphen 385, 390, 396, 398
Apollo 134
Apologetik 148, 274
Apostasie 228, 279, 290, 313, 331–336, 509
Apostelkonzil 126
Apuleius 103
Aragon 322
Arghandab 267
Aristarch von Samos 518
Aristeasbrief 371
Aristotelesrezeption 490–492, 505, 507, 522
Arius 289
Armenien 278, 318
Arndt, Johann 358
Arnolds, Edwin 269
Arya Samaj 260
Ashoka 265f., 443
Asklepiades 285
Asklepios 106
as-Saukani, Muhammad 508
Assmann, Aleida 5, 366, 369, Anm. 68
Assmann, Jan 51, 114f., 270, 363, 366, 369, Anm. 68
Athanasius 381
Atheismus 99, 151, 299
Athenagoras von Athen 131
Äthiopien 255, 388, 394f.
Attis 112
Auffarth, Christoph 30
Augsburger Friede 295
August der Starke 294
August von Sachsen 232
Augustinus von Canterbury 213
Augustinus von Hippo 172, 225f., 287, 104, 135, 154, 174, 287, 289, 382

Ausbreitung
- Buddhismus 261–272
- Christentum 205–222, 228f., 233
- Hinduismus 259–261
- Islam 237–259; Mission 252–259
- Judentum 119, 233, 237
- pagane Welt 106
- s. auch: Handelsbeziehungen, Zugehörigkeit
Autobiographie 225f.
Averroes 323, 492, 508
Avicenna 185

B
Babylon 233
Bacchanalien 110f.
Bacon, Francis 516
Bahai 331, 339
Balkan 314
Baptisten 295
Bar Kochba 233f., 373
Bar Mitzwa 64, 157, 171
Bartolomé de las Casas 247
Basileos I. (Kaiser) 227
Bauer, Johannes 331
Bauer, Thomas 331
Bayle, Pierre 299f.
Bayly, Christopher Alan 89, Anm. 176
Beda Venerabilis 414
Beddredin 258
Beichte 77f.
Bekehrung 83, 111, 122, 134, 139f., 148f., 153, 175, 190, 205, 217f., 222, 256f.
Bekenntnistexte 173, 399
Bektaschi 257
Bellarmin, Robert 418
Bendlin, Andreas 110
Benedikt XIV. 219
Beneficium emigrandi 294
Berber 249
Berengar von Tours 490
Bergpredigt 239, 336
Berleburger Bibel 395, 400
Bernard Gui 392
Bernardin de Sahagún 219
Bernhard von Chartres 493
Bernold von Konstanz 493
Beschneidung 63, 65, 116, 118, 125f., 146, 165, 187, 234, 236, 241, 285, 321f., 394
Bessarion 415
Bettelorden 73, 75; s. Franziskaner, Dominikaner
Biagioli, Mario 518f.

Bianca, Stefano 480
Bildung (religiöse)
- Christentum 75, 85, 146, 166–178, 187, 191, 290
- Islam 187–191; s. auch: Madrese
- Judentum 169–171, 488
- pagane Welt 111, 167
- s. auch: Schulpflicht, Universität
Bitterli, Urs 89, Anm. 176
Blavatsky, Helena Petrovna 233, 269
Bleibücher von Sacromonte 413
Blickle, Peter 468f.
Bluttaufe 150
Boddhidharma 450
Bodenstein, Rudolf (Karlstadt) 400
Bodin, Jean 298f., 300
Bollandisten 420
Bologna 488f., 494f., 498f., 505
Bonaventura 518
Bonifatius 211
Bonn 129
Bossuet, Jacques Benigne 420
Boyarin, Daniel 60f., 65
Brague, Rémi 27
Brahe, Tycho 518
Brahmanen 196–198
Braudel, Fernand 50
Bretfeld, Sven 446, Anm. 660
Brief des Barnabas 386, 401
Brief des Jeremia 392
Briefe des Ignatius 401
Brière, Suzanne 95
Bruderschaften 466, 468, 495
Bruno, Giordano 228, 519
Buch Bel 392
Buch des Baruch 392
Buch Susanna 392
Buchdruck 361, 437
Buchreligion 356–359
Buddha 193f., 197f., 442f.
Buddhaghosa 448
Buddhismus – Christentum 65f.
Buddhistische Mission 269
Buddhistischer Katechismus 270, 440
Buddhistischer Missionsverein 270f.
Bühler, Johannes 25
Bukkyo Dendo Kyokai 457
Bulliet, Richard W. 241f.
Bullinger, Heinrich 398
Bultmann, Christoph 25
Bundesbuch 388
Buswell, Robert E. 456
Buxtorf, Johannes 417

Register — 625

Byzanz (und der Okzident) 9f., 27, 70, 72, 81, 214f., 242, 246, 287, 373, 387f., 406, 414–416, 462, 465, 470f., 482, 487, 489, 491, 512, 523, 531
Byzanz (und die islamische Welt) 305, 307f., 504f.

C
Cajetan (Jakob Thomas de Vio) 418
Calixt II. (Papst) 227
Calvin/Calvinismus/Puritanismus 295, 398f., 419f., 520, 524, 527, 532
Cantate Domino 394, 397
Cappel, Louis 417, 419
Carrithers, Michael 199
Carus, Carl Gustav 51
Carus, Paul 439
Ceuta (Marokko) 177
Charidschiten 249
Chasaren 213, 236
Childs, Brevard S, 402
Christenverfolgung 272–278
Cisneros, Gonzalo Jiménez de 321, 325
Claudius (Kaiser) 234, 273
Clemen, Carl 26
Clemens VII. (Papst) 294
Clemens von Alexandrien 66, 172, 378
Clemensbriefe 386, 401
Cluny 75, 216
Codex von Aleppo 375
Codex Alexandrinus 386
Codex Leningradensis 375
Codex Sinaiticus 383, 386
Codex Vaticanus 379, 383
Cohen, Floris Hendrik 522f., 536f.
Cölestin II. (Papst) 497
Cölestin III. (Papst) 497
collegium (il)licitum 147
Columban 212
Confessio Gallicana 399
Conjuratio 468, 495
Constantius II. (Kaiser) 280
Cordoba 308
Corpus Coranicum 438
cuius regio, eius religio 86, 182, 226, 231, 293
Cultores Dianae et Antinoi 143–145
Cyprian von Karthago 278, 288
Cyrill von Alexandrien 132

D
da Costa, Uriel 419
Da'wa 252
Daillé, Jean 420

Dalai Lama 344
Damaskios 285
Damaskuserlebnis 124, 134, 225
Dämonologie 131, 279
Danyanda Saraswati 260
Daphne 283
Dar al-Harb 206, 253, 319
Dar al-Islam 253, 310
Darwin, Erasmus 524
Darwin, John 89, Anm. 176
Davids, Thomas Willliam Rhys 446
Dawson, Christopher 25
de Libera, Alain 491, 494
Decius (Kaiser) 274
Deisten 298
Delitzsch, Friedrich 422
Delumeau, Jean 80f.
Dennett, Daniel 242
Determinismus 532, 534
Deussen, Paul 440
Deuterocanonica 385, 390, 399
Devotio moderna 76
Devsirme 243
Dharma 265
Dhimmis 181, 186, 303–324, 328–330, 429
Diaspora 106, 123
Didaskalia 388
Dijksterhuis, Edward Jan 520
Dilcher, Gerhard 467
Diogo Pires 228
Diokletian (Kaiser) 274f.
Dionysius Areopagita 490
Dionysos 112f., 135, 144f.
Dionysos-Wandbehang (Riggisberg) 135, 283
Diyanet 335
Dogen Zenji 200
Dogmatik 148
Dominikaner 81f., 218f., 290, 406, 414
Domitian (Kaiser) 273
Donar 212
Donareiche 211
Donner, Fred 67
Dorje Shugden 344
Draper, William 529
Drei Könige 123
Dritter Orden 76
Drittes Geschlecht 137, 152, 458
Druiden 109

E
Ecclesia ab Abel 100, 154
Edikt von Nantes 295
Edrei, Arye 63
Egalität 145
Egeria 174
Eichhorn, Johann Gottfried 422
Eintritt 188
Elephantine 372
Elsas, Christoph 26f.
Emmeram 212
Emotionalisierung (von Religion) 78
Entanglement s. Kulturkontakte
Entscheidung 23, 50, 97, 103, 121–178; s. auch: gentile Strukturen
Epalza, Mikel de 241
Epistel Christi an Abgarum 401
Erasmianer 87, 232, 294
Erasmus von Rotterdam 300, 338, 396, 407, 409, 416, 418
Eremiten 142
Ernst der Fromme (Sachsen-Gotha) 176
Erwählung 119f., 123, 154, 169
Eryx 107
Esra 116
Esra, Drittes und Viertes Buch 398f., 401
Esra-Apokalypse 388
Essener 372
Essenzialismus 35, 41
Etienne Tempier 492
Eugen IV. (Papst) 498
Eurasien 57f.
Europa 8–15
europäische Religionsgeschichte (Konzept) 23–31
Europäische Union 13–15
Eusebius von Caesarea 100, 410
Eustratios von Nizäa 491
Exklusivismus/Inklusivismus 97f., 102f., 115f., 124, 281, 288, 138, 144, 199, 224, 275, 281, 340–342; s. auch: Apostasie, Religionsfreiheit
Exorzismus 158

F
familia/Familie 126–130, 132, 140, 143, 179, 207, 486, 502, 514; s. auch: gentile Strukturen
Familienrecht 181
Faroqhi, Suraiya 476, 478
Fatimiden 255
Fegefeuer 81
Firmung 163–165, 296
Fitra 183, 185–187, 189f., 334

Flacius, Matthias 421
Flavio Biondio 395
Flavius Josephus 110, 276, 377, 401
Fögen, Marie Theres 279
Franck, Sebastian 297, 400
Franken 211
Frankreich 295
Franz Xaver 218
Franziskaner 78f., 81f., 216–219, 290, 321, 407, 414
Franziskanerspiritualen 497
Französische Revolution 300
Frauen s. Genderfragen
Friedrich Barbarossa 491, 497
Friedrich II. (Kaiser) 291, 325, 491, 497
Fronleichnam 78

G
Galerius (Kaiser) 277
Galileo, Galilei 515, 518f.
Galla Placidia 134
Gallus 212
Gandhara 59, 444
Gandhi 339
Garizim 372
Gebet des Menasse 392
Gebetbuch 80
Gedächtnis, kulturelles 51f., 149, 363, 499
Geert Groote 76
Geheimes Abendmahl des Johannes 392
Genderfragen 76, 80, 104, 116f., 128f., 132, 144, 174, 181–183, 188, 209, 260, 310f., 314, 327; s. auch: Polygamie/Poligynie
Genese und Geltung 484
Genossenschaft 495
gentile Strukturen 97f., 101, 113–121, 127–134, 141, 143, 163, 179, 194f., 200, 207, 212, 215, 226, 229, 294, 305, 474f., 484, 495, 502f.; s. auch: Ahnenverehrung, familia, tribale Strukturen, Verwandtschaft
Germanen 213
Geschichte Usijas 387
Gewissen 138f., 535
Ghana 245
al-Ghazali 185, 500, 507
Giannozzo Manetti 407
Gierke, Otto 465
Gilden 466–468, 471, 476f.
Giovanni Aurispa 415
Gladigow, Burkhard 29–31
Glaube 148, ib153f., 169, 523

Globalisierung 87–91
Gnosis 155, 160, 288, 379f., 386
Gombrich, Richard 458
Gondeshapur 531
Goody, Jack 128, 360
Gottesfürchtige s. Proselyten
Gougenheim, Sylain 523
Grabeskirche 309
Gratian 281
Grebel, Konrad 296
Gregor I. (Papst) 212f.
Gregor IX. (Papst) 494
Gregor VII. (Papst) 72, 497
Grenze (Begriff) 12
Griffel, Frank 508f.
Grotius, Hugo 419
Guanyin 36, 59
Guidetti, Mattia 308
Guillaume Postel 339, 400
Gulat 330
Gülhane-Erlass 313
Gupta-Dynastie 267
Gutas, Dimitri 508
al-Guwaini 507
Güyük Khan 217

H
Haeckel, Ernst 515
Hagia Sophia 308, 312
al-Haitham 530
al-Hakim 309
Halbfass, Wilhelm 340
Halbwachs, Maurice 51
Haldon, Johan 465
al-Hallaj 507
Hallaq, Wael B. 508f.
Handelsbeziehungen 11, 66, 89, 207, 209f., 244f., 257f., 263f., 481
Hanifen 185
Harald Blauzahn 213
Häresie s. Orthodoxie
Harnack, Adolf von 35, 402
Harun al Rashid 504
Hasmonäer 117
Haus des Islam / des Krieges, s. dar al-Islam / al-harb
Hauslosigkeit 195
Havelock, Eric A, 360
Hebräerbrief 387, 397f.
Hebräerevangelium 391
Hebraica veritas 396, 406, 418

Hebräischkenntnisse (im Westen) 63, 124, 170, 370–374, 376, 391, 393, 396, 403–407, 410–419
Heer, Friedrich 25
Hegemonie 42–46, 65, 81
Heiden/Heidentum s. Paganismus
Heidentum – Christentum 134–136
Heilige Sprache 377, 385, 404, 459f.
Heiligenverehrung 78, 100
Heiliges Grab 79
Heinrich IV. (Kaiser) 227, 232
Heinrich VI. (Kaiser) 294
Heisenberg, Werner 517
Helene von Adiabene 119
Hellenismos 115
Hemmaberg 212
Henoch 387f., 401, 428
Heraiskos 285
Hermetik 296
Hernando de Talavera 325
Herodes 117
Herrnhuter 220
Hexapla 410
Hexen 291, 299
Hieronymus 382, 396, 406
Hikkaduve Sumangala 270
Himmelfahrt des Mose 387
Himyar 180, 237, 271
Hinduismus (Konzept) 21f., 315–317
Hippolyt von Rom 173
Hirt des Hermas 386, 391, 401
historische Textkritik s. Philologie
Historismus 32, 90f., 283f., 423
Hobbes, Thomas 230, 299, 399
Hobsbawm, Eric 48
Hochaltar 78
Hoheslied 387
Homobonus 76
Hugo von St. Cher 391
Hugo von St. Victor 391, 414, 490
Hunain ibn Ishaq 505
Hunke, Sigried 25f.
Huntington, Samuel 20
Hybridität 134, 225
Hyderabad 244
Hypatia 282
Hyrkan I. 117

I
Ibn Aqil 507
Ibn Hawqal 241

Ibn Hazm 412
Ibn Ruschd s. Averroes
Icho'dad von Merv 392
Imperialismus s. Kolonialismus
Individual 181
Individualisierung 71, 110, 138
Inklusivismus s. Exklusivismus
Innozenz III. (Papst) 498
Innozenz V. (Papst) 216
Inquisition (Islam) 290f., 331
Inspiration 367, 380, 382, 385, 392, 394, 435, 438, 461
interpretatio (romana) 107–109, 135
Iobakchen 144
Ioudaios 117
Irenäus von Lyon 288
Irland 212
iro-schottische Mönche 212
Isfahan 308
Isis/Serapis 112f., 135
Islam – Christentum 66–70, 413, 459; s. auch: Dhimmis
Island 213
Ismaelismus 256
Isnad 413
Ivo Hélory 77
Ivo von Chartres 391, 493
Izates von Adiabene 19

J
Jabne s. Jamnia
Jaina 194, 196, 198, 264, 452
Jakob I. (Aragon) 323
Jakob von Venedig 522
Jakobus (Bruder Jesu) 126
Jakobusbrief 396f.
Jamnia 61, 373
Japan 200, 345, 448
Jaspers, Karl 28, 87f.
Jatila 196
Java 245
Jemen 237, 314
Jerusalem 115, 124, 131, 206, 258, 309, 426
Jesuiten 218f.
Jesus 122–124, 139f.
Jesus Sirach 373f., 376, 395f., 399
Jihad 253–255
Johann III. (Portugal) 218
Johannes Cassian 389
Johannes Chrysostomos 62, 287
Johannes Damascenus 433

Johannes von Gorze 321
Johannes Italos 491
Johannes de Plano Carpini 217
Johannes von Salisbury 387
Johannes der Täufer 156
Johannes Xiphilinos 487
Johannes XXI. (Papst) 497
Johannes XXII. (Papst) 230
Johannes XXIII. (Papst) 301
Johannesapokalypse 273, 381, 383, 385, 387, 392
Johannes-Basilika (Damaskus) 308
Joseph II. (Habsburg) 300
Josephus Flavius 111
Josia 113
Jubiläenbuch 388
Judaismos 118f.
Judasbrief 387
Judenchristen 126
Judentum – Christentum 60–65, 126, 131, 142, 169, 171, 285f.; s. auch: Boyarin, Yuval
Judenverfolgung 272
jüdische Kriege 119
Julian (Kaiser) 115, 132, 135, 151, 168, 224, 277, 280f.
Justin der Märtyrer 100, 171f., 411
Justinian 285, 405
Jüten 213

K
Kahina 236, 249
Kairoer Erklärung der Menschenrechte 335
Kaiserkult 104f., 115, 133, 275
Kalifat 179
al-Kamil 216
Kanjur 453
Kannon s. Guanyin
Kanon/Kanonisierung 355, 364–403, 396–399, 408f., 433, 439–459
Kanonformel (Deuteronomium) 367, 390, 399
kanonische Exegese 402
kanonisches Recht 73
Karäer 411
Karl der Große 211f.
Karl II. (Anjou) 325
Karolingerreich 71
Käsemann, Ernst 402
Katechese/Katechismus 83, 148, 167, 169, 171–173, 175–178, 188–190, 243, 270, 328, 368, 379; muslimischer Katechismus 190; s. auch: Buddhistischer Katechismus
Katharer 81, 83f., 290f., 391f.
Kepler, Johannes 516, 519

Ketzer/-verfolgung 81–84, 289
Keynes, John Maynard 520
Khojah 244
Kilian 212
Kindertaufe 162f., 165, 174, 177, 227f.
Kirchenväter 391, 420
Kirgisistan 210
Kisve Bahasi-Briefe 243
Kittel, Rudolf 416
Kleriker 79, 85
Knabenlese s. Devsirme
Kodex 381, 383–385, 410
Kohelet 391
Kollmar-Paulenz, Karénina 30, 267f.
Köln 295, 464, 466f., 469f., 489f., 499
Kolonialismus 12f., 220, 222
Kolumbus 217
kommunikatives Gedächtnis s. Gedächtnis, kulturelles
Komparatistik 32–38, 503, 512
Konfessionalisierung 86, 176
Konfirmation 296, s. auch: Firmung
Konfuzianismus (Schrift) 448
Kongregationalisten 295
König, Daniel 211
Konstantin I. (Kaiser) 277, 280, 379
Konstantin IX. (Kaiser) 487
Konstantinopel 256, 277, 282, 308, 312, 317, 486f., 500, 523
Konstantinos Harmenopoulos 290
Konversion 149, 184, 223–226; s. auch: Religionswechsel, Scheinkonversion
Konzilien 73f., 149, 420, 443, 447, 448
– Florenz 394
– Trient 394, 397, 399, 408
– Vienne 324
– s. auch: Apostelkonzil, Laterankonzil, Vatikanisches Konzil
Kopernikus, Nikolaus 515, 517
Kopfsteuer 189, 307f., 311, 316, 319, 329, 337
Koptische Kirche 311
Koran 179, 188, 424–438; s. auch: Kranichverse
Korea 264, 448
Korintherbrief, Dritter 389
Kranichverse 433
Kreuzzüge 83, 311, 314
Kulturkontakte 39–46
Kuss, heiliger 145
Kybele 107, 112f.
Kyrill 214f.

L
La Peyrère, Isaac 421
Laien 75f., 82, 85, 191, 197f., 202–204
Lanczkowski, Günter 26
Langdarma 343
Laodizäerbrief 395, 401
Lapsi 174, 274, 336
latentes Gedächtnis s. Gedächtnis, kulturelles
Laterankonzil, Viertes 74, 77f., 84, 290, 310, 324
Latour, Bruno 42
Lazarus-Yafeh, Hava 413
Le Gall Ubaidullah Ahrar 258
Le Goff, Jacques 81
Leben Adams und Evas (Schrift) 387
Lefèvre d'Étaples 395
Leib Christi 159, 161
Leibniz, Gottfried Wilhelm 527
Leo III. (Kaiser) 227
Leonardo Bruni 414
Leontopolis 372
Lessing, Gotthold Ephraim 401, 421, 423
Libanios 282
Libertas religionis 293
Licinius (Kaiser) 277
Liebeschuetz, John H. W. G. 464f.
Limpieza de sangre 229
Lorber, Jakob 401
Lorenzo Valla 407, 415, 420
Ludwig der Deutsche 215
Ludwig XIII. (Frankreich) 526
Ludwig XIV. (Frankreich) 295
Luther 396–399, 408, 418
Lymington, Lord, Earl of Portshmouth 520
Lyon 288

M
Mabillon, Jean 421
Madrese 243, 499–509
Magna Mater s. Kybele
Mahabodhi-Tempel 269, 448
Mahavihara 447f.
Mahavira 194, 196, 442, 447f., 452
Mahayana 199, 204
Mahlgemeinschaft 145
Mahmud von Ghazni 315
Maimonides 411
Makdisi, George Abraham 509–511
Makkabäerbuch, Drittes und Viertes 392, 398f., 401
Maldonado, Juan 419
Malebranche, Nicolas 535
Mameluken 247, 311

Mamre 136
al-Mamun 331, 500, 504
Manegold von Lautenbach 490
Manichäer 82, 209, 331
al-Mansur 500, 504
Mantz, Felix 296
Manuel Chrysoloras 414
Marco Polo 36
Marett, Robert Ranulph 357
Maria (Mutter Jesu) 37, 59, 64, 135, 388, 427f., 435
Markion 379, 384, 411
Marokko 216, 248f., 311, 314
Maroniten 314
Marraci, Ludovico 436
Marsham, John 421
Martin von Tours 289
Märtyrer 217f., 283
Märtyrerakten des Cyprian 104, 277
Martyrium 148, 276f.
Masoreten 371f., 376, 380, 411, 419, 433, 460
Massignon, Louis 478
Matteo Ricci 218
Maulana Sadr-u-Din 437
Mauretanien 248
Mauriner 421
Mawlawiyya 257
Maxentius von Aquileia 175
Maximus von Turin 135
Mechthild von Magdeburg 391
Mehmet II. (Sultan) 312
Mehmet IV. (Sultan) 256
Meinhold, Peter 28
Meitei 339
Melanchton 417
Melito von Sardes 378
Mendels, Doron 63
Menschenrecht(e) 248, 293, 299–302, 335–337
Mensching, Gustav 33f.
Meo 193
Merton, Robert King 527
Metapher (historiographisch) 48
Methodisten 295
Methodius 214
Michael III. (Kaiser) 215
Michael Psellos 487
Michaels, Axel 192, 260
Migration 101, 242
Milarepa 204
Millet-System 312–315
Mischehen 117f., 241, 336
Mission 148f., 205, 406f.; s. Ausbreitung
Missionsbefehl 124, 262

Mithras 113, 141, 157
Mittelalter 7–11, 14, 17, 27–29, 70–87, 127–129, 174–176, 216–218, 229, 290f., 378, 390–393, 406f., 412–415, 463–472, 481–484, 485–499, 509–512
Mitterauer, Michael 27
Moabiter 117
modale/absolute Differenz 49, 167, 458, 460–462, 512, 537
Mohammed (Prophet) 180, 304f., 321, 326, 333, 426–429
 Justinian 285
Mönchtum 130, 284
Möngke Khan 217
Mongolei/Mongolen 69f., 199, 210, 217f., 244, 251, 267, 344, 448, 536
Monotheismus 99, 113–115, 131, 185, 270, 279
Montanisten 288, 380
Moore, Robert 83
Morisken 326, 413
Moses (Prophet) 411, 420, 428, 435
Mostar 314
Mozaraber 321f., 325
Muhammad ibn al-Qasim 316
al-Mulk, Nizam 500
Müller, Friedrich Max 32, 35, 91, 356–358, 441
Müller, Hans (Regiomontanus) 529
multifaktorielle Religionsgeschichte 46f., 209, 463, 483, 514
mündliche Tradition s. Oralität
Münster 297f., 378, 381, 386
Museion (Alexandria) 487
Mustamin 311
al-Mutawakkil 306, 310
Mutaziliten 506, 534
Mysterienkulte 111–113, 139, 141, 167
Mysterientaufe 157
Mystik 71, 76, 79

N

Nachfolge 149
Naciri, Mohamed 480f.
Nag Hammadi 386
Nagarjuna 204, 455
Nalanda 267
Nanak Dev 453
Naqschibandi 258
Nation/Nationalismus 90
Nattier, Jan 450
Naturforschung, neuzeitliche 513–538
Nazoräerevangelium 391

Nehemia 116
Nero (Kaiser) 273
Nestle, Eberhard 416
Nestorianer s. syrische Kirche
Neumann, Karl Eugen 439
Neuplatonismus 99, 524
Neuwirth, Angelika 425, 438, Anm. 605
Newar 191, 193, 446
Newton, Isaac 516, 520
Nichiren 342, 345f.
Nicodemus-Evangelium 401
Nicolau Eimeric 326
Nicolaus Maniacoria 413
Nicolaus von Oresme 518
Niederlande 295
Nikolaus V. (Papst) 247
Nikolaus von Kues 292, 415
Noth, Albrecht 318f.
Novalis 401
Nowgorod 482

O
Oberwesel 78
Obeysekere, Gananath 458
Odantapuri 67
Oden Salomos 392
Odorico de Pordenone 218
Oexle, Gerhard 468f.
Offenbarung 401
Okkasionalismus 535f.
Okzident 15
Olaf der Heilige 213
Olaf Tryggvason 213
Olcott, Henry Steel 233, 269, 440
Olivelle, Patrick 266
Omar 305, 307, 319, 431
Oralität und Schriftlichkeit 46f., 360–364, 402
Origenes 151, 163, 172, 387, 410
Orthodoxie 271f., 287, 289–301, 330f., 342, 368, 379f., 390
Orthodoxie, Häresie 111, 148, 271, 281, 287f.
Ortiz de Villegas, Diogo 177
Osmanisches Reich 317f., 477
Osterfestbrief des Athanasius 381
Osterhammel, Jürgen 89, Anm. 176
Ott, Susanne 16
Otto, Rudolf 33

P
Pachomius 173
pagane Welt – Christentum 101, 121–150; s. auch: Drittes Geschlecht
Paganismus 98, Anm. 10; 99, 101, 106f.
Palermo 187, 241
Pali Text Society 446
Pali-Texte 203, 439, 445, 448, 456
Papsttum 27f., 71–75, 77, 216, 360, 497f.
Paret, Rudi 332
Paris 488f., 492, 494f., 498f.
Parsen s. Zoroastrismus
Paten 165
Patrick 212
Paul III. (Papst) 218, 247
paulinische Gemeinden 120; s. auch: Verein
Paulinus von Nola 172
Paulus 119, 138, 158, 225, 279, 321, 377, 386
Pegasios von Illion 134
Penn, William 299
Persien 275, 328–330; s. Sassaniden
Perspicuitas 397, 418
Pétau, Denis 420
Petrus Lombardus 490, 493
Petrus Valdes 82
Petrus Venerabilis 391, 436
Petrusapokalypse 386
Petrusbriefe 418
Pfadabhängigkeit 42, 49–51, 347, 369, 481, 514, 537
Pfarrei 77, 133, 468, 482
Phänomenologie 33f.
Philipe de Grève 498
Philipp (Kanzler, Paris) 495
Philipp von Hessen 294
Philo von Alexandrien 111, 372
Philologie 409–424, 430–438, 450–455
Philosophenschule 111, 127, 173
Photius 215
Picard, Bernard 36
Pietisten 400
Pistis s. Glaube
Plato christianus 154
Platonismus 420
Plinius der Jüngere 152, 273
Polen 295
Polycarp, Briefe an die Philipper 401
Polygamie/Polygynie 181–183, 297, 324
Polytheismus 98–100, 102, 107–110, 114f., 131, 184, 253, 267, 278–281, 304, 315, 328, 337
Pomeranz, Kenneth 89, Anm. 176
Porphyrios 151

Prädestination 532, 534
Praxis vs. Theorie 4, 19f., 50–59, 72, 96, 98, 100, 115, 121, 133–135, 137f., 149, 152, 161, 163, 165, 175, 189, 191, 195
Priscillian 289
Privatoffenbarung 402
Propaganda Fide 219
Proselyten 118–121, 125, 233, 235
Proselytentaufe 156
Protestantismus 84–87, 220, 296, 358f., 400, 402, 409, 416, 419, 458; s. auch: Reformation, Calvin, Luther
Protoevangelium des Jakobus 387, 391, 400, 401
Psalmen 392f., 399
Psalmen Salomons 401
Pythagoras 109

Q
Quäker 248, 295, 400
Qumran 169, 372

R
Rabbiner 61–64, 118, 142, 170, 235, 271, 288, 338, 356, 372–376, 396, 398, 402f., 405–407, 431, 459, 488
Rad der Lehre 263
Raimundus Lullus 407
Ramakrishna Mission 260
Ranger, Terence 48
Raschiduddin 536
Rathaus 466, 478f., 482
Ratislav 215
Rechtssystem 481, 505
Reconquista 323
Reformation 176f., 231, 292, 294, 297, 393f., 403, 408, 417, 461; s. auch: Protestantismus
Reichsautorisation 370
Reichsreligion 104f., 275
Reimarus, Hermann Samuel 421
Relativismus 91
Religion
– Konzeption 15–23, 90, 139
– Buddhismus 16, 201–205
– Christentum 121
– Hinduismus 16, 21, 261
– Islam 16
– pagane Welt 102, 104
– Parsen 95–97
– Protestantismus 47, 18, 22
– s. auch: Apostasie, interpretatio, Laien
Religionsfreiheit 38, 277, 279, 292–303, 335, 337

Religionsgeschichtliche Schule 422
Religionsgespräche 217, 268, 292, 329
Religionsvergleich s. Komparatistik
Religionswechsel
– Christentum 222–232
– Islam 188, 331–336
– Judentum s. Proselyten
Religionswissenschaft 24, 26
Religiose 225
Remonstranten 295
Renaissance 29, 40, 84, 91, 376–378, 407, 415
Renan, Ernest 402
Reuchlin, Johannes 416
Reziprozität, generelle 129f.
Richelieu (Armand-Jean du Plessis) 526
Robert Estienne 390
Robert Ketton 436
Roger I. (Sizilien) 491
Roger II. (Sizilien) 491
Rückert, Friedrich 436
Rüegg, Werner 198, 496
Rüpke, Jörg 30, 104, Anm. 48

S
Sabäer 303, 315, 330
Sachsen 211, 213
Sagalassos 283
Sakralisierung/Sakralität 410, 415, 424, 434, 437, 454, 460; Texte 377, 405f.
Salerno 531
Saliba, George 508
Salustios 168
Samaritaner 117, 184, 372, 412
Sanctus von Vienna 153
Sanders, James A. 402
Sangha 191, 194, 198–200, 202–204, 261, 263, 266, 345, 355, 443
Santa Sabina (Rom) 63
Sari Saltuk 257
Sarnath 267
Sassaniden 276, 328, 505, 531
Satanische Verse s. Kranichverse
Saudi-Arabien 190, 335f.
Saxnot 212
Schahada 178, 183f., 186, 189f., 243, 331, 333, 350
Schamanismus 199
al-Scharastani 330
Scheid, John 103f.
Scheinkonversion 229
Schia 184, 432
Schieder, Jens 30f

Schlegel, Friedrich 401
Schleiermacher, Friedrich 401f.
Schlögl, Rudolf 469
Schlomo Molcho 228
Scholastik 489–494, 506, 510
Schopenhauer, Arthur 439
Schrift 355–462
Schriftbesitzer 303
Schriftrolle s. Kodex
Schriftsinn(e) 389, 411, 418
Schulpflicht 176f.
Schweigger, Salomon 436
Schwenckfeldt, Caspar 400
Schwurgemeinschaft 466, 469–471, 477, 495
Scultetus, Abraham 420
Seelenwanderung 151
Seidenstücker, Karl 270, 439f.
Seiwert, Hubert 340
Sekten 489
Selbsterlösung 111, 360
Seleukos von Seleukia 518
Senegal 190
Septuaginta 371f., 377, 380, 382, 384, 396, 398f., 405, 412, 418
Serapeion 281
Servet, Michael 228, 416
Sevilla 322, 325
Sextus Empiricus 524
al-Shafi 425
Shaolin 345
Shemone Esre 271
Shepkaru, Shmuel 276
Siam Nikaya 203
Siebenschläfer 427
Sievernich, Michael 207
Siger von Brabant 490
Sikh 453
Simon, Richard 409, 420
Sinan ibn Thabit 530
Sinodus 388
Sizilien 241
Sklaverei 220, 246–249, 304, 310, 329
Slawen 214
Slenzka, Notger 402
Smith, Joseph 401
Soka-Gakkai 346
Sokrates Scholastikos 282
Sonadanda 198
Sonderweg(e) 28, 31
Sooni, Suzanne s. Brière, Suzanne
Souverain, Jacques 420
Sozini, Fausto 416
Sozinianer 298
Sozomenos 136
Spanien 241, 319–328, 413
Speichergedächtnis s. Gedächtnis, kulturelles
Spengler, Oswald 25
Spermatikos Logos 100
Spinoza, Baruch de 11, 299, 419
Spiritualismus
Spiritualisten 297, 379f., 400, 409, 461
Sri Lanka 202, 346, 446
Stadt 463–484
Steiner, Rudolf 401f.
Stephanus 272
Stephen Langton 390
Stepun, Fedor 25
Strauss, David Friedrich 422
Stroumsa, Guy 272
Sueben 211
Suffizienz der Schrift 397, 403
Sufismus 189f., 247, 256–259, 316f., 476, 501
Sunna 184
Swedenborg, Emanuel 401
Symbola s. Bekenntnistexte
Symmachus 281
symmetrische Historiographie 42f.
Synagoge 286, 289, 308, 311
Synesios von Kyrene 224
Synoden s. Konzilien
Syrakus 284
Syrien – Kirche des Ostens 209, 276, 282f., 289, 389, 392f., 505

T
at-Tabari 433
Taeschner, Franz 477
Talmud 61–64, 170, 338, 366, 375, 405
Tanaseanu-Döbler, Ilinca 224
Tanjur 453
Taoismus (Schrift) 449
Tata, Ratanji Dadabhoy 95
Tatian 382
Taufbefehl Jesu 158
Taufe 148, 155–166, 173, 175, 215; s. auch: Bar Mitzwa, Bluttaufe, Kindertaufe, Mysterientaufe, Proselytentaufe, Totentaufe
Täufer 137, 166, 227, 292, 296–298
Taufkirche 77
Tempel (pagane) 102f., 135, 280, 305
Tempel, zweiter (Judentum) 117, 287f.
Tertium genus s. Drittes Geschlecht
Tertullian 67, 132, 137, 147, 151–153, 160f., 163, 172, 174, 273, 276

Testament der zwölf Patriarchen 389, 401
Theodor von Mopsuestia 387, 392, 411
Theodosius I. (Kaiser) 278, 281
Theodosius II. (Kaiser) 486f.
Theokrasie 109
Theophilos 487
Theophilus (Bischof) 281
Thomas von Aquin 218, 391, 492–494
Thomasakten 208
Thomaschristen 210
Thora 113, 117, 170, 369–376, 184, 402, 405, 411, 427f., 435
Tibet 199f., 245, 268, 271, 343f., 452
Tiele, Cornelis Petrus 221
Timotheos I. (Patriarch) 210, 393
Tiridates 278
Todesstrafe 83, 228, 239
Toledo 322f., 274, 280, 289, 291, 295, 297, 304, 326, 333–337, 345, 437
Toleranz 168, 272, 293–300, 334, 337, 339f., 343
Toleration Act 295
Tordesillas 88
Totentaufe 134, 159
Traditio Apostolica 173
Tradition 47f.
Trajan (Kaiser) 152, 273
Trani 230f.
transregionale Strukturen 73, 98, 104–106, 146, 148f., 275, 303, 390, 471
tribale Strukturen 179–185, 279, 303, 305; s. auch: gentile Strukturen
Trinität 184
Tulku-System 200
Typologie 35

U

Übersetzung 174, 410, 436
– Buddhismus 450f.
– Christentum 403–409
– Islam 404
– Judentum 404
Unitarier 298
Universalismus 106, 115, 148f., 180, 239
Universität 485–512, 537
Unkraut unter dem Weizen (Gleichnis) 286f., 301
Upanischaden 13, 65, 193, 195, 357, 439–441
Urban VIII. (Papst) 519
Ursprung/Anfang (religionswissenschaftlich) 20, 66f.
Urtext 408
Uthman 432

V

Valerian (Kaiser) 274f.
Valerius Maximus 275
van der Leeuw, Gerardus 33
van Ess, Josef 330, 534
Vandalen 211
Vasco da Gama 36
Vatikanisches Konzil, Zweites 301
vedische Texte 260, 357, 439, 441
Vélez de Cea, J, Abraham 341
Verardi, Giovanni 267
Verden 211
Verein 131, 140–148
Vergleich s. Komparatistik
Verstümmelung 187
Verwandtschaft 128, 163, 179, 183; s. gentile Strukturen
Vetus latina 406
Vikariatstaufe s. Totentaufe
Vikramashila 267, 485
Vinča-Kultur 361
Virginia Declaration of Rights 299
Visio Isaiae 387, 392
Vivekanda 260
Vokalisierung 433
Volk Gottes 137
Völkerwallfahrt 120, 123
Vollbibel 176
Vössing, Konrad 18, 104, Anm. 48, 125, 224f.
Vulgata 384, 386, 388, 406, 409

W

Waldenser 82f.
Wallfahrten 79
Walters, Jonathan S, 262f.
Wandercharismatiker 131, 140
Watt, Ian 360
Wayang 245
Weber, Max 24f., 27, 355, 466, 468, 480, 483, 527
Westfälischer Friede 295
White, Dickson Andrew 529
Whitehead, Alfred North 521
Widengren, Geo 34
Wilhelm II. (Kaiser) 422
Wilhelm V. (Jülich-Kleve-Berg) 294
Wilhelm von Rubruck 36, 217
Willensfreiheit 507, 535
William Tyndall 417
Winternitz, Moriz 439
Wirth, Eugen 475f., 479f.
Wissenschaft (fremde) 504, 509
Wodan 212

X
Xian 210, 244

Y
Yaqub al-Mansur 310
Yazid 305
Yuval, Israel 63–65

Z
Zaid ibn Tabit 431
Ziegenbalg, Bartholomäus 220
Zoroastrismus 95f., 270, 275f., 303, 315, 328–330, 452

Zugehörigkeit
– Buddhismus 191–205
– Christentum 122–148
– Judentum 113–121, 236f.
– Hinduismus 192
– Islam 178–187
– s. auch: Proselyten
Zünfte 466, 468, 476
Zürich 296
Zwangstaufe 221, 226–230, 328

www.ingramcontent.com/pod-product-compliance
Lightning Source LLC
Chambersburg PA
CBHW060415300426
44111CB00018B/2855